Manfred Aust, Rainer Jacobs, Dieter Pasternak, Wolf-Dieter Friedrich

Enteignungsentschädigung

De Gruyter Praxishandbuch

Enteignungs-entschädigung

Bearbeitet von
† **Dr. Manfred Aust,** Leitender Landesverwaltungsdirektor a.D., Köln
(1. bis 7. Auflage)
Prof. Dr. Rainer Jacobs, Rechtsanwalt, Düsseldorf,
Honorarprofessor an der Universität zu Köln
Dieter Pasternak, Richter am Sozialgericht Nürnberg,
Lehrbeauftragter der Universität Eichstätt
Wolf-Dieter Friedrich, Geschäftsführer der DEGES Deutsche Einheit
Fernstraßenplanungs- und -bau GmbH, Berlin

8., neu bearbeitete Auflage

DE GRUYTER

Zitiervorschlag: z. B. *Bearbeiter*, in Aust/Jacobs/Pasternak/Friedrich, Enteignungsentschädigung, 8. Aufl., Rn. 514

ISBN 978-3-11-068253-3
e-ISBN (PDF) 978-3-11-068255-7
e-ISBN (EPUB) 978-3-11-068264-9

Library of Congress Control Number: 2021933885

Bibliografische Information der Deutschen Nationalbibliothek
Die Deutsche Nationalbibliothek verzeichnet diese Publikation in der Deutschen Nationalbibliografie; detaillierte bibliografische Daten sind im Internet über http://dnb.dnb.de abrufbar.

Satz: jürgen ullrich typosatz, Nördlingen
Druck: CPI books GmbH, Leck

www.degruyter.com

Vorwort zur achten Auflage

Seit der 7. Auflage sind 7 Jahre vergangen. In dieser Zeit ist Dr. *Manfred Aust*, einer der Begründer des Werkes, im März 2015 verstorben. Wir werden ihm ein ehrendes Gedenken bewahren. Die verbliebenen Autoren freuen sich, dass sie mit *Wolf-Dieter Friedrich*, kaufmännisch-juristischer Geschäftsführer der DEGES (Deutsche Einheit Fernstraßenplanungs- und -bau GmbH), Berlin, einen ausgewiesenen und erfahrenen Fachmann im Enteignungsentschädigungsrecht als neuen Autor gewinnen konnten. *Wolf-Dieter Friedrich* hat einen großen Teil der bisher von *Aust* bearbeiteten Stichworte übernommen und neu bearbeitet.

Die Neuauflage wurde grundlegend überarbeitet, aktualisiert und insbesondere hinsichtlich der Rechtsprechung auf den neuesten Stand gebracht. Darüber hinaus sind Rechtsänderungen berücksichtigt. So wurden die Entschädigungsrichtlinien Landwirtschaft grundlegend überarbeitet und die LandR 78 durch die LandR 19 ersetzt, der Hintergrund einzelner Änderungen wird erläutert. Auch die WaldR 2000 erhielt eine Aktualisierung.

Die Ausführungen zu An- und Durchschneidungen sowie landwirtschaftlichen Nebenschäden wurden durch Herausarbeiten der eigenständigen Ansprüche von Eigentümer und Pächter überarbeitet. Das Stichwort „Dienstbarkeiten“ erhält Ergänzungen zu Tunneldienstbarkeiten. Das für die Entschädigung von bergfreien Bodenschätzen wichtige Urteil des Europäischen Gerichtshofs für Menschenrechte vom 19.1.2017 findet unter dem Stichwort „Öffentliche Verkehrsanlage und bergbaulicher Gewinnungsbetrieb“ entsprechende Berücksichtigung. Auch das Urteil des BGH vom 31.1.2019 zur Einordnung von staatlichen Betriebsprämien als gesicherte Rechtsposition wird ausgewertet. Schließlich erfährt die „Unternehmensflurbereinigung“ eine deutliche Erweiterung um praxisrelevante Problembereiche wie die enteignungsrechtliche Einordnung, die Abgrenzung des Flurbereinigungsgebietes oder den Wege- und Gewässerplan.

Das Stichwort „Besteuerung der Enteignungsentschädigung“ berücksichtigt das Urteil des BFH vom 23.7.2019, dass die Enteignung und auch der freihändige Verkauf eines privat genutzten Wirtschaftsgutes zur Vermeidung einer Enteignung entgegen bisheriger Rechtsprechung kein „Veräußerungsgeschäft“ ist.

Die stetig wachsende Bedeutung der Stromerzeugung durch Windkraft wird künftig zu weiterem Flächenbedarf für den Bau neuer und den Austausch bereits bestehender Windräder durch größere, leistungsfähigere Anlagen (sog. „Repowering“) führen. Deshalb beschäftigt sich das neu aufgenommene Stichwort „Windkraftanlagen“ mit möglichen Entschädigungsansprüchen der Eigentümer bzw. Nutzungsberechtigten der an solche Windkraftanlagen angrenzenden Grundstücke.

Die Neuauflage berücksichtigt Entscheidungen und Aufsätze, soweit sie noch bis September 2020 veröffentlicht wurden.

Wir wünschen, dass die „Enteignungsentschädigung“ eine wertvolle Hilfe bleibt – sowohl für die von einer Enteignung Betroffenen als auch für die Enteignungsbegüns-

https://doi.org/10.1515/9783110682557-202

tigten sowie für die Enteignungsbehörden und die Gerichte –, um die sich im Falle einer Enteignungsmaßnahme ergebenden Fragen bezüglich Umfang und Höhe der zu leistenden Entschädigung schnell, kompetent, zuverlässig und abschließend zu klären und damit auch die Voraussetzung für eine gütliche Einigung unter den Beteiligten schafft.

Berlin, Düsseldorf, Nürnberg im Dezember 2020 *Die Verfasser*

Aus dem Vorwort zur ersten Auflage

Wie kaum ein anderes Gebiet ist das Recht der Enteignungsentschädigung in den letzten Jahren seit Inkrafttreten des Bundesbaugesetzes durch die Rechtsprechung geprägt und fortgeführt worden. Zahlreiche Rechtsprobleme und Bewertungsfragen, die noch vor einigen Jahren heftig umstritten waren, hat die Rechtsprechung insbesondere des III. Zivilsenates des Bundesgerichtshofs inzwischen gelöst und beantwortet. Die Fülle der Entscheidungen – zudem oft verstreut in weniger zugänglichen Sammlungen und Zeitschriften – macht es jedoch dem Praktiker immer schwerer, einen Überblick über dieses Rechtsgebiet zu behalten oder – sofern er sich erstmals damit befasst – sich in diese ohnehin nicht einfache Materie einzuarbeiten.

Das vorliegende Buch ist deswegen für den Praktiker „vor Ort" geschrieben. Ihm soll die Möglichkeit gegeben sein, sich rasch, umfassend und zuverlässig über die wesentlichsten Fragen des Entschädigungsrechts und den neuesten Stand der Rechtsprechung zu unterrichten. Diesem Zweck dient in erster Linie die lexikonartige Kapiteleinteilung; unter alphabetisch geordneten Stichworten sind die Probleme abgehandelt, die in der Praxis erfahrungsgemäß am häufigsten auftauchen. Dabei sind die Kapitel so angelegt, dass sie dem Leser einerseits den Zusammenhang mit anderen Entschädigungsfragen aufzeigen und andererseits die Kasuistik und damit den derzeitigen „Stand der Technik" möglichst umfassend vermitteln. Mit diesem Mittelweg zwischen klassischem Lehrbuch und reinem Casebook meinen wir den Bedürfnissen der Praxis am besten gerecht zu werden.

Aus Gründen größerer Praktikabilität sind die zitierten Entscheidungen mit möglichst vielen Fundstellen angegeben; der Leser erhält dadurch die Möglichkeit, das betreffende Urteil in der ihm jeweils am schnellsten griffbereiten Zeitschrift nachzulesen.

Köln, August 1977 *Die Verfasser*

https://doi.org/10.1515/9783110682557-203

Aus dem Vorwort zur ersten Auflage

Inhaltsverzeichnis

Abkürzungsverzeichnis

a. A.	anderer Ansicht
a. a. O.	am angegebenen Ort
Abgrabungsgesetz	Gesetz zur Ordnung von Abgrabungen des Landes Nordrhein-Westfalen
abl.	ablehnend
Abs.	Absatz
AbwAG	Abwasserabgabengesetz
a. E.	am Ende
a. F.	alte Fassung
AEG	Allgemeines Eisenbahngesetz
AGBGB	Gesetz zur Ausführung des Bürgerlichen Gesetzbuches und anderer Gesetze
AgrarR	Agrarrecht, Zeitschrift für das Recht der Landwirtschaft, der Agrarmärkte und des ländlichen Raumes (Jahr und Seite)
allg.	allgemein
Alt.	Alternative
Anm.	Anmerkung
AO	Abgabenordnung
Art.	Artikel
Aufl.	Auflage
AVV-Baulärm	Allgemeine Verwaltungsvorschrift zum Schutz gegen Baulärm v. 19.8.1970
B.	Beschluss
BAB	Bundesautobahn
BauGB	Baugesetzbuch
BauO	Bauordnung
BauR	Baurecht, Zeitschrift für das gesamte öffentliche und zivile Baurecht (Jahr und Seite)
Bay	Bayern, Bayerisch-
BayObLG	Bayerisches Oberstes Landesgericht
BayObLGZ	Amtliche Sammlung der Entscheidungen des Bayerischen Obersten Landesgerichts in Zivilsachen
BayRS	Bayerische Rechtssammlung
BayVBl	Bayerische Verwaltungsblätter (Jahr und Seite)
BayVGH	Bayersicher Verwaltungsgerichtshof
BB	Der Betriebsberater (Jahr und Seite)
BBauBl	Bundesbaublatt (Jahr und Seite)
BBauG	Bundesbaugesetz
BBergG	Bundesberggesetz
Bbg	Brandenburg, Brandenburgisches-
Bek.	Bekanntmachung
Berl	Berlin, Berliner-Betrieb, Der Betrieb (Jahr und Seite)
Beschl.	Beschluss
BewG	Bewertungsgesetz
BFH	Bundesfinanzhof
BFHE	Amtliche Sammlung der Entscheidungen des Bundesfinanzhofes (Band und Seite)
BGB	Bürgerliches Gesetzbuch
BGBl	Bundesgesetzblatt

https://doi.org/10.1515/9783110682557-205

BGH	Bundesgerichtshof
BGHR	Bundesgerichtshof Rechtsprechung
BGHZ	Amtliche Sammlung der Entscheidungen des Bundesgerichtshofes in Zivilsachen (Band und Seite)
BGSG	Bundesgrenzschutzgesetz
BImSchG	Bundesimmissionsschutzgesetz, Gesetz zum Schutz vor schädlichen Umwelteinwirkungen durch Luftverunreinigungen, Geräusche, Erschütterungen und ähnliche Vorgänge
BImSchV	Bundes-Immissionsschutzverordnung
BJagdG	Bundesjagdgesetz
BK	Berliner Kommentar zum BauGB
BKL	Battis/Krautzberger/Löhr
BKleinG	Bundeskleingartengesetz
BLG	Bundesleistungsgesetz
BNatschG	Bundesnaturschutzgesetz
BO	Bauordnung
BRAGO	Bundesrechtsanwaltsgebührenordnung
BRAO	Bundesrechtsanwaltsordnung
BRS	Baurechtssammlung, Rechtsprechung des Bundesverwaltungsgerichts, der Oberverwaltungsgerichte der Länder und anderer Gerichte zum Bau- und Bodenrecht, begründet von Thiel, weitergeführt von Gelzer (Band und Nr.)
BSeuchG	Bundesseuchengesetz, Gesetz zur Verhütung und Bekämpfung übertragbarer Krankheiten beim Menschen
BStBl	Bundessteuerblatt
BT-Drucks.	Bundestags-Drucksache
Buchholz	Sammlung und Nachschlagewerk der Rechtsprechung des Bundesverwaltungsgerichts
BUKG	Bundesumzugskostengesetz
BVerfG	Bundesverfassungsgericht
BVerfGE	Amtliche Sammlung der Entscheidungen des Bundesverfassungsgerichts (Band und Seite)
BVerwG	Bundesverwaltungsgericht
BVerwGE	Amtliche Sammlung der Entscheidungen des Bundesverwaltungsgerichts (Band und Seite)
BVG	Bundesversorgungsgesetz
BW	Baden-Württemberg
BzAR	Briefe zum Agrarrecht
bzw.	beziehungsweise
ca.	circa
Das Recht	Zeitschrift „Das Recht“ (Jahr und Nr. der Entscheidung)
dB	Dezibel
ders.	derselbe
DÖV	Die Öffentliche Verwaltung (Jahr und Seite)
DRiZ	Deutsche Richterzeitung (Jahr und Seite)
Drs.	Drucksache
DSchG	Denkmalschutzgesetz
DSG	Datenschutzgesetz

DStZ	Deutsche Steuer-Zeitung (Jahr und Seite)
DTV	durchschnittliche tägliche Verkehrsmenge
DtZ	Deutsch-Deutsche Rechtszeitschrift (Jahr und Seite)
DVBl	Deutsches Verwaltungsblatt (Jahr und Seite)
ebf.	erschließungsbeitragsfrei
EBO	Eisenbahn- Bau und Betriebsordnung
ebp.	erschließungsbeitragspflichtig
EEG	Enteignungs- und Entschädigungsgesetz
EGBGB	Einführungsgesetz zum Bürgerlichen Gesetzbuch (BGB)
EG	Enteignungsgesetz
Einf.	Einführung
Einl.	Einleitung
EinlPrALR	Einleitung zum Preußischen Allgemeinen Landrecht
EntG	Enteignungsgesetz
ErbbauRG	Erbbaurechtsgesetz
ErbbRVO	Verordnung über das Erbbaurecht
EStDV	Einkommensteuer-Durchführungsverordnung
EStG	Einkommensteuergesetz
EStR	Einkommensteuer-Richtlinien (R = Einzelrichtlinie; H = Einzelhinweis)
etc.	et cetera
evtl.	eventuell
EZBK	Ernst/Zinkahn/Bielenberg/Krautzberger
f., ff.	folgende, fortfolgende
FlugLSV	Verordnung zur Durchführung des FluLärmG
FluLärmG	Gesetz zum Schutz gegen Fluglärm
FlurbG	Flurbereinigungsgesetz
Fn.	Fußnote
FStrG	Bundesfernstraßengesetz
GBl	Gesetzblatt
gem.	gemäß
GG	Grundgesetz
ggf.	gegebenenfalls
grds.	grundsätzlich
GrEStG	Grunderwerbsteuergesetz
GrS	Großer Senat
GrSZ	Großer Senat in Zivilsachen
GS	Gesetzessammlung
GuG	Grundstücksmarkt und Grundstückswert (Jahr und Seite)
GVBl	Gesetz- und Verordnungsblatt
GV	Gesetz- und Verordnungsblatt
HambWG	Hamburgisches Wegegesetz
HEG	Hessisches Enteignungsgesetz
HeVGH	Hessischer Verwaltungsgerichtshof
HK-BauGB	NomosKommentar, BauGB mit BauNVO, 3. Aufl. 2014
HK-BGB	NomosKommentar, BGB, 8. Aufl. 2014

HK-VerwR/VwGO	NomosKommentar, Verwaltungsrecht (VwVfG, VwGO, Nebengesetze), 3. Aufl. 2013
HOAI	Honorarordnung für Architekten und Ingenieure
hrsg.	herausgegeben
Hs.	Halbsatz
IfSG	Gesetz zur Verhütung und Bekämpfung von Infektionskrankheiten bei Menschen (Infektionsschutzgesetz)
ImmoWertV	Immobilienwertermittlungsverordnung
i. S.	im Sinne
i. S. v.	im Sinne von
i. e. Sinne	im engeren Sinne
i. V. m.	in Verbindung mit
JagdH 01	Jagdhinweise vom 7. Juni 2001 (abgedruckt im Anhang)
JR	Juristische Rundschau (Jahr und Seite)
JurBüro	Das Juristische Büro (Jahr und Seite)
juris	Juristisches Informationssystem für die Bundesrepublik Deutschland
JuS	Juristische Schulung (Jahr und Seite)
JVEG	Justizvergütungs- und entschädigungsgesetz
JZ	Juristen-Zeitung (Jahr und Seite)
Kap.	Kapitel
Komm.	Kommentar
KostRMoG	Gesetz zur Modernisierung des Kostenrechts (Kostenrechtsmodernisierungsgesetz)
L	Leitsatz
LandR 19	Entschädigungsrichtlinien Landwirtschaft 2019 (abgedruckt im Anhang)
LBG oder LBeschG	Landbeschaffungsgesetz
LBO	Landesbauordnung
LFischG	Fischereigesetz
LG	Landgericht
LGN	Landschaftsgesetz
LM	Lindenmaier-Möhring, Nachschlagewerk des Bundesgerichtshofes
LPflG	Landespflegegesetz
LPrG	Landespressegesetz
LS	Leitsatz
LSA	Land Sachsen-Anhalt
LStrG	Landesstraßengesetz
LuftVG	Luftverkehrsgesetz
LWG	Landeswassergesetz
MDR	Monatsschrift für Deutsches Recht (Jahr und Seite)
MV	Mecklenburg-Vorpommern
m. w. N.	mit weiteren Nachweisen
NachbG	Nachbarrechtsgesetz

NatschG	Gesetz zum Schutz der Natur, zur Pflege der Landschaft und über die Erholungsvorsorge in der freien Landschaft
NdN	Niedersachsen, Niedersächsisches-
NEG	Niedersächsisches Enteignungsgesetz
n.F.	neue Fassung
NJ	Neue Justiz (Jahr und Seite)
NJW	Neue Juristische Wochenschrift (Jahr und Seite)
Nr.	Nummer
Ns	Niedersächsisch
NuR	Natur und Recht (Zeitschrift, Jahr und Seite)
NVwZ	Neue Zeitschrift für Verwaltungsrecht (Jahr und Seite)
NW	Nordrhein-Westfalen
NZV	Neue Zeitschrift für Verkehrsrecht
o.a.	oben angegeben
o.ä.	oder ähnliches
OGH BrZ	Entscheidungssammlung des Obersten Gerichtshofs für die britische Zone
OLG	Oberlandesgericht
OLGR	Rechtsprechungssammlung der Oberlandesgerichte
OVG	Oberverwaltungsgericht
PBefG	Personenbeförderungsgesetz, Gesetz über die Beförderungen von Personen zu Lande
PrEntG	Preußisches Enteignungsgesetz, Gesetz über die Enteignung von Grundeigentum vom 6.6.1874
PrVBl	Preußisches Verwaltungsblatt
PrVereinfEG	Gesetz über ein vereinfachtes Enteignungsverfahren vom 26.7.1922
RdL	Recht der Landwirtschaft (Jahr und Seite)
Rn., Rdn.	Randnummer
RdW	Recht der Wasserwirtschaft (Band und Seite)
ReichsheimstättenG	Reichsheimstättengesetz
ReichssiedlungsG	Reichssiedlungsgesetz
RG	Reichsgericht
RGBl	Reichsgesetzblatt
RGRK	Kommentar zum BGB, hrsg. von Reichsgerichtsräten und Bundesrichtern
RGZ	Amtliche Sammlung der Entscheidungen des Reichsgerichts in Zivilsachen (Band und Seite)
Rh-Pf	Rheinland-Pfalz
RLS 90	Richtlinie für den Lärmschutz an Straßen
RmBereinVpG	Gesetz zur Bereinigung des Rechtsmittelrechts im Verwaltungsprozess
Rn.	Randnummer
RPLEntG	Landesenteignungsgesetz für Rheinland-Pfalz
RR	Rechtsprechungsreport
Rspr.	Rechtsprechung
RVG	Rechtsanwaltsvergütungsgesetz
RVO	Reichsversicherungsordnung
Rz.	Randziffer

s.	siehe
S.	Seite *oder* Satz
s. a.	siehe auch
Saar	Saarland, Saarländisches-
Sächs	Freistaat Sachsen, Sächsisches
SchutzBerG	Schutzbereichsgesetz
S/F/H	Schäfer – Finnern – Hochstein, Rechtsprechung zum privaten Baurecht, Stand 2002
SGB	Sozialgesetzbuch
SMG	Gesetz zur Modernisierung des Schuldrechts (Schuldrechtsmodernisierungsgesetz)
s. o.	siehe oben
sog.	sogenannt(e)
st.	ständige
Straße und Autobahn	Zeitschrift „Straße und Autobahn" (Jahr und Seite)
StrEG	Gesetz über die Entschädigung für Strafverfolgungsmaßnahmen
StrG	Straßengesetz
st. Rspr.	ständige Rechtsprechung
StrWG	Straßen- und Wegegesetz
StVO	Straßenverkehrs-Ordnung
StVZO	Straßenverkehrs-Zulassungsordnung
SW-RL	Sachwertrichtlinie v. 5.9.2012
SZDK	Sieder/Zeitler/Dahme/Knopp
Thür	Thüringen, Thüringer-
TÜV	Technischer-Überwachungs-Verein
u. a.	unter anderem bzw. und andere
u. ä.	und ähnliche(s)
U.	Urteil
Urt.	Urteil
UStG	Umsatzsteuergesetz
usw.	und so weiter
UVPG	Gesetz über die Umweltverträglichkeitsprüfung
v.	von
VerkPBG	Verkehrswegeplanungsbeschleunigungsgesetz
VermG	Gesetz zur Regelung offener Vermögensfragen
VersR	Versicherungsrecht, Juristische Rundschau für die Individualversicherung (Jahr und Seite)
VGH	Verwaltungsgerichtshof
vgl.	vergleiche
VIZ	Zeitschrift für Vermögens- und Investitionsrecht (Jahr und Seite)
VkBl	Verkehrsblatt, Amtliches Mitteilungsblatt des Bundesministers für Verkehr
VV	Vergütungsverzeichnis
VW-RL	Vergleichswertrichtlinie v. 20.3.2014
VwGO	Verwaltungsgerichtsordnung
VwVfG	Verwaltungsverfahrensgesetz

VwVG	Verwaltungsvollstreckungsgesetz
VwZVG	Verwaltungszustellungs- undVollstreckungsgesetz
Wahlp	Wahlperiode
WaldR 2000	Waldwertermittlungsrichtlinien (abgedruckt im Anhang)
Wasser und Boden	Zeitschrift „Wasser und Boden" (Jahr und Seite)
WaStrG	Wasserstraßengesetz
WEG	Wohnungseigentumsgesetz, Gesetz über das Wohnungseigentum und das Dauerwohnrecht
WertR 2006	Wertermittlungs-Richtlinien 2006
WertV	Wertermittlungsverordnung (abgedruckt im Anhang)
WF	Wertermittlungsforum (Jahr und Seite)
WG	Wassergesetz, des jeweils angegebenen Landes
WHG	Wasserhaushaltsgesetz
WM	Wertpapier-Mitteilungen (Jahr und Seite)
WRV	Verfassung des Deutschen Reiches vom 11.8.1919 (Weimarer Verfassung)
ZAP	Zeitschrift für die Anwaltspraxis (Jahr und Seite)
z. B.	zum Beispiel
ZfBR	Zeitschrift für deutsches und internationales Baurecht (Jahr und Seite)
ZfW	Zeitschrift für Wasserrecht (Jahr und Seite)
ZGB	Zivilgesetzbuch
ZierH 2000	Ziergehölzhinweise 2000 (abgedruckt im Anhang)
ZIP	Zeitschrift für Wirtschaftsrecht (Jahr und Seite)
zit.	zitiert
ZPO	Zivilprozessordnung
ZuSEVO	Verordnung über die Entschädigung von Zeugen und Sachverständigen in Verwaltungssachen

Literaturverzeichnis

Battis/Krautzberger/Löhr, Baugesetzbuch, 14. Auflage 2019 (zitiert BKL)
Baumann/Gabler/Günther, EEG, 1. Auflage 2020
Baumbach/Lauterbach/Hartmann/Anders/Gehle, Zivilprozessordnung, 79. Auflage 2021
Bender, Staatshaftungsrecht, 3. Auflage 1981
Berendes, Wasserhaushaltsgesetz, 2. Auflage 2018
Berliner Kommentar zum BauGB, 3. Auflage
Boldt/Weller, Bundesberggesetz, 1992
Bonner Kommentar zum Grundgesetz, Stand Februar 2021
Boruttau, Grunderwerbsteuergesetz, 20. Auflage 2021
Boujong, Bergbau und öffentliche Verkehrsanlagen – Interessenkollisionen, Konfliktlösung durch Planung, Enteignungsmaßnahmen, Festschrift für Willi Blümel, 1999, S. 67ff.
Breuer/Gärditz, Öffentliches und privates Wasserrecht, 4. Auflage 2017
Brügelmann, Baugesetzbuch, Stand Oktober 2013
Buchwald, Wertermittlung von Ziergehölzen, Heft 122 der Schriftenreihe des HLBS, 1988
Büchs, Handbuch des Eigentums- und Entschädigungsrechts, 3. Auflage 1996
Bunjes, Umsatzsteuergesetz, 20. Auflage 2021
Cholewa/David/Dyong/von der Heide/Sailer, Baugesetzbuch, 3. Auflage 1994
Czychowski/Reinhardt, Wasserhaushaltsgesetz, 12. Auflage 2019
Danckelmann, Landbeschaffungsgesetz, 1959
Dreier, Grundgesetz, 3. Auflage 2013, Bd. I Art. 1–19
Eger, Das Gesetz über die Enteignung von Grundeigentum vom 11. Juni 1874 (Preußisches Enteignungsgesetz), 1887
Erichsen/Ehlers, Allgemeines Verwaltungsrecht, 12. Auflage 2010
Erman, Handkommentar zum Bürgerlichen Gesetzbuch, 16. Auflage 2020
Ernst/Zinkahn/Bielenberg/Krautzberger, Baugesetzbuch, Stand Januar 2013/zitiert EZBK)
Eyermann, Verwaltungsgerichtsordnung, 15. Auflage 2019
Fehling/Kastner/Wahrendorf, Verwaltungsrecht, 5. Auflage 2021 (zitiert Hk-VerwR/VwGO)
Ferner/Kröninger/Aschke, Baugesetzbuch mit Baunutzungsverordnung, 3. Auflage 2013 (zitiert Hk-BauGB)
H. Fischer, Entschädigungsanspruch aus Enteignung und enteignungsgleichem Eingriff, 4. Auflage 2017 (Folgeauflage von Gelzer/Busse)
Frenz/Müggenborg/Cosack/Henning/Schomerus, EEG, 5. Auflage 2017
Gassner, Der freihändige Grunderwerb der öffentlichen Hand, 1983
Gelzer/Busse, Der Umfang des Entschädigungsanspruchs aus Enteignung und enteignungsgleichem Eingriff, 3. Auflage 2009
Gerardy/Möckel, Die Praxis der Grundstücksbewertung, Aktualisierung 2019
Gerold/Schmidt, Rechtsanwaltsvergütungsgesetz, 22. Auflage 2015
Giehl, Verwaltungsverfahrensrecht in Bayern, Kommentar zum BayVwVfG und BayVwZVG, Stand 2020
Hartung/Schons/Enders, Rechtsanwaltsvergütungsgesetz, 3. Auflage 2017
Hentschel/König/Dauer, Straßenverkehrsrecht, 46. Auflage 2021
Hoppe/Scharmann/Buchner, Rechtsschutz bei der Planung von Straßen und anderen Verkehrsanlagen, 3. Auflage 2001
Isensee/Kirchhof, Handbuch des Staatsrechts (HStR), Bb. IV und Bd. VIII, 3. Auflage 2007
Jäde/Dirnberger, Baugesetzbuch, Baunutzungsverordnung, 9. Auflage 2018
Kleiber, Verkehrswertermittlung von Grundstücken, 9. Auflage 2020
Kleiber, Wertermittlung nach ImmoWertV, 8. Auflage 2020

https://doi.org/10.1515/9783110682557-206

Koch, Verkehrs- und Schadensersatzwerte von Bäumen, Sträuchern, Hecken, Obstgehölzen und Reben nach dem Sachwertverfahren, 1974 (zit.: Koch, Baumwertheft)
Kodal, Straßenrecht, 8. Auflage 2021
Koffka, Gesetz über die Enteignung von Grundeigentum vom 11. Juni 1874 (Preußisches Enteignungsgesetz), 1902
Kopp/Ramsauer, Verwaltungsverfahrensgesetz, 21. Auflage 2020
Kopp/Schenke, Verwaltungsgerichtsordnung, 26. Auflage 2021
Kreft, Aufopferung und Enteignung. Begriffe und Grundsätzliches in der Rechtsprechung des Bundesgerichtshofes, 1968
Kreft, Grenzfragen des Enteignungsrechts in der Rechtsprechung des Bundesgerichtshofes und des Bundesverwaltungsgerichts, Ehrengabe für Bruno Heusinger, 1968, S. 167 ff.
Kreft, Bemessung der Enteignungsentschädigung nach der Rechtsprechung des BGH, WM Sonderbeilage Nr. 2/1977 zu Nr. 15 vom 9. April 1977 (zit.: Kreft, Enteignungsentschädigung I)
Kreft, Bemessung der Enteignungsentschädigung nach der Rechtsprechung des BGH, WM Sonderbeilage Nr. 7/1982 zu Nr. 51 vom 18.12.1982 (zit.: Kreft, Enteignungsentschädigung II)
Kreft, Bemessung der Enteignungsentschädigung nach der Rechtsprechung des BGH, WM Sonderbeilage Nr. 6/1985 zu Nr. 33 vom 17. August 1985 (zit.: Kreft, Enteignungsentschädigung III)
Kreft, Öffentlich-rechtliche Ersatzleistungen, 2. Auflage 1998
Kröner, Die Eigentumsgarantie in der Rechtsprechung des Bundesgerichtshofes, 2. Auflage 1969 (zit.: Kröner, Eigentumsgarantie)
Krohn, Enteignung, Entschädigung, Staatshaftung, 1993 (zit.: Krohn, Enteignung)
Krohn/Löwisch, Eigentumsgarantie, Enteignung, Entschädigung, 3. Auflage 1984
Linke, Abgrabungsgesetz NW, 2. Auflage 2005
Mainczyk, Bundeskleingartengesetz, 12. Aufl. 2019
Marschall, Bundesfernstraßengesetz, 6. Auflage 2012
Maunz/Dürig, Grundgesetz, Stand August 2020
Mayer/Kroiß, Rechtsanwaltsvergütungsgesetz, 8. Auflage 2021
Meyer/Thiel/Frohberg, Enteignung von Grundeigentum, Gesetz über die Enteignung von Grundeigentum (Preußisches Enteignungsgesetz), 5. Auflage 1959, Nachdruck 2019
Molodovsky/Bernstorff/Pfauser, Enteignungsrecht in Bayern, Stand 2020
Müller/Schulz, Bundesfernstraßengesetz mit Bundesfernstraßenmautgesetz, 2. Auflage 2013
v. Münch/Kunig, Grundgesetz-Kommentar, 7. Auflage 2021
Münchener Kommentar: Bürgerliches Gesetzbuch, Kommentar, Band 6 „Sachenrecht" 8. Auflage 2020 (zit.: MK-BGB)
Neufang, Grundstücksenteignungsrecht, 1952
Nüßgens/Boujong, Eigentum, Sozialbindung, Enteignung, 1987
Opfermann, Enteignungsentschädigung nach dem Grundgesetz, 1974
Ossenbühl/Cornils, Staatshaftungsrecht, 6. Auflage 2013
Pagendarm, Bemessung der Enteignungsentschädigung nach der Rechtsprechung des BGH, WM Sonderbeilage Nr. 5/1965 zu Teil IV vom 30. Oktober 1965 (zit.: Pagendarm 1965)
Pagendarm, Bemessung der Enteignungsentschädigung nach der Rechtsprechung des BGH, WM 1972, 2 (zit.: Pagendarm 1972)
Palandt, Bürgerliches Gesetzbuch, 80. Auflage 2021
Pahlke/Franz, Grunderwerbssteuergesetz, 6. Auflage 2014
Quadflieg, Recht der Flurbereinigung, 1977
Riedel/Sußbauer, Rechtsanwaltsvergütungsgesetz, 10. Auflage 2015
Rothe, Bundeskleingartengesetz, 1983
Sachs, Grundgesetz, 9. Auflage 2021
Sauthoff, Öffentliche Straßen, 3. Auflage 2020

Schlichter/Stich/Driehaus/Paetow, Berliner Kommentar zum Baugesetzbuch, 3. Auflage
Schmidt, Einkommensteuergesetz, Kommentar, 40. Auflage 2021
Schoch/Schneider/Bier, Verwaltungsrecht – Verwaltungsgerichtsordnung, 39. Auflage 2020
Schrödter, Baugesetzbuch, 9. Auflage 2019
Schütz/Frohberg, Bundesbaugesetz, 3. Auflage 1970
Schwantag/Wingerter, Flurbereinigungsgesetz, 2007
Seehusen/Schwede, Flurbereinigungsgesetz, 7. Auflage 2006
Sieder/Zeitler/Dahme/Knopp, Wasserrecht, Bd. I Wasserhaushaltsgesetz – Abwasserabgabengesetz, Stand Februar 2017
Soergel, Bürgerliches Gesetzbuch, Band 6 „Sachenrecht“, 19. Auflage 2020
Spannowsky/Uechtritz, Baugesetzbuch, 3. Aufl. 2018
Stang, Bundeskleingartengesetz, 2. Auflage 1995
Staudinger, Bürgerliches Gesetzbuch, Buch 3: Sachenrecht, 16. Auflage 2012
Steuer, Flurbereinigungsgesetz, 2. Auflage 1967
Strick, Lärmschutz an Straßen, 2006
Vorholz, Immobilien Brief Nr. 321 „Grundstückswert in Windparknähe“, 9.5.2014
Weyreuther, Bauen im Außenbereich, 1979
Weyreuther, Über die Verfassungswidrigkeit salvatorischer Entschädigungsregelungen im Enteignungsrecht, 1980
Zeitler, Bayerisches Straßen- und Wegegesetz, Stand Juli 2020
Zimmermann, Immobilienwertermittlungsverordnung, 2. Auflage 2019
Zöller, Zivilprozessordnung, 33. Auflage 2020

Einführung

Das Grundgesetz – Art. 14 Abs. 3 – und die einschlägigen Gesetze – z.B. §§ 93ff. BauGB und die Landesenteignungsgesetze – enthalten zur Enteignungsentschädigung lediglich allgemeine Regelungen. Auch die Rechtslehre hat sich mit den Fragen der Enteignungsentschädigung nur wenig befasst. Der Rechtsprechung fiel darum die schwierige Aufgabe zu, zur Entscheidung des Einzelfalles weiterführende Entschädigungsgrundsätze zu entwickeln.

1. *Enteignungsentschädigung* ist kein Schadensersatz, sondern ein angemessener, der erlittenen Einbuße entsprechender *Wertausgleich*, der – bildhaft gesprochen – den Betroffenen in die Lage versetzt, sich einen gleichwertigen Gegenstand zu beschaffen. Ob die Beschaffung des Ersatzes tatsächlich gelingt, darauf kommt es nicht an. Während der Schadensersatz seinem Wesen nach darauf gerichtet ist, das schädigende Ereignis ungeschehen zu machen, stellt die Enteignungsentschädigung den gestörten Vermögensspiegel wieder her und umfasst keineswegs sämtliche Vermögenseinbußen des Betroffenen in Gegenwart und Zukunft. Die Enteignungsentschädigung richtet sich am *Genommenen* aus. Wegnehmen kann man aber jemandem nur etwas, was er hat, nicht was er haben könnte oder würde, wenn er nicht enteignet worden wäre. Der eingetretene *Rechtsverlust* allein ist Gegenstand der Entschädigungsbemessung. Daneben kommt in beschränktem Umfang eine Entschädigung für die mit dem Rechtsverlust verbundenen Folgeschäden in Betracht.

2. Die Frage nach dem Genommenen führt zu der Frage nach der Art des eingetretenen Verlustes. Dabei ist zu beachten, dass Art. 14 GG das Eigentum als Recht schützt. Enteignungsrechtlich von Bedeutung ist mithin nur die Wegnahme oder Beschränkung einer *Rechtsposition*, sofern sie darüber hinaus einen greifbaren Wert beinhaltet. Rechtsposition heißt, dass ihr Inhaber auf den Fortbestand bestimmter rechtlicher oder tatsächlicher Umstände ein ggf im Klagewege durchsetzbares Recht hat. Eigentum vermittelt eine Rechtsposition, weil der Eigentümer einer Sache, soweit nicht das Gesetz oder Rechte Dritter entgegenstehen, mit der Sache nach Belieben verfahren und andere von jeder Einwirkung ausschließen kann (§ 903 BGB). Ebenso ist es mit dem Miet- und Pachtrecht; beide gewähren während der Vertragszeit das Recht auf Gebrauch bzw Gebrauch und Fruchtgenuss. Dagegen stellen Aussichten, Erwartungen und bloße Möglichkeiten, z.B. einer Vertragsverlängerung, keine Rechtsposition dar; denn der Betroffene kann eine solche Verlängerung durch seinen Vertragspartner nicht erzwingen. Die unterbliebene Verlängerung eines Vertrages ist darum keine enteignende Maßnahme, auch wenn es ohne den enteignenden Vorgang mit großer Wahrscheinlichkeit zu einer Verlängerung gekommen wäre. Ebenfalls kann niemand verlangen, dass das öffentliche Wegenetz unverändert erhalten bleibt, mag der einzelne auch aus einer bestimmten, kurzen, bequemen Wegeverbindung besondere geldwerte Vorteile gezogen haben. Die Abbindung oder Unterbrechung eines öffentlichen

https://doi.org/10.1515/9783110682557-001

Weges löst keine Entschädigungspflicht aus, sofern die Anliegerstraße als ausreichende Verkehrsverbindung für das Grundstück weiterhin vorhanden ist.

Häufig liegen die Dinge indes nicht so klar und eindeutig. Vielfach hat man es mit gemischten Sachverhalten zu tun. Der Eingriff beeinträchtigt nicht nur Rechte, sondern wirkt sich auch nachteilig in tatsächlichen Bereichen aus. Zwischen beiden ist zu unterscheiden; nachteilige Auswirkungen des Eingriffs in tatsächlichen Bereichen sind enteignungsrechtlich unerheblich. Ein Beispiel soll das verdeutlichen: Aus einem mit einem Einfamilienhaus bebauten Grundstück wird für den Bau einer Straße ein Teil des Gartens benötigt. Durch den Verkehr auf der neuen Straße wird das Restgrundstück von Staub, Lärm und Abgasen betroffen. Der Eigentümer sieht darin eine Wertminderung und verlangt neben der Entschädigung für die abgetretene Teilfläche auch dafür Entschädigung. Dabei ist zu berücksichtigen, dass er bei einem Bau der Straße entlang seiner Grundstücksgrenze ebenfalls beeinträchtigt würde, ohne eine Enteignungsentschädigung fordern zu können; denn in seiner Rechtsstellung als Eigentümer ist er grundsätzlich lediglich insoweit betroffen, als er infolge der Landabtretung und des Heranrückens der Straße an sein Haus stärker beeinträchtigt wird; nur für dieses „Mehr" an Beeinträchtigungen steht ihm eine Entschädigung zu.

3. *Enteignung* im Sinne des Art. 14 Abs. 3 GG ist ein rechtmäßiger, gezielter Rechtsakt; er entzieht dem Betroffenen dessen durch Art. 14 Abs. 1 Satz 1 GG geschütztes Recht zum Wohle der Allgemeinheit ganz oder teilweise zur Erfüllung bestimmter öffentlicher Aufgaben. Eine solche Enteignung im förmlichen Sinne geschieht durch Gesetz oder durch Verwaltungsakt auf Grund eines Gesetzes, das Art und Ausmaß der Entschädigung regelt. Bei der Enteignung durch Gesetz bestimmt das Gesetz selbst, welche Eigentümer in welchem Umfang enteignet werden. Die Rechtsänderung wird unmittelbar ohne zusätzlichen Vollzugsakt mit dem Inkrafttreten des Gesetzes wirksam.

Von der Enteignung im förmlichen Sinne zu unterscheiden sind Rechtsbeschränkungen nach Art. 14 Abs. 1 Satz 2 GG. Ihre Grundlage bilden Gesetze, die Inhalt und Schranken des betroffenen Rechts bestimmen und aussagen, wieweit das Recht noch reicht. Als *Inhaltsbestimmungen* sind sie grundsätzlich entschädigungslos hinzunehmen (Art. 14 Abs. 2 GG). Auch wenn sie im Einzelfall den Rechtsträger unverhältnismäßig belasten, bleiben sie Inhaltsbestimmungen. Übermäßige Belastungen durch eine Inhaltsbestimmung sind jedoch auszugleichen und durch eine Geldleistung auf ein zumutbares Maß herabzumindern, um die anderenfalls drohende Rechtsfolge der Verfassungswidrigkeit zu vermeiden. Die dafür erforderliche Ausgleichsregelung ist Teil der nach Art. 14 Abs. 1 Satz 2 GG getroffenen Inhaltsbestimmung. Beispiele solcher Inhaltsbestimmungen sind Maßnahmen des Natur- und Landschaftsschutzes, des Denkmalschutzes aber auch die Bauverbote und Anbaubeschränkungen längs von Straßen.

Aber nicht nur die Enteignung im förmlichen Sinne und die ausgleichspflichtige Inhaltsbestimmung verpflichten die öffentliche Hand zu einer Entschädigung. Daneben kann der Bürger auch durch einen sog. *enteignenden Eingriff* entschädigungspflichtig getroffen werden. Hierbei handelt es sich um rechtmäßiges hoheitliches Handeln, das Einzelne unbeabsichtigt, aber unmittelbar trifft und sie in ihrer geschützten Rechtsstellung fühlbar (schwer und unerträglich) beeinträchtigt, ohne dass die Einwirkungen rechtlich abgewehrt werden können. Eine schlichthoheitlich betriebene Kläranlage beispielsweise belästigt die Eigentümer in einem nahegelegenen Wohngebiet schwer und unerträglich durch üble Gerüche. Die Anspruchsgrundlage bildet der allgemeine Aufopferungsgrundsatz der §§ 74, 75 EinlPreußALR, wie er richterrechtlich ausgeformt wurde.

Der *enteignungsgleiche Eingriff* dagegen ist eine ebenfalls dem öffentlichen Wohl dienende, aber rechtswidrige Maßnahme der öffentlichen Hand gegen ein vermögenswertes Recht (z.B. unberechtigte Schließung eines Gewerbebetriebes). Das durch die höchstrichterliche Rechtsprechung entwickelte Rechtsgebilde des enteignungsgleichen Eingriffs schließt eine Gesetzeslücke. Es besteht kein sachlicher Grund, einen unrechtmäßigen Eingriff anders zu behandeln als einen rechtmäßigen, solange der betroffene Bürger ihn hinnehmen muss und etwas von seiner Rechtsstellung zum Wohle der Allgemeinheit aufopfert. Die Rechtsgrundlage für eine angemessene Entschädigung, nicht Schadensersatz, bildet ebenfalls der Aufopferungsgrundsatz der §§ 74, 75 EinlPreußALR. Wer einem solchen Eingriff ausgesetzt ist, sollte unverzüglich prüfen oder prüfen lassen, ob und inwieweit der Eingriff rechtswidrig ist und welche Rechtsbehelfe in Betracht kommen, und ggf davon Gebrauch machen. Denn für Nachteile, die in zumutbarer Weise abgewendet werden konnten, kann keine Entschädigung verlangt werden (§ 254 BGB). Sachverhaltsmäßig setzt die Anwendbarkeit des Rechtsgedankens der Mitverursachung voraus, dass ein Verwaltungsakt ergangen ist; sie ist demnach nicht möglich, wenn die rechtswidrige hoheitliche Maßnahme dem bis dahin unbeteiligten Bürger selbst schon den Schaden zufügt (Realakt).

Die Pflicht zur Entschädigung obliegt bei enteignenden und enteignungsgleichen Eingriffen nicht schlechthin dem eingreifenden Hoheitsträger, sondern dem unmittelbar Begünstigten. Als unmittelbar begünstigt ist der Hoheitsträger anzusehen, dessen Aufgaben wahrgenommen wurden oder dem die Vorteile des Eingriffs zugeflossen sind.

4. Bei der Enteignung eines Grundstücks oder Grundstücksteils spielt der Zeitpunkt für die *Bestimmung des Grundstückszustands* eine maßgebliche Rolle. Vielfach ist das Grundstück Gegenstand eines sich über einen längeren Zeitraum hinziehenden Enteignungsvorganges. Es kommt dann nicht auf die tatsächlichen und rechtlichen Gegebenheiten beim Erlass des Enteignungsbeschlusses oder einer vorausgegangenen Besitzeinweisung an, sondern an deren Stelle treten als Beginn des einheitlichen Enteignungsvorganges im Wege der *Vorwirkung* der Enteignung andere Maßnahmen, die ein Hineinwachsen des Grundstücks in einen höherwertigen Zustand ebenso verhindern und es somit von jeder wirtschaftlichen Weiterentwicklung ausschließen. Dafür kommen in Betracht: Bauverbote, Veränderungssperren, verbindliche und sogar vorbereitende Planungen. Eine Vorwirkung der späteren Enteignung durch eine solche

Maßnahme ist anzunehmen, wenn ein Grundstück aufhört, eine Handelssache zu sein, es also auf dem Grundstücksmarkt nicht mehr verkäuflich ist, sondern z. B. als zukünftiges Straßenland angesehen wird. Überhaupt kommt dem Zeitpunkt für die Bestimmung des Genommenen eine ganz besondere Bedeutung zu. Nur wenn Klarheit darüber besteht, von welchem Sachverhalt bei der Bemessung der Entschädigung auszugehen ist, ist ihre richtige Ermittlung gewährleistet. Was dazu eben zur Zustandsbestimmung eines Grundstücks gesagt worden ist, gilt grundsätzlich auch für andere entschädigungsrechtlich erhebliche Umstände. Ist der eigentlichen Enteignung z. B. eine Planfeststellung vorausgegangen (Beginn des Enteignungsvorgangs), so ist der zu diesem Zeitpunkt bestehende Sachverhalt maßgeblich; eine Vertragsverlängerung z. B. nach diesem Zeitpunkt ohne zwingenden Grund ist unbeachtlich und kann die Höhe der Entschädigung nicht beeinflussen. Bei Eingriffen in Miet- oder Pachtrechte ist für die Bestimmung des Umfanges des Rechtsverlustes stets auf den Zeitpunkt abzustellen, in dem der Mieter oder Pächter tatsächlich den Besitz verloren hat; denn erst der Verlust des Besitzes lässt das Besitzrecht untergehen und schreibt die rechtlich geschützte Stellung fest, die der Mieter oder Pächter im Einzelfall hatte.

5. Wenn festgestellt ist, was dem Betroffenen enteignet und damit zustandsmäßig genommen wird, stellt sich die Frage nach dem *Wert des Genommenen.* Nach Art. 14 Abs. 3 GG ist die Entschädigung unter gerechter Abwägung der Interessen der Allgemeinheit und der Beteiligten zu bestimmen. Dadurch wird dem Gesetzgeber erlaubt, je nach Lage auch eine geringere Entschädigung als den vollen Wert vorzusehen. Die einschlägigen Enteignungsgesetze gehen aber durchweg von einem vollen Ersatz aus, der sich nach dem Verkehrswert des Rechtsverlustes bemisst (z. B. § 95 Abs. 1 BauGB). Der *Verkehrswert* wird in § 194 BauGB als der „im gewöhnlichen Geschäftsverkehr zu erzielende Preis" beschrieben. Dadurch ist die Entschädigung nach oben und unten begrenzt. Es ist darum nicht möglich, neben dem Verkehrswert irgendwelchen Aufwand für die Wiederbeschaffung eines gleichwertigen Gegenstandes zu ersetzen. Die richtig bemessene Entschädigung (Verkehrswert) stellt bereits einen vollen Ausgleich für das Genommene dar, und durch die Gewährung dieser Entschädigung ist die gestörte Vermögenslage ausgeglichen. Daran ändert sich auch dann nichts, wenn der Enteignete aus bestimmten Gründen gehalten ist, ein Ersatzgrundstück zu beschaffen. Überhaupt hat die *Verwendung der Entschädigung* auf deren Höhe keinen Einfluss. Das würde zu einer unterschiedlichen und deshalb unzulässigen Bemessung der Entschädigung führen, je nachdem, wie der Betroffene den Entschädigungsbetrag verwendet. Eine volle Entschädigung kann selbstverständlich nicht nur bei einer Wegnahme, sondern auch bei einer *Beschränkung des Eigentums* (z. B. Belastung mit einer Dienstbarkeit) beansprucht werden. Hier ist der volle Wert der durch die Beschränkung eingetretenen Wertminderung zu ersetzen. In beiden Fällen muss der Betroffene einen wirklichen Wertausgleich für das ihm auferlegte Vermögensopfer erhalten; anderenfalls ist die Entschädigung keine gerechte im Sinne des Art. 14 GG.

6. Auf den Verkehrswert an dem Tag, an dem die Enteignungsbehörde entscheidet, kommt es an (*Bewertungsstichtag*). Denn nur wenn bei der Berechnung der Entschädigung auf die Preisverhältnisse zu einem Zeitpunkt abgestellt wird, der der Auszahlung der Entschädigung möglichst naheliegt, ist sichergestellt, dass der Betroffene durch die Entschädigung in die Lage versetzt wird, sich einen Gegenstand gleicher Art und Güte wieder zu beschaffen. Der Bewertungsstichtag kann sich jedoch in Zeiten schwankender Preise aus mancherlei Gründen verschieben.

Hat der Enteignungsbegünstigte dem Eigentümer zur Vermeidung der Enteignung ein *Kauf- oder Tauschangebot* mit angemessenen Bedingungen unterbreitet und wurde dieses Angebot abgelehnt, bleiben danach eintretende Preiserhöhungen bei der Festsetzung der Entschädigung unberücksichtigt (§ 95 Abs. 2 Nr. 3 BauGB, allgemeiner Grundsatz des Enteignungsrechts). Das besagt, dass durch ein Angebot mit angemessenen Bedingungen ein Bewertungszeitpunkt festgelegt wird. Nicht die Preisverhältnisse in dem Zeitpunkt, in dem die Enteignungsbehörde entscheidet, sind maßgebend, sondern die Preisverhältnisse am Tag des angemessenen Angebots. Der Bewertungsstichtag wird durch ein angemessenes Angebot vorverlegt.

Ebenfalls zu einer Vorverlegung des Bewertungsstichtages kommt es, wenn der Enteignungsbegünstigte in Zeiten schwankender Preise einen oder mehrere *Abschläge* gezahlt hat. Dann ist die Höhe der Entschädigung nach den Preisverhältnissen dieser Zeitpunkte zu ermitteln, und lediglich der damals nicht gezahlte Teil der Entschädigung nimmt an eingetretenen Preisänderungen teil. Auf die Höhe des Abschlages kommt es dabei nicht an. Ebenso wenig ist Voraussetzung, dass die Enteignungsbehörde die Entschädigung zuvor festgesetzt hatte.

Der Bewertungsstichtag kann sich aber auch auf einen Zeitpunkt verschieben, der später als die Entscheidung der Enteignungsbehörde liegt. Es sind die Fälle, in denen der Enteignungsbegünstigte oder der Betroffene die Entscheidung der Behörde für fehlerhaft hält und deshalb durch Antrag auf gerichtliche Entscheidung anficht. Zu einer solchen Verschiebung kommt es, und zwar auf den Tag der letzten gerichtlichen Tatsachenverhandlung, wenn die Entschädigung zu gering festgesetzt war oder der Enteignungsbegünstigte die richtig festgesetzte Entschädigung nicht alsbald auszahlt oder zumindest ernsthaft anbietet. Denn die Verantwortung dafür, dass der Betroffene wertmäßig einen vollen Ausgleich erhält, trägt der Enteignungsbegünstigte. Die Fälligkeit spielt dabei keine Rolle; Enteignung und Entschädigung sind nicht Leistungen, die Zug um Zug zu erbringen wären.

7. Die Forderung des Grundgesetzes nach einer angemessenen und gerechten Entschädigung ist nur erfüllt, wenn die Entschädigung im Augenblick der Wegnahme (Besitzübergang) gezahlt wird. In diesem Falle verfügt der Betroffene sogleich über den entsprechenden Gegenwert, den er wie das Genommene nutzen kann. Soweit im Augenblick der Wegnahme nicht gezahlt wird, ist die *Entschädigung zu verzinsen*. Die Zinsen sind ein Ausgleich dafür, dass der Betroffene eine Zeit lang weder das Genommene noch die dafür zu zahlende Entschädigung nutzen kann; sie sind eine beson-

dere Form der Nutzungsentschädigung. Die Höhe der Verzinsung ergibt sich regelmäßig aus den einschlägigen Enteignungsgesetzen (z. B. § 99 Abs. 3 BauGB).

Schwankende Preise bringen auch bei der Verzinsung eine Besonderheit mit sich. Fehlerhaft wäre, die festgesetzte Entschädigung ab einem Besitzübergang zu verzinsen, der längere Zeit zurückliegt. Denn der Betroffene hat nur Anspruch darauf, dass die jeweils angemessene Entschädigung verzinst wird; nur in diesem Umfang wird der Wertausgleich vorenthalten und steht ihm eine Nutzungsentschädigung zu. Für den oder die Verzinsungszeiträume müssen deshalb Mittelwerte gebildet und verzinslich gestellt werden.

8. Die Wegnahme eines gewerblich genutzten Grundstücks für eine öffentliche Maßnahme greift nicht nur in das Eigentum oder Pachtrecht an dem Grundstück ein, sondern trifft auch den Gewerbebetrieb, zu dem das Grundstück gehört. Art. 14 GG schützt den eingerichteten und ausgeübten Gewerbebetrieb wie Eigentum. Geschützt ist alles, was den wirtschaftlichen Wert des Betriebes ausmacht. In der Regel verschlechtert sich in einem solchen Fall die Ertragslage des Betriebes, und der Wert seiner Substanz wird gemindert. Häufig lassen sich diese Nachteile nicht durch Anpassungsmaßnahmen ausgleichen. Die Auswirkungen der Landabtretung sind so schwerwiegend, dass der Betrieb am alten Standort nicht gehalten werden kann. Der Betrieb muss, wenn er weiter bestehen soll, verlegt werden. Der betroffene Gewerbeinhaber kann neben der Entschädigung für den Rechtsverlust (Grundstück, Baulichkeiten usw.) für den vorübergehenden oder dauernden Erwerbsverlust, den er infolge der Verlegung seines Betriebes erleidet, den Aufwand beanspruchen, der erforderlich ist, um ein anderes Grundstück in der gleichen Weise wie das enteignete zu nutzen (vgl. § 96 Abs. 1 Nr. 1 BauGB).

Hier wird augenscheinlich, dass die angemessene Entschädigung im Sinne des Art. 14 GG sich im Einzelfall aus einer ganzen Reihe von Posten zusammensetzen kann. Zu der Entschädigung für den *Rechtsverlust*, die sich nach dem Verkehrswert bemisst, können für sonstige durch den Rechtsverlust bedingte *Nachteile* weitere Entschädigungsbeträge hinzutreten. Voraussetzung ist allerdings, dass es sich um Nachteile handelt, die als erzwungene und unmittelbare Folge der Enteignung eintreten und dem Betroffenen zum Wohle der Allgemeinheit ebenfalls ein Sonderopfer abverlangen. So kann der Eigentümer, der auf dem benötigten Grundstück wohnt, die Kosten eines Umzugs in eine andere Wohnung verlangen. Dass für einen solchen sonstigen Nachteil keine Entschädigung zu zahlen ist, wenn er schon bei der Bemessung der Entschädigung für den Rechtsverlust berücksichtigt wurde, liegt auf der Hand; anderenfalls würde eine unzulässige *Doppelentschädigung* gewährt.

Wenn in § 96 Abs. 1 Nr. 1 BauGB bei der Entschädigung des Erwerbsverlustes von dem Aufwand gesprochen wird, der erforderlich ist, um ein anderes Grundstück in der gleichen Weise wie das zu enteignende zu nutzen, so heißt das nicht, dass dieser Aufwand in voller Höhe zu entschädigen ist; er bildet vielmehr die *Obergrenze der Entschädigung*. Die *Verlegungskosten* dürfen ein billiges, angemessenes Maß nicht übersteigen. Entschädigungsfähig sind die Kosten, die ein verständiger Dritter aufwenden würde, wenn er die Verlegung des Betriebes selbst bezahlen müsste. Auch wenn der Betrieb im Einzelfall nicht verlegt wird, weil der Betroffene das Gewerbe aufgibt oder weil kein geeignetes Ersatzgrundstück zur Verfügung steht, kann als Entschädigung nur der Verlegungsaufwand gefordert werden. Durch die Zahlung des Unternehmenswertes (Verkehrswert des Betriebes) würden vermögenswerte Umstände entschädigt, die dem Betroffenen nicht genommen werden. Die berufliche Tüchtigkeit, die geschäftlichen Verbindungen usw., die über den Umsatz den Unternehmenswert wesentlich mitbestimmen, werden durch die Enteignung des Betriebsgrundstücks nicht berührt. Mangels einer tatsächlichen Verlegung müssen die Verlegungskosten allerdings auf der Grundlage einer gedachten, unterstellten Verlegung ermittelt werden.

9. Die Wegnahme landwirtschaftlicher Grundstücke ist regelmäßig mit sog. Nebenschäden (Umwege, Durchschneidungen, Anschneidungen, Erwerbsverluste) verbunden. Jedoch ist nicht jeder durch die öffentliche Maßnahme ausgelöste *Umweg* entschädigungspflichtig, sondern der Betroffene muss dadurch in seiner geschützten Rechtsstellung beeinträchtigt werden; denn bekanntlich besteht kein Rechtsanspruch darauf, dass das öffentliche Wegenetz nicht verändert wird. Wird z.B. auf der Fahrstrecke zwischen der Hofstelle und dem teilweise weggenommenen Grundstück ein öffentlicher Weg unterbrochen, so kann der davon betroffene Landwirt für einen dadurch ausgelösten Umweg keine Entschädigung verlangen. Eine bequeme kurze Verbindung durch das öffentliche Wegenetz gehört eben nicht zum geschützten Bestand des Gewerbebetriebes. *An- und Durchschneidungen* ihrerseits verursachen Formverschlechterungen und damit höhere Arbeits- und Maschinenkosten sowie Mindererträge. Bei den durch An- und Durchschneidungen ausgelösten Bewirtschaftungserschwernissen handelt es sich um andere Vermögensnachteile, deren Ausgleich dem Bewirtschafter gebührt. Die Entschädigung ist der wirtschaftliche Ausdruck des Mehrwertes der einzelnen Grundstücksteile vor der Aufhebung ihres Zusammenhanges; die Grundstücksteile haben aus ihrer räumlichen Verbindung ihrem Eigentümer bzw. Pächter einen besonderen Nutzen gewährt. *Erwerbsverluste* dagegen haben ihre Ursache allein in der Verkleinerung der Nutzfläche. Die Verkleinerung der Nutzfläche wird ihrerseits durch die für die abgetretene Fläche gezahlte Entschädigung voll ausgeglichen. Die Grundstücksentschädigung tritt als Wertausgleich an die Stelle des entzogenen Grundstücks und nimmt innerhalb des landwirtschaftlichen Betriebes ertragsmäßig dessen Stellung ein. Die Erträge aus dieser Entschädigung (Geldverzinsung) sind darum auf mögliche Erwerbsverluste anzurechnen. Nur soweit sie zur Abdeckung dieser Verluste nicht ausreichen, kommt eine besondere weitere Entschädigung dafür in Betracht.

10. Wird lediglich ein Grundstücksteil oder ein Teil eines räumlich oder wirtschaftlich zusammenhängenden Grundbesitzes benötigt, so kann neben der Entschädigung für die weggenommene Teilfläche ein Anspruch auf Entschädigung wegen eines *Minder-*

wertes des Restes bestehen. Das setzt voraus, dass der Zusammenhang zwischen beiden Teilen rechtlich abgesichert ist und dem Eigentümer besondere geldwerte Vorteile bringt. Beide Teile müssen infolge ihrer räumlichen oder wirtschaftlichen Verbindung einen höheren Wert als den gewöhnlichen Verkaufswert der Einzelteile haben. Fehlt es an einem solchen höheren Wert, dann wird durch die Teilabtretung der Rest in seinem Wert nicht gemindert, und die Entschädigung für den abgetretenen Teil stellt bereits eine vollständige Entschädigung dar.

11. Der Rechtsgedanke des § 254 BGB (*Mitverschulden, Mitverursachung*) gilt entgegen früherer Auffassung bei der Bemessung der Enteignungsentschädigung. Er ist ein allgemeiner Grundsatz des bürgerlichen und öffentlichen Rechts. Auch Art. 14 GG erwartet von dem Betroffenen, dass er gegebene Möglichkeiten nutzt, einen Schaden, der seinem Vermögen infolge des Eingriffs droht, zu verhindern, abzuwenden oder wenigstens zu mindern. Eine schwerwiegende Verletzung dieser Pflicht kann sogar so weit führen, dass Entschädigungsansprüche ausgeschlossen sind. Ebenso ist bei der Bemessung der Enteignungsentschädigung der Grundsatz des *Vorteilsausgleichs* zu berücksichtigen. Dadurch wird die zu gewährende Entschädigung zum wirklichen Wertausgleich; denn der Vorteilsausgleich stellt sicher, dass der Entschädigungsberechtigte nicht mehr, aber auch nicht weniger erhält, als er ohne den Eingriff hätte. Auszugleichen sind alle durch den Eingriff adäquat herbeigeführten Sondervorteile. Das schädigende Ereignis muss danach allgemein geeignet sein, derartige Vorteile mit sich zu bringen, und der Zusammenhang darf andererseits nicht so lose sein, dass er vernünftigerweise unbeachtet bleiben muss.

12. Zu den entschädigungspflichtigen sonstigen Nachteilen einer Enteignung gehören auch die Kosten, die dem Betroffenen durch die Einschaltung eines Rechtsanwalts oder Sachverständigen entstehen. Ob solche *Vertretungskosten* zu erstatten sind, war früher umstritten, ist heute aber gesetzlich geregelt (z. B. § 121 BauGB, § 44 EEG NW). Erforderlich ist, dass der rechtskundige Beistand oder sachverständige Rat zur sachgerechten Wahrnehmung der eigenen Belange notwendig war. Ob der Aufwand für einen Anwalt *und* einen Sachverständigen erstattungsfähig ist, hängt von den Umständen des Einzelfalles ab. In der Regel ist die Frage zu verneinen; denn der erfahrene Anwalt ist in der Lage, ein z. B. von der Enteignungsbehörde eingeholtes Gutachten selbst zu prüfen und zu werten. Anders ist es allerdings, wenn die Einschaltung des Sachverständigen unabweislich notwendig war, damit der Betroffene seiner Darlegungslast genügen oder den erforderlichen Beweis antreten konnte.

Berechnungsgrundlage (Gegenstandswert) für den erstattungsfähigen Aufwand ist grundsätzlich die festgesetzte oder vereinbarte Entschädigungssumme. Gegenstandswert in einem Besitzeinweisungsverfahren sind 20 % des Wertes des Gegenstandes, dessen Besitz der Enteignungsbegünstigte erlangen will.

13. Die Grundsätze zur Bemessung einer Enteignungsentschädigung gelten nicht nur bei der Enteignung eines Grundstücks oder sonstigen Rechts, sondern grundsätzlich auch bei deren *gütlichem Erwerb*; das heißt, dass der Kaufpreis und die übrige Entschädigung nach denselben Maßstäben wie die Enteignungsentschädigung ermittelt werden. Das folgt aus dem Gleichheitsgrundsatz. Derjenige Eigentümer, der bereit ist, sein Grundstück freiwillig abzugeben, soll nicht schlechter, aber auch nicht besser dastehen als derjenige Eigentümer, den der Enteignungsbegünstigte enteignen muss. An die Stelle der Besitzeinweisung und des Erlasses des Enteignungsbeschlusses treten die freiwillige Besitzüberlassung und der Kaufvertrag. Dabei begegnen sich Enteignungsbegünstigter und Betroffener auf privatrechtlicher Ebene als gleichberechtigte Geschäftspartner. Die vertraglichen Haupt- und Nebenpflichten und die vorvertraglichen Pflichten beurteilen sich allein nach bürgerlichem Recht und den Regeln des Verwaltungsprivatrechts; eine Haftung aus Amtspflichtverletzung kommt daneben insoweit nicht in Betracht.

14. Können sich der Enteignungsbegünstigte und der Betroffene über die Abtretung und/oder die Höhe der Entschädigung trotz ernsthafter Verhandlungen mit angemessenem Angebot nicht einigen, findet auf Antrag des Enteignungsbegünstigten vor der höheren Verwaltungsbehörde ein *Enteignungs- bzw. Feststellungsverfahren* statt. Die Einzelheiten des Verfahrens regeln die einschlägigen Enteignungsgesetze. Gegen die Entscheidung über die Höhe der Entschädigung steht den Beteiligten der *Rechtsweg* offen. Soweit das Enteignungsgesetz den Rechtsweg nicht ausdrücklich zulässt, wird er durch Art. 14 Abs. 3 GG eröffnet, der auch insoweit als Grundrecht anzusehen ist. Die in den Enteignungsgesetzen für die Anfechtung vorgeschriebenen Fristen sind Ausschlussfristen. Die Versäumung der Frist verschließt den Rechtsweg endgültig. Bei rechtzeitiger Anfechtung durch einen Beteiligten bildet der hierdurch eingeleitete Rechtsstreit einen Teil des Enteignungsverfahrens. Die im Verwaltungsverfahren getroffene Entscheidung über die Höhe der Entschädigung ist in ihrer Gesamtheit aufgehoben, und an ihre Stelle tritt das rechtskräftige Urteil.

15. Die vorstehenden Ausführungen sollen – wie es schon die Überschrift ausdrückt – in die vielfältigen Fragen der Enteignungsentschädigung einführen und einen ersten Überblick über ihre Grundsätze vermitteln. Mit Absicht sind darum weder Literaturstellen noch Rechtsprechung angeführt; diese und eine Vertiefung der Fragen finden sich bei den einzelnen Stichworten.

Altenteilrechte

1. Altenteilrechte (Art. 96 EGBGB) in der Form eines lebenslänglichen, nicht übertragbaren **dinglichen Wohnrechtes oder einer Reallast** sind bei der Enteignung eines damit belasteten Grundstücks **gesondert zu entschädigen** (§ 97 Abs. 3 Nr. 1 Alt. 2 BauGB), sofern das Recht an dem Grundstück nicht aufrechterhalten oder nicht durch ein neues ersetzt wird (vgl. § 97 Abs. 1, 2 BauGB, § 20 Abs. 2 LBG; *Groß* in EZBK, § 97 Rn. 19). Voraussetzung ist, dass der Berechtigte durch die Enteignung in seinem Recht tatsächlich beeinträchtigt ist. Wird nur ein Teil des Grundstücks, z. B. Hinterland oder eine Vorgartenfläche enteignet, so ist der Berechtigte durch die Maßnahme zwar formell, nicht aber materiell betroffen. Er kann sein Altenteilrecht wie bisher ausüben; eine Entschädigung steht ihm nicht zu (zutreffend *Müller* NJW 1967, 1350, 1351). Liegt ein entschädigungspflichtiger Eingriff vor, so ist zunächst zu entscheiden, ob das Altenteilrecht **als beschränkt persönliche Dienstbarkeit oder als Reallast** ausgestaltet ist. Alsdann muss man den Wert der genommenen Rechtsstellung festsetzen; dabei können, anders als beim Erbbaurecht, die Entschädigungsbeträge für den Altenteilberechtigten und den Grundstückseigentümer zu einer Erhöhung oder Verminderung der Entschädigung führen, die ohne Berücksichtigung des Altenteilrechtes zu zahlen wäre. Allerdings entspricht bei Rechten, die personenbezogen sind und bei denen es deshalb an einem begünstigten Grundstück fehlt, der Wert des Rechts häufig dem Minderwert des belasteten Grundstücks. 1

2. Handelt es sich bei dem Altenteilrecht um eine **beschränkt persönliche Dienstbarkeit** (§§ 1090 ff. BGB) in Form eines *lebenslänglichen dinglichen Wohnrechts* (§ 1093 BGB), so ist dessen Verkehrswert nach dem jährlichen Nutzwert des Rechtes unter Berücksichtigung der durchschnittlichen Lebenserwartung des Berechtigten (vgl. Nr. 4.4.2 WertR 2006 sowie die Beispielrechnungen Nr. 10 und 11 in Anlage 16) festzusetzen (OLG Bremen NJW 1968, 657 = BRS 19 Nr. 149). Dabei ist der jährliche Wert höher einzuschätzen als der reine Mietwert, weil dem Berechtigten im Gegensatz zum üblichen Mieter (vgl. → **Miet- und Pachtverhältnisse**) eine gesicherte Rechtsstellung (Unkündbarkeit, keine Mietzinserhöhungen) genommen wird (OLG Bremen, ebenda; *H. Fischer* Rn. 680; ebenso *Groß* in EZBK, § 95 Rn. 31 für Dauerwohnrecht). 2

3. Ist das Altenteilrecht als **Reallast**, d. h. so ausgestaltet, dass an den Berechtigten wiederkehrende Leistungen aus dem zu enteignenden Grundstück zu entrichten sind (§ 1105 Abs. 1 BGB), so muss man für die Bemessung der Entschädigung den Jahreswert der Sachleistung entsprechend der Lebenserwartung kapitalisieren. 3

Werden die Leistungen nicht allein von dem zu enteignenden Grundstück, sondern auch von **anderen Grundstücken** erbracht, so muss zunächst der prozentuale Anteil festgelegt werden, zu dem das betroffene Grundstück zu den Sachleistungen beiträgt. Alsdann ist wiederum der jährliche Wert dieses Anteils entsprechend der durchschnittlichen Lebenserwartung des Berechtigten (zur Bemessung des „Leibrentenbarwertfak-

https://doi.org/10.1515/9783110682557-002

tors“ s. Fn. 1 in Anlage 16 zu WertR 2006) zu kapitalisieren (vgl. Nr. 4.2 WertR 2006; *Müller* NJW 1967, 135 f.; a. A. *Groß* in EZBK, § 95 Rn. 32 und *Büchs*, Rn. 3430, die bei Enteignung kleinerer Parzellen den Wert des Altenteilrechtes nicht beeinträchtigt sehen).

4 4. **Folgeschäden** (§ 96 Abs. 1 BauGB, § 19 LBG) bleiben von der Ermittlung des Verkehrswertes für das Altenteilrecht unberührt und sind gesondert zu entschädigen. Hierzu gehören insbesondere Umzugskosten (→ **Umzugskosten**).

Angemessenes Angebot

Übersicht

5 1. Das angemessene Angebot spielt im Enteignungsrecht eine gewichtige Rolle. Eine Enteignung ist nur zulässig, wenn sich der Enteignungsbegünstigte **ernsthaft um den freihändigen Erwerb** des benötigten Gegenstandes **zu angemessenen Bedingungen** vergeblich **bemüht** hat (vgl. z. B. § 87 Abs. 2 BauGB).

6 Besteht jedoch kein Zweifel daran, dass der Eigentümer ein angemessenes Angebot ablehnen wird, so ist die Enteignung **auch ohne Angebot** zulässig. Gleichwohl ein Angebot zu fordern, wäre eine bloße nicht zu rechtfertigende Verzögerung des Verfahrens. In einem vom BGH entschiedenen Fall – MDR 1983, 648 = BRS 45 Nr. 105 = BauR 1983, 249, 250 – hatten die Eigentümer eindeutig zu erkennen gegeben, dass sie zu einer freihändigen Veräußerung des beanspruchten Grundstücksteils nur gegen Bereitstellung von Ersatzland bereit seien, ohne dass ein Ersatzlandanspruch bestand. In dem Urteil heißt es dazu: *„Die Ablehnung des Angebotes durch die Eigentümer musste wegen der Weigerung, eine Geldentschädigung anzunehmen, als sicher angesehen werden. In einem solchen Fall aber braucht der Enteignung ein angemessenes Kaufangebot nicht vorauszugehen (BGHZ 77, 338, 346 m. w. N.).“*

7 Dagegen ist die Zulässigkeitsvoraussetzung der Enteignung „angemessenes Angebot“ nicht erfüllt, wenn der Enteignungsbegünstigte noch vor Einleitung des Enteignungsverfahrens **von seinem Angebot abrückt** (siehe unten Rn. **24**). Denn dann hat er sich nicht ernsthaft um einen freihändigen Erwerb vergeblich bemüht (BGHZ 90, 243, 245 = NJW 1984, 1879 = BRS 45 Nr. 106).

8 2. Ebenso bedeutsam ist das angemessene Angebot bei der Frage, wann bei der Festsetzung der Entschädigung **Werterhöhungen nicht mehr berücksichtigt** werden dürfen. Nach § 95 Abs. 2 Nr. 3 BauGB bleiben Werterhöhungen unberücksichtigt, die

https://doi.org/10.1515/9783110682557-003

nach dem Zeitpunkt eingetreten sind, in dem der Eigentümer zur Vermeidung der Enteignung ein Kauf- oder Tauschangebot mit angemessenen Bedingungen hätte annehmen können, es sei denn, dass er Kapital oder Arbeit für sie aufgewendet hat. Dabei handelt es sich um einen **allgemeinen Grundsatz des Enteignungsrechts**, der unabhängig davon gilt, ob das Gesetz, aufgrund dessen die Enteignungsentschädigung festzusetzen ist, ausdrücklich eine entsprechende Regelung enthält (BGH NJW 1975, 157 = MDR 1975, 212 = BRS 34 Nr. 94; *Battis* in BKL, § 95 Rn. 6). Es besteht kein triftiger Grund, Eigentümer, die mit einer Enteignung rechnen müssen, unterschiedlich zu behandeln. Man wird aber auch nicht sagen können, dass § 95 Abs. 2 Nr. 3 BauGB eine gänzlich neue Beschränkung des Eigentums aufstellt, die nur im zeitlichen, örtlichen und sachlichen Bereich des sie anordnenden Gesetzes gilt. Vielmehr entspricht dieser Grundsatz der Forderung des Abs. 3 Satz 3 des Art. 14 GG, wonach die Entschädigung unter gerechter Abwägung der Interessen der Allgemeinheit und der Beteiligten zu bestimmen ist (vgl. BGH WF 1989, 23, 24 = BGHR GG Art. 14 Abs. 3 Satz 3 – Angebot 1; BGHZ 98, 341 = NJW 1987, 1256 = BGHR GG Art. 14 Abs. 3 Satz 3 – Wertermittlung 1).

3. Bei seiner Anwendung stößt § 95 Abs. 2 Nr. 3 BauGB vielfach auf Schwierigkeiten. Das 9
liegt nicht zuletzt daran, dass der Gesetzgeber verschiedene Fragen offengelassen hat. Erste Klarstellungen erlaubt die Kenntnis der Gesetzesmotive. Nach dem Bericht des damals für das Bundesbaugesetz federführenden Ausschusses (BT-Drucks. 3. Wahlp. Nr. 1794 2. Teil S. 21) sollen sog. **Verzögerungsgewinne ausgeschlossen** werden. Ein Grundstückseigentümer, der in Zeiten steigender Preise sein Grundstück aus gewinnsüchtigen Erwägungen zurückhält, soll nicht besser gestellt sein als derjenige, der sogleich auf ein Kaufangebot zu angemessenen Preisen eingegangen ist (**Sperrwirkung des Angebotes**; vgl. BGH NJW 1980, 770 = DÖV 1980, 876 = BRS 45 Nr. 103; *Battis* in BKL, § 95 Rn. 6; *Breuer* in Schrödter, § 95 Rn. 39). Das bedeutet, dass ein Angebot mit angemessenen Bedingungen einen Bewertungszeitpunkt festlegt und der betroffenen Eigentümer das Risiko trägt, dass spätere Preissteigerungen seines Objektes zu seinen Lasten unberücksichtigt bleiben (vgl. BGHZ 98, 341, 345: Zahlung der Entschädigungssumme ca. 11 Jahre nach Ablehnung eines angemessenen Angebots). Nicht der Verkehrswert in dem Zeitpunkt, in dem die Enteignungsbehörde entscheidet, ist maßgebend, sondern der Verkehrswert am Tage, an dem das angemessene Angebot angenommen werden konnte (vgl. → **Zeitpunkt der Bewertung**). Die Sperrwirkung des angemessenen Angebots gilt nicht für die Verzinsung des Entschädigungsbetrages; sie läuft weiter, bis dieser ausgezahlt oder zugunsten des Betroffenen unter Verzicht auf die Rücknahme (§§ 376 Abs. 2 Nr. 1, 378 BGB) hinterlegt wird (vgl. OLG Naumburg, Urt. v. 31.1.2008 (Baul), Rn. 60 ff., juris).

Die Sperrwirkung tritt auch ein, wenn die vorzeitige Besitzeinweisung von der **Leistung einer Sicherheit** abhängig gemacht worden ist und diese durch vorbehaltlose Zahlung eines Geldbetrages an den Eigentümer erbracht wird (BGH MDR 1987, 125).

Der Eigentümer, der ein angemessenes Angebot abgelehnt hat, erhält im Enteig- 10
nungsverfahren keine volle Entschädigung. Gleichwohl wird man § 95 Abs. 2 Nr. 3

BauGB nicht als verfassungswidrig bezeichnen können. Die Vereinbarkeit mit dem Grundgesetz ist bisher auch nicht angezweifelt worden; denn den Ausschluss der Werterhöhungen hat der Eigentümer sich selbst zuzuschreiben. Ausgeschlossen werden grundsätzlich alle Werterhöhungen, wobei es keine Rolle spielt, wodurch sie entstanden sind; dem Eigentümer kommen weder die allgemeinen Bodenwertsteigerungen (Werterhöhungen infolge wirtschaftlicher Weiterentwicklung) noch die allgemeinen Preissteigerungen zugute. Eine Ausnahme gilt nur für solche Werterhöhungen, die durch Kapital oder Arbeit des Eigentümers eingetreten sind. Gleiches muss für Werterhöhungen durch Kapital oder Arbeit eines Nutzungsberechtigten gelten, sofern sie in das Vermögen des Eigentümers gelangt sind. Nur in dem Umfang, in dem der Kapital- oder Arbeitsaufwand zu einer Erhöhung des Verkehrswertes geführt hat, ist er von Belang. Es kommt mithin allein auf den Erfolg an; der Aufwand selbst ist lediglich ein Anhalt für die Abschätzung der Werterhöhung. Selbstverständlich müssen die Werterhöhungen (Bodenverbesserungen, Anpflanzungen, Errichtung baulicher Anlagen usw.), als sie vorgenommen wurden, rechtlich erlaubt und z. B. nicht durch eine Veränderungssperre untersagt gewesen sein.

11 Für die Annahme des Angebotes steht dem Eigentümer eine **Bedenkzeit** zu, deren Länge sich nach dem Umfang des Kaufgegenstandes richtet. Allerdings reicht eine Frist von einem Monat in jedem Falle aus, auch wenn eine umfangreiche Betriebsverlagerung ansteht. Denn der Eigentümer erfährt durch das Angebot nicht zum ersten Male davon, dass sein Grundstück für eine öffentliche Maßnahme benötigt wird.

12 4. Die Angemessenheit verlangt insbesondere, dass es sich um ein **vollständiges Angebot** handelt. Die Vollständigkeit bemisst sich nach dem Gesetz und den von der Rechtsprechung entwickelten zusätzlichen Entschädigungsgrundsätzen. Neben dem Betrag für den durch die Enteignung eintretenden Rechtsverlust muss das Angebot darum auch die Entschädigung für andere unmittelbar durch die Enteignung entstehende Vermögensnachteile umfassen. Im Angebot muss postenmäßig alles enthalten sein, was der Eigentümer im Enteignungsfalle fordern könnte (BGH NJW 1966, 2012 = MDR 1966, 915 = BRS 19 Nr. 87 m. w. N.).

Deshalb muss im Angebot auch die Bereitschaft zur Übernahme des Restgrundstücks erklärt werden, sofern eine gesetzliche Übernahmeverpflichtung besteht und vom Eigentümer die Übernahme verlangt wird (*Runkel* in EZBK, § 87 Rn. 84). Gleiches gilt unter den Voraussetzungen des § 100 Abs. 1 und 3 BauGB für Ersatzland. Dagegen braucht das Angebot nicht den Fall des § 100 Abs. 4 zu berücksichtigen. Das folgt aus § 87 Abs. 2 BauGB, der lediglich die Abs. 1 und 3 des § 100 anspricht (BGHZ 90, 243, 248 = NJW 1984, 1879, 1880 = BRS 45 Nr. 106). Der Enteignungsbegünstigte wäre überfordert, müsste er die der Enteignungsbehörde übertragene Ermessensentscheidung schon zuvor treffen.

13 Sofern die Ermittlung der Entschädigung für den einen oder anderen Posten von der **Vorlage prüfbarer Unterlagen** durch den Betroffenen abhängt und der Betroffene die Vorlage verweigert, reicht es aus, wenn der Posten im Angebot überhaupt auf-

geführt ist. Hält der Enteignungsbegünstigte einen vom Eigentümer geltend gemachten Entschädigungsposten für unbegründet, so empfiehlt es sich, die Klärung dieses Postens im Rechtswege anzubieten. Dadurch wird jedenfalls sichergestellt, dass das Angebot nicht unvollständig ist.

Dagegen braucht der angebotene Betrag der Höhe nach **nicht genau der Entschädigung** zu entsprechen, die in einem möglichen Enteignungsverfahren festgesetzt würde. Der Angebotsabgabe geht häufig die Prüfung und Beantwortung schwieriger Bewertungsfragen voraus, und die Erfahrung zeigt, dass zwei voneinander unabhängig wirkende Sachverständige niemals zu einem völlig gleichen Ergebnis gelangen. Dennoch wird man nicht sagen können, dass das Ergebnis des einen, das geringfügig und unbedeutend von dem des anderen nach unten abweicht, nicht angemessen ist. Die Bewertung von Rechten und anderen rechtlich geschützten marktgängigen Werten ist keine Rechenaufgabe; manche Ansätze – beispielsweise Zu- und Abschläge für besondere Umstände des bewerteten Gegenstandes – müssen häufig geschätzt werden. Für die **Angemessenheit des Angebotes reicht aus**, wenn es in seiner Höhe **in etwa der zu erwartenden Enteignungsentschädigung** entspricht. Solange die Abweichung wirtschaftlich betrachtet nicht ins Gewicht fällt, kann sie vernachlässigt werden. Der Prozentsatz spielt eine untergeordnete Rolle. Auf den dahinterstehenden Betrag kommt es an. Nur wenn er eine Höhe hat, die dem Eigentümer bei wirtschaftlicher Betrachtung Anlass gibt, das Angebot abzulehnen, ist er erheblich (BGH NJW 1963, 1916 = MDR 1963, 922 = BRS 19 Nr. 75; BGHZ 25, 225 = NJW 1958, 59; BayVGH NVwZ-RR 2019, 299)). 14

Das Angebot aufgrund des Bewertungsergebnisses des Gutachtens eines **Gutachterausschusses** wird von der Rechtsprechung als wirtschaftlich sachgerechtes (angemessenes) Angebot angesehen, wenn das Gutachten nicht ausnahmsweise offensichtlich auf einem schweren Fehler beruht (BVerwG BRS 26 Nr. 80). Ferner ist auch das Angebot angemessen, das in manchen Posten zu gering und in anderen zu hoch angesetzt ist, **im Ergebnis** aber eine **volle Entschädigung** anbietet. 15

5. Beim Bau von Verkehrswegen werden Grundstücke häufig nur zum Teil benötigt, und bei Abgabe des Angebotes ist die benötigte **Teilfläche** in den meisten Fällen **noch nicht vermessen**. Dem Angebot liegt demzufolge eine Etwa-Fläche zugrunde. Damit nach der Vermessung eine mögliche geringere Flächengröße ohne weiteres ausgeglichen werden kann, findet sich in solchen Angeboten gelegentlich die Einschränkung, dass nur 80 % oder 90 % des angebotenen Betrages nach Abschluss eines Vertrages ausgezahlt werden und der Rest bis zur Schlussabrechnung einbehalten wird. Die Angemessenheit eines derartigen Angebotes ist daran zu messen, ob der Eigentümer trotz der vorgesehenen Zahlung in zwei Raten eine volle Gegenleistung erhält. Die Frage ist in Zeiten steigender Preise grundsätzlich zu verneinen. Eine andere Beurteilung könnte geboten sein, wenn der Anbieter sich verpflichtet, die zweite Rate nach den Preisverhältnissen am Tage ihrer Auszahlung neu zu berechnen. 16

Der **BGH** (NJW 1975, 157 = MDR 1975, 212) sieht in der angebotenen Abschlagszahlung von 80 % oder 90 % auf die vorläufig errechnete Entschädigungssumme le- 17 diglich eine Teilleistung, auf die sich der Enteignungsbetroffene nicht einzulassen braucht, es sei denn, dass der Restbetrag ohne wesentliche Verzögerung gezahlt wird.

18 6. § 95 Abs. 2 Nr. 3 BauGB sagt nichts darüber, ob das Angebot schriftlich unterbreitet werden muss oder ob auch ein mündliches genügt. Auf jeden Fall wird der Eigentümer verlangen können, dass **das Angebot aufgeschlüsselt** wird. Jeder Posten ist einzeln aufzuführen und, soweit zum Verständnis erforderlich, zu erläutern. Keinesfalls reicht aus, dem Eigentümer nur den Angebotsbetrag zu nennen; er ist sonst nicht in der Lage, die Vollständigkeit des Angebotes zu überprüfen. Unter diesen Umständen wird in der Regel **nur ein schriftliches Angebot** in Betracht kommen. Dagegen bedarf das **Angebot nicht der Form des § 311b Abs. 1 Satz 1 BGB.** Formbedürftig ist jedoch der Vertrag, der bei Annahme des Angebotes noch geschlossen werden muss, damit Eigentümer und Enteignungsbegünstigter wirksam verpflichtet sind (vgl. auch *Kreft* Enteignungsentschädigung II, S. 17).

19 Ebenso wenig ist nötig, dass dem Angebot Bewertungsunterlagen – Gutachten und dergleichen – beigefügt werden. § 95 Abs. 2 Nr. 3 BauGB stellt nur auf die Angemessenheit des Angebotes in der Sache ab. Er verlangt nicht, dass der Anbieter den Eigentümer in die Lage versetzt, seine Wertermittlungen nachzuvollziehen, und es ist auch nicht marktentsprechend, dass der Käufer dem Verkäufer seine Überlegungen zur Preisfindung offenlegt.

20 7. Aufgrund der Vorschriften über die Vertretung der öffentlichen Hand ist die handelnde Verwaltung häufig nicht befugt, sich verbindlich zu verpflichten, wenn es um den Erwerb größerer Grundstücke geht. Ein abgegebenes Kauf- oder Tauschangebot steht in einem solchen Falle unter dem Vorbehalt der Genehmigung des Vertretungsberechtigten. Ein derartiges Angebot kann man **nicht als Angebot im Sinne des § 95 Abs. 2 Nr. 3 BauGB** ansehen. Der Eigentümer muss die Gewissheit haben, dass er bei Annahme des Angebotes den angebotenen Betrag auch wirklich erhält. Erst noch abwarten zu müssen, zu welchem Ergebnis das möglicherweise langwierige Genehmigungsverfahren führt, ist unter diesen Umständen nicht zu rechtfertigen. Auch vom Eigentümer wird eine eindeutige Entscheidung erwartet. Der Anbieter wird sich deshalb zuvor entsprechend bevollmächtigen lassen müssen (vgl. auch BGHZ 89, 338, 348, 349 = WM 1984, 571, 574.

21 8. Angemessenheit und Verbindlichkeit des Angebotes genügen allein nicht. Hinzukommen muss, dass das Angebot **zur Vermeidung der Enteignung** abgegeben wird. Zur Vermeidung der Enteignung heißt, dass die Enteignung zulässig sein muss, und zwar in dem Augenblick, in dem das Angebot unterbreitet wird (BGH NJW 180, 1844 = WM 1980, 629). Es reicht nicht aus, dass die Möglichkeit der Enteignung erst später – z. B. durch die Aufstellung eines Bebauungsplanes oder den Erlass eines Planfeststellungsbeschlusses – geschaffen wird. Erst wenn feststeht, dass ein Grundstück enteignet werden kann, ist dem Eigentümer ein freiwilliger Verkauf zuzumuten.

Vorher hat er keine Veranlassung, sich mit dem Verkauf des Grundstücks ernsthaft zu beschäftigen (BGH NJW 1980, 1844 = WM 1980, 629).

Nach dem Wortlaut des Gesetzes könnte man der Meinung sein, dass ein Angebot nur vor der Einleitung des Enteignungsverfahrens (zur Vermeidung der Enteignung) abgegeben werden kann. Es ist aber kein einleuchtender Grund erkennbar, warum nicht auch ein Angebot während des Verfahrens mit Sperrwirkung möglich sein soll. Denn bei Annahme des Angebotes wird jedenfalls das weitere Entschädigungsverfahren vermieden. Auf ein **Angebot nach Einleitung des Enteigunungsverfahrens** ist daher § 95 Abs. 2 Nr. 3 BauGB analog anzuwenden (BGH WM 1989, 23; *Battis* in BKL, § 95 Rn. 6; *Schwager/Krohn* WM 1991, 33, 52; ebenso *Kreft* Enteignungsentschädigung I, S. 17). 22

9. Das Angebot ist **an den Eigentümer** zu richten. Zweifel können entstehen, wie zu verfahren ist, wenn der Eigentümer im Zeitpunkt des Angebotes das Grundstück verkauft hat, der Erwerber aber noch nicht im Grundbuch eingetragen ist. Auch in dieser Zeit kann ein Angebot abgegeben werden. Der Eigentümer könnte das ihm unterbreitete Angebot allerdings nur unter Bruch des mit dem Erwerber geschlossenen Kaufvertrages annehmen. Der Erwerber hingegen ist zur Annahme und Erfüllung des Angebotes befugt und in der Lage; denn er kann, auch ohne im Grundbuch eingetragen zu sein, schon die Rechte aus dem Kaufvertrag mit dem Eigentümer geltend machen. Das Angebot ist daher in diesem Fall **an den Erwerber** zu richten. 23

10. Die Sperrwirkung des angemessenen Angebotes entfällt, wenn der Enteignungsbegünstigte später **von dem Angebot abrückt** und z. B. im Enteignungsverfahren die Festsetzung einer niedrigeren Entschädigung beantragt (BGHZ 90, 243, 245 = NJW 1984, 1879, 1880 = BRS 45 Nr. 106; BGHZ 61, 240 = NJW 1973, 2202 = MDR 1974, 30 = BRS 26 Nr. 79; *Battis* in BKL, § 95 Rn. 6; *Breuer* in Schrödter, § 95 Rn. 38). Das ergibt sich aus dem Sinn des § 95 Abs. 2 Nr. 3 BauGB. Dieser schließt Werterhöhungen aus, die nach dem Zeitpunkt eingetreten sind, in dem der Eigentümer ein Angebot mit angemessenen Bedingungen hätte annehmen können. Der Gesetzgeber geht dabei erkennbar nicht von der Ablehnung des Angebotes, sondern von der Möglichkeit der Annahme aus. Dem Betroffenen muss darum die Möglichkeit offengehalten werden, das Angebot auch noch zu einem späteren Zeitpunkt anzunehmen, um einer weiteren Verschlechterung durch Preissteigerungen zu entgehen. Das ist aber nur möglich, wenn das Angebot weiterhin gilt. 24

Anrechnung von Teilzahlungen

1. Dem von einer Enteignung betroffenen Eigentümer steht die Entschädigung grundsätzlich zeitgleich bei Wegnahme (Besitzeinweisung) oder freiwilliger Besitzüberlassung zu. Durch die Entschädigung soll er in die Lage versetzt werden, sich – wenn 25

https://doi.org/10.1515/9783110682557-004

auch nur bildhaft – ein gleichartiges oder gleichwertiges Vermögensstück als Ersatzobjekt zu verschaffen (BGH MDR 1963, 917 = BRS 19 Nr. 76; BGHZ 59, 250). *Bewertungsstichtag*, d.h. Stichtag für die jeweiligen Preisverhältnisse, nicht Stichtag für die Bestimmung der Qualität (vgl. → **Zeitpunkt für die Ermittlung des Zustandes [Qualitätsbestimmung]**) ist deswegen grundsätzlich der Tag, an dem die Enteignungsbehörde über den Enteignungsantrag entscheidet – **Erlass des Enteignungsbeschlusses (§ 95 Abs. 1 Satz 2 BauGB)**. Dadurch ist sichergestellt, dass auf die Preisverhältnisse zu dem Zeitpunkt abgestellt wird, der der Auszahlung der Entschädigung am nächsten kommt. Die besondere Dringlichkeit der beabsichtigten Maßnahmen, Schwierigkeiten bei der Ermittlung des angemessenen Entschädigungsbetrages oder Streitigkeiten zwischen Betroffenem und Enteignungsunternehmer über die Entschädigungshöhe u.ä. führen jedoch oft dazu, dass die tatsächliche Inanspruchnahme (Enteignungsbeschluss, Besitzeinweisung oder freiwillige Besitzüberlassung) und Zahlung der Entschädigung zeitlich erheblich auseinanderliegen. In der Praxis werden daher häufig Teilzahlungen auf die noch zu bestimmende Entschädigung geleistet. Diese kann der Betroffene nicht ablehnen; § 266 BGB ist auf das Enteignungsverfahren nicht anwendbar (BGHZ 44, 52, 59 = NJW 1965, 1761 = BRS 19 Nr. 82; BGH NJW 1967, 2011). Teilzahlungen werden allerdings in Zeiten schwankender Preise dynamisch berücksichtigt, würde nämlich der Betroffene in Fällen von Teilzahlungen im Ergebnis nach den Preisverhältnissen im Zeitpunkt der Inanspruchnahme entschädigt, könnte er sich bei zwischenzeitlich gestiegenen Preisen mit der Entschädigung kein gleichartiges oder gleichwertiges Ersatzobjekt beschaffen; die Entschädigung wäre nicht angemessen, weil sie keinen wirklichen Wertausgleich schafft (BGH, a.a.O.; *Pagendarm* Sonderbeilage WM 1965, S. 3f.; *Kreft* DRiZ 1973, 335, 337). Der Bundesgerichtshof hat deswegen ***in Zeiten schwankender Preise*** **Veränderungen der Preisverhältnisse berücksichtigt**, die bis zur *vollen* Auszahlung der Entschädigung eintreten, und zwar jeweils bezogen auf den Prozentsatz, zu dem der Betroffene noch nicht entschädigt ist (sog. *Steigerungsrechtsprechung* des BGH; vgl. → **Steigerungsrechtsprechung**; ständige Rspr., vgl. BGHZ 118, 25 = NJW 1992, 1830; BGHZ 44, 52, 56 = NJW 1965, 1761 = BRS 19 Nr. 82; BGHZ 43, 300, 305 = NJW 1965, 670 = BRS 19 Nr. 135; BGHZ 40, 87, 89 = NJW 1963, 2165 = BRS 19 Nr. 78; BGH MDR 1972, 493 = BauR 1972, 50 = BRS 26 Nr. 74; BGH NJW 1972, 1317 = WM 1972, 795; BGH WM 1976, 720;; *Krohn*, Enteignung, Rn. 173f.; *Streck* in BK, § 95 Rn. 9; *H. Fischer* Rn. 152ff.; *Engelhardt* NVwZ 1994, 337, 344).

26 Weil die Bestimmung der angemessenen Entschädigung häufig nicht sofort möglich ist und der volle Wertausgleich deswegen nicht sofort erbracht wird, werden von dem Enteignungsunternehmer in der Regel **Teilzahlungen oder Abschläge** auf die noch zu bestimmende Entschädigung geleistet und angenommen. Ebenso häufig einigen sich der Betroffene und der Enteignungsbegünstigte über die freiwillige Besitzüberlassung und über die Abtretung von Land und vereinbaren einen oder mehrere Abschläge auf die Entschädigung und überlassen deren endgültige Festsetzung ansonsten dem Entschädigungsfeststellungsverfahren (s. z.B. Art. 29 Abs. 2 BayEG). Der

Grundsatz, dass die Entschädigung den Betroffenen – bildhaft ausgedrückt – in die Lage versetzen soll, sich mit der Entschädigung ein wertgleiches Ersatzobjekt zu beschaffen, schließt weder die Zahlung von Abschlägen (Teilzahlungen) noch eine Einigung der Parteien über eine „Teilerfüllung" aus (BGH NJW 1976, 1499 = BauR 1976, 426 = WM 1976, 720). Ebenso ist der Fall zu behandeln, dass der Enteignungsunternehmer eine ihm angemessen erscheinende Entschädigung anbietet, der Betroffene sie als unzureichend ablehnt, der Unternehmer sie aber gleichwohl zahlt und der Betroffene die Zahlung als Abschlag annimmt. Diese Vorgehensweise liegt in beiderseitigem Interesse. Stellt sich im späteren Entschädigungsfestsetzungsverfahren heraus, dass das Angebot nicht angemessen war, hat der Betroffene gleichwohl durch die Zahlung einen teilweisen Wertausgleich erhalten. Sein Vorteil liegt in der Möglichkeit, über diesen Betrag zeitnah verfügen zu können, und der Unternehmer erspart sich die spätere Verzinsung dieser Teilsumme.

2. Unterbreitet der Enteignungsunternehmer dagegen ein objektiv angemessenes Angebot, so führt dies zu einer **Fixierung der Preisverhältnisse** (vgl. → **Angemessenes Angebot** sowie BGHZ 98, 341, 343ff. = NJW 1987, 1256; *Krohn*, Enteignung, Rn. 171f.; *Streck* in BK, § 95 Rn. 9; *H. Fischer* Rn. 165ff.). Eine vom Unternehmer angebotene Teilleistung auf die Entschädigung darf der Betroffene grundsätzlich auch dann nicht ablehnen, wenn sie nach seiner Ansicht oder auch objektiv zu niedrig ist. Denn § 266 BGB, nach dem der Schuldner zu Teilleistungen nicht berechtigt ist, ist auf das rein öffentlich-rechtliche Verhältnis zwischen Enteignungsunternehmer und Betroffenem nicht anzuwenden (BGHZ 44, 52, 59 = NJW 1965, 1761 = WM 1965, 922; *Breuer* in Schrödter, § 95 Rn. 19; Palandt/*Grüneberg* § 266 Rn. 7). Der Betroffene ist daher auch dann verpflichtet, den angebotenen bzw. festgesetzten Betrag anzunehmen, wenn er die Festsetzung anficht und die Entschädigung im gerichtlichen Verfahren tatsächlich erhöht wird. Lehnt er ein solches Zahlungsangebot gleichwohl ab, kann er sich auf spätere Preissteigerungen dann nicht berufen, wenn die abgelehnte Zahlung die in jenem Zeitpunkt geschuldete Entschädigung vollständig abgegolten hätte (BGH NJW 1997, 2119, 2120 = WM 1997, 1161 = VersR 1997,1017; BGHZ 61, 240, 245). 27

Steigen in Fällen von Teilzahlungen die Preise für Objekte gleichartiger Qualität in der Zeit bis zur vollständigen Zahlung der Entschädigung, so erhöht sich entsprechend auch die Entschädigung, jedoch nur der **noch offene und** durch Teilzahlungen **noch nicht ausgeglichene Restbetrag** der geschuldeten Gesamtentschädigung, und zwar nicht betragsmäßig, sondern *prozentual* (Beispiel: 20 % der geschuldeten Gesamtentschädigung sind noch nicht ausgeglichen; sie nehmen an der Steigerung teil, indem 20 % der zum Zeitpunkt der Restzahlung angemessenen Entschädigung noch zu zahlen ist); jede Teilzahlung *fixiert* daher *für ihren Prozentsatz* an der Gesamtentschädigung die Preisverhältnisse zur Zeit der Zahlung, wohingegen der noch nicht ausgeglichene Teil an weiteren Änderungen der Preisverhältnisse bis zur Zahlung teilnimmt (vgl. BGH NVwZ 1986, 1053 = BGHR GG Art. 14 Abs. 3 Satz 2 – *Steigerungsrechtsprechung 1*; BGH WM 1978, 850, 852; BGH NJW 1977, 1725 = WM 1977, 1059, 1061; BGH 28

NJW 1976, 1499 = BauR 1976, 426 = WM 1976, 720, 721; BGH NJW 1976, 1255 = WM 1976, 669, 671; *Engelhardt* NVwZ 1989, 1026; 1028; *Kreft*, Enteignungsentschädigung I, S. 19; *Kreft*, Enteignungsentschädigung II S. 18; *Kreft*, Enteignungsentschädigung III, S. 18 f.; *H. Fischer* Rn. 158; *Krohn*, Enteignung Rn. 173). Näheres vgl. → **Steigerungsrechtsprechung.**

An- und Durchschneidung eines landwirtschaftlichen Schlages

29 1. Von einem landwirtschaftlichen Schlag spricht man, wenn eine räumlich zusammenhängende Fläche von beträchtlicher Größe vom Eigentümer oder Pächter **als Einheit bewirtschaftet** wird. Der Schlag vermittelt als betriebliche Einheit eine **gesicherte Rechtsposition.** Die großflächige, einheitliche Bewirtschaftung vermittelt dem Bewirtschafter eine besonders vorteilhafte Bearbeitungsmöglichkeit. Ein weitgehend regelmäßiger Grenzverlauf erhöht die Wertigkeit des Schlages als Wirtschaftseinheit. Umgekehrt mindern fremde hereinragende Grundstücke die Wertigkeit. Wege, Gräben und dergleichen, die die Fläche durchziehen, heben den für eine Wirtschaftseinheit erforderlichen durchgehenden räumlichen Zusammenhang auf; allerdings können die dadurch gebildeten „Teilflächen" ihrerseits die Merkmale eines Schlages aufweisen.

30 2. Dass der Schlag durch **mehrere Grundstücke** im Rechtssinne gebildet wird, ist unschädlich. Wenn die mehreren Grundstücke demselben Eigentümer gehören und von ihm bewirtschaftet werden, stellen sich enteignungsrechtlich gesehen keine besonderen Fragen. Der Fall ist nicht anders zu behandeln, als wenn ein einzelnes großes Grundstück durch eine öffentliche Maßnahme an- oder durchschnitten wird.

31 Anders ist die Rechtslage, wenn die mehreren Grundstücke **verschiedenen Eigentümern** gehören und an einen der Eigentümer oder an einen Dritten verpachtet sind und erst **durch die einheitliche Bewirtschaftung** zu einem Schlag zusammengefasst werden. Der Ausnahmefall – alle Pachtverträge laufen zum selben Zeitpunkt aus bzw. können zum selben Zeitpunkt durch Kündigung beendet werden – brächte ebenfalls keine Besonderheiten mit sich. Der Regelfall sieht aber anders aus: Die Pachtverträge haben unterschiedliche Laufzeiten, und auch die Kündigungsmöglichkeiten sind unterschiedlich geregelt. Eine **gesicherte Rechtsposition für den Schlag** hat der Bewirtschafter in diesem Fall nur bis zur Beendigung des ersten Pachtvertrages, sei es, dass er ausläuft oder gekündigt werden kann (vgl. Stichwort **Miet- und Pachtverhältnisse**). Eine vertragsgemäße Kündigung ist keine enteignende Maßnahme; sie bestimmt die enteignungsrechtliche Dauer des Pachtrechts.

Zu fragen bleibt allerdings, ob jedes Mal beim Ausscheiden des ersten Grundstücks und weiterer Grundstücke kein Schlag mehr vorhanden ist. Es sind durchaus Fälle vorstellbar, in denen das Ausscheiden eines oder mehrerer Grundstücke den **Be-**

Friedrich
https://doi.org/10.1515/9783110682557-005

stand des Schlages als Wirtschaftseinheit nicht oder nicht nennenswert berührt. Das trifft vor allem für Randgrundstücke zu, wenn sie klein sind und Form und Größe des Schlages nicht entscheidend verändern. Darum ist im Einzelfall zu entscheiden, ob trotz Ausscheidens eines Grundstücks oder mehrerer Grundstücke noch ein Schlag vorhanden ist. Denn Gegenstand des Eingriffs ist der Schlag als durch das **Recht zur Bewirtschaftung gesicherte Wirtschaftseinheit (Rechtsposition)** und nicht das einzelne Grundstück.

Für die **Bemessung der Entschädigung** bedeutet das: Die Entschädigung für die An- und Durchschneidung ist unter Umständen mehrmals zu ermitteln und zum Schluss als Entschädigung für die An- und Durchschneidung des Schlages als Wirtschaftseinheit zusammenzurechnen. Die erste Ermittlung geht von den Gegebenheiten am Tag des Eingriffs (Besitzübergang) aus; die zweite von den Gegebenheiten am Tag des Ausscheidens des ersten Grundstücks usw. Eine zweite, dritte oder gar vierte Ermittlung kommt dann in Betracht, wenn an dem jeweiligen Stichtag der **Rest noch einen Schlag** darstellt. Voraussetzung dafür ist, dass der Rest im Wesentlichen der anfangs vorhandenen Wirtschaftseinheit gleicht. Größe und Grenzverlauf dürfen durch das Ausscheiden eines oder mehrerer Grundstücke nicht spürbar verändert worden sein, und der räumliche Zusammenhang muss weiterbestehen. Eine stufige oder gar gezackte Grenze und dadurch merklich verkürzte Furchenlängen verringern die geldwerten Vorteile eines landwirtschaftlichen Schlages oder heben sie ganz auf. Wenn das eintritt, dann sind die verbliebenen Flächen kein landwirtschaftlicher Schlag mehr (sog. **Schlagzerfall**). Weitere Ermittlungen zur Höhe der Entschädigung für eine An- oder Durchschneidung verbieten sich. 32

Die dem Bewirtschafter für eine An- und Durchschneidung zustehende Entschädigung ist damit jedoch häufig noch nicht vollständig. Zu betrachten bleiben die unmittelbar betroffenen Grundstücke und andere mit ihnen rechtlich und räumlich verbundene, wenn sie am letzten Stichtag noch nicht ausgeschieden waren, sondern weiter bewirtschaftet werden. Für sie ist eine An- und Durchschneidungsentschädigung vom letzten Stichtag bis zum Ablauf des Rechts zur Bewirtschaftung zu ermitteln. 33

3. Auch der **BGH** hat sich mit der Durchschneidung eines landwirtschaftlichen Schlages befasst (BGHZ 175, 35 = WF 2008, 26). Der gutgeschnittene Schlag war rd. 50 ha groß, bestand aus einer Vielzahl von Grundstücken verschiedener Eigentümer und wurde durch *einen* Pächter bewirtschaftet. Die Pachtverträge hatten unterschiedliche Laufzeiten und die Kündigung war ebenfalls unterschiedlich geregelt. Die Flurbereinigungsbehörde als Enteignungsbehörde und das Landgericht hatten der Ermittlung der Durchschneidungsentschädigung eine mittlere Restlaufzeit aller Pachtverträge von 5,36 Jahren zugrunde gelegt. Das Berufungsgericht hielt die mittlere Restlaufzeit zwar für bedenklich, hat das Urteil des Landgerichts im Ergebnis aber bestätigt, weil die Pachtverträge verlängert werden konnten bzw. verlängert worden waren. Der BGH hat das Berufungsurteil aufgehoben und die Sache an das Berufungsgericht zurückverwiesen. In den Leitsätzen heißt es unter anderem: „***Eine durchschnittliche Pacht-*** 34

***dauer** aller im Schlag befindlichen Grundstücke **kann nicht zum Maßstab für die Entschädigung des Pächters gemacht werden**, wenn für die Bearbeitung des gesamten Schlages ganz wesentliche und zentrale Grundstücke **eine kürzere Pachtdauer** aufweisen.*"

Die durchschnittliche Restpachtdauer aller Grundstücke des Schlages kann daher nicht angesetzt werden. Sie ist eine Annahme ohne Bezug zur rechtlichen Wirklichkeit. Sie ist enteignungsrechtlich bedeutungslos. Jedenfalls drückt sich in ihr nicht die geschützte Rechtsstellung des Bewirtschafters des Schlages als Wirtschaftseinheit aus.

Nach der Entscheidung des BGH bemisst sich die Entschädigung für den Eingriff in den Pachtschlag vielmehr nach der Restpachtzeit jedes einzelnen Grundstücks. Mit Auslaufen von Pachtverträgen sind die Grundstücke aus der Bewertung auszuscheiden. Die jeweils verbleibenden Grundstücke eines Pachtschlages können der Entschädigungsberechnung nur so lange zugrunde gelegt werden, bis der wirtschaftliche Wert, d.h. der besondere wirtschaftliche Vorteil aus dem Grundstückszusammenhang aufgehoben ist. Bei dieser vom BGH am Schlagzerfall orientierten Entschädigungsermittlung ist jedoch zu beachten, dass sie gegenüber einer Berechnung nach der Durchschnittspachtdauer zu einer höheren Entschädigung führen kann, wenn die relativ höheren Bewirtschaftungskosten bei einer immer kleiner werdenden Wirtschaftseinheit berücksichtigt werden. Sind diese wirtschaftlichen Nachteile aber nicht auf den Eingriff, sondern auf die Verkleinerung durch das Auslaufen von Pachtverträgen zurückzuführen, dürfen sie in die Berechnung der Entschädigungshöhe nicht einbezogen werden. Schwierigkeiten bereitet auch die Bestimmung des Zeitpunktes, ab dem die jeweils verbleibenden Flächen des Schlages keinen besonderen Wert mehr darstellen, der über den Nutzwert eines jeden Grundstücks hinausgeht. Zur Umsetzung der Anforderungen des BGH-Urteils hat die LandR 19 (s. Anhang) ein neues Berechnungsverfahren entwickelt (s.a. *H.Fischer* Rn. 667).

An- und Durchschneidung; Regelung der Entschädigung für Eigentümer und Pächter

35 **1. Eigentümer**

Die Durchschneidung eines landwirtschaftlich genutzten Grundstücks durch eine öffentliche Maßnahme trifft auf der einen Seite seinen Eigentümer. Das Grundstück wird verkleinert, geteilt, und zurück bleiben in der Regel verformte Reste, deren Bewirtschaftung erschwert ist. Wenn der Eigentümer das Grundstück **selbst bewirtschaftet**, steht ihm selbstredend die **gesamte Entschädigung** zu. Neben der Entschädigung für den Rechtsverlust, die sich nach dem Verkehrswert bemisst, geht es um die Entschädigung für andere Vermögensnachteile. Hierzu gehören die **Verkehrswertminderung des Restgrundstücks** und der **Erwerbsverlust** und bei einer

Friedrich
https://doi.org/10.1515/9783110682557-006

An- und Durchschneidung einer Bewirtschaftungseinheit auch die dadurch ausgelösten **Wirtschaftserschwernisse** als Eingriff in den eingerichteten und ausgeübten Gewerbebetrieb des Eigentümers, s. a. → **An- und Durchschneidung eines landwirtschaftlichen Schlages.**

Die Verkehrswertminderung ist grundsätzlich auf der Grundlage von Daten des Grundstücksmarktes (Vergleichswertverfahren) zu ermitteln. Fehlen entsprechende Marktdaten, kann die Ermittlung der Wertminderung anhand der Bewirtschaftungserschwernisse erfolgen. Damit ist für den selbstwirtschaftenden Eigentümer auch die Entschädigung für Wirtschaftserschwernisse abgegolten. Andernfalls würde der Eingriff doppelt entschädigt (siehe auch LandR 19, Nr. 2.2).

Die An- und Durchschneidung eines **verpachteten landwirtschaftlichen Grundstücks** kann einen Entschädigungsanspruch des Grundstückseigentümers für die Wertminderung des Restgrundstücks auslösen (siehe oben). Hierbei ist anhand von Marktdaten zu prüfen, ob der Grundstücksmarkt dem Teilflächenentzug eine wertmindernde Bedeutung beimisst (BGHZ 64, 382)

2. Pächter 36

Wird ein verpachtetes Grundstück durchschnitten, erleidet der Pächter, der eine Vorzugspacht zahlt, einen Rechtsverlust. Unterschreitet die Pacht den marktüblichen Zins, drückt sich darin ein besonderer Wert der Pachrechtssubstanz aus. Der Pächter hat in diesem Fall für die restliche Laufzeit des Pachtvertrages **Anspruch auf den Unterschied zu einer marktgerechten Pacht.** Ebenso ist ihm der Aufwand zu ersetzen, der ihm bei der **Beschaffung eines Ersatzrechtes** entsteht (vgl. Stichwort **Miet- und Pachtverhältnisse**).

Daneben hat der Pächter Anspruch auf Entschädigung für andere Vermögensnachteile. So ist dem Pächter sein **Erwerbsverlust** auszugleichen. Außerdem kann die An- und Durchschneidung einer Pachtfläche, die zu einem landwirtschaftlichen Betrieb gehört, zu einem Eingriff in den eigentumsrechtlich geschützten eingerichteten und ausgeübten Gewerbebetrieb führen (vgl. Stichwort **An- und Durchschneidung eines wirtschaftlichen Schlages**). Die Durchschneidung eines Grundstücks löst dessen Zusammenhang, und es entstehen regelmäßig entschädigungspflichtige Mehrwege zum abgetrennten Teil. Beide Teile sind darüber hinaus häufig formverschlechtert, und ihre Bewirtschaftung ist dadurch erschwert. Entsprechendes gilt für die Anschneidung des Grundstücks. Diese Nachteile (Mehrkosten) treffen im Augenblick des Eingriffs den Betrieb des Pächters. Die Ertragslage des Betriebs verschlechtert sich und mindert die Substanz des Betriebes. Die Zugehörigkeit des Grundstücks zum Betrieb ist ein zusätzlich zum Rechtsverlust zu entschädigendes Eigentumsrecht (BGHZ 175, 35 = WF 2008, 26). Der Pachtbetrieb hat daher für die Dauer der Restpachtzeit **einen eigenständigen und vom Grundstückseigentümer unabhängigen Anspruch auf Entschädigung von Bewirtschaftungserschwernissen** und muss sich (wegen etwaiger Rechte auf Minderung des Pachtzinses) nicht auf den Eigentümer verweisen lassen. Die bis zum Urteil des BGH vom 13.12.2007

(BGHZ 175, 35) häufig geübte Wertermittlungspraxis, die Beeinträchtigungen durch An- und Durchschneidungen und Umwege als Wertminderung des Restgrundstücks der Substanzentschädigung des Grundstückseigentümers zugeordnet hat, ist damit überholt.

Arrondierungsschaden (Verlust der geschlossenen Lage)

37 1. Die Durchschneidung eines Grundstücks durch eine Straße oder Eisenbahn gehört zu den besonders schweren Eingriffen, die den Grundeigentümer treffen können. Die mit der Durchschneidung verbundene **Teilung des Grundstücks**, die zwei oder gar mehrere Trennstücke entstehen lässt, verpflichtet den Enteignungsbegünstigten nicht selten zur Gesamtübernahme, weil die Trennstücke nicht mehr ihrer bisherigen Bestimmung gemäß angemessen genutzt werden können. Aber auch dort, wo eine angemessene Nutzungsmöglichkeit weiterhin gegeben ist, treten regelmäßig mehr oder weniger schwerwiegende Nachteile auf. Soweit diese Nachteile auf einer Beeinträchtigung des Eigentums am Grundstück beruhen, sind sie entschädigungspflichtig. Vgl. → **Minderwert des Restgrundstücks.**

38 2. Die Durchschneidung einer großen Eigentumsfläche, noch eher eines Land- oder Forstgutes, das bei einer ansehnlichen Größe eine geschlossene Lage aufweist, bewirkt einen sog. **Arrondierungsschaden**. Darunter werden die Nachteile zusammengefasst, die durch den Verlust der geschlossenen Lage an großen zusammenhängenden Eigentumsflächen entstehen. Eine geschlossene Lage (**Arrondierung**) ist vorhanden, wenn die Grundstücke desselben Eigentümers **eine räumliche Einheit** bilden, nach außen einen **möglichst regelmäßigen Grenzverlauf** aufweisen, also keine fremden Grundstücke hineinragen, und im Wesentlichen **durch eigene Wege erschlossen** werden. Dabei sind verschiedene Stufen der Arrondierung zu unterscheiden. Wirtschaftswege, auch wenn sie öffentlich sind, Wasserläufe und Leitungen heben die räumliche Einheit zwar nicht auf, beeinflussen die Arrondierung aber ungünstig. Sie unterteilen das Grundeigentum und schmälern die Vorzüge der geschlossenen Lage. So werden z. B. sonst bestehende Verwendungsmöglichkeiten dadurch manchmal empfindlich verschlechtert, wenn nicht gar ganz aufgehoben. Von einer **„guten Arrondierung"** wird man nur sprechen können, wenn das Eigentum von der äußeren Form und Gestaltung her einen Block bildet, alle öffentlichen Wege und Straßen an den Eigentumsgrenzen enden oder entlanglaufen und eine vorhandene Hofstelle mittig gelegen ist. Durchziehen bereits klassifizierte Straßen (Kreis-, Landes- oder Bundesfernstraßen) oder eine Eisenbahnlinie das Eigentum, so ist eine Arrondierung zu verneinen. Die Verkehrsdichte spielt keine Rolle. Wird eine Straße wenig befahren, so kann sich das jederzeit ändern, ohne dass der Eigentümer darauf Einfluss nehmen

Friedrich
https://doi.org/10.1515/9783110682557-007

könnte. In einem solchen Fall stellt sich aber die Frage, ob die getrennten Teile des Eigentums, jeder für sich gesehen, ihrerseits (noch) die Voraussetzungen einer Arrondierung erfüllen.

3. Als **Arrondierungsschaden** kommen insbesondere folgende Nachteile in Betracht: 39
Unterbrechung eigener kurzer, bequemer Wegeverbindungen mit der Folge, dass Umwege entstehen; Arbeitserschwernisse bei der Bewirtschaftung durch unwirtschaftliche Winkel und verkürzte Arbeitslängen (Formverschlechterung); Störungen bei der Be- und Entwässerung, weil z. B. die Vorflut unterbrochen wird; Beeinträchtigung der Übersichtlichkeit (hoher Straßendamm), die einen erhöhten Sicherungsaufwand verursacht; Entstehung kleiner Grundstücke und Hofeinheiten, deren Verkehrswert infolge der geringeren Größe absinkt oder die Betriebsanpassungen oder -umstellungen erschweren oder ausschließen; Beeinträchtigungen einer Eigenjagd; Verlust von Abwehrmöglichkeiten gegen Einwirkungen von außen, die Ruhe, Abgeschiedenheit, Ansehnlichkeit und Schönheit des Eigentums schmälern.

Für die Ermittlung der **Entschädigungshöhe** bietet sich auf den ersten Blick das 40
Differenzverfahren an. Danach wäre dem Wert des Eigentums vor der Durchschneidung der Wert nach der Durchschneidung gegenüberzustellen. Eine solche vereinfachte Entschädigungsermittlung erweist sich aber gerade bei einem Arrondierungsschaden als nicht unbedenklich. Zu leicht werden dabei auch „Nachteile" erfasst, die entschädigungsrechtlich nicht erheblich sind. Denn Enteignungsentschädigung kann nur für solche Nachteile beansprucht werden, die auf einer Einbuße an eigentumsmäßig geschützter Rechtsstellung beruhen (BGH NVwZ 1982, 210 = AgrarR 1982, 154; BGH NJW 1982, 95 = AgrarR 1981, 311; BGHZ 64, 382 = NJW 1975, 1778). Darum ist scharf zu trennen zwischen **Rechtsbeeinträchtigungen** und **nachteiligen Auswirkungen in tatsächlichen Bereichen**. Nachteilige Auswirkungen der Durchschneidung in tatsächlichen Bereichen dürfen bei der Ermittlung der Entschädigungshöhe nicht berücksichtigt werden, auch dann nicht, wenn sie im Einzelfall den Markt zu einer Minderbewertung veranlassen. Dazu zählen u. a. Unterbrechung rechtlich nicht abgesicherter Verbindungen, weil z. B. fremdes Wegeeigentum mitbenutzt wurde, ohne dass ein über den Gemeingebrauch hinausgehendes Recht darauf bestand; Veränderungen der bis dahin unberührten Gegend; Verringerung von Ansehen und Geltung des Eigentümers in gesellschaftlichen Kreisen; Störungen bei Grundstücksbenutzungen, die rechtlich nicht erlaubt sind.

Bei der Ermittlung der Entschädigungshöhe müssen auch solche Nachteile unbe- 41
rücksichtigt bleiben, die den Eigentümer träfen, wenn sein Eigentum nicht durchschnitten worden wäre, sondern die Straße oder Eisenbahn **an der Grenze des Eigentums** entlang verliefe. Diese Nachteile beruhen nicht auf einer Beeinträchtigung des Eigentums, und insoweit wird dem Eigentümer nichts genommen. Der Schutz des Eigentums durch Art. 14 GG endet in der Regel an dessen Grenze (vgl. → **Rechtsposition**). Der betroffene Eigentümer hat keinen Anspruch darauf, dass die gegebene Nutzung des Nachbargrundstücks aufrechterhalten bleibt und nicht durch eine Pla-

nung geändert wird. Entschädigt werden darf deshalb nur die Vergrößerung oder Verstärkung dieser Nachteile, soweit sie als Folge der Durchschneidung hinzukommen. Damit die Zunahme zutreffend erfasst werden kann, muss zunächst das Maß der einzelnen Nachteile ermittelt werden, wenn Straße oder Eisenbahn an der Grenze des Eigentums entlang verliefe (Grundsatz der Parallelverschiebung). Danach ist das tatsächliche Ausmaß der gegebenen Situation festzustellen. Der **Unterschied**, und nur er **ist die entschädigungspflichtige Zunahme**. Vgl. → **Verkehrseinwirkungen**.

Nachteile, die erst infolge der Durchschneidung entstehen und bei einem Bau von Straße oder Eisenbahn entlang der Grenze nicht auftreten, sind selbstverständlich voll zu entschädigen.

42 4. Soweit die durch die Durchschneidung entstandenen Nachteile entschädigungspflichtig sind (**echter Arrondierungsschaden**), werden sie zweckmäßigerweise einzeln bewertet. Eine ganze Reihe von ihnen sind herkömmlicher Art, wie sie bei jeder Teilabtretung auftreten können. Dazu gehören Umwege, Arbeitserschwernisse bei der Bewirtschaftung und der Verlust von Abwehrmöglichkeiten gegen Einwirkungen von außen. Hier kann auf die Entschädigungsrichtlinien Landwirtschaft – LandR 19 und die ImmoWertV (abgedruckt im Anhang) zurückgegriffen werden. Andere Nachteile, für die es kein allgemein anerkanntes Bewertungsverfahren gibt, sollten durch angemessene und marktgerechte Abschläge vom Verkehrswert des Eigentums ohne Durchschneidung erfasst werden. Zur Frage der Schadenshöhe vgl. auch *Beckmann* AgrarR 1979, 93 und 1980, 96.

Aufopferung

43 1. Der Begriff **„Aufopferung"** stammt aus den §§ 74, 75 EinlPrALR. In ihnen ist der Aufopferungsgrundsatz formuliert, wonach demjenigen, dem durch hoheitlichen Zwang unter Durchbrechung des Gleichheitsgrundsatzes und zum Wohle der Allgemeinheit ein **Sonderopfer** abverlangt wird, von der Gemeinschaft eine billige Entschädigung zu gewähren ist (*Papier/Shirvani* in Maunz/Dürig, Art. 14 Rn. 776):

> *„Einzelne Rechte und Vorteile der Mitglieder des Staates müssen den Rechten und Pflichten zur Beförderung des gemeinschaftlichen Wohles, wenn zwischen beiden ein wirklicher Widerspruch (Collision) eintritt, nachstehen."* (§ 74 EinlPrALR)

und

> *„Dagegen ist der Staat denjenigen, welcher seine besonderen Rechte und Vorteile dem Wohle des gemeinen Wesens aufzuopfern genötigt wird, zu entschädigen gehalten."* (§ 75 EinlPrALR)

Der öffentlich-rechtliche Aufopferungsanspruch ist heute **gewohnheitsrechtlich anerkannt** (BGHZ 66, 118, 119f.; BGHZ 9, 83, 85f.; *Papier/Shirvani* in Maunz/Dürig, Art. 14 Rn. 776; *Bryde* in v. Münch/Kunig, Art. 14 Rn. 103; Palandt/*Herrler*, Überbl vor

Pasternak
https://doi.org/10.1515/9783110682557-008

§ 903 Rn. 14; vgl. auch § 40 Abs. 2 VwGO, der ihn als ein bestehendes Rechtsinstitut voraussetzt). Als Ausprägung des Gleichheitssatzes sowie des Verhältnismäßigkeitsprinzips in Verbindung mit den Grundrechten, die das jeweils für das Gemeinwohl aufgeopferte Gut schützen, hat er jedenfalls in seinem Kern **Verfassungsrang** (*Ossenbühl/Cornils*, S. 130 f.).

2. In seiner heutigen Ausformung bildet der Aufopferungsanspruch die **Entschädigungsgrundlage** für hoheitliche Eingriffe in bestimmte, ***nicht vermögenswerte, immaterielle Rechtsgüter*** **des Einzelnen** (BGHZ 66, 118). Es handelt sich dabei im Wesentlichen um die Schutzgüter des Art. 2 Abs. 2 GG, nämlich um Leben, Gesundheit und (Bewegungs-)Freiheit (BGHZ 111, 349; BGHZ 13, 88; BGHZ 9, 83). Der BGH hat sich auf diesen Anspruch insbesondere in den ***Impfschadensfällen*** bezogen (grundlegend BGHZ 9, 83; vgl. auch BGHZ 49, 290 = NJW 1966, 1859; BGHZ 31, 187, 190 = NJW 1960, 379; BGHZ 25, 238 = NJW 1957, 1924; BGHZ 24, 45 = NJW 1957, 948; *Ossenbühl/Cornils* S. 131f.; *Steffen* DRiZ 1967, 110; *Kimminich* JuS 1969, 349; *Ossenbühl* JuS 1970, 276; *Kunig* Jura 1992, 554, 556), die heute in §§ 56 ff. IfSG gesetzlich geregelt sind. Daneben diente der Anspruch aber auch als Grundlage für weitere Entschädigungsansprüche aus Verletzung der körperlichen Integrität (BGHZ 20, 61 – *Thorotrast*: Behandlung eines Soldaten mit einem unerprobten Medikament; BGHZ 20, 81 – *Querschläger*: Verletzung eines Passanten bei Verbrecherjagd durch Polizei; BGHZ 36, 379 – *Zwangssterilisation*; vgl. dazu *Lewald* NJW 1962, 1500; weiter: BGHZ 45, 58, 76 – unschuldig erlittene Zuchthausstrafe; BGHZ 66, 118, 122 – kein Aufopferungsanspruch wegen Freiheitsentzugs bei verspäteter Einberufung zum Ersatzdienst; weitere Nachweise aus der BGH-Rechtsprechung bei *Ossenbühl/Cornils*, S. 132f.; Palandt/*Herrler*, Überbl vor § 903 Rn. 15). Unberücksichtigt bleiben damit etwa die **immateriellen Rechtsgüter des Persönlichkeitsrechts und der Berufsfreiheit.** Dies ist verfassungsrechtlich unbedenklich. So hat das BVerfG im Rahmen eines Nichtannahmebeschlusses vom 20.11.1997 (NVwZ 1998, 271) ausgeführt, dass sich der richterrechtlich entwickelte Aufopferungsanspruch von Verfassungswegen nicht auch auf den Ersatz entgangener Erwerbschancen bei rechtswidrigen Eingriffen in die Berufsfreiheit erstrecken muss (gegen die Beschränkung auf bestimmte immaterielle Güter vgl. *Papier/Shirvani* in Maunz/Dürig, Art. 14 Rn. 778; *Wieland* in Dreier, Art. 14 Rn 158). 44

Der Aufopferungsanspruch umfasst **sowohl rechtmäßige als auch rechtswidrige Eingriffe**. Für letztere hat sich in Anlehnung an den enteignungsgleichen Eingriff der Terminus **„aufopferungsgleicher Eingriff“** eingebürgert (vgl. *Ossenbühl/Cornils*, S. 135). Auswirkungen auf den Entschädigungsanspruch hat diese terminologische Differenzierung aber nicht (vgl. *Papier/Shirvani* in Maunz/Dürig, Art. 14 Rn. 779). 45

3. Der Aufopferungsanspruch setzt zunächst einen ***hoheitlichen Eingriff*** in ein nicht- 46
vermögenswertes Rechtsgut des Betroffenen (Leib, Leben, persönliche [Bewegungs-] Freiheit, möglicherweise auch Ehre) voraus. Von einem Eingriff kann nur gesprochen werden, wenn der Betroffene zur Duldung verpflichtet ist oder wird. Dies war zwei-

felhaft bei der nicht obligatorischen, aber **empfohlenen Schutzimpfung**. Der BGH hat bereits in der Erzeugung von *Gewissenszwang* oder dem *psychologischen Abfordern* z.B. durch amtliche Aufrufe oder amtliche Empfehlungen zu Schutzimpfungen einen hoheitlichen Eingriff gesehen (BGHZ 31, 187; BGHZ 24, 45). Hingegen kommt einem pflichtwidrigen Unterlassen eines Trägers hoheitlicher Gewalt keine derartige Eingriffsqualität zu, was damit begründet wird, dass auch eine Enteignung stets positive Einwirkungen voraussetze (BGH NJW 1962, 2347, 2348; krit. *Papier/Shirvani* in Maunz/Dürig, Art. 14 Rn. 780). Der Eingriff muss zum ***Wohle der Allgemeinheit*** geschehen, also dem öffentlichen Interesse dienen, ohne dass dieser Erfolg auch eingetreten sein müsste (BGHZ 36, 379, 388; *Ossenbühl/Cornils*, S. 141). Wird die schädigende Maßnahme nur im Interesse des Betroffenen durchgeführt, so fehlt es an dieser Voraussetzung. Auch dies war zweifelhaft bei Schäden aufgrund von Schutzimpfungen, doch hat die Rechtsprechung angenommen, dass die Impfung nicht nur im Interesse des Einzelnen vorgenommen wird, sondern auch und sogar wesentlich im Interesse der Allgemeinheit, um sie vor Gefahren durch Seuchen u.ä. zu schützen (BGHZ ebenda).

47 Ein gezielter Eingriff ist nicht erforderlich. Der Schaden oder Nachteil muss aber wenigstens **unmittelbar durch den hoheitlichen Eingriff** herbeigeführt sein (BGHZ 20, 81 – *Querschläger*). Dies hat der BGH (BGHZ 49, 290) für die Mutter angenommen, die sich an ihrem obligatorisch gegen Pocken geimpften Kind angesteckt hatte. Die von der Impfung ausgehenden Gefahren bedrohen unmittelbar auch den Kreis, in dem der Impfling lebt, und dort insbesondere die Mutter, der die Pflege des Kindes auch als Aufgabe gegenüber der Allgemeinheit obliegt. Das Gesetz verlangt von ihr, die von der Impfung normalerweise ausgehenden Gefahren und Lasten und die damit verbundene Beeinträchtigung ihrer persönlichen Interessen entschädigungslos zu tragen; erleidet sie Nachteile und Schädigungen, die das Maß dessen überschreiten, was der Einzelne nach dem Willen des Gesetzes hinzunehmen hat, so wird sie zu einer Aufopferung ihrer Gesundheit zugunsten des gemeinen Wohles genötigt, für die sie entschädigt werden muss (BGH, ebenda).

48 4. Der Eingriff muss von dem Betroffenen – wie bei der Enteignung und beim enteignungsgleichen Eingriff – ein ***Sonderopfer*** abverlangen, was anhand des Gleichheits- und Verhältnismäßigkeitsgrundsatzes zu prüfen ist (s. *Wieland in* Dreier, *Art. 14 Rn. 162). Maßstab ist insoweit das* ***„Prinzip der Lastengleichheit“***. Ein Sonderopfer ist grundsätzlich immer dann zu bejahen, wenn der hoheitliche Eingriff nicht durch Gesetz gedeckt, also **rechtswidrig** ist (BGHZ 36, 379, 391 – *Zwangssterilisation*), es sich also um einen „aufopferungsgleichen Eingriff“ handelt. Ist der Eingriff dagegen durch Gesetz gedeckt, so zieht er nur dann eine Entschädigungspflicht nach sich, wenn die **Opfergrenze im Einzelfall überschritten** ist. Ob dies der Fall ist, muss nach der Rechtsprechung des BGH aufgrund der Normalsituation der gesetzlichen Regelung, also danach entschieden werden, was nach dem den Eingriff gestattenden Gesetz von allen Betroffenen in gleicher Weise hingenommen werden muss (grundlegend BGHZ

36, 379, 393; BGHZ 20, 61, 64; BGHZ 17, 172, 175; BGHZ 9, 83, 87). Bei gesetzlich empfohlenen Impfungen muss beispielsweise von allen gleichermaßen die normale Impfreaktion und das dadurch bedingte zeitweilige Unwohlsein hingenommen werden. Dagegen ist die Opfergrenze überschritten, wenn infolge der Impfung im Einzelfall besonders schwere Schäden eintreten, die über die normale Impfreaktion hinausgehen (BGHZ 36, 379, 393; BGHZ 9, 83, 87).

Diese Grundsätze hat der BGH allerdings aus Billigkeitserwägungen in einem Fall eingeschränkt, in dem infolge konstitutioneller Mängel eine Schülerin bei einer normalen und üblichen ***Turnübung*** einen erheblichen Schaden erlitten hatte. Ein Sonderopfer liege deswegen nicht vor, weil sich für das Mädchen nur ein von Natur aus vorhandenes allgemeines Lebensrisiko verwirklicht habe (BGHZ 46, 327; sehr str., vgl. dazu *Ossenbühl* JuS 1970, 276). Die Problematik hat sich inzwischen durch den in § 2 Abs. 1 Nr. 8 SGB VII gewährten *Versicherungsschutz* weitgehend erledigt. **49**

5. Der Anspruch aus Aufopferung ist **subsidiär**. Er scheidet aus, wenn **Sondervorschriften über die Entschädigung** eingreifen, da gesetzlich geregelte Aufopferungsansprüche den allgemeinen gewohnheitsrechtlichen vorgehen (*Papier/Shirvani* in Maunz/Dürig, Art. 14 Rn. 783; Palandt/*Herrler*, Überbl vor § 903 Rn. 15). Dies trifft z. B. zu auf §§ 56f. IfSG (früher § 51 BSeuchG) bei Impfschäden (BGHZ 51, 3, Art. 5 Abs. 5 Menschenrechtskonvention für Strafverfolgungsmaßnahmen; BGHZ 45, 58, 80, § 2 Abs. 1 Nr. 8 SGB VII (früher: § 539 Abs. 1 Nr. 14 RVO) für Schulunfälle (siehe vorstehend), § 7 StrEG für Schäden infolge einer ungerechtfertigten strafgerichtlichen Verurteilung (vgl. BGHZ 103, 113, 116 = NJW 1988, 1141; *Engelhardt* NVwZ 1989, 1026, 1030) oder auf die Spezialvorschriften des BVG bei Wehrdienstbeschädigungen (vgl. im Übrigen weitere Nachweise bei Palandt/*Herrler*, Überbl vor § 903 Rn. 15). Ein Rückgriff auf den allgemeinen Aufopferungsanspruch ist in diesen Fällen selbst dann nicht möglich, wenn der gesetzlich geregelte Anspruch aufgrund entgegenstehender Einreden (z. B. Verjährung) nicht realisiert werden könnte (BGHZ 45, 58, 82; Palandt/*Herrler*, Überbl vor § 903 Rn. 16). **50**

Auch hinter **Ansprüchen aus einer Sozialversicherung** tritt der Aufopferungsanspruch zurück, wenn und soweit sie dazu bestimmt sind, den verursachten Schaden auszugleichen oder abzumildern (BGH NJW-RR 1994, 213; BGHZ 45, 58, 82). Es fehlt insoweit an einem Sonderopfer, da der durch den Hoheitseingriff verursachte Schaden nicht bei dem zunächst Betroffenen verbleibt. Eine Anspruchskonkurrenz ist hingegen zu der **deliktsrechtlichen Amtshaftung** nach § 839 BGB i. V. m. Art 34 GG möglich (BGHZ 13, 88; *Ossenbühl/Cornils*, S. 150.

6. Der Aufopferungsanspruch ist gerichtet auf eine **angemessene Entschädigung** der erlittenen Vermögensnachteile **in Geld – Kapital oder Rente** (BGHZ 22, 43; Palandt/*Herrler*, Überbl vor § 903 Rn. 16). Daneben werden **auch nicht-vermögensrechtliche Nachteile** des Betroffenen erfasst, so dass die Zahlung von **Schmerzensgeld** in Betracht kommt. Seine frühere Beschränkung auf die Kompensation lediglich **51**

materieller Einbußen (BGHZ 20, 61, 68) hat der BGH ausdrücklich aufgegeben (BGHZ 215, 335 Rn. 5ff. = NJW 2017, 3384).

52 7. Der Anspruch **verjährt**, soweit keine landesrechtlichen Vorschriften wie z. B. Art. 71 BayAGBGB eine andere Verjährungs- oder Ausschlussfrist vorsehen, nach § 195 BGB in 3 Jahren, spätestens in 10 Jahren seit seiner Entstehung (§ 199 Abs. 4 BGB; Palandt/*Herrler*, Überbl vor § 903 Rn. 16). Da die Verjährung von Aufopferungsansprüchen nicht speziell normiert ist und das öffentliche Recht keine allgemeine Regelung über die Verjährung vermögensrechtlicher Ansprüche enthält, hat die Rechtsprechung die Verjährungsvorschriften der §§ 195ff. BGB bisher entsprechend angewendet (BGHZ 36, 379, 387; BGHZ 9, 209ff.). Daran ist festzuhalten (so auch Palandt/*Ellenberger*, § 194 Rn. 2, § 195 Rn. 20; a. A. *Heselhaus* DVBl 2004, 411ff.), obwohl sich durch die Schuldrechtsnovelle aus dem Jahr 2002 die Regelverjährung von 30 Jahren (§ 195 BGB a. F.) auf 3 Jahre drastisch verkürzt hat und eine ausdrückliche Übernahme der BGB-Verjährung auf öffentlich-rechtliche Ansprüche letztlich unterblieben ist (s. hierzu *Dötsch* DÖV 2004, 278 und *Kellner* NVwZ 2002, 398).

Es gilt demnach für Aufopferungsansprüche die ***relative*** **Verjährungsfrist des § 195 BGB von 3 Jahren**, die gemäß § 199 Abs. 1 BGB mit dem Schluss des Jahres beginnt, in dem der Anspruch entstanden ist (Nr. 1) *und* Kenntnis von den anspruchsbegründenden Tatsachen sowie der Person des Schuldners besteht bzw. die Unkenntnis darüber auf grober Fahrlässigkeit beruht (Nr. 2). Zur Vermeidung einer „Endlos-Verjährung“ enthält § 199 Abs. 4 BGB eine **kenntnisunabhängige *Höchstfrist* von 10 Jahren** ab Entstehung des Anspruchs (*Kellner*, a. a. O., S. 400 befürwortet bei einer Verletzung von Leben, Freiheit und Körper in analoger Anwendung des § 199 Abs. 2 BGB bzw. des § 54 BGSG sogar eine generelle Höchstfrist von 30 Jahren; s. a. *Dötsch* a. a. O. S. 279).

53 Für die Geltendmachung des Anspruchs, unabhängig ob er auf einem rechtmäßigen oder einem rechtswidrigen Eingriff beruht, sind die **ordentlichen Gerichte** zuständig. Dies ergibt sich aus der besonderen Zuweisung in § 40 Abs. 2 Satz 1 VwGO.

Aufwendungen des Enteignungsbetroffenen

54 1. **§ 121 Abs. 1 Satz 2 BauGB** bestimmt, dass die Kosten eines erfolgreichen Enteignungsverfahrens der Entschädigungsverpflichtete zu tragen hat. Unter Kosten versteht das BauGB die Kosten des Verfahrens (Gebühren und Auslagen der Enteignungsbehörde) und die zur zweckentsprechenden Rechtsverfolgung oder Rechtsverteidigung notwendigen Aufwendungen der Beteiligten. Ähnliche bzw. gleichlautende Regelungen enthalten u. a. § 44 EEG NW, § 49 HEG, § 47 Abs. 2 LEntG-RP, § 42 NEG, § 40 Abs. 1 ThürEG. Man kann deshalb die Kostenpflicht des Entschädigungsverpflichteten als allgemeinen Grundsatz des Enteignungsrechts ansehen, zumal sich aus Art. 14 Abs. 3 GG ein Gleiches ergibt. Die zugesprochene Entschädigung wäre kei-

Jacobs
https://doi.org/10.1515/9783110682557-009

ne angemessene, wenn der Enteignungsbetroffene davon seine notwendigen Aufwendungen bestreiten müsste.

2. Kosten sind die Kosten des Verfahrens und die zur zweckentsprechenden Rechtsverfolgung oder Rechtsverteidigung notwendigen Aufwendungen der Beteiligten (§ 121 Abs. 2 S. 1 BauGB). Zu den erstattungsfähigen Aufwendungen der Beteiligten (insbesondere der Enteignungsbetroffenen) gehören die Gebühren und Auslagen für einen Rechtsanwalt oder einen sonstigen Bevollmächtigten (§ 121 Abs. 2 S. 2 BauGB) und die persönlichen Aufwendungen des Enteignungsbetroffenen, soweit sie zur zweckentsprechenden Rechtsverfolgung oder Rechtsverteidigung notwendig waren. Zur Frage der Erstattungsfähigkeit von Aufwendungen für einen Rechtsanwalt oder sonstigen Bevollmächtigten oder für Sachverständige wird auf → **Vertretungskosten (Rechtsanwalt und Sachverständiger)** verwiesen. Hier werden lediglich die persönlichen Aufwendungen des Enteignungsbetroffenen behandelt. 55

3. Als Aufwendungen des Enteignungsbetroffenen, die zur zweckentsprechenden Rechtsverfolgung oder Rechtsverteidigung notwendig sind und deshalb durch den Entschädigungsverpflichteten erstattet werden müssen, sind vor allem **Fahrtkosten** anzusehen. In Betracht kommen: Fahrtkosten zu Terminen der Enteignungsbehörde, auch wenn das persönliche Erscheinen nicht angeordnet ist; denn es kann dem Enteignungsbetroffenen nicht verwehrt werden, an Verhandlungen in seiner Sache teilzunehmen; ferner Fahrtkosten zum Rechtsanwalt oder sonstigen Bevollmächtigten, wenn der Besuch nötig ist. Unnötig ist z. B. ein Besuch, wenn die Nachricht ebenso gut schriftlich, d. h. auch per Fax, elektronisch oder fernmündlich übermittelt werden konnte. 56

Ob **Übernachtungskosten** erstattet werden müssen, hängt davon ab, ob die Anreise noch am Morgen des Termintages möglich und zumutbar ist. Verdienstausfall ist ebenfalls zu erstatten, nicht dagegen Arbeits- und Zeitaufwand des Betroffenen (vgl. *Battis* in BKL, § 121 Rn. 7; a. A. Vorauflage). Auch für persönlichen Zeit- und Arbeitsaufwand, um z. B. Unterlagen zu beschaffen und sich auf Verhandlungen vorzubereiten, kann kein Ersatz verlangt werden. Der Enteignungsbetroffene muss seine Aufwendungen darlegen und belegen.

Ersatz von Aufwendungen im vorstehenden Sinne kann selbstverständlich auch beim **gütlichen Grunderwerb** beansprucht werden. Bittet der Enteignungsbegünstigte z. B. den betroffenen Eigentümer zu einer Verhandlung oder zur Beurkundung des Kaufvertrages zum Notar, so sind die Fahrtkosten zu erstatten. Über die Kosten ist entsprechend § 121 BauGB auch dann zu entscheiden, wenn sich das Enteignungsverfahren durch Einigung der Beteiligten erledigt hat (BayVGH, Beschluss v. 16.8.2006 – 8 CS 06.1275). 57

Ausgleichs- und Ersatzmaßnahmen (§§ 13 ff. BNatschG)

58 1. Der Neubau oder die wesentliche Änderung einer Fernstraße, einer Eisenbahnlinie oder eines Wasserweges verändert in der Regel Gestalt und Nutzung der benötigten Grundflächen so grundlegend, dass dadurch die Leistungs- und Funktionsfähigkeit des Naturhaushaltes oder das Landschaftsbild erheblich oder nachhaltig beeinträchtigt werden. Die Leistungsfähigkeit des Naturhaushaltes ist insbesondere betroffen, wenn der Verkehrsweg über Wiesengelände mit Gehölzen, durch Waldgebiete oder Feuchtgelände geführt wird. Unter derartigen Umständen ist der Neubau oder die wesentliche Änderung eines Verkehrsweges ein Eingriff in Natur und Landschaft im Sinne der §§ 14 Abs. 1, 18 Abs. 1 BNatschG. Grundsätzlich sind **erhebliche Beeinträchtigungen** vom Verursacher **vorrangig zu vermeiden** (§ 13 BNatschG). Beeinträchtigungen sind vermeidbar, wenn zumutbare Alternativen, den mit dem Eingriff verfolgten Zweck am gleichen Ort ohne oder mit geringeren Beeinträchtigungen von Natur und Landschaft zu erreichen, gegeben sind (§ 15 Abs. 1 BNatschG). Derartige Alternativen sind beim Bau von Fernstraßen, Eisenbahnlinien und Wasserwegen allerdings in der Regel nicht gegeben, zumal sie dort bereits im Planungsstadium berücksichtigt werden bzw. worden sind. Nicht vermeidbare erhebliche Beeinträchtigungen sind durch **Maßnahmen des Naturschutzes und der Landschaftspflege** vorrangig auszugleichen (Ausgleichsmaßnahmen) oder zu ersetzen (Ersatzmaßnahmen; § 15 Abs. 2 BNatschG). § 15 Abs. 7 BNatschG ermächtigt das Bundesministerium für Umwelt, Naturschutz, Bau und Reaktorsicherheit, im Einvernehmen mit dem Bundesministerium für Ernährung und Landwirtschaft, dem Bundesministerium für Verkehr und digitale Infrastruktur und dem Bundesministerium für Wirtschaft und Energie das Nähere zur Kompensation von Eingriffen durch Rechtsverordnung zu regeln.

59 Ist für den Neubau oder die wesentliche Änderung des Verkehrsweges eine Planfeststellung vorgeschrieben, wird die Verpflichtung des Verursachers bereits im Planfeststellungsbeschluss ausgesprochen. Da dem Planfeststellungsverfahren ein nach öffentlichem Recht vorgesehener **Fachplan** zugrunde liegt, muss der Verursacher (Planungsträger) die zum Ausgleich des Eingriffs erforderlichen Maßnahmen des Naturschutzes und der Landschaftspflege im Einzelnen im Fachplan oder in einem landschaftspflegerischen Begleitplan in Text und Karte darstellen; der Begleitplan ist Bestandteil des Fachplans. Ausgeglichen ist der Eingriff, wenn nach seiner Beendigung keine erhebliche oder nachhaltige Beeinträchtigung des Naturhaushaltes zurückbleibt und das Landschaftsbild landschaftsgerecht wiederhergestellt oder neugestaltet ist. Dagegen sind der Eingriff und damit das Vorhaben zu untersagen, falls es nicht gelingt, Beeinträchtigungen zu vermeiden oder im erforderlichen Maße auszugleichen, und die Belange des Naturschutzes und der Landschaftspflege gewichtiger sind und im Range vorgehen (§ 15 Abs. 5 BNatschG).

Jacobs
https://doi.org/10.1515/9783110682557-010

Ob es zulässig ist, zugunsten einer naturschutzrechtlichen Ersatzmaßnahme die **Gefährdung eines landwirtschaftlichen Betriebes** in Kauf zu nehmen, hat das BVerwG (UPR 2009,153) offen gelassen, aber entschieden, dass der Grundsatz der Verhältnismäßigkeit (Übermaßverbot) es erfordert, im Planfeststellungsbeschluss substantiiert darzulegen und zu begründen, dass trotz entsprechender Bemühungen um vorrangig heranzuziehende Flächen der öffentlichen Hand und mangels anderer geeigneter Flächen Privater gerade die Inanspruchnahme der Flächen dieses Betriebes erforderlich und die Hinnahme seiner Existenzgefährdung im Hinblick auf das öffentliche Interesse an einer Kompensation des mit dem Straßenbau verbundenen Eingriffs in Natur und Landschaft verhältnismäßig ist.

2. Wie Beeinträchtigungen vermieden bzw. angemessen ausgeglichen werden können, wird auf allen Planungsstufen – ausgehend von der Bedarfsplanung bis zur Ausführungsplanung – untersucht. Das Mittel dafür ist die **Umweltverträglichkeitsprüfung (UVP).** Sie ist ein unselbständiger Teil der verwaltungsbehördlichen Verfahren, die der Entscheidung über die Zulässigkeit von Vorhaben dienen. Zu nennen sind das Raumordnungsverfahren, die Linienbestimmung, das Planfeststellungsverfahren. Die Umweltverträglichkeitsprüfung soll die Auswirkungen des Vorhabens auf die Umwelt frühzeitig und umfassend ermitteln, beschreiben und bewerten (§ 1 UVPG). Im Vordergrund stehen die Auswirkungen auf Menschen, Tiere und Pflanzen, Boden, Wasser, Luft, Klima und Landschaft, einschließlich der jeweiligen Wechselwirkungen. 60

Dabei ist die Umweltverträglichkeitsprüfung vorwiegend als „Gutachten" zu begreifen, in dem das Hauptaugenmerk auf der **Abwägung der widerstreitenden Belange** liegt. Es wird darum geprüft, wie Beeinträchtigungen von Natur und Landschaft durch Änderungen des geplanten Verkehrsweges vermieden werden können und welche Ausgleichs- oder Ersatzmaßnahmen an welchem Standort in Betracht kommen. An der Prüfung ist die Öffentlichkeit zu beteiligen. Dazu findet ein Anhörungsverfahren statt, das den Anforderungen des § 73 Abs. 3 bis 7 VwVfG genügen muss, § 9 UVPG. Das gibt einem betroffenen Eigentümer die Möglichkeit, sich zu vorgesehenen Ausgleichs- und Ersatzmaßnahmen zu äußern, Bedenken vorzutragen, Gegenvorschläge zu unterbreiten. Wird für eine vorgesehene Ausgleichs- oder Ersatzmaßnahme ein anderer Standort vorgeschlagen, sind die Standorte unter Beachtung des Gebotes des geringstmöglichen Eingriffs wertend zu vergleichen. 61

Abschließend erarbeitet die Behörde, die das verwaltungsbehördliche Verfahren führt, z.B. das Bundesministerium für Verkehr und digitale Infrastruktur bei einer Linienbestimmung für eine Bundesfernstraße nach § 16 FStrG, eine zusammenfassende Darstellung, § 11 UVPG. Die Ergebnisse fließen in den **Fachplan** oder den ihm beigefügten landschaftspflegerischen **Begleitplan** ein. Die über die Planung entscheidende Planfeststellungsbehörde entscheidet über die landschaftspflegerische Begleitplanung im Benehmen mit den für Naturschutz und Landschaftspflege zuständigen Behörden und kann eigene ergänzende Ermittlungen hinzufügen. 62

63 3. Im festgestellten Fachplan oder im landschaftspflegerischen Begleitplan für Ausgleichs- bzw. Ersatzmaßnahmen vorgesehene Grundstücke muss der Baulastträger grundsätzlich erwerben oder den Nutzungszweck durch **Eintragung einer Dienstbarkeit** im Grundbuch (§§ 1018 BGB ff.) dinglich sichern; denn nur dann ist der naturschutzrechtliche Ausgleich auf Dauer gewährleistet. Wenn ein gütlicher Erwerb nicht erreichbar ist, kann der Eigentümer eines solchen Grundstücks ebenso enteignet werden wie der Eigentümer eines Grundstücks, das für Bestandteile des Verkehrsweges unmittelbar gebraucht wird.

64 Nach § 19 FStrG beispielsweise hat der Träger der Straßenbaulast einer Bundesfernstraße zur Erfüllung seiner Aufgaben das Enteignungsrecht. Die Enteignung ist zulässig, soweit sie zur Ausführung eines festgestellten oder genehmigten Bauvorhabens nötig ist. § 3 Abs. 1 FStrG beschreibt im Einzelnen die Aufgaben des Baulastträgers einer Bundesfernstraße und fügt an, dass dabei öffentliche Belange einschließlich des Umweltschutzes zu berücksichtigen sind. Ähnlich äußert sich § 2 Abs. 1 BNatschG, der jedermann aufträgt, nach seinen Möglichkeiten zur Verwirklichung der Ziele und Grundsätze des Naturschutzes und der Landschaftspflege beizutragen. Damit kommt zum Ausdruck, dass der Baulastträger nicht auf Bau und Unterhaltung seiner Straßen beschränkt ist, sondern, wenn mit dem Bau oder der wesentlichen Änderung einer Straße ein Eingriff in Natur und Landschaft einhergeht, auch die in den Plänen angeordneten Ausgleichs- und Ersatzmaßnahmen verwirklichen muss. Sie gehören ebenso zu seinen Aufgaben wie der eigentliche Bau oder die wesentliche Änderung der Straße selbst. Bedenken ergeben sich auch nicht daraus, dass § 19 Abs. 1 Satz 2 FStrG den Begriff „Bauvorhaben" verwendet. Der Begriff ist weit auszulegen. Bauvorhaben ist nicht allein der Verkehrsweg selbst, sondern umfasst auch die planfestgestellten Ausgleichs- und Ersatzmaßnahmen (BVerwG UPR 2018,526). Deshalb kann der Planfeststellungsbeschluss nach § 17d Abs. 1 FStrG i. V. m. § 76 VwVfG ohne erneute Planfeststellung noch geändert werden, wenn die planfestgestellte Bundesstraße selbst schon fertiggestellt ist, die ebenfalls planfestgestellten Ausgleichsmaßnahmen dagegen noch nicht ausgeführt worden sind (BVerwG a. a. O. und BVerwG NVwZ 2010, 66).

Die Unanfechtbarkeit des Planfeststellungsbeschlusses bindet auch bei später bezüglich der Ausgleichsmaßnahme eintretenden veränderten Umständen. Der Vorhabenträger kann sich daher aus einer ihm durch die landschaftsrechtliche Begleitplanung auferlegte Ausgleichsmaßnahme nur im Wege der Planänderung lösen, nicht durch Verzicht gegenüber dem Eigentümer der vorgesehenen Ausgleichsfläche (BVerwGE 130, 138).

65 Im Übrigen wird verwiesen auf das Urteil des VGH BW vom 20.2.1992 – 5 S. 2064/91, NVwZ 1993, 595 = WF 1995, 155 und den Beschluss des BVerwG vom 13.3.1995 – 11 VR 4/95, NVwZ-RR 1995, 631 = UPR 1995, 308 = WF 1995, 200. In dem Beschluss bejaht das BVerwG die uneingeschränkte Möglichkeit der Enteignung von Flächen für Ausgleichs- und Ersatzmaßnahmen nach § 44 Abs. 1 WaStrG; die Vorschrift lasse die Enteignung zu, soweit sie zur Ausführung des Vorhabens notwendig sei. Inzwischen

sind weitere Entscheidungen ergangen, in denen die Möglichkeit der Enteignung bejaht wird (BVerwG NVwZ 1996, 896 = DVBl 1996, 676 zu § 22 AEG; BVerwG NVwZ 1997, 486 = DVBl 1997, 68 und BVerwG NVwZ 1999, 532, beide zu § 19 FStrG).

Bau einer Verkehrsanlage, Einwirkungen auf das Eigentum

66 1. Größere öffentliche Verkehrsanlagen (Straßen, Eisenbahnen, Wasserwege) werden nur gebaut oder geändert, wenn der Plan dafür vorher festgestellt worden ist (Planfeststellung, vgl. § 17 FStrG, § 18 AEG, § 14 WaStrG). Der Nachbar eines solchen Bauvorhabens, der selbst nicht durch Inanspruchnahme seines Grundbesitzes betroffen ist, aber befürchten muss, dass sein Eigentum beim Bau und Betrieb der Verkehrsanlage durch Lärm, Staub, Erschütterungen usw. beeinträchtigt wird, kann seine **Einwendungen im Anhörungsverfahren** im Rahmen der Planfeststellung vorbringen (§ 73 Abs. 4 VwVfG). Soweit darüber bei der Anhörung keine Einigung erzielt wird, entscheidet die Planfeststellungsbehörde. Gelangt diese nach Prüfung zu der Überzeugung, dass der Eigentümer durch den Bau oder die Änderung des Verkehrsweges unverhältnismäßig oder im Verhältnis zu anderen ungleich in erheblicher Weise belastet wird (**Überschreiten der Erheblichkeitsschwelle**, Art. 14 Abs. 2 GG), muss sie dem Träger des Vorhabens Vorkehrungen (z. B. Schallschutzmaßnahmen) auferlegen, die geeignet sind, die Belastung auf ein vertretbares Maß zu mindern. Sind solche Vorkehrungen untunlich oder mit dem Vorhaben unvereinbar, so hat der Eigentümer Anspruch auf angemessene Entschädigung in Geld (§ 74 Abs. 2 VwVfG). Vgl. → **Verkehrseinwirkungen**.

67 2. Einwendungen gegen den Plan selbst und gegen die darin genehmigten Maßnahmen sind nach Ablauf der Einwendungsfrist und nach Unanfechtbarkeit des Planfeststellungsbeschlusses ausgeschlossen (z. B. § 17 Abs. 4 FStrG). Sie können auch nicht mehr in einem anschließenden Entschädigungsfestsetzungsverfahren geltend gemacht werden. Dabei handelt es sich nicht um einen bloß formellen, sondern um einen materiellen Ausschluss. Der Eigentümer hat sein Recht verwirkt, am Verfahren teilzunehmen und rechtsgestaltend daran mitzuwirken. Einen Anspruch aus § 74 Abs. 2 VwVfG (Vorfeld der Enteignung) kann er darum nicht geltend machen. Er ist auf den enteignenden Eingriff und auf die Enteignungsentschädigung als Anspruchsgrundlage beschränkt. Dafür genügt jedoch nicht schon eine unverhältnismäßige Belastung durch den Bau oder die Änderung eines Verkehrsweges. Die Anforderungen sind strenger. Erforderlich ist, dass der Bau oder die Änderung des Verkehrsweges und die damit verbundenen Einwirkungen die bestehenden Grundstücksgegebenheiten nachhaltig verändern und das benachbarte Eigentum **schwer und unerträglich** treffen; die Enteignungsschwelle muss überschritten werden (BGHZ 129, 124; BGH NJW 1999, 1247; Palandt/*Herrler*, § 906 Rn. 40).

Mit dem enteignenden Eingriff als Anspruchsgrundlage begnügen muss sich der Eigentümer auch, wenn das Recht zum Bau oder der Änderung eines Verkehrsweges nicht auf einem Planfeststellungsbeschluss beruht, sondern sich z. B. aus einem Bebauungsplan ergibt. Vgl. → **Enteignender Eingriff**

Jacobs

https://doi.org/10.1515/9783110682557-011

3. In der Regel behält der Träger des Vorhabens Planung und Ausführung in seiner Hand oder beeinflusst sie zumindest in so starkem Maße, dass er sich die Einwirkungen auf das nachbarliche Eigentum als Hoheitsträger zurechnen lassen muss. Auf den nachbarrechtlichen Ausgleichsanspruch des Zivilrechts – § 906 Abs. 2 Satz 2 BGB – kann der betroffene Eigentümer darum nicht zurückgreifen. Anders ist es dagegen, wenn die Bauarbeiten ausnahmsweise auf der Ebene des bürgerlichen Rechts ausgeführt werden, weil sie ganz oder überwiegend privaten Baufirmen eigenverantwortlich überlassen wurden. Dann ist der nachbarrechtliche Ausgleichsanspruch die alleinige Anspruchsgrundlage; er ist auf einen angemessenen Ausgleich in Geld gerichtet. Es gelten die allgemeinen Regeln eines solchen Anspruches. Das Eigentum ist über das zumutbare Maß hinaus beeinträchtigt, wenn der Eigentümer über die ortsübliche Benutzung hinaus und unverhältnismäßig, d.h. **erheblich belastet** wird (vgl. BGHZ 122, 76 = NJW 1993, 1700). Nach der Rechtsprechung ist in solchen Fällen wegen des Begriffs „angemessen“ (in § 906 Abs. 2 S. 2 BGB) nach Enteignungsgrundsätzen auszugleichen (BGH NJW 2009, 762 Tz. 32; vgl. auch Palandt/*Herrler*, § 906 Rn. 40). 68

Baubeschränkungen an Bundesfernstraßen und sonstigen klassifizierten Straßen

Übersicht

1. Bei Bundesfernstraßen besteht ein grundsätzliches gesetzliches **Anbauverbot** nach § 9 FStrG. Danach dürfen – vorbehaltlich einer Ausnahme im Einzelfall (§ 9 Abs. 8 FStrG) – längst der Bundesfernstraßen nicht errichtet werden 69

- Hochbauten jeder Art in einer Entfernung von bis zu 40m bei Bundesautobahnen und bis zu 20m bei Bundesstraßen außerhalb der zur Erschließung der anliegenden Grundstücke bestimmten Teile der Ortsdurchfahrten, jeweils gemessen vom äußeren Rand der befestigten Fahrbahn (Abs. 1 S. 1 Nr. 1); das gilt entsprechend für Aufschüttungen oder Abgrabungen größeren Umfangs (Abs. 1 S. 2),
- bauliche Anlagen, die außerhalb der zur Erschließung der anliegenden Grundstücke bestimmten Teile der Ortsdurchfahrten über Zufahrten oder Zugänge an Bundesstraßen unmittelbar oder mittelbar angeschlossen werden sollen (Abs. 1 S. 1 Nr. 2).

Zweck des Anbauverbotes ist es, die Sicherheit und Leichtigkeit des Fernverkehrs zu gewährleisten und überdies eine künftige verkehrsbedingte Verbreiterung der Bundesfernstraßen zu sichern.

https://doi.org/10.1515/9783110682557-012

„Hochbau“ im Sinne des § 9 FStrG ist jede bauliche Anlage, die mit dem Erdboden verbunden ist und über die Erdgleiche hinausragt (BVerwG NVwZ 2020, 808 Rn. 10; BVerwGE 74, 217, 218; *Bender* in Müller/Schulz, § 9 FStrG Rn. 17; *Maas* in Kodal, 28. Kap. Rn. 48). Nicht hierzu gehört eine technisch-konstruktiv unabhängige Zufahrt innerhalb der Anbauverbotszone zu einem außerhalb dieser Zone zu errichtenden Mehrfamilienhaus (BVerwG NVwZ 2020, 808).

Unter **„baulichen Anlagen“** versteht das Gesetz Bebauungen jeder Art, z. B. die Errichtung von Masten, von Windrädern, von Anlagen der Außenwerbung. Anlagen der Außenwerbung fallen auch dann unter das Anbauverbot, wenn sie innerhalb der 40m-Zone gegenüber von Autobahnabfahrten errichtet werden (BVerwGE 142,84 = NVwZ 2012, 823 = DVBl 2012, 764 – zum Begriff „längs der Bundesfernstraßen“; *Bender* a. a. O., Rn. 17 f.; näher zum Begriff „bauliche Anlage“ *Maas* in Kodal, Kap. 28 Rn. 35, 49).

Die Vorschrift ist dem materiellen Baurecht zuzurechnen. Die in § 9 FStrG vorgesehenen Baubeschränkungen sind nach dem heute maßgebenden „engen“ Enteignungsbegriff (seit dem *Nassauskiesung*-Beschluss des Bundesverfassungsgerichts, BVerfGE 58, 300) keine Enteignung, sondern eine Inhaltsbestimmung des Eigentums im Sinne von Art. 14 Abs. 1 Satz 2 GG und daher grundsätzlich entschädigungslos hinzunehmen (Art. 14 Abs. 2 GG). Sie ergeben sich aus der Lage, der Beschaffenheit und den sonstigen Gegebenheiten des Grundstücks. Auf dem Grundstück lastet gleichsam aus seiner Einbindung in die Umgebung und aus seiner Ortsgebundenheit eine Beschränkung der Rechte des Eigentümers, in der sich Schranken seiner Nutzungs- und Verfügungsmacht widerspiegeln. Auch wenn die Beschränkungen im Einzelfall den Eigentümer unverhältnismäßig oder im Verhältnis zu anderen ungleich und damit unzumutbar belasten, bleiben sie doch Inhaltsbestimmungen. Allerdings sind übermäßige Belastungen durch eine Inhaltsbestimmung durch eine Geldleistung auszugleichen und auf ein zumutbares Maß herabzumindern, um die anderenfalls drohende Rechtsfolge der Verfassungswidrigkeit zu vermeiden. Die dafür erforderliche **Ausgleichsregelung** ist Teil der nach Art. 14 Abs. 1 S. 2 GG getroffenen Inhaltsbestimmung, vgl. BGHZ 121, 328, 332 = NJW 1993, 2095 und BVerwGE 94, 1 = NJW 1993, 2949. Zu den Anforderungen an eine Ausgleichsregelung vgl. → **Inhaltsbestimmungen** Rn. 470.

70 Den **Ausgleich (Entschädigung)** für übermäßig belastende Baubeschränkungen regeln die Abs. 9 und 10 des § 9 FStrG. Sie sind 1961 durch die Novelle in das Bundesfernstraßengesetz eingefügt worden. Bis dahin konnte für Baubeschränkungen längs der Bundesfernstraßen kein Ausgleich verlangt werden. Das Bundesfernstraßengesetz wurde damit dem Bundesbaugesetz angepasst, das in § 42 BauGB (früher § 44) den ähnlichen Fall der Minderung oder Entziehung der Baulandeigenschaft durch nachträgliche Änderung oder Aufhebung einer zulässigen Nutzung behandelt.

71 2. § 9 Abs. 9 FStrG macht die Gewährung einer Entschädigung zunächst davon abhängig, dass infolge der Anwendung der Abs. 1, 2, 4 oder 5 die **bauliche Nutzung** eines

Grundstücks ganz oder teilweise **aufgehoben** wird. Die Abs. 1 und 2 enthalten u. a. für Zonen, die vom äußeren Rand der befestigten Fahrbahn gemessen werden, ein allgemeines Anbauverbot bzw. schreiben die Zustimmung der obersten Landesstraßenbaubehörde zu Baugenehmigungen oder anderen notwendigen Genehmigungen vor, soweit bauliche Anlagen errichtet, erheblich geändert oder anders genutzt werden sollen.

Von dem Anbauverbot des Abs. 1 kann die oberste Landesstraßenbaubehörde 72
nach § 9 Abs. 8 FStrG im Einzelfall Ausnahmen zulassen. Dass der Gesetzgeber **Ausnahmemöglichkeiten** vorsieht, lässt sich daraus erklären, dass er durchaus nicht ausschließt, dass die vielfältigen Belange des Verkehrs nicht immer die Einhaltung der festgelegten Abstände erfordern. Die Handhabung und Praxis der obersten Landesstraßenbaubehörden bestätigen dies auch. Die Zulassung einer Ausnahme kommt danach nicht so selten vor, wie allgemein angenommen wird. Daraus folgt, dass man die Regelungen in den Abs. 1 und 8 als Einheit sehen muss. Das Anbauverbot ist mit einem Befreiungsvorbehalt gekoppelt, und dieser Vorbehalt kann Entschädigungsansprüche gegenstandslos machen. Ebenso ist es mit dem Erfordernis der Zustimmung nach Abs. 2. Die Zustimmung darf nach Abs. 3 nur versagt oder mit Bedingungen und Auflagen erteilt werden, soweit dies wegen der Sicherheit oder Leichtigkeit des Verkehrs, der Ausbauabsichten oder der Straßenbaugestaltung nötig ist.

Die bauliche Nutzung eines Grundstücks ist darum ganz oder teilweise erst aufgehoben, wenn eine Ausnahme bzw. die notwendige Zustimmung versagt wurde. Die Einbeziehung des Grundstücks in die Zonen allein genügt nicht; sie ist noch keine Anwendung der Abs. 1, 2, 4 und 5. Allerdings braucht nicht immer ein regelrechtes Baugenehmigungsverfahren durchgeführt zu werden. Ein ablehnender Bescheid auf eine Bauvoranfrage, der allein auf die Abs. 1 oder 2 gestützt wird, erfüllt schon das Tatbestandsmerkmal „infolge der Anwendung …“. Ebenso reicht aus, wenn ein zuständiger Behördenvertreter auf eine mündliche Anfrage erklärt, dass eine Ausnahme auf keinen Fall zugelassen werde und ein Antrag zwecklos sei.

Für eine Entschädigung nach § 9 Abs. 9 FStrG ist weiter erforderlich, dass auf die 73
bauliche Nutzung des Grundstücks im Zeitpunkt der Versagung der Ausnahme bzw. der notwendigen Zustimmung ansonsten ein **Rechtsanspruch** bestanden hat. Dies beurteilt sich nach allgemeinem Bodenrecht (vgl. *Bender* in Müller/Schulz, § 9 FStrG Rn. 167 f.). Die dafür maßgeblichen Bestimmungen finden sich insbesondere im Ersten Kapitel, Dritter Teil des Baugesetzbuches. Dort ist allerdings nicht von baulicher Nutzung die Rede, sondern ganz allgemein von „Vorhaben“. Nach der in § 29 BauGB enthaltenen Begriffsbestimmung kann man diesen Begriff dem Begriff der baulichen Nutzung im Sinne des § 9 Abs. 9 FStr gleichsetzen. Denn Vorhaben sind die Errichtung, Änderung oder Nutzungsänderung von baulichen Anlagen, und für Aufschüttungen und Abgrabungen größeren Umfangs sowie für Ausschachtungen, Ablagerungen einschließlich Lagerstätten gelten die Vorschriften der §§ 30 bis 37 BauGB entsprechend.

Im **Geltungsbereich eines Bebauungsplanes** ist gemäß § 30 BauGB ein Vor- 74
haben zulässig, wenn es den Festsetzungen des Planes nicht widerspricht und die Er-

schließung gesichert ist. Da auf ein solches Vorhaben ein Rechtsanspruch besteht, kommt bei einer Verhinderung durch die Baubeschränkungen des § 9 FStrG eine Entschädigung in Betracht (vgl. *Bender* a.a.O., Rn. 168). Gleiches gilt für ein nach § 34 BauGB zulässiges Vorhaben (unbeplanter Innenbereich).

75 Anders liegen die Dinge bei **Vorhaben nach § 35 Abs. 1 und 2 BauGB** (Außenbereich). Diese Vorschriften stellen auf die öffentlichen Belange ab, die nicht entgegenstehen bzw. nicht beeinträchtigt werden dürfen. Zu den öffentlichen Belangen (unbestimmter Rechtsbegriff) gehören selbstverständlich auch die baulich beschränkten Zonen entlang klassifizierter Straßen. Sie dienen der Sicherheit und Leichtigkeit des Verkehrs und sichern notwendige Ausbauabsichten und die Straßengestaltung. Für Grundstücke innerhalb der beschränkten Zonen im Außenbereich besteht damit grundsätzlich kein Baurecht (vgl. BGHZ 64, 382 = NJW 1975, 1778). Dennoch bedeutet das nicht schon, dass deshalb keine Entschädigung gefordert werden kann. Denn es wäre nicht sachgerecht, wenn einerseits der öffentliche Belang des § 9 einen Rechtsanspruch auf bauliche Nutzung ausschlösse und andererseits mit dem Hinweis auf den fehlenden Rechtsanspruch eine Entschädigung nach derselben Bestimmung versagt würde. Vielmehr ist in den Fällen des § 35 BauGB für eine Entschädigung nach § 9 Abs. 9 FStrG von dem Bestehen eines Rechtsanspruchs auszugehen, sofern eine ansonsten zulässige Bebauung allein wegen des Bauverbots oder der Baubeschränkung ausgeschlossen ist (ebenso *Bender* in Müller/Schulz, § 9 FStrG Rn. 170).

76 Ebenso wenig kann aus dem **Bestandsschutz** ein Rechtsanspruch auf Zulassung einer baulichen Nutzung hergeleitet werden. Nach der ständigen Rechtsprechung des BVerwG (z.B. BVerwGE 72, 362 = NJW 1986, 2126; BVerwGE 36, 296, 300f.) erstreckt sich der Bestandsschutz nur auf das vorhandene Gebäude und dessen bisherige Nutzung für die Dauer seines Bestandes. Er gewährt das Recht, Instandsetzungen durchzuführen, die das Gebäude vor dem vorzeitigen Verfall oder dem Eintritt der Unbenutzbarkeit vor Ablauf der Lebensdauer seiner Bauteile schützen. Seine Rechtsprechung zum sog. überwirkenden bzw. erweiterten Bestandsschutz, dass ein Bestandsschutz auch dergestalt gegeben sein konnte, dass wegen des Schutzwecks, den eine vorhandene bauliche Anlage genießt, auch ein damit zusammenhängendes weiteres bauliches Vorhaben gestattet werden muss, hat das **BVerwG** ausdrücklich **aufgegeben** (BVerwGE 85, 289; *Mitschang/Reidt* in BKL, § 35 Rn. 187). Außerhalb der gesetzlichen Regelungen gibt es keinen Anspruch auf Zulassung eines Vorhabens aus eigentumsrechtlichem Bestandsschutz, heißt es im Urteil vom 12.3.1998 – 4 C 10.97 (BVerwGE 106, 228 = NVwZ 1998, 842 = DÖV 1998, 600). Zur Errichtung eines neuen anstelle eines alten, baufällig gewordenen Gebäudes berechtigt der Bestandsschutz deshalb nicht. Darum kann dem Urteil des BGH vom 13.7.1967 – III ZR 11/65 (WM 1967, 1062 = BRS 19 Nr. 4) nicht zugestimmt werden, wenn das Grundstück nach damaligem Recht im Außenbereich gelegen war; denn der BGH hat Bedeutung und Tragweite des Bestandsschutzes verkannt. Ob auch rechtswidrige Bauwerke nach langer Zeit Bestandsschutz genießen können, hat das BVerwG mit Hinweis auf eine analoge Anwendung der zivilrechtlichen „Ersitzung" (§ 900 Abs. 1 BGB) offen gelassen (BVerwG

NVwZ 2002, 92; vgl. auch *Mitschang/Reidt* a.a.O., § 35 Rn. 188). Zum Bestandsschutz bei gewerblichen Anlagen vgl. *Stühler* BauR 2002, 1488ff.

Wird eine **Nutzung unterbrochen**, berührt dies den Bestandsschutz grundsätzlich nicht, da das Baurecht keine Vorschrift kennt, nach der der Bestandsschutz nach einer bestimmten Zeitdauer entfällt (vgl. *Reidt* in BKL, § 29 Rn. 18). Wird die Nutzung dagegen endgültig aufgegeben, entfällt der Bestandsschutz sowohl für die Nutzung als auch für die Gebäudesubstanz (BVerwG BauR 2003, 1021; BVerwG NVwZ 2001, 557; *Reidt* ebenda). Es kommt dann eine Entschädigung nicht in Betracht.

Nicht anders ist es bei **Bauerwartungsland**. Bei ihm besteht nur eine Aussicht, 77
dass das Grundstück zu einem späteren Zeitpunkt einmal bebaut werden darf. Einen Rechtsanspruch auf Zulassung einer baulichen Nutzung gibt es nicht. Erfüllt sich die Aussicht auf Bebaubarkeit im Gegensatz zu benachbarten Flächen infolge der Lage in den Beschränkungszonen später nicht, entsteht für den Eigentümer kein Anspruch auf Entschädigung. Eine Aussicht ist eben nur eine Aussicht und kein einklagbares Recht.

Schließlich setzt eine Entschädigung voraus, dass der Eigentümer die ernsthafte 78
Absicht hatte, sein **Grundstück zu bebauen**, und dazu insbesondere finanziell in der Lage war (*Bender* in Müller/Schulz § 9 FStrG Rn. 172). Anderenfalls wird eine Beschränkung durch die Anwendung der Abs. 1, 2, 4 oder 5 für ihn nicht spürbar, und er ist so lange nicht unzumutbar belastet, als ein Bauvorhaben nicht wirklich verhindert wird (BGHZ 64, 361 = NJW 1975, 1781; BGHZ 57, 278 = NJW 1972, 490 = MDR 1972, 307; vgl. auch § 42 Abs. 8 BauGB). Entschädigung kann auch der Eigentümer verlangen, der sein Grundstück, auf dessen Bebauung ein Rechtsanspruch besteht, wegen der Baubeschränkungen nicht als Bauland verkaufen kann.

Zusammenfassend: Eine Entschädigung nach § 9 Abs. 9 FStrG setzt voraus, dass ein nach allgemeinem Bau- und Bodenrecht auf der beschränkten Fläche zulässiges Vorhaben *allein* aus den Gründen der Abs. 1 oder 2 verhindert wird und der Eigentümer bauen wollte und finanziell dazu in der Lage war.

3. Entschädigung kann der Eigentümer für **nutzlos gewordene Bauvorbereitungen** 79
und eine **wesentliche Wertminderung** des Grundstücks beanspruchen. Zu den Bauvorbereitungen gehören Vermessungskosten, Architektenvergütungen, Erschließungsaufwand und ähnliches. Soweit die Vorbereitungen anderweitig – z.B. bei dem Ersatzvorhaben – verwendet werden können, entfällt der Anspruch. Ersatz für nutzlos gewordene Bauvorbereitungen steht auch dem Nutzungsberechtigten (Erbbauberechtigten usw.) zu, wenn sein Recht infolge der Anwendung der Abs. 1, 2, 4 oder 5 beeinträchtigt ist.

Eine **wesentliche Wertminderung** tritt ein, wenn das Grundstück teilweise oder 80
ganz **herabgezont** wird und dadurch wegen der veränderten Nutzungsmöglichkeiten sein Verkehrswert erheblich sinkt. Beispiele: Baustellenland wird zu Gartenland oder zu Lagerfläche, Kiesland zu Acker. Die Entschädigung ist der Unterschied zwischen den beiden jeweiligen Verkehrswerten (vgl. dazu § 42 Abs. 2 BauGB). Nicht wesentlich

im Wert gemindert ist das Grundstück, falls die baulich beschränkten Zonen lediglich die Freiflächen eines bebaubaren Grundstücks erfassen und die Errichtung des Hauses möglich bleibt. Ebenso ist es bei einem größeren Grundstück, das durch eine Umplanung noch zweckentsprechend und in gleichem Umfang genutzt werden kann. Soweit allerdings der Umfang der vorgesehenen und erlaubten Nutzung vermindert wird (z. B. 3 statt 4 Häuser), ist eine teilweise Herabzonung gegeben, die entschädigt werden muss. Die Kosten der Umplanung (Neuplanung) sind hingegen nicht entschädigungspflichtig. Da das Gesetz nur eine Entschädigung der wesentlichen Wertminderung vorsieht, ist davon auszugehen, dass lediglich der Rechtsverlust und **nicht Folgeschäden** zu entschädigen sind. Eine Verteuerung des Vorhabens infolge der Umplanung, höhere Betriebskosten, aber auch sonstige Kosten können darum nicht entschädigt werden. Gleiches gilt für entgehende Gewinne aus der verhinderten Bebauung. Zu verzinsen ist die Entschädigung von dem Tag an, an dem die Baubeschränkung wirksam wird (Ablehnung der beantragten Ausnahme oder Zustimmung).

81 4. Zur Entschädigung ist der **Träger der Straßenbaulast** verpflichtet. Kommt es zwischen ihm und dem Eigentümer zu keiner Einigung, entscheidet auf Antrag eines der Beteiligten die nach Landesrecht zuständige Behörde. Für das Verfahren und den Rechtsweg gelten die Enteignungsgesetze der Länder entsprechend (§ 19a FStrG).

82 Sofern der Eigentümer für den Bau der Straße Land abgetreten hat und über die Entschädigung dafür ebenfalls keine Einigkeit erzielt werden konnte, können beide Verfahren (Abtretung und Baubeschränkung) als ein Verfahren anhängig gemacht bzw. verbunden werden. Auf jeden Fall ist aber eine ausdrückliche Entscheidung der Enteignungsbehörde über die Entschädigung für die Baubeschränkung erforderlich, damit das ordentliche Gericht im anschließenden Rechtsstreit darüber befinden kann. Eine bloße Entscheidung über den Minderwert des Restgrundstücks infolge der Abtretung reicht nicht aus. Der sich anschließende Rechtsstreit bildet einen Teil des Verfahrens, so dass das Gericht, das zur Überprüfung der Verwaltungsentscheidung berufen ist und sie durch sein Urteil ersetzt, nur über den Sachverhalt entscheiden darf, über den auch die Enteignungsbehörde entschieden hat. Anders könnten die Dinge lediglich dann gesehen werden, wenn die Entschädigung für die übermäßig belastende Baubeschränkung ein unselbständiger Posten der Entschädigung für die Abtretung wäre. Das ist jedoch nicht der Fall. Denn es handelt sich bei Baubeschränkung und Abtretung um zwei selbständige Maßnahmen (Überschreiten der Zumutbarkeitsschwelle des Art. 14 Abs. 2 GG und Enteignung im Sinne des Art. 14 Abs. 3 GG). Es bleibt mithin nichts anderes übrig, als die Entscheidung der Enteignungsbehörde nachzuholen, oder aber die Parteien müssen übereinstimmend auf das Verfahren vor der Enteignungsbehörde verzichten (vgl. auch *Aust* NJW 1976, 1830.

83 5. In § 9 Abs. 10 FStrG ist bestimmt, dass der Entschädigungsanspruch bei geplanten Bundesfernstraßen (Abs. 4) frühestens entsteht und geltend gemacht werden kann, wenn der Plan **rechtskräftig festgestellt** oder genehmigt oder mit der Ausführung der Bauarbeiten begonnen worden ist. Unabhängig davon entsteht der Anspruch spätestens nach Ablauf von 4 Jahren, nachdem die Beschränkungen der Abs. 1 und 2 in Kraft getreten sind.

6. Entsprechende Anbauverbote und -beschränkungen für die übrigen **klassifizierten Straßen** (Landes- und Kreisstraßen) finden sich in den Straßengesetzen der Län- 84
der: § 22 Abs. 1, 2 StrGBW, Art. 23,24 BayStrWG, § 24 Abs. 1,2 BbgStrG, §§ 27 Abs. 1, 28 BremLStrG, § 23 Abs. 1, 2 HStrG, §§ 31 Abs. 1, 32 Abs. 1 StrWG-MV, § 24 NStrG, § 25 Abs. 1, 2 StrWG NRW, §§ 22, 23 LStrG Rh-Pf, § 24 Abs. 1, 2 SächsStrG, § 24 Abs. 1, 2 StrG LSA, §§ 29, 30 StrWG SH und § 24 Abs. 1, 2 ThürStrG; die Straßengesetze von Berlin (BerlStrG) und Hamburg (HWG) enthalten aus naheliegenden Gründen keine Anbauverbote und -beschränkungen. In den Landesgesetzen mit Anbauverboten und -beschränkungen sind lediglich Lage und Tiefe der geschützten Zonen anders geregelt als in § 9 Abs. 1 und 2 FStrG. Die jeweiligen Entschädigungsregelungen stimmen wörtlich mit § 9 Abs. 9 FStrG überein.

Bauerwartungsland (Daueraufwuchs und Baulichkeiten)

1. **Bauerwartungsland** sind nach der Legaldefinition des § 5 Abs. 2 ImmoWertV Flä- 85
chen, die nach ihren weiteren Grundstücksmerkmalen (gemäß § 6 ImmoWertV), insbesondere dem Stand der Bauplanung und der sonstigen Entwicklung des Gebiets, eine bauliche Nutzung auf Grund konkreter Tatsachen mit hinreichender Sicherheit erwarten lassen. Lagemerkmale sind z. B. die Verkehrsanbindung, die Nachbarschaft, die Wohn- und Geschäftslage sowie die Umwelteinflüsse (§ 6 Abs. 2 ImmoWertV). Weitere Merkmale sind insbesondere die tatsächliche Nutzung, die Erträge, die Grundstücksgröße, der Grundstückszuschnitt und die Bodenbeschaffenheit wie etwa die Eignung als Baugrund oder schädliche Bodenveränderungen. Von maßgeblicher Bedeutung sind damit die aus der Natur der Sache gegebenen Möglichkeiten der Grundstücksnutzung und der wirtschaftlichen Ausnutzung, wie sie sich aus der örtlichen Lage des Grundstücks bei wirtschaftlicher Betrachtungsweise objektiv anbietet **(Situationsgebundenheit des Grundstücks).** Von Bedeutung sind neben dem Stand der Bauleitplanung auch ein in der Gemeinde bestehender Siedlungsdruck oder im gewerblich-industriellen Bereich ein vorhandener Baulandbedarf (vgl. VGH BW, Urt. v. 27.09.2018 – 7 S 1875/15, juris; näher *Kleiber*, Marktwertermittlung nach ImmoWertV, § 5 ImmoWertV Rn. 138 ff.; *Kleiber* in Kleiber, Verkehrswertermittlung von Grundstücken, § 5 ImmoWertV Rn. 138 ff.; *Zimmermann*, § 5 ImmoWertV Rn. 76). Die Qualität eines Grundstücks als Bauerwartungsland richtet sich somit nach objektiven und nachprüfbaren Kriterien und nicht nach subjektiven Hoffnungen und Erwartun-

https://doi.org/10.1515/9783110682557-013

gen oder nach der „spekulativen" Verkehrsauffassung. Die Einstufung als Bauerwartungsland ist damit geprägt von der Bauerwartung. Es gilt die Reihenfolge baureifes Land, Rohbauland, Bauerwartungsland, Grün- und Ackerland bzw. Waldflächen und Brachland. Bauerwartungsland ist damit die Vorstufe zu Rohbauland, das nach der Definition des § 5 Abs. 3 ImmoWertV nach §§ 30, 33 und 34 BauGB für eine bauliche Nutzung bestimmt ist, dessen Erschließung aber noch nicht gesichert ist oder das nach Lage, Form oder Größe für eine bauliche Nutzung unzureichend gestaltet ist (vgl. → **Bodenwertermittlung**). Der Wert von Bauerwartungsland liegt erfahrungsgemäß bei 15–40 % des Wertes von baureifem Land (LG Schwerin, Urt. v. 22.05.2015 – 1 O 104/11, Rn. 47, juris).

Die Qualität „Bauerwartungsland" begründet für den Eigentümer keine Rechtsposition in dem Sinne, dass er für die sich nicht erfüllende Bauerwartung eine Entschädigung beanspruchen kann, als handele es sich um Bauland. Bloße **Chancen** begründen keine nach Art. 14 Abs. 1 GG geschützte Rechtsposition. Allerdings muss bei der Wertermittlung von Bauerwartungsland die voraussichtliche Entwicklungszeit bis zum Rohbauland oder Bauland (Wartezeit) Berücksichtigung finden (§ 2 S. 3 ImmoWertV; vgl. dazu *Zimmermann,* § 5 ImmoWertV Rn. 76). Bauerwartungsland, das kurz vor einer Heraufzonung steht, wird im Grundstücksverkehr höher bewertet als Flächen mit einer langen Wartezeit (vgl. dazu *Kleiber* in Kleiber, Verkehrswertermittlung von Grundstücken, § 5 ImmoWertV Rn. 145 ff.).

86 Bauerwartungslandflächen werden im Zeitpunkt des Eingriffs meist als **Agrar- oder Gartenland** genutzt. Es stehen vielfach Dauerkulturen oder gar Baulichkeiten – Lauben, Feldscheunen und dergleichen – darauf. Das führt zwangsläufig zu der Frage, ob neben dem höheren Bodenpreis dafür der volle Wert entschädigt werden muss. Bei der Antwort ist vom Zweck und der Aufgabe der Enteignungsentschädigung auszugehen. Die Aussage, dass der volle Wert entschädigt werden müsse, weil nicht nur das Grundstück, sondern auch dessen Bestandteile Enteignungsgegenstand seien, ist nicht zwingend. Aus dem Umstand, dass es sich um Bestandteile des Grundstücks handelt, ergibt sich keineswegs ein Gebot zur Zahlung des vollen Wertes. Der Umfang der Enteignungsentschädigung kann vielmehr nur von deren Aufgabe her bestimmt werden. Aufgabe der Enteignungsentschädigung ist, das dem Enteigneten auferlegte Sonderopfer und die darin liegende Vermögenseinbuße auszugleichen. Der Vermögensstand des Eigentümers soll nach der Enteignung nicht schlechter sein, als er vorher war. Der zu zahlende Wertausgleich muss – bildhaft gesprochen – den Betroffenen in die Lage versetzen, sich einen gleichwertigen Gegenstand zu beschaffen. Bei der Bemessung der Entschädigung ist somit vom gemeinen Wert (Wert für Jedermann) des enteigneten Gegenstandes auszugehen. Der gemeine Wert wird durch den Preis bestimmt, der im gewöhnlichen Geschäftsverkehr bei einer Veräußerung zu erzielen ist (Verkehrswert; vgl. § 8 Abs. 1 ImmoWertV).

87 Wie **Dauerkulturen und Baulichkeiten auf Bauerwartungsland** zu entschädigen sind, hängt danach von den Gepflogenheiten des gewöhnlichen Geschäftsverkehrs ab. Bei einer späteren Bebauung (gemäß der Qualität Bauerwartungsland) wer-

den Bäume, Sträucher usw. zerstört bzw. am jetzigen Standort nicht zu gebrauchen sein. Die Benutzungsarten schließen sich gegenseitig aus. Dem wird der Geschäftsverkehr bei der Preisbemessung Rechnung tragen. Er wird nicht den vollen Wert veranschlagen, sondern unter Berücksichtigung der verbleibenden Nutzungsdauer und Nutzungsmöglichkeit Abschläge machen. Können beispielsweise Obstbäume, die noch 10 Jahre Ertrag bringen, noch 5 Jahre stehen bleiben, so wird man erfahrungsgemäß den halben Preis zahlen. Bei einem Grundstück, das als werdendes Bauland zu vergüten ist, ist die Berücksichtigung der gegenwärtigen Benutzungsart nicht grundsätzlich ausgeschlossen. Wenn und soweit im freien Grundstücksverkehr bei einem Verkauf eine darauf stehende Kultur als wertsteigernd angesehen wird, muss das auch im Enteignungsverfahren Berücksichtigung finden.

2. Wird das als Bauerwartungsland eingestufte Grundstück **forstwirtschaftlich** ge- 88
nutzt, stellt sich eine ähnliche Frage. Ein noch nicht hiebsreifer Aufwuchs kann zum Erwartungswert der Hiebsreife (= Ernte durch Fällen der Bäume) oder zu dem geringeren Wert im Zeitpunkt der Enteignung, dem sog. **Abtriebswert**, entschädigt werden (vgl. dazu WaldR 2000 Ziffer 6.3). Der Standpunkt, der Aufwuchs dürfe stets nur mit dem Abtriebswert eingesetzt werden, weil nur dieser Wert dem Betroffenen genommen werde, ist unrichtig. Die Erwartung der Hiebsreife gehört bei einem forstwirtschaftlichen Grundstück zu dessen wertbildenden Eigenschaften. Es handelt sich um eine sichere Aussicht, dass die Hiebsreife zu gegebener Zeit eintreten wird. Für den Verlust dieser sicheren Aussicht ist der Grundeigentümer ebenso wie für den Verlust der Ernte bei der Enteignung eines bestellten Ackers zu entschädigen (BGH WM 1969, 964 = BRS 26 Nr. 102). Allerdings ist nicht gewiss, dass bei einem als Bauerwartungsland eingestuften Grundstück die zu erwartende Hiebsreife des Aufwuchses immer eine sichere und damit entschädigungspflichtige Aussicht darstellt. Häufig kann der betroffene Eigentümer nur die Bebauung oder die Hiebsreife erwarten. Erfahrungsgemäß erfüllt sich bei Bauerwartungsland die Bauerwartung nach einer Wartezeit von weniger als 20 Jahren (*Zimmermann*, § 5 ImmoWertV Rn. 114). Wenn in dieser verbleibenden Zeit der Aufwuchs nicht hiebsreif wird, erweist sich die Aussicht auf Eintritt der Hiebsreife nicht nur als nicht sicher, sondern sogar als unbegründet. Den Aufwuchs in diesem Fall neben einem Bodenpreis für Bauerwartungsland gleichwohl zum Erwartungswert der Hiebsreife zu entschädigen, ist entschädigungsrechtlich nicht vertretbar. Vielmehr wird nur ein zeitlich abgestufter Zuschlag zum gegenwärtigen Abtriebswert hinzukommen. Der BGH a.a.O. irrt, wenn er ohne Einschränkung meint, dass die Erwartung einer künftigen Bebauung und die Erwartung der Hiebsreife nebeneinander bestehen können. Zur Entschädigung bei einem Abholzungsverbot vgl. OLG Hamm NVwZ-RR 1997, 205.

Baurechtswidrige Bauten

89 1. Die Grundlage für die **Entschädigung baurechtswidriger Bauten** bilden **§ 95 Abs. 3 BauGB** und entsprechende Regelungen in den Landesenteignungsgesetzen. Danach ist für bauliche Anlagen, deren entschädigungsloser Rückbau jederzeit aufgrund öffentlich-rechtlicher Vorschriften gefordert werden kann, eine Entschädigung nur zu gewähren, wenn das aus **Gründen der Billigkeit** geboten ist. Hierbei handelt es sich um keine echte Enteignungsentschädigung. Bauliche Anlagen, deren Rückbau jederzeit gefordert werden kann, sind kein im Bestand gesichertes Eigentum und stehen deshalb nicht unter dem Schutz des Art. 14 GG.

90 2. Ein **Rückbau** baulicher Anlagen kann verlangt werden, wenn sie **materiell rechtswidrig (baurechtswidrig)** sind, nicht dagegen bei nur formaler Rechtswidrigkeit, d.h. bei Fehlen der Baugenehmigung. Denn die fehlende Baugenehmigung könnte in diesem Fall noch nachträglich eingeholt und damit der Mangel geheilt werden, so dass eine Abrissverfügung unverhältnismäßig wäre (s.a. Rn. **92**).

Der Grund für die Rückbauverpflichtung in § 95 Abs. 3 Satz 1 BauGB ist nicht explizit auf baurechtliche Vorschriften beschränkt. Deshalb fallen in seinen Anwendungsbereich auch legal gebaute Anlagen, die **öffentlichen Sicherheitsanforderungen** nicht mehr genügen, weil sie etwa baufällig geworden sind und daher ihre Beseitigung vom Eigentümer als dem *Zustandsverantwortlichen* ordnungsrechtlich gefordert werden könnte.

Wann eine bauliche Anlage **baurechtswidrig** ist, beurteilt sich nach den einschlägigen Vorschriften des Ordnungsrechts der Länder und den von der Rechtsprechung entwickelten Grundsätzen. Maßgebend für die Frage der Baurechtswidrigkeit ist grundsätzlich der Zeitpunkt der Errichtung der baulichen Anlage. Allerdings ist zu beachten, dass ein baurechtswidrig errichtetes Bauwerk durch Rechtsänderung genehmigungsfähig werden kann.

91 3. Das Recht, den **Rückbau baurechtswidriger Bauten** zu verlangen, kann aus mancherlei Gründen eingeschränkt sein. Nach verschiedenen Landesbauordnungen darf ein Rückbau nur angeordnet werden, „*wenn nicht auf andere Weise rechtmäßige Zustände hergestellt werden können*" (vgl. § 65 S. 1 Hs. 4 LBO BW; Art. 76 S. 1 Hs. 3 BayBO). Das kann durch die Gewährung einer Ausnahme oder die Erteilung von Auflagen oder etwa nachträglicher Einholung einer Baugenehmigung geschehen. Mitunter kennt die Baugenehmigungsbehörde das baurechtswidrige Gebäude, schreitet aber nicht ein, sondern duldet es. Erstreckt sich eine solche Duldung über einen längeren Zeitraum (mehrere Jahre), wird ein Vertrauenstatbestand geschaffen, der aus Gründen der Rechtssicherheit bedeutsam ist. Jedenfalls kann die Behörde unter solchen Umständen den Rückbau **nicht mehr jederzeit fordern**, sondern muss das rechtswidrig errichtete Gebäude zumindest zeitweilig weiter dulden (**Rückbau unter Gewährung einer angemessenen Frist**). Ob diese Fälle einer ein-

Pasternak
https://doi.org/10.1515/9783110682557-014

geschränkten Abbruchverpflichtung statt einer Billigkeitsentschädigung eine Enteignungsentschädigung in Höhe des Verkehrswertes rechtfertigen, mag zweifelhaft sein, ist aber im Ergebnis zu bejahen (so wohl auch *Groß* in EZBK, § 95 Rn. 101; s.a. *Reisnecker* in Brügelmann, § 95 Rn. 189); denn § 95 Abs. 3 BauGB sieht eine Billigkeitsentschädigung eben nur für den Fall vor, in dem der Rückbau *jederzeit* verlangt werden kann.

Im Geltungsbereich der Enteignungsgesetze, die keine entsprechende Regelung enthalten, werden solche Fälle ebenso zu behandeln sein. Es ist jedoch bei der Bemessung der Entschädigung zu beachten, dass der Markt den Preis für ein Gebäude nicht nach seiner möglichen Restlebensdauer, sondern entsprechend der wirklichen Restnutzungsdauer, bemisst.

4. Für baurechtswidrige Bauten, deren Rückbau *jederzeit* aufgrund *öffentlich-rechtlicher* Vorschriften gefordert werden kann, kommt eine Entschädigung nur in Betracht, wenn sie aus **Gründen der Billigkeit geboten** ist. Ausgenommen vom Anwendungsbereich sind damit die Fälle, bei denen die Forderung nach einem Rückbau auf privatrechtlicher Grundlage (z.B. Ende eines Miet- oder Pachtverhältnisses) beruht. Da allein die Möglichkeit zu einer Rückbauforderung ausreicht, ist nicht erforderlich, dass eine entsprechende Aufforderung bereits ergangen oder gar eine Abbruchverfügung erlassen wurde. 92

Ob die Billigkeit eine Entschädigung gebietet, hängt von einer umfassenden **Interessenabwägung** unter Berücksichtigung der **Gesamtumstände des Einzelfalles** ab. Maßgebliche Bedeutung kommt dabei der Frage zu, wie lange der rechtswidrige Zustand bereits besteht, in welchem Maß und Umfang gegen anzuwendendes Baurecht verstoßen wird und ob etwa aufgrund einer stillschweigenden Duldung seitens der zuständigen Behörde ein gewisser Vertrauenstatbestand entstanden sein könnte. Auch die persönlichen Verhältnisse des Eigentümers sind zu berücksichtigen (*Breuer* in Schrödter, § 95 Rn. 51; *Groß* in EZBK, § 95 Rn. 102). In diesem Sinne wäre es etwa unbillig, einen Eigentümer zu entschädigen, der vorsätzlich und ohne Not unter Verstoß gegen das geltende Recht ein Bauwerk errichtet hat, z.B. im Außenbereich. Ebenso wird keine Entschädigung beansprucht werden können, wenn ohne die Enteignung die Baugenehmigungsbehörde eine Abbruchverfügung hätte erlassen müssen. Handelt es sich dagegen um Baulichkeiten, die zur Behebung einer Wohnungsnot erstellt bzw. erweitert wurden, kann eine Entschädigung nach den Umständen billig sein.

Als unbestimmter Rechtsbegriff unterliegt die Frage der **„Billigkeit"** im Rahmen des § 95 Abs. 3 S. 1 BauGB der **vollen gerichtlichen Überprüfung** in den Verfahren vor den Kammern für Baulandsachen nach § 217 BauGB.

Der Grad der Billigkeit bestimmt die **Höhe der Entschädigung**, ohne dass Anspruch auf vollen Wertausgleich besteht. Denn es erscheint nicht vertretbar, über den Aspekt der Billigkeit ein baurechtswidriges Gebäude einem ordnungsgemäß genehmigten gleichzustellen (s.a. *Battis* in BKL, § 95 Rn. 11, der insoweit von einer dem Här- 93 teausgleich in § 181 BauGB verwandten Entschädigung spricht). Deshalb sind für die Bemessung der Höhe der Entschädigung, ausgehend von dem nach dem Sach- oder Ertragswertverfahren ermittelten Wert für ein Bauwerk entsprechender Qualität und vergleichbarer Lage, **angemessene Abschläge** zu machen; im Allgemeinen wird die Entschädigung 50 bis 75 % des vollen Wertes betragen. Gegenstand der Billigkeitsentschädigung ist allerdings nur die bauliche Anlage selbst, sind nicht auch andere, mit dem Rückbau verbundene Nachteile für den Eigentümer oder die entstehenden Abbruchkosten.

94 5. **§ 95 Abs. 3 S. 2 BauGB** regelt die Entschädigungshöhe, wenn der entschädigungslose Rückbau erst nach Ablauf einer Frist gefordert werden kann, etwa weil die zugrundeliegende Baugenehmigung zulässig befristet oder widerruflich erteilt wurde. Anders als bei den von der Regelung des § 95 Abs. 3 Satz 1 BauGB erfassten Fällen ist hier von **(noch) legalen Bauten** auszugehen, die somit dem vollen Eigentumsschutz des Art 14 Abs. 1 GG unterfallen. Folglich handelt es sich hierbei nicht um die Berechnung eines Billigkeitsausgleichs, sondern es geht um **Enteignungsentschädigung** nach Art. 14 Abs. 3 GG (ebenso *Groß* in EZBK, § 95 Rn. 104; *Battis* in BKL, § 95 Rn. 12).

Die Entschädigung ist nach dem Verhältnis der restlichen zu der gesamten Frist zu bemessen. Die Vorschrift des § 95 Abs. 3 Satz 2 BauGB ordnet damit eine **lineare Abschreibung** anstelle der eher dem tatsächlichen Marktverhalten entsprechenden degressiven Werteänderung an und regelt damit im Ergebnis den Bemessungsmodus der Enteignungsentschädigung (s. a. *Groß*, a. a. O.) Beläuft sich die Frist auf 10 Jahre und sind 6 Jahre verstrichen, ist das Verhältnis 4:10, und die Entschädigung beträgt $^{2}/_{5}$ oder 40 %. Fraglich ist allerdings, wovon dieser Anteil berechnet wird. Man könnte an den Wert des Gebäudes denken, den es hätte, wenn es unbefristet zulässig wäre. Dafür findet sich im Gesetz jedoch kein Anhaltspunkt. Auszugehen ist vielmehr von dem Wert des Gebäudes mit einer zehnjährigen Lebens- bzw. Nutzungsdauer (so auch *Spannowsky/Uechtritz*, BeckOK, § 95 BauGB Rn. 44).

Ob in Fällen einer nur noch sehr kurzen „Restlegalität" aus Billigkeitsgründen zusätzlich zu der Entschädigung nach Abs. 3 Satz 2 ein **Härteausgleich** nach Abs. 3 Satz 1 in Betracht kommen könnte, ist umstritten (bejahend *Groß*, a. a. O. und *Reisnecker* in Brügelmann, § 95 Rn. 198; ablehnend *Battis* in BKL, § 95 Rn. 12 und *Spannowsky/Uechtritz*, a.a.O).

Bebaute Grundstücke

95 1. Muss ein bebautes Grundstück im Enteignungsverfahren bewertet werden, ist sein Verkehrswert zu ermitteln. Die Entschädigung für den durch die Enteignung eintretenden Rechtsverlust bemisst sich nach dem Verkehrswert (§ 95 Abs. 1 BauGB). Der **Verkehrswert** (Marktwert) wird nach der **Legaldefinition des § 194 BauGB** durch

Jacobs
https://doi.org/10.1515/9783110682557-015

den Preis bestimmt, der in dem Zeitpunkt, auf den sich die Ermittlung bezieht, im gewöhnlichen Geschäftsverkehr nach den rechtlichen Gegebenheiten und tatsächlichen Eigenschaften, der sonstigen Beschaffenheit und der Lage des Grundstücks ohne Rücksicht auf ungewöhnliche oder persönliche Verhältnisse zu erzielen wäre. Darin eingeschlossen ist auch der sog. branchenübliche Verkehrswert. Das ist der Preis für ein baulich besonders ausgestattetes und eingerichtetes Grundstück, das gewerblich genutzt wird und das dessen Käufer ebenso nutzen will wie der Verkäufer (Schlachthof, Holzhandlung usw.; vgl. BGH NJW 1977, 1725 = BRS 34 Nr. 145).

Maßgebend, aber nicht verbindlich für die Ermittlung des Verkehrswertes ist die **Immobilienwertermittlungsverordnung (ImmoWertV**, siehe Anhang). Ihr können allgemeine Grundsätze der Wertermittlung entnommen werden (BGH GuG 2001, 181; *Kleiber* in Kleiber, Verkehrswertermittlung von Grundstücken, § 1 ImmoWertV Rn. 5). Ihre Anwendung ist insbesondere den nach §§ 192ff. BauGB eingerichteten Gutachterausschüssen für Grundstückswerte vorgeschrieben (*Kleiber* a.a.O., § 1 ImmoWertV Rn. 3). Sie ist als wirksam erlassene **Rechtsverordnung** auch **für Gerichte und Behörden verbindlich** (BVerwG NVwZ-RR 2018, 200 Rn. 6; *Zimmermann*, Einf. Rn. 47: unmittelbar bindendes Recht). 96

Die ImmoWertV ist am **1.7.2010** ohne Übergangsvorschrift **in Kraft getreten** (§ 24). Sie gilt daher auch für Wertermittlungen, die sich auf einen Stichtag **vor Inkrafttreten** beziehen (BVerwG NVwZ-RR 2018, 200 Rn. 8; *Kleiber* in Kleiber, Verkehrswertermittlung von Grundstücken, § 24 ImmoWertV Rn. 3; a.A. *Zimmermann* § 24 Rn. 1).

Für die Ermittlung des Verkehrswertes bietet § 8 ImmoWertV das **Vergleichswertverfahren**, das **Ertragswertverfahren** und das **Sachwertverfahren** oder mehrere dieser Verfahren an. Nach § 8 Abs. 1 S. 2 ImmoWertV sind die Verfahren nach der Art des Wertermittlungsobjektes unter Berücksichtigung der im gewöhnlichen Geschäftsverkehr bestehenden Gepflogenheiten und der sonstigen Umstände des Einzelfalls, insbesondere der zur Verfügung stehenden Daten auszuwählen und zu begründen. Der Verkehrswert ist aus dem Ergebnis des oder der herangezogenen Verfahren unter Würdigung seines oder ihrer Aussagefähigkeit zu ermitteln (§ 8 Abs. 1 S. 3 ImmoWertV). Die Anwendung anderer sachgerechter Methoden ist durch die Nennung der drei Verfahren nicht ausgeschlossen; sie müssen aber geeignet sein und dürfen das Wertbild nicht verzerren (BGH GuG 2001, 181; OLG Brandenburg EzGUG 20.200; näher *Kleiber*, a.a.O., § 8 ImmoWertV Rn. 6ff.; *Kreft*, Rn. 317). 97

Grundsätzlich steht der Enteignungsbehörde ein **Einschätzungsspielraum** bei der Wertermittlung zu, der nur eine eingeschränkte gerichtliche Kontrolle erlaubt. Er bezieht sich grundsätzlich auf die Wahl des anzuwendenden Wertermittlungsverfahrens. Der Einschätzungsspielraum erstreckt sich dagegen nicht auf die tatsächlichen und rechtlichen Grundlagen der Wertermittlung; diese unterliegen in vollem Umfang der gerichtlichen Überprüfung (BVerwG NVwZ-RR 2018, 200 Rn. 3). 98

Der Gesetzgeber hat keine ausdrückliche gesetzliche Regelung getroffen, **welche Methode der Wertermittlung** heranzuziehen ist. Die Vorgaben der ImmoWertV machen deutlich, dass sich zur Bewertung von Grundstücken lediglich allgemeine Grundsätze aufstellen lassen. Dies beruht auf der Erkenntnis, dass die eigentliche Bewertung immer nur eine Schätzung darstellen kann und Erfahrung und Sachkunde voraussetzt, über die ein insoweit nicht sachkundiges Gericht weniger verfügt als etwa die Mitglieder der Gutachterausschüsse nach § 192 BauGB. Maßgeblich ist ferner, dass der Bewertung von Grundstücken im besonderen Umfang wertende Elemente anhaften und sie deshalb nicht richtig oder falsch, sondern nur vertretbar oder nicht vertretbar vorgenommen werden kann. Der Wertermittlungsspielraum ist jedoch beschränkt. Er erstreckt sich nicht auf die rechtlichen und tatsächlichen Grundlagen der Bewertung. Ob eine Bewertung auf zutreffenden Voraussetzungen beruht, dürfen die Gerichte in vollem Umfang prüfen und müssen es sogar, wenn die Beteiligten darüber streiten. Soweit der Wertermittlungsspielraum reicht, findet eine eingeschränkte, gerichtliche Kontrolle in Form einer Plausibilitätskontrolle statt (vgl. BVerwG NVwZ 2015, 531 Rn. 8 und 12; OVG Rheinland-Pfalz, Urt. v. 16.02.2017 – 6 A 10137/14 – Rn. 63ff, juris; OVG Berlin-Brandenburg, Beschl. v. 25.01.2018 – OVG 2 B 18.16 – juris; OVG Hamburg, Urt. v. 21.06.2015 – 3 Pf 54/15 – Rn. 48, 89, juris).

99 2. Die Verkehrswertbestimmung nach dem **Vergleichswertverfahren** kommt in Betracht, wenn und soweit zeitnahe Kaufpreise geeigneter Vergleichsgrundstücke in ausreichender Zahl vorhanden sind oder nicht genau Vergleichbares durch Zu- und Abschläge angepasst werden kann. Der Verkehrswert des zu bewertenden Objektes kann dann durch Mittelung der Vergleichspreise festgestellt werden. Als Vergleichspreise aus Käufen der öffentlichen Hand kann auch zurückgegriffen werden. Es besteht kein Erfahrungssatz, dass die zur Vermeidung einer Enteignung ausgehandelten Preise unangemessen sind (BGH MDR 1991, 1210 = BauR 1991, 452 = BRS 53 Nr. 127; BGHZ 90, 243 = NJW 1984, 1879; *Kreft,* Enteignungsentschädigung III, S. 20). Der Bodenwert ist vorrangig durch Preisvergleich zu ermitteln (vgl. → **Bodenwertermittlung**). Hingegen wird das Vergleichswertverfahren bei Baulichkeiten nur ausnahmsweise anwendbar sein. Die Unterschiede in Größe, Alter, Ausstattung usw. sind meist zu groß, als dass sie durch Zu- und Abschläge noch treffend ausgeglichen werden können (so auch *Kleiber,* a. a. O., § 8 ImmoWertV Rn. 49).

100 3. Für die Bemessung des Verkehrswertes eines bebauten Grundstücks bilden in der Regel **das Ertragswert- oder das Sachwertverfahren** die Grundlage. Wie im allgemeinen Geschäftsverkehr der Verkehrswert ermittelt wird, richtet sich nach der Nutzung des bebauten Grundstücks. Ist es dazu bestimmt, nachhaltig Ertrag zu erzielen, ist auf den **Ertragswert** abzustellen. Das trifft für Mietwohngrundstücke, Geschäfts- und Gewerbegrundstücke zu (vgl. BGHZ 35, 356; BGHZ 19, 1; BGHZ 17, 236; *Kleiber,* a. a. O., 8§ 8 ImmoWertV Rn. 62). Danach kann das Ertragswertverfahren als sachgerechte Methode zur Ermittlung des Verkehrswertes herangezogen werden bei Mietwohngrundstücken, Hotelgrundstücken, Campinggrundstücken, Geschäfts- und gewerblich genutzten Grundstücken, Schulen, Krankenhäusern, Kirchengebäuden,

Kinos, Schlachthäusern, Mühlengrundstücken, Werkstätten und Logistik- und Lagergrundstücken (Einzelheiten bei *Kleiber,* a.a.O., § 8 ImmoWertV Rn. 64f. mit zahlr. Nachw. aus der Rspr.). Steht dagegen die Eigennutzung im Vordergrund und werden Erträge nicht erstrebt wie bei Ein- oder Zweifamilienhäusern und Villen, ist das **Sachwertverfahren** anzuwenden (vgl. BGH NJW 1970, 2018 = MDR 1970, 1003 m.w.N.; BFHE 134, 161; OLG Hamm EzGUG 6.296; näher *Kleiber,* a.a.O., § 8 ImmoWertV Rn. 71ff.). Eine Sonderstellung nehmen Gebäude ein, deren Bestimmung sich im Laufe der Zeit geändert hat, sofern der ursprüngliche Zweck unschwer wiederhergestellt werden kann. Ein Beispiel dafür ist das Eigenheim, das seit Jahren nach einigen baulichen Veränderungen durch Vermietung genutzt wird. Hier wird der Verkehrswert wesentlich, aber auch nicht allein durch die Nutzung im Zeitpunkt der Entschädigung bestimmt (BGH, Urteil vom 7.12.1959 – III ZR 130/58 – unveröffentlicht). Das Kombinieren mehrerer Bewertungsverfahren ist nach der ImmoWertV nicht ausgeschlossen. Entscheidend ist dabei allerdings, dass die Elemente der verschiedenen Bewertungsverfahren sorgfältig aufeinander abgestimmt werden (vgl. dazu unten Rn. **102** und *Kleiber,* a.a.O., § 8 ImmoWertV Rn. 98ff.), Der BGH ist bezüglich der Kombination verschiedener Verfahren allerdings zurückhaltend und hat sie abgelehnt, wenn dadurch das „*Wertbild verzerrt*" wird (BGHZ 57, 178).

Vielfach wird angenommen, dass es bei **eigengenutzten gewerblichen Baulich-** 101
keiten ebenfalls ausschließlich auf den Sachwert ankommt. Dabei werden die Besonderheiten des Einzelfalles nicht genügend bedacht. Ein verständiger Dritter auf dem Grundstücksmarkt wird bei seinen preisbildenden Überlegungen den Ertragswert eines solchen Grundstücks keineswegs vernachlässigen. Auch wenn er vorhat, das Grundstück über den darin eingerichteten Gewerbebetrieb (z.B. Bäckerei, Metzgerei usw.) selbst zu nutzen, spielt der Grundstücksertrag eine entscheidende Rolle. Soll nämlich der Gewerbebetrieb einen Gewinn erbringen, muss zunächst eine angemessene Verzinsung des Grundstückswertes erwirtschaftet werden. Der Käufer wird deshalb nur einen Preis zahlen, der die für die gewerblichen Räumlichkeiten nachhaltig erzielbare Miete oder Pacht, ermittelt über Vergleichsmieten bzw. -pachten, ausreichend berücksichtigt; als ordentlich wirtschaftender Kaufmann zahlt er nämlich an sich selbst als Eigentümer der gewerblich genutzten Räume Miete bzw. Pacht, damit die Ertragslage seines Betriebes nicht verfälscht wird. Zum anderen kann er die Ertragslage des Betriebes des Verkäufers nicht unbeachtet lassen. Hat der Betrieb in der Vergangenheit keine angemessene Verzinsung des Betriebsvermögens erwirtschaftet, ist u.a. ein Abschlag vom Sachwert des Betriebsgrundstücks geboten. Nur so entsteht ein ausgeglichenes Verhältnis zwischen Grundstückswert und Betriebsertrag. Jedenfalls zeigt die Beobachtung des Marktes, dass wirtschaftlich erfahrene oder sachverständig beratene Käufer sich bei der Preisbildung so verhalten.

Umgekehrt kann es im Einzelfall geboten sein, ein an und für sich ausgesproche- 102
nes Ertragswertgrundstück nach dem Sachwertverfahren zu bewerten. Ein vermietetes Geschäftsgebäude beispielsweise, dessen überdurchschnittliche Erträge vorwiegend durch die günstige Geschäftslage bedingt sind, wird bei einer Verbreiterung der

Straße beseitigt, kann aber hinter der neuen Fluchtlinie auf dem noch ausreichend großen Restgrundstück wieder errichtet werden. Die günstige Geschäftslage bleibt dem betroffenen Eigentümer erhalten, so dass er auch schon durch den ggf. geringeren Sachwert einen vollen Ausgleich erhält. In **Zweifelsfällen** empfiehlt es sich, neben dem Sachwert auch den Ertragswert und umgekehrt zu ermitteln. Die Gegenüberstellung beider Werte ist oft sehr aufschlussreich und erleichtert die Findung des Verkehrswertes. Weichen beide Werte erheblich voneinander ab, wird ein Zu- bzw. Abschlag geboten sein. Überhaupt nicht sachgerecht ist, den errechneten Sach- oder Ertragswert einfach als Verkehrswert hinzustellen. Auf jeden Fall sind sonstige den Wert beeinflussende Umstände (die objektspezifischen Merkmale), soweit sie noch nicht erfasst sind, und vor allem die Lage auf dem Grundstücksmarkt über die Marktanpassung zu berücksichtigen (§ 8 Abs. 2 ImmoWertV); denn der Markt bestimmt den Verkehrswert. Es ist also zu fragen, was mögliche Käufer zahlen würden. Ebenso wenig kann gebilligt werden, den Verkehrswert aus dem Mittelwert von Ertragswert und Sachwert zu bilden. Eine solche gleichförmige, vereinfachende Betrachtungsweise wird den Gegebenheiten auf dem Grundstücksmarkt nicht gerecht.

103 4. Beim **allgemeinen Ertragswertverfahren** (§ 17 Abs. 2 Nr. 1 ImmoWertV) ist der Wert der Gebäude und der sonstigen baulichen Anlagen getrennt vom Bodenwert auf der Grundlage marktüblich erzielbarer Erträge zu ermitteln. Der Bodenwert wird in der Regel durch Preisvergleich gefunden. Der Gebäudeertragswert ist der um die Verzinsung des Bodenwertes verminderte und sodann unter Berücksichtigung der Restnutzungsdauer der baulichen Anlagen vervielfältigte, nachhaltig erzielbare jährliche Reinertrag. Der Reinertrag ergibt sich aus dem Rohertrag abzüglich der Bewirtschaftungskosten; zu den Bewirtschaftungskosten zählen die Verwaltungskosten, die Instandhaltungskosten, das Mietausfallwagnis und die Betriebskosten. Der Rohertrag seinerseits umfasst alle bei ordnungsmäßiger Bewirtschaftung erzielbaren Einnahmen aus dem Grundstück. Stichtag für die Berechnung der Restnutzungsdauer ist der Zeitpunkt, zu dem der Besitz und damit die Nutzungen auf den Erwerber übergegangen sind bzw. übergehen werden.

Beim **vereinfachten Ertragswertverfahren** (gemäß § 17 Abs. 2 Nr. 2 ImmoWertV) dagegen ermittelt man den Ertragswert als Barwert der künftigen Reinerträge; diese werden deshalb nicht durch die Verzinsung des Bodenwertes gemindert. Hinzugerechnet wird dementsprechend auch nur ein über die Restnutzungsdauer der baulichen Anlagen abgezinster Bodenwert; darauf kann allerdings verzichtet werden, wenn die baulichen Anlagen eine Restnutzungsdauer von mindestens 50 Jahren haben (vgl. *Kleiber*, a.a.O., § 17 ImmoWertV Rn. 47). Siehe im Übrigen §§ 17–20 ImmoWertV.

104 5. Der **Sachwert** setzt sich aus dem Bodenwert und dem Bauwert der nutzbaren baulichen und sonstigen Anlagen zusammen. Der Bodenwert wird auch hier grundsätzlich durch Preisvergleich bestimmt. Beim Bauwert ist zunächst der Herstellungswert der

baulichen Anlagen zu berechnen. Der Wert der baulichen Außenanlagen und der sonstigen Anlangen wird nach Erfahrungsgrundsätzen oder nach den gewöhnlichen Herstellungskosten ermittelt. Teil des Herstellungswertes sind auch die Baunebenkosten. Sie setzen sich zusammen aus den Kosten für Planung, Baudurchführung, behördliche Prüfungen und Genehmigungen und aus sonstigen Nebenkosten mit Ausnahme der Kosten für die Beschaffung, Verzinsung und Rückzahlung der zur Bauausführung aufgenommenen Geldmittel. Danach sind vom Herstellungswert die Wertminderungen wegen Alters, Baumängel und Bauschäden abzuziehen, §§ 23 und 8 Abs. 3 ImmoWertV. Beim Ansatz der Wertminderungen ist auf die Gegebenheiten am Tage des Besitzwechsels abzustellen; denn Gegenstand der Bewertung ist das Grundstück in dem Zustand, in dem es der Erwerber erhält (vgl. BGH NJW 1962, 1441 = MDR 1962, 720 = BRS 19 Nr. 124). Siehe im Übrigen §§ 21–23 ImmoWertV.

6. Um einen Sonderfall handelt es sich, wenn eine Gärtnerei oder ein sonstiger Gewer- **105**
bebetrieb z.B. auf **hochwertigem Wohnbauland** geführt wird. Bei der Bewertung eines solchen Grundstücks können Bodenwert (Baulandpreis) und Wert der gewerblichen Baulichkeiten nicht einfach zusammengezählt werden. Die Benutzungsarten Bauland und Gärtnerei schließen einander aus, und der gesunde Grundstücksverkehr bezahlt demzufolge nur das eine oder andere. Der Eigentümer muss sich entscheiden, ob sein Grundstück als Gärtnerei oder als Bauland entschädigt werden soll. Bei einer Bewertung des Grundstücks als Bauland werden für die gärtnerischen Baulichkeiten allenfalls Restwerte in Betracht kommen. Ebenso wenig kann in einem solchen Fall eine Entschädigung für den Aufwuchs oder die Verlegung der Gärtnerei gezahlt werden. Vgl. auch → **Gewerblich genutztes Grundstück**.

Beeinträchtigung der Bauerwartung bei Teilenteignungen

1. Die enteignungsrechtliche Besonderheit der Beeinträchtigung der Bauerwartung **106**
bei **Teilenteignungen** lässt sich am anschaulichsten anhand eines Beispiels aufzeigen: Durch den Bau einer Umgehungsstraße wird ein zur Zeit noch landwirtschaftlich genutztes Bauerwartungsgebiet durchschnitten. Da eine solche Straße wie eine Schranke wirkt, verlieren die vom Ort aus gesehen jenseits der Straße liegenden Flächen ihre Bauerwartung. Die diesseits der Straße verbleibenden Flächen behalten zwar die Bauerwartung, teilweise verschlechtert sich aber ihre Form. Daraus ergeben sich zwei Fragen: Ist der Verlust der Bauerwartung auf einer jenseits der Straße verbliebenen Restfläche zu entschädigen? Kann für eine nunmehr ungünstig geschnittene Restfläche mit Bauerwartung diesseits der Straße eine Entschädigung verlangt werden, weil bei einer späteren Bebauung z.B. nur noch beschränkt brauchbare Geländestreifen übrigbleiben werden?

https://doi.org/10.1515/9783110682557-016

107 Eine **Minderung des Verkehrswertes** als Folge der Landabtretung und damit der Enteignung ist zweifelsfrei eingetreten. Der adäquate Zusammenhang allein reicht aber für eine Entschädigung unter enteignungsrechtlichen Gesichtspunkten nicht aus. Art. 14 Abs. 1 GG schützt das Eigentum als Recht. Daraus hat der BGH in ständiger Rechtsprechung (BGHZ 189, 218 Rn. 31; BGHZ 90, 4, 11; BGHZ 62, 96 = NJW 1974, 637) den Schluss gezogen, dass nur Rechtspositionen von der verfassungsmäßigen Eigentumsgarantie erfasst werden. Unter enteignungsrechtlichen Gesichtspunkten sind mithin nur solche Nachteile und Beeinträchtigungen bedeutsam, die den Eigentümer **in seiner Rechtsposition** treffen. Die Minderung des Verkehrswertes infolge des Verlustes der Bauerwartung bzw. des ungünstigen Zuschnitts stellt somit einen Enteignungstatbestand erst dar und ist erst entschädigungspflichtig, wenn feststeht, dass der Eigentümer dadurch in einer sich aus seinem Eigentum ergebenden Rechtsposition betroffen und beeinträchtigt ist.

108 2. Einem landwirtschaftlich genutzten **Grundstück mit Bauerwartung** misst der gesunde Grundstücksverkehr einen höheren Wert bei als einem entsprechenden landwirtschaftlich genutzten Grundstück ohne Bauerwartung. In diesem höheren Wert könnte eine durch Art. 14 GG geschützte Rechtsposition gesehen werden. Der Preis, der für eine Sache auf dem Markt gezahlt wird, stellt für sich betrachtet allerdings noch keine Rechtsposition dar. Keinem Eigentümer ist zu jeder Zeit ein bestimmter Preis für sein Grundstück sicher; Angebot und Nachfrage lassen den Preis für dasselbe Gut sinken oder steigen, je nachdem, wie die gesamtwirtschaftlichen Verhältnisse beschaffen sind.

109 Allerdings ist der jeweilige Marktpreis nicht unbedingt gleichbedeutend mit dem höheren Wert. In dem höheren Wert spiegelt sich die Bauerwartung des Grundstücks wider, der Preis hingegen ist die bloße aktuelle Werteinschätzung auf dem Markt. Das führt zu der Frage, ob der höhere Wert als Ausdruck des Grundstückszustandes eine Rechtsposition ist. Für die Beantwortung der Frage kommt es auf die Art des Grundstücks an. Handelt es sich um in einem Bebauungsplan ausgewiesenes Bauland, ist der höhere Wert Ausdruck einer Rechtsposition; denn der Eigentümer hat einen Rechtsanspruch auf Zulassung der Bebauung (§ 30 BauGB). Dem Eigentümer eines landwirtschaftlich genutzten Grundstücks mit Bauerwartung steht ein vergleichbarer Anspruch dagegen nicht zu; er kann nicht verlangen, dass sich die Bauerwartung erfüllt und sein Grundstück zu Bauland wird. Verläuft die Gesamtentwicklung anders als zunächst durch den Grundstücksverkehr mit gutem Grund angenommen und verwirklicht sich die Bauerwartung nicht oder erst später, kann der davon betroffene Eigentümer keine Entschädigung verlangen. Bauerwartung ist eben – wie schon der Begriff sagt – lediglich eine wenn auch hinreichend sichere Erwartung und Aussicht, eine „Chance“ (vgl. die Definition in § 5 Abs. 2 ImmoWertV), und daraus lässt sich keine durch Art. 14 Abs. 1 GG geschützte Rechtsposition herleiten. Der **BGH** führt dazu aus (BGHZ 62, 96,99): *„Das Aufhören oder gar die Änderung der Entwicklung eines derartigen Geländes auf Bebaubarkeit hin ist enteignungsrecht-*

lich selbst dann ohne Bedeutung (irrelevant), wenn sie auf Maßnahmen von hoher Hand beruht oder deren Folge ist.“

Dass im Gegensatz dazu die für die **Umgehungsstraße** selbst benötigten Flächen **110**
als Bauerwartungsland entschädigt werden, steht damit nicht im Widerspruch. Denn insoweit werden die im Augenblick des Eingriffs höherwertigen Grundstücke der persönlichen Nutzung endgültig entzogen, und die Eigentümer wären anderenfalls nicht in der Lage, sich einen gleichwertigen Ersatz zu beschaffen, um an wirtschaftlichen Entwicklungen auf dem Grundstücksmarkt wiederum teilzunehmen (vgl. auch BGH NVwZ 1988, 867 = BRS 53 Nr. 124; BGHZ 66, 173, 177 = NJW 1976, 1088 = BRS 34 Nr. 135; *Krohn/Löwisch* Rn. 120; *Kreft*, Enteignungsentschädigung II, S. 21; *Streck* WF 2001, 85, 89.

3. Nichts anderes ergibt sich zum **Minderwert des Restgrundstücks.** Nach § 96 **111**
Abs. 1 Nr. 2 BauGB ist eine Entschädigung für den Minderwert des Restgrundstückes zu gewähren, wenn durch die Abtretung eine bestehende Nutzungsmöglichkeit des Restgrundstückes aufgehoben, eingeschränkt oder sonstwie beeinträchtigt wird. Darunter fällt beispielsweise die Verschlechterung des Wohnwertes eines auf dem Restgrundstück stehenden Hauses beim Bau einer Straße auf der Abtretungsfläche (vgl. → **Minderwert des Restgrundstücks**). Durch die Verwendung des abgetretenen Grundstücks zum Bau und Betrieb der Straße wird die bestehende Benutzung als Wohngrundstück beeinträchtigt. Anders liegen die Dinge bei der Wegnahme einer Teilfläche aus einem Grundstück, das auf dem Markt als Bauerwartungsland angesehen wird. Sofern nach der Abtretung die Bauerwartung für das Restgrundstück verloren geht, bricht lediglich eine wirtschaftliche Entwicklung ab. Die für das Grundstück bestehenden Nutzungsmöglichkeiten bleiben davon unberührt. Damit kann auch die eingangs gestellte zweite Frage beantwortet werden: Die für die Formverschlechterung (ungünstiger Zuschnitt) zu zahlende Wertminderung ist nach den gegebenen Nutzungsmöglichkeiten (landwirtschaftliche Nutzung) zu bemessen – nur insoweit wird der Eigentümer in seiner Rechtsposition getroffen – und nicht <nach einer Nutzungsart, die wenn überhaupt erst später eintreten kann. Eine andere Beurteilung liefe zudem auf Schadensersatz hinaus.

Zur **Werterhöhung des Restgrundstücks** bei Teilenteignung vgl. Stichwort **Vorteilsausgleich.**

Besitzeinweisung und Besitzeinweisungsentschädigung

Übersicht

112 1. Maßnahmen zum Wohle der Allgemeinheit bedürfen häufig einer besonderen Beschleunigung. Dem trägt die **vorzeitige Besitzeinweisung** Rechnung. Sie bietet die Möglichkeit, schon vor dem Eigentumsübergang auf dem Grundstück die Maßnahmen zu treffen, die zur Erreichung des Enteignungszweckes notwendig sind. Die vorzeitige Besitzeinweisung dient der beschleunigten Verwirklichung und ermöglicht dem Maßnahmeträger, noch vor dem Eigentumswechsel den Besitz an dem zu enteignenden Grundstück zu erlangen und darauf das geplante Bauvorhaben auszuführen.

113 Da die vorzeitige Besitzeinweisung enteignende Wirkung hat – denn durch die Wegnahme des Besitzes werden Eigentümer und Besitzer in ihrer Rechtsstellung betroffen, und ihnen wird ein besonderes Opfer auferlegt –, ist sie **Teil des eigentlichen Enteignungsverfahrens** (vgl. *Maas* in Kodal, Kap. 38 Rn. 60; *Schütz* in Beck'scher AEG-Kommentar, § 21 Rn. 5; *Kromer/Müller* in Müller/Schulz, § 18f FStrG, Rn. 6; ebenso OLG Celle NuR 1999, 476, 477; BayVGH NVwZ 1999, 1015). Sie steht für den Bau von Fernstraßen gemäß § 18f FStrG als eigenes Rechtsgebilde zwischen Planfeststellung und Enteignung. Entsprechend ist die vorzeitige Besitzeinweisung in verschiedener Landesstraßengesetze geregelt. Im Verhältnis zur Planfeststellung ist die vorzeitige Besitzeinweisung Ausführung und damit Teil der Vollziehung des Planfeststellungsbeschlusses.

114 2. Die **Rechtsgrundlagen** für das Besitzeinweisungsverfahren sind in § 116 BauGB sowie in verschiedenen Fachgesetzen enthalten, so in § 18f FStrG, in § 44b EnWG, in § 21 AEG, in § 38 LBG, in § 27g LuftVG, in § 29a PBefG sowie in den Straßen- und Wegegesetze und Enteignungsgesetze der Länder, so z.B. in § 37 EEG NW.

Bei der vorzeitigen Besitzeinweisung sind die **Muss-** und die **Kann-Besitzeinweisung** zu unterscheiden. Mit einer Kann-Besitzeinweisung hat man es in § 116 BauGB zu tun, wohingegen die Fachgesetze in der Regel Muss-Besitzeinweisungen dekretieren.

Bei der **Muss-Besitzeinweisung** muss die Enteignungsbehörde die vorzeitige Besitzeinweisung verfügen, wenn die gesetzlichen Voraussetzungen vorliegen; ein Ermessenspielraum steht ihr nicht zu. Es handelt sich um eine *gebundene Entscheidung* (BayVGH, Beschluss vom 9.8.2004 – 22 AS 04.40028 –, juris; *Maas* in Kodal, Kap. 38 Rn. 67; *Schütz* in Beck'scher AEG-Kommentar, § 21 Rn. 33), die sie treffen muss, wenn

Jacobs
https://doi.org/10.1515/9783110682557-017

die gesetzlichen Voraussetzungen gegeben sind. Die Enteignungsbehörde darf die vorzeitige Besitzeinweisung andererseits nicht von weiteren, nicht im Gesetz vorgesehenen Voraussetzungen abhängig machen und sie auch nicht zeitlich begrenzen (OLG Rostock, Beschl. v. 19.10.2015 – 13 U 1/14 (Baul); OVG Berlin-Brandenburg, Beschl. v. 28.01.2014 – OVG 1 S 282.13 –, Rn. 18, juris); die Besitzeinweisung gilt so lange, wie die Baumaßnahme entsprechend der Bauplanung dauert. Eine Befristung kommt nur in Betracht, wenn der Vorhabenträger sie beantragt (OLG Rostock a.a.O.). Bei der Muss-Besitzeinweisung sind grundsätzlich auch keine Interessen der betroffenen Eigentümer (mehr) zu berücksichtigen; denn diese sind in dem zugrundeliegenden Verfahren, meist Planfeststellungsverfahren, bereits Gegenstand einer intensiven Interessenabwägung und können nicht nochmals in die Entscheidung über die vorzeitige Besitzeinweisung einfließen.

Voraussetzungen der **Muss-Besitzeinweisung** sind: Der sofortige Beginn von Bauarbeiten muss geboten sein (anders als die Bestimmungen der Fachgesetze spricht § 116 Abs. 1 S. 1 BauGB dagegen davon, dass die Ausführung der beabsichtigten Maßnahme „dringend geboten“ sein muss, doch ergibt sich dadurch keine sachliche Änderung, vgl. *Maas* in Kodal, Kap. 38 Rn. 67). Bei der Prüfung der Zulässigkeit ist ein scharfer Maßstab anzulegen. Das Gebotensein i.S.v. § 18f Abs. 1 S. 1 FStrG setzt voraus, dass das Interesse der Allgemeinheit am sofortigen Beginn der Bauausführung das Interesse der Betroffenen im Rahmen einer Abwägung nachweisbar überwiegt (BayVGH, Urt. v. 11.09.2002 – 8 A 02.40028, Rn. 20, juris; OVG NW, Beschl. v. 16.09.2010 – 11 B 1179/10, Rn. 19). Ein solches überwiegendes Interesse am sofortigen Baubeginn ist regelmäßig indiziert, wenn für das Vorhaben vom Gesetz ein **vordringlicher Bedarf** festgestellt ist, z.B. nach dem FStrAbG (vgl. OVG LSA, Beschl. v. 22.03.2019 – 2 R 9/19, Rn. 33, juris) und die **Haushaltsmittel nachweislich bereitgestellt** sind (OVG NW, Beschl. v. 16.09.2010 – 11 B 1179/10; *Kromer/Müller* in Müller/Schulz, § 18f FStrG Rn. 7). Erforderlich, aber wegen der Vorläufigkeit der Maßnahme auch ausreichend ist, dass ein erfolgreicher Ausgang des Enteignungsverfahrens mit hoher Wahrscheinlichkeit zu erwarten ist (BGHZ 43, 168 = NJW 1965, 915), weil dafür in einem vollziehbaren Planfeststellungsbeschluss eine Rechtsgrundlage besteht. Weiter muss sich der Eigentümer oder Besitzer weigern, den Besitz des benötigten Grundstücks durch Vereinbarung unter Vorbehalt aller Entschädigungsansprüche dem Unternehmer zu überlassen. Dies verlangt, dass der Unternehmer mit dem Betroffenen über die Besitzüberlassung gütlich verhandelt hat, dieser sich aber weigert, die Bauerlaubnis zu erteilen. Dabei bedarf es nicht eines Angebots über die Höhe der Entschädigung, und ein solches Angebot kann/darf der Betroffene auch nicht verlangen. Es genügt vielmehr das Angebot des Unternehmers zum Abschluss eines Besitzüberlassungsvertrages unter Vorbehalt aller Entschädigungsansprüche des Betroffenen. Dass es eines Angebots über die Höhe der Entschädigung nicht bedarf, ergibt sich daraus, dass die Muss-Besitzeinweisung nach den Fachgesetzen nicht an weitere Voraussetzung, als im Gesetz genannt, geknüpft werden darf. Dies wäre aber der Fall, wenn die Höhe der Entschädigung, die in der Regel eingehender und auch zeitraubender Ermittlungen bedarf, zunächst festgestellt werden müsste; dies steht der Dringlichkeit der Baumaßnahme entgegen (vgl. *Maas* in Kodal, Kap. 38 Rn. 70). Dritte Voraussetzung ist, dass der zu Grunde liegende Planfeststellungsbeschluss oder die Plangenehmigung vollziehbar sein muss (*Maas* in Kodal, a. a. O., Rn. 66). Dies ist dann der Fall, wenn der Beschluss oder die Genehmigung rechtskräftig sind.

Anders als nach § 116 BauGB ist für die vorzeitige Besitzeinweisung nach den Fachgesetzen nicht erforderlich, dass das Enteignungsverfahren eingeleitet ist. Die Enteignungsbehörde kann die Besitzeinweisung auch nicht ihrerseits von eigenen Voraussetzungen abhängig machen oder an eigene Bedingungen knüpfen, z. B. eine Befristung vornehmen, die der Vollziehbarkeit eines Planfeststellungsbeschlusses widerspricht; denn die gesetzlichen Regelungen der Muss-Besitzeinweisung sagen ausdrücklich, dass es weiterer Voraussetzungen nicht bedarf, was umgekehrt bedeutet, dass sie auch nicht von weiteren Voraussetzungen abhängig gemacht werden darf.

Demgegenüber setzt die **Kann-Besitzeinweisung** des § 116 BauGB voraus, dass die sofortige Ausführung der beabsichtigten Maßnahme aus Gründen des Wohls der Allgemeinheit *dringend geboten* ist. Dabei hat seitens der Enteignungsbehörde eine Abwägung des Interesses der Allgemeinheit an der sofortigen Ausführung der beabsichtigten Maßnahme einerseits und der durch Art. 14 Abs. 1 S. 1 GG geschützten privaten Interessen des Betroffenen andererseits stattzufinden, und es ist zu prüfen, ob mit hoher Wahrscheinlichkeit zu erwarten ist, dass dem Enteignungsantrag entsprochen wird (*Battis* in BKL, § 116 Rn. 4; *Maas* in Kodal, Kap. 38 Rn. 62). Dabei muss das Interesse der Allgemeinheit die privaten Interessen des Betroffenen ganz erheblich überwiegen. Es muss ein so qualifiziertes öffentliches Interesse gegeben sein, dass nur durch eine vorzeitige Besitzeinweisung wesentliche Nachteile von der Allgemeinheit abgewendet werden können, z. B. empfindlicher Zeitverlust oder erhebliche Mehrkosten (vgl. OVG Lüneburg NJW 1965, 554 f.). Nach § 116 Abs. 2 S. 1 BauGB kann die Enteignungsbehörde die vorzeitige Besitzeinweisung von einer Sicherheitsleistung in Höhe der voraussichtlichen Entschädigung und von der vorherigen Erfüllung anderer Bedingungen abhängig machen – Kautelen, die die Muss-Besitzeinweisung nicht kennt. Zusätzliche Bedingungen können z. B. Handlungen oder Unterlassungen des Unternehmers betreffen, die zum Schutz des Betroffenen dienlich sind, z. B. Gestattung des Aberntens eines Grundstücks, Gestattung einer Zufahrt, vorübergehende Unterbringung des Betroffenen auf einem Grundstück des Enteignungsbegünstigten (vgl. *Battis* in BKL, § 116 Rn. 6; *Dyong* in EZBK, § 116, Rn. 13).

115 3. Eine **allgemeine Zulässigkeitsvoraussetzung der Enteignung** ist bekanntlich das **angemessene Angebot** (vgl. § 87 Abs. 2 BauGB, vgl. → **Angemessenes Angebot**). In der Praxis dauert es oft lange, bis die Enteignungsbehörde festgestellt hat, ob das durch den Enteignungsbegünstigten unterbreitete Angebot angemessen ist/war. Oft müssen schwierige Bewertungsfragen geklärt und Gutachten eingeholt werden. Das alles hat in einem Verfahren, in dem es um eine Sofortmaßnahme geht, nichts zu

suchen. Selbstverständlich muss der Enteignungsbegünstigte vor dem Einreichen des Besitzeinweisungsantrages den Eigentümer und Besitzer wegen einer freiwilligen Besitzüberlassung ansprechen und nach Möglichkeit auch Erwerbsverhandlungen beginnen. Das ergibt sich bei der Muss-Besitzeinweisung schon daraus, dass diese voraussetzt, dass sich der Betroffenen weigert, dem Unternehmer den Besitz freiwillig zu überlassen. Bleiben die Verhandlungen erfolglos und weigert sich der Eigentümer oder Besitzer trotz Vorbehalt aller Entschädigungsansprüche, den Besitz zu überlassen, muss die Einweisung ohne weiteres möglich sein (so z. B. § 18f FStrG).

Bei der ***freiwilligen*** **vorzeitigen Besitzüberlassung** handelt es sich um einen 116
Vertrag (§ 854 Abs. 2 BGB; § 870 BGB i. V. m. §§ 398 ff. BGB). Es gelten zwischen den Vertragsparteien grundsätzlich ausschließlich die **Regeln des bürgerlichen Rechts** (BGH MDR 2017, 205; BGH NVwZ 2014, 967; BGHZ 95, 1, 4; BGHZ 50, 284). Dies steht auch einer entsprechenden Anwendung des § 121 Abs. 2 S. 2 BauGB (Erstattung von Gebühren und Auslagen eines von dem Betroffenen zugezogenen Rechtsanwalts oder eines sonstigen Bevollmächtigten) auf derartige Vertragskonstellationen entgegen (BGH MDR 2017, 205 Rn. 15; vgl. auch Stichwort **Vertretungskosten**).

4. Damit umfassender Rechtsschutz gewährt wird, insbesondere um die Beteiligten zu 117
Wort kommen zu lassen und alle strittigen Fragen zusammenhängend erörtern zu können, ist eine **mündliche Verhandlung zwingend vorgeschrieben**. Soweit der Zustand des Grundstücks für die Höhe der Entschädigung von Bedeutung ist, hat ihn die Enteignungsbehörde vor der Besitzeinweisung in einer Niederschrift festzustellen; nötigenfalls sind Sachverständige zuzuziehen.

Maßgebend für die gerichtliche Beurteilung der Rechtmäßigkeit des Besitzeinweisungsbeschlusses ist die **Sach- und Rechtslage im Zeitpunkt der Besitzeinweisung** (BayVGH, Beschl. v. 30.01.2020 – 8 CS 19.1145, Rn. 16, juris). Sollte ein Vorhaben später aufgegeben werden, ist der Besitzeinweisungsbeschluss aufzuheben und der vorherige Besitzer wieder in den Besitz einzuweisen (§ 18f Abs. 6 S. 1 FStrG; BayVGH, a. a. O., Rn. 24, juris).

Über den Besitzeinweisungsantrag wird durch **Beschluss** entschieden, der dem 118
Antragsteller, dem Eigentümer und dem Besitzer zugestellt wird. Er kann im öffentlichen Interesse für **sofort vollziehbar** erklärt werden (§ 80 Abs. 2 Nr. 4 VwGO). Für Beschlüsse nach § 116 BauGB bzw. § 18f FStrG ist das allerdings nicht erforderlich; denn der Rechtsbehelf hat keine aufschiebende Wirkung (§§ 224 S. 1 Nr. 3 BauGB, 18f Abs. 6 a S. 1 FStrG). Das Gericht der Hauptsache kann allerdings nach Abwägung der Interessen des Eingewiesenen auf Antrag des von der Einweisung Betroffenen analog § 80 Abs. 5 S. 3 VwGO die **aufschiebende Wirkung anordnen**, wobei die Anordnung von einer Sicherheitsleistung oder anderen Auflagen abhängig gemacht oder gefristet werden kann, analog § 80 Abs. 5 S. 4, 5 VwGO. Ein solcher Antrag bleibt allerdings erfolglos, wenn die Erfolgsaussichten im Hauptsacheverfahren offensichtlich fehlen oder wenn sie wahrscheinlich fehlen oder wenn der Ausgang des Hauptsacheverfahrens als offen anzusehen ist und das private Aussetzungsinteresse das öffentliche

Vollzugsinteresse nicht überwiegt (OLG Hamm MDR 2017, 269 – Aufgabe von OLG Hamm, Beschl. v. 20.10.2002 – 16 W (Baul) 1/02).

Auch im **einstweiligen Rechtsschutz** gegen die vorzeitige Besitzeinweisung ist das Gebot des Art. 19 Abs. 4 GG (Garantie des effektiven Rechtsschutzes) zu beachten; es soll irreparable Entscheidungen soweit als möglich ausschließen. Droht einem Antragsteller bei Versagung des einstweiligen Rechtsschutzes eine erhebliche, irreparable Verletzung in seinen Grundrechten, so ist – gegebenenfalls unter eingehender tatsächlicher und rechtlicher Prüfung des im Hauptsacheverfahren geltend gemachten Anspruchs – einstweiliger Rechtsschutz zu gewähren, es sei denn, dass ausnahmsweise überwiegende, besonders gewichtige Gründe entgegenstehen (BVerfG NVwZ 2017, 149).

119 Gegen einen Beschluss nach § 80 Abs. 5 VwGO ist die **sofortige Beschwerde** analog §§ 567 Abs. 1, 793 ZPO zulässig (str., wie hier OLG Karlsruhe NVwZ 2001, 839; OLG Jena NVwZ 1998, 771; OLG Koblenz NVwZ 1986, 336 und NVwZ 1984, 678; *Battis* in *BKL*, § 224 Rn. 2).

Der **Rechtsbehelf** selbst ist **unterschiedlich geregelt**. Eine Besitzeinweisung nach § 116 BauGB kann nur durch Antrag auf gerichtliche Entscheidung bei der Kammer für Baulandsachen beim Landgericht angefochten werden, § 217 BauGB. Für die Anfechtung eines Beschlusses nach § 18f FStrG ist dagegen das Verwaltungsgericht zuständig. Das folgt aus § 18f Abs. 6a; danach ist § 80 Abs. 5 Satz 1 VwGO unmittelbar anwendbar und damit der Verwaltungsrechtsweg eröffnet. Zu beachten ist, dass manche Länder, z. B. Niedersachsen, in ihren Landesstraßengesetzen die Anwendung des Landesenteignungsgesetzes auf Rechtsmittel gegen Besitzeinweisungen nach § 18f FStrG vorsehen (§ 41a Abs. 4 NStrG). Das führt aber nicht dazu, dass ein Beschluss nach § 18f FStrG durch Antrag auf gerichtliche Entscheidung gemäß § 217 BauGB beim Landgericht (Kammer für Baulandsachen) anzufechten ist; denn der Bundesgesetzgeber hat mit § 18f FStrG eine spezielle fernstraßenrechtliche Regelung getroffen, so dass entgegenstehende Bestimmungen der Enteignungsgesetze der Länder nicht angewendet werden dürfen (OVG NW NVwZ-RR 2015, 201 Rn. 11). In § 9 Abs. 4 VerkPBG ist eine Sonderregelung für die neuen Bundesländer und für Berlin enthalten; danach sind Beschlüsse im Besitzeinweisungsverfahren vor den Baulandkammern der Landgerichte anzufechten (vgl. *Kromer/Müller* in Müller/Schulz, § 18f Rn. 36). Eine **Revision** ist gegen Urteile in Besitzeinweisungsverfahren **nicht statthaft**, § 542 Abs. 2 S. 2 ZPO (BGH, Beschl. v. 27.11.2014 – III ZR 93/14, Rn. 6, juris).

Nach der ständigen Rechtsprechung des BGH ist der **Streitwert für das Besitzeinweisungsverfahren** gemäß § 3 ZPO grundsätzlich mit 20 % des Wertes der betroffenen Grundstücksfläche zu bemessen (BGH, Beschl. v. 27.11.2014 – III ZR 92/14, Rn. 8, juris; BGHZ 61, 240, 251 f.; BGH WM 1978, 518; ebenso BayVGH, Beschl. v. 02.10.2014 – 22 A 14.40021, Rn. 3, juris).

Für **Streitigkeiten über die Erstattung von Aufwendungen**, die einem von einem Besitzeinweisungsverfahren gemäß § 18f FStrG Betroffenen zur zweckentsprechenden Rechtsverfolgung entstanden sind, ist der Rechtsweg zu den Verwaltungsgerichten gegeben (BVerwG NVwZ-RR 2014, 622; ebenso OVG NW, Beschl. v. 24.01.2008 – 20 B 1789/17 Rn. 9, juris).

5. Durch die Besitzeinweisung wird zu dem im Besitzeinweisungsbeschluss angegebenen Zeitpunkt dem Besitzer der Besitz entzogen und der Eingewiesene Besitzer (§ 116 Abs. 3 BauGB, § 18f Abs. 4 FStrG, § 40 LBG). Die Wirkungen der Besitzeinweisung sind **reine Rechtswirkungen**. Die tatsächliche Gewalt über das Grundstück ist so lange eine gesetzliche Unterstellung, bis sie wirklich erlangt wird; erst dadurch tritt eine wirkliche Änderung der Besitzverhältnisse ein. Hindert der bisherige Besitzer den Eingewiesenen daran, den Besitz zu ergreifen, muss der Eingewiesene den Besitzeinweisungsbeschluss mit den Mitteln des allgemeinen Verwaltungsvollzugs vollstrecken (*Breuer* in *Schrödter,* § 116 Rn. 13 und *Kastner* in *Marschall,* § 18f Rn. 25) Denn es handelt sich beim Besitzeinweisungsbeschluss um einen Verwaltungsakt, der auch insoweit vollstreckbar ist, als Handlungen zur Verschaffung des unmittelbaren Besitzes erforderlich sind (z. B. Beseitigung von hindernden Gegenständen). Ebenso ist die öffentliche Hand zur Abwehr von Besitzstörungen auf den **Verwaltungsrechtsweg** verwiesen (OLG Rostock MDR 2016, 238; offen gelassen in BGHZ 96, 1 = NJW 1986, 1107 = MDR 1986, 386). Der ordentliche Rechtsweg zu den Zivilgerichten ist für eine Abwehrklage aus § 862 BGB ausgeschlossen, wenn das Besitzrechtsverhältnis durch Besitzeinweisung begründet worden ist. Es wird von dem öffentlich-rechtlichen Besitzverhältnis überlagert, bis dieses seinen Zweck erreicht hat oder vollständig rückabgewickelt worden ist (BGH NVwZ 2020, 380 = MDR 2020, 501). Siehe auch → **Mittel des allgemeinen Verwaltungsvollzuges** Rn. 572. 120

Hat der Eigentümer durch die vorzeitige Besitzeinweisung die tatsächliche Verfügungsgewalt verloren, entfällt seine **Verkehrssicherungspflicht** und reduziert sich auch nicht auf Überwachungspflichten; die formale Rechtsposition des Eigentums reicht für die deliktsrechtliche Haftung des Eigentümers nicht (BGH NJW 2017, 2905 = MDR 2017, 1182). 121

6. Hat der Eingewiesene die tatsächliche Gewalt über das Grundstück erlangt, ist er befugt, das im Besitzeinweisungsantrag bezeichnete Bauvorhaben darauf auszuführen und die dafür erforderlichen Maßnahmen zu treffen (§ 116 Abs. 3 BauGB, § 18f Abs. 4 FStrG). Das schließt das Recht des Eingewiesenen ein, das Grundstück zu verändern, Gebäude abzureißen, Aufwuchs zu beseitigen, Mutterboden abzuschieben usw., soweit das zur **Verwirklichung des Enteignungszwecks** nötig ist. Weitergehende Maßnahmen sind unzulässig. Auch gewährt die vorzeitige Besitzeinweisung lediglich die privatrechtliche Befugnis dazu. Sonstige erforderliche öffentlich-rechtliche Erlaubnisse und Genehmigungen sind unabhängig davon rechtzeitig einzuholen. 122

7. Möglich ist die Besitzeinweisung nicht nur in das unmittelbar durch die Enteignungsmaßnahme betroffene Grundstück, sondern auch in den sog. **Arbeitsstreifen**, der nur vorübergehend gebraucht wird. Voraussetzung ist allerdings, dass der Ar- 123

beitsstreifen in den festgestellten bzw. genehmigten Planunterlagen ausgewiesen ist. Wollte man die Einweisung in den Arbeitsstreifen nicht zulassen, so würde die Besitzeinweisung überhaupt in Frage gestellt; der Enteignungsbegünstigte wäre dann zwar Besitzer des benötigten Grundstücks, könnte aber dringend erforderliche und eilige Maßnahme gleichwohl nicht verwirklichen, weil der benötigte Arbeitsraum nicht zur Verfügung steht.

Als **Entschädigung für den Arbeitsstreifen** kommt eine Verzinsung nicht in Betracht. Denn wegen der lediglich vorübergehenden Benutzung erhält der Eigentümer keine eigentliche verzinsbare Entschädigung wie beim Entzug des Eigentums. Der Ausgleich sollte deshalb in Form der ortsüblichen Miete oder Pacht oder durch Erstattung des wirklichen Nutzungsausfalls gewährt werden. Bei der Festsetzung der Miete oder Pacht sind alle wirtschaftlich vernünftigen und rechtlich zulässigen Nutzungsmöglichkeiten zu berücksichtigen (vgl. BGH DÖV 1976, 636).

124 8. Die durch die vorzeitige Besitzeinweisung entstehenden **Vermögensnachteile** hat der Eingewiesene zu **entschädigen** (§ 116 Abs. 4 BauGB, § 18f Abs. 5 FStrG, § 38 Abs. 4 LBG). Diese Besitzeinweisungsentschädigung ist ebenso wenig Schadensersatz wie die Enteignungsentschädigung, sondern Ausgleich für die entzogene Nutzung, ohne dass Zug um Zug der Gegenwert des Enteignungsgegenstandes zur Verfügung gestellt wird. Soweit dem Betroffenen durch den Entzug des Besitzes Gebrauchsvorteile und Erträge entgehen, wird der Ausgleich durch die Verzinsung der noch zu zahlenden Enteignungsentschädigung gewährt (§ 116 Abs. 4 BauGB, § 18f Abs. 5 FStrG, § 6 PrVereinfEG). Zu verzinsen ist die jeweils geschuldete angemessene Entschädigung (vgl. → **Verzinsung der Entschädigung**). Gleichwohl gezogene Nutzungen sind auf die Besitzeinweisungsentschädigung (Verzinsung) anzurechnen, schließen die Verzinsung aber nicht aus, wie gelegentlich angenommen wird, auch wenn der Betroffene dadurch unter Umständen mehr erhält, als er ohne die Enteignung hätte (Zinsen statt Pacht). Das hat der Gesetzgeber in Kauf genommen, wenn er anordnete, dass die Entschädigung ab Wirksamkeit der Besitzeinweisung zu verzinsen sei (vgl. dazu BGH NVwZ 2000, 230 = WF 1999, 183 = BGHR BauGB § 99 Abs. 3 Satz 2 Besitzeinweisung, vorzeitige 1).

125 Sind die entgehenden Vorteile und Erträge im Wert höher als die Verzinsung, erleidet der Betroffene also einen **weiteren Schaden**, so ist ihm auch dieser zu ersetzen. Während in Höhe der gesetzlich vorgesehenen Verzinsung ein Schaden des Betroffenen vermutet wird, muss er einen weitergehenden darlegen und beweisen. Das Gleiche gilt für andere Nachteile, so z. B. für Kosten der Räumung und eines Umzuges, auch für den Ausfall, der dadurch entsteht, dass eine anstehende Ernte nicht mehr eingebracht werden kann. Eine Ernteausfallentschädigung ist auf die Verzinsung der Bodenentschädigung für das laufende Wirtschaftsjahr anzurechnen; denn sie gleicht die entzogene Nutzung des augenblicklich laufenden Wirtschaftsjahres aus. Überhaupt gelten für die Besitzeinweisungsentschädigung die gleichen Regeln wie für die Bemessung der Enteignungsentschädigung. Für einen Streit über die Höhe sind die ordentlichen Gerichte zuständig.

Wenn auch die Besitzeinweisungsentschädigung grundsätzlich nicht auf die spätere Enteignungsentschädigung angerechnet werden darf, ist doch darauf zu achten, dass durch die Besitzeinweisungsentschädigung abgegoltene Nachteile **nicht noch einmal bei der Enteignungsentschädigung berücksichtigt** werden. Die Leistung von Besitzeinweisungsentschädigung endet spätestens mit der Zahlung der Enteignungsentschädigung; denn diese tritt an die Stelle des entzogenen Grundstücks. Ebenso braucht der Eingewiesene keine Besitzeinweisungsentschädigung mehr zu zahlen, sobald er Eigentümer des Grundstücks geworden ist, in dessen Besitz er eingewiesen war. Vermögensnachteile, die dem früheren Eigentümer nach dem Eigentumsübergang aus dem Verlust des Grundstücks entstehen und nicht durch die Verzinsung der noch zu zahlenden Enteignungsentschädigung abgegolten werden, sind, soweit sie die Voraussetzungen erfüllen, als sonstige Nachteile im Sinne der Enteignungsgesetze, z.B. des § 96 BauGB, zu behandeln. 126

9. Wird die öffentliche Hand in den Besitz eines vermieteten oder verpachteten Grundstücks eingewiesen, steht auch dem **Mieter bzw. Pächter** eine **Besitzeinweisungsentschädigung** zu. Er wird in der Regel durch die Besitzeinweisung stärker betroffen als der Eigentümer; denn er verliert seinen unmittelbaren Besitz. Die Folgen dieses Besitzverlustes sind auszugleichen. Folgen des Besitzverlustes können sein: Verlust von Eigentum an Sachen, die sich berechtigterweise auf dem Grundstück befinden (z.B. Aufwuchs), Kosten für eine Räumung, einen Umzug oder gar für die Verlegung eines auf dem Grundstück geführten Gewerbebetriebes. Bei der Bemessung der Entschädigung ist insbesondere darauf zu achten, wieweit die geschützte Rechtsstellung des Mieters oder Pächters (sein Recht zum Besitz) reicht. Vgl. → **Umzugskosten, Miet- und Pachtverhältnisse, Gewerblich genutztes Grundstück**. 127

10. Muss die vorzeitige Besitzeinweisung **aufgehoben** werden, weil der festgestellte Plan oder die Plangenehmigung aufgehoben worden sind (§ 18f Abs. 6 FStrG) oder weil der Enteignungsantrag abgewiesen wurde (§ 116 Abs. 6 BauGB), so ist der frühere Besitzer wieder in den Besitz einzuweisen, und er kann für alle durch die Besitzeinweisung entstandenen besonderen Nachteile Entschädigung verlangen. Dieser Anspruch ist kein Entschädigungsanspruch im Sinne des Art. 14 Abs. 3 GG, sondern ein Anspruch auf Schadensersatz, weil die vorzeitige Besitzeinweisung rechtswidrig war. Der Besitzer ist so zu stellen, wie er ohne Besitzeinweisung stände. Ihm gebühren voller Nutzungsausfall, soweit dieser nicht schon in der Entschädigung für die Besitzeinweisung enthalten ist, die Kosten der Folgenbeseitigung (z.B. der Aufwand für das Entfernen von Aufschüttungen) und Ersatz in Höhe des Verkehrswertes für abgerissene Gebäude und sonstige Anlage (vgl. *Breuer* in Schrödter, § 116 Rn. 26). 128

Besteuerung der Enteignungsentschädigung

129 1. Nach der Rechtsprechung des **BFH** handelt es sich bei der Enteignung eines **privat genutzten Wirtschaftsgutes nicht** um **ein „Veräußerungsgeschäft"** i.S. des § 23 Abs. 1 S. 1 Nr. 1 EStG. Denn ein „Veräußerungsgeschäft" setzt eine dahingehende willentliche wirtschaftliche Betätigung des Eigentümers voraus. Dies ist bei einer Enteignung gerade nicht der Fall, da dabei das Eigentum an einem Wirtschaftsgut durch hoheitlichen Akt entzogen wird; die Enteignung führt zu einem Eigentumsübergang, der sich gegen oder ohne den Willen des Eigentümers vollzieht. Ein derartiger, nicht vom Willen des Veräußernden getragener Eigentumsübergang führt nicht zur Verwirklichung des Tatbestandes eines privaten Veräußerungsgeschäftes. Eine zwangsweise vorgenommene „Veräußerung" reicht nicht aus, um eine für die Tatbestandsverwirklichung des § 23 Abs. 1 S. 1 Nr. 1 EStG zu fordernde wirtschaftliche Betätigung anzunehmen (BFHE 265, 258 Rn. 18ff = BStBl II 2019, 701; ebenso BFHE 229, 193 = BStBl II 2010, 792; BFHE 122, 453 = BStBl II 1977, 712). Gleiches gilt für eine rechtsgeschäftliche Veräußerung zur Vermeidung einer sonst drohenden und unmittelbar bevorstehenden Enteignung (BFHE 265, 258 Rn. 23 = BStBl II 2019, 701). Ein Veräußerungsgewinn entsteht damit durch die Enteignung oder die zur Vermeidung einer Enteignung vorgenommene rechtsgeschäftliche Veräußerung während der Haltefrist nicht.

Soweit der BGH in seiner Rechtsprechung (grundlegend BGHZ 65, 253 = WM 1976, 26; BGH MDR 2012, 538) davon ausgeht, dass die Enteignung von privat genutzten Wirtschaftsgütern grundsätzlich unter § 23 Abs. 1 Nr. 1 EStG fällt, ist diese Rechtsprechung angesichts der Rechtsprechung des BFH überholt. Es stellt sich daher auch nicht die Frage, ob eine entschädigungsrechtliche Ausgleich für eine Besteuerung der Entschädigung als „andere Vermögensnachteil" (Folgeschaden) nach § 96 BauGB, § 19 LBG, § 96 Abs. 1 WHG vorzunehmen ist. Denn eine Steuerpflicht entsteht nicht.

Die in den Vorauflagen unter dem Stichwort „Besteuerung des Veräußerungsgewinns" unter Bezugnahme auf die BGH-Rechtsprechung gemachten Ausführungen werden nicht aufrechterhalten.

130 2. Im Bereich der steuerlichen Erfassung betrieblicher Einkünfte kann die Übertragung oder Belastung des Eigentums von Wirtschaftsgütern des **Betriebsvermögens** aufgrund behördlichen oder gesetzlichen Zwangs etwa durch eine Enteignung zur steuerlichen Berücksichtigung einer Enteignungsentschädigung als Betriebseinnahme führen. Für die Besteuerung derartiger Entschädigungsleistungen ist allein maßgeblich, dass es durch die behördliche oder gesetzliche Zwangsmaßnahme zur Gewinnverwirklichung kommt, ein in diesem Zusammenhang entstehender Verlust des Steuerpflichtigen ist gewinnwirksam und im Rahmen der Ermittlung der Summe der Einkünfte in voller Höhe ausgleichspflichtig (BFHE 265, 258, Rn. 28 = BStBl II 2019, 701; BFHE 263, 191 = BStBl II 2019, 311).

Jacobs
https://doi.org/10.1515/9783110682557-018

3. Die **Zahlung einer Einmal-Entschädigung** für die Eintragung einer auf Dauer bestehenden **Grunddienstbarkeit** zur Überspannung eines Grundstücks mit einer Fernleitung ist nicht als Einkunft aus Vermietung und Verpachtung gemäß § 21 Abs. 1 Nr. 1 EStG zu versteuern. Dabei ist gleichgültig, ob die Gebrauchsüberlassung und die Eintragung der Grunddienstbarkeit nicht freiwillig erfolgt sind (BFHE 262, 102 = BStBl II 2018, 759). **131**

Betrieb zum Abbau von Bodenschätzen

1. Art. 14 GG schützt einen Betrieb zum Abbau von Bodenschätzen wie jeden anderen **eingerichteten und ausgeübten Gewerbebetrieb**. Geschützt ist alles, was den wirtschaftlichen Wert des Betriebes ausmacht. Dazu gehören insbesondere das Betriebsgrundstück und die Grundstücke, auf denen die Bodenschätze abgebaut werden. In den Betrieb eingegliedert und damit Betriebsbestandteil ist auch das sog. Vorratsland, selbst wenn es zurzeit noch anders – z. B. landwirtschaftlich – genutzt wird. Größe und Umfang des Bodenschatzes bestimmen den Marktwert des Betriebes. Vgl. → **Zugehörigkeit eines Grundstücks zum Gewerbebetrieb.** **132**

2. Wird ein zum Betrieb gehörendes Grundstück für eine öffentliche Maßnahme beansprucht, so hat der darin liegende Eingriff in das Eigentum bzw. Pachtrecht auch **Auswirkungen auf den Abbaubetrieb**. Die Auswirkungen können darin bestehen, dass der Betrieb infolge der Grundstücksabtretung sofort geschlossen werden muss, weil kein Bodenschatz mehr für einen Abbau vorhanden ist. Häufiger ist jedoch der Fall, dass der Betrieb an diesem Standort lediglich früher ausläuft, da die Grundstücksabtretung das Vorkommen verkleinert. In beiden Fällen ist bei der Bemessung der Entschädigung für die Folgeschäden von den **Kosten der Verlegung des Betriebes** auszugehen. Die Besonderheit besteht indes darin, dass die Verlegung, gleichgültig, ob es sich um einen Eigentümer- oder Pachtbetrieb handelt, keine zusätzliche, sondern eine **vorzeitige** ist. Denn auch ohne die Grundstücksabtretung hätte der Betrieb nach Ausbeute des Vorkommens auf ein anderes Grundstück verlegt werden müssen. Die Kosten hierfür wären also ohnehin in Zukunft angefallen. Der Betroffene erleidet somit als Nachteil aus der vorzeitigen bzw. früheren Verlegung einen **Zinsverlust**. Insoweit kann nur der Barwert des Zinsverlustes (Zwischenzinsen) die Entschädigung sein (vgl. BGH NVwZ 1999, 1022). **133**

Im Einzelnen: a) Der Betrieb schließt als Folge der Geländeabtretung sofort, und zwar 5 Jahre früher. Dabei ist zu unterscheiden, ob die Maschinen und das sonstige Gerät in 5 Jahren noch verlegt worden wären, weil noch brauchbar, oder ob sie dann, verbraucht und abgeschrieben, nur noch Schrottwert gehabt hätten; letzteres kommt häufig vor. In diesem Fall sind die Verlegungskosten in der üblichen Weise zu ermitteln, und davon ist der marktübliche Zinsverlust für 5 Jahre zu berechnen. **134**

Fiedrich

https://doi.org/10.1515/9783110682557-019

b) Am Tag der enteignungsbedingten Betriebsschließung sind die Maschinen und das sonstige Gerät noch brauchbar. Ein verständiger Eigentümer wird sie deshalb umsetzen, wenn ihr Zeitwert (restlicher Nutzungswert) die Verlegungskosten übersteigt. Als Entschädigung ist darum aufgrund der im Enteignungsrecht gebotenen wirtschaftlichen Betrachtungsweise der geringere Betrag (Zeitwert oder volle Verlegungskosten) zu zahlen. Hinzu kommen die Zwischenzinsen sonstiger Verlegungskosten. Dieses Ergebnis ergibt sich übrigens auch aus der dem Betroffenen obliegenden Schadensminderungspflicht.

c) Der Betrieb braucht nicht sofort geschlossen zu werden, sondern erst in 3 Jahren, dann aber ebenfalls 5 Jahre früher. Auch hier ist wie im Fall a) zu entschädigen. Der Unterschied besteht lediglich darin, dass die in Betracht kommende Entschädigung darüber hinaus noch für 3 Jahre abgezinst werden muss. Damit wird der Umstand berücksichtigt, dass der Betrieb trotz der Geländeabtretung zunächst noch 3 Jahre weiterläuft. Vgl. auch → **Gewerblich genutztes Grundstück (Verlegung des Gewerbebetriebes).**

Bierlieferungsvertrag

135 1. Wenn bei der Enteignung eines Grundstücks Entschädigung für einen vorzeitig beendeten Bierlieferungsvertrag (Bierbezugsvertrag) verlangt wird, liegt in der Regel folgender Sachverhalt zugrunde: Der Inhaber der auf dem Grundstück betriebenen Gaststätte hat sich durch Vertrag mit einer Brauerei verpflichtet, sein Bier für eine bestimmte Zeit ausschließlich von ihr zu beziehen (**Bezugsverpflichtung**). Um den Abschluss des Bierlieferungsvertrages zu erreichen, hat die Brauerei in der Regel ein zinsgünstiges Darlehen gewährt, das durch laufende Bierbezüge getilgt wird. Die Enteignung des Grundstücks und die damit verbundene Schließung der Gaststätte beenden den noch nicht abgelaufenen Bierlieferungsvertrag.

136 Die **Brauerei** als **eingerichteter und ausgeübter Gewerbebetrieb** ist als Eigentum durch Art. 14 GG verfassungsrechtlich geschützt. Geschützt sind nicht nur deren Sachwerte, sondern der gesamte Bestand des Betriebes, d. h. auch seine geschäftlichen Verbindungen und Beziehungen, der Kundenstamm usw. Zu den Geschäftsverbindungen der Brauerei gehören auch ihre Bierlieferungsverträge. Sie sichern der Brauerei die Abnahme bestimmter Biermengen. Bierlieferungsverträge werden unter Brauereien regelrecht gehandelt zu Preisen, die sich nach Liefermenge und Dauer des Vertrages richten. Fraglich ist allerdings, ob durch die vorzeitige Beendigung des Vertrages in den als Eigentum geschützten Brauereibetrieb enteignungsrechtlich eingegriffen wird. Denn für eine Enteignungsentschädigung reicht die Beeinträchtigung einer vermögenswerten Rechtsposition als solche nicht aus. Die hoheitliche Maßnahme muss unmittelbare Auswirkungen auf das Eigentum im enteignungsrechtlichen Sinne haben, nur mittelbare Folgen genügen nicht (BGHZ 48, 58, 64 = NJW 1967, 1752). Das Merkmal der Unmittelbarkeit soll u. a. eine entschädigungsrechtliche Kettenwir-

Jacobs
https://doi.org/10.1515/9783110682557-020

kung verhindern, wenn bei Dritten als Folge der Wegnahme von Eigentum eine (mittelbare) Beeinträchtigung eines an sich durch Art. 14 GG ebenfalls geschützten Rechtes eintritt.

Durch die Enteignung des Grundstücks müsste darum gleichzeitig unmittelbar in **137** den Bierlieferungsvertrag eingegriffen werden, wenn ein Entschädigungsanspruch bestehen soll. Das ist nicht der Fall. Durch den Bierlieferungsvertrag erwirbt die Brauerei kein Recht am Grundstück, das zum Besitz oder zur Nutzung des Grundstücks berechtigt. Auf das Grundstück kommt es in diesem Zusammenhang nicht an; der Bierlieferungsvertrag könnte im Grundsatz auch mit einer fahrbaren Gaststätte abgeschlossen werden. Durch den Bierlieferungsvertrag erlangt die Brauerei lediglich die Stellung eines Verkäufers. Freilich bleibt die Enteignung des Grundstücks nicht ohne Auswirkungen auf die Brauerei; denn der Gaststätteninhaber kann seine Abnahmeverpflichtung aus dem Vertrag nicht mehr erfüllen. Aber die Einwirkung ist eine nur mittelbare, da sie erst über die Person des Gaststätteninhabers für die Brauerei spürbar wird.

2. Ebenso wenig steht dem **Inhaber der Gastwirtschaft** eine zusätzliche Entschä- **138** digung zu, wenn die Brauerei wegen Verletzung des Bierlieferungsvertrages Ersatz verlangt. Der Gaststätteninhaber kann, wenn das Grundstück, auf dem die Gaststätte betrieben wird, enteignet wird, den Bierlieferungsvertrag, da es sich um ein Dauerschuldverhältnis handelt (Palandt/*Grüneberg*, § 314 Rn. 5), gemäß § 314 Abs. 1 BGB kündigen. Ihm kann unter den gegebenen Umständen eine Fortsetzung des Vertrages nicht zugemutet werden.

3. Die Brauerei kann auch dann keine Entschädigung für einen Bierlieferungsvertrag **139** beanspruchen, wenn sie Eigentümerin des Gaststättengrundstücks ist und die **Gaststätte gekoppelt mit einem Bierlieferungsvertrag verpachtet** hatte. Denn bereits die Entschädigung für das Grundstück setzt die Brauerei in die Lage, ein anderes gleiches Grundstück zu erwerben und sich daran die Bierlieferung vorzubehalten. Gleiches gilt in dem Fall, in dem die Brauerei die Gaststätte gepachtet und mit dem Vorbehalt der Bierlieferung unterverpachtet hatte. Denn schon durch die Entschädigung der Kosten für die Beschaffung eines gleichwertigen Pachtverhältnisses erhält sie eine volle Entschädigung. Das neue Pachtverhältnis kann anschließend mit der Verpflichtung zur Bierabnahme unterverpachtet werden.

Bodenschätze (Versagung einer Abbau- bzw. Abgrabungsgenehmigung)

1. Das Stichwort befasst sich mit dem Abbau von grundeigenen Bodenschätzen, die **140** **nicht dem Bergrecht** unterliegen (vgl. § 3 Abs. 4 Nr. 2 BBergG – Bergregal), sondern **zum Eigentum am Grundstück gehören**. Dazu zählen insbesondere Kies, Sand,

https://doi.org/10.1515/9783110682557-021

Ton, Lehm, Kalkstein, Dolomit, sonstige Gesteine, Moorschlamm und Torf (vgl. z.B. § 1 Abs. 2 Abgrabungsgesetz NW). Der Gesetzgeber hat das Recht zur Ausbeutung von Bodenschätzen, die nicht dem Bergregal (§ 3 Abs. 2 S. 2, Abs. 3 BBergG) unterliegen, nicht vom Grundeigentum getrennt und auch keiner besonderen Verleihung vorbehalten (§ 3 Abs. 2 S. 1 BBergG; BGHZ 189, 218 Tz. 31; BGHZ 90, 4, 11). Auch wenn das Recht zum Abbau solcher Bodenschätze zum Eigentum am Grundstück gehört, bedarf der Abbau, sofern es sich nicht um einen Abbau geringen Umfangs handelt, einer besonderen Genehmigung. Durch die Genehmigung erklärt die Genehmigungsbehörde, dass dem beabsichtigten Abbau Hindernisse aus dem öffentlichen Recht nicht entgegenstehen. Wird die Genehmigung rechtmäßig versagt, stellt sich die Frage, ob Entschädigung verlangt werden kann.

141 2. Der Abbau von Bodenschätzen gilt in den Bundesländern in der Regel als **bauliche Anlage** im Sinne der jeweiligen Landesbauordnung. Daneben – insoweit ist das Landesrecht sehr unterschiedlich ausgestaltet – unterliegt der Abbau den Regelungen des Natur- und Landschaftsschutzes. Das Land Baden-Württemberg z.B. hat den Abbau oberirdischer Bodenschätze im Außenbereich der Genehmigungspflicht der Naturschutzbehörden unterstellt (§ 13 Abs. 1 Nr. 1 NatschG BW). Die Länder Rheinland-Pfalz und Saarland sehen in der Gewinnung von Bodenschätzen in größerem Umfang ebenfalls einen Eingriff in die Natur und Landschaft, der durch die Naturschutzbehörde genehmigt werden muss, wenn der Eingriff nicht nach anderen Rechtsvorschriften einer behördlichen Zulassung oder einer Anzeige bedarf; die hierfür zuständige Behörde hat die Belange des Natur- und Landschaftsschutzes zu berücksichtigen. In Nordrhein-Westfalen gibt es ein besonderes Gesetz zur Ordnung von Abgrabungen (**Abgrabungsgesetz NW**); von seiner Zielsetzung ist das Gesetz als Teilmaterie des Natur- und Landschaftsschutzrechts anzusehen (*Brämer* NuR 1983, 206). Eine übersichtliche Darstellung des in den einzelnen Bundesländern geltenden Rechts findet sich bei *Linke* Abgrabungsgesetz NW, 2. Aufl. 2005, Teil II.

142 3. Beschränkungen des Eigentums zum Schutz öffentlicher Belange (Orts- und Landschaftsbild, Natur und Umwelt usw.) aufgrund der genannten Rechtsvorschriften sind regelmäßig **Inhalts- und Schrankenbestimmungen** des Eigentums im Sinne des Art. 14 Abs. 1 Satz 2 GG. Als solche sind sie grundsätzlich entschädigungslos hinzunehmen. Auch wenn die Beschränkungen den einzelnen Eigentümer unverhältnismäßig oder im Verhältnis zu anderen ungleich und damit unzumutbar belasten, bleiben sie Inhaltsbestimmungen und werden nicht zur entschädigungspflichtigen Enteignung nach Art. 14 Abs. 3 GG. Allerdings müssen **unzumutbare Belastungen ausgeglichen** und durch eine Geldleistung auf ein zumutbares Maß herabgemindert werden, damit die anderenfalls drohende Rechtsfolge der Verfassungswidrigkeit vermieden wird. Die „Gesetze" im Sinne des Art. 14 Abs. 1 Satz 2 GG müssen deshalb **Ausgleichsregelungen** enthalten, die dem verfassungsrechtlichen Bestimmtheitsgebot genügen. An das Bestimmtheitsgebot sind freilich keine allzu strengen Anfor-

derungen zu stellen; gewisse Mindestanforderungen müssen jedoch erfüllt sein. Als ausreichend anzusehen ist z. B. nach Meinung des BGH die Regelung des § 37 Abs. 1 SaarlNatschG, der für eine „wesentliche Nutzungsbeschränkung" eine Entschädigung vorsieht (vgl. BGHZ 121, 328 = NJW 1993, 2095). Zum neuesten Stand → **Inhaltsbestimmungen**.

4. Ob sich eine versagte Abbaugenehmigung als eine ausgleichsfreie oder eine ausgleichspflichtige Inhaltsbestimmung des Eigentums darstellt, ist häufig in der Praxis schwierig zu beantworten. Als Hilfe bei der Klärung können die Grundsätze herangezogen werden, die der BGH in ständiger Rechtsprechung zur Abgrenzung der Sozialbindung des Eigentums von Eingriffen mit enteignender Wirkung angewendet hat (BGHZ 121 a. a. O. und BGH NJW 1993, 2605). In seinem Urteil vom 26.1.1984 – III ZR 216/82 (BGHZ 90, 17, 24) hat der **BGH** ausgeführt: **143**

„Jedes Grundstück wird durch seine Lage und Beschaffenheit, sowie seine Einbettung in die Landschaft und Natur, also seine ‚Situation', geprägt. Darauf muss der Eigentümer bei der Ausübung seiner Befugnisse im Hinblick auf die Sozialbindung des Eigentums Rücksicht nehmen. Daher lastet auf jedem Grundstück gleichsam eine aus seiner Situationsgebundenheit abzuleitende immanente Beschränkung der Rechte des Eigentümers, aus der sich Schranken seiner Nutzungs- und Verfügungsmacht, vor allem in Bezug auf die Erfordernisse des Natur- und Denkmalschutzes, ergeben. Wie diese Grenzen im Einzelfall zu ziehen sind, ist jeweils aufgrund einer wertenden Beurteilung der Kollision zwischen den berührten Belangen des Allgemeinwohls und den betroffenen Eigentümerinteressen festzustellen. Eine situationsbedingte Belastung des Grundstücks kann angenommen werden, wenn ein – als Leitbild gedachter – vernünftiger und einsichtiger Eigentümer, der auch das Gemeinwohl nicht aus dem Auge verliert, von sich aus im Blick auf die Lage und die Umweltverhältnisse seines Geländes von bestimmten Formen der Nutzung absehen würde (vgl. zum ganzen Senatsurteile BGHZ 23, 30, 33; 30, 338, 343; 60, 126, 130 f.; 72, 211, 216 f.; 77, 351, 354; 80, 111, 115 ff.; 87, 66; Senatsurteil vom 17. Februar 1977 – III ZR 115/74 = NJW 1977, 945; BVerwGE 49, 365, 368). Hierfür sind in der Regel die bisherige Benutzung und der Umstand von Bedeutung, ob die Benutzungsart in der Vergangenheit schon verwirklicht worden war. Allerdings ist nicht nur auf schon gezogene Nutzungen abzustellen. Vielmehr ist entscheidend, ob eine zulässige Nutzungsmöglichkeit, die sich nach Lage und Beschaffenheit des Grundstücks objektiv anbietet, untersagt oder wesentlich eingeschränkt worden ist (BGHZ 60, 126, 130 f.; 77, 351, 354; 87, 66)."

Das **BVerwG** urteilt ähnlich (vgl. BVerwGE 94, 1 = NJW 1993, 2949; BVerwG DVBl 1990, 585 = NJW 1990, 2572). Es verweist ebenfalls auf seine langjährige Rechtsprechung zum verfassungsrechtlichen Eigentumsschutz im Bereich des Natur- und Landschaftsschutzrechtes und hebt zwei hauptsächliche Fallgestaltungen hervor, in denen die Grundstückseigentümer nicht dem Regelfall entsprechend auf die Pflichtigkeit des Eigentums gemäß Art. 14 Abs. 2 GG verwiesen werden können, nämlich bei Eingriffen **144** in bereits verwirklichte Nutzungen und beim Ausschluss von Nutzungsmöglichkeiten, die sich nach Lage der Dinge anbieten oder sogar aufdrängen.

Das besagt, dass in jedem Einzelfall die **öffentlichen Belange** und die **Belange des Eigentümers** sorgfältig **gegeneinander abzuwägen** sind. Eine solche Abwägung darf nur unterbleiben, wenn von vornherein feststeht, dass die vom Eigentümer beantragte Nutzung aufgrund der bestehenden Umstände nicht ernsthaft erwogen werden kann. Das ist etwa der Fall, wenn ein in einer noch unberührten Landschaft gelegenes Waldgrundstück baulich genutzt werden soll. Ergibt die Prüfung der Antragsunterlagen erhebliche Gründe für die beantragte Nutzung, so sind diese Gründe an der Wichtigkeit und Stärke der entgegenstehenden öffentlichen Belange zu messen. Beispiel: Ein Grundstück enthält ein hochwertiges Quarzvorkommen. Der Quarzsand ist wegen seiner großen Reinheit vielfältig verwendbar, u. a. auch für die Herstellung von Quarzglas. Die Mächtigkeit ist beachtlich, die Deckschicht misst nur wenige Meter und besteht vornehmlich aus einer als Bausand verwendbaren Kiessandschicht. Über eine in der Nähe vorbeiführende Eisenbahnstrecke könnte der gewonnene Sand preisgünstig in großen Mengen verschickt werden. Auf dem Markt ist der Sand gefragt, so dass ein lohnender Abbau gesichert ist. Der Eigentümer beantragt darum bei der zuständigen Behörde eine Abbaugenehmigung. Das Grundstück ist jedoch Teil eines bewaldeten Hügelrückens, der für die klimatischen Verhältnisse eines größeren Landstriches von ausschlaggebender Bedeutung ist und bei der Reinhaltung von Wasser und Luft eine überragende Rolle spielt. Zu besorgen ist auch, dass die Eröffnung einer Sandgrube andere Eigentümer auf den Plan ruft; denn das Sandvorkommen ist keineswegs auf das eine Grundstück beschränkt. Vor allem wenn größere Flächen ausgesandet werden, ist wegen der großen Abbautiefe mit einer sehr langen Herrichtungszeit zu rechnen. Es ist sogar zweifelhaft, ob der frühere Zustand überhaupt je wiederhergestellt werden kann. Schwerwiegende Veränderungen des Klimas, des Wassers und der Luft sind darum nicht auszuschließen. Die Erhaltung und Sicherung wichtiger Lebensbedingungen ist fraglos höher einzuschätzen als der beabsichtigte Sandabbau, auch wenn er wirtschaftlich noch so sinnvoll ist. Der Antrag wäre deshalb abzulehnen. Eine Entschädigung kann nicht verlangt werden; durch die Ablehnung wird eine bestehende Beschränkung offenkundig, der dem Eigentum in diesem Falle immanent ist.

Ein aufschlussreiches Beispiel enthält der Beschluss des **BGH** vom 20.9.1984 – III ZR 118/83 (WM 1984, 1456), in dem die Revision der Klägerin gegen ein Urteil des OLG Schleswig nicht angenommen wurde. Es heißt dort:

„Das Berufungsgericht hat festgestellt, dass in der Umgebung des Grundstücks der Klägerin in erheblichem Umfang Kies abgebaut worden ist und auch noch abgebaut wird. Aus wirtschaftlichen Gründen bietet sich daher eine Ausbeutung des Grundstücks der Klägerin an. Gleichwohl müsse von der Klägerin verlangt werden, dass sie von einer Ausbeutung absehe. Der bisherige Kiesabbau habe, so hat das Berufungsgericht ausgeführt, bereits zu erheblichen Belastungen von Landschaftshaushalt und Landschaftsbild geführt. Zurückgeblieben sei eine ‚Kraterlandschaft', die durch Rekultivierungsmaßnah-

men erst nach und nach beseitigt werden könne. Durch den beabsichtigten Abbau auf dem 37000 qm großen Grundstück der Klägerin, der mehrere Jahre beanspruche, würden Natur und Landschaft in noch stärkerem Maße belastet und in irreparabler Weise geschädigt. Nach dem Gutachten des Sachverständigen sei der Landschaftsraum an die Grenzen seiner Belastbarkeit gelangt; es befänden sich auf einer Fläche von etwa 150 ha acht große Kiesabbaustellen mit zusammen etwa 120 ha abgebauter Fläche. Weitere Kiesabbauvorhaben, vor allem, wenn sie – wie hier – ein neues Areal beträfen, würden eine irreversible Schädigung des Naturhaushalts in diesem Raum bedeuten.
Diese vom Berufungsgericht ohne durchgreifenden Rechtsfehler getroffenen Feststellungen rechtfertigen die Schlussfolgerung, dass ein vernünftiger und einsichtiger Eigentümer, der auch das Gemeinwohl nicht aus dem Auge verliert, von sich aus von einer Kiesausbeute absehen würde. Er würde sich nicht der Erkenntnis verschließen, dass ganz überragende Interessen des Landschaftsschutzes einer weiteren Belastung des Landschaftsraumes entgegenstehen, und ihn veranlassen, von einer sonst wirtschaftlich vernünftigen, in seinem privaten Interesse liegenden Ausbeutung des Kiesvorkommens abzusehen. Aus dem bisherigen Raubbau an der Natur, wie er auf den benachbarten Grundstücken betrieben worden ist, können Schlussfolgerungen zugunsten der Klägerin nicht gezogen werden. Entschädigungsrechtlich sind hier allein die objektiven Verhältnisse im Zeitpunkt der Versagung der Genehmigung maßgebend (vgl. Senatsurteil vom 26. Januar 1984 III ZR 178/82 = NuR 1984, 196). Danach muss sich die Klägerin mit der forstwirtschaftlichen Nutzung ihres Grundbesitzes begnügen.“

Damit ist allerdings die Frage noch nicht beantwortet, ob die geschilderte Beschränkung auf eine **forstwirtschaftliche Nutzung** eine ausgleichsfreie oder ausgleichspflichtige Inhaltsbestimmung ist. Weiter muss geklärt werden, ob die als Inhaltsbestimmung eingestufte Beschränkung die dortige Klägerin unverhältnismäßig bzw. unzumutbar belastet. Wovon das abhängt, ist weitgehend ungeklärt. Sicher ist die Frage eigentumsbezogen zu sehen. Der Umfang der Belastung des gesamten Eigentums (Vermögens) spielt eine Rolle. Wenn die Klägerin an anderer Stelle kieshaltige Grundstücke besitzt, deren Ausbeutung sich wirtschaftlich lohnt und die ausgebeutet werden dürfen, wird die Grenze der Zumutbarkeit hoch anzusetzen sein. Dagegen sollte ihr ein Ausgleich zugebilligt werden, falls die beschränkte Fläche im Hinblick auf die benachbarten Kiesgruben die einzige dieser Art ist: denn dann ist sie im Verhältnis zu den anderen Eigentümern unzumutbar belastet.

5. Anders ist dagegen die Rechtslage, wenn die beantragte **Abbaugenehmigung** 145
rechtswidrig versagt wurde oder Zweifel an der Rechtmäßigkeit der Versagung bestehen. Hier muss der betroffene Antragsteller unverzüglich handeln und sich bei den zuständigen Gerichten um eine Aufhebung der rechtswidrigen Entscheidung bemühen, anstatt Entschädigung zu verlangen. Daran besteht seit der klarstellenden Entscheidung des BVerfG vom 15.7.1981 (BVerfGE 58, 300 = NJW 1982, 745 – *Nassauskiesung*) kein Zweifel mehr (**Vorrang des Primärschutzes**). Danach hat der Betroffene

kein Wahlrecht zwischen Abwehr des Unrechts (Primärrechtsschutz) und Entschädigungsklage (kein „Dulde und liquidiere“). Ein vorwerfbares Unterlassen schließt die Entschädigung vermeidbarer Schäden aus. Klagt der betroffene Antragsteller, so ist entschädigungsmäßig zu unterscheiden: Da die Abbaugenehmigung zu Unrecht versagt wurde – die Ablehnung war rechtswidrig –, muss der Abbau gestattet werden; insoweit stellt sich die Frage einer Entschädigung nicht mehr. Dagegen kann Entschädigung verlangt werden für Nachteile, die trotz des eingelegten Rechtsbehelfs entstanden sind, z. B. durch eine verzögerte Erteilung der beantragten Abbaugenehmigung. Unterlässt der Antragsteller die gebotene Anfechtung, so gilt: Zu entschädigen sind Nachteile, die während der mutmaßlichen Dauer des Verwaltungsverfahrens eintreten. Für die Zeit danach besteht kein Entschädigungsanspruch. Denn eine rechtzeitige Anfechtung hätte die rechtswidrige Ablehnung aufgehoben. In beiden Fällen bemisst sich die Entschädigung nach den von der Rechtsprechung für den enteignungsgleichen Eingriff entwickelten Grundsätzen vgl. BGHZ 90, 17, 28, 31 = NJW 1984, 1169, 1171, 1172.

146 6. Wenn der geplante Abbau des Bodenvorkommens mit der Gefahr (nicht ganz entfernte Möglichkeit) einer schädlichen Einwirkung auf das **Grundwasser** verbunden ist, bedarf er zusätzlich gemäß § 3 Abs. 2 Nr. 2 i. V. m. § 2 Abs. 1 WHG der wasserrechtlichen Erlaubnis oder Bewilligung (§§ 7, 8 WHG), soweit diese Frage nicht ohnehin im allgemeinen Genehmigungsverfahren unter Beteiligung der Wasserbehörde geprüft wird. Die rechtmäßige Versagung der Erlaubnis oder Bewilligung nach § 6 WHG ist entschädigungslos hinzunehmen. Sie ist keine übermäßige Belastung des durch Art. 14 GG geschützten Eigentums am Grundstück. Der Grundstückseigentümer ist nicht kraft seines Eigentums befugt, im Rahmen der Grundstücksnutzung auch auf das Grundwasser einzuwirken. § 1a Abs. 3 WHG, der das Verhältnis von Grundeigentum und Grundwasser (öffentlich-rechtlich) regelt, bestimmt Inhalt und Schranken des Eigentums im Sinne des Art. 14 Abs. 1 Satz 2 GG. Das Grundwasser wird dadurch gleichsam aus dem Grundeigentum ausgegliedert. Solange wasserwirtschaftliche Belange wegen der überragenden Bedeutung des Grundwassers für die allgemeine Wasserversorgung dem Abbau entgegenstehen, ist dem Eigentümer der Zugriff auf den Bodenschatz in seinem Grundstück verwehrt (vgl. BVerfGE 58, 300 = NJW 1982, 745 – *Nassauskiesung*; BGHZ 84, 223 = NJW 1982, 2488).

Bodenwertermittlung

147 1. Die Enteignungsentschädigung für den Rechtsverlust ist nach den **im gewöhnlichen Geschäftsverkehr gezahlten Preisen** zu bemessen, d. h. nach Verkehrswert, Marktwert (siehe § 194 BauGB). Anderenfalls würden der Rechtsverlust und die darin liegende Vermögenseinbuße nicht angemessen ausgeglichen. Dieser Grundsatz gilt für jede Art von Grundstücken. Die ImmoWertV schreibt darum in § 16 vor, dass der

Friedrich
https://doi.org/10.1515/9783110682557-022

Bodenwert vorrangig durch **Preisvergleich** zu ermitteln sei (Vergleichswertverfahren, s. Vergleichswertrichtlinien – VW-RL). Das setzt voraus, dass Kaufpreise geeigneter Vergleichsgrundstücke in ausreichender Zahl zur Verfügung stehen. Der **BGH** (NJW 1979, 923 = BRS 34 Nr. 80) hält im Einzelfall (Ausnahme) auch nur einen einzigen Kaufpreis für ausreichend, sofern das Vergleichsgrundstück mit dem zu bewertenden in jeder Weise vergleichbar ist. Dabei kann auf Preise der öffentlichen Hand zurückgegriffen werden. Es gibt keinen Erfahrungssatz, dass die zur Vermeidung einer Enteignung ausgehandelten Preise unangemessen sind (BGH MDR 1991, 1210 = BauR 1991, 452 = BRS 53 Nr. 127; BGHZ 90, 243 = NJW 1984, 1879). Zur Beschaffung von Vergleichspreisen darf der vom Gericht mit der Erstattung eines Gutachtens beauftragte öffentlich bestellte Sachverständige in die Kaufpreissammlung Einsicht nehmen; sein Recht zur Einsichtnahme ergibt sich aus § 195 Abs. 2 Satz 2 BauGB (*Reidt* in BKL, § 195 Rn. 7). Einem außerhalb eines Gerichtsverfahrens tätigen vereidigten Sachverständigen dürfen bei nachgewiesenem berechtigten Interesse Auskünfte aus der Kaufpreissammlung erteilt werden, wobei datenschutzrechtliche Belange gewahrt bleiben, d.h. die Auskünfte anonymisiert werden müssen (näher *Reidt* a.a.O., § 195 Rn. 9).

Soweit Zweifel bestehen, ob Grundstücksverkäufe, die zu Vergleichszwecken **148**
herangezogen werden sollen, geeignete Vergleichsgrundstücke betreffen, muss der **Zustand (Qualität)** sowohl des zu bewertenden Grundstücks als auch der „Vergleichsgrundstücke" festgestellt werden. Ergibt sich dabei, dass die Grundstücke hinsichtlich der ihren Wert beeinflussenden Umstände im Wesentlichen übereinstimmen, kommt eine **Wertermittlung durch Preisvergleich** in Betracht. Vorhandene Abweichungen, insbesondere eine Veränderung der Lage auf dem Grundstücksmarkt seit dem Verkauf der Vergleichsgrundstücke sind durch angemessene Zu- oder Abschläge zu berücksichtigen. Entsprechendes gilt, wenn neben oder anstelle von Vergleichspreisen geeignete **Bodenrichtwerte** (§ 196 BauGB) verwendet werden (§ 16 Abs. 1, Satz 2 ImmoWertV).

Zu den **wertbeeinflussenden Umständen** gehören u.a. Lage, Bodenbeschaffen- **149**
heit, Größe, Grundstücksgestalt, Art und Maß der baulichen Nutzbarkeit und der Erschließungszustand. Insoweit sollen die Grundstücke einen Vergleich zulassen. Ist das in mehreren Punkten nicht der Fall, muss das Grundstück als Vergleichsgrundstück ausscheiden; denn erhebliche Abweichungen können durch Zu- oder Abschläge nicht sicher genug erfasst werden. Ein zu beachtender Unterschied kann auch bestehen, wenn das Vergleichsgrundstück unbebaut, das Bewertungsgrundstück dagegen bebaut ist. Eine veraltete Bebauung z.B. wirkt auf den Bodenwert mindernd, weil die bessere Ausnutzung des Grundstücks erst nach deren Beseitigung möglich ist. Ebenso ist es, wenn die vorhandene Bebauung die zulässige bauliche Nutzbarkeit nicht ausschöpft und die Art der Bebauung ihre Erweiterung bzw. Ergänzung (z.B. Aufstockung) nicht erlaubt. Ist in einem solchen Fall der Wert des abgeräumten Grundstücks höher als der geminderte Bodenwert zuzüglich des Wertes der vorhandenen Bebauung, so entspricht es der im Enteignungsrecht gebotenen wirtschaftlichen Betrachtungsweise, allein auf den höheren Wert abzustellen. Unter keinen Umständen kann

der betroffene Eigentümer **den Bodenwert des abgeräumten Grundstücks und den Wert der Bebauung** verlangen, da sonst Teile zweier sich ausschließender Benutzungsarten zusammengerechnet würden (vgl. auch BGH WM 1964, 1099 = BRS 19 Nr. 128).

150 2. Neben der Vergleichbarkeit des Grundstückes ist die **Eignung des gezahlten Kaufpreises** als Vergleichspreis zu überprüfen Für die Eignung müssen die wertbeeinflussenden (Grundstücks-)Merkmale der Vergleichsgrundstücke mit dem zu bewertenden Grundstück hinreichend übereinstimmen (Nr. 3 VW-RL). Kaufpreise, bei denen anzunehmen ist, dass sie nicht im gewöhnlichen Geschäftsverkehr zustande gekommen sind oder durch ungewöhnliche oder persönliche Verhältnisse beeinflusst wurden, dürfen nur unter bestimmten Voraussetzungen zum Preisvergleich herangezogen werden (vgl. § 7 S. 1 ImmoWertV). Es muss im Einzelfall möglich sein, die Besonderheiten in ihrer Auswirkung auf den Preis zu erfassen und beim Preisvergleich auszuschalten. Besonderheiten sind insbesondere vorhanden, wenn die Kaufpreise erheblich von den Preisen in vergleichbaren Fällen abweichen (§ 7 S. 2 ImmoWertV; **Spekulationskäufe**), ein außergewöhnliches Bedürfnis des Käufers an dem Erwerb des Grundstückes bestanden hat, dringende Gründe für einen alsbaldigen Vertragsabschluss vorgelegen haben, das Grundstück zum Zwecke der Erbauseinandersetzung veräußert worden ist, besondere Bindungen z. B. wirtschaftlicher Art zwischen den Vertragsparteien eine Rolle gespielt haben oder der Kaufpreis durch bestehende Rechte bzw. Belastungen beeinflusst wurde.

151 3. Die Bodenwertermittlung erweist sich als besonders schwierig, wenn die **beiden Stichtage (Zeitpunkt für die Ermittlung des Zustandes und Zeitpunkt der Bewertung)** zeitlich **vor der Begutachtung (Wertermittlung)** liegen. Zum Beispiel: Infolge einer Enteignungsvorwirkung ist für die Ermittlung des Zustandes das Jahr 2010 maßgebend, für die Bewertung kommt es auf das Jahr 2013 an (Zahlung eines Abschlages) und ggf. auch noch auf den Zeitpunkt der Begutachtung, sofern der Betroffene durch den 2013 gezahlten Abschlag keinen vollen Ausgleich erhalten hat. Kann der Sachverständige auf Verkäufe benachbarter Grundstücke aus dem Jahre 2010 zurückgreifen, befindet er sich in einer glücklichen Lage. Er hätte nämlich die Gewissheit, dass es sich um zustandsmäßig vergleichbare Grundstücke handelt. Eine Veränderung der Preisverhältnisse bis zum Jahre 2013 bzw. bis zur Begutachtung brauchte er nur noch durch einen angemessenen, den Marktverhältnissen entsprechenden Zu- oder Abschlag zu erfassen (vgl. BGH WM 1983, 997 = BRS 45 Nr. 102). In der Praxis ist es aber meist nicht so. Falls überhaupt Grundstücksverkäufe in ausreichender Zahl beschafft werden können, sind sie zum größeren Teil vor oder nach dem für die Ermittlung des Zustandes maßgebenden Zeitpunkt abgeschlossen worden. Die den Wert beeinflussenden Umstände können darum anders sein als beim Bewertungsgrundstück. Es ist daher ein gründlicher Vergleich der Grundstücksmerkmale erforderlich. Dabei erkannte Abweichungen sind marktgerecht auszugleichen.

4. Sind **keine Vergleichspreise** zu ermitteln, muss zunächst der Zustand (Qualität) des Bewertungsgrundstückes festgestellt werden. Die Merkmale, die den Zustand des Grundstücks bestimmen, benennt § 4 Abs. 2 ImmoWertV. Es sind die rechtlichen Gegebenheiten und tatsächlichen Eigenschaften des Grundstücks, die sonstige Beschaffenheit und die Lage des Grundstücks (Grundstücksmerkmale). Eine besondere Rolle spielt dabei der Entwicklungszustand (§ 5 ImmoWertV). **Baureifes Land** sind Flächen, die nach öffentlich-rechtlichen Vorschriften und den tatsächlichen Gegebenheiten baulich nutzbar sind (§ 5 Abs. 4 ImmoWertV). Diese Qualitätsstufe setzt voraus, dass dem Eigentümer ein nach dem Bauplanungs- und Bauordnungsrecht jederzeit durchsetzbarer Anspruch auf Bebauung seines Grundstücks in seinem gegenwärtigen Zustand zusteht (vgl. eingehend dazu *Kleiber* Marktwertermittlung nach IMmoWertV, § 5 Rn. 183ff. mit zahlr. Nachw. aus der Rechtspr.). **Rohbauland** sind Flächen, die nach den §§ 30, 33 und 34 BauGB für eine bauliche Nutzung bestimmt sind, deren Erschließung aber noch nicht gesichert ist oder die nach Lage, Form oder Größe für eine bauliche Nutzung unzureichend gestaltet sind (§ 5 Abs. 3 ImmoWertV; dazu eingehend *Kleiber* a.a.O., § 5 Rn. 166ff.). Als **Bauerwartungsland** werden Flächen bezeichnet, die nach ihren weiteren Grundstücksmerkmalen (§ 6 ImmoWertV), insbesondere dem Stand der Bauleitplanung und der sonstigen Entwicklung des Gebiets, eine bauliche Nutzung aufgrund konkreter Tatsachen mit hinreichender Sicherheit erwarten lassen (§ 5 Abs. 2 ImmoWertV; eingehend dazu *Kleiber* a.a.O., § 5 Rn. 138ff.)). Die Erwartung kann sich insbesondere auf eine entsprechende Darstellung dieser Flächen im Flächennutzungsplan, auf ein entsprechendes Verhalten der Gemeinde oder auf die allgemeine städtebauliche Entwicklung des Gemeindegebiets gründen. 152

In der **Aussage zum Bauerwartungsland** wird der gesunde Grundstücksverkehr angesprochen und auf die Merkmale abgestellt, an denen er sich ausrichtet. Die bauliche Nutzung muss **in absehbarer Zeit** zu erwarten sein, und zwar mit **„hinreichender Sicherheit“**. Absehbar ist die Bebauung, wenn sie „in greifbare Nähe“ – einen Begriff, den der BGH wie den Begriff „in absehbarer Zeit“ benutzt – gerückt ist (BGH NJW 1997, 2119 = WM 1997, 1161; BGHZ 83, 61, 67, 68 = NJW 1982, 2179, 2180; BGHZ 39, 198, 204 = NJW 1963, 1492 = MDR 1963, 661; *Kleiber* a.a.O., § 5 Rn. 153ff.). Auf eine fest abgegrenzte **Wartefrist** – 4, 5, 6 oder gar 10 Jahre – kommt es dabei nicht an. Je kürzer die Wartefrist ist, umso stärker ist die Bauerwartung und umso höher ist die Bewertung. Dabei stehen Dauer der Wartefrist und Bewertung in einer Wechselbeziehung (vgl. *Kleiber* a.a.O., § 5 Rn. 155). Allerdings wird der gesunde Grundstücksverkehr dann keine Bauerwartung annehmen, wenn es sich um Zeiträume von 10 bis 15 Jahre oder gar mehr handelt; denn dann kann nicht davon gesprochen werden, dass eine bauliche Nutzung mit „hinreichender Sicherheit“ zu erwarten ist. 153

Nach Feststellung des Grundstückszustandes wird der Verkehrswert zweckmäßigerweise anhand von **Bodenrichtwerten** ermittelt. Bodenrichtwerte sind nach der Definition in § 196 Abs. 1 S. 1 BauGB durchschnittliche Lagewerte der einzelnen Grundstücksarten im Gemeindegebiet (vgl. dazu *Reidt* in BKL, § 196 Rn. 1; *Zimmermann*, § 10 154

Rn. 3). Die Bodenrichtwerte sind aufgrund der Kaufpreissammlungen der Gemeinden zu ermitteln (§ 195 BauGB; vgl. *Reidt* ebenda).

155 5. Ausnahmsweise kann der Bodenwert über den Ertrag des Grundstücks ermittelt werden (Ertragswertverfahren, s. §§ 17 ff. ImmoWertV). Grundlage dafür ist der Reinertrag. Dieser ergibt sich aus dem jährlichen Rohertrag abzüglich der Bewirtschaftskosten (§ 18 Abs. 1 ImmoWertV; vgl. *Zimmermann* § 18 Rn. 1).

156 Weiterhin kommt das **Ertragswertverfahren** für Grundstücke in Betracht, aus denen der Eigentümer **Bodenschätze** (Kies, Sand, Ton und dergleichen) entnimmt. Hier ist der in eine Geldsumme umgerechnete Reinertrag allerdings keineswegs der Verkehrswert; denn kein Käufer bezahlt den zu erwirtschaftenden Gewinn. Erfahrungsgemäß wird auf dem Markt von dem umgerechneten Reinertrag ein **Abschlag** bis zu 50 % gemacht. Darin sind Unternehmerlohn, allgemeines Geschäftswagnis und Unternehmergewinn enthalten. Soweit die Bodenschätze im Zeitpunkt der Bewertung noch nicht und auch nicht kurzfristig abgebaut werden, kann der Abschlag noch höher als 50 % ausfallen. Denn je größer der Zeitraum bis zum Abbaubeginn ist, umso größer ist der Zinsverlust. Bewertungsmäßig spricht man von einer Abzinsung des Rentenwertes.

Andererseits kann ein **Zuschlag** geboten sein für die nach der Ausbeute und einer Herrichtung vorhandene Grundstücksart (Wasserfläche, Waldboden o. ä.). Der Zuschlag dafür ist aber nicht einfach der Verkehrswert eines solchen Grundstücks zum Zeitpunkt der Bewertung. Der Verkehrswert ist vielmehr auf der Grundlage eines marktgerechten Basiszinssatzes über den Zeitraum der Ausbeute und Herrichtung abzuzinsen; denn erst danach steht die andere Grundstücksart zur Verfügung und das Grundstück kann entsprechend genutzt werden (vgl. auch BGH NJW 1980, 39 = BauR 1979, 413 = AgrarR 1979, 196). Ebenso ist zu verfahren, wenn die nach der Bodenentnahme mögliche Nutzung **Kippgelände** ist. Das setzt neben der natürlichen Eignung des Grundstücks als Kippgelände die rechtliche Zulässigkeit einer solchen Nutzung voraus. Überdies muss es zum Zeitpunkt der Zustandsbestimmung dafür eine Kauf- oder Pachtnachfrage gegeben haben; anderenfalls ist die Nutzungsmöglichkeit Kippgelände kein wertbildender Umstand.

Dauer von Folgeschäden

Die Frage nach der Dauer eines Folgeschadens ist in erster Linie eine Frage an den Sachverständigen. Er muss darauf in seinem Gutachten eine Antwort geben und diese nachvollziehbar begründen. Dabei sind auch rechtliche Gesichtspunkte zu beachten. § 93 Abs. 4 BauGB und die entsprechenden Vorschriften in den Landesenteignungsgesetzen bestimmen, von welchem Sachverhalt bei der Bemessung der Enteignungsentschädigung auszugehen ist, und nennen als Zeitpunkt dafür den Zeitpunkt, in dem die Enteignungsbehörde über den Enteignungsantrag entscheidet. Auch wenn der Gesetzgeber lediglich den Zustand des Grundstücks anspricht, so sind gleichwohl **sämtliche Gegebenheiten** gemeint, die **bei der Entschädigungsbemessung** eine Rolle spielen. So ist z. B. dieser Stichtag ebenfalls maßgebend dafür, ob ein Pächter im Besitz des Grundstücks ist (vgl. § 97 Abs. 3 Nr. 2 BauGB). Zu beachten ist ferner, ob der besagte Stichtag im Einzelfall nicht vorverlegt wurde. Das ist der Fall, wenn eine Besitzeinweisung vorausgegangen ist (vgl. Stichwort **Besitzeinweisung und Besitzeinweisungsentschädigung**) oder eine Vorwirkung der Enteignung den maßgebenden Sachverhalt festgeschrieben hat. 157

Diese Rechtslage legt nahe, die Dauer eines Folgeschadens allein nach den Gegebenheiten des Stichtages des § 93 Abs. 4 BauGB zu beurteilen. Eine solche Betrachtung wird jedoch der Wirklichkeit nicht gerecht. Das Merkmal „Dauer" ist **auf die Zukunft angelegt**. Wer die Dauer eines Vorganges oder eines Ereignisses zutreffend ein- und abschätzen will, muss deshalb nach vorn in die Zukunft schauen. Er muss fragen, wie werden sich die Begleitumstände entwickeln oder zeichnen sich nicht neue Umstände ab, die den Gang der Dinge beeinflussen. Vorsichtig und behutsam wird man deswegen zukünftige Entwicklungen in die Betrachtung und Abwägung einbeziehen müssen, wenn man die Dauer eines Folgeschadens wirklichkeitsnah beurteilen will. Anderenfalls wird man leicht zu einer Fehleinschätzung gelangen. 158

Diese Aussage bedeutet indes nicht, dass bei der Beurteilung der Dauer eines Folgeschadens der Stichtag des § 93 Abs. 4 BauGB vernachlässigt werden darf. Dieser Stichtag bezeichnet vielmehr den Zeitpunkt, vor dessen Hintergrund die zukünftige Entwicklung gesehen werden muss. Aus der Sicht der Gegebenheiten am Stichtag ist die **zukünftige Entwicklung** zu beurteilen. Dass dabei nur hinreichend gesicherte Anhalte und Umstände berücksichtigt werden dürfen, liegt auf der Hand. Bloße Annahmen oder Unterstellungen haben keinen Platz. So wäre es fehlerhaft, einen Anschneidungsschaden allein deshalb als einen nur kurzzeitigen anzusehen, weil er durch einen Tausch oder Zukauf ausgeglichen werden könnte. Nötig dafür wäre, dass in der Gegend Grundstücke angeboten werden und dass diese Marktlage anhalten oder sich gar verstärken wird. 159

Ein solches Vorgehen ist dem Enteignungsentschädigungsrecht auch sonst nicht fremd. Ein treffendes Beispiel dafür ist das **Bauerwartungsland**. Die Frage, ob bei einem nicht bebauten, in anderer Weise genutzten Grundstück in absehbarer Zeit mit hinreichender Sicherheit mit einer Bebauung zu rechnen ist (§ 5 Abs. 3 ImmoWertV), 160

https://doi.org/10.1515/9783110682557-023

lässt sich nur mit einem Ausblick auf die **künftige Entwicklung auf dem Bau- und Bodenmarkt** beantworten. So werden z. B. die weitere Entwicklung der Wirtschaft, das Wachstum der Bevölkerung in der betreffenden Gemeinde, das Streben nach Wohneigentum usw. zu bedenken sein. Daraus lässt sich eine Vorhersage zur Nachfrage nach Bauland in den nächsten Jahren herleiten. Wenn zu einer Nachfrage noch Merkmale wie geeigneter Baugrund, günstige Lage innerhalb des Stadtgebietes oder in unmittelbarer Stadtnähe und Erschließbarkeit mit vertretbarem Aufwand hinzukommen, dann kann für das zu bewertende Grundstück der Zustand „Bauerwartungsland" in Betracht kommen.

Denkmalschutz (Geldausgleich, Übernahme)

161 1. Die Denkmalschutzgesetze der Länder stellen sich eine doppelte Aufgabe, **Denkmalschutz und Denkmalpflege**. Denkmalschutz bedeutet, Denkmäler zu erhalten, gegebenenfalls durch gezielte Maßnahmen; Denkmalpflege dagegen ist betreuende, fördernde und forschende Tätigkeit. Die Grenzen zwischen beiden sind fließend.

162 2. **Denkmäler** sind Sachen, Mehrheiten von Sachen und Teile von Sachen, an deren **Erhaltung und Nutzung ein öffentliches Interesse** besteht (so z. B. § 2 Abs. 1 DSchG NW, Art. 1 BayDSchG). Die förmliche Eigenschaft eines Denkmals und damit den gesetzlichen Schutz erlangt das Denkmal durch die Eintragung in eine Liste bzw. ein Buch (z. B. eine **„Denkmalliste"** nach § 3 DSchG NW, Art. 2 BayDSchG) oder durch die Erfüllung der gesetzlichen Begriffsmerkmale. In den Ländergesetzen finden sich beide Formen; teilweise sind sie auch verknüpft. Die Eintragung hat rechtsbegründende Wirkung. Die Erfüllung der gesetzlichen Begriffsmerkmale stellt das Denkmal gewissermaßen kraft Gesetzes unter Schutz, ohne dass es einer Eintragung bedarf. Die Eintragung in die Liste allein ist noch keine Beschränkung des Eigentums. Sie bringt nur eine Verfahrenspflichtigkeit mit sich, die das Eigentum einer Aufsichts- und Erlaubnispflicht unterwirft (BGHZ 103, 242; s. a. OVG NW, Urt. v. 29.01.1996 – 10 A 366/92; OVG NW, Urt. v. 25.06.1990 – 7 A 1837/89). Gleiches gilt bei der Erfüllung der gesetzlichen Begriffsmerkmale.

163 3. Der **gesetzliche Schutz** ist ein **dreifacher**: Eigentümer und sonstige Nutzungsberechtigte haben ihre Denkmäler instand zu halten, instand zu setzen, sachgemäß zu behandeln und vor Gefährdung zu schützen, soweit ihnen das zumutbar ist (vgl. § 7 DSchG NW, Art. 4 BayDSchG). Denkmäler sind so zu nutzen, dass die Erhaltung der Substanz auf Dauer gewährleistet ist (vgl. § 8 DSchG NW, Art. 5 BayDSchG). Die wichtigste Schutznorm des Denkmalschutzes ist der in allen Denkmalschutzgesetzen festgelegte **Erlaubnisvorbehalt** für denkmalbeeinträchtigende Maßnahmen (vgl. § 9 DSchG NW, Art. 10 BayDSchG). Er sichert am wirkungsvollsten den staatlichen Zugriff auf das Denkmal zur Durchsetzung des öffentlichen Interesses an dessen Erhaltung

Pasternak
https://doi.org/10.1515/9783110682557-024

(*Erbguth/Paßlick* DVBl 1984, 603). Zu den Maßnahmen, die der Erlaubnis der Unteren Denkmalbehörde bedürfen, zählen insbesondere das Beseitigen, Verändern, Verbringen an einen anderen Ort und die Nutzungsänderung. Die beantragte Erlaubnis darf nur versagt werden, wenn der geplanten Maßnahme **Gründe des Denkmalschutzes entgegenstehen**.

4. Das Versagen der Erlaubnis beschränkt den Eigentümer in seiner durch Art. 14 **164**
Abs. 1 S. 1 GG gewährleisteten freien Verfügungsbefugnis. Diese Nutzungsbeschränkung stellt eine **Inhalts- und Schrankenbestimmung** des Eigentums nach Art. 14 Abs. 1 S. 2 GG dar (BGHZ 121, 73; OVG NW, Urt. v. 15.08.1997 – 7 A 133/95; zu naturschutzrechtlichen Regelungen die ebenfalls lediglich nur Art und Weise der Nutzung beschränken, s. BGHZ 121, 328, 332; BVerwG, Urt. v. 24.06.1993 – 7 C 26/92 sowie BVerwG, Urt. v. 15.02.1990 – 4 C 47/89). Anders als die Pflicht zur Erhaltung des Denkmals steht sie aber nicht unter dem Vorbehalt des Zumutbaren. Eine verfügte Nutzungsbeschränkung kann daher im Einzelfall unverhältnismäßige Belastungen des Eigentümers mit sich bringen.

Eine Inhalts- und Schrankenbestimmung, die dem Rechtsinhaber unzumutbare und mit Art. 14 Abs. 1 Satz 1 GG nicht mehr vereinbare Belastungen auferlegt und folglich verfassungswidrig wäre, kann gleichwohl nicht als Enteignung bzw. enteignender Eingriff umgedeutet werden (BVerfG, Beschl. v. 12.06.1979 – 1 BvL 19/76 – *Kleingarten*, BVerfGE 58, 137 – *Pflichtexemplar*; BVerfGE 58, 300 – *Nassauskiesung*). Wie das BVerfG aber erstmals in seiner *Pflichtexemplar*-Entscheidung (s.o.) festgestellt hat, kann eine Inhalts- und Schrankenbestimmung, die für sich genommen wegen der Auferlegung eines gleichheitswidrigen Sonderopfers unzumutbar wäre, ausnahmsweise dann mit Art. 14 Abs. 1 S. 1 GG in Einklang stehen, wenn ihre Auswirkungen durch Ausgleichsmaßnahmen abgemildert werden (s.a. → **Inhaltsbestimmungen und Sozialbindung**).

Die in den Denkmalschutzgesetzen enthaltenen sog. **„salvatorischen Klauseln"**, die noch auf dem früher vertretenen „weiten" Enteignungsbegriff beruhten und einen finanziellen Ausgleich vorsahen, wenn und soweit sich eine auf den Denkmalsschutz gestützte Maßnahme enteignend auswirken würde, wurden sodann als **Ausgleichsregelungen** im Rahmen der Inhaltsbestimmung des Eigentums **umgedeutet** (s.a. OVG NW, Urt. v. 15.08.1997 – 7 A 133/95; OVG NW, Urt. v. 29.02.1996 – 10 A 1366/92, NWVBl 1996, 386).

Die **Anforderungen an** derartige **Ausgleichsregelungen** hat das BVerfG in seiner *Denkmalschutz*-Entscheidung vom 02. März 1999 (BVerfGE 100, 226 = NJW 1999, 2877), der die Regelungen im rheinland-pfälzischen Denkmalschutzgesetz zugrunde lagen, klar beschrieben. Danach sind Regelungen, die Inhalt und Schranken des Eigentums bestimmen, mit Art. 14 Abs. 1 GG unvereinbar, wenn sie unverhältnismäßige Belastungen des Eigentümers nicht ausschließen und keinerlei Vorkehrungen zur Vermeidung derartiger Eigentumsbeschränkungen enthalten. Ausgleichsregelungen, die den Grundsatz der Verhältnismäßigkeit in besonderen Härtefällen wahren sollen, sind unzulänglich, wenn sie sich darauf beschränken, dem Betroffenen einen Entschädigungsanspruch in Geld zuzubilligen. Zudem sind materiell-rechtliche Ausgleichsregelungen durch verwaltungsverfahrensrechtliche Vorschriften zu ergänzen, die sicherstellen, dass mit einem die Eigentumsbeschränkung aktualisierenden Verwaltungsakt zugleich über einen gegebenenfalls zu gewährenden Ausgleich zu entscheiden ist. Für den Fall, dass ein Ausgleich nicht oder nur mit unverhältnismäßigem Aufwand möglich ist, kommt aus Sicht des BVerfG sogar ein Anspruch des Eigentümers gegen die öffentliche Hand auf Übernahme des Grundstücks zum Verkehrswert in Betracht.

165 5. In der *Denkmalschutz*-Entscheidung (oben Rn. **164**) hat das **BVerfG** besonders die durch Art. 14 Abs. 1 S. 1 GG verbürgte **Bestandsgarantie des Eigentums** betont und gefordert, dass in erster Linie Vorkehrungen zu treffen sind, um eine unverhältnismäßige Belastung des Eigentümers soweit wie möglich zu vermeiden. Wegen dieses eindeutigen Primats der Vermeidung von Eigentumsbelastungen vor Entschädigung scheint es fraglich, dass landesgesetzliche Ausgleichsregelungen in Form von „salvatorischen Ausgleichregelungen" den Anforderungen des BVerfG entsprechen sollen, wenn diese in einen Ausgleich für eine übermäßig belastende Inhaltsbestimmung des Eigentums umgedeutet werden und zusätzlich für den Eigentümer *wahlweise* die Möglichkeit vorgesehen ist, statt des Geldausgleichs die Übernahme des Denkmals zu verlangen, wenn und soweit es ihm auf Grund einer behördlichen Maßnahme nach dem Denkmalschutzgesetz wirtschaftlich nicht zuzumuten ist, das Denkmal zu behalten oder in der bisherigen oder einer anderen zulässigen Art zu nutzen (vgl. zum DSchG NW: OVG NW, Urt. v. 15.08.1997 – 7 A 133/95; OVG NW, Urt. v. 29.02.1996 – 10 A 366/92, NWVBl 1996, 386 u. VG Düsseldorf, Urt. v. 27.06.2008 – 25 K 1378/08 sowie BGH, U. v. 07.07.1994 – III ZR 5/93). Insoweit ist auch der **Vorrang des Primarschutzes** zu beachten, wonach sich der betroffene Eigentümer zuvörderst gegen eine gegebenenfalls rechtswidrige Beeinträchtigung zu wehren hat (BVerfGE 58, 300 – *Nassauskiesung*; s. a. *Stüer/Thorand* NJW 2000, 3737, 3740 und 3741).

Voraussetzung für den **Übernahmeanspruch** (siehe z. B. § 31 DSchG NW) ist demnach, dass eine erlaubnispflichtige Maßnahme rechtmäßig versagt wurde. Durch die Versagung muss der Eigentümer in eine Lage geraten, in der er mit dem „Denkmalgrundstück" wirtschaftlich betrachtet nichts mehr anfangen kann, etwa weil ihm untersagt wurde, das Gebäude abzureißen und durch Bauten zu ersetzen, die er für die Wettbewerbsfähigkeit seines Betriebes unbedingt braucht. Der Übernahmeanspruch ist auf **Zahlung eines angemessenen Wertausgleichs** für den Grund und Boden und das Gebäude **(Verkehrswert)** gerichtet.

Ob daneben die Kosten notwendiger betrieblicher Veränderungen (**Folgeschäden**) wie bei einer Enteignung ausgeglichen werden müssen, hängt von den Umständen ab. Sie sind jedenfalls so weit auszugleichen, dass die Belastung des Eigentümers auf ein zumutbares Maß herabgemindert wird. Über den Grund und die Höhe des Anspruchs entscheidet die **Enteignungsbehörde** (vgl. § 31 Satz 2 DSchG NW und § 40 EEG NW).

Dienstbarkeiten

Übersicht

1. **Inhaber *von* Dienstbarkeiten** sind bei der Enteignung des dienenden Grundstücks als sog. „Nebenberechtigte“ **gesondert zu entschädigen** (vgl. § 97 Abs. 3 Nr. 1 BauGB, § 20 Abs. 1 LBG). Hierunter fallen Nießbrauch, Leitungsrechte, beschränkte persönliche Dienstbarkeiten wie Aussichtsrechte und Wohnrechte (vgl. → **Altenteilrechte**), Wegerechte (Überfahrts- und Durchgangsrechte), Dauerwohn- und Dauernutzungsrechte nach § 31 WEG. 166

Hiervon zu unterscheiden ist die **Entschädigung *für* Dienstbarkeiten**, d.h. für *im Wege der Enteignung* auferlegte Dienstbarkeiten (vgl. → **Eigentumsbeschränkungen [Teilenteignung]**). Die zwangsweise Belastung eines fremden Grundstücks mit einer Dienstbarkeit, z.B. zum Zwecke der Errichtung und des Betriebs einer U-Bahn, stellt eine (Teil-) Enteignung dar, da dadurch die Eigentümerbefugnisse beschränkt werden (BGHZ 83, 61, 65 = NJW 1982, 2179 – *Münchener U-Bahn*; *Nüßgens/Boujong*, Rn. 405; *Krohn/Löwisch*, Rn. 498). Hierzu sind auch solche Dienstbarkeiten zu rechnen, die einem Grundeigentümer durch Auflage in einer ihm erteilten Baugenehmigung auferlegt sind (vgl. dazu BGHZ 120, 38 = NJW 1993, 457 – *Arkaden-Dienstbarkeit*). Dem Grundeigentümer steht in einem solchem Fall grundsätzlich dann keine Entschädigung zu, wenn die Bestellung der Dienstbarkeit auf einer bestimmten baulichen Nutzung beruht (dort: Überbau des Gehwegs durch eine Arkade) und diese konkrete bauliche Nutzung überhaupt erst durch einen Dispens rechtlich ermöglicht worden ist; es fehlt in einem solchem Fall regelmäßig an einem entschädigungspflichtigen Eingriff in eine geschützte Rechtsposition (BGH a.a.O.). 167

2. Die **Entschädigung für Dienstbarkeiten** bemisst sich wie allgemein nach dem Verkehrswert des entzogenen Rechts. Dabei ist die **Differenzmethode** heranzuziehen: Die Höhe der Wertminderung bestimmt sich danach, welchen Wert der gesunde Grundstücksverkehr dem betreffenden Gelände mit einer solchen Dienstbarkeit im Vergleich zu demselben Grundbesitz ohne Belastung beimisst (BGHZ 120, 38, 42f. = NJW 1993, 457, 458 – *Arkaden-Dienstbarkeit*; BGHZ 83, 61, 64 = NJW 1982, 2179 – *Münchener U-Bahn*; *Krohn/Löwisch*, Rn. 499ff.; *H. Fischer* Rn. 681; *Groß* in EZBK, § 95 Rn. 30; a.A. *Müller* NJW 1967, 1350, 1352, der auf den wirtschaftlichen Nutzen abstellt, den der Berechtigte aus der Dienstbarkeit zieht). Dabei ist zu berücksichtigen, dass Beeinträchtigungen des Grundeigentums durch Dienstbarkeiten einer exakten Bewertung in der 168

https://doi.org/10.1515/9783110682557-025

Regel nicht zugänglich sind und im Streitfall weitgehend **geschätzt** werden müssen (**§ 287 ZPO**; BGHZ 120, 38, 42f. = NJW 1993, 457).

Bei der **Bemessung der Wertminderung** kommt es in der Regel auf den Umfang der Belastungen und deren Auswirkungen auf die Nutzbarkeit des Grundstücks etwa durch Schutzzonen an (BGHZ 83, 61, 65 = NJW 1982, 2179 – *Münchener U-Bahn*; BGH WM 1982, 545; *Krohn/Löwisch*, Rn. 499). Zu entschädigen sind immer nur die Belastungen, die ausschließlich auf der Dienstbarkeit beruhen. Sofern der Grundeigentümer verpflichtet ist, bestimmte Belastungen seines Eigentums unentgeltlich hinzunehmen, sind diese zu bewerten und aus der Entschädigung herauszurechnen (BGHZ 83, 61, 67; BGH WM 1982, 545; *Krohn/Löwisch*, Rn. 500ff.).

169 Ob im Rahmen der Differenzmethode die Ermittlung des Wertes der Dienstbarkeit nach der **Ertrags- oder der Vergleichswertmethode** zu erfolgen hat, hängt vom Einzelfall ab (vgl. dazu BGHZ 120, 38, 42f. = NJW 1993, 457: Ertragswert für Arkaden-Dienstbarkeit).

170 3. Beim **Nießbrauch** sind zwei Fälle zu unterscheiden, einmal derjenige, dass Nießbrauch und Eigentum entzogen werden (der häufigere Fall), zum anderen, dass nur der Nießbrauch entzogen wird. Im ersten Fall wird der Eigentümer so entschädigt, als wäre das Grundstück unbelastet und es ihm überlassen ist, den Nießbraucher zu entschädigen. Diese Praxis hat sich für beide Parteien – Betroffene und Enteignungsbegünstigte – bewährt. Bei getrennter Entschädigung von Eigentümer und Nießbraucher muss im Ergebnis die Gesamtentschädigung für beide derjenigen für ein unbelastetes Grundstück entsprechen.

171 Der **Wert des Nießbrauchs** ist danach zu bemessen, welchen Preis der gesunde Grundstücksverkehr für ihn zahlt. Es gibt auf dem Markt Abstandssummen für derartige Rechte, die im Einzelfall durch Gutachten ermittelt werden müssen. Dabei ist die Entschädigung für den Nießbrauch nach dem Jahresdurchschnittswert des Ertrages, kapitalisiert auf die Dauer des Nießbrauchs, zu ermitteln. Handelt es sich um einen **lebenslangen Nießbrauch**, so ist nach der durchschnittlichen Lebenserwartung (vgl. Nr. 4.4.2 WertR 2006 sowie die Beispielrechnungen Nr. 14 und 15 in Anlage 18) zu kapitalisieren, da der Nießbrauch nicht vererblich ist (§ 1061 BGB; vgl. *Müller* NJW 1967, 1350, 1352; s.a. *Kleiber* in EZBK, ImmoWertV, § 6 Rn. 33-36). Die Entschädigung kann unter bestimmten Voraussetzungen auch als Rente geleistet werden (vgl. z.B. § 99 Abs. 1 S. 2 BauGB).

Bei der **Bemessung der Entschädigungshöhe** für das belastete Grundstück ist zu bedenken, dass das Eigentumsrecht durch die Bestellung des Nießbrauchs als solches nicht beeinträchtigt wird. Allerdings stehen dem Eigentümer die Nutzungen aus dem Grundstück nicht oder teilweise nicht mehr zu. Dies gilt in gleicher Weise für einen potenziellen Erwerber des betroffenen Grundstücks. Wegen dieser Nutzungs- bzw. Verwendungsbeschränkung für den jeweiligen Eigentümer stellt der Nießbrauch auf dem allgemeinen Grundstücksmarkt eine **wertmindernde Eigenschaft** dar, die sich in erheblichen Preisabschlägen auswirkt. Die Höhe dieser Abschläge bestimmt sich nach dem Wert der ausgefallenen Nutzungen. Im Rahmen der Wertermittlung für das belastete Grundstück ist demnach nach der Differenzmethode von dem Verkehrswert eines vergleichbaren unbelasteten Grundstückes auszugehen, und davon der Wert ausgefallener Nutzungen abzuziehen (vgl. Nr. 4.4.3 WertR 2006 sowie die Beispielrechnungen Nr. 16 und 17 in Anlage 19; s.a. *Möckel* in Gerardy/Möckel, Nr. 5.2.4./33). Im Ergebnis entspricht der Minderwert des belasteten Grundstücks daher dem Verkehrswert des Nießbrauchsrechts.

Im zweiten Fall – **Entzug nur des Nießbrauchs** – gilt das oben Gesagte über den Verkehrswert des Nießbrauchs entsprechend. 172

4. Der Verkehrswert eines **Wegerechts**, das dem Inhaber z.B. die Zufahrt zur Straße oder zur Garage sichert, ist nach dem wirtschaftlichen Vorteil für das begünstigte Grundstück zu bestimmen, wobei auf objektive Gesichtspunkte abzustellen ist, insbesondere auf Intensität und Häufigkeit der Nutzung (vgl. *Müller* NJW 1967, 1350, 1352). Für die Wertbemessung werden verschiedene Methoden vorgeschlagen: *Müller* (NJW a.a.O.) will zunächst den Verkehrswert des dienenden Grundstücks bestimmen und dann den Verkehrswert des Wegerechtes je nach Benutzungsintensität in Prozentsätzen festlegen, ca. 5% bei spärlicher, 10–15% bei mittlerer und 25–30% bei häufiger und notwendiger Benutzung. Das erscheint inkonsequent, weil der Verkehrswert des Wegerechtes gerade nicht von dem Wert des dienenden Grundstücks abhängt (kritisch auch *Groß* in EZBK, § 95 Rn. 30). Richtiger scheint es, den Verlust des Wegerechtes **„autonom" zu entschädigen** nach dem wirtschaftlichen Vorteil, der für die Dauer des Wegerechtes nach objektiven Gesichtspunkten als im Verkehr üblich anzusehen ist und den der Begünstigte durch die Enteignung verloren hat. Dieser Wert ist für ein Jahr zu ermitteln und dann für die Dauer des Wegerechtes zu kapitalisieren (s.a. Nr. 4.5.2.1 WertR 2006). 173

Der **Wert des herrschenden Grundstücks** entspricht dem Verkehrswert, den es ohne das Wegerecht hätte, zuzüglich des wirtschaftlichen Vorteils infolge des Wegerechts (vgl. Nr. 4.5.2.2 WertR 2006 sowie die Beispielrechnung Nr. 18 in Anlage 20). Erhält das Grundstück durch das Wegerecht Baulandqualität, so ist bei der Bemessung des Wertes diese geänderte Qualität zugrunde zulegen. Das setzt allerdings ein **zeitlich unbegrenztes Wegerecht** voraus; bei einem zeitlich begrenzten wird ein Abschlag zu machen sein. 174

Der **Wert des dienenden Grundstücks** bemisst sich nach dem Verkehrswert, den es ohne das Wegerecht hätte, abzüglich des Minderwertes, den es objektiv aufgrund des wirtschaftlichen Nachteils infolge des Wegerechts erleidet (vgl. Nr. 4.5.2.3 WertR 2006 sowie die Beispielrechnung Nr. 19 in Anlage 20). 175

5. Ein **Aussichtsrecht**, d.h. ein dinglich auf einem Nachbargrundstück abgesichertes Recht, dass die Aussicht und Wohnruhe nicht durch eine Bebauung gestört wird, ist wie ein Wegerecht nach dem wirtschaftlichen Vorteil zu entschädigen, den es dem Inhaber bietet und der durch den Fortfall des Rechtes nicht mehr gegeben ist. Der Ver- 176

kehrswert dieses Vorteils richtet sich nach der Nutzungsart des herrschenden Grundstücks sowie nach örtlichen Verhältnissen; er ist möglichst durch Lagevergleiche zu ermitteln. In der Regel überschreitet er 10 % des Bodenwertes des herrschenden Grundstücks nicht (vgl. *Müller* NJW 1967, 1350, 1352: 10 bis 15 %).

177 Nach *H.Fischer* (Rn. 683 ff..) soll eine Entschädigung nur dann in Betracht kommen, wenn durch die neue Nutzung des enteigneten Grundstücks das Aussichtsrecht beeinträchtigt ist, und entfällt etwa dann, wenn auf dem Grundstück eine Straße gebaut wird, die die Aussicht aus dem bestehenden Wohnhaus nicht schmälert. Dadurch seien dem Begünstigten keine entsprechenden Nachteile entstanden. Dieser Meinung ist nicht zuzustimmen, wenn das Aussichtsrecht – wie in der Regel – zeitlich unbegrenzt war. Denn der Enteignungsunternehmer kann die Nutzung des Grundstücks als Verkehrsfläche später ändern oder das Grundstück an einen Dritten veräußern, ohne dass das Aussichtsrecht wiederauflebt. Der Begünstigte verliert durch den Fortfall der Dienstbarkeit infolge der Enteignung mithin eine vermögenswerte Rechtsposition auch dann, wenn die Aussicht durch die neue Benutzung zurzeit tatsächlich nicht beeinträchtigt wird. Ihm steht deswegen nach dem Grundsatz „keine Enteignung ohne Entschädigung" für den Fortfall seines Rechtes wenigstens ein **frei zu schätzender Anerkennungsbetrag** zu (s. a. *Molodovsky/Bernstorff*, Art. 10 Rn. 5.4, wonach deren Meinung im Falle einer tatsächlich nicht gegebenen Beeinträchtigung der Aussicht ein „nicht unerheblicher Abschlag von der sonst möglichen Entschädigung" zu erfolgen hat).

178 6. Die Entschädigung für **Leitungsrechte** ist nach der Wertminderung des belasteten Grundstücks und diese wiederum nach dem objektiven Nachteil zu bemessen, den ein derartiges Grundstück im Geschäftsverkehr infolge des Leitungsrechtes erleidet (vgl. BGH WM 1982, 545; *Krohn/Löwisch,* Rn. 498 ff.; *Hoppe* DVBl 1980, 260; s. a. Nr. 4.5.3 WertR 2006 sowie die Beispielrechnungen Nr. 20 und 21 in Anlage 21). Dabei braucht es nicht darauf anzukommen, ob tatsächlich eine Ertragseinbuße vorliegt oder nicht (ständige Rechtsprechung: BGH WM 1967, 905 = BRS 19 Nr. 73; BGH NJW 1964, 652 = WM 1964, 229; BGH MDR 1960, 119 sowie *Kleiber* in EZBK, ImmoWertV, § 6 Rn. 41-47). Feste Prozentsätze sind schwer zu nennen; es kommt auf den Einzelfall an *Molodovsky/Bernstorff* (Art. 10 Rn. 5.5) berichten von einer seitens der Rechtsprechung anerkannten Praxis, beruhend auf Absprachen von Energiewirtschaft und landwirtschaftlichen Verbänden, wonach für Dienstbarkeiten zum Bau und Betrieb ober- und unterirdischer Versorgungsleitungen 15–20 % des Verkehrswertes der betroffenen landwirtschaftlichen Fläche einschließlich eines Schutzstreifens zu veranschlagen sei. Insoweit ist jedoch fraglich, ob diese Regelung auch für bebaubare Flächen angemessen wäre. Zudem dürfte im Fall der Verlegung weiterer Leitungen in einem bereits vorbelasteten Grundstück niedrigere Prozentsätze angemessen sein; im Übrigen s. a. → **Eigentumsbeschränkungen [Teilenteignung]**. Im Rahmen der Entschädigungsbemessung ist zudem anspruchsmindernd zu berücksichtigen, ob der Grundstückseigentümer verpflichtet war, bestimmte Belastungen seines Eigentums unent-

geltlich zu dulden (zur Entschädigung wegen der Überspannung mit einer Mittelspannungsleitung, wenn eine Niederspannungsleitung entschädigungslos hinzunehmen wäre, s. BGH NJW 1982, 2179 = WM 1982, 641).

7. Wird ein Grundstück durch einen **Tunnel** (z.B. für Straße oder U-Bahn) unterfahren, so hat der Eigentümer Anspruch auf Wertausgleich des Vermögensopfers, welches die Eigentumsbeschränkung durch eine auf seinem Grundstück lastende Dienstbarkeit auslöst. Es handelt sich um einen **Eingriff in die Substanz des Eigentums** und damit eine **Enteignung**, sofern der Tunnel nicht in einer solchen Tiefe verläuft, dass der Eigentümer dessen Anlage nicht hätte verbieten können (§ 905 S. 2 BGB). Dies ist aber nur sehr selten der Fall, insbesondere nicht in städtischen Bereichen, in denen mit einer geringen Überdeckung gearbeitet wird. Die Höhe der durch die Beschränkung eingetretenen Wertminderung bestimmt sich auch für die Tunneldienstbarkeit nach dem Differenzwertverfahren (s. Rn. **168**), also danach „*welchen Wert der gesunde Grundstücksverkehr dem betroffenen Gelände mit einer solchen Dienstbarkeit im Gegensatz zu demselben Grundbesitz ohne Belastung beimisst. (...) Diese für die Entschädigung von Leitungsdienstbarkeiten entwickelten Grundsätze sind (...) auf die Entschädigungen für Dienstbarkeiten der vorliegenden Art zu übertragen.*“ (s. Leitentscheidung des BGH zum Münchener U-Bahnbau, BGHZ 83, 61). Eine Übertragung der Entschädigungssätze für Leitungsdienstbarkeiten, die sich zwischen 15 und 20 % des Verkehrswertes der betroffenen Fläche bewegen, wäre jedoch unangemessen. Denn mit der Festlegung des Schutzstreifens für Ver- und Entsorgungsleitungen sind konkrete Nutzungseinschränkungen (z.B. durch Pflanzverbote oder Bewirtschaftungsauflagen) verbunden. **Vergleichbare Nutzungsbeschränkungen fallen bei Tunneldienstbarkeiten regelmäßig nicht an**. Auch wenn der Eigentümer verpflichtet ist, bauliche Änderungen auf dem Grundstück zu unterlassen, die den Baukörper des Tunnels gefährden können, ist der Tunnel statisch meist so ausgebildet, dass **oberirdisch eine volle bauliche Nutzung** möglich ist. 179

Einschränkungen können sich jedoch ergeben, wenn der Eigentümer an der **vollständigen Ausnutzung des Erdkörpers unter seinem Grundstück gehindert** ist (z.B. Wegfall eines Kellergeschosses oder einer Tiefgarage). Verfügt der Eigentümer für diese Nutzung über eine konkrete subjektive Rechtsposition (z.B. Baugenehmigung), kommt eine Entschädigung für die ausgefallene Nutzung in Betracht. Diese kann nach dem **Ertragswertverfahren** bei gewerblichen Objekten **oder** nach dem **Sachwertverfahren** – unter Beachtung des Differenzwertverfahrens – ermittelt werden (vgl. *Fischer* in Kleiber, Verkehrswertermittlung von Grundstücken, Rz. 394f.). Etwaige durch den Tunnelbau verursachte Gebäudeschäden oder Immissionen sind gesondert zu behandeln. Die Ermittlung der Entschädigung für bauliche Einschränkungen nach dem sog. **Mietsäulenmodell** erscheint hingegen **nicht geeignet**. Danach werden die marktüblich erzielbaren Mieten in den unterschiedlichen Geschossen addiert und auf Basis der Gesamtsumme der Geschossmieten ein prozentualer Anteil der jeweiligen Geschossmiete ermittelt. Der Anteil der von der Dienstbarkeit be- 180 troffenen Geschosse wird dann für die Ermittlung der Entschädigung auf den Bodenwert bezogen (vgl. *Fischer* in Kleiber a. a. O. Rn. 397). Dieses Verfahren gewährt keinen Wertausgleich, der sich nach dem Wert des Genommenen bemisst (BGHZ 39, 198 = NJW 1963, 1492), sondern stellt den Betroffenen so, wie er ohne Eingriff stünde. Er erhält nach diesem Verfahren somit Schadensersatz (gemäß § 249 Abs. 1 BGB).

181 Abgesehen von diesen – selten vorkommenden – Einschränkungen verbleiben folgende Faktoren, die auf dem Grundstücksmarkt zu (geringfügigen) **Verkehrswertminderungen** führen können, so die Gefahr von betriebsbedingten Lärmeinwirkungen und Erschütterungen, das mit dem Betrieb des Tunnels verbundene erhöhte Prozessrisiko, mögliche Erschwernisse bei künftigen baulichen Maßnahmen des Eigentümers, die größere Hemmschwelle auf dem Grundstücksmarkt beim Erwerb solcher Grundstücke oder auch die bloße „Grundbuchverunzierung" (OLG Frankfurt, Urteil vom 31.3.1988 – 1 U 15/85, juris, Rz. 11; *Debus*, GuG 1994, 7; *Molodovsky/Bernstorff*, Art, 10, Rn. 5.5).

182 In der Praxis haben sich verschiedene Modelle zur **Ermittlung der Wertminderung** entwickelt. Diese orientieren sich zum einen ausschließlich am Wert der unterfahrenen Grundstücksfläche mit Schutzstreifen, zum anderen am Wert des Gesamtgrundstücks oder auch am Wert des Grundstücks einschließlich baulicher Anlagen. Entscheidend für die Bewertung ist, wie der Grundstücksmarkt die Größe des betroffenen Grundstücksteils beurteilt (s. BGHZ 83, 61. 64). Erstreckt sich die Beeinträchtigung allein auf den Erdkörper unter der Grundstücksoberfläche, so wird allein der Bodenwert heranzuziehen sein. Wird auch die bauliche Nutzung beeinträchtigt, ist auch der Wert der Gebäude einzubeziehen (s. *Fischer* in Kleiber, a. a. O. Rz. 394). Da die Wertminderung anhand von Marktpreisen nicht exakt herzuleiten ist, bedarf es einer sachverständigen Schätzung gemäß § 287 ZPO. Die Höhe der Wertminderung wird hierbei pauschal durch einen **Prozentsatz vom Bodenrichtwert oder Verkehrswert** ausgewiesen.

Nach einer Auswertung von Bahnunterfahrungen in 13 deutschen Großstädten kommt *Debus* (GuG 1994, 7) zu dem Ergebnis, dass sich die Entschädigungen von 1,25 % bis 30 % des Bodenwertes der Schutzstreifenfläche erstrecken. Reale Nutzungseinschränkungen sind hierbei noch nicht erfasst. Auch dieses **„Münchener Verfahren"** (vgl. *Fischer* in Kleiber a. a. O. Rz. 395f.) bemisst die Entschädigung nach einem Prozentsatz des Bodenwertes (der unterfahrenen Grundstücksfläche mit Schutzstreifen), sofern die bauliche Nutzung aufgrund der Tunneldienstbarkeit – wie meist – nicht beeinträchtigt wird (BGHZ 83, 61; OLG Frankfurt a. a. O., juris, Rz. 11). Dabei variiert der Prozentsatz nach der Höhe der Überdeckung der Tunnelröhre bis zur Geländeoberkante (Differenz zwischen Oberkante Schutzzone und Oberkante Gelände) und der Höhe des Bodenwertes. Ausgangswert ist eine Differenz zur Oberkante des Tunnels von mindestens 15 m mit einer Wertminderung von 10 %, die sich für jeden Meter geringerer Überdeckung um 3 % erhöht (s. nachfolgende Tabelle zum „Münchener Verfahren").

Wertminderung in Vomhundert des Bodenrichtwerts der unterfahrenen Grundstücksfläche													
Bodenrichtwert der unterfahrenen Grundstücksfläche	Tiefenlage												
	Wertminderung in Vomhundert bei einem Zuschlag von 3 % für jeden Meter für Tiefenlagen bis 3 m ausgehend von der Wertminderung für die Basistiefenlage von 15 m (Wertminderung in % des Bodenwerts der unterfahrenen Fläche, ermittelt auf der Grundlage des Bodenrichtwerts)												Basistiefenlage
	3 m	4 m	5 m	6 m	7 m	8 m	9 m	10 m	11 m	12 m	13 m	14 m	15 m
150 €/m2	46,00	43,00	40,00	37,00	34,00	31,00	28,00	25,00	22,00	19,00	16,00	13,00	10,00 %
250 €/m2	36,80	34,40	32,00	29,60	27,20	24,80	22,40	20,00	17,60	15,20	12,80	10,40	8,000 %
500 €/m2	27,60	25,80	24,00	22,20	20,40	18,60	16,80	15,00	13,20	11,40	9,60	7,80	6,000 %
1 000 €/m2	13,00	21,50	20,00	18,50	17,00	15,50	14,00	12,50	11,00	9,50	8,00	6,50	5,000 %
1 500 €/m2	18,40	17,20	16,00	14,80	13,60	12,40	11,20	10,00	8,80	7,60	6,40	5,20	4,000 %
2 000 €/m2	16,10	15,05	14,00	12,95	11,90	10,85	9,80	8,75	7,70	6,65	5,60	4,55	3,500 %
2 500 €/m2	13,80	12,90	12,00	11,10	10,20	9,30	8,40	7,50	6,60	5,70	4,80	3,90	3,000 %
3 000 €/m2	12,24	11,44	10,64	9,84	9,04	8,25	7,45	6,65	5,85	5,06	4,26	3,46	2,660 %
3 500 €/m2	10,84	10,14	9,43	8,72	8,01	7,31	6,60	5,89	5,19	4,48	3,77	3,06	2,357 %
4 000 €/m2	9,78	9,14	8,50	7,86	7,22	6,59	5,95	5,31	4,68	4,04	3,40	2,76	2,125 %
4 500 €/m2	8,81	8,24	7,66	7,09	6,51	5,94	5,36	4,79	4,22	3,64	3,07	2,49	1,916 %
5 000 €/m2	8,05	7,52	7,00	6,48	5,95	5,42	4,90	4,38	3,85	3,32	2,80	2,29	1,750 %
5 500 €/m2	7,82	7,31	6 80	6,29	5,78	5,27	4,76	4,25	3,74	3,23	2,72	2,21	1,699 %
6 000 €/m2	6,86	6,41	5,96	5,52	5,07	4,62	4,17	3,73	3,28	2,83	2,39	1,94	1,491 %
6 500 €/m2	6,37	5,95	5,54	5,12	4,71	4,29	3,88	3,46	3,04	2,63	2,21	1,80	1,384 %
7 000 €/m2	5,91	5,53	5,14	4,75	4,37	3,98	3,60	3,22	2,83	2,44	2,06	1,67	1,285 %
7 500 €/m2	5,25	5,16	4,80	4,44	4,08	3,72	3,36	3,00	2,64	2,28	1,92	1,56	1,200 %

© *Quelle:* Städt. Bewertungsamt München vom 27.3.1987, Merkblatt Nr. 13, S. 3 (auf € umgestellt)

In der Rechtsprechung hat das „Münchener Verfahren" – soweit bekannt – bisher keine Berücksichtigung gefunden, wohl weil es die Wertminderung sehr schematisch ermittelt, keinen Raum für eine individuelle Bewertung lässt und zu recht hohen Verkehrswertminderungen führt.

8. Der Wert eines **vererblichen Dauerwohn- und Dauernutzungsrechtes** nach § 31 **183**
WEG (zu unterscheiden von dem nicht vererblichen Wohnrecht als beschränkte persönliche Dienstbarkeit) richtet sich nach dem Wert des belasteten Grundstücks (*Groß* in EZBK, § 95 Rn. 30) Zur Wertermittlung ist auf den langjährigen ortsüblichen Mietdurchschnitt abzustellen, zu dem für die gegenüber der Mieterstellung gesicherten Position des dinglich Wohnberechtigten ein Zuschlag vorzunehmen ist (*Groß*, a. a. O., Rn. 31, *Kleiber* in EZBK, ImmoWertV, § 6 Rn. 39, 40).

9. Für die Entschädigung **sonstiger Dienstbarkeiten** kommt man mit der Differenz- **184**
methode zu einer angemessenen Entschädigung (vgl. Nr. 4.2 WertR 2006; *Nüßgens/Boujong*, Rn. 405; *Krohn/Löwisch*, Rn. 498 ff.; s. a. BGHZ 120, 38, 44 = NJW 1993, 457).

Eigentumsbeschränkungen (Teilenteignung)

185 1. Die dauernde Beschränkung des Eigentums an einem Grundstück aus Gründen des öffentlichen Wohls ist nach denselben Grundsätzen zu entschädigen wie die Entziehung des Eigentums selbst (§§ 86, 93 BauGB und die entsprechenden Vorschriften in den Landesenteignungsgesetzen). Die Entschädigung für die Entziehung des Eigentums besteht grundsätzlich in dem vollen Wert des abzutretenden Grundstücks (§ 95 Abs. 1 BauGB i. V. m. § 194 BauGB). Deshalb ist für **Eigentumsbeschränkungen (Teilenteignung)** ebenfalls der volle Wert der durch die Beschränkung eingetretenen Wertminderung des belasteten Grundstücks zu ersetzen. In dem einen wie in dem anderen Fall muss der Betroffene einen wirklichen Wertausgleich für das ihm auferlegte Vermögensopfer erhalten; anderenfalls ist die Entschädigung keine gerechte Entschädigung im Sinne des Art. 14 GG. Enteignungsrechtlich bedeutsam ist jedoch nur das Vermögensopfer, das in der Entziehung oder Beschränkung von Eigentümerbefugnissen besteht.

186 Häufig wird das Eigentum an Grundstücken durch **Dienstbarkeiten** beschränkt. Sie berechtigen ihren Inhaber beispielsweise, das Grundstück oberirdisch mit einer Stromleitung zu überspannen oder unterirdisch eine Rohrleitung im Grundstück zu verlegen oder ein Grundstück zu untertunneln (vgl. Stichwort **Dienstbarkeiten**). Mit der Leitung verbunden ist ein sog. Schutzstreifen, der sich beiderseits der Mittelachse der Leitung erstreckt und verhindern soll, dass die Leitung beschädigt oder gar zerstört wird. Innerhalb des Schutzstreifens dürfen regelmäßig keine Gebäude errichtet und auch sonst nichts getan werden, was den Bestand und Betrieb der Leitung beeinträchtigt oder gefährdet. Bei der Ermittlung der durch eine solche Beschränkung eingetretenen Wertminderung kommt es darauf an, wie der Grundstücksmarkt den Wert des Grundstücks mit und ohne Dienstbarkeit bemisst (vgl. BGHZ 83, 61, 64 = NJW 1982, 2179; BGH WM 1977, 983 = BRS 34 Nr. 160; BGH MDR 1973, 567 = AgrarR 1973, 297 = BRS 26 Nr. 126;). Hierbei kann der **Wertvergleich** zwischen belastetem und unbelastetem Grundstück auch in der Weise vorgenommen werden, dass dem nach § 287 ZPO geschätzten Wert des unbelasteten Grundstücks der bei einem Verkauf des belasteten Grundstücks erzielte geringere Preis gegenübergestellt wird. Allerdings muss feststehen, dass der eingetretene Mindererlös ausschließlich auf der Belastung mit der Leitungsdienstbarkeit beruht. Ein schon aus anderen Gründen vorhandener Minderwert hat mit dem Eingriff nichts zu tun und kann dem Leitungsunternehmer deshalb nicht angelastet werden (vgl. BGH WM 1977, 983 = BRS 34 Nr. 160).

187 2. **Beispiele:** a) Eine landwirtschaftliche Nutzfläche wird mit einer Hochspannungsleitung überspannt. Der Grundstücksertrag wird nicht gemindert. Ursprünglich ist deshalb in einem solchen Fall nur eine geringe Anerkennungsgebühr von wenigen Pfennigen je Quadratmeter Schutzstreifenfläche gezahlt worden. Auf den Grundstücksertrag kann jedoch nicht allein abgestellt werden. Es lässt sich nicht schlechthin ausschließen, dass die Überspannung Eigentümerbefugnisse beschränkt, auch wenn Beschrän-

Jacobs
https://doi.org/10.1515/9783110682557-026

kungen aktuell nicht erkennbar sind. Es könnte jedoch sein, dass ein späterer Eigentümer die landwirtschaftliche Nutzung aufgibt und das Grundstück aufforsten will. Er müsste dabei auf die Leitung Rücksicht nehmen, weil er durch die Dienstbarkeit beschränkt ist. Angesichts der erheblichen Schwierigkeiten bei der Ermittlung dieser Wertminderung haben sich die Fernleitungsunternehmen und die Verbände der Landwirtschaft in den 1960er Jahren auf einen durchschnittlichen Entschädigungssatz von 20 % des Bodenverkehrswertes je Quadratmeter Schutzstreifenfläche geeinigt (*Schütz/Frohberg*, § 95 Rn. 15; *Joachim* NJW 1969, 2175; *Fischerhof* NJW 1970, 794). Das OLG Hamm (NJW 1970, 815 = BRS 26 Nr. 123) und das OLG Nürnberg (RdL 1969, 295 = BRS 26 Nr. 122) haben diesen Satz zunächst übernommen. Das OLG Celle (AgrarR 1979, 50 = BRS 34 Nr. 158) will einen derartig hohen Minderungsbetrag indes nur gelten lassen, wenn die tatsächlichen Auswirkungen der Überspannung (Aufforstungsverbot usw.) mit hoher Wahrscheinlichkeit zu spüren sein werden. Soweit die Nachteile nur vorgestellt in Betracht kommen, meint das OLG Celle, keine höhere Wertminderung als die in dem Fall vom Unternehmer anerkannten 13 % feststellen zu können. Inzwischen hat auch das OLG Hamm seinen Standpunkt geändert. Es veranschlagt die Wertminderung nunmehr im Regelfall nur mit 10 % (NVwZ 1982, 394; AgrarR 1984, 185 = BRS 45 Nr. 163). Heute ist ein Satz von 20 % für eine bloße Überspannung im Grundsatz nicht mehr durchsetzbar, sondern nur in besonders gelagerten Fällen. So hat das OLG München eine Entschädigung von 1,2 % des Verkehrswertes des Gesamtbetriebes bzw. von 20 % des Verkehrswertes der Schutzstreifenfläche bei einer arrondierten landwirtschaftlichen Hofstelle angesetzt (AgrarR 1993, 32). Übersicht über die Rechtsprechung bei *Fischer* in Kleiber, Verkehrswertermittlung von Grundstücken, S. 3079 f.

Allerdings sind pauschale Ansätze für Wertminderungen nicht unbedenklich. Die 188
bloße Eintragung der Dienstbarkeit ins Grundbuch, die sog. **„Verunzierung“** oder **„Verschmutzung“** des Grundbuchs, schränkt die Eigentumsbefugnisse zwar nicht ein, kann aber zu einer Wertminderung auf dem Grundstücksmarkt führen. Da bereits die Eintragung einer Dienstbarkeit einen Eingriff in das Eigentum des Betroffenen darstellt, ist es sachgerecht, schon dafür einen allgemeinen Wertminderungssatz vorzusehen. Erst recht beschränkt die Ausübung der Dienstbarkeit das Eigentum. Die dabei auftretenden bzw. möglichen Beschränkungen sind zu untersuchen und zu werten. Sie bestimmen die Höhe der Wertminderung, die in der Praxis in der Regel mit einem geringen Prozentsatz vom Verkehrswert der betroffenen anteiligen Fläche zu bestimmen ist. Bleiben Zweifel, ob alle Beschränkungen erfasst werden konnten, kommt im Nachhinein ein zusätzlicher pauschaler Ansatz in Betracht.

Sofern auf einem Grundstück **Masten** errichtet werden, kann für den Landverlust 189
und die dadurch ausgelösten Bewirtschaftungserschwernisse eine gesonderte Entschädigung verlangt werden (vgl. OLG Nürnberg RdL 1969, 295 = BRS 26 Nr. 122). Selbstverständlich sind auch die bei den Arbeiten für den Mast entstandenen Flurschäden, Bodenverdichtungen usw. angemessen auszugleichen bzw. zu beseitigen.

Für Vorhaben nach dem **Energieleitungsausbaugesetz (EnLAG)** und dem **Bundesbedarfsplangesetz (BBPlG)** auf der Grundlage der Stromnetzentgeltverordnung belaufen sich die Höchstsätze bei unterirdischen Leitungen auf 35 % und bei oberirdischen Leitungen auf 25 % der Schutzstreifenfläche (*Fischer* in Kleiber, Verkehrswertermittlung von Grundstücken, S. 3074).

In den **neuen Bundesländern** sind Besonderheiten zu beachten (näher dazu *Fischer* a. a. O., S. 3068 f.).

190 Die Energieversorgungsunternehmer sind zunehmend dazu übergegangen, innerhalb von bereits bestehenden Schutzstreifen z. B. von Ferngasleitungen bereits verlegte Überwachungs- und Steuerungskabel als **Fernmeldekabel zur Telekommunikation** nach § 57 Abs. 1, 2 TKG 1996 zu nutzen bzw. erweitern. Das ist grundsätzlich zulässig und keine verbotene Eigenmacht, selbst wenn dies ohne oder gegen den Willen des Grundstückseigentümers geschieht (BGHZ 145, 16 Rn. 7; BVerfG, Beschl. v. 30.10.2007 – 1 BvR 522/06, juris), berechtigt den Grundstückseigentümer aber zu einem einmaligen Ausgleich in Geld. Dieser bestimmt sich nach dem Entgelt, das nach den jeweiligen Marktverhältnissen für die Einräumung eines Leitungsrechts zu allgemeinen Telekommunikationszwecken gezahlt wird (BGHZ a. a. O., Rn. 33). Zum Entschädigungsanspruch bei Erweiterung einer Hochspannungsleitung um **telekommunikative Nutzung** und zur Verjährung des Ausgleichsanspruchs vgl. AG Dortmund MMR 2003, 603.

191 b) Ein landwirtschaftlich genutztes Grundstück enthält ein **abbauwertes Kiesvorkommen.** Dem Abbau des Kieses stehen keine rechtlichen Hindernisse entgegen, und auf dem Markt gibt es Kauf- und Pachtnachfrage. Mitten durch dieses Grundstück wird eine Rohrleitung gelegt, die durch einen 10 m breiten Schutzstreifen abgesichert ist. Die dadurch eingetretene Wertminderung ist zunächst daran zu messen, welche Kiesmengen durch den Schutzstreifen und die zu seiner Standsicherheit erforderlichen Böschungen nicht mehr abgebaut werden können (dauerndes Auskiesungsverbot). Dazu kommen die Kosten für Erschwernisse beim Abbau des Kieses in den beiden Grundstückshälften. Sie können so erheblich sein, dass ein Abbau des Kieses nicht mehr lohnt. In diesem Falle wäre der Unterschied zwischen dem Kieslandpreis und dem Preis für landwirtschaftliche Nutzfläche die entschädigungspflichtige Wertminderung. Daneben ist noch in beiden Fällen eine weitere Wertminderung dafür zu zahlen, dass das bis dahin unbeschränkte Eigentum an dem Grundstück durch die Ausübung der Dienstbarkeit beschränkt ist (vgl. Beispiel a)). Die Frage, ob bei einer Dienstbarkeit zur Sicherung einer unterirdischen Rohrleitung ein ebenso hoher Minderungsbetrag in Betracht kommt wie bei einer Freileitung, ist zu verneinen; eine unterirdisch verlegte Rohrleitung mit mindestens 1 m Erdabdeckung bringt weniger und geringere Nachteile mit sich als eine oberirdische Leitung.

192 c) Ein noch unbebautes Baugrundstück wird im rückwärtigen Bereich zu einem Drittel seiner Größe von dem **Schutzstreifen einer elektrischen Freileitung** überdeckt. Die Errichtung des baurechtlich zulässigen Einfamilienhauses an der vorgesehenen Stelle ist aber weiterhin möglich. Das Grundstück verliert zwar nicht seine Baulandeigen-

schaft; gleichwohl ist es auf dem Markt nicht mehr in dem Maße gefragt wie vorher. Denn der durch den Schutzstreifen erfasste Gartenteil kann nicht beliebig bepflanzt werden; höhere Bäume könnten die Sicherheit der Leitung gefährden. Beeinträchtigungen des Rundfunk- und Fernsehempfanges über eine Antenne und auch andere Störungen wie Geräusche und dergleichen sind nicht auszuschließen. Die Folge wird ein nicht unerheblicher Preisabschlag für das ganze Grundstück sein, der in seiner Höhe weitgehend von Angebot und Nachfrage, also vom Grundstücksverkehr abhängt. Verläuft der Schutzstreifen dagegen derart über das Grundstück, dass es nicht mehr bebaut werden darf, ist der Fall einer sog. Herabzonung gegeben. Die entschädigungspflichtige Wertminderung besteht in diesem Fall in dem Unterschied zwischen dem Baulandpreis und dem Wert einer durch eine Dienstbarkeit belasteten Fläche mit der noch verbliebenen Nutzungsmöglichkeit.

d) Ein in einem ausgewiesenen Gewerbegebiet gelegenes Grundstück ist mit für die **193**
Herstellung von Kunststoffen erforderlichen Betriebsgebäuden in Flachbauweise bebaut. Der Schutzstreifen einer an der Grundstücksgrenze entlang geführten **Hochspannungsleitung** erfasst eines der Betriebsgebäude und Teile des Lagerplatzes. Das im Schutzstreifen stehende Gebäude kann aufgrund des mit der Dienstbarkeit verbundenen Bauverbotes nur mit Genehmigung des Fernleitungsunternehmens verändert oder wiederaufgebaut werden. Darin sieht der Grundstücksmarkt eine Wertminderung des Grundstücks. Die Höhe der Wertminderung wird häufig mit 10 % des Gebäudewertes angesetzt. Das ist mitunter nicht angemessen. Werden beispielsweise betriebsnotwendige Veränderungen des Gebäudes wegen der Leitung nicht gestattet, kann dies Einfluss auf den wirtschaftlichen Betriebsablauf haben und zu teureren Ersatzlösungen zwingen. Die Höhe der Wertminderung wird deshalb unter Berücksichtigung aller rechtlichen und tatsächlichen Auswirkungen des bestehenden Bauverbots zu bemessen sein. Die Benutzbarkeit des Lagerplatzes ist ebenfalls eingeschränkt. Leicht brennbare Stoffe dürfen dort beispielsweise nicht mehr gelagert werden. Das kann eine Umgestaltung des Betriebes nach sich ziehen. Die Kosten dafür stellen sich als Wertminderung des Grundstücks dar.

e) In den eben beschriebenen Beispielen kann darüber hinaus vorkommen, dass zu **194**
einer schon vorhandenen und entschädigten Dienstbarkeit eine oder mehrere **weitere Leitungsdienstbarkeiten** hinzutreten. Dabei ist zu unterscheiden, ob der neue Schutzstreifen sich mit dem alten ganz oder teilweise überlappt oder ob zwei nebeneinander verlaufende Schutzstreifen entstehen. Im letzteren Fall gibt es zwischen dem alten und dem neuen Schutzstreifen keine Berührungspunkte, und die Entschädigung für die hinzutretende Dienstbarkeit ist nach denselben Grundsätzen zu bemessen wie zuvor diejenige für die schon vorhandene. Ein sog. Kumulativeffekt und damit eine grundsätzlich höhere Entschädigung für die zweite Dienstbarkeit sind zu verneinen. Bei einer Überlappung der Schutzstreifen kommt es im überlappten Bereich zu einer doppelt belasteten Fläche. Dadurch tritt regelmäßig eine weitere Wertminderung ein;

denn die Duldungspflicht hat sich verstärkt, und dem trägt der gesunde Grundstücksverkehr Rechnung. Das OLG Hamm (NJW 1970, 815 = MDR 1970, 677 = BRS 26 Nr. 123) hat die Wertminderung infolge einer weiteren unterirdisch verlegten Rohrleitung auf 10 % des Wertes geschätzt, den die doppelt belastete Fläche nach ihrer ersten Belastung noch hatte. In seiner Entscheidung vom 11. März 1982 – 22 U 81/81 (AgrarR 1982, 217 = BRS 45 Nr. 168) rückt das OLG Hamm allerdings von dieser Rechtsprechung ab und meint, dass der Eigentümer durch die zweite Belastung keine weiteren Rechte einbüße; die Nachteile durch die zweite Belastung deckten sich mit denen der ersten. Davon unberührt bleibt der Anspruch auf Entschädigung des Teils des Schutzstreifens, der bei einer bloßen Teilüberlappung neu hinzutritt.

195 3. Zur Frage der Entschädigung bei der Beschränkung von sog. Bauerwartungsland siehe → **Beeinträchtigung der Bauerwartung bei Teilenteignungen**, insbesondere Rn. **106**. Das durch eine Dienstbarkeit beschränkte „Bauerwartungsland" steht der durch eine Teilenteignung im Wert geminderten Restfläche mit „verlorener Bauerwartung" gleich. In beiden Fällen behält der Betroffene insoweit das ungeschmälerte Eigentum am Grundstück; denn die möglicherweise betroffene Bebauungserwartung gehört nicht zur geschützten Rechtsstellung des Eigentümers. Die Entschädigung ist darum auch hier an den bestehenden Nutzungsmöglichkeiten (landwirtschaftliche Nutzung usw.) auszurichten. Zudem ist es in der Regel möglich, bei einer späteren Verplanung des Grundstücks als Bauland der Dienstbarkeit und dem Schutzstreifen auszuweichen, z. B. durch entsprechende Anordnung von Freiflächen; dazu ist der Betroffene aufgrund seiner Schadensminderungspflicht ohnehin verpflichtet. *Krohn* (DVBl 1985, 150, 151) hält dieses Ergebnis nicht für richtig. Er meint, der Umstand, dass der Eigentümer den belasteten Grundstücksteil behalte, könne nicht ausschlaggebend sein. Entscheidend sei, dass die Belastung (Teilenteignung) zugleich eine Qualitätsminderung bewirke, die der Eigentümer ohne den Zwangszugriff kraft seines Eigentumsrechts hätte abwehren können. Das ist zwar uneingeschränkt richtig. Die Frage ist aber, ob eine solche Qualitätsminderung entschädigungspflichtig ist; denn auszugleichen ist lediglich die Wertminderung, die auf einer Einbuße an eigentumsmäßig geschützter Rechtsstellung beruht, und, wie *Schoenemann* (DVBl 1985, 662) in seiner Erwiderung auf *Krohn* zutreffend hervorhebt, stellt sich die Bauerwartung als bloßer Reflex dar, auf dessen Bestand der Eigentümer keinen Anspruch hat.

Eingriff

196 1. Das Kernstück einer Enteignung bildet der Eingriff. Fehlt es an einem Eingriff, ist eine Enteignung zu verneinen. Ein Eingriff im Sinne des Enteignungsrechts setzt ***positives Handeln***, das zugleich ein ***hoheitliches Handeln*** ist, ***Unmittelbarkeit*** und *rechtliche* oder *tatsächliche* ***Einwirkung* auf eine *als Eigentum i. S. v. Art. 14 Abs. 1 GG geschützte vermögenswerte Rechtsposition*** voraus.

Pasternak
https://doi.org/10.1515/9783110682557-027

2. In den Schutzbereich des Eigentums nach Art. 14 Abs. 1 GG fallen nur **bereits vorhandene Rechtspositionen.** Ihr Entzug oder das Einwirken auf sie ist begrifflich nur durch ein **aktives, positives Handeln** möglich. Ein Eingriff erfordert also ein Tun, z. B. den Entzug oder die Beschränkung eines Rechts, die Auferlegung einer Duldungspflicht, die Beschädigung oder Zerstörung einer Sache. Bloßes Unterlassen oder reine Untätigkeit genügen folglich nicht (*Papier/Shirvani* in Maunz/Dürig, Art. 14 Rn. 647). Auch wenn eine Rechtspflicht zum Handeln besteht, kann in einem bloßen Unterlassen oder in reiner Untätigkeit kein positives Handeln gesehen werden (BGHZ 102, 350, 364). Es gilt daher der Grundsatz, dass es **keine Enteignung durch Unterlassen** gibt (BGHZ 170, 260, 275; BGHZ 120, 124, 132; BGHZ 35, 209, 211; BGHZ 12, 52, 56). 197

Anders ist es jedoch, wenn es sich um ein **„qualifiziertes Unterlassen"** handelt. 198
Darunter ist ein Verhalten zu verstehen, das zwar nicht dem entspricht, was der Betroffene erwartet, aber sich auch nicht in reiner Untätigkeit erschöpft, sondern sich als Ablehnung, Verweigerung oder Verzögerung darstellt. Ein solches Unterlassen wirkt sich wie ein in den Rechtskreis des Betroffenen eingreifendes Handeln aus, so dass bei normativer Betrachtung letztlich von einem positiven Handeln gesprochen werden kann (BGHZ 170, 260, 275; BGHZ 120, 124, 132; BGHZ 118, 253, 255; BGHZ 102, 350, 364; BGHZ 65, 182, 189; BGHZ 56, 40, 42; BGH, Urt. v. 11.01.2007 – III ZR 302/05).

Typische **Beispiele für ein qualifiziertes Unterlassen** sind (rechtswidrige) Ablehnung oder Nichtbearbeitung eines Bauantrages, Vorenthalten einer Baugenehmigung oder die unberechtigte Versagung des gemeindlichen Einvernehmens zu einem Bauvorhaben (BGHZ 76, 375; BGHZ 58, 124).

3. Hoheitliches Handeln setzt die **Erfüllung öffentlicher Aufgaben** voraus. Ho- 199
heitlich handeln kann darum nur der Staat oder eine sonstige öffentlich-rechtliche Körperschaft oder der Unternehmer, dem der Staat die Erfüllung einer öffentlichen Aufgabe überträgt *(„Beliehener"), z.B. Versorgungs- und Verkehrsunternehmen,* und dafür das Enteignungsrecht verliehen hat. Öffentliche Aufgaben können im Bereich der Eingriffsverwaltung durch Anwendung von Befehlen, Zwangs- und Machtmitteln erfüllt werden. Andere Aufgaben werden durch schlicht hoheitliches Handeln erledigt, so etwa bei der Gewährleistung der allgemeinen Sicherheit oder der öffentlichen Fürsorge. Hierzu gehört beispielsweise der im Rahmen der allgemeinen Daseinsvorsoge wahrzunehmende Bau von Straßen, Erschließungsbauten oder Versorgungseinrichtungen.

Soweit es sich nicht um die Hoheitsverwaltung handelt, kann sich der Staat **zur Erfüllung seiner öffentlichen Aufgaben** auch der **Mittel des bürgerlichen Rechts** bedienen. In einem solchen Fall regeln sich die Beziehungen zwischen dem Träger der öffentlichen Aufgabe und dem Betroffenen im Wesentlichen nach den Bestimmungen des bürgerlichen Rechts. Das heißt, dass sich z. B. beim gütlichen Erwerb von Grundstücken für den Straßenbau Straßenbauverwaltung und Eigentümer als gleichberechtigte Geschäftspartner gegenüberstehen. Der Kauf solcher Grundstücke ist deshalb ein Geschäft des bürgerlichen Rechts und kein hoheitlicher Akt.

200 4. Wenngleich ein zielgerichtetes Handeln nicht erforderlich ist, muss das hoheitliche Handeln doch auf die als Eigentum geschützte Rechtsposition **unmittelbar** einwirken (siehe → **Rechtsposition**). Nur mittelbare Folgen genügen nicht (BGHZ 125, 19, 27; BGH, Urt. v. 11.03.2004 – III ZR 274/03). Unmittelbarkeit heißt, dass die Wirkung zwangsläufig ohne das Hinzutreten einer weiteren Ursache eintritt. Das Merkmal der **Unmittelbarkeit** betrifft die Zurechenbarkeit der hoheitlichen Maßnahme. Es soll eine entschädigungsrechtliche Kettenwirkung verhindern, wenn bei Dritten z.B. als Folge des gezielten Zugriffs auf das Eigentum eine (mittelbare) Beeinträchtigung an einer ebenfalls durch Art. 14 GG geschützten Rechtsposition eintritt. Zu fordern ist daher, dass sich mit dem Eingriff eine besondere Gefahr verwirklicht, die bereits in der hoheitlichen Maßnahme selbst angelegt ist (s. BGHZ 125, 19, 27).

Das unmittelbare Einwirken auf die als Eigentum geschützte Rechtsposition kann rechtlicher oder tatsächlicher Art sein. **Rechtlich betroffen** ist etwa ein Eigentümer, dessen Grundstück aufgrund eines Planfeststellungsbeschlusses (Verwaltungsakt) für den Straßenbau enteignet wird. Beispiele für **tatsächliche** Einwirkungen sind Flurschäden bei militärischen Übungen oder unzulässige Vertiefungen im Sinne von § 909 BGB durch hoheitliche Maßnahmen.

Enteignender Eingriff

201 1. Unter dem Begriff „enteignender Eingriff" hat die Rechtsprechung Fälle von hoheitlichen Eingriffen zusammengefasst, die als **atypische und ungewollte Nebenfolgen rechtmäßigen Verwaltungshandelns** das Eigentumsrecht beeinträchtigen und die Schwelle des enteignungsrechtlich Zumutbaren überschreiten (grundlegend BGH NJW 1965, 1907). Damit sind sowohl der enteignende als auch der enteignungsgleiche Eingriff (→ **enteignungsgleicher Eingriff**) durch die Auferlegung eines die Grenze der Sozialbindung überschreitenden Sonderopfers geprägt (*Papier/Shirvani* in Maunz/Dürig, Art. 14 Rn. 805). Der **Unterschied zum enteignungsgleichen Eingriff** besteht darin, dass hier die hoheitliche Maßnahme *rechtmäßig* ist, während der enteignungsgleiche Eingriff Entschädigungsansprüche für rechtswidrige hoheitliche Eingriffe erfasst.

202 Der Anwendungsbereich des „enteignenden Eingriffs" ist durch die neuere Rechtsprechung des BGH, insbesondere aber des BVerfG, zum Enteignungsrecht erheblich eingeschränkt worden. Nach der **früheren Rechtsprechung des BGH** war die Enteignung – in einem umfassenden Sinne – der unmittelbare hoheitliche Eingriff in eine als „Eigentum" durch Art. 14 Abs. 1 GG geschützte Rechtsposition (**„weiter" Enteignungsbegriff**). Dazu wurden auch solche gesetzlichen Regelungen (z.B. im Natur- und Denkmalschutz) gerechnet, die die Grenzen zulässiger Inhaltsbestimmung des Eigentums (Art. 14 Abs. 1 S. 2 und Abs. 2 GG) überschritten. Alles dasjenige, was dem Bürger als „Sonderopfer" zum Wohle und im Interesse der Allgemeinheit abverlangt wurde, war „Enteignung", war „enteignungsgleich" oder wirkte „enteignend"

Pasternak
https://doi.org/10.1515/9783110682557-028

(i. S. von Art. 14 Abs. 3 GG – direkt oder analog). Zu der **„Enteignung"** in diesem umfassenden Sinne **gehörten** daher:

- der **rechtmäßige unmittelbare hoheitliche Eingriff** in das Eigentumsrecht, der zu dessen vollständiger oder teilweiser Entziehung führte und eine Eigentumsposition zum Wohl der Allgemeinheit auf einen Hoheitsträger überführte (*klassische Enteignung, „enger" Enteignungsbegriff*),
- der **rechtswidrige unmittelbare hoheitliche Eingriff** in ein vermögenswertes privates Recht (*enteignungsgleicher Eingriff*),
- der **rechtmäßige hoheitliche Eingriff mit unzumutbaren**, weil schweren und unerträglichen und daher **ausgleichspflichtigen Nebenfolgen** und Nachteilen verbunden war (*enteignender Eingriff*) und
- **Eigentumsbeschränkungen von hoher Hand**, die sich zwar als Inhaltsbestimmung (i. S. von Art. 14 Abs. 1 S. 2 GG) darstellten, bei denen aber im Einzelfall die von der Verfassung gezogenen **Grenzen überschritten** waren (vgl. hierzu *Krohn*, Enteignung, Rn. 1ff.; *Krohn* ZfBR 1994, 5ff.; *Krohn/Löwisch*, Rn. 24ff.; *Nüßgens/Boujong*, Rn. 341ff.).

Damit war – wie bemerkt – auch der „enteignende Eingriff" miterfasst.

Inzwischen hat der **BGH diesen „weiten" Enteignungsbegriff aufgegeben** und sich ausdrücklich der „Trennungstheorie" des BVerfG (zu diesem Begriff s. *Lege* NJW 1993, 2565) und dem von diesem von nun an wieder vertretenen **„klassischen Enteignungsbegriff"** angeschlossen (BGHZ 123, 242; BGHZ 121, 328; BGHZ 121, 73; BGHZ 99, 24, 28; s. a. BVerwGE 87, 241; BVerwG, Urt. v. 15.02.1990 – 4 C 47/89). Danach sind **Enteignung** (i. S. v. Art. 14 Abs. 3 GG) einerseits und **Inhaltsbestimmungen** des Eigentums (i. S. v. Art. 14 Abs. 1 S. 2 GG) andererseits **zwei selbständige Rechtsinstitute** (BVerfGE 100, 226- *Denkmalschutz*; BVerfGE 83, 201, 211 – *Vorkaufsrecht*; BVerfGE 52, 1, 27 – *Kleingarten*; BVerfGE 58, 300 – *Nassauskiesung*). Sie unterscheiden sich im Wesentlichen nach formalen Kriterien. 203

Eine ***Enteignung*** in diesem – neuen – **engen Sinne** ist danach der **gezielte staatliche Zugriff auf das Eigentum des Einzelnen** durch Rechtsakt. Ihrem Zweck nach ist sie auf die vollständige oder teilweise Entziehung konkreter subjektiver Rechtspositionen gerichtet, die durch Art. 14 Abs. 1 S. 1 GG gewährleistet sind, und dient der hoheitlichen Güterbeschaffung (BVerfGE 143, 246 – *Atomausstieg*; BVerfG, Beschl. v. 22.05.2001 – 1 BvR 1512/97 – *Baulandumlegung*; BVerfGE 100, 226 – *Denkmalschutz*; BVerfGE 58, 300 – *Nassauskiesung*; *Krohn*, Enteignung, Rn. 3; *ders.* ZfBR 1994, 5ff.). Für diese Enteignung gilt die **Junktim-Klausel** des Art. 14 Abs. 3 S. 2 GG, d.h. das förmliche Enteignungsgesetz muss zugleich Art und Ausmaß der Entschädigung regeln; anderenfalls ist es nichtig (BVerfG, Beschl. v. 21.07.1955 – 1 BvL 33/51)

Daneben stehen **selbständig** die ***Inhalts- und Schrankenbestimmungen*** (→ **Inhaltsbestimmungen**) i. S. von Art. 14 Abs. 1 S. 2 GG. Damit ist die generelle und abstrakte Festlegung und Beschränkung von Rechten und Pflichten des Berechtigten durch den Gesetzgeber hinsichtlich solcher Rechtsgüter gemeint, die als Eigentum im

Sinne der Verfassung anzusehen sind. Sie müssen in materieller Hinsicht mit dem Grundgesetz in Einklang stehen (BVerfGE 38, 175 – *Pflichtexemplar*; BVerfGE 37, 132 – *Vergleichsmiete*; BVerfGE 25, 112 – *2. Deichentscheidung*; BVerfG, Beschl. v. 12.01.1967 – 1 BvR 169/63 – *Grundstücksverkehrsgesetz)*. Überschreitet eine Inhaltsbestimmung die sich aus der Verfassung ergebenden Grenzen, so ist sie unwirksam und nicht etwa eine Enteignung i.S. von Art. 14 Abs. 3 GG. Auch der darauf gegründete rechtswidrige Verwaltungsakt ist keine Administrativenteignung, sondern bleibt Gesetzesvollzug, der mit Rechtsmitteln angegriffen werden kann (BVerfG 52, 1, 27 – *Kleingarten*; BVerfGE 58, 300 – *Nassauskiesung*).

Wirkt sich die Inhalts- und Schrankenbestimmung (die grundsätzlich entschädigungslos hinzunehmen ist) in der Weise auf das Eigentum des Einzelnen aus, dass ihm **unzumutbare Nutzungsbeschränkungen** außerhalb der förmlichen Enteignung (Art. 14 Abs. 3 GG), also ohne Entziehung des Eigentums, auferlegt werden, so ist dies durch ***Zubilligung eines Geldausgleichs*** so zu mildern, dass die Inhaltsbestimmung auf ein zumutbares Maß zurückgeführt wird. Die Ausgleichspflicht ergibt sich insoweit nicht unmittelbar aus der Verfassung, wohl aber mittelbar aus dem auch im Rahmen des Art. 14 Abs. 1 S. 2 GG zu beachtenden **Gleichheitssatz des Art. 3 Abs. 1 GG**. Er verbietet es, dem Einzelnen – ohne Geldausgleich – im Vergleich zu anderen ein besonderes Vermögensopfer aufzuerlegen, das sich für ihn als einseitige Belastung auswirkt (BVerfGE 100, 226 – *Denkmalschutz*; BVerfGE 58, 137 – *Pflichtexemplar*; *Krohn*, Enteignung, Rn. 6; s. auch BGHZ 123, 242 – *Flugsanddünen*; BGHZ 121, 328; BGHZ 102, 350). Zu dieser neueren Rechtsprechung vgl. → **Inhaltsbestimmungen** und → **Sozialbindung**.

204 Deshalb wurde insbesondere nach dem ***Nassauskiesung*-Beschluss des BVerfG** (BVerfGE 58, 300) die Auffassung vertreten, das Rechtsinstitut des enteignenden (und des enteignungsgleichen) Eingriffs sei obsolet geworden (s. *Bryde* in v. Münch/Kunig, Art. 14 Rn. 98 und *Papier/Shirvani* in Maunz/Dürig, Art. 14 Rn. 812 mit jeweils w.N.) Denn durch diese neue Rechtsprechung ist der größte Teil der bisherigen **Anwendungsfälle** des „enteignenden Eingriffs" **weggefallen**. Sie stellen sich heute als ausgleichspflichtige Inhaltsbestimmungen dar und fallen nicht mehr unter den weiten Enteignungsbegriff der früheren Rechtsprechung (*Bryde* in v. Münch/Kunig, Art. 14 Rn. 98).

205 Dennoch hat der **BGH** an der **Rechtsfigur des enteignenden Eingriffs** ungeachtet dieser kritischen Äußerungen im Schrifttum **festgehalten** (BGHZ 129, 124; BGHZ 91, 20). Da der enteignende Eingriff nicht mehr unter den Enteignungsbegriff subsumiert werden kann, also die Anknüpfung an die Entschädigungsregelung des Art. 14 Abs. 3 GG entfällt (*Jarass* NJW 2000, 2841, 2842), leitet der BGH dieses Haftungsinstitut nunmehr aus dem **Aufopferungsgedanken der §§ 74, 75 EinlPrALR** ab (BGH a.a.O. und BGHZ 102, 350; *Papier/Shirvani* in Maunz/Dürig, Art. 14 Rn. 786). In seinem Anwendungsbereich bleibt er aber beschränkt auf die **Fälle *rechtmäßiger Realakte***, die sich nicht als Konkretisierung einer Inhaltsbestimmung des Eigentums verstehen lassen (s. *Maurer*, § 27 Rn. 107ff.). Es handelt sich dabei im Wesentlichen

um außergewöhnliche Unfallschäden, die zu **atypischen und unvorhersehbaren Eigentumsbeeinträchtigungen** führen und deren entschädigungslose Hinnahme nicht zumutbar ist (BGHZ 213, 200; BGHZ 197, 43; s. auch *Bryde* in v. Münch/Kunig, Art. 14 Rn. 98 und *Wieland* in Dreier, Art 14 Rn. 192, wonach der Anwendungsbereich des enteignenden Eingriffs auf Zufalls- oder Unfallschäden beschränkt ist).

Typische **Beispiele**:
- Entschädigung für **übermäßige Geruchsbelästigungen**, die von einer schlicht hoheitlich betriebenen Kläranlage einer Gemeinde auf Nachbargrundstücke einwirken und die Nutzung des vom Eigentümer selbst bewohnten Hauses beeinträchtigen (BGHZ 91, 20). Die Gerüche schädigen den betroffenen Eigentümer in einem solchen Fall schwer und unerträglich. Eine (ausgleichspflichtige) Inhaltsbestimmung liegt nicht vor, denn sie setzt ein Gesetz oder eine Verordnung voraus, die den Eigentümer zur Duldung solcher Gerüche verpflichtet (s. a. Entschädigung für die von einem Militärflughafen ausgehenden Lärmemissionen, BGHZ 122, 76).
- Entschädigung für **Gebäudeschäden** (BGHZ 140, 200; BGH WM 1981, 724; BGH WM 1980, 1179) oder Ertragseinbußen von Gewerbetreibenden (BGH, Beschl. v. 26.04.1990 – III ZR 153/89, juris; BGH, Beschl. v. 27.11.1986 – III ZR 245/85, juris) aufgrund von Straßenarbeiten.

2. Für die **Höhe der Entschädigung** gelten die allgemeinen Entschädigungsgrundsätze (Palandt/*Herrler*, Überbl vor § 903, Rn. 10). Da es sich nicht um eine Zahlung nach billigem Ermessen, sondern um eine rechtsstaatlich gebotene Entschädigung handelt, muss sie grundsätzlich zum vollen Ausgleich führen. Eine Reduzierung mit Rücksicht darauf, dass die Maßnahme selbst rechtmäßig ist, kommt nicht in Betracht, auch nicht aufgrund einer Abwägung mit Allgemeinwohlinteressen. So sind etwa im Falle der übermäßigen Geruchsbelästigungen, die von einer Kläranlage ausgehen (s. o.), die konkreten Beeinträchtigungen in der Wohnnutzung eines Hauses zu entschädigen (BGHZ 91, 20; *Nüßgens/Boujong*, Rn. 454). 206

3. Nachdem die Grundlage des enteignenden Eingriffs nicht mehr in Art. 14 Abs. 3 GG, sondern im allgemeinen Aufopferungsgedanken der §§ 74, 75 EinlPrALR zu finden ist, sind die Entschädigungsansprüche gemäß § 40 Abs. 2 S. 1 Alt. 1 VwGO vor den **Zivilgerichten** geltend zu machen (BGHZ 122, 76; BGHZ 97, 361; *Papier/Shirvani* in Maunz/Dürig, Art. 14 Rn. 819; *Engelhardt* NVwZ 1994, 337, 346; Hk-VerwR/VwGO/*Unruh*, § 40 VwGO, Rn. 201) 207

Für die **Verjährung** des Anspruchs gelten die Vorschriften der §§ 195 ff. BGB entsprechend, soweit nicht Sondervorschriften (wie z. B. Art. 71 BayAGBGB) vorrangig anwendbar sind. Daran ist auch nach der Verkürzung der Verjährungsfristen durch das SMG festzuhalten (Palandt/*Ellenberger*, § 195 Rn. 20). Die Verjährungsfrist für Ansprüche aus enteignendem Eingriff beträgt daher nach § 195 BGB **3 Jahre**, beginnend 208 mit dem Schluss des Jahres, in dem der Anspruch entstanden ist und der Gläubiger von den ihn begründenden Umständen und der Person des Schuldners Kenntnis erlangt hat oder ohne grobe Fahrlässigkeit hätte erlangen müssen, § 199 Abs. 1 BGB. Ohne Rücksicht auf diese Kenntnis verjährt der Anspruch gemäß § 199 Abs. 4 BGB spätestens 10 Jahre nach seiner Entstehung (s. a. *Kellner* NVwZ 2002, 395ff.).

208a Der **BGH** hat eine Haftung aus diesem Institut bisher nur angenommen, wenn es um einzelfallbezogene Eigentumsbeeinträchtigungen durch hoheitliche Realakte, straßenrechtliche Planfeststellungsbeschlüsse (im Zusammenhang mit Verkehrsimmissionen oder Verwaltungsakte, z. B. straßenrechtliche Widmung) ging. In dem *Waldschäden*-Urteil (BGHZ 102, 350) hat er die Frage, ob eine Entschädigungspflicht aus „enteignendem Eingriff" besteht, wenn in einer Vielzahl von Fällen nachteilige Auswirkungen eines Gesetzes für durch Art. 14 Abs. 1 GG geschützte Eigentumspositionen in Betracht kommen, ausdrücklich verneint und entschieden, dass Gerichte in solchen Fällen eines „Globalphänomens" Entschädigungsansprüche oder Ausgleichsleistungen im Anwendungsbereich des Art. 14 Abs. 1 S. 2 GG nur zuerkennen können, wenn es dafür eine **gesetzliche Grundlage** gibt. Daran fehle es bei den neuartigen Waldschäden. Der BGH hat dazu ausgeführt (BGHZ a. a. O. 361):

„Es kann dahingestellt bleiben, ob das Rechtsinstitut des enteignenden Eingriffs Anwendung findet, wenn ein Gesetz im Einzelfall zu Eigentumseinbußen führt, die Ausnahme Charakter tragen und nur unter besonderen Umständen entstehen. Jedenfalls ist dieses Rechtsinstitut keine geeignete Grundlage, um massenhaft auftretende Schäden, wie sie durch das Waldsterben ausgelöst werden, auszugleichen (...). Zur Bewältigung eines derartigen „Globalphänomens" (...) ist das Haftungsinstitut des enteignenden Eingriffs nicht entwickelt worden. Die Lösung der durch die neuartigen Waldschäden aufgeworfenen Entschädigungs- und Ausgleichsprobleme kann nicht einem richterrechtlichen Haftungsinstitut, wie es der enteignende Eingriff darstellt, überlassen bleiben (...). Es ist vielmehr Aufgabe des Gesetzgebers, Vorschriften über den Ausgleich von unzumutbaren, durch primär Rechtsschutz nicht abwendbaren Vermögenseinbußen zu schaffen, die den Waldeigentümern durch den Vollzug der inhalts- und schrankenbestimmenden Normen des Bundes-Immissionsschutzgesetzes erwachsen.

Die Zubilligung von Entschädigungs- und Ausgleichsansprüchen gegen den Staat für die durch das Waldsterben geschädigten Waldbesitzer kann weitreichende Folgen für die Staatsfinanzen haben. Das legt es nahe, die Zubilligung solcher Ansprüche entsprechend dem Grundsatz der Gewaltenteilung und dem demokratischen Prinzip der Entscheidung des Parlamentsgesetzgebers vorzubehalten."

Der BGH spricht in diesem Zusammenhang von der *„fehlenden richterlichen Legitimation, einen Entschädigungsanspruch zuzubilligen"*. Er hat diese Einschätzung in dem *ISAF-Einsatz*-Urteil (BGHZ 212, 173) ausdrücklich bestätigt und hervorgehoben, dass der Gesetzgeber in grundlegenden normativen Bereichen die wesentlichen Entscheidungen selbst zu treffen habe. Insbesondere die Begründung von Geldleistungsansprüchen mit erheblichen fnanziellen Auswirkungen für die öffentlichen Haushalte bleibe nach dem Grundsatz der Gewaltenteilung dem parlamentarischen Gesetzgeber zur Entscheidung vorbehalten (sog. Haushaltsprärogative des Parlaments).

Enteignungsentschädigung

1. Der von einer hoheitlichen Maßnahme betroffene Bürger neigt leicht zu der Annah- 209
me, dass er für jegliche damit verbundenen Nachteile eine Enteignungsentschädigung fordern könne. Dabei wird nicht bedacht, dass Art. 14 GG, die verfassungsmäßige Grundlage der Enteignungsentschädigung, das Eigentum als Recht schützt und deshalb nur **Rechtspositionen** von der verfassungsmäßigen Eigentumsgewährleistung erfasst werden. Eine Rechtsposition muss weggenommen oder beschränkt worden sein, nachteilige Auswirkungen in tatsächlichen Bereichen sind dagegen enteignungsrechtlich unerheblich. Enteignung und Enteignungsentschädigung können darum wie folgt bestimmt werden: **Enteignung im Sinne des Art. 14 Abs. 3 GG ist ein rechtmäßiger gezielter Rechtsakt** (Eingriff in eine nach Art. 14 Abs. 1 GG geschützte Rechtsposition); er entzieht dem Betroffenen dessen Recht zum Wohle der Allgemeinheit ganz oder teilweise zur Erfüllung bestimmter öffentlicher Aufgaben (Güterbeschaffung); dies kann auch zugunsten eines privaten Rechtsträgers geschehen, dessen Tätigkeit wie z. B. bei einem Versorgungsunternehmen dem Allgemeinwohl dient.

Rechtsposition ist **jedes nach Art. 14 Abs. 1 GG geschützte Recht**, nicht nur das Eigentum am Grundstück selbst, sondern auch der eingerichtete und ausgeübte Gewerbebetrieb als Organisation persönlicher und sachlicher Mittel. Dieser ist dann in entschädigungsrechtlich relevanter Wiese betroffen, wenn in den Betrieb als wirtschaftlichen Organismus eingegriffen und damit das ungestörte Funktionieren dieses Organismus unterbunden oder beeinträchtigt wird, der Betriebsinhaber also daran gehindert wird, von dem Gewerbebetrieb den bestimmungsgemäßen Gebrauch zu machen (BGHZ 221, 74 Rn. 13; BGHZ 111, 349, 355 ff.).

Die Enteignung geschieht **durch Gesetz oder auf Grund eines Gesetzes, das Art und Ausmaß der Entschädigung regelt**. Bei der Enteignung *durch Gesetz* bestimmt das Gesetz selbst, welche Eigentümer in welchem Umfang enteignet werden, und setzt selbst und unmittelbar die Höhe der Entschädigung fest. Die Rechtsänderung wird unmittelbar ohne zusätzlichen Vollzugsakt mit dem Inkrafttreten des Gesetzes wirksam. Bei der Enteignung durch die Enteignungsbehörde *auf Grund eines Gesetzes* entsteht zwischen dem Vorhabenträger, für den enteignet wird, und dem Betroffenen durch das Einleiten des Enteignungsverfahrens bzw. mit der Wirksamkeit einer vorausgegangenen Besitzeinweisung (siehe Stichwort **Besitzeinweisung und Besitzeinweisungsentschädigung**) ein öffentlich-rechtliches Schuldverhältnis, das den Betroffenen berechtigt, eine Enteignungsentschädigung zu fordern.

Jacobs

https://doi.org/10.1515/9783110682557-029

210 2. Enteignungsentschädigung ist **kein Schadensersatz**, sondern ein angemessener, der erlittenen Einbuße entsprechender Wertausgleich, der – bildhaft gesprochen – den Betroffenen in die Lage versetzt, sich einen gleichwertigen Ersatzgegenstand zu beschaffen (BGHZ 39, 198 = NJW 1963, 1492 = MDR 1963, 661 m.w.N.). Ob die Ersatzbeschaffung tatsächlich gelingt, darauf kommt es nicht an. Der Schadensersatz ist dagegen in seinem Wesen darauf gerichtet, das schädigende Ereignis ungeschehen zu machen; nach § 249 Abs. 1 BGB hat der zum Schadensersatz Verpflichtete den Zustand herzustellen, der bestehen würde, wenn der zum Ersatz verpflichtende Umstand nicht eingetreten wäre. Anders die Enteignungsentschädigung: Sie stellt lediglich den gestörten Vermögensspiegel wieder her und umfasst daher keineswegs sämtliche Vermögenseinbußen des Betroffenen in Gegenwart und Zukunft. Hier darf beispielsweise nicht gefragt werden, welchen Zustand (Qualität) das entzogene Grundstück einmal erlangt hätte, wenn es seinem Eigentümer verblieben wäre. Allein ausschlaggebend ist vielmehr der Grundstückszustand im Augenblick der Wegnahme, und der Verkehrswert des Grundstücks in eben diesem Zustand ist zu ersetzen. Ebenso wenig ist der Gewinn zu entschädigen, der aus dem Grundstück hätte gezogen werden können. Die Enteignungsentschädigung richtet sich am Genommenen aus und nicht an einer gedachten Vermögenslage (BGHZ 91, 243, 257; BGHZ 59, 250, 258 = NJW 1973, 47).

211 3. Die **Enteignungsentschädigung** bildet grundsätzlich **rechtlich eine Einheit**. Das bedeutet, dass die einzelnen Posten, aus denen sie sich zusammensetzt, keine selbständige Bedeutung haben und gegeneinander ausgetauscht und verrechnet werden können (BGH NJW 1997, 2119 = WM 1997, 1161¸BGHZ 12, 357, 377 = NJW 1954, 676). Wenn die Entschädigung für das Grundstück zu hoch, für das darauf stehende Gebäude zu niedrig, in der Zusammenrechnung aber richtig ist, so ist die Entschädigung gleichwohl angemessen und stellt den vom Gesetz verlangten vollen Ausgleich dar. Grundsätzlich besteht die Enteignungsentschädigung aus der Entschädigung für den Rechtsverlust und der Entschädigung sonstiger Nachteile, die als erzwungene und unmittelbare Folge der Enteignung eintreten (**Folgeschäden**). Welchem dieser beiden Bestandteile der Enteignungsentschädigung ein bei der Bemessung der Entschädigung zu berücksichtigender Umstand letztlich zugeordnet wird, spielt keine entscheidende Rolle. Eine scharfe Trennung wird vielfach auch gar nicht möglich sein. So ist z.B. nicht eindeutig, ob die Wertminderung des Restgrundstücks, die sich an und für sich als Verlust am Grundstück darstellt, als Rechtsverlust einzustufen ist. Das Baugesetzbuch und die einschlägigen Landesenteignungsgesetze jedenfalls rechnen sie zu den sonstigen Nachteilen (vgl. § 96 Abs. 1 Nr. 2 BauGB und § 11 Abs. 1 Nr. 2 EEG NW). Wichtig ist, dass jeder Nachteil nur einmal entschädigt wird und **Doppelentschädigungen** unzulässig und zu vermeiden sind. Demgemäß bestimmt § 96 Abs. 1 S. 1 BauGB, dass wegen anderer durch die Enteignung eintretender Vermögensnachteile eine Entschädigung nur zu gewähren ist, wenn und soweit diese Vermögensnachteile nicht bereits bei der Bemessung der Entschädigung für den Rechtsverlust berücksichtigt sind.

4. Nach Art. 14 Abs. 3 GG ist die Entschädigung unter gerechter Abwägung der Interessen der Allgemeinheit und der Beteiligten zu bestimmen. Dadurch wird dem Gesetzgeber erlaubt, je nach Lage auch eine geringere Entschädigung als den vollen Wert vorzusehen. Die einschlägigen Enteignungsgesetze gehen aber durchweg von einem vollen Ersatz aus, der sich nach dem Verkehrswert des genommenen Gegenstandes bemisst (z.B. § 95 Abs. 1 BauGB, § 10 Abs. 1 EEG NW). Das Gleiche gilt, wenn sich ausnahmsweise in den einschlägigen Gesetzen zur Höhe der Entschädigung keine besonderen Bestimmungen finden; das ergibt sich ebenfalls aus Art. 14 GG (BGHZ 59, 250, 258 = NJW 1973, 47, 48). 212

5. Die Entschädigung ist **regelmäßig** eine **Geldentschädigung**, die in einem einmaligen Betrag geleistet wird (§ 99 Abs. 1 Satz 1 BauGB, § 15 Abs. 1 Satz 1 EEG NW usw.). Der Anspruch auf Entschädigung und die Pflicht zur Entschädigung gehen demzufolge grundsätzlich auf Geld. Der Grundsatz der Geldentschädigung ist mit Art. 14 GG und der darin enthaltenen Bestandsgarantie vereinbar (vgl. BVerfGE 24, 367 und 419; BGHZ 41, 354). Auf dem Grundsatz der Geldentschädigung hat schon das Reichsgericht gestanden und es für unzulässig gehalten, die Geldentschädigung gegen den Willen des Eigentümers dadurch zu verkürzen, dass die Entschädigung nicht in Geld, sondern ganz oder teilweise in Ersatzland gewährt wird (RGZ 41, 257). Diese Überlegungen führen heutige Enteignungsgesetze fort (z.B. § 100 BauGB, § 16 EEG NW), wenn sie eine **Entschädigung in Ersatzland** davon abhängig machen, dass der Betroffene einen entsprechenden Antrag stellt, wenn er zur Sicherung seiner Berufstätigkeit, seiner Erwerbstätigkeit oder zur Erfüllung der ihm wesensgemäß obliegenden Aufgaben auf Ersatzland angewiesen ist und der Enteignungsbegünstigte über geeignetes Ersatzland verfügt oder es freihändig zu angemessenen Bedingungen oder durch Enteignung nach § 90 BauGB beschaffen kann (BGH NJW 1979, 923 = BRS 34 Nr. 80). 213

Allerdings kann sich aus dem **Abwägungsgebot des Art. 14 Abs. 3 Satz 3 GG** im Einzelfall etwas Anderes ergeben. Die Belange der Allgemeinheit verlangen u.a., vermeidbar hohe Entschädigungen zu verhindern. Im Rahmen der gebotenen Abwägung ist es darum nicht nur möglich, sondern sogar geboten, auch die Frage zu prüfen, wie hoch die Entschädigung wäre, wenn angebotenes Ersatzland angenommen würde. Voraussetzung ist allerdings, dass das Ersatzland geeignet ist und dem Betroffenen die Annahme unter Wertung aller Umstände zugemutet werden kann. Wird das bejaht, und kann durch das Ersatzland die Höhe der sonst zu zahlenden Entschädigung nicht unwesentlich gesenkt werden, so ist die Entschädigung danach festzusetzen. Ob der Betroffene das Ersatzland schließlich annimmt, darauf kommt es nicht an.

In **Zeiten steigender Preise** für landwirtschaftliche Flächen wird ein Eigentümer eher in Land als in Geld entschädigt werden wollen, insbesondere, wenn zwischen Bewertungsstichtag und Entscheidung über die Höhe der Entschädigung ein längerer Zeitraum liegt. Nach § 100 Abs. 1 BauGB und den Enteignungsgesetzen der Länder (z.B. § 14 Abs. 1 ThürEG) muss **auf Antrag des Eigentümers die Entschädigung in geeignetem Ersatzland** festgesetzt werden, wenn er zur Sicherung seiner Berufs- oder 214

Erwerbstätigkeit oder zur Erfüllung der ihm wesensgemäß obliegenden Aufgaben auf Ersatzland angewiesen ist und der Enteignungsbegünstigte über geeignetes Ersatzland verfügt oder es beschaffen kann. Dieser Anspruch auf obligatorische Ersatzlandentschädigung ist deutlich zu unterscheiden von der fakultativen Ersatzlandentschädigung gemäß § 100 Abs. 4 BauGB, § 14 Abs. 3 ThürEG. Danach *kann* die Entschädigung in Ersatzland festgelegt werden, wenn diese Art der Entschädigung nach pflichtgemäßem Ermessen der Enteignungsbehörde unter gerechter Abwägung der Interessen der Allgemeinheit und der Beteiligten billig ist und der Enteignungsbegünstigte über geeignetes Ersatzland verfügt oder es beschaffen kann. Auch in diesem Fall bedarf die Ersatzlandentschädigung eines entsprechenden Antrages des Eigentümers. Darüber, ob die Voraussetzungen des § 100 Abs. 4 BauGB vorliegen, haben die Enteignungsbehörde und sodann das zuständige Gericht bei Überprüfung der Entscheidung der Enteignungsbehörde zu befinden (vgl. BGH MDR 1985, 211 = AgrarR 1984, 352).

§ 100 Abs. 4 BauGB (und die entsprechenden Bestimmungen der Enteignungsgesetze der Länder) enthält einen sog. **Koppelungstatbestand**. Der unbestimmte Rechtsbegriff der Billigkeit steht auf der Tatbestandseite der Norm und eröffnet der Behörde keinen Beurteilungsspielraum (*Schmidt-Aßmann* in EZBK, § 100 Rn. 27; a. A. *Breuer* in Schrödter, § 100 Rn. 18: die Vorschrift gibt der Behörde eine Ermessensdirektive). Erst wenn die Billigkeit der Ersatzlandentschädigung durch eine Abwägung der Interessen der Allgemeinheit sowie der Beteiligten festgestellt ist, steht der Behörde auf der Rechtsfolgenseite der Norm Ermessen zu, dessen Gesichtspunkte freilich oft durch die Billigkeitserwägung verbraucht sein werden, so dass sich dann eine *Rechtspflicht* zur Festsetzung der Ersatzlandentschädigung ergeben kann (*Schmidt-Aßmann* in EZBK, § 100 Rn. 27).

Die Ersatzlandentschädigung muss „billig" sein. Ob dies der Fall ist, ist unter gerechter Abwägung der Interessen der Allgemeinheit und der Beteiligten zu entscheiden. Gemeinwohlinteressen werden eine Ersatzlandbeschaffung nur selten entgegenstehen. In der Regel wird es deshalb letztlich auf eine Abwägung der Interessen der Beteiligten hinauslaufen (*Schmidt-Aßmann* in EZBK, ebenda). So kann eine Ersatzlandentschädigung in Betracht kommen, wenn der Eigentümer in den letzten Jahren die Grundstücke beruflich oder wirtschaftlich genutzt hat (BGH MDR 1985, 211 = AgrarR 1984, 352) oder wenn dem Enteignungsbegünstigten Ersatzland unmittelbar neben einem von der Enteignung betroffenen Grundstück zur Verfügung steht (BGH ebenda).

Enteignungsentschädigung und Zinseszinsen

215 1. Die **Enteignungsentschädigung in Geld** als angemessener Wertausgleich tritt an die Stelle des enteigneten Grundstücks oder sonstigen Gegenstands der Enteignung; enteigneter Gegenstand und Enteignungsentschädigung werden gleichsam **gegen-**

Jacobs
https://doi.org/10.1515/9783110682557-030

einander ausgetauscht. Soweit die Enteignungsentschädigung im Zeitpunkt der Entscheidung über den Enteignungsantrag bzw. der wirksamen Besitzeinweisung nicht gezahlt wird, z. B., weil ihre Höhe noch nicht endgültig feststeht, ist sie zu verzinsen (vgl. § 99 Abs. 3 BauGB und die Enteignungsgesetze der Länder, z. B. § 15 Abs. 3 EEG NW). Anderenfalls würde sie den Anforderungen an eine gerechte Entschädigung im Sinne des Art. 14 Abs. 3 GG nicht entsprechen. Der Betroffene könnte eine Zeit lang weder den genommenen Gegenstand noch die dafür zu zahlende Entschädigung nutzen. Die Zinsen sind damit eine Nutzungsentschädigung und bilden einen Teil der einheitlichen Enteignungsentschädigung (vgl. BGH NJW 1972, 1946 = BRS 26 Nr. 19; *H.Fischer* Rn. 234 und → **Verzinsung der Entschädigung)**. Dass § 99 Abs. 1 S. 1 BauGB damit den Grundsatz der Geldentschädigung (vgl. → **Enteignungsentschädigung**) festschreibt, ist mit Art. 14 Abs. 1 GG vereinbar (BGHZ 41, 354).

Die **Höhe** der Zinsen beträgt 2 % über dem jeweiligen Basiszins der Deutschen Bundesbank (§ 99 Abs. 3 BauGB, vgl. BGH NJW 1972, 447; *H. Fischer* Rn. 232). Dieser wird am 1. Januar und am 1. Juli eines jeden Jahres neu festgesetzt und ist im Internet abrufbar.

Die Antwort auf die Frage, ob von den Zinsen einer noch nicht ausgezahlten Ent- **216**
eignungsentschädigung wiederum Zinsen verlangt werden können, hängt von der **Rechtsnatur dieser Zinsen** ab. Handelt es sich dabei um „echte" Zinsen, d. h. Zinsen im Rechtssinne, so gilt für sie das Zinseszinsverbot der §§ 248 Abs. 1, 289 Satz 1 BGB. Das allgemeine Merkmal „Nutzungsentschädigung" allein erlaubt noch keine abschließende Einordnung. Es ist zu unterscheiden, ob es sich um eine Nutzungsentschädigung für die nicht mehr mögliche Sachnutzung oder für die noch nicht mögliche Nutzung der Enteignungsentschädigung (Kapitalnutzung) handelt. Sind die Zinsen einer noch nicht ausgezahlten Enteignungsentschädigung eine Nutzungsentschädigung für die nicht mehr mögliche Sachnutzung, so sind sie keine „echten" Zinsen. Anders ist es dagegen, wenn sie eine Nutzungsentschädigung für die noch nicht mögliche Kapitalnutzung darstellen. Der Umstand, dass die noch nicht ausgezahlte Enteignungsentschädigung verzinst wird, spricht für eine Entschädigung für die noch nicht mögliche Kapitalnutzung. Hinzu kommt, dass die gesamte Enteignungsentschädigung verzinst wird, nicht nur die Entschädigung für den Rechtsverlust, sondern auch die Entschädigung für andere Vermögensnachteile. Zinsen der Entschädigung für andere Vermögensnachteile – z. B. Umzugskosten – sind aber sicherlich kein Ausgleich für die nicht mehr mögliche Nutzung des Hauses oder der Wohnung. Die Anrechnung der Verzinsung auf die durch den Besitzverlust entstandenen Nachteile, z. B. entgehende Grundstückserträge (vgl. § 116 Abs. 4 BauGB, § 18f Abs. 5 FStrG, § 6 Abs. 1 PrVereinfEG) spielt dabei eine untergeordnete Rolle; sie ergibt sich ohne weiteres aus dem Verbot einer Doppelentschädigung. Die **Zinsen** sind darum eine **Nutzungsentschädigung für die noch nicht mögliche Kapitalnutzung** und damit eine „echte" Verzinsung. Im Ergebnis ebenso BGH NJW 1973, 2284; *Kreft* Öffentlich-rechtliche Ersatzleistungen, Rn. 318, 319.

217 2. Soweit eine **Enteignungsentschädigung bei einer Veränderungssperre** (förmliche oder faktische) in Betracht kommt, wird sie ebenfalls in Form von Zinsen gewährt (vgl. Stichwort **Veränderungssperre**). Der Wert der durch die Sperre entzogenen Nutzungsmöglichkeit (Minderwert des Grundstücks) wird verzinst, falls er nicht sofort ausgezahlt wurde. Das läuft bei einer vorübergehenden Sperre auf eine Bodenrente hinaus. Die Zinsen, gleichsam als Rente gezahlt, sind die Hauptentschädigung, so dass das Verbot des Zinseszinses nicht eingreift. Ebenso ist es bei einer Dauersperre, die schließlich in eine Vollenteignung übergeht. Wie bei der vorübergehenden Sperre werden die Nutzungsmöglichkeiten des Grundstücks teilweise entzogen, teilweise bleiben sie bestehen – z. B. ein Baugrundstück, das nicht mehr bebaut werden darf, kann noch gärtnerisch weiter genutzt werden. Bis zum Entzug aller Nutzungsmöglichkeiten (Vollenteignung) bildet die Verzinsung des Wertes der durch die Sperre entzogenen Nutzungsmöglichkeit die Hauptentschädigung als Ausgleich für eine eingeschränkte Sachnutzung. Der betroffene Eigentümer kann darum von diesen Zinsen (Hauptentschädigung) Zinseszinsen verlangen (vgl. BGH NJW 1964, 294; *Kreft* a. a. O.; *Krohn* Enteignung, Rz. 189.

218 3. Ferner stellt sich die Frage der **Zinseszinsen** bei der **Besitzeinweisungsentschädigung**. Der in den Besitz Eingewiesene hat für die durch die vorzeitige Besitzeinweisung entstehenden Vermögensnachteile Entschädigung zu leisten (§ 116 Abs. 4 BauGB; § 18f Abs. 5 FStrG usw.; siehe Stichwort **Besitzeinweisung und Besitzeinweisungsentschädigung**). Die entstandenen Nachteile bestehen in erster Linie im Verlust von Nutzungsmöglichkeiten. Soweit es dabei um die übliche Nutzung des Grundstücks geht, wird der Betroffene dafür durch die Verzinsung der für das Grundstück zu zahlenden Enteignungsentschädigung entschädigt. Von diesen Zinsen (Besitzeinweisungsentschädigung) können keine Zinseszinsen verlangt werden. Denn sie sind der Ausgleich dafür, dass das Grundstück nicht mehr und die zu zahlende Enteignungsentschädigung noch nicht genutzt werden kann (vgl. Rn. **216**).

Wegen des Entzugs weiterer Nutzungsmöglichkeiten kommt eine Besitzeinweisungsentschädigung in Betracht, wenn diese über die übliche Nutzung hinausgehenden besonderen Nutzungsmöglichkeiten schon einen greifbaren Wert darstellen und nicht nur eine bloße Aussicht sind, das Grundstück vielleicht einmal in dieser Form nutzen zu können. Insoweit ist die Besitzeinweisungsentschädigung abgestellt auf den Einzelfall zu berechnen. Beispielsweise ein Miethaus erbringt aufgrund seiner nachweislich hohen Mieterträge eine höhere Verzinsung, als sie das einschlägige Enteignungsgesetz vorsieht. Eine dementsprechende Erhöhung der Verzinsung – beispielsweise von 5 % auf 6,5 % – wäre der angemessene Ausgleich für das, was dem Eigentümer durch den Besitzentzug nachgewiesenermaßen genommen worden ist. Die Erhöhung (hier Zinsen in Höhe von 1,5 %) unterliegt als Ausgleich für die entzogene besondere Nutzung nicht dem Zinseszinsverbot; dieser Teil der Besitzeinweisungsentschädigung könnte auch durch Zahlung von noch nicht ausgeglichenem Mietausfall gewährt werden. Die Erhöhung der Verzinsung erweist sich damit als eine vereinfachte Form der Entschädigungsberechnung (vgl. auch BGH MDR 1974, 651 = BRS 34 Nr. 109).

Enteignungsgleicher Eingriff

Übersicht

1. Ein Anspruch aus enteignungsgleichem Eingriff kommt in Betracht, wenn „Eigentum" im Sinne von Art. 14 GG, also ein vermögenswertes Recht, durch einen **schuldlos-rechtswidrigen Eingriff von hoher Hand** unmittelbar beeinträchtigt und dem Berechtigten dadurch ein **besonderes, anderen nicht zugemutetes Opfer** für die Allgemeinheit abverlangt wird (grundlegend BGHZ – GSZ – 6, 270, 290 = NJW 1952, 972; vgl. auch BGH WM 1997, 1755; BGH VersR 1976, 985; BGH WM 1976, 568, 570; BGHZ 76, 375, 384; BGHZ 55, 229, 231; BGHZ 48, 98, 101; *Nüßgens/Boujong*, Rn. 411; *Engelhardt* NVwZ 1994, 337, 348 und NVwZ 1989, 1026, 1031; *Krohn/Löwisch*, Rn. 224ff.; *Kreft*, Enteignungsentschädigung I, S. 8; *Kreft*, Enteignungsentschädigung II, S. 8; ausführlich *Ossenbühl/Cornils*, S. 291f.). 219

Der Anspruch, der **von der Rechtsprechung entwickelt** worden ist, **schließt** eine **Lücke im Staatshaftungssystem**. Denn die *Amtshaftung* (nach § 839 BGB i.V.m. Art. 34 GG) greift nur bei *schuldhaft-rechtswidrigem* hoheitlichen Handeln ein, während Entschädigung für *Enteignung* bei *rechtmäßigem* hoheitlichen Eingriff gewährt wird (Art. 14 Abs. 3 GG). Der dazwischenliegende **Bereich der *schuldlos-rechtswidrigen* Eingriffe** in geschützte Rechte des Einzelnen blieb einmal durch den rechtswidrigen Vollzug eines Enteignungsgesetzes, zum anderen durch Eingriff in das Eigentum, der – wäre er rechtmäßig gewesen – lediglich eine entschädigungslos hinzunehmende Konkretisierung der Sozialbindung (→ **Sozialbindung**) dargestellt hätte (vgl. *Nüßgens/Boujong* Rn. 413f.; *Krohn/Löwisch* Rn. 226; *Engelhardt* a.a.O., S. 1031), dagegen ohne gesetzlich normierte Schadensersatz- oder Entschädigungsfolge. 220

Dieses **„Haftungsdefizit"** (*Ossenbühl/Cornils*, S. 260) im positiven Recht wurde schon frühzeitig als Mangel empfunden und von der Rechtsprechung durch **Entwicklung eines *neuen* Haftungsinstituts** ausgefüllt (zuerst RGZ 140, 276; später insb. BGHZ – GSZ – 6, 270). Dabei gründete das **RG** den Anspruch auf den Aufopferungsgedanken des § 75 EinlPrALR (→ **Aufopferung**) und führte aus, die Entschädigungspflicht bestehe danach zwar in Fällen, in denen *zulässig* in die Rechte des Einzelnen im Interesse des Gemeinwohls eingegriffen werde, doch führe es zu einem widersinni-

https://doi.org/10.1515/9783110682557-031

gen Ergebnis, den Anspruch zu versagen, wenn sich die Obrigkeit über ihre gesetzlichen Befugnisse geirrt habe, und den Betroffenen dann auf den Amtshaftungsanspruch zu verweisen.

Der **BGH** stützte den Anspruch dagegen in seiner **früheren Rechtsprechung** auf den Enteignungsgedanken und eine **Analogie zu Art. 14 Abs. 3 GG.** Dazu heißt es in dem **Beschluss des Großen Senates in Zivilsachen vom 10.06.1952 – GSZ 2/52** (BGHZ – GSZ – 6, 270, 290): *„Die Beschränkung des Tatbestandes der Enteignung in Art. 153 WRV und in Art. 14 GG auf rechtmäßige Eingriffe des Staates bedeutet ihrem Sinn nach eine Beschränkung für die Zulässigkeitsvoraussetzungen eines solchen Eingriffs, nicht aber eine Beschränkung für die Zubilligung eines Entschädigungsanspruchs. Der entscheidende Grundgedanke für die Zubilligung eines Entschädigungsanspruchs ist bei einem unrechtmäßigen Staatseingriff, der in seiner Wirkung für den Betroffenen einer Enteignung gleichsteht, mindestens in dem gleichen Maße gegeben wie bei einer rechtmäßigen, also gesetzlich zulässigen Enteignung“*. Ein solcher Staatseingriff bedeutet daher *„einen enteignungsgleichen Tatbestand, der demzufolge auch zugunsten des Betroffenen einen Entschädigungsanspruch in entsprechender Anwendung des Art. 153 WRV oder des Art. 14 GG auslöst“*; vgl. zur dogmatischen Begründung des Anspruchs und der bedenklichen „Erstrecht“-Argumentation des BGH ausführlich *Ossenbühl* NJW 1983, 1ff.; *Papier* NVwZ 1983, 258; *Bryde* in v. Münch/Kunig, Art. 14 Rn. 101).

221 Nach dem ***Nassauskiesung*-Beschluss des BVerfG** vom 15.07.1981 – 1 BvL 77/78 (BVerfG 58, 300) konnte der **BGH** diese Rechtsprechung nicht mehr aufrechterhalten. Denn das BVerfG geht in dieser Entscheidung davon aus, dass eine Enteignungsentschädigung stets einer gesetzlichen Grundlage bedarf. **Art. 14 Abs. 3 GG** beziehe sich aber **nur auf Enteignungen im engeren Sinne**. Darunter versteht der Senat den rechtmäßigen staatlichen Zugriff auf das Eigentum des Einzelnen, der seinem Zweck nach auf den vollständigen oder teilweisen Entzug konkreter subjektiver Rechtspositionen gerichtet ist, die durch Art. 14 Abs. 1 S. 1 GG gewährleistet sind (ebenso BVerfGE 100, 226 – *Denkmalschutz*; BVerfGE 74, 264 – *Boxberg*; BVerfGE 79, 124 – *Erbbaurecht*; sowie zu dem zusätzlichen Erfordernis der hoheitlichen Güterbeschaffung BVerfGE 104, 1 – *Baulandumlegung* und BVerfGE 143, 246 – *Atomausstieg*; *Bryde* in v. Münch/Kunig, Art. 14 Rn. 71). Der **enteignungsgleiche Eingriff** kann somit **nicht mehr auf Art. 14 GG gestützt** werden. Zudem ist es nach dieser Judikatur unzulässig, eine verfassungswidrige Inhaltsbestimmung des Eigentums in eine Enteignung umzudeuten und den Verfassungsverstoß durch Zubilligung einer gesetzlich nicht vorgesehenen Entschädigung zu heilen (BVerfGE 58, 300 – *Nassauskiesung;* so auch BVerwGE 84, 361; BGHZ 100, 136). Es besteht also **kein Wahlrecht** mehr zwischen den Entscheidungen, sich gegen den rechtswidrigen staatlichen Eingriff zur Wehr zu setzen oder diesen hinzunehmen und dafür eine Entschädigung zu verlangen (**Kein *Dulde und Liquidiere***). Eine Entschädigung kann nur eingeklagt werden, wenn dafür eine gesetzliche Grundlage zu finden ist. Fehlt diese, muss man sich um die Aufhebung des Eingriffsaktes bemühen (BVerfGE a.a.O. – *Nassauskiesung*).

Mit der *Nassauskiesung*-Entscheidung des BVerfG **entfiel** somit die **Rechtsgrundlage für den enteignungsgleichen (und den enteignenden) Eingriff**, was die Fortgeltung des Rechtsinstituts und des darauf basierenden Entschädigungsanspruches in Frage stellte (*Bryde* in v. Münch/Kunig, Art. 14 Rn. 101; *Papier/Shirvani* in Maunz/Dürig, Art. 14 Rn. 812 m.w.N.). Der **BGH** hält jedoch auch weiterhin an dem **enteignungsgleichen Eingriff** fest (BGH NJW 2019, 227 Rn. 22ff. = MDR 2019, 39; BGHZ 213, 200 Rn. 25; BGHZ 197, 43 Rn. 8; BGHZ 158, 263; BGHZ 125, 258). Er hat in seiner nachfolgenden Rechtsprechung das Haftungsinstitut des enteignungsgleichen Eingriffs „gerettet", indem er es nicht mehr aus Art. 14 Abs. 3 GG herleitet, sondern dafür den **Aufopferungsgedanken** fruchtbar gemacht hat. Nach seiner neueren Rechtsprechung handelt es sich bei dem enteignungsgleichen Eingriff um eine richterrechtliche Ausformung des Aufopferungsgedankens aus §§ 74, 75 EinlPrALR, (vgl. → **Aufopferung)**, der gewohnheitsrechtlich gilt (BGHZ 99, 24; BGHZ 90, 17; *Nüßgens/Boujong*, Rn. 430; *Krohn/Löwisch*, Rn. 231; *Krohn*, Enteignung, Rn. 24; *Engelhard*t NVwZ 1989, 1026, 1031). Zur Legitimation dieses Richterrechtes bezieht er sich u.a. auf das unabweisbare Bedürfnis, einen Ausgleich für schuldlos rechtswidrige Eingriffe in konkrete Vermögensrechte, die durch die Eigentumsgarantie geschützt werden, zu gewährleisten (krit. *Bryde* in v. Münch/Kunig, Art. 14 Rn. 99, für den der „Aufopferungsgedanke" insoweit nicht tragfähig erscheint, als kein Zwang dazu besteht, einen rechtswidrigen Eingriff dulden zu müssen). Die Entschädigungssanktionen beschränken sich zwar auf den Eigentumsschutz des Art. 14 Abs. 1 GG, jedoch liegt die Ausgestaltung des „enteignungsgleichen Eingriffs" nach Tatbestandsvoraussetzungen und Rechtsfolgen auf der Ebene des einfachen Rechts (*Papier/Shirvani* in Maunz/Dürig, Art. 14 Rn. 786, 813 m.w.N.; *Krohn/Löwisch*, Rn. 235a; kritisch hierzu *Bryde* in v. Münch/Kunig, Art. 14 Rn. 107). 222

2. Der Anspruch setzt voraus, dass **rechtswidrig in eine durch Art. 14 Abs. 1 GG geschützte Rechtsposition von hoher Hand unmittelbar eingegriffen** wird, die hoheitliche Maßnahme also eine direkte Beeinträchtigung des Eigentums herbeiführt und dem Berechtigten dadurch ein besonderes, anderen nicht zugemutetes Opfer für die Allgemeinheit auferlegt wird (st. Rspr., vgl. BGHZ 117, 240, 252; vgl. auch *Krohn/Löwisch*, Rn. 224ff.; *Nüßgens/Boujong*, Rn. 411ff.; *Krohn*, Enteignung, Rn. 25; *Maurer*, Allg. Verwaltungsrecht, § 27 Rn. 88ff.). 223

Es muss ***hoheitlich*** **eingegriffen** sein. Die öffentliche Gewalt muss dem Betroffenen kraft ihres Sonderrechtes, d.h. öffentlich-rechtlich gegenübertreten. Dies ist zweifelsfrei, solange sich die öffentliche Hand **öffentlich-rechtlicher Formen und Mittel** bedient. Auch bei Maßnahmen im Bereich der Daseinsvorsorge und damit der schlicht-hoheitlichen Verwaltung hat die Rechtsprechung einen hoheitlichen Eingriff bejaht, sofern sich die öffentliche Körperschaft bei Erfüllung dieser Aufgaben nicht auf die Ebene des Privatrechts begibt (BGH NJW 1971, 750 – Überschwemmung eines Grundstücks mit unzureichender Vorflut; BGHZ 54, 299, 301 – *Abwasserbeseitigung*; BGHZ 54, 165, 168f. – *Hochwasserschutz*; BGH MDR 1965, 120 – Gebäudeschäden 224 durch Kanalisationsarbeiten; *Nüßgens/Boujong,* Rn. 330, 419). Andererseits ziehen hoheitliche Maßnahmen, die *nicht* im öffentlichen, sondern **ausschließlich im privaten Interesse** durchgeführt werden, keinen Anspruch wegen enteignungsgleichen Eingriffs nach sich, z.B. rechtswidrige Maßnahmen der Zwangsvollstreckung (BGH NVwZ 1998, 878; BGHZ 30, 123, 125 – rechtswidrige Vollstreckungsmaßnahmen zur Durchsetzung von Steuerforderungen; *Engelhardt* NVwZ 1989, 1026, 1031) oder die rechtswidrige Konkurseröffnung (BGH NJW 1959, 1085). Hierher gehören auch rechtswidrige Gerichtsurteile, die – abgesehen von Fällen der Rechtsbeugung – keine enteignungsgleichen Eingriffe sind (vgl. *Rüfner* in Erichsen, § 48 IV 2 a, S. 723 Rn. 61).

225 Bedient sich die öffentliche Hand zur Erfüllung ihrer öffentlichen Aufgaben **privater Mittel** und der ***Formen des Privatrechts***, so fehlt es an einem hoheitlichen Eingriff. Es kommen dann ein **bürgerlich-rechtlicher Aufopferungsanspruch** (vgl. dazu BGHZ 48, 98, 103 – *Staubschäden*; BGHZ 54, 165, 168f. – *Hochwasserschutz*; BGHZ 54, 299, 301 – *Abwasserbeseitigung*) und ein **Schadensersatzanspruch nach § 823 Abs. 1 BGB** (unerlaubte Handlung) oder die **Haftung für die eingesetzten Verrichtungsgehilfen nach § 831 Abs. 1 S. 1 BGB** (allerdings mit der Entlastungsmöglichkeit nach § 831 Abs. 1 S. 2 BGB) in Betracht. In Fällen, in denen die öffentliche Hand **Baumaßnahmen** mit öffentlich-rechtlicher Zweckbestimmung **durch private Unternehmer** ausführen lässt, hat der BGH darauf abgestellt, ob die Behörde durch die Art ihres Vorgehens, insbesondere durch bindende Weisungen und andere starke Einflussnahmen auf die Baufirma, sich in einer Form betätigt, die es rechtfertigt, die gesamte Baumaßnahme trotz privatrechtlicher Einschaltung einer Firma als hoheitlich zu beurteilen, mit der Folge, dass einem Betroffenen ein Anspruch aus enteignungsgleichem Eingriff zustehen kann. Denn bei starker Einflussnahme auf die Baufirma ist deren Tätigkeit so anzusehen, als ob die Behörde ihre öffentlich-rechtlichen Aufgaben durch ein Werkzeug oder einen Mittler ausführen lässt; dieser wird dann als sog. „Verwaltungshelfer“ tätig. Den Normen des öffentlichen Rechts kann sie sich nicht dadurch entziehen, dass sie ihr Vertragsverhältnis mit der Baufirma privatrechtlich gestaltet (BGH NJW 1980, 1679; BGH VersR 1973, 417; BGH VersR 1967, 859, 860; BGHZ 48, 98 – *Staubschäden*; *Nüßgens/Boujong,* Rn. 231 m.w.N.; *Krohn,* Enteignung, Rn. 41). Die Tätigkeit eines von der Polizei mit der **Bergung eines Unfallfahrzeugs** beauftragten Unternehmers hat der BGH als Ausübung eines *öffentlichen* Amtes i.S.v. Art. 34 GG anerkannt (BGH NJW 1993, 1258, 1259).

226 Der BGH war in seiner bisherigen Rechtsprechung davon ausgegangen, der entschädigungspflichtige **Eingriff** könne auch in einem **verfassungswidrigen Gesetz** *(legislatives Unrecht)* oder einer darauf gestützten Maßnahme bestehen (BGHZ 56, 40, 42 – Weitergeltung der Wohnungszwangswirtschaft; BGH NJW 1964, 769 – *Märchenfilme*). Diese Rechtsprechung hat der BGH aufgegeben und in dem **Vollzug von legislativem Unrecht keine Grundlage für eine Entschädigung aus enteignungsgleichem Eingriff** mehr gesehen (BGHZ 125, 27; BGHZ 111, 349, 354f. – *KakaoV*; BGH NJW 1989, 101; BGHZ 100, 136, 145f. = NJW 1987, 1875 – *Kleingartengesetz*; *Wieland* in Dreier, Art. 14 Rn. 178). Nach seiner Auffassung hält sich der Ausgleich von Nachteilen, die unmittelbar durch ein verfassungswidriges formelles Gesetz herbeigeführt worden sind, nicht mehr im Rahmen eines richterrechtlich geprägten und ausgestalteten Haftungsinstituts, wie es der enteignungsgleiche Eingriff darstellt. Die Zubilligung einer Entschädigung durch den Richter ohne eine ausdrückliche gesetzliche Grundlage könnte für die Staatsfinanzen weitreichende Folgen haben und dadurch in das Haushaltsrecht des Parlaments eingreifen. Der BGH verweist in diesem Zusammenhang auf die in § 5 Abs. 2 S. 1 des für nichtig erklärten Staatshaftungsgesetzes 1981 enthaltene Regelung, die eine Haftung nur vorsah, wenn und soweit ein Gesetz dies bestimmt. Aus Sicht des BGH fehlt es damit an einer hinreichenden Legitimation für eine richterrechtliche Einführung und Ausgestaltung der unmittelbaren Staatshaftung für nachteilige Folgen verfassungswidriger formeller Gesetze (BGHZ 111, 349, 354f. – *KakaoV*; BGHZ 100, 136, 145ff. = NJW 1987, 1875 – *Kleingartengesetz*). Diese Grundsätze gelten auch für Verwaltungsakte, die auf der Grundlage eines unwirksamen formellen Gesetzes erlassen worden sind (BGHZ 100, 136, 145ff. = NJW 1987, 1875 – *Kleingartengesetz*). In seinem **Nichtannahmebeschluss vom 13.11.1987 – 1 BvR 739/87 –** zu dem vorgenannten Urteil des BGH – hat das **BVerfG** ausgeführt, ein umfassender **Entschädigungsanspruch für Vermögenseinbußen** aus der Beachtung **verfassungswidriger Rechtsnormen** lasse sich auch aus dem Sinnzusammenhang der verfassungsrechtlichen Grundrechtsgewährleistungen **nicht herleiten**. Dies gilt allerdings nicht für die **Haftung für *untergesetzliche Normen*** (z.B. Rechtsverordnungen), die aufgrund rechtswidriger Gesetze ergangen sind (vgl. dazu BGHZ 78, 41, 43 = NJW 1980, 2700: Anspruch aus enteignungsgleichem Eingriff, nachdem das BVerfG § 33 Abs. 1 S. 3 StVO, der das Umherfahren und Parken allein zu Werbezwecken verboten hat, für verfassungswidrig erklärt hatte – BVerfGE 40, 371 –; BGHZ 111, 349, 353; BGHZ 100, 136, 147; BGHZ 92, 34, 36; *Krohn*, Enteignung, Rn. 31; *Engelhardt* NVwZ 1989, 1026, 1032).

3. Erforderlich ist immer ein **Eingriff in eine *Rechtsposition*** (→ **Rechtsposition**). 227
Eine Beeinträchtigung von bloßen Chancen und Hoffnungen zieht keinen Entschädigungsanspruch wegen enteignungsgleichen Eingriffs nach sich (BGHZ 132, 181; BGHZ 92, 34). Es gilt hier dasselbe wie bei der Enteignung (also bei einem rechtmäßigen hoheitlichen Eingriff), für die der BGH dies in ständiger Rechtsprechung immer betont hat. So wurde die Klage eines *Knäckebrotfabrikanten* abgewiesen, der sich durch die Herabsetzung des Schutzzolls für Knäckebrot beschwert fühlte (BGHZ 45, 84, 87), sowie die Klage eines *Herstellers von Blinkern*, die infolge einer Änderung der StVZO nicht mehr verkauft werden durften (BGH NJW 1968, 293; vgl. im Übrigen BGH NJW 1964, 769 *Märchenfilme*; BGHZ 48, 58 und BGHZ 55, 261 – Klagen von *Straßenanliegern*, deren Umsätze infolge der Verlegung der Hauptstraße zurückgingen; BGHZ 45, 150 – *Krabbenfischer*; vgl. andererseits BGHZ 25, 266 – *TÜV*). Hält sich die hoheitliche Maßnahme **innerhalb der zulässigen Inhalts- und Schrankenbestimmung** und ist sie deshalb aufgrund der **Sozialbindung** vom Eigentümer hinzunehmen (→ **Sozialbindung**), so fehlt es an einem Eingriff in eine Rechtsposition (BGHZ 94, 373, 374: Beeinträchtigung

einer Fährgerechtigkeit durch Errichtung einer Brücke in 3 km Entfernung für den überörtlichen Verkehr ist kein Eingriff in eine Rechtsposition; BGH NJW 1986, 2421, 2422; vgl. Stichwort **„Fährgerechtigkeit (Fährbetrieb)"**; *Nüßgens/Boujong*, Rn. 416; *Krohn/Löwisch*, Rn. 226). Voraussetzung ist immer, dass die hoheitliche Maßnahme – von ihrer Rechtmäßigkeit oder Rechtswidrigkeit abgesehen – überhaupt ihrer Natur nach, bezogen auf Art und Wirkung, den Tatbestand eines enteignenden Aktes bildet. Dies ist nur dann zu bejahen, wenn der Hoheitsakt auf eine **in die Eigentumsgarantie des Art. 14 Abs. 1 GG einbezogene Rechtsposition** einwirkt. Fehlt es an einer solchen Rechtsposition, so kann die Rechtswidrigkeit des staatlichen Vorgehens allein eine „enteignungsgleiche" Wirkung nicht haben (BGH NVwZ 1998, 1329; BGHZ 83, 190). Es muss sich also um eine *eigentumsmäßig* oder *eigentumsähnlich* geschützte Rechtsposition handeln; sie muss dem Schutz der Eigentumsgarantie unterliegen (BGHZ 111, 349, 355). Das ist bei Eingriffen in die **Freiheit der Berufsausübung (Art. 12 GG)** nicht der Fall, es sei denn, die hoheitliche Einwirkung beeinträchtigt konkrete Rechtspositionen, die in eine berufliche Betätigung bereits einbezogen sind. Entsprechend den unterschiedlichen Schutzbereichen der Art. 14 und 12 GG wird nur das „Erworbene" geschützt, nicht aber auch das „erst zu Erwerbende". Der BGH hat daher eine **Ausdehnung** des richterrechtlich entwickelten Rechtsinstituts **des enteignungsgleichen Eingriffs auf** den durch **Art. 12 GG** gegebenenfalls gewährleisteten Erwerbsschutz **abgelehnt** (BGH DVBl 2005, 373, 375; BGHZ 132, 181; BGH NJW 1994, 1468; BGHZ 111, 349, 355f. – *KakaoV*, bestätigt durch Nichtannahmebeschluss des BVerfG DVBl 1991, 1253; vgl. auch *Krohn*, Enteignung, Rn. 34–36).

228 4. Die **hoheitliche Maßnahme** muss, um einen Entschädigungsanspruch aus enteignungsgleichem Eingriff zu begründen, ***rechtswidrig*** sein. Darin unterscheidet sich der enteignungsgleiche Eingriff von der Enteignung. Der BGH (GZS) hat ursprünglich darin das einzige Abgrenzungskriterium gesehen und den unrechtmäßigen Eingriff der Staatsgewalt nach Inhalt und Wirkung als einen Fall behandelt, der bei gesetzlicher Zulässigkeit eine Enteignung wäre (BGHZ 6, 270, 290). Dabei wurde übersehen, dass derselbe hoheitliche Eingriff – wenn rechtmäßig – eine entschädigungslos hinzunehmende Eigentumsbeschränkung sein kann (vgl. → **Sozialbindung**), die dem Betroffenen kein Sonderopfer abverlangt (so zutreffend der BGH in seiner späteren Rechtsprechung, so BGH NJW 1965, 1912; BGHZ 32, 208, 210). Demgegenüber liegt das auferlegte **Sonderopfer** beim enteignungsgleichen Eingriff gerade **in der Rechtswidrigkeit der Maßnahme**, also darin begründet, dass der Betroffene rechtswidrig und damit gegenüber allen anderen ungleich belastet wird. Die Ungleichheit des Eingriffs und das auferlegte *Sonderopfer* werden durch die Rechtswidrigkeit der hoheitlichen Maßnahme indiziert, so dass die **Formel** gilt ***„Rechtswidrigkeit = Sonderopfer"*** (BGHZ 32, 208, 211; BGHZ 19, 1; *Rüfner* in Erichsen, § 48 IV 2 c, S. 726 Rn. 66; *Ossenbühl/Cornils*, S. 311; *Papier/Shirvani* in Maunz/Dürig, Art. 14 Rn. 805, 816; *Wieland* in Dreier, Art 14 Rn. 182).

5. Entsprechend der klassischen Enteignungslehre wurde von der **Rechtsprechung des BGH** ursprünglich auch für den enteignungsgleichen Eingriff verlangt, dass dieser sich bewusst und gezielt gegen ein vermögenswertes Recht richtet (vgl. BGHZ 23, 235, 240). In späteren Entscheidungen hat der BGH auf das Erfordernis eines gezielten Eingriffs verzichtet und es ersetzt durch das **Merkmal der *Unmittelbarkeit* des Eingriffs**, und zwar erstmals in seiner *Schützenpanzer*-Entscheidung (BGH NJW 1964, 104). Dort war ein Schützenpanzer von der Straße abgekommen und hatte Schaden an einem Haus angerichtet. In einem anderen Fall (BGHZ 37, 44 = NJW 1962, 1439) war ein Holzstoß im Wald durch einen bei einer Schießübung verursachten Waldbrand vernichtet worden. Der BGH hat es für die Annahme eines „Eingriffs" im enteignungsrechtlichen Sinne genügen lassen, dass die hoheitliche Maßnahme der Artillerieschießübungen und der dadurch verursachte Brand unmittelbar auf das auf dem Truppenübungsplatz lagernde Holz der Klägerin „eingegriffen" haben. Ein enteignungsgleicher Eingriff wurde also nicht dadurch ausgeschlossen, dass eine hoheitliche Maßnahme sich überhaupt nicht gegen das betroffene Objekt gerichtet, sondern **nur „zufällig"** ein vermögenswertes Recht beeinträchtigt hat (*Rüfner* in Erichsen, § 52 III 1, S. 579f.; *Ossenbühl/Cornils*, S. 300ff.; *Nüßgens/Boujong*, Rn. 425). 229

Der **BGH** hat bald erkannt, dass dieses „sehr schwer abzugrenzende Kriterium" (vgl. *Rüfner* ebenda) zu der von ihm immer abgelehnten (z.B. BGHZ 55, 229 = NJW 1971, 607) öffentlich-rechtlichen Gefährdungshaftung führt, und hat deswegen in neueren Entscheidungen den Begriff der „Unmittelbarkeit" durch ***eine gewisse Rückorientierung zur Eingriffsfinalität*** eingeengt. Eine allgemeine Definition lässt sich nicht geben, da die Kasuistik schwankend und nicht einheitlich ist. Immerhin lassen sich aber **folgende Grundsätze** feststellen: Eine **bloß adäquate Verursachung** im zivilrechtlichen Sinne **reicht nicht** aus (BGHZ 109, 8; BGH VersR 1988, 1041; BGHZ 88, 85; BGHZ 55, 229, 231 = NJW 1971, 607, 608; *Krohn* Enteignung, Rn. 42). Hat die öffentliche Hand eine Gefahrenlage geschaffen und entsteht aber erst durch eine näherliegende Zwischenursache eine Beeinträchtigung der Rechtsposition des Betroffenen, so fehlt es ebenfalls an der Unmittelbarkeit (*Nüßgens/Boujong* Rn. 4.25). So hatte der BGH die Unmittelbarkeit in dem bekannten ***Ampelfall*** verneint, in dem es um den Ausgleich von Schäden beim Zusammenstoß zweier Kraftfahrzeuge infolge Versagens einer Ampelanlage (*„feindliches Grün"*) ging (BGHZ 54, 332, 338 = NJW 1971, 32. 33; kritisch *Ossenbühl* JuS 1971, 575, 577; *Ossenbühl/Cornils*, S. 156 m.w.N.). In einer späteren Entscheidung (BGHZ 99, 249 = NJW 1987, 1945) hat er die Unmittelbarkeit in einem entsprechenden Fall bejaht und einen Entschädigungsanspruch nach § 39 Abs. 1 Buchst. b OBG NW zugesprochen. Dagegen hat der BGH einen Anspruch aus enteignungsgleichem Eingriff für Schäden infolge eines **Rohrbruchs in einer gemeindlichen Wasserleitung** abgelehnt, weil es an der Unmittelbarkeit fehle (BGHZ 55, 229, 231 = NJW 1971, 607, 608; siehe auch BVerfG NJW 1988, 3264, wo eine Entschädigung für Waldschäden infolge Luftverschmutzung u.a. wegen fehlender Zurechenbarkeit abgelehnt wurde). Inzwischen stellt der BGH zur Ermittlung der Unmittelbarkeit des Eingriffs zunehmend darauf ab, ob das dem Betroffenen auferlegte **Sonderopfer** sich 230 aus der **Eigenart der hoheitlichen Maßnahme** herleiten lässt. Nur dann, wenn der **Nachteil** eine **typische schädigende Auswirkung des hoheitlichen Eingriffs** darstellt, ist die Unmittelbarkeit zu bejahen (BGHZ 92, 34, 41 = NJW 1984, 2516, 2517; *Papier/Shirvani* in Maunz/Dürig, Art. 14 Rn. 802; *Nüßgens/Boujong,* Rn. 426). Als *unmittelbar* in diesem Sinne ist etwa die Beeinträchtigung einer Unterkunft durch Verkehrslärm (BGHZ 140, 285) oder die Vernichtung der Aussaat durch von einer öffentlichen Müllanlage angelockte Vögel (BGH NJW 1980, 770)angesehen worden.

231 6. **Entschädigungspflichtig** (passivlegitimiert) wegen eines rechtswidrigen enteignungsgleichen Eingriffs ist der **durch den Eingriff unmittelbar *begünstigte*, nicht der *eingreifende* Hoheitsträger** (BGHZ 76, 387, 396 NJW 1980, 2457, 2459). Lässt sich eine „Begünstigung" eines bestimmten Hoheitsträgers nicht feststellen, so ist auf den ***Aufgabenbereich*** abzustellen, dem die rechtswidrige Handlung der staatlichen Organe zuzuordnen ist (BGHZ 134, 316, 321; BGHZ 76, 387, 397). Ist allerdings eine **Person des *Privatrechts*** „Begünstigte" des hoheitlichen Eingriffs, so kann sie **nie Schuldnerin** eines Entschädigungsanspruchs aus enteignungsgleichem Eingriff sein, auch wenn ihr durch die rechtswidrige Maßnahme tatsächlich ein Vorteil zugeflossen ist. Passivlegitimiert ist in solchem Fall die öffentliche Hand, die eingegriffen hat (BGHZ 76, 387; BGH NJW 1962, 1673; BGHZ 23, 157, 171).

232 7. Für den **Umfang der Entschädigung** aus enteignungsgleichem (und aus enteignendem) Eingriff gelten die *allgemeinen entschädigungsrechtlichen Grundsätze* (vgl. BGH NJW 1997, 3432ff.; *Kreft,* Enteignungsentschädigung II, S. 8f.; *Maurer,* § 27 Rn. 100). Damit bleibt die Entschädigung hinter dem vollen Schadensersatzanspruch, wie er im Bereich des Amtshaftungsrechts zu gewähren ist, zurück. Wenn allerdings Sondergesetze für *rechtmäßige* hoheitliche Eingriffe eine geringere Entschädigung als diejenige gewähren, die nach allgemeinen Grundsätzen gelten würde, so kann diese bei *rechtswidrigem* Eingriff nur die Mindestentschädigung sein und der Betroffene kann eine nach allgemeinen Grundsätzen zuzubilligende höhere Entschädigung verlangen (BGHZ 23, 157, 171f.; *Kreft,* a.a.O., S. 9).

233 **Verzugszinsen** kann der Betroffene beim enteignungsgleichen Eingriff **nicht verlangen.** Die Verzugsregeln der §§ 286ff. BGB sind weder direkt noch analog anzuwenden (Palandt/*Grüneberg,* § 286 Rn. 5; *v. Heinegg* NVwZ 1992, 526ff.). Hierzu besteht auch kein Bedürfnis, da Ansprüche aus schuldhaft verzögerter Auszahlung einer Entschädigung eine Amtshaftung begründen und über § 839 BGB i.V.m. Art. 34 GG geltend gemacht werden können (BGH WM 1981, 1312). ***Prozesszinsen*** (§ 291 BGB) können dagegen auch für Entschädigungsansprüche **verlangt** werden, da es dort auf ein Verschulden nicht ankommt (BGH WM a.a.O.; vgl. näher → **Verzinsung der Entschädigung**).

234 8. Der **Anspruch aus enteignungsgleichem Eingriff** kann bei schuldhaft rechtswidrigen Eingriffen ***neben*** **dem Amtshaftungsanspruch nach § 839 BGB i.V.m.**

Art. 34 GG stehen; jener stellt keine „anderweitige Ersatzmöglichkeit" i.S.v. § 839 Abs. 1 S. 2 BGB dar (BGHZ 13, 88 – GSZ –; BGH NJW 1997, 3432, 3433; BGHZ 14, 363; vgl. auch *Maurer* JZ 1996, 1124ff.). Sondergesetzliche Regelungen gehen dem allgemeinen Anspruch aus enteignungsgleichem Eingriff vor und schließen diesen aus, selbst wenn sie einer kürzeren Verjährung unterliegen (BGH NJW 1979, 36; s.a. *Wieland* in Dreier, Art. 14 Rn. 188).

Bei der Festlegung der **Verjährungsfrist** für den Entschädigungsanspruch aus 235
enteignungsgleichem Eingriff hat sich die Rechtsprechung (soweit keine landesrechtlichen Sondervorschriften wie z.B. Art. 71 BayAGBGB bestehen) bisher an der Regelverjährung des BGB orientiert und § 195 a.F. BGB entsprechend angewandt, der eine Verjährungsfrist von 30 Jahren vorsah (BGHZ 117, 287, 294; BGHZ 13, 88, 98 – GSZ –). Die analoge Anwendung der zivilrechtlichen Verjährungsfristen ist auch nach der Neufassung des § 195 BGB durch das SMG zu befürworten (Palandt/*Ellenberger*, § 195 Rn. 20). Somit verjährt der Anspruch **nach §§ 195, 199 Abs. 1 n.F. BGB** grundsätzlich in **3 Jahren**, kenntnisunabhängig **spätestens in 10 Jahren** nach seiner Entstehung (s.a. *Kellner* NVwZ 2002, 395ff.). Im Ergebnis besteht insoweit kein Unterschied mehr zu einem eventuell konkurrierenden Amtshaftungsanspruch, für dessen Verjährung die §§ 195, 199 BGB unmittelbar gelten.

9. Der ***Nassauskiesung*-Beschluss des BVerfG vom 15.7.1981** (BVerfGE 58, 300) 236
spielt eine *erhebliche* Rolle für das **Verhältnis des Primär- zum Sekundärrechtsschutz**, also in Fällen, bei denen für den Betroffenen ein ***Wahlrecht*** bestehen könnte zwischen einem Vorgehen gegen die Enteignungsmaßnahme selbst (durch Primärrechtsschutz, d.h. die Möglichkeit der Abwehr rechtswidriger Akte der öffentlichen Gewalt durch Inanspruchnahme der Fachgerichtsbarkeit) und einem Dulden des Eingriffs und nachfolgendem Liquidieren einer Entschädigung. Das BVerfG (a.a.O) *verneint* in seiner Entscheidung ein solches *Wahlrecht*, wenn die Möglichkeit der Abwehr eines rechtswidrigen Verwaltungsaktes besteht. Der BGH greift insoweit auf den in § 254 BGB enthaltenen Rechtsgedanken zurück (Mitverschulden durch Nichtinanspruchnahme des Primärrechtsschutzes) und vermeidet so einen Bruch mit dieser Rechtsprechung (zur *Amtshaftung* s. § 839 Abs. 3 BGB sowie BGHZ 113, 17).

In seiner **Entscheidung vom 26.1.1984 – III ZR 216/82** führt der **BGH** aus, dass 237
der Adressat eines Verwaltungsaktes grundsätzlich gehalten ist, zu prüfen, ob das Vorgehen der Behörde rechtmäßig ist (BGHZ 90, 17, 31ff. = NJW 1984, 1169, 1172). Hält er den behördlichen Akt für **rechtswidrig**, so obliegt es ihm, die **einschlägigen Rechtsbehelfe** dagegen zu ergreifen, um drohenden Schaden von sich abzuwenden. **Unterlässt** er dies **schuldhaft**, so steht ihm **kein Entschädigungsanspruch aus enteignungsgleichem Eingriff** für solche Nachteile zu, die er durch die Anfechtung hätte vermeiden können. Denn im Hinblick auf den umfassend ausgestalteten verwaltungsgerichtlichen Rechtsschutz ist es gerechtfertigt, ihn in **entsprechender Anwendung des § 254 BGB** den Schaden selbst tragen zu lassen (*Papier/Shirvani* in Maunz/Dürig, Art. 14 Rn. 811; *Nüßgens/Boujong*, Rn. 434; *Krohn/Löwisch*, Rn. 235a; ebenso

Ossenbühl NJW 1983, 1, 4; *Papier* NVwZ 1983, S. 260; eine analoge Anwendung des § 839 Abs. 3 BGB kommt nicht in Betracht, vgl. BGHZ 13, 88 – GSZ –; so auch *Krohn*, Enteignung, Rn. 46; a.A. *Engelhardt* NVwZ 1985, 621, 628). Ein **Entschädigungsanspruch** aus enteignungsgleichem Eingriff **scheidet** daher **aus**, solange der Betroffene **gegen den Eingriffsakt** selbst **vorgehen** kann. Ist der Eingriffsakt unanfechtbar geworden, hätte der Betroffene aber Primärrechtsschutz in zumutbarer Weise in Anspruch nehmen können, ist im Einzelfall über § 254 BGB (Mitverschulden unter dem Gesichtspunkt des „Verschuldens in eigenen Angelegenheiten") zu entscheiden, ob eine Entschädigung teilweise oder ganz ausgeschlossen ist. Zu beachten ist dabei aber, dass dies nur für solche **Sonderopferfolgen** gilt, die **durch einen erfolgreichen Primärrechtsschutz vermieden oder beseitigt** werden können, also nicht wenn die hoheitliche Maßnahme im Zeitpunkt der Schadensentstehung schon durchgeführt wurde oder ein Verzögerungsschaden entstanden ist, sowie bei Folgeschäden (BGHZ 109, 380 = NJW 1990, 1038; BGHZ 90, 17, 33 = NJW 1984, 1169, 1172; *Krohn*, Enteignung, Rn. 47). Es ist daher im Einzelfall immer zu prüfen, ob ***der jeweils geltende gemachte*** **Nachteil** von dem Primärrechtsschutz erfasst und „abgedeckt" wird.

238 Völlig unberührt von dem BVerfG-Beschluss bleiben folglich diejenigen **Fallgruppen**, bei denen der Betroffene sich **gegen die Maßnahme** selbst **gar nicht wehren kann**, er vielmehr von vornherein den Eingriff hinnehmen muss und auf einen Entschädigungsanspruch verwiesen ist (*Nüßgens/Boujong*, Rn. 433; *Maurer*, § 27 Rn. 96).

239 **Beispiele**: a) Geschieht der **Eingriff durch Realakt**, so ist ein Abwehranspruch meist nicht gegeben (*Maurer*, § 27 Rn. 98). Gemeint sind die **Fälle *unvorhersehbarer* und nicht reduzierbarer Sonderopferlagen**, in denen die Wirkung (Sonderopfer) unmittelbar mit dem Eingriff selbst eintritt. Zu denken ist an den *Schützenpanzer*-Fall (BGH NJW 1964, 104: Beschädigung eines Hauses durch einen Schützenpanzer), den *Holzstoß*-Fall (BGHZ 37, 44 = NJW 1962, 1439: Entzündung eines Holzstoßes im Wald infolge Schießübungen), den *Grundwasser*-Fall (BGHZ 57, 370 = NJW 1972, 527: Beeinträchtigung der Standfestigkeit eines Hauses infolge Absenkens des Grundwassers durch gemeindliche Kanalisationsanlage). Diesen Fällen ist gemeinsam, dass die **Rechtsverletzung geschehen und nicht mehr abwehrbar** ist. Sie werden vom BVerfG-Beschluss in keiner Weise erfasst (ebenso *Ossenbühl* NJW 1983, 1, S. 3; *Papier* NVwZ 1983, S. 259). Man würde den Schutz des Betroffenen leerlaufen lassen, wollte man aus Gründen der Dogmatik des Art. 14 GG Entschädigungsansprüche in diesen Fällen verneinen (*Nüßgens/Boujong*, Rn. 433; *Ossenbühl* NJW 1983, 1, S. 3).

Das ist aber **nicht bei allen Realakten** der Fall. Es sind auch Fälle denkbar, in denen sich der Betroffene gegen Realhandlungen der öffentlichen Hand wehren kann, z.B. bei Ausschachtungsarbeiten der öffentlichen Hand, die zu Erschütterungsschäden an benachbarten Grundstücken führen (vgl. *Krohn*, Enteignung, Rn. 54). Bei der Frage, ob der Betroffene, bevor er für Erschütterungsschäden einen Geldersatz fordert, sich mit dem öffentlich-rechtlichen Abwehranspruch gegen die Ausschachtungsarbeiten zur Wehr setzen muss, kommt es darauf an, ob ihm dies zumutbar ist; dies ist wiederum von der konkreten Situation abhängig und im Einzelfall zu entscheiden. Grundsätzlich darf der betroffene Bürger davon ausgehen, dass die sachkundigen Beamten der tätig werdenden Körperschaft alles Erforderliche veranlasst haben, um Schäden zu vermeiden, die mit Ausschachtungsarbeiten typischerweise verbunden sind. Dem Betroffenen ist daher grundsätzlich nicht zuzumuten, sich ohne konkrete Schadensanzeichen gegen solche Ausschachtungsarbeiten zur Wehr zu setzen (BGHZ 72, 289, 291ff.). Für eine vorbeugende Unterlassungsklage besteht in solchen Fällen erst dann Anlass und damit ein Rechtsschutzbedürfnis, wenn Schadensanzeichen erkennbar werden (vgl. *Krohn*, Enteignung, Rn. 54).

b) Ist die **hoheitliche Maßnahme** selbst ***rechtmäßig***, wirkt sie aber für den Betroffenen enteignend und hat damit eine ***rechtswidrige*, zur Entschädigung verpflichtende *Nebenfolge*** (Fälle des *enteignenden Eingriffs*; → **enteignender Eingriff**), so kann der Betroffene gegen die Maßnahme selbst nichts unternehmen. Er hat keine rechtliche Möglichkeit, das schädigende hoheitliche Handeln „primär" zu bekämpfen. Vielmehr muss er die Maßnahme hinnehmen und kann sich nur gegen die Folgen wehren, indem er Ausgleich seines Sonderopfers begehrt. Es fehlt in diesen Fällen gerade an der „Konkurrenzlage" zwischen Primär- und Sekundärrechtsschutz, die das BVerfG zu seinen Erwägungen veranlasst hat. Zu denken ist an die **U-Bahn-Bau- und die Straßenbau-Fälle** (z.B. BGHZ 57, 359 = NJW 1972, 243: *Frankfurter U-Bahn)* und an **Staubschäden** auf benachbarten Feldern **infolge Bauarbeiten an einer Autobahn** (BGHZ 48, 98 = NJW 1967, 1857). Auch diese Fallgruppe wird von dem BVerfG-Beschluss nicht erfasst (ebenso *Ossenbühl* NJW 1983, S. 3; *Papier* NVwZ 1983, S. 259). 240

c) Schließlich werden auch solche Situationen von dem Beschluss nicht erfasst, bei denen die ***Behörde*** es versäumt hat, selbst eine **notwendige Genehmigung oder Erlaubnis einzuholen**, und der dadurch rechtswidrige Eingriff von dem Betroffenen mit einem *eigenen* Rechtsmittel *nicht* abgewehrt werden kann. Gedacht ist an Fälle, in denen z.B. die Straßenbauverwaltung es versäumt hat, für das Abschneiden eines Grundwasserzuflusses durch eine Straßenbaumaßnahme (Einschnitt in das Gelände) die notwendige Erlaubnis der Wasserbehörde einzuholen, wodurch die Maßnahme rechtswidrig wird; der betroffene Grundstückseigentümer, der etwa Setzungsschäden an seinem Haus feststellt, kann sich gegen die Straßenbaumaßnahme selbst nicht zur Wehr setzen, sondern muss die Maßnahme hinnehmen. Hier fehlt es an der „Konkurrenzlage" zwischen Primär- und Sekundärrechtsschutz. Dies gilt auch für Schäden, die trotz oder während des Rechtsbehelfs eingetreten sind. Der BVerfG-Beschluss berührt diese Fälle nicht. 241

Mit Rücksicht auf die Bedeutung, die der Primärrechtsschutz in der neueren Rechtsprechung aufgrund des BVerfG-Beschlusses einnimmt, hat der BGH in Abkehr von seiner früheren Rechtsprechung (BGH NJW 1979, 34) der **Inanspruchnahme von Primärrechtsschutz** entsprechend § 209 Abs. 1 BGB a.F. ***verjährungsunterbrechende Wirkung*** in den Fällen zuerkannt, in denen das ***amtspflichtwidrige* Vorgehen** der 242 öffentlichen Hand im Erlass eines rechtswidrigen Verwaltungsaktes besteht (BGHZ 103, 242; 97, 97; 95, 238 – jeweils für den Amtshaftungsanspruch). Diese Rechtsprechung ist ohne weiteres auch auf das Rechtsinstitut des enteignungsgleichen Eingriffs anzuwenden (vgl. *Krohn*, Enteignung, Rn. 51). Die § 209 Abs. 1 BGB a. F. entsprechende Vorschrift des § 204 Abs. 1 S. 1 BGB bewirkt nur noch eine **Verjährungshemmung**.

243 **Besonderheiten** ergeben sich **bei *Planfeststellungsbeschlüssen***. Sie haben eine **„Konzentrationswirkung"** in der Weise, dass alle mit einem bestimmten, in dem Planfeststellungsbeschluss festgelegten Vorhaben verbundenen Konflikte – einschließlich Entschädigungsleistungen zugunsten eventuell betroffener Nachbargrundstücke – mitgeregelt sind. Alle durch das Vorhaben aufgeworfenen Nutzungskonflikte müssen in der Planfeststellung aufgegriffen und planerisch bewältigt werden; dazu gehört auch die Zubilligung von **Geldentschädigungen**, wenn Anlagen, die zur Vermeidung nachteiliger Wirkungen für die Rechte anderer erforderlich sind (z. B. Vorrichtungen des aktiven Schallschutzes) untunlich oder mit dem Vorhaben unvereinbar sind (vgl. § 74 Abs. 2 S. 2 VwVfG und die entsprechenden Vorschriften in den Verwaltungsverfahrensgesetzen der Länder). Ergeben sich nach Bestandskraft des Planfeststellungsbeschlusses Wirkungen, die nicht vorhersehbar waren, so hat der Betroffene gemäß § 75 Abs. 2 und 3 VwVfG fristgebundene Ansprüche auf Ergänzung des Planfeststellungsbeschlusses, mit denen auch Geldentschädigung gefordert werden kann. Über diesen Ausgleich kann **nur in der Planung selbst entschieden** werden, **nicht** aber außerhalb der Planung **in einem (Entschädigungs-)Verfahren**, in dem die Planung nicht mehr zur Disposition steht (BGHZ 95, 28; *Krohn*, Enteignung, Rn. 52).

244 10. Zum **Rechtsweg**: Zuständig sind die ***Zivilgerichte***. Da der BGH Entschädigungsansprüche wegen eines enteignungsgleichen Eingriffs letztlich als Ansprüche aus Aufopferung für das gemeine Wohl qualifiziert (BGHZ 91, 20, 28; 90, 17, 31), ergibt sich der Rechtsweg zu den ordentlichen Gerichten aus § 40 Abs. 2 S. 1 Alt. 1 VwGO (a. A. Hk-VerwR/VwGO/*Unruh*, § 40 VwGO, Rn. 202, der die Zuständigkeit der Zivilgerichte aus § 40 Abs. 2 S. 1 Alt. 3 VwGO herleitet, da sich Aufopferungsansprüche ihrer ursprünglichen Zielrichtung nur auf rechtmäßiges Handeln beziehen; siehe auch *Papier/Shirvani* in Maunz/Dürig, Art. 14 Rn. 819; *Ehlers/Schneider* in Schoch/Schneider/Bier, § 40 Rn. 548; *Rennert* in Eyermann, § 40 Rn. 119; *Ruthig* in Kopp/Schenke, § 40 Rn. 61 und *Maurer*, § 27 Rn. 116).

Entnahmestellen

245 1. Das Bundesfernstraßengesetz (§ 1 Abs. 4 Nr. 4), auch z. B. das Straßen- und Wegegesetz NW (§ 2 Abs. 2 Nr. 4) bestimmen, dass Entnahmestellen als **Nebenanlagen zu den Bundesfernstraßen bzw. zur öffentlichen Straße** gehören. Nebenanlagen sind solche Anlagen, die überwiegend den Aufgaben der Straßenverwaltung der Fernstraßen dienen. Es muss ein technisch-funktionaler Zusammenhang zu der Fernstraße be-

Jacobs
https://doi.org/10.1515/9783110682557-032

stehen (BVerwG DVBl 2003, 67; BGH NVwZ 2000, 710; *Sauthoff* in Müller/Schulz, § 1 Rn. 40). Entnahmestellen dienen dem Straßenbau und werden ausgewiesen, wenn in unmittelbarer Nachbarschaft der geplanten Trasse geeignete Bodenbestandteile vorhanden sind (BVerwG NVwZ 2002, 1119). Das bedeutet, dass die für den Bau oder für die Änderung einer Straße erforderliche Entnahmestelle neben der eigentlichen Straße in den Planunterlagen ebenfalls planfestgestellt wird. Der Straßenbaulastträger erlangt dadurch auch für die Entnahmestelle das Enteignungsrecht. Die Entschädigung für eine Entnahmestelle ist damit eine Enteignungsentschädigung.

2. In der Regel werden die als Entnahmestelle vorgesehenen Grundstücke **nur vorübergehend** genutzt. Nach Herausnahme der für den Straßenbau benötigten Bodenbestandteile werden sie ihren Eigentümern zurückgegeben. Es wird deshalb lediglich ein sog. Nutzungsvertrag und kein Kaufvertrag abgeschlossen (vgl. *Kastner* in Marschall, § 19 Rn. 16). Der Nutzungsvertrag regelt insbesondere die Dauer der Nutzung, Art und Menge der Bodenbestandteile, die entnommen werden dürfen, den Zustand der Grundstücke bei der Rückgabe und die Höhe der Entschädigung. Ein entsprechendes Nutzungsverhältnis kann auch im Wege der Enteignung begründet werden. Auch kommt anstelle eines Nutzungsvertrages die Einräumung einer Dienstbarkeit in Betracht; denn zur Benutzung eines Grundstücks in einzelnen Beziehungen gehört auch das Gewinnen von Bodenbestandteilen. 246

Für die **Höhe der Entschädigung** kommt es entscheidend darauf an, ob die **Bodenbestandteile**, die entnommen werden, ein **wertbildender Umstand** des Grundstücks sind. Das ist der Fall, wenn sich nach Art und Menge ein Abbau lohnt, im Zeitpunkt der Planfeststellung bzw. Plangenehmigung (Stichtag der Zustandsbestimmung) dem Abbau keine rechtlichen Hindernisse entgegengestanden haben und auf dem Markt Kauf- oder Pachtnachfrage vorhanden war. Die Tatsache, dass die Bodenbestandteile jetzt zum Straßenbau verwendet werden, wirkt dagegen allein nicht wertbildend. § 10 Abs. 2 PrEntG sagte dazu: „Eine Werterhöhung, welche das abzutretende Grundstück erst infolge der neuen Anlage erhält, kommt bei der Bemessung der Entschädigung nicht in Anschlag"; im Ergebnis ebenso § 95 Abs. 2 Nr. 2 BauGB. Soweit die Bodenbestandteile wertbildend sind, kann die Höhe der Entschädigung nach dem Differenzwertverfahren ermittelt werden. Von dem nach dem Vergleichswert- oder Ertragswertverfahren ermittelten Verkehrswert ist der Verkehrswert abzuziehen, den das Grundstück im Zustand bei Rückgabe zum Zeitpunkt des Vertragsabschlusses haben würde. Marktgerecht ist auch, die entnommenen Bodenbestandteile nach einem durch Vergleichswerte belegten Förderzins zu bezahlen. Ob daneben noch weitere Entschädigungsleistungen beansprucht werden können, ist Tatfrage; in der Regel wird das nicht der Fall sein. 247

Wenn dagegen die für den Straßenbau benötigten Bodenbestandteile zum maßgeblichen Stichtag nicht oder noch nicht wertbildend wirkten, kann für die Dauer der Nutzung grundsätzlich nur ein Entgelt für den **Nutzungsentgang** verlangt werden. Der Nutzungsentgang entspricht dem Deckungsbeitragsverlust, den z. B. ein Landwirt 248 dadurch erleidet, dass ihm das Grundstück vorübergehend als Acker oder Weide in seinem Betrieb nicht zur Verfügung steht. Im Einzelfall kann auch die ortsübliche Miete oder Pacht ein angemessener Ausgleich sein; dabei sind alle wirtschaftlich vernünftigen und rechtlich zulässigen Nutzungsmöglichkeiten zu berücksichtigen. Eine Verzinsung des Grundstücksverkehrswertes ist enteignungsrechtlich dagegen nicht statthaft; denn wegen der nur vorübergehenden Benutzung erhält der Eigentümer keine eigentliche verzinsbare Entschädigung wie beim Entzug des Eigentums (BGH DÖV 1976, 636 = BRS 34 Nr. 82). Weiter kommt es darauf an, in welchem Zustand das Grundstück zurückgegeben wird. Vielfach wird der Straßenbaulastträger schon durch den Planfeststellungsbeschluss verpflichtet, die Entnahmestelle zu verfüllen und die frühere Nutzungsmöglichkeit wiederherzustellen. Bei landwirtschaftlichen Nutzflächen ist darüber hinaus vielfach ein zeitlich begrenzter Mindererertrag bis zum Erreichen der vollen Nutzungsmöglichkeit zu entschädigen. Wenn die Wiederherstellung der früheren Nutzung aus irgendwelchen Gründen nicht möglich ist, besteht ein Anspruch auf Wertminderung; diese wird zweckmäßigerweise durch einen Wertvergleich vor und nach der Entnahme ermittelt. In der aufgezeigten Entschädigungsregelung liegt kein Verstoß gegen das verfassungsrechtliche Verbot der entschädigungslosen Enteignung. Zwar wird dem Eigentümer auch Sacheigentum entzogen, die Entschädigung dafür ist aber in der Wiederherstellung des früheren Zustandes bzw. in der Grundstückswertminderung enthalten. Im Übrigen könnte allenfalls die Zahlung einer Anerkennungsgebühr verlangt werden (vgl. → **Sacheigentum ohne wirtschaftlichen Wert**).

249 Ausnahmsweise kann durch die Entnahme von Bodenbestandteilen das Grundstück **verbessert** werden (Moränengrundstücke z. B. werden abgetragen und eingeebnet). Da es sich dabei um einen Sondervorteil handelt, ist er auf eine Entschädigung anzurechnen. Dass dadurch die Entschädigung für den Nutzungsentgang unter Umständen völlig entfällt, steht dem nicht entgegen (vgl. → **Vorteilsausgleich**).

250 3. Auch wenn der Straßenbaulastträger die als Entnahmestelle vorgesehenen Grundstücke zu Eigentum erwirbt, ist zu fragen, ob die Bodenbestandteile ein wertbildender Umstand sind. Ausgehend von dieser Vorfrage ist der Verkehrswert zu ermitteln und zu bezahlen. Zusätzlich kann wie bei jedem anderen Grundstückskauf für eine öffentliche Maßnahme eine Entschädigung für die Wertminderung des Restbesitzes in Betracht kommen (Formverschlechterung, Verkleinerung, erschwerte Erreichbarkeit usw.).

251 4. **Forstflächen als Entnahmestelle** bringen Besonderheiten mit sich. Sie betreffen den Aufwuchs. Fall 1 (die Bodenbestandteile sind ein wertbildender Umstand): Neben der Entschädigung für die Bodenbestandteile ist unabhängig von der Art und dem Alter des Aufwuchses keine weitere Entschädigung zu zahlen; der Eigentümer kann lediglich das angefallene Holz beanspruchen; denn der Aufwuchs muss entfernt werden, um die Bodenbestandteile verwerten zu können. Dabei spielt es keine Rolle, ob

die Nutzung eine vorübergehende ist oder das Grundstück durch den Straßenbaulastträger erworben wird. Fall 2 (die Bodenbestandteile sind kein wertbildender Umstand): Hier ist noch nicht hiebsreifer Aufwuchs zum Erwartungswert der Hiebsreife zu entschädigen. Die Erwartung der Hiebsreife gehört bei einer Forstfläche zu den wertbildenden Eigenschaften des Grundstücks. Es handelt sich um eine sichere Aussicht, dass die Hiebsreife zu gegebener Zeit eintreten wird. Eine Entschädigung für den Nutzungsentgang bei einer vorübergehenden Nutzung steht dem Eigentümer aber nicht mehr zu; sie ist im Erwartungswert der Hiebsreife enthalten, sofern das Grundstück vor Eintritt der Hiebsreife zurückgegeben wird. Für nicht hiebsreifen Aufwuchs auf einem Grundstück, das der Straßenbaulastträger erwirbt, ist aus den gleichen Gründen der Erwartungswert der Hiebsreife zu entschädigen; hinzu kommt der Waldbodenwert. Ist der Aufwuchs schon hiebsreif, bemisst sich die Entschädigung sowohl bei der vorübergehenden Nutzung als auch beim Grundstückserwerb nach dem Abtriebswert. Bei einer vorübergehenden Nutzung steht dem Eigentümer allerdings auch noch ein Ausgleich für einen möglichen Nutzungsentgang bis zur Rückgabe des Grundstücks zu.

Entschädigungsberechtigter, Entschädigungsverpflichteter

1. **Entschädigungsberechtigt** ist der Inhaber des betroffenen Rechts, soweit ihm 252
durch den Eingriff (Enteignung) das ihm zustehende Recht ganz oder teilweise entzogen wird und er dadurch einen Vermögensnachteil erleidet (§ 94 Abs. 1 BauGB, vgl. BGHZ 55, 294). Inhaber verschiedener Rechtspositionen sind in der Regel nebeneinander entschädigungsberechtigt (BGH NVwZ 1982, 646: Eigentümer und Pächter). Wird Sacheigentum betroffen, so ist der Eigentümer entschädigungsberechtigt, aber auch jeder, der an dem betroffenen Sacheigentum ein Recht hat und Träger eigener Vermögensbelange ist (Nebenberechtigte). Gemeint sind damit Erbbauberechtigte, Altenteilsberechtigte, Nießbraucher, Inhaber von Dienstbarkeiten und Erwerbsrechten, Mieter und Pächter usw. (vgl. § 97 Abs. 1 BauGB). Dagegen ist nicht entschädigungsberechtigt, wer durch den Eingriff nur mittelbar betroffen ist. Mittelbar betroffen heißt, dass die Einwirkung erst über die Person eines anderen (des unmittelbar Betroffenen) spürbar wird. Der **BGH** (BGHZ 23, 235, 240 = NJW 1957, 633) sagt dazu: *„Einen Entschädigungsanspruch aus Enteignung oder enteignungsgleichem Eingriff hat nur der, gegen dessen ‚Eigentum‘ der Verwaltungsakt gerichtet ist, den also die Verwaltung als den Betroffenen, dem ein Sonderopfer abverlangt wird, im Auge hat, nicht auch der, auf den sich mittelbar ein gegen einen anderen gerichteter Verwaltungsakt nachteilig auswirkt (Fischer in Verhandlungen des 41. Deutschen Juristentages Berlin 1955, Bd. II, Sitzungsberichte C 43, 52, 66f.).“*

Jacobs

https://doi.org/10.1515/9783110682557-033

253 2. Beim **Verkauf eines Grundstücks**, das teilweise Gegenstand eines Enteignungsverfahrens ist, geht der Entschädigungsanspruch nicht ohne weiteres auf den Erwerber über. Allerdings ist ein stillschweigender Übergang möglich. Das ist anzunehmen, wenn der Kaufpreis nach dem ganzen Grundstück bemessen wurde; denn erfahrungsgemäß will der Verkäufer mit der Veräußerung sämtliche auf das Grundstück bezogene Rechte aufgeben und auf den Erwerber übertragen (BGHZ 93, 165, 170 = NJW 1985, 1781; BGH NJW 1995, 1823, 1826).

254 3. **Entschädigungspflichtiger** einer Enteignung ist der Begünstigte (§ 94 Abs. 2 Satz 1 BauGB); das ist grundsätzlich derjenige, der in dem Enteignungsbeschluss oder dem der Enteignung zugrunde liegenden Beschluss (z.B. Planfeststellungsbeschluss) als Begünstigter bestimmt ist. Damit ist klargestellt, dass die Entschädigungspflicht nicht den eingreifenden Hoheitsträger, sondern den unmittelbar Begünstigten trifft, und zwar auch dann, wenn das die Enteignung regelnde Gesetz dazu keine Bestimmung enthält. Ebenso ist es bei enteignenden und enteignungsgleichen Eingriffen und den Aufopferungsansprüchen nach § 75 EinlPreußALR (siehe **Enteignender Eingriff** und **Enteignungsgleicher Eingriff**); es gelten für alle Anspruchsarten die gleichen Voraussetzungen. Nicht anders sind die Ausgleichsansprüche ausgleichungspflichtiger Inhaltsbestimmungen einzuordnen. Als begünstigt ist diejenige Körperschaft anzusehen, der der Eingriff unmittelbar zugutekommt und deren Aufgaben dadurch ganz oder teilweise erfüllt bzw. gefördert werden oder die daraus einen besonderen Vorteil erlangt. Körperschaft in diesem Sinne sind in der Regel Staat (Bund/Land) und Gemeinden. Sie trifft eine Allzuständigkeit, wobei der Staat für die Aufgaben der überörtlichen Gemeinschaft und die Gemeinden für die Aufgaben der örtlichen Gemeinschaft zuständig sind. Die zahlreichen für besondere Aufgaben geschaffenen Träger (Kreise, Bezirksregierungen, Verbände usw.) sind dann unmittelbar Begünstigte, wenn gerade die Erfüllung ihrer besonderen Aufgabe den Eingriff veranlasst hat (vgl. BGHZ 26, 10 = NJW 1958, 101, 102; BGHZ 13, 81 = NJW 1954, 1160, 1161; BGHZ 11, 248 = NJW 1954, 753). Sind an einer öffentlichen Aufgabe mehrere Körperschaften beteiligt und lässt sich nicht eindeutig feststellen, wessen Aufgabe im Besonderen wahrgenommen wird, kann der Betroffene grundsätzlich jeden Beteiligten in Anspruch nehmen (BGH MDR 1965, 558). Sie haften als Gesamtschuldner. Unerheblich ist, welchem Zweck der handelnde Hoheitsträger dienen wollte und ob der Begünstigte, wenn er nicht selbst handelt, der Maßnahme zugestimmt hat.

255 Wer nur einen **mittelbaren Vorteil** aus der Enteignung zieht, ist nicht begünstigt. Der Inhaber einer Tankstelle wird nicht dadurch zum Enteignungsbegünstigten, weil das Nachbargrundstück für einen öffentlichen Parkplatz enteignet wurde.

256 4. Begünstigter einer Enteignung oder eines enteignenden Eingriffs kann auch eine natürliche oder juristische Person des privaten Rechts sein. Insoweit kommen insbesondere **Versorgungsunternehmen** (deren Tätigkeit im Allgemeinwohl liegt), **Verkehrsunternehmen** (z.B. die Bahn AG) in Betracht. Das Preußische Enteignungs-

gesetz beispielsweise spricht stets vom „Unternehmer", zu dessen Gunsten enteignet wird, und bestimmt in § 7: *„Die Pflicht der Entschädigung liegt dem Unternehmer ob."* Auch § 105 BauGB ist dahin zu verstehen, dass grundsätzlich jede private Person befugt ist, den Antrag zu stellen, ein fremdes Grundstück zu enteignen, um es entsprechend den Festsetzungen des Bebauungsplanes zu nutzen. Dagegen haftet für die **Entschädigung aus (rechtswidrigem) enteignungsgleichem Eingriff** allein die **öffentliche Hand**, nicht die etwa auch (unmittelbar) begünstigte private Person (BGHZ 40, 49 = NJW 1963, 1915; BGHZ 23, 157, 169 = NJW 1957, 630, 632; vgl. Stichwort **Enteignungsgleicher Eingriff**).

Entschädigungsprozess

Übersicht

1. Nach Art. 14 Abs. 3 S. 4 GG steht wegen der Höhe der Entschädigung aus Enteig- 257
nung im Streitfall der **Rechtsweg zu den ordentlichen Gerichten**, d. h. zu den Zivilgerichten offen. Der Rechtsweg ist damit gespalten: Wehrt sich ein Betroffener gegen die Enteignungsmaßnahme selbst, sind nach der Generalklausel des § 40 VwGO die Verwaltungsgerichte zuständig, da es sich um eine öffentlich-rechtliche Streitigkeit nichtverfassungsrechtlicher Art handelt. Der **Entschädigungsprozess** wird dagegen vor den ordentlichen Gerichten verhandelt und entschieden. Er richtet sich nach den prozessualen Sondervorschriften der §§ 217 bis 232 BauGB, die ein besonderes Verfahren vor den Kammern und Senaten für Baulandsachen bei den Zivilgerichten vorsehen und regeln. Das gilt für die Anfechtung von Verwaltungsakten, die in einem Umlegungs-, Grenzlegungs-, Enteignungs- oder Härteausgleichsverfahren ergangen sind und unter § 217 Abs. 1 BauGB fallen, ebenso wie für das Entschädigungsfeststellungsverfahren und die Anfechtung einer administrativen Entschädigungsfeststellung. Das Baugesetzbuch sieht im Gegensatz zu gewissen landesrechtlichen Vorschriften (z. B. Art. 29 Abs. 2 BayEG) ein gesondertes Entschädigungsfeststellungsverfahren vor der Enteignungsbehörde für den Fall, dass sich der Eigentümer und der Enteignungsunternehmer außerhalb des Enteignungsverfahrens in einem notariellen Vertrag geeinigt haben, ohne eine Vereinbarung über die Durchführung eines Entschädigungsfeststellungsverfahrens zu treffen, hängt die Anrufung des Baulandgerichts nicht von der vorherigen Durchführung eines solchen Verfahrens ab (BGHZ 120, 38, 40f. = NJW 1993,

https://doi.org/10.1515/9783110682557-034

457). Haben die Parteien dagegen vereinbart, dass die Entschädigung nach den Enteignungsgrundsätzen ermittelt und von dem Baulandgericht festgestellt werden soll, ist die Vorschaltung eines gesonderten Entschädigungsfeststellungsverfahrens notwendig (BGHZ 95, 1, 3f. = NJW 1986, 933; *Kalb/Külpmann* in EZBK, § 217 Rn. 3, 32). Die Durchführung dieses Verfahrens ist in diesem Fall eine Sachurteilsvoraussetzung für das Verfahren vor der Baulandkammer. Die Anfechtung einer festgestellten administrativen Entschädigung richtet sich ebenfalls nach §§ 217 bis 232 BauGB. Im Übrigen bestimmt sich das Entschädigungsfeststellungsverfahren nach den jeweiligen Enteignungsgesetzen der Länder, die hinsichtlich des Verfahrens entweder den Inhalt der §§ 217ff. BauGB wiederholen oder auf diese Bestimmungen verweisen (z.B. § 50 Abs. 1 S. 3 EEG NW und § 44 Abs. 1 S. 3 ThürEG).

258 Danach kann die im Verwaltungsverfahren getroffene Entscheidung über die Höhe der Entschädigung von dem Betroffenen und/oder von dem Enteignungsbegünstigten durch ***Antrag auf gerichtliche Entscheidung*** angefochten werden (§ 217 Abs. 1 BauGB). Über den Antrag entscheiden die Baulandgerichte. Das sind spezielle Spruchkörper der Zivilgerichte, die **Baulandkammern** (besetzt mit zwei Zivil- und einem Verwaltungsrichter aus dem zuständigen Verwaltungsgericht, § 220 Abs. 1 S. 2 BauGB) bei den Landgerichten und die **Baulandsenate** (besetzt mit zwei Zivil- und einem Verwaltungsrichter aus dem zuständigen Oberverwaltungsgericht, § 229 Abs. 1 BauGB) bei den Oberlandesgerichten sowie in dritter Instanz der Bundesgerichtshof (III. Zivilsenat, besetzt mit fünf Zivilrichtern ohne einen Verwaltungsrichter, § 221 Abs. 1 S. 1 BauGB, § 139 GVG). § 219 Abs. 2 BauGB ermächtigt die Landesregierungen und über diese die Justizverwaltungen, die örtliche Zuständigkeit in Baulandsachen auf *ein* Landgericht für die Bezirke mehrerer Landgerichte zu konzentrieren (Übersicht bei *Piepenbrock* BauR 2000, 542). Gleiches gilt für die **Berufungsinstanz** gemäß § 229 Abs. 1 BauGB für die örtliche Zuständigkeit *eines* Oberlandesgerichts für die Bezirke mehrerer Oberlandesgerichte eines Landes. In NRW ist das OLG Hamm allein für Berufungen in Baulandsachen zuständig (§ 2 Bauland InstVO); die Berufung kann fristwahrend und zulässig nur beim OLG Hamm eingelegt werden (BGH BauR 2000, 539). In Rheinland-Pfalz muss die Berufung beim OLG Koblenz eingelegt werden (§ 7 Abs. 2 ZivGer JustVO). Die Präklusionsvorschrift des § 531 ZPO ist auch im Baulandverfahren anwendbar (vgl. *Kalb* in EZBK, § 221 Rn. 12a).

Die **Revision** geht an den Bundesgerichtshof, allerdings nicht in Hamburg und Mecklenburg-Vorpommern (siehe nachfolgend). Eine Revision gegen Urteile der Berufungsgerichte, die über die Anordnung oder Aufhebung der vorzeitigen Besitzeinweisung entschieden haben, ist unzulässig (§ 542 Abs. 2 ZPO).

Der Zugang zu den Baulandgerichten entspricht der Gewährleistung des Rechtsweges zu den ordentlichen Gerichten nach Art. 14 Abs. 3 S. 4 GG (vgl. BVerfGE 4, 397; BGHZ 40, 148; *Porger* in BK, vor §§ 217 Rn. 5ff.). Das Grundgesetz gewährleistet allerdings *keinen mehrstufigen Rechtsschutz*. Deswegen verstoßen die Rechtsmittelbesonderheiten in Hamburg und in Mecklenburg-Vorpommern, wo nur ein zweizugiger Rechtsschutz gewährt wird, nicht gegen Art. 14 Abs. 3 S. 4 GG oder sonstige bundesrechtliche Normen, etwa gegen die ZPO (BGH NJW 1980, 583). Nach § 9 Abs. 3 des Hamburgischen Enteignungsgesetzes findet gegen die Endurteile des Landgerichts (Baulandkammern) die *Revision* (nicht die Berufung) an das **OLG Hamburg**, Senat für Baulandsachen, statt, wenn der Wert des Beschwerdegegenstandes 250 EUR übersteigt. Gleiches gilt nach § 12 Abs. 3 LEntG M-V, wenn der Wert des Beschwerdegegenstandes 1.000 EUR übersteigt; die Revision geht an das **OLG Rostock.** Es gilt für das Verfahren im Übrigen das Revisionsrecht der ZPO. Eine Revision an den Bundesgerichtshof sehen beide Länder in ihren Enteignungsgesetzen nicht vor.

Das Verfahren vor den Baulandgerichten, wie es in den §§ 217–232 BauGB geregelt **259**
ist, ist ein **Zwitter zwischen Zivil- und Verwaltungsprozess.** Ein echter Zivilprozess ist das Verfahren nicht, weil nicht über bürgerliche Rechtsstreitigkeiten, sondern über öffentlich-rechtliche Beziehungen entschieden wird. Ein Verwaltungsprozess ist das Verfahren nicht, weil es vor den „ordentlichen Gerichten" unter grundsätzlicher Anwendung der Zivilprozessordnung stattfindet (vgl. *Porger* a. a. O., Rn. 19).

2. Das **Verfahren** wird durch den ***Antrag auf gerichtliche Entscheidung*** eingeleitet **260**
(§ 217 Abs. 1 S. 1 BauGB). **Frist:** Der Antrag ist binnen eines Monats seit Zustellung des Verwaltungsaktes bei der Stelle einzureichen, die den Verwaltungsakt erlassen hat, d. h. bei administrativer Festsetzung der Entschädigung bei derjenigen Behörde, die über die Höhe der Entschädigung entschieden hat (§ 217 Abs. 2 S. 1 BauGB). Dies ist zwingend; die Einreichung bei dem örtlich zuständigen Landgericht (Baulandkammer) wahrt die Frist nur, wenn das Gericht den Antrag innerhalb der Frist an die Behörde gibt (*Kalb/Külpmann* in EZBK, § 217 Rn. 68). Für die Berechnung der Monatsfrist gelten nach § 221 Abs. 1 BauGB i. V. m. § 222 ZPO die Vorschriften der §§ 186 ff. BGB (*Kalb/Külpmann* a. a. O., Rn. 65). Die Frist beginnt mit dem auf die Zustellung folgenden Tag und endet mit dem Ablauf desjenigen Tages des folgenden Monats, der durch seine Zahl dem Tag der Zustellung entspricht (§§ 187 Abs. 1, 188 Abs. 2 BGB). Ist dieser Tag ein Samstag, Sonn- oder Feiertag, so verlängert sich die Frist bis zum Ablauf des nächsten Werktages (§ 222 Abs. 2 ZPO). Wegen des dem Baulandverfahren zugrundeliegenden Beschleunigungsprinzips erklärt § 221 Abs. 1 S. 2 BauGB § 227 Abs. 3 S. 1 ZPO für nicht anwendbar; damit ist ein Antrag auf Terminverlegung in der Ferienzeit ausgeschlossen.

Das **Antragsrecht** steht jeder natürlichen oder juristischen Person zu, die geltend **261**
machen kann, durch eine Entschädigungsfeststellung oder durch deren Ablehnung oder Unterlassung in ihren Rechten verletzt zu sein (BGHZ 66, 322). Für die Antragsbefugnis nach § 217 Abs. 1 BauGB gelten demnach ähnliche Gesichtspunkte wie für die Klagebefugnis nach §§ 42 Abs. 2, 43 und § 75 VwGO (vgl. *Porger* in BK, § 217 Rn. 14; *Kukk* in Schrödter, § 217 Rn. 13). Für die Entschädigungsfeststellung bedeutet dies, dass sowohl der betroffene Eigentümer bzw. Rechtsinhaber als auch der Enteignungsbegünstigte Antrag auf gerichtliche Entscheidung stellen können. Auch jeder Beteiligte i. S. v. § 222 Abs. 1 BauGB ist antragsbefugt. Auch der Umlegungsausschuss, wenn seine Entscheidung auf Widerspruch aufgehoben worden ist, ist wegen seiner beson-

deren Rechtsstellung und Funktion als Organ der Gemeinde befugt, eine gerichtliche Entscheidung zu beantragen (BGHZ 113, 139; *Battis* in *BKL*, § 217 Rn. 6).

262 Der Antrag auf gerichtliche Entscheidung hat zwei wichtige Wirkungen, die sogenannte *Anfallswirkung (Devolutiveffekt)*, dass die Zuständigkeit zur Entscheidung in der Sache auf die zuständige Baulandkammer beim Landgericht übergeht, und die *aufschiebende Wirkung (Suspensiveffekt)*, dass die Einreichung des Antrags den Eintritt der Unanfechtbarkeit des Verwaltungsaktes und auch seinen Vollzug hindert (vgl. *Kalb/Külpmann* in EZBK, § 217 Rn. 39, 42-46; *Battis* in BKL, § 217 Rn. 11). Die **aufschiebende Wirkung des Antrags auf gerichtliche Entscheidung** ergibt sich aus einem Umkehrschluss aus § 224 BauGB (BGHZ 198, 42 Rn. 16); denn dieser regelt als Ausnahmevorschrift, dass der Antrag auf gerichtliche Entscheidung gegen eine vorzeitige Besitzeinweisung *keine* aufschiebende Wirkung hat (siehe Stichwort **Besitzeinweisung und Besitzeinweisungsbeschluss**).

263 Für den Antrag selbst besteht *kein Anwaltszwang*, weil er noch nicht als Antrag zur Hauptsache anzusehen ist (BGH NJW 1964, 1522; *Kalb/Külpmann* in EZBK, § 217 Rn. 83; *Porger* in BK, § 217 Rn. 33, 35; *Kukk* in Schrödter, § 217 Rn. 19). Vor den Baulandkammern des Landgerichts und den Baulandsenaten des Oberlandesgerichts besteht jedoch für Beteiligte, die Anträge in der Hauptsache stellen, ***Anwaltszwang*** (§ 222 Abs. 3 S. 2 BauGB). Der betroffene Eigentümer, der sich gegen eine Entschädigungsfeststellung zur Wehr setzen will, kann daher den Antrag auf gerichtliche Entscheidung zwar selbst einreichen, muss aber zu seiner Vertretung vor dem Landgericht und vor dem Oberlandesgericht einen Anwalt zuziehen.

Dasselbe gilt für den Enteignungsbegünstigten, wenn er einen Antrag zur Hauptsache stellt. Dem Anwaltszwang unterliegen auch die sog. *vorbereitenden Schriftsätze*, soweit sie die Ankündigung von Anträgen in der Hauptsache enthalten (OLG München NJW 1968, 2065). So gesehen reduziert sich die Bedeutung des § 222 Abs. 3 S. 2 BauGB für den Antragsteller darauf, dass er sich nicht innerhalb der Monatsfrist des § 217 Abs. 2 S. 1 BauGB um einen Rechtsanwalt bemühen muss (*Kalb/Külpmann* in EZBK, § 217 Rn. 85).

264 Da das Gesetz *nicht* ausdrücklich die ***Schriftform*** anordnet, kann der Antrag auf gerichtliche Entscheidung schriftlich, telegrafisch, fernschriftlich oder per Fax (BGH NJW 2001, 1581; BVerwG NJW 2004, 1989) eingereicht werden (*Kukk* in Schrödter, § 217 R. 18; a.A. aber im Ergebnis ähnlich *Porger* a.a.O., Rn. 29; *Bartling* in Brügelmann, § 217 R7. 30f.; *Battis* in BKL, § 217 Rn. 9; *Kalb/Külpmann* in EZBK, § 217 Rn. 70; sie gehen von einem Schriftformerfordernis aus, lassen aber auch andere Formen der Antragstellung zu). Die schriftliche Form kann bei der Stellung des Antrags nicht gemäß § 130a ZPO durch die elektronische ersetzt werden; denn § 130a ZPO und die Elektronische-Rechtsverkehr-Verordnung (ERRV) gelten nur für die elektronische Übermittlung an Gerichte (*Kalb/Külpmann* a.a.O., Rn. 71). Sobald der Antrag bei dem Baulandgericht anhängig ist, kann elektronisch kommuniziert werden. Ab 1.1.2022 besteht für Rechtsanwälte und Behörden eine Pflicht zur Teilnahme am elektronischen Rechtsverkehr (§ 130d ZPO). Die E-Mail muss eine qualifizierte elektronische Unterschrift

enthalten. Beim Computerfax genügt eine eingescannte Unterschrift; das Telefax muss eine eigenhändige Unterschrift enthalten (BVerfG NJW 2007, 3117; BGH NJW 2006, 3784; *Battis* in BKL, § 217 Rn. 9) Eine Antragstellung zur Niederschrift der Behörde ist ebenfalls zulässig (vgl. *Kukk* in Schrödter, ebenda).

Der Antrag auf gerichtliche Entscheidung hemmt den Eintritt der formellen und materiellen Bestandskraft des angegriffenen Verwaltungsaktes. Zugleich entfaltet er **aufschiebende Wirkung**; der angegriffene Verwaltungsakt darf nicht vollzogen werden. Das BauGB ordnet die aufschiebende Wirkung zwar nicht ausdrücklich an; sie ergibt sich aber *e contrario* aus § 224 S. 1 BauGB, der enumerativ die Ausnahmen aufzählt, in denen der Antrag keine aufschiebende Wirkung hat (vgl. BGHZ 198, 42; *Kalb/Külpmann* in EZBK, § 217 Rn. 43; *Battis* in BKL, § 217 Rn. 11). Das gilt für den gesamten angegriffenen Verwaltungsakt, also auch für Kosten- und sonstige Entscheidungen, da der Antrag auf gerichtliche Entscheidung den Verwaltungsakt grundsätzlich insgesamt angreift (*Kalb/Külpmann* in EZBK, a. a. O. Rn. 40). 265

3. An den ***Inhalt*** des Antrags sind keine hohen Anforderungen zu stellen. Der Antrag muss jedoch den Verwaltungsakt bezeichnen, gegen den er sich richtet. Im Übrigen „*soll*" er die Erklärung, inwieweit der Verwaltungsakt angefochten wird, sowie einen *bestimmten Antrag* enthalten. Außerdem „*sollen*" die Gründe sowie die Tatsachen und Beweismittel angegeben werden, die zur Rechtfertigung des Antrags dienen (§ 217 Abs. 3 BauGB). Notwendig sind diese Soll-Anforderungen für die Zulässigkeit des Antrags nicht. Ein bestimmter Antrag muss spätestens in der mündlichen Verhandlung gestellt werden (vgl. § 308 Abs. 1 ZPO). *Bestimmt* ist ein Antrag, wenn er hinsichtlich des angefochtenen Verwaltungsaktes auf einen Urteilsspruch gerichtet ist (vgl. *Porger* a. a. O., Rn. 34). Der Antrag auf gerichtliche Entscheidung unterliegt dabei jedoch nicht den strengen Anforderungen, die § 253 Abs. 2 Nr. 2 ZPO an den Inhalt einer Klageschrift stellt (vgl. *Porger* a. a. O., Rn. 31). Wenn der Antragsteller den Verwaltungsakt nur beschränkt anfechten will, muss er dies im Antrag oder im Laufe des Rechtsstreits zum Ausdruck bringen; im Zweifel gilt der Verwaltungsakt als insgesamt angefochten (BGH DÖV 1968, 65; BGHZ 72, 51; *Kalb/Külpmann* in EZBK, § 217 Rn. 40, 73-77; *Battis* in BKL, § 217 Rn. 9). Gegenstand des Antrages auf gerichtliche Entscheidung kann nur der Verwaltungsakt oder ein Teil hiervon sein; die Grundlagen des Verwaltungsaktes sind dagegen nicht selbständig anfechtbar (vgl. OLG Jena, Urt. v. 17.6.2014 – Bl U 150/13). Erstrebt der betroffene Eigentümer die Erhöhung der ihm zugesprochenen Entschädigung, so ist der Antrag als *Leistungsantrag* auf Zahlung der über den festgesetzten Betrag hinaus begehrten Entschädigung zu richten (BGH LM Nr. 13 zu Art. 14 [Eb] GG). Der Antrag kann noch in der Revisionsinstanz berichtigt werden, wenn es sich lediglich um die richtige Fassung des von Anfang an Gewollten handelt (BGH ebenda). 266

Hat der Betroffene, was zulässig ist, seinen über die festgesetzte Entschädigung hinausgehenden Anspruch nicht beziffert, so muss er jedenfalls die tatsächlichen Grundlagen vortragen, die dem Gericht eine Prüfung und Feststellung des Entschädigungsanspruchs ermöglichen (BGH WM 1968, 606); die Angabe eines Mindestbetrages ist sinnvoll (*Kalb/Külpmann* in EZBK, § 217 Rn. 83). Die Steigerungsrechtsprechung (siehe **Steigerungsrechtsprechung)** macht eine Leistungsklage nicht unmöglich; denn nach ihr ist die Höhe der Enteignungsentschädigung im für den Betroffenen günstigsten Fall nach den Preisverhältnissen zur Zeit des Schlusses der letzten mündlichen Tatsachenverhandlung zu bemessen (BGHZ 25, 225, 231 = NJW 1958, 59; BGH (Nichtannahme-)Beschl. v. 26.3.1992 – III ZR 107/91, juris; *Engelhardt* NVwZ 1994, 337, 346). Ein *Feststellungsantrag* ist zulässig, wenn der Betroffene seine weitere Entschädigung nicht mit Sicherheit beziffern kann (vgl. *Engelhardt* NVwZ ebenda). Zu weiteren zulässigen Antragsbegehren wird auf *Porger* in BK, § 217, Rn. 11 verwiesen.

267 4. Für die ***Änderung und Erweiterung*** von Anträgen auf gerichtliche Entscheidung gelten die zivilprozessualen Vorschriften über die Klageänderung (§§ 263, 264, 267, 268 ZPO) entsprechend (§ 221 Abs. 1 BauGB). Das bedeutet, dass eine Erhöhung bzw. Erweiterung des Antrags auch noch nach Ablauf der Antragsfrist während des Rechtsstreits zulässig ist, sofern sich nicht aus der Begründung des Antrags und den sonstigen Erklärungen des Antragstellers eindeutig ergibt, dass er seine Anfechtung endgültig auf den im Antrag genannten Umfang beschränken wollte (*Porger* a.a.O., Rn. 13).

268 Stellt der Betroffene fristgerecht einen Antrag auf gerichtliche Entscheidung mit dem Ziel, die Entschädigung zu erhöhen, ist eine **Widerklage** des Enteignungsbegünstigten nach Ablauf der Antragsfrist mit dem Ziel der Herabsetzung der Entschädigung unzulässig (BGHZ 155, 27, 30 ff. = NVwZ 2003, 1516; *Kalp/Külpmann* in EZBK, § 217 Rn. 78; *Aust* NJW 1976, 1830, 1831; anders BGHZ 35, 227, 229 = NJW 1961, 1676 für das Entschädigungsfestsetzungsverfahren nach § 61 LBG). Der BGH begründet dies damit, dass ein Verwaltungsakt, der einen Anspruch auf eine Geldleistung betrifft, nur insoweit Gegenstand eines baulandgerichtlichen Verfahrens sein könne, als er durch einen fristgerecht eingelegten Antrag auf gerichtliche Entscheidung angefochten worden ist. Die Übertragung der in BGHZ 35, 227 ff. angestellten Überlegungen auf Verfahren nach §§ 217 ff. BauGB lehnt der BGH ausdrücklich ab, da er in der jener Entscheidung zugrundeliegenden Vorschrift des § 61 LBG keine zu verallgemeinernde Regelung sieht (BGHZ a.a.O. 30 ff.).

Eine Sonderregelung enthält § 226 Abs. 3 S. 2 BauGB. Diese Vorschrift gibt dem Gericht die Befugnis, auf Antrag eines Beteiligten, der selbst nicht Antragsteller der gerichtlichen Entscheidung ist, den Enteignungsbeschuss zu ändern, auch wenn dieser nach Ablauf der Antragsfrist gestellt wurde. Allerdings wird in diesem Fall der Anfechtende durch das Verbot der Schlechterstellung (*reformatio in peius*) geschützt, so dass der von ihm angegriffene Enteignungsbeschluss nicht zu seinem Nachteil geändert werden darf.

Damit steht fest, dass in einem baulandgerichtlichen Verfahren eine Änderung der angefochtenen Entscheidung zum Nachteil dessen, der allein den Antrag auf gerichtliche Überprüfung gestellt hat, grundsätzlich nicht, d.h. auch nicht in Bezug auf die Entschädigungshöhe statthaft ist (so im Ergebnis auch *Porger* a.a.O. § 222 Rn. 6; *Kalb/Külpmann* in EZBK, § 222 Rn. 21). Ausgeschlossen ist somit auch, dass eine Entschädigungsfeststellung, die allein vom Betroffenen mit dem Antrag auf gerichtliche Entscheidung angegriffen worden ist, nach ihrer Bestätigung durch das erstinstanzliche Gericht auf die Anschlussberufung des Enteignungsbegünstigten zum Nachteil des Betroffenen abgeändert wird (BGH a.a.O. 1054).

5. In Verfahren, die durch einen Antrag auf gerichtliche Entscheidung bei den Bau- 269
landgerichten anhängig gemacht wurden, sind grundsätzlich die **zivilprozessualen Vorschriften** anzuwenden, wenn sich nicht aus §§ 217–231 BauGB etwas anderes ergibt (§ 221 Abs. 1 S. 1 BauGB). Besonderheiten ergeben sich danach für die *Ermittlungen des entscheidungserheblichen Sachverhalts*. Nach § 221 Abs. 2 BauGB *kann* das Gericht von Amts wegen die Aufnahme von Beweisen anordnen und nach Anhörung der Beteiligten auch solche Tatsachen berücksichtigen, die von ihnen nicht vorgebracht worden sind. Damit gilt im Entschädigungsprozess allerdings nicht der Amtsermittlungsgrundsatz, sondern – wie allgemein im Zivilprozess – der Beibringungsgrundsatz, allerdings mit starken Komponenten aus der Amtsermittlung (vgl. *Porger* in BK, § 221, Rn. 7ff.; *Kalb/Külpmann* in EZBK, § 221 Rn. 10). Ordnet das Baulandgericht von Amts wegen die Aufnahme von Beweisen an, so ist es an die ihm nach ZPO zustehenden Beweismittel gebunden (*Porger* a.a.O., Rn. 10; *Kalb/Külpmann*, a.a.O., § 221 Rn. 12). Den Beteiligten ist Gelegenheit zu geben, sich vor der Entscheidung zu den vom Gericht im Wege der Amtsermittlung festgestellten Tatsachen zu äußern; ein Verstoß gegen diese Verpflichtung ist ein Revisionsgrund (vgl. *Porger* ebenda).

Hinsichtlich der ***Beweislast*** gelten auch im Entschädigungsprozess die üblichen 270
Regelungen wie im Zivilprozess: Wer eine höhere oder niedrigere als die festgesetzte Entschädigung durchsetzen will, trägt die Beweislast für die Tatsachen, aus denen er den abweichenden Wert herleitet. Die Grundsätze über den Beweis des ersten Anscheins werden im Entschädigungsprozess nur selten heranzuziehen sein; insbesondere kann sich der Betroffene zum Nachweis einer konkret vorhanden gewesenen Bauabsicht nicht auf die Regeln des Anscheinsbeweises berufen (BGH WM 1972, 1226, 1228).

Zur ***Beweissicherung*** muss sich der Betroffene nötigenfalls der gesetzlich gebotenen Möglichkeiten, etwa der Zustandsfeststellung von Gebäuden, bedienen. Sind z.B. die den Grundstückswert bestimmenden Gebäude vom Enteignungsbegünstigten abgerissen worden, so kann sich der Betroffene nicht darauf berufen, dass ihm durch den Abriss die Beweisführung unmöglich gemacht worden sei; denn er hätte ein Beweissicherungsverfahren durchführen können. Allerdings dürfte in der Regel kein Rechtsschutzbedürfnis an einem Beweissicherungsantrag bestehen, da in dem vorangegangenen Entschädigungsfestsetzungsverfahren der Amtsermittlungsgrundsatz gilt und die die Behörde gegebenenfalls ein Sachverständigengutachten einholen *muss* (OLG Koblenz DVBl 2019, 1079; *Kalb/Külpmann* in EZBK, § 217 Rn. 35).

271 Bei der *Feststellung des Wertes* der entzogenen Rechtsposition ist eine **Schätzung nach § 287 ZPO** zulässig und geboten (BGH NVwZ 1991, 404; *Engelhardt* NVwZ 1994, 337, 347). Über die Höhe der Entschädigung ist zwar nach freiem Ermessen zu entscheiden. Doch muss die getroffene Entscheidung nachvollziehbar sowie in sich schlüssig sein und erkennen lassen, dass eine sachentsprechende, umfassende, an den allgemeinen Beurteilungsgrundsätzen ausgerichtete und vom richtigen Verständnis des durch Art. 14 GG geschützten Eigentum sowie der seinen Wert ausmachenden Faktoren getragene Wertermittlung stattgefunden hat (BGH NVwZ 1991, 404 = MDR 1991, 229 Rn. 6; BGH WM 1983, 997). Diese Grundsätze gelten auch für die Anwendung der Vergleichswertmethode. Sollen z. B. einzelne für den Preisvergleich herangezogene Verkaufsfälle aus sachlichen Gründen unberücksichtigt bleiben, so muss der Tatrichter dies nachvollziehbar darlegen. Andererseits dürfen nach dem äußeren Anschein als Vergleichsmaterial in Frage kommende Verkaufsfälle dann nicht unbesehen in den Vergleich einbezogen werden, wenn den Umständen nach Zweifel an der Vergleichbarkeit bestehen (vgl. *Engelhardt* ebenda).

272 Ein vom Gericht mit der Erstattung eines Gutachtens beauftragter öffentlich bestellter ***Sachverständiger*** darf in die Kaufpreissammlung Einsicht nehmen; er unterliegt weder datenschutzrechtlichen Einschränkungen noch den Beschränkungen nach § 195 Abs. 3 BauGB für private Sachverständige (BGH NVwZ 1991, 404 Rn. 14). Der Sachverständige und das Gericht schöpfen die zur Verfügung stehenden Erkenntnisquellen dann nicht aus, wenn sie sich mit einer Auskunft des Gutachterausschusses in anonymisierter Form zufrieden geben (BGH NVwZ a. a. O.; *Engelhardt* ebenda).

273 6. Die Frage, ob im Entschädigungsprozess selbständige Entschädigungsansprüche aufgrund verschiedener hoheitlicher Eingriffe (z. B. Entschädigungsanspruch für Landinanspruchnahme, für die Einbeziehung in die Schutzzone nach § 9 Abs. 1, 2 FStrG sowie für Schallschutzmaßnahmen nach § 42 Abs. 1, 2 BImSchG) gemeinsam geltend gemacht und verbunden werden können, ist zu verneinen, sofern sie nicht sämtlich Gegenstand des administrativen Vorverfahrens waren. Denn der Antrag auf gerichtliche Entscheidung richtet sich immer gegen eine bestimmte administrative Festsetzung der Entschädigung, so dass Entschädigungsansprüche, die das administrative Vorverfahren nicht durchlaufen haben und auf einem anderen Rechtsgrund (Eingriff) beruhen, vor den Baulandgerichten (noch) nicht geltend gemacht werden können (BGH WM 1975, 959, 961). Der Grundsatz der ***Einheitlichkeit der Entschädigung*** (vgl. BGHZ 71, 1, 8 = NJW 1978, 939, 941 = WM 1978, 466, 468; BGH WM 1978, 1103, 1104; vgl. auch *Kreft* Enteignungsentschädigung II, S. 28; *Kreft* Enteignungsentschädigung III, S. 24) steht nicht entgegen; denn er bezieht sich immer nur auf denselben Rechtsgrund der Entschädigung, also etwa auf Landinanspruchnahme, auf Einbeziehung in die Schutzzone oder auf Lärmimmissionen. Wird etwa Entschädigung für die Landinanspruchnahme verlangt, so beruhen der Anspruch auf Ersatz des Verkehrswertes des Grundstückes und auf Ersatz von Folgekosten (z. B. Rechtsanwalts- und Gutachterkosten; vgl. → **Vertretungskosten**) auf demselben Rechtsgrund, und es handelt sich um

einen einheitlichen Entschädigungsanspruch, der lediglich aus verschiedenen Schadenspositionen besteht. Es wäre verfehlt, verschiedene selbständige Einzelansprüche anzunehmen.

Anders liegen die Dinge, wenn der **Rechtsgrund für die Entschädigung unterschiedlich** und auch der hoheitliche Eingriff ein anderer ist, z. B. für die Entschädigung wegen Einbeziehung in die Schutzzone oder wegen Lärmimmissionen. Während die Entschädigung für die Landinanspruchnahme auf der Wegnahme einer Fläche beruht, knüpft die Entschädigung für die Einbeziehung in eine Schutzzone an einen anderen Tatbestand an. Wiederum ein anderer enteignungsrechtlicher Tatbestand liegt vor, wenn z. B. von der fertigen Straße ausgehender Lärm die Immissionsgrenzwerte überschreitet und deswegen ein Anspruch nach § 42 Abs. 1 BImSchG besteht. Den Grundsatz der Einheitlichkeit der Entschädigung auf alle diese, auf verschiedenen Rechtsgründen beruhenden Entschädigungsansprüche auszudehnen, scheint nicht sinnvoll. Vielmehr muss es dabei bleiben, dass verschiedene hoheitliche Eingriffe auch verschiedene Entschädigungsansprüche nach sich ziehen, die untereinander selbständig und nicht nur Rechnungsposten einer einheitlichen Entschädigung sind. Eine Einheitlichkeit besteht nur insoweit, als es um *denselben Eingriff* und um *dasselbe Enteignungsobjekt* geht (BGH WM 1982, 641, 642; BGH WM 1979, 652, 654). Das bedeutet, dass im zivilprozessualen Verfahren nur diejenigen Entschädigungsfestsetzungen angegriffen werden können, die vorher administrativ festgestellt worden sind, für die also ein Vorverfahren gelaufen ist (so *Aust* NJW 1976, 1830, 1831; unklar BGH WM 1975, 959, 961 betreffend eine Entschädigung nach § 9 Abs. 9 FStrG). 274

Problematisch ist die Frage, ob sich ein Betroffener **gegen die *Herabsetzungsklage* des Enteignungsunternehmers** mit einem **Entschädigungsanspruch** wehren kann, der noch nicht Gegenstand eines Verwaltungsverfahrens gewesen ist. Der BGH hat dies *bejaht*, als ein Enteignungsunternehmer auf Herabsetzung einer Entschädigung klagte und der Betroffene diesem Begehren einen Entschädigungsanspruch nach § 9 Abs. 9 FStrG entgegenhielt (BGH WM 1978, 200). Die Entscheidung erscheint bedenklich; denn Abtretung und Baubeschränkung sind verschiedene hoheitliche Maßnahmen (Eingriff [Zugriff] einerseits, Belastung andererseits). 275

8. Der Grundsatz der ***Einheitlichkeit des Entschädigungsanspruchs*** hat zur Folge, dass für eine Bindungswirkung hinsichtlich der einzelnen Entschädigungsposten kein Raum ist. Einzelposten erwachsen daher nicht in Bestands- oder Rechtskraft. Insoweit greift im gerichtlichen Verfahren das Verbot der Schlechterstellung nicht ein (BGHZ 119, 62 = NJW 1992, 2880; *Engelhardt* NVwZ 1994, S. 347). 276

Da der Entschädigungsanspruch, soweit er auf ein und derselben Rechtsgrundlage beruht, ein einheitlicher Anspruch ist, darf ein *Teilurteil* erst dann erlassen werden, wenn es die Erörterung der einzelnen Verlust- und Rechnungsposten bei der notwendigen Gesamtschau ausschließt, dass die noch nicht entschiedenen „Teile“ des Anspruchs die Entscheidung über die vom **Teilurteil** entschiedenen „Teile“ beeinflussen können (BGH MDR 1968, 126 – Enteignungsentschädigung für Abdeckerei). Bei 277 einem Eingriff in einen Gewerbebetrieb, zu dem mehrere Grundstücke gehören, ist ein *Teilurteil* nicht möglich, das z.B. den Entschädigungsanspruch für *ein* Grundstück, das zum Betrieb gehört, abweist. Denn das Eigentum an einem solchen Grundstück ist Teil des *einheitlichen* Rechts am eingerichteten und ausgeübten Gewerbebetrieb; über dieses kann nur inhaltlich einheitlich entschieden werden (BGH WM 1978, 1103, 1105).

278 Unbeschadet dessen kann, wenn Einheitlichkeit nicht entgegensteht, ein ***Teilurteil*** erlassen werden und kann auch nur ein Teilbetrag eingeklagt werden (BGH WM 1982, 641, 642). Richtet sich im Verfahren vor den Baulandkammern die Klage gegen die Zulässigkeit der Enteignung und gegen die Festsetzung der Entschädigungshöhe, dann kann über die Zulässigkeit der Enteignung durch Teilurteil entschieden werden (BGH WM 1983, 421); der Sache nach handelt es sich um ein Grundurteil (zutreffend *Kreft* Enteignungsentschädigung III, S. 26).

279 9. Die **Kosten** des gerichtlichen Verfahrens vor den Baulandgerichten bestimmen sich nach § 228 Abs. 1 BauGB: Soweit der Beteiligte obsiegt, der den Antrag auf gerichtliche Entscheidung gestellt hat, ohne dass einer der übrigen Beteiligten einen entgegengesetzten Antrag in der Hauptsache gestellt hat, gilt die Behörde, die den Verwaltungsakt erlassen hat, als unterliegende Partei (vgl. *Kukk* in Schrödter, § 228 Rn. 2). Der Grund für diese Regelung ist darin zu sehen, dass das Verfahren nach Antrag auf gerichtliche Entscheidung – anders als der normale Zivilprozess – keine Parteien kennt, sondern nur *einen Antragsteller*, nicht einen Antragsgegner. Daher fingiert § 228 Abs. 1 BauGB die Entschädigungsfeststellungsbehörde als unterliegende Partei, wenn der Antragsteller mit seinem Antrag obsiegt, ohne dass einer der übrigen Beteiligten – darunter die Stelle, die den Verwaltungsakt erlassen hat – einen entgegengesetzten Antrag gestellt hat (vgl. *Porger* in BK, § 228 Rn. 1). Dementsprechend ist auch die Vorschrift über die Kostenverteilung in § 92 ZPO entsprechend anzuwenden, wenn der Antragsteller teils obsiegt, teils unterliegt (vgl. *Porger* ebenda). § 228 Abs. 1 BauGB findet jedoch keine Anwendung, wenn das Gericht die übrigen Beteiligten auf ihre Sachanträge hin in die Kostenentscheidung einbezieht; in diesem Fall ist die Kostenentscheidung allein nach den Kostenvorschriften der ZPO zu treffen (vgl. *Porger* ebenda). Wird der Antrag auf gerichtliche Entscheidung von dem Antragsteller *zurückgenommen*, so ist über die Kosten nach § 269 Abs. 3 ZPO zu entscheiden (vgl. *Porger* ebenda; *Kukk* in Schrödter, ebenda).

280 Nach § 228 Abs. 2 BauGB entscheidet das Gericht über die Erstattung der **Kosten** eines Beteiligten, der zur Hauptsache ***keinen Antrag*** gestellt hat, auf dessen Antrag nach billigem Ermessen. Diese Entscheidung gehört zum gerichtlichen Kostenausspruch und ist daher im Urteil oder im Kostenbeschluss vorzunehmen, nicht dagegen im Kostenfestsetzungsbeschluss (§ 104 ZPO; vgl. *Porger* in BK, § 228 Rn. 5). Den Kostenantrag kann ein Beteiligter nur bis zum Schluss der mündlichen Verhandlung stellen; ein späterer Kostenantrag ist unzulässig (OLG München BauR 1974, 269). Das Gericht hat bei seiner Ermessensentscheidung nicht die Möglichkeit, der Staatskasse die

Kosten aufzuerlegen; sie sind von dem oder den unterliegenden Beteiligten zu tragen (vgl. *Porger* a. a. O., Rn. 4).

§ 30 Abs. 5 PrEntG enthält insoweit eine Sonderregelung, als in jedem Fall – auch 281
wenn er obsiegt – der Unternehmer die Kosten der ersten Instanz zu tragen hat, sofern er auf richterliche Entscheidung angetragen hat. Diese Regelung findet ihre Rechtfertigung darin, dass der Betroffene nicht das Kostenrisiko dafür tragen kann, dass die Enteignungsbehörde einen fehlerhaften Entschädigungsfeststellungsbeschluss erlassen hat.

10. Zum ***Streitwert*** *vgl.* → **Vertretungskosten** und ***Kukk*** in *Schrödter*, § 228 Rn. 6. 282

Erbbaurechte

1. Das Erbbaurecht (§ 1 ErbbauRG) ist ein **grundstücksgleiches Recht** nach § 200 283
Abs. 2 BauGB und zählt zu den Enteignungsgegenständen gemäß § 86 Abs. 1 Nr. 1 BauGB (vgl. *Runkel* in EZBK, § 86 Rn. 17, 43; *Battis* in BKL, § 86 Rz. 2; *Breuer* in Schrödter, § 86 Rz. 2; *H. Fischer* Rn. 675 ff.). Das Erbbaurecht und das mit ihm belastete Grundstück sind selbständige Gegenstände der Wertermittlung und bei ihrem Entzug bzw. bei ihrer Inanspruchnahme getrennt zu entschädigen (BGH WM 1974, 1006 = MDR 1974, 650 = LM Nr. 21 zu LBG; BGH NJW 1978, 2199 = WM 1978, 1212 = LM Nr. 6 zu § 40 BBauG; BayObLGZ 1980, 371; *Krohn/Löwisch*, Rz. 264, 406; *Groß* in EZBK, § 95 Rz. 29; vgl. Nr. 4.3.1 WertR 2006). Es gelten die allgemeinen Grundsätze über die Entschädigung nach dem Verkehrswert (vgl. → **Enteignungsentschädigung**). Die Summe der Entschädigungsbeträge für das Erbbaurecht und für das mit ihm belastete Grundstück darf allerdings nicht höher liegen als die Entschädigung, die dem Eigentümer zustände, wenn das Grundstück unbelastet wäre. In der Praxis wird deswegen zunächst der Bodenwert des Grundstückes ohne Berücksichtigung der Belastung mit dem Erbbaurecht und gegebenenfalls zusätzlich der Verkehrswert der Gebäude, Außenanlagen und Betriebseinrichtungen ermittelt. Grundsätzlich steht danach die Entschädigung für den Bodenwert dem Eigentümer und diejenige für die Aufbauten dem Erbbauberechtigten zu (BGHZ 43, 300 ff. = NJW 1965, 1480). Eine solche saubere Trennung ist allerdings nur möglich, wenn im Erbbaurechtsvertrag eine *Anpassungsklausel* vereinbart ist, wonach der Erbbauzins jeweils der nachhaltig marktgerechten Verzinsung des Bodenwertes entsprechen muss. Das ist aber nicht die Regel; im Gegenteil sind häufig entweder gar keine Anpassungsklauseln oder nur solche vereinbart, nach denen die Steigerung des Erbbauzinses hinter der marktüblichen Verzinsung des Bodenwertes zurückbleibt (vgl. auch *Groß* in EZBK, § 95 Rn. 29).

Nach § 9a Abs. 1 S. 2,3 ErbbauRG ist die **Anpassungsklausel** beim Wohnungsbau 284
ausdrücklich begrenzt auf die Entwicklung der allgemeinen wirtschaftlichen Verhältnisse (zum Begriff der „allgemeinen wirtschaftlichen Verhältnisse" s. Nr. 4.3.1 WertR 2006 Fn. 2 sowie Palandt/*Wicke*, § 9a ErbbauRG, Rz. 7). Eine Koppelung an die Boden-

https://doi.org/10.1515/9783110682557-035

wertentwicklung ist unzulässig. Soweit Anpassungsklauseln überhaupt nicht vereinbart sind, ein weiteres Festhalten am ursprünglichen Vertrag zu einem mit Recht und Gerechtigkeit schlechthin nicht mehr zu vereinbarenden Ergebnis führen würde und die benachteiligte Vertragspartei in der getroffenen Vereinbarung ihr Interesse nicht mehr auch nur annähernd gewahrt sehen kann, hat die Rechtsprechung nach den Grundsätzen über den Wegfall der Geschäftsgrundlage (vgl. → **Wegfall/Störung der Geschäftsgrundlage**) eine Anpassung in engen Grenzen vorgenommen (BGH NJW 2016, 3100; BGH NJW 2014, 3439; Palandt/*Wicke*, § 9 ErbbauRG, Rn. 13), allerdings nur an der *Steigerung der allgemeinen wirtschaftlichen Verhältnisse* i.S.v. § 9a ErbbauRG seit Vertragsabschluss und ausdrücklich nicht an die gestiegenen Bodenpreise (BGH WM 1976, 429 = LM § 242 BGB [Bb] Nr. 18; WM 1976, 1034 = LM § 9 ErbbRVO Nr. 15; BGHZ 119, 220; BGHZ 77, 194, 199). Ist die Steigerung des Bodenwertes geringer, ist dieser maßgebend (BGH NJW 1993, 53; Palandt/*Wicke*, a.a.O. Rn. 13). Allerdings bleibt in der Praxis regelmäßig der Erbbauzins, selbst wenn eine Anpassungsklausel vereinbart ist, hinter der marktüblichen Verzinsung des Bodenwertes zurück. Dadurch partizipiert der Erbbauberechtigte am Bodenwert des Grundstücks, so dass ihm ein Anteil hieran zugutekommt, und ergibt sich gleichzeitig eine Wertminderung des mit dem Erbbaurecht belasteten gegenüber einem unbelasteten Grundstück zuungunsten des Eigentümers.

285 Dieser ***Bodenwertanteil*** des Erbbauberechtigten ist in der Praxis oft schwierig zu ermitteln. Man bedient sich entweder des Vergleichswertverfahrens oder – wenn keine Vergleichspreise zur Verfügung stehen – finanzmathematischer Methoden (vgl. Nr. 4.3.2.2.1 WertR 2006). Hat der Erbbauberechtigte aufgrund seines Rechtes das Grundstück bebaut, so steht ihm neben dem Bodenwertanteil eine Entschädigung für den Wert der Aufbauten nach dem Sachwert oder dem Ertragswertverfahren zu (vgl. auch *H. Fischer*, Rn. 677 und Nr. 4.3.2.2.2 der WertR 2006).

286 2. Neben der Höhe des Erbbauzinses und der Vereinbarung einer Anpassungsklausel sind für den Wert des Erbbaurechtes weitere Faktoren maßgebend wie Restdauer, ein evtl. vereinbartes Vorrecht auf Erneuerung, die Bestimmung über die Entschädigung der errichteten Aufbauten bei Erlöschen oder bei Heimfall des Erbbaurechts. Bei einer *Restlaufzeit von über 30 Jahren* und einem abnorm niedrigen Zins oder gar bei Ausschluss eines Zinses bewertet der Grundstücksverkehr das Erbbaurecht als Grundeigentum bzw. stellt es diesem gleich, zumal wenn eine Entschädigung für die errichteten Aufbauten bei Erlöschen oder Heimfall nicht ausgeschlossen ist (vgl. *Müller* NJW 1967, 1350, 1351). Der Zeitraum von 30 Jahren entspricht einem „Menschenalter" sowie der Buchersitzung nach § 900 BGB. Eine Gleichstellung von Erbbaurecht und Grundeigentum, d.h. die volle Zuschlagung des Bodenwertes an den Erbbauberechtigten, ist erst recht dann gerechtfertigt, wenn dieser nach Ablauf der Restlaufzeit von über 30 Jahren ein Vorrecht auf Erneuerung hat. Ist allerdings in einem solchen Fall ein Erbbauzins entsprechend marktgerechter Verzinsung oder ein noch höherer Zins vereinbart, so greift wieder der Grundsatz ein, dass der Bodenwert dem Eigentümer und

der Gebäudewert dem Erbbauberechtigten zusteht. Denn der Eigentümer kann sein Grundstück durch den Erbbauzins voll nutzen. Wenn in einem solchen Fall – Restlaufzeit über 30 Jahre – eine Entschädigung für die Aufbauten bei Erlöschen oder Heimfall ganz oder teilweise vertraglich ausgeschlossen ist, dann entfällt in der Regel ein Anteil von 5–10 % des Gebäudewertes auf den Grundeigentümer und ist dem Erbbauberechtigten abzuziehen; denn der Eigentümer hat bereits ein Anwartschaftsrecht auf künftigen Erwerb des Gebäudes, das entschädigungsrechtlich zu bewerten ist (vgl. *Müller* NJW 1967, 1350, 1351; kritisch *Groß* in EZBK, § 95 Rn. 29).

Liegt die *Restlaufzeit unter 30 Jahren*, so wird das Anwartschaftsrecht des Grund- **287**
eigentümers auf das Gebäude von Jahr zu Jahr stärker, insbesondere wenn ein Erneuerungsrecht und eine Entschädigung bei Erlöschen oder Heimfall ausgeschlossen sind. In diesem Fall ist ein Zuschlag von 15–20 % des Gebäudewerts auf den Bodenwert vorzunehmen und der Gebäudewert zu Lasten des Erbbauberechtigten entsprechend zu mindern (näher *Müller* NJW 1967, 1350, 1351).

3. Der **Bodenwert** ist nach allgemeinen Bewertungsgrundsätzen **im Vergleichswert-** **288**
verfahren zu ermitteln, wobei vom Wert des unbelasteten Grundstücks auszugehen ist. Die Entschädigung für den Bodenwert steht grundsätzlich dem Eigentümer zu. Bleibt der Erbbauzins – wie häufig – hinter der marktüblichen Verzinsung des Bodenwertes zurück, entfällt ein Bodenwertanteil auf den Erbbauberechtigten (s. Rn. **283**).

4. **Folgekosten** (§ 96 Abs. 1 BauGB, § 19 LBG) bleiben von der Ermittlung des Ver- **289**
kehrswertes unberücksichtigt. Sie sind nach den für sie geltenden Regeln gesondert zu entschädigen, und zwar wie bei einem Grundstückseigentümer (ebenso *H. Fischer*, Rn. 678). Zu den Folgekosten können der Beschaffungsaufwand für ein neues Grundstück, sofern es für die Berufs- und Erwerbstätigkeit notwendig ist (§ 6 Abs. 1 Nr. 1 BauGB, § 19 Nr. 1 LBG; vgl. → **Grunderwerbsnebenkosten**), sowie Umzugskosten (vgl. → **Umzugskosten**) gehören (näher *Müller* NJW 1967, 1350, 1351). Wenn allerdings der Ablauf des Erbbaurechts in absehbarer Zeit bevorsteht, kann der Berechtigte hinsichtlich dieser Kosten, da sie ihn sodann ohnehin treffen würden, nur den *Zwischenzins* (wegen vorzeitiger Aufwendung dieser Kosten) verlangen (*H. Fischer*, Rn. 678).

5. Dem Erbbauberechtigten steht für den Fall, dass das belastete Grundstück in einem **290**
Bebauungsplan als öffentliche Fläche ausgewiesen wird, der ***Übernahmeanspruch*** des § 40 Abs. 2 BauGB nicht zu; diesen Anspruch hat nur der Eigentümer (BGH NJW 1978, 2199 = WM 1978, 1212, 1213 = LM Nr. 6 zu § 40 BBauG; *H. Fischer*, Rn. 679). Dies ist mit Art. 14 GG vereinbar (BGH a.a.O.; BGHZ 50, 93; *Krohn/Löwisch*, Rn. 264, 406). Der Erbbauberechtigte kann allerdings über § 39 BauGB Entschädigung für Aufwendungen verlangen, die er im Vertrauen auf die Festsetzungen im Bebauungsplan für Vorbereitungen zur Ausnutzung seines Erbbaurechts gehabt hat, z.B. Planungskosten, nicht aber Erwerbskosten (BGH NJW 1978, 2199, 2200 = WM 1978, 1212, 1213 = LM Nr. 6 zu § 40 BBauG; *H. Fischer*, ebenda).

291 6. Wird das **Erbbaurecht allein von einer *Enteignung* betroffen**, so ist zur Ermittlung des Wertes des Erbbaurechtes darauf abzustellen, welchen Wert die dem Erbbauberechtigten verliehene Möglichkeit, das Erbbaugrundstück zu bebauen, in dem Zeitpunkt darstellt, der für die Bestimmung der Qualität des enteigneten Rechtes maßgebend ist. Dabei können als wertbildende Faktoren Umfang und Intensität der dem Berechtigten verliehenen Rechtsmacht ebenso von Bedeutung sein wie Größe und Lage des Erbbaugrundstücks oder die allgemeinen tatsächlichen und wirtschaftlichen Verhältnisse in dem für die Qualität des enteigneten Rechtes maßgeblichen Zeitpunkt (BGH WM 1974, 1006 = MDR 1974, 650 = LM Nr. 21 zu LBG; *Krohn/Löwisch*, Rn. 406).

Erschließung, Erschließungszustand

292 1. Die Benutzbarkeit eines Grundstücks und damit auch sein Verkehrswert hängen u. a. davon ab, ob und wie es erschlossen ist und ob die Erschließungsbeiträge bezahlt sind. Solange die **ortsübliche Erschließung** nicht vorhanden bzw. nicht gesichert ist, kommt eine Bebauung des Grundstücks nicht in Betracht; es besteht ein uneingeschränktes Bauverbot. Zur neuzeitlichen Erschließung eines Grundstücks gehören insbesondere eine öffentliche zum Anbau bestimmte Straße nebst den erforderlichen Parkflächen und Grünanlagen sowie Anlagen zur Versorgung mit Elektrizität, Gas, Wärme und Wasser und zur Ableitung von Abwasser. Erschließungsanlagen befinden sich grundsätzlich außerhalb des Grundstücks und zählen deshalb nicht zu den Außenanlagen. Bei der Wertermittlung werden sie nicht gesondert erfasst, sondern bilden einen Teil des Bodenwertes. Das trifft allerdings uneingeschränkt nur zu, wenn die Erschließungsbeiträge bezahlt sind, es sich mithin um ein erschließungsbeitragsfreies (ebf.) Grundstück handelt. Anderenfalls empfiehlt sich ein Hinweis darauf, dass das Grundstück noch erschließungsbeitragspflichtig (ebp.) ist. Wirtschaftlich gesehen schöpft der Erschließungsbeitrag einen Teil der Bodenwertsteigerungen ab, die dem Eigentümer durch die Erschließung ohne eigenen Aufwand an Arbeit und Geld zufallen. Die Beitragsverpflichtung ist eine öffentliche Last des Grundstücks.

293 2. Der **Beitragspflicht** für die örtlichen Verkehrs- und Grünanlagen unterliegen Grundstücke, für die eine bauliche oder gewerbliche Nutzung festgesetzt ist, sobald sie bebaut oder gewerblich genutzt werden dürfen. Die Beitragspflicht entsteht mit der endgültigen Herstellung der Erschließungsanlagen (§ 133 Abs. 1 und 2 BauGB). Dabei unterstellt das Gesetz, dass die übrigen Voraussetzungen für die Entstehung der Beitragspflicht erfüllt sind, z. B. Erlass einer rechtsgültigen Satzung (§ 132 BauGB) oder Vorhandensein eines Bebauungsplans (§ 125 BauGB). Ist das nicht der Fall, entsteht die Beitragspflicht erst mit der Erfüllung der zeitlich letzten Voraussetzung. Der Erschließungsaufwand umfasst die Kosten für den Erwerb und die Freilegung der Flächen für die Verkehrs- und Grünanlagen, deren erstmalige Herstellung einschließlich der Einrichtungen für ihre Entwässerung und Beleuchtung. Dabei rechnet zum Erschließungs-

Jacobs
https://doi.org/10.1515/9783110682557-036

aufwand im Sinne des § 128 Abs. 1 BauGB nur derjenige Aufwand der Gemeinde, den sie als Erschließungsträger (§ 123 Abs. 1 BauGB) aufgrund gesetzlicher oder vertraglicher Verpflichtung tätigen musste (Grundsatz der Erforderlichkeit). Alles, was sie an Ort und Stelle vorfindet und verwendet, gehört grundsätzlich nicht dazu.

Soweit der Aufwand nicht anderweitig gedeckt ist, ist die Gemeinde berechtigt, 294
ihn bis zu 90 % unter den Anliegern zu verteilen (**Kostendeckungsgrundsatz**). Hierbei ist das Gebot zu beachten, alle Anlieger gleich und vorteilsgerecht zu behandeln. Maßstäbe für die Verteilung des beitragsfähigen Erschließungsaufwandes sind die Art und das Maß der baulichen oder sonstigen Nutzung, die Größe der Grundstücksflächen und die Grundstücksbreite an der Erschließungsanlage. Beitragspflichtig ist derjenige, der im Zeitpunkt der Zustellung des Beitragsbescheides Eigentümer des Grundstücks ist. Ist das Grundstück mit einem Erbbaurecht belastet, so ist der Erbbauberechtigte an Stelle des Eigentümers beitragspflichtig (§ 134 Abs. 1 S. 1 BauGB).

Das Baugesetzbuch enthält keine Beitragsregelung für die übrigen Erschließungs- 295
anlagen (Wasser- und Energieversorgung, Abwasserbeseitigung). Das Beitragsrecht dafür bleibt, weil es keine Erschließungsanlagen im Sinne des § 127 Abs. 2 BauGB sind, unberührt (§ 127 Abs. 4 BauGB). Damit gelten die Vorschriften der Gemeindeordnungen und der Abgabengesetze.

3. Die Vorschriften des Baugesetzbuches über die Zulässigkeit der baulichen und 296
sonstigen Nutzung – §§ 30 ff. – verlangen indes nicht immer alle modernen Erschließungsanlagen. § 35 BauGB begnügt sich damit, dass eine ausreichende Erschließung *gesichert* ist. Es genügen somit die Erschließungsanlagen, die nach Art und Zahl bis dahin ortsüblich gewesen sind. In abgelegenen Gebieten ist in der Regel weder eine Wasserleitung noch eine Kanalisation erforderlich; Brunnen und Fäkaliengrube reichen aus.

4. Nach § 123 Abs. 1 BauGB ist die Erschließung **Pflichtaufgabe der Gemeinde**, so- 297
weit sie nicht nach anderen gesetzlichen Vorschriften oder öffentlich-rechtlichen Verpflichtungen einem anderen obliegt (*Reidt* in BKL, § 123 Rn. 1). Im Einzelfall kann auch der Bund oder das Land Erschließungsträger sein. Das gilt besonders beim Straßenbau. Ebenso können Energieversorgungsunternehmen Träger von Erschließungsanlagen sein. Dass ein solcher Erschließungsträger zur Erhebung von Erschließungsbeiträgen nicht berechtigt ist, ergibt sich aus § 127 Abs. 1 BauGB; danach sind nur Gemeinden zur Erhebung von Erschließungsbeiträgen berechtigt und auch nur zur Deckung des Aufwands für ihre eigenen Erschließungsanlagen, die in § 127 Abs. 2 BauGB abschließend aufgelistet sind (vgl. *Reidt* in BKL, § 127 Rn. 10). Aber auch die Gemeinde kann in diesem Fall keinen Erschließungsbeitrag erheben. Denn aus §§ 123 Abs. 1 und 127 Abs. 1 BauGB ergibt sich, dass der Gemeinde ein Anspruch auf Erschließungsbeiträge nur dann zusteht, wenn ihr die Erschließung als eigene Aufgabe obliegt (BVerwG DÖV 1982, 328; dem dort entschiedenen Fall lag folgender Sachverhalt zugrunde: Der Bundesstraßenverwaltung war durch einen bestandskräftigen

Planfeststellungsbeschluss aufgrund von § 17 Abs. 4 FStrG in seiner damaligen Fassung der Bau einer Anliegerstraße auferlegt worden – öffentlich-rechtliche Verpflichtung. Die Gemeinde ihrerseits verpflichtete sich der Bundesstraßenverwaltung gegenüber zur Herstellung der Straße auf eigene Kosten. Die Gemeinde kann keine Erschließungsbeiträge verlangen; durch die Übernahme der Verpflichtung ist der Bau der Straße nicht zu einer eigenen Verpflichtung der Gemeinde geworden).

Erwerbsrechte

298 1. Gesondert entschädigt werden nach § 97 Abs. 3 Nr. 1 Alt. 4 BauGB, § 20 Abs. 2 LBG, die insoweit allgemeine Grundsätze des Enteignungsrechts widerspiegeln, die Inhaber von Erwerbsrechten, zumal diese Rechte bei einer Enteignung nicht aufrechterhalten werden können (vgl. § 20 Abs. 1 S. 2 LBG). Hierzu gehören das privatrechtliche dingliche **Vorkaufsrecht**, das **Wiederkaufsrecht**, das **Ankaufsrecht**, die **Vormerkung** sowie ein obligatorischer Käuferanspruch auf Übereignung des Grundstücks zu Eigentum; nicht darunter fallen Ansprüche Dritter, die auf einer Abnahmeverpflichtung des Grundstückseigentümers beruhen und durch Grunddienstbarkeiten abgesichert wurden. Wie allgemein bemisst sich die Entschädigung dieser Rechte nach deren Verkehrswert, d.h. deren Bewertung im gewöhnlichen Geschäftsverkehr (§ 95 Abs. 1 BauGB, § 18 Abs. 1 LBG; vgl. dazu *Groß* in EZBK, § 95 Rn. 33; *H. Fischer* Rn. 688ff.).

299 2. Der Verkehrswert des dinglichen **Vorkaufsrechtes**, das der Begünstigte durch die Enteignung verliert, ist selbständig neben dem des Grundstücks zu ermitteln, auf das es sich bezieht. Er ist nach dem wirtschaftlichen Vorteil zu bemessen, wobei wiederum auf objektive Gesichtspunkte abzustellen ist, z.B. Aussicht des Verkaufs in absehbarer Zeit, Bedeutung des Grundstücks zur Arrondierung des Betriebsgeländes u.ä. Ein bloßes Liebhaberinteresse muss unberücksichtigt bleiben (a.A. *Müller* NJW 1967, 1350, 1352). Der Verkehrswert des Vorkaufsrechts ist schwer zu bemessen, Maßgebend ist, inwieweit das Vorkaufsrecht dem Berechtigten einen Vorteil gewährt. Der wirtschaftliche Wert ist daher in der Regel daran zu messen, ob der Berechtigte einen Vermögenszuwachs erfährt, wenn aus dem Vorkaufsrecht ein Vollrecht wird (BGH NJW 1977, 156; *Fischer* in Kleiber, Verkehrswertermittlung von Grundstücken, S. 3128ff.).

300 Der Verkehrswert des belasteten Grundstücks wird in der Regel durch das Vorkaufsrecht nicht berührt, insbesondere nicht gemindert, da es mit dessen Nutzung nicht in Zusammenhang steht. Es kann aber im Grundstücksverkehr eine Rolle spielen – werterhöhend oder wertmindernd (näher dazu *Fischer* a.a.O., S. 3128f.). Es wäre allerdings nicht einzusehen, dem Grundstückseigentümer von der Entschädigung des Verkehrswertes wegen des Vorkaufsrechts Abzüge zu machen; denn das Vorkaufsrecht hindert ihn nicht, das Grundstück zum Verkehrswert zu verkaufen (vgl. *Büchs*, Handbuch, Rn. 3695; so auch *Dünchheim* in Marschall, § 9a Rn. 29 für das Vorkaufsrecht nach § 9a Abs. 6 FStrG).

https://doi.org/10.1515/9783110682557-037

Teilweise wird eine Entschädigungspflicht verneint, wenn dem privatrechtlichen Vorkaufsrecht ein gesetzliches (öffentlich-rechtliches, z.B. § 24 Abs. 1 BauGB, § 9a Abs. 6 FStrG) vorausging, da dieses, wenn es ausgeübt wird, in jedem Fall das privatrechtliche Vorkaufsrecht zum Erlöschen bringt (*H. Fischer*, Rn. 689f.). Dem ist nur für den Fall zuzustimmen, dass der Enteignungsunternehmer auch der Berechtigte aus dem gesetzlichen Vorkaufsrecht ist; denn nur so entfällt das privatrechtliche Vorkaufsrecht. Sind dagegen der (öffentlich-rechtliche) Vorkaufsberechtigte und der Enteignungsunternehmer nicht identisch, so käme der privatrechtliche Vorkaufsberechtigte immer dann zum Zuge, wenn der öffentlich-rechtliche Vorkaufsberechtigte sein Recht nicht ausübt, so dass er durch die Enteignung eine Rechtsposition verliert. Allerdings könnte eine geringere Entschädigung in Betracht zu ziehen sein, weil eben der privatrechtliche Vorkaufsberechtigte sein Recht nur bei Nichtausübung eines öffentlich-rechtlichen Vorkaufsrechts zur Geltung bringen kann. 301

3. Die **Vormerkung** (§ 883 BGB) schützt den schuldrechtlichen Anspruch auf eine dingliche Rechtsänderung, indem Verfügungen über das betroffene Recht, die den Anspruch des Vormerkungsberechtigten gefährden könnten, nach der Eintragung ihm gegenüber unwirksam sind, § 883 Abs. 2 BGB (zur Sicherung des Vorkaufsrechts nach § 9a Abs. 6 FStrG *Dünchheim* in Marschall, a.a.O.). Zudem hat die Vormerkung nach § 883 Abs. 3 BGB *rangwahrende* Wirkung (§ 879 BGB), da das gesicherte Recht – unabhängig vom Zeitpunkt der tatsächlichen Eintragung in das Grundbuch – den Rang der Vormerkung erhält. 302

Häufig dient eine Vormerkung zur Absicherung eines obligatorischen Erwerbsrechtes, etwa das des Käufers auf Übereignung des gekauften Grundstücks. Ein solches Erwerbsrecht ist, wenn es infolge des hoheitlichen Zugriffs auf das Grundstück verloren geht, besonders zu entschädigen (vgl. § 97 Abs. 3 Nr. 1 BauGB, nach § 20 Abs. 2 LBG dann, wenn der Berechtigte im Besitz des Grundstücks ist). Die Entschädigung ist nach dem Wert zu bemessen, den das erlöschende Recht für den Berechtigten hat. Einen wirtschaftlichen Vorteil bietet die Vormerkung dem Berechtigten nur bei einem besonders günstigen Grundstückskauf, wobei auf objektive Gesichtspunkte (Kaufpreis unter dem Verkehrswert, Unbeachtlichkeit eines Affektionsinteresses) abzustellen ist. Hat der Berechtigte das Grundstück zum Verkehrswert verkauft, so hat die Vormerkung keinen entschädigungsfähigen Wert (so auch *Müller* NJW 1967, 1352). Er kann allenfalls für „andere Vermögensnachteile" (vgl. § 96 Abs. 1 BauGB) entschädigt werden, wenn er im Hinblick auf die erwartete Grundbucheintragung als Eigentümer Aufwendungen gemacht, z.B. Notarkosten u.ä. gezahlt, hat (*Müller* NJW, ebenda). Der Verkehrswert des Grundstücks wird durch die Vormerkung nicht berührt, insbesondere nicht gemindert, da sie mit dessen Nutzung nicht im Zusammenhang steht.

Besteht lediglich ein **obligatorisches Erwerbsrecht** des Käufers ohne Sicherung durch Vormerkung, so ist dies entschädigungsrechtlich bedeutsam, wenn der Kaufpreis voll bezahlt ist und das einzige Hindernis für die Erfüllung des Übertragungsanspruchs in dem hoheitlichen Zugriff auf das Grundstück besteht. Bei der im Ent- 303 schädigungsrecht stets gebotenen wirtschaftlichen Betrachtungsweise ist es sachgerecht, den Berechtigten hinsichtlich der Entschädigung so zu behandeln, als ob er schon Eigentümer gewesen wäre (BGH WM 1969, 964 = BRS 26 Nr. 102). Der Wert des Käuferanspruchs wird nach oben durch den Wert des Eigentums am Grundstück begrenzt.

Existenzgefährdung landwirtschaftlicher Betriebe

304 1. Werden für die Umsetzung eines öffentlichen Bauvorhabens landwirtschaftliche Nutzflächen benötigt, ist bereits im vorausgehenden **Planfeststellungsverfahren** zu prüfen, ob der Flächenverlust die wirtschaftliche Existenz der betroffenen Landwirte gefährdet (BVerwGE 136, 332 = NVwZ 2010, 1295; BVerwG NVwZ 1991, 159; BayVGH, Urt. v. 24.11.2010 – 8 A 10.40024, juris). Denn im Rahmen des zu erlassenden Beschlusses sind **alle von der Maßnahme berührten öffentlichen und privaten Belange** zu gewichten und untereinander sowie gegeneinander abzuwägen. Diese Forderung nach einer umfassenden Abwägung beruht auf dem Wesen einer rechtsstaatlichen Planung und hat **Verfassungsrang** (BVerwGE 64, 270 = DVBl 1981, 933).

305 Zu den abwägungserheblichen privaten Belangen gehört in hervorgehobener Weise das durch Art. 14 Abs. 1 GG gewährleistete Eigentum an den Bedarfsflächen (BVerwGE 61, 295, 301; *Krohn/Löwisch,* Rn. 44) sowie **der eingerichtete und ausgeübte landwirtschaftliche Betrieb als selbstständig geschützte Rechtsposition**. Wenn der Flächenbedarf der öffentlichen Maßnahme ernsthafte Auswirkungen auf den **Fortbestand des Betriebes** hat, ist dieser Rechtsposition eine gesteigerte Bedeutung beizumessen (BVerwG NVwZ-RR 1999, 629 = Buchholz 407.4, § 17 FStrG Nr. 146; BVerwG BauR 2001, 900, 902).

306 Daneben berührt die Existenzvernichtung einer größeren Zahl von landwirtschaftlichen Produktionsstätten auch **öffentliche Interessen**, wenn sie zur **Strukturveränderung eines Agrarstandortes** führt (BVerwG NVwZ 1991, 159; BVerwG BauR 2001, 900, 902; BVerwG NVwZ 1991, 159). Daher kann z. B. ein Landwirt, dessen Grundstücke für den Bau einer neuen Straße benötigt werden und der deshalb die Verschiebung der Trasse oder gar das Absehen von der gesamten Baumaßnahme anstrebt, mögliche **Einwendungen gegen die vorgelegte Planung** nicht nur auf seine individuellen Belange, sondern auch auf den unverhältnismäßigen Eingriff in eine landwirtschaftlich geprägte Region als einen öffentlichen Belang stützen (BVerwGE 78, 347, 355; BVerwGE 77, 86, 91; BVerwGE 67, 74, 76 sowie BVerwG NVwZ a. a. O.). Wird die betriebliche Existenz durch den Eingriff jedoch weder vernichtet noch gefährdet, kann sich die Planfeststellungsbehörde grundsätzlich damit begnügen, den Eigentümer auf das nachfolgende Enteignungsverfahren zu verweisen (BVerwG, Urt. v. 23.3.2011 – 9 A 9/10, Rn. 28, juris).

307 Mit dem verbindlichen Angebot von ausreichendem, nach Lage und Qualität grundsätzlich geeigneten **Ersatzland** durch den Baulastträger verliert sein Vorbrin-

https://doi.org/10.1515/9783110682557-038

gen jedoch an Bedeutung (BVerwGE 106, 290 = NuR 1998, 604; BVerwGE 136, 332 = NVwZ 2010, 1295; BVerwGE 98, 339; BayVGH NuR 1997, 45; VGH Mannheim NuR 2002, 155). Er ist zwar grundsätzlich nicht verpflichtet das Ersatzlandangebot anzunehmen. Diese Offerte stellt jedoch sicher, dass die planbedingten Auswirkungen im nachfolgenden Entschädigungsverfahren **sachgerecht ausgeglichen oder zumindest erheblich gemindert** werden können. Lehnt der betroffene Eigentümer es jedoch ab, die angebotenen Flächen in seinen Betrieb einzubeziehen, um so die behauptete Existenzgefährdung abzuwenden, ist seine individuelle Betroffenheit in der planerischen Abwägung mit dem Gewicht zu werten, das ihr bei der Annahme des Ersatzlandangebots beizumessen wäre (BVerwG 98, 339, 355 f.; BVerwG NVwZ-RR 1991, 129; BayVGH NuR 1997, 45 ff. und NuR 1994, 244, 247).

Andererseits reicht die **Regelungskompetenz der Planfeststellungsbehörde** 308
nicht aus, den Vorhabensträger zu einem artgleichen Ersatz des Flächenverlustes verpflichten zu können. Die Aufgabe eines Planfeststellungsverfahrens besteht lediglich darin, den Eingriff in fremde Rechte zu prüfen und für zulässig zu erklären. Damit liefert der Planfeststellungsbeschluss zwar die Legitimation für den Zugriff auf privates Eigentum. Der konkrete Rechtsentzug erfolgt aber erst **im anschließenden Enteignungsverfahren** bzw. durch den nachfolgenden freihändigen Verkauf eines Grundstücks. Im Zusammenhang mit dem Eigentumsübergang ist dann auf der Grundlage des anzuwendenden Enteignungsrechtes auch **darüber zu entscheiden, ob der Flächenverlust in Geld oder in Land** als einer besonderen Form der enteignungsrechtlichen Entschädigung abzufinden ist (BVerwG BauR 2001, 900 = NuR 2002, 341; BVerwG NVwZ 1993, 77; s. a. *Gekle* AgrarR 1999, 365). Eine **Auflage im Planfeststellungsbeschluss**, die diese Entscheidung vorwegnimmt, ist **unzulässig, zumindest aber unbeachtlich** (BVerwG Buchholz 316 § 74 VwVfG Nr. 24; BVerwG, Beschl. v. 18.12.1997 – 4 B 63/97, unveröffentlicht; BVerwG NVwZ 1993, 477 = Buchholz 407.4 § 17 FStrG Nr. 88 = UPR 1992, 346). Weder aus § 17 FStrG noch aus den Vorschriften des allgemeinen Verwaltungsrechts lässt sich eine rechtliche Grundlage für die Festsetzung einer Ersatzlandentschädigung im Planfeststellungsbeschluss ableiten. Der **Anspruch auf geeignetes Ersatzland** ist **erst im nachfolgenden Enteignungsverfahren bzw. bei den freihändigen Entschädigungsverhandlungen** geltend zu machen (BVerwG BauR 2001, 900; BVerwG NVwZ-RR 1999, 629 f.; BVerwGE 106, 290 = UPR 1998, 149, 150 = NuR 1998, 604; BVerwG NVwZ 1993, 477 = UPR 1992, 346; BVerwG NJW 1981, 241; Buchholz 316 § 74 VwVfG Nr. 24 m. w. N.; s. a. *Bauer* NVwZ 1993, 441).

2. Eine öffentliche Maßnahme kann nur bei solchen Betrieben zu einer Existenz- 309
gefährdung führen, die ihrem Inhaber **vor dem Eingriff eine taugliche Lebensgrundlage** bieten, also in diesem Sinne als **„existenzfähig"** anzusehen sind (so BVerwGE 136, 332 = NVwZ 2010, 1295; BVerwG NVwZ 1991, 159; OVG Lüneburg NuR 119; BayVGH, Urt. v. 24.11.2010 – 8 A 10.40024, juris; *Krach* AgrarR 1991, 41). Dies ist anhand von objektiven Kriterien im Wesentlichen abstrakt zu beurteilen (BVerwGE 136, 332 = NVwZ 2010, 1295).

Maßgeblich ist, ob einerseits das wirtschaftliche Ergebnis allein ausreicht, um über die Deckung der Betriebskosten hinaus **langfristig den angemessenen Lebensunterhalt für die Bewirtschafterfamilie** sicherzustellen (grundlegend zur Existenzfähigkeit landwirtschaftlicher Betriebe: BVerwG NVwZ 1991. 159). Dabei ist die Prüfung der Existenzfähigkeit eines landwirtschaftlichen Betriebes nach betriebswirtschaftlichen Maßstäben durchzuführen (BVerwGE 136, 332 Rn. 28). Daher kann sich die Prüfung grundsätzlich auch nur auf **Vollerwerbsbetriebe** (*Krach* AgrarR 1991, 40) beziehen. Nebenerwerbsbetriebe können sich nur bei Vorliegen besonderer Umstände auf eine Existenzgefährdung berufen. So muss es sich um einen längerfristig lebensfähigen landwirtschaftlichen Nebenerwerbsbetrieb handeln, der eine nachhaltige Einkommensquelle darstellt, die neben dem Arbeitseinkommen relevant ist (BayVGH, Beschl. v. 9.9.2014 – 8 A 13.40047, juris). Individuelle Besonderheiten wie etwa Struktur und Arbeitsweise des Betriebes sind nur bedingt zu berücksichtigen. Außergewöhnliche Umstände, die in der Person des Eigentümers liegen, z. B. besondere Genügsamkeit oder der Verzicht auf Rücklagen wegen der Bewirtschaftung eines Auslaufbetriebes sind nicht beachtlich. Die **wirtschaftlich sinnvolle Existenz** des Betriebes – allein auf sie kommt es an – ist unabhängig von der seines Inhabers zu bewerten (BVerwG NVwZ 1991, 159). In diesem Zusammenhang ist es auch ohne Bedeutung, dass der Betrieb tatsächlich schon längere Zeit bestanden hat und sein Bewirtschafter mit dem dürftigen Ertrag zufrieden war oder dass umgekehrt ein Hof, der die defacto-Ausstattung für den Vollerwerb besitzt, aufgrund der individuellen Entscheidung des Landwirtes nur im Nebenbetrieb bewirtschaftet wird.

Nach Auffassung des **BVerwG** kann auch der Beeinträchtigung solcher Betriebe im Rahmen der planfeststellungsrechtlichen Abwägung Bedeutung zukommen, die lediglich als **eingeschränkt existenzfähig** zu beurteilen wären. Wie es in seiner Entscheidung vom 14.04.2010 (BVerwGE 136, 332, Rn. 28 = NVwZ 2010, 1295) hierzu festgestellt hat, darf die Planfeststellungsbehörde „*... nicht die Augen vor einer besonderen Art der Betriebsführung oder Bewirtschaftung verschließen, wenn diese dem Inhaber für einen beachtlichen Zeitraum eine gesicherte Existenzgrundlage bietet, die seinen (möglicherweise bescheidenen) Lebensansprüchen genügt, weil er so – ungeachtet betriebswirtschaftlicher Kategorien wie Eigenkapitalbildung und Faktorentlohnung – schlicht ‚von seiner Hände Arbeit' leben kann*“.

310 Nach der landwirtschaftlichen Betriebslehre kommt es weiterhin darauf an, dass der erwirtschaftete Gewinn eine **ausreichende Eigenkapitalbildung** zulässt. Dies ist notwendig, um die Aufwendungen für die reine Substanzerhaltung zu finanzieren. Denn die üblichen steuerlichen Abschreibungssätze für Gebäude und Landmaschinen reichen für Ersatzbeschaffungen gewöhnlich nicht aus. Außerdem werden Mittel benötigt, um notwendige Wachstumsinvestitionen zu ermöglichen, die den Betrieb langfristig entwicklungsfähig halten.

311 Der **Erfolg eines Betriebes** setzt sich im Wesentlichen aus den **Erträgen der Bodennutzung und der Tierhaltung** zusammen. Hinzu kommen Einkünfte aus sonstigen Einnahmequellen, die der Landwirtschaft im weiteren Sinne zuzurechnen sind,

z. B. Beherbergung von Feriengästen („Ferien auf dem Bauernhof"), Tierpensionshaltung oder Ausgleichszahlungen der EU (BVerwGE 136, 332 = NVwZ 2010, 1295). Die für ihre Berechnung **erforderlichen Angaben** hat die **Planfeststellungsbehörde im Rahmen ihrer Amtsermittlungspflicht** zu erheben. Inwieweit dazu konkrete Informationen bei den zuständigen Landwirtschaftsbehörden im Wege der Amtshilfe abgerufen werden können, muss nach dem Datenschutzrecht beurteilt werden (vgl. Art. 6 Abs. 1–4 DSGVO i. V. m. Art. 5 Abs. 1 Nr. 1, 6 Abs. 2 BayDSG). Der betroffene Landwirt hat die benötigten Daten aufgrund seiner Mitwirkungs- und Darlegungsverpflichtung offen zu legen. Bei buchführenden Betrieben, die ihren Gewinn nach § 4 Abs. 1 EStG oder über einen Einnahmen/Ausgabenvergleich nach § 4 Abs. 3 EStG ermitteln, kann dies beispielsweise durch Übermittlung der Ansätze aus der Einkommenssteuererklärung geschehen. Kommt der Betriebsinhaber dieser Obliegenheit nicht nach, kann er sich nach dem Grundsatz von Treu und Glauben später nicht auf eine unzureichende Berücksichtigung seiner Belange berufen (s. hierzu auch BVerwG NVwZ-RR 1991, 129, 137). Auf der Grundlage der ermittelten individuellen Betriebsdaten lässt sich mit Hilfe von Standardwerten der Betriebsgewinn hinreichend genau bestimmen.

Im Ergebnis hat der BayVGH in einer Entscheidung aus dem Jahr 2010 jedenfalls **ab einem Jahresgewinn von 25.000 €** das **Vorliegen eines existenzfähigen Vollerwerbsbetriebes** bejaht (BayVGH v. vom 24.11.2010 – 8 A 10.40024, juris).

Die aus Art. 14 Abs. 1 GG abzuleitende **Substanzgarantie des Eigentums** verlangt, dass die Auswirkungen einer Baumaßnahme auf die Existenzfähigkeit eines landwirtschaftlichen Betriebes allein **nach dem Umfang der benötigten Flächen** zu beurteilen sind. Deshalb dürfen die Zinsen einer gewinnbringend angelegten Geldentschädigung, anders als im Fall einer bloßen Wertgarantie, bei der Prüfung der Existenzgefährdung nicht berücksichtigt werden. Entscheidend ist demnach, ob ein Vollerwerbslandwirt auf den nach Umsetzung des Bauvorhabens verbleibenden Nutzflächen einen ausreichenden Gewinn erzielen kann. Die Frage, inwieweit der Betriebsinhaber mit den wirtschaftlichen Erträgen aus der Entschädigungsleistung künftige Einkommensdefizite auszugleichen vermag, ist folglich für die planungsrechtliche Abwägung ohne Bedeutung (BVerwG NVwZ 1991, 159); sie wird erst wieder bei der Feststellung der Entschädigungshöhe im Rahmen der Ermittlung eines eventuell auszugleichenden Erwerbsverlustes relevant (BGHZ 67, 190 = NJW 1977, 189 = MDR 1977, 208). 312

3. Der baubedingte Entzug von Grund und Boden führt bei gesunden landwirtschaftlichen Betrieben erst dann zu einer Existenzgefährdung, wenn ein **wesentlicher Teil der bewirtschafteten Betriebsgrundstücke** davon betroffen ist (s. *Krach* AgrarR 1991, 41). Flächeneinbußen bis etwa **5 % der gesamten Betriebsfläche** wirken sich regelmäßig nicht aus. Denn geringe Flächenverluste können nach allgemeiner Erfahrung durch betriebliche Umstrukturierungs- und Anpassungsmaßnahmen ausgeglichen werden (BVerwGE 136, 332 = NVwZ 2010, 1295, Rn. 27; BayVGH VGHE BY 61, 243; BayVGH BayVBl 2007, 564). Dies gilt unabhängig davon, dass sich die Existenzgefährdung nicht abstrakt nach dem Anteil der benötigten Flächen an der Gesamtfläche, 313

sondern nach der Ertragssituation bemisst. Die 5 %-Grenze ist auch dann eingehalten, wenn durch ein Angebot von geeignetem und vertretbarem Ersatzland der Flächenverlust unter dieser Grenze gehalten werden kann.

314 Zum Umfang der zu entziehenden Fläche sind neben den Eigentumsflächen **auch langfristig gesicherte Pachtflächen** (s. hierzu BVerwGE 136, 332 Rn. 27; BayVGH BayVBl 2007, 564) und die als Folge des Planvorhabens entstehenden sog. „unwirtschaftlichen Restflächen“ zu zählen. Letztere sind Teile eines von der Baumaßnahme betroffenen Grundstückes, die zwar im Eigentum des Bewirtschafters verbleiben, von ihm aber nicht mehr mit wirtschaftlich vertretbarem Aufwand genutzt werden können.

315 Der Verlust von **kurzfristig** angepachteten Flächen sowie die vorübergehende Ausweisung von Arbeitsstreifen oder Lagerplätzen auf den Betriebsflächen haben hingegen keine nachhaltigen Auswirkungen auf die Existenzfähigkeit eines Betriebes, da sie seine langfristige Ertragslage nicht beeinträchtigen.

316 4. Der existenzbedrohende Eingriff in den Bestand landwirtschaftlicher Betriebe ist nicht nur für die Interessenabwägung im Genehmigungsverfahren, sondern auch für das **Enteignungs- bzw. Entschädigungsverfahren** von erheblicher Bedeutung. Denn ein umfangreicher Flächenentzug kann Konsequenzen für die Art der zu gewährenden Entschädigung haben, da die meisten Enteignungsvorschriften des Bundes und der Länder einen **Entschädigungsanspruch in Land** vorsehen, wenn die Sicherung der Berufs- und Erwerbstätigkeit des Grundeigentümers dies erfordert (z. B. § 100 Abs. 1 BauGB, §§ 22, 23 LBG, Art. 14 BayEG etc.; s. a. § 100 Abs. 3 BauGB, der eine Ersatzlandentschädigung für weitere Fälle vorsieht, in denen sich die Enteignung derart auf die Lebensverhältnisse der Betroffenen auswirkt, dass eine Geldentschädigung keinen angemessenen Ausgleich bieten kann).

317 Auf entsprechenden Antrag des Eigentümers hat die **Enteignungsbehörde** selbständig zu prüfen, ob sich der Flächenverlust gefährdend auf die wirtschaftliche Existenz des Bewirtschafters auswirkt. Sie ist dabei **nicht** an die Erkenntnisse der Planfeststellungsbehörde **gebunden**, da die Feststellung der Existenzgefährdung nicht Teil der von ihr zutreffenden Entscheidung ist (a. A. VGH Kassel U. v. 16.6.1992 – 2 UE 1237/87, juris). Bei einer erwiesenen Existenzgefährdung wird der Unternehmensträger dazu verpflichtet, **Ersatzland zur Verfügung zu stellen**. Voraussetzung ist jedoch, dass der Unternehmensträger über geeignetes Land verfügt oder sich dies, notfalls durch Enteignung, verschaffen kann. Eventuelle **Wertdifferenzen** zwischen abzugebender Fläche und dem Ersatzland sind finanziell abzugelten. Verbleibende Bewirtschaftungserschwernisse auf den angebotenen Flächen, wie z. B. die weitere Entfernung zum Hof oder schlechtere Zufahrtsmöglichkeiten, sind durch entsprechende Entschädigungsleistungen auszugleichen. Für den Fall, dass der **Restbesitz nicht mehr wirtschaftlich sinnvoll nutzbar** ist, kann der Eigentümer sogar die Ausdehnung der Enteignung auf die verbliebenen Grundstücke und Übernahme der Kosten für eine Hofabsiedlung verlangen (s. a. § 92 Abs. 3 BauGB).

Beschließt der betroffene Landwirt, sich das benötigte Ersatzland mit dem als Entschädigung erhaltenen Entgelt selbst zu beschaffen und stimmt der Unternehmensträger dieser Entscheidung zu, hat er ihm die insoweit ersparten eigenen **Grunderwerbsnebenkosten** zu erstatten (s. § 100 Abs. 9 BauGB für den Fall der Enteignung). Hierunter fallen Notariats- und Grundbuchkosten, die Grunderwerbssteuer, Vermessungsgebühren, aber auch eventuell angefallene Maklergebühren (*Reisnecker* in Brügelmann, § 100 Rn. 64; *Battis* in BKL, § 100 Rn. 12). Der Erstattungsanspruch setzt stets voraus, dass diese Kosten auch tatsächlich angefallen sind. 318

Ausnahmsweise kann auch der **Unternehmensträger** beantragen, die Entschädigung billigerweise in Land festzusetzen, wenn er selbst über ausreichend geeignete Flächen verfügt oder sie ohne Schwierigkeiten beschaffen kann (§ 100 Abs. 4 BauGB, Art. 14 Abs. 3 BayEG). Allerdings darf dem Landwirt wegen der verfassungsrechtlichen Regelung in Art. 14 Abs. 3 S. 3 GG kein Ersatzland gegen seinen Willen aufgedrängt werden, da bei der Festsetzung der Entschädigung auch seine Interessen zu berücksichtigen sind. Lehnt er jedoch die Annahme von geeigneten Ersatzgrundstücken ohne nachvollziehbare Begründung ab, kann ihm ein Verstoß gegen den auch im Entschädigungsrecht nach § 93 Abs. 3 S. 2 BauGB i. V. m. § 254 BGB zu beachtenden Grundsatz der Schadensminderungspflicht entgegengehalten werden (*Battis* in BKL, § 100 Rn. 6; a. A. *Reisnecker* in Brügelamann, § 100 Rn. 12). In diesem Fall ist er entschädigungsrechtlich in Hinblick auf mögliche Nebenschäden so zu behandeln, als hätte er das Ersatzlandangebot angenommen. 319

Fährgerechtigkeit (Fährbetrieb)

320 1. Zu den Regalien des Staates (nutzbare Hoheitsrechte) gehörte seit alters her das **Fährregal**. Dadurch war der Staat allein befugt, an Wasserläufen Fähren zum gewerbsmäßigen Übersetzen zu unterhalten. In Preußen war dies für öffentliche Flüsse in § 51 II 15 ALR ausdrücklich ausgesprochen. Damit ist aus der Sicht der heutigen Verwaltungsrechtslehre das Betreiben einer Fähre vom Gemeingebrauch am öffentlichen Gewässer ausgenommen und als Sondernutzung anzusehen (BGH DVBl 1973, 214, 215). Die Länder Baden-Württemberg, Hessen und Nordrhein-Westfalen, die ein staatliches Fährregal nicht oder nicht mehr kennen, haben in ihren Landeswassergesetzen den Betrieb einer Fähre als Sondernutzung am öffentlichen Gewässer geregelt, die der Erlaubnis oder Bewilligung nach dem Wasserhaushaltsgesetz bzw. der Genehmigung durch die obere Verwaltungsbehörde bedarf.

321 2. Im Geltungsbereich des Fährregals sind häufig durch staatliche Verleihung oder durch Ersitzung **private Fährgerechtigkeiten** entstanden. Nach ständiger Rechtsprechung gehören diese aus dem staatlichen Fährregal abgeleiteten Fährgerechtigkeiten als subjektive private Rechte zum Vermögen ihrer Inhaber (BGHZ 94, 373, 375 = DVBl 1985, 1377 = DÖV 1985, 1064). Dass das Fährregal als nutzbares Hoheitsrecht insoweit als privates Nutzungsrecht ausgeübt wird, ist ausschließlich geschichtlich zu erklären. Fährgerechtigkeiten sind daher Eigentum im Sinne des Art. 14 Abs. 1 GG (BGHZ a. a. O.).

322 3. Die Fährgerechtigkeit gewährt ihrem Inhaber das **Recht, an einer bestimmten Stelle über den öffentlichen Wasserlauf gewerbsmäßig überzusetzen**, und zwar **in beide Richtungen**. Wenn als Folge des Baues einer Brücke ein solcher Fährbetrieb unwirtschaftlich wird und eingestellt werden muss, liegt die Frage nach einer Enteignungsentschädigung nahe. Als Rechtsgrundlage dafür kommen die zum enteignenden Eingriff entwickelten Grundsätze in Betracht. Der Bau einer Brücke auf der Grundlage eines Planfeststellungsbeschlusses und die Eröffnung des Verkehrs darauf sind rechtmäßige hoheitliche Maßnahmen, gegen die sich der Fährbetrieb nicht wehren kann und deren Auswirkungen er hinnehmen muss. Dabei setzt der Anspruch auf Entschädigung nicht voraus, dass sich die hoheitliche Maßnahme auf den Bestand des geschützten Rechts auswirkt (hier z. B. Entzug der Fährgerechtigkeit). Beim enteignenden Eingriff genügen tatsächliche Einwirkungen des hoheitlichen Handelns, sofern sie das Recht innerhalb seiner Schutzgrenzen beeinträchtigen. Es kommt mithin darauf an, wie weit im Einzelfall die Rechtsstellung einer Fährgerechtigkeit inhaltlich und räumlich reicht.

323 Eine verliehene oder ersessene Fährgerechtigkeit ist das Recht, an einem bestimmten Platz Personen und Sachen gegen Entgelt (gewerbsmäßig) über ein Gewässer zu befördern. Da eine Fährverbindung in das öffentliche Wegenetz eingebunden ist (Ersatz einer Brücke), steht dem Recht zwangsläufig die Pflicht zur Beförderung ge-

Jacobs
https://doi.org/10.1515/9783110682557-039

genüber. Innerhalb der Schutzgrenzen einer Fährgerechtigkeit liegen deshalb die **An- und Ablegestellen** und der für das Fahren der Fähre erforderliche Wasserstreifen einschließlich eines beiderseitigen Sicherheitsstreifens. Anderenfalls fehlt es an einer abgesicherten Grundlage für den Fährverkehr. Darauf ist der Inhaber der Fährgerechtigkeit aber angewiesen; denn die Einrichtung eines Fährbetriebes erfordert einen erheblichen finanziellen Aufwand. Das wiederum bedeutet, dass die Fährgerechtigkeit zugleich ein ihren Inhaber schützendes Ausschließlichkeitsrecht darstellt. Dem Staat ist es darum verwehrt, im Einzugsbereich weitere Fährverbindungen zuzulassen. Eine Ausnahme kommt in Betracht, wenn der Verkehr stark zugenommen hat und eine Fährverbindung nicht mehr ausreicht. Aber auch dann wird man zunächst den bereits ausgeübten Fährbetrieb fragen müssen, ob er seinen Betrieb erweitern und z. B. ein weiteres Fährschiff in Dienst stellen will.

Diese an sich starke Stellung der Fährgerechtigkeit versagt jedoch gegenüber dem Bau einer Brücke. Bei der Einräumung einer Fährgerechtigkeit begibt sich der Staat nicht des Rechtes, Brücken zu bauen, die zur Anpassung des Wegenetzes an gestiegene Verkehrsbedürfnisse gebraucht werden. **Fährgerechtigkeiten und Brückenbaurechte sind Berechtigungen verschiedener Art** (BGHZ 94, 373, 376 = DVBl 1985, 1377, 1378 = DÖV 1985, 1064, 1065). Es wäre in der Tat auch befremdlich, wenn der Geber eines Rechtes das gegebene Recht entschädigen müsste, obgleich ihn ausschließlich gewichtige Gründe des öffentlichen Wohles zu einer das Recht beeinträchtigenden Maßnahme zwingen. Nötig ist allerdings, dass zwischen der Einräumung des Rechts und der beeinträchtigenden Maßnahme eine angemessene Zeitspanne liegt; sonst ist das wirtschaftliche Wagnis, das mit der Einrichtung eines Fährbetriebes verbunden ist, nicht ausgewogen verteilt. Darin liegt letztlich die Schwachstelle der Fährgerechtigkeit; sie ist vergleichbar einem Recht mit Widerrufsvorbehalt. Das unabweisbare Bedürfnis für eine Brücke ist einem Widerruf aus sachgerechtem Grund gleichzustellen. Darauf weist auch der Umstand hin, dass heute Fährrechte vielfach nur noch als Sondernutzung eingeräumt werden.

Auch die Einbindung der Fähre in das öffentliche Wegenetz gewährt dem Inhaber 324
einer Fährgerechtigkeit **keinen Anspruch** darauf, dass das Wegenetz in seinem Einzugsbereich nicht ergänzt oder erweitert wird. Die Fähre als Teil des Wegenetzes muss sich im Gegenteil Veränderungen in besonderem Maße gefallen lassen. Demzufolge gehören die vor dem Bau der Brücke vorhandenen Verkehrsverbindungen nicht zum geschützten Bestand der Fährgerechtigkeit. Der Fährbetrieb hat dadurch lediglich allgemeine Gegebenheiten ausgenutzt, die jedermann zugänglich sind (BGHZ 78, 41, 44 = NJW 1980, 2700, 2701).

4. In dem Fall **BGHZ 94, 373** handelt es sich um eine Autobahnbrücke über den Rhein, 325
die 3 km von der Fährverbindung entfernt den Strom überquert. Der Leitsatz der Entscheidung lautet: *„Es besteht keine Entschädigungspflicht des Staates, wenn die Inbetriebnahme einer dem überörtlichen Verkehr dienenden Flussbrücke dazu führt, dass ein 3 km entfernter Fährbetrieb zum Erliegen kommt.“* Das könnte zu der Ansicht verleiten,

dass der Fall anders hätte entschieden werden müssen, wenn die Brücke z. B. im Zuge einer Stadt- oder Gemeindestraße errichtet worden wäre oder die Entfernung nur wenige hundert Meter betragen hätte. In diesen Fällen bestände aber ebenfalls keine Entschädigungspflicht des Staates (Straßenbaulastträgers). Eine Enteignungsentschädigung kann nicht einmal dann verlangt werden, wenn der Fährbetrieb schon zu Beginn der Bauarbeiten eingestellt werden muss, etwa weil ein Brückenpfeiler in der Fahrrinne der Fähre errichtet wird. Es macht keinen Unterschied, wie nachteilig die Einwirkungen des Brückenbaues auf den Fährbetrieb sind. Der Fall, in dem die Brücke dem Fährverkehr gleichsam im Wege steht, ist nicht anders zu behandeln als der, in dem die Verkehrsteilnehmer nunmehr anstelle der Fähre aus vielerlei Gründen die Brücke benutzen. Ebenso wenig spielt eine Rolle, ob die Brücke vornehmlich dem überörtlichen oder örtlichen Verkehr dient. In keinem Fall greift der Staat in die geschützte Rechtsstellung des Fährbetriebes ein. Durch den Bau einer aus verkehrlichen Gründen dringend erforderlichen Brücke endet im Verhältnis zum Staat jedenfalls die Fährgerechtigkeit, und der Schutz des Fährbetriebes als eingerichteter und ausgeübter Gewerbebetrieb reicht nicht weiter als der Schutz, der seiner wirtschaftlichen Grundlage zukommt (BVerfGE 58, 300, 353 = NJW 1982, 745, 753 – *Nassauskiesung*).

326 5. Eine andere Frage ist, ob dieses aus der Sicht des Fährbetriebes unerfreuliche Ergebnis eines Enteignungsverfahrens nicht durch **rechtzeitige Einwendungen im zeitlich vorausgehenden Planfeststellungsverfahren** vermieden werden kann. Denn die Planfeststellungsbehörde muss Schutzauflagen anordnen, wenn durch das geplante Vorhaben Rechte anderer betroffen werden und daraus erhebliche Nachteile für den Rechtsinhaber entstehen. Sind solche Auflagen mit dem Vorhaben unvereinbar oder stehen ihre Kosten außer Verhältnis zu dem angestrebten Schutzzweck, so hat der Betroffene einen Anspruch auf angemessene Entschädigung in Geld (z. B. § 74 Abs. 2 VwVfG und z. B. § 39 StrWG NW i. V. m. § 74 Abs. 2 VwVfG NW). Betrachtet man jedoch den Zweck und das Ziel dieser Schutzbestimmungen, so zeigt sich, dass dem betroffenen Fährbetrieb auch auf diesem Weg nicht geholfen werden kann. Zweck und Ziel bestehen darin, die Nachbarschaft und Umgebung eines Straßenbauvorhabens vor dessen Gefahren und erheblichen Beeinträchtigungen zu schützen; das Vorhaben soll sich schonend in die Umgebung einfügen und für die Umwelt allgemeinverträglich gestaltet werden. Darum kann es nicht Aufgabe dieser Bestimmungen sein, einem Fährbetrieb die wirtschaftliche Grundlage zu erhalten. Das ist auch mit keiner denkbaren Schutzauflage zu erreichen, sondern eine Frage der Linienbestimmung. Der Standort der geplanten Brücke müsste so weit verschoben werden, dass die Brücke für die Benutzer der Fährverbindung keine Alternative mehr darstellt. Dementsprechend kann in einem solchen Fall auch nach § 74 Abs. 2 Satz 3 VwVfG keine Entschädigung in Geld verlangt werden. Ist § 74 Abs. 2 Satz 2 VwVfG tatbestandlich nicht erfüllt, so ist auch Satz 3 nicht anwendbar. Sofern der Hinweis auf die gebotene Abwägung im Planfeststellungsverfahren in BGHZ 94 auf S. 377 den früheren § 17 Abs. 4 FStrG im Auge hat, führt er ebenfalls nicht weiter. Einwendungen des Fähr-

betriebes im Planfeststellungsverfahren müssen deshalb auf eine Änderung der Linienführung abzielen.

Faktisches Bauland

1. Unter faktischem Bauland versteht man Grundstücke im Außenbereich, die recht- **327** mäßig bebaut sind und damit baulich genutzt werden (§ 35 BauGB). Dem steht das Bauland im planungsrechtlichen Sinne gegenüber; hierzu gehören Grundstücke, für die ein Bebauungsplan eine bauliche Nutzung vorsieht (§ 30 BauGB) oder die innerhalb der im Zusammenhang bebauten Ortsteile liegen und deren bauliche Nutzung unter den Voraussetzungen des § 34 BauGB zulässig ist.

2. **§ 35 BauGB**, der eine Inhalts- und Schrankenbestimmung im Sinne des Art. 14 **328** Abs. 1 Satz 2 GG für die bauliche Nutzung des Außenbereichs darstellt, unterscheidet zwischen bevorzugten (Abs. 1), sonstigen (Abs. 2) und begünstigten Vorhaben (Abs. 4). Zu den bevorzugten Vorhaben zählen u.a. Vorhaben, die einem landwirtschaftlichen oder forstwirtschaftlichen Betrieb oder dem öffentlichen Nachrichten-, Verkehrs- und Versorgungswesen dienen oder an den Außenbereich gebunden sind. Der Preis eines in dieser Form bebauten Grundstücks richtet sich nach dem Verkehrswert der umliegenden Grundstücke. Denn dafür kann der Betroffene ein Ersatzgrundstück in entsprechender Lage erwerben, zumal für ein bevorzugtes Vorhaben, das zum Wohle der Allgemeinheit verdrängt wurde, an anderer Stelle im Außenbereich in der Regel eine Genehmigung erteilt wird. Daneben sind die vorhandenen Erschließungsanlagen (Wegeanschlüsse, Versorgungsleitungen, Abwassereinrichtungen usw.) zu entschädigen.

3. Für **„sonstige" Vorhaben im Außenbereich** (im Sinne von § 35 Abs. 2 BauGB) gilt **329** in besonderem Maße der Grundsatz, dass die bauliche Nutzung eines im Außenbereich gelegenen Grundstücks die Ausnahme bildet. Die Wahrung öffentlicher Belange ist unabdingbar. Der Außenbereich mit seiner naturgegebenen Bodennutzung und seinen Erholungsmöglichkeiten muss grundsätzlich vor dem Eindringen wesensfremder Nutzung bewahrt bleiben, insbesondere vor der Benutzung zum Wohnen; eine Zersiedelung der Außenbereichslandschaft soll verhindert werden (BGH NVwZ 1991, 404 = MDR 1991, 229, Rn. 8). Daran ändert auch nichts die höchstrichterliche Rechtsprechung, wonach die Entscheidung über die Zulassung eines sonstigen Vorhabens nicht im freien Ermessen der Behörde steht, sondern auch sonstige Vorhaben zugelassen werden müssen, wenn durch sie öffentliche Belange nicht beeinträchtigt werden (BVerwGE 18, 247, 250 = NJW 1964, 1973, 1974; BGHZ 94, 77, 85 = NJW 1985, 3071, 3072; BGH NJW 1981, 982).

Der Umstand, dass sonstige Vorhaben dem Außenbereich nicht wesensgemäß **330** sind, hat auf den Wert eines im Außenbereich gelegenen Grundstücks, das beispiels-

https://doi.org/10.1515/9783110682557-040

weise mit einem Eigenheim oder Wochenendhaus bebaut ist, einen nicht unerheblichen Einfluss. Die Unterschiede zum planungsrechtlichen Bauland liegen auf der Hand. Von Bauland als verfassungsmäßig geschützter Rechtsposition kann bei einem mit einem sonstigen Vorhaben bebauten Grundstück nur bedingt gesprochen werden (BGH NVwZ a.a.O.). Das Recht auf eine erneute Bebauung ist wegen der vorgeschriebenen Berücksichtigung öffentlicher Belange, die ständig den allgemeinen Bedürfnissen angepasst werden, erheblich schwächer. Der Eigentümer eines „sonstigen" Vorhabens im Außenbereich, das z.B. durch Brand, Naturereignisse oder andere außergewöhnliche Ereignisse zerstört wurde, kann zwar im Rahmen des Bestandsschutzes das Objekt an gleicher Stelle wiederherstellen; Neubauten sind allerdings unzulässig. Ihm kann nicht entgegengehalten werden, dass der Wiederaufbau dem Flächennutzungsplan oder einem Landschaftsplan widerspreche, die natürliche Eigenart der Landschaft beeinträchtige oder die Entstehung, Verfestigung oder Erweiterung einer Splittersiedlung befürchten lasse (§ 35 Abs. 4 BauGB). Der Wiederaufbau kann aber leicht an anderen öffentlichen Belangen scheitern, z.B. an den Belangen des Orts- und Landschaftsbildes, des Natur- und Landschaftsschutzes, der Wasserwirtschaft, der Sicherheit und Leichtigkeit des Verkehrs oder des Straßenbaus (§ 35 Abs. 3 BauBG, dessen Aufzählung nicht abschließend, sondern nur beispielhaft ist). Eine geplante Straße wird zum öffentlichen Belang, wenn die Planung genügend verfestigt ist. „Verfestigt" heißt, dass der Planinhalt auf dem einzelnen Grundstück ausreichend genau erkennbar ist und die Verwirklichung der Planung hinreichend sicher erscheint (BGHZ 94, 77, 85 = NJW 1985, 3071, 3072). Des Weiteren gilt die Erleichterung überhaupt nicht, wenn das alte Gebäude nicht vorzeitig vernichtet worden ist, sondern wegen fehlender Unterhaltung oder Alters abgängig war. § 35 Abs. 4 Nr. 3 BauGB setzt voraus, dass vor der Zerstörung noch ein funktionsgerecht nutzbarer Baubestand vorhanden war (vgl. OVG NW NJW 1978, 236).

331 In den meisten Fällen ist solches Bauland auch nicht in dem Maße erschlossen wie planungsrechtliches. Statt Wasserleitung und Kanalisation stehen vielfach lediglich Brunnen und Fäkaliengrube zur Verfügung. Hinzu kommen häufig ungenügende öffentliche Verkehrsverbindungen und weite Wege zu Ladengeschäften, Postamt, Kirche usw. Erfahrungsgemäß wirken sich solche Umstände wertmindernd aus, so dass die Baulandpreise der nächstgelegenen Wohngebiete mit vergleichbarer baulicher Ausnutzung bei der Bewertung nur einen Anhaltspunkt bilden können. Die wertmindernden Umstände sind durch entsprechende Abschläge zu erfassen. Andererseits können auch Zuschläge für Ruhe, Abgeschiedenheit, weite Sicht, Nähe eines Wassers und ähnliches in Betracht kommen.

In der Praxis werden das „faktische Bauland" in **verschiedenen Zonen aufgeteilt**, etwa eine Zone mit quasi-Baulandqualität und Zonen mit Nutz- und Ziergärten. Bei der Höhe der Entschädigung spielen auch die Wohnerwartungen und Wohngewohnheiten eine Rolle (Stichwort „Wohnen im Grünen"), was Zuschläge rechtfertigt (BVerwG GuG 1990, 36, 37; BGH NVwZ a.a.O. Rn. 8). Gehölze und Aufwuchs sind gesondert zu bewerten (BGH NVwZ 2015, 531 Rn. 18f. – zur „Methode Koch").

Die Höhe des Preises für faktisches Bauland hängt zudem von der Restlebensdauer des darauf stehenden Gebäudes ab. Der volle Betrag – ermittelt nach den aufgezeigten Gesichtspunkten – wird deshalb nur in Betracht kommen, wenn das Gebäude erst jüngst errichtet worden ist. Bei Gebäuden dagegen, die kurz vor ihrem Abgang infolge Alters stehen und mit deren Ersetzung durch einen Neubau nicht gerechnet werden kann, wird der Preis dagegen nur geringfügig über dem Preis für das umliegende Außenbereichsgelände liegen.

Faktische Sperren

1. Neben der förmlichen Veränderungssperre (vgl. → **Veränderungssperre**) kann 332 auch eine „faktische Sperre" in enteignender Weise in das Grundeigentum eingreifen. Im Enteignungsrecht ist entscheidend auf die wirtschaftliche Bedeutung einer Maßnahme abzustellen. Darum genügt für einen entschädigungspflichtigen Eingriff bereits die tatsächliche Einwirkung auf die Rechtsstellung des Betroffenen. Nicht nötig ist die Wegnahme oder Beschränkung des geschützten Rechts.

2. Eine **faktische Bausperre** besteht, wenn nach allgemeinem Bau- und Bodenrecht 333 begründete Bauanträge nicht genehmigt, nicht bearbeitet, zurückgestellt, verzögert beschieden oder grundsätzlich abgelehnt werden (*Breuer* in Schrödter, § 18 Rn. 61ff.; *Battis* in BKL, § 18 Rn. 6). Ein solches Behördenverhalten ist in der Regel rechtswidrig. Hat die Baugenehmigungsbehörde deutlich zu erkennen gegeben, dass sie jeden Bauantrag ablehnen werde, so ist auch dann von einer faktischen Bausperre auszugehen, wenn der Eigentümer deshalb davon abgesehen hat, einen ernstlich gewollten Antrag einzureichen. Unter diesen Umständen gleichwohl die Stellung eines Bauantrages zu verlangen, wäre eine nicht zu billigende Überforderung (BGH BauR 1982, 247 = NJW 1982, 1703 = BRS 45 Nr. 10; BGH BauR 1972, 364 = WM 1972, 71 = BRS 26 Nr. 90;). Als faktische Bausperre kann sich auch die rechtswidrige Versagung einer Teilungsgenehmigung nach § 19 BauGB erweisen, wenn dadurch die Veräußerung eines Grundstücksteils zu Bauzwecken verhindert oder verzögert wird (BGHZ 134, 316 = NJW 1997, 1229 = WF 1997, 100). Vgl. auch BGH in BGHZ 136, 182 = NJW 1997, 3432 = WF 1997, 188 = BGHR GG vor Art. 1 – enteignungsgleicher Eingriff 4, der sich mit dem Fall einer rechtswidrigen Versagung der Genehmigung nach dem Grundstücksverkehrsgesetz befasst.

Selbstverständlich besteht keine faktische Bausperre, wenn das Vorhaben schon nach dem materiellen Recht ausgeschlossen oder beschränkt ist. Die angestrebte Bebauung muss an sich zulässig sein und durch die Sperre tatsächlich verhindert oder eingeschränkt worden sein (BGHZ 78, 152, 153 = NJW 1981, 458; BGHZ 73, 161, 166 = NJW 1979, 653 m.w.N.; BGHZ 58, 124, 129 = NJW 1972, 727).

3. **Faktische Veränderungssperren** – zum Inhalt vgl. § 14 BauGB oder § 9a FStrG – 334 sind in der Regel ebenfalls rechtswidrig (vgl. *Breuer* in Schrödter, § 18 Rn. 52ff.; *Battis*

https://doi.org/10.1515/9783110682557-041

in BKL, § 18 Rn. 4). Sie stehen außerhalb der Gesetze und sind nicht durch gesetzliche Vorschriften gedeckt, die Inhalt und Schranken des Eigentums bestimmen. Allerdings reicht ein bloßer Formfehler nicht aus, die Sperre zu einer rechtswidrigen werden zu lassen; es muss sich vielmehr um einen sachlich-rechtlichen Fehler handeln. Ein sachlich-rechtlicher Fehler ist z. B. gegeben, wenn die Gemeinde Baugesuche nach § 15 BauGB zurückstellt, ohne dass sie beschlossen hat, einen Bebauungsplan aufzustellen, zu ändern, zu ergänzen oder aufzuheben. Denn § 14 BauGB lässt eine Veränderungssperre nur zu, wenn die Planungsabsichten hinreichend greifbar geworden sind. Anderenfalls sind Umfang und Maß der erforderlichen Sicherungen nicht erkennbar, und es fehlt an einer ausreichenden Inhaltsbestimmung des Eigentums, die die Eigentumsgewährleistung des Art. 14 GG beachtet (BGHZ 58, 124 = NJW 1972, 727 = BauR 1972, 150 = DVBl 1973, 138 = BRS 26 Nr. 87).

Dagegen besteht ein bloßer Formfehler, wenn die sachlichen Voraussetzungen für die Anordnung einer Veränderungssperre gegeben sind, ohne dass eine förmliche Sperre erlassen wurde, oder bei einer erlassenen Sperre nur ein die Form betreffender Mangel vorhanden ist oder wenn wegen der Gegebenheiten des Grundstücks einer aus Planungsgründen in Betracht kommenden Veränderungssperre für einen gewissen Zeitraum lediglich eine eigentumsbeschränkende Wirkung im Sinne des Art. 14 Abs. 2 GG zukäme (BGHZ 78, 152, 159 = NJW 1981, 458, 459; BGH NJW 1975, 1783, 1784 = BRS 34 Nr. 76 und NJW 1972, 1946, 1947 = BRS 26 Nr. 19 u.).

335 4. Ist eine faktische Sperre ausnahmsweise nicht rechtswidrig, so ist sie wie eine förmliche Sperre zunächst entschädigungslos hinzunehmen. Die Frage nach der entschädigungslosen **Dauer** einer solchen Sperre ist nicht unbestritten. Der BGH (BGHZ 58 a. a. O.; offen gelassen in BGHZ 78, 152, 164) meint, dass die entschädigungslose Zeit im Allgemeinen nicht länger als 3 Jahre dauern dürfe. Diese gegenüber einer Veränderungssperre nach § 14 BauGB geringere Zeitspanne wird damit gerechtfertigt, dass das Baugesetzbuch die Ortsplanung ausdrücklich an die Ziele der Raumordnung und Landesplanung binde (§ 1 Abs. 4 BauGB) und dadurch die Erarbeitung und Aufstellung der Planung länger dauere. Da auch die rechtmäßige faktische Sperre regelmäßig eine bereits angelaufene und lediglich von der Form her noch nicht genügend vorbereitete Planung absichert, die zudem ebenfalls der Abstimmung mit anderen Trägern öffentlicher Belange bedarf – denn welche Planung kann heute noch für sich allein verwirklicht werden? –, kann diese Überlegung für die unterschiedliche Behandlung nicht überzeugen. Darum ist bei faktischen Sperren, die nicht rechtswidrig sind, die entschädigungslose Zeit ebenfalls mit **4 Jahren** anzusetzen (*Battis* in BKL, § 18 Rz. 2). Die entschädigungslose Zeit einer solchen faktischen Sperre rechnet ab dem Tag, an dem die Sperre sich allgemein ausgewirkt hat.

336 5. Für eine **rechtswidrige faktische Sperre** kann grundsätzlich keine Entschädigung verlangt werden; vielmehr muss sich der Betroffenen gegen die rechtswidrige Sperre zur Wehr setzen (Vorrang des Primärschutzes). Ein „Dulde und liquidiere" kommt

nicht in Betracht. Zu Recht heißt es in dem Beschluss des BVerfG v. 15.7.1981 (BVerfGE 58, 300, 324 = NJW 1982, 745, 747 – *Nassauskiesung*): *„Wer von einer rechtswidrigen Maßnahme betroffen ist, muss sich bei den Verwaltungsgerichten um die Aufhebung des Eingriffsaktes bemühen. Lässt er den Eingriffsakt unanfechtbar werden, so ist seine Entschädigungsklage abzuweisen.“* (ebenso *Breuer* in Schrödter, § 18 Rn. 66). Damit nicht Klagen vor den Verwaltungsgerichten herausgefordert werden, sollten Behörden und Verwaltungen bestrebt sein, faktische Sperren durch förmliche zu ersetzen und rechtmäßig vorzugehen. Soweit das nicht möglich ist, weil die Voraussetzungen für eine förmliche Sperre fehlen, empfiehlt es sich, mit den Betroffenen zu verhandeln und eine für beide Seiten vertretbare vertragliche Regelung zu treffen. Dabei ist auch an eine Übernahme des „gesperrten“ Grundstücks zum Verkehrswert zu denken.

6. Art und Umfang der **Entschädigung** bei einer rechtmäßigen faktischen Sperre ent- 337
sprechen der Entschädigung bei einer förmlichen. Sie ist darum ein Ausgleich für eine unverhältnismäßige Beschränkung einer geschützten Rechtsstellung. Deshalb können auch bei einer faktischen Sperre nur Vermögensnachteile entschädigt werden, die sich als Rechtsverlust darstellen. Einen Rechtsverlust erleidet, wer von seinem Recht etwas abgeben muss bzw. dem an vermögenswerter Rechtsposition etwas genommen wird. Der Eigentümer eines Baugrundstücks muss somit in der Zeit, für die er Entschädigung beansprucht, die ernste Absicht gehabt haben, das Grundstück selber oder durch Verkauf baulich zu nutzen, und dazu auch in der Lage gewesen sein (BGH MDR 1994, 583; OLG München, Urt. v. 21.3.2013 – 1 U 1772/12 –, juris). Anderenfalls wird die Sperre für ihn nicht spürbar, und er erleidet insoweit keinen Verlust (vgl. § 42 Abs. 8 BauGB; BGHZ 58 a. a. O. und BGH NJW 1992, 1119 = BRS 53 Nr. 62). Darüber hinaus muss der Verlust an der unverhältnismäßig beschränkten Rechtsstellung entstanden sein. Den wirtschaftlichen Schaden, der sich als Folge der Beschränkung eingestellt hat, kann der Betroffene in der Regel nicht ersetzt verlangen.

Als Rechtsverlust an Grundstückseigentum kommt in erster Linie der **Entzug von** 338
Nutzungen bzw. Nutzungsmöglichkeiten des Bodens in Betracht. Das führt regelmäßig zu einer Minderung des Bodenwertes. Sofern diese Minderung des Bodenwertes (Wertminderung) nicht sofort entschädigt wird, ist sie zu verzinsen. Das trifft zu für Sperren, die sich als Dauersperren erweisen und in eine Enteignung übergehen. Stellt sich die faktische Sperre als vorübergehende Sperre dar, kommt selbstverständlich nur eine Verzinsung der Wertminderung in Betracht. Die Wertminderung ist der Unterschiedsbetrag zwischen dem Wert des nicht gesperrten Grundstücks und dem Wert, den das Grundstück trotz der Sperre auf dem Markt noch hat. Wenn im Einzelfall als Folge der Nutzungsentziehung eingehende Pachten, Mieten oder sonstige Erträge gemindert werden, können statt der Verzinsung der Wertminderung die Ausfälle bezahlt werden (konkrete Schadensberechnung). Anstelle der Verzinsung der Wertminderung kann ferner von einer marktgerechten Pacht oder Miete oder einem Erbbauzins für das nicht gesperrte Grundstück ausgegangen werden (Bodenrente); davon abzuziehen ist der mögliche Ertrag des gesperrten Grundstücks. Beispiel: An einem Baugrundstück

für ein Einfamilienhaus könnte ohne Sperre ein Erbbaurecht bestellt werden; wegen der Sperre ist nur eine Nutzung als Garten möglich. Erbbauzins: 4,00 €/m² (4 % von 100,00 €); Gartenpacht: 0,30 €/m² (3 % von 10,– €). Jährliche Entschädigung: 3,70 €/m². Vgl. → **Veränderungssperre** und BGH NVwZ 1992, 119 = BRS 53 Nr. 132; BGHZ 136, 182 = NJW 1997, 3432. Die Pflicht zur Entschädigung endet, wenn die Einwirkung auf das Grundstück aufhört, weil z. B. die Baugenehmigungsbehörde wieder tätig wird oder der durch die Sperre Begünstigte das Grundstück übernommen hat.

339 7. Der **Entschädigungsanspruch** richtet sich grundsätzlich **gegen die Gemeinde**, deren Baugenehmigungsbehörde durch ihr Verhalten die faktische Sperre bewirkt hat (*Battis* in BKL, § 18 Rn. 10). Hat ein anderer Verwaltungsträger zum Schutz seiner Planung die Versagung von Baugenehmigungen usw. gewünscht, ist er als Begünstigter zur Entschädigung verpflichtet (vgl. § 44 BauGB und BGHZ 134, 316 = NJW 1997, 1229).

340 8. Schließt sich an eine faktische Sperre eine förmliche Veränderungssperre an, so gilt für die Frage der Anrechnung auf die entschädigungslose Zeit: Die Dauer einer rechtswidrigen Sperre ist nicht anrechenbar; denn eine rechtswidrige Sperre darf der Betroffene nicht einfach hinnehmen, sondern muss dagegen vorgehen (Primärrechtsschutz; vgl. Rn. 336; ebenso *Breuer* in Schrödter, § 18 Rn. 66; a. A. *Battis* in BKL, § 18 Rn. 7). Anders ist es bei der rechtmäßigen faktischen Sperre. Ihre Dauer wird auf die entschädigungslose Zeit der sich anschließenden förmlichen Veränderungssperre angerechnet, sofern beide Sperren dieselbe Planung abgesichert haben (vgl. BGHZ 78, 152 = NJW 1981, 209 = BRS 45 Nr. 14).

Fischereirechte

341 1. Durch Inanspruchnahme von Land, durch das ein Gewässer fließt, kann auch ein bestehendes *Fischereirecht* beeinträchtigt sein. Das Fischereirecht ist **landesgesetzlich geregelt**; es soll im Folgenden am Beispiel des Fischereigesetzes Nordrhein-Westfalen (LFischG NW) dargestellt werden.

342 Das (subjektive) **Fischereirecht** ist die **Befugnis, in einem Gewässer Fische zu hegen und sich anzueignen**. Es umfasst auch die Pflicht, einen der Größe und Beschaffenheit des Gewässers entsprechenden **Fischbestand zu erhalten und zu hegen** (§ 3 Abs. 2 LFischG). Als **vermögenswertes Recht** ist es wie **Eigentum durch Art. 14 Abs. 1 S. 1 GG** geschützt (BVerfGE 70, 191, 199). Allerdings bleibt das Fischereirecht immer an die konkrete Situation des Gewässers, in dem es ausgeübt wird, und an die dort obwaltenden Bedingungen und Verhältnisse gebunden. **Inhaltlich** ist es daher **begrenzt** auf das, was der jeweilige Zustand des Gewässers an fischereilicher Nutzung ermöglicht (s. BayVGH, Beschl. v. 24.11.2011 – 8 ZB 11.594). Deshalb enthält es – trotz des Schutzes durch Art. 14 Abs. 1 S. 1 GG – keine umfassende Gewährleistung der Fanggründe und des Fischreichtums (BVerwG NVwZ 2012, 47; BVerwGE 66,

Pasternak
https://doi.org/10.1515/9783110682557-042

307; s. a. OVG Lüneburg, U. v. 17.03.2010 – 7 KS 174/06) sowie der Befugnisse, Fische zu fangen oder sich anzueignen (BayVGH, Urt. v. 09.03.2011 – 8 ZB 10.165; BayVGH, Urt. v. 14.01.1986 – 8 B 80 A.1734; OVG NW, Urt. v. 21.03.1995 – 11 A 885/90). In diesem Sinne gewährt es etwa auch nur einen eingeschränkten Schutz gegenüber wasserwirtschaftlichen Maßnahmen (BVerfGE 70, 191, 199).

Das Fischereirecht steht grundsätzlich dem ***Eigentümer*** **des Gewässergrund-** 343
stücks zu. Fischereirechte, die nicht dem Eigentümer des Gewässergrundstücks zustehen (selbständige Fischereirechte), bleiben als das Gewässergrundstück belastende Rechte erhalten (vgl. §§ 4–6 LFischG). Die ***Ausübung*** **des Fischereirechts** kann einem anderen durch **Fischereipachtvertrag** in vollem Umfang oder unter Beschränkung auf den Fischfang durch **Fischereierlaubnisvertrag** übertragen werden (§ 12 LFischG). Der Fischereipachtvertrag bedarf grundsätzlich der behördlichen Genehmigung; sie darf nur versagt werden, wenn die Erhaltung eines angemessenen Fischbestandes nicht sichergestellt ist oder der Pächter nicht die Gewähr für eine ordnungsgemäße Hege bietet (vgl. §§ 15, 16 LFischG). Durch Auflagen ist sicherzustellen, dass der Pächter Fischereierlaubnisverträge in angemessener Zahl abschließt, wobei nicht eine Gegenleistung gefordert werden darf, die in einem Missverhältnis zum Verkehrswert des übertragenen Rechts steht (§ 16 Abs. 3 LFischG). Dasselbe gilt, wenn der Fischereiberechtigte Fischereierlaubnisverträge abschließt. Die Fischereibehörde kann die Zahl der abzuschließenden Fischereierlaubnisverträge anordnen (§ 17 LFischG).

Nach §§ 21, 22 LFischG sind **alle Fischereirechte** an fließenden Gewässern ***im Ge-*** 344
biet einer Gemeinde zu einem **gemeinschaftlichen Fischereibezirk** zusammengefasst, und es ist die Möglichkeit erweiterter Zusammenschlüsse zur Erhaltung eines angemessenen Fischbestandes und einer sinnvollen Hege vorgesehen. Die Fischereiberechtigten, deren Fischereirechte zu einem gemeinschaftlichen Fischereibezirk gehören, bilden eine ***Fischereigenossenschaft***. Sie ist eine Körperschaft des öffentlichen Rechts, und hinsichtlich der Wahrnehmung der Fischereirechte gilt sie als Fischereiberechtigter. An ihr sind die Inhaber der Fischereirechte als Mitglieder grundsätzlich nach dem Wert ihrer Fischereirechte beteiligt. Nach § 13 LFischG sind Fischereirechte ausschließlich durch Abschluss von Fischereipacht- oder Fischereierlaubnisverträgen zu nutzen. Das bedeutet, dass auch der Gewässereigentümer als Inhaber eines Fischereirechtes von der Fischereigenossenschaft pachten muss, wenn er fischen will. Die Fischereiberechtigung der Fischereigenossenschaft ist damit ein **vermögenswertes Recht**, das den **Eigentumsschutz des. 14 Abs. 1 S. 1 GG** genießt (s. BVerfG, a. a. O.).

Hoheitliche Eingriffe in die Fischereiberechtigung, die einen schweren und un- 345
erträglichen Eingriff darstellen oder die Fischereirechte in ihrer Substanz treffen (s. BayVGH, Urt. v. 17.03.1998 – 8 A 97.40031), stellen eine **Enteignung** dar; der Fischereiberechtigte, in der Regel die Fischereigenossenschaft, hat damit **Anspruch auf Entschädigung** (Art. 14 Abs. 3 GG). Zu bedenken ist dabei aber, dass das Fischereirecht kein Recht auf Aufrechterhaltung der natürlichen Verhältnisse gewährt (BVerwGE 102. 74). Notwendige **Regulierungsmaßnahmen**, wie etwa die Vertiefung

oder die Verbreiterung einer Wasserstraße, durch die dem Fischereiberechtigten keine Gewässerteile entzogen werden, hat dieser daher entschädigungslos zu dulden (BVerwG NVwZ 2012, 47). Auch Beschränkungen des Fischereirechts im Zusammenhang mit der **Ausweisung eines Naturschutzgebietes** stellen regelmäßig keine Enteignung, sondern eine Inhalts- und Schrankenbestimmung des Eigentums (→ **Inhaltsbestimmung)** dar (BayVGH, Urt. v. 01.10.2019 – 14 N 18.389).

Zur Berechnung des Ausgleichs im Falle der Beeinträchtigung der Fischerei kann auf die Grundsätze zur Ermittlung der Jagdentschädigung (→ **Jagdentschädigung) verwiesen werden.**

Folgeschäden (Folgekosten, sonstige Nachteile)

346 1. Greift die öffentliche Hand zum Wohle der Allgemeinheit in Sacheigentum oder dem Sacheigentum gleichgestellte Rechte ein, so hat der Betroffene Anspruch auf eine volle Entschädigung. Volle Entschädigung ist nicht Schadensersatz, sondern angemessener Wertausgleich. Eine volle Entschädigung erhält der Betroffene manchmal allerdings nicht schon dadurch, dass sein Rechtsverlust angemessen ausgeglichen wird. Der **Eingriff** hat über den Rechtsverlust hinaus **Auswirkungen auf andere Sachen und Rechte**. Neben dem Rechtsverlust entstehen sog. **Folgeschäden**. Es handelt sich dabei um andere durch die Enteignung eintretende Vermögensnachteile, die bei der Bemessung der Entschädigung für den Rechtsverlust (Subszanzentschädigung) nicht berücksichtigt sind (§ 96 Abs. 1 S. 1 BauGB).

347 2. Nach der **Rechtsprechung** (BGHZ 65, 253, 254 = NJW 1976, 232 = MDR 1976, 211) geht es bei den entschädigungspflichtigen Folgeschäden um **Nachteile**, die **durch die Enteignung unmittelbar und zwangsläufig entstehen** und auf der Beeinträchtigung von rechtlich geschützten Werten beruhen. Die Vereitelung von Aussichten und Erwartungen und die Beeinträchtigung bloßer wirtschaftlicher Belange reichen nicht (vgl. *Battis* in BKL, § 96 Rn. 3). Darüber hinaus muss dem Betroffenen durch die Folgeschäden wie durch den Rechtsverlust zum Wohle der Allgemeinheit etwas genommen werden; er muss ein Sonderopfer erbracht haben. Nachteile, die jedermann treffen können, auch wenn ihm nichts enteignet wird, scheiden aus.

Der Kreis der ersatzfähigen Folgeschäden ist eng zu ziehen (*Kreft* Enteignungsentschädigung II, S. 21). In der Regel stellen sich Folgeschäden als **persönlichkeitsbezogene individuelle Nachteile** dar, die zum Rechtsverlust am Eingriffsgegenstand ohne dingliche Beziehung zu ihm noch hinzutreten (vgl. *Battis* ebenda; *Krohn* Enteignung, Rn. 176ff.). Die Folgenentschädigung gewährt jedoch **keinen Schadensersatz** (BGHZ 61, 253, 256; *Battis* in BKL, § 93 Rn. 4; § 96 Rn. 2).

348 3. Die **gesetzliche Grundlage** zur Entschädigung von Folgeschäden der Enteignung bilden **§ 96 BauGB und die** entsprechenden **Bestimmungen in den Landesenteig-**

https://doi.org/10.1515/9783110682557-043

nungsgesetzen. Die darin enthaltene Aufzählung von Folgeschäden (Erwerbsverlust, Wertminderung und Umzugskosten, § 96 Abs. 1 S. 2 Nr. 1-3 BauGB) ist nicht abschließend; denn die Aufzählung beginnt mit den Worten *„insbesondere für“*. Soweit ein Enteignungsgesetz keine dem § 96 BauGB vergleichbare Sondervorschrift enthält, ist die Entschädigung von Folgeschäden unmittelbar auf die Regelung der Entschädigung in Art. 14 Abs. 3 GG zu stützen (BGHZ 55, 294, 297 = NJW 1971, 1176 = BauR 1971, 116).

4. Die rechtlich einwandfreie **Abgrenzung der Folgeschäden von der Substanzentschädigung** ist häufig schwierig und mitunter nicht möglich, da unterschiedliche Bewertungsmethoden angewendet werden können. Das spielt aber letztlich auch keine entscheidende Rolle. Denn beide Entschädigungspositionen können sich überschneiden (BGHZ 67, 190; *Battis* in BKL, § 96 Rn. 2). Da die **Entschädigung eine einheitliche** ist, ist es rechtlich unerheblich, ob einzelne zu berücksichtigenden Umstände der einen oder der anderen Entschädigungsart zugeordnet werden; dies darf nur **nicht** zu einer **Doppelentschädigung** führen (BGHZ 67, 190, 193; BGHZ 55, 294, 297). 349

Wenn es in § 96 Abs. 1 S. 1 BauGB heißt, dass „wegen anderer“, nicht „wegen der anderen“, erst recht nicht „wegen aller“ Vermögensnachteile eine Entschädigung zu gewähren ist, drückt sich darin ein gewisses „Gefälle“ zwischen Substanz- und Folgenentschädigung aus (vgl. *Groß* in EZBK, § 96 Rn. 6; *Battis* in BKL, § 96 Rn. 3). Daraus ergibt sich das **Gebot der Doppelabwägung** (BGH BauR 2012, 912; *Scheidler* ZfBR 2019, 126, 130), dass bei der Folgenentschädigung die Interessen der Allgemeinheit und des Betroffenen erneut abzuwägen sind (§ 96 Abs. 1 S. 2 BauGB) und dass nicht alle Folgekosten in der Höhe zu erstatten sind, wie sie angefallen sind (*Battis* ebenda). Erstattet werden nur Kosten für solche Maßnahmen, die ein verständiger Eigentümer in der gegebenen Lage vernünftigerweise getroffen hätte (*Battis* ebenda). 350

5. Zu den Folgeschäden im Einzelnen vgl. → **Aufwendungen des Enteignungsbetroffenen, Gewerblich genutztes Grundstück (Verlegung des Gewerbebetriebes), Grunderwerbsnebenkosten, Umsatzsteuer (Mehrwertsteuer), Umzugskosten und Vertretungskosten (Rechtsanwalt und Sachverständiger).** 351

Gartenaufwuchs (Ziergehölze)

352 1. Bäume und Sträucher sind wie Gebäude und andere Außenanlagen gemäß § 94 Abs. 1 S. 2 BGB wesentliche Bestandteile des Grundstücks, auf dem sie stehen (vgl. Palandt/*Ellenberger* § 94 Rn. 4). Etwas Anderes gilt dann, wenn der Aufwuchs nur zu einem vorübergehenden Zweck mit dem Grund und Boden verbunden ist, z. B., weil er zur späteren Entnahme als Verkaufspflanzen oder für die Holzproduktion gepflanzt wurde (BGH NJW 2011, 852 = MDR 2011, 64).

Bei der Ermittlung des Verkehrswertes eines Grundstücks nach dem Sachwertverfahren (§ 8 ImmoWertV) kann der **Herstellungswert von Bäumen und Sträuchern** nicht einfach dem Bodenwert und dem Wert der baulichen Anlagen hinzugerechnet werden. Das wäre nicht marktgerecht. Der Grundstücksmarkt behandelt Bäume und Sträucher nicht wie bauliche Anlagen. **Werterhöhend** werden sie auf dem Markt allerdings gesehen, wenn zwei Voraussetzungen erfüllt sind: Bäume und Sträucher müssen mit der Grundstücksart benutzungsmäßig vereinbar sein. Das ist z. B. beim Aufwuchs im Garten eines mit einem Wohnhaus bebauten Grundstücks der Fall. Ferner darf es sich nicht um Bäume und Sträucher handeln, die nach Art und Zustand auch auf den Nachbargrundstücken vorhanden sind. Solch ein **orts- oder gegendüblicher Aufwuchs** ist nach gesicherten Beobachtungen auf dem Grundstücksmarkt **im Bodenpreis enthalten**. Anders ist es lediglich bei Aufwuchs, der aus dem allgemeinen Durchschnitt herausragt und dem Grundstück eine besondere Note verleiht; dann ist nach den notwendigen Herstellungskosten zu entschädigen (BGH WM 1965,947; *Kleiber*, Marktwertermittlung nach ImmoWertV, Syst.Darst.Sachwertverfahren Rn. 229).

353 Fehlt es an der ersten Voraussetzung, weil Bäume und Sträucher auf einem noch unbebauten Baugrundstück stehen, so haben sie grundsätzlich keinen Wert. Sie stehen dem zu errichtenden Haus im Wege und müssen beseitigt werden. Erhebliche Beseitigungskosten können den Grundstückswert sogar mindern. Anders kann es dagegen sein, wenn es sich um größere Baulandflächen handelt und einzelne Bäume und Sträucher als sog. **alter Baumbestand** in die Gestaltung der anzulegenden Gärten einbezogen werden. Sie prägen und bereichern das spätere einzelne Grundstück und erhöhen demzufolge den Grundstückswert.

354 2. In welchem Umfang Bäume und Sträucher unter den beschriebenen Voraussetzungen den Wert des Grundstücks erhöhen, ist schwierig zu beantworten. Man könnte an eine Erhöhung in Höhe des Herstellungswertes denken. Nach § 21 Abs. 3 ImmoWertV wird der Sachwert, d. h. der Herstellungswert *„sonstiger Anlagen"*, zu denen der Gartenaufwuchs wie etwa Ziergehölze gehört (*Kleiber*, Marktwertermittlung nach ImmoWertV, a. a. O. Rn. 225 ff.; *Zimmermann*, § 21 Rn. 61), nach Erfahrungssätzen oder den gewöhnlichen Herstellungskosten ermittelt. Das gilt aber nur, wenn die Ziergehölze nicht vom Bodenwert miterfasst werden (*Zimmermann*, § 21 Rn. 62). Bei größeren Gehölzen ergeben sich indes Herstellungswerte, die bei einem Verkauf des Grundstücks auf dem Markt nicht zu erzielen sind. Es müsste sich schon um ein außergewöhnlich

Friedrich
https://doi.org/10.1515/9783110682557-044

schönes, freistehendes Gehölz handeln, das das Grundstück mitgestaltet und ihm sein Gepräge gibt. Dann könnte ein wirtschaftlich vernünftig denkender Erwerber **ausnahmsweise eine Werterhöhung des Grundstücks** in Anlehnung an den Herstellungswert in Betracht ziehen.

Bäume und Sträucher können mithin nicht ohne weiteres über den Herstellungs- 355
wert erfasst werden. Auf der anderen Seite scheint es angezeigt, den Herstellungsvorgang nicht schlechthin außer Betracht zu lassen. Er könnte Ansatzpunkte für eine wirklichkeitsnahe Bewertung bieten. Darauf aufbauend sind zahlreiche **Bewertungsverfahren** entwickelt worden. Die bekanntesten sind die Verfahren nach *Koch* (Baumwertbuch), *Voigt* (Das Gartenamt 1970, 435) und *Buchwald* (Wertermittlung von Ziergehölzen). Alle drei gehen den **Weg der Teilherstellung**. Das heißt, dass von einem Gehölz in der im Einzelfall üblichen Pflanzgröße ausgegangen wird. Zur Teilherstellung gehören danach der Anschaffungspreis des Baumes oder Strauches, die Kosten des Anpflanzens, die in der Anwachszeit entstehenden höheren Pflegekosten und ein Zuschlag für das Anwachswagnis. Die Verfahren unterscheiden sich jedoch erheblich beim Ausgleich für einen bei der Teilherstellung verbleibenden Minderwert (Wertverlust). Ein **Minderwert** verbleibt, wenn das Gehölz der üblichen Pflanzgröße dem zu bewertenden Baum oder Strauch größenmäßig nicht entspricht, sondern kleiner ist. *Koch* verlegt die Herstellung im Gegensatz zu *Buchwald* in die Vergangenheit, setzt gleichwohl heutige Preise an und verzinst obendrein sowohl die Kosten der Teilherstellung als auch die zum Ausgleich des Minderwertes vorgesehenen weiteren Herstellungskosten. *Voigt* hingegen belässt es bei den Kosten der Teilherstellung. Die Ergebnisse weichen darum stark voneinander ab. In dem sog. ***„Kastanienbaumfall"***, mit dem sich sogar der BGH befasst hat (NJW 1975, 2061) und in dem es um einen etwa 40 Jahre alten Kastanienbaum ging, ergab sich bei Preisen des Jahres 1974 nach dem Verfahren *Koch* ein Wert von 2.608,26 DM, nach dem Verfahren *Voigt* dagegen nur von 628,05 DM; das Verfahren *Buchwald* kommt zu einem Wert von 2.093,– DM. Geht man von einem nach Alter und Zustand gleichwertigen Baum aus, so errechnen sich Herstellungskosten von 16.000,– bis 18.000,– DM. Damit erweist sich der Herstellungsvorgang bei der Wertfindung für Gartenaufwuchs als wenig geeignet. Selbst eine Schätzung durch die Gerichte nach § 287 ZPO kann darauf nicht gestützt werden; bei derart abweichenden Ergebnissen fehlt eine gesicherte Schätzgrundlage. Zudem ist auch nicht bekannt, dass sich der Grundstücksmarkt bei der Bewertung von Gartenaufwuchs überhaupt an den Herstellungskosten ausrichtet.

In diesem Zusammenhang sei auf die vom Bundesfinanzministerium heraus- 356
gebrachten **Hinweise zur Wertermittlung von Ziergehölzen als Bestandteile von Grundstücken** (Schutz- und Gestaltungsgrün) vom 20. März 2000 (**Ziergehölzhinseise 2000 – ZierH 2000**) hingewiesen (abgedruckt im Anhang). Den Hinweisen liegt das **Verfahren *Buchwald*** zugrunde. Ausgehend von den schon beschriebenen Kosten der Teilherstellung wird der Minderwert gegenüber dem zu bewertenden Gehölz durch sog. Entwicklungskosten erfasst. Es handelt sich dabei um Kosten für die weitere Herstellung des Gehölzes bis zum Erreichen der Funktion des zu bewertenden Ge-

hölzes. Letztlich wird der ermittelte Ziergehölzwert aber nur als rechnerischer Zwischenwert gesehen und der Gutachter angewiesen, das Ergebnis einer sorgfältigen Anpassung an den Markt zu unterziehen (§§ 3 Abs. 3 und 7 Abs. 1 Satz 2 WertV; heute §§ 3 Abs. 2 und 8 Abs. 2, 3 ImmoWertV). Vgl. im Einzelnen *Wilbat/Bracke* GuG 2001, 74.

357 3. Nach Meinung der Düsseldorfer Maklerbörse wird Gartenaufwuchs, sofern er bei der Preisbildung überhaupt eine Rolle spielt, durch einen **Zuschlag** erfasst. Die Höhe des Zuschlages, die letztendlich nach § 287 ZPO geschätzt werden muss, hängt u. a. von der Art und dem Pflegezustand des Aufwuchses ab; wichtig sind weiter die gestalterische Wirkung der einzelnen Bäume und Sträucher und ein möglicherweise gewährter Sicht-, Staub- und Lärmschutz.

358 In seiner Entscheidung vom 27.9.1990 – III ZR 97/89 (NVwZ 1991, 404 = BGHR BauGB § 194 – Gartengrundstück, bebautes 1 = GuG 1991, 38) meint der **BGH**, dass die Bepflanzung eines Grundstücks durch eine **Steigerung des Grundstückswertes** berücksichtigt werden könne. Allerdings stellt der BGH nicht so sehr auf die einzelnen Bäume und Sträucher ab, sondern auf den Garten insgesamt und fragt, ob es sich um einen Wohngarten mit entsprechendem Wohn- und Freizeitwert handele. Ein solcher Garten sei für das Grundstück ein wertbildender Umstand und müsse bei der Enteignungsentschädigung angemessen berücksichtigt werden. Zum Wohnen gehöre nicht nur das Leben innerhalb des Hauses, vielmehr auch die Nutzung der Außenwohnbereiche wie Terrasse, Freisitz, Garten und Grünflächen.

359 In einer weiteren Entscheidung (BGHZ 119, 62 = NJW 1992, 2880 = BGHR GG Art. 14 Abs. 3 – Entschädigung 3), in der es nicht um die Abtretung eines ganzen Grundstücks ging, sondern um eine für den Straßenbau benötigte Teilfläche, prüft der **BGH** vordringlich die Frage, unter welchen Umständen Gartenaufwuchs bei der Wertermittlung berücksichtigt werden muss, und sagt dazu: „*Ein aus dem Rahmen der Bepflanzung normaler Wohngrundstücke fallender, den Charakter des zu bewertenden Grundstücks als eines parkähnlichen Geländes maßgeblich prägender Bewuchs muss als eine Außenanlage angesehen werden, die jedenfalls nicht von vornherein vom Bodenwert miterfasst wird (vgl. dazu nunmehr § 21 Abs. 4 der Wertermittlungsverordnung (WertV) vom 6.12.1988, BGBl. I S. 2209).*" Daraus ist zu folgern, dass der BGH zwischen durchschnittlichem, gegendüblichem und das Grundstück prägendem Bewuchs unterscheidet und nur den letzteren als Außenanlage betrachtet, der nicht von vornherein vom Bodenwert miterfasst wird, sondern gesondert bewertet werden muss. Sein Hinweis auf § 21 Abs. 4 WertV (heute § 21 Abs. 3 ImmoWertV) macht zudem deutlich, dass er die Frage der Bewertung von „Grün" in Übereinstimmung mit der Wertermittlungsverordnung beantwortet; denn in der „Amtlichen Begründung" zu § 21 Abs. 4 WertV heißt es: „*Ein großer Teil der Außenanlagen – besonders die üblichen Zier- und Nutzgärten – werden im gewöhnlichen Geschäftsverkehr vom Bodenwert mitumfasst und entziehen sich damit einer eigenen Wertermittlung. Lediglich außergewöhnliche Anlagen, wie parkartige Gärten und besonders wertvolle Anpflanzungen werden in*

der Regel vom Bodenwert nicht mitumfasst und sind daher gesondert zu bewerten.“ Soweit Gartenaufwuchs danach besonders zu bewerten und zu entschädigen ist, sollte er durch einen an den Marktgepflogenheiten ausgerichteten Zuschlag berücksichtigt werden. Siehe auch *Krohn* Enteignung, Rn. 234ff.

4. Andererseits liegt auf der Hand, dass **bei Teilabtretungen** die Wertminderung des Restgrundstücks in der Regel gewichtiger ist als der Wert des Aufwuchses auf der Abtretungsfläche. Der aufgerissene und beschädigte Restgarten muss an die veränderten Gegebenheiten angepasst und, soweit möglich, sein Freizeit- und Erholungswert wiederhergestellt werden. Die Entschädigung dafür wird in den meisten Fällen den Wert des Aufwuchses auf der Abtretungsfläche übersteigen. 360

Die **Entschädigung bei einer Teilabtretung** könnte wie folgt ermittelt werden: Nach gedachter oder wirklicher Herstellung des Freizeit- und Erholungswertes des Gartens auf Kosten des Enteignungsbegünstigten werden die Verkehrswerte des Grundstücks vor der Teilabtretung und des (angepassten) Restgrundstücks verglichen. Der Unterschied ist die Entschädigung für die abgetretene Teilfläche einschließlich ihres Aufwuchses und anderer Einrichtungen und einer möglicherweise noch verbliebenen Wertminderung.

5. Wenn das Grundstück eine Ertragssache ist, ist der Wert des Aufwuchses selbstverständlich schon in den Erträgen enthalten. Ein Zuschlag kommt nicht mehr in Betracht. 361

Gebietskörperschaften (Entschädigungsansprüche)

1. Nach der **Rechtsprechung des BVerfG** steht juristischen Personen des öffentlichen Rechts, darunter Gebietskörperschaften wie Bund, Länder, Gemeinden das Grundrecht aus Art. 14 Abs. 1 S. 1 GG nicht zu (BVerfGE 61, 82 Rn. 59 – *Sasbach*; BVerfGE 98, 17, 47; ebenso BVerwGE 167, 203 Rn. 23; *Maas* in Kodal, Kap. 38 Rn. 9). Das Gericht, das damit die Rechtsprechung des BGH (BGHZ 63, 196 = NJW 1975, 158) fortführt, sagt ohne jede Einschränkung, dass die Gemeinde als Beschwerdeführerin **nicht Rechtsinhaberin des Grundrechts aus Art. 14 Abs. 1 S. 1 GG** sei. Wessen Eigentum aber durch Art. 14 GG nicht geschützt ist, der kann bei dessen Beeinträchtigung durch einen hoheitlichen Eingriff auch keine Entschädigung beanspruchen (*Maas* in Kodal, ebenda). 362

Anderes gilt für solche juristischen Personen des öffentlichen Rechts, die aufgrund der ihnen übertragenen Aufgaben unmittelbar einem durch Grundrechte geschützten Lebensbereich zugeordnet sind, wie **Universitäten** und **Rundfunkanstalten** oder die wie die **katholische und die evangelische Kirche** mit dem Status einer Körperschaft des öffentlichen Rechts versehen sind (BVerfGE a.a.O.; *Maas* in Kodal, Kap. 38 Rn. 10).

Jacobs

https://doi.org/10.1515/9783110682557-045

Der fehlende Eigentumsschutz für Gebietskörperschaften hindert den einfachen Gesetzgeber allerdings nicht, juristischen Personen des öffentlichen Rechts einfachrechtlich ebenfalls Eigentumsrechte einzuräumen. Das ist z.B. bei § 45 Abs. 1 EnWG der Fall. Da die Norm nicht zwischen der Enteignung privater und inländischer juristischen Personen des öffentlichen Rechts unterscheidet, sind die Eingriffsvoraussetzungen gleich, wodurch die inländische juristische Person von der Ausstrahlungswirkung des Art. 14 GG auf die einfachrechtliche Norm mittelbar profitiert und auch Eigentumsschutz genießt (BGHZ 204, 274 Rn. 27: Enteignung von Gemeindegrundstücken zugunsten der Errichtung eines Windparks in Thüringen).

363 Dass ein Grundrechtsschutz grundsätzlich nicht in Betracht kommt, soweit Eigentum einer Gebietskörperschaft der Erfüllung öffentlicher Aufgaben gewidmet ist, wird allgemein nicht bestritten. So sieht es auch der Gesetzgeber. Das Bundesfernstraßengesetz (§ 6 Abs. 1) und die einschlägigen Straßengesetze der Länder sehen beispielsweise beim Wechsel der Straßenbaulast einen entschädigungslosen Eigentumsübergang vor (verfassungsrechtlich unbedenklich, vgl. BVerfGE 61, 82 – *Sasbach*; BGHZ 63, 196; *Sauthoff* in Müller/Schulz, § 6 Rn. 5). Das **BVerfG** versagt den Schutz des Art. 14 Abs. 1 Satz 1 GG dem Eigentum einer Gebietskörperschaft aber auch dann, wenn es nicht der Erfüllung öffentlicher Aufgaben dient. In dem genannten Beschluss heißt es dazu (BVerfGE 61, 82 – *Sasbach*): *„Eine besondere „grundrechtstypische Gefährdungslage“ besteht nicht; sie ergibt sich insbesondere nicht schon aus dem Umstand, dass auch das Eigentum der öffentlichen Hand privatrechtlich – also als Privateigentum – ausgestaltet ist. Denn in der Hand einer Gemeinde dient das Eigentum nicht der Funktion, derentwegen es durch das Grundrecht geschützt ist, nämlich dem Eigentümer „als Grundlage privater Initiative und in eigenverantwortlichem privatem Interesse von Nutzen“ zu sein (vgl. BVerfGE 52, 1, 30 m.w.N. = DVBl 1980, 158, vgl. auch BVerfGE 24, 367, 389). Art. 14 als Grundrecht schützt nicht das Privateigentum, sondern das Eigentum Privater.“* Dem ist in der **Literatur** mit beachtlichen Überlegungen widersprochen worden (vgl. *Mögele* NJW 1983, 805).

364 2. Das **BVerfG** verfolgt den Grundsatz des fehlenden Grundrechtsschutzes nach Art. 14 Abs. 1 S. 1 GG allerdings auch nicht uneingeschränkt; denn in dem Beschluss vom 8.7.1982 (BVerfGE 61, 82 – *Sasbach*) heißt es weiter: *„Der vorliegende Sachverhalt bietet keine Veranlassung, der Frage nachzugehen, ob es ganz besonders gelagerte Ausnahmefälle geben kann, in denen es denkbar ist, einer Gemeinde den Schutz des Art. 14 Abs. 1 GG oder einen gleichartigen Schutz zuzubilligen, wenn sie in ihrem Eigentum außerhalb der Wahrnehmung öffentlicher Aufgaben beeinträchtigt wird.“*

365 Wie nach BVerfG ein solcher **Ausnahmefall** aussehen muss, kann dahinstehen. Denn es ist allgemein zu fragen, ob die Meinung des BVerfG, dass Gebietskörperschaften nicht Inhaber des Grundrechts aus Art. 14 Abs. 1 S. 1 GG seien, eine Enteignungsentschädigung auch dann ausschließt, wenn das für den Einzelfall maßgebliche Enteignungsgesetz eine entsprechende Einschränkung nicht enthält. Es kommt dabei auf das Verhältnis des Art. 14 GG zu der einfachgesetzlichen Vorschrift an. Sicher ist,

dass Art. 14 GG als Schutzbestimmung einer Erweiterung des Schutzbereiches durch ein Gesetz im Sinne seines Abs. 3 nicht im Wege steht (vgl. BGHZ 87, 66, 71 = NJW 1983, 1657 = DVBl 1983, 630; *Krohn/Löwisch* Rn. 20). Das aber bedeutet, dass bei einer Enteignung von Eigentum einer Gebietskörperschaft Entschädigung gefordert werden kann, wenn das entsprechende Enteignungsgesetz das nicht ausdrücklich ausschließt und damit **für das Entschädigungsbegehren eine rechtliche Grundlage** bildet (vgl. auch BGH MDR 1986, 736 = DÖV 1986, 796). Dennoch werden Entschädigungsansprüche der Gebietskörperschaften, wenn es sich um Eigentum zur Erfüllung öffentlicher Aufgaben handelt, auf solches Eigentum zu beschränken sein, für das von der Gemeinde Ersatz beschafft werden muss. Ist das Eigentum ersatzlos entbehrlich, erscheint ein Ausgleich nicht geboten (*Maas* in Kodal, Kap. 38 Rn. 11).

3. **Privatnützige juristische Personen des öffentlichen Rechts** sind dagegen selbst- **366**
verständlich in den Schutz des Art. 14 Abs. 1 GG einbezogen. Es handelt sich dabei um juristische Personen des öffentlichen Rechts, die als eigenständige, vom Staat unabhängige Einrichtungen bestehen und dem Bürger dazu dienen, seine persönlichen Eigentumsgrundrechte zu verwirklichen. Ein Beispiel dafür ist die **Jagdgenossenschaft**, die nach der geltenden Rechtsordnung die Rechtsform einer Körperschaft des öffentlichen Rechts hat (*Maas* in Kodal, Kap. 38 Rn. 10). Die Jagdgenossenschaft übt in einem gemeinschaftlichen Jagdbezirk das den Genossen zustehende Jagdrecht aus und befindet sich bei Eingriffen in dieses Recht in der gleichen „grundrechtstypischen Gefährdungslage" wie der Eigentümer eines Eigenjagdbezirks (vgl. BGHZ 84, 261 = NJW 1982, 2183 = AgrarR 1982, 304). Vgl. → **Jagdentschädigung**

Gewerbebetrieb

1. Ein Gewerbebetrieb stellt sich als eine Einheit sachlicher und persönlicher Mittel **367**
dar, die ihren Inhaber in den Stand setzt, das Gewerbe jederzeit unbeschränkt auszuüben. Nach ständiger Rechtsprechung des BGH wird der **Gewerbebetrieb** nicht nur in seinem gegenständlichen Bestand (Grundstück, Betriebsgebäude, Einrichtungen, Warenvorräte, Außenstände usw.), sondern in allen seinen geschützt einzelnen Ausstrahlungen und Erscheinungsformen **wie Eigentum geschützt**. Dazu zählen insbesondere der Kundenstamm und die geschäftlichen Verbindungen und Beziehungen (BGHZ 78, 41 = NJW 1980, 2700; BGHZ 23, 157 = NJW 1957, 630). Geschützt ist demnach alles, was den wirtschaftlichen Wert des Betriebes ausmacht. Dabei ist auch der (eingerichtete) Betrieb geschützt, der noch nicht eröffnet hat, wenn er nur schon so vorbereitet ist, dass er seine Tätigkeit ohne den Eingriff alsbald hätte aufnehmen können (vgl. *Kröner* Eigentumsgarantie S. 51; *Schwager/Krohn* WM 1991, 35, 36).

Gleichwohl kann eine Entschädigung nicht schon immer dann verlangt werden, **368**
wenn irgendwelche Maßnahmen der öffentlichen Hand sich nachteilig auf einen Gewerbebetrieb auswirken. Vielmehr kommt es darauf an, ob der Gewerbetreibende

https://doi.org/10.1515/9783110682557-046

überhaupt in seiner geschützten Rechtsstellung beeinträchtigt worden ist. Nur soweit die betroffene vermögenswerte Position mit der Stellung eines Sacheigentümers vergleichbar ist, ist sie enteignungsrechtlich erheblich. Es muss sich mithin um eine Rechtsposition handeln, die darüber hinaus einen **greifbaren Wert** beinhaltet. Zu dem dem Eigentum gleich zu achtenden Gewerbebetrieb gehören daher nicht rechtliche oder tatsächliche Umstände, auf deren Fortbestand der Gewerbeinhaber keinen Rechtsanspruch hat, mögen sie sich auch in der Vergangenheit für den Gewerbebetrieb günstig ausgewirkt, ja sogar die Grundlage des Betriebes gebildet haben. Ihr Wegfall oder ihre Veränderung zeigt lediglich die Unsicherheiten auf, mit denen der jeweilige Gewerbebetrieb behaftet ist; der Betrieb selbst bleibt davon unberührt.

369 2. **Beispiele aus der Rechtsprechung des BGH**: In der Entscheidung zur „*Soldatengaststätte*“ (BGHZ 55, 261 = NJW 1971, 605 = MDR 1971, 377 = BRS 26 Nr. 114) heißt es, dass der unveränderte Fortbestand einer bestimmten Verbindung der Anliegerstraße mit dem öffentlichen Wegenetz regelmäßig keine in den Schutz des Gewerbebetriebes einzubeziehende Rechtsposition bildet. Daher löst die Abbindung oder Unterbrechung eines öffentlichen Weges keine Entschädigungspflicht aus, wenn die (Anlieger-)Straße als Verkehrsverbindung zum öffentlichen Wegenetz erhalten bleibt. Gleiches gilt für übliche Verkehrsbeschränkungen, die sich aus einer Verkehrsregelung (z. B. Einbahnverkehr) oder aus sachlich gebotenen Straßenarbeiten ergeben (vgl. BGHZ 57, 359 = MDR 1972, 216 = BRS 26 Nr. 84). Grundsätzlich besteht auch kein Anspruch darauf, dass auf der Straße ein bestimmter Verkehr zugelassen ist. Hat sich aber ein Anlieger-Gewerbebetrieb z. B. auf die erlaubte Benutzung der Straße mit schweren Lastkraftwagen eingestellt, so darf die Straße für diesen Verkehr möglicherweise nicht schlechthin gesperrt werden, wenn der Betrieb auf eine solche Straßenbenutzung angewiesen ist. Die öffentliche Hand hat gegenüber dem Anlieger-Gewerbebetrieb weitergehende Pflichten und muss auf Antrag die Frage einer Ausnahmegenehmigung (§ 46 StVO) sorgfältig prüfen. Die Versagung dieser Genehmigung stellt einen enteignungsgleichen Eingriff dar, wenn bei der gebotenen Güterabwägung die gebührende Berücksichtigung des im Einzelfall zu schützenden „Eigentums“ unterblieben ist (BGH NJW 1975, 1880).

In der „*Knäckebrot*“-Entscheidung (BGHZ 45, 83 = NJW 1966, 877 = MDR 1966, 403) ging es um die Frage, ob die Senkung des Schutzzolles zur Zahlung einer Entschädigung nach Enteignungsgrundsätzen verpflichtet. Der BGH führt dazu aus: „*Der inländische Unternehmer darf sich im Allgemeinen nicht darauf verlassen, dass ein Zollsatz zwecks Abwehr des ausländischen Wettbewerbes bestehen bleibt; er hat in der Regel kein Recht darauf, dass ihm durch Beibehaltung des Zollsatzes sein Umsatz oder gar sein Marktanteil erhalten bleibt. Der Schutzzoll kann nicht als ein zum Betrieb gehörender schutzwerter Umstand angesehen werden.*“

Im „*Krabbenfischer*“-Urteil schließlich (BGHZ 45, 150 = NJW 1966, 1120 = MDR 1966, 660) war zu entscheiden, ob durch den Bau des Elbeleitdamms verursachte kostspielige Umwege der Krabbenfischer zu ihren Fanggründen entschädigungspflichtig sind. Der BGH stellt fest, dass den Fischern an der von ihnen benutzten Fahrstraße kein Nutzungsrecht zusteht, das über die Befugnisse anderer zum Befahren des Küstenmeeres hinausgeht. Solange der Betriebsinhaber aber nicht verlangen könne, dass ein bestimmter Zustand auf die Dauer erhalten bleibe, gehöre dieser nicht zum geschützten Bestand des Betriebes. Vgl. auch *Krohn/Löwisch* Rn. 159 mit weiteren Beispielen aus der Rechtsprechung des BGH.

Gewerblich genutztes Grundstück (Verlegung des Gewerbebetriebes)

Übersicht

1. Die Verwendung eines gewerblich genutzten Grundstücks für den Straßenbau oder **370** andere öffentliche Zwecke greift nicht nur in das Eigentum oder Pachtrecht an dem Grundstück ein, sondern trifft auch den Gewerbebetrieb, zu dem das Grundstück gehört. **Art. 14 GG schützt den eingerichteten und ausgeübten Gewerbebetrieb wie Eigentum** (siehe Stichwort **Gewerbebetrieb**). Geschützt ist alles, was seinen wirtschaftlichen Wert ausmacht. In der Regel verschlechtert sich in einem solchen Fall die Ertragslage des Betriebes, und der Wert seiner Substanz wird gemindert. Häufig lassen sich diese Nachteile nicht durch Anpassungsmaßnahmen ausgleichen. Die Auswirkungen der Landabtretung sind so schwerwiegend, dass der Betrieb am alten Standort nicht gehalten werden kann. Der **Betrieb** muss, wenn er weiterbestehen soll, **verlegt werden**. Der betroffene Gewerbeinhaber kann neben der Entschädigung für den Rechtsverlust für den vorübergehenden oder dauernden Erwerbsverlust (Folgeschaden) den Aufwand beanspruchen, der erforderlich ist, um ein anderes Grundstück in der gleichen Weise wie das zu enteignende zu nutzen (**Verlegungsaufwand**; vgl. § 96 Abs. 1 Nr. 1 BauGB und die entsprechenden Bestimmungen in den Landesenteignungsgesetzen). Zu beachten ist, dass der Verlegungsaufwand umgekehrt nur gefordert werden kann, wenn die Entschädigung des eigentlichen Erwerbsverlustes höher ist; ist sie aus unterschiedlichen Gründen geringer, bleibt es dabei. Das Gesetz geht grundsätzlich von der Entschädigung des Verlustes aus und begrenzt sie lediglich auf die Höhe des Verlegungsaufwandes.

https://doi.org/10.1515/9783110682557-047

371 2. Zu dem entschädigungspflichtigen **Verlegungsaufwand gehören** u. a. Kosten für die Verlegung des Geschäfts, Reisekosten des Inhabers anlässlich der Verlegung, Aufwendungen wegen Unbrauchbarkeit des bisherigen Inventars, Anlaufkosten für einen neuen Betrieb, Kosten für anfängliche Bewirtschaftungsschwierigkeiten, Entschädigung für Minderung des Firmenwertes und möglicherweise Entschädigung für den Verlust bestimmter Kundenkreise (BGH NJW 1967, 1085 = MDR 1967, 390 = WM 1967, 297 = BRS 19 Nr. 136 – *Wasserspedition*; BGH NJW 1966, 493 = MDR 1966, 222 = WM 1966, 402 = BRS 19 Nr. 130 – *Schlachthof*; BGH MDR 1964, 830 = WM 1964, 968 = BBauBl. 1965, 26 = BRS 19 Nr. 131 – *Berghotel*). Die **Obergrenze** bildet in jedem Fall **der für eine gleiche Nutzung eines anderen Grundstücks erforderliche Aufwand.** Dabei sind sachliche Gesichtspunkte maßgebend. Darauf, was der Betroffene für erforderlich hält, kommt es nicht an. Berücksichtigt werden können nur die Nachteile und Kosten, die auch dann entstanden wären, wenn der Betroffene sogleich alle Maßnahmen ergriffen hätte, die von einem verständigen Eigentümer in der gegebenen Lage erwartet werden konnten.

Die Minderung des Firmenwertes und der Verlust bestimmter Kundenkreise hängen regelmäßig mit einer schlechteren Lage des Ersatzgrundstückes zusammen. Die Verschlechterung der Lage ihrerseits drückt sich in einem geringeren Grundstückspreis aus, so dass eine Verrechnung des eingesparten Preisanteils geboten ist. Soweit die Kosten und Nachteile im Zeitpunkt der Entschädigungsberechnung bzw. Entschädigungsfestsetzung bereits entstanden oder absehbar sind, ist von diesen auszugehen; ansonsten sind sie unter Berücksichtigung der Besonderheiten des Einzelfalles zu ermitteln.

372 Zu dem Aufwand, der erforderlich ist, um ein anderes Grundstück mit gleichem Ertrag zu nutzen, rechnen auch die **Kosten für die Herrichtung** (Auffüllung, Umbau, Einfriedigung, Wasser- und Stromanschluss usw.). Allerdings können sie nur insoweit übernommen werden, als die Entschädigung für die entsprechenden Einrichtungen auf dem abgetretenen Grundstück dafür nicht ausreicht und die Ertragslage des Betriebes dadurch nicht verbessert wird. Zur sachgerechten Ermittlung dieses ertragslosen Verlegungsaufwandes ist auch das Ersatzgrundstück in die vergleichende Betrachtung miteinzubeziehen. Ertragslose Kosten – z. B. längere Einfriedigungen bei gleich großer Nutzfläche – entstehen vorwiegend durch die Form und Beschaffenheit des Ersatzgrundstücks. Form und Beschaffenheit sind umgekehrt für den Preis eines Grundstücks von ausschlaggebender Bedeutung. **Einsparungen beim Grundstückspreis** sind darum auf die ertragslosen Kosten **anzurechnen**; anders zu verfahren, wäre mit einer Enteignungsentschädigung, die lediglich Wertausgleich, nicht Schadensersatz ist, nicht zu vereinbaren. Aus dem gleichen Grunde ist gegebenenfalls auch ein Abzug aus dem Gesichtspunkt „neu für alt" zu machen (vgl. BGHZ 55, 294 = NJW 1971, 1176 = MDR 1971, 651 = WM 1971, 599 = BRS 26 Nr. 113 – *Gärtnerei*).

373 Kein entschädigungspflichtiger Verlegungsaufwand sind hingegen der **Kaufpreis für das Ersatzgrundstück und die Baukosten der Ersatzgebäude**. Die Kosten dafür sind in der Entschädigung für den Rechtsverlust enthalten. Ebenso sind auch Zinsen

kein Verlegungsaufwand, die z. B. dadurch entstehen, dass für den Kauf eines teureren Ersatzgrundstücks Fremdmittel aufgenommen werden. Die Zinsen sind keine zwangsläufige Folge der Enteignung des Betriebsgrundstücks, sondern in der Entscheidung des Betroffenen begründet, gerade dieses Ersatzgrundstück zu nehmen. Auch die Tatsache, dass kein anderes billigeres Grundstück zur Verfügung steht, ändert daran nichts. Denn wenn das Grundstück teurer als das abgetretene ist, muss es einen höheren Wert haben und das Vermögen des Betroffenen entsprechend vergrößern. Fraglos ist es nicht Aufgabe der Enteignungsentschädigung, zur Vermögensmehrung des betroffenen Eigentümers beizutragen. Gleiches gilt für die Zinsen für Fremdmittel zur Errichtung neuer Gebäude; auch neue Gebäude stellen gegenüber den weggenommenen alten in aller Regel eine Vermögensmehrung dar (vgl. auch BGH 1977, 1725; BGH NJW 1966, 493).

3. Auch **wenn der Betrieb nicht verlegt** wird, weil der Betroffene das Gewerbe aufgibt oder weil kein geeignetes Ersatzgrundstück zur Verfügung steht, kann als Entschädigung **nur der Verlegungsaufwand** gefordert werden (**gedachte Verlegung**). Durch die Zahlung des Unternehmenswertes (Verkehrswert des Betriebes) würden Betriebsteile entschädigt, die dem Betroffenen nicht genommen werden. Die berufliche Tüchtigkeit, die geschäftlichen Verbindungen usw., die über den Umsatz den Unternehmenswert wesentlich mitbestimmen, werden durch die Enteignung des Betriebsgrundstücks nicht berührt. Mangels einer tatsächlichen Verlegung müssen die Verlegungskosten allerdings gedacht ermittelt werden. 374

Empfehlenswert ist, die gedachte Verlegung in ihren Einzelheiten festzulegen, 375 und zwar so vollständig, dass sie zu einer gedanklich wirklichen wird. Dafür müssen insbesondere der neue Standort, die Beschaffenheit des Ersatzes und die Zeitspanne, nach der der Ersatz zur Verfügung steht, bestimmt werden. Die Art des betroffenen Gewerbebetriebes spielt dabei eine entscheidende Rolle. Ein Ladengeschäft stellt an den Standort andere Anforderungen als ein herstellender Betrieb, der seine Erzeugnisse ausliefert. Angebot und Nachfrage auf dem Bau- und Bodenmarkt sind zu beachten, und die Wettbewerbslage am neuen Standort ist in Betracht zu ziehen. Die Unsicherheit und Wagnisse der Verlegung sind mit einem mittleren Maß zu veranschlagen; weder sehr günstige noch sehr ungünstige Umstände können zugrunde gelegt werden.

4. Andererseits können bei einem Eingriff in ein gewerblich genutztes Grundstück 376 nicht immer Verlegungskosten für den darauf geführten Gewerbebetrieb verlangt werden. **Kein Anspruch auf Zahlung der Verlegungskosten** besteht **beim sog. Verlustbetrieb.** Wer keinen Erwerbsverlust erleidet, dem steht insoweit keine Entschädigung zu und dementsprechend auch kein Ersatz der Verlegungskosten. Das ergibt sich aus dem Gesetz (z. B. § 96 Abs. 1 Nr. 1 BauGB) und verbietet die im Entschädigungsrecht gebotene wirtschaftliche Betrachtungsweise. Einen mit Verlust arbeitenden Betrieb weiter zu betreiben bzw. mit einem nicht unerheblichen geldlichen Aufwand zu verlegen, ist wirtschaftlich nicht zu rechtfertigen. Jedenfalls würde ein

verständiger Dritter nicht so handeln; im Gegenteil: der Fachmann müsste ihm die sofortige Schließung dringend anraten, um weitere Verluste zu vermeiden. Ein **Verlustbetrieb** in diesem Sinne ist der Betrieb, dessen **Erlöse zur Abdeckung der Kosten nicht ausreichen** (Betrieb, der rote Zahlen schreibt).

377 Ob auch der **Betrieb ohne angemessene Vergütung von Arbeit und Betriebsvermögen** dazugehört, ist nicht eindeutig. Gemeint ist damit ein Betrieb, dessen Gewinne nicht ausreichen, die Mitarbeit des Inhabers angemessen zu vergüten und das Betriebsvermögen marktüblich zu verzinsen. Der **BGH** scheint einen solchen Betrieb nicht als Verlustbetrieb anzusehen. Jedenfalls hat er eine Revisionssache zur Entscheidung nicht angenommen, in der nach den Preisverhältnissen des Jahres 1973 das Betriebsvermögen rd. 250.000 DM betrug, die Inhaberin im Betrieb voll mitarbeitete und in den Jahren 1967 bis 1972 lediglich ein Gewinn von rd. 15.000 DM jährlich erwirtschaftet wurde (Beschl. v. 21.12.1977 – III ZR 30/77, nicht veröffentlicht). Die Revision hatte u.a. die für die tatsächlich vorgenommene Betriebsverlegung von dem Berufungsgericht zugesprochenen Folgekosten gerügt. Der Entscheidung des BGH ist zuzustimmen. Immerhin ist in diesem Fall ein Gewinn erwirtschaftet worden. Die „sonstige Substanz" des Betriebes – geschäftliche Beziehungen und Verbindungen, Kundenstamm usw. – ist deshalb nicht wertlos. Würden keine Verlegungskosten gezahlt, wäre der Inhaber nicht in der Lage, diesen Wert zu erhalten. Allerdings ist zu fragen, ob nicht durch die Zahlung des Unternehmenswertes, sofern er geringer war als die Entschädigung der Betriebsverlegung, schon eine angemessene und volle Entschädigung gewährt worden wäre.

378 Da der Anspruch auf Zahlung von Verlegungskosten letztlich davon abhängt, ob die „sonstige Substanz" des Betriebes einen Wert hat (dazu BGH NJW 1975, 1966), kann ein **Ausgleich des notwendigen Verlegungsaufwandes** auch bei dem Betrieb nicht von vornherein ausgeschlossen werden, der augenblicklich **rote Zahlen** schreibt. Mindestens **zwei Ausnahmen** sind denkbar: Hat der betroffene Betrieb bereits einmal mit Gewinn gearbeitet und ist er durch widrige Umstände in die Verlustzone geraten, könnte sein, dass er nach einer Übergangszeit wieder Gewinne erwirtschaftet. Erweisen sich die augenblicklichen Verluste als vorübergehend, können Verlegungskosten verlangt werden. Ebenso kann ein neu eröffneter Betrieb, der erfahrungsgemäß eine Durststrecke ohne jegliche Gewinne durchstehen muss, berechtigte Aussicht auf künftige Gewinne haben. Einen solchen Betrieb zu verlegen, ist bei wirtschaftlicher Betrachtung jedenfalls vertretbar. Eine begründete Gewinnaussicht macht schon in der Gegenwart den Wert der „sonstigen Substanz" des Betriebes aus. Es handelt sich nicht um in der Zukunft mögliche Wertverbesserungen, die enteignungsrechtlich nicht erheblich wären. Ob solche Umstände im Einzelfall gegeben sind, ist durch **Sachverständige** zu ermitteln.

379 Bei einem **wirklichen Verlustbetrieb** können als Entschädigung **nur Liquidationsbeträge** (Verkehrswerte der vorhandenen Sachgüter) gezahlt werden. Bei der Ermittlung der Liquidationsbeträge ist zu beachten: Soweit es sich um das Grundstück und die Baulichkeiten des Betriebes handelt, ist der Sachwert bei der Preisfindung nur

ein erster Anhalt. Jeder Käufer und insbesondere der, der das Grundstück in gleicher Weise betrieblich nutzen will, wird nach der Ertragslage des Betriebes fragen und nach den Gründen für die Verluste forschen. Sofern sich dabei herausstellt, dass die Verluste ihre Ursache nicht in der Person des Inhabers haben, sondern beispielsweise lagebedingt sind, wird er entweder vom Kauf absehen oder aber nicht unerhebliche Abschläge vornehmen, um damit Umbauten und Anpassungen unter Umständen auch für einen anderen Gewerbebetrieb ausführen zu können. Sollte das mit vertretbarem Aufwand nicht möglich sein, haben die Baulichkeiten keinen Wert und sind als Abzugsposten in Höhe der Abbruchkosten bei der Wertermittlung zu berücksichtigen. Bewegliche Sachgüter – Einrichtungen, Warenvorräte und dergleichen – werden sich in der Regel auch nicht zum Sachzeitwert veräußern lassen. Hier müssen häufig wie bei einer Versteigerung nicht unerhebliche Abschläge hingenommen werden. Die **Abschläge**, die zweckmäßigerweise **gutachtlich ermittelt** werden, **treffen den Betriebsinhaber**. Es wäre verfehlt, sie als Liquidationsverluste dem Enteignungsbegünstigten anzulasten; denn der Eingriff setzt nur eine Betriebsschließung in Gang, die der Inhaber eigentlich hätte längst vollziehen müssen.

5. Der Grundsatz der **Entschädigung des Verlegungsaufwandes** gilt weiterhin **380**
nicht, wenn die Entschädigung für den Rechtsverlust und den Verlegungsaufwand in der Summe den Unternehmenswert und damit **den vollen Wert des Betriebes übersteigt**. Damit ist die Frage nach der Entschädigungsobergrenze gestellt. Die **Höhe der Entschädig**ung ist in jedem Fall **durch den Unternehmenwert begrenzt.** Aufgabe der Enteignungsentschädigung ist, das Genommene und die darin liegende Vermögenseinbuße auszugleichen. Der Vermögensstand des Eigentümers soll nach der Enteignung nicht schlechter sein, als er vorher war. Der zu zahlende Wertausgleich muss – „bildhaft" gesprochen – den Betroffenen in die Lage versetzen, sich einen gleichwertigen Betrieb zu beschaffen. Das ist dem Betroffenen bei Zahlung des Unternehmenswertes möglich; dafür kann er auf dem Markt einen gleichwertigen Betrieb erwerben. Zum Unternehmenswert können im Einzelfall noch gewisse **Folgeschäden der Enteignung** hinzukommen. Zu denken ist an Aufwendungen, die beim Kauf des Ersatzbetriebes entstehen, Ertragsausfälle bis zum Anlaufen des Ersatzbetriebes, Umzugskosten der Betriebsleitung usw. Siehe auch → **Unternehmenswert**.

6. **Verlegungskosten** können ferner **nicht** gefordert werden, wenn der Gewerbe- **381**
betrieb auf einem Grundstück mit betrieblich nicht voll ausgenutzter **Baulandeigenschaft** geführt wird und der Grundstückseigentümer die Bemessung der Bodenentschädigung danach begehrt. Die Benutzungsarten Bauland und Gewerbe schließen sich in diesem Fall aus, und der gesunde Grundstücksverkehr bezahlt deshalb nur das eine oder das andere. Bei einem Verkauf würde ein Käufer entweder nur den Baulandpreis zahlen oder von der gewerblichen Benutzung des Grundstücks ausgehen. Der **BGH** (BGH NJW 1977, 1725; BGHZ 67, 200 = NJW 1977, 191; BGHZ 55, 294 = NJW 1971, 1176) **behandelt einen solchen Fall anders.** Zwar sieht auch er eine übermäßige Ent-

schädigung, wenn der Unternehmer (Eigentümer) für die betrieblichen Folgeschäden des Grundstücksentzugs (Verlegungskosten) voll entschädigt würde und gleichzeitig die nach dem höheren Baulandpreis bemessene Entschädigung nutzen könnte. Die daraus gezogene Folgerung ist aber nicht der Ausschluss der Entschädigung der Verlegungskosten, sondern die Anrechnung des Preisunterschiedes zwischen Bauland und Gewerbeland. Der Unternehmer muss sich also auf die Verlegungskosten den Teil der Entschädigung für das Grundstück anrechnen lassen, der auf die von ihm nicht ausgenutzte Baulandeigenschaft entfällt.

Zu der Frage, wie unter diesen Umständen vorhandene gewerbliche Baulichkeiten zu entschädigen sind, vgl. → **Bebaute Grundstücke**.

382 Allerdings ist nicht selten, dass **Grundstückseigentümer und Unternehmer nicht personengleich** sind; der Unternehmer führt den Betrieb beispielsweise **als Pächter oder Mieter des Grundstücks**. In diesem Fall ist es Sache des Eigentümers, den Pächter oder Mieter abzufinden, sofern das Grundstück als Bauland entschädigt werden soll. Auf dem Markt betrachtet ein Käufer es in der Regel als selbstverständlich, dass ihm ein geräumtes Grundstück übergeben wird, wenn er es z. B. als hochwertiges Wohnbauland gekauft und bezahlt hat. Dass der Käufer die Abfindung zusätzlich zur Zahlung des Kaufpreises übernimmt, ist die Ausnahme und hat seinen Grund in ungewöhnlichen und damit entschädigungsrechtlich unerheblichen Umständen.

383 7. Die Höhe des entschädigungspflichtigen Verlegungsaufwandes hängt nicht zuletzt davon ab, ob der **betroffene Gewerbeinhaber Eigentümer oder Mieter bzw. Pächter** des beanspruchten Grundstücks ist. Der durch die Enteignung des Grundstücks ausgelöste Umzug ist für den Eigentümer immer ein zusätzlicher; ohne die Enteignung brauchte er seinen Betrieb nicht zu verlegen. Anders ist es beim Mieter oder Pächter. Zwar besteht für beide im Augenblick des Eingriffs auch kein Grund zur Verlegung. Am Ende der Miet- bzw. Pachtzeit ist das jedoch der Fall. Der **Umzug** ist darum kein zusätzlicher, sondern lediglich **ein vorzeitiger**. Bei einem vorzeitigen Umzug müssen die Kosten für den Erwerb eines Ersatzrechtes und der sonstige Verlegungsaufwand nur früher aufgewendet werden. Der Schaden besteht somit darin, dass dem Betroffenen die Zinsen aus den Kosten der Verlegung bis zum Ende des Vertrages entgehen. Insoweit kann nur der Barwert des Zinsverlustes die Entschädigung sein. Der BGH spricht vom **Ersatz des Zwischenzinses der Aufwendungen für die Verlegung** (BGHZ 123, 166, 171 = NJW 1993, 3131, 3132; BGH NJW 1972, 528 = BRS 26 Nr. 134). Daneben sind allerdings Schäden denkbar, für die ein voller Ersatz geleistet werden muss. Bei einer kurzfristigen Räumung können Nachteile entstehen, die bei einem vorausgesehenen und darum genügend vorbereiteten Umzug nicht auftreten. Falls nicht gleich Ersatzräume zur Verfügung stehen, wird es regelmäßig zu größeren Ertragsausfällen kommen. Zur Entschädigung des Rechtsverlustes des Mieters und Pächters siehe → **Miet- und Pachtverhältnisse**. Zum Rechtsverlust des Mieters oder Pächters gehören auch von ihm geschaffene marktgängige Werte (z. B. nicht verlegbare Einrich-

tungen, die der Betrieb braucht; Aufbau eines Kundenstamms, der durch nachhaltige Werbung erlangt worden ist).

Das **Ende der Miet- bzw. Pachtzeit** beurteilt sich ausschließlich nach dem Vertrag und ergänzenden gesetzlichen Bestimmungen. Endet das Recht zur Benutzung zu einem im Vertrag festgelegten Zeitpunkt, so ist die noch nicht verbrauchte Zeit die Dauer des Rechtes. Bei einem Vertrag auf unbestimmte Zeit ist auf den nächstmöglichen Kündigungszeitpunkt abzustellen. Eine vertragsgemäße Kündigung ist keine enteignende Maßnahme, auch wenn ohne die Enteignung des Grundstücks die sichere Aussicht bestanden hat, dass nicht gekündigt worden wäre. Die Rechtsprechung des BGH in seinem Urteil vom 20.1.1958 (BGHZ 26, 248 = NJW 1958, 746 = MDR 1958, 313) ist überholt. Dort war die Meinung vertreten worden, dass die Dauer des Rechtes unter Würdigung aller Umstände zu schätzen sei. In der Entscheidung vom 7.1.1982 (BGHZ 83, 1 = NJW 1982, 2181) wird ausdrücklich gesagt, dass der Senat an der in BGHZ 26, 248 vertretenen Auffassung später nicht mehr festgehalten habe. **384**

Eine dritte, sogar sehr häufig vorkommende Vertragsform sieht vor, dass der **Miet- oder Pachtvertrag** eine **Verlängerungsklausel** enthält. Das Miet- oder Pachtverhältnis läuft zunächst über eine bestimmte Zeitspanne (beispielsweise 5 oder 10 Jahre) und verlängert sich dann, wenn zum Ende der fest vereinbarten Zeit nicht gekündigt wird, um 1, 2 oder 5 Jahre. Am Ende eines Verlängerungsabschnittes gilt das gleiche, d.h., dass ein weiterer Verlängerungsabschnitt beginnt, sofern nicht gekündigt worden ist. Die entschädigungsrechtlich erhebliche Dauer eines solchen Miet- oder Pachtvertrages ist allein die noch nicht verbrauchte Zeit bis zur nächsten Kündigungsmöglichkeit; denn auch die unterbliebene Verlängerung eines Miet- oder Pachtvertrages ist keine enteignende Maßnahme (vgl. *Kreft* DRiZ 1973, 335, 336). **385**

Unkündbare Miet- und Pachtverträge gibt es grundsätzlich nicht. Eine Ausnahme bilden Verträge, die für die Lebenszeit eines der beiden Vertragspartner geschlossen sind (§ 544 Satz 2 BGB). Kündbar sind darum auch Miet- und Pachtverträge, die z.B. für die Dauer des Bestehens einer mietenden oder pachtenden GmbH abgeschlossen werden oder die dem Mieter oder Pächter das Recht einräumen, die Miet- oder Pachtsache so lange zu nutzen, wie er sie für seine Zwecke benötigt. Hier ergibt sich die Möglichkeit zur Kündigung zwar nicht aus dem Vertrag, sondern aus dem Gesetz. Nach § 544 Satz 1 BGB kann ein **Mietverhältnis**, das **für eine längere Zeit als 30 Jahre** eingegangen wurde, nach Ablauf dieses Zeitraumes sowohl vom Vermieter als auch vom Mieter unter Einhaltung der gesetzlichen Kündigungsfrist gekündigt werden. Sind im Zeitpunkt des Eingriffs 30 Jahre noch nicht verstrichen, so ist die enteignungsrechtlich erhebliche Dauer des Mietrechts die Zeit bis zum Erreichen der 30 Jahre zuzüglich der gesetzlichen Kündigungsfrist. Hat das Mietverhältnis dagegen schon 30 oder mehr Jahre bestanden, so umfasst die geschützte Rechtsstellung des Mieters lediglich die Zeitspanne bis zur nächsten Kündigungsmöglichkeit. Für **Pachtverträge** gilt die Regelung entsprechend (§ 581 Abs. 2 BGB i.V.m. § 544 Satz 2 BGB; vgl. BGHZ 117, 236 = BGHR BGB § 567 – Dreißig-Jahres-Frist 1 = NJW-RR 1992, 780 = BRS 53 Nr. 158). Bei Miet- und **386**

Pachtverträgen auf Lebenszeit eines Vertragspartners bemisst sich die Dauer des Rechts nach der Lebenserwartung.

387 Für die Feststellung der Dauer des Miet- oder Pachtrechtes ist auf den Zeitpunkt abzustellen, in dem der Mieter oder Pächter den **Besitz tatsächlich verloren hat oder verlieren wird.** Denn erst der Verlust des Besitzes lässt das Besitzrecht untergehen und schreibt die rechtlich geschützte Stellung fest, die der Mieter oder Pächter im Einzelfall hatte (BGH NJW 1972, 528 = BRS 26 Nr. 134). Die Dauer des Miet- oder Pachtrechtes ist also die Zeit vom Verlust des Besitzes bis zur Beendigung des Vertragsverhältnisses nach dem Vertrag und maßgeblichen gesetzlichen Bestimmungen; denn enteignungsrechtlich erheblich ist allein, welche Miet- oder Pachtdauer rechtlich gesichert war.

388 8. Nicht immer wird das ganze Grundstück benötigt, sondern nur ein Teil davon, und der **Gewerbebetrieb** kann **auf dem Restgrundstück** – wenn auch mehr oder weniger betroffen – **fortgeführt** werden. Die Folge ist eine unterschiedlich umfängliche **Teilverlegung.** Daneben lässt sich ein voller Ausgleich manchmal auf andere für den Betroffenen einfachere Weise erreichen. In Betracht kommen: Aufstockung von Gebäuden, Einrichtung raumsparender Anlagen, Umgestaltungen innerhalb des Betriebes, die den Flächenbedarf verringern, und sonstige Verbesserungsmaßnahmen. Ist das alles nicht mit einem vertretbaren Kostenaufwand zu erreichen, wird zu erwägen sein, ob man nicht die eingetretene Betriebsverkleinerung entschädigt. Grundlage sind der Umsatzrückgang und die damit verbundene Schmälerung des nachhaltig zu erzielenden Gewinns. Zeitraum und Zinssatz für die Berechnung der Entschädigung sind Tatfrage. Soweit ein Dauerschaden angenommen wird, können Grundstück, Baulichkeiten und sonstige betriebliche Anlagen nicht mehr besonders entschädigt werden. Sie hätten dem betrieblichen Zweck unter diesen Umständen unbegrenzt lange dienen müssen. Bei Annahme eines zeitlich begrenzten Schadens ist die Zahlung von Restwerten möglich. Die weggenommenen Sachwerte ständen nach Ablauf der Schadenszeit einem anderen Zweck zur Verfügung. Je länger die angenommene Dauer ist, umso kleiner werden die Werte sein; sie pendeln zwischen Null und dem Verkehrswert (z. B. Sachzeitwert). Dazu kommen Anpassungskosten für das Restgrundstück (Einfriedigung usw.). Siehe aber auch → **Minderwert des Restgrundstücks**, Beispiel d) und die dort vorgeschlagene Lösung.

Giebelmauer

389 1. Bei der Frage nach der Enteignungsentschädigung bei **Freilegung einer Giebelmauer** durch Abbruch des Nachbarhauses (enteignender Eingriff) sind drei Fälle zu unterscheiden: 1. halbscheidige Giebelmauer (Nachbarwand, Kommunmauer), 2. Grenzwand auf einem Grundstück und ein daran angebautes Haus auf dem Nachbargrundstück, 3. getrennte Giebelmauern (beide Häuser haben eine eigene Giebelmauer). Die

Jacobs
https://doi.org/10.1515/9783110682557-048

geschützte Rechtsstellung des Betroffenen, in die durch den Abbruch des Nachbarhauses im Zuge einer hoheitlichen Maßnahme eingegriffen wird, kann sich aus Vertrag bzw. Nachbarrecht ergeben.

2. Soweit allein das **Nachbarrecht** maßgebend ist, gilt: Bei der **halbscheidigen Giebelmauer** handelt es sich um eine Grenzeinrichtung im Sinne des § 921 BGB. Eine solche Mauer steht auf beiden Grundstücken (Miteigentum je zur Hälfte), scheidet die Grundstücke voneinander und dient beiden Grundstücken (BGH NJW-RR 2014, 973 Rn. 35; vgl. Palandt/*Herrler*, § 921 Rn. 5ff.). Daraus ergibt sich das Recht zur gemeinschaftlichen Benutzung. Wird eines der beiden Grundstücke für eine öffentliche Maßnahme benötigt und gekauft und das darauf stehende Haus abgebrochen, so verliert die Mauer ihren Schutz gegen Feuchtigkeitseinwirkungen und ist als Hausabschlusswand nicht mehr geeignet und nicht mehr nutzbar. Dagegen schützt den Nachbarn § 922 S. 3 BGB. Danach kann jeder der Nachbarn gemäß §§ 1004, 823 BGB verlangen, dass sein Recht auf ungehinderte Benutzung der Grenzeinrichtung unangetastet bleibt (BGH NJW 2000, 512; BGHZ 78, 397 = NJW 1981, 866 = BauR 1981, 405; OLG Frankfurt MDR 2005, 268; Palandt/*Herrler* § 922 Rn. 4). Die Beeinträchtigung dieses Rechts durch den Träger der öffentlichen Maßnahme löst ebenso eine Entschädigungsverpflichtung aus, wie der vorherige Eigentümer zu einer Wandverkleidung verpflichtet gewesen wäre, wenn er aufgrund des § 903 BGB sein Haus abgebrochen hätte. 390

3. Im Gegensatz zur halbscheidigen Giebelmauer steht die **Grenzwand** im Alleineigentum dessen, der sie beim Bau des Hauses auf seinem Grundstück errichtet hat. Der Nachbar, der später anbaut, erlangt kein Recht zur Mitbenutzung (BGH NZM 2001, 817), jedenfalls nicht kraft Gesetzes, sondern allenfalls kraft Vereinbarung. Eine dem § 922 S. 3 BGB ähnliche oder vergleichbare Regelung besteht in diesem Falle nicht. In den Nachbarrechtsgesetzen der Bundesländer sind die Rechtsverhältnisse der halbscheidigen Giebelmauer und der Grenzwand unterschiedlich geregelt (vgl. z.B. § 12 und § 20 NachbG NW; Übersicht bei Palandt/*Herrler*, § 921 Rn. 5, 13). Bei einem Abbruch des zuerst errichteten Hauses ist es Sache des Nachbarn, den Weiterbestand seines Hauses zu sichern, falls er das nicht schon bei der Errichtung des (angebauten) Hauses getan hat. Der schon erwähnte § 20 NachbG NW beispielsweise schreibt vor, dass eine Grenzwand durch Anbau genutzt werden darf, wenn der Eigentümer der Grenzwand schriftlich einwilligt und der Anbau öffentlich-rechtlich zulässig ist. Die Vorschrift verpflichtet den anbauenden Eigentümer des Nachbargrundstücks ferner zur Zahlung einer Vergütung in Höhe des halben Wertes der Grenzwand und des eingesparten Baugrundes. Eine solche vertragliche Regelung zwischen den Nachbarn würde übrigens den Benutzer einer Grenzwand dem Miteigentümer einer halbscheidigen Giebelmauer enteignungsrechtlich gleichstellen. 391

Im umgekehrten Fall – das angebaute Haus wird abgebrochen – ist der Eigentümer des abgebrochenen Hauses verpflichtet, den vor dem Anbau vorhanden gewesenen Zustand wiederherzustellen bzw. den Aufwand nach § 912 Abs. 2 BGB auszuglei- 392 chen (BGH NJW-RR 2019, 463 Rn. 8; BGH NJW 1977, 1447; Palandt/*Herrler* § 912 Rn. 13). Denn die ungefragte und unentgeltliche Mitbenutzung einer Grenzwand wird durch den Rechtsgedanken des § 538 BGB (keine Haftung des Mieters für Veränderungen durch vertragsmäßigen Gebrauch) nicht gedeckt. Hat der Enteignungsbegünstigte als der neue Eigentümer den alten Zustand hergestellt, so ist er im Innenverhältnis jedenfalls berechtigt, die Enteignungsentschädigung über den Vorteilsausgleich entsprechend zu kürzen. Der Enteignungsbetroffene ist dadurch von einer persönlichen Schuld befreit worden.

393 4. Haben beide Häuser eine **eigene Giebelmauer**, so sind zwei Unterfälle auseinanderzuhalten: Beide Häuser wurden gleichzeitig errichtet, und der Raum zwischen den Giebelmauern gehört zu beiden Grundstücken. Der Zwischenraum, der beide Grundstücke trennt, ist eine Grenzeinrichtung im Sinne von § 921 BGB. Hier gilt ausgehend von § 922 S. 3 BGB das oben unter Rn. **390** Ausgeführte. Der Abbruch eines der beiden Häuser beeinträchtigt das Recht des Nachbarn am ungehinderten Fortbestand der gemeinschaftlichen Einrichtung. Wenn dagegen das erste Haus mit einer unmittelbar an der Grenze zum Nachbargrundstück stehenden Wand (Grenzwand) errichtet wurde und wenn später entlang dieser Grenze auf dem Nachbargrundstück ebenfalls gebaut wurde, so ist der dabei entstandene Zwischenraum keine Grenzeinrichtung (gemeinschaftliche Einrichtung). Denn er wird von der Grenzlinie nicht geschnitten, sondern liegt in voller Breite auf dem Grundstück des Nachbarn, der später gebaut hat. Vielmehr hat man es mit zwei voneinander unabhängigen Grenzwänden zu tun. Beim Abbruch eines der beiden Häuser muss der Nachbar sein Haus ggf. selbst gegen Feuchtigkeit schützen. Das Recht des Eigentümers zum Abbruch (§ 903 BGB) ist hier, anders als bei einer Grenzeinrichtung im Sinne des § 921 BGB, nicht eingeschränkt (vgl. auch LG Berlin MDR 1963, 1012).

Grunderwerbsnebenkosten

394 1. Als Grunderwerbsnebenkosten werden die **Kosten** bezeichnet, die dem von einer Enteignung betroffenen Eigentümer bei der Beschaffung eines Ersatzgrundstücks **neben dem Kaufpreis** entstehen. Es handelt sich dabei insbesondere um Grunderwerbsteuer, Maklergebühren, Notars- und Gerichtskosten (zu weiteren Grunderwerbsnebenkosten, s. *Groß* in EZBK, § 96 Rn. 66 mit Verweis auf *Büchs*, Handbuch, S. 1837 ff).

Ob und inwieweit solche Kosten entschädigungsfähig sind, ist eine vielschichtige Frage. Wer für die Enteignung seines Grundstücks lediglich in Geld zu entschädigen ist (z. B. § 99 BauGB), kann keinesfalls **fiktive Grunderwerbsnebenkosten** verlangen. Die richtig bemessene Geldentschädigung stellt bereits einen vollen Ausgleich für das Genommene dar. Durch die Gewährung dieser Entschädigung ist die gestörte Vermögenslage ausgeglichen. Das genommene Land wird durch den gleichen Wert in Geld – wie es das Gesetz vorsieht – ersetzt.

Friedrich
https://doi.org/10.1515/9783110682557-049

Auch aus dem allgemeinen Grundsatz, dass die Entschädigung den Betroffenen in die Lage versetzen müsse, sich einen gleichwertigen Gegenstand zu beschaffen, ergibt sich nichts Anderes. Diese „bildhafte" Aussage geht keinesfalls davon aus, dass der Enteignete sich im Einzelfall einen gleichartigen oder gleichwertigen Ersatz beschaffen soll oder will, sondern beschreibt nichts anderes als die Pflicht zur vollen Entschädigung (s. BGH NJW 1977, 1725; s.a. *Groß* in EZBK, § 96 Rn. 67).

Ebenso wenig entsteht ein Anspruch auf Grunderwerbsnebenkosten dadurch, dass der Enteignete tatsächlich ein Ersatzgrundstück kauft und ihm dabei Kosten erwachsen. Denn er wählt damit nur eine von mehreren Möglichkeiten, den Entschädigungsbetrag anzulegen aus, die jedoch mit zusätzlichen Kosten verbunden ist. Die damit verbundenen Aufwendungen sind also keine zwingende Folge der Enteignung. sondern Folge seiner Entscheidung, wie er mit der Entschädigung verfährt. Die Aufwendungen sind daher grundsätzlich **nicht erstattungsfähig**, weil die Art und Weise wie die Entschädigung verwendet wird, keine Auswirkungen auf die Bemessung ihrer Höhe hat. Zudem gibt es keinen Grund, den Ersatzkauf gegenüber anderen Anlageformen zu privilegieren (vgl. dazu BGHZ 41, 354 = NJW 1964 sowie *Groß* in EZBK, § 96 Rn. 67, wonach die Folgeentschädigung nach § 96 BauGB nicht dazu führen dürfe, dass die aus der Substanzentschädigung ausdrücklich ausgeklammerten tatsächlichen Beschaffungskosten doch wieder in die Entschädigungsleistung einbezogen würden).

2. Etwas anderes gilt jedoch dann, wenn der Enteignete **auf ein gleichartiges Grundstück angewiesen** ist. Dies ist etwa der Fall, wenn das Grundstück der Ausübung des Berufes oder des Erwerbes diente oder mit einem Eigenheim oder einer Kleinsiedlung bebaut war. Um dieser besonderen Situation gerecht zu werden, ist in derartigen Fällen nach den Enteignungsgesetzen die Entschädigung anstelle von Geld in geeignetem Ersatzland festzusetzen (§ 100 BauGB, Art. 14 BayEG, § 16 EEG NW etc.). 395

Verwirklicht der Eigentümer diesen Ersatzlandanspruch indem er sich mit Zustimmung des Enteignungsbegünstigten selbst, außerhalb des Enteignungsverfahrens, geeignete Flächen beschafft, steht ihm ein öffentlich-rechtlicher Anspruch auf Erstattung der dabei erforderlichen Aufwendungen für die dabei entstehenden Beschaffungskosten zu (§ 100 Abs. 9 S. 1 BauGB, Art 14 Abs. 8 S. 1 BayEG etc.).

Allerdings ist der **Enteignungsbegünstigte** nur insoweit zur Erstattung verpflichtet, als er **selbst Aufwendungen erspart**, was regelmäßig dann der Fall ist, wenn dieser selbst über kein Ersatzland verfügt und deshalb entsprechende Flächen selbst zu erwerben hätte.

3. Einschränkend ist zu beachten, dass entstandene Grunderwerbsnebenkosten **nicht immer in voller Höhe** erstattet werden können. Es besteht für den Enteignungsbegünstigten kein Anlass, den Erwerb eines größeren oder wertvolleren Grundstücks zu unterstützen. Das bedeutet, dass die für das entzogene Grundstück (Rechtsverlust) gezahlte Entschädigung der Ausgangspunkt für die Berechnung der erstattungsfähi- 396

gen Kosten ist. Daneben ist zwischen der Entschädigung für den Grund und Boden und für etwaige Aufbauten usw. zu unterscheiden.

Beispiel: Der Eigentümer erhielt für den Grund und Boden des entzogenen Grundstücks € 50.000 und für die darauf befindlichen Betriebsgebäude € 100.000. Er erwirbt ein besser gelegenes unbebautes Ersatzgrundstück für € 75.000 und errichtet darauf neue Gebäude. An Grunderwerbsnebenkosten entstehen 3,5 % Grunderwerbsteuer = € 2.625 (teilweise höher, wenn die Länder wie meist von ihrem Recht Gebrauch gemacht haben, sie höher festzusetzen, vgl. Stichwort **Grunderwerbsteuer**) und 2 % Notar- und Gerichtskosten = € 1.500,–. Erstattungsfähig sind Grunderwerbsteuer sowie Notar- und Gerichtskosten von jeweils € 50.000 (Wert des entzogenen Grundstücks). Die Entschädigung für die Aufbauten bleibt unberücksichtigt. Wäre das Ersatzgrundstück teilweise oder ganz bebaut gewesen, könnten die durch den Kauf der Gebäude entstandenen erstattungsfähigen Nebenkosten ebenso berechnet werden, und zwar nach dem Wert des Betriebsgebäudes in Höhe von € 100.000).

Grunderwerbsteuer

397 1. Der von einer Enteignung betroffene Eigentümer kann grundsätzlich nur Entschädigung in Geld, nicht Ersatzland verlangen (vgl. § 99 Abs. 1 BauGB). Er wird deswegen häufig daran interessiert sein und versuchen, sich mit dem Entschädigungsbetrag auf dem freien Markt ein neues Grundstück zu beschaffen, was ihm durch die Entschädigung nach der Rechtsprechung des BGH (vgl. BGHZ 83, 1, 5 = NJW 1982, 2181, 2182 = WM 1982, 517, 519; BGH WM 1977, 1059, 1061, 1062; *Kreft*, Enteignungsentschädigung II, S. 6) – „bildhaft" – gerade ermöglicht werden soll (Stichwort **Enteignungsentschädigung**). Für einen solchen Neukauf fällt **Grunderwerbsteuer** nach § 1 Abs. 1 Nr. 1 des Grunderwerbsteuergesetzes (GrEStG) an.

398 2. **Grunderwerbsteuer** hat ebenso der **Enteignungsbegünstigte** abzuführen. Denn neben dem rechtsgeschäftlichen Erwerb inländischer Grundstücke unterliegt auch der durch Enteignung vorgenommene Grunderwerb der Steuerpflicht, § 1 Abs. 1 Nr. 3 GrEStG, allerdings mit der Besonderheit, dass **nur der Erwerber**, nicht auch der Enteignete die Steuer schuldet (§ 13 Nr. 3 GrEStG). Für Kaufverträge, die eine andernfalls drohende Enteignung abwenden sollen, folgt die Steuerpflicht bereits aus § 1 Abs. 1 Nr. 1 GrEStG, da das Motiv für den Vertragsabschluss steuerrechtlich unbeachtlich ist). Die Steuerpflicht des Enteignungsbegünstigten ist angemessen und begründet; denn einmal ist nicht immer die öffentliche Hand enteignungsbegünstig, und zum anderen spricht kein Grund dafür, den Erwerb durch Enteignung steuerfrei zu stellen (vgl. *Meßbacher-Hönsch* in Boruttau, GrEStG, § 1 Rn. 411). **Ausgenommen von der Steuerpflicht** sind der Übergang des Eigentums durch die **Abfindung in Land** und die unentgeltliche Zuteilung von Land für gemeinschaftliche Anlagen im **Flurbereinigungsverfahren** sowie durch die entsprechenden Rechtsvorgänge im **beschleu-**

Jacobs
https://doi.org/10.1515/9783110682557-050

nigten Zusammenlegungsverfahren und im **Landtauschverfahren nach dem Flurbereinigungsgesetz** (§ 1 Abs. 1 Nr. 3a GrEStG). Diese Ausnahme beruht darauf, dass das Flurbereinigungsverfahren von dem Grundsatz der wertgleichen Abfindung beherrscht wird. Jeder Teilnehmer an dem Verfahren ist für seine eingebrachten Grundstücke unter Berücksichtigung der nach § 47 FlurbG vorgenommenen Abzüge mit Land von gleichem Wert abzufinden (§§ 27 ff., 44 FlurbG). Die Landabfindung tritt an die Stelle der alten Grundstücke (§ 68 Abs. 1 S. 1 FlurbG). Unvermeidbare Mehr- oder Minderzuweisungen von Land sind in Geld auszugleichen (§ 44 Abs. 3 S. 2 FlurbG; vgl. *Meßbacher-Hönsch* a. a. O., § 1 Rn. 417). **Ausgenommen von der Steuerpflicht** ist auch der Übergang des Eigentums im **Umlegungsverfahren nach dem BauGB**, wenn der neue Eigentümer in diesem Verfahren als Eigentümer eines im Umlegungsgebiet gelegenen Grundstücks Beteiligter ist (§ 1 Abs. 1 Nr. 3b GrEStG). Dies gilt nur für den Übergang des Eigentums in dem förmlichen Umlegungsverfahren nach §§ 45 ff. BauGB und wenn der neue Eigentümer im Verfahren als Eigentümer eines im Umlegungsgebiet gelegenen Grundstücks beteiligt ist (BFH BStBl II 2000, 206; *Meßbacher-Hönsch* a. a. O., § 1 Rn. 440).

3. Die Steuer beträgt nach § 11 Abs. 1 GrEStG 3,5 %. Bemessungsgrundlage für diesen 399
Steuersatz ist grundsätzlich der Wert der Gegenleistung (§ 8 Abs. 1 GrEStG). Nach Art. 105 Abs. 2a S. 2 GG können die Länder die Höhe der Grunderwerbsteuer für Rechtsvorgänge in ihrem Gebiet selbst bestimmen. Von dieser Möglichkeit der Erhöhung haben fast alle Bundesländer Gebrauch gemacht (Übersicht bei *Viskorf* in Boruttau, § 11 Rn. 19).

Beim Grundstückskauf bestimmt sich die **Höhe der Steuer** gemäß § 9 Abs. 1 Nr. 1 GrEStG nach dem Kaufpreis einschließlich der vom Käufer übernommenen sonstigen Leistungen und der dem Verkäufer vorbehaltenen Nutzungen. Bei der **Enteignung** ist die für die entzogene Fläche **geleistete Entschädigung maßgebend** (§ 9 Abs. 1 Nr. 7 GrEStG). Neben einer Barentschädigung sind auch eine eventuell daneben gewährte Landentschädigung sowie alle Leistungen, die der Enteignungsbegünstigte gegenüber dem Grundstückseigentümer erbracht hat, Gegenleistung (*Loose* in Boruttau, § 9 Rn. 464). Werden im Rahmen des Entzugs (bzw. Verkaufs zur Abwendung der Enteignung) einer Teilfläche **An- oder Durchschneideentschädigungen** gewährt, hat dies keine Auswirkungen auf die Grunderwerbsteuer. Denn diese Zahlungen sind keine Gegenleistung i. S. von § 8 Abs. 1 GrEStG, sondern ein Ausgleich für die an dem Restgrundstück entstehende Formverschlechterung bzw. die damit verbundenen höheren Arbeits- sowie Maschinenkosten und zu erwartende Mindererträge (BFH BStBl II 1989, 802; *Loose* a. a. O., § 9 Rn. 463). Aus dem gleichen Grund ist die Entschädigung für eine Wertminderung der nicht vom Grunderwerb umfassten Flächen einer Wirtschaftseinheit für die Steuerfestsetzung unbeachtlich, § 9 Abs. 1 Nr. 7 S. 2 GrEStG (vgl. *Loose* ebenda). Dies gilt nach § 9 Abs. 1 Nr. 7 S. 2 GrEStG auch bei freiwilliger Veräußerung zur Vermeidung der Enteignung; eine solche liegt nur dann vor, wenn bei Abschluss des Vertrages eine Enteignung formell und materiell möglich ist (BFH

BStBl II 1980, 362; *Loose* a.a.O., § 9 Rn. 465). Entschädigungszahlungen, die einen vor der Enteignung verursachten **Schaden** ausgleichen sollen, werden zwar aus Anlass, nicht aber aufgrund der Enteignung gezahlt und gehören folglich nicht zur steuerrelevanten Gegenleistung (BFH BStBl II 2005, 651 m.w.N.; *Loose* a.a.O., § 9 Rn. 464). Die gleiche Auffassung vertritt der BFH hinsichtlich Entschädigungszahlungen für eine vorzeitige Besitzüberlassung (BFH BStBl II 2002, 98, 99 in Bezug auf die Verzinsung des Kaufpreises für die Zeit der Nutzung eines Grundstücks vor Eintragung eines Erbbaurechts; vgl. *Loose* ebenda).

400 Bei einer notwendigen **Betriebseinschränkungen** oder **Betriebsverlagerung** gehören Entschädigungszahlungen zum Ausgleich der für den Betroffenen entstehenden Vermögensnachteile zur Gegenleistung im Sinne von § 8 Abs. 1 GrEStG (BFHE 210, 60 = BStBl II 2005, 651; *Loose* in Boruttau, § 9 Rn. 463).

401 Der erforderliche unmittelbare Zusammenhang mit dem Grunderwerb fehlt bei den **Rechtsanwaltskosten** sowie den **Vermessungs- und Vermarkungskosten**, die der Enteignungsbegünstigte zu tragen hat (BFH BStBl II 1991, 146; *Pahlke/Franz*, GrEStG, § 9 Rn. 149, 150; *Loose*, a.a.O., § 9 Rn. 462). Sie sind deshalb ebenso wenig wie Pachtaufhebungsentschädigungen oder Leistungen an Dritte (z.B. für die Verlegung von Versorgungsleitungen) Teil der Bemessungsgrundlage für die Grunderwerbsteuer (*Pahlke/Franz*, GrEStG, § 9 Rn. 148).

402 Nicht zur Gegenleistung zählt gem. § 9 Abs. 3 GrEStG ausdrücklich die für den Erwerbsvorgang zu entrichtende **Grunderwerbsteuer**. Anders aber, wenn sich der Erwerber verpflichtet, dem Veräußerer im Falle der Anschaffung eines Ersatzgrundstücks die dabei anfallende Grunderwerbsteuer zu ersetzen.

403 Für die in § 8 Abs. 2 S. 1 GrEStG aufgeführten **Ausnahmefälle** erfolgt die Berechnung anhand des land- und forstwirtschaftlichen Grundbesitzwerts (§ 138 Abs. 2 BewG) bzw. nach dem Grundstückswert (§ 138 Abs. 3 BewG), der an die Stelle des früher anzusetzenden *Einheitswerts* des Grundstücks getreten ist (*Pahlke/Franz* GrEStG § 8 Rn. 58). Bei der Berechnung dieser Werte kommt es, vorbehaltlich der Regelung in § 8 Abs. 2 S. 2 GrEStG, maßgeblich auf die zum Besteuerungszeitpunkt (= Zeitpunkt der Entstehung der Grunderwerbsteuer) tatsächlich gegebenen Verhältnisse an (§ 138 Abs. 1 S. 2 BewG).

404 4. **Steuerbegünstigungen**, nämlich sachliche bzw. persönliche Befreiungsvorschriften, finden sich in § 3 bzw. §§ 4ff. GrEStG, wobei nur folgende Tatbestände herausgegriffen werden sollen, die beim Erwerb von Ersatzland eine Rolle spielen können:

a) Erwerb, wenn der für die Steuerberechnung maßgebende Wert (§ 8 GrEStG 1983) 2.500 € nicht übersteigt (§ 3 Nr. 1 GrEStG),
b) Erwerb durch Verwandte in gerader Linie, wobei Stiefkinder den Abkömmlingen gleichgestellt sind (§ 3 Nr. 6 GrEStG).

Wegen der weiteren allgemeinen Steuerbefreiungen wird auf § 3 GrEStG und auf die Kommentierung von *Viskorf* in Boruttau, § 3 Rn. 4ff. verwiesen.

5. Die Grunderwerbsteuer kann für den Betroffenen eine unbillige Härte darstellen, wenn der die Steuerpflicht auslösende Erwerbsvorgang ganz oder teilweise **rückgängig gemacht** wird (*Pahlke/Franz*, GrEStG, § 16 Rn. 2). Unter bestimmten Umständen und innerhalb im Gesetz bestimmter Fristen kann daher von einer Besteuerung abgesehen oder die Steuerfestsetzung aufgehoben werden, wenn das von § 1 GrEStG erfasste wirtschaftliche Ergebnis eines Grundstücksumsatzes letztlich nicht oder nicht vollständig eintritt. 405

So unterbleibt nach § 16 Abs. 1 Nr. 1 GrEStG auf Antrag des Steuerschuldners eine Steuerfestsetzung bzw. wird eine bereits erfolgte Festsetzung wieder aufgehoben, wenn ein **Grundstückserwerb einvernehmlich rückgängig gemacht** oder ein im Kaufvertrag vorbehaltenes Rücktritts- oder Wiederkaufsrecht ausgeübt wird. Voraussetzung ist, dass das Eigentum am Grundstück noch nicht übertragen wurde und die Rückgängigmachung spätestens **nach zwei Jahren** ab Entstehen der Steuerschuld (§ 38 AO, § 14 GrEStG) tatsächlich vollzogen worden ist. Dabei ist es unschädlich, wenn der erforderliche Antrag nach Ablauf der Zweijahresfrist gestellt wird (*Pahlke/Franz*, GrEStG, § 16 Rn. 33 und 75). Besteht ein Rechtsanspruch auf Rückgängigmachung des Erwerbs, weil vertragliche Vereinbarungen – und dazu gehört auch die Verpflichtung, das Grundstück nur für den vereinbarten Zweck zu benutzen – nicht erfüllt wurden, so braucht nach § 16 Abs. 1 Nr 2 GrEStG eine Frist nicht eingehalten zu werden (vgl. *Loose* in Boruttau, § 16 Rn. 37).

Wenn der Käufer zwar schon Eigentümer des Grundstücks geworden ist, der Veräußerer aber das Grundstück von ihm **innerhalb von zwei Jahren zurückerwirbt** bzw. die Auflassung erklärt und die Grundbucheintragung beantragt wurde, so wird auf Antrag sowohl für den Rückerwerb als auch für den Ersterwerb die Steuer nicht festgesetzt oder die Steuerfestsetzung aufgehoben (§ 16 Abs. 2 Nr. 1 GrEStG). Auch hier sieht das Gesetz von dem Fristerfordernis ab, wenn ein Rechtsanspruch auf Rückerwerb besteht (§ 16 Abs. 2 Nr. 3 GrEStG; vgl. *Loose* in Boruttau, § 16 Rn. 176). 406

Für den Fall einer **nachträglichen Herabsetzung der Gegenleistung** ist in § 16 Abs. 3 GrEStG die Möglichkeit einer **Steueranpassung** vorgesehen. Mindert sich der Kaufpreis innerhalb von zwei Jahren seit Entstehen der Steuer, etwa weil ein Teil des Kaufpreises erlassen wird oder wegen nachträglich vereinbarter Eigenleistungen des Erwerbers (*Pahlke/Franz*, GrEStG, § 16 Rn. 65), kann der Steuerschuldner beantragen, die Steuer entsprechend niedriger festzusetzen (§ 16 Abs. 3 Nr. 1 GrEStG). Gleiches gilt gemäß § 16 Abs. 3 Nr. 2 GrEStG ohne zeitliche Befristung, wenn die Minderung der Gegenleistung auf der Mängelgewährleistungspflicht des Verkäufers nach § 437 BGB beruht (vgl. dazu *Loose* a.a.O., § 16 Rn. 239f.). 407

Bestehen schon im Zeitpunkt des Grunderwerbs tatsächliche oder rechtliche **Zweifel über Art und Umfang der Gegenleistung**, weil bspw. die endgültige Preisbestimmung einem Entschädigungsfestsetzungsverfahren vorbehalten wurde oder bei Abschluss des Kaufvertrages das amtliche Endergebnis aus der Vermessung einer Teilfläche noch nicht vorlag, erlässt die Steuerbehörde einen Steuerbescheid unter Vorbehalt der Nachprüfung (§ 164 Abs. 2 AO) oder einen vorläufigen Bescheid nach 408

§ 165 AO (*Pahlke/Franz*, GrEStG, § 16 Rn. 62). Die Steuerfestsetzung kann dann noch im Abschlussbescheid berichtigt werden.

409 6. Die Grunderwerbsteuer entsteht **bei aufschiebend bedingten oder schwebend unwirksamen, d.h. genehmigungsbedürftigen Erwerbsvorgängen** erst mit dem Eintritt der Bedingung bzw. mit der Erteilung der Genehmigung. Bei Rechtsgeschäften, die unbedingt, jedoch mit einer aufschiebenden Zeitbestimmung abgeschlossen werden, ist davon auszugehen, dass sie mit dem Vertragsschluss verwirklicht sind. Der Abschluss eines Vorvertrages reicht nicht, es sei denn, dass Nutzungen und Lasten bereits auf den künftigen Erwerber übergehen (vgl. dazu *Sigloch* NJW 1983, 1819, 1822). Im Übrigen ist für die Anwendung bestimmter Vorschriften dieses Gesetzes der Zeitpunkt des Erwerbsvorganges maßgebend (s. § 23 Abs. 3–7 GrEStG).

410 7. Die Frage, ob der Betroffene auch Entschädigung für die ihm bei **Ersatzbeschaffung** entstehende ***Grunderwerbsteuer*** verlangen kann, hat der BGH in ständiger Rechtsprechung *verneint* mit der Begründung, der Betroffene habe durch die Zahlung der Entschädigung einen Ausgleich in voller Höhe des Wertes des Genommenen erhalten; was er im Einzelfall mit der Entschädigung mache und ob und wie er sie anlege und verwende, unterliege seiner freien Disposition und habe auf die Höhe der Entschädigung keinen Einfluss (BGHZ 65, 253, 259 = NJW 1976, 232, 233 = WM 1976, 26, 27; BGHZ 41, 354, 359 = NJW 1964, 1227; *Krohn/Löwisch*, Rn. 321). Ob der Betroffene mit der Entschädigung tatsächlich ein gleichartiges oder gleichwertiges Ersatzobjekt beschaffen kann oder will, spielt in diesem Zusammenhang keine Rolle, zumal die Entschädigung ihm nur „bildhaft" die Möglichkeit der Ersatzbeschaffung einräumen soll (vgl. BGHZ 41, 354, 358; BGHZ 39, 198, 200;).

411 Etwas Anderes gilt, wenn der Eigentümer zur Sicherung seiner Berufs- oder Erwerbstätigkeit **zwingend auf Ersatz der entzogenen Flächen angewiesen** bzw. das Grundstück mit einem Eigenheim oder einer Kleinsiedlung bebaut ist. Für diese Fälle, in denen eine Geldentschädigung keinen angemessenen Ausgleich bietet, sehen die Enteignungsgesetze einen Anspruch auf Entschädigung in geeignetem Ersatzland vor (§ 100 Abs. 1 BauGB, § 16 EEG NW, Art. 14 BayEG etc. und § 100 Abs. 3 BauGB; zur Privilegierung von Eigenheimen und Kleinsiedlungen s. *Battis* in BKL, BauGB, § 100 Rn. 1, 4). Beschafft sich der Betroffene diese Flächen mit Zustimmung des Enteignungsbegünstigten selbst, so kann er von ihm die insoweit ersparten Aufwendungen verlangen (§ 100 Abs. 9 BauGB, Art. 14 Abs. 8 BayEG). Dieser Erstattungsanspruch umfasst als Teil der Grunderwerbsnebenkosten auch die angefallene Grunderwerbsteuer (vgl. → **Grunderwerbsnebenkosten**).

Grundpfandrechte

1. Der Gläubiger eines Grundpfandrechtes (Hypothek, Grundschuld und Rentenschuld, s. Palandt/*Herrler*, Überbl vor § 1113 Rn. 1) wird nicht gesondert entschädigt. Vielmehr gilt, wenn sein Recht nicht aufrechterhalten bleibt, das ***Surrogationsprinzip***: Der Gläubiger hat einen **Anspruch auf Ersatz** des Wertes seines Rechtes **aus der Geldentschädigung für das Eigentum** an dem Grundstück, soweit sich sein Recht auf dieses erstreckt (§ 97 Abs. 4 BauGB, § 20 Abs. 3 LBG; vgl. *Battis* in BKL, § 97 Rn. 6). Das gilt entsprechend für die Geldentschädigung, die für den durch die Enteignung eintretenden Rechtsverlust in anderen Fällen oder z. B. nach § 96 Abs. 1 Nr. 2 BauGB, § 19 Nr. 2 LBG festgesetzt und gezahlt wird. Soweit beispielsweise der Restbesitz im Wert gemindert ist, hat der Grundpfandgläubiger seinerseits insoweit einen Anspruch, als dadurch teilweise auch der Wert seines Rechtes vermindert ist. 412

Der Anspruch ist **privatrechtlicher Natur** und richtet sich gegen den von der Ent- 413
eignung (Haupt-)Betroffenen. Er wird grundsätzlich nicht im Entschädigungsfestsetzungsverfahren mitgeregelt, da ihn die Enteignungsbehörde zwar im Enteignungsbeschluss gesondert ausweist (§ 113 Abs. 2 Nr. 8 BauGB), die Verteilung selbst aber nicht vornimmt.

Entsteht Streit zwischen dem Grundpfandrechtsgläubiger und dem betroffenen Eigentümer über die Höhe des Betrages, die ersterem zustehen soll, und wird eine Einigung nicht erzielt, so muss der Enteignungsbegünstigte die **gesamte Geldentschädigung hinterlegen** (vgl. § 118 Abs. 1 BauGB, § 53 LBG). Die Beteiligten müssen anschließend ihre Rechte vor den **ordentlichen Gerichten** geltend machen (*Battis* in BKL, § 97 Rn. 6). Im Fall der Hinterlegung nach § 97 Abs. 4, § 118 Abs. 1 BauGB besteht darüber hinaus die Möglichkeit zu einem besonderen **gerichtlichen Verteilungsverfahren** vor dem Amtsgericht bei dem die Geldentschädigung hinterlegt wurde (§ 119 Abs. 1, 2, § 118 Abs. 1 S. 2 BauGB; *Battis* ebenda).

Soweit der Betroffene Geldentschädigung auch **für „andere Vermögensnach- 414
teile“** erhält, die nicht den Rechtsverlust, sondern sonstige Erschwernisse und Vermögenseinbußen ausgleichen sollen (z. B. Umzugskosten), hat der Grundpfandgläubiger hierauf keinen Anspruch. Denn es handelt sich nicht um Surrogate für das entzogene Eigentum (s. a. *Groß* in EZBK, § 97 Rn. 29, 30).

Der Wert des Grundpfandrechtes bestimmt sich danach, wie hoch es im Zeitpunkt 415
der Enteignung noch valutiert ist.

2. Werden **Hypotheken, Grund- und Rentenschulden aufrechterhalten**, über- 416
nimmt der Enteignungsbegünstigte die persönliche Schuld (z. B. § 98 BauGB). Mit diesem **gesetzlichen Schuldübergang** wird der betroffene Eigentümer insoweit befreit und ein Auseinanderfallen von persönlicher und dinglicher Sicherung einer Forderung vermieden. Die Vorschriften der §§ 415, 416 BGB gelten hierfür entsprechend (vgl. § 98 Abs. 1 S. 2 BauGB) mit der Folge, dass die Wirksamkeit der Schuldübernah-

https://doi.org/10.1515/9783110682557-051

me auch von der Mitteilung an den Gläubiger und dessen Genehmigung (bzw. 6-monatiges Stillschweigen nach Mitteilung, § 416 Abs. 1 S. 2 BGB) abhängig ist.

Erteilt der **Gläubiger** seine **Genehmigung nicht**, so ist der Schuldübergang unwirksam, da die Genehmigung auch nicht von der Enteignungsbehörde erzwungen werden kann. Die gescheiterte Schuldübernahme ist dann aber als eine **Erfüllungsübernahme nach § 415 Abs. 3 BGB** anzusehen (*Reisnecker* in Brügelmann, § 98 Rn. 8). Das bedeutet, dass der Enteignungsbegünstigte dem Betroffenen gegenüber schuldrechtlich verpflichtet ist, den Gläubiger rechtzeitig zu befriedigen, also jeweils pünktlich die Annuitäten zu zahlen (vgl. *Groß* in EZBK, § 98 Rn. 4; *Petz* in Spannowsky/Uechtritz, § 98 Rn. 5 *Battis* in BKL, § 98 Rn. 2). Allerdings dürfte der Fall, dass der Gläubiger die Genehmigung verweigert, in der Praxis selten vorkommen, da der Enteignungsbegünstigte in aller Regel aus der Sicht des Gläubigers ein hinreichend solventer oder gar noch solventerer Schuldner ist.

Grundstück und Gewerbebetrieb (zwei Schutzgüter)

417 1. Eine städtische Straße wird umgebaut und in die Trasse eine teilweise unterirdisch verlaufende Stadtbahn gelegt. Dadurch werden **Änderungen an der Verkehrsführung** erforderlich, die das Anfahren einer an der Straße gelegenen Tankstelle zunehmend erschweren. Dazu heißt es im **Urteil des BGH vom 28.10.1982 – III ZR 71/81** (NJW 1983, 1663): *„Es handelt sich um Eingriffe in zwei zu unterscheidende Schutzobjekte (Grundstück und Gewerbebetrieb; vgl. BGHZ 48, 65 = NJW 1967, 1749), was für die Höhe der Enteignungsentschädigung bedeutsam werden kann. Soweit die Beschränkung der Zufahrt zum Tankstellengrundstück dessen Nutzbarkeit vorübergehend gemindert oder aufgehoben hat, ist die Entschädigung an der dadurch eingetretenen* ***Wertminderung des Grundstücks*** *auszurichten. Diese Entschädigung für vorübergehend entzogene „Substanz" des Grundstücks kann z.B. durch Vergleich der Ertragswerte des Grundstücks vor und nach der Straßenbeschränkung ermittelt und in einer entsprechenden Verzinsung des Differenzbetrages ausgedrückt werden (vgl. BGHZ 30, 241, 247 = NJW 1959, 1776; BGH LM GG Art. 14 [Ea] Nr. 32 unter 3.). Bei Eingriffen in einen Gewerbebetrieb kommt es grundsätzlich darauf an, in welchem Umfang die Substanz des Betriebes gemindert worden ist. Bei vorübergehenden Eingriffen kann jedoch – als Form vereinfachter Berechnung – als angemessene Entschädigung die Ertragsminderung, d.h. der Betrag zugesprochen werden, den der Betrieb infolge des zeitlich begrenzten Eingriffs weniger abgeworfen hat, als er ohne den Eingriff abgeworfen hätte (BGHZ 57, 359, 369 = NJW 1972, 243; Senat, NJW 1980, 2703).“*

418 Die vom BGH getroffene Unterscheidung ist im Ausgangspunkt zutreffend. Denn Eigentumsschutz genießt auch der **Gewerbebetrieb** als eine Zusammenfassung persönlicher und sachlicher Mittel zu einer Sach- und Rechtsgesamtheit. Betroffene argumentieren deshalb auch, beide Entschädigungen verlangen zu können. In der Wirklichkeit geht aber die eine Entschädigung in der anderen auf, soweit es sich um die

Jacobs
https://doi.org/10.1515/9783110682557-052

Entschädigung für den Rechtsverlust handelt. Wie das BVerfG in seinem *Nassauskiesung*-Beschluss (BVerfGE 58, 300, 353 = NJW 1982, 745, 753) feststellt, reicht der Schutz des Gewerbebetriebes nicht weiter als der Schutz, den seine wirtschaftliche Grundlage genießt.

Handelt es sich – wie in dem vom BGH entschiedenen Fall – um einen vorübergehenden Eingriff in ein Tankstellengrundstück, so ist die Entschädigung für den Eingriff in das Grundstück in der Entschädigung für den Gewerbebetrieb enthalten. An dem Ertrag der Tankstelle ist das Grundstück, auf dem die Tankstelle betrieben wird, ganz wesentlich beteiligt; er hängt sogar von der Lage des Grundstücks und dessen Zugänglichkeit entscheidend ab. Die Entschädigung einer Ertragsminderung der Tankstelle erfasst darum auch den Eingriff in das Grundstück und deckt ihn ab. Daneben noch eine Verzinsung eines Minderwertes des Grundstücks zu gewähren, liefe auf eine unzulässige Doppelentschädigung hinaus (vgl. Stichwort **Tankstellengrundstück**). 419

Ebenso ist es, wenn ein Grundstück auf Dauer entzogen wird, das als **Acker oder Weide zu einem landwirtschaftlichen Betrieb** gehört. Grund und Boden sind die Hauptbetriebsmittel eines landwirtschaftlichen Betriebes. Deren Eigenschaften – Bodengüte, Entfernung zur Hofstelle usw. – bestimmen die Ertragslage des Betriebes. Ist der benötigte Acker z. B. mehrere Kilometer vom Hof entfernt, so entstehen durch seine Bewirtschaftung höhere Betriebskosten, die den Rohertrag des Betriebes schmälern, als wenn der Acker an die Hofstelle angrenzte. Deshalb wird schon durch die Zahlung des Grundstücksverkehrswertes und ggf. eines Zuschlages für den Hofanschluss (Berücksichtigung des besonderen Wertes des Grundstücks für den landwirtschaftlichen Betrieb) ein voller Ausgleich für das Genommene gewährt. Denn dadurch wird der betroffene Eigentümer jedenfalls bildhaft in die Lage versetzt, sich ein gleichwertiges Grundstück wieder zu beschaffen und damit ebenso zu wirtschaften. 420

Beide Fallgruppen sind auch dann nicht anders zu beurteilen, wenn nicht der Grundstückseigentümer, sondern ein **Pächter** den jeweiligen Betrieb führt bzw. bewirtschaftet. Der Tankstellenpächter ist verpflichtet, die Pacht wegen der Entschädigung seiner Einbußen in voller Höhe weiterzuzahlen. Darin liegt der Ausgleich für den Eigentümer. Im anderen Fall kürzt der Pächter wegen der Verkleinerung der Pachtsache die Pacht und erhält neben der Entschädigung für das aufgehobene Pachtrecht auf diese Weise seinen Ausgleich. 421

2. Anders verhält es sich mit der Entschädigung für **Folgeschäden**. Das zeigt der folgende Fall (BGH WM 1967, 1062 = BRS 19 Nr. 4): Ein etwa 30 m langes Bauernhaus, das an der Innenseite einer unübersichtlichen Straßenkurve liegt, besteht aus einem 18 m langen Stall und einem 12 m langen Wohnteil. Der Wohnteil ist baufällig und soll unter Verwendung der alten Fundamente neu errichtet werden. Da ein entsprechender Bauantrag trotz des Rechtes auf Bebauung abgelehnt wird, errichten die Eigentümer etwa 100 m von der Straße und dem alten Haus entfernt ein neues Wohngebäude. Neben einer Entschädigung dafür, dass die Fundamente nicht benutzt werden konnten und der Neubau sich dadurch verteuerte, verlangten die Eigentümer infolge der 422

räumlichen Trennung von Wohnung und Kuhstall auch Entschädigung für Erschwernisse bei der Bewirtschaftung des Kuhstalles (Gewerbebetrieb). Beide Entschädigungsforderungen sind in diesem Fall voneinander unabhängig, so dass die eine die andere nicht einschließt.

Grundstücke in den baulich beschränkten Zonen klassifizierter Straßen

423 1. Die Enteignungsentschädigung ist nach den im gewöhnlichen Geschäftsverkehr gezahlten Preisen zu bemessen (gemeiner Wert, Verkehrswert). Anderenfalls würden das dem Enteigneten entzogene Eigentum und die darin liegende Vermögenseinbuße nicht angemessen ausgeglichen. Denn die Entschädigung soll den betroffenen Eigentümer in die Lage versetzen, sich bildhaft eine gleiche Sache wieder zu beschaffen. Dieser Grundsatz gilt für jede Art von Grundstücken, also auch für Grundstücke in der Bauverbots- und Baubeschränkungszone, wenn sie für Straßenverbreiterungen benötigt werden.

Das Gebot, die Enteignungsentschädigung nach den im gewöhnlichen Geschäftsverkehr gezahlten Preisen zu bemessen, legt eine Preisbemessung nach dem **Vergleichswertverfahren** (§§ 10 Abs. 1, 15 ImmoWertV) nahe. Allerdings wird es in der Regel schwer sein, für Grundstücke in der Bauverbots- und Baubeschränkungszone brauchbare Vergleichspreise in ausreichender Zahl zu beschaffen. In den meisten Fällen wird daher nichts anderes übrig bleiben, als zunächst den Zustand (Qualität) der für die Straßenverbreiterung benötigten Flächen zu ermitteln.

424 2. Soweit es sich um **land- und forstwirtschaftliche Flächen** handelt, kann das Bauverbot bzw. die Baubeschränkung den Zustand der Grundstücke nicht beeinflussen. Das Verbot, Hochbauten zu errichten, oder die Notwendigkeit, die Zustimmung der obersten Landesstraßenbaubehörde zu einer Baugenehmigung einzuholen, berührt den Zustand solcher Grundstücke nicht. Eine andere Frage ist, ob sich nicht die Nachbarschaft der Straße wertmindernd auswirkt. Staub, Abgase, salzhaltiges Spritzwasser, Schattenwurf usw. können im Einzelfall die Güte des Bodens ungünstig beeinflussen. Soweit der Grundstücksmarkt dafür Abschläge vornimmt, werden sie auch bei der Bemessung der Entschädigung gemacht werden müssen. Im anderen Fall können die in der Umgebung für land- und forstwirtschaftliche Grundstücke gezahlten Preise ungekürzt angehalten werden. Ein Abschlag muss, unabhängig von den Gepflogenheiten des Marktes, allerdings unterbleiben, wenn von einem größeren Grundbesitz lediglich eine Teilfläche benötigt wird und nach der Verbreiterung der Straße eine bis dahin unberührte Fläche desselben Eigentümers in gleicher Größe den Einwirkungen der Straße ausgesetzt ist.

Jacobs
https://doi.org/10.1515/9783110682557-053

3. Könnte dagegen der Zustand „**Bauerwartungsland für Gewerbe, Industrie usw.**“ gegeben sein, so ist zu fragen, ob das Bauverbot bzw. die Baubeschränkung als öffentlicher Belang nicht im Einzelfall einer solchen Einstufung entgegensteht. In manchen Fällen ist die Frage bereits durch eine vorhandene Bauleitplanung beantwortet. Darin ist nicht selten festgesetzt oder dargestellt, dass ein den baulich beschränkten Zonen entsprechend breiter Streifen Grünfläche ist (vgl. § 9 Abs. 1 Nr. 10 BauGB). Die für die Verbreiterung benötigten Flächen sind dann als Grünflächen (landwirtschaftliche Nutzfläche usw.) zu entschädigen. 425

Andererseits kommt vor, dass sich eine **Bebauungserwartung** entwickelt, auch wenn zurzeit noch eine die Bebauung ausschließende Planung besteht. Das kann zutreffen für den zuvor angesprochenen Grünflächenstreifen, aber auch für den noch nicht verplanten Außenbereich. Denn auch der Außenbereich ist grundsätzlich von jeder Bebauung freizuhalten, und das ist einer der Bebauung entgegenstehenden Planung gleichzustellen. Hier ist bei der Zustandsbestimmung auch noch zu bedenken, wie sich Bauverbot und Baubeschränkung auf die wirtschaftliche Weiterentwicklung eines Grundstückes tatsächlich auswirken. Man kann erwägen, ob Bauverbot und Baubeschränkung zu einem Ausschluss der wirtschaftlichen Weiterentwicklung führen und gleichsam auf dem Wege der Vorwirkung einen Bemessungszeitpunkt für den Grundstückszustand nach sich ziehen. In diesem Falle wäre auf den Zustand abzustellen, den die für die Straßenverbreiterung benötigten Flächen aufwiesen, als sie vom Bauverbot bzw. der Baubeschränkung erfasst wurden. Das bedeutet, dass z. B. bei der Verbreiterung einer vor 10 Jahren gebauten neuen Bundesfernstraße die Verbreiterungsflächen bewertungsmäßig den gleichen Zustand hätten wie seinerzeit die Straßenflächen, als die Pläne für den Straßenneubau offen gelegt wurden; denn nach Abs. 4 des § 9 FStrG gelten Abs. 1 und 2 vom Tag der Planoffenlegung an. 426

Erfahrungsgemäß sind aber **Bauverbot** und dessen **Baubeschränkung** grundsätzlich nicht geeignet, die wirtschaftliche Weiterentwicklung auszuschließen. Der Grundstücksmarkt, auf dessen Einschätzung es bei der Frage einer Vorwirkung allein ankommt, sieht solche beschränkte Flächen nicht schlechthin als land- oder forstwirtschaftliche Nutzflächen an, die in eine höherwertige Nutzung nicht mehr hineinwachsen können. Häufig werden Flächen in der Bauverbots- oder Baubeschränkungszone bei einer späteren Bebauung als Freiflächen bebauter Flächen genutzt. Sie können also trotz Bauverbot und Baubeschränkung den Zustand „Bauerwartungsland“ erlangen. Die zum späteren Bauplatz zwangsläufig dazugehörende Freifläche wird ebenso gewertet und gehandelt wie die bebaubare Fläche selbst. Allerdings ist auch hier zu prüfen, ob sich die benachbarte Straße nach allgemeiner Verkehrsauffassung nicht doch wertmindernd auswirkt. Ist das der Fall, so ist das durch einen entsprechenden Abschlag von den zur Wertermittlung herangezogenen Verkäufen oder Richtwerten zu berücksichtigen (vgl. → **Bodenwertermittlung**).

4. Einfacher liegen die Dinge, wenn die benötigten Flächen bereits höherwertig genutzt werden. Beispiele: Erschließungsstraße, Lagerplatz eines gewerblich genutzten 427

Grundstücks, Garten eines mit einem Wohnhaus bebauten Grundstücks, Garagenfläche usw. Hier können das Bauverbot und die Baubeschränkung auf den Grundstückszustand keinen unmittelbaren Einfluss mehr nehmen. Ist die ausgeübte Nutzung sogar planungsrechtlich abgesichert (Bebauungsplan oder § 34 BauGB), ergibt sich aus der Nutzungsart auch der entschädigungspflichtige Grundstückszustand. Fehlt die planungsrechtliche Absicherung, ist der entsprechende faktische Zustand mit den üblichen Abzügen zugrunde zu legen (vgl. → **Faktisches Bauland**).

428 5. Schließlich ist die in den einschlägigen Straßengesetzen enthaltene **Sonderregelung** (z.B. § 9 Abs. 7 FStrG, z.B. § 31 Abs. 5 StrWG MV) zu beachten: Danach gelten das Bauverbot und die Baubeschränkung nicht, soweit das Bauvorhaben den Festsetzungen eines Bebauungsplanes entspricht, der mindestens die Begrenzung der Verkehrsflächen enthält und unter Mitwirkung des Trägers der Straßenbaulast zustande gekommen ist. Hier ist mithin von dem Grundstückszustand auszugehen, den der Bebauungsplan den Verbreiterungsflächen zuweist.

Grundstück mit Bodenschatz

Übersicht

429 1. Zu den **Eigentümerbodenschätzen** gehören alle Vorkommen, auf die sich das Recht des Grundstückseigentümers nach § 905 S. 1 BGB erstreckt (Bodenbestandteile) und die nicht dem Bergregal nach § 3 Abs. 2 S. 1 BBergG unterliegen (BGH NJW 1984, 1169, 1172; Palandt/*Herrler* § 905 Rn. 1 a. E.). Mit dem bloßen Hinweis darauf, dass das abzutretende Grundstück z.B. ein Sand- und Kiesvorkommen enthalte, wird vom Betroffenen vielfach ein höherer Preis als der Wald- oder Ackerlandpreis verlangt. Daran ist richtig, dass der Verkehrswert eines Grundstücks von allen Umständen tatsächlicher und rechtlicher Art abhängt; dazu gehören in der Verfügungsbefugnis des Grundstückseigentümers stehende Bodenschätze wie Kies, Sand, Ton, Lehm, Bims, Kalkstein, Dolomit usw. Allerdings muss der gewöhnliche Geschäftsverkehr diesen Umständen bereits Bedeutung beimessen, indem er sie **bei der Preisbildung werterhöhend** berücksichtigt (vgl. BGH NVwZ 1982, 644; BGH NJW 1980, 39 = BauR 1979, 413 = BRS 34 Nr. 152). Darum ist zu klären, unter welchen Voraussetzungen der Grundstücksverkehr in Eigentümerbodenschätzen einen wertbildenden Umstand sieht.

430 2. Zunächst muss es sich um ein **abbauwertes Vorkommen** handeln. Dabei spielen Güte und Menge des Vorkommens eine entscheidende Rolle. Wenn sich beispiels-

https://doi.org/10.1515/9783110682557-054

weise in einem Kies- und Sandvorkommen von ausreichender Mächtigkeit zahlreiche Lehm- und Tonlinsen befinden, ist fraglich, ob der Abbau überhaupt lohnt. Gleiches gilt bei hohen Deckschichten; die Beseitigung großer Abraummassen kann die Förderung des Kieses leicht verteuern und unwirtschaftlich machen. Daneben wird es auf die Lage, die Größe und die Form des Grundstücks entscheidend ankommen. Die Nähe eines Absatzgebietes und ausreichende Wegeverbindungen werden sich auf die Nachfrage als Kiesland günstig auswirken. Regelmäßig kommt ein Grundstück erst ab einer bestimmten Größe für den Kies- oder Sandabbau in Betracht. Der Einsatz von Fördergeräten, die Einrichtung einer Aufbereitungsanlage sind mit erheblichen Kosten verbunden und setzen einen entsprechenden Kiesvorrat voraus. Da bei der Einrichtung einer Grube Böschungen und Sicherheitsstreifen an den Grenzen zu den Nachbargrundstücken stehen bleiben müssen, sind Vorkommen in schlecht geformten Grundstücken meist nicht abbaulohnend. Größe und Form des Grundstücks werden jedoch zweitrangig, sobald auch die Nachbargrundstücke käuflich sind. Gleiches gilt, wenn die Umstände nahelegen, dass bei einem künftigen Abbau des Vorkommens das Vertiefungsgebot des § 909 BGB nicht beachtet zu werden braucht, weil im Abbaugebiet alle Beteiligten einverstanden sind, Grenzabstände nicht einzuhalten. Ein solcher Umstand wäre z. B. ein entsprechendes Verhalten der Eigentümer in einem nahe gelegenen, bereits bestehenden Abbaugebiet (vgl. BGH MDR 1988, 1034 = AgrarR 1989, 106 = BRS 53 Nr. 147).

Ebenso wichtig ist, dass dem beabsichtigten Abbau **keine rechtlichen Hindernisse** entgegenstehen. Aus Rücksichtnahme auf den Natur- und Landschaftsschutz, den Schutz des Grundwassers usw. kann die Förderung von Eigentümerbodenschätzen untersagt sein. Der Abbau von Eigentümerbodenschätzen gilt im alten Bundesgebiet in der Regel als bauliche Anlage im Sinne der jeweiligen Landesbauordnung. Daneben haben Länder in Ausführung des BNatSchG den Abbau den Regelungen des Natur- und Landschaftsschutzes unterstellt. In Baden-Württemberg z. B. bedarf der Abbau oberirdischer Bodenschätze der Genehmigung der Naturschutzbehörde (§ 19 Abs. 1 Nr. 1 NatSchG BW). In Nordrhein-Westfalen muss nach dem Gesetz zur Ordnung von Abgrabungen (**Abgrabungsgesetz NW**) die Genehmigung der höheren Verwaltungsbehörde eingeholt werden. Die Genehmigung schließt die nach dem Landschaftsgesetz erforderliche Verwaltungsentscheidung ein. Die Genehmigungsbehörde hat dabei die Ziele der Raumordnung und Landesplanung sowie die Belange der Bauleitplanung, des Naturhaushaltes, der Landschaft und der Erholung zu beachten, und andere öffentliche Belange dürfen dem beantragten Abbau nicht entgegenstehen. Öffentliche Belange stehen insbesondere entgegen, wenn das Ortsbild auf Dauer verunstaltet wird. Eine Voranfrage kann klären, ob eine Genehmigung erteilt werden wird und mit welchen Auflagen zu rechnen ist. **Auflagen** – beispielsweise zur Herrichtung während und nach Abschluss der Abgrabung – sind entschädigungslos hinzunehmende Eigentumsbeschränkungen, die sich erfahrungsgemäß preismindernd auswirken. 431

Ergibt die Untersuchung, dass es sich um ein abbauwertes Vorkommen handelt und dass dem Abbau keine rechtlichen Hindernisse entgegenstehen, kann der Grund- 432 stücksmarkt den Eigentümerbodenschatz als einen **wertbildenden Umstand** ansehen, auch wenn mit seiner **Ausbeute noch nicht begonnen** worden ist. Ob das der Fall ist, ist Tatfrage. Die Frage wird zu bejahen sein, wenn es auf dem Markt Kauf- oder Pachtnachfrage gibt bzw. zum Zeitpunkt der Zustandsbestimmung gegeben hat.

433 3. Aber auch wenn die Forderung eines höheren Preises auf Vergleichspreise gestützt wird, empfiehlt sich die beschriebene Untersuchung. Denn erst dadurch kann zur Gewissheit festgestellt werden, ob das behauptete Vorkommen im Abtretungsgrundstück geeignet ist, preisbildend zu wirken, oder ob es sich bei den „Vergleichspreisen" um unerhebliche Erwartungskäufe handelt.

434 4. Das Bundesberggesetz (§ 3 Abs. 3 BBergG) zählt die **bergfreien Bodenschätze** abschließend auf. Es handelt sich insbesondere um Metalle, Kohlen und Salze. **Das Eigentum am Grundstück erstreckt sich nicht auf den bergfreien Bodenschatz** (§ 3 Abs. 2 Satz 2 BBergG). Das Recht, bergfreie Bodenschätze zu gewinnen, ergibt sich darum nicht aus dem Eigentum am Grundstück; § 905 S. 1 BGB gilt nicht. Wer bergfreie Bodenschätze gewinnen will, braucht vielmehr eine **bergrechtliche Bewilligung oder Verleihung** (§ 10 BBergG). Bergfreie Bodenschätze sind dementsprechend **kein wertbildendes Merkmal** und spielen bei der Grundstücksbewertung keine Rolle. Die Entschädigung für das Grundstück beschränkt sich auf das Oberflächeneigentum.

435 Mitunter versuchen Eigentümer und Gutachter, gleichsam über die Hintertür den bergfreien Bodenschatz in die Grundstücksbewertung einzubringen. Sie meinen, dass die Lage des Grundstücks über dem bergfreien Bodenschatz im gesunden Grundstücksverkehr **werterhöhend** wirke und das Grundstück daher als „Zugangsfläche" zu bewerten sei; denn das Grundstück bilde den Zugang zum Bodenschatz. Dabei übersehen sie, dass der Abbauberechtigte gar nicht darauf angewiesen ist, das Eigentum an dem Grundstück als „Zugangsfläche" zu erwerben, wenn er vorhat, den Bodenschatz abzubauen. Ihm steht vielmehr ein **Anspruch auf Duldung des Abbaus** gegen den Grundstückseigentümer zu, den er nötigenfalls auf dem Zwangswege durchsetzen kann (§§ 77ff. BBergG). Auch, dass in der Praxis gelegentlich ein erhöhter Preis für ein solches Grundstück gezahlt wird, ändert daran nichts. Er ist kein beachtlicher Vergleichspreis im Sinne des § 7 ImmoWertV; denn er ist durch eine Fehleinschätzung der rechtlichen und tatsächlichen Gegebenheiten zustande gekommen. Im Ergebnis ebenso BGH NJW–RR 2003, 374 = WF 2003, 105.

436 In den **neuen Bundesländern** ist die Rechtslage teilweise eine andere. Dort trifft man öfters auf Bodenschätze, die bergfrei sind, obwohl sie nicht zu den in § 3 Abs. 3 BBergG aufgeführten mineralischen Rohstoffen gehören. Der Grund dafür sind Art. 12 der Verfassung der früheren DDR und die Verordnung über die Verleihung von Bergwerkseigentum vom 15. August 1990, die alle wichtigen mineralischen Rohstoffe zu bergfreien Bodenschätzen erklärten. Zwar hat das Gesetz zur Vereinheitlichung der Rechtsverhältnisse bei Bodenschätzen vom 15. April 1996 (BGBl. I S. 602) die volle

Rechtseinheit bei der Zuordnung der Steine und Erden hergestellt, doch bleiben bestehende Bergbauberechtigungen, z.B. an hochwertigen Kies- und Sandvorkommen nach § 2 Abs. 2 des Gesetzes unberührt.

5. **Grundeigene Bodenschätze**, z.B. hochwertige Quarzsande und Tone, Bauxit und Dachschiefer, sind eigentlich Grundeigentümerminerale, die aber wie die bergfreien Bodenschätze **dem Bergrecht unterliegen**. Im Gegensatz zu den bergfreien stehen sie im Eigentum des Grundeigentümers (§ 3 Abs. 2 BBergG). Das Recht, sie aufzusuchen und zu gewinnen, ergibt sich schon aus § 905 S. 1 BGB; der Grundeigentümer bedarf zu ihrer Gewinnung keiner besonderen Bergbauberechtigung. Im Übrigen sind sie im Bundesberggesetz den bergfreien Bodenschätzen in öffentlich-rechtlicher wie in privatrechtlicher Beziehung gleichgestellt. Es sind u.a. die Vorschriften über die Bergaufsicht, die Grundabtretung und das Bergschadensrecht anwendbar. Ein grundeigener Bodenschatz ist **als Teil des Grundeigentums ein wertbildendes Merkmal** und bei der Grundstücksbewertung zu berücksichtigen, sofern der Abbau lohnt und keine rechtlichen Hindernisse entgegenstehen. Ist mit dem **Abbau** noch nicht begonnen, so muss mit ihm jedenfalls **in absehbarer Zeit** zu rechnen sein; andernfalls ist der grundeigene Bodenschatz entschädigungsrechtlich nur eine nicht wertbildend wirkende Aussicht. 437

Grundwasserbeeinträchtigungen

Übersicht

1. Erdbau und die Errichtung von Kunstbauwerken führen oft zu Geländeeingriffen, die den Grundwasserhaushalt und die geologischen und hydrologischen Bedingungen beeinflussen. Kunstbauwerke und insbesondere der Straßenbau erzwingen bei ihrer Errichtung vorübergehende, zur Bestandssicherung mitunter sogar dauernde Grundwasserabsenkungen und/oder Eingriffe in den Grundwasserfluss. Solche **Veränderungen der Grundwasserverhältnisse** haben oft nachhaltigen Einfluss auf den Grund und Boden, sei es dass Grundwasser entzogen und dadurch die Standfestigkeit von Grundstücken und baulichen Anlagen beeinträchtigt wird, sei es dass die Bewirtschaftungs- oder Ertragsverhältnisse durch Vernässung oder Austrocknung (Verkarstung) von land- oder forstwirtschaftlichen Nutzflächen verschlechtert werden. Problematisch ist, ob und inwieweit in solchen Fällen dem betroffenen Grundstückseigentümer ein Entschädigungsanspruch zusteht. 438

Friedrich

https://doi.org/10.1515/9783110682557-055

439 Der **Begriff des Grundwassers** ist in § 3 Nr. 3 WHG definiert. Er umfasst das unterirdische Wasser in der Sättigungszone, das in unmittelbarer Berührung mit dem Boden oder dem Untergrund steht. Dabei kommt es weder auf die Herkunft noch auf die Tiefe des Wassers an, so dass auch das aus oberirdischen Gewässern infiltrierte Wasser dazu gehört. Die Eigenschaft als Grundwasser endet mit dem Zutagetreten des Wassers, wenn die dabei entstehende Wasseransammlung eine gewisse Dauer oder Regelmäßigkeit aufweist oder sonst der natürliche Zusammenhang mit dem unterirdischen Wasser verlorengeht (z.B. Wassereinbruch in einer Baugrube). Wasser, das gelegentlich aus Wiesen oder Feldern bei hohem Grundwasserstand hervortritt (s. *Zöllner* in SZDK, § 3 Rn. 4 unter Verweis auf *Knopp* in SZDK, § 1 WHG a.F. Rn. 6) oder sich kurzfristig in Baggerseen sammelt, aber deren alsbaldige Wiederverfüllung vorgesehen ist (OVG Münster NuR 1992, 143), bleibt daher Grundwasser.

In § 2 Abs. 2 WHG werden die Länder ermächtigt, kleinere Gewässer von wasserwirtschaftlich untergeordneter Bedeutung, insbesondere Straßenseitengräben als Bestandteil von Straßen sowie Quellen, die zu Heilquellen erklärt wurden, aus dem Geltungsbereich des Wasserwirtschaftsrechts auszuklammern. Von dieser Befugnis haben die Landeswassergesetze weitgehend Gebrauch gemacht (s. z.B. Art. 1 Abs. 2 Satz 1 BayWG).

440 Das **Grundwasser** ist – wie Licht und Luft – **kein Bestandteil des Grundstücks**; die Befugnis über das im Erdkörper befindliche Grundwasser steht nicht *dem* Eigentümer zu. Vielmehr unterstellt das Wasserhaushaltsgesetz das Grundwasser einer vom Grundeigentum losgelösten **öffentlich-rechtlichen Benutzungsordnung**. Diese schließt den Grundstückseigentümer von jeder Berechtigung aus, auf das unterirdische Wasser zuzugreifen, und ordnet es der Allgemeinheit zu (BVerfGE 58, 300, 332ff. = NJW 1982, 745, 747 – *Nassauskiesung*). Dies stellt auch § 4 Abs. 3 Nr. 1 WHG ausdrücklich klar. Der maßgebende Gesichtspunkt für diese aus dem Grundeigentum herausgenommene Befugnis liegt darin, dass es um die Sicherung einer funktionsfähigen Wasserwirtschaft und damit um die Wahrung von überragenden Gemeinwohlbelangen geht (BVerfG a.a.O.; ebenso BGH NJW 1982, 2488, 2489; *Krohn/Löwisch*, Rn. 4; *Nüßgens/Boujong*, Rn. 61; überholt dagegen BGH NJW 1977, 1770, wo das zum Erdkörper im Sinne von § 905 BGB zu rechnende Grundwasser als Teil des Grundeigentums angesehen wurde; so auch noch BGH NJW 1978, 2290, 2291 – es handelt sich um den Vorlagebeschluss, über den das BVerfG am 15.7.1981, BVerfGE 58, 300 – *Nassauskiesung* entschieden hat; im Sinne des BVerfG auch BVerwGE 41, 58, 66; BVerwGE 36, 248, 250; vgl. auch *Salzwedel* RdW 18, 93, 101ff.). Daraus folgt, dass kein Grundstückseigentümer einen aus seinem Eigentum herzuleitenden und deswegen nach Art. 14 Abs. 1 GG geschützten Rechtsanspruch auf Zufluss des Grundwassers zu einem Grundstück hat – ebenso wenig wie die Befugnis, das auf seinem Grundstück befindliche Grundwasser durch entsprechende Maßnahmen am Zufluss zum Nachbarn zu hindern (BGHZ 84, 223 = NJW 1982, 2488 = DVBl 1982, 948; *Nüßgens/Boujong*, Rn. 61). Schließlich hat der Eigentümer auch keinen Rechtsanspruch auf Beibehaltung einer bestimmten Grundwassersituation.

Gleiches wie für das Eigentum gilt für das Recht am eingerichteten und ausgeübten Gewerbebetrieb.

2. Auswirkungen auf das Grundeigentum durch Veränderungen der Grundwasser- **441**
situation ergeben sich durch **Benutzung des Grundwassers.** Nach § 8 Abs. 1 WHG bedarf eine solche Benutzung der **behördlichen Erlaubnis** (§ 8 Abs. 1 Hs. 1 Alt. 1 WHG) **oder Bewilligung** (§ 8 Abs. 1 Hs. Alt. 2 WHG), soweit nicht das Wasserhaushaltsgesetz oder das Landeswassergesetz für spezielle Fälle Ausnahmen zulassen. Als Ausnahmen kommen in Betracht Benutzungen aufgrund alter Rechte (§ 20 WHG) oder erlaubnisfreie Benutzungen von Grundwasser gemäß § 46 WHG. **Benutzungen** in diesem Sinn sind Handlungen, die auf das Grundwasser unmittelbar einwirken können um sich seiner zur Erreichung bestimmter, außerhalb des Gewässers liegender Zwecke zu bedienen; die Benutzungstatbestände für das Grundwasser sind in § 9 Abs. 1 Nr. 4 und 5 und Abs. 2 WHG im Einzelnen geregelt.

Nach *der* **weiten Fassung des § 9 Abs. 1 Nr. 4 WHG**, der – anders als in einer früheren Fassung – nicht mehr zwischen verschiedenen Gewässerarten unterscheidet, ist auch das **„Einbringen von (festen) Stoffen"** in das Grundwasser (z. B. Setzung baulicher Anlagen und anderer Bauprodukte im Grundwasserbereich wie etwa die Legung von Fundamenten, Niederbringung von Sonden etwa im Rahmen der Nutzung von Erdwärme etc.) eine Gewässerbenutzung. Der Einbeziehung des Grundwassers in diesen Benutzungstatbestand kommt allerdings keine große Bedeutung zu, da das Einbringen fester Stoffe regelmäßig auch eine Benutzung i. S. v. § 9 Abs. 2 Nr. 1 oder 2 WHG darstellt (s. a. *Berendes*, § 9 Rn. 11).

Ebenfalls unter § 9 Abs. 1 Nr. 4 WHG geregelt ist **„das Einleiten von Stoffen"** in das Grundwasser. Dabei handelt es sich um einen in der Praxis nicht sonderlich wichtigen Fall, der allenfalls beim Versickern von Oberflächenwasser und dessen Vermischung mit dem Grundwasser in Betracht kommen kann. Da *Einleiten* ein zweckgerichtetes, gewässerbezogenes Verhalten darstellt, genügt die bloße Verursachung einer **Grundwasserinfiltration** nicht (*Breuer* in NJW-Schriften 24, Rn. 219). Erforderlich ist vielmehr ein funktionaler Zusammenhang mit einer Gewässerbenutzung, an dem es etwa beim Streusalzausbringen auf öffentlichen Straßen im Rahmen des Winterdienstes fehlt (BGHZ 124, 394, 399 = NJW 1994, 1006). Die Fiktion des § 2 Abs. 2 AbwAG, wonach das Verbringen in den Untergrund als „Einleiten" in ein Gewässer anzusehen ist, hat nur abgabenrechtliche Bedeutung und kommt insoweit nicht zur Anwendung (*Berendes*, § 9 Rn. 12).

Wichtiger sind die **Benutzungsfälle des § 9 Abs. 1 Nr. 5 WHG**, die als „Entnehmen, Zutagefördern, Zutageleiten und Ableiten von Grundwasser" umschrieben sind. Allen diesen Benutzungstatbeständen ist gemein, dass das Grundwasser aus seinem natürlichen Zusammenhang gelöst wird. Diese Benutzung wird – etwa bei Straßenbauarbeiten – oft zeitlich begrenzt ausgeübt, wenn z. B. das Grundwasser während der Bauphase abgeleitet werden muss. Doch ist auch möglich, dass derartige Benutzungen *auf Dauer* notwendig werden.

442 Die Vorschrift des **§ 9 Abs. 2 WHG** erfasst dagegen Tatbestände, bei denen zwar *unmittelbar* auf das Grundwasser eingewirkt wird, die aber keine echte Gewässerbenutzung darstellen (*Breuer* in NJW-Schriften 24, Rn. 246). Sie werden aber wegen ihrer wasserwirtschaftlichen Bedeutung den echten Benutzungen gleichgestellt.

In **§ 9 Abs. 2 Nr. 1 WHG** sind Auswirkungen auf das Grundwasser mittels bestimmter Anlagen angesprochen, durch „Aufstauen, Absenken und Umleiten von Grundwasser durch Anlagen, die hierfür bestimmt und geeignet sind". Der Tatbestand umfasst also Veränderungen des Wasserbestandes und der Fließrichtung des in seinem natürlichen Zusammenhang verbleibenden Grundwassers. Als „Anlage" in diesem Sinne sind alle Einrichtungen im weitesten Sinne zu verstehen, die ortsfest, also mit Grund und Boden fest verbunden sind. Die häufigsten Anwendungsfälle kommen bei Einbauten in den grundwasserführenden Untergrund in Betracht, also beim Bau von Spundwänden, von Tunnelröhren, von Grundwasserwannen für Kunstbauwerke, von größeren Fundamenten etwa bei Pfeilergründungen sowie bei Aufschüttungen.

§ 9 Abs. 2 Nr. *2* WHG betrifft einen Sammeltatbestand, bei dem es in erster Linie um die Erhaltung der Grundwasser*güte* geht. Als Benutzung gelten danach Maßnahmen, die geeignet sind, dauernd oder in einem nicht nur unerheblichen Ausmaß nachteilige Veränderungen der Wasserbeschaffenheit i. S. des § 3 Nr. 9 WHG, d. h. der physikalischen, chemischen oder biologischen Beschaffenheit des Wassers herbeizuführen (vgl. dazu *Czychowski/Reinhardt,* § 9 Rn. 83–92). Hierzu gehören z. B. Abgrabungen ohne Grundwasserfreilegung bis zur Grundwassernähe oder der Einbau von Baustoffen, die derartige schädliche Einwirkungen möglicherweise auslösen.

443 Hinsichtlich der **Entschädigungspflicht** kommen im Wesentlichen **folgende Fälle** in Betracht:

a) Entzug des Grundwassers

444 Hierunter ist ein Entzug des Grundwassers zu verstehen, der zu einer Beeinträchtigung der Standfestigkeit von Grundstücken und baulichen Anlagen oder zu einer Verschlechterung der Bewirtschaftungs- und Ertragsverhältnisse von land- und forstwirtschaftlichen Nutzflächen führt. Dabei meint „Entzug" von Grundwasser den Tatbestand, dass auf dem betroffenen Grundstück bereits befindliches Grundwasser teilweise weggenommen wird, z. B. durch Absenken, Abpumpen oder Ableiten. Dadurch wird allerdings das Grundeigentum selbst rechtlich nicht beeinträchtigt, weil das Grundwasser nicht Teil dieses Grundeigentums ist.

445 Die in § 9 Abs. 1 Nr. 4 und 5 bzw. Abs. 2 WHG geregelten Benutzungsformen des Grundwassers bedürfen nach § 8 Abs. 1 WHG der **wasserbehördlichen Zulassung** in Gestalt einer **Erlaubnis** (§ 8 Abs. 1 Hs. 1 Alt. 1 WHG) **oder** einer **Bewilligung** (§ 8 Abs. 1 Hs. 1 Alt. 2 WHG). Diese grundsätzlichen Gestattungsformen des WHG unterscheiden sich nicht nach Gegenstand und Umfang der ermöglichten Gewässerbenutzung, sondern durch die Art der gewährten Rechtsstellung.

Die **Erlaubnis** gewährt lediglich die widerrufliche Befugnis, ein Gewässer zu einem bestimmten Zweck in einer nach Art und Maß bestimmten Weise zu benutzen (§ 10 Abs. 1 Hs. 1, § 18 Abs. 1 WHG). Sie kann auch als *gehobene* Erlaubnis nach § 15 Abs. 1 S. 1 WHG erteilt werden. Diese ist eine eigenständige, systematisch zwischen der (einfachen) Erlaubnis und der Bewilligung stehende Gestattungsform, die der Gesetzgeber als Unterfall der Erlaubnis konzipiert hat (*Berendes*, § 15 Rn. 2; *Knopp* in SZDK, § 14 WHG Rn. 11). Auch sie gewährt nur eine Befugnis zur Gewässerbenutzung, nähert sich aber durch die Beschränkung privatrechtlicher Abwehransprüche der Bewilligung an (*Czychowski/Reinhardt* § 15 Rn. 4).

Eine **Bewilligung** gewährt hingegen das Recht, ein Gewässer in einer nach Art und Maß bestimmten Weise zu benutzen; sie wird für eine bestimmte, angemessene Frist erteilt (§ 10 Abs. 1 Hs. 2, § 14 Abs. 2 WHG).

Bei **planfestgestellten Maßnahmen** bedarf es wegen der *Konzentrationswirkung* 446
der Planfeststellung (vgl. § 75 Abs. 1 S. 1 VwVfG und die entsprechenden Bestimmungen der Landesverfahrensgesetze) nicht der Einholung anderer behördlicher Erlaubnisse oder Bewilligungen. Derartige Genehmigungstatbestände werden im Rahmen der Planfeststellung mitgeprüft und von dem Planfeststellungsbeschluss umfasst, sog. *materielle* Konzentrationswirkung. Nach § 19 Abs. 1 WHG entscheidet die Planfeststellungsbehörde auch über die Erteilung wasserrechtlicher Erlaubnisse oder Bewilligungen nach Herstellung des Einvernehmens mit der zuständigen Wasserbehörde (§ 19 Abs. 3 WHG). Mit dieser *Zuständigkeitskonzentration* ist aber zugleich auch eine *Verfahrenskonzentration* verbunden, so dass die Planfeststellungsbehörde, die zwar das materielle Recht aller von der Planung berührten Sachbereiche beachten muss, neben dem Planfeststellungsverfahren kein gesondertes wasserrechtliches Gestattungsverfahren durchzuführen hat (BVerwG NVwZ 2010, 44, 46; *Reinhardt* ZUR 2006. 468 und NuR 1999, 141). Hingegen müssen die erforderlichen wasserrechtlichen Erlaubnisse und Bewilligungen neben dem Planfeststellungsbeschluss ausdrücklich erteilt werden (BVerwGE 125, 279; BVerwGE 123, 243; *Schenk* in SZDK, § 19 WHG Rn. 5; *Maus* NVwZ 2009, 1386; krit. *Czychowski/Reinhardt,* § 19 Rn. 5). Die Notwendigkeit einer gesonderten Feststellung wird u.a. mit der Absicht begründet, den Inhalt und die Auswirkungen der wasserrechtlichen Gestattung hinreichend klar zu machen, sowie mit der Möglichkeit, diese dadurch unabhängig von der Planfeststellung angreifen zu können (s. *Schenk*, a.a.O.).

Die Erteilung einer Bewilligung kann **Auswirkungen auf das Recht eines ande-** 447
ren haben. Deswegen darf sie gemäß § 11 Abs. 2 WHG nur in einem Verfahren erteilt werden, das den Betroffenen sowie den beteiligten Behörden die Möglichkeit zu Einwendungen nach § 14 Abs. 3 bzw. Abs. 4 WHG bietet (z.B. das Planfeststellungsverfahren, vgl. Art. 69 BayWG i.V.m. Art. 72ff. BayVwVfG).

Werden Einwendungen gegen die Bewilligung erhoben, ist diese nur zu erteilen, wenn die nachteiligen Wirkungen durch Inhalts- oder Nebenbestimmungen verhütet oder ausgeglichen werden (§ 14 Abs. 3 Satz 1 WHG). Aber selbst für den Fall, dass die nachteiligen Wirkungen weder durch Bestimmungen i.S.v. § 13 WHG verhütet noch anderweitig ausgeglichen werden können, darf die Bewilligung **aus Gründen des Wohls der Allgemeinheit** gleichwohl erteilt werden (§ 14 Abs. 3 S. 2 WHG). Der Betroffene hat in diesem Fall aber einen **Anspruch auf Entschädigung** (§ 14 Abs. 3 Satz 3 WHG). Dies gilt gemäß § 14 Abs. 6 S. 2 WHG ebenso, wenn er die nachteiligen Wirkungen während des Verfahrens nicht voraussehen konnte und diese durch nachträgliche Auflagen weder verhütet noch ausgeglichen werden können. Lässt sich im Zeitpunkt der Entscheidung über die Bewilligung nicht feststellen, ob und in welchem Umfang nachteilige Wirkungen eintreten werden, ist die Entscheidung über Auflagen und Entschädigungen in einem späteren Verfahren zu treffen (§ 14 Abs. 5 WHG).

Versäumt es der Betroffene, die ihn bei Erteilung einer Bewilligung treffenden Nachteile im wasserrechtlichen Verfahren zur Geltung zu bringen und danach nötigenfalls gerichtlich weiterzuverfolgen, so sind nach Unanfechtbarkeit des wasserrechtlichen Bescheides nicht nur bürgerlich-rechtliche und öffentlich-rechtliche Ansprüche auf Unterlassung der Nutzung (BGHZ 147, 169 = NVwZ 2002, 375), sondern auch Entschädigungsansprüche – selbst wenn sie auf sonstiger Rechtsgrundlage beruhen – nach § 16 Abs. 2 WHG ausgeschlossen (materielle Präklusion). Ist allerdings für die Grundwasserbenutzung eine Bewilligung gar nicht erteilt worden, sei es, dass sie nicht beantragt worden ist, sei es dass die tatsächliche Grundwasserbenutzung von dem Inhalt der Bewilligung abweicht, so greift der Anspruchsausschluss nicht ein.

448 Ein **Entschädigungsanspruch nach § 14 Abs. 3 WHG** setzt voraus, dass ein Grundstückseigentümer in einem seiner *Rechte* betroffen ist. Folgerichtig verweist § 14 Abs. 4 S. 1 Hs. 1 WHG, der den Drittschutz des § 14 Abs. 3 WHG auch auf zu erwartende *nachteilige Wirkungen* erstreckt, insoweit nicht auf die Entschädigungspflicht. Damit sind bloße Interessenbeeinträchtigungen nicht entschädigungsfähig, sofern die Länder keine abweichenden Regelungen treffen, z. B. Niedersachsen (§ 5 Abs. 2 Niedersächsisches Wassergesetz). Dabei handelt es sich insbesondere um die absoluten Rechte nach dem BGB (Eigentum, Besitz etc.), sonstige sachenrechtliche Positionen (z. B. Nießbrauch), das Recht am eingerichteten und ausgeübten Gewerbebetrieb, Fischerei-, Jagd- und Jagdausübungsrechte, mithin also Rechtsstellungen, die unter die Ausschlusswirkung des § 16 Abs. 2 WHG fallen.

Eine solche Rechtsbeeinträchtigung bzw. Beeinträchtigung rechtlich geschützter Interessen durch Veränderung des Grundwasserbestandes selbst scheidet hingegen aus. Denn der Eigentümer hat gerade keinen Anspruch auf Beibehaltung des Grundwasserbestandes und kein Recht auf Wasserzufluss, weil das Grundwasser nicht Teil des Grundeigentums ist (s. o. und § 10 Abs. 2 WHG). § 10 Abs. 2 WHG gilt jedoch nicht für alte Wasserrechte. Für diese finden die früheren Wassergesetze der Länder Anwendung. Aber auch diese alten Rechte gewähren überwiegend keinen Anspruch auf unbeeinträchtigten Wasserzufluss und beinhalten keine Abwehrrechte (*Breuer/Gäditz*, Öffentliches und privates Wasserrecht, Rn. 885).).

Aus diesen Gründen **fehlt** es auch in den meisten Fällen an einem **Eingriff in das Recht am eingerichteten und ausgeübten Gewerbebetrieb**, da sich aus ihm ebenfalls kein Recht auf Beibehaltung des Grundwasserzustandes und kein Recht auf Wasserzufluss herleiten lässt. Die aufgrund der tatsächlichen Gegebenheiten bestehende Chance, den Grundwasservorrat für betriebliche Zwecke (z. B. zur Wasserversorgung einer Gärtnerei) zu nutzen, ist eigentumsmäßig auch unter dem Gesichtspunkt des Eingriffs in den Gewerbebetrieb als (bloßer) *Gebrauchsvorteil* nicht geschützt (vgl. *Krohn/Löwisch,* Rn. 155; *Krohn* Enteignung, Rn. 139; *Nüßgens/Boujong,* Rn. 79 ff.; *Breuer* in NJW-Schriften 24, Rn. 707).

Indessen ist eine Rechtsbeeinträchtigung mit der Folge der **Entschädigung** immer dann **zu bejahen**, wenn und soweit durch eine Minderung oder Beseitigung des bestehenden Grundwasserzuflusses die *aktuelle Nutzung des Eigentums* schlechthin oder der *Bestand* des eingerichteten und ausgeübten Gewerbebetriebs (s. *Breuer* in NJW-Schriften 24, Rn. 1063 ff.) ernsthaft in Frage gestellt, der Rechtsinhaber also **„schwer und unerträglich“** getroffen würde (BVerwGE 41, 58, 66; BVerwGE 36, 248, 250; BGHZ 69, 1, 14; *Nüßgens/Boujong,* Rn. 81; *Czychowski/Reinhardt,* § 14 Rn. 50; die Formel stammt von *Salzwedel* RdW 18, 93, 101, der zutreffend hervorhebt, dass anderenfalls eine völlige „Blutleere“ des Eigentums und des Rechts am Betrieb in wasserwirtschaftlicher Hinsicht eintritt und dies mit der Eigentumsgarantie des Art. 14 Abs. 1 nicht vereinbar ist). Insoweit gewährt Art. 14 Abs. 1 GG einen **Mindestbestandsschutz für das Eigentum gegen nachteilige Veränderungen der vorgegebenen Situation**, auch wenn der Betroffene kein subjektives Recht auf Beibehaltung des Grundwasserbestandes hat (*Salzwedel* RdW 18, 93, 103 f. spricht von dem *„konstitutionellen Minimum“*; s.a OLG Stuttgart, Urt. v. 1.8.1973 – 1 U 120/72 – unveröffentlicht, das für den Fall des Entzugs von Grundwasser für die Wasserversorgung eines Gärtnereibetriebes infolge von Flussregulierungen ausgeführt hat, ein entschädigungspflichtiger Eingriff in den Bestand des Gewerbebetriebs käme „nur in Betracht“, wenn der Klägerin durch das Versiegen des Brunnens infolge der Flussbauarbeiten jegliche Möglichkeit entzogen worden wäre, den Wasserbedarf der Gärtnerei zu decken, oder allenfalls noch dann, wenn die mit einer anderweitigen Wasserversorgung verbundenen Aufwendungen den Betrieb der Klägerin anhaltend und bis zur Existenzvernichtung in seiner Wirtschaftlichkeit beeinträchtigt hätten). Ob der Rechtsinhaber durch den Entzug des Grundwassers „schwer und unerträglich“ beeinträchtigt ist, hängt vom **Einzelfall** ab (zu bejahen etwa bei schweren Gebäudeschäden infolge Austrocknens des Untergrundes und Absacken des Gebäudes, s. BGH MDR 1980, 127 = LM Nr. 51 zu Art. 14 GG [Ba], *Krohn/Löwisch,* Rn. 222; wohl auch bei Absenken des Grundwassers und dadurch bedingter Verkarstung [Versteppung] bisher land- oder forstwirtschaftlich genutzter Flächen, oder bei übermäßiger Durchnässung von Grundstücken). 449

Die **Entschädigungspflicht** nach § 14 Abs. 3 Satz 3 WHG entsteht bereits mit der Bewilligung und nicht erst mit dem Beginn der Benutzung (*Czychowski/Reinhardt,* § 14 Rn. 50). Sie ist nicht Ausgleich i. S. des § 14 Abs. 3 Satz 1 WHG und trägt Art. 14 Abs. 3 GG Rechnung, da der durch die geplante Benutzung verursachten Beeinträchtigung enteignender Charakter zukommt (*Knopp* in SZDK, Rn. 102 zu § 14) Inhaltlich muss sie **sämtliche Beeinträchtigungen** erfassen, **sofern das Maß des „Schweren und Unerträglichen“ überschritten** ist, und nicht nur Ausgleich schaffen für dieje- 450 nigen Beeinträchtigungen, die diese Grenze übersteigen, wohingegen etwa die übrigen ohne Entschädigung blieben. Denn die Beeinträchtigung ist eine einheitliche, und das Gebot angemessenen Ausgleichs verlangt es, diese Beeinträchtigung auch einheitlich, d.h. insgesamt wiedergutzumachen.

b) Absenken des Grundwassers

451 Für ein *Absenken* des Grundwassers gilt Entsprechendes. Geschieht dieses Absenken auf dem *Nachbargrundstück* zusammen mit dessen Vertiefung (z.B. Bergeinschnitt für eine auf dem Nachbargrundstück gebaute Autobahn und dadurch bedingtes Absenken des Grundwasserspiegels), so kommt allerdings eine Entschädigung unmittelbar nach § 909 BGB in Betracht, weil dessen Tatbestand erfüllt ist (BGH NJW 1978, 1051, 1052; NJW 1975, 257, 258; vgl. auch Palandt/*Herrler*, § 909 Rn. 1). Gleichgültig ist dabei, ob die Vertiefung auf Dauer angelegt oder vorübergehend ist (BGH NJW 1972, 527, 528). Erforderlich ist freilich, dass *„durch die Einwirkung der Vertiefung dem Boden gerade seine in dem Grundwasser bestehende oder mitbestehende Stütze entzogen"* wird (BGH NJW 1979, 1216, 1217) es muss also eine **kausale Verknüpfung zwischen dem Entzug der durch das Grundwasser gebildeten Stütze des Grundstücks und dem Absenken des Grundwassers** bestehen.

452 In der Praxis ist oft streitig, ob und in welchem Umfang sich der Grundstückseigentümer eine **unzureichende Fundamentierung und eine schlechte Bauausführung**, die für die Bauwerksschäden mitverantwortlich sind, **zurechnen** lassen muss. Hierzu hat der **BGH** ausgeführt, dass sich der Grundstückseigentümer eine für die Beeinträchtigung mitursächliche mangelhafte Bauausführung (BGH NJW 1983, 872; BGH NJW 1981, 50, 51; BGH WM 1979, 1216, 1219; BGH WM 1979, 950; Palandt/*Herrler* § 909 Rn. 11), einen schlechten Baugrund oder die mangelhafte Unterhaltung des Grundstücks (BGH NJW 1975, 257, 258) **grundsätzlich nicht**, sondern nur dann anspruchsmindernd entgegenhalten lassen muss, wenn er *„vorwerfbar leichtfertig oder doch riskant"* gehandelt hat oder wenn *„vom Vertiefenden ganz außerordentliche Opfer verlangt werden, so dass es unbillig wäre, wenn er sie alleine zu tragen hätte"* (BGHZ 63, 176; Palandt/*Herrler* ebenda).

453 Die **Vorschrift des § 909 BGB** gibt allerdings nur dann einen **Entschädigungsanspruch**, wenn durch Bauarbeiten Grundwasser *abgeleitet* wird und der Boden des Nachbargrundstücks dadurch die notwendige Stütze verliert. Wird jedoch z.B. durch Aufschüttungen oder in sonstiger Weise der Grundwasserstand *erhöht*, so ist § 909 BGB weder unmittelbar noch analog anwendbar (*Breuer* in NJW-Schriften 24, Rn. 1052).

454 Nach ganz überwiegender Ansicht bietet **§ 907 BGB** keine Hilfe bei der Absenkung von Grundwasser. Nach dieser Vorschrift kann der Eigentümer eines Grundstücks verlangen, dass auf den Nachbargrundstücken nicht Anlagen hergestellt oder gehalten werden, von denen mit Sicherheit vorauszusehen ist, dass ihr Bestand oder ihre Benutzung eine unzulässige Einwirkung auf sein Grundstück zur Folge hat (Abs. 1 S. 1). Unter dem Begriff der „Anlage" könnten grundsätzlich auch Straßen fal-

len, doch schützt § 907 BGB nicht vor „negativen Einwirkungen" wie dem Entzug von Licht, Luft und Wasser (s. *Breuer* in NJW-Schriften 24, Rn. 1051). Insbesondere kann von einer „unzulässigen Einwirkung" nur dann die Rede sein, wenn von der zu beanstandenden Anlage aus sinnlich wahrnehmbare Stoffe auf das Grundstück zugeführt werden, also eine Grenzüberschreitung stattfindet (BGH NJW 1980, 2580; OLG München NJW 1967, 569, 571; im Ergebnis ebenso *Salzwedel* RdW 18, 93, 100).

c) Vorenthalten und Umleiten des Grundwassers

Eine Beeinträchtigung des Rechtsinhabers kann auch in dem *Vorenthalten* des Grund- 455
wassers, d.h. in dem Abschneiden des Unterliegers von dem Grundwasserstrom liegen. Dadurch können schwere Gebäudeschäden entstehen, weil der Erdboden austrocknet und schrumpft. Ein „Entzug" oder ein „Absenken" liegt hier nicht vor. Denn das Grundwasser hatte die Grundstücksgrenze noch gar nicht überschritten, sondern ist vielmehr an dem (unterirdischen) Zufluss auf das Grundstück gehindert worden. Für diese Fälle gelten gleichwohl die oben **unter „Entzug von Grundwasser" dargestellten Grundsätze**, da es sich ebenfalls um eine Grundwasserbenutzung im Sinne von § 9 Abs. 1, 2 WHG handelt. Meist wird der Benutzungstatbestand des § 9 Abs. 2 Nr. 1 WHG vorliegen, also Einwirkungen auf das Grundstück durch Aufstauen, Absenken und Umleiten des Grundwassers durch Anlagen, die hierfür bestimmt und geeignet sind. Als „Anlagen" in diesem Sinne versteht man alle Einrichtungen im weitesten Sinne, die ortsfest sind, z.B. Tunnelröhren, Grundwasserwannen für Brückenbauwerke u.ä. (s. Rn. **442**). Eine **Entschädigung** kommt daher bei Bewilligung der Grundwasserbenutzung in Betracht, wenn der Rechtsinhaber dadurch **„schwer und unerträglich"** beeinträchtigt ist oder doch wenigstens in der Grundstücksbenutzung *spürbar* betroffen wird (siehe Rn. **449**).

Der Rechtsinhaber kann auch dadurch beeinträchtigt sein, dass der **Grundwas-** 456
serstrom umgeleitet und er so von dem Zufluss des Grundwassers abgeschnitten wird. Auch in diesem Fall hat das Grundwasser die Grundstücksgrenze des Eigentümers noch nicht überschritten. Es gelten daher dieselben Grundsätze wie dort.

3. Vorstehendes gilt im Wesentlichen für die Erteilung einer *wasserrechtlichen* Bewil- 457
ligung. Bei der Frage, in welchem Umfang eine Entschädigung auch im Falle der **wasserrechtlichen Erlaubnis** in Betracht kommt, ist grundsätzlich zwischen den **zwei Formen der Erlaubnis** zu unterscheiden. Denn das Wasserhaushaltsgesetz kennt – wie bereits dargestellt – neben einer *einfachen* Erlaubnis § 8 Abs. 1 Hs. 1 Alt. 1 WHG (auch schlichte oder *beschränkte Erlaubnis genannt)*, noch die *gehobene* Erlaubnis, § 15 WHG.

Bei der **gehobenen Erlaubnis** handelt es sich der Rechtsnatur nach um eine Er- 458
laubnis i.S.v. § 10 Abs. 1 Alt. 1 WHG, die ihrem Inhaber eine gesicherte Position gegenüber Dritten verschafft, ein Gewässer zu einem bestimmten Zweck in einer nach Art und Maß bestimmten Weise zu benutzen. Sie kann – mit Ausnahme der Gewässer-

benutzungen nach § 9 Abs. 2 Nr. 3 und 4 WHG – erteilt werden, wenn die Benutzung des Gewässers im öffentlichen Interesse liegt oder ein berechtigtes Interesse des Gewässerbenutzers besteht (§ 15 Abs. 1 WHG). Letzteres ist etwa der Fall, wenn einem Unternehmer nicht zugemutet werden kann, sein Vorhaben ohne gesicherte Rechtsstellung gegenüber Dritten durchzuführen (s. a. BT-Drucks. 16/12275 S. 57, Entwurfsbegründung zu § 15 WHG).

Auch für diese gehobene Erlaubnis schreibt das Gesetz ein förmliches Wasserrechtsverfahren vor, bei dem ein beeinträchtigter Dritter die Möglichkeit hat, Einwendungen zu erheben (§ 15 Abs. 2 WHG, der auf die insoweit für die Bewilligung geltende Vorschrift des § 11 Abs. 2 WHG verweist).

Die gehobene Erlaubnis ist **in der Praxis von erheblicher Bedeutung**. So kann sie anders als die Bewilligung (§ 14 Abs. 1 Nr. 3 WHG) für Benutzungen i. S. v. § 9 Abs. 1 Nr. 4 und Abs. 2 Nr. 2 WHG und damit auch für Abwassereinleitungen, wie sie etwa im Rahmen der Straßenentwässerung vorkommen, erteilt werden.

459 Wegen nachteiligen Wirkungen der gestatteten Benutzung kann der davon Betroffene vom Inhaber einer gehobenen Erlaubnis zunächst die **Herstellung von Schutzeinrichtungen** verlangen (§ 15 Abs. 2 i. V. m. § 14 Abs. 3 Satz 1, Abs. 4, 5 WHG). Sollten diese nicht durchführbar oder wirtschaftlich nicht vertretbar sein, ist eine **Entschädigung** nach § 15 Abs. 2 i. V. m. § 14 Abs. 3 Satz 3 WHG bzw. § 16 Abs. 1 Satz 2, 3 WHG zu leisten, da ein Schadensersatzanspruch – anders als bei der Bewilligung (§ 16 Abs. 2 WHG) – nicht ausgeschlossen ist. Eine Unterlassung der Gewässerbenutzung aufgrund privatrechtliche Abwehransprüche kommt allerdings nicht in Betracht (§ 16 Abs. 1 S. 1 WHG).

460 Bei der **einfachen Erlaubnis** handelt es sich hingegen um eine Art „Unbedenklichkeitsbescheinigung". Von ihr geht eine Legalisierungswirkung (BGHZ 143, 362) für die aufgenommene Benutzung aus. Sie bringt zum Ausdruck, dass zum Zeitpunkt ihrer Erteilung durch die geplante Benutzung keine Beeinträchtigungen für das Wohl der Allgemeinheit erkennbar waren oder durch Auflagen vermieden oder ausgeglichen werden konnten.

Dem Benutzer verleiht sie die **einem subjektiv-öffentlichen Recht auf Benutzung vergleichbare Rechtsposition** (anders noch in der Vorauflage), die dieser vorher noch nicht innehatte (BVerwG ZfW 1994, 390). So fällt etwa die einem Gewerbebetrieb erteilte Erlaubnis unter den Schutzbereich des Eigentums nach Art. 14 Abs. 1 GG. Eine Erlaubnis kommt im Rahmen der Grundwasserbenutzung regelmäßig dann in Betracht, wenn *vorübergehend* in das Grundwasser eingegriffen wird, etwa während der Bauzeit einer Straße.

461 Ein Bedürfnis nach öffentlich-rechtlichen Entschädigungsregelung wegen der mit der Ausübung einer Erlaubnis möglicherweise verbunden Beeinträchtigungen besteht nicht. Da ihr mangels Außenwirkung keine privatrechtsgestaltende Wirkung zukommt, können Dritte unbeschadet der Möglichkeit zu verwaltungsgerichtlichem Rechtsschutz, **zivilrechtliche Ansprüche, insbesondere nach §§ 1004, 823 Abs. 1, 2 BGB** auf Unterlassung der Benutzung, Beseitigung von Störungen, Schadensersatz etc., geltend machen, zumal diese – anders als für die Bewilligung – nicht ausdrücklich ausgeschlossen wurden.

4. **Art und Umfang der Entschädigung** werden in § 96 WHG bestimmt. Hinsichtlich des grundsätzlich zu berücksichtigenden *Mitverschuldens (s. Czychowski/Reinhardt,* § 96 Rn. 18) ist die BGH-Rechtsprechung zu beachten, dass eine für die Substanzbeeinträchtigung mitursächliche mangelhafte Bauausführung, ein schlechter Baugrund oder die mangelnde Unterhaltung der betroffenen Grundstücke nur dann anspruchsmindernd wirken können, wenn der Betroffene *„vorwerfbar leichtfertig oder doch riskant"* gehandelt hat oder wenn *„vom Vertiefenden ganz außerordentliche Opfer verlangt werden, so dass es unbillig wäre, wenn er sie alleine zu tragen hätte"* (vgl. oben Rn. **452** und BGHZ 63, 176; BGH NJW 1981, 50, 51; BGH WM 1979, 1216, 1219; BGH NJW 1975, 257, 258). Für den Fall, dass die Grundstücksnutzung infolge der Beeinträchtigung des Grundwasserstandes unmöglich geworden oder wesentlich erschwert wird, sieht § 96 Abs. 4 WHG sogar einen **Übernahmeanspruch des Betroffenen** vor. **462**

5. **Passivlegitimiert für den Entschädigungsanspruch** ist nach § 97 WHG der aus der Grundwasserbenutzung „Begünstigte". Dies ist derjenige, zu dessen Gunsten die Bewilligung erteilt worden ist oder hätte erteilt werden müssen, wenn sie eingeholt worden wäre (vgl. BGH NJW 1979, 164, 165; *Breuer* in NJW-Schriften 24, Rn. 709). **463**

Gutachten

1. Die Ermittlung der Höhe einer angemessenen Enteignungsentschädigung erweist sich vielfach als schwierig. Die Bewertung von Grund und Boden und anderen rechtlich geschützten Werten ist keine Rechenaufgabe. Enteignungsbehörden und Gerichte sind bei der Festsetzung der Entschädigung weithin **auf Schätzungen angewiesen (§ 287 ZPO)**. Eine wichtige Entscheidungshilfe dabei ist das Gutachten. **464**

Gutachten sind zu begründen. Bei der Bewertung eines Grundstücks muss der Gutachter insbesondere angeben, warum er sich für das gewählte Wertermittlungsverfahren (Vergleichswert-, Sachwert- oder Ertragswertverfahren) entschieden hat. Beim Vergleichswertverfahren reicht es nicht aus, die zum Vergleich herangezogenen Grundstücksverkäufe allgemein oder nur formblattmäßig zu bezeichnen. Die Grundstücke müssen nach Lage, Form, Größe, Bodenbeschaffenheit, Art und Maß der baulichen Nutzbarkeit und Erschließungszustand genau beschrieben werden. Für die Beteiligten ist es jedenfalls unumgänglich, dass sie die tatsächlichen Grundlagen kennen, an die der Gutachter anknüpft, weil sonst eine sachgerechte Meinungsbildung nicht möglich ist. Die Abweichungen des Bewertungsgrundstücks sind hervorzuheben; gleiches gilt für die Übereinstimmungen. Die zum Ausgleich der festgestellten Abweichungen vorgenommenen Zu- und Abschläge bedürfen einer Erläuterung. Beigefügte Lagepläne oder Kartenausschnitte erleichtern das Verständnis. Werden **465**

https://doi.org/10.1515/9783110682557-056

Gebäude bewertet, sind Bilder sehr nützlich. Etwaige Streitfragen sind nach dem Meinungsstand der Bewertungsliteratur und -wissenschaft zu erörtern und zu klären. Überhaupt ist der Bewertungsvorgang so eingehend darzustellen, dass er nachvollzogen werden kann. Ist es nicht möglich, den Gedankengängen des Gutachters nachzugehen, sie zu prüfen und sich ihnen anzuschließen oder sie abzulehnen, ist das Gutachten wertlos (OLG Frankfurt NJW 1963, 400).

466 2. Diese Grundsätze gelten auch für ausgesprochene **Fachgutachten von Betriebswirten, Ingenieuren** usw. Der Fachgutachter muss darüber hinaus darauf achten, seine Untersuchungen und Überprüfungen allgemeinverständlich abzuhandeln. Dass manche Fachfrage eine gemeinverständliche Darstellung nicht zulässt, liegt auf der Hand. Diese Ausnahme bestätigt aber die Regel von der Nachprüfbarkeit des Gutachtens. Denn Enteignungsbehörden und Gerichte können sich den Ergebnissen eines Gutachtens nur anschließen, wenn sie in die Lage versetzt werden, sich von der Richtigkeit des Gutachtens zu überzeugen (BGH WM 1965, 128 = BRS 19 Nr. 112).

467 3. Nicht zuletzt hängt die Brauchbarkeit eines Gutachtens von der **Art des Auftrages** ab. Gelegentlich finden sich in den Akten der Enteignungsbehörden Auftragsschreiben mit dem nichtssagenden Inhalt, die Höhe der Entschädigung zu ermitteln. Ein solcher Auftrag ist nicht nur bedenklich, sondern besonders in schwierigen Fällen auch unzulässig, weil er den Beteiligten eine Überprüfung abschneidet (*Schütz/Frohberg*, § 95 Anm. I 3a). Dem Gutachter ist wie in einem Beweisbeschluss **im Einzelnen anzugeben, welchen Posten der Entschädigung er ermitteln sol**l. Soweit dabei früher liegende Zeitpunkte für die Zustandsbestimmung und die Bewertung zu beachten sind, ist der Gutachter darauf hinzuweisen. Auch andere erhebliche rechtliche Gesichtspunkte wie „Vorteilsausgleich, Mitverschulden, Mitverursachung u.ä." sind, soweit sie von Relevanz sind, zu erwähnen und zum Gegenstand des Auftrags zu machen.

468 4. Ein Sachverständigenbeweis im Sinne der §§ 402ff. ZPO kann auch durch ein **Gutachten eines Gutachterausschusses** geführt werden (BGHZ 62, 93, 95 = NJW 1974, 701 = MDR 1974, 477). Die durch § 192 Abs. 1 BauGB bei den kreisfreien Städten und Landkreisen gebildeten Gutachterausschüsse haben die gesetzliche Aufgabe, auf Antrag Gutachten über den Wert von unbebauten und bebauten Grundstücken sowie von Rechten an Grundstücken zu erstatten (§ 193 BauGB). Durch ihre Besetzung mit sachkundigen und unabhängigen Gutachtern (§ 192 BauGB) und vom Gesetz vorgesehener besonderer Erkenntnismöglichkeiten, insbesondere der Einrichtung von Kaufpreissammlungen (§ 195 BauGB), sind die Gutachterausschüsse in die Lage versetzt, Grundstückswerte sachbezogen und zuverlässig zu beurteilen.

469 5. Die neue LandR 19 enthält in Anlage 1 eine Beschreibung des notwendigen Inhalts eines Gutachtens zur Verkehrswertermittlung.

Härteausgleich

1. **Regelungen über einen Härteausgleich** enthalten heute alle neuzeitlichen Enteignungsgesetze (z. B. Art. 18 BayEG, § 13 EEG NW, § 6 EnteigG MV). Der Gesetzgeber hat damit die Möglichkeit geschaffen, Nachteile auszugleichen, die enteignungsrechtlich nicht berücksichtigt werden können. Der **Härteausgleich** ist darum keine Enteignungsentschädigung, sondern ein **Billigkeitsausgleich** aus gesellschaftlich verantwortbaren Erwägungen. 470

Über den Härteausgleich **entscheidet** die **Enteignungsbehörde** auf Antrag nach pflichtgemäßem Ermessen. Das Ermessen bezieht sich auf das Ob, die Art und den Umfang des Härteausgleichs. Die Behörde kann trotz Erfüllung der gesetzlichen Voraussetzungen einen Härteausgleich ablehnen, doch wird das Ermessen wesentlich durch die Billigkeit bestimmt (*Molodovsky/Bernstorff*, Art. 18 Erl. 2). Vergleichbare Vorschriften finden sich in § 181 BauGB.

2. Ein Härteausgleich setzt etwa voraus, dass ein Grundstück für eine öffentliche Maßnahme ganz oder zeitweise benötigt wird und hierfür enteignet werden kann. Infolgedessen verliert ein Mieter, Pächter oder sonstiger Nutzungsberechtigter sein Nutzungsrecht. Er erleidet hierdurch **wirtschaftliche Nachteile**, die in seinen persönlichen Lebensumständen, insbesondere im wirtschaftlichen und sozialen Bereich, eine Härte bedeuten und weder durch eine Entschädigung abgedeckt noch durch sonstige Maßnahmen ausgeglichen werden (BayVGH, Beschl. v. 25.08.2004 – 22 AS 04.40031). Nicht ausreichend ist jedoch, dass eine bauliche Maßnahme für den Betroffenen zu letztlich als zumutbar empfundenen Einbußen führt. Erforderlich ist vielmehr eine ***besondere Härte***, die bei ihm im Vergleich zu anderen eine außergewöhnliche Belastung zur Folge hat. 471

Schließlich muss die **Gewährung des Härteausgleichs** (Geldausgleich) der **Billigkeit entsprechen**. Dabei kommt es im Rahmen einer einzelfallbezogenen Betrachtungsweise insbesondere auf die sonstigen wirtschaftlichen Verhältnisse des Anspruchsstellers, möglicherweise mit dem Bauvorhaben für ihn verbundene Vorteile und eventuell rechtlich nicht gesicherte Vertrauenstatbestände, an. 472

Ein Härteausgleich in diesem Sinne kommt daher etwa in Betracht, wenn ein **einkommensschwacher Mieter** ohne das Enteignungsvorhaben noch mit einer längeren Dauer des Mietverhältnisses hätte rechnen können und jetzt eine teurere Ersatzwohnung beziehen muss, ohne dass damit für ihn anrechenbare Vorteile verbunden sind. Ein solcher Mieter ist besonders in „außergewöhnlichem Maße“ betroffen. Ihm kann daher für eine begrenzte Zeit ein Zuschuss zur Miete für die teurere Ersatzwohnung gezahlt werden. Als Zeitraum der Zuschusszahlung sollte die geschätzte Dauer des alten, beendeten Mietverhältnisses genommen werden. Entsprechendes kann für einen **Landwirt** gelten, der günstig angepachtete Flächen verliert, die er im Vertrauen auf einen unveränderten Fortbestand oder in Unkenntnis der Rechtslage nicht ausreichend rechtlich abgesichert hatte (vgl. → **Miet- und Pachtverhältnisse**). 473

Pasternak

https://doi.org/10.1515/9783110682557-057

474 Ein **Härteausgleich** ist **nicht zu gewähren**, soweit der Ausgleichsberechtigte es unterlassen hat oder unterlässt, den wirtschaftlichen Nachteil durch zumutbare Maßnahmen, insbesondere unter Einsatz eigener oder fremder Mittel, abzuwenden (s. z. B. § 181 Abs. 3 BauGB, Art. 18 Abs. 2 BayEG; vgl. dazu *Battis* in BKL, § 181 Rn. 14).

Inhaltsbestimmungen

Übersicht

475 1. Der ***Nassauskiesung*-Beschluss** des Bundesverfassungsgerichts (BVerfGE 58, 300 = NJW 1982, 745) hat die Rechtsprechung veranlasst, den „weiten" Enteignungsbegriff aufzugeben. **Enteignung im Sinne des Art. 14 Abs. 3 GG** ist deshalb (nur noch) der staatliche Zugriff auf Rechte des Einzelnen durch einen rechtmäßigen, gezielten Rechtsakt, der dem Betroffenen zum Wohle der Allgemeinheit dessen Recht ganz oder teilweise zur Erfüllung bestimmter öffentlicher Aufgaben mit dem Ziel der Güterbeschaffung entzieht. Die vielen Beschränkungen des Eigentums im Natur- und Denkmalschutz, längs von Straßen und in anderen Schutzbereichen sind folglich als **Inhaltsbestimmungen nach Art. 14 Abs. 1 S. 2 GG** einzuordnen; denn sie entziehen das Eigentum nicht, sondern regeln die Art und Weise seiner Nutzung. Nötig ist allerdings, dass sie im Einzelfall den Anforderungen der Verfassung an eine Inhaltsbestimmung genügen (vgl. BVerwG AgrarR 1997, 164 = RdL 1997, 105).

476 2. Unter Inhaltsbestimmung im Sinne des Art. 14 Abs. 1 Satz 2 GG versteht das Grundgesetz die allgemeine vom Einzelfall losgelöste Festlegung von Rechten und Pflichten durch den Gesetzgeber für solche Rechtsgüter, die als Eigentum im Sinne des Grundgesetzes zu verstehen sind. Die Inhaltsbestimmung ist darauf gerichtet, den „Inhalt" des Eigentumsrechts vom Inkrafttreten des Gesetzes an für die Zukunft zu bestimmen. Sie sagt, wie weit die geschützte Rechtsstellung überhaupt (noch) reicht. Dabei muss der Gesetzgeber vor allem die Grundrechte des Bürgers achten. Werden die aus dem Grundgesetz sich ergebenden Grenzen überschritten, so ist die Inhaltsbestimmung unwirksam und nicht eine Enteignung im Sinne des Art. 14 Abs. 3 GG (vgl. BVerfGE 79, 174, 198 = NJW 1989, 1271; BVerwGE 91, 294, 308; BVerwGE 87, 114, 138).

Achtung der Grundrechte heißt insbesondere, sowohl die grundgesetzliche Anerkennung des Eigentums durch Art. 14 Abs. 1 S. 1 GG als auch die in Abs. 2 vorgeschriebene Pflichtigkeit des Eigentums bei der Eigentumsbindung zu beachten. Der Gesetzgeber muss die Belange des Eigentümers und der Gesellschaft abwägen, ausgleichen und ein angemessenes Verhältnis zwischen beiden herstellen. Maß und Umfang der Bindung hängen von der gesellschaftlichen Bedeutung und Wichtigkeit des einzelnen Eigentums ab. Eigentumsbindungen müssen stets verhältnismäßig sein und den Gleichheitssatz als allgemeinen rechtsstaatlichen Grundsatz berücksichtigen. Insbesondere darf der **Kernbereich des Eigentums nicht ausgehöhlt** werden. Privatnützigkeit, also die Möglichkeit, das Eigentum noch wirtschaftlich zu nutzen, und die grundsätzliche Verfügungsbefugnis müssen erhalten bleiben. Soweit eine

https://doi.org/10.1515/9783110682557-058

Eigentumsbindung einen Eigentümer ausnahmsweise **unverhältnismäßig belastet**, ist ein **Ausgleich** vorzusehen. Dabei muss der Gesetzgeber Voraussetzungen, Art und Umfang des Ausgleichs regeln. Denn Art. 14 Abs. 2 GG vermag eine wesentliche, unverhältnismäßige Belastung nicht zu rechtfertigen; eine solche Belastung braucht der Eigentümer zum Wohle der Allgemeinheit nicht (ohne Ausgleich) zu tragen (vgl. BVerfGE 100, 226 = NJW 1999, 2877 = DVBl 1999, 1498 = DÖV 1999, 870; BVerfGE 58, 137 = NJW 1982, 633).

477 3. Dass Inhaltsbestimmungen grundsätzlich entschädigungslos hinzunehmen sind, wird durch den ***Pflichtexemplar*-Beschluss** des Bundesverfassungsgerichtes (BVerfGE 58, 137 = NJW 1982, 633) nicht in Frage gestellt. In dem Beschluss führt das Bundesverfassungsgericht u. a. aus: „*In materiell-rechtlicher Hinsicht steht § 9 LPrG mit Art. 14 Abs. 1 Satz 1 GG insoweit nicht im Einklang, als der Kultusminister ermächtigt ist, die Pflicht zur Ablieferung eines Belegstückes ausnahmslos ohne Kostenerstattung anzuordnen.*“ Die Pflicht zur unentgeltlichen Ablieferung eines Belegstückes ist danach regelmäßig eine zulässige Regelung im Sinne des Art. 14 Abs. 1 S. 2 GG. Eine Ausnahme ist nach Meinung des Verfassungsgerichtes geboten, wenn es sich um ein mit großem Aufwand und in kleiner Auflage hergestelltes Druckwerk handelt. In einem solchen Fall muss der Gesetzgeber die dem Verleger (Eigentümer) auferlegte besondere Belastung **durch eine Ausgleichsleistung auf ein zumutbares Maß herabmindern** und auf diese Weise die sonst eintretende Folge der Verfassungswidrigkeit abwenden. Nötig ist somit, dass das den Inhalt bestimmende Gesetz für wesentlich ins Gewicht fallende Belastungen, die den Eigentümer unverhältnismäßig und im Verhältnis zu anderen ungleich belasten, eine Ausgleichsregelung enthält.

478 **Ausgleichsregelungen im Anwendungsbereich des Art. 14 Abs. 1 S. 2 GG** dürfen sich nach Meinung des BVerfG nicht darauf beschränken, dem Betroffenen einen Ausgleich in Geld zuzubilligen. Die Bestandsgarantie des Art. 14 GG hat Vorrang vor dessen Wertgarantie. Der Gesetzgeber muss deshalb in erster Linie darauf bedacht sein, Regelungen zu treffen, die **eine unverhältnismäßige Belastung des Eigentümers vermeiden**. Das kann durch Übergangsregelungen, Ausnahme- und Befreiungsvorschriften oder andere verwaltungsmäßige Akte geschehen. Erst wenn sich eine unverhältnismäßige Belastung nicht vermeiden lässt, kommt ein **Geldausgleich oder** eine **Übernahme zum Verkehrswert** in Betracht. Neben den materiell-rechtlichen Regelungen verlangt das BVerfG verfahrensrechtliche Regelungen. Sie sollen sicherstellen, dass in dem die Beschränkung aussprechenden Verwaltungsakt über einen möglichen Ausgleichsanspruch zumindest dem Grunde nach entschieden werden kann. Dem betroffenen Eigentümer wird dadurch die Entscheidung erleichtert, ob er die Beschränkung hinnimmt oder vor dem Verwaltungsgericht anficht. **Die sog. salvatorischen Entschädigungsklauseln genügen diesen Anforderungen nicht**. Sie in eine Ausgleichsregelung umzudeuten, wie es vielfach geschieht, verbietet sich. Siehe dazu insgesamt BVerfGE 100, 226 = DVBl 1999, 1498 = DÖV 1999, 870.

4. Ihrem Inhalt nach setzen die Ausgleichsansprüche wie die Enteignung die Beeinträchtigung einer **eigentumsmäßig geschützten Rechtsposition** voraus. Dabei handelt es sich jedoch nicht um einen rechtsentziehenden Eingriff wie bei der förmlichen Enteignung, sondern um eine **rechtsbeschränkende Belastung**, die die **Schwelle des Art. 14 Abs. 2 GG überschreitet**. Ob die Schwelle überschritten ist, ob also die Belastung unverhältnismäßig oder unzumutbar ist, erweist sich als vielschichtige Frage. Es genügt nicht, allein die öffentlichen und persönlichen Belange gegeneinander abzuwägen und dabei die „Situation" des Grundstücks und das Verhalten des verständigen, verantwortungsbewussten Eigentümers wertend zu berücksichtigen. Kommt man dabei zu dem Ergebnis, ein verständiger Eigentümer würde aus Verantwortungsbewusstsein gegenüber der Gemeinschaft von sich aus auf eine an sich zulässige Benutzung seines Grundstücks verzichten (beispielsweise die Umwandlung einer Wiese in einen Acker), so sagt das nicht, dass ein entsprechendes Verbot aus Gründen des Naturschutzes als Inhaltsbestimmung den Eigentümer nicht unverhältnismäßig bzw. unzumutbar belastet. Die **unverhältnismäßige bzw. unzumutbare Belastung** als Voraussetzung eines Ausgleichs ist insbesondere eigentumsbezogen zu sehen. Der Umfang der Belastung des gesamten Eigentums (Vermögens) spielt eine Rolle. Im gebildeten Beispiel heißt das, ein landwirtschaftlicher Klein- und Großbetrieb können nicht gleich gesehen werden. Weiter wird es darauf ankommen, ob Ausweichmöglichkeiten bestehen oder ob der drohende Nachteil nicht durch zumutbare Anpassungen und Umstellungen im Betrieb abgewendet oder gemindert werden kann. Die **Schadensminderungspflicht** verpflichtet den Eigentümer zu solchen Anstrengungen. Der BGH geht von entsprechenden Erwägungen aus (BGHZ 133, 271 = NJW 1997, 388 = WF 1997, 28; *Rinne/Schlick* NVwZ 2000 Anlage II S. 4; siehe auch BVerfG NJW 1998, 367). 479

Die **Höhe des Ausgleichs** ist so zu bemessen, dass die Belastung des Eigentümers auf ein zumutbares Maß herabgesetzt wird. Einen vollen Ausgleich verbietet das Gleichheitsgebot des Art. 3 Abs. 1 GG. Für die Bemessung des Ausgleichs gelten die Bestimmungen der §§ 93 ff. BauGB sinngemäß (vgl. § 7 Abs. 5 LG NW und BGHZ 126, 379 = NJW 1994, 3283, 3284). **Zuständig** für die Entscheidung über das Bestehen und die Höhe des Ausgleichsanspruchs sind nach der Novellierung des § 40 Abs. 2 S. 1 VwGO im Jahre 2001 (BGBl. I S. 3987) die **Verwaltungsgerichte**. 480

Gegenstand des Ausgleichsanspruches kann neben dem Anspruch auf einen Geldausgleich grundsätzlich **auch ein Anspruch auf Übernahme** sein („besondere Art des Ausgleichs"). Erforderlich ist dafür, dass auf Grund der Inhaltsbestimmung (Nutzungsbeschränkung) dem Eigentümer nicht zuzumuten ist, sein Eigentum zu behalten. Das ist z. B. der Fall, wenn der Eigentümer mit seinem Eigentum wirtschaftlich betrachtet nichts mehr anfangen kann. 481

Jagdentschädigung

Übersicht

482 1. Durch die Enteignung von Land z. B. für den Straßenbau kann auch ein bestehendes **Jagdrecht** beeinträchtigt sein. Das Jagdrecht ist kein selbständiges Recht, sondern untrennbar mit dem *Eigentum* am Grundstück verbunden und steht dem Grundstückseigentümer zu (§ 3 Abs. 1 Satz 1, 2 BJagdG).

483 Vom Jagdrecht ist das **Jagdausübungsrecht** zu unterscheiden: Im Interesse einer ordnungsgemäßen Hege des Wildes darf der *Grundeigentümer* das Jagdrecht nur *ausüben*, wenn ihm eine zusammenhängende Grundfläche von mehr als 75 ha gehört, die eine **Eigenjagd** i. S. des § 7 BJagdG bildet (§§ 3 Abs. 3, 7 Abs. 4 Satz 1 BJagdG). Erreicht der zusammenhängende Grundbesitz eines Eigentümers dagegen nicht die Mindestgröße von 75 ha, ist er Teil eines gemeinschaftlichen Jagdbezirks (§ 8 Abs. 1 BJagdG). In diesem Fall ist die **Jagdgenossenschaft** als die Vereinigung der Grundeigentümer jagdausübungsberechtigt (Genossenschaftsjagd; vgl. §§ 8 Abs. 5, 9 Abs. 1 BJagdG). In einem solchen gemeinschaftlichen Jagdbezirk darf der einzelne Grundstückseigentümer sein Jagdrecht nicht selbst hegend und jagend ausüben, sondern nur im Rahmen und als Mitglied der Jagdgenossenschaft. Die Jagdgenossenschaft übte das Jagdrecht als Teil des Grundeigentums kraft Gesetzes aus. Es ist mit der öffentlichen Sicherheit und Ordnung nicht zu vereinbaren, dass der Grundstückseigentümer unabhängig von der Größe seines Grundstücks dem Wild nachstellt. Diese gesetzliche Regelung ist eine zulässige Beschränkung des Eigentums im Sinne des Art. 14 Abs. 1 Satz 2 GG (BGHZ 84, 261 = NJW 1982, 2183; BVerwGE 59, 342, 346).

484 Das Jagdausübungsrecht kann verpachtet werden. Der **Jagdpächter** erhält sein Jagdausübungsrecht schuldrechtlich aufgrund eines Pachtvertrages, der ihm die Nutzung der Jagd gestattet (§ 11 BJagdG; vgl. *Schopp* MDR 1968, 808, 809).

485 2. Bildet der Grundbesitz einen **Eigenjagdbezirk** i. S. von § 7 BJagdG und verliert er infolge einer Wegnahme von Grundflächen (etwa für den Straßenbau) diese Eigenschaft, so steht dem Eigentümer für den *Verlust der Eigenjagd* eine Entschädigung zu. Denn das originäre Jagdausübungsrecht des Eigentümers in seinem Eigenjagdbezirk stellt eine konkrete subjektive Rechtsposition dar, die den Schutz des Art. 14 GG genießt (BGHZ 117, 309, 310 f. = NJW 1992, 2078; BGHZ 84, 261 = NJW 1982, 2183 m. w. N.; *Krohn/Löwisch* Rn. 21, 176a). Die Entschädigung soll die Wertminderung des Restbesitzes ausgleichen, die gerade durch den Verlust der Eigenjagd verursacht wird. Die Höhe dieser Wertminderung ist durch Vergleich des Wertes von Betrieben land- und forstwirtschaftlicher Art mit und ohne Eigenjagd festzustellen. Da in der Praxis aber

Jacobs
https://doi.org/10.1515/9783110682557-059

dieser Vergleich aus Mangel an brauchbaren Daten kaum möglich ist – kein Betrieb gleicht nach Lage und Zustand einem anderen –, ist der Wert des Jagdausübungsrechts im Eigenjagdbezirk sachverständig nach bestimmten Merkmalen zu ermitteln (vgl. dazu BGHZ 117, 309, 310f. = NJW 1992, 2078; LG Kiel JE II Nr. 52 S. 15; *H. Fischer* Rn. 698).

Die Eigenjagd weist zur Pachtjagd einen qualitativen Unterschied auf, ähnlich wie **486** ein Einfamilienhaus zu einem Miethaus (vgl. *Bewer* WF 1988, 180, 185). Er ist gekennzeichnet durch folgende Merkmale: dem Bodennutzungsrecht, dem Alleinbestimmungsrecht, dem zeitlich unbeschränkten Jagdausübungsrecht und dem Residenzrecht. Nach dem Bodennutzungsrecht kann der Reviereigner im Zuge der land- und forstwirtschaftlichen Bodennutzung für Deckung und Äsung des Wildes sorgen (Hauptfrüchte, Zwischenfrüchte, Feldrandstreifen, Gehölzpflanzung, Wildwiesen, Wildäcker). Das Alleinbestimmungsrecht gibt dem Reviereigner die Möglichkeit, den Wildbestand aufzubauen, Maßnahmen zur Eingrenzung des Wildschadens zu treffen, den Schussbereich freizuhalten (Einfluss auf Weidevieh, Feldarbeiten, Waldarbeiter) und Mehrjägerjagden zu gestalten. Das zeitlich unbeschränkte Jagdausübungsrecht ergibt sich unmittelbar aus der Eigenjagdbefugnis. Das Residenzrecht – der Reviereigner hat seinen Wohnsitz im Eigenjagdbezirk – ermöglicht die Jagdausübung nach zeitlichem Belieben ohne erheblichen Kosten- und Zeitaufwand für Anreise, Verpflegung, Übernachtung (Einzelheiten bei *Bewer* a.a.O., 185f.).

Die durch den Verlust der Eigenjagd verursachte **Wertminderung** ist zweckmäßigerweise über die Ertragseinbuße festzustellen, die sich daraus ergibt, dass Grund- **487** besitz als Teil einer Genossenschaftsjagd einen geringeren Ertrag einbringt als derselbe Grundbesitz als verpachtete Eigenjagd. Maßstab für die Wertminderung ist demnach der Jagdpachtzins. Dementsprechend ist zunächst im **Vergleichswertverfahren** der Pachtwert der verbliebenen Flächen als Eigenjagd zu ermitteln. Hinzu kommen Zuschläge für Möglichkeiten (Rechte) der Eigenjagd, die ein Pächter im Gegensatz zum selbst jagenden Eigentümer nicht nutzen kann und die deshalb die Höhe des Pachtzinses nicht bestimmen; zu denken ist insbesondere an das Residenzrecht. Besteht die Besonderheit, dass die betroffene Eigenjagd verpachtet ist, sind die Zuschläge zumindest für die noch nicht verbrauchte Pachtzeit zu diskontieren bzw. abzuzinsen. In dieser Zeit ruhen die Rechte gleichsam und besitzen keinen wirtschaftlichen Wert. Von dem so gefundenen Zwischenwert abzuziehen ist der Pachtwert der Flächen als Teil des benachbarten gemeinschaftlichen Jagdbezirks, dem sie nach Verlust der Eigenschaft „Eigenjagd“ zugeschlagen werden.

Die durch den Verlust der Eigenschaft „Eigenjagd“ verursachte Wertminderung wird bei einer verpachteten Eigenjagd erst mit der Beendigung des Pachtrechtes spürbar und kann darum auch erst dann verlangt werden. Aufgrund der Regelung in § 14 BJagdG, der die §§ 566 bis 567b BGB für entsprechend anwendbar erklärt, geht das Pachtrecht nicht mit dem Verlust der Eigenschaft „Eigenjagd“ unter. Vielmehr muss die Beendigung des Pachtrechts durch Ablauf bzw. Kündigung abgewartet werden.

488 Wenn die ***Eigenjagd*** trotz Landverlust ***erhalten*** bleibt, können gleichwohl Teile des Jagdbezirks mehr oder weniger stark beeinträchtigt werden; dies kann z. B. vorkommen, wenn gerade auf den weggenommenen Flächen und im näheren Bereich wertvolles Wildvorkommen gestanden hat, das jetzt in einen anderen Jagdbezirk abgewandert ist (z. B. bei Wegnahme einer Wasserfläche, auf der Entenjagd möglich war). In erster Linie treten in solchen Fällen aber Erschwernisse bei der Bejagung, der Hege des Wildes und beim Jagdschutz auf (z. B. durch Beschränkung der Schussrichtung – etwa wenn das Gebiet von einer Autobahn durchschnitten wird –, Einschränkung von Treib- und Drückjagden, von Ansitz-, Pirsch- und Suchjagden). Durch Änderungen des Wildbestandes, insbesondere Abwandern von Wild, durch Einschränkung des Wildwechsels u.ä. wird die Jagd darüber hinaus verschlechtert. Zu prüfen ist in solchen Fällen immer, *ob und inwieweit* in das Jagdausübungsrecht gerade durch die Abtretung von Grundflächen hoheitlich eingegriffen worden ist. Zu untersuchen ist deshalb, welche Erschwernisse und Verschlechterungen gegeben wären, wenn die Autobahn an den Grenzen des ungeteilten Eigenjagdbezirks entlanggeführt worden wäre (**Grundsatz der Parallelverschiebung**). Nur das *Mehr* an Erschwernissen und Verschlechterung, das durch die Abtretung des Grund und Bodens verursacht wird, ist zu entschädigen (vgl. BGH WM 1982, 277; BGHZ 64, 220; *Fischer* im Kleiber, Verkehrswertermittlung von Grundstücken, S. 3137; *H. Fischer* Rn. 698; kritisch dazu *Thies* AgrarR 2002, 309).

489 Eine Entschädigung für Wertminderung des Restbesitzes steht dem Grundstückseigentümer auch dann zu, wenn die weggenommenen Grundstücke als **Kies- oder Sandflächen** entschädigt worden sind; denn das Vorhandensein ausbeutewerter und entschädigungsfähiger Bodenschätze schließt die **Nutzung als Eigenjagd** keineswegs aus, kann aber ihren Wert aus vielerlei Gründen mindern.

490 War der Eigenjagdbezirk *verpachtet*, so gilt im Grundsatz das Gleiche (BGHZ 117, 309, 310 f. = NJW 1992, 2078). Allerdings steht dem Eigentümer als Verpächter keine Entschädigung zu, solange der Pächter trotz der Einwirkungen auf die Jagd die Pacht ungekürzt weiterzahlt; insoweit wird der Eingriff für den Verpächter nicht spürbar (oben Rn. **487**). Der Jagdpächter seinerseits ist nicht Besitzer der Grundstücke, sondern nur Inhaber des Jagdausübungsrechts, das aber nicht zum Besitz berechtigt (vgl. *Schopp* a. a. O., 809). Er gehört deswegen nicht zu den Nebenberechtigten, die gesondert zu entschädigen sind (vgl. § 97 Abs. 3 BauGB; ebenso *Streck* WF 2001, 85, 87).

491 3. Gehören die benötigten Flächen *nicht* zu einer *Eigenjagd*, sondern zu einem gemeinschaftlichen Jagdbezirk, so steht das Jagdausübungsrecht gemäß § 9 BJagdG der **Jagdgenossenschaft** zu (BGHZ 143, 321 = NJW 2000, 1720 – *ICE-Bahntrasse*; BGH NJW 2000, 3638; BGHZ 84, 261 = NJW 1982, 1897 – alle BAB-Trassen). Die Zugehörigkeit zu einer Jagdgenossenschaft erhöht, anders als bei Grundstücken als Teil einer Eigenjagd, nach aller Erfahrung nicht den Verkehrswert des betreffenden Grundstückes. Dem *Eigentümer* steht deswegen in diesem Falle keine erhöhte Entschädigung zu, wenn Teile seines Grund und Bodens enteignet werden. Mit der Entschädigung für

den Rechtsverlust (Verkehrswert) wird er in die Lage versetzt, gleichwertige Grundstücke zu erwerben, die ebenfalls Teil eines gemeinschaftlichen Jagdbezirkes sind (ebenso *H. Fischer* Rn. 698). Andere entschädigungsfähige Vermögensnachteile entstehen dem Eigentümer nicht, insbesondere nicht wegen Unbrauchbarkeit von Jagdeinrichtungen, da diese nicht ihm, sondern in aller Regel dem Jagdpächter gehören.

Die ***Jagdgenossenschaft*** *selbst* kann **Entschädigung für eine Jagdwertminderung** verlangen, verursacht durch eine spürbare Verschlechterung der Jagd und empfindliche Erschwernisse bei der Ausübung als Folge der Verwendung der abgetretenen Flächen zum Bau und Betrieb eines Verkehrsweges. Denn Folge der Enteignung sind nicht nur Nachteile aus der Abtretung, sondern auch aus der Verwendung (§ 96 Abs. 1 Nr. 2 BauGB). Das Jagdausübungsrecht stellt in der Hand der Jagdgenossenschaft – auch wenn diese öffentlich-rechtlich organisiert ist – ein vermögenswertes privates Recht dar und eine nach Art. 14 Abs. 1 GG geschützte *Rechtsposition* (BGH NJW-RR 2004, 100, 102; BGH NJW 2000, 1720, 1721; BGH NJW 1996, 1897, 1898 und BGHZ 84, 261, 264 = NJW 1982, 1897; OLG Jena RdL 2007, 190, 191; OLG Bamberg NVwZ 1998, 211; *H. Fischer* a.a.O.). Das Jagdausübungsrecht der Genossenschaft ist ein „Stück abgespaltenes Eigentum" der einzelnen Jagdgenossen, das erst in der Hand der Jagdgenossenschaft als Trägerin zu einem Recht erstarkt. Die Jagdgenossenschaft befindet sich, wenn in ihr Jagdausübungsrecht hoheitlich eingegriffen wird, in der gleichen „grundrechtstypischen Gefährdungslage" wie der Eigentümer eines Eigenjagdbezirks (BGH a.a.O.), auch wenn die benötigten Grundflächen von den jeweiligen Eigentümern (Jagdgenossen) und nicht von der Jagdgenossenschaft abgetreten werden. Der Eingriff setzt nicht voraus, dass auf das Recht selbst in seinem rechtlichen Bestand eingewirkt wird; es genügen auch tatsächliche Einwirkungen, die das Jagdausübungsrecht in den Grenzen der geschützten Rechtsposition faktisch beeinträchtigen (BGH a.a.O.). 492

Die **Durchschneidung** des Jagdbezirkes einer Jagdgenossenschaft durch den Bau einer Autobahn oder einer Eisenbahntrasse führt zwar dazu, dass der jeweilige Unternehmensträger (zwangsweise) Mitglied der Jagdgenossenschaft wird. Gleichwohl tritt eine Jagdwertminderung dadurch ein, dass die Verkehrsflächen zur Bejagung nicht mehr zur Verfügung stehen. Das gilt für Autobahnen, für die § 18 Abs. 9 StVO ein **Betretungsverbot** verfügt, sowie für Eisenbahntrassen gemäß § 62 Abs. 1 EBO. Obwohl das Betretungsverbot streng genommen nicht die unmittelbare Folge der Grundabtretung, sondern erst die Folge der Umsetzung des Vorhabens ist, ist eine Zerlegung in Teilakten auf Grund der finalen Bedeutung des Vorgangs – Straßen- oder Bahnstreckenbau – nicht angebracht (vgl. BGH NJW 2000, 1720, 1721). Allerdings gilt ein Betretungsverbot nicht für sonstige Straßen z.B. eine Bundesstraße. Sie bleibt Teil des genossenschaftlichen Jagdbezirks, so dass sich die Lage der Genossenschaft im Grundsatz nicht ändert und der Jagdbezirk unversehrt bleibt. Durch das faktische Betretungsverbot, das wegen der überragend wichtigen Sicherheit des Straßenverkehrs und der Sicherheit für Leib und Leben auch für Bundesstraßen und untergeordnete Straßen gilt, ist eine Bejagung dieser Flächen jedoch ausgeschlossen und sind sie da- 493 mit von der Jagdausübung ausgeschlossen; denn diese besteht im Kern darin, dem Wild nachstellen, es erlegen und fangen zu können (so auch OLG Bamberg NVwZ 1998, 211 m.abl. Anm. *Aust* NVwZ 1998, 142; OLG Jena RdL 2007, 190, 191). In diesem Betretungsverbot liegt auch keine Inhaltsbestimmung des Jagdausübungsrechtes. Der Jagdgenossenschaft steht daher eine Entschädigung für die Einschränkung des Jagdausübungsrechtes durch dessen Beschränkung im Bereich der Straßen- und Bahntrassen zu.

493a Die **Höhe der Entschädigung** ist tatrichterlich festzustellen, wobei das sog. „objektivierte Pachtzinsdifferenzverfahren" maßgebend ist (ausdrücklich gebilligt in BGH NJW 2000, 3638, 3640; vgl. auch OLG Jena RdL 2007, 190, 192; OLG Stuttgart AgrarR 2000, 194; OLG Hamm AgrarR 1993, 292). Diese Methode sieht im Wesentlichen vor, den „objektivierten", mithin nicht den nach den abgeschlossenen Verträgen von einer Jagdgenossenschaft tatsächlich vereinnahmten Pachtzins im betroffenen Bezirk vor der Durchschneidung zu bestimmen und sodann nach Maßgabe des Gewichts der vorhabensbedingten Nachteile – sowohl hinsichtlich der einer Jagdausübung entzogenen Flächen als auch hinsichtlich nur faktisch beeinträchtigter Restflächen – eine Minderung des Ausgangswertes mittels eines Punkteverfahrens zu ermitteln. Dabei wird der Wertminderung wegen dauerhafter Beeinträchtigungen durch Kapitalisierung der Jagdpachtzinsdifferenz mit dem Faktor 25 (Dauerschaden bei einem Zinssatz von 4 %; die neue LandR 2019 rechnet mit einem Zinssatz von 2 %, der allerdings alle 2 Jahre überprüft werden soll) Rechnung getragen (vgl. BGH NJW 2000, 3638, 3640; *Fischer* a. a. O., S. 3137). Auch wenn einzelne Beeinträchtigungen des Jagdausübungsrechtes nur vorübergehender Natur sind, sieht der BGH in den genannten Nachteilen eine dauerhafte Beeinträchtigung („Ewigkeitsschaden", BGH NJW 2000, 3638, 3639; ebenso OLG Jena RdL 2007, 1990, 192).

494 Gemäß § 10 Abs. 1 BJagdG nutzt die Genossenschaft die Jagd in der Regel durch Verpachtung. In der Praxis kommt es nicht selten vor, dass Pächter trotz nachteiliger Einwirkungen auf das gepachtete Jagdausübungsrecht **die Pacht weiterzahlen**. In diesem Fall wird der Eingriff für die Jagdgenossenschaft nicht spürbar. Ihr steht dementsprechend keine Entschädigung für die Verschlechterung der Jagd und Erschwernisse bei der Ausübung zu; sie erleidet insofern keinen Vermögensverlust.

495 In seiner Entscheidung BGHZ 132, 63 = NJW 1996, 1879 spricht der BGH einer durch den Bau einer Autobahn betroffenen Jagdgenossenschaft neben der Entschädigung für die Jagdwertminderung auch eine **Entschädigung für die Verkleinerung ihres Jagdbezirks** zu. Die Verkleinerung sieht der BGH darin, dass der Jagdgenossenschaft durch den Bau der Autobahn die Jagdnutzung auf der Trasse genommen wird.

496 Zu prüfen ist jeweils auch, ob und inwieweit bei einem gedachten Bau der Straße an den Grenzen des gemeinschaftlichen Jagdbezirks Beeinträchtigungen eingetreten wären; denn nur das *Mehr* an Beeinträchtigungen, das durch die Wegnahme von Teilflächen verursacht wird, muss entschädigt werden (oben Rn. 472). Allerdings kann auch bei einem Bau der Straße entlang den Grenzen des gemeinschaftlichen Jagdbezirks eine Beeinträchtigung der Jagdausübung dadurch bedingt sein, dass Lärm-

und Abgasemissionen das Wild vergrämen und zu einer Änderung oder Abwanderung des Wildbestandes führen. Es handelt sich allerdings ausschließlich um Einwirkungen faktischer Natur, die, wenn sie zu rechtlichen Einschränkungen führen, z. B. es darf nicht in Richtung des am Jagdbezirk entlangführenden Verkehrsweges geschossen und kein Wild in diese Richtung getrieben werden, einen enteignungsrechtlichen Eingriff im Sinne des Art. 14 Abs. 3 GG darstellen (vgl. OLG Jena RdL 2007, 190, 191).

4. Eine häufige Streitfrage ist die **Dauer der Beeinträchtigungen**, die eine Jagdwert- **497**
minderung verursachen. Der BGH (BGHZ 145, 83 = NJW 2000, 3638) hält die Beeinträchtigungen durch eine den Jagdbezirk durchschneidende neue Autobahn für dauerhaft (Ewigkeitsschaden, oben Rn. **493a**). Eine solche generelle Aussage ist bedenklich. Die Dauer einer Beeinträchtigung hängt von den Umständen des Einzelfalles ab; diese lassen sich nicht allgemein im Voraus bestimmen. Der BGH räumt selbst eine gewisse Eingewöhnung des Wildes an die durch die Autobahn und deren Betrieb entstandene Situation ein. Eine Gewöhnung ist erfahrungsgemäß durchaus geeignet, eine Beeinträchtigung im Ausmaß und in der Dauer zu mindern.

Verfehlt ist in diesem Zusammenhang der Bezug auf BGHZ 117, 309, 314 = NJW 1992, 2078. Dort ging es um die Frage, ob der Verlust der Eigenschaft „Eigenjagd" durch Entzug von Flächen für den Straßenbau als endgültig anzusehen ist, und nicht, ob Beeinträchtigungen der Jagdausübung allgemein als dauerhaft eingestuft werden können. Obendrein wird im Urteil nicht ausgeschlossen, dass anders zu entscheiden gewesen wäre, wenn von vornherein konkrete Anhaltspunkte dafür vorgelegen hätten, dass der zusammenhängende Grundbesitz alsbald wieder die für eine Eigenjagd vorgeschriebene Mindestgröße erreichen würde. Die Frage nach der Dauer sollte darum unvoreingenommen unter Wertung aller Umstände des Einzelfalles beantwortet werden. Vgl. auch → **Dauer von Folgeschäden**.

5. Verschiedentlich wird die entschädigungspflichtige Zeit unterteilt in Bauzeit/An- **498**
fangsjahre und übrige Zeit. Zutreffend ist, dass durch den **Baustellenbetrieb** erhebliche und wechselnde Beunruhigung bei dem Wildbestand ausgelöst wird. Die Beeinträchtigungen sind deshalb stärker als in der übrigen Zeit und bilden einen besonderen Schadensposten. Ihre zeitliche Begrenzung rechtfertigt aber nicht, das Merkmal „Fühlbarkeit" einzuschränken oder gar zu vernachlässigen. Wenn sich also bei verpachteten Jagden die stärkeren Beeinträchtigungen in der Bauzeit nicht auf den Jagdpachtzins während dieser Zeit auswirken, werden sie für den Verpächter nicht fühlbar und brauchen ihm jedenfalls nicht entschädigt zu werden, weil der Pächter die Pacht ungekürzt weiterzahlt.

6. Der Entschädigungsanspruch wegen Beeinträchtigung der Eigenjagd oder eines ge- **499**
meinschaftlichen Jagdbezirks ist Teil der einheitlichen Entschädigung (BGHZ 117, 309, 310 f. = NJW 1992, 2078). Seine **Verzinsung** folgt daher aus der jeweiligen Verzin-

sungsvorschrift für die Gesamtentschädigung (BGHZ 84, 261 = NJW 1982, 2183 = WM 1982, 1177).

500 Zur Umsatzsteuer (Mehrwertsteuer) auf das Entgelt für die Jagdausübung vgl. Stichwort **Umsatzsteuer (Mehrwertsteuer)**.

Kleingärten

1. Anspruchsgrundlage einer Entschädigung bei Verwendung von Kleingartenflächen für öffentliche Maßnahmen ist vornehmlich § 11 BKleingG (Kündigungsentschädigungsanspruch). Das **Bundeskleingartengesetz** – in Kraft getreten am 1.4.1983 – wurde in seiner jetzigen Fassung ausgelöst durch den Beschluss des **BVerfG** vom 12.6.1979 (BVerfGE 52, 1 = NJW 1980, 985). In dem Beschluss heißt es u. a.: *„a) Der weitgehende Ausschluss der Kündigungsbefugnis privater Verpächter von Kleingartenland ist im Rahmen des Regelungssystems des geltenden Kleingartenrechts (Ausschluss befristeter Verträge, Preisbindung) mit dem Grundgesetz nicht zu vereinbaren. b) Der im Kleingartenrecht angeordnete Vorbehalt behördlicher Genehmigung für die Kündigung von Kleingartenpachtverträgen entspricht nicht den rechtsstaatlichen Anforderungen des Grundgesetzes.“* Das Bundeskleingartengesetz hat diese Unzulänglichkeiten des früheren Rechts beseitigt, das bis dahin stark zersplitterte Recht zusammengefasst und es auf eine mit dem Grundgesetz übereinstimmende Grundlage gestellt. Allerdings ist 1992 die Überleitungsbestimmung des § 5 Abs. 1 Satz 1 BKleingG durch das BVerfG für verfassungswidrig erklärt worden weil die darin enthaltene Begrenzung des Pachtzinses in ihrem Ausmaß für private Verpächter mit Art. 14 Abs. 1 Satz 1 GG nicht vereinbar ist (DVBl 1993, 33). **501**

2. Nach § 1 Abs. 1 BKleingG ist ein Garten ein **Kleingarten**, wenn er der kleingärtnerischen Nutzung dient und in einer Kleingartenanlage liegt. Kleingärtnerische Nutzung heißt Anbau von Gartenerzeugnissen (Obst, Gemüse) für den Eigenbedarf und Nutzung des Gartens zur Erholung. Ein Garten, der ausschließlich mit einer Rasenfläche und Ziergehölzen bestanden ist, wird nicht kleingärtnerisch genutzt und ist kein Kleingarten. Das Merkmal „Kleingartenanlage“ setzt mehrere Einzelgärten mit gemeinschaftlichen Einrichtungen (Wege, Wasserstellen usw.) voraus. Ein Kleingarten soll nicht größer als 400 m^2 sein; zulässig ist eine Laube in einfacher Ausführung mit höchstens 24 m^2 Grundfläche einschließlich überdachtem Freisitz (§ 3 BKleingG). Ein Kleingarten ist ein Dauerkleingarten, wenn er auf einer Fläche liegt, die im Bebauungsplan für Dauerkleingärten festgesetzt ist (§ 1 Abs. 3 BKleingG). Keine Kleingärten sind der sog. Eigentümergarten, der Wohnungsgarten, der Arbeitnehmergarten und das Grabeland. Begriffsbestimmungen dafür finden sich in § 1 Abs. 2 BKleingG. **502**

3. Die Bestimmungen in § 9 Abs. 1 Nr. 5 und 6, Abs. 2 BKleingG berechtigen den Verpächter zur **Kündigung** des Kleingartenpachtvertrages, wenn der Kleingarten als Folge von Planungsakten (Bebauungsplan, Planfeststellung) für eine andere Nutzung oder für Zwecke des Landbeschaffungsgesetzes alsbald benötigt wird. Die Kündigung ist nur zum 30. November eines Jahres zulässig, und sie muss spätestens am dritten Werktag im Februar erfolgen. Werden die Kleingartenflächen aus dringenden Gründen vorzeitig benötigt, so kann spätestens am 3. Werktag eines Kalendermonats für den Ablauf des nächsten Monats gekündigt werden. **503**

Jacobs

https://doi.org/10.1515/9783110682557-060

504 Häufig hat der Grundstückseigentümer als Hauptverpächter einen sog. **Zwischenpachtvertrag** mit einem Zwischenpächter abgeschlossen. Der Zwischenpächter (meist eine nach Landesrecht als gemeinnützig anerkannte Kleingärtnerorganisation oder die Gemeinde) ist verpflichtet, das Grundstück durch einzelne Kleingartenpachtverträge weiterzuverpachten (§ 4 Abs. 2 BKleingG). Die Vorschriften über die Kündigung des Kleingartenpachtvertrages durch den Hauptverpächter gelten auch für den Zwischenpachtvertrag (§ 10 Abs. 1 BKleingG), der noch zusätzliche Kündigungsgründe normiert. Die Kündigung des Zwischenpachtvertrages durch den Hauptverpächter beendet nicht auch den Kleingartenpachtvertrag zwischen dem Zwischenpächter und den Kleingärtnern. Vielmehr tritt der Hauptverpächter an Stelle des Zwischenpächters in den Pachtvertrag mit den Kleingärtnern ein (§ 10 Abs. 3 BKleingG); dadurch soll sichergestellt werden, dass die Kleingärtner, die ihre Pflichten erfüllen, ihren Kleingarten durch die Kündigung nicht verlieren; sie sollen nicht die Folgen tragen, die sich aus den Pflichtverletzungen des Zwischenpächters ergeben (BGH NJW 2018, 2790). Deswegen ist die Bestimmung weder direkt noch analog auf den Fall anzuwenden, dass nicht der Hauptpächter, sondern der Zwischenpächter den Hauptvertrag kündigt (BGH a.a.O.; BGHZ 151, 71, 73) oder das Zwischenpachtverhältnis nichtig ist (BGHZ 101, 18, 22). In diesem Fall hat der Hauptpächter einen Auskunftsanspruch bezüglich Namen und Adressen der Kleingärtner gegen den Zwischenpächter und einen direkten Herausgabeanspruch gegen die Kleingärtner (BGH NJW 2018, 2790), gegen den sich die Kleingärtner in Ausnahmefällen auf unzulässige Rechtsausübung (§ 242 BGB) berufen können (BGH, a.a.O. Rn. 15ff.). Nach § 10 Abs. 2 BKleingG beschränkt eine Teilkündigung des Zwischenpachtvertrages den Zwischenpachtvertrag auf die von der Kündigung nicht betroffenen Teile der Kleingartenanlage (vgl. BGH NJW-RR 2002, 1203).

505 4. Zur **Entschädigung** nach § 11 Abs. 1 BKleingG ist, wenn die Kündigung nach § 9 Abs. 1 Nr. 5 oder 6 BKleingG erfolgt, nicht der kündigende Hauptverpächter verpflichtet, sondern derjenige, der die als Kleingarten genutzte Fläche benötigt. Der Pächter hat einen Anspruch auf angemessene Entschädigung für die von ihm eingebrachten oder gegen Entgelt übernommenen Anpflanzungen und Anlagen, soweit diese im Rahmen der kleingärtnerischen Nutzung üblich sind. Das Merkmal der Üblichkeit sollte nicht zu eng ausgelegt werden. Es wäre verfehlt, damit der Eintönigkeit im Garten das Wort zu reden. Aufgabe dieses Merkmals kann nur sein, „Auswüchse" von der Entschädigung auszuschließen. Bei der Ermittlung der Entschädigung sind die für die Enteignungsentschädigung geltenden Grundsätze zu beachten.

506 Soweit Regeln für die **Bewertung von Anpflanzungen und Anlagen** von den Ländern aufgestellt oder von einer Kleingärtnerorganisation beschlossen und durch die zuständige Behörde genehmigt worden sind, sind diese bei der Bemessung der Höhe der Entschädigung zugrunde zu legen (§ 11 Abs. 1 S. 2 BKleingG). Solche Richtlinien gibt es z. B. bei den gartenfreunden.de, in Hamburg (Wertermittlungsrichtlinien des Landesbundes in Hamburg e.V.), Schleswig-Holstein (Bekanntmachung des Mi-

nisteriums für Landwirtschaft, Umwelt und ländliche Räume vom 2.4.2012 – V237-4360.12), in Hannover vom Bezirksverband der Kleingärtner e.V., vom Bundesverband Deutscher Gartenfreunde e.V., in Bayern (AllMB 2000, 728), in Nordrhein-Westfalen (Richtlinien für die Wertermittlung von Aufwuchs, Gartenlauben und sonstigen Einrichtungen in Kleingärten, herausgegeben von den Landesverbänden Rheinland und Westfalen und Lippe der Kleingärtner e.V.) und in Bremen (Richtlinien für die Wertabschätzung von Kleingärten beim Wechsel der Pächter, in Kraft seit 1.5.2008).

Ob dem Kleingartenpächter **Verbesserungen des Bodens** besonders entschädigt 507
werden müssen, ist streitig (ablehnend *Stang*, BKleingG § 11 Rn. 24). Sicherlich ist die Verbesserung des Bodens keine Anlage zur kleingärtnerischen Nutzung. Unter Anlagen zur kleingärtnerischen Nutzung versteht der Gesetzgeber Sachen im Sinne des § 95 BGB, also Sachen, die nur zu einem vorübergehenden Zwecke mit dem Grund und Boden verbunden sind. Humus, Torf, Düngemittel, die – in den Boden eingebracht – eine Verbesserung bewirken, werden aber mit dem Boden untrennbar und damit auf Dauer verbunden, so dass sie wesentliche Bestandteile des Grundstücks werden. Als wesentliche Bestandteile bilden sie eine Eigenschaft des Grundstücks und sind beim Grundstückspreis zu berücksichtigen. Der Pächter ist darum insoweit an den Verpächter zu verweisen (vgl. § 97 Abs. 4 BauGB, § 11 PrEntG).

Durch die vorgeschriebene Beachtung der **für die Enteignungsentschädigung** 508
geltenden Grundsätze soll sichergestellt werden, dass die Kleingärtner wie bei einer Enteignung entschädigt wird. Die **Kleingärtner als Pächter** müssen darum eine **volle Entschädigung** erhalten. *Rothe* (BKleingG § 11 Rn 16) und *Gronemeyer* (AgrarR 1983, 207) folgern daraus, dass neben der Entschädigung für Anpflanzungen und Anlagen eine besondere Entschädigung für das Pachtrecht zu zahlen sei, und verweisen auf das Urteil des BGH in BGHZ 83, 1 = NJW 1982, 2183 = RdL 1982, 119). In dem Urteil hatte sich der BGH mit gewerblichen Pächtern zu befassen und spricht ihnen wegen anderer Nachteile der Enteignung (§ 96 BauGB) eine Entschädigung im Rahmen ihrer geschützten Rechtsstellung zu. Um das Pachtrecht selbst geht es dabei allerdings gar nicht. Vielmehr handelt es sich um eine Entschädigung für den durch die vorzeitige Verlegung des Gewerbebetriebes entstehenden Erwerbsverlust. Mit einem solchen Sachverhalt ist aber der des verdrängten Kleingärtners nicht zu vergleichen; der Kleingarten darf gerade nicht erwerbsmäßig genutzt werden. Eine andere Frage ist, ob für das Recht, einen Kleingarten zu nutzen, bei einem Pächterwechsel ein Abstand gezahlt wird und darum das Pachtrecht entsprechend entschädigt werden muss. Eine solche Übung ist jedoch nicht bekannt, und sie wäre auch unzulässig; denn sie wäre mit der gesellschaftlichen und sozialen Zweckbestimmung des Kleingartens für Freizeit und Erholung nicht zu vereinbaren. Zur vollen Entschädigung des Kleingärtners gehören hingegen die Kosten für den Abschluss eines neuen Pachtvertrages. Ebenso sind die Kosten der Räumung zu entschädigen (Wegschaffen beweglicher Gegenstände wie Gartenmöbel und Geräte). Vgl. auch → **Miet- und Pachtverhältnisse**.

Anspruch auf Entschädigung hat selbstverständlich auch der **Zwischenpächter.** 509
Für die ihm gehörenden Anlagen wie Einfriedigungen, Wasserleitungen usw. kann er

den Sachzeitwert (Verkehrswert) verlangen. Ebenfalls steht ihm Ersatz seiner Kosten für den Abschluss eines neuen Vertrages und der Räumungskosten zu.

510 5. Der **Entschädigungsanspruch** aus § 11 Abs. 1 BKleingG ist gekennzeichnet durch eine große Nähe zum öffentlich-rechtlichen Enteignungsschädigungsanspruch. Schon der Anspruch aus § 3 Abs. 1 KSchVO, auf den § 11 BKleingG zurückgeht, war eine dem Bürgerlichen Gesetzbuch an sich fremde, auf Enteignungsentschädigung gerichtete Sonderbestimmung. So sieht es offensichtlich auch der Gesetzgeber, wenn er in § 11 Abs. 1 Satz 3 BKleingG anordnet, dass bei der Bemessung der Entschädigung die für die Enteignungsentschädigung geltenden Grundsätze zu beachten sind. Für die **Verjährung** des Anspruchs aus § 11 Abs. 1 BKleingG gelten deshalb mangels einer Sonderregelung die allgemeinen Regeln zur Verjährung (§§ 194 BGB ff.) und nicht § 548 Abs. 2 BGB (Verjährung der Erstattungsansprüche des Mieters und Pächters, vgl. BGH NJW-RR 2002, 1203). Dementsprechend verjährt der Anspruch in 3 Jahren, gerechnet ab Ultimo des Jahres, in dem Anspruch entsteht (§§ 195, 199 BGB).

511 6. Eine Pflicht zur Bereitstellung oder Beschaffung von geeignetem Ersatzland besteht, wenn ein Kleingartenpachtvertrag über einen **Dauerkleingarten** nach § 9 Abs. 1 Nr. 5 oder 6 BKleingG **gekündigt** wird (§ 14 Abs. 1 BKleingG). Es sind dies die Fälle, in denen der Kleingarten als Folge von Planungsakten (Bebauungsplan, Planfeststellung) für eine andere Nutzung oder für Zwecke des Landbeschaffungsgesetzes alsbald benötigt wird. Zur Bereitstellung oder Beschaffung ist die Gemeinde verpflichtet. Sie ist davon nur befreit, wenn sich erweist, dass sie zur Erfüllung der Verpflichtung außerstande ist. Da der entzogene Kleingarten ein Dauerkleingarten ist, kommen als geeignetes Ersatzland nur Flächen in Betracht, die auf Dauer kleingärtnerisch genutzt werden können. Es muss sich deshalb um Flächen handeln, die in einem Bebauungsplan als Dauerkleingartenland festgesetzt sind oder zumindest festgesetzt werden können (*Mainczyk* ZfBR 1983, 106).

512 Die Gemeinde kann allerdings vom Bedarfsträger einen **Ausgleichsbetrag** verlangen, wenn sie Ersatzland bereitgestellt oder beschafft hat (§ 14 Abs. 2 BKleingG). Durch den Ausgleichsbetrag beteiligt sich der Bedarfsträger an den Aufwendungen der Gemeinde. Der Ausgleichsbetrag bestimmt sich nach dem Wertunterschied zwischen der benötigten kleingärtnerisch genutzten Fläche und dem Ersatzland. Es kommt also auf die Verkehrswerte an. Die Ausgleichsverpflichtung des Bedarfsträgers ist jedoch kein Freibrief für die Gemeinde. So ist es ihr verwehrt, Bauflächen als Ersatzland bereitzustellen oder zu beschaffen; denn ihre Pflicht zur Bereitstellung oder Beschaffung beschränkt sich auf geeignetes Ersatzland, und die Eignung beurteilt sich nicht allein nach der Lage und der Bodenbeschaffenheit des Ersatzlandes, sondern hängt auch von dessen Wertigkeit ab.

513 7. Können sich der Eigentümer der benötigten Kleingartenfläche und der Bedarfsträger über einen Erwerb der Kleingartenfläche nicht einigen, so ist möglich, dass der Ei-

gentümer als Hauptverpächter sich auch weigert, den Zwischenpachtvertrag zu kündigen. In einem solchen Fall wird nichts anderes übrig bleiben, als die Beendigung des Zwischenpachtvertrages ebenfalls im Enteignungsverfahren zu betreiben. Für die Höhe der Entschädigung gilt das Gleiche wie bei der Kündigung.

Lagezuschlag bei Teilabtretung

514 1. Die rechtliche Grundlage für einen Lagezuschlag bei einer Teilabtretung bilden die gesetzlichen Vorschriften über die **Entschädigung der Wertminderung**. Beispiele dafür sind § 96 Abs. 1 Nr. 2 BauGB, § 19 LBG oder § 8 Abs. 2 PrEntG. § 8 Abs. 2 PrEntG enthält darüber hinaus eine Klarstellung: Er spricht nicht nur den Minderwert (Wertminderung) an, der für den übrigen Grundbesitz entsteht, sondern an erster Stelle steht die Entschädigung des Mehrwertes, den der abzutretende Teil durch seinen örtlichen oder wirtschaftlichen Zusammenhang mit dem Ganzen hat. Der Mehrwert des abzutretenden Teils drückt sich in einem Lagezuschlag zum Verkehrswert (Wert für jedermann) aus. Der **Lagezuschlag** gilt den **besonderen Nutzen und die Vorteile des abzutretenden Teils** für das übrige Eigentum ab. Nicht anders ist es beim Minderwert. Auch er drückt den besonderen Nutzen aus, den der abgetretene Teil dem Ganzen leistet. Vom abgetretenen Teil her gesehen handelt es sich um den Mehrwert, vom verbleibenden Rest her um den Minderwert. Beide decken sich in der Regel und dürfen nicht zusammengezählt werden. Im Ergebnis kann der Nachteil, der durch die Aufhebung des Zusammenhanges entsteht, **nur einmal entschädigt** werden; dabei spielt es keine Rolle, ob er als Mehrwert des abgetretenen Teils oder als Minderwert des Restes bezeichnet wird.

515 2. Ein Lagezuschlag kommt nach den oben angeführten Vorschriften in Betracht, wenn ein **Grundstücksteil oder ein Teil eines räumlich oder wirtschaftlich zusammenhängenden Grundbesitzes enteignet** wird. In der Rechtslehre wird ein räumlicher Zusammenhang des Grundbesitzes angenommen, wenn mehrere Grundstücke desselben Eigentümers aneinandergrenzen; ein fremder Weg oder ein fremder Graben, der zwischen den Grundstücken liegt, wird dabei als unschädlich angesehen. Beim **wirtschaftlichen Zusammenhang** brauchen die mehreren Grundstücke nicht demselben Eigentümer zu gehören. Sie brauchen auch nicht aneinander zu grenzen, sie müssen nur demselben wirtschaftlichen Zweck dienen und nach der Verkehrsanschauung eine wirtschaftliche Einheit bilden (*Battis* in BKL, § 96 Rn. 8, § 200 Rn. 4) Ein Grundstück, von dem ein Teil abgetreten wird, ist dagegen ein räumlich abgegrenzter Teil der Erdoberfläche, der im Bestandsverzeichnis eines Grundbuchblattes unter einer besonderen Nummer eingetragen ist (seit RGZ 84, 265, 270 ständige Rechtsprechung). Dazu gibt es aus tatsächlicher und rechtlicher Sicht keine Schwierigkeiten. Anders ist es bei den **Begriffen „räumlicher oder wirtschaftlicher Zusammenhang“**.

516 Die Aussagen dazu gehen zurück auf die älteren Erläuterungen zu **§ 8 Abs. 2 PrEntG**. Dass § 8 Abs. 2 PrEntG vom örtlichen Zusammenhang spricht, spielt keine entscheidende Rolle. Die Begriffe örtlich und räumlich sind gleichbedeutend. *Eger* (PrEntG, § 8 Anm. 64) und *Koffka* (PrEntG, § 8 Nr. 47ff.) stellen übereinstimmend fest, dass der räumliche Zusammenhang keine ununterbrochene räumliche Verbindung erfordert. Es genügt eine **nahe örtliche Beziehung der Grundstücke zueinander**. Diese ist vorhanden, wenn die Grundstücke sich in ihrer Nutzungsmöglichkeit und in ihrem Wert gegenseitig beeinflussen und nach der allgemeinen Verkehrsanschauung **als ein Ganzes** an-

Friedrich
https://doi.org/10.1515/9783110682557-061

zusehen sind. Davon ausgehend könnte z. B. ein Lagezuschlag für das *Parkplatzgrundstück einer Gaststätte* verlangt werden, das der Gaststätte gegenüber auf der anderen Straßenseite liegt und für sie wichtig ist, weil die meisten Gäste mit ihrem Fahrzeug kommen und auf einen Parkplatz in der Nähe Wert legen. Bei einem solchen Sachverhalt liegt es auf der Hand, dass sich beide Grundstücke trotz der dazwischenliegenden Straße in ihrer Nutzungsmöglichkeit und damit in ihrem Wert beeinflussen und auf dem Grundstücksmarkt als Einheit gesehen werden. Ebenso ist es bei einem *landwirtschaftlichen Grundstück*, das von seiner *Hofstelle* lediglich durch einen öffentlichen Wirtschaftsweg getrennt ist. Das OLG Oldenburg (WF 1984, 76) meint dazu: Die Nähe des Grundstücks zum Hof gewährleistet eine Bewirtschaftung ohne große Zeitverluste für An- und Abfahrt. Auf dem Grundstück können Maschinen zurückgelassen werden, weil sie von dem nahe gelegenen Hof aus bewacht werden können. Es besteht schließlich die Möglichkeit, die Arbeit auf einem dem Hofe so nahe gelegenen landwirtschaftlichen Grundstück zu unterbrechen, um andere Tätigkeiten auf dem Hof auszuführen. Das OLG Oldenburg hat demgemäß folgerichtig zum Verkehrswert einen Lagezuschlag zuerkannt.

3. Enteignungsrechtlich gesehen genügt es allerdings nicht, die Begriffe „räumlicher 517
oder wirtschaftlicher Zusammenhang“ allein an tatsächlichen Gegebenheiten auszurichten. Das stände mit Art. 14 GG nicht im Einklang. Art. 14 GG schützt das **Eigentum als Recht**. Enteignungsrechtlich erheblich sind darum nur **rechtliche Gegebenheiten**; vorhandene tatsächliche Gegebenheiten müssen folglich rechtlich gesichert sein, damit sie entschädigungsrechtlich erheblich sind. Ein räumlicher oder wirtschaftlicher Zusammenhang im Sinne der Enteignungsgesetze besteht deshalb nur dann, wenn der Zusammenhang nicht nur tatsächlich vorhanden, sondern auch **rechtlich gesichert** ist. Rechtlich gesichert heißt, dass dem Betroffenen ein einklagbarer Anspruch darauf zusteht. Für den räumlichen Zusammenhang bedeutet das, dass er durch einen in fremdem Eigentum stehenden Weg aufgehoben wird und dessen Überquerung nicht durch eine Dienstbarkeit oder einen Gestattungsvertrag gesichert ist. Der **BGH** (NVwZ 1986, 961 = RdL 1986, 158, 160 = WF 1986, 220, 222) sagt dazu:

> *„Bei der Frage, ob dem Flurstück Nr. 77 ein besonderer Lagevorteil zukommt, ist jedoch zu beachten, dass der zwischen dem Hofgrundstück und dem Flurstück Nr. 77 verlaufende Weg nicht im Eigentum des Klägers steht und die durch ihn derzeit gewährte günstige Verbindung zwischen beiden Grundstücken nicht zur vom Schutz des Art. 14 GG umfassten Rechtsposition des Klägers gehört (vgl. Senatsurteil vom 13. März 1975 – III ZR 152/72 – MDR 1975, 913 = AgrarR 1975, 285 = VkBl 1975, 623). Im Ergebnis zutreffend hat es daher das Berufungsgericht abgelehnt, einen besonderen Lagevorteil für das Flurstück Nr. 77 anzuerkennen.“*

Ob es unter diesen Umständen einen enteignungsrechtlich erheblichen „wirt- 518
schaftlichen Zusammenhang“ überhaupt gibt, erscheint fraglich. Die Klammer für den wirtschaftlichen Zusammenhang bildet ausschließlich **derselbe wirtschaftliche**

Zweck, dem die mehreren Grundstücke dienen. Derselbe wirtschaftliche Zweck allein bewirkt aber noch keinen Mehrwert des abgetretenen Grundstücks. Die auf einem getrennt liegenden Weidegrundstück betriebene Milchwirtschaft beispielsweise kann auf jedem anderen vergleichbaren Grundstück ebenso betrieben werden. Vorteile bietet das abgetretene *Weidegrundstück* erst dann, wenn der rechtlich gesicherte räumliche Zusammenhang, die räumliche Nähe zur Hofstelle dazukommt. Erst dann sind messbare geldwerte Vorteile vorhanden, und erst dann kann man von einem besonderen Nutzen sprechen, den das abgetretene Grundstück dem Ganzen (Landgut) leistet. Ebenso ist es mit dem *Parkplatzgrundstück und der Gaststätte*, wenn das Parkplatzgrundstück ungesichert auf der anderen Straßenseite, oder gar weiter entfernt von der Gaststätte liegt. In den Fällen des bloßen wirtschaftlichen Zusammenhangs ist der Verkehrswert schon eine volle Entschädigung; denn er versetzt den Betroffenen – zumindest bildhaft gesehen – in die Lage, sich ein gleichartiges Grundstück zu beschaffen und entsprechend zu nutzen. Sollte im Einzelfall gleichwohl ein vorübergehender oder dauernder Erwerbsverlust eintreten, so wäre dieser als sonstiger Nachteil der Abtretung zu entschädigen. Einen Lagezuschlag rechtfertigt das nicht.

Landwirtschaftliche Nebenschäden

Übersicht

519 1. Werden für eine öffentliche Maßnahme landwirtschaftlich genutzte Grundstücke beansprucht, treten vielfach **sog. Nebenschäden** auf. Dazu gehören insbesondere: Umwege, Durchschneidungen und Anschneidungen, Verluste des Betroffenen im Erwerb, nicht oder teilweise nicht einsparbare Aufwendungen beim Restbetrieb (Restbetriebsbelastung/Überhangkosten). Das Vorhandensein eines solchen „Schadens" bedeutet allerdings nicht, dass er bei einer Enteignung neben dem Rechtsverlust immer zu entschädigen ist. Es muss sich dabei um einen sonstigen Nachteil im Sinne der einschlägigen Enteignungsgesetze handeln (z. B. § 96 BauGB, § 11 EEG NW, § 8 Abs. 2 PrEntG). Der Gesetzgeber fasst die sog. Nebenschäden, ausgenommen Verluste im Erwerb und nicht einsparbare Aufwendungen, unter dem **Begriff „Mehrwert der Abtretungsfläche für den Restbesitz bzw. Minderwert des Restbesitzes"** zusammen. Die Rechtsprechung ihrerseits spricht von dem wegfallenden besonderen Wert des abgetretenen Grundstücks für den einzelnen landwirtschaftlichen Betrieb (BGHZ 67, 190 = NJW 1977, 189).

520 2. Die sog. Nebenschäden sind keine sonstigen Nachteile, wenn das landwirtschaftlich genutzte Grundstück **planungsrechtlich bereits Bauland oder Rohbauland** ist

https://doi.org/10.1515/9783110682557-062

und der betroffene Eigentümer verlangt, dass es als solches entschädigt wird. In diesem Fall werden Bauland oder Rohbauland entzogen und die landwirtschaftlichen Nebenschäden sind keine durch die Enteignung eintretenden sonstigen Nachteile. Man kann nicht beim Rechtsverlust Bauland geltend zu machen und bei der Entschädigung sonstiger Nachteile von einer anderen Grundstücksart ausgehen. Niemand kann sein Grundstück sowohl als Bauland als auch als Ackerland nutzen; die beiden Nutzungsmöglichkeiten schließen einander aus. Der betroffene Eigentümer muss sich zur Bemessung der Entschädigung für eine der möglichen Nutzungsarten entscheiden. Die gewählte Nutzungsart ist der Ermittlung sämtlicher in Betracht kommender Posten der Enteignungsentschädigung zugrunde zu legen.

Etwas Anderes gilt hingegen bei **Land mit Bebauungserwartung**. Bauerwartung 521
ist keine Nutzungsmöglichkeit im eigentlichen Sinne, sondern eine Übergangsstufe zu einem höherwertigen Grundstückszustand. Darum bestehen entschädigungsrechtlich keine Bedenken, bis zur Erreichung des höherwertigen Grundstückszustandes die sog. Nebenschäden als sonstige Nachteile einzustufen und entsprechend zu entschädigen. Für die Restzeit der landwirtschaftlichen Nutzung handelt es sich um echte sonstige Nachteile. Diese Betrachtung entspricht Gepflogenheiten des Marktes. Als Käufer größerer Flächen Bauerwartungslandes treten regelmäßig Städte und Gemeinden, Wohnbaugesellschaften oder Industrieunternehmen auf. Im Augenblick des Kaufes können sie die Grundstücke noch nicht für ihre Zwecke nutzen. Die Grundstücke werden darum meist an den Verkäufer zur landwirtschaftlichen Weiternutzung verpachtet. Der Verkäufer behält neben dem Kaufpreis die Vorteile, deren Verlust bei einer Enteignung zu den entschädigungspflichtigen sonstigen Nachteilen führt.

Der **BGH** (BGHZ 67, 200 = NJW 1977, 191) behandelt solche Fälle allerdings anders. 522
Er schließt die Entschädigung der sonstigen Nachteile bei Bauland, Rohbauland und Land mit Bauerwartung nicht schlechthin aus. Ausgehend von dem Verbot der Doppelentschädigung stellt er zwar zunächst ebenfalls fest, dass der Enteignungsbetroffene nicht gleichzeitig für sich gegenseitig ausschließende Benutzungsarten des enteigneten Grundstücks entschädigt werden kann. Am Ende begnügt er sich indes mit einer **bloßen Anrechnung**: Wenn das noch landwirtschaftlich genutzte Grundstück nach einer höheren Qualität (Bauland, Bauerwartungsland) entschädigt werde, müsse sich der Eigentümer auf eine weitere Entschädigung für sonstige Nachteile im landwirtschaftlichen Betrieb den Teil der Entschädigung für das Grundstück anrechnen lassen, der auf diese höhere Qualität entfalle. Das heißt: Anzurechnen sind die jährlichen Zinserträge aus der Entschädigung für die höhere Qualität (Zinserträge aus dem Unterschiedsbetrag z. B. zwischen Bauland- und Ackerlandpreis); sie sind zu verrechnen mit dem Jahresbetrag der Entschädigung für die sonstigen Nachteile im landwirtschaftlichen Betrieb.

3. Unter den landwirtschaftlichen Nebenschäden nehmen die **Umwege** eine besonde- 523
re Stellung ein. Auch wenn zustandsmäßig gesehen landwirtschaftliche Nutzfläche enteignet wird, setzt die Entschädigungspflicht für entstehende Umwege voraus, dass

sie infolge der Landabtretung entstehen; sie müssen ihre Ursache in der Aufhebung des Grundstückszusammenhangs haben. Das ist der Fall, wenn ein Grundstück beispielsweise **von einer neuen Straße durchschnitten** wird und die jenseits der Straße verbleibende Fläche in der Vergangenheit von der diesseitigen aus erreicht und bewirtschaftet wurde und nunmehr nur noch über einen Umweg angefahren werden kann. Bisher hatte die Möglichkeit bestanden, zu der jetzt abgetrennten Fläche auf eigenem Grund und Boden zu gelangen (Rechtsposition). Ebenfalls handelt es sich um einen **entschädigungspflichtigen Umweg**, wenn das Grundstück ausschließlich auf einem privaten Weg erreicht wurde und diese Verbindung wegfällt, weil sie flächenmäßig ganz oder teilweise für eine hoheitliche Maßnahme beansprucht wird. Privatweg in dem hier verwendeten Sinne heißt, dass das Wegegelände dem Betroffenen gehört oder er zu seiner Benutzung als Weg dinglich oder schuldrechtlich berechtigt ist. Dagegen wird **nicht in eine Rechtsposition eingegriffen**, wenn eine hoheitliche Maßnahme **einen öffentlichen Weg** auf der Fahrstrecke vom Hof zum Grundstück unterbricht und dadurch Umwege entstehen. Niemand hat einen Anspruch darauf, dass ein öffentlicher Weg unverändert erhalten bleibt. Auch die Tatsache, dass der Betroffene Land zur Verfügung gestellt hat, ändert daran nichts. Der Umweg ist keine Folge der Landabtretung (vgl. BGH MDR 1975, 913 = VkBl 1975, 623).

524 **Umwege** sind regelmäßig **mit zusätzlichen Wegekosten** (Arbeitszeitverlusten, Schlepperkosten) verbunden. Neben der Länge des Mehrweges spielen für die Höhe der Entschädigung u. a. eine Rolle: Größe und Bodenzahl der betroffenen Fläche, Nutzungsart (Ackerfläche, Milchviehweide, Wiese, Jung- und Fettviehweide), Ausstattung des Betriebes mit Kraftfahrzeugen, jeweiliger Lohnkostensatz und zeitliche Dauer des Nachteils. Nur in Ausnahmefällen dürfte ein sog. ewiger Schaden in Betracht kommen. Soweit absehbar ist, dass die Nachteile zeitlich begrenzt sind, sind die entsprechenden Zeiträume zugrunde zu legen. Durch Verkauf, Tausch, Flurbereinigungen, Umlegungen und dergleichen können Umwege wegfallen. Das OLG Oldenburg hatte Schäden dieser Art wegen Unsicherheiten in der Milchwirtschaft als zeitlich begrenzt angesehen und mit 12,5 vervielfältigt; der **BGH** hat dies nicht beanstandet (BGH WF 1989, 23). Vgl. auch Ziff. 2.2.2.4 und 3.2.1.4 LandR 19, abgedruckt im Anhang.

Eine **Entschädigung von zusätzlichen Wegekosten** kommt auch für Mehrwege zu Grundstücken in Betracht, die dem Betroffenen als **Ersatzland** bereitgestellt oder von ihm selbst beschafft wurden. Dies setzt allerdings einen Anspruch auf eine Entschädigung in Land voraus (nach § 100 BauGB oder entsprechenden Landesenteignungsgesetzen; insoweit missverständlich BGHZ 187, 177 = NVwZ-RR 2011, 95; vgl. auch Ziff. 2.2.2.4 LandR 19).

525 4. Durchschneidungen und Anschneidungen, ausgelöst durch eine Teilabtretung, verursachen Formverschlechterungen und damit **höhere Arbeits- und Maschinenkosten** und **Mindererträge**. Der Entzug einer Teilfläche kann zum einen zu einer Verkehrswertminderung des Restgrundstücks bzw. Restbetriebes führen. Daneben kann die Teilabtretung Bewirtschaftungserschwernisse auslösen, wenn in eine Wirtschaftseinheit, d.h. eine räumlich zusammenhängende landwirtschaftliche Nutzfläche eines landwirtschaftlichen Betriebes eingegriffen wird. Bei der **Ermittlung der Höhe der** dafür zu gewährenden **Entschädigung** sind die Schwere der Formverschlechterung, die Größe der verbleibenden Restfläche, die Nutzungsart des Grundstücks, die Beschaffenheit des Bodens, die zeitliche Dauer des Nachteils oder auch die Einschränkung der Nutzung von Bedeutung. Die Verkehrswertminderung ist nach dem Vergleichswertverfahren auf der Grundlage von Daten des Grundstücksmarktes zu ermitteln (vgl. → **An- und Durchschneidung; Regelung der Entschädigung für Eigentümer und Pächter**).

Die Entschädigung für **Wirtschaftserschwernisse** bestimmt sich nach der gesicherten Rechtsposition für jedes Grundstück der betroffenen Wirtschaftseinheit (bei Pachtflächen nach der jeweiligen Restpachtdauer und nicht nach der Durchschnittspachtdauer (so BGHZ 175, 35). Zur Entscheidung des BGH und zu Schwierigkeiten der Entschädigungsermittlung für Wirtschaftserschwernisse vgl. → **An- und Durchschneidung eines landwirtschaftlichen Schlages,** s.a. Ziff. 2.2.2.3 und 3.2.1.4 LandR 19.

5. **Verluste im Erwerb** sind das auf die entzogene Grundstücksfläche entfallende Roheinkommen. Sie sind ausgesprochen flächenbezogen. Auch die nicht oder teilweise nicht einsparbaren Aufwendungen beim Restbetrieb stellen sich letztlich als Erwerbsverlust dar. Infolge der Verkleinerung der Nutzfläche müssen die festen Kosten für Gebäudeunterhaltung usw. aus einem entsprechend verringerten Rohertrag bestritten werden. Am Ende der Rechnung steht ein flächenbezogen geringeres Roheinkommen (Erwerbsverlust). Da es sich in beiden Fällen um flächenbezogene Schäden handelt, beruhen sie ausschließlich auf der Verkleinerung der Nutzfläche. Die **Verkleinerung der Nutzfläche** wird ihrerseits **durch die für die abgetretene Fläche gezahlte Entschädigung ausgeglichen.** Die Entschädigung (Verkehrswert) tritt als Wertausgleich an die Stelle des entzogenen Grundstücks, und ihre Erträge sind wie die früheren Erträge des entzogenen Grundstücks zu behandeln. Die Erträge aus der Grundstücksentschädigung (Zinsen) sind darum als ein adäquat herbeigeführter Vorteil anzusehen. Die Landabtretung führt nicht nur zu den Erwerbsverlusten, sondern über die dafür gezahlte Entschädigung auch zu Zinserträgen. Die **Zinserträge** müssen somit **im Wege des Vorteilsausgleichs zunächst auf die Erwerbsverluste angerechnet** werden (vgl. → **Vorteilsausgleich**). Nur soweit sie zur Abdeckung dieser Verluste **nicht ausreichen**, kommt eine besondere **weitere Entschädigung** dafür in Betracht. 526

Die **Zinserträge** sind **„abstrakt" zu berechnen**, d.h. dass von einer nachhaltig 527
erzielbaren und damit angemessenen Verzinsung auszugehen ist. Die verschiedentlich vertretene Auffassung, dass mit Rücksicht auf die größere Wertbeständigkeit des entzogenen Grundbesitzes als Ertrag der Grundstücksentschädigung lediglich ein Zinssatz in Höhe der Pacht für vergleichbare landwirtschaftliche Nutzflächen oder die übliche Verzinsung des Betriebsvermögens eines landwirtschaftlichen Betriebes an-

zusetzen sei, wird enteignungsrechtlichen Gegebenheiten nicht gerecht. Geldwertschwund und ähnliche Begründungen sind mit dem allgemeinen enteignungsrechtlichen Grundsatz der wertmäßigen Gleichartigkeit von Enteignungsentschädigung und enteignetem Gut nicht zu vereinbaren. Eine Anrechnung der abstrakten Zinserträge ist auch geboten, wenn der Enteignungsbetroffene nicht in der Lage ist, Zinserträge aus der Entschädigung zu ziehen, weil er z. B. mit der Entschädigung eine auf dem enteigneten Grundstück ruhende Belastung getilgt hat. Denn wie der Betroffene die Entschädigung verwendet, ist enteignungsrechtlich grundsätzlich unerheblich (BGH WM 1979, 1191).

528 In BGHZ 67, 190 = NJW 1977, 189 befasst sich der **BGH** mit der Frage der **Entschädigung von Erwerbsverlusten**. Wenn er dort auch zum gleichen Ergebnis gelangt, ist die Begründung doch eine andere. Ausgangspunkt ist zwar ebenfalls die Überlegung, dass die Entschädigung für die abgetretene Fläche als Wertausgleich an die Stelle des entzogenen Grundstücks tritt und dass ihre Erträge wie die früheren Erträge des entzogenen Grundstücks zu behandeln sind. In den Erträgen aus der Grundstücksentschädigung sieht der BGH jedoch keinen anrechenbaren Vorteil, sondern meint, dass sie ebenso dazu bestimmt und geeignet seien, die festen Kosten mitzutragen oder auszugleichen wie vorher die Erträge aus dem enteigneten landwirtschaftlichen Grundstück. Diese Betrachtung ist Ausdruck des Verbots einer Doppelentschädigung. Diese Auffassung hat der BGH in seinem Beschluss vom 22.9.1988 – III ZR 161/85 – bestätigt (WF 1989, 23, 24 = BGHR GG Art. 14 Abs. 3 Satz 3 – Angebot 1, Resthofschaden 1, Arrondierungsschaden 1).

529 Ob der Fall gegeben ist, dass die Zinserträge die Erwerbsverluste nicht ausgleichen, ist **über den Deckungsbeitrag** festzustellen. Der Deckungsbeitrag ist der Betrag, den der einzelne Betriebszweig (= Entzugsfläche) zur Deckung der festen Kosten des Betriebes und zum Einkommen des Betriebsinhabers beiträgt. Er ergibt sich, wenn vom Rohertrag alle sofort einsparbaren Aufwendungen abgezogen werden. Der Rohertrag wird, abhängig von den Gegebenheiten des Einzelfalles, bezogen auf den Betrieb, die Fruchtfolge oder beitragsschwache Früchte (Getreide) berechnet (zur **Definition des Deckungsbeitrags** s. Ziff. 2.2.2.1 LandR 19). Dem für die entzogene Fläche ermittelten Deckungsbetrag ist der Zinsertrag aus der Grundstücksentschädigung gegenüberzustellen. Zur Grundstücksentschädigung gehört auch ein Lagezuschlag (Sonderwert) für den Hofanschluss; denn er ist der Ausgleich für den höheren Ertrag infolge des Hofanschlusses (vgl. Stichwort **Lagezuschlag**). Ein möglicherweise verbleibender Erwerbsverlust ist für die Zeit einer mutmaßlichen Schadensdauer als gleichbleibender oder sinkender Schaden mit dem Zinssatz des Ertrages aus der Grundstücksentschädigung zu vervielfältigen. Bei der Ermittlung der Schadensdauer spielt die Obliegenheit zur Schadensminderung des Betroffenen eine gewichtige Rolle. Die Fragen, ob und wann Ersatzland gekauft bzw. gepachtet werden kann und welche betrieblichen Umstellungen möglich sind, stehen im Vordergrund (vgl. *Baltzer/Rohmer* AgrarR 1979, 29). Die Schadensdauer hängt übrigens auch von der herangezogenen Beitragsrechnung ab. Geht man von beitragsschwachen Früchten aus, kommt eine Betriebsumstellung meist nicht in Betracht. Ergibt die Ermittlung der Schadensdauer einen längeren Zeitraum (mehr als 4 bis 5 Jahre), so kann geboten sein, den Zinssatz höher anzusetzen. Unter diesen Umständen erscheint es gerechtfertigt, den Betroffenen so zu behandeln, als habe er die Entschädigung für das weggenommene Grundstück zeitlich gleich lange mit entsprechend höherer Verzinsung angelegt.

Es ist **entschädigungsrechtlich nicht vertretbar**, den **Erwerbsverlust als „ewigen Schaden“** einzustufen. Abgesehen davon, dass es in der heutigen Zeit, die durch ständige Veränderungen und Weiterentwicklungen geprägt ist, verfehlt wäre, in der Wirtschaft etwas als unveränderlich anzusehen, verbietet der Grundgedanke des § 96 Abs. 1 Nr. 1 BauGB, von einem „ewigen Schaden“ auszugehen. Die Vorschrift behandelt den Umfang der Entschädigung für einen vorübergehenden und dauernden Erwerbsverlust und sieht dafür als Obergrenze den Aufwand, ggf. den gedachten Aufwand vor, der erforderlich ist, um ein anderes Grundstück mit gleichem Ertrag zu nutzen. Dem Gesetzgeber liegt es demnach fern, einem Betroffenen für alle Zeiten gleichsam als Staatsrentner seinen Erwerbsverlust zu erstatten. 530

In der Praxis laufen die Dinge allerdings manchmal ganz anders. Der betroffene Landwirt, der kein Ersatzland kaufen oder anpachten kann, leitet **unverzüglich Umstellungsmaßnahmen** ein. Zum Beispiel wird die Tierhaltung erweitert; das erfordert u.a. eine Vergrößerung der Stallgebäude. Oder Acker wird in Weide umgewandelt, damit die Milchviehhaltung im selben Umfang fortgeführt und die Ertragslage gehalten werden kann. Auch diese Kosten werden regelmäßig in der Praxis vom Enteignungsbegünstigten verlangt. Der Betroffene bedenkt dabei allerdings nicht, dass solche Maßnahmen dem Kauf von Ersatzland gleichzustellen sind und deshalb **aus der Entschädigung für den entzogenen Grund und Boden bezahlt** werden müssen. Überhaupt sind derlei unternehmerische Entscheidungen Sache des Betroffenen; den Enteignungsbegünstigten gehen sie nichts an. Für die Bemessung der Enteignungsentschädigung kommt es allein auf die Gegebenheiten am Tage des Eingriffs an, d.h. der Tag, an dem Besitz und Nutzung des benötigten Grundstücks entzogen werden. Abgestellt auf **diesen Zeitpunkt** ist **zu prüfen**, ob sich durch die Landabtretung gegen Geldausgleich **die Ertragslage verschlechtert** hat. Spätere Ereignisse und Vorgänge sind entschädigungsrechtlich ohne Belang. Verfehlt ist darum, den Betrieb vor dem Eingriff mit dem Betrieb zu vergleichen, wie er sich nach Monaten oder gar Jahren darstellt, wenn er eine neue Form gefunden hat. Erwägungen, wie sich der Betrieb entwickeln könnte, spielen lediglich bei der Ermittlung der Schadensdauer eine Rolle. Siehe auch → **Dauer von Folgeschäden**. 531

6. Auf den ersten Blick könnte scheinen, als müssten bei den Erwerbsverlusten noch nicht verbrauchte Zinserträge auch auf die Nachteile aus Umwegen, Durchschneidungen und Anschneidungen angerechnet werden. Denn die Art und Weise, wie die Entschädigung für diese Nachteile berechnet wird, lässt vermuten, dass es sich ebenfalls um Einkommensminderungen (Erwerbsverluste) handelt. Bekanntlich wird dabei von aufzuwendenden Kosten bzw. Mindererträgen ausgegangen, die das Roheinkommen 532

vermindern. Eine **bloß einkommensmäßige Betrachtung** wird den Gegebenheiten indes nicht gerecht. Die Frage nach der rechtlichen Art dieser Nachteile zeigt, dass sie letztlich **Rechtsverluste** sind. Umwege haben ihre Ursache neben der Abtretung in der Aufhebung des Grundstückszusammenhangs, und Durchschneidungen und Anschneidungen führen zu Formverschlechterungen des Restgrundstücks. Die mit den Nachteilen aus Umwegen, Durchschneidungen und Anschneidungen verbundenen Kosten stellen sich demzufolge lediglich als eine besondere Form der Entschädigungsberechnung dieser Rechtsverluste (Minderwerte) dar. Vgl. dazu auch BGHZ 67, 190 = NJW 1977, 189.

Maßnahmen zum Schutz von Straßen

1. Zum Schutz der Straßen sehen die Straßengesetze (z.B. § 11 FStrG, Art. 29 BayStrWG) **zweierlei Maßnahmen** vor: Schutzeinrichtungen gegen nachteilige Einwirkungen der Natur (z.B. Schneezäune) und das Verbot verschiedener Einrichtungen (z.B. Anpflanzungen, Zäune), wenn sie die Verkehrssicherheit beeinträchtigen. 533

Rechtsgrundlage für Schutzeinrichtungen ist die durch das Gesetz geschaffene **öffentlich-rechtliche Duldungspflicht** der Straßennachbarn. Sie ist grundsätzlich auf eine vorübergehende Duldung gerichtet. Wenn die Schutzeinrichtung dauernd benötigt wird, z.B. Schutzeinrichtungen gegen Steinschlag, bedarf es einer **Dienstbarkeit** oder des **Eigentumserwerbs** (OVG Rh-Pf., Urt. v. 04.07.2013 – 8 C 11278/12; vgl. *Maas* in Kodal, Kap. 30 Rn. 13; *Grupp* in Marschall, § 11 Rn. 2). 534

Ähnlich verhält es sich mit dem **Verbot bestimmter Einrichtungen**. Das Gesetz begründet eine Unterlassungspflicht. Anpflanzungen und Zäune sowie Stapel, Haufen und andere mit dem Grundstück nicht fest verbundene Einrichtungen dürfen nicht angelegt oder unterhalten werden, wenn sie die Sicherheit und Leichtigkeit des Verkehrs beeinträchtigen. Soweit sie bereits vorhanden sind, haben die Eigentümer deren Beseitigung zu dulden. 535

In erster Linie sollen dadurch **Sichtbehinderungen** vermieden werden (s. BayVGH, Beschl. v. 10.08.2017 – 8 ZB 15.1428). In Betracht kommt daneben aber auch das Fernhalten sonstiger Behinderungen für den Verkehr, wie etwa eine Verschmutzung der Straße oder von Gegenständen auf der Fahrbahn (vgl. *Maas*, a.a.O, Rn. 21). Die Regelung ergänzt die Anbaubeschränkungen innerhalb bestimmter Zonen längs der Straßen (→**Baubeschränkungen an Bundesfernstraßen und sonstigen klassifierten Straßen**).

2. Bei der Duldungs- und Unterlassungspflicht handelt es sich um Inhaltsbestimmungen (→ **Inhaltsbestimmungen**) im Sinne des Art. 14 Abs. 1 Satz 2 GG (BayVGH, Urt. v. 15.12.2004 – 8 B 04.1524). Sie sind deshalb in der Regel **ohne Ausgleich** hinzunehmen, zumal mit ihnen üblicherweise keine übermäßige Belastung des Eigentums verbunden ist (*Witting* in Müller/Schulz, § 11 Rn. 16; *Maas*, a.a.O, Rn. 16, 24). 536

3. Für die in Erfüllung der Duldungs- und Unterlassungspflicht entstehenden **Aufwendungen und Schäden** sieht das Gesetz jedoch eine **Entschädigungspflicht** vor (§ 11 Abs. 5 FStrG, Art. 29 Abs. 4 BayStrWG). Werden beispielsweise beim Aufstellen und Entfernen der Schutzeinrichtung, etwa des Schneezauns, Flurschäden größeren Ausmaßes angerichtet, ist hierfür eine Entschädigungsleistung geboten. Zudem kann die den Eigentümer eines bebauten Grundstücks treffende Unterlassungspflicht insoweit zu einem Vermögensschaden führen, als die Pflicht, einen Teil des Grundstücks freizuhalten, erfahrungsgemäß den Wert des Grundstücks nicht unerheblich mindern kann. Denn regelmäßig ist der freizuhaltende Teil ein Geländestreifen entlang der Straße, und wenn er deshalb nicht schützend für das übrige Grundstück bepflanzt 537

Pasternak

https://doi.org/10.1515/9783110682557-063

werden darf und gar noch offengehalten werden muss (kein genügend hoher Zaun), führt dieser Nachteil auf dem Markt zu einem Preisabschlag. Eine Entschädigungspflicht besteht hingegen nicht, wenn die störende Einrichtung entgegen der straßenrechtlichen Schutzvorschriften errichtet wurde oder der Eigentümer aufgrund der ihm obliegenden Verkehrssicherungspflicht oder anderer Regelungen des zivilrechtlichen Nachbarrechts wie etwa § 910 BGB („Überhang") zur Beseitigung verpflichtet wäre (s. *Schlosser* in Marschall, § 11 Rn. 9, 10).

Die **Festsetzung des Aufwendungsersatzes** erfolgt in einem gesonderten Verfahren. Ihr Fehlen wirkt sich damit nicht auf die Rechtmäßigkeit der Duldungsanordnung aus (VG Augsburg, Urt. v. 22.02.2012 – Au 6 K 10.982).

Zudem kann aus der Regelung des Aufwendungsersatzes im Zusammenhang mit der Duldungspflicht der gesetzgeberische Wille abgeleitet werden, dass es Aufgabe des Straßenbaulastträgers ist, die Straße vor Natureinwirkungen zu schützen, so dass eine sicherheitsrechtliche Inanspruchnahme des Grundstücksnachbarn als Zustandsstörer hinter dessen Pflichten zurücktritt (VG München, Urt. v. 24.02.2011 – M 22 K 10.5503).

Miet- und Pachtverhältnisse

Übersicht

538 1. Das Recht des Mieters und Pächters gehört zu den in § 86 Abs. 1 Nr. 3 BauGB (der insoweit einen allgemeinen Grundsatz des Entschädigungsrechts widerspiegelt) genannten, **gesondert entziehbaren Besitzrechten**, deren Enteignung **zu einer Entschädigung führen** kann (BGHZ 83, 1 = NJW 1982, 2181; BGH NJW 1972, 528; *Battis* in BKL, § 86 Rn. 5; *Kreft* DRiZ 1973, 335, 336). Ob eine entschädigungspflichtige Enteignung eines Miet- oder Pachtrechtes vorliegt, entscheidet sich allein danach, ob in eine **nach Art. 14 GG geschützte Rechtsposition** eingegriffen worden ist. Das hat der BGH in zwei grundlegenden Urteilen betreffend das Miet- und das Pachtrecht ausgesprochen (*Mietrecht:* BGHZ 83, 1 = NJW 1982, 2181 = WM 1982, 514 = NVwZ 1982, 702; *Pachtrecht:* BGH WM 1982, 599 = LM Nr. 3 zu § 86 BBauG; vgl. dazu *Krohn/Löwisch* Rn. 279f.; *Engelhardt* NVwZ 1989, 1026, 1027) und bestätigt (BGHZ 123, 166, 171f. = NJW 1993, 3131; *Engelhardt* NVwZ 1994, 337, 343).

539 Art. 14 GG schützt grundsätzlich nur **konkrete subjektive Rechtspositionen**, die einem Rechtsträger bereits zustehen, **nicht** aber **Chancen und Aussichten**, auf deren Verwirklichung kein *rechtlich gesicherter* Anspruch besteht. Deswegen führt die

https://doi.org/10.1515/9783110682557-064

Beeinträchtigung oder Vereitelung von Erwartungen, Chancen und wirtschaftlichen Interessen nicht zu einer Entschädigungspflicht; es muss vielmehr in rechtlich geschützte, konkrete Werte eingegriffen sein.

Für das **Mietrecht** bedeutet das: Wird ein solches Recht entzogen, dann ist für die 540
Frage einer Enteignungsentschädigung allein maßgebend, ob und inwieweit, d. h. wie lange der **Mieter eine rechtlich gesicherte *Position*** und **eine rechtlich gesicherte Erwartung auf Fortsetzung des Vertrages** hatte. Denn anders als beim Eigentum als der grundsätzlichen und nicht zeitgebundenen Befugnis, mit der Sache nach Belieben zu verfahren und andere von einer Einwirkung auszuschließen (§ 903 BGB), handelt es sich bei der Grundstücksmiete um eine prinzipiell *befristete schuldrechtliche Beziehung* zum jeweiligen Vermieter, deren Inhalt bestimmt wird durch den Mietvertrag und dessen gesetzliche Ausformung. Das nach §§ 535 ff. BGB begründete Mietverhältnis unterfällt zwar der Eigentumsgarantie nach Art. 14 GG (BVerfG NJW 1993, 2035; BVerwG NVwZ 1998, 504), aber eben nur für die Dauer seines Bestehens.

Diese Beziehung verdichtet sich auch dann nicht zu einer eigentumsgleichen Rechtsposition, wenn das Mietverhältnis bereits viele Jahre bestanden hat und wenn aus *tatsächlichen* Gründen mit einer Kündigung nicht zu rechnen ist. In einem solchen Fall besteht enteignungsrechtlich allenfalls eine tatsächliche Erwartung auf die Nichtbeendigung des Vertragsverhältnisses, deren Wegfall keinen Anspruch auf eine enteignungsrechtliche Entschädigung begründet (BGHZ 123, 166, 171 f. = NJW 1993, 3131; BGHZ 83, 1 = NJW 1982, 2181, 2182 = WM 1982, 514, 515 = NVwZ 1982, 702; BGH NJW 1969, 268 m. zust. Anm. von *Reinhardt* = LM Art. 14 [A] GG Nr. 43 m. zust. Anm. von *Kreft*; BGHZ 50, 284, 290 = NJW 1968, 1925, 2058 m. ablehn. Anm. von *Kastner*; BGH v. 17.3.1994 = NJW 1994, 3156 = DVBl 1995, 102 = VersR 1994, 816; BayOLG BayVBl 1994, 540; vgl. auch *Kreft* Enteignungsentschädigung II, S. 26 f.; *Reisnecker* in Brügelmann, § 96 Rn. 58).

Folgerichtig hat der **BGH** hierzu ausgeführt (BGHZ 83, 1): *„Die Rechtsstellung eines Mieters ist von vornherein dadurch gekennzeichnet und begrenzt, dass das Mietverhältnis nach näherer Bestimmung des Mietvertrages und der allgemeinen gesetzlichen Vorschriften unter Einhaltung von Fristen, sonst aber ohne besondere Voraussetzungen gekündigt werden kann. Soweit der Mieter gegenüber diesem einseitigen Kündigungsrecht nicht rechtlich (durch Vertrag oder Gesetz) abgesichert ist, handelt es sich – auch wenn im Einzelfall die tatsächlichen Umstände für eine weitere Verlängerung des Mietverhältnisses sprechen mögen – nur um die Erwartung eines künftigen rechtlich wirksamen Verhaltens des Vermieters. Dies gilt auch für einen Mietvertrag, der ... von beiden Teilen jeweils zum Jahresende gekündigt werden kann, selbst wenn der Vermieter von dieser rechtlichen Möglichkeit bisher keinen Gebrauch gemacht hat. Für den enteignungsbedingten Wegfall der rechtlich nicht gesicherten Erwartung, das Mietverhältnis werde über die nach dem Mietvertrag und möglichen gesetzlichen Kündigungs- und Räumungsfristen zu bestimmende Zeit hinaus fortgesetzt werden, kann daher auf der Grundlage des Art. 14 GG eine Entschädigung nicht zugebilligt werden“* (ebenso BGHZ 156, 257 = NJW 2004, 281; BGHZ 123, 166, 171 f. = NJW 1993, 3131 und schon BGHZ 50, 284, 290 =

NJW 1968, 1925 = WM 1968, 1102; anders noch, aber aufgegeben BGHZ 26, 248; ebenso auch *H. Fischer* Rn. 665f.; *Krohn/Löwisch* Rn. 279f.; *Kreft* Enteignungsentschädigung II, a.a.O.; *Engelhardt* NVwZ 1994, 337, 343).

Daran ändert sich auch nichts, wenn der Pächter nach dem Zugriff durch den Enteignungsbegünstigten tatsächlich eine **Verlängerung erreichen** konnte (BGH NVwZ-RR 2008, 297). In diesem Fall hat sich die Chance zu einer Pachtverlängerung zwar realisiert, die ursprünglich nur gegebene Möglichkeit stellt sich dadurch aber – nachträglich betrachtet – nicht als gesicherte Rechtsposition dar. In Betracht kommt in derartigen Fällen allenfalls die Gewährung eines **Härteausgleichs** für den Mieter/Pächter, s Rn. **470ff.**

541 Der Eigentümer wird entschädigt nach dem Grad der Wertschätzung, den sein Eigentumsrecht im gesunden Grundstücksverkehr genießt. Dabei spielen für die Bewertung auch künftige Nutzungsmöglichkeiten, die in absehbarer Zeit zu erwarten sind (z.B. Bauerwartung), eine maßgebliche Rolle. Diese Berücksichtigung von Erwartungen hält sich noch im Rahmen der Bewertung des Eingriffsobjektes und ist folglich unbedenklich. Anders ist es aber dann, wenn **anstelle der Rechtsposition** überhaupt nur **die tatsächliche Erwartung eines dauernd fortgesetzten Mietverhältnisses** tritt und allein diese Erwartung zur Grundlage einer Enteignungsentschädigung und zur Bestimmung des Wertes gemacht werden soll. Eine derartige Gleichsetzung rechtlich nicht gefestigter Aussichten mit gegenwärtigen Rechtspositionen ist auch bei der im Enteignungsrecht immer gebotenen wirtschaftlichen Betrachtungsweise nicht angängig, da sie den Schutzbereich des Art. 14 GG nicht erweitern kann (BGHZ 83, 1, 6 = NJW 1982, 2181, 2182 = WM 1982, 514, 515 = NVwZ 1982, 702, 703).

542 Der Mieter hat eine nach Art. 14 GG **geschützte Rechtsposition** aufgrund seines Mietvertrages **bis zur nächstmöglichen ordentlichen** (oder rechtswirksamen außerordentlichen) **Kündigung**. Denn so lange hat er einen *rechtlich gesicherten* Besitz; die zeitlich darüber hinausgehende tatsächliche Erwartung des Mieters, sein Mietverhältnis werde nicht gekündigt, begründet dagegen keine Rechtsposition. Eine Entschädigung bezieht sich daher auf den Ausgleich der durch **die vorzeitige Entziehung des Mietrechts** entstehenden Nachteile. Eine deshalb zu zahlende Entschädigung beschränkt sich folglich grundsätzlich auf den **Zwischenzins** (BGHZ 156, 257 = NJW 2004, 281; BGHZ 83, 1, 7 = NJW 1982, 2181, 2182f. = WM 1982, 514, 515f. = NVwZ 1982, 702, 703f.; BGHZ 123, 166, 171f. = NJW 1993, 3131; BGH NJW 1972, 528 = WM 1972, 509 = BauR 1972, 166; BGHZ 50, 284 = NJW 1968, 1925 = WM 1968, 1102; *Krohn/Löwisch* Rn. 280; *Engelhardt* NVwZ 1989, 1026, 1027 und NVwZ 1994, 337, 343; *H. Fischer* Rn. 665). Ist der Mieter, wie regelmäßig (Palandt/*Weidenkaff*, § 546 Rn. 5; vgl. BGHZ 81, 146, 150 = NJW 1981, 2564; BGH in NJW 2006, 2115) verpflichtet, bei Beendigung des Vertrages *Einrichtungen*, die er eingebracht hat, zu entfernen, dann steht ihm ein Entschädigungsanspruch wegen der dafür aufgewendeten Kosten nicht zu (BGHZ 123, 166, 172 = NJW 1993, 3131; *Engelhardt* NVwZ 1994, 337, 343).

543 Bei einem **auf bestimmte Zeit abgeschlossenen Mietvertrag** hat der Mieter eine gesicherte Rechtsposition bis zum normalen Vertragsende; von der Möglichkeit einer

Kündigung aus wichtigem Grund kann grundsätzlich nicht ausgegangen werden. Eine dem Mieter eingeräumte **Option**, die **einseitig zu einer Vertragsverlängerung** führt, verlängert entsprechend die gesicherte Rechtsposition des Mieters. Die Fortsetzung eines befristeten Mietverhältnisses, die zu einem unbefristeten Mietverhältnis führt, verlängert die gesicherte Rechtsposition des Mieters bis zu einer dann jeweils nächstmöglichen ordentlichen Kündigung.

2. An einem entschädigungspflichtigen Eingriff in das Miet- oder Pachtrecht fehlt es, 544
wenn das **Miet- oder Pachtverhältnis** durch fristgerechte Kündigung oder sonstige Mittel des *Privatrechts* **aufgehoben** wird, und zwar gleichgültig, ob dies vor oder nach Einleitung des Enteignungsverfahrens geschieht (BGHZ 156, 257 = NJW 2004, 281; *Kreft* in Anm. zu BGH LM Art. 14 [A] GG Nr. 43). Denn dann wird nicht in eine geschützte Rechtsposition des Mieters oder Pächters eingegriffen, weil diese Rechtsposition nur so weit reicht und nur so lange besteht, wie der zugrundeliegende zivilrechtliche Vertrag wirksam ist. Der **Eingriff in dieses Rechtsverhältnis** erfolgt **nicht durch die Enteignung**, sondern im Wege der rechtmäßigen Ausübung zivilrechtlicher Gestaltungsbefugnisse.

Unerheblich ist der **Grund der Kündigung**, insbesondere der Umstand, dass sie 545
vom Eigentümer ausgesprochen wird, damit er das Grundstück zur Vermeidung einer Enteignung zu einem günstigeren Preis an die öffentliche Hand verkaufen kann (*Kreft* a.a.O.; *Reinhardt* NJW 1969, 268). So hat der BGH Entschädigungsansprüche eines Mieters als unbegründet abgewiesen, dem ein Ladengeschäft mit Wohnung von dem Hauseigentümer fristgerecht, aber nur deswegen gekündigt worden war, weil der Eigentümer das Grundstück, das für öffentliche Zwecke benötigt wurde, zur Vermeidung der sonst drohenden Enteignung verkaufen und dabei für das von dem Mietrecht befreite Grundstück einen höheren Preis erzielen wollte – und auch erzielt hat (BGHZ 50, 284 = NJW 1968, 1925/2058 m. ablehn. Anm. von *Kastner*; vgl auch BGH NJW 1969, 268 m. zust. Anm. von *Reinhardt* = MDR 1968, 908 = LM Nr. 43 zu Art. 14 [A] GG mit zust. Anm. von *Kreft*). Durch die infolge der privatrechtlichen Kündigung eingetretene Auflösung des Mietverhältnisses ist eine Rechtsposition des Mieters, die von der Eigentumsgarantie des Art. 14 GG erfasst sein könnte, überhaupt nicht berührt worden (*Groß* in EZBK, § 95 Rn. 36 und *Kreft* ebenda).

Dasselbe gilt, wenn ein Eigentümer sein Haus zur Vermeidung einer sonst dro- 546
henden Enteignung **mit Mietrecht an den Enteignungsunternehmer verkauft**, dieser nach § 566 Abs. 1 BGB (gilt gemäß § 578 Abs. 1 BGB entsprechend für die Miete von Grundstücken und Räumen) in die Rechte und Pflichten des Mietverhältnisses eintritt, dann als neuer Eigentümer fristgerecht kündigt und so das Mietverhältnis privatrechtlich auflöst. Auch in diesem Fall steht dem Mieter eine Entschädigung nicht zu. Denn es fehlt an einem hoheitlichen Eingriff in eine durch Art. 14 GG geschützte Rechtsposition, weil eben das Recht des Mieters nur bis zur (wirksamen) Kündigung reicht (BGH WM 1969, 635 = MDR 1969, 463 = BRS 26 Nr. 135; obiger bestätigt in BGH NJW 1972, 528 = WM 1972, 509 = BauR 1972, 166 = BRS 26 Nr. 134). Dabei spielt es rechtlich keine

Rolle, ob der Mieter aufgrund des Verhaltens des bisherigen Hauseigentümers oder sonstiger Umstände von der sicheren Erwartung ausgehen durfte, das Mietverhältnis werde (trotz Kündigungsmöglichkeit) fortgesetzt (BGHZ 123, 166, 169; BGHZ 117, 236; BGHZ 83, 1, 3ff. = NJW 1982, 2181, 2182 = WM 1982, 514 = NVwZ 1982, 702; BGHZ 50, 284, 290; BGH WM 1969, 635 = BRS 26 Nr. 135 a.E.; BGH NVwZ-RR 1989, 525; *Krohn/Löwisch* Rn. 279). Man darf deswegen **nicht darauf abstellen, ob und wie lange das Miet- oder Pachtverhältnis tatsächlich fortgesetzt worden wäre**, wenn der Enteignungsunternehmer nicht dazwischengekommen wäre (*Kreft* DRiZ 1973, 335, 336; *Engelhardt* NVwZ 1989, S. 1027). Anders liegen die Dinge bei sog. „Lebenszeitverträgen" nach § 544 S. 2 BGB, wo die Möglichkeit zur ordentlichen Kündigung kraft Gesetz ausgeschlossen ist (Palandt/*Weidenkaff* Rn. 1c zu § 544 BGB).

547 Es gilt nach alledem der **Grundsatz**: Nichtverlängerung bzw. Nichtfortsetzung eines auf bestimmte Zeit geschlossenen und auslaufenden Miet- oder Pachtvertrages und vertragsmäßige Kündigung eines auf unbestimmte Zeit geschlossenen Miet- oder Pachtvertrages ziehen keinen enteignungsrechtlichen Entschädigungsanspruch nach sich (BGHZ 156, 257 = NJW 2004, 281 und *Kreft* ebenda). Eine fristlose Kündigung kann den Vertrag nur dann ohne Entschädigungspflicht beenden, wenn sie aus Gründen gerechtfertigt ist, die sich aus dem Vertragsverhältnis selbst ergeben. Sie kann nicht etwa darauf gestützt werden, dass das Haus abgerissen und deswegen die Wohnung freigemacht werden müsse. Zur Rechtslage bei Kündigungsschutz vgl. Rn. **549.**

548 3. Wird das Miet- oder Pachtverhältnis **durch hoheitliche Maßnahmen vorfristig aufgelöst**, weil der Unternehmer das Haus für den Enteignungszweck benötigt und z.B. abreißen lässt, so wird in die geschützte Rechtsstellung des Mieters oder Pächters eingegriffen. Diese Rechtsstellung wird entscheidend dadurch bestimmt, dass das Miet- und Pachtverhältnis nach Gesetz und Vertrag zeitlich begrenzt kündbar ist. Der zu entschädigende Nachteil, den der Mieter oder Pächter erleidet, besteht mithin in dem Verlust der restlichen Vertragszeit bis zum vertragsgemäßen Auslauf oder bis zur nächsten Kündigungsmöglichkeit. Wird z.B. in einen bestehenden, erst in 2 Jahren auslaufenden oder in 2 Jahren erstmals kündbaren Vertrag eingegriffen, so wird dem Mieter oder Pächter für die kommenden 2 Jahre die Rechtsstellung eines berechtigten Besitzers genommen, und er ist danach zu entschädigen, was ein solches in 2 Jahren endendes oder kündbares Vertragsverhältnis wert ist.

549 4. Besondere Probleme wirft der **Kündigungsschutz** auf. Stehen einer vertragsmäßigen Auflösung des Mietverhältnisses Bestimmungen des Kündigungsschutzes entgegen, so *verstärkt* dies die Rechtsstellung des Mieters; denn sein Recht zum Besitz bleibt infolge der Kündigungsschutzbestimmungen bestehen und kann ihm durch eine Kündigung auf privatrechtliche Weise nicht oder nicht zu dieser Zeit genommen werden. Der Kündigungsschutz muss entweder abgewartet werden (vgl. § 574a Abs. 1, 2 BGB: Angemessenheit unter Berücksichtigung aller Umstände; Bestimmung durch Urteil, wenn Einigung nicht zustandekommt) mit der Folge, dass eine Entschädi-

gungspflicht entfällt, oder die öffentliche Hand muss hoheitlich eingreifen und das Mietverhältnis auflösen, dann aber den Mieter für die Dauer der Kündigungsschutzzeit entschädigen. Die öffentliche Hand kann, wenn sie Hauseigentümerin geworden ist, allerdings **Eigenbedarf** geltend machen und ihn damit begründen, sie brauche das Haus für den Enteignungszweck.

Die Möglichkeit des Mieters, die Räumung nach § 721 ZPO in der Zwangsvollstreckung hinauszuzögern (**Vollstreckungsschutz**), begründet hingegen keinen Entschädigungsanspruch. Denn sie beeinflusst nicht die materielle, sondern die prozessuale Rechtsstellung des Mieters (vgl. auch → **Umzugskosten**).

Wenn der Mieter oder Pächter **auf die restliche Vertragszeit oder auf die Geltendmachung eines ihm zustehenden Kündigungsschutzes verzichtet**, verliert er nicht seinen Entschädigungsanspruch; denn in der freiwilligen Aufgabe seines Besitzrechtes ist regelmäßig nicht auch eine Preisgabe von Entschädigungsansprüchen zu sehen. Dies gilt freilich nur dann, wenn der Unternehmer anderenfalls das Mietverhältnis vorzeitig oder unter Missachtung des Kündigungsschutzes auflösen würde, der Mieter bzw. Pächter also zur Vermeidung eines hoheitlichen Eingriffs verzichtet. Denn er kann sich nicht durch einen von dem Unternehmer gar nicht gewollten Verzicht einen Entschädigungsanspruch verschaffen, der ihm sonst nicht zustände. 550

5. Hat der Mieter oder Pächter einen Rechtsverlust erlitten, so ist er **„angemessen" zu entschädigen**, entsprechend dem Wert der restlichen Laufzeit des Vertrages. Zur Bemessung dieses Wertes muss man nach ständiger Rechtsprechung untersuchen, was eine solche Rechtsstellung, d. h. das Recht zum Besitz für die restliche Vertragslaufzeit im allgemeinen Geschäftsverkehr wert ist, was sie „kostet", welcher Betrag für den Erwerb eines gleichgearteten Rechtes aufgewendet werden müsste (BGH NVwZ 1999, 1022; BGHZ 59, 250, 259 = NJW 1973, 47, 48 = WM 1972, 1385, 1386; BGH WM 1964, 1968 = MDR 1964, 830; BGHZ 41, 354 = NJW 1964, 1227). Der Umfang des Rechtsverlustes ist also in erster Linie **nach objektiven Maßstäben** und nicht nach den subjektiven Wertvorstellungen des Mieters oder Pächters festzulegen (*Schlick* in BK, § 97 Rn. 37). Dabei ist zu unterscheiden zwischen der Entschädigung für den Rechtsverlust (vgl. § 95 Abs. 1 BauGB), d. h. die Aufhebung der Rechtsstellung einerseits und „anderen durch die Enteignung eintretenden Vermögensnachteilen" andererseits (vgl. § 96 Abs. 1 BauGB). 551

Für die **Ermittlung des Verkehrswertes** des entzogenen restlichen Miet- oder Pachtrechtes und damit für die Bestimmung der Entschädigung kommt es entscheidend auf die **Dauer des Rechtes** an. Sie berechnet sich ausnahmsweise nicht nach der noch unverbrauchten Zeit am Tage des Eingriffs, sondern danach, wann der Mieter oder Pächter tatsächlich den Besitz verloren hat oder – wie in der Praxis häufig – voraussichtlich verlieren wird (BGH NJW 1972, 528, 529 = WM 1972, 509 = BauR 1972, 166 = BRS 26 Nr. 134; vgl. auch BGHZ 12, 357, 374 f.). Zu entschädigen ist demnach der Wegfall der Rechtsstellung vom tatsächlichen Verlust des Besitzes bis zum Zeitpunkt der erstmöglichen Kündigung des Vertrages bzw. zum vertraglich vorgesehenen Auslauf. 552

Nach § 95 Abs. 2 Nr. 6 BauGB sind jedoch Vereinbarungen darauf zu prüfen, ob sie von üblichen Vereinbarungen auffällig abweichen und Tatsachen die Annahme rechtfertigen, dass sie getroffen worden sind, um eine höhere Entschädigungsleistung zu erlangen. Deshalb sind Miet- oder Pachtverträge mit auffällig langen Laufzeiten, die kurz vor dem Beginn der Baumaßnahme abgeschlossen wurden, besonders kritisch zu untersuchen, wenn davon auszugehen ist, dass den Vertragsschließenden die bevorstehende Inanspruchnahme des Grundstücks bekannt war. Entsprechendes gilt, wenn der Abschluss des Miet- oder Pachtvertrages zu einem Zeitpunkt erfolgte, als das Grundstück infolge der Planfeststellung bereits als künftiges Straßenland angesehen wurde (vgl. → **Zeitpunkt für die Ermittlung des Zustandes des Enteignungsgegenstandes**. Grundsätzlich steht zwar auch dem Eigentümer, der mit der alsbaldigen Inanspruchnahme seines Grundstücks rechnen muss, das Recht zu, sein Eigentum durch Vermietung oder Verpachtung zu nutzen (§ 903 BGB). Die Anwendung der Vorschrift des § 254 Abs. 1 BGB, die als Ausprägung des Grundsatzes von Treu und Glauben auch im öffentlichen Recht anwendbar ist (BGH NJW 1971, 1694, sowie speziell zu Schadensersatzansprüchen aus Enteignung BGH NJW 1984, 1169; s. a. § 93 Abs. 3 BauGB), kann jedoch zu einer Minderung des Entschädigungsanspruchs führen, wenn der Eigentümer trotz dieser Kenntnis nicht nur kurzfristige Miet- bzw. Pachtdauer vereinbart oder etwa ein Rechtsverhältnis von unbestimmter Dauer mit entsprechenden Kündigungsmöglichkeiten eingeht (s. § 584 bzw. § 594a BGB).

553 Einen **dem Miet- oder Pachtzins für diese Restlaufzeit entsprechenden Betrag** kann der Betroffene als Entschädigung allerdings nicht verlangen; denn er erspart gerade diesen Betrag und kann ihn für eine anderweitige gleichwertige Mietung oder Pachtung anlegen. Dabei ist unerheblich, ob ein gleichartiges Miet- oder Pachtrecht überhaupt auf dem Markt zu erwerben ist (BGH NVwZ-RR 1989, 525; *Engelhardt* NVwZ 1989, S. 1027). Ebenso wenig kann man beim Pächter den Entschädigungsanspruch danach berechnen, was er während einer bestimmten Zeit oder gar der gesamten restlichen Pachtzeit aus dem Pachtobjekt herausgewirtschaftet haben würde; denn das wäre Schadensersatz, nicht Entschädigung. Maßgebend ist vielmehr der **objektive Wert des Miet- oder Pachtrechts „für jedermann"**, nicht der Reinertrag des Grundstücks oder der Wert des Betriebes (BGHZ 156, 257 = NJW 2004, 281; BGHZ 59, 250, 258 = NJW 1973, 47, 48 = WM 1972, 1385, 1386; *H. Fischer* Rn. 663; *Schlick* in BK § 97 Rn. 37). Auf **Abstandssummen *und* Abfindungsbeträge** kann dabei – von Ausnahmen abgesehen – in aller Regel **nicht abgestellt** werden. Denn sie sind nicht marktüblich und orientieren sich überdies an Kriterien, die entschädigungsrechtlich ohne Belang sind, nämlich der tatsächlichen Erwartung der Fortsetzung des Mietverhältnisses oder der Übernahme von Einrichtungsgegenständen (vgl. *Krohn/Löwisch* Rn. 280; *H. Fischer* a. a. O.; s. a. *Kapsa* NVwZ 2003, 1423 mit Verweis auf die einschlägige Rspr. des BGH).

554 Entsprach die **bisherige Miete oder Pacht der marktüblichen**, hat der Mieter oder Pächter ohnehin **keinen entschädigungspflichtigen Nachteil** erlitten; denn er kann mit der ersparten (marktüblichen) Miete oder Pacht ein anderes Objekt anmieten

oder anpachten. Dem betroffenen Pachtrecht war mithin kein *eigener Substanzwert* beizumessen (BGHZ 175, 31; BGHZ 156, 257). Für den Mieter bzw. Pächter entstehen in diesen Fällen allenfalls Folgekosten wegen vorzeitiger Beendigung (dazu unten Rn. **555**).

War die bisher geleistete Miete oder Pacht **höher als die marktübliche**, verschafft der Entzug des Miet- oder Pachtrechts dem Mieter bzw. Pächter sogar einen Vorteil, da er von der Zahlung eines überhöhten Nutzungsentgelts befreit wird (im Wege des Vorteilsausgleichs wäre dieser Gewinn beim Ausgleich anderer Entschädigungspositionen zu berücksichtigen, s. *Kapsa* NVwZ 2003, 1424).

Lag die Miete oder Pacht dagegen **niedriger als die marktübliche**, kann der Mieter oder Pächter „bildhaft" mit dem ersparten Miet-/Pachtzins kein Ersatzobjekt anmieten oder anpachten. Er erleidet einen **Rechtsverlust**, weil er für vergleichbare Räume für die restliche Vertragsdauer eine marktübliche und somit höhere Miete zahlen muss; in einem solchen Fall ist die Differenz zwischen der Vorzugsmiete, also der bisher gezahlten niedrigen Miete, und der marktüblichen Miete kapitalisiert zu entschädigen (BGH NJW 1972, 528; BGH NJW 1967, 1085; *Krohn/Löwisch* ebenda; *H. Fischer* Rn. 664; *Schlick* in BK, § 97 Rn. 37).

6. Ob dem Mieter oder Pächter eine Entschädigung für „andere Vermögensnachteile" **555**
im Sinne von § 96 Abs. 1 BauGB, also für **Folgeschäden** zusteht, hängt davon ab, ob in eine *gesicherte Rechtsposition* des Mieters oder Pächters eingegriffen wurde (dazu oben Rn. **540**). Deswegen kommt nur eine **Entschädigung wegen vorzeitiger Beendigung** des Mietverhältnisses in Betracht (BGHZ 83, 1, 7 = NJW 1982, 2181, 2182f. = WM 1982, 514 = NVwZ 1982, 702).

Zu denken ist bei diesen Folgekosten an Maklerkosten, Reise- und Umzugskosten, **556**
Kosten für die Anpassung der Einrichtungs- und Wohnungsgegenstände an die neue Wohnung, z.B. Schrank- und Regalwände, Fußbodenbeläge, Einbauküchen etc. Bei Betrieben ist insbesondere an Umstellungskosten, bspw. Aufwendungen für neues Briefpapier, für Werbung, aber auch Kosten der Betriebsverlagerung, Minderungen im Firmenwert u.ä. zu denken (vgl. BGH NJW 1972, 528; *H. Fischer* Rn. 668). Zu beachten ist aber, dass der Mieter oder Pächter diese Kosten nicht voll entschädigt verlangen kann, sofern sie ebenso, wenngleich nur später entstanden wären, wenn der Betroffene aufgrund vertragsgemäßer späterer Kündigung ausgezogen wäre. Deswegen liegt der Nachteil, der zu entschädigen ist, *nur* in dem **vorzeitigen Anfall dieser Kosten**, und folglich geht die Entschädigung nur auf **Ersatz des Zwischenzinses**, der dadurch entsteht, dass diese Kosten vorzeitig aufgebracht werden müssen (BGHZ 83, 1, 7 = NJW 1982, 2181, 2182f. = WM 1982, 514 = NVwZ 1982, 702; BGH NJW 1972, 528 = WM 1972, 509 = BauR 1972, 166; *H. Fischer* Rn. 668; *Krohn/Löwisch* Rn. 280; *Reisnecker* in Brügelmann, § 96 Rn. 58).

Soweit beim **Einrichten des Pachtbetriebes** Gelder dazu verwendet worden **557**
sind, marktgängige Werte zu schaffen (z.B. Einbau von Einrichtungen, die der Betrieb braucht; Aufbau eines Kundenstammes, der durch nachhaltige Werbung erlangt wor-

den ist), und soweit diese Werte bei Beendigung des Pachtverhältnisses nicht mitgenommen werden können und auch nicht schon bei der Entschädigung des Rechtsverlustes des Eigentümers berücksichtigt wurden, **gehören** sie **zum Rechtsverlust** des Mieters und Pächters und rechtfertigen einen Ausgleich zum Zeitwert. Die Höhe des Zeitwertes ist nach dem Betrag zu bemessen, den ein Dritter bei Übernahme des Restmiet- bzw. Restpachtrechtes *und* des Betriebes dafür zahlen würde. Da in der Praxis Vergleichszahlen meist fehlen dürften, ist der Zeitwert von der Enteignungsbehörde bzw. von den Gerichten unter sachverständiger Beratung **nach § 287 ZPO zu schätzen**. Es kann demgegenüber nicht auf den „Wiedergewinnungsbetrag" abgestellt werden, d.h. den Betrag, der sich aus der Summe von Zins- und Tilgungsleistungen für die Restmiet- bzw. Restpachtzeit ergibt (so aber *Bewer* AgrarR 1994, 356f.). Denn der eingesetzte Betrag für die Schaffung der marktgängigen Werte kann überhöht gewesen sein; Teile der Aufwendungen können ausgegeben worden sein, ohne dass wirkliche Werte entstanden sind.

558 Entstehen infolge der vorzeitigen Beendigung des Miet- oder Pachtverhältnisses **besondere Nachteile**, die bei vertragsgemäßer späterer Kündigung nicht oder nicht so entstanden wären, sind diese **voll zu entschädigen**. Ein solcher Vermögensnachteil kann z.B. bei dem Mieter eines *Geschäftslokals* durch Ertragsausfall infolge der durch die Enteignung notwendigen Geschäftsverlegung eintreten. Eine Entschädigung kann allerdings hierfür nur dann zugebilligt werden, wenn gerade die vorzeitige Entziehung der Grundstücksnutzung zu besonderen Einnahmeausfällen geführt hat, die der Mieter bei normalem Auslauf der Vertragszeit mit Sicherheit nicht gehabt hätte. Dies kann etwa dann der Fall sein, wenn die Zwangsräumung den Mieter in einem besonders umsatzstarken Monat getroffen hat oder wenn die Zeitspanne zwischen Zwangsräumung und Neueröffnung in anderen Räumen trotz sachgemäßen Verhaltens des Mieters länger als üblich gewesen ist (BGH NJW 1972, 528, 529 = WM 1972, 509 = BauR 1972, 166; *H. Fischer* Rn. 668; *Reisnecker* in Brügelmann, § 96 Rn. 59). Soweit die vorzeitige Räumung Ertragsausfälle verursacht hat, die der Mieter in derselben Größenordnung auch bei normalem Auslauf des Vertrages erlitten hätte, muss er sich auch hier mit dem Zwischenzins begnügen (BGH, ebenda). Gleiches gilt grundsätzlich für Gewinneinbußen während der Anlaufzeit (Einzelheiten in BGH, ebenda; vgl. auch → **Gewerblich genutztes Grundstück**).

559 Für den **Pächter** gelten **dieselben Grundsätze**. Auch hier zielt die Entschädigung auf **Ersatz des Zwischenzinses**.

Indes kann hier noch die **Entschädigung für Verwendungen** hinzukommen, die er während der Vertragszeit auf das Pachtobjekt gemacht hat. Denn dem Pächter geht durch die zwangsweise Aufhebung des Pachtverhältnisses der Anspruch auf Verwendungsersatz verloren, den er bei normaler Beendigung des Pachtvertrages gegen seinen Verpächter geltend machen könnte. So stünde ihm für notwendige Verwendungen auf die Pachtsache ein Ersatzanspruch nach § 590b BGB zu. Darüber hinaus wäre der Verpächter nach § 591 Abs. 1 BGB zum Ausgleich des vom ihm geschaffenen Mehrwertes des Grundstücks, der über die Pachtzeit hinaus fortbesteht, verpflichtet, wenn er dessen zugrundeliegenden „wertverbessernden Verwendungen" zugestimmt hätte (s. BGHZ 166, 364 = NJW 2006, 1729 für den Fall der Herstellung einer Spargelanlage).

Die **Höhe des** vom Verpächter zu leistenden **Verwendungsersatzanspruches** bemisst sich dabei anhand der Wertsteigerung, welche der Pachtsache nach Rückgabe noch anhaftet, geht aber nicht über die tatsächlich vom Pächter hierfür aufgewendeten Kosten hinaus (s. BGHZ 166, 364 = NJW 2006, 1729; der BGH verweist auf die insoweit vergleichbare Regelung in § 996 BGB zum Eigentümer–Besitzerverhältnis; Palandt/*Weidenkaff*, § 591 BGB, Rn. 4).

Beruht der Mehrwert der zurückgegebenen Pachtfläche aber nicht auf Verwendungen des Pächters, sondern auf Vorteilen, welche dem Grundstück allein aufgrund öffentlich-rechtlicher Regelungen zugeordnet sind, und können diese nunmehr vom Verpächter genutzt werden, steht dem Pächter weder unmittelbar noch in entsprechender Anwendung von § 591 BGB ein Wertersatzanspruch zu (s. BGHZ 115, 162 = NJW 2001, 3279 – *Milchreferenzmenge* – und BGH WM 2000, 2557 = NJW-RR 2001, 272 –*Weinbau*).

7. **Maßgebender Zeitpunkt** für die Berechnung der Dauer des Miet- bzw. Pachtrechtes ist der, zu dem der Mieter oder Pächter seinen Besitz verloren hat, und nicht der Zeitpunkt der Entschädigungszahlung (BGH NJW 1972, 528, 529 = WM 1972, 509 = BauR 1972, 166). **560**

8. Für die wegen des Eingriffs in *land- und forstwirtschaftliche* Pachtverhältnisse zu leistende **Pachtaufhebungsentschädigung** gelten im Wesentlichen dieselben Grundsätze. Bei dem endgültigen Entzug von Pachtflächen vor Ablauf eines Pachtverhältnisses steht dem Pächter ein Ausgleich für den Rechtsverlust und für sonstige Vermögensnachteile zu. Zahlt ein Pächter einen marktüblichen Pachtzins, erleidet er durch eine vorzeitige Beendigung des Nutzungsverhältnisses keinen entschädigungsfähigen Nachteil, da er mit dem ersparten Pachtzins „bildhaft" ein Ersatzobjekt anpachten kann. Marktüblich ist bei Pachtbetrieben der *gegendübliche*, bei Einzelflächen der *ortsübliche* Pachtzins. Liegt der gezahlte Pachtzins *unter dem marktüblichen*, ist die Differenz zwischen beiden kapitalisiert zu entschädigen, da der Pächter dann einen Rechtsverlust erleidet (ebenso *H. Fischer* Rn. 666). **561**

Ein darüberhinausgehender **Ersatz für sonstige Vermögensnachteile** steht dem Pächter landwirtschaftlicher Flächen zu, wenn die Verkehrswertentschädigung für das Pachtrecht nicht ausreicht, um den gerade durch den Wegfall der gepachteten Fläche entstehenden **„Resthofschaden"** auszugleichen. Nach Maßgabe des § 96 Abs. 1 Nr. 1 BauGB steht dem Pächter neben der Entschädigung für den Wert des Pachtrechts auch eine Entschädigung für den Erwerbsverlust bzw. die Restbetriebsbelastung zu (s. a. Ziffer 3.2.1 LandR 19 – im Anhang; BGHZ 156, 257 = NJW 2004, 281). In Betracht kommen demnach eine Entschädigung für Gewinn- oder Ertragsverluste aufgrund sog. **Überhangkosten**, soweit diese nicht durch betriebliche Umstellungsmaßnahmen gemindert werden können (**Ermittlung des Deckungsbeitragsverlus-** **562**

tes). Denn ebenso wie eine Entschädigung für weitere betriebsbezogene Nachteile im Falle einer Enteignung von Flächen eines Betriebsinhabers zu gewähren ist, kann auch der Wegfall eines zu einem landwirtschaftlichen Betrieb gehörenden Pachtgrundstücks das Erfordernis zum Ausgleich besonderer zusätzlicher Nachteile begründen (s. a. BGHZ 156, 257 = NJW 2004, 281).

Dagegen hat der Pächter **keinen Anspruch auf eine Entschädigung**, die sich **an dem Wert des** auf dem Pachtgelände ausgeübten **Pachtbetriebes** selbst orientiert; denn „genommen" ist nur das Nutzungsrecht, nicht der Pachtbetrieb (BGH NJW 1967, 1085; *H. Fischer* Rn. 666). Das Urteil des OLG Stuttgart (AgrarR 1975, 316 – *Edelmannshof*), das nach § 287 ZPO 50 % des Reinertrages des Pachtbetriebes für Pachtzins und „Abstandssumme" geschätzt hatte, ist vereinzelt geblieben und hat sich in der Praxis nicht durchgesetzt (s. a. *Kapsa* NVwZ 2003, 1423).

563 Der **BGH** hat in BGHZ 175, 35 bekräftigt, dass durch An- und Durchschneidungen oder Umwege ausgelöste **Wirtschaftserschwernisse** grundsätzlich nicht dem Eigentümer, sondern dem landwirtschaftlichen Betrieb – egal ob er ihn als Eigentümer oder als Pächter bewirtschaftet – zuzurechnen sind. Bis dahin entsprach es der gängigen Entschädigungspraxis, Bewirtschaftungserschwernisse als Wertminderung des Restgrundstücks gegenüber dem Grundstückseigentümer zu entschädigen. Die Höhe der Wertminderung wurde anhand der Wirtschaftserschwernisse ermittelt und die Entschädigung bei entsprechendem Einvernehmen zwischen Eigentümer und Pächter in Abhängigkeit von der Restpachtdauer aufgeteilt.

Der **BGH** hat a. a. O. entschieden, dass bei einem Eingriff in einen aus einer Vielzahl von Pachtgrundstücken bestehenden Bewirtschaftungsschlag der Ausgleich für die Wirtschaftserschwernisse dem **Betrieb des Pächters**, d. h. dem Bewirtschafter zusteht, wenn die mit einer einheitlichen Bewirtschaftung einer räumlich zusammenhängenden Nutzfläche von beträchtlicher Größe verbundenen besonderen betriebswirtschaftlichen Vorteile verloren gehen bzw. beeinträchtigt werden (→ **An- und Durchschneidungssentschädigung eines landwirtschaftlichen Schlags**; BGHZ 175, 35 f. = NVwZ-RR 2008, 297 = MDR 2008, 443). Denn unter die als „eingerichteter und ausgeübter Gewerbebetrieb" zusammengefasste, eigentumsrechtlich durch Art. 14 Abs. 1 GG geschützte Rechtsposition fallen auch die lediglich aufgrund schuldrechtlichen Pachtvertrags nutzbaren Flächen eines landwirtschaftlichen Betriebes (BGHZ 156, 257, 259; BGHZ 83, 1, 3). Die räumlich zusammenhängende Nutzfläche ermöglicht eine besonders wirtschaftliche und rationelle Bearbeitung und **vermittelt dem Betrieb einen besonderen Wert**, der über die Summe der Einzelgrundstücke hinausgeht. Wird dieser spezielle, **auf der Wirtschaftseinheit eines Schlages beruhende Wert** eines landwirtschaftlichen Unternehmens beeinträchtigt, liegt mithin auch ein entschädigungspflichtiger Eingriff in das Rechtsgut *eingerichteter und ausgeübter Gewerbebetrieb* vor (s. a. BGHZ 67, 190, 192; *H. Fischer* Rn. 667).

564 Bei der **Bemessung der hierfür zu leistenden Entschädigung** kommt es auf die Pachtdauer jedes einzelnen zum Schlag gehörenden Grundstücks an. Denn der wirtschaftliche Vorteil des „Schlages" besteht nur solange, wie die Verfügbarkeit über die

einzelnen Grundstücke gesichert ist und sie dem landwirtschaftlichen Betrieb zugehörig sind. Er endet, wenn die nach Ablauf der Pachtzeit für einzelne Flächen verbleibenden Grundstücke nicht mehr die Kriterien für einen Schlag aufweisen (BGHZ 175, 35f. = NVwZ-RR 2008, 297 = MDR 2008, 443). Auszugehen ist auch insoweit nicht davon, wie lange das Pachtverhältnis voraussichtlich angedauert hätte, sondern wie lange die Pachtfläche im Zeitpunkt des Zugriffs für den Pächter rechtlich gesichert war (BGHZ 156, 257, 265; siehe auch → **An- und Durchschneidung eines landwirtschaftlichen Schlages**.

Aus den **Urteilen des BGH zum Entzug von landwirtschaftlichen Nutzflächen** 565
(BGHZ 175, 35 = NVwZ-RR 2008, 297 = MDR 2008, 443; BGHZ 156, 257 = NJW 2004, 281; BGHZ 67, 190 = NJW 1977, 189) folgt: Dem landwirtschaftlichen Betrieb, einem eingerichteten und ausgeübten Gewerbebetrieb, gebührt ein eigenständiger und vom Grundstückseigentümer unabhängiger Anspruch auf Entschädigung der Beeinträchtigung durch An- und Durchschneidungen oder Umwege, wenn der besondere wirtschaftliche Wert, den das entzogene Grundstück für den Betrieb über den allgemeinen Verkehrswert des Grundstücks hatte, durch den Eingriff gemindert wird. Hierbei entsprechen die Beeinträchtigungen durch An- und Durchschneidungen und Umwege den besonderen betriebswirtschaftlichen Vorteilen aus der einheitlichen Bewirtschaftung unter Einschluss des Entzugsgrundstücks.

Bei einem vorübergehenden Entzug von Pachtflächen, etwa für bauzeitlich benötigte Arbeits- und Lagerflächen, ist dem Pächter eine Nutzungsausfallentschädigung zu gewähren. Inwieweit eine eventuell wegen Bodenverdichtung, Aushagerung, übermäßigen Unkrautbewuchs etc. zu leistende Entschädigung für Ernteeinbußen und erhöhten Arbeitsaufwand allein dem Pächter zusteht oder zwischen ihm und dem Eigentümer aufzuteilen ist, hängt von der Restlaufzeit des Pachtvertrages ab.

Bei der **Landpacht** ergeben sich einige **Sonderprobleme**: Der Pächter kann unter 566
bestimmten, im Gesetz genannten Voraussetzungen einen **Fortsetzungsanspruch** (§ 595 Abs. 1 BGB) haben, der andererseits unter bestimmten Umständen entfallen (Abs. 3) oder vom Verpächter unter den Voraussetzungen des Abs. 5 abgelehnt werden kann. Im Streitfall entscheidet das Landwirtschaftsgericht (Abs. 6). Auf diesen Fall sind die **zum Kündigungsschutz entwickelten Grundsätze** anzuwenden. Wenn die Voraussetzungen eines Fortsetzungsanspruches vorliegen und der Pächter dartun kann, dass er den Anspruch geltend gemacht hätte, so verstärkt dies seine Rechtsstellung als Pächter jedenfalls bis zu dem Zeitpunkt, für den eine Fortsetzung hätte erreicht werden können (vgl. BGHZ 156, 257 = NJW 2004, 281ff.; *de Witt/Schirp* AgrarR 1994, 109, 111). Da die Entschädigung für die Pacht sich – mindernd – auf die Entschädigung des Landeigentümers auswirken kann, wird im Einzelfall jeweils zu prüfen sein, ob und wie lange unter Beachtung der Interessen des Eigentümers ein Fortsetzungsverlangen berücksichtigt werden kann (*Obergrenze:* § 595 Abs. 3 Nr. 3, Abs. 6 S. 2 BGB). Liegt ein Fall des § 595 Abs. 3 BGB vor, in dem der Pächter ein Pachtverlangen nicht stellen kann, so scheidet ein Entschädigungsanspruch (für eine verlängerte Pacht) aus.

567 **Landpachtverträge** mit einer Laufzeit von mehr als zwei Jahren, die entgegen § 585a BGB **nicht in schriftlicher Form** (§ 126 BGB) geschlossen wurden, gelten **für unbestimmte Zeit geschlossen**. Bei diesem Schriftformerfordernis handelt es sich um zwingendes Recht, das nicht abdingbar ist (Palandt/*Weidenkaff*, § 585a Rn. 1). Ein solcher Landpachtvertrag ist gemäß § 594a BGB spätestens am 3. Werktag eines Pachtjahres für den Schluss des nächsten Pachtjahres kündbar. Ist in diesem Sinne der Landpachtvertrag formfehlerhaft, so hat der Pächter nur eine durch die Kündigungsmöglichkeit des § 594a BGB beschränkte Rechtsposition erworben. Die Auffassung, dass in solchen Fällen auf die gesicherte tatsächliche Erwartung für die Pachtdauer abgestellt werden müsse, sofern die Parteien des Landpachtvertrages sich nicht der Schriftform bewusst waren und die Schriftform nur „vergessen" haben (*de Witt/Schirp* AgrarR a. a. O. 111), ist deshalb abzulehnen. Eine Kündigung des Pachtvertrages unter Berufung auf den Formmangel ist grundsätzlich nicht rechtsmißbräuchlich (BGHZ 156, 257 = NJW 2004, 281 = BauR 2004, 306; Palandt/*Weidenkaff*, § 585a Rn. 2). Der Vorwurf unzulässiger Rechtsausübung gegen einen sich auf das Pachtende berufenden Verpächter, der arglistig und treuwidrig den Pächter von dessen Verlangen nach Abschluss eines schriftlichen Pachtvertrages abgehalten hat (*Soergel/Heintzman*, BGB, § 585a Rn. 13 unter Verweis auf § 550 Rn. 12), kann nicht dem Enteignungsbegünstigten entgegengehalten werden. Es bleibt also auch hier bei dem Grundsatz, dass maßgeblich nicht die *tatsächlich* gesicherte, sondern ausschließlich die ***rechtlich* gesicherte Besitzposition des Pächters** ist.

568 9. Zur Erstattung von Verwendungen, zu denen der Pächter **staatliche Zuschüsse** erhalten hat, vgl. BGHZ 59, 250, 255 = NJW 1973, 47, 49 = WM 1972, 1385, 1387.

569 10. Für wirtschaftliche Nachteile im Zusammenhang mit der Aufhebung oder Beendigung eines Miet- oder Pachtverhältnisses ohne eine gesetzliche Pflicht zur Entschädigung kann aus sozialstaatlichen Gründen ein **Billigkeitsausgleich** gewährt werden (BGHZ 83, 1 = NJW 1982, 2181; s. a. *Battis* in BKL, § 96 Rn. 7; *Reisnecker* in Brügelmann, § 96 Rn. 58). Rechtsgrundlagen hierfür sind etwa in § 181 BauGB oder Art. 18 BayEG zu finden. In Betracht kommen solche Fälle, in denen ein Pächter zwar ohne rechtliche Grundlage, aber in der begründeten Erwartung einer längerfristigen Nutzungsdauer **erhebliche Investitionen** getätigt hatte, die sich nach einem Zugriff auf die Pachtfläche im Zusammenhang mit dem Enteignungsunternehmen nun nicht mehr amortisieren können, (s. a. *Molodovsky/Bernstorff*, Art. 10 Erl. 5.2.1, 5.2.4) vgl. → **Härteausgleich**.

Minderwert (Wertminderung) des Restgrundstücks bzw. des Restbesitzes

1. Ein Anspruch auf Entschädigung eines Minderwertes kommt in Betracht, wenn lediglich ein **Grundstücksteil** oder ein **Teil eines räumlich oder wirtschaftlich zusammenhängenden Grundbesitzes** enteignet wird und der Eigentümer entweder keinen Übernahmeantrag gestellt hat oder dem Antrag nicht oder nicht in vollem Umfang stattgegeben wurde (vgl. §§ 96 Abs. 1 Nr. 2, 92 Abs. 3 BauGB; §§ 19 Nr. 2, 13 Abs. 2 LBeschG; §§ 8 Abs. 2, 9 PrEntG usw.). In § 8 Abs. 2 PrEntG heißt es darüber hinaus, „*dass die Entschädigung zugleich den Mehrwert umfasst, welchen der abzutretende Teil durch seinen örtlichen oder wirtschaftlichen Zusammenhang mit dem Ganzen hat*". Mehrwert und Minderwert sind der Nutzen, den der abgetretene Teil dem Ganzen leistet. Vom abgetretenen Teil her gesehen handelt es sich um den Mehrwert, vom verbleibenden Rest her um den Minderwert. Beide decken sich in der Regel und dürfen nicht zusammengezählt werden (RGZ 32, 350). Im Ergebnis kann der Nachteil, der durch die Aufhebung des Zusammenhanges entsteht, nur einmal entschädigt werden; dabei spielt es keine Rolle, ob er als Mehrwert des abgetretenen Teils oder als Minderwert (Wertminderung) des Restes bezeichnet wird. *Eger* (PrEntG § 8 Nr. 66) spricht von einem Zuviel, wenn Abs. 2 sowohl den Mehrwert des abgetretenen Teils als auch den Minderwert des Restes aufführt, und meint, streng genommen hätte das eine oder das andere genügt (vgl. BGH NJW 1997, 2119 = WF 1997, 152 = WM 1997, 1161). 570

2. Ein Grundstück im Rechtssinne, von dem ein Teil enteignet wird, ist ein räumlich abgegrenzter Teil der Erdoberfläche, der im Bestandsverzeichnis eines Grundbuchblattes ohne Rücksicht auf die Art seiner Nutzung unter einer besonderen Nummer eingetragen ist (seit RGZ 84, 265, 270 ständige Rechtsprechung). Ein räumlich zusammenhängender Grundbesitz ist vorhanden, wenn **mehrere Grundstücke desselben Eigentümers** aneinandergrenzen, also **eine räumliche Einheit** bilden. Eine Trennung durch Straßen, fremde Wege, Gräben usw. hebt den räumlichen Zusammenhang nicht auf. Für den wirtschaftlichen Zusammenhang kommt es darauf an, ob die mehreren Grundstücke, die verschiedenen Eigentümern gehören dürfen und räumlich getrennt sein können, **einem einheitlichen wirtschaftlichen Zweck**, z. B. einer Landwirtschaft, einem Kiesbetrieb oder einem anderen Gewerbebetrieb dienen. Allerdings erleidet bei einer Teilenteignung der Rest nicht immer eine noch besonders zu entschädigende Wertminderung. Voraussetzung ist, dass der Zusammenhang der beiden Teile dem Eigentümer besondere geldwerte Vorteile bringt. Beide Teile müssen infolge ihrer räumlichen oder wirtschaftlichen Verbindung **einen höheren Wert als den gewöhnlichen Verkaufswert der Einzelgrundtsücke** haben. Diesen höheren Wert will das Gesetz dem Eigentümer sichern. Fehlt es an einem solchen höheren Wert, dann stellt bereits die Entschädigung für den abgetretenen Teil eine vollständige Ent- 571

https://doi.org/10.1515/9783110682557-065

schädigung dar. Eine möglicherweise dennoch bestehende Wertminderung ist in der Entschädigung für den Rechtsverlust (Verkehrswert) enthalten.

572 3. Um die **Höhe der Entschädigung bei Teilenteignungen** zu ermitteln, bietet sich die Differenzberechnung an. Dem Verkehrswert des Grundstücks bzw. Grundbesitzes vor der Enteignung wird der Verkehrswert des Restes gegenübergestellt. Der Unterschied der Verkehrswerte ist die Entschädigung einschließlich des Minderwertes. Eine solche vereinfachte Entschädigungsermittlung erweist sich aber oft als nicht unbedenklich. Zu leicht werden dabei auch „Nachteile" erfasst, die entschädigungsrechtlich nicht bedeutsam sind. Enteignungsentschädigung kann eben nur für solche Nachteile beansprucht werden, die auf einer Einbuße an eigentumsmäßig geschützter Rechtsstellung beruhen. Ebenso wenig geeignet erscheint die sog. Durchschnittsberechnung. Hier wird zunächst in der üblichen Form der Wert des gesamten Grundstücks berechnet, danach über eine einfache Durchschnittsrechnung der Wert einer Einheit (z. B. Quadratmeter, Kubikmeter) und schließlich durch bloßes Multiplizieren der Wert des abgetretenen Teils oder des Restes. Diese Berechnungsart kann leicht zu unrichtigen Ergebnissen führen, vor allem, wenn Teile des Grundstücks eine selbständige wirtschaftliche Bedeutung haben oder unterschiedlich wertvoll sind. Deshalb bleibt meist nichts anderes übrig, als zuerst den **reinen Bodenwert des abgetretenen Teils** zu ermitteln und **anschließend den Minderwert**, der durch die Aufhebung des bestehenden Zusammenhanges eintritt.

573 Dabei ist vordringlich die Frage zu untersuchen, ob die beiden Teile **aus ihrer räumlichen oder wirtschaftlichen Verbindung einen besonderen Nutzen** ziehen. Das ist der Fall, wenn die Abtretung des einen Teils die Benutzbarkeit des anderen spürbar verschlechtert und der gesunde Grundstücksverkehr die Verschlechterung wertmindernd berücksichtigt. Darüber hinaus muss die Verschlechterung in der Benutzbarkeit auf einer Einbuße an geschützter Rechtsstellung beruhen (vgl. BGH NJW 1997, 2119 = WF 1997, 152 = WM 1997, 1161). Darum genügt nicht, dass Vorteile und Bequemlichkeiten verloren gehen, auf deren Fortbestand ohnehin kein Anspruch besteht, z. B. ein Geländestreifen wird weggenommen, der eine zusätzliche und kostensparende, aber unerlaubte Zufahrt ermöglichte.

Hierher gehört auch folgender Fall: Das **große Hofgrundstück eines Gutes** wird **durch eine Bundesstraße durchschnitten**. Dadurch wird nicht nur der jenseits der neuen Straße liegende Teil des alten Hofgrundstücks von der Hofstelle abgetrennt, sondern auch weitere Grundstücke desselben Eigentümers, die vom Hofgrundstück lediglich durch einen öffentlichen Wirtschaftsweg getrennt waren, können nur noch über einen längeren Umweg erreicht werden. Zweifelsohne haben alle Grundstücke eine räumliche bzw. wirtschaftliche Einheit gebildet, und diese Einheit wird durch die neue Straße, die nicht mehr beliebig überquert werden darf, aufgehoben bzw. im Wert gemindert. Dennoch kann nur eine **Wertminderung für den abgetrennten Teil des alten Hofgrundstücks** verlangt werden. Zwar werden auch die übrigen Grundstücke im Wert gemindert, jedenfalls würde der gesunde Grundstücksverkehr die verschlechterte Erreichbarkeit (Umweg) bei einem Verkauf des Gutes wertmindernd berücksichtigen. Aber der betroffene Eigentümer hatte keinen Anspruch darauf, den öffentlichen Wirtschaftsweg an der für den Betriebsablauf jeweils günstigsten Stelle zu überqueren. Die **Wertminderung der übrigen Grundstücke** beruht nicht auf einer Einbuße an geschützter Rechtsstellung und ist deshalb **enteignungsrechtlich unerheblich**. Denn ein Umweg ist als Wertminderung nur entschädigungspflichtig, wenn die Benutzung des alten Weges auf ganzer Länge rechtlich gesichert war (vgl. dazu *Kreft* Enteignungsentschädigung III, S. 20f. und die dort angeführte Rechtsprechung z.B. BGH NVwZ 1984, 467 = BRS 45 Nr. 120).

Daraus ergibt sich zugleich, dass der **räumliche oder wirtschaftliche Zusammenhang**, wie er oben unter Rn. **571** dargestellt ist, **rechtlich abgesichert** sein muss, wenn aus seiner Aufhebung ein Anspruch auf Entschädigung eines Mehr- bzw. Minderwertes hergeleitet werden soll. Fremde Straßen, Wege und Gräben unterbrechen darum enteignungsrechtlich gesehen den räumlichen Zusammenhang, wenn sich der betroffene Eigentümer nicht ihre Mitbenutzung z.B. durch eine Dienstbarkeit oder einen Gestattungsvertrag gesichert hat. Folglich kann auch kein Lagezuschlag wegen Hofnähe (Mehrwert) gefordert werden, wenn zwischen der Hofstelle und dem abgetretenen Grundstück ein öffentlicher Wirtschaftsweg liegt. Die durch den Weg derzeit gewährte günstige Verbindung zwischen beiden Grundstücken gehört nicht zu der von Art. 14 GG umfassten Rechtsstellung des Eigentümers (BGH WF 1986, 220, 222 = RdL 1986, 158, 160). Vgl. auch → **Lagezuschlag bei Teilabtretung**. 574

4. **Weitere Beispiele:**

a) Einem eingerichteten und ausgeübten Gewerbebetrieb wird ein unmittelbar an die Betriebsstätte angrenzendes **Vorratsgelände entzogen**. Solches Gelände ist für den Eigentümer des Betriebes mehr wert als gleiches, aber entfernt liegendes Gelände. Zur Frage der Berechnung der Wertminderung siehe → **Zugehörigkeit eines Grundstücks zum Gewerbebetrieb**. 575

b) Aus einem mit einem Wohnhaus bebauten Grundstück wird ein **Teil des rückwärtigen Gartens** für den Bau einer Autobahn benötigt. Nach Eröffnung des Verkehrs ist das Restgrundstück Verkehrseinwirkungen (Staub, Lärm, Abgasen usw.) ausgesetzt. Ein Teil dieser Beeinträchtigungen ist die Folge der Enteignung; denn wenn die Autobahn an der Grundstücksgrenze entlanggeführt worden wäre (Parallelverschiebung), wären die Störungen geringer. Dem Eigentümer sind Möglichkeiten genommen, sich kraft seines Eigentums gegen Einwirkungen von außen zu schützen. Bei der Ermittlung der Entschädigung nach dem **Differenzverfahren** ist der Wert des Grundstücks mit der Autobahn an der Grundstücksgrenze mit dem Wert des Restgrundstücks zu vergleichen. Siehe auch → **Verkehrseinwirkungen**. 576

c) Durch die Wegnahme eines Teiles wird **ein landwirtschaftlich genutztes Grundstück in der Form verschlechtert** oder/und nicht unerheblich verkleinert oder gar in 577 zwei Teile zerschnitten. Die Folge ist, dass sich der Rest nur noch unter Erschwernissen bewirtschaften lässt. Es entstehen unwirtschaftliche Winkel, die Arbeitslängen werden kürzer, Mehrwege müssen gefahren werden usw. Die dadurch ausgelöste Wertminderung wurde bisher anhand der höheren Arbeits- und Maschinenkosten und der Mindererträge berechnet. Dies ist unproblematisch, wenn der Eigentümer die landwirtschaftliche Nutzfläche selbst bewirtschaftet. Wird das landwirtschaftlich genutzte Grundstück jedoch von dem Pächter bewirtschaftet, ist das Urteil des BGH in BGHZ 175, 35 zu berücksichtigen. Danach steht dem eingerichteten und ausgeübten landwirtschaftlichen Gewerbebetrieb als Bewirtschafter ein eigenständiger und vom Grundstückseigentümer unabhängiger **Anspruch auf Entschädigung von Bewirtschaftungserschwernissen** zu. Die Verkehrswertminderung für den nicht bewirtschaftenden Eigentümer ist daher grundsätzlich nicht mehr anhand der Wirtschaftserschwernisse, sondern vielmehr auf der Grundlage von Daten des Grundstücksmarktes sachverständig zu ermitteln (Auswirkungen von Form und Größe auf den Grundstückwert); so auch LandR 19, Nr. 2.2.1. Entsprechendes gilt, wenn **ein Teil eines zusammenhängenden Grundbesitzes durchschnitten** wird. Auch hier kommt es darauf an, wie der gesunde Grundstücksverkehr den Verlust des Grundstückszusammenhangs und die Einschränkung der Nutzungsmöglichkeit für die Restfläche beurteilt.

Entschädigungsrechtlich erheblich sind hierbei nur solche Nachteile, die auf einer Einbuße an eigentumsmäßig geschützter Rechtsstellung beruhen. Das kann der Fall sein bei einem **Land- oder Forstgut**, das sich durch eine **geschlossene Lage** auszeichnet. Eine geschlossene Lage ist vorhanden, soweit die Grundstücke des Gutes eine räumliche Einheit bilden, nach außen einen regelmäßigen Grenzverlauf aufweisen, also keine fremden Grundstücke hineinragen, und im Wesentlichen durch eigene Wege erschlossen werden. Dabei wird eine Rolle spielen, in welchem Maße öffentliche Wirtschaftswege, fremde Wasserläufe und Leitungen das Gut durchziehen. Sie heben zwar die räumliche Einheit nicht auf, beeinträchtigen aber die geschlossene Lage, weil sie bestehende Nutzungsmöglichkeiten einschränken können. Klassifizierte Straßen (Kreis-, Landes- oder Bundesfernstraßen) und Eisenbahnen dagegen trennen so nachhaltig, dass eine geschlossene Lage verneint werden muss. Als Nachteile, die eine weitere Wertmindung rechtfertigen können, kommen in Betracht: geminderter Verkehrswert für kleine Hofeinheiten bzw. kleinere Grundstücke, Schwierigkeiten bei der Einführung technischer Neuerungen, die bestimmte Flächengrößen voraussetzen, Verlust von rechtlich gesicherten Annehmlichkeiten, soweit der Markt ihnen, gemessen am jeweiligen Eigentum, einen Geldwert beimisst (z. B. ruhige und ungestörte Lage eines Wohnhauses inmitten von Eigentumsflächen). Beim Verlust rechtlich gesicherter Annehmlichkeiten ist aber auch zu fragen, ob und inwieweit diese Nachteile bei einer Verwirklichung der Maßnahme an der Grundstücksgrenze das Grundstück getroffen hätten; insoweit ist das Eigentum nicht geschützt, und sie dürfen insoweit auch nicht berücksichtigt werden. Vgl. auch → **Arrondierungsschaden**; dort finden sich zusätzlich Hinweise zur Ermittlung der Höhe der Entschädigung.

Friedrich

d) Wird das betroffene Grundstück gewerblich genutzt – beispielsweise als Lagerplatz –, stellt sich die Frage, ob die **betrieblichen Abläufe auf der Abtretungsfläche auf das Restgrundstück übertragen** werden können. Die Kosten etwaiger zusätzlicher Einrichtungen wären die Entschädigung. Dabei ist der Betroffene zu zumutbaren Maßnahmen zur Verhinderung der Auswirkungen einer Teilenteignung verpflichtet (§§ 242, 254 BGB, ebenso *Schütz/Frohberg* § 96 Anm. IV 2). Soll die Teilenteignung durch geeignetes Ersatzland ausgeglichen werden, ist der Betrag für den Kauf des Ersatzlandes die passende Entschädigung. Wenn solche Erwägungen nicht zum Ziele führen, kann daran gedacht werden, die Betriebsverkleinerung auf der Grundlage des Umsatzrückganges (Deckungsbeitragsverlust) zu entschädigen. Mit der so ermittelten Entschädigung ist bereits eine volle Entschädigung gewährt; für die entzogenen Sachwerte kann grundsätzlich keine weitere Entschädigung beansprucht werden (vgl. *Aust* Straße und Autobahn, 1970, 289). So ist jedenfalls zu verfahren, wenn die Betriebsverkleinerung als Dauerschaden eingestuft wird. Bei einem zeitlich begrenzten Schaden sind die entzogenen Sachwerte hingegen wie üblich zu entschädigen. Jedoch ist der abstrakte Zinsertrag aus dieser Entschädigung auf den Deckungsbeitragsverlust (Erwerbsverlust) anzurechnen, und nur der noch verbleibende Verlust ist daneben auszugleichen. Siehe auch → **Gewerblich genutztes Grundstück** und die dort vorgeschlagene Lösung. 578

e) Bei einer Zerschneidung eines einheitlich genutzten Grundstücks mit der Folge, dass zwei Trennstücke übrig bleiben, wird der **Nachteil aus der Aufhebung des Zusammenhanges** besonders deutlich. Durch den Verlust der unmittelbaren Verbindung entstehen, wenn die einheitliche Benutzung fortgeführt werden soll, regelmäßig **entschädigungspflichtige Mehrwege**. Daneben kann je nach der Art der Grundstücksnutzung z. B. die Versorgung des einen Trennstücks mit Energie, Wärme, Wasser usw. unterbrochen sein. Der Ausgleich dieser Nachteile ist meist mit erheblichen Kosten verbunden, so dass zu überlegen sein wird, wenn nicht schon ohnehin eine Übernahmepflicht besteht, ob es nicht wirtschaftlich sinnvoll ist, eines oder beide Trennstücke zu übernehmen. 579

f) Ein räumlich zusammenhängender Grundbesitz wird unabhängig voneinander auf mehrfache Weise genutzt (Landwirtschaft und Kiesgrube). Durch die **Wegnahme eines Teiles geht die Betriebsfläche des einen Betriebes verloren**. Infolge des fehlenden Zusammenhanges zwischen den beiden Betrieben ist die Beendigung der räumlichen Nähe nur äußerlich, und der andere Betrieb wird in der Regel im Wert nicht gemindert sein. Ebenso wird in all den Fällen, in denen die entzogene Teilfläche von geringer Größe ist, gemessen an der Größe des Grundbesitzes, keine Wertminderung in Betracht kommen. Die Benutzung des Restes wird dadurch nicht erschwert und auch sonst nicht beeinträchtigt. 580

Mittel des allgemeinen Verwaltungsvollzuges

581 1. Soll zugunsten des Bundes, eines Landes, eines Gemeindeverbandes, einer Gemeinde oder einer Körperschaft, Anstalt oder Stiftung des öffentlichen Rechts **vollstreckt** werden, so richtet sich die Vollstreckung grundsätzlich nach dem Verwaltungsvollstreckungsgesetz des Bundes (vgl. § 169 Abs. 1 S. 1 VwGO; OVG Lüneburg NVwZ-RR 1991, 387; *W.-R. Schenke* in Kopp/Schenke, § 169 Rn. 1). Geht es um den Vollzug einer Enteignung oder Besitzeinweisung, so wird die Vollstreckung durch Organe der Länder nach deren **landesrechtlichen Bestimmungen** vorgenommen (§ 169 Abs. 2 VwGO). Maßgebend sind die Verwaltungsvollstreckungsvorschriften der Länder (vgl. OVG Lüneburg NVwZ-RR a. a. O.; *W.-R. Schenke* in Kopp/Schenke, § 169 Rn. 1, 8). Im Folgenden wird daher von dem Bayerischen Verwaltungszustellungs- und Vollstreckungsgesetz – BayVwZVG – (i. d. F. der Bekanntmachung vom 11.11.1970, neugefasst am 01.01.1983, BayRS II, 232, Gliederungs-Nr: 2010-2-I) ausgegangen.

582 Bei der **Enteignung und** der **Besitzeinweisung** geht es, soweit von dem Enteignungsbegünstigten vollstreckt werden soll, um die ***Erzwingung von Duldungen***, nämlich die Duldung der Übernahme des unmittelbaren Besitzes des enteigneten Vermögensgutes durch den Enteignungsunternehmer. Voraussetzung für den Verwaltungsvollzug ist der Erlass eines Verwaltungsaktes, der auf Herausgabe einer Sache, die Vornahme einer Handlung oder auf Duldung bzw. Unterlassung gerichtet ist. Um einen vollstreckbaren Titel darzustellen, muss dieser Verwaltungsakt entweder unanfechtbar oder im öffentlichen Interesse für sofort vollziehbar erklärt worden, sein **(§ 80 Abs. 2 Nr. 4 VwGO)**. Hat allerdings der Betroffene mit Erfolg nach Einlegung eines Rechtsbehelfs die Anordnung der Wiederherstellung der aufschiebenden Wirkung bei Gericht beantragt **(§ 80 Abs. 5 VwGO)**, bildet der angegriffene Verwaltungsakt keine taugliche Grundlage für Vollzugsmaßnahmen.

583 **Vollstreckungsbehörde** (zum Begriff s. Art. 20 Nr. 2 BayVwZVG) ist diejenige, die den **Verwaltungsakt erlassen** hat (Art. 30 Abs. 1 S. 1 BayVwZVG). Sie ist auch örtlich zuständig. Muss eine Vollzugsmaßnahme außerhalb des Bezirkes dieser Behörde ausgeführt werden, hat sie gemäß Art. 30 Abs. 2 S. 1 Hs. 2 BayVwZVG die zuständige Kreisverwaltungsbehörde um Durchführung des Verwaltungszwangs zu ersuchen. Mit Zugang des rechtmäßigen Ersuchens wird diese Behörde *Vollstreckungsbehörde* und hat damit die entsprechenden rechtlichen Befugnisse.

584 **Vollstreckungsmaßnahmen** sind Zwangsgeld, Ersatzvornahme, Ersatzzwangshaft und unmittelbarer Zwang (Art. 29 Abs. 2 BayVwZVG). Die ***Auswahl*** unter verschiedenen Vollzugsmaßnahmen unterliegt dem **Gebot der *Verhältnismäßigkeit***, ebenso die Anwendung des Zwangsmittels (Art. 29 Abs. 3 BayVwZVG). Dabei ist zu bedenken, dass Zwangsmaßnahmen Beuge- und keine Ahndungsmittel sind, also keinen Strafcharakter haben. Das Zwangsmittel muss in einem angemessenen Verhältnis zu seinem Zweck stehen; von mehreren möglichen Zwangsmitteln muss dasjenige gewählt werden, das den Betroffenen und die Allgemeinheit am wenigsten beeinträchtigt (Art. 29 Abs. 3 S. 2 BayVwZVG).

Pasternak
https://doi.org/10.1515/9783110682557-066

Das **Zwangsgeld** ist gegenüber der Ersatzzwangshaft und dem unmittelbaren Zwang in der Regel die **weniger einschneidende Vollzugsmaßnahme**. Es soll den Betroffenen beeinflussen, der im Verwaltungsakt enthaltenen Anordnung ohne weiteren Zwang nachzukommen. Die Höhe des Zwangsgeldes ist landesrechtlich festgelegt; sie beträgt in Bayern zwischen 15 € und höchstens 50.000 € und soll sich an dem wirtschaftlichen Interesse, das der Pflichtige an der Vornahme oder am Unterbleiben der Handlung hat, orientieren (Art. 31 Abs. 2 S. 2 BayVwZVG).

Führt das Zwangsgeld nicht zum Ziel oder ist es untunlich, kommt eine **Ersatzvornahme** nach Art. 29 Abs. 2 Nr. 2 BayVwZVG **nicht in Betracht**, weil es zumeist um die Durchsetzung von auf Duldung gerichteten Verwaltungsakten, z.B. Duldungsanordnung für Vorarbeiten (→ **Vorarbeiten**), also um **nicht *vertretbare* Handlungen** (Art. 32 S. 1 BayVwZVG) geht. Allerdings kann die Vollstreckungsbehörde den Betroffenen in diesem Fall zur Handlung, Duldung oder Unterlassung durch Anwendung körperliche Gewalt gegen den Pflichtigen selbst oder gegen Sachen zwingen (**unmittelbarer Zwang**, Art. 34 BayVwZVG). Art und Weise des unmittelbaren Zwanges bestimmen sich ebenfalls nach landesrechtlichen Vorschriften. Die Dienstkräfte der Vollzugsbehörden dürfen bei Anwendung unmittelbaren Zwanges ohne besondere gesetzliche Ermächtigung keine Waffengewalt anwenden.

Wenn weder die Festsetzung von Zwangsgeldern noch die Durchführung unmittelbaren Zwangs erfolgsversprechend sind, kann in Bayern das zuständige ***Verwaltungsgericht*** auf Antrag der Vollstreckungsbehörde **Ersatzzwangshaft** anordnen (Art. 33 Abs. 1 S. 1 BayVwZVG), die von der Justizverwaltung nach den §§ 802g Abs. 2, 802h und 802j ZPO vollstreckt wird (Art. 33 Abs. 3 BayVwZVG). Der Pflichtige ist bereits bei der Androhung von Zwangsgeld auf die Möglichkeit der Ersatzzwangshaft hinzuweisen und zuvor vom Gericht anzuhören (Art. 33 Abs. 1 BayVwZVG). Die Dauer der Haft beträgt mindestens einen Tag. Sie darf höchstens zwei Wochen aufrechterhalten werden (Art. 33 Abs. 2 BayVwZVG).

2. Die **Anwendung eines Zwangsmittels** – Zwangsgeld oder unmittelbarer Zwang – **585**
muss (abgesehen von Fällen zur Verhinderung strafbarer Handlungen oder zur Abwendung einer drohenden Gefahr, Art. 35 BayVwZVG) **vorher schriftlich angedroht** werden. Hierbei ist für die Erfüllung der Verpflichtung eine Frist zu bestimmen, innerhalb der der Vollzug dem Betroffenen billigerweise zugemutet werden kann (Art. 36 Abs. 1 BayVwZVG). Die Androhung ist selbst ein Verwaltungsakt i.S. Art. 35 BayVwVfG und Grundlage für die Anwendung von Zwangsmitteln. In der Praxis wird diese zwingend vorgeschriebene Androhung häufig **mit dem Verwaltungsakt verbunden**, durch den die Handlung, Duldung oder Unterlassung angeordnet wird. Sie ***soll*** mit ihm **verbunden** werden, wenn er im öffentlichen Interesse für sofort vollziehbar erklärt worden ist oder den Rechtsbehelfen keine aufschiebende Wirkung zukommt (Art. 36 Abs. 2 S. 2 BayVwZVG). Die Androhung muss sich auf ein bestimmtes Zwangsmittel beziehen; werden mehrere Zwangsmittel angedroht, ist ihre Reihenfolge anzugeben, da mehrere Zwangsmittel nicht gleichzeitig angewendet werden dürfen (Art. 36 Abs. 3 BayVw-

ZVG). Wird *Zwangsgeld* angedroht, muss dessen Höhe angegeben werden (Art. 36 Abs. 5 BayVwZVG). Die **Androhung** ist **zuzustellen**, und zwar auch dann, wenn sie mit dem zugrundeliegenden Verwaltungsakt verbunden und für ihn keine Zustellung vorgeschrieben ist (Art. 36 Abs. 7 BayVwZVG).

586 Erfüllt der Betroffene innerhalb der in der Androhung gesetzten Frist die ihm auferlegte Verpflichtung nicht, so wendet die Vollzugsbehörde **Zwangsmittel so lange** an, bis diese **erfüllt** ist (Art. 37 Abs. 1 S. 2 BayVwZVG; bei Ersatzzwangshaft darf die insgesamt festgesetzte Dauer jedoch vier Wochen nicht übersteigen Art. 37 Abs. 1 S. 3 BayVwZVG). Sie hat aber auch die Möglichkeit, zu anderen Zwangsmitteln überzugehen. Leistet der Betroffene bei unmittelbarem Zwang Widerstand, so kann dieser mit Gewalt gebrochen werden; die Polizei hat auf Verlangen der Vollzugsbehörde Amtshilfe zu leisten (Art. 37 Abs. 2 BayVwZVG). Der **Vollzug** ist **einzustellen**, sobald **sein Zweck erreicht** ist (Art. 37 Abs. 4 S. 1 BayVwZVG).

587 In der Praxis enthält der zu vollstreckende Verwaltungsakt in der Regel **von vornherein** die **Androhung der Anwendung unmittelbaren Zwangs** für den Fall, dass sich der Betroffene der Vollstreckung widersetzt und die Festsetzung einer bestimmten Frist zur Erfüllung der Verpflichtung. Anderenfalls muss dies, wenn sich der Betroffene gegen eine Vollstreckung wehrt, in einem besonderen Verwaltungsakt nachgeholt werden. Setzt sich der Betroffene physisch zur Wehr, so kann die Behörde die örtlich zuständige Polizei um Amtshilfe ersuchen – am besten schriftlich, in dringenden Fällen mündlich – und den Widerstand durch sie brechen lassen (oben Rn. **584**).

588 Der Betroffene kann sich gegen die Vollstreckung aus einem Verwaltungsakt durch **Widerspruch und Klage vor den Verwaltungsgerichten** (Art. 38 BayVwZVG i.V.m. §§ 68ff. VwGO) zur Wehr setzen. Widerspruch und Anfechtungsklage haben **aufschiebende Wirkung**. Nur in den in § 80 Abs. 2 VwGO aufgezählten Fällen entfällt die aufschiebende Wirkung, doch kann bei Widerspruch die Widerspruchsbehörde in diesen Fällen die Vollziehung aussetzen und das Gericht der Hauptsache die aufschiebende Wirkung anordnen oder wiederherstellen (§ 80 Abs. 1, 2, 4 und 5 VwGO). Soweit der Begünstigte zur Durchsetzung rechtsgestaltender Verwaltungsakte (z.B. Besitzeinweisungsbeschluss) von **zivilprozessualen Mitteln – einstweilige Verfügung und/oder Klage** – Gebrauch macht, stehen dem Betroffenen die normalen prozessualen Rechtsbehelfe zur einstweiligen Einstellung der Zwangsvollstreckung (§ 936, § 924 Abs. 3, § 707 Abs. 1 ZPO) zu Gebote.

589 3. Für die Androhung und Anwendung von Vollzugsmaßnahmen werden von dem Betroffenen nach Maßgabe einer Kostenordnung **Kosten (Gebühren und Auslagen)** erhoben (Art. 41 Abs. 1 S. 1 BayVwZVG). Kostengläubiger ist der Rechtsträger, dessen Behörde die Androhung oder Anwendung der Vollzugsmaßnahme vornimmt, bei Auslagen auch der Rechtsträger, bei dessen Behörde die Auslagen entstanden sind (z.B. die Polizei, wenn sie bei Anwendung des unmittelbaren Zwanges Amtshilfe leistet).

4. **Besitzeinweisung**: Auf welche Weise sich der Eingewiesene nötigenfalls **zwangsweise** die ihm nunmehr zustehende **Sachherrschaft verschaffen** kann, sollte sich der Eigentümer bzw. bisherige Besitzer – z. B. mit physischer Gewalt – gegen die tatsächliche Besitzergreifung zur Wehr setzen, ist im Gesetz nicht ausdrücklich geregelt (s. § 116 BauGB, § 18f FStrG, § 40 LBG etc.). 590

Grundsätzlich stehen ihm hierfür aber **zwei Möglichkeiten** offen (*Holtbrügge* in BK, § 116 Rn. 15):

4.1. Der ersten liegt die Feststellung zugrunde, dass dem Eingewiesenen als Folge der Besitzeinweisung nicht lediglich ein Recht zum Besitz eingeräumt, sondern dieser unmittelbar auf ihn übertragen, wird. Dem bisherigen Besitzer wird der Besitz entzogen, und stattdessen wird der Eingewiesene neuer Besitzer (§ 116 Abs. 3 BauGB, § 18f FStrG, § 40 LBG). Besonderer Handlungen seitens des Eingewiesenen bedarf es hierzu nicht (*Reisnecker* in Brügelmann, § 116 Rn. 38; *Breuer* in Schrödter, § 116 Rn. 13). Allein mit dem Wirksamwerden der vorzeitigen Besitzeinweisung an dem im Beschluss genannten Tag findet also **kraft Gesetz ein Besitzwechsel** statt, der dazu führt, dass dem Eingewiesenen nunmehr alle Rechte eines Besitzers nach § 854 BGB zustehen (BGH NVwZ 1984, 602; BGHZ 88, 337; OLG Hamm, Urt. v. 16.10.2014 – I U 83/14; OLG Rostock, Urt. v. 23.12.2015 – 3 U 56/15; OVG SH, Beschl. v. 20.03.2018 – 1 MR 1/18; s. a. *Holtbrügge* in BK, § 116 Rn. 15; *Dyong*/*Groß* in EZBK, § 116 Rn. 16; *Battis* in BKL, § 116 Rn. 7). 591

Widersetzt sich der Eigentümer der tatsächlichen Besitzergreifung durch den Eingewiesenen und behindert die Aufnahme der von diesem auf dem Grundstück geplanten Arbeiten, indem er etwa den Zugang zum Grundstück versperrt oder darauf verbrachte größere Gegenstände nicht entfernt, so übt er gegen ihn **„verbotene Eigenmacht" i. S. v. § 858 BGB** aus (BGH NVwZ 1984, 602; BGHZ 88, 337; offen gelassen BGHZ 96, 1; OLG Hamm, Urt. v. 16.10.2014 – I U 83/143;s. a. *Dyong*/*Groß* in EZBK, § 116 Rn 16).

Die **Rechtsstellung des Eingewiesenen** ist insoweit mit der eines Besitzerbens nach § 857 BGB vergleichbar (so *Reisnecker* in Brügelmann, § 116, Rn. 38). Auch dieser erlangt zunächst Besitz ohne tatsächliche Sachherrschaft (*Gies* in jurisPK – BGB, § 857, Rn. 10). Gleichwohl gelten auch für ihn die Besitzschutzregelungen der §§ 858 ff. BGB einschließlich der Gewaltrechte aus § 859 BGB, so dass er gegen verbotene Eigenmacht vorgehen kann (LG Köln, Beschl. v. 24.04.1996 – 1 T 82/96; so auch Staudinger/*Gutzeit*, § 857 BGB, Rn. 14; Palandt/*Herrler*, § 857 Rn. 4; *Götz* in BeckOGK, § 857 BGB, Rn. 29).

Der Eingewiesene kann daher auf der Grundlage des Zivilrechts gegen den Eigentümer bzw. früheren Besitzer vorgehen und mit Gewalt **seine Entsetzung nach § 859 Abs. 3 BGB** betreiben oder Wiedereinräumung oder **Unterlassung der Besitzstörung nach §§ 861, 862 BGB** fordern (BGH, Beschl. v. 07.11.2019 – V ZB 12/16; *Breuer* in Schrödter, § 116 Rn. 13; *Dyong*/*Groß* in EZBK, § 116 Rn 16). Ausdrücklich regelt etwa das BayEG die zivilrechtliche Zwangsvollstreckung der im Besitzeinweisungsbeschluss festgesetzten Leistungen, da es diesen einem vollstreckbaren Titel gleichstellt (Art. 39 Abs. 6, Art. 38 Abs. 1 BayEG i. V. m. §§ 704, 725 ZPO).

592 Dem steht nicht das Argument entgegen, dass Schutzobjekt der „verbotenen Eigenmacht" die tatsächliche Sachherrschaft eines unmittelbaren Besitzers ist (BGHZ 180, 300; *Elzer* in Erman, § 858 Rn. 2; *Götz* in BeckOGK, § 859 Rn. 9; *Schulte-Nölke* in HK-BGB, § 864 Rn. 2), weshalb die Besitzschutzansprüche der §§ 859 ff. BGB dem Eingewiesenen erst ab dem Zeitpunkt zustünden, an dem er sie erlangt hätte. Diese Ansicht, die im Ergebnis dazu führt, dass der Eingewiesene seinerseits „verbotene Eigenmacht" gegen den Eigentümer bzw. früheren Besitzer ausüben würde, sollte er ohne dessen Zustimmung den Besitz ergreifen (Soergel/*Mühl* § 858 BGB Rn. 24), vermag letztlich nicht zu überzeugen (anders noch in der Vorauflage). Denn sie lässt außer Acht, dass der Besitzeinweisungsbeschluss dem Begünstigten nicht nur ein Recht auf Erlangung des Besitzes verschafft, sondern diesen unmittelbar und rechtsgestaltend – unter Entziehung von dem bisherigen Besitzer – auf ihn überträgt, wodurch er die **Rechtsstellung eines unmittelbaren Besitzers** erlangt (s. Staudinger/*Gutzeit*, § 854 Rn. 62, § 858 Rn. 54; zu den Besitzschutzansprüchen des Erben: *ders.* § 857 Rn. 14; MüKoBGB/*Schäfer* § 857 Rn. 9; *Götz* in BeckOGK, § 857 BGB Rn. 29).

593 4.2. Andererseits handelt es sich bei dem **Besitzeinweisungsbeschluss** um einen **rechtsgestaltenden Verwaltungsakt** i. S. d. § 35 VwVfG (bzw. Art 35 Satz 1 BayVwVfG; s. BGHZ 88, 337) **mit vollstreckungsfähigem Inhalt**. Wenngleich ein Verwaltungsakt dem Begünstigten regelmäßig lediglich das Recht zum Besitz, nicht aber diesen selbst einräumt, messen die Regelungen über die Besitzeinweisung dem Besitzeinweisungsbeschluss aber gerade diese Wirkung bei (s. Staudinger/*Gutzeit*, § 854 Rn. 62). Die Enteignungsbehörde ist daher nicht nur berechtigt, sondern sogar verpflichtet – nötigenfalls unter Anwendung von Verwaltungszwang –, auf entsprechenden Antrag des Eingewiesenen ihre Besitzeinweisungsanordnung gegen den Eigentümer bzw. früheren Besitzer durchzusetzen, sollte dieser dessen Ausübung von tatsächlicher Gewalt über das ihm zugewiesene Grundstück behindern (OVG Lüneburg, Beschl. v. 25.01.1983 – 14 B 58/82; OVG SH, Beschl. v. 20.03.2018 – 1 MR 1/18; OLG Rostock, Beschl. v. 23.12.2015 – 3 U 56/15; *Breuer* in Schrödter, § 116, Rn. 13; *Dyong/Groß* in EZBK, § 116 Rn 16; siehe auch § 72 Abs. 2 Satz 2 BauGB, wonach die Gemeinde ausdrücklich dazu verpflichtet wird, den Beteiligten die ihnen nach dem Umlegungsplan zustehenden neuen Besitz- und Nutzungsrechte erforderlichenfalls mit den Mitteln des Verwaltungszwangs zu verschaffen).

Handelt es sich um einen **Besitzeinweisungsbeschluss nach dem FStrG**, braucht weder dessen Unanfechtbarkeit abgewartet noch muss er ausdrücklich für sofort vollziehbar erklärt werden. Denn nach **§ 18f Abs. 6a S. 1 FStrG** hat ein Rechtsbehelf gegen die vorzeitige Besitzeinweisung keine aufschiebende Wirkung (s. a. § 224 S. 1 Nr. 3 BauGB; anders: § 38 LBG gemäß § 58 LGB i. V. m. § 80 Abs. 1 VwGO, siehe BayVGH, Beschl. v. 29.07.1976 – 99 IX/76). Somit können **derartige Beschlüsse kraft Gesetzes sofort vollzogen** werden. Ein Antrag auf Anordnung der aufschiebenden

Wirkung nach § 80 Abs. 5 Satz 1 VwGO kann in diesen Fällen nur innerhalb eines Monats nach Zustellung des Besitzeinweisungsbeschlusses gestellt und begründet werden (§ 18f Abs. 6 S. 2 FStrG).

Welchem der beiden aufgezeigten Wege der **Vorzug** gebührt, ist umstritten. So 594
wird teilweise – auch unter Berücksichtigung der Besonderheiten des verwaltungsgerichtlichen Vollstreckungsschutzes – die verwaltungsrechtliche Durchsetzung der Abwehransprüche für sachnäher gehalten, zumal die Position des Eingewiesenen ebenfalls auf einem Verwaltungsakt beruht (OLG Rostock, Beschl. v. 23.12.2015 – 3 U 56/15). Andererseits wird unter dem Aspekt, dass die Störung der Sachherrschaft als „verbotene Eigenmacht" zu qualifizieren sei, auch ein Vorgehen ausschließlich nach bürgerlichem Recht für vertretbar gehalten (s. hierzu *Dünchheim* in Marschall, § 18f Rn. 28).

Letztlich wird der Eingewiesene anhand einer Beurteilung der konkreten Umstände **im Einzelfall zu entscheiden** haben, ob er Beeinträchtigungen seines Besitzrechts einfacher, schneller und effektiver mit zivilrechtlichen oder mit verwaltungsrechtlichen Mitteln durchsetzen kann.

5. Der **Eigentümer bzw. frühere Besitzer** kann seinerseits die mit der tatsächlichen 595
Besitzergreifung verbundenen Störungen des aus seiner Sicht zu Unrecht in den Besitz Eingewiesenen **nicht** mit **eigenen Besitzschutzansprüchen** auf dem Zivilrechtsweg abwenden. Denn der ordentliche Rechtsweg ist stets dann ausgeschlossen, wenn die abzuwehrende Störung auf die Ausübung staatlicher Herrschaftsgewalt zurückgeht und die Vollstreckung eines der Klage stattgebenden Urteils zur Aufhebung oder Änderung der hoheitlichen Maßnahme führen würde. Entsprechendes gilt, wenn ein durch vorzeitige Besitzeinweisung begründetes Besitzrechtsverhältnis durch das dieser zugrunde liegende öffentlich-rechtliche Rechtsverhältnis überlagert wird (BGH MDR 2020, 501 unter Verweis auf BGHZ 41, 264 und BGH WM 1972, 256; s. auch OLG Rostock v. 23.12.2015 – 3 U 56/15).

Es verbleibt folglich für ihn nur die Option, den **Besitzeinweisungsbeschluss** selbst entsprechend der in der VwGO für Verwaltungsakte vorgesehenen Möglichkeiten mit **Widerspruch und Klage vor den Verwaltungsgerichten** anzugreifen. Diesen Rechtsmitteln kommt gemäß § 80 Abs. 1 VwGO grundsätzlich aufschiebende Wirkung zu, so dass der Eingewiesene bis zu einer endgültigen Entscheidung nicht berechtigt wäre, das Grundstück tatsächlich in Besitz zu nehmen und den Eigentümer bzw. bisherigen Besitzer von der Nutzung auszuschließen (vgl. → **Besitzeinweisung und Besitzeinweisungsentschädigung**). Entfällt aufgrund bundes- oder landesrechtlicher Regelungen – wie etwa in § 18f FStrG, s.o. – ihre aufschiebende Wirkung gemäß § 80 Abs. 2 S. 1 Nr. 3 VwGO, kann das Gericht der Hauptsache auf Antrag die aufschiebende Wirkung ganz oder teilweise wieder anordnen (§ 80 Abs. 5 S. 1 VwGO).

Bleibt die **Anfechtung** der vorzeitigen Besitzeinweisung im Ergebnis **erfolglos**, muss sich der Eigentümer aber die von ihm während der Anfechtungszeit gezogenen

Grundstücksnutzungen auf die ihm als Besitzeinweisungsentschädigung geschuldete Verzinsung der Enteignungsentschädigung **anrechnen lassen** (BGHZ 88, 337).

Mitverschulden, Mitverursachung, Schadensminderungspflicht (§ 254 BGB)

596 1. Die Frage, ob bei der Bemessung der Enteignungsentschädigung ein etwaiges Mitverschulden oder eine Mitverursachung des Betroffenen zu berücksichtigen wäre, wurde vom Reichsgericht, das davon ausging, dass die Bestimmung des § 254 BGB auf einen Schadensersatzanspruch ausgerichtet sei, zunächst verneint (RGZ 167, 14; RGZ 140, 276).

Dem ist nicht zu folgen. Denn der insbesondere in § 254 BGB zum Ausdruck gebrachte Gedanke der Anrechnung eines mitwirkenden Verschuldens findet als besondere **Ausprägung des Grundsatzes von Treu und Glauben** sowohl **im bürgerlichen als auch im öffentlichen Recht** Anwendung, ohne dass es dabei entscheidend darauf ankäme, ob die Ersatzpflicht ein Verschulden voraussetzt. So gesehen enthält der in den Enteignungsgesetzen enthaltene Verweis auf eine entsprechende Anwendung des § 254 BGB (§ 93 Abs. 3 BauGB, § 32 Abs. 2 BLG, § 13 Abs. 2 SchutzBerG, Art. 8 Abs. 3 S. 2 BayEG) lediglich eine Klarstellung. Auch der **BGH** hat hierzu in BGHZ 45, 290 ausgeführt: *„Die frühere Auffassung, ein mitwirkendes Verschulden des Betroffenen sei mit dem Wesen des hoheitlichen Eingriffs unvereinbar, lässt sich nicht schlechthin, jedenfalls nicht, soweit es um die Folgen des hoheitlichen Eingriffs geht, halten. Das Gesetz erwartet von dem Betroffenen, dass er gegebene Möglichkeiten nutzt, um einen Schaden, der seinem Vermögen infolge des Eingriffs droht, zu verhindern, abzuwenden oder wenigstens zu mindern."*

Bei der **Bemessung der Enteignungsentschädigung** ist darum stets ein **Mitverschulden** unter entsprechender Anwendung des § 254 BGB **zu berücksichtigen.** Das kann im Ergebnis sogar bis zum Ausschluss von Entschädigungsansprüchen führen (BGHZ 110, 12; BGHZ 92, 34; BGHZ 90, 17, 31; BGHZ 56, 57; BGHZ 45, 290).

597 Dabei erscheint es geboten, die schuldhafte Mitverursachung nicht nur bei den Folgen des Eingriffs, sondern auch **bei der Verwirklichung des Enteignungstatbestandes selbst** in Betracht zu ziehen (*Kreft*, Öffentlich-rechtliche Ersatzleistungen, Rn. 138, 312 mit zahlreichen Beispielen; BGH NVwZ 1988, 1066). Für den enteignungsgleichen Eingriff hat das der BGH ohne jede Einschränkung bejaht (BGHZ 90, 17, 31).

598 Eines **besonderen Vortrags oder gar eines Beweises** seitens des Entschädigungspflichtigen, dass und warum den Betroffenen ein Mitverschulden treffe, bedarf es dabei **nicht** (s. aber Hinweis des BGH in BGHZ 45, 290 auf die Entscheidung BGH WM 1965, 503, in der die Anrechnung eines Mitverschuldens aus diesen Gründen abgelehnt wurde). Angesichts der Bindung der Enteignungsbehörde an die Regelung in Art. 14 Abs. 3 S. 3 GG, wonach die Entschädigung unter gerechter Abwägung der Interessen der Allgemeinheit und der Beteiligten zu bestimmen ist, muss ein mögliches

Pasternak
https://doi.org/10.1515/9783110682557-067

Mitverschulden des Enteignungsverpflichteten bei der Festsetzung der Entschädigung **von Amts wegen** Berücksichtigung finden.

Fraglich ist, ob auch eine **(schuldlose) Mitverursachung** durch den Enteignungsbetroffenen zu einer Minderung seines Entschädigungsanspruchs führen kann. Dies wird teilweise mit dem Hinweis auf die klare Formulierung in den einschlägigen Vorschriften der Enteignungsgesetze verneint (*Groß* in EZBK, § 93 Rn. 57; *Wünschmann* in Spannowsky/Uechtritz, § 93 Rn. 17). Leitet man die Rechtfertigung für die Entschädigungsminderung jedoch aus dem **Grundsatz von Treu und Glauben** ab, so kann **nicht unberücksichtigt** bleiben, ob und inwieweit auch ein Schadensbeitrag des Betroffenen vorliegt (ebenso *Battis* in BKL, § 93 Rn. 7). Dies gilt jedenfalls dann, wenn – wie im Falle der Enteignungsentschädigung – die zum Ersatzanspruch führende Rechtsnorm selbst kein Verschulden voraussetzt (s. Palandt/*Grüneberg*, § 254 Rn. 11, wo dies auf eine Entsprechung von Haftungsbegründung und Haftungsbeschränkung zurückgeführt wird; so auch BGH NJW 1995, 395; BGH NJW 1992, 2884; BGH NJW-RR 1988, 136). So kann etwa die schadensanfällige Lage eines Grundstücks oder die besondere Beschaffenheit einer darauf befindlichen baulichen Anlage zu einer Reduzierung der Entschädigungsleistung führen (s. a. HK-BauGB/*Kröninger*/*Rosin*, § 93 Rn. 4). 599

2. Eine besondere Ausprägung des mitwirkenden Verschuldens ist der Verstoß gegen die Verpflichtung, die **Auswirkungen** und die Höhe eines schädigenden Ereignisses **möglichst gering zu halten** (sog. ***Schadensminderungspflicht***, § 254 Abs. 2 S. 1 2. Alt. BGB). So obliegt es etwa dem von einer Enteignung oder einer Inhalts- und Schrankenbestimmung betroffenen Landwirt, nach einem Eingriff zumutbare Anpassungen und Umstellungen in seinem Betrieb vorzunehmen, um Nachteile abzuwenden oder zu mindern. In Betracht kommt die Verlagerung des Betriebsschwerpunkts (mehr Ackerbau, weniger Viehhaltung) oder das Ausweichen auf neue Erzeugnisse, wenn dafür genügend Absatzaussichten bestehen. 600

Weitere Anforderungen an die Schadensminderungspflicht und mögliche Folgen eines Verstoßes sollen an folgenden **Beispielen** verdeutlicht werden:

a) Die Wegnahme eines gewerblich genutzten Grundstücks für einen planfestgestellten Straßenbau **erfordert die Verlegung des Gewerbebetriebes**. Der Enteignungsbegünstigte zahlt an den Betroffenen einen Abschlag, damit dieser ein angebotenes Ersatzgrundstück erwirbt. Der Betroffene zögert grundlos; später steht das Grundstück nicht mehr zur Verfügung. Der Gewerbebetrieb muss deshalb auf ein anderes nicht so günstig gelegenes Ersatzgrundstück verlegt werden. Der Betroffene hat seine Pflicht zur Schadensminderung verletzt; er kann nur die **Verlegungskosten** verlangen, die bei **einer Verlegung auf das günstiger gelegene Grundstück** entstanden wären. 601

b) Für den Bau einer Anschlussstelle einer Autobahn kommen aus verkehrsregelnden Erwägungen **zwei Standorte** in Betracht. An **beiden** befinden sich größere Gewerbebetriebe. Die Straßenbauverwaltung erörtert ihren Plan mit beiden Betriebsinhabern 602

(A und B), weil sie die billigere Lösung verwirklichen will. Der Betriebsinhaber A versäumt dabei, auf die **Gefahr eines ungewöhnlich hohen Schadens** hinzuweisen, der durch den Stillstand seines Betriebes in der Zeit der Verlegung entstehen kann. Die Anschlussstelle auf dem Gelände des A erweist sich darum als die scheinbar wirtschaftlichere und wird gebaut. Das Versäumnis des A ist ein vorwerfbares Verhalten. Die **Obergrenze der Entschädigung** ist der **Aufwand**, der **für eine Verlegung des Betriebes des B** entstanden wäre.

603 c) Ein **Landgut**, das eine Kuhherde hält und Milchwirtschaft betreibt, wird durch eine **neue Eisenbahnlinie** durchschnitten. Für den Bau der Eisenbahn werden Teile seiner Weiden benötigt. Andere größere Teile davon werden von der Hofstelle abgetrennt. Im Bereich des Gutes kann aus betrieblichen Gründen kein besonderer Bahnübergang eingerichtet werden. Zur Beweidung der abgetrennten Flächen muss die Herde über eine Kreisstraße getrieben werden, die mittels eines Brückenbauwerkes über die Eisenbahn geführt worden ist. Zur Fortführung der Milchwirtschaft bieten sich drei Möglichkeiten an: Errichtung eines Melkstalls auf den abgetrennten Weiden, tägliches Treiben über die Kreisstraße oder Aufstallung der Kuhherde. Aufgrund seiner Schadensminderungspflicht ist der betroffene **Landwirt gehalten**, die **wirtschaftlichste Möglichkeit zu verwirklichen**. Auf jeden Fall ist die Entschädigung danach zu bemessen; denn maßgeblich ist das Verhalten eines Dritten, der die Kosten aus eigenen Mitteln bezahlen müsste.

604 d) Durch gemeindliche Kanalisationsarbeiten tritt an einem **Wohnhaus** ein **Senkungsschaden** auf. Bei der Untersuchung stellt sich heraus, dass der Schaden nur deshalb durch die Erdarbeiten entstehen konnte, weil der Hauseigentümer zuvor sein Haus im Inneren ohne Genehmigung umgebaut und dessen **Standfestigkeit verändert** hatte. Der Schaden ist überwiegend **durch den Eigentümer verursacht**, so dass ein Entschädigungsanspruch gänzlich entfällt.

Naturschutz, Landschaftspflege (beschränkende Maßnahmen, Geldausgleich, Übernahme)

1. Als beschränkende Maßnahmen zum Schutz von Natur und Landschaft sind die **einstweilige Sicherstellung** und die **Festsetzung bzw. Ausweisung von Natur- und Landschaftsschutzgebieten** zu nennen. Die Festsetzung bzw. Ausweisung wird in der Regel in einem Landschaftsplan oder durch Verordnung ausgesprochen. Daneben gibt es das Naturdenkmal und den geschützten Landschaftsbestandteil. Schließlich können Zweckbestimmungen für Brachflächen, Gebote und Verbote für die forstliche Nutzung und allgemeine Entwicklungs-, Pflege- und Erschließungsmaßnahmen angeordnet werden. 605

2. Die **einstweilige Sicherstellung** ist im Natur- und Landschaftsschutz ein allgemein gebräuchliches Mittel, um die Festsetzung endgültiger Schutzmaßnahmen zu sichern. Sie ist beispielsweise in § 42e Landschaftsgesetzes (LG) NW geregelt. Voraussetzung ist, dass beabsichtigt ist, endgültige Schutzmaßnahmen zu treffen, und dass die tatsächlichen Gegebenheiten solche Schutzmaßnahmen nahelegen. Andernfalls ist die einstweilige Sicherstellung rechtswidrig. Die Rechtmäßigkeit setzt ferner voraus, dass die einstweilige Sicherstellung zeitlich begrenzt ist. § 42e LG NW sieht dafür höchstens 4 Jahre vor, § 32 NdNatSchG beschränkt die Dauer auf 2 Jahre mit der Möglichkeit einer einmaligen Verlängerung um längstens 1 Jahr. Mit dieser zeitlichen Begrenzung wird dem Betroffenen keine die Pflichtigkeit des Eigentums überschreitende Belastung auferlegt (Art. 14 Abs. 2 GG). Denn die Frage, ob ein Gebiet beispielsweise unter Naturschutz zu stellen ist, bedarf einer sorgfältigen **Abwägung der widerstreitenden Belange**, der häufig umfangreiche Untersuchungen vorausgehen und vorausgehen müssen. Dafür braucht die Behörde eine angemessene Zeit. Während dieser Zeit muss sichergestellt sein, dass alle Handlungen unterbleiben, die den Schutzgegenstand nachteilig verändern könnten (§ 42e LG NW). 606

Eine solche Prüfung widerspricht in der Regel nicht den Belangen des einzelnen Grundeigentümers. Er erhält gesicherte Klarheit darüber, welche Nutzungsmöglichkeiten in der Zukunft für sein Grundstück bestehen. Deshalb brauchen Nachteile aus der Zeit der einstweiligen Sicherstellung auch dann nicht ausgeglichen zu werden, wenn der einstweiligen Sicherstellung eine endgültige Unterschutzstellung folgt. Anderer Auffassung ist *Schink* (WF 1985, 57); er stellt allein auf die Spürbarkeit der Beschränkungen ab und sieht keinen Unterschied zwischen einer Beschränkung durch eine einstweilige Sicherstellung und einer Beschränkung durch eine nachfolgende endgültige Naturschutzfestsetzung. Das kann jedoch letztlich nicht ausschlaggebend sein. Geprüft und geklärt wird in beiden Fällen zum Wohle der Allgemeinheit, ob ein dauernder Schutz notwendig ist. Der BGH hat diese Frage offen gelassen (BGHZ 90, 17, 27 = NJW 1984, 1169, 1171).

Jacobs

https://doi.org/10.1515/9783110682557-068

607 Während der Sicherstellung sind alle Handlungen **verboten**, die den Schutzgegenstand **nachteilig verändern** (§ 42e Abs. 1 S. 2 LG NW). Die Formulierung „*nachteilig verändern*" bedarf der Klarstellung. Sicher ist beispielsweise das Trockenlegen einer feuchten Wiese untersagt, obgleich es sich objektiv und nach dem allgemeinen Sprachgebrauch dabei nicht um eine nachteilige Veränderung handelt (vgl. dazu VG Lüneburg, Beschl. v. 03.08.2018 – 2 B 48/18 Rn. 22ff., juris). „Nachteilig" ist von der Zielsetzung her zu sehen und zu verstehen, die darauf gerichtet ist, den gegenwärtigen Zustand unverändert zu erhalten. Darum ist auch die bisher ausgeübte rechtmäßige Bewirtschaftungsform weiterhin gestattet.

Eine Sicherstellungsanordnung ist allerdings dann nicht von der Ermächtigung des § 42e Abs. 1 S. 2 LG NW gedeckt, wenn sie zur Erreichung des Schutzzweckes, z.B. als Naturschutzgebiet besonders zu schützende Teile von Natur und Landschaft nicht nur Verbote, sondern auch Handlungsgebote festlegt (OVG Münster, Urteil v. 17.10.1997 – 7 A 123/94 –, juris).

608 3. Ob eine **endgültige rechtmäßige Unterschutzstellung** ausgleichspflichtig ist, hängt von den Beschränkungen ab, die damit verbunden sind. Grundsätzlich sind Regelungen, welche die Nutzung eines Grundstücks aus Gründen des Natur- und Landschaftsschutzes begrenzen – vgl. § 2 BNatSchG – **Inhalts- und Schrankenbestimmungen** im Sinne des Art. 14 Abs. 1 S. 2 GG und deshalb entschädigungslos hinzunehmen (BVerwG DVBl 1990, 585, 588 m.w.N. = NJW 1990, 2572). Um eine solche Inhalts- und Schrankenbestimmung handelt es sich regelmäßig, wenn der belastende Rechtsakt lediglich die bestehenden Gegebenheiten rechtsverbindlich festschreibt. Denn das eigentliche Ziel des Natur- und Landschaftsschutzes ist die Erhaltung der noch vorhandenen Natur und Landschaft. Die Rechtsprechung sieht darin eine dem Grundstück von vornherein anhaftende immanente Beschränkung aufgrund seiner Beschaffenheit und Einbindung in die Umgebung. Hierher gehören auch die abgestuften Beschränkungen der bisherigen Nutzung. So kann dem Eigentümer untersagt werden, bestimmte Düngemittel aufzubringen oder Herbizide und Pestizide einzusetzen, oder der Viehbesatz je ha wird beschränkt.

609 Wann ein mit der Festschreibung der bestehenden Gegebenheiten verbundenes Verbot der Nutzungsänderung ausnahmsweise ausgleichspflichtig ist, beurteilt sich danach, ob das Verbot den Eigentümer **unverhältnismäßig** oder im Verhältnis zu anderen ungleich und damit **unzumutbar belastet**. Eine Inhaltsbestimmung ist immer ausgleichspflichtig, wenn sie wie eine „Enteignung" wirkt. Das „Gesetz" im Sinne des Art. 14 Abs. 1 S. 2 GG, auf dem das Verbot der Nutzungsänderung als Inhaltsbestimmung des Eigentums beruht, muss darum für solche Fälle eine Ausgleichsregelung enthalten; anderenfalls sind „Gesetz" und Verbot verfassungswidrig. Ausgleichsregelungen im Anwendungsbereich des Art. 14 Abs. 1 S. 2 GG dürfen sich nach Meinung des **BVerfG** (BVerfGE 100, 226 = DVBl 1999, 1498 = DÖV 199, 870) nicht darauf beschränken, dem Betroffenen einen Ausgleich in Geld zuzubilligen. Denn die Bestandsgarantie nach Art. 14 GG hat Vorrang vor der Wertgarantie. Der Gesetzgeber muss des-

halb in erster Linie darauf bedacht sein, Regelungen zu treffen, die eine unverhältnismäßige Belastung des Eigentümers vermeiden. Das kann durch Übergangsregelungen, Ausnahme- und Befreiungsvorschriften oder verwaltungsmäßige Akte, z. B. Dispense geschehen. Erst wenn sich eine unverhältnismäßige Belastung nicht vermeiden lässt, kommt ein Geldausgleich oder eine Übernahme zum Verkehrswert in Betracht.

Neben diesen materiell-rechtlichen Regelungen verlangt das BVerfG verfahrensrechtliche Regelungen. Sie sollen sicherstellen, dass in dem die Beschränkung aussprechenden Verwaltungsakt über einen möglichen Ausgleichsanspruch zumindest dem Grunde nach entschieden wird. Dem betroffenen Eigentümer wird dadurch die Entscheidung erleichtert, ob er die Beschränkung hinnimmt oder vor dem Verwaltungsgericht anficht. Die sog. salvatorischen Entschädigungsklauseln genügen diesen Anforderungen nicht. Sie in eine Ausgleichsregelung umzudeuten, wie es vielfach geschieht, verbietet sich (vgl. BVerfGE a. a. O.).

Zur Klärung der Frage, ob das Verbot der Nutzungsänderung den Eigentümer un- 610
zumutbar belastet und deshalb wie eine „Enteignung“ wirkt, sind die **Belange des Betroffenen und die öffentlichen Belange gegeneinander wertend abzuwägen**. Erst vor diesem Hintergrund wird erkennbar, was unverhältnismäßig ist und unzumutbar belastet. Das Recht des Eigentümers, nach Belieben mit seinem Eigentum zu verfahren (§ 903 BGB), kann in verschiedener Weise eingeschränkt sein. Die Bindung allen Eigentums (Art. 14 Abs. 2 GG) kann den Eigentümer im Einzelfall verpflichten, bestimmte Nutzungsmöglichkeiten nicht auszuüben. Die Grenzen dieser Pflichtigkeit sind heute und in Zukunft im Natur- und Landschaftsschutz weit zu ziehen; vielerorts können Natur und Landschaft nicht noch stärker belastet werden, wenn ihre Schönheit und Artenvielfalt zum Wohl der Allgemeinheit erhalten bleiben sollen. Grundstücke in einem landschaftlich noch ursprünglichen Gebiet oder an Plätzen, die zu einer Zuflucht seltener Tiere und Pflanzen geworden sind, unterliegen deshalb aufgrund ihrer Lage und Beschaffenheit (Situationsgebundenheit) einer **natürlichen Eigentumsbegrenzung**. Jedenfalls würde ein verständiger Eigentümer, der auch an das allgemeine Wohl denkt, schon von sich aus auf eine Nutzung verzichten, die den gegenwärtigen Zustand gefährdet oder gar verändert.

Private Belange sind daher grundsätzlich nicht schutzwürdig und nicht abwä- 611
gungsrelevant. wenn sein Träger sind vernünftigerweise auf die mit dem geplanten Vorhaben verbundenen Veränderungen einstellen musste und er deswegen nicht auf den Fortbestand einer bestimmten Situation vertrauen durfte (BVerwG, Beschl. v. 28.03.2007 – 9 A 17/16, Rn. 19 ff., juris). Daraus folgt, dass die Grenzen verhältnismäßiger und zumutbarer Beschränkungen des Eigentums (Art. 14 Abs. 2 GG) durch Maßnahmen zum Schutz von Natur und Landschaft **nur in Ausnahmefällen überschritten** werden. Zu denken ist an den Fall, dass statt eines Verbotes der Nutzungsänderung eine bereits verwirklichte Nutzung beschränkt oder untersagt wird. Der verwirklichten Nutzung gleichzustellen ist die Nutzungsmöglichkeit, die sich nach Lage und Beschaffenheit des Grundstücks anbietet. Ein solches Verbot kann den Eigentü-

mer im Einzelfall empfindlich treffen und das Maß verhältnismäßiger und zumutbarer Beschränkungen überschreiten. Anstelle des Geldausgleiches kann der Eigentümer unter solchen Umständen auch die Übernahme des Grundstücks verlangen (vgl. z. B. Art. 36 Abs. 2 BayNatSchG). Denn das Untersagen einer bereits verwirklichten Nutzung kann bedeuten, dass der Eigentümer wirtschaftlich betrachtet mit dem Grundstück nichts mehr anfangen kann und es für ihn wertlos wird. Siehe auch → **Inhaltsbestimmungen**.

612 4. Anders ist die Rechtslage dagegen, wenn die mit der Unterschutzstellung verbundenen **Belastungen besonders schwerwiegend** sind und den Wesensgehalt des Eigentums antasten. Solche Belastungen sind für den Eigentümer nicht hinnehmbar und können nicht als verfassungsrechtlich unbedenkliche Inhaltsbestimmungen angesehen werden. Hier ist der Widerstreit nur durch Enteignung zugunsten der öffentlichen Belange lösbar.

Die Grenze einer (ausgleichspflichtigen) Inhaltsbestimmung ist überschritten, wenn eine auf Dauer angelegte Beschränkung die Privatnützigkeit des betroffenen Eigentums aufhebt, weil die Flächen z. B. nicht mehr betreten werden dürfen, oder dem Eigentümer die Verfügungsbefugnis genommen wird. Gleiches kann der Fall sein bei existenzbedrohenden oder gar existenzvernichtenden Eingriffen in bestandsgeschützte Gewerbebetriebe (vgl. BGHZ 121, 328 = NJW 1993, 2095, 2097). Der betroffene Eigentümer muss sich erfolglos gerichtlich um die Aufhebung der (rechtswidrigen) Maßnahme bemüht haben, bevor er einen Ausgleich verlangen kann (BVerfGE 58, 300 = NJW 1982, 745 – *Nassauskiesung*).

613 5. Die dargestellten Grundsätze für einen Ausgleich gelten auch für andere beschränkende Maßnahmen zum Schutz von Natur und Landschaft (Naturdenkmal, geschützter Landschaftsbestandteil usw).

Öffentliche Verkehrsanlage und bergbaulicher Gewinnungsbetrieb, § 124 BBergG

1. Das Verhältnis zwischen einer öffentlichen Verkehrsanlage und einem bergbaulichen Gewinnungsbetrieb regelt **§ 124 BBergG**. § 124 Abs. 1 schreibt eine gegenseitige Rücksichtnahme vor. Beide sind so zu planen und durchzuführen, dass sie einander so wenig wie möglich beeinträchtigen. **614**

2. Wie die Rechtslage ist, wenn trotz geübter Rücksichtnahme öffentliche Verkehrsanlage und Gewinnungsbetrieb zusammentreffen, sagt § 124 Abs. 3. Danach muss die Gewinnung von Bodenschätzen zurückstehen, die **öffentliche Verkehrsanlage** hat **Vorrang**, falls der gleichzeitige Betrieb der öffentlichen Verkehrsanlage und des Gewinnungsbetriebes nicht ohne wesentliche Beeinträchtigung der öffentlichen Verkehrsanlage möglich ist. Umgekehrt muss die Errichtung der öffentlichen Verkehrsanlage an der geplanten Stelle unterbleiben, wenn das öffentliche Interesse an der Gewinnung der Bodenschätze überwiegt. **615**

Vorrang der öffentlichen Verkehrsanlage bedeutet, dass bergfreie und grundeigene Bodenschätze nicht gewonnen werden dürfen, weil sonst Errichtung und Betrieb der öffentlichen Verkehrsanlage unmöglich gemacht oder trotz Anpassung und Sicherung gefährdet würden. Darin liegt die wesentliche Beeinträchtigung der öffentlichen Verkehrsanlage, von der das Gesetz spricht. **616**

Die **Folgen des Vorrangs der öffentlichen Verkehrsanlage** können für den Gewinnungsbetrieb erheblich sein. Es geht nicht allein um den Bodenschatz in der betroffenen Fläche, der nicht gewonnen werden darf, und die Erschwernisse beim Abbau des übrigen Bodenschatzes. Es geht auch um kostspielige Umstellungsmaßnahmen, die nicht selten im Betrieb nötig sind, oder der Betrieb muss ganz verlegt werden. Das Bundesberggesetz sieht dafür **keine Entschädigung** vor, es schließt sie sogar aus. Abs. 4 des § 124 beschränkt den Geldersatz für den Unternehmer des Gewinnungsbetriebes auf Maßnahmen in seinem Betrieb, die ausschließlich der Sicherung der Verkehrsanlage dienen.

Nicht erforderlich ist, dass die **Abbauberechtigung bereits ausgeübt** wird, also ein Gewinnungsbetrieb vorhanden ist. Das Gesetz spricht zwar von dem gleichzeitigen Betrieb einer Verkehrsanlage und eines Gewinnungsbetriebes. Es gibt aber keinen zwingenden Grund, die noch nicht ausgeübte Abbauberechtigung anders (günstiger) zu behandeln, als die bereits ausgeübte. Im Ergebnis ebenso BVerwGE 106, 290 = NVwZ 1998, 1180 = WF 1998, 129; zweifelnd *Boujong* in Schriften zum Öffentlichen Recht, Band 772, Seite 77. **617**

3. Die Vorrangregelung ist eine Ausnahme zur grundsätzlichen Gleichberechtigung von öffentlicher Verkehrsanlage und Gewinnungsbetrieb (*Boldt-Weller*, § 124 Rn. 71). **In ihrer Wirkung** gleicht sie einer **Inhalts- und Schrankenbestimmung.** Sie entzieht dem Abbauberechtigten nicht das Eigentum am Bodenschatz, sondern schränkt **618**

https://doi.org/10.1515/9783110682557-069

sein Recht zum Abbau ein. Solange der Abbau des Bodenschatzes – gleichgültig, ob bergfrei oder grundeigen – die öffentliche Verkehrsanlage wesentlich beeinträchtigt, darf das Recht zum Abbau nicht ausgeübt werden. Wohl deshalb sehen BVerwG und BGH in der Vorrangregelung eine Inhalts- und Schrankenbestimmung (BVerwGE 106, 290, 293; BGHZ 189, 231; BGHZ 189, 218).

Das ist **nicht unbedenklich**. Es fragt sich, ob es eine Inhalts- und Schrankenbestimmung zugunsten eines einzelnen Rechtsträgers bzw. einer bestimmten Gruppe überhaupt gibt. Eine Inhalts- und Schrankenbestimmung ist darauf ausgerichtet, den Inhalt des Eigentumsrechts vom Inkrafttreten des Gesetzes an für die Zukunft gegenüber jedermann zu bestimmen. Sie sagt, wie weit die geschützte Rechtsstellung noch reicht. Sie ist die allgemeine, vom Einzelfall losgelöste Festlegung von Rechten und Pflichten (BVerfGE 100, 226 = NJW 1999, 2877).

619 4. Das **Eigentum am Grundstück lässt § 124 BBergG unberührt**. Soweit der Träger der öffentlichen Verkehrsanlage es erwerben will, muss er es zum Verkehrswert entschädigen. Bei einem **bergfreien Bodenschatz** beschränkt sich die Entschädigung auf das Oberflächeneigentum. Das Eigentum am Grundstück erstreckt sich nicht auf den bergfreien Bodenschatz. Das Recht zum Abbau ergibt sich nicht aus § 904 BGB; der Unternehmer braucht vielmehr eine bergrechtliche Bewilligung oder Verleihung. Grundstück und bergfreier Bodenschatz sind getrennte Vermögenswerte (→ **Bodenschätze Rn. 140 ff.**).

Ein **grundeigener Bodenschatz** ist dagegen wesentlicher Bestandteil des Grundstücks (§ 93 BGB) und gehört dem Grundstückseigentümer. In § 3 Abs. 2 BBergG heißt es ausdrücklich, dass grundeigene Bodenschätze im Eigentum des Grundeigentümers stehen. Grundeigene Bodenschätze sind darum bei der Bewertung des Grundstücks als wertbildendes Merkmal zu berücksichtigen, wenn der Markt sie als wertbildend ansieht.

620 In seiner Entscheidung in BGHZ 189, 218) kommt der **BGH** zum gleichen Ergebnis. Es heißt dort: *„Bei der Bemessung der Enteignungsentschädigung für Grundstücke, die als Ausgleichsflächen für den Neubau einer Bundesautobahn in Anspruch genommen werden, ist der Wert der unter ihrer Oberfläche befindlichen grundeigenen Bodenschätze mit zu berücksichtigen. Sie sind der Grundstückssubstanz zuzurechnen, in die enteignend eingegriffen wurde.“* Ob das auch gilt, wenn das Grundstück mit grundeigenem Bodenschatz nicht für eine abseits der öffentlichen Verkehrsanlage liegende Ausgleichsfläche, sondern für die Verkehrsanlage selbst benötigt wird, lässt der BGH offen. Die Frage ist zu bejahen. § 124 Abs. 3 und 4 BBergG stehen dem nicht entgegen. Es geht nicht um eine Entschädigung für den Verlust der Gewinnbarkeit des Bodenschatzes. Vielmehr ist nach dem Verkehrswert des Grundstücks gefragt, und der grundeigene Bodenschatz als wesentlicher Bestandteil gehört zum Grundstück. Erforderlich ist allerdings, dass er auf dem Markt schon wertbildend wirkt.

621 **Ausgleichsflächen** für den Bau einer öffentlichen Verkehrsanlage sind nicht selten überhaupt kein Fall des § 124 Abs. 3 BBergG. Wenn die Ausgleichsfläche genü-

gend weit von der Verkehrsanlage entfernt ist, wird der Abbau der darin befindlichen Bodenschätze die Errichtung und den Betrieb der Verkehrsanlage nicht behindern oder gefährden; es fehlt das Merkmal „wesentliche Beeinträchtigung“. Damit wird auch die vom BGH a.a.O. ebenfalls offen gelassene Frage beantwortet, ob bei Inanspruchnahme von Grundstücken mit bergfreien Bodenschätzen als Ausgleichsflächen für Verkehrswege der Umfang der Entschädigung durch § 124 Abs. 3 und 4 BBergG beschränkt wird. Das ist nicht der Fall; die Ausgleichsfläche muss nur genügend weit von der Verkehrsanlage entfernt sein.

5. Für die bisweilen empfindlichen Nachteile durch den Vorrang der öffentlichen Ver- **622**
kehrsanlage (vgl. Rn. **616**) kann der Unternehmer auch keine Entschädigung aus einem vermeintlichen Eingriff ins Eigentum verlangen. Die Rechte zum Abbau eines bergfreien und grundeigenen Bodenschatzes sind zwar Eigentum im Sinne des Art. 14 GG; sie unterliegen aber bei ihrer Ausübung dem Regelwerk des Bundesberggesetzes. Zweifelsfrei trifft das auf die Abbauberechtigung für einen bergfreien Bodenschatz zu. Das **Recht zum Abbau eines bergfreien Bodenschatzes** ist keine vorgegebene oder vorgeformte Rechtsposition. Sie wird **bewilligt oder verliehen** (§ 10 BBergG) und unterliegt damit von Anfang an § 124 BBergG und der Einschränkung durch die Vorrangregelung. Der Vorrang kann die Abbauberechtigung nicht mehr treffen; denn die mit dem Vorrang verbundene Einschränkung haftet der Abbauberechtigung schon an und wird lediglich offenkundig.

Gleiches gilt für das **Recht zum Abbau eines grundeigenen Bodenschatzes**, auch wenn die Ausgangslage eine andere ist. Das Recht wird nicht als Bergbauberechtigung erteilt, sondern ergibt sich aus dem Inhalt des Grundeigentums. Dennoch ist es durch den Vorrang des § 124 Abs. 3 BBergG eingeschränkt. Nach herrschender Ansicht werden die grundeigenen Bodenschätze im Bundesberggesetz den bergfreien in öffentlich-rechtlicher wie in privatrechtlicher Beziehung gleichgestellt (*Boldt/Weller*, § 3 Rn. 39). Diese Gleichbehandlung unterstellt das Recht zum Abbau eines grundeigenen Bodenschatzes zwangsläufig § 124 BBergG. Der Wortlaut des § 124 BBergG ist zudem eindeutig. Er regelt das Verhältnis von öffentlichen Verkehrsanlagen mit Gewinnungsbetrieben, und nach der Legaldefinition des § 4 Abs. 8 BBergG sind **Gewinnungsbetriebe Einrichtungen zur Gewinnung von bergfreien und grundeigenen Bodenschätzen.**

Anspruchsgrundlage für einen Ersatz der Nachteile des Gewinnungsbetriebs **623**
durch den Vorrang der öffentlichen Verkehrsanlage könnte letztlich noch ein Eingriff in den eingerichteten und ausgeübten Gewerbebetrieb sein. Der **eingerichtete und ausgeübte Gewerbebetrieb** ist durch Art. 14 GG wie Eigentum geschützt. Die Grundlage eines bergbaulichen Gewinnungsbetriebs bildet die Abbauberechtigung. Sie konnte aber nur mit den ihr anhaftenden Beschränkungen des Bundesberggesetzes Bestandteil des Betriebs werden, und der Vorrang des § 124 Abs. 3 untersagt den Abbau. Insoweit **fehlt es an einer geschützten Rechtsposition des Betriebs**.

624 6. Nach BGH (BGHZ 189, 231) und BVerfG (Beschl. v. 21.12.2011 – 1 BvR 1499/11, juris zur Nichtannahme der gegen das BGH-Urteil eingelegten Verfassungsbeschwerde) befasste sich auch der **Europäische Gerichtshof für Menschenrechte (EGMR)** mit dem entschädigungslosen Vorrang von öffentlichen Verkehrsvorhaben. Mit Urteil vom 19.1.2017 (NVwZ 2017, 1273) hat der EGMR festgestellt, dass der entschädigungslose Verlust von Rechten zum Abbau von bergfreien Bodenschätzen das Eigentumsrecht des Abbaubetriebes verletzt.

Der Bergbaubetrieb hatte beim EGMR eine Individualbeschwerde nach Art. 34 der Europäischen Menschrechtskonvention (EMRK) eingereicht und die Verletzung seiner Rechte aus Art. 1 des Protokolls Nr. 1 zur EMRK gerügt. In seiner Entscheidung stellt der EGMR eine **Verletzung des Menschenrechts auf Eigentum** fest, da der entschädigungslose Verlust des Gewinnungsrechts an einem bergfreien Bodenschatz im vorliegenden Fall keinen gerechten Ausgleich zwischen dem Allgemeininteresse und dem Interesse des Bergbaubetriebes darstellt und den Betrieb unverhältnismäßig belastet. Zwar könne die Kenntnis oder mögliche Kenntnis eines Betroffenen von den gesetzlichen Beschränkungen das Fehlen einer Entschädigung rechtfertigen. Da dem Bergbaubetrieb aber eine Abbaubewilligung für die Dauer von 25 Jahren zu einem Zeitpunkt erteilt wurde, als die Planung für den Autobahnbau bereits lief und der Bewilligungsbescheid offensichtlich keine Hinweise auf das Verkehrsvorhaben und mögliche Einschränkungen enthielt, könne eine Entschädigung hier nicht entfallen. Damit weicht der EGMR von der Entscheidung des BGH zu bergfreien Bodenschätzen (a.a.O) ab. Während der BGH § 124 Abs. 3 und 4 BBergG als Inhalts- und Schrankenbestimmung des Eigentums einstuft und das Gewinnungsrecht lediglich faktisch eingeschränkt sieht, handelt es sich nach der (Einzelfall-) Entscheidung des EGMR um einen Eingriff in ein gesondertes Recht, die bergrechtliche Bewilligung, der eine Entschädigung erfordert.

Auch nach der Entscheidung des EGMR findet die **Rechtsprechung des BGH zum entschädigungslosen Vorrang von öffentlichen Verkehrsanlagen nach § 124 Abs. 3 BBergG für bergfreie Bodenschätze grundsätzlich Anwendung**. Diese wird aber künftig an der **Verhältnismäßigkeit** zu messen sein. Hierbei sind die Umstände des Einzelfalls zu beachten wie die Geltungsdauer der bergrechtlichen Bewilligung, der Umfang des Abbauverlustes oder die Kenntnis des Gewinnungsbetriebes von Verkehrsvorhaben und Abbaubeschränkungen. Wird der Gewinnungsbetrieb durch die aus dem Vorrang der öffentlichen Verkehrsanlage nach § 124 Abs. 3 BBergG folgende Entschädigungslosigkeit unverhältnismäßig belastet, besteht ein Anspruch auf angemessene Entschädigung für den Abbauverlust und etwaige Verlegungskosten. Der entgangene Gewinn aus dem Deponiebetrieb ist nicht entschädigungsfähig.

Rechtsbeziehungen zwischen Enteignungsbegünstigtem und Betroffenen beim gütlichen Grunderwerb

1. Der weitaus überwiegende Teil des Grunderwerbs für öffentliche Maßnahmen wird gütlich geregelt. Der Träger des Vorhabens und der Eigentümer oder Berechtigte schließen einen Kauf- oder Tauschvertrag, einen Gestattungsvertrag oder sonstigen Entschädigungsvertrag ab. Auch wenn dem Träger des Vorhabens das Recht zur Enteignung zusteht, ist der freiwillig geschlossene Vertrag ein **Vertrag des bürgerlichen Rechts**. Denn das Recht zur Enteignung erfüllt für sich genommen nicht den Tatbestand eines Enteignungseingriffs. Dass ein solcher Vertrag bürgerlich-rechtlicher Natur ist, steht auch nicht deshalb in Frage, weil der Betroffene durch den Druck der sonst drohenden Enteignung in der freien Entscheidung beeinträchtigt sein kann. Die Vertragsfreiheit ist durch die entsprechenden Regeln des bürgerlichen Rechts (§§ 134, 138, 242 BGB) hinreichend geschützt. Das Verwaltungsprivatrecht als die Gesamtheit der Rechtssätze zur Regelung bürgerlich-rechtlicher Beziehungen zwischen einem öffentlichen Verwaltungsträger und anderen Rechtspersonen ist in besonderem Maße an die Grundrechte und Grundsätze rechtsstaatlichen Handelns gebunden (vgl. BGHZ 50, 284, 287 ff. = NJW 1968, 1925; BGH NJW-RR 2004, 100). 625

2. Als Vertrag des bürgerlichen Rechts unterliegt der Vertrag ausschließlich den **Regeln des bürgerlichen Rechts**. Das gilt für die vertraglichen Haupt- und Nebenpflichten und für die vorvertraglichen Pflichten. Enteignungsbegünstigter und Betroffener begegnen sich auf privatrechtlicher Ebene als gleichberechtigte Vertragspartner. 626

Das kann bedeutsam werden, wenn die Dinge nach Vertragsabschluss anders verlaufen als angenommen, z. B. wenn der Enteignungsbegünstigte weitere Flächen braucht oder wenn als Folge einer Planänderung die gekauften Flächen nur noch teilweise oder gar nicht mehr benötigt werden. Will der Enteignungsbegünstigte in dem letzteren Fall die Flächen als entbehrlich zurückgeben, so ist ihm das allein auf der Grundlage der §§ 116 ff. BGB oder durch eine Aufhebungsvereinbarung möglich. Ein Rückgriff auf öffentlich-rechtliche Bestimmungen, z. B. auf eine Rückenteignung oder auf Art. 14 GG scheidet aus. 627

Dritte, denen an dem verkauften Grundstück dingliche oder schuldrechtliche Rechte zustehen, die aber an dem Kaufvertrag zwischen Enteignungsbegünstigtem und Eigentümer nicht beteiligt sind, können ebenfalls nicht auf öffentlich-rechtliche Bestimmungen oder Art. 14 GG zurückgreifen. Sie können zur Wahrung ihrer Rechte auch nicht verlangen, enteignet zu werden. Der Schutz ihrer vermögenswerten Rechte wird allein durch bürgerlich-rechtliche Vorschriften gewährleistet. So ist etwa der Pächter, dessen noch bestehendes Recht nicht durch Kündigung oder Aufhebung beendet wird und dessen Recht durch die Verwendung des Grundstücks z. B. für den 628

https://doi.org/10.1515/9783110682557-070

Straßenbau faktisch untergeht, auf einen bürgerlich-rechtlichen Anspruch nach § 823 Abs. 1 BGB beschränkt.

Rechtsposition

629 1. Ausgangspunkt ist **Art. 14 GG.** Diese Grundrechtsbestimmung gewährleistet das Eigentum als Recht. Eigentum im Sinne des Art. 14 GG können darum nur Rechte und daraus erwachsende Rechtspositionen sein. **Rechtsposition** heißt, dass **ihr Inhaber auf den Fortbestand bestimmter rechtlicher oder tatsächlicher Umstände einen nötigenfalls gerichtlich durchsetzbaren Anspruch** hat. Eigentum z. B. vermittelt eine Rechtsposition, weil der Eigentümer einer Sache, soweit nicht das Gesetz oder Rechte Dritter entgegenstehen, mit der Sache nach Belieben verfahren und andere von jeder Einwirkung ausschließen kann (§ 903 BGB).

630 **Gegenstand einer förmlichen Enteignung**, wie sie in **Art. 14 Abs. 3 GG** verfassungsrechtlich geregelt ist, können **nur Rechtspositionen** sein, mithin dingliche Rechte wie **Eigentum**, schuldrechtliche Ansprüche und überhaupt alle vermögenswerten Rechte. Dabei spielt keine Rolle, ob diese Rechte im bürgerlichen oder öffentlichen Recht ihre Grundlage haben. Allerdings ist bei **Rechtspositionen aus dem öffentlichen Recht** zu fordern, dass sie eines Schutzes wie das Sacheigentum fähig und bedürftig sind. Das setzt voraus, dass sie durch eigene Leistung – durch den Einsatz von Arbeit oder Vermögen – erlangt werden; bloße einseitige Gewährungen des Gesetzgebers genügen nicht (vgl. *Kröner* Eigentumsgarantie, S. 30 ff. mit zahlreichen Hinweisen). Dies könnte auch für staatliche Betriebsprämien landwirtschaftlicher Betriebe gelten. Die zunächst umstrittene Frage, ob **Betriebsprämien** dem Schutz des Art. 14 Abs. 1 GG unterfallen, kann durch Urteile des BVerwG und des BGH als geklärt angesehen werden. Zunächst hatte das **BVerwG** festgestellt, dass Beihilfezahlungen bei der betriebswirtschaftlichen Begutachtung eines Landwirtschaftsbetriebes zu berücksichtigen sind, da sie eine verlässliche, stete Einkommensgrundlage bilden (BVerwGE 136, 332 = NVwZ 2010, 1295). Nunmehr hat der **BGH** entschieden, dass der Flächenentzug für ein öffentliches Bauvorhaben, der zum Verlust staatlicher Betriebsprämien für einen landwirtschaftlichen Betrieb führt, einen Eingriff in eine durch Art. 14 Abs. 1 GG geschützte Rechtsposition darstellt, solange das Gesetz dem Einzelnen einen Anspruch auf eine öffentlich-rechtliche Subvention gewährt (BGHZ 221, 74 = NJW 2019, 1682). Gegenstand der Entscheidung waren **Betriebsprämien gemäß Betriebsprämiendurchführungsgesetz**. Dem landwirtschaftlichen Betrieb werden Zahlungsansprüche zugeteilt, die sich (bei der Erstzuweisung) nach dem Umfang der beihilfefähigen Fläche des Betriebes – seien es Eigentums- oder Pachtflächen – bemessen (Art. 34 Abs. 2a) VO (EG) Nr. 73/2009 des Rates vom 19.1.2009). Diese Zahlungsansprüche kann der Betrieb aktivieren, d. h. zur Auszahlung bringen, wenn er zum Zeitpunkt der Antragstellung über eine entsprechende beihilfefähige Fläche verfügt (vgl. Art. 33 Abs. 1 VO (EG) Nr. 73/2009 i. V. m. Art. 43 VO (EG) Nr. 1782/2003). Die

Friedrich
https://doi.org/10.1515/9783110682557-071

Betriebsprämie wurde durch VO (EU) Nr. 1307/2013 des Europäischen Parlaments und des Rates vom 17.12.2013 ab 2015 **durch eine Basisprämie ersetzt**. Da die Auszahlung der Beihilfe aber im Wesentlichen nach den gleichen Voraussetzungen beansprucht werden kann (zusätzlich: Einhaltung von Greening-Verpflichtungen), sind die **Ausführungen des BGH auch auf die neue Gesetzeslage übertragbar** (*Arend*, Referat 4 anlässlich der 54. Arbeitstagung für Grunderwerbs- und Entschädigungsfragen beim Bau von Bundesfernstraßen vom 17. bis 19. Juni 2019, Niederschrift S. 29).

Verliert ein landwirtschaftlicher Betrieb durch einen Flächenentzug für ein öffentliches Bauvorhaben eine Betriebsprämie, handelt es sich um einen Eingriff in eine durch Art. 14 Abs. 1 GG geschützte Rechtsposition des eingerichteten und ausgeübten Gewerbebetriebes. Zwar unterfallen öffentlich-rechtliche Beihilfen wie Subventionen nach der Rechtsprechung des BVerfG grundsätzlich nicht dem Schutz des Art. 14 Abs. 1 GG (s. BGH, a. a. O. mit zahlreichen Nachweisen aus der Rechtsprechung des BVerfG). Dies betrifft aber nur die Abschaffung oder Reduzierung von Subventionen durch eine Änderung von Gesetzen oder Satzungen und nicht den konkreten Eingriff in einen bestehenden Anspruch des Betriebes auf Auszahlung einer Betriebsprämie. Dem **BGH** ist darin **zuzustimmen, dass dem Betrieb bereits zustehende Zahlungsansprüche** dem Eigentumsschutz unterfallen und daher **entschädigungsfähig** sind. Diese sind handelbares Wirtschaftsgut, dienen der Aufrechterhaltung der Wirtschaftlichkeit des Betriebes und können nicht einseitig entzogen werden. Ist es dem Betrieb nicht möglich, für die vom Flächenentzug betroffenen Grundstücke Zahlungsansprüche zu aktivieren, geht der Zahlungsanspruch verloren. Der Betrieb erleidet dadurch ein Sonderopfer. Der Ausfall von Zahlungsansprüchen ist gemäß § 96 Abs. 1 Nr. 1 BauGB zu entschädigen und als **Bestandteil des Erwerbsverlustes** zu berücksichtigen.

Der **BGH** geht jedoch noch weiter und hält **Zahlungsansprüche auch dann für entschädigungsfähig, wenn der Betrieb über diese noch nicht verfügt**. Zwar gilt auch hier, dass Chancen, Aussichten oder wirtschaftliche Interessen keine Berücksichtigung finden können. Die Möglichkeit, Zahlungsansprüche zu aktivieren, kann nach der Entscheidung des BGH aber dann als ein im Betrieb bereits wirkender Wert angesehen werden, also als gesicherte Rechtsposition, wenn er über beihilfefähige Flächen verfügt und damit einen **einklagbaren Anspruch auf Betriebsprämien** besitzt. Denn die Inanspruchnahme von **Agrarsubventionen** sei ein wesentlicher Teil der Wertschöpfung des landwirtschaftlichen Betriebes, auf die er angewiesen sei. Es bleiben allerdings Zweifel, ob die Möglichkeit, Zahlungsansprüche zu erwerben und zu aktivieren, nicht lediglich eine rechtlich ungesicherte Chance darstellt, die erst dann zum Recht erstarkt, wenn die Zahlunganspruche durch den Betrieb tatsächlich erworben wurden. Nach dem BGH-Urteil (a.a.O) muss der Vorhabenträger den durch einen Flächenentzug hervorgerufenen Verlust von Betriebsprämien künftig auch dann entschädigen, wenn der Betrieb zum Zeitpunkt des Besitzentzugs über keine freien Zahlungsansprüche verfügt. Dies setzt aber voraus, dass der Betrieb die Anspruchsvoraussetzungen für die Auszahlung von Betriebsprämien erfüllt und der Erwerb der notwendigen Zahlungsansprüche tatsächlich möglich und wirtschaftlich sinnvoll gewesen wäre.

631 Selbstverständlich muss es sich um **rechtmäßig erlangte Rechtspositionen** handeln. Der durch verbotene Eigenmacht erlangte Besitz ist rechtswidrig, und seine Beeinträchtigung rechtfertigt keine Entschädigung. Ebenso wenig kann eine Entschädigung für eine Betriebsbeeinträchtigung verlangt werden, wenn die beeinträchtigte Gastwirtschaft ohne Erlaubnis betrieben wird. Gleiches gilt für das baurechtswidrig errichtete Gebäude, auch wenn § 95 Abs. 3 BauGB dafür eine Billigkeitsentschädigung vorsieht; denn hierbei handelt es sich nicht um eine Enteignungsentschädigung, sondern um einen Ausgleich aus gesellschaftlich verantwortbaren Erwägungen.

632 In seiner grundlegenden Entscheidung zu den tatbestandlichen Voraussetzungen der Enteignung in BGHZ 62, 96, 98 = NJW 1974, 637 sagt der **BGH** u. a.:

„*Unter enteignungsrechtlichen Gesichtspunkten sind nur solche Nachteile und Beeinträchtigungen bedeutsam, die den Eigentümer in seiner Rechtsposition treffen. Dementsprechend vermögen auch Maßnahmen der öffentlichen Hand eine Enteignungsentschädigung nur auszulösen, wenn und soweit sie den Betroffenen in seiner Rechtsposition beeinträchtigen. Daraus folgt: Ein einen Entschädigungsanspruch begründender Enteignungstatbestand ist nicht bereits dann gegeben, wenn eine Maßnahme von hoher Hand irgendwelche nachteiligen Auswirkungen für den Eigentümer gehabt hat, vielmehr erst dann, wenn der Eigentümer in seiner aus seinem Eigentum sich ergebenden Rechtsposition betroffen und beeinträchtigt worden ist.*"

633 2. Aus den vorstehenden Darlegungen ergibt sich, dass **Aussichten und Erwartungen, Hoffnungen und Chancen** vom Eigentum als Recht **nicht erfasst** werden. Ein treffendes **Beispiel** dafür ist die **Bebauungserwartung**, die sich infolge einer hoheitlichen Maßnahme abschwächt oder ganz verloren geht. Erfüllt sich eine zunächst zu recht angenommene Bebauungserwartung nicht, so wird die Rechtsposition des Grundeigentümers davon nicht berührt. Die Stellung des Eigentümers solchen Geländes ist gerade dadurch gekennzeichnet, dass die Entwicklung auf Bebaubarkeit hin weitergehen *kann*. Gleichzeitig ist damit aber auch – gewissermaßen als Kehrseite der Erwartungen – die Möglichkeit verbunden, dass *die Erwartungen sich verringern oder gar ganz schwinden*. Gleiches gilt für die **Aussicht auf eine Vertragsverlängerung**. Auch sie stellt keine Rechtsposition dar; denn der Mieter oder Pächter kann eine solche Vertragsverlängerung durch seinen Vertragspartner nicht erzwingen. Die unterbliebene Verlängerung eines Vertrages ist darum keine enteignende Maßnahme, auch wenn es ohne den enteignenden Vorgang mit großer Wahrscheinlichkeit zu einer Verlängerung gekommen wäre (vgl. *Kreft* DRiZ 1973, 335, 336, siehe Einzelheiten im Stichwort **Miet- und Pachtverhältnisse**). Ebenso ist die **Rechtsstellung eines Entleihers** einzuordnen; sie steht unabhängig von der Rückgabeverpflichtung des § 604 BGB unter dem Vorbehalt eines Kündigungsrechtes des Verleihers nach § 605 Nr. 1 BGB, wenn er die verliehene Sache unvorhergesehen braucht. Die Entziehung oder Beeinträchtigung der Rechtsstellung zieht darum mangels einer gesicherten Rechtsposition

auf Fortsetzung des Vertragsverhältnisses keinen Anspruch auf Entschädigung nach Art. 14 GG nach sich (vgl. BGH NJW 1994, 3156, 3158).

Ähnlich ist es mit dem **Recht zur Bebauung** eines Grundstücks. Der Umfang des 634 Baurechts ergibt sich aus den planerischen Festsetzungen in Verbindung mit den allgemeinen Gesetzen. Erweiterungen der Bebaubarkeit, die nur durch Ausnahmen und Befreiungen erreicht werden können, gehören nicht zum Baurecht. Sie stehen grundsätzlich im pflichtgemäßen Ermessen der zuständigen Behörde und können nicht erzwungen werden (BGH NJW 1993, 457, 458; BGHZ 118, 59, 67 = NJW 1992, 2096). Etwas Anderes kommt in Betracht, wenn das Ermessen der Behörde aufgrund der besonderen Umstände auf „Null" schrumpft (vgl. dazu *Krohn* Enteignung, Rn. 160).

Beim **eingerichteten und ausgeübten Gewerbebetrieb** sind nicht nur der Sach- 635 bestand, sondern auch der Kundenstamm und die geschäftlichen Verbindungen und Beziehungen eigentumsrechtlich geschützt; geschützt ist alles, was den wirtschaftlichen Wert des Betriebes ausmacht. Dennoch ist nicht jede Maßnahme, die sich nachteilig auf den Gewerbebetrieb auswirkt, schon eine Beeinträchtigung der Rechtsposition des Gewerbeinhabers. Vielmehr ist zu fragen, ob der betroffene rechtliche oder tatsächliche Umstand dem Gewerbebetrieb überhaupt zugerechnet werden kann. Vielfach handelt es sich um Vergünstigungen und Vorteile, auf deren Fortbestand der jeweilige Gewerbeinhaber keinen Rechtsanspruch hat, mögen sie auch in der Vergangenheit eine wesentliche Grundlage des Betriebes gebildet haben. Dazu gehört insbesondere die Lage an einer stark benutzten Straße, die dem Geschäftsbetrieb Kundschaft zuführt. Das ist lediglich ein zufälliger Vorteil, der in den Schutz des Art. 14 GG nicht einbezogen werden kann (BGHZ 55, 261 = NJW 1971, 605 = BRS 26 Nr. 114). Deshalb lösen **Veränderungen am öffentlichen Wegenetz** – die Abbindung oder Unterbrechung eines öffentlichen Weges – grundsätzlich keine Entschädigungspflicht aus, sofern die Straße als Verkehrsmittler für das Grundstück weiterhin vorhanden ist.

3. Erhebliche Schwierigkeiten bereiten die **sog. gemischten Sachverhalte.** In diesen 636 Fällen führt der Eingriff **sowohl zu Rechtsbeeinträchtigungen als auch zu nachteiligen Auswirkungen in tatsächlichen Bereichen.** Zwischen beiden ist zu unterscheiden; denn nachteilige Auswirkungen des Eingriffs in tatsächlichen Bereichen sind enteignungsrechtlich nicht erheblich. Maß und Umfang der Entschädigung werden allein und entscheidend von dem Maß und dem Umfang der Beeinträchtigung bestimmt, die der Betroffene in seinen Rechten hat hinnehmen müssen (*Kreft* Enteignungsentschädigung III, S. 7). Besonders anschaulich dafür ist der **Bau einer neuen Straße** über eine Teilfläche eines bis dahin ruhig und abgeschieden gelegenen Grundstücks. Bei der Bemessung der Wertminderung für das Restgrundstück ist zu beachten, dass das Grundstück durch Staub, Lärm und Abgase auch beeinträchtigt würde, wenn die Straße nicht über die Teilfläche, sondern entlang der Grenze des dann nicht beanspruchten Grundstücks geführt worden wäre (Parallelverschiebung). Für diese Beeinträchtigungen kann keine Entschädigung verlangt werden. Es handelt sich um

nachteilige Auswirkungen tatsächlicher Art. Der betroffene Eigentümer hat keinen Anspruch darauf, dass die einmal gegebene Nutzbarkeit des Nachbargrundstücks aufrechterhalten bleibt und durch eine Straßenplanung nicht geändert wird. **Entschädigungsfähig** hingegen sind die Beeinträchtigungen, die sich als **Folge der Landabtretung** erweisen und damit eine Verletzung der Rechtsposition des Eigentümers darstellen. Hinsichtlich dieses „Mehr" an Beeinträchtigungen durch das Heranrücken der Straße werden dem Eigentümer Möglichkeiten genommen, sich kraft seines Eigentums gegen Einwirkungen von außen zu schützen.

637 4. Ein **Grundstück** als Teil der Erdoberfläche ist grundsätzlich nur **innerhalb seiner Grenzen als Eigentum geschützt** (BGHZ 80, 360, 363 = NJW 1981, 2116; BGHZ 61, 253, 255, 256 = NJW 1973, 2283, 2284). Demzufolge können Vorgänge, die sich außerhalb der Grenzen auf anderen Grundstücken abspielen, in rechtlich erheblicher Weise auf das eigene Grundstück nur einwirken, wenn bürgerlich-rechtliche oder sonstige Schutzbestimmungen dadurch verletzt werden. Solche Schutzbestimmungen erweitern die Rechtsposition des Eigentümers über die Grundstücksgrenzen hinaus. In Betracht kommen **nachbarrechtliche Vorschriften**, die z.B. für die Errichtung von Wänden, Mauern oder sonstiger Baukörper die Einhaltung bestimmter Grenzabstände vorschreiben (vgl. BGHZ 76, 1 = NJW 1980, 835). Soweit das nicht der Fall ist, endet der Schutz an den Grundstücksgrenzen. Darum ist auch der Verlust der Nachbarschaft zu einem Waldgelände oder die Aufhebung der Anliegerschaft an einem Wasserlauf keine Beeinträchtigung der Rechtsposition des Eigentümers, selbst wenn dadurch der Verkehrswert des davon berührten Grundstücks sinkt (BGHZ 48, 340 = NJW 1968, 107 = MDR 1968, 224; BGHZ 48, 46 = NJW 1967, 1754 = MDR 1967, 742).

638 5. Eine gewichtige Rolle bei der Bestimmung der sich aus dem Eigentum ergebenden Rechtsposition kommt schließlich den **Inhalts- und Schrankenbestimmungen** im Sinne des Art. 14 Abs. 1 S. 2 GG zu. Inhalts- und Schrankenbestimmungen sind darauf gerichtet, den „Inhalt" des Eigentumsrechts vom Inkrafttreten des Gesetzes an für die Zukunft festzulegen. Sie nehmen bestimmte Befugnisse des Eigentümers aus dem Eigentum heraus und verringern damit die Rechtsposition. Die **ausgegliederten Befugnisse** gehören in der Zukunft nicht zu der sich aus dem Eigentum ergebenden Rechtsposition und werden darum nicht vom Grundrechtsschutz des Art. 14 GG erfasst. Ein Beispiel dafür ist das **Wiesengrundstück**, das aufgrund einer Verordnung **Teil eines Naturschutzgebietes** geworden ist. Sein Eigentümer könnte einem Verbot der Nutzungsänderung unterliegen und verpflichtet sein, eine geplante Umwandlung in einen Acker zu unterlassen. Dieses Verbot müsste er entschädigungslos hinnehmen, weil das Recht zur Umwandlung nicht mehr zu seiner Rechtsposition gehört.

Richtlinien zur Ermittlung der Entschädigung

1. Zur Ermittlung der Entschädigung bei Enteignungen werden allgemein **folgende Richtlinien** benutzt: Richtlinien für die Ermittlung der Verkehrswerte (Marktwerte) von Grundstücken (Wertermittlungsrichtlinien – **WertR 2006** – veröffentlicht im BAnz. Nr. 1082 vom 10. Juni 2006, Berichtigung vom 1. Juli 2006 BAnz. Nr. 121 S. 4798, die Nrn. 1.5.5 Abs. 4, 3.1.3, 3.6 bis 3.6.2 sowie die Anlagen 4, 6, 7 und 8 wurden ersetzt durch die Richtlinie zur Ermittlung des Sachwertes – **SW-RL** – BAnz AT 18.10.2012, Kapitel 2.3, Nr. 1.5.5 Abs. 2, Nrn. 3.1.1, 3.1.4.2, 3.4 und Anlage 11 wurden ersetzt durch die Richtlinie zur Ermittlung des Vergleichswertes und des Bodenwertes – **VW-RL** – BAnZ AT 11.04.2014 B3, und die Nrn. 1.5.5 Absatz 3, 3.1.2, 3.5 bis 3.5.8 sowie die Anlagen 3, 5, 9a und 9b wurden ersetzt durch die Richtlinie zur Ermittlung des Ertragswertes – **EW-RL** – BAnz AT 4.12.2015 B4); Richtlinien für die Ermittlung des Verkehrswertes landwirtschaftlicher Grundstücke und Betriebe, anderer Substanzverluste und Vermögensnachteile vom 3. Mai 2019 (Entschädigungsrichtlinien Landwirtschaft – **LandR 19** BAnz AT 4.06.2019 B5); Richtlinien für die Ermittlung und Prüfung des Verkehrswerts von Waldflächen und für Nebenentschädigungen in der Fassung vom 12. Juli 2000 (Waldwertermittlungsrichtlinien 2000 – **WaldR 2000**). Die WertR 2006 sind die Fortschreibung der Richtlinien vom 19. Juli 2002 und ergänzen die die Ermittlung des Sachwertes nach den §§ 21 bis 23, die Ermittlung des Vergleichswertes und des Bodenwertes nach den §§ 15 und 16 und die Ermittlung des Ertragswertes nach den §§ 17 bis 20 der Immobilienwertermittlungsverordnung (ImmoWertV) vom 19. Mai 2010. **639**

2. Den Richtlinien ist gemeinsam, dass es sich um **Verwaltungsanweisungen** handelt. **640** Sie sind darum **für Enteignungsbehörden und Gerichte nicht bindend**. Soweit sie den Rechtsnormen für die Enteignungsentschädigung entsprechen, bestehen keine Bedenken, sie bei der Ermittlung von Entschädigungen anzuwenden, zumal sie auf Erfahrungen des Bau- und Bodenmarktes aufbauen, von denen nicht ohne triftigen Grund abgewichen werden kann. In BGHZ 59, 250, 260 = NJW 1973, 47 = AgrarR 1973, 18 heißt es dazu u. a.: „*Es ist zwar rechtlich nichts dagegen einzuwenden, es liegt vielmehr sowohl im Interesse einer gleichmäßigen Behandlung der Betroffenen als auch im Interesse der Praktikabilität, wenn die Abwicklung der Entschädigung nach derartigen Richtlinien vorgenommen wird. Jedoch müssen derartige allgemeine Bemessungsrichtlinien an den für die Entschädigungsbemessung entscheidenden und oben aufgezeigten Grundsätzen ausgerichtet sein.*“ (ebenso BGHZ 67, 190, 191 = NJW 1977, 189 = AgrarR 1977, 61). Umgekehrt schließen die Richtlinien nicht aus, andere nicht behandelte Bewertungsverfahren anzuwenden. Im Einzelfall könnte z.B. bei einer Teilabtretung angezeigt sein, den Wert der Abtretungsfläche unter Zuhilfenahme des Mittelwertverfahrens (Durchschnittsberechnung) zu ermitteln. Dabei wird zunächst in der üblichen Form der Wert des gesamten Grundstücks berechnet, danach über eine einfache Durchschnittsrechnung der Wert einer Einheit (Quadratmeter, Kubikmeter) und schließlich der Wert des abgetretenen Teils.

Friedrich

https://doi.org/10.1515/9783110682557-072

Anders als die Richtlinien ist die **ImmoWertV** (siehe **Anhang**) eine *Rechtsverordnung*. Sie **bindet Enteignungsbehörden und Gerichte** (BVerwG NVwZ-RR 2018, 200 Rn. 6; *Zimmermann* Einf. Rn. 47).

641 3. Die ImmoWertV wird insbesondere durch den ersten Teil der **WertR 2006** (siehe **Anhang**)ergänzt. Hier wird dem Sachverständigen ausführlich und genau aufgezeigt, wie er bei der Wertermittlung unbebauter und bebauter Grundstücke zweckmäßigerweise vorgeht. Die Anlagen 1 und 2 sind mehrseitige Bewertungsvordrucke, die mit einem Kaufpreis- bzw. Entschädigungsvorschlag abschließen. Die weiteren Anlagen bringen u. a. Erfahrungswerte für Bewirtschaftungskosten und technische Lebensdauer, Zahlenwerk zur Berechnung der technischen Wertminderung (Alter) und eine Vervielfältiger-Tabelle (Rentenbarwertfaktoren). Weitere Hinweise, insbesondere für die Ermittlung des Sachwertes, des Vergleichswertes und des Bodenwertes sowie des Ertragswertes finden sich in SW-RL, VW-RL und EW-RL (s. Rn. 639).Vgl. dazu auch → **Bodenwertermittlung** und **Bewertung bebauter Grundstücke**.

Der zweite Teil der WertR 2006 sind zusätzliche Richtlinien für Teilbereiche. Er ist umfangreich überarbeitet worden und seine Anlagen (12 bis 22) bringen aufschlussreiche Beispielrechnungen. Von besonderer Bedeutung für die tägliche Arbeit sind dabei die Nr. 4.3 und die Anlagen 12 bis 15, die sich mit der Bewertung eines Erbbaurechts und des mit dem Erbbaurecht belasteten Grundstücks befassen. Der Bodenwertanteil des Erbbaurechts und der Wert des belasteten Grundstücks können entweder aus Marktuntersuchungen (Vergleichswertverfahren) abgeleitet oder mit Hilfe finanzmathematischer Methoden ermittelt werden. Als Faustregel ist festzuhalten, dass der Bodenwertanteil des Erbbaurechts und der Wert des belasteten Grundstücks den Verkehrswert desselben Grundstücks – unbelastet – nicht übersteigen dürfen. Vgl. auch → **Erbbaurecht**. Die Anlagen 16 bis 22 behandeln unter anderem das Wohnungsrecht, den Nießbrauch, das Wegerecht, das Leitungsrecht und den Überbau. Ferner gibt es unter Nr. 5 Aussagen zum Bodenwert in besonderen Fällen (Gemeindebedarfsflächen, Teilflächen und Wasserflächen). Vorgesehen sind Aussagen zur Schicht-Nutzung und zum Außenbereich.

642 4. Durch die **LandR 19** vom 3. Mai 2019 (siehe **Anhang**) sind die Entschädigungsrichtlinien Landwirtschaft vom 28. Juli 1978 grundlegend überarbeitet worden. Hierbei wurden die Rechtsprechung des BGH zum Eingriff in Bewirtschaftungseinheiten eines landwirtschaftlichen Pachtbetriebes, die Veränderungen des Zinsniveaus auf dem Kapitalmarkt und auch die wirtschaftliche und technische Entwicklung berücksichtigt und eingearbeitet. Durch Urteil vom 13.12.2007 (BGHZ 175, 35 = WF 2008, 26) hat der BGH festgestellt, dass ein Pachtbetrieb, dessen Bewirtschaftungsflächen durchschnitten werden, für die Dauer der Restpachtzeit einen eigenständigen und vom Grundstückseigentümer unabhängigen Anspruch auf Entschädigung von Bewirtschaftungserschwernissen hat. Es handelt sich hierbei um einen Eingriff in den eigentumsrechtlich geschützten eingerichteten und ausgeübten Gewerbebetrieb. Die

LandR 19 löst sich daher von Ihrem bisherigen Aufbau und behandelt die Entschädigungsermittlung von Eigentümer und Pächter in ihrem Gliederungsaufbau grundsätzlich gleich. War die LandR 78 auf den Entschädigungsanspruch des Eigentümers ausgerichtet, so findet nunmehr die eigenständige Rechtsstellung des Pächters Berücksichtigung. Die Entschädigung für die Verkehrswertminderung (Anspruch des Grundstückseigentümers) und für die Wirtschaftserschwernisse (Anspruch des Bewirtschafters) werden getrennt ermittelt. Außerdem wurde der Zinssatz zur Ermittlung der Entschädigung von 4 % auf 2 % gesenkt. Anlass sind die erheblich gefallenen Kapital- und Kreditzinsen. Zu den weiteren wesentlichen Änderungen gehören die einheitliche Berechnung des Erwerbsverlustes für Eigentümer und Pächter, die Erhöhung der maximalen Schadensdauer von 20 auf 25 Jahre und die Änderung des Berechnungsverfahrens zur Ermittlung des Erwerbsverlustes (s. Anlage 4 der LandR 19).

5. Die **WaldR 2000** (siehe **Anhang**) erläutern zunächst sehr umfassend den Begriff **643**
der Waldfläche (Nrn. 1.1 und 1.2). Danach sind Waldflächen nicht nur die mit Forstpflanzen bestockten Grundflächen, sondern auch Waldblößen und Lichtungen, Waldwiesen und Wildäsungsplätze gehören dazu. Die sich anschließenden Nummern (2 ff.) regeln die Ermittlung des Verkehrswertes. Der Verkehrswert von Waldflächen (Waldwert) umfasst die Wertanteile für den Boden und den Holzbestand (Nr. 2.1). Beide Wertanteile werden gesondert ermittelt und anschließend zum Waldwert zusammengefasst. Bei der Ermittlung des Bodenwertes steht das Vergleichswertverfahren im Vordergrund. Hilfsweise kann der Bodenwert aus landwirtschaftlichen Bodenpreisen hergeleitet werden. Das Verfahren dafür wird eingehend beschrieben und an einem Beispiel erläutert (Nr. 5.2). Die Ermittlung des Wertes der Holzbestände (Nr. 6) setzt forstwirtschaftliche Fachkenntnisse voraus und sollte einem Fachmann übertragen werden. Das Gleiche gilt für die unter Nr. 8 behandelten Nebenentschädigungen (Randschäden, Windwurfgefährdung usw.). Die WaldR 2000 sind durch Anpassung des Zinssatzes von 4 % auf 2 % und durch Einführung geänderter Alterswertfaktoren aktualisiert worden (BAnz AT 28.3.2019 B2).

Rückenteignung

Übersicht

1. Unter **Rückenteignung** versteht man den Anspruch des enteigneten früheren **644**
Eigentümers auf Wiederbeschaffung und Rückübertragung seines enteigneten Grundstücks, sofern es nicht innerhalb der Verwendungsfrist für den Enteignungszweck ver-

https://doi.org/10.1515/9783110682557-073

wendet wird oder die Gemeinde ihre fristgebundene Übereignungsverpflichtung nicht erfüllt (s. a. *Battis* in BKL, § 102 Rn. 1; *Papier/Shirvani* in Maunz/Dürig, Art. 14 Rn. 698, die zurecht darauf hinweisen, dass die Bezeichnung „Rückenteignung" missverständlich ist, da es sich eigentlich um einen obligatorischen Anspruch auf Rückgängigmachung von Enteignungsfolgen handelt). Hatte der frühere Eigentümer in diesen Fällen nach § 57 PrEntG lediglich ein gesetzliches Vorkaufsrecht, wenn ein Grundstück veräußert werden sollte, weil es für den vorgesehenen Zweck vollständig oder teilweise nicht mehr notwendig war, gewähren heute zahlreiche Gesetze ausdrücklich einen **Anspruch auf Rückenteignung** gegen den öffentlich-rechtlichen Vorhabenträger, wenn der Verwendungszweck vor Realisierung des Enteignungsvorhabens aufgegeben worden ist, so §§ 102, 103 BauGB, § 43 BLG, § 57 LBG sowie in den Enteignungsgesetzen der Länder, §§ 42, 43 EntG Bbg, §§ 3, 4 BerlEnteigG, §§ 3, 4 BremEnteigG, Art. 16, 44 Abs. 1 BayEG, § 5 HbgEnteigG, §§ 45, 48 RhPfEnteigG, §§ 43, 44 Abs. 2 NdsEnteigG, §§ 47 Abs. 3, 50 HessEnteigG, §§ 42, 43 EEG NW, §§ 40, 41 EntG LSA. Wurde das Grundstück für militärische Zwecke enteignet, besteht nach § 57 Abs. 1 Alt. 1 LBG ein Rückerwerbsanspruch selbst dann, wenn der Enteignungszweck nachträglich wegfällt, also die beabsichtigte Nutzung ursprünglich verwirklicht, später jedoch wieder aufgegeben wurde (BVerwGE 107, 196 = NJW 1999, 1272, 1275).

Trotz fehlender gesetzlicher Regelung besteht ein Anspruch auf Rückenteignung auch dann, wenn nicht die öffentliche Hand, sondern **ein privater Unternehmer** Enteignungsbegünstigter war, z. B. ein Versorgungs- oder ein Verkehrsunternehmen (BVerfG WM 2017, 548 Rn. 6 = DVBl 2017, 1174; *Battis* in BKL, § 102 Rn. 1a).

645 Über diese gesetzlichen Regelungen hinaus hat das BVerfG einen **allgemeinen Anspruch auf Rückenteignung** unmittelbar aus Art. 14 Abs. 1, 3 GG gewährt, wenn das Enteignungsunternehmen nicht oder nicht in angemessener Zeit durchgeführt worden ist oder sich nachträglich herausstellt, dass das Grundstück für das Vorhaben nicht benötigt wird (BVerfG NJW 1998, 1697; BVerfGE 38, 175 = NJW 1975, 37 = WM 1974, 1178; ebenso BGHZ 76, 365 = NJW 1980, 1571 = WM 1980, 1459 = BauR 1980, 456; *Schmidt-Aßmann/Groß* in EZBK, § 102 Rn. 5; *Schlick* in BK, § 102 Rn. 2). Denn die Enteignung ist kein auf Vermögenserwerb durch den Staat ausgerichtetes Instrument; sie darf nicht der Landbeschaffung für den Staat dienen, sondern rechtfertigt sich allein daraus, dass die enteignete Sache zur Erfüllung einer bestimmten öffentlichen Aufgabe erforderlich ist. Die Enteignung ist deswegen nur zugunsten eines auf Dauer ausgerichteten Vorhabens zulässig und erreicht ihr Ziel nur dann, wenn das Vorhaben ausgeführt und die enteignete Sache ihrem Zweck zugeführt wird. Wird die öffentliche Aufgabe, der die Enteignung dienen soll, nicht durchgeführt, so entfallen die aus Art. 14 Abs. 3 S. 1 GG herzuleitende Legitimation für den Zugriff auf das Privateigentum und der Rechtsgrund für den Eigentumserwerb der öffentlichen Hand. Art. 14 Abs. 1 S. 1 GG entfaltet dann wieder seine Schutzfunktion zugunsten des Betroffenen, so dass dieser unmittelbar aus dieser Vorschrift Rückenteignung verlangen kann (BVerfG a. a. O., S. 181; anders noch BVerwGE 28, 184 = NJW 1968, 810 = MDR 1968, 348 = BRS 19 Nr. 24 und BGH NJW 1955, 420; der Beschluss des BVerfG war aufgrund

Verfassungsbeschwerde gegen das BVerwG-Urteil ergangen; wie hier *Battis* in BKL, ebenda). Der in der Bauverwaltung gelegentlich praktizierten **„Planung auf Vorrat“** stehen somit eigentumsrechtliche Grenzen entgegen (s. BVerfGE 56, 249, 261). Eine Pflicht zur Rücknahme des nicht mehr benötigten Grundstücks besteht jedoch nicht (BGH NJW 1978, 1481).

Ab wann dem Enteigneten ein Rückübertragungsanspruch zusteht, ist zweifelhaft. Das BVerfG (BVerfGE 38, 175) verweist auf § 42 Abs. 1 Nr. 4 LStrG NW (heute nicht mehr in Kraft), der die Zulässigkeit der Enteignung davon abhängig machte, dass das Grundstück innerhalb angemessener Frist zu dem vorgesehenen Zweck verwendet werden soll, und auf § 39 Abs. 5 LStrG NW, nach dem der Plan außer Kraft trat, wenn er nicht innerhalb von 5 Jahren nach Eintritt der Unanfechtbarkeit durchgeführt oder auf weitere 5 Jahre verlängert wurde. In der Praxis wird man sich an bestehende gesetzliche Regelungen zu halten haben, insbesondere an § 102 Abs. 3 i.V.m. §§ 113 Abs. 2 Nr. 3, 114 BauGB. Nach § 102 Abs. 3 BauGB gilt für den Antrag auf Rückenteignung eine Ausschlussfrist von **2 Jahren seit Entstehung des Anspruchs.** Da diese Regelung ihre Rechtfertigung aus der schon im Enteignungsbeschluss nach §§ 113 Abs. 2 Nr. 3, 114 BauGB festzusetzenden Verwendungsfrist nimmt, ist sie auf Enteignungsfälle außerhalb des BauGB allerdings nicht anwendbar. Jedoch haben die Enteignungsgesetze der Länder diese Regelung übernommen und sehen ebenfalls eine Ausschlussfrist von zwei Jahren vor (z.B. § 42 Abs. 3 EEG NW, Art. 16 Abs. 3 BayEG). 646

2. In der Praxis wird meist weniger darüber gestritten, *dass* ein enteignetes Grundstück rückübertragen wird, als vielmehr darüber, **zu welchem Preis** dies geschieht. Grundsätzlich soll der Rückübertragungsanspruch dem ursprünglichen Eigentümer die ihm durch Art. 14 Abs. 1 GG garantierte Rechtsposition, d.h. das konkrete Eigentum wiederverschaffen, das er vor der Enteignung hatte (vgl. *Papier/Shirvani* in Maunz-Dürig, a.a.O., Art. 14 Rn. 702). Nach § 103 BauGB hat der frühere Eigentümer die Entschädigung für den Rechtsverlust zurückzuerstatten, die er seinerseits bei der ersten Enteignung erhalten hat. Es ist also der **damalige Verkehrswert** zugrunde zu legen; Aufwendungen des gegenwärtigen Eigentümers, die zu einer Werterhöhung des Grundstücks geführt haben, sind allerdings zu berücksichtigen (S. 4; vgl. *Battis* in BKL, § 103 Rn. 2). Nicht zu erstatten sind andere Vermögensnachteile, die der durch die Rückenteignung betroffene Unternehmer erleidet (§ 93 Abs. 2 Nr. 2 BauGB findet keine Anwendung; vgl. § 103 S. 2 BauGB). Ist dem früheren Eigentümer seinerseits bei der ersten Enteignung eine Entschädigung für andere Vermögensnachteile gewährt worden, so hat er diese nur dann zurückzugewähren, wenn die Nachteile nunmehr durch die Rückenteignung entfallen. Nicht zurückzuerstatten sind also z.B. Sachverständigen- und Rechtsvertretungskosten, in aller Regel auch nicht **Kosten für eine Betriebsverlagerung**, wenn sie tatsächlich stattgefunden hat). Ist der Antragsteller hingegen fiktiv für eine Betriebsverlagerung entschädigt worden und hat er tatsächlich nicht verlagert, sondern den Betrieb auf dem enteigneten Grundstück fortgeführt, so entfällt dieser Nachteil, wenn der Betriebsinhaber das Eigentum an dem bisherigen 647

Betriebsgrundstück zurückerhält (*Schlick* in BK, § 103 Rn. 3; a. A. *Battis* in BKL, § 103 Rn. 3; *Krohn* in BK, § 103 Rn. 2; dies ist nicht eine Frage der Verwendung der Entschädigung, die enteignungsrechtlich grundsätzlich unbeachtlich ist (BGHZ 65, 253, 259), sondern es entfällt der Nachteil, dessentwegen der frühere Eigentümer seinerzeit bei der Enteignung entschädigt worden war. Unabhängig davon sind allerdings die Nachteile, die zwischen Enteignung und Rückenteignung eintreten, z. B. Erschwernisse wegen verkleinertem Grundstück zu beurteilen; die Entschädigung dafür behält der frühere Eigentümer (vgl. *Schmidt-Aßmann/Groß* in EZBK, § 103 Rn. 5). In den Enteignungsgesetzen der Länder wird ganz überwiegend bestimmt, dass der frühere Eigentümer seine **ursprüngliche Rechtsposition ohne zusätzliche Aufwendungen** wiedererhalten soll (vgl. §§ 3, 4 BerlEnteigG, §§ 3, 4 BremEnteigG, Art. 17 BayEG, § 45 RhPfEnteigG, § 45 NdsEnteigG, § 48 HessEnteigG, §§ 42, 43 EEG NW).

648 Der **BGH** hat sich in seinem Urteil vom 21.2.1980 (BGHZ 76, 365 = WM 1980, 1459 = NJW 1980, 1571) ausführlich mit der Höhe der Rückenteignungsentschädigung, also mit dem **Verkehrswert**, der der Rückenteignung zugrunde zu legen ist, befasst und entschieden (entsprechend z. B. § 103 S. 4 BauGB), dass die an den ursprünglich Betroffenen zu zahlende „Rückentschädigung" den bei der *ersten Enteignung zu Grunde gelegten Verkehrswert* **nicht übersteigen** darf. Er führt dazu aus: Es könne nicht auf den – wie sonst bei Enteignungen grundsätzlich maßgebenden – Zeitpunkt der Entscheidung der Behörde über das Verlangen auf Rückenteignung für den Verkehrswert ankommen; denn die vorzunehmende Rückgewähr sei keine „echte" Enteignung im Sinne des Art. 14 Abs. 3 S. 2 GG. Mit dem Wegfall der die Enteignung legitimierenden verfassungsrechtlichen Voraussetzungen (Art. 14 Abs. 3 S. 1 GG) entbehre das Eigentum der öffentlichen Hand der Rechtfertigung. Die nunmehr wiederauflebende Garantie des *Bestandes der entzogenen Sache* in der Hand des Betroffenen lasse es zumindest als angemessen, wenn nicht gar verfassungsrechtlich geboten erscheinen, die nach der Enteignung eintretenden ***Wertsteigerungen*** der Sache, soweit sie nicht auf einer Verbesserung ihres Zustands durch die öffentliche Hand beruhen, dem ***betroffenen Eigentümer*** zuzuweisen. Andernfalls würde die öffentliche Hand einen Vermögensvorteil erlangen (behalten), für den sie das Instrument der Enteignung gar nicht hätte einsetzen dürfen (*Battis* in BKL, § 103 Rn. 1).

649 Daher gilt: Ist der Wert des Grundstücks im Zeitpunkt des Rückenteignungsbeschlusses **höher** als zur Zeit der Enteignung, so soll der Enteignungsunternehmer aus der verfehlten Enteignung keinen Gewinn ziehen. Anderenfalls könnte der Restitutionsanspruch des Alteigentümers gefährdet sein (BGHZ 76, 365 = NJW 1980, 1571 = WM 1980, 1459 = BauR 1980, 456; *Schmidt-Aßmann/Groß* in EZBK, § 103 Rn. 4). Der Wertzuwachs kommt dem früheren Eigentümer zugute. Dem ursprünglichen Enteignungsunternehmer sind der *Verkehrswert* zur Zeit *der ersten Enteignung* und darüber hinaus alle *Aufwendungen* zu ersetzen, die zu einer *Werterhöhung* geführt haben. Andere Aufwendungen kann er nicht ersetzt verlangen, weil das Risiko, dass das Grundstück für den beabsichtigten öffentlichen Zweck auch gebraucht wird, von ihm zu tragen ist. Macht er also Aufwendungen, die der Erfüllung dieses Zwecks dienen, aber keine Werterhöhung zur Folge haben, kann er keine Erstattung verlangen. Andererseits kann das Grundstück z.B. dadurch eine Werterhöhung erfahren haben, dass anders parzelliert worden ist, die Grenzen verändert worden sind und sich das Grundstück jetzt z.B. für einen neuen Betrieb besonders gut eignet. Bei der im Entschädigungsrecht immer gebotenen wirtschaftlichen Betrachtungsweise hat der Antragsteller in einem solchen Fall einen angemessenen Ausgleich zu zahlen, weil er sonst einen unverdienten Vorteil erzielen würde. Den Ausgleich bemisst man am besten nach der Differenz der Verkehrswerte des Grundstücks in den neuen gegenüber den alten Grenzen, und zwar auf der Basis des Verkehrswertes (der Preisverhältnisse) bei der ersten Enteignung (BGH a.a.O.).

Es kann aber auch vorkommen, dass der Verkehrswert des Grundstücks im Zeit- **650**
punkt der Rückenteignung **niedriger** ist als zur Zeit der Enteignung. In diesem Fall braucht der frühere Eigentümer lediglich den **jetzigen Verkehrswert** zu zahlen. Verschlechterungen, gleich welcher Art, in der Zeit zwischen den beiden Enteignungen gehen zu Lasten des von der Rückenteignung Betroffenen. Dies entspricht den gesetzlichen Regelungen, soweit solche bestehen, s. § 103 S. 4 BauGB, Art. 17 BayEG, §§ 3, 4 BerlEnteigG, §§ 3, 4 BremEnteigG, § 45 NdsEnteigG, § 48 HessEnteigG, § 45 RhPfEnteigG; § 43 S. 4 EEGNW.

3. Als *allgemeinen Grundsatz* des Entschädigungsrechts wird man die Regelung in **651**
§ 102 Abs. 4 BauGB, ebenso z.B. § 42 Abs. 4 EEG NW, Art. 16 Abs. 4 BayEG, ansehen müssen. Sie gibt der Enteignungsbehörde das Recht, die **Rückenteignung** in zwei Fällen ***abzulehnen***, nämlich wenn das Grundstück **erheblich verändert** *oder* wenn **ganz oder überwiegend Entschädigung in Land** gewährt worden ist.

Art. 14 GG steht dieser Regelung nicht entgegen (BVerwG NVwZ 1987, 49, 50: Es **652**
ging um ein Grundstück, über das im Juli 1939 ein Enteignungsverfahren eingeleitet worden war, aufgrund dessen die bekl. Stadt es für 270 RM erwarb; nach Kriegsende wurde das Bauvorhaben aufgegeben, das Grundstück aber 1967 in einem Bebauungsplan als Verkehrs- und Grünfläche festgestellt und sodann zur Anlegung eines Kreuzungsbauwerks benutzt; die bekl. Stadt lehnte den Antrag auf Rückenteignung erfolgreich ab, weil das Grundstück in der Zwischenzeit erheblich verändert worden war).

Eine **erhebliche Veränderung des enteigneten Grundstücks** liegt dann vor, **653**
wenn eine „annähernde Identität" des alten mit dem neuen Grundstück, z.B. durch Grenzänderung oder durch tatsächliche Veränderungen durch zweckverwirklichende Bauvorhaben nicht mehr besteht (vgl. *Schmidt-Aßmann/Groß* in EZBK, § 102 Rn. 37; *Battis* in BKL, § 102 Rn. 5 *sowie* BVerwG NVwZ 2001, 198 zu § 57 Abs. 3 LBG). Hierzu zählen auch die Fälle, in denen umfangreiche Aufschüttungen oder Abgrabungen vorgenommen wurden, etwa durch „Aufspülung" für Hafenbauzwecke oder infolge Grundstücksumlegungen erhebliche Grenzveränderungen eingetreten sind (s.a. BGHZ 135, 92 = NVwZ 1997, 932). Der ganz oder überwiegend in Ersatzland entschädigte Eigentümer (§ 100 BauGB) erscheint nicht schutzwürdig; ihm würde durch eine Rückenteignung ein doppelter Landbestand beschafft. Ob die Voraussetzungen des § 102

Abs. 4 BauGB vorliegen, ist eine Rechtsfrage und kann von dem zuständigen Gericht überprüft werden. Allerdings haben die Ausschlussgründe nach § 102 Abs. 4 BauGB (anders als die in Abs. 2 genannten) keinen zwingenden Charakter, sondern lösen nur eine Ablehnungsbefugnis der Enteignungsbehörde aus (vgl. *Petz* in Spannowsky/ Uechtritz, § 102 Rn. 35).

654 4. Die **Zuständigkeiten** und das **Verfahren** bei der Rückenteignung und der Festsetzung der „Entschädigung" bestimmen sich, soweit gesetzlich nichts anderes bestimmt ist (z.B. Art. 16 Abs. 6; Art. 44 Abs. 2 Satz 1 BayEG: Verwaltungsrechtsweg; vgl. BGHZ 84, 1, 4 = NJW 1982, 2184 = WM 1982, 795 = DVBl 1982, 1089), nach den einschlägigen Bestimmungen für die erste Enteignung (s. z.B. § 102 Abs. 6 BauGB; s.a. BGHZ 76, 365, 367 = WM 1980, 1459, 1460 = NJW 1980, 1571 „im Wege rechtsfindender Lückenausfüllung"). Das bedeutet, dass im Anwendungsbereich des PrEntG die „Entschädigung" wegen Rückenteignung von der Enteignungsbehörde festzustellen und dagegen Klage vor den ***ordentlichen Gerichten*** möglich ist (BGH a.a.O.). Dies entspricht auch den Verfahrens- und Zuständigkeitsvorschriften, soweit solche für die Rückenteignung bestehen (oben Rn. 645; vgl. den Verweis in § 102 Abs. 6 BauGB).

655 Im Rahmen des Verfahrens über die Rückenteignung ist ein **Austausch des Enteignungszwecks nicht zulässig**. Ein späterer Zweckaustausch kann nicht als Umstand anerkannt werden, der über die Fälle des § 102 BauGB hinaus die Rückenteignung ausschließen kann (BayVGH BayVBl 1984, 147; OLG Hamm NVwZ 1990, 299).

656 Die Rückenteignung kann nur auf **Antrag des Berechtigten** (Alteigentümers) ausgesprochen werden. Der Antrag muss binnen einer Frist von zwei Jahren seit Entstehung des Anspruchs bei der zuständigen Enteignungsbehörde eingereicht werden (§ 102 Abs. 3 S. 1 BauGB). Für den Lauf der Antragsfrist gilt § 206 BGB entsprechend (§ 102 Abs. 3 S. 2 BauGB).

657 Der Antrag ist nicht mehr zulässig, wenn in den Fällen des § 102 Abs. 1 BauGB **mit der zweckgerechten Verwendung begonnen** worden ist. Dies festzustellen ist für den Berechtigten im Fall des Abs. 1 Nr. 1 Hs. 1 und Nr. 2 nicht schwer, weil er den Enteignungsbeschluss mit der Angabe der Verwendungsfristen in Händen hat. Vor der Entscheidung über eine Verlängerung ist er zu hören (§ 114 BauGB). Für den Berechtigten können sich allerdings Unklarheiten im Falle des Abs. 1 Nr. 1 Hs. 2 ergeben, weil für andere nicht klar erkennbar ist, wann der Enteignungsunternehmer die Zweckverwirklichung aufgegeben hat; die Antragsfrist beginnt in diesem Falle erst mit Kenntniserlangung durch den Berechtigten (zutreffend *Schmidt-Aßmann/Groß* in EZBK, § 102 Rn. 39; a.A. *Reisnecker* in Brügelmann, § 102 Rn. 51; *Battis* in BKL, § 102 Rn. 6 mit der Begründung, dass der Berechtigte durch die Möglichkeit der Wiedereinsetzung in den vorigen Stand gemäß § 210 BauGB hinreichend geschützt sei).

658 Für die **Kosten** des Rückenteignungsverfahrens enthält § 121 Abs. 1 S. 3 BauGB eine Sonderregelung: Wird dem Antrag auf Rückenteignung stattgegeben, so hat der von der Rückenteignung Betroffene die Kosten zu tragen. Hat der Antrag dagegen kei-

nen Erfolg, so trägt nach der allgemeinen Regel des § 121 Abs. 1 S. 1 BauGB der Antragsteller die Kosten (vgl. *Schmidt-Aßmann/Groß* in EZBK, § 102 Rn. 42).

5. Auch das **Städtebaurecht** gewährt unter bestimmten Umständen in § 164 BauGB einen Anspruch auf Rückübertragung, der an den Fall anknüpft, dass die Sanierungssatzung aus den in § 162 Abs. 1 S. 1 Nr. 2 oder 3 BauGB bezeichneten Gründen aufgehoben wird. Der Anspruch steht dem früheren Eigentümer gegenüber dem derzeitigen Eigentümer des Grundstücks zu, wenn die Gemeinde oder der Sanierungsträger es von dem Alteigentümer nach der förmlichen Festlegung des Sanierungsgebiets zur Durchführung der Sanierung freihändig oder nach den Vorschriften des BauGB ohne Hergabe von entsprechendem Austausch- oder Ersatzland oder Begründung von Rechten der in § 101 Abs. 1 S. 1 Nr. 1 BauGB bezeichneten Art erworben hatte (§ 164 Abs. 1 BauGB). Der Anspruch besteht nach § 164 Abs. 2 BauGB nicht, wenn das Grundstück als Baugrundstück für den Gemeinbedarf oder als Verkehrs-, Versorgungs- oder Grünfläche in einem Bebauungsplan festgesetzt ist oder für sonstige öffentliche Zwecke benötigt wird (Nr. 1) oder der frühere Eigentümer selbst das Grundstück im Wege der Enteignung erworben hatte (Nr. 2) oder der Eigentümer mit der zweckgerechten Verwendung des Grundstücks begonnen hat (Nr. 3) oder das Grundstück aufgrund des § 89 oder des § 159 Abs. 3 BauGB an einen Dritten veräußert wurde (Nr. 4) oder die Grundstücksgrenzen erheblich verändert worden sind (Nr. 5). Die Rückübertragung kann nur binnen einer Frist von zwei Jahren seit Aufhebung der Sanierungssatzung verlangt werden (§ 164 Abs. 3 BauGB). Als Kaufpreis hat der Alteigentümer den Verkehrswert zu zahlen, den das Grundstück im Zeitpunkt der Rückübertragung hat (§ 164 Abs. 4 BauGB); dem späteren Eigentümer kommt daher eine Wertsteigerung durch zwischenzeitlich getroffene Maßnahmen zugute (vgl. *Fislake* in BK, § 164 Rn. 15). 659

Der Anspruch auf Rückenteignung nach § 102 BauGB bleibt von diesen besonderen Ansprüchen eines von *Sanierungs- und Entwicklungsmaßnahmen* betroffenen Eigentümers unberührt (§ 164 Abs. 5 S. 1 BauGB). Die dem Eigentümer zu gewährende Entschädigung nach § 103 BauGB bemisst sich nach dem Wert des Grundstücks, der sich aufgrund des rechtlichen und tatsächlichen Zustands *im Zeitpunkt der Aufhebung der förmlichen Festlegung (Satzung)* ergibt (§ 164 Abs. 5 S. 2 BauGB). Dem liegt die Erwägung zugrunde, dass ein Grundstück durch die im Sanierungsgebiet getroffenen Maßnahmen bereits bis zur Aufhebung der Satzung eine erhebliche Wertsteigerung erfahren kann (BGHZ 76, 365, 370 = WM 1980, 1459, 1460 f. = NJW 1980, 1571, 1572). Demzufolge sind ***Qualitätserhöhungen*** infolge zwischenzeitlicher Sanierungsmaßnahmen zu berücksichtigen, nicht aber eine Erhöhung des Bodenwertgefüges (zutreffend *Schmidt-Aßmann/Groß* in EZBK, § 103 Rn. 6; offen gelassen in BGHZ a.a.O.). 660

6. Schwierigkeiten bereiten solche Fälle, in denen nicht enteignet worden ist, sondern der Eigentümer außerhalb und vor Einleitung eines Enteignungsverfahrens zur Vermeidung der Enteignung einen **privatrechtlichen Grundstücksübertragungsver-** 661

trag geschlossen hat (zur rechtlichen Qualifikation: BGHZ 84, 1, 3 = NJW 1982, 2184 = DVBl 1982, 1089; 50, 284, 287; BGH WM 1972, 890 und 1981, 309) und in denen sodann der ***Verwendungszweck weggefallen*** ist. Ein Anspruch auf Rückenteignung besteht zwar in solchen Fällen nicht, weil keine Enteignung stattgefunden hat. Ein Rückerwerbsrecht des Alteigentümers lässt sich auch nicht aus Art. 14 GG herleiten; denn ein privatrechtlicher Übertragungsvertrag kann nicht durch Art. 14 GG dahin ergänzt werden, dass bei Wegfall oder anderweitiger Erledigung der öffentlichen Aufgabe dem früheren Eigentümer ein Anspruch auf Rückübertragung des verkauften Grundstücks zusteht (s.a. *Petz* in Spannowsky/Uechtritz, § 102 Rn. 3.1; *Schlick* in BK, § 102 Rn. 15). Eine andere Beurteilung ist auch dann nicht gerechtfertigt, wenn der frühere Eigentümer eine drohende Enteignung hat abwenden wollen. Der Eigentumsschutz wird in einem solchen Fall durch das bürgerliche Recht, insbesondere durch die Vorschriften über Anfechtbarkeit und Nichtigkeit des Übertragungsvertrages (§§ 123, 134, 138, 242 BGB) hinreichend gewährleistet. Für einen Rückgewährsanspruch unmittelbar aus Art. 14 GG, der an den „Wegfall der die Enteignung legitimierenden verfassungsrechtlichen Voraussetzungen" anknüpft, ist daher in diesen Fällen kein Raum (BGHZ 84, 1, 5f. = NJW 1982, 2184, 2185 = DVBl 1982, 1089, 1090; vgl. *Schlick* ebenda). Allerdings geht der BGH (BGHZ 135, 92f. = LM BGB § 157 (D) Nr. 70, 8/1997; s.a. *Battis* in BKL, § 102 Rn. 1a) vom Vorliegen einer „Vertragslücke" aus, wenn die Parteien den Kaufvertrag zwar ausdrücklich zur Abwendung einer sonst in Frage kommenden Enteignung geschlossen, aber nicht geregelt haben, wie bei Aufgabe des Enteignungszweckes zu verfahren sei. Für die erforderliche ergänzende Vertragsauslegung nach §§ 133, 157 BGB kommt es entscheidend darauf an, was die Parteien unter angemessener Abwägung ihrer Interessen nach Treu und Glauben als redliche Vertragspartner für diesen Fall vereinbart hätten (BGHZ 84, 1, 5f. = NJW 1982, 2184, 2185 = WM 1982, 795, 796). Bei der Ermittlung des hypothetischen Parteiwillens ist die Rechtsstellung maßgebend, die ein enteigneter Grundstückseigentümer nach Wegfall des Enteignungsziels aufgrund der im Zeitpunkt des Vertragsschlusses geltenden enteignungsrechtlichen Vorschriften (Art. 14 GG, § 102 BauGB) innegehabt hätte. Dies führt dazu, dass er dem Verkäufer einen Rückübertragungsanspruch gegen den Vorhabenträger unter den gleichen Voraussetzungen und Bedingungen zubilligt, wie er ihm in Anwendung des öffentlichen Rechts bei einer Rückenteignung zustehen würde.

662 Gleichermaßen dürften die Fälle zu behandeln sein, in denen das Vertragsziel der Abwendung einer drohenden Enteignung zwar nicht *expressis verbis* in den Kaufvertrag aufgenommen wurde, sich aber zweifelsfrei aus dem Gesamtzusammenhang der Vereinbarung ergibt.

663 Ein Herausgabeanspruch des früheren Eigentümers wegen ***ungerechtfertigter Bereicherung*** nach § 812 Abs. 1 S. 2 BGB scheidet in jedem Fall aus. Da die Verwendungsabsicht des erworbenen Grundstücks für den Bestand des Kaufvertrags ohne Bedeutung ist, fällt dieser als Rechtsgrund für den Erwerb nicht nachträglich weg, § 812 Abs. 1 S. 2 Alt. 1 BGB (*condictio ob causam finitam*). Somit käme allenfalls ein Anspruch wegen Nichteintritt des mit der Leistung bezweckten Erfolgs, § 812 Abs. 1 S. 2

Alt. 2 BGB (*condictio ob rem*) in Betracht. Allerdings sind nach der Rechtsprechung des BGH bereicherungsrechtliche Ansprüche ausgeschlossen, soweit vertragliche Ansprüche, und hierzu zählen auch solche, die sich aus ergänzender Vertragsauslegung oder aus der Anwendung der Grundsätze über den Wegfall der Geschäftsgrundlage ergeben, bestehen (BGHZ 84, 1, 10 f. = NJW 1982, 2184, 2186 = DVBl 1982, 1089, 1091; BGH WM 1972, 888; BGH WM 1971, 276; s. a. Palandt/*Sprau*, Einf v § 812 Rn. 12 sowie § 812 Rn 86 f.). Vgl. dazu auch → **Wegfall/Störung der Geschäftsgrundlage** und seine Auswirkung auf die Entschädigungsverpflichtung.

7. § 102 BauGB ist auf **DDR-Enteignungen** *nicht* anwendbar. Das Gesetz zur Regelung offener Vermögensfragen (VermG) geht insoweit als *lex specialis* vor (BVerwGE 98, 1; BVerwGE 96, 172; BGH NJW 1995, 1280; a. A. KG VIZ 1993, 501; vgl. näher *Battis* in BKL, § 102 Rn. 8). Danach sind folgende Fälle zu unterscheiden: **664**

(1) §§ 2 Abs. 1 S. 1, 3 Abs. 1 S. 1 VermG gewähren dem Betroffenen einen Rückerwerbsanspruch, wenn eine Enteignung ohne Entschädigung (§ 1 Abs. 1a VermG), gegen eine geringere Entschädigung, als sie Bürgern der früheren DDR zustand (§ 1 Abs. 1b VermG) oder bei Vorliegen unlauterer Machenschaften (§ 1 Abs. 3 VermG) vorgenommen worden ist. Dabei muss der Zugriff auf das Eigentum gerade in der Weise erfolgt sein, dass dessen rechtsstaatswidriger Gehalt diskriminierend war und gerade deswegen keine oder eine zu geringe Entschädigung gezahlt worden ist (Fälle des § 1 Abs. 1 VermG) oder staatliche Stellen der ehemaligen DDR unter Machtmissbrauch oder nötigend vorgegangen sind (Fälle des § 1 Abs. 3 VermG). Bei Enteignungsmaßnahmen nach dem Aufbaugesetz oder Baulandgesetz der ehemaligen DDR liegen diese Voraussetzungen nicht vor (vgl. dazu BVerwG ZIP 1994, 826 und 827; vgl. auch BGHZ 118, 34). **665**

(2) Ist der Enteignungszweck bei einer nach dem Aufbaugesetz oder Baulandgesetz der ehemaligen DDR vollzogenen Enteignung nachträglich, aber noch *vor* dem Zeitpunkt der Wiedervereinigung weggefallen, so scheidet eine Restitution aus. Denn nach der Grundregel des Art. 19 S. 1 des Einigungsvertrages sollen alle nicht unter § 1 VermG fallenden Maßnahmen, die zu Vermögensverlusten geführt haben, wirksam bleiben. Einer Restitution sollen nur solche vermögensrelevanten Vorgänge unterzogen werden, die von den beiden vertragschließenden Staaten als nicht weiter hinnehmbares, besonderes Unrecht angesehen wurden. Welche Fälle dies sind, ist abschließend im Vermögensgesetz und Investitionsvorranggesetz geregelt. Diese Ausschlusswirkung erfasst bei Enteignungen, die nicht gegen § 1 Abs. 1 und 3 VermG verstoßen, auch den späteren Wegfall des Enteignungszwecks (BVerwG ZIP 1994, 1484; BGH NJW 1995, 1280; unzutreffend KG VIZ 1993, 501 m. abl. Anm. *Neuhaus*). Eine Korrektur dieses Ergebnisses über eine entsprechende Anwendung der Vorschrift über die Rückenteignung nach § 102 BauGB ist unzulässig (*Breuer* in Schrödter, § 102 Rn. 8b; s. a. BVerwGE 96, 172, 173). **666**

667 (3) Die Ausschlusswirkung des Vermögensgesetzes trifft dagegen nicht DDR-Enteignungen *nicht diskriminierender Art*, bei denen der Enteignungszweck erst *nach* dem Zeitpunkt der Wiedervereinigung weggefallen ist; denn das Vermögensgesetz dient der Bewältigung von Konflikten, die auf spezifisches DDR-Unrecht im Sinne von § 1 VermG beruhen. Gleichwohl findet auch in diesem Bereich das Rückenteignungsrecht der §§ 102, 103 BauGB keine Anwendung; denn als Ausfluss der Eigentumsgarantie ist es zugeschnitten auf Zweckverfehlungen von Enteignungsmaßnahmen, die unter der Herrschaft des Art. 14 GG oder vergleichbarer Regelungen vorgenommen worden sind (BGH NJW 1998, 222, 223; BVerwG NJW 1994, 2712, 2713). Das trifft für Enteignungen nach dem Aufbaugesetz und dem Baulandgesetz der ehemaligen DDR gerade nicht zu. Das Rückerwerbsrecht des § 102 BauGB ist auch nicht im Wege einer verfassungskonformen Auslegung auf derartige Enteignungen zu erstrecken, da das Eigentum zum Zeitpunkt seiner Entziehung nicht unter dem Bestandsschutz des Art. 14 Abs. 1 S. 1 GG stand (BVerfG NJW 1999, 3326 = VIZ 1988, 372; BVerfG NJW 1998, 1697, 1698; BVerwG NJW 1994, 2712; allerdings zur Qualifizierung als Enteignung EMGR NJW 2004, 923; *Battis* in BKL, § 102 Rn. 8). Ein Restitutionsanspruch kann daher in solchen Fällen nicht auf § 102 BauGB gestützt werden (BVerwG ZIP 1994, 1484; BGH NJW 1995, 1280 = VIZ 1995, 285; *Breuer* in Schrödter, BauGB, § 102 Rn. 8c; *Schlick* in BK, § 102 Rn. 20).

Rückzahlung

668 Der betroffene Eigentümer hat aus Art. 14 Abs. 3 S. 3 GG Anspruch auf Entschädigung des ihm „Genommenen“. Hat er eine zu hohe Enteignungsentschädigung erhalten, so hat er diese zurückzuzahlen. Der Rückzahlungsanspruch rechtfertigt sich unmittelbar aus dem **Grundsatz des Enteignungsrechts**, dass der Eigentümer nicht mehr als die gesetzliche Entschädigung zu fordern berechtigt, der Begünstigte nicht mehr zu zahlen verpflichtet ist. Der Anspruch findet seine Grundlage nicht in den bürgerlich-rechtlichen Bereicherungsvorschriften (§§ 812ff. BGB), sondern im öffentlichen Recht (*Engelhardt* NVwZ 1989, 1026, 1029 unter Hinweis auf [Nichtannahme-] Beschluss des BGH vom 11.7.1985 – III ZR 150/84). Auf diesen Anspruch sind – wie auf den allgemeinen öffentlich-rechtlichen Erstattungsanspruch – die Vorschriften der §§ 818 Abs. 3, 4, 819 Abs. 1 BGB nicht, auch nicht analog anwendbar (BVerwGE 71, 85, 89 = JZ 1985, 792, 794 m. krit. Anm. *Ossenbühl*; Palandt/*Sprau*, Einf v § 812 Rn. 9). Auf einen Wegfall der Bereicherung kann sich der Betroffene nicht berufen (Palandt/*Sprau* ebenda).

669 Der Rückzahlungsanspruch unterliegt in besonderem Maße dem Gebot von **Treu und Glauben**. Der Enteignungsbegünstigte muss dem Betroffenen eine den Umständen angemessene Frist zur Rückerstattung einräumen. Für deren Bemessung kann von Bedeutung sein, ob der Betroffene mit der Entschädigung im Vertrauen darauf, sie voll behalten zu können, ein Ersatzgrundstück beschafft oder die Entschädigung

https://doi.org/10.1515/9783110682557-074

längerfristig angelegt hat (BGH WM 1978, 200, 202; BGH NJW 1977, 1725; *Kreft*, Enteignungsentschädigung II, S30; *Krohn/Löwisch*, Rn. 453).

Ausgezahlte Mehrbeträge sind **unverzinst** an den Enteignungsbegünstigten zurückzuzahlen; dies gilt auch für Prozesszinsen. Dieser Grundsatz beruht zwar nicht auf den ungeschriebenen Grundsätzen des Entschädigungsrechts, wohl aber auf allgemeinen Billigkeitserwägungen. Danach ist von Zinsforderungen abzusehen, wenn der Zuwendungsempfänger die Umstände, die zum Entstehen des Erstattungsanspruches geführt haben, nicht zu vertreten hat. Somit hat der Enteignungsbegünstigte regelmäßig den Zinsverlust bis zum Ablauf der Rückzahlungsfrist zu tragen (BGH WM 1977, 1149, 1152), es sei denn der Betroffene hat die Überzahlung, etwa durch falsche Angaben, vorwerfbar verursacht. **670**

Sacheigentum ohne wirtschaftlichen Wert

671 1. Art. 14 GG verbietet entschädigungslose Enteignungen. Denn in Abs. 3 heißt es, dass eine Enteignung nur durch Gesetz oder auf Grund eines Gesetzes erfolgen darf, das Art und Ausmaß der Entschädigung regelt. Der erste Anschein könnte dafür sprechen, dass gegen dieses Gebot nicht verstoßen wird, wenn **Sacheigentum ohne wirtschaftlichen Wert** entschädigungslos enteignet würde. Allgemein wird die Enteignungsentschädigung nämlich als ein angemessener, der erlittenen Einbuße entsprechender Wertausgleich angesehen, der – „bildhaft" – den Betroffenen in die Lage versetzen soll, sich eine gleichwertige Sache zu beschaffen (vgl. → **Enteignungsentschädigung**). Die Merkmale „Wertausgleich" und „gleichwertige Sache" hängen aber gleichsam in der Luft, wenn Sacheigentum ohne wirtschaftlichen Wert entschädigt werden soll.

672 Der **BGH** hat jedoch anders entschieden. Der amtliche Leitsatz der Entscheidung vom 20.12.1971 (MDR 1972, 399 = BRS 26 Nr. 137) lautet: *„Bei Entzug von Sacheigentum (hier: aus einem Berghang gelöstes Steinmaterial) ist dem Eigentümer eine Entschädigung auch dann zu leisten, wenn der entzogenen Sache ein besonderer wirtschaftlicher Wert für den Eigentümer nicht zukommt."* Die **Pflicht zur Entschädigung** hat der BGH aus § 51 Abs. 1 PrEntG hergeleitet, der den Wegebaupflichtigen verpflichtet, den Wert der aus einer Entnahmestelle entnommenen Materialien ohne Berücksichtigung des Mehrwertes, den sie durch den Wegebau erhalten, zu ersetzen. Die Aussage, dass auch Sacheigentum ohne wirtschaftlichen Wert für den Eigentümer entschädigt werden muss, hat der BGH ohne jede Einschränkung getroffen; er hat sie nicht auf den zu entscheidenden Fall beschränkt. Daraus muss man folgern, dass der Satz ganz allgemein gilt, zumal es am Schluss der Entscheidung heißt: *„Eine andere Auffassung würde sich mit Art. 14 GG nicht vereinbaren lassen, der das Eigentum umfassend schützt und – wie sich aus seinem Abs. 3 eindeutig ergibt – entschädigungslosen Eigentumsentzug grundsätzlich nicht zulässt (vgl. dazu auch OLG Bremen in OLGZ 1970, 466, 470/1)."* Damit besteht eine Pflicht zur Entschädigung auch bei Enteignung von Sacheigentum ohne wirtschaftlichen Wert (vgl. auch BGH NJW-RR 1995, 911, 913 = WF 1995, 142, 143).

673 2. Die Grundentscheidung, dass auch Sacheigentum ohne wirtschaftlichen Wert entschädigt werden muss, sagt aber noch nichts über die **Höhe der Entschädigung** aus. In dem vom BGH a. a. O. entschiedenen Fall konnte das Gestein durch den Eigentümer nicht gewonnen werden. Es gehörte zu einem steil aufgehenden Hang, an dem eine Straße und eine Eisenbahnlinie unmittelbar vorbeiführten. Es wäre die Einrichtung eines Steinbruches erforderlich gewesen, ohne dass Aussicht bestanden hätte, dafür die erforderliche Genehmigung zu erhalten. Bei der Verbreiterung der Straße musste das Gestein, begleitet von umfänglichen Sicherungsmaßnahmen, gesprengt werden, und die dadurch verursachten Kosten haben wahrscheinlich den Wert des gelösten Gesteins erreicht, wenn nicht gar überstiegen. Andererseits wurde das gelöste Gestein für den Straßenbau verwendet, allerdings auch aus solchen Teilen des Grundstücks,

Jacobs
https://doi.org/10.1515/9783110682557-075

die im Eigentum des Klägers verblieben sind. Bei diesem Sachverhalt sind zwei Tatbestände auseinander zu halten: Das Gestein auf den gekauften bzw. enteigneten Verbreiterungsflächen wird als Bestandteil des Grundstücks durch den Verkehrswert für Unland (Steilhang) mitentschädigt; die Frage einer entschädigungslosen Enteignung stellt sich insoweit nicht. Das Gestein aus den dem Kläger verbliebenen Grundstücksteilen hatte unter den gegebenen Umständen vor der Straßenverbreiterung auf dem Markt keinen wirtschaftlichen Wert; es wäre jedenfalls in absehbarer Zeit nicht gewonnen worden, sondern unbenutzbar als Teil des Hanges auf dem Grundstück verblieben. In einem solchen Fall kann die Entschädigung nur in einem Anerkennungsbetrag bestehen; zu denken ist an 0,10 bis 0,15 € je Tonne Gestein. Damit ist Art. 14 Abs. 3 GG genügt. Auch § 51 Abs. 1 PrEntG ist nicht anders zu verstehen, wenn er den Wegebaupflichtigen verpflichtet, den Wert ohne den Mehrwert durch den Wegebau zu ersetzen.

Bei dem vom OLG Bremen (OLGZ 1970, 466) behandelten Fall ging es um eine 674
Wegefläche ohne jede Aussicht auf Umwidmung. Der Senat sagt dazu, dass das zu enteignende Grundstück weder einen Verkehrswert noch einen sonstigen Vermögenswert habe, und setzt die Entschädigung auf den „symbolischen" Betrag von 1,00 DM/m^2 fest. Er stützt sich dabei auf Art. 14 Abs. 3 S. 3 GG, wonach die Entschädigung unter gerechter Abwägung der Interessen der Allgemeinheit und der Beteiligten zu bestimmen ist. Dazu hat der **BGH** aber ausgeführt (BGH WF 1989, 174 = BRS 53 Nr. 129): *„Die Ansicht, dem öffentlichen Verkehr dienende private Straßenflächen hätten keinen oder doch nur einen „symbolischen" Vermögenswert, ist als mit Art. 14 GG unvereinbar abzulehnen. Vielmehr ist der Wert des Flurstücks unter Berücksichtigung aller Umstände nach § 287 ZPO zu schätzen.*" Richtig dürfte sein, vom damaligen Zustand und heutigen Preis auszugehen. Das besagt, dass der Bewertung nach heutigem Preis der Zustand zugrunde zu legen ist, den das Grundstück besaß, als es als Straße verwendet wurde.

3. Ähnliche Gegebenheiten tatsächlicher und rechtlicher Art bestehen beim **Bau eines 675
Tunnels**. Soweit die Flächen für den Ein- und Ausgang des Tunnels erworben werden, sind die beim Bau anfallenden Boden- und Gesteinsmassen durch den Kaufpreis für den Grund und Boden als wesentliche Bestandteile des Grundstücks mitentschädigt. Für den weiteren Verlauf des Tunnels in den Berg hinein bildet in der Regel eine Dienstbarkeit die rechtliche Grundlage. Die im Dienstbarkeitsbereich gelösten und an das Tageslicht gebrachten Boden- und Gesteinsmassen bleiben im Eigentum des Eigentümers des belasteten Grundstücks; denn die Dienstbarkeit berechtigt lediglich zur Benutzung des Grundstücks in einzelnen Beziehungen (§ 1090 BGB). Der Eigentümer des belasteten Grundstücks kann darum nach seinem Belieben über die Massen verfügen. Sofern der Bauherr des Tunnels die Massen übernehmen und z. B. für eine Dammschüttung verwenden will, müsste er sie als Sacheigentum ohne wirtschaftlichen Wert entschädigen (oben Rn. 672). § 905 Satz 2 BGB stellt dieses Ergebnis nicht in Frage. Nach dieser Vorschrift kann der Eigentümer Einwirkungen auf sein Eigen-

tum am Erdkörper nicht verbieten, die in solcher Tiefe vorgenommen werden, dass er an der Ausschließung kein Interesse hat. Das bedeutet lediglich, dass für den Bau und Betrieb eines Tunnels von einer bestimmten Tiefe an keine Dienstbarkeit bestellt zu werden braucht; der betroffene Erdkörper wird aber durch diese Regelung nicht herrenlos (vgl. BGH NJW 1984, 1169, 1172).

Schattenwurf

676 1. Es kommt vor, dass Grundstückseigentümer Entschädigung verlangen, weil Einrichtungen oder Handlungen auf dem Nachbargrundstück natürliche Vorteile von ihrem Grundstück abhalten. Der wohl häufigste Fall ist der Schattenwurf durch einzelne große Bäume oder ganze Baumreihen entlang von Straßen. Aber auch hohe Straßendämme oder langgezogene Brückenbauwerke kreuzungsfreier Fernstraßen können erheblichen Schattenwurf verursachen. Soweit die beschatteten Grundstücke landwirtschaftlich genutzt werden, sind häufig geringere Erträge auf den betroffenen Teilflächen die Folge.

677 2. Der Grundstückseigentümer muss in seiner geschützten Rechtsstellung betroffen sein, wenn ihm für solche Nachteile eine Entschädigung zustehen soll. Wie weit die Rechtsstellung eines Eigentümers reicht, bestimmt § 903 BGB. Danach kann er mit der Sache nach Belieben verfahren und andere von jeder Einwirkung ausschließen. Wenn durch das Pflanzen von Bäumen Schattenwurf entsteht, also der Sonnenschein zeitweise vom Nachbargrundstück in unterschiedlichem Maße ferngehalten wird, ist das zwar eine Einwirkung auf das Nachbargrundstück. Allerdings handelt es sich dabei nicht um eine positive Einwirkung; darunter versteht man die Grundstücksgrenze überschreitende sinnlich wahrnehmbare Wirkungen. Der Schattenwurf ist vielmehr eine sogenannte **negative Einwirkung**. Hier wird die Grundstücksgrenze nicht überschritten, sondern der Sonnenschein im Gegenteil daran gehindert. Eine solche Einwirkung kann nicht nach §§ 862, 1004 BGB als Besitz- oder Eigentumsbeeinträchtigung abgewehrt werden (herrschende Meinung, siehe BGH NJW-RR 2003, 1313). Dementsprechend kann für einen daraus entstehenden Nachteil keine Enteignungsentschädigung verlangt werden (vgl. auch OLG Düsseldorf NJW 1979, 2618 – die Entziehung von Licht und Luft durch Bäume ist nach dem BGB grundsätzlich nicht abwehrbar).

678 3. Eine Besonderheit stellt der Schattenwurf von **Windkraftanlagen (Windrädern)** dar (eingehend dazu Stichwort **Windkraftanlagen**). Sie können zu erheblichen und unzumutbaren Beeinträchtigungen des Nachbarn führen, auch wenn die landesrechtlichen Abstandsflächen zur nächsten Wohnbebauung eingehalten sind. Aus Art. 14 GG folgt kein unmittelbares Abwehrrecht des Nachbarn gegen die genehmigte Windkraftanlage. Der Nachbar kann aber mit der Begründung, in seinem Eigentumsrecht

Jacobs
https://doi.org/10.1515/9783110682557-076

betroffen zu sein, gegen die Genehmigung der Windkraftanlage vor dem Verwaltungsgericht klagen. Eine Entschädigung nach den Grundsätzen des **enteignungsgleichen Eingriffs** steht ihm nicht zu. Sie kommt nur in Betracht, wenn durch eine hoheitliche Maßnahme mittels Rechtsaktes oder Realaktes unmittelbar in eine eigentumsrechtliche geschützte Rechtsposition **rechtswidrig** eingegriffen wird und der Betroffene den **Vorrang des Primärschutzes** beachtet, d.h. ihm mögliche und zumutbare Rechtsbehelfe gegen die Eigentumsbeeinträchtigung eingelegt hat (BVerfGE 58, 300 – *Nassauskiesung*). Ficht der Betroffene danach die Genehmigung an und erweist sich die Maßnahme als rechtswidrig, so wird die Genehmigung aufgehoben und die Beeinträchtigung entfällt. Erweist sich die Maßnahme dagegen als rechtmäßig, so fehlt es bereits an der Tatbestandsvoraussetzung der Rechtswidrigkeit (siehe näher Stichwort **Enteignungsgleicher Eingriff**).

Sozialbindung

1. Das Eigentum ist durch Art. 14 Abs. 1 GG geschützt. Sein Inhalt und seine Schran- 679
ken bestimmen sich durch die Gesetze. Sein Gebrauch soll zugleich dem Wohle der Allgemeinheit dienen (Art. 14 Abs. 2 GG – **Sozialbindung des Eigentums**). Das Eigentum unterliegt damit von vornherein sozialen Bindungen. Im Rahmen der Inhalts- und Schrankenbestimmung nach Art. 14 Abs. 1 S. 2 GG (→ **Inhaltsbestimmungen**) hat der Gesetzgeber das verfassungsrechtliche Ziel der Sozialpflichtigkeit des Eigentums umzusetzen (*Papier/Shirvani* in Maunz/Dürig, Art. 14 Rn. 416). Für die Frage der Entschädigungsverpflichtung ergibt sich das praktisch äußerst wichtige Problem der **Abgrenzung zwischen der Bestimmung von Inhalt und Schranken des Eigentums (Art. 14 Abs. 1 S. 2 GG) in Verbindung mit der Sozialbindung (Art. 14 Abs. 2 GG)**, die grundsätzlich entschädigungslos hinzunehmen ist, **und dem Eingriff in das Eigentum – Enteignung –**, der nur bei gleichzeitiger Regelung der Entschädigungspflicht zulässig ist (Junktim-Klausel; Art. 14 Abs. 3 S. 2 GG). Ob eine gesetzliche Maßnahme im Einzelfall bloße *Eigentumsbeschränkung* oder schon *Enteignung* ist, muss deswegen grundsätzlich der Gesetzgeber entscheiden. Auf der Grundlage der **früheren Rechtsprechung des BGH**, die einen weiten und umfassenden Enteignungsbegriff vertrat und auch Inhaltsbestimmungen, soweit sie die von der Verfassung gezogenen Grenzen überschritten, als „Enteignung" i.S. von Art. 14 Abs. 3 GG ansah, **behalf sich der Gesetzgeber mit „salvatorischen Klauseln"**. In ihnen knüpfte er die Entschädigungspflicht nur an die Voraussetzung, dass der Eingriff „die Grenze der Sozialbindung überschreite", „eine Enteignung darstelle" oder sonst „enteignend wirke". Solche Klauseln fanden sich in großer Zahl in den Denkmal-, Landschafts- und Naturschutzgesetzen sowie im Wasserhaushaltsgesetz (s. § 19 Abs. 3 WHG a.F.).

Derartige Klauseln sind nach der neueren Rechtsprechung des BVerfG zum Ent- 680
eignungsbegriff, die insbesondere auf die Grundaussagen in der *Nassauskiesung*-Entscheidung (BVerfGE 58, 300; s. auch BVerfGE 100, 226 – *Denkmalschutz;* BVerfGE 58,

https://doi.org/10.1515/9783110682557-077

137 – *Pflichtexemplar*) zurückgeht, **nicht mehr zulässig**. Das BVerfG vertritt darin die Auffassung, dass gesetzliche Inhalts- und Schrankenbestimmungen (i.S. von Art. 14 Abs. 1 S. 2 GG) einerseits, und Enteignung (i.S. von Art. 14 Abs. 3 GG) andererseits **eigenständige Rechtsinstitute** sind. Sie unterscheiden sich im Wesentlichen nach formalen Kriterien. Eine ***Enteignung*** ist danach der **staatliche Zugriff auf das Eigentum des Einzelnen durch Rechtsakt**; ihrem Zweck nach ist sie auf die vollständige oder teilweise Entziehung konkreter subjektiver Rechtspositionen gerichtet, die durch Art. 14 Abs. 1 S. 1 GG gewährleistet sind, und **dient der Erfüllung öffentlicher Aufgaben** (BVerfGE 143, 246 – *Atomausstieg*, wonach zusätzlich zu fordern ist, dass der Eigentumsentzug der hoheitlichen Güterbeschaffung dient; BVerfGE 104, 1 – *Baulandumlegung*; BVerfGE 79, 174 – *Erbbaurecht-Straßenverkehrslärm* und BVerfGE 74, 264 – *Boxberg*). Daneben stehen selbständig die ***Inhalts- und Schrankenbestimmungen* i.S. von Art. 14 Abs. 1 S. 2 GG**. Es handelt sich dabei um die generelle und abstrakte Festlegung von Rechten und Pflichten durch den Gesetzgeber hinsichtlich solcher Rechtsgüter, die als Eigentum im Sinne der Verfassung zu verstehen sind (BVerfGE 52, 1 – *Kleingarten*). Ein Übergang von einer Inhalts- und Schrankenbestimmung zu einer Enteignung ist danach nicht mehr möglich (BVerwGE 84, 361). Dies gilt auch für den Fall, dass der Gesetzgeber bei der Bestimmung von Inhalt und Schranken des Eigentums den **verfassungsrechtlichen Rahmen überschreitet**. Es liegt dann allenfalls eine verfassungswidrige Inhalts- und Schrankenbestimmung vor (BVerfGE 58, 300 – *Nassauskiesung*; BVerfGE 52, 1 – *Kleingarten*).

681 2. **Inhalts- und Schrankenbestimmungen** finden sich vornehmlich in den gesetzlichen Nutzungsbeschränkungen im **Natur-, Landschafts- und Denkmalschutzrecht**. Sie konkretisieren den Inhalt des Eigentums (i.S. von Art. 14 Abs. 1 S. 2 GG) und aktualisieren die in Art. 14 Abs. 2 GG verankerte ***Sozialbindung*** (BVerwGE 84, 361; BGHZ 129, 242 – *Flugsanddünen*). Der Gesetzgeber muss bei derartigen Regelungen sowohl der verfassungsrechtlich garantierten Rechtsstellung des Privateigentums als auch dem Gebot einer sozial gerechten Eigentumsordnung Rechnung tragen und hat dabei die schutzwürdigen Interessen der Beteiligten **in einen gerechten Ausgleich und ein ausgewogenes Verhältnis** zu bringen. Das ergibt sich aus dem Grundsatz der Verhältnismäßigkeit und dem Gleichheitssatz (Art. 3 Abs. 1 GG; vgl. BVerfGE 87, 114 – *Kleingartenpachtvertrag*; BVerfGE 37, 132, 141 – *Vergleichsmiete*; BVerfGE 25, 112, 117 – *2. Deichentscheidung*; BVerfGE 21, 150, 155 – *Weinwirtschaftsgesetz*; vgl. auch *Krohn*, Enteignung, Rn. 12ff.; *ders.* ZfBR 1994, 5, 6f.).

682 Hält sich eine (gesetzliche) Inhalts- und Schrankenbestimmung im Rahmen dieser Anforderungen und handelt es sich um eine zulässige, nach Inhalt und Reichweite im Einzelfall unbedenkliche Nutzungsbeschränkung, so stellt sich gleichwohl die **Frage nach einer *Ausgleichspflicht***, wenn und soweit die Nutzungsbeschränkung im Einzelfall dem Betroffenen eine **besondere Belastung auferlegt** und so wegen des Grundsatzes des Übermaßverbotes, des Vertrauensschutzes und des Gleichheitsprinzips ein finanzieller Ausgleich erforderlich scheint (BVerfGE 100, 226 – *Denkmal-*

schutz; BVerfGE 58, 137, 145ff. – *Pflichtexemplar*). Denn durch eine Geldleistung kann der Eingriff auf ein zumutbares Maß herabgemindert und so die andernfalls eintretende **Folge der Verfassungswidrigkeit vermieden** werden (BGHZ 129, 242 – *Flugsanddünen*). **Ausgleichspflichtig** ist ein **Eingriff in eine als Eigentum oder Eigentumsbestandteil geschützte Rechtsposition**, durch die der Eigentümer unverhältnismäßig oder im Verhältnis zu anderen ungleich in unzumutbarer Weise belastet wird (zur Abgrenzung ausgleichspflichtiger und ausgleichsfreier inhaltsbestimmender Maßnahmen des Naturschutzes s. BGHZ 121, 328; vgl. auch *Krohn* ZfBR 1994, S. 6).

In seinem Beschluss zum rheinland-pfälzischen Denkmalschutzgesetz hat das **BVerfG** Anforderungen an den **Ausgleich unverhältnismäßiger Belastungen** im Rahmen des Art. 14 Abs. 1 S. 2 GG **postuliert** (BVerfGE 100, 226, 245 = NJW 1999, 2877). So sind Regelungen, die Inhalt und Schranken des Eigentums bestimmen, mit Art. 14 Abs. 1 GG unvereinbar, wenn sie unverhältnismäßige Belastungen des Eigentümers nicht ausschließen und keinerlei Vorkehrungen zur Vermeidung derartiger Eigentumsbeschränkungen enthalten. Ausgleichsregelungen, die den Grundsatz der Verhältnismäßigkeit in besonderen Härtefällen wahren sollen, sind unzulänglich, wenn sie sich darauf beschränken, dem Betroffenen einen Entschädigungsanspruch in Geld zuzubilligen. Damit sind **Entschädigungsleistungen im Bereich der Inhalts- und Schrankenbestimmung des Eigentums nur ausnahmsweise möglich** (*Jarass* NJW 2000, 2841, 2842). Dieses Ergebnis ist **Ausfluss der Bestandsgarantie des Art. 14 Abs. 1 S. 1 GG**, nach der in erster Linie Vorkehrungen zu treffen sind, um eine unverhältnismäßige Belastung des Eigentümers real zu vermeiden und die Privatnützigkeit des Eigentums so weit wie möglich zu erhalten (*Papier/Shirvani* in Maunz/Dürig, Art. 14 Rn. 490). 683

Die Bestimmung, wann und unter welchen Voraussetzungen eine solche unzumutbare Belastung anzunehmen ist, kann sich an den Grundsätzen, die der BGH zum **Umfang der *Sozialbindung des Eigentums*** entwickelt hat (vgl. dazu *Krohn* ZfBR 1994, S. 6), orientieren. Denn sie ist das materiell-rechtliche Kriterium für die Frage der Zumutbarkeit der dem Eigentümer auferlegten Belastung. 684

Nach diesen Grundsätzen wird jedes Grundstück durch seine Lage und Beschaffenheit sowie seine Einbettung in die Landschaft und Natur geprägt. Darauf muss der Eigentümer bei der Ausübung seiner Befugnisse im Hinblick auf die Sozialbindung des Eigentums Rücksicht nehmen. Auf jedem Grundstück lastet daher eine **aus seiner „Situationsgebundenheit" abzuleitende, immanente Beschränkung der Rechte des Eigentümers.** Daraus ergeben sich vor allem in Bezug auf die Erfordernisse des Natur-, Landschafts- und Denkmalschutzes Schranken für seine Nutzungs- und Verfügungsmacht. Wie diese Grenzen im Einzelfall zu ziehen sind, unterliegt einer wertenden Beurteilung des Zusammenspiels zwischen den berührten Belangen des Allgemeinwohls und den betroffenen Interessen des Eigentümers. Eine situationsbedingte Belastung des Grundstücks kann angenommen werden, wenn ein – als Leitbild gedachter – ***vernünftiger und einsichtiger Eigentümer***, *der auch das Allgemein-* 685 *wohl nicht aus dem Auge verliert, von sich aus im Blick auf die Lage und Umweltverhältnisse seines Geländes von bestimmten Formen der Nutzung absehen würde.* Hierfür sind in der Regel die bisherige Nutzung und die Frage von Bedeutung, ob die Nutzungsart in der Vergangenheit schon verwirklicht worden ist. Entscheidend ist dabei, ob eine zulässige Nutzungsmöglichkeit, die sich nach Lage und Beschaffenheit des Grundstücks objektiv anbietet, untersagt oder wesentlich eingeschränkt worden ist (vgl. BVerwGE 84, 361; BGHZ 99, 24; BGHZ 90, 4; BGHZ 87, 66). Grundsätzlich gilt, dass **Inhalts- und Schrankenbestimmungen umso weitere Beschränkungen rechtfertigen, je mehr das Eigentumsobjekt in einem sozialen Bezug und in einer sozialen Funktion steht**.

686 Beim ***Landschaftsschutz*** kann sich eine besondere, die **Sozialbindung aktualisierende „Situationsgebundenheit"** daraus ergeben, dass das Grundstück eine nach dem jeweils geltenden Landschaftsschutzrecht erhaltenswerte Beschaffenheit hat. Diese kann entweder in der **schützenswerten Substanz** liegen (vgl. BGH WM 1977, 561 – *Lavaberg*; BGH BB 1957, 493 – *Buchendom und Kapelle*) oder sich aus **der prägenden Wirkung für die umgebende Landschaft und das Landschaftsbild** ergeben (vgl. BGH DVBl 1993, 1092, 1093 – *Flugsanddünen;* BGHZ 77, 351, 353 f.). Wenn in einem solchen Fall der Eigentümer beabsichtigt, eine zur Erhaltung eines besonders schützenswerten Landschaftsbildes notwendige *Sanddüne* abzubauen, so wird er von einem Abbauverbot selbst dann nicht in unzumutbarer Weise oder unverhältnismäßig getroffen, wenn der Abbau als solcher wirtschaftlich lohnend wäre. Je stärker die Belange des Landschaftsschutzes im Einzelfall sind und je mehr das betroffene Grundstück in seiner konkreten „Situationsgebundenheit" durch sie geprägt wird, umso eher sind dem Eigentümer die sich daraus ergebenden wirtschaftlichen Folgen zuzumuten, ohne dass gegen das Verbot übermäßiger Belastung, mit der Folge einer Ausgleichspflicht, verstoßen würde.

687 Beim ***Denkmalschutz*** kann sich eine besondere, die Sozialbindung aktualisierende „Situationsgebundenheit" daraus ergeben, dass das Grundstück mit einem **denkmalgeschützten Gebäude bebaut** ist oder etwa im Erdreich archäologisch oder historisch **wertvolle Kulturdenkmale** vorhanden sind, die als Bodenfunde ausgewertet und geborgen werden können. In einem solchen Fall wird das Grundstück in seiner „Situationsgebundenheit" durch die Umstände geprägt, die die Denkmaleigenschaft ausmachen (BGH MDR 1996, 912; BGHZ 121, 73; BGHZ 72, 211).

688 Die **Sozialbindung** dient aber keinesfalls nur dem Gesetzgeber als Leitlinie für die Ausfüllung des Eigentumsbegriffs i. S. v. Art 14 Abs. 1 S. 1 GG, sondern begründet auch **unmittelbare Handlungs- und Unterlassungspflichten** für den Eigentümer, wie etwa die, sein Eigentum auch in einer der Allgemeinheit dienenden Weise zu gebrauchen (s. *Wieland* in Dreier, Art 14 Rn. 107, 108, der in diesem Zusammenhang auf die Zustandsverantwortlichkeit und damit verbunden auf die Haftung für Altlasten – nach BVerfGE 100, 1, 17 ff. bis zur Höhe des Verkehrswertes des Eigentumsgegenstandes – hinweist).

3. **Ausgleichs- und Ersatzansprüche** für inhalts- und schrankenbestimmende Regelungen nach Art. 14 Abs. 1 S. 2 GG, die sich zwar noch im Rahmen der Sozialbindung halten, für die aber gleichwohl eine Ausgleichspflicht anzuerkennen ist, sind unbestritten **öffentlich-rechtlicher Natur**. Daher müssen sie nach § 40 Abs. 1 Satz 1 VwGO grundsätzlich vor den **Verwaltungsgerichten** geltend gemacht werden. Dies wird durch § 40 Abs. 2 S. 1 Hs. 2 VwGO, der den ordentlichen Rechtsweg insoweit ausschließt, ausdrücklich klargestellt. So kann sinnvollerweise über die einheitliche Verwaltungsentscheidung von Belastung und Ausgleich vollständig und abschließend in *einem* Rechtsweg entschieden werden. 689

Steigerungsrechtsprechung

Übersicht

1. Die sogenannte **„Steigerungsrechtsprechung“** (deutlicher: „Wertsteigerungsrechtsprechung“) ist vom BGH für Zeiten schwankender, insbesondere steigender Preise entwickelt worden, da in solchen Fällen zweifelhaft sein kann, welcher Zeitpunkt für die Bemessung der Entschädigung maßgebend ist. Nach § 95 Abs. 1 S. 2 BauGB kommt es für die Höhe der Entschädigung auf den **Zeitpunkt** an, **in dem die Enteignungsbehörde über den Enteignungsantrag entscheidet**. Dies ist häufig jedoch nicht der Zeitpunkt, in dem die Entschädigung dem Betroffenen auch wirklich zur Verfügung steht. Die Rechtsprechung ist in solchen Fällen gehalten, von sich aus einen Zeitpunkt festzulegen, was sich – wie der BGH immer wieder ausgesprochen hat (statt aller: BGHZ 25, 225, 231 = NJW 1958, 59 = WM 1957, 1494) – nur im Blick auf den *Zweck der Entschädigung* vornehmen lässt. Dieser Zweck geht dahin, den Betroffenen in die Lage zu versetzen, sich mit der Entschädigung für das entzogene Eigentum *bildhaft* einen gleichwertigen Ersatz zu verschaffen. Deshalb ist der **Zeitpunkt der Auszahlung der Entschädigung maßgebend**; denn nur dann erhält der Betroffene den ihm gebührenden vollen und angemessenen Ausgleich und wird er in die Lage versetzt, sich mit dem ausgezahlten Betrag (bildhaft) einen wirklichen Wertausgleich (Ersatz) zu schaffen und ihn gewinnbringend und werterhaltend (*Pagendarm* Sonderbeilage in WM 1965, S. 3f.) anzulegen. Da bei administrativer oder gerichtlicher Festsetzung der Zeitpunkt der Zahlung – weil in 690

https://doi.org/10.1515/9783110682557-078

der Zukunft liegend – noch nicht feststeht, andererseits aber in der Regel die Enteignungsentschädigung alsbald nach einer solchen Festsetzung ausgezahlt wird und der Betroffene von diesem Zeitpunkt an über den ihm ausgezahlten Entschädigungsbetrag verfügen kann, hat der BGH grundsätzlich den *Zeitpunkt der Zustellung des Entschädigungsfeststellungsbeschlusses* (bei administrativer Feststellung) oder den *Zeitpunkt der letzten mündlichen Verhandlung in der Tatsacheninstanz* (bei gerichtlicher Festsetzung) für maßgebend erklärt (BGH WM 1982, 878 = DVBl 1982, 1086; BGH WM 1978, 1274, 1275; BGH WM 1977, 983, 984; BGHZ 40, 87 = NJW 1963, 2165 = MDR 1963, 993; BGHZ 25, 225, 230 = NJW 1958, 59 = WM 1957, 1494; *Krohn/Löwisch*, Rn. 324 ff.; *Kreft*, Enteignungsentschädigung I, S. 15; *Kreft*, Enteignungsentschädigung II, S. 14 f.; *Kreft*, Enteignungsentschädigung III, S. 15 f.; *Krohn*, Enteignung, Rn. 173; **jetzt § 95 Abs. 1 S. 2 BauGB**; vgl. auch → **Zeitpunkt der Bewertung [Bewertungsstichtag]**). Der Enteignungsbegünstigte muss dafür sorgen, dass der Betroffene den Ausgleich richtig und rechtzeitig erhält; denn er hat den Anstoß zum Eingriff in das Eigentumsrecht des Betroffenen gegeben (BGH WM 1975, 640). Zu Preissteigerungen von Ackerland vgl. *Klawitter* „Der macht alles platt“, DER SPIEGEL Nr. 42 v. 12.10.2019, S. 80 ff.

691 Soweit *gesetzliche Regelungen* bestehen (z. B. § 95 Abs. 1 S. 2 BauGB, § 13 Abs. 1 S. 2 RhPfEnteigG vom 27.6.1974, Art. 10 Abs. 2 BayEG – Zeitpunkt der behördlichen Entscheidung über den Enteignungsantrag), gelten diese (vgl. auch *Kreft*, Enteignungsentschädigung II, S. 14).

692 *Einigen* sich die Beteiligten ganz oder teilweise über die Höhe der Entschädigung und bedarf es deswegen ganz oder teilweise nicht einer administrativen oder gerichtlichen Festsetzung, so kommt es hinsichtlich der von der Einigung betroffenen Entschädigung auf den *Zeitpunkt der Auszahlung* an (a. A. *Weiß* in Jäde/Dirnberger/Weiß, § 95 Rn. 5, der unter Verweis auf LG Darmstadt v. 12.11.2004 – O (B) 15/03 für die Beurteilung des Verkehrswertes des Grundstücks maßgeblich auf den Zeitpunkt abstellt, an welchem dem Grundstückseigentümer das Kaufangebot unterbreitet wurde). Verzögert der Enteignungsbegünstigte die Auszahlung und treten zwischen Einigung und Auszahlung erhebliche Preisänderungen ein, sind diese entsprechend den nachfolgenden Grundsätzen auszugleichen (BGH WM 1979, 83, 84).

693 2. In **Zeiten *schwankender Preise*** (Änderung der Währungs- und Preisverhältnisse) kann sich dieser Zeitpunkt für die Bemessung der angemessenen Entschädigung auf einen *späteren* Zeitpunkt verschieben, wenn entweder

a) der Betroffene die administrative Festsetzung der Entschädigung für zu niedrig hält, im Klagewege anficht und sich im Prozess herausstellt, dass die Entschädigung objektiv zu niedrig festgesetzt worden war

oder

b) die Auszahlung nicht alsbald nach der administrativen Festsetzung der Entschädigung von dem Enteignungsbegünstigten geleistet wird.

In beiden Fällen erhält der Betroffene den ihm zustehenden *vollen* Wertausgleich regelmäßig erheblich später, so dass er sich nicht mehr alsbald nach der administrativen Festsetzung mit dem ausgezahlten Betrag einen *gleichwertigen* Ersatz verschaffen kann und der mit der Entschädigung bezweckte *Ausgleich* des Substanzverlustes nicht mehr voll erreicht wird. Eine derartige Verschiebung des maßgebenden Zeitpunkts für die Währungs- und Preisverhältnisse setzt außer einer Änderung dieser Verhältnisse allerdings voraus, dass sich der Zeitpunkt, in dem der Grundstücksberechtigte die Verfügungsmöglichkeit über die objektiv richtige Entschädigungssumme erhält, gegenüber dem regelmäßig maßgebenden Zeitpunkt für die Bestimmung der Entschädigung so erheblich verzögert hat oder noch verzögert, dass nicht nur eine *unerhebliche Werterhöhung* eintritt (dazu unten Rn. **702**). Weiter ist erforderlich, dass die *Ursache* der Verzögerung in dem Verantwortungsbereich des Enteignungsbegünstigten liegt, wovon in aller Regel deswegen ausgegangen werden muss, weil er dafür Verantwortung trägt, dass der Betroffene den geschuldeten Ausgleich in voller Höhe und *rechtzeitig* erhält (BGH WM 1977, 983, 984; BGH WM 1975, 640, 641); auf ein Verschulden des Enteignungsbegünstigten an der Verzögerung kommt es nicht an. Unter diesen Voraussetzungen gewährleistet eine Verschiebung des Bewertungsstichtages dem von einer Enteignung Betroffenen, dass er einen vollen Ausgleich für den ihm genommenen Wert erhält, wenn sich die Zahlung der Enteignungsentschädigung aus Gründen verzögert, für die er keine Verantwortung trägt (BGH ebenda).

3. Im Einzelnen zu diesen beiden *Fallgruppen*: 694
Gibt sich der Betroffene mit der von der Enteignungsbehörde festgesetzten und *alsbald ausgezahlten* Entschädigung nicht zufrieden und ficht er sie im Klagewege erfolgreich an, so erhält er den Mehrbetrag erheblich später. Die **Entschädigung nimmt** dann **an zwischenzeitlichen Wertsteigerungen teil**. Sie bemisst sich nach den Preisverhältnissen im *Zeitpunkt der letzten gerichtlichen Tatsachenverhandlung* (BGH NJW 1974, 275, 277 = WM 1974, 62, 65 = DVBl 1974, 232, 235; BGHZ 44, 52, 56 = NJW 1965, 1761 = MDR 1965, 732 und 890 m. Anm. *E. Schneider*; BGHZ 43, 300, 305 = NJW 1965, 1480 = MDR 1965, 558; BGHZ 40, 87, 89 = NJW 1963, 2165 = MDR 1963, 993; BGH MDR 1972, 493 = WM 1972, 52 = BauR 1972, 50; BGH WM 1977, 983, 984; BGH WM 1978, 1274, 1275; BGH WM 1982, 878 = DVBl 1982, 1086; BGH WM 1983, 997, 998; BGHZ 118, 25 = NJW 1992, 1830; BGH NJW 1997, 2119 = WM 1997, 1161; OLG Frankfurt, Urt. v. 16.06.2016 – 100 U 1/14(Baul), juris Rn. 61 ff.; *Krohn/Löwisch*, Rn. 328 ff.; *Krohn*, Enteignung, Rn. 170 ff.; vgl. auch → **Zeitpunkt der Bewertung [Bewertungsstichtag]**). **Unverändert** ist bei der Bewertung dagegen die **Qualität** des Enteignungsobjektes zugrunde zu legen, also bei einem Grundstück etwa die Qualität „Bauerwartungsland" oder bei einem Gebäude dessen Zustand. Maßgebend ist die Qualität, ist der „Zustand" am Tage der Enteignung; nachträgliche, bis zum Zeitpunkt der letzten mündlichen Tatsachenverhandlung eintretende Änderungen dieser Qualität, dieses „Zustands" bleiben unberücksichtigt (ständige Rechtsprechung; vgl. BGHZ 118, 25 =

NJW 1992, 1830; BGHZ 29, 217 = NJW 1959, 771 = WM 1959, 408; *Krohn/Löwisch*, Rn. 330; *Krohn*, Enteignung, Rn. 161ff.).

695 Die Steigerungsrechtsprechung greift auch ein, wenn die Entschädigung *nicht alsbald* nach der administrativen Festsetzung *ausgezahlt* wird und der Betroffene auf eine höhere Entschädigung klagt. Anderenfalls erhielte der Betroffene faktisch einen unzureichenden Wertausgleich, weil er sich am Tage der Auszahlung wegen inzwischen gestiegener Preise (bildhaft) keinen gleichwertigen Ersatz beschaffen könnte; er erhielte **keine angemessene Entschädigung**. In derselben Situation ist der Betroffene, wenn er sich zwar mit der Festsetzung der Entschädigung zufrieden gibt, aber der Enteignungsbegünstigte sie für zu hoch hält, mit der Klage anficht und deswegen nur einen Teil der Entschädigung auszahlt. Stellt sich dann im Verlauf des Rechtsstreites heraus, dass die Entschädigung richtig festgesetzt war, so **nimmt der noch nicht ausgeglichene Anteil der Entschädigung an zwischenzeitlich eingetretenen Wertsteigerungen teil** (BGHZ 40, 87, 89 = NJW 1963, 2165 = MDR 1963; vgl. zu Einzelheiten s. → **Zeitpunkt der Bewertung [Bewertungszeitpunkt]**; zur prozessualen Behandlung vgl. → **Entschädigungsprozess**).

696 Daraus ergibt sich folgender ***Grundsatz für die Bestimmung des Berechnungszeitpunktes*** in Zeiten schwankender Preise:

Solange die Entschädigung trotz der administrativen Festsetzung nicht gezahlt wird, nimmt sie an zwischenzeitlich eintretenden Wertsteigerungen (und – unter Umständen – auch Preisrückgängen) teil, nötigenfalls bis zur letzten mündlichen Verhandlung in der Tatsacheninstanz. Ist die angemessene Entschädigung nur teilweise gezahlt, so hat der Betroffene bereits einen *anteiligen* Wertausgleich erhalten; es nimmt dann **nur der anteilige Rest** der ihm zustehenden Entschädigung an zwischenzeitlich eintretenden Wertänderungen teil, nötigenfalls wiederum bis zur letzten mündlichen Verhandlung in der Tatsacheninstanz (so BGH NJW 1997, 2119 = WM 1997, 1161 = VersR 1997, 1017; vgl. dazu und zur Berechnung → **Anrechnung von Teilzahlungen**). Das Risiko einer vollkommenen oder auch nur teilweisen Nichtzahlung der angemessenen Entschädigung fällt damit in den Verantwortungsbereich des Enteignungsbegünstigten. Er muss in Zeiten schwankender Preise den gestiegenen Preis zahlen, soweit er den Betroffenen nicht entschädigt hat (BGHZ 44, 52, 58 = NJW 1965, 1791 = MDR 1965, 732 und 890 m. Anm. *E. Schneider*; *Kreft* DRiZ 1973, 335, 338).

697 Die *Steigerungsrechtsprechung* findet ihre Rechtfertigung in der **Ausgleichsfunktion der Entschädigung**. Sie arbeitet mit anteiligem Wertausgleich und ist am besten an einem ***Beispiel*** zu erläutern (Beispiele auch bei dem Stichwort **Verzinsung der Entschädigung** und bei *H. Fischer* Rn. 230):

Die Entschädigung für das enteignete Grundstück wird von der Enteignungsbehörde auf 80.000 € festgesetzt und auch alsbald ausgezahlt. Der Betroffene klagt hiergegen, weil er die Festsetzung für zu niedrig hält. Im Prozess wird schließlich nach Einholung von Wertgutachten festgestellt, dass der Verkehrswert des Grundstücks zur Zeit des Erlasses des Entschädigungsfeststellungsbeschlusses nicht nur 80.000 €, sondern 100.000 € betrug und sich bis zur letzten mündlichen Tatsachenverhandlung sogar auf 150.000 € gesteigert hat. Dann kann nicht die Differenz zwischen 150.000 € und 80.000 € = 70.000 € zugesprochen werden. Wie auszugleichen ist, ergibt sich vielmehr aus dem Bild der *Waage*: Mit der Zahlung von 80.000 € war damals der eigentliche Wert von 100.000 € zu $^4/_5$ ausgeglichen, so dass noch ein (Wert-)Rest von $^1/_5$ aufzuwiegen und zu entschädigen ist. Dieser bemisst sich, da er noch nicht gezahlt worden ist, nach dem Wert im Zeitpunkt der letzten mündlichen Tatsachenverhandlung, hier also 150.000 €. Ein $^1/_5$-Anteil hiervon beträgt 30.000 €, so dass dieser Betrag noch zu zahlen und damit die Waage ins Gleichgewicht gebracht ist.

4. Sind die **Preise** nach der behördlichen Festsetzung der Entschädigung *gesunken*, **698** so sollte das nach BGH (WM 1977, 627, 630 = NJW 1977, 1535 [LS]: Preise waren zunächst um 20 % gestiegen, dann um 10 % gefallen) ebenfalls, dann aber zu Lasten des Eigentümers berücksichtigt werden. Dies ist vom BGH inzwischen wie folgt klargestellt worden (BGHZ 118, 25 = NJW 1992, 1830 = WM 1992, 1204): Grundsätzlich ist die Steigerungsrechtsprechung in Zeiten fallender Preise zu Lasten des Eigentümers anzuwenden, wenn und soweit er durch eine unbegründete Anfechtung der *Zulässigkeit der Enteignung* bewirkt, dass sich die Auszahlung des Entschädigungsbetrages verzögert; denn das Preisrisiko trägt bei Anfechtung der Enteignung (nicht nur der festgesetzten Entschädigung) der betroffene Eigentümer selbst.

Andererseits kann es dem Eigentümer grundsätzlich nicht zum Nachteil gerei- **699** chen, wenn er im gerichtlichen Verfahren die Festsetzung der Entschädigung anficht und eine höhere als die festgesetzte Entschädigung begehrt. Da der Enteignungsbegünstigte verpflichtet ist, den geschuldeten Restbetrag sogleich zu zahlen, dürfen Preisrückgänge während des Rechtsstreites nicht zu Lasten des Eigentümers gehen. Dies gilt grundsätzlich auch dann, wenn der Eigentümer eine Entschädigung in Land verlangt (gem. § 100 BauGB), obwohl ihm der Enteignungsbegünstigte eine angemessene Geldentschädigung anbietet. Da die Entschädigung in Land nur eine besondere Art der Enteignungsentschädigung darstellt (BGH WM 1979, 83, 84; *Krohn*, Enteignung, Rn. 174), kann auch in diesem Fall dem Eigentümer, der nur über die Art (Land oder Geldentschädigung) und/oder die Höhe der Entschädigung, nicht aber über die Zulässigkeit der Enteignung selbst streitet, nicht das Risiko von Preisrückgängen auferlegt werden.

Der BGH hat bislang nicht abschließend entschieden, ob und gegebenenfalls un- **700** ter welchen besonderen Voraussetzungen ein Eigentümer, der nach administrativer Festsetzung einer Geldentschädigung im gerichtlichen Verfahren in erster Linie Entschädigung in Land, hilfsweise eine höhere Geldentschädigung verlangt, das verzögerungsbedingte Risiko von Preisrückgängen tragen muss. Problematisch könnte in diesem Zusammenhang sein, dass Werterhöhungen grundsätzlich unberücksichtigt bleiben, die nach dem Zeitpunkt eintreten, in dem der Eigentümer zur Vermeidung der Enteignung ein Kauf- oder Tauschangebot unter angemessenen Bedingungen hätte annehmen können (§ 95 Abs. 2 Nr. 3 BauGB; vgl. entspr. landesrechtl. Regelungen, z.B. Art. 10 Abs. 3 Nr. 3 BayEG).

Ein solches Verlangen gereicht dem Eigentümer jedenfalls dann nicht zum Nachteil, wenn die Geldentschädigung wesentlich zu niedrig festgesetzt ist und er deshalb zur Wahrung seines Eigeninteresses den Rechtsweg beschreiten muss. In einem solchen Falle beruht die Verzögerung auf der Weigerung des Enteignungsbegünstigten, dem Eigentümer eine angemessene Geldentschädigung zu leisten, so dass daneben eine Fehlentscheidung bei der Wahl der Enteignungsart (Land statt Geldentschädigung) als unerheblich außer Betracht zu bleiben hat. Andernfalls würde die widerrechtliche Vorenthaltung der geschuldeten Geldentschädigung zum Vorteil des Enteignungsbegünstigten ausschlagen (BGHZ 118, 25; *Krohn*, Enteignung, Rn. 174).

701 Sinkende Preise wirken sich, wie bei der Anfechtung der Zulässigkeit der Enteignung, zum Nachteil des Eigentümers aus, wenn er die Annahme der vollen Entschädigung verweigert (*Battis* in BKL, § 95 Rn. 3). Als volle Entschädigung gilt z. B. der durch die Enteignungsbehörde festgesetzte Betrag.

702 5. Notwendig und entscheidend für die Anwendung der Steigerungsrechtsprechung ist immer, dass die behördliche Festsetzung der Entschädigung **nicht *unwesentlich zu niedrig*** liegt, so dass der Betroffene vollen Ausgleich erst später erlangt. Bleibt die festgesetzte Entschädigung hinter dem wirklichen Verkehrswert nur unwesentlich zurück, so ist – ohne Wertsteigerung – die Differenz betragsmäßig auszugleichen. Als *„nicht unwesentlich zu niedrig"* hat die Rechtsprechung gewertet: 6,8 % (BGHZ 25, 225 = NJW 1958, 59 = WM 1957, 1494: Differenz zwischen 90.000 DM und 96.600 DM), 12,5 % (BGH MDR 1963, 917 = LM Nr. 15 zu Art. 14 GG [Eb]: Differenz zwischen 10.600 DM und 12.160 DM), 15,6 % (BGHZ 64, 361 = NJW 1975, 1781 = WM 1975, 956: Differenz zwischen 30.700 DM und 36.400 DM), 5 % (OLG Frankfurt, Urt. v. 16.06.2016 – 100 U 1/14 (Baul), juris: Erhöhung des qm-Preises von 28,50 € auf 29,92 €). Demgegenüber wurden als *„unwesentlich zu niedrig"* angesehen: 3,6 % (BGH WM 1962, 919: Differenz zwischen 277.000 DM und 287.000 DM), 2,6 % (Urteil vom 7.7.1966 – III ZR 108/65 – nicht veröffentlicht, zitiert nach *Krohn/Löwisch*, Rn. 332: Differenz von 13.000 DM bei objektivem Wert von 49.6240 DM; weitere Beispiele bei *Battis* in BKL, § 95 Rn. 3a; *Groß* in EZBK, § 95 Rn. 46), aber auch 10 % bei einer Differenz zwischen 4.500 DM und 5.000 DM (BGH WM 1963, 1128). Es kommt also nicht nur auf den Prozentsatz, sondern auch auf die betragsmäßige Höhe der Differenz an (vgl. auch *Krohn*, Enteignung, Rn. 175; *Battis* in BKL, § 95 Rn. 3a; *Schlick* in BK, § 95 Rn. 9).

703 Für die Frage, ob die festgesetzte gegenüber der wirklichen Entschädigung „nicht unwesentlich zu niedrig" ist, sind im konkreten Fall *Hauptsumme und Zinsen* zusammenzurechnen, wenn der Betroffene zwar eine zu niedrige Hauptsumme, aber zu viel Zinsen bekommen hat (BGH NJW 1973, 2284, 2285 = LM Nr. 17, 18 zu LBG; *Krohn/Löwisch*, Rn. 333; *Krohn*, Enteignung, ebenda).

704 6. Allerdings verschiebt sich der Bewertungsstichtag zu seinen Gunsten nicht, wenn die *Verzögerung in den Verantwortungsbereich des Betroffenen* fällt. Dies ist beispielsweise der Fall, wenn er ein dem Verkehrswert entsprechendes und daher *angemesse-*

nes Angebot des Enteignungsbegünstigten zum freihändigen Erwerb *nicht annimmt*, weil er es irrig für zu niedrig hält (vgl. näher → **Angemessenes Angebot** und **Anrechnung von Teilzahlungen**). Aber auch dann, wenn der betroffene Eigentümer eine *Verzögerung des Rechtsstreites* veranlasst, kann ihm nicht der Vorteil steigender Preise zugutekommen; ein „Verzögerungsgewinn" soll ausgeschlossen sein (BGH NJW 1975, 157 = DVBl 1976, 161; *Krohn*, Enteignung, Rn. 171; *Krohn/Löwisch*, Rn. 329; vgl. auch BGH, Beschl. v. 25.1.1979 – III ZR 70/78: Der Eigentümer hatte das Verfahren einige Monate dadurch verzögert, dass er den vom Gericht festgesetzten Auslagenvorschuss für ein Sachverständigengutachten nicht zahlte und später auf das Beweismittel ganz verzichtete).

7. Der Bewertungsstichtag verschiebt sich auch dann nicht zugunsten des Betroffe- **705**
nen, wenn dieser sich (auch) gegen die *Zulässigkeit* **der Enteignung selbst** wehrt. Denn der Enteignungsbegünstigte braucht nicht zu zahlen, solange noch der Enteignungsgrund angefochten ist und nicht feststeht, ob die Enteignung überhaupt zulässig ist. Erweist sich diese Anfechtung als unbegründet, so trägt der Betroffene selbst die Verantwortung für die eingetretene Verzögerung, und können ihm zwischenzeitliche Wertsteigerungen nicht zugutekommen. Anderenfalls läge es in der Hand des Betroffenen, durch unbegründete Anfechtung den Bewertungsstichtag hinauszuzögern und sich so zwischenzeitlich eintretende Preissteigerungen zunutze zu machen (BGH NVwZ 1990, 797, 798; BGH WM 1977, 509, 513 = NJW 1977, 955, 957; BGH NJW 1972, 1317 = MDR 1972, 765 = WM 1972, 795; BGH WM 1971, 946; *Krohn/Löwisch*, Rn. 326, 327; *Kreft*, Enteignungsentschädigung I, S. 16; *Kreft* Enteignungsentschädigung II, S. 15 f.; *Krohn*, Enteignung, Rn. 170 ff.; *Engelhardt* NVwZ 1994, 337, 344).

Ruft der Eigentümer gegen ein Revisionsurteil, das die Zulässigkeit der Enteig- **706**
nung bejaht, erfolglos mit der **Verfassungsbeschwerde** das **BVerfG** an, so bleiben auch die während des Verfahrens vor dem BVerfG eingetretenen Steigerungen des Grundstückspreises unberücksichtigt (BGH NVwZ 1990, 797, 798; vgl. auch *Engelhardt* NVwZ 1994, 344). Es geht bei diesen Grundsätzen um eine Verteilung der Verantwortung für den „Steigerungszeitraum", nicht um eine „Disziplinierung" des Grundstückseigentümers, der die Entscheidung nicht hinnehmen will. Der Grundsatz, dass der Zeitverlust, den die Anfechtung der Zulässigkeit der Enteignung selbst zur Folge hat, **dem Enteigneten zur Last** fällt, ist **mit Art. 14 GG vereinbar** (BGH NJW 1972, 1317 = WM 1972, 795 = LM Nr. 22 zu Art. 14 GG [Eb]; *Kreft*, Enteignungsentschädigung II, S. 16).

Diese Grundsätze gelten selbst für den Fall, dass der Enteignungsbegünstigte oh- **707**
nehin nicht alsbald nach der administrativen Festsetzung die Entschädigung ausbezahlt hätte, unabhängig von der Anfechtung des Enteignungsgrundes durch den Betroffenen (BGH NJW 1972, 1317 = MDR 1972, 765 = WM 1972, 795). Lässt der Betroffene im Verlauf des Rechtsstreits seinen Angriff gegen die Zulässigkeit der Enteignung fallen und zahlt die Behörde sogleich die administrativ festgesetzte Entschädigung, so wird das so behandelt, als wäre die Zahlung unmittelbar nach der Festsetzung erfolgt;

zwischenzeitlich eingetretene Preiserhöhungen bleiben unberücksichtigt. Setzt er den Rechtsstreit nur noch wegen der Höhe der Entschädigung fort, so greift die Steigerungsrechtsprechung von dem Zeitpunkt an ein, in dem der Betroffene seinen Angriff gegen den Enteignungsgrund fallen lässt; vorher eingetretene Preiserhöhungen bleiben unberücksichtigt (BGHZ 118, 25 = NJW 1992, 1830; BGH NJW 1972, 1317 = MDR 1972, 765 = WM 1972, 795; *Kreft,* Enteignungsentschädigung I, S. 17; *Krohn,* Enteignung, Rn. 170). Diese Grundsätze sind mit Art. 14 GG vereinbar (BGH WM 1972, 795, 797).

708 Von dieser Rechtsprechung zu Lasten des Betroffenen hat der BGH nachvollziehbar eine **Ausnahme** in einem Fall gemacht, in dem der Betroffene die Zulässigkeit der Enteignung mit der Begründung angegriffen hatte, ihm sei **kein angemessenes Angebot** unterbreitet worden und deswegen sei die Enteignung gemäß § 87 Abs. 2 BauGB unzulässig (BGH WM 1971, 946, 947). Der Betroffene wehrte sich im Kern gegen die Unangemessenheit der ihm angebotenen Entschädigung. Die Zeitverzögerung fiel in diesem Fall nicht in seinen Verantwortungsbereich, sondern in den des Enteignungsbegünstigten.

709 8. Die Steigerungsrechtsprechung ist auch anzuwenden, wenn die Entschädigung ganz oder teilweise vor ihrer administrativen Festsetzung unter einem **Rückzahlungsvorbehalt** gezahlt worden ist für den Fall, dass sich bei der Entschädigungsfeststellung eine Überzahlung herausstellt. Denn der Betroffene kann auch in einem solchen Fall davon ausgehen, dass ihm zumindest der größte Teil der Entschädigung endgültig verbleibt, so dass er sie werterhaltend und Gewinn bringend anlegen kann. Ergibt sich bei der administrativen Feststellung, dass er überzahlt ist, so steht das Rückzahlungsverlangen allerdings unter dem besonderen Gebot von *Treu und Glauben* (vgl. → **Rückzahlung**). Der **BGH** hat hierzu ausgeführt (NJW 1976, 1499 = WM 1976, 720): „*Auch wenn die endgültige Festsetzung der Entschädigungssumme hinter dem Betrag der Abschlagszahlung zurückgeblieben wäre, wäre der Beklagte bei langfristiger Anlage des genannten empfangenen Betrages nicht ohne weiteres verpflichtet gewesen, die bezahlte Summe unverzüglich nach Rechtskraft der Entschädigungsfestsetzung wieder an die Begünstigte zurückzuerstatten. Bei einer solchen Sachlage unterliegt nämlich der Rückforderungsanspruch des Enteignungsbegünstigten in besonderem Maße dem Gebot von Treu und Glauben. Der Begünstigte kann sich durch die Vereinbarung einer Rückzahlungsklausel nicht seiner Pflicht entledigen, die Abschlagssumme anhand der in Frage kommenden Beurteilungsgrundlagen mit der erforderlichen Sorgfalt zu berechnen. Daher wird der Betroffene, auch wenn die Abschlagsleistung auf die Entschädigung unter einem Rückzahlungsvorbehalt steht, in seinem berechtigten Vertrauen geschützt, dass der gezahlte Betrag im Allgemeinen von der abschließenden Festsetzung allenfalls unwesentlich abweicht. Wenn das wider Erwarten nicht der Fall ist, so ist der Begünstigte gehalten, bei der Ausübung des Rückzahlungsvorbehaltes den inzwischen etwa über den Unterschiedsbetrag getroffenen Dispositionen des Eigentümers Rechnung zu tragen. Er darf daher gegebenenfalls den überschießenden Betrag nicht unverzüglich*

zurückverlangen, sondern muss dem Betroffenen eine angemessene, unter Umständen – je nach der Verwendung des überschießenden Betrages – sogar eine längere Frist zur Wiederbeschaffung von Geldmitteln einräumen. Das folgt aus dem Grundsatz rechtsstaatlicher Verwaltung und dem Gebot konsequenten Verhaltens.“

Es muss jeweils aufgrund der konkreten Umstände des Einzelfalls ermittelt wer- **710**
den, mit welchem Anteil der geleisteten Entschädigung oder Abschlagszahlung der Betroffene endgültig rechnen, einen wie großen Betrag er davon endgültig behalten konnte (OLG Köln, Urteil v. 12.7.1976 – 7 U 106/75 – unveröffentlicht). Soweit der Betroffene darüber hinaus ein erkennbares Risiko auf sich genommen hat, ist es gerechtfertigt, ihm entsprechende Vorteile ohne Anrechnung des eingesetzten Teilbetrages (nach der Steigerungsrechtsprechung) zu belassen. Denn wenn es zu einer sofortigen Teilrückforderung käme, wäre er für etwaige Einbußen, wie sie sich häufig gerade bei der Auflösung langfristig geplanter Vermögensdispositionen nicht vermeiden lassen, nicht, jedenfalls nicht voll entschädigt worden (OLG Köln a. a. O.).

9. Dieselben Gründe, die die Rechtsprechung dazu veranlasst haben, in Zeiten **711**
schwankender Preise den Bewertungsstichtag für den Verkehrswert zu verschieben, wenn die Entschädigung unrichtig festgesetzt oder nicht oder unangemessen verzögert gezahlt worden ist, führen zu einer *Rückverlegung des Wertermittlungsstichtages*, wenn die Auszahlung der Entschädigung schon erfolgt ist, bevor die Enteignungsbehörde über den Enteignungsantrag entschieden hat (BGH NJW 1967, 1324 = MDR 1967, 742 = BRS 19 Nr. 84). Dasselbe muss dann gelten, wenn die Entschädigung ganz oder teilweise vor ihrer administrativen Festsetzung gezahlt worden ist; auch dann wird der Wertermittlungsstichtag entsprechend zurückverlegt, da dem Betroffenen das Genommene (nach dem Bild der Waage) schon vor der Entschädigungsfeststellung ganz oder teilweise aufgewogen worden ist und er sonst mehr ersetzt erhielte, als er verloren hat (BGH NJW 1962, 1441 = WM 1962, 919; OLG Köln, Urt. v. 10.10.1968 – 14 U 47/68 – unveröffentlicht; im Übrigen vgl. → **Anrechnung von Teilzahlungen**).

10. Bei **Gebäuden**, die **nach dem Eingriff *abgerissen*** werden, ist die Bewertung **712**
nicht nach dem Zustand vorzunehmen, in dem sie sich beim späteren Zahlungszeitpunkt hypothetisch befunden hätten, sondern nach dem Zustand beim Besitzübergang. Hypothetische Wertveränderungen, z. B. wegen Altersminderung, sind ebenso wenig zu berücksichtigen wie Aufwendungen, die der Eigentümer bis zur Zahlung für die Erhaltung des Gebäudes gemacht hätte.

11. Ob die *Steigerungsrechtsprechung* nur für eine Wertänderung von Grund und Bo- **713**
den oder **auch für *Folgeschäden*** *(§ 96 BauGB)* gilt (z. B. für eine Erhöhung der Umzugskosten), ist bisher vom BGH nicht entschieden. Dies wird man *bejahen* müssen. Denn der Grundsatz, auf dem diese Rechtsprechung basiert, nämlich dem Eigentümer einen vollen Ausgleich für seine erlittenen Nachteile zu gewähren, greift auch für *Preisänderungen bei Folgeschäden* ein, die zwischen Festsetzung und Zahlung der Ent-

schädigung entstehen (in diese Richtung tendiert wohl auch der BGH NJW 1997, 2119, 2120; s.a. *Molodovsky/Bernsdorff*, BayEG, Art. 10 Rn. 3.2.6; a.A. *Groß* in EZBK, § 95 Rn. 41; *Battis* in BKL, § 95 Rn. 3a; *Krohn/ Löwisch*, Rn. 324, 334; *Krohn*, Enteignung, Rn. 175). Dies gilt freilich *nicht* für den ***merkantilen Minderwert***, wenn etwa ein enteignungsgleicher Eingriff zu einer Beschädigung geführt hat; für ihn ist der Zeitpunkt der beendeten Instandsetzung der beschädigten Sache maßgebend (BGH WM 1981, 724, 725 = NJW 1981, 1663; *Krohn/Löwisch*, a.a.O.).

714 12. Die **Steigerungsrechtsprechung** ist als ***allgemeiner Grundsatz des Entschädigungsrechts*** anerkannt und gilt für alle Entschädigungen (vgl. *Krohn/Löwisch* Rn. 324; aus der Rechtsprechung statt vieler: BGHZ 43, 300, 305 = NJW 1965, 1480 = MDR 1965; BGHZ 44, 52, 56 = NJW 1965, 558 = MDR 1965, 732 und 890 mit Anm. *E. Schneider*; BGH MDR 1972, 493 = WM 1972, 52 = BauR 1972, 50), auch im Bereich städtebaulicher Entwicklungsmaßnahmen (OLG Frankfurt, Urt. v. 16.06.2016 – 100 U 1/14(Baul), juris Rn. 61). Sie bezieht sich nicht nur auf Grundstücke, sondern gleichermaßen auf andere geldwerte Güter, Ansprüche und Rechtspositionen, sofern deren (Verkehrs-)Wert Schwankungen unterliegt. Für die Anwendung der Steigerungsrechtsprechung ist es auch nicht entscheidend, ob der Enteignungsbegünstigte den enteignenden Gegenstand behalten und seinem Vermögen zuführen will. Deshalb begegnen ihrer Anwendung auch im Bereich städtebaulicher Sanierungsmaßnahmen keinerlei Bedenken (OLG Frankfurt, Urt. v. 16.06.2016 – 100 U 1/14(Baul), juris Rn. 61; OLG Frankfurt NVwZ-RR 2007, 705).

715 13. Was die vorstehenden Ausführungen für die tägliche Arbeit des Grunderwerbs bedeuten, soll anhand eines gängigen **Beispiels aus der Praxis** aufgezeigt werden: Der Bau einer Bundesfernstraße ist planfestgestellt. Damit ist die Enteignung nach § 19 Abs. 1 S. 2 FStrG in dem Sinne zulässig, dass dem Baulastträger gegen die Enteignungsbehörde ein Anspruch auf Durchführung des Enteignungsverfahrens zusteht. Die Enteignung selbst setzt daneben noch ein angemessenes Angebot zum freihändigen Erwerb voraus (Grundsatz der Verhältnismäßigkeit des Mittels, vgl. z.B. § 4 EEG NW, Art. 3 Abs. 2 Nr. 1 BayEG; anders jedoch bei der Besitzeinweisung bei der nach § 18f. Abs. 1 S. 1 FStrG das Angebot einer Vereinbarung unter Vorbehalt aller Entschädigungsansprüche ausreichend ist). Klagt der betroffene Eigentümer seinerseits gegen den Planfeststellungsbeschluss vor dem Verwaltungsgericht, etwa mit der Begründung, eine andere Linienführung, die sein Eigentum nicht erfasse, sei sinnvoller, so greift er die Zulässigkeit der Enteignung an. Dies hat zur Folge, dass vom Tage der Rechtshängigkeit an Preiserhöhungen auf dem Grundstücksmarkt nicht berücksichtigt werden, und zwar bis zum rechtskräftigen Abschluss des Verwaltungsrechtsstreits, sofern die Klage erfolglos bleibt.

Damit der Enteignungsbegünstigte sich auf die für ihn günstigen Wirkungen der Steigerungsrechtsprechung berufen kann, muss er jetzt **unverzüglich** handeln. Hat er zu Beginn der Auseinandersetzung noch kein angemessenes Angebot unterbreitet, so muss er das – abgestellt auf die Preisverhältnisse am Tage der Klageerhebung – unverzüglich nachholen. Denn durch eine nicht unwesentliche Verzögerung seines Angebotes bei wesentlich steigenden Preisen ginge ihm die Vergünstigung der eventuell niedrigeren Entschädigung teilweise oder ganz verloren. Eine Enteignung wäre dann nur unter einem Angebot, dessen Angemessenheit auf der Grundlage der im Zeitpunkt seiner Abgabe (höheren) Preisverhältnisse zu beurteilen ist, zulässig.

Straßenanlieger (Anliegerrechte)

1. Anlieger sind **Eigentümer und Besitzer von Grundstücken**, die an einer **öffentlichen Straße** liegen (Art. 17 Abs. 1 BayStrWG; § 14 a Abs. 1 S. 1 StrG NW, § 39 Abs. 1 StrG RP, § 14 Abs. 4 ThürStrG etc.). 716

Dieser Personenkreis ist dadurch gekennzeichnet, dass er für die zulässige Nutzung seines Grundstücks auf die Straße angewiesen ist. So wird sein Grundstück **durch die öffentliche Straße erschlossen**, und es muss darüber hinaus teilweise auch das Straßengrundstück selbst und der darüber befindliche Luftraum in Anspruch genommen werden. Dies zeigt sich etwa anhand eines benötigten Zugangs bzw. einer Zufahrt von und zu der Straße und dem Zutritt von Licht und Luft zu den entlang der Straße errichteten Gebäuden. Als Form der vorübergehenden Nutzung kommt bspw. der Gebrauch eines Teils der Straße und des Bürgersteiges zur Aufstellung von Bauzäunen und Baugerüsten sowie zur Lagerung von Baustoffen, abgeladenen Materials oder Bereitstellung von Abfall für die beseitigungspflichtige Körperschaft in Betracht. In Abhängigkeit von der konkreten Verwendung des Grundstücks ergeben sich weitere Bedürfnisse des Grundstückeigentümers, die Straße über seine Grundstücksgrenze hinaus zu beanspruchen. Wird die Fläche **gewerblich** genutzt, erfüllt die Straße die Funktion, den **„Kontakt nach außen“** herzustellen, indem sie zur Wirtschaftswerbung (Einrichtung von Schaufenstern, Aufstellen von Werbeschildern), der Verfügungstellung von Parkraum für Kunden, zur Bereitstellung von Standflächen (Bestuhlung bei einem Gastronomiebetrieb, Verkaufsstände, etc.) dient.

Unter den Begriff des „Straßenanliegers“ in diesem Sinn fallen folglich auch die Eigentümer und Besitzer solcher Grundstücke, die zwar nicht unmittelbar an eine öffentliche Straße angrenzen, deren sog. **„Hinterliegergrundstücke“** aber über Privatgrundstücke einen rechtlich gesicherten Zugang oder eine Zufahrt zur öffentlichen Straße haben, und die mithin in gleicher Weise auf die Straße angewiesen sind wie die Eigentümer der direkt anliegenden Flächen (s. BVerwGE 58, 154; BVerwGE 54, 328; BayVGH, Beschl. v. 15.06.2020 – 8 ZB 19.1426).

2. Diese besondere Abhängigkeit der Anlieger von der Straße gegenüber anderen Benutzern besteht insbesondere an **nicht klassifizierten Straßen** (BayVGH, Urt. v. 15.03.2006 – 8 B 05.1356). Das hängt mit der unterschiedlichen Funktion der Straßen zusammen (*Grupp* in Marschall, § 7 Rn. 28, § 8a Rn. 2). Dagegen dienen **freie** 717

https://doi.org/10.1515/9783110682557-079

Strecken (d.h. außerhalb geschlossener Ortslage) **einer klassifizierten Straße** vornehmlich der Vermittlung eines durchgehenden und überörtlichen Verkehrs, nicht aber der baulichen Erschließung und der wirtschaftlichen Nutzung der anliegenden Grundstücke (s.a. *Sauthoff*, Öffentliche Straßen, Rn. 349, mit Verweis darauf, dass die Anlieger korrespondierend mit ihrem Nutzen für solche Straßenklassen auch keine Gegenleistungen in Form von Erschließungs- oder Straßenausbaubeiträgen, Reinigungspflichten etc. zu erbringen haben).

718 3. Dass ein die besondere Rechtsstellung der Anlieger regelndes Rechtsinstitut des sog. **Anliegergebrauchs** nicht aus Art 14 Abs. 1 S. 1 GG abgeleitet werden kann, hat das BVerwG festgestellt (BVerwG NVwZ 2004, 231; BVerwG NVwZ 1999, 1341; so auch OVG Bremen, Beschl. v. 15.01.2018 – 1 LA 265/16; VG Saarland, Urt. v. 28.11.2018 – 5 K 651/17). Danach ist es vielmehr Aufgabe des – einfachen – Gesetzgebers, im Rahmen einer Inhalts- und Schrankenbestimmung nach Art. 14 Abs. 1 S. 2 GG festzulegen, welche **Rechte und Pflichten** sich **für den Anlieger** aus seiner Nachbarschaft zu einer öffentlichen Straße ergeben (BayVGH, Urt. v. 15.03.2006 – 8 B 05.1356, der darauf hinweist, dass nach der *Nassauskiesung*-Entscheidung des BVerfG – BVerfGE 58, 300 – in Art 14 Abs. 1 S. 1 und/oder Abs. 3 GG keine Anspruchsgrundlage mehr für prinzipiell mögliche und wirtschaftlich vernünftige Nutzungen des Grundeigentums zu sehen ist; so auch OVG NW, Beschl. v. 23.05.2017 – 11 A 748/15; VGH BW, Urt. v. 26.01.2016 – 5 S 1229/14).

Der **Umfang des Anliegergebrauchs** und die Frage nach einem **Entschädigungsanspruch bei Beeinträchtigungen** bestimmen sich somit vorrangig nach den einschlägigen Vorschriften des anzuwendenden Straßen- und Wegerechts einschließlich seiner Bezüge zu verwandten Rechtsgebieten (s. BVerfG NVwZ 2009, 1429 (Nichtannahmebeschluss) und insbesondere BayVGH, Beschl. v. 24.11.2003 – 8 CS 03.2279). Dabei hat der Gesetzgeber einerseits dem Gewährleistungsgehalt des in Art. 14 Abs. 1 S. 1 GG grundgesetzlich anerkannten Privateigentums Rechnung zu tragen (VG Saarland, Urt. v. 28.11.2018 – 5 K 651/17); dies verlangt die Sicherung einer angemessenen Nutzung des Grundeigentums einschließlich eines darauf eventuell ausgeübten Gewerbes. Andererseits sind das in Art. 14 Abs. 2 GG verbürgte Wohl der Allgemeinheit und damit das Interesse an Zurverfügungstellung und Erhalt eines leistungsfähigen Verkehrssystems zu berücksichtigen (BVerwG NVwZ 1999, 1341).

Für den Grundstückseigentümer bedeutet dies, dass nicht jede prinzipiell mögliche und wünschenswerte Benutzung der Straße dem verfassungsrechtlichen Eigentumsschutz des Art. 14 Abs. 1 GG unterfällt. Geschützt ist als sog. **Kernbereich des Anliegerrechts** (so BVerfG NVwZ 2009, 1426; BVerfG, Beschl. v. 11.09.1990 – 1 BvR 988/90) für ihn eine erweiterte Straßennutzung nur, soweit er zur angemessenen Nutzung seines Grundstücks darauf **zwingend angewiesen** ist (VGH BW, Urt. v. 22.03.2016 – 5 S 531/13; VG Saarland, Urt. v. 28.11.2018 – 5 K 651/17). Das Ausnutzen von Lagevorteilen oder Chancen, die sich aus der Verkehrsbedeutung der am Grundstück entlang geführte Straße ergeben, gehören nicht dazu (OVG NW, Beschl.

v. 23.05.2017 – 11 A 748/15). Ebenso fällt die Möglichkeit, Betriebsabläufe wie etwa umfangreiche Be- und Entladevorgänge grundsätzlich in den öffentlichen Straßenraum zu verlegen, nicht darunter (VGH BW, Urt. v. 26.01.2016 – 5 S 1229/14; VGH BW, Urt. v. 16.01.1990 – 5 S 2525/89 – *Parkmöglichkeit* –; VGH BW, Urt. v. 09.12.1999 – 5 S 2051/98 – *Aufstellen eines Verkaufsständers*).

4. In Bezug auf die **Erreichbarkeit eines Anliegergrundstücks** enthalten die Lan- 719
desstraßengesetze und das Bundesfernstraßengesetz Regelungen für die Beeinträchtigung von Zufahrten oder Zuwegungen. Werden diese ***auf Dauer*** durch die Änderung **oder Einziehung von Straßen unterbrochen oder wird ihre Benutzung erheblich** erschwert, haben die Straßenbaulastträger einen angemessenen Ersatz zu schaffen oder, soweit dies nicht zumutbar ist, eine angemessene **Entschädigung** zu leisten (§ 8a Abs. 4 FStrG, Art. 17 Abs. 2 BayStrWG, § 15 Abs. 2 StrG BW, § 20 Abs. 5 StrG NW etc.). Dies gilt jedoch nur, wenn die Grundstücke keine anderweitige ausreichende Verbindung zum öffentlichen Wegenetz besitzen oder die Zuwegung nur auf einer widerruflichen Erlaubnis beruhte. Diese Einschränkung ist insoweit verfassungsrechtlich unbedenklich als der Kerngehalt des Anliegergebrauchs keine besonders vorteilhafte Verkehrsverbindung oder gar optimale Erreichbarkeit sichert (BVerwG NVwZ 2004, 231; BVerwG NVwZ 1999, 1341; BayVGH, Urt. v. 15.03.2006 – 8 B 05.1356; BayVGH, Urt. v. 24.06.2003 – 8 A 02.40090).

Der **Inhaber eines anliegenden Betriebs**, dessen Zufahrten und Zugänge zwar nicht auf Dauer, wohl aber ***für längere Zeit*** **durch Straßenarbeiten** unterbrochen werden oder deren Benutzung erheblich erschwert wird, ohne dass von Behelfsmaßnahmen eine wesentliche Entlastung ausgeht, kann, wenn dadurch seine wirtschaftliche Existenz gefährdet wird, eine **Entschädigung** in Höhe des Betrags beanspruchen, der erforderlich ist, um das Fortbestehen des Betriebs bei Anspannung der eigenen Kräfte und unter Berücksichtigung der gegebenen Anpassungsmöglichkeiten zu sichern (§ 8a Abs. 5 FStrG, Art. 17 Abs. 3 BayStrWG, § 15 Abs. 3 StrG BW, § 20 Abs. 6 StrG NW). Der Anspruch, der wiederum vom Fehlen einer anderweitigen Verbindung des Grundstücks zur Straße abhängig ist und bei einer Zufahrt entfällt, die auf einer nur widerruflich erteilten Erlaubnis beruht, richtet sich gegen denjenigen, zu dessen Gunsten die Arbeiten im Straßenbereich erfolgen.

Die **Existenzgefährdung** eines Betriebs im Sinne dieser Vorschriften liegt vor, 720
wenn bei diesem langfristig keine Kostendeckung mehr erreicht wird (VGH BW, Urt. v. 17.12.2004 – 5 S 1914/03). Zu den hierbei zu berücksichtigenden Kosten zählt auch der Unternehmerlohn (BGH NJW 1972, 243).

Die Entschädigung ist zu gewähren ab dem **Zeitpunkt**, zu dem die **Existenz-** 721
gefährdung eingetreten ist. Die Zeit davor bleibt entschädigungsfrei. Für ihre Beurteilung entscheidend sind die Umsätze und Erträge an dem Tag des Beginns der Behinderungen (erster Eingriff); für die Zukunft erwartete Zuwachsraten und Marktanteile bei gleichen betrieblichen Gegebenheiten dürfen nicht berücksichtigt werden. Anders ist der Fall zu sehen, wenn während der Behinderungen durch rechtlich

erlaubte Um- und Ausbauten des Gewerbebetriebes die Voraussetzungen für größere Umsätze und Erträge geschaffen werden (BGH NJW 1976, 1312 = BRS 34 Nr. 148). Hier dürfen gesicherte Steigerungen berücksichtigt werden. Der Ausgleich ist vom Tag der Existenzgefährdung **bis zur Beendigung der behindernden Arbeiten** zu zahlen.

722 Eine Entschädigung kommt uneingeschränkt für **Betriebe** in Betracht, die **Gewinne erwirtschaften**. Ebenso wird der Betrieb eine Entschädigung beanspruchen können, der sich lediglich in vorübergehenden Schwierigkeiten oder, weil erst kürzlich eröffnet, in seiner Anlaufzeit befindet und deshalb keinen Gewinn abwirft. Einem ohnehin existenzgefährdeten Betrieb wird dagegen eine Entschädigung versagt werden müssen, da es insoweit an dem Tatbestandsmerkmal der „*Sicherung des Fortbestands des Betriebs*" fehlen dürfte.

723 5. Im Übrigen begründen **Bauarbeiten** etwa für notwendige Aus- und Verbesserungsarbeiten an der Straße oder Arbeiten an öffentlichen Leitungen, die im Straßenkörper liegen oder mit ihm verbunden sind, selbst wenn diese über Wochen oder Monate andauern und etwa bei einem Gewerbebetrieb wegen der Beeinträchtigung des „Kontakts nach außen" empfindliche Umsatzeinbußen zur Folge haben, **keinen Entschädigungsanspruch**. Denn auch für den Anlieger besteht kein Anspruch auf Aufrechterhaltung und unveränderten Fortbestand des Gemeingebrauch an einer Straße (BVerwG NVwZ 2004, 231; BVerwG NVwZ 1999, 1341; BayVGH, Urt. v. 24.06.2003 – 8 A 02.40090; s.a. Art 14 Abs. 3 BayStrwG; § 13 Abs. 2 StrG BW; § 14 Abs. 1 S. 2 StrG NW). Zudem werden in den meisten Fällen die Straßenarbeiten ohnehin die Fortführung der Straßennutzung im bisherigen Umfang bezwecken. Eine Entschädigung ist somit bereits deswegen ausgeschlossen, weil der Gemeingebrauch notwendigerweise durch die Zweckbestimmung der Straße begrenzt ist und die Anlieger gewisse, den Gemeingebrauch tatsächlich einschränkende Maßnahmen, die aus dem Zweck der Straße folgen, hinnehmen müssen, sofern nur die Straße als Verkehrsvermittler erhalten bleibt (BGH NJW 1980, 2703; OVG MV, Beschl. v. 22.07.2011 – 1 M 100/11; *Herber* in Kodal, Kap. 25 Rn. 155).

724 Ein **Entschädigungsanspruch** kann in diesen Fällen auch **nicht** unter dem Aspekt des Schutz des Rechts am **eingerichteten und ausgeübten Gewerbebetrieb** abgeleitet werden. Ob der eingerichtete und ausgeübte Gewerbebetrieb in *eigenständiger Weise* von der Gewährleistung der Eigentumsgarantie erfasst ist, bleibt weiter ungeklärt. Das BVerfG hat diese Frage ausdrücklich offengelassen, hierzu aber festgestellt, dass sich die Eigentumsgarantie jedenfalls nur auf den konkreten Bestand an Rechten und Gütern erstrecken würde. Ungeachtet ihrer Bedeutung für das einzelne Unternehmen würden **Umsatz- und Gewinnchancen** aber **nicht** dessen **geschütztem Bestand** zugeordnet (BVerfG NVwZ 2009, 1426; BVerwGE 143, 249). Wohl im Hinblick auf den fehlenden Anspruch auf Aufrechterhaltung des Gemeingebrauchs stellte es weiterhin fest, dass der Schutz eines Gewerbebetriebs nicht weitergehen könne als der Schutz, den seine wirtschaftliche Grundlage genießt.

6. Eine **Ausnahme** von der grundsätzlich entschädigungslosen Duldungspflicht bei Straßenbauarbeiten gilt jedoch, wenn der Straßenbaulastträger oder ein von ihm beauftragtes Bauunternehmen die **Bauarbeiten rechtswidrig verzögert** haben (BGH NJW 1980, 2703; BGH NJW 1965, 1907; VGH BW, Urt. v. 17.12.2004 – 5 S 1914/03; *Herber* in Kodal, Kap. 25 Rn. 155). Wenngleich der Anliegergebrauch durch die Zweckbestimmung der Straße begrenzt wird, ist bei notwendigen Straßenarbeiten doch der **Grundsatz der Verhältnismäßigkeit** zu beachten und eine unnötige Beeinträchtigung durch eine überflüssige Verzögerung zu vermeiden. Überschreiten folglich die durch Straßenarbeiten verursachten Verkehrsbehinderungen nach Art und Dauer nicht unerheblich das Maß dessen, was bei ordnungsgemäßer Planung und Durchführung der Arbeiten zu erwarten wäre, kommt eine **Entschädigung wegen enteignungsgleichen Eingriffs** in Betracht (ThürOLG, Urt. v. 22.06.2017 – 4 U 845/15; → **Enteignungsgleicher Eingriff**). Zu entschädigen ist der Verlust, der ohne die Verzögerung nicht eingetreten wäre. 725

Eine Pflicht zur Entschädigung besteht auch dann, wenn die Folgen der Beeinträchtigung durch die **Bauarbeiten** nach Art, Dauer und Intensität so erheblich sind, dass dem Anlieger eine entschädigungslose Hinnahme billigerweise **nicht mehr zugemutet** werden kann (s. BGH NJW 1980, 2703; ThürOLG, Urt. v. 22.06.2017 – 4 U 845/15). Die „Opfergrenze", also das Maß dessen, was noch entschädigungslos hinzunehmen wäre, kann nicht absolut bestimmt werden. So kann etwa eine einzelne Baumaßnahme, die für sich betrachtet entschädigungslos hinzunehmen wäre, zusammen mit anderen, zeitgleich durchgeführten Arbeiten die Schwelle des Zumutbaren übersteigen (BGHZ 70, 212). Zudem ist weiter danach zu unterscheiden, ob es sich lediglich um Ausbesserungs- und Modernisierungsarbeiten an der Straße handelt oder ob die Bauarbeiten darüber hinausreichen. Bei Arbeiten an der Straße, die lediglich der Aufrechterhaltung des bisherigen Gemeingebrauchs oder ihrer Anpassung an gestiegene Verkehrsbedürfnisse dienen, ist die Zumutbarkeitsschwelle verhältnismäßig hoch anzusetzen. Sie ist erst erreicht, wenn die Folgen der Straßenbauarbeiten den betroffenen Gewerbebetrieb in seiner Existenz gefährden. Damit kommt es also auf dessen individuelle Leistungsfähigkeit an. 726

Geht die Bedeutung der Bauarbeiten jedoch über eine Verbesserung der Verkehrsverhältnisse der Anliegerstraße hinaus, hängt die Zubilligung einer **Entschädigung** nicht mehr von der drohenden Existenzgefährdung eines Betriebes ab. Es reicht bereits aus, dass der **Eingriff eine gewisse Stärke und Fühlbarkeit** erreicht hat (BGHZ 57, 359; VGH BW, Urt. v. 17.12.2004 – 5 S 1914/03). Ein derartigen Fall ist etwa gegeben, wenn eine **Anliegerstraße** zum Zwecke des U-Bahnbaus **untertunnelt** wird (insb. BGH NJW 1980, 2703; *Herber* in Kodal, Kap. 25 Rn. 101, der diese „niedrigere Opfergrenze" auch dann für maßgeblich hält, wenn die Verkehrsbedeutung der Straße über die einer Anliegerstraße weit hinausreicht, wie etwa eine Stadtautobahn). 727

7. Eine Entschädigung für die mit dem Bau einer Straße verbundenen **Lärmemissionen** kann für den Anlieger unter dem Aspekt des enteignenden Eingriffs (-> **enteig-** 728

nender Eingriff) dann in Betracht kommen, wenn dadurch **unzumutbare,** die Grenze der Sozialbindung überschreitende, **nachteilige Wirkungen für die Nutzung seines Grundstücks** ausgehen. Stellt der Baustellenlärm eine *wesentliche Beeinträchtigung* dar, der die ortsübliche Benutzung des Grundstücks oder dessen Ertrag über das zumutbare Maß hinaus beeinträchtigt, kann dies auch zu einer Forderung nach einem **angemessenen Ausgleich in Geld** nach § 906 Abs. 2 Satz 2 BGB führen. Bei kleineren Maßnahmen wird im Regelfall der bei Bau- und Unterhaltungsarbeiten anfallende Lärm aber als nur vorübergehender Nachteil zur ortsüblichen Benutzung von Straßen gehören und entschädigungslos hinzunehmen sein (*Wiget* in Zeitler, Art. 17 Rn. 8).

Liegt den **Bauarbeiten** ein **Planfeststellungsverfahren** zugrunde, hat die Planfeststellungsbehörde dem Vorhabenträger Vorkehrungen oder die Errichtung und Unterhaltung von Anlagen aufzuerlegen, die zum Wohl der Allgemeinheit oder zur **Vermeidung *nachteiliger Wirkungen*** auf Rechte anderer erforderlich sind (§ 74 Abs. 2 S. 2 VwVfG) oder, wenn dies untunlich oder mit dem Vorhaben unvereinbar ist, den Betroffenen angemessen zu **entschädigen** (§ 74 Abs. 2 S. 3 VwVfG). Diese Verpflichtung bezieht sich auch auf den Schutz vor Baulärm (BVerwG NVwZ 1988, 534; BGH MDR 2010, 142). Ob ***nachteilige Wirkungen*** in diesem Sinne vorliegen, beurteilt sich nach **§ 22 Abs. 1, § 3 Abs. 1 BImSchG** in Verbindung mit der gemäß § 66 Abs. 2 BImSchG maßgeblichen „Allgemeinen Verwaltungsvorschrift zum Schutz gegen Baulärm“ (AVV-Baulärm) vom 19.08.1970 (siehe BVerwGE 143, 249 = NVwZ 2012, 1393). In Hinblick auf die von Baustellen ausgehenden Geräuschimmissionen konkretisiert die AVV-Lärm den Rechtbegriff der „schädlichen Umwelteinwirkungen“ für die in der Nachbarschaft von Baustellen wohnenden oder arbeitenden Personen.

Tankstellengrundstück

1. Bei der Enteignung eines Tankstellengrundstücks stellen sich in der Regel besondere Fragen, die das allgemeine Stichwort „Gewerblich genutztes Grundstück" gar nicht oder nicht erschöpfend beantwortet. Das hängt damit zusammen, dass dem Enteignungsbegünstigten häufig mehrere Entschädigungsberechtigte gegenüberstehen, deren Rechtsstellung durch Verträge oder beschränkte persönliche Dienstbarkeiten sehr unterschiedlich ausgestaltet ist. 729

2. Der einfachste Fall ist der einer sog. **„freien" Tankstelle.** Der Grundstückseigentümer hat sein Grundstück mit allen für eine Tankstelle erforderlichen Einrichtungen ausgestattet (Aufbauten, Tanks, Zapfsäulen usw.). Er bezieht Treibstoffe auf dem freien Markt und verkauft sie im eigenen Namen und auf eigene Rechnung. Neben der Entschädigung für den Rechtsverlust kann dieser Eigentümer eine volle Entschädigung für die Verlegung der Tankstelle verlangen. 730

Durchaus überschaubar ist auch der Fall, in dem der Eigentümer sein lagemäßig für einen Tankstellenbetrieb geeignetes Grundstück an eine **Mineralölgesellschaft** vermietet und der Gesellschaft eine beschränkte persönliche Dienstbarkeit bestellt hat. Die Dienstbarkeit berechtigt die Gesellschaft privatrechtlich, auf dem Grundstück eine Tankstelle einzurichten und zu betreiben. In Ausübung der Dienstbarkeit hat die Gesellschaft die erforderlichen Aufbauten errichtet und Tank- und Pumpanlagen eingebaut. Die Tankstelle, die für die Dauer des Mietvertrages errichtet ist, wird durch einen Angestellten der Gesellschaft geführt. 731

Der Grundstückseigentümer erhält als Entschädigung den nach dem Vergleichs- oder Ertragswertverfahren ermittelten Verkehrswert seines Grundstücks. Die Entschädigung der Mineralölgesellschaft für ihren Rechtsverlust (Aufbauten, Tank- und Pumpanlagen) bemisst sich nach der Restnutzungsdauer dieser Einrichtungen, die nach oben durch die noch nicht verbrauchte Zeit des Mietvertrages begrenzt ist. Für die vorzeitige Verlegung der Tankstelle stehen der Gesellschaft lediglich Zwischenzinsen der Verlegungskosten zu, soweit es sich um Nachteile handelt, die bei einer vertragsgemäßen Räumung auch entstanden wären. Der Angestellte der Gesellschaft, der die Tankstelle geführt hat, kann dagegen keine Entschädigung beanspruchen; er ist nicht Nutzungsberechtigter des weggenommenen Grundstücks.

3. Schwieriger ist es, wenn der Grundstückseigentümer der Mineralölgesellschaft nicht nur eine zeitlich und persönlich beschränkte Dienstbarkeit einräumt, gekoppelt mit einem entsprechenden Mietvertrag, aufgrund derer die Gesellschaft die Tankstelle einrichtet und betreibt, sondern wenn er darüber hinaus mittels eines sog. **Tankstellenvertrages** die Tankstelle auch führt und die Treibstoffe und Schmiermittel **im Namen und für Rechnung der Gesellschaft** verkauft. Das ist ein sehr häufiger Fall, dessen Sachverhalt oft noch umfangreicher ist, weil der Grundstückseigentümer gleichzeitig auf demselben Grundstück eine Werkstatt für Kraftfahrzeuge unterhält, 732

https://doi.org/10.1515/9783110682557-080

Fahrzeuge pflegt und Reifen und anderes Zubehör verkauft. Was die Entschädigung der Mineralölgesellschaft für ihren Rechtsverlust angeht, so unterscheidet sich dieser Fall nicht vom Fall in Rn. **731**. Auch der Grundstückseigentümer ist für seinen Rechtsverlust (Grundstück, Werkstattaufbauten usw.) in üblicher Weise zu entschädigen. Gleiches gilt für die Verlegung seines Gewerbebetriebes (Werkstatt, Wagenpflege, Verkauf von Zubehör). Fraglich ist dagegen, ob der Verkauf von Treibstoffen und Schmiermitteln im Namen und für Rechnung der Gesellschaft auch zum Gewerbebetrieb des Grundstückseigentümers gehört oder ob es sich dabei um einen Gewerbebetrieb der Mineralölgesellschaft handelt wie in dem Fall, in dem die Tankstelle durch einen Angestellten der Gesellschaft geführt wird. Beantwortet wird die Frage durch eine vergleichende Betrachtung der rechtlichen und wirtschaftlichen Stellung des Grundstückseigentümers und des Angestellten. Wie der Angestellte handelt der Grundstückseigentümer als Erfüllungsgehilfe. Beide kaufen die Ware (Treibstoffe, Schmiermittel) nicht ein; sie wird ihnen vielmehr von der Mineralölgesellschaft zum Verkauf zur Verfügung gestellt. Demzufolge bestimmen sie die Verkaufspreise nicht selbst, sondern verkaufen zu Preisen, die ihnen vorgeschrieben werden. Sie benutzen dabei Einrichtungen, die der Gesellschaft gehören. Dass es Unterschiede bei der Vergütung gibt, spielt keine Rolle. Durch die höhere Vergütung für den Grundstückseigentümer wird neben der erbrachten Dienstleistung auch die Überlassung des Grundstücks abgegolten. Ebenso wenig kann ausschlaggebend sein, dass der eine der Eigentümer des Grundstücks ist und der andere keine Beziehung zum Grundstück hat. Die Tankstelle ist deshalb ein Gewerbebetrieb der Mineralölgesellschaft.

733 Anders wird man die Dinge allerdings sehen müssen, wenn folgender Fall gegeben ist: Der Eigentümer hat auf seinem Grundstück eine betriebsfertige Tankstelle eingerichtet (Aufbauten, Tanks, Zapfsäulen usw.). Die Anlage wurde von der Bau- und Gewerbeaufsicht abgenommen und die Betriebserlaubnis erteilt. Der Eigentümer will jedoch nicht das Wagnis eingehen, eine sog. „freie" Tankstelle zu betreiben; er schließt sich darum mit einer Mineralölgesellschaft zusammen. Jetzt kommt es entscheidend darauf an, wie der Vertrag über das Zusammengehen im Einzelnen ausgestaltet wird. Behält der Eigentümer dabei das Recht zum Betrieb der Tankstelle, so ist er der wirkliche Gewerbetreibende, auch wenn er die Treibstoffe und Schmiermittel auf der Grundlage eines Tankstellenvertrages im Namen und für Rechnung der Gesellschaft verkauft. Denn der Tankstellenvertrag gleicht hier mehr einem Liefervertrag als einem Dienst- oder Arbeitsvertrag, im Biergeschäft vergleichbar dem Bierlieferungsvertrag.

734 4. Nicht selten ist auch der Fall, in dem ein Dritter als Mieter bzw. Pächter vorhanden ist. Andere Fragen als die bereits besprochenen ergeben sich dabei allerdings nicht, wenn zuvor festgestellt ist, was der Dritte von wem gemietet bzw. gepachtet hat. Zusätzliches Augenmerk ist dabei darauf zu richten, dass seine Rechtsstellung eine zeitlich begrenzte ist.

Teilmarkt

1. Dass beim Grunderwerb für eine öffentliche Maßnahme ein höherer Preis als der Verkehrswert verlangt wird, hat es schon immer gegeben. Erinnert sei an den Landwirt, der für sein Ackerland einen höheren Preis verlangt, weil es für den Bau einer Straße oder Eisenbahn verwendet werden soll, und er es deshalb als Bauland ansieht (vgl. dazu § 95 Abs. 2 Nr. 2 BauGB). In jüngerer Zeit häufen sich die Fälle, in denen der höhere Preis für das benötigte Grundstück mit dem Hinweis auf einen angeblich bestehenden **„Teilmarkt" für bestimmte Grundstücke** begründet wird. Ein Beispiel dafür sind in den neuen Bundesländern landwirtschaftliche Nutzflächen, Wald und Ödland, in denen ein Kies- und Sandvorkommen lagert. Für sie wird das Mehrfache ihres Verkehrswertes verlangt unter Hinweis auf einen angeblich bestehenden Teilmarkt für solche Grundstücke. Vgl. → **Grundstück mit Bodenschatz** Rn. **429 ff.** und BGH NJW-RR 2003, 324 = WF 2003, 109. 735

2. In seiner Entscheidung BauR 1986, 85, 88 = BRS 45 Nr. 206 hat der **BGH** einen räumlich begrenzten Markt (Teilmarkt) angenommen, nachdem 28 Anlieger eines Straßenzuges die zur Fahrbahnverbreiterung erforderlichen Teilflächen zu einem einheitlichen Preis abgetreten hatten. Das besagt jedoch nicht, dass der *einheitliche Preis* der Verkehrswert war und unbesehen als Vergleichspreis herangezogen werden kann. Vielmehr ist auch der Preis eines sog. Teilmarktes wie jeder andere gezahlte Preis darauf zu überprüfen, ob er den **Anforderungen des § 15 Abs. 1 ImmoWertV** an einen Vergleichswert genügt (im Ergebnis ebenso BGH BauR a.a.O.). Ein Preis wird nicht schon dadurch zu einem als Vergleichspreis geeigneten Preis, weil er wiederholt gezahlt worden ist. Er kann auf besonderen Umständen beruhen oder z.B. unter Verkennung der tatsächlichen und rechtlichen Gegebenheiten zustande gekommen sein. 736

Dies wird durch die Entscheidung des **BVerwG** (RdL 2006, 139) bestätigt. Im konkreten Fall sind die für eine Ortsumgehungsstraße benötigten Grundstücke durch den Straßenbaulastträger nahezu zum dreifachen Quadratmeterpreis – verglichen mit den übrigen Grundstücken – erworben worden. Die Entschädigung für den durch den Flächenentzug eintretenden Rechtsverlust bemisst sich nach dem Verkehrswert. Dieser wird nach den im gewöhnlichen Geschäftsverkehr gezahlten Preisen bestimmt. Überhöhte Kaufpreise können allein über eine Einstufung als Teilmarkt aber keinen Verkehrswert bilden. Denn es ist zu vermuten, dass sie aufgrund des Interesses an einem schnellen und reibungslosen Eigentumserwerb gezahlt wurden. Wird der Verkehrswert über das Vergleichswertverfahren ermittelt, kommt es für eine Anerkennung dieser Kaufpreise entscheidend darauf an, ob sie als Vergleichspreise geeignet sind. In den Preisvergleich dürfen nur solche Grundstücke einbezogen werden, die hinsichtlich ihrer wertbeeinflussenden Grundstücksmerkmale hinreichend übereinstimmen (insbesondere bzgl. Lage, Bodenbeschaffenheit, Grundstücksgröße und -gestalt, Art und Maß der baulichen Nutzung oder Erschließungszustand, s. § 15 Abs. 1 ImmoWertV, Nr. 3 Abs. 3 Vergleichswertrichtlinie, VW-RL) und nicht durch ungewöhnliche oder

Friedrich

https://doi.org/10.1515/9783110682557-081

persönliche Verhältnisse beeinflusst sind. (§ 7 ImmoWertV, Nr. 5 VW-RL). **Kaufpreise, die erheblich von Preisen vergleichbarer Fälle abweichen,** die ein außergewöhnliches Interesse des Käufers am Erwerb des Grundstücks widerspiegeln oder aus dringenden Gründen am kurzfristigen Vertragsabschluss gezahlt wurden, sind nicht dem gewöhnlichen Geschäftsverkehr zuzurechnen und **als Vergleichspreise nicht geeignet.** Sie können daher auch keinen Teilmarkt oder „Quasi-Verkehrswert“ begründen.

Übernahme des Restgrundstückes bzw. des restlichen Grundbesitzes

1. Es handelt sich um den Fall der räumlichen **Ausdehnung der Enteignung**. Ein entsprechender Anspruch des Eigentümers auf Übernahme des Restes des von der Enteignung betroffenen Grundstücks oder des Restbesitzes findet sich in allen einschlägigen Enteignungsgesetzen (vgl. z.B. § 92 Abs. 3 BauGB). Dieser Anspruch dient dem Schutz des Betroffenen und soll verhindern, dass der Betroffene Eigentum behält, mit dem er wirtschaftlich nichts mehr anfangen kann. Ob das zutrifft, muss die Enteignungsbehörde auf Antrag des Eigentümers entscheiden. Die Frage ist eine Tat- und Rechtsfrage. Ein Ermessen der Enteignungsbehörde kommt nicht in Betracht. 737

2. Am häufigsten ist der Fall, in dem ein abgegrenzter oder abgrenzbarer räumlicher Teil eines einzelnen Grundstücks enteignet wird. Dem gleichzustellen ist, anders als beim Minderwert des Restes, die Teilenteignung eines räumlich oder wirtschaftlich zusammenhängenden Grundbesitzes. Ein räumlicher Zusammenhang ist vorhanden, wenn mehrere Grundstücke desselben Eigentümers aneinandergrenzen, also eine **räumliche Einheit** bilden. Eine Trennung durch Wege, Gewässer usw. ist unschädlich. Für den wirtschaftlichen Zusammenhang kommt es darauf an, ob die mehreren Grundstücke, die räumlich getrennt sein können, **einem einheitlichen wirtschaftlichen Zweck**, z.B. einer Landwirtschaft, einem Kiesbetrieb oder einem anderen Gewerbebetrieb dienen. Streitig ist die Frage, ob die Grundstücke auch in diesem Fall demselben Eigentümer gehören müssen (vgl. dazu *Breuer* in Schrödter, § 92 Rn. 8). Die Frage ist grundsätzlich zu bejahen. Da aber nicht der rechtliche, sondern der wirtschaftliche Zusammenhang maßgebend ist, sind Ausnahmen denkbar: Mehrere Eigentümer bewirtschaften alle Grundstücke gemeinsam, oder die Grundstücke werden durch eine Gesellschaft bürgerlichen Rechts genutzt, oder der Inhaber eines landwirtschaftlichen Betriebes bewirtschaftet nicht nur eigene, sondern auch gepachtete Grundstücke. Zu der Frage, wer in diesen Fällen anspruchsberechtigt ist, unten Rn. **744**. 738

3. Der Eigentümer ist berechtigt, die Übernahme des Ganzen zu verlangen, soweit der Rest nicht mehr entsprechend der bisherigen Bestimmung verwendet oder genutzt werden kann. Dabei muss die **Teilenteignung** die **Ursache** sein. Die bestimmungsmäßige Benutzung kann durch die Zerstückelung oder Verkleinerung des Grundstücks verloren gehen. Verbleibt z.B. aus einem als Ackerland genutzten Grundstück ein schmaler Streifen, der sich mit modernem Gerät nicht sinnvoll bewirtschaften lässt, so ist auf Antrag des Eigentümers auch dieser Streifen zu enteignen; eine Bearbeitung von Hand ist heute einem Landwirt nicht mehr zuzumuten. Entsprechendes gilt für den Rest eines Baugrundstücks. Die Tatsache, dass der Eigentümer darauf überhaupt noch etwas bauen kann, genügt nicht. Die bauliche Nutzung muss in angemessenem Umfang gegeben sein; d.h., dass die noch mögliche Bebaubarkeit den 739

https://doi.org/10.1515/9783110682557-082

Festsetzungen des Bebauungsplanes oder der sonst üblichen und zulässigen Bebauung entsprechen muss. Andererseits darf der Eigentümer nicht grundsätzlich ablehnen, den Rest durch Anpassungsmaßnahmen, die der Enteignungsbegünstigte bezahlt, wie bisher nutzbar zu erhalten; er muss tun, was wirtschaftlich sinnvoll und vernünftig ist. Der auf einem Grundstück befindliche Gewerbebetrieb kann vielfach auf dem Rest fortgeführt werden, weil es in der Regel möglich ist, die Betriebsabläufe auf der Abtretungsfläche mit vertretbarem Aufwand auf die Restfläche zu übertragen bzw. ihr anzupassen.

740 Auch kann nicht immer die Übernahme des gesamten Restes gefordert werden. Der Übernahmeanspruch besteht nur hinsichtlich desjenigen Teiles, der nicht mehr nutzbar ist. Wird ein wirtschaftlich zusammenhängender Grundbesitz auf mehrfache Weise genutzt (Brennstoffhandel und Spedition) und lediglich ein Gewerbezweig durch die Teilenteignung betroffen, erstreckt sich der Übernahmeanspruch nur auf den dazu gehörenden Restbesitz. Bei einer teilweisen Wegnahme eines Gebäudes wird regelmäßig eine Pflicht zur Gesamtübernahme bestehen (vgl. § 9 Abs. 3 PrEntG). Allerdings reicht ein unbedeutender Eingriff in das Gebäude nicht aus; es muss sich schon um die Wegnahme eines wesentlichen Gebäudeteils handeln. Übernahme des Gebäudes heißt Übernahme des Gebäudes mit Grund und Boden. Der Enteignungsbegünstigte darf sich nicht auf eine Übernahme zum Abbruch beschränken.

741 Der **Zustand am Tage des Eingriffs** ist maßgebend dafür, ob ein räumlich oder wirtschaftlich zusammenhängender Grundbesitz vorhanden ist und welche Benutzung die bestimmungsmäßige ist. Künftig mögliche Benutzungsarten bleiben außer Betracht (*Meyer/Thiel/Frohberg*, PrEntG § 9 Anm. 7). Daraus ergibt sich zugleich, dass der Bemessung der Entschädigung für die Übernahmefläche deren Zustand am Tage des Eingriffs zugrunde zu legen ist. Eine danach eingetretene wirtschaftliche Weiterentwicklung muss unberücksichtigt bleiben. Anderenfalls besteht kein Übernahmeanspruch; sonst würde eine „künftige Benutzungsart" berücksichtigt.

742 4. Der Wortlaut des § 92 Abs. 3 BauGB lässt Zweifel aufkommen, ob die Ausdehnung der Enteignung nur verlangt werden kann, wenn die bestimmungsmäßige Benutzung des Restgrundstücks gerade durch die Zerstückelung oder Verkleinerung verloren geht. Anders als bei § 9 PrEntG entsteht danach der Übernahmeanspruch, wenn es infolge der Teilenteignung nicht mehr möglich ist, das Restgrundstück in angemessenem Umfang baulich oder wirtschaftlich zu nutzen. Ein solcher Fall kann sehr leicht durch Einwirkungen eintreten, die in dem „Unternehmen als Ganzem", für das ein Teil des Grundstücks enteignet wurde, ihre Ursache haben. In Betracht kommen: Staub, Lärm, Abgase, Entzug von Licht und Luft, Einengungen durch hohe Mauern und Wände usw. Das Besondere daran ist, dass solche Einwirkungen bei der Bemessung der Wertminderung des Restgrundstücks durchaus berücksichtigt werden (vgl. → **Verkehrseinwirkungen**). Deshalb muss darauf auch ein Anspruch auf Gesamtübernahme gestützt werden können. Denn letztendlich handelt es sich beim Verlust der baulichen oder wirtschaftlichen Nutzung in angemessenem Umfang um nichts an-

deres als um eine so starke **Wertminderung**, dass ein Behalten des Restgrundstücks für den betroffenen Eigentümer nicht mehr zumutbar ist (im Ergebnis ebenso BGHZ 76, 1 = NJW 1980, 835 für § 8 Abs. 3 NEG).

5. Die **Übernahme des Zubehörs und von Scheinbestandteilen** des Grundstücks 743
(§§ 95, 97 BGB) kann gefordert werden, wenn und soweit sie infolge der Enteignung nicht mehr wirtschaftlich genutzt oder in anderer Weise angemessen verwertet werden können (vgl. § 92 Abs. 4 BauGB). Das trifft insbesondere für Gegenstände zu, die für die Benutzung des Grundstücks besonders hergestellt wurden und die der Eigentümer durch Verkauf nicht angemessen verwerten kann.

6. Das Recht, **Gesamtübernahme zu verlangen**, steht dem **Eigentümer** zu, be- 744
schränkt auf die Flächen, die ihm gehören. Darum lässt sich die Frage der **Anspruchsberechtigung** auch in den Fällen unschwer beantworten, in denen Grundstücke verschiedener Eigentümer zu einer wirtschaftlichen Einheit zusammengefasst sind. Der Inhaber der wirtschaftlichen Einheit (Benutzungsberechtigter) kann ggf. Übernahme seines Benutzungsrechtes (Mietrecht, Pachtrecht, Nießbrauch usw.) begehren, nicht aber des Eigentums. Dazu ist allein der jeweilige Eigentümer befugt, soweit für sein oder seine Grundstücke die Übernahmevoraussetzungen erfüllt sind. Der **Antrag** ist schriftlich oder zur Niederschrift bei der Enteignungsbehörde bis zum Schluss der mündlichen Verhandlung zu stellen (vgl. § 92 Abs. 5 BauGB). Streitig ist, ob der Eigentümer den einmal gestellten Antrag zurücknehmen kann. Der Umstand, dass der Antrag den Umfang des Enteignungsverfahrens bestimmt, spricht dagegen. Es darf aber nicht übersehen werden, dass die Übernahmeverpflichtung allein vom Willen des Eigentümers abhängt. Demzufolge muss es möglich sein, den Antrag bis zum Schluss der mündlichen Verhandlung zurückzunehmen (ebenso *Breuer* in Schrödter, § 92 Rn. 11; *Battis* in BKL, § 92 Rn. 6; *Reisnecker* in Brügelmann, § 92 Rn. 50).

Umsatzsteuer (Mehrwertsteuer)

1. Gemäß § 1 Abs. 1 Nr. 1 UStG unterliegen der Umsatzsteuer die Lieferungen und 745
sonstigen Leistungen eines Unternehmers, die er im Inland gegen Entgelt innerhalb seines Unternehmens ausführt. Der Leistung muss demnach eine Gegenleistung gegenüberstehen, so dass ein **Leistungsaustausch** vor sich geht; anderenfalls ist der Steuertatbestand nicht erfüllt. Dabei spielt keine Rolle, ob die Gegenleistung in Geld, in einer Lieferung, in einem Tun oder Unterlassen besteht. Ebenso ist ohne Bedeutung, dass der Leistungsaustausch aufgrund gesetzlicher Vorschrift oder behördlicher Anordnung bewirkt wird oder nach gesetzlicher Vorschrift als bewirkt gilt. Keine Leistungen werden dagegen ausgetauscht, wenn der Unternehmer keine Einnahme hat oder zwar eine Einnahme erzielt, diese aber nicht als Gegenleistung für seine Leistung

Jacobs

https://doi.org/10.1515/9783110682557-083

anzusehen ist. Ebenfalls keinen Leistungsaustausch stellen z.B. durchlaufende Posten (*Robisch* in Bunjes, § 1 Rn. 54), Schenkungen und sonstige unentgeltliche Zuwendungen dar.

746 2. Auch beim Schadensersatz fehlt es an einem Leistungsaustausch. Wer Schadensersatz gewährt, leistet nicht deshalb, weil er vom Empfänger eine Lieferung oder sonstige Leistung erhalten hat, sondern aus anderen Gründen. Entweder hat er den Schaden verursacht, oder die Verpflichtung ergibt sich aus Vertrag oder gesetzlicher Vorschrift (näher *Robisch* in Bunjes, § 1 Rd. 45ff.). Die Enteignungsentschädigung (vgl. → **Enteignungsentschädigung**) ist steuerrechtlich gesehen **kein Schadensersatz**. Im Gegensatz zum Schadensersatz handelt es sich bei ihr grundsätzlich um einen Ausgleich für den dem Betroffenen zum Wohle der Allgemeinheit zugefügten Rechtsverlust und damit um eine umsatzsteuerpflichtige **Gegenleistung**. Allerdings dürfte fraglich sein, ob dieser Grundsatz nach der EuGH-Rechtsprechung, nach der die Verpflichtung eines Landwirts, die Milchproduktion gegen eine „Entschädigung" einzustellen, nicht als steuerbarer Umsatz anzusehen ist (EuGH, Urt. v. 29.02.1996 – C-215/94 – *Mohr*), noch aufrechterhalten werden kann (vgl. *Robisch* in Bunjes, § 1 Rn. 53 Stichwort „Enteignungsentschädigungen"). Das bedeutet, dass bei der Freimachung von Grundstücken für öffentliche Zwecke Umsatzsteuerpflicht nicht besteht, wenn der Entschädigungsempfänger **Unternehmer** ist. Das gilt auch für den Betroffenen, der als Mieter oder Pächter ein Grundstück gewerblich nutzt und für die Nutzungsbeschränkung eine Entschädigung erhält. Die bisherige Rechtsprechung, nach der der Enteignungsbegünstigte weichenden Mieter oder Pächter die Umsatzsteuer für die vorzeitige Aufgabe des Benutzungsrechts ersetzen muss, (vgl. BGHZ 65, 253 = NJW 1976, 232 = MDR 1976, 211 und *Krohn*, Enteignung, Rn. 179), ist danach auch nicht mehr aufrechtzuerhalten.

747 Etwas Anderes gilt für die für die hoheitlich angeordnete Duldung einer Hochspannungsfreileitung über einem Grundstück (FG München EFG 1990, 493); denn hier erhält nicht die Allgemeinheit einen Vorteil, sondern das begünstigte **Versorgungsunternehmen** (vgl. *Robisch* ebenda). Sie ist aber gemäß § 4 Nr. 9 a UStG steuerfrei, soweit sie mit einer Grundstücksveräußerung zusammenhängt, auch wenn diese zur Vermeidung einer Enteignung geschieht (BFH, BStBl II 1992, 986; *Robisch* ebenda).

748 Wenn der betroffene Unternehmer das benötigte Grundstück als Eigentümer nutzt, dann sind nach **§ 4 Nr. 9a UStG** die Umsätze steuerfrei, die unter das Grunderwerbsteuergesetz fallen (→ **Grunderwerbssteuer**). Dazu rechnen nach § 1 Abs. 1 GrEStG Kaufverträge über Grundstücke (Nr. 1) und der Übergang des Eigentums durch Enteignung (Nr. 3). Grundstücke im Sinne des Grunderwerbsteuergesetzes sind nach der Legaldefinition in § 2 GrEStG Grundstücke im Sinne des bürgerlichen Rechts (*Heidner* in Bunjes, § 4 Nr. 9 Rn. 8). Erbbaurechte und Gebäude auf fremdem Boden stehen den Grundstücken gleich (*Heidner* ebenda).

749 Durch § 24 Abs. 1 S. 2 UStG ist klargestellt, dass auch beim Erwerb von Grundstücken der **Land- und Forstwirtschaft** die Befreiung nach § 4 Nr. 9a UStG gilt. Die

Jagdausübung gehört nur dann zur Land- und Forstwirtschaft, wenn sie von Land- und Forstwirten im eigenen Jagdrevier ausgeübt wird. Das gilt dagegen nicht für die Verpachtung eines Jagdbezirks an einen Dritten oder an eine Jagdgenossenschaft; denn sie ist in diesem Fall nicht eine land- und forstwirtschaftliche Tätigkeit (BFH BStBl II 1999, 378) und auch keine landwirtschafte Dienstleistung im Sinne von Art. 25 Abs. 2 i.V.m. Anh. B 6.EG-RL (EuGH, C-43/04, UR 2005, 397 – *FA Arnsberg ./. Stadt Sundern* –; nachfolgend BFH BStBl II 2006, 280; *Leonard/Heidner* in Bunjes, § 24 Rn. 49 m.w.N.).

Unerheblich ist, ob die Grunderwerbsteuer tatsächlich entrichtet wird oder ob ein **750**
Befreiungstatbestand gegeben ist. Der Grund für die Befreiung von der Umsatzsteuer liegt darin, dass Grunderwerbsteuer und Umsatzsteuer Verkehrssteuern sind und eine Doppelbesteuerung nach derselben Steuerart erfolgen würde, wenn beide Steuern erhoben werden.

3. Zum **steuerfreien Umsatz** gehören bei einem Kauf der Kaufpreis einschließlich der **751**
vom Käufer übernommenen sonstigen Leistungen (§ 9 Abs. 1 Nr. 1 GrEStG), und bei der Enteignung die Entschädigung mit Ausnahme der besonderen Entschädigung für eine Wertminderung des Restbesitzes. Entsprechendes gilt, wenn ein Grundstück zur Vermeidung der Enteignung freiwillig veräußert wird (§ 9 Abs. 1 Nr. 7 GrEStG).

Darum kann nicht zweifelhaft sein, dass neben der Entschädigung für den Rechtsverlust auch der Teil der Entschädigung, der für die erlittenen sonstigen Nachteile gewährt wird (Ausnahme: Wertminderung), zum steuerfreien Umsatz zu rechnen ist. Dennoch wird verschiedentlich die Auffassung vertreten, dass die Entschädigung für **nicht verlagerungsfähige Maschinen**, die als unbrauchbar gewordenes Inventar durch den Enteignungsbegünstigten übernommen werden, kein steuerfreier Umsatz ist und demzufolge der Umsatzsteuer unterliegt (so *Heidner* in Bunjes, § 4 Nr. 9 Rn. 8). Die Rechtfertigung dafür wird in § 2 Abs. 1 Nr. 1 GrEStG gesehen. Danach werden Maschinen und sonstige Vorrichtungen aller Art, die zu einer Betriebsanlage gehören, nicht zu den Grundstücken gerechnet. Dabei wird nicht bedacht, dass im Enteignungsrecht die wirtschaftliche Betrachtung im Vordergrund steht. Die **Entschädigung in ihrer Gesamtheit** ist die Gegenleistung für die Übertragung eines geräumten Grundstücks. Dass für die Betriebseinrichtung, die sich nicht verlagern lässt, auch Entschädigung gezahlt wird, folgt aus dem Gebot der vollen Entschädigung. Dem Enteignungsbegünstigten geht es jedenfalls nicht um einen Erwerb der Betriebseinrichtung. Das aber ist der Fall, wenn sonst ein Grundstück mit einer Betriebsanlage gekauft wird, zu der Maschinen und sonstige Einrichtungen gehören. Denn stünde dieselbe Anlage auf einem anderen Grundstück, würde dieses gekauft. Allein aus diesem Grund werden Maschinen und sonstige Vorrichtungen nicht besteuert; die Grunderwerbsteuer würde sonst gleichsam zu einer Gewerbesteuer. Aufgrund dieser unterschiedlichen Ausgangslagen erscheint § 2 Abs. 1 Nr. 1 GrEStG auf eine Enteignung bzw. eine freiwillige Veräußerung zur Vermeidung der Enteignung nicht anwendbar.

752 4. Begnügt sich im Einzelfall der Enteignungsbegünstigte mit der **Bestellung einer Dienstbarkeit**, wird also das Eigentum an dem Grundstück nicht erworben, ist kein unter das Grunderwerbsteuergesetz fallender Tatbestand gegeben. Die für die Bestellung der Dienstbarkeit abzuführende Umsatzsteuer muss darum als sonstiger Nachteil entschädigt werden.

753 5. Der in § 15 UStG geregelte **Vorsteuerabzug** kommt dem Enteignungsbegünstigten nicht zugute. Denn die durch den Betroffenen erbrachte Leistung wird nicht für ein Unternehmen des Enteignungsbegünstigten ausgeführt, wie es § 15 UStG verlangt; der Enteignungsbegünstigte ist als solcher kein Unternehmer im Sinne des Umsatzsteuergesetzes (vgl. § 2 UStG).

Umzugskosten

754 1. Neben der Entschädigung für den Rechtsverlust kann der betroffene Eigentümer auch wegen anderer durch die Enteignung eintretender Vermögensnachteile Entschädigung verlangen, § 96 BauGB, § 19 LBG und die entsprechende Bestimmung in den Landesenteignungsgesetzen. Voraussetzung dafür ist, dass die anderen Vermögensnachteile nicht schon bei der Bemessung der Entschädigung für den Rechtsverlust berücksichtigt wurden und dass sie als erzwungene und unmittelbare Folge der Enteignung eingetreten sind (**Folgeschäden**). Um einen Folgeschaden, der regelmäßig nicht in der Entschädigung für den Rechtsverlust enthalten ist, handelt es sich bei den Kosten für einen infolge der Enteignung notwendig gewordenen **Wohnungsumzug**. Dementsprechend sind *„die notwendigen Aufwendungen für einen durch die Enteignung erforderlich werdenden Umzug"* in § 96 Abs. 1 Nr. 3 BauGB ausdrücklich aufgeführt (vgl. auch BGH NJW 1963, 1925 = MDR 1963, 918 = LM Nr. 15 zum Hess.AufbG = BRS 19 Nr. 141; BGH NJW 1964, 1227, 1229; *H. Fischer* Rn. 426).

755 2. Entschädigt werden allerdings nicht jegliche Kosten des Umzugs; es muss sich um **notwendige Aufwendungen** handeln. Die Notwendigkeit beurteilt sich nach sachlichen Gesichtspunkten. Darauf, was der Betroffene für notwendig hält, kommt es nicht an. Zu den notwendigen Aufwendungen gehören die ortsüblichen Pack- und Beförderungskosten für die Wohnungseinrichtung, die Versicherungskosten, Fahrtkosten aus Anlass des Umzugs, Aufwendungen für die Suche nach einer neuen Wohnung, umzugsbedingte Hotelübernachtungen, Verdienstausfall während des Umzugs bis zum fertigen Einräumen der Wohnung, die Kosten für die behördliche Ummeldung und auch Trinkgelder für die Packer und Transporteure, notwendige außertarifliche Zuwendungen für das Umzugspersonal, außerdem Lagerkosten, Aufwendungen für die Anpassung von Einrichtungsgegenständen einschließlich notwendiger Neuanschaffungen unter Abzug von neu für alt (BGHZ 55, 294, 302; *Battis* in BKL, § 96 Rn. 12; *H. Fischer* Rn. 426). Als Teil der Enteignungsentschädigung dürfen die Um-

Jacobs
https://doi.org/10.1515/9783110682557-084

zugskosten allerdings ein billiges, angemessenes Maß nicht überschreiten. Selbstverständlich muss das Umzugsgut dem Betroffenen oder Personen gehören, die mit ihm in häuslicher Gemeinschaft leben; zumindest werden sie es in Gebrauch haben müssen. Einen Umzug über größere Entfernungen – z. B. in einen anderen Teil des Bundesgebietes – wird der Betroffene dem Enteignungsbegünstigten allerdings nicht ohne weiteres anlasten können. Sind am Ort oder in der näheren Umgebung Ersatzwohnungen bzw. -grundstücke erhältlich, zieht der Betroffene aber aus persönlichen Gründen in einen entfernter liegenden Ort (z. B. Wohnort seiner Tochter), so hat er nur Anspruch auf Beförderungskosten über eine übliche Strecke (so auch *H. Fischer* Rn. 427).

3. Ferner kann unter bestimmten Voraussetzungen ein angemessener Beitrag zum 756
Beschaffen von **Kochherden, Öfen und sonstigem Heizgerät** verlangt werden. Jedenfalls sieht das Bundesumzugskostengesetz (BUKG) das vor, und es bestehen keine Bedenken, dessen Regelungen auf Umzugskosten als Enteignungsentschädigung entsprechend anzuwenden, soweit gleiche Tatbestände gegeben sind. Der Betroffene muss dafür einen eigenen Hausstand gehabt haben und einen solchen in der neuen Wohnung wieder einrichten. Die eigenen Geräte dürfen wegen der in der neuen Wohnung vorgefundenen anderen Verhältnisse nicht mehr benutzt und darauf auch nicht umgestellt werden können. Sonst sind nur die Umstellungskosten zu erstatten. Die Höhe des Beitrages hängt vom Alter und Zustand der eigenen Geräte ab. Der Betroffene, dessen Heizgeräte demnächst ohnehin erneuerungsbedürftig waren, wird sich mit einem geringen Zuschuss begnügen müssen. Der Höchstbetrag, der nur bei einem neuwertigen Gerät in Betracht kommt, ist mit drei Vierteln des Aufwandes für vergleichbare Gegenstände anzusetzen. Erhält die neue Wohnung eine Zentralheizung, so können Auslagen hierfür ebenfalls nur in der gleichen Höhe erstattet werden wie bei Öfen und sonstigem Heizgerät.

4. Schließlich hat der Betroffene Anspruch auf **Ersatz der sonstigen Umzugsaus- 757
lagen**. Dazu rechnen u. a. Auslagen für das Ändern, Abnehmen und Anbringen von Vorhängen und Gardinen, Auslagen für das Anschließen und Anbringen von Öfen, Lampen, Beleuchtungskörpern und anderem elektrischen Gerät (Radio, Internet, Fernsehen, Antenne usw.), Auslagen für einen Fernsprechanschluss, wenn in der bisherigen Wohnung ein Anschluss vorhanden war. Soweit Vorhänge, Gardinen, Beleuchtungskörper und sonstiges elektrisches Gerät in der neuen Wohnung nicht verwendbar sind und auch nicht angepasst werden können, kann ein Zuschuss zur Beschaffung neuer Gegenstände gewährt werden. Seine Höhe bestimmt sich wie der Beitrag zum Beschaffen von Heizgerät nach Alter und Zustand der alten Gegenstände. Als sehr brauchbar hat sich in der Praxis erwiesen, die sonstigen Umzugsauslagen mit einem **pauschalen Betrag** abzugelten. Dabei können Wohnungsgröße sowie Art und Umfang der Einrichtung ein Maßstab sein.

758 5. Unter Umständen sind auch die Umzugskosten für einen **zweimaligen Umzug** entschädigungspflichtig. Das ist der Fall, wenn der Betroffene eine Zwischenunterkunft beziehen muss, weil im Zeitpunkt der notwendigen Räumung die Ersatzwohnung unverschuldet noch nicht zur Verfügung steht (vgl. BGHZ 43, 300 = NJW 1965, 1480, 1483 = MDR 1965, 558 = BRS 19 Nr. 135; *Battis* in BKL, § 96 Rn. 12; *H. Fischer* Rn. 428). Es sind die Kosten für die Zwischenlagerung des Umzugsgutes und die Kosten für die Zwischenunterkunft zu entschädigen (*H. Fischer* ebenda). Bei der Bemessung der Kosten des Umzugs in die Zwischenunterkunft ist die Vorläufigkeit des Aufenthalts zu berücksichtigen, so dass Behelfe in gewissem Umfang zumutbar sind.

759 6. Neben dem Eigentümer können grundsätzlich auch dinglich **Wohnungsberechtigte und Mieter** Entschädigung für notwendige Umzugskosten beanspruchen (vgl. § 97 Abs. 3 Nr. 2 BauGB, § 11 PrEntG usw.). Die Besonderheit, dass ein Mieter am Ende der Mietzeit ohnehin auf eigene Kosten hätte umziehen müssen und ihm nur die Zinsen der schon jetzt und damit früher aufgewendeten Kosten entgehen, kann beim Wohnungsmieter im Gegensatz zum gewerblichen Mieter keine ausschlaggebende Rolle spielen. Das Ende der Mietzeit ist angesichts des starken Mieterschutzes in der Bundesrepublik Deutschland vielfach gar nicht abzusehen. §§ 574 bis 574c BGB sehen für unbefristete und befristete (§ 575a Abs. 2 BGB) Mietverhältnisse Verlängerungsmöglichkeiten vor, und nach § 721 ZPO kann das Gericht eine Räumungsfrist bis zu einem Jahr gewähren (vgl. auch BVerfG NJW 1993, 2035, wonach das Besitzrecht des Mieters an der gemieteten Wohnung Eigentum im Sinne von Art. 14 Abs. 1 Satz 1 GG ist).

760 7. Keine Umzugskosten und darum auch **nicht entschädigungsfähig** sind **Schönheitsreparaturen** in der neuen Wohnung (ebenso *Battis* in BKL, § 96 Rn. 12). Es handelt sich dabei um Aufwand, der wie die Miete ein Entgelt für das überlassene Benutzungs- und Gebrauchsrecht darstellt. Ebenso wenig können unverbrauchte Schönheitsreparaturen in der bisherigen Wohnung vergütet werden. Als Bestandteil des Gebäudes sind sie in der Entschädigung dafür enthalten, und der Mieter ist, soweit der Mietvertrag überhaupt einen Ausgleich vorsieht, an den Hauseigentümer zu verweisen.

Unternehmensflurbereinigung (Enteignung)

Übersicht

1. Zur Bereitstellung von Land in großem Umfang für Unternehmen (Straßenbau, Kanalbau, Bau von Eisenbahnen usw.) kennt das Flurbereinigungsgesetz ein Sonderverfahren. Ein solches **Unternehmensflurbereinigungsverfahren** kann auf Antrag der Enteignungsbehörde eingeleitet werden, wenn die Enteignung für umfangreiche Großbauvorhaben zulässig ist, ländliche Grundstücke in großem Umfang in Anspruch genommen werden (Flächenbedarf i.d.R. größer als 5 ha), der durch das Bauvorhaben entstehende Landverlust auf einen größeren Kreis von Eigentümern verteilt (z.B. um Existenzgefährdungen abzuwenden) oder die durch das Unternehmen hervorgerufenen Nachteile für die allgemeine Landeskultur (wie z.B. Durchschneidungen) vermieden werden sollen und ein Planfeststellungsverfahren oder ein entsprechendes Verfahren für den Unternehmensträger eingeleitet wurde (§ 87 FlurbG). Die Unternehmensflurbereinigung dient in erster Linie der **Verwirklichung eines im öffentlichen Interesse liegenden Vorhabens**, d.h. der Beschaffung von Grundstücken für den Unternehmensträger, und nicht dem Interesse der Beteiligten und ist somit fremdnützig. Nach der Entscheidung des BVerfG im *Boxberg*-Urteil (BVerfGE 74, 264 = NJW 1987, 125) ist dieser Zweck kennzeichnend für eine Enteignung im Sinne des Art. 14 Abs. 3 GG (siehe auch BVerwGE 139, 296). Für die Einordnung als Enteignung ist zu berücksichtigen, dass in der Unternehmensflurbereinigung auch **Eigentümer** von Grundstücken **enteignungsbetroffen** sind, die **außerhalb des eigentlichen Vorhabensgebietes** liegen, die aber im Rahmen der solidarischen Aufbringung der für das Vorhaben benötigten Grundstücke einen Landabzug hinnehmen müssen. Auch sie müssen den **Zugriff** auf ihr Grundstück zur Verwirklichung eines dem öffentlichen Interesse dienenden Vorhabens **dulden**. 761

Für die Beurteilung der Unternehmensflurbereinigung als Enteignung ist es dabei **ohne Belang**, ob und in welchem **Umfang eine Landabfindung** stattfindet. Das gilt auch dann, wenn die Landabfindung ohne Flächenabzug erfolgt. Denn die Eigentumsgarantie sichert den konkreten Bestand in der Hand des Eigentümers. Die Frage der Landabfindung betrifft demgegenüber Art und Ausmaß der nach Art. 14 Abs. 3 S. 2 und 3 GG gebotenen Entschädigung (so BVerwGE 133, 118 und OVG Lüneburg, Urt. v. 25.4.2013 – 15 KF 12/08, juris = RdL 2013, 217). Die Unternehmensflurbereinigung ist gekennzeichnet durch den staatlichen Zugriff auf den konkreten Eigentumsbestand

https://doi.org/10.1515/9783110682557-085

und somit eine Enteignung, unabhängig davon, ob die betroffenen Eigentümer eine gleichwertige Landabfindung ohne Flächenabzug erhalten (so auch *Schwantag/Wingerter*, FlurbG, Vorbem. zu §§ 87 – 90, Rn. 2; a. A. BayVGH, Urt. v. 18.9.2001 – 13 A 99.1659, juris, Rn. 19ff.).

762 Nach § 87 Abs. 1 FlurbG **setzt** die Einleitung eines **Unternehmensflurbereinigungsverfahrens voraus**, dass die **Enteignung** nach dem für das Unternehmen geltenden Fachrecht **zulässig** ist. Rechtsgrundlage für Bundesfernstraßen ist § 19 FStrG und für Betriebsanlagen der Eisenbahn § 22 AEG. Danach ist die Enteignung zur Ausführung eines planfestgestellten Vorhabens zulässig; es muss für die Zulässigkeit der Enteignung ein **bestandskräftiger oder sofort vollziehbarer Planfeststellungsbeschluss** (bzw. Plangenehmigung) vorliegen. Das Flurbereinigungsverfahren kann allerdings bereits mit Einleitung des Planfeststellungsverfahrens angeordnet werden. Für die Anordnung reicht es daher aus, die besonderen Enteignungsvoraussetzungen nur in genereller und nicht einzelfallbezogener Sicht zu prüfen. Die Enteignung muss nur dem Grunde nach zulässig sein. Die Enteignungsbehörde hat daher nicht für die betroffenen Einzelgrundstücke die Zulässigkeit zu prüfen. Die konkreten Voraussetzungen nach den jeweiligen Landesenteignungsgesetzen werden durch die Regelungen der §§ 87ff FlurbG ersetzt.

Der **Vollzug der Enteignung** erfolgt im Rahmen der Unternehmensflurbereinigung. Damit muss sich der Antragsteller vor der Einleitung des Unternehmensflurbereinigungsverfahrens nicht – wie nach den Landesenteignungsgesetzen vorausgesetzt – ernsthaft um den freihändigen Grunderwerb zu angemessenen Bedingungen bemüht haben. Der Versuch eines einvernehmlichen Erwerbs der Bedarfsflächen muss stattdessen bis zur Bekanntgabe des Flurbereinigungsplans oder der vorläufigen Besitzeinweisung nach § 65 FlurbG, d. h. vor der Landabfindung unternommen werden (s. BVerwGE 135, 110; BVerwGE 82, 205; Hess.VGH, Beschl. v. 22.9.20 – 23 C 2081//20, juris, Rn. 47; OVG Rheinland-Pfalz RdL 2009, 37; OVG Brandenburg NuR 2004, 183,). Dies gilt auch dann, wenn die Anordnung der Unternehmensflurbereinigung nach Unanfechtbarkeit des Planfeststellungsbeschlusses erfolgt (BVerwGE 135, 110).

763 Die §§ 87ff FlurbG enthalten keine Vorgaben über eine unmittelbare **Begrenzung des Flurbereinigungsgebietes.** Es finden sich jedoch Grundlagen im Flurbereinigungsrecht, die bei der Abgrenzung zu berücksichtigen sind. So ist gemäß § 7 Abs. 1 S. 2 FlurbG und nach der Rechtsprechung des Bundesverwaltungsgerichts das Flurbereinigungsgebiet durch die Flurbereinigungsbehörde so zu begrenzen, dass der Zweck der Flurbereinigung (wie die Verteilung des Landverlustes auf einen größeren Kreis von Eigentümern und die Abwendung von Nachteilen für die allgemeine Landeskultur) möglichst vollkommen erreicht wird (BVerwGE a. a. O.; *Schwantag/Wingerter* a. a. O. § 87 Rn. 24). Dies spricht für die **Ausweisung von großen Flurbereinigungsgebieten.** Andererseits ist bei der Begrenzung zu beachten, dass es sich bei der Unternehmensflurbereinigung gegenüber der Einzelenteignung grundsätzlich um das mildere Mittel handelt. Da die Unternehmensflurbereinigung sich auch auf Eigentümer erstreckt, die von dem planfestgestellten Flächenbedarf nicht unmittelbar be-

troffen wären, dürfen die Flurbereinigungsgebiete **aus Gründen der Verhältnismäßigkeit** nicht zu weit ausgedehnt werden. Außerdem ist zu bedenken, dass die Größe des Flurbereinigungsgebietes wesentlichen Einfluss auf die Höhe der vom Unternehmensträger zu tragenden Ausführungs- und Verfahrenskosten hat.

Schließlich hat die Flurbereinigungsverwaltung das Ausmaß der Verteilung des Landverlustes nach § 87 Abs. 1 S. 2 FlurbG im **Einvernehmen mit der landwirtschaftlichen Berufsvertretung** zu regeln. Das Einvernehmen kann aber nicht von der Einhaltung einer prozentualen Obergrenze für den Landabzug nach § 88 Nr. 4 FlurbG abhängig gemacht werden. Es reicht vielmehr aus, wenn sich das Einvernehmen auf die räumliche Abgrenzung des Flurbereinigungsgebietes erstreckt. Die landwirtschaftliche Berufsvertretung kann deshalb nicht verlangen, dass durch den Erwerb von Einlagegrundstücken der Landabzug nach § 88 Nr. 4 FlurbG bei null liegt (*Schwantag/Wingerter*, a.a.O. § 87 Rn. 13). Die Erklärung des Einvernehmens ist keine Voraussetzung für die Anordnung des Flurbereinigungsverfahrens, sondern kann bis zur Bekanntgabe des Flurbereinigungsplans oder bis zur vorläufigen Besitzeinweisung nach § 65 FlurbG hergestellt werden. Hierfür spricht auch, dass das Einvernehmen die zumutbare Belastung mitbestimmen soll. Diese realisiert sich aber erst mit dem Flurbereinigungsplan bzw. der vorläufigen Besitzeinweisung. Daher kann die Verringerung des Landabzugs durch zusätzlichen Flächenerwerb bis zu diesem Zeitpunkt berücksichtigt werden (Thür.OVG, Urt. v. 25.10.2000 – 7 F 587/99; OVG Brandenburg NuR 2004, 183; *Schwantag/Wingerter*, a.a.O., § 87 Rn. 15). Sind genügend Einlageflächen beschafft worden, so dass es zu keinem Landabzug kommen wird, ist das Einvernehmen wegen Wegfalls des Schutzzwecks nicht erforderlich (BayVGH BayVBl 2007, 180; *Schwantag/Wingerter*, a.a.O. § 87 Rn. 14).

Nach **§ 41 FlurbG** stellt die Flurbereinigungsbehörde im Benehmen mit dem Vor- 764
stand der Teilnehmergemeinschaft einen **Plan** auf über die gemeinschaftlichen und öffentlichen Anlagen. Dieser Plan bildet die Grundlage für die Neugestaltung des Flurbereinigungsgebietes und legt das **Wege- und Gewässernetz** fest. In der Unternehmensflurbereinigung enthält der Plan nach § 41 FlurbG Maßnahmen zur Verminderung der agrarstrukturellen und landeskulturellen Nachteile der Straße, so die Neueinteilung des Flurbereinigungsgebietes oder neue Wegeverbindungen zur Verringerung der Zerschneidungswirkung durch die Straße. Es handelt sich bei dem **Wege- und Gewässerplan** um eine echte **Planfeststellung mit Konzentrationswirkung**. In der Regel wird die Planfeststellung für die Straße durch den Plan nach § 41 FlurbG ergänzt.

Bei Aufstellung des Plans hat die Flurbereinigungsbehörde ein **Planungsermessen** (planerische Gestaltungsfreiheit). Eine Überplanung der straßenrechtlichen Planfeststellung ist jedoch nur in engen Grenzen möglich. Da die Feststellung des Wege- und Gewässerplans gemäß § 41 Abs. 5 FlurbG Konzentrationswirkung entfaltet, können kleinere Straßenbaumaßnahmen durch den Wege- und Gewässerplan mit verbindlicher Wirkung festgestellt werden, sofern sich der Plan nach § 41 FlurbG nur auf solche öffentlichen Anlagen erstreckt, die innerhalb des Flurbereinigungszwecks liegen. Es kann deshalb die Planung für kleinere Anlagen, für die z. B. nach § 40 FlurbG Land in verhältnismäßig geringem Umfang bereitgestellt werden kann, mitplanfestgestellt werden. Handelt es sich hingegen um Planungen, durch die Grundstücke in großem Umfang in Anspruch genommen werden, übersteigt dies den Flurbereinigungszweck. Solche komplexen Planungen bedürfen einer straßenrechtlichen Planfeststellung. Der Wege- und Gewässerplan kann insoweit keine Konzentrationswirkung im Unternehmensflurbereinigungsverfahren entfalten.

Nach § 87 Abs. 1 FlurbG darf ein Unternehmensflurbereinigungsverfahren nur eingeleitet werden, wenn eine Enteignung aus besonderem Anlass zulässig ist. Da die straßenrechtliche Planfeststellung (nach Inhalt und Umfang) die Zulässigkeitsvoraussetzung der Enteignung bildet, ist der straßenrechtlich festgestellte Plan (z. B. nach § 19 Abs. 1 FStrG) für die Unternehmensflurbereinigung maßgebend. Hat der straßenrechtliche Planfeststellungsbeschluss für das Vorhaben eine vollständige Regelung getroffen, ist die Unternehmensflurbereinigung an diesen Planfeststellungsbeschluss gebunden. Die Flurbereinigungsbehörde darf deshalb nicht durch den Plan nach § 41 FlurbG die Ausweisung von straßenrechtlich planfestgestellten Ausgleichs- und Ersatzmaßnahmen ändern. Solche Planänderungen sind nur im Einvernehmen mit der Planfeststellungsbehörde und der Straßenbaubehörde zulässig (so auch VGH BW, RdL 1989, 295 *Schwantag/Wingerter*, a. a. O., § 41 Rn. 7; *Kastner* DVBl 1987, 73). Unproblematisch ist hingegen, wenn es sich um eine unwesentliche Änderung der straßenrechtlichen Planfeststellung handelt (wenn Belange anderer nicht berührt werden oder die Betroffenen den Änderungen zustimmen). Demzufolge endet die Gestaltungsfreiheit der Flurbereinigung bzw. der Teilnehmergemeinschaft am straßenrechtlichen Planfeststellungsbeschluss.

Deutet sich bereits im Vorfeld der straßenrechtlichen Planfeststellung die Notwendigkeit zur Anpassung von **Ausgleichs- und Ersatzmaßnehmen** im Rahmen des Flurbereinigungsverfahrens an, kommt die **Aufnahme eines Ergänzungsvorbehalts** in die straßenrechtliche Planfeststellung in Betracht. Die Aufnahme eines Vorbehalts ist aber nur in engen Grenzen möglich. So gebietet der **Grundsatz der Problembewältigung**, alle das Vorhaben tangierenden öffentlichen und privaten Belange in der straßenrechtlichen Planungsentscheidung abzuwägen und zu regeln. Im Hinblick auf den Grundsatz der Problembewältigung ist ein Vorbehalt und damit eine Verlagerung der Problemlösung auf die Flurbereinigung wohl nur dann zulässig, wenn die Maßnahmenregelung durch den Wege- und Gewässerplan als hinreichend sicher angesehen werden kann, z. B. wenn das Flurbereinigungsverfahren bei Erlass des Planfeststellungsbeschlusses bereits angeordnet ist (*Maas* in Kodal, Kap. 39 Rn. 21; insoweit enger BVerwG UPR 1988, 180, wonach an einer Lösung durch die Unternehmensflurbereinigung nicht mehr zu zweifeln ist, wenn im Wesentlichen nur noch die Bekanntgabe des Flurbereinigungsplans aussteht).

765 2. Der Unternehmensflurbereinigung kann wie bei anderen Enteignungsverfahren eine **vorläufige Besitzregelung** vorausgehen. § 88 Nr. 3 FlurbG spricht von einer vorläufigen Anordnung gemäß § 36 FlurbG, die auf Antrag der für das Unternehmen zuständigen Behörde erlassen wird. Danach kann die Flurbereinigungsbehörde den Unternehmensträger aus dringenden Gründen vor Ausführung des Flurbereinigungsplans in den Besitz von Grundstücken einweisen. Soweit die dadurch entstehenden Nachteile nicht durch eine vorläufige Bereitstellung von Ersatzflächen ausgeglichen werden, hat der Träger des Unternehmens den Beteiligten Entschädigung in Geld zu leisten. Die Entschädigung wird durch die Flurbereinigungsbehörde gemäß § 88 Nr. 6 S. 1 FlurbG nach dem für das Unternehmen geltenden Gesetz, d.h. nach den geltenden Enteignungsgesetzen der Länder festgesetzt; sie ist daher eine **Enteignungsentschädigung** (BVerfGE 74, 264, 281 = JZ 1987, 614 m. Anm. *Papier*; BGH NVwZ 2000, 230 = WF 1999, 183; BGHZ 89, 69 = NJW 1984, 1882 = MDR 1984, 560; *Schwantag/Wingerter*, § 88 Rn. 15; *Quadflieg*, Recht der Flurbereinigung, § 88 Rn. 109), die zu Händen der Teilnehmergemeinschaft zu zahlen ist.

Die festgesetzte **Entschädigung** muss einen **angemessenen Ausgleich** gewäh- 766
ren. In Betracht kommt in erster Linie ein Nutzungsentgang dafür, dass Ersatzflächen überhaupt nicht oder nur teilweise zur Verfügung gestellt werden konnten (BGH NJW 1984, 1882; *Quadflieg*, Recht der Flurbereinigung, § 88 Rn. 38). Grundlage für die **Ermittlung des Nutzungsentgangs** ist der **Deckungsbeitrag** der betroffenen Fläche. Der Deckungsbeitragsverlust ist zu entschädigen. Dagegen ist nicht statthaft, Zinsen zuzusprechen; die Nutzung (Ertrag) einer landwirtschaftlichen Fläche besteht nicht in der Verzinsung ihres Wertes. Der Nutzungsentgang kann ferner durch Zahlung der ortsüblichen Pacht ausgeglichen werden. Bei der Ermittlung der Pacht sind alle wirtschaftlich vernünftigen und rechtlich zulässigen Nutzungsmöglichkeiten zu berücksichtigen.

Ob daneben **An- und Durchschneidungsschäden und Mehrwege** infolge der 767
Durchschneidung eines Grundstücks entschädigt werden müssen, kann zweifelhaft sein. Der BGH (BGHZ 67, 190 = NJW 1977, 189 = AgrarR 1977, 61) sieht in diesen Nachteilen einen Rechtsverlust (Verlust des besonderen Wertes des Grundstücks für den landwirtschaftlichen Betrieb). Hier ist die zu leistende Geldentschädigung aber auf den Nutzungsentgang beschränkt (BGHZ 89, 69 = NJW 1984, 1882 = MDR 1984, 560). Dennoch wird man eine Entschädigung nicht versagen dürfen. Nach § 88 Nr. 3 S. 2 FlurbG können auch durchschneidungsbedingte Nachteile entschädigt werden. Hierzu gehören die durch den Flächenentzug ausgelösten **Wirtschaftserschwernisse**, die dem Bewirtschafter zustehen (BGHZ 175, 35 = MDR 2008, 443).

Die Anordnung gemäß **§ 36 FlurbG** ist vorläufig; sie regelt die Landverteilung nicht endgültig. Es handelt sich mithin um vorübergehende Nachteile, die auch mit endgültiger Neuzuteilung zum Ende des Flurbereinigungsverfahrens nicht (vollständig) ausgeglichen werden.

3. Nach **§ 88 Nr. 4 FlurbG** sind die für das Unternehmen benötigten Flächen **anteilig** 768
von den Eigentümern aufzubringen. Die dafür durch den Unternehmensträger zu leistende Geldentschädigung richtet sich wie auch für die vorläufige Anordnung nach

§ 88 Nr. 3 i.V.m. § 36 FlurbG nach den Enteignungsgesetzen der Länder (§ 88 Nr. 6 FlurbG). Der Anteil der Flächenaufbringung bemisst sich nach dem Verhältnis des Wertes ihrer alten Grundstücke zu dem Wert aller Grundstücke des Flurbereinigungsgebietes und wird im flurbereinigungsrechtlichen **Wertermittlungsverfahren nach §§ 27ff. FlurbG** bestimmt. Hält ein Teilnehmer seinen Anteil für zu groß, muss er dem Plan widersprechen und erforderlichenfalls das Flurbereinigungsgericht anrufen.

Im Mittelpunkt einer Unternehmensflurbereinigung steht aber die Frage, **wie** die für das Unternehmen **aufgebrachten Flächen entschädigt** werden. Nicht selten gelingt es dem Unternehmensträger, über § 52 FlurbG so viele Ersatzflächen zu beschaffen, dass alle Teilnehmer **wertgleich abgefunden** werden können (§ 44 Abs. 1 S. 1 FlurbG). Ob in einem solchen Fall die Unternehmensflurbereinigung auch noch Enteignung ist, ist bzw. war umstritten (*Kaiser* AgrarR 1989, 61; *Hoecht* AgrarR 1985, 273, 279;). Für das **BVerwG** ist es jedoch ohne Belang, ob und in welchem Umfang eine Landabfindung stattfindet. Dies gilt auch dann, wenn die Landabfindung ohne Flächenabzug erfolgt; denn die Eigentumsgarantie sichert den konkreten Bestand in der Hand des Eigentümers. Die Frage der Landabfindung betrifft demgegenüber Art und Umfang der Entschädigung (BVerwGE 133, 118). Die eigentlichen Schwierigkeiten liegen indes in der Bemessung der Geldentschädigung für die aufgebrachten Flächen.

769 Eine Geldentschädigung für eine für das Unternehmen aufgebrachte Fläche ist zu leisten, **wenn überhaupt kein Landausgleich** vorgesehen ist oder ein **Landausgleich** die aufgebrachte Fläche **nur teilweise** aufwiegt. Die **aufgebrachte Fläche** ist im enteignungsrechtlichen Sinne **das Genommene**. Als „genommen" ist jeder für das Unternehmen vorgenommene Landabzug anzusehen. Dabei ist unerheblich, ob das einem Teilnehmer abgezogene (weggenommene) Land schließlich als Teilausgleich einem Nachbarn zugewiesen wird oder ob es unmittelbar der Verwirklichung des Unternehmens dient. Durch einen Vergleich des im Flurbereinigungsgebiet gelegenen ursprünglichen Besitzes mit dem nach dem Landabzug verbleibenden Restbesitz erhält man die aufgebrachte Fläche.

770 Die **aufgebrachte Fläche** (enteignetes Grundstück) ist zum **Verkehrswert zu entschädigen**. Der Unternehmensträger kann den Verkehrswert in Geld und in Land entrichten. Die Landabfindung ist nur eine besondere Art der Enteignungsentschädigung (BGHZ 66, 173, 175 = NJW 1976, 1088 = DÖV 1976, 641). Die Entschädigung muss alle Posten einer einheitlichen Enteignungsentschädigung umfassen (BGH RdL 1984, 101 = WF 1984, 128, 129). Zum Verkehrswert kommen deshalb unter Umständen der besondere **Wert des Grundstücks für den landwirtschaftlichen Betrieb** und ein **Minderwert des Restbesitzes** hinzu. Auch etwaige verbleibende **Bewirtschaftungserschwernisse** sind Bestandteil der Enteignungsentschädigung. Als Minderwert oder Wirtschaftserschwernis darf allerdings nur der Nachteil berücksichtigt werden, der auf einer Einbuße an gesicherter Rechtsstellung beruht; denn nur sie ist Eigentum im Sinne des Art. 14 GG. Die verloren gegangene Wendemöglichkeit auf einer Wegefläche bei der Feldbestellung müsste darum abgesichert gewesen sein, damit sie entschädigt werden kann; eine bloße tatsächliche Vergünstigung oder Annehmlichkeit reicht nicht aus. Da Durchschneidungen, Missformen, Umwege oder Resthofschäden durch die Neuordnung der Flurbereinigung weitgehend behoben werden sollen, dürften Beeinträchtigungen der Agrarstruktur nach Abschluss des Flurbereinigungsverfahrens in der Regel nicht anfallen.

Auch die sonstigen **Grundsätze der Enteignungsentschädigung** sind zu beach- 771
ten und anzuwenden. In Betracht kommen: Zeitpunkt für die Bestimmung des Grundstückszustandes (Qualität der aufgebrachten Fläche), Vorwirkung der Enteignung, Zeitpunkt der Bewertung, Vorteilsausgleich.

Der **Zeitpunkt für die Bestimmung des Zustandes** ist grundsätzlich der Zeit- 772
punkt, in dem die Flurbereinigungsbehörde nach § 88 Nr. 6 S. 2 FlurbG die Entschädigung festsetzt. Eine Vorverlegung dieses Zeitpunktes (Vorwirkung der Enteignung, vgl. → **Zeitpunkt für die Ermittlung des Zustandes des Enteignungsgegenstandes**) gibt es jedoch nur für die Unternehmensflächen. Denn es ist nicht anzunehmen, dass andere Grundstücke im Flurbereinigungsgebiet aufhören, eine Handelssache zu sein, und als Flächen des öffentlichen Bedarfs angesehen werden. Da die Vorwirkung vom Verhalten des Grundstücksmarktes abhängt, irrt *Quadflieg* (Recht der Flurbereinigung, § 88 Rdn. 87), wenn er meint, der früheste Zeitpunkt sei die Anordnung der Flurbereinigung. Die Unternehmensflurbereinigung setzt die Zulässigkeit der Enteignung bzw. die Einleitung des Planfeststellungsverfahrens oder eines entsprechenden Verfahrens für das Unternehmen voraus (§ 87 Abs. 1 und 2 FlurbG). Das bedeutet, dass auf dem Grundstücksmarkt schon lange vor der Anordnung der Flurbereinigung die Verwendung der Unternehmensflächen für einen öffentlichen Zweck bekannt sein kann.

Beim **Zeitpunkt der Bewertung** (Bewertungsstichtag) handelt es sich um den Zeit- 773
punkt, dessen Preisverhältnisse für die Bewertung der aufgebrachten Fläche maßgebend sind, nachdem zuvor zum maßgeblichen Zeitpunkt der Zustand (Qualität) der aufgebrachten Fläche festgestellt worden ist. Bewertungsstichtag ist grundsätzlich der Tag, an dem die Flurbereinigungsbehörde die Entschädigung festsetzt. Nur wenn bei der Berechnung der Entschädigung auf die Preisverhältnisse zu einem Zeitpunkt abgestellt wird, der der Auszahlung der Entschädigung möglichst naheliegt, ist sichergestellt, dass der Teilnehmer durch die Entschädigung in die Lage versetzt wird, sich ein gleiches Grundstück wieder zu beschaffen (vgl. → **Zeitpunkt der Bewertung/ Preisbemessung (Bewertungsstichtag)**).

Ein **Vorteilsausgleich** ist geboten, wenn der Vorteil ohne das Aufbringen der Flä- 774
che nicht entstanden wäre und zwischen dem Aufbringen der Fläche und dem Umstand, der den Vorteil herbeigeführt hat, ein lebensnaher (adäquater) Zusammenhang besteht. Die allgemeinen Vorteile der Flurbereinigung sind darum nicht anrechenbar. Hier fehlt der Zusammenhang zur aufgebrachten Fläche. Dagegen sind gezielte Zuwendungen des Unternehmensträgers anrechenbar, die einem oder mehreren Teilnehmern besonders und allein zugutekommen. Ein Fall dieser Art ist die Zuteilung eines Wendestreifens auf Kosten des Unternehmensträgers.

775 Soll die aufgebrachte Fläche teilweise **durch eine Landzuteilung entschädigt** werden, ist ebenfalls vom Verkehrswert und einem möglicherweise für den neuen Eigentümer vorhandenen Sonderwert der zugeteilten Fläche auszugehen. In Höhe beider Werte gilt der Entschädigungsanspruch als bezahlt. Ein verbleibender Rest ist in Geld auszugleichen. Ein Minderwert der zugeteilten Fläche (z.B. große Entfernung zum Ort) wird sich regelmäßig in einem geringeren Verkehrswert ausdrücken. Es kann aber auch der Fall eintreten, dass die zugeteilte Fläche nicht allgemein einen geringeren Wert hat, der neue Eigentümer sie aber als geringerwertig ansieht, weil sie von seiner Hofstelle weiter entfernt ist als die aufgebrachte. Eine Minderwertentschädigung dafür (Mehrweg, Umweg) wäre eine unzulässige Doppelentschädigung. Denn die günstige Zuordnung und Lage der aufgebrachten Fläche zum Betrieb ist bereits durch den Zuschlag für den besonderen Wert der aufgebrachten Fläche entschädigt.

776 4. Geldentschädigung können die Beteiligten schließlich **für Nachteile** verlangen, die ihnen **durch das Unternehmen entstanden sind und nicht behoben werden** (§ 88 Nr. 5 FlurbG; vgl. dazu LG Braunschweig RdL 2009, 185). Gemeint sind Nachteile, die trotz der Entschädigungen nach § 88 Nr. 3 und Nr. 4 FlurbG verblieben sind. Abfindungsfehler der Flurbereinigungsbehörde können über § 88 Nr. 5 FlurbG jedoch nicht ausgeglichen werden. Denn die Vorschrift setzt voraus, dass sich das Unternehmen auf die geschützte Rechtsstellung des Beteiligten enteignend ausgewirkt hat und der Nachteil gerade dadurch entstanden ist. Zu denken ist dagegen an den Verlust einer unwiderruflichen Zufahrt, die nicht ersetzt wurde. Hierher gehören z.B. auch Dienstbarkeiten, Miet- und Pachtrechte; ihre Inhaber sind nach § 10 FlurbG Beteiligte des Verfahrens. Soweit solche Rechte infolge des Unternehmens untergehen und nicht wieder begründet werden, ist der Wert des Rechtes zu entschädigen (vgl. auch § 70 FlurbG).

777 § 88 Nr. 5 FlurbG bietet keine Anspruchsgrundlage für die **Erstattung notwendiger Vertretungskosten (Rechtsanwalt, Sachverständiger)**. Denn die Vorschrift hat nur solche Nachteile im Auge, deren Behebung zumindest vorstellbar ist. Die Schadensbehebung hat bei § 88 Nr. 5 FlurbG ausdrücklich Vorrang vor der Geldentschädigung. Der Anspruch auf Erstattung notwendiger Vertretungskosten in der Unternehmensflurbereinigung ergibt sich aus dem **allgemeinen Grundsatz des Enteignungsrechts**, dass es sich bei den notwendigen Vertretungskosten um einen **entschädigungspflichtigen Folgeschaden** (sonstigen Nachteil) der Enteignung handelt, sofern nicht schon das für das Unternehmen geltende Gesetz eine klare Anspruchsgrundlage enthält. Vertretungskosten können auch für ein Verfahren nach § 88 Nr. 3 i.V.m. § 36 FlurbG beansprucht werden; es bildet mit dem Verfahren nach § 88 Nr. 4 FlurbG keine Einheit. Zum **Gegenstandswert** und den berechtigten **Gebühren** siehe → **Vertretungskosten (Rechtsanwalt, Sachverständiger)**.

778 5. Die Geldentschädigungen einer Unternehmensflurbereinigung sind **zu verzinsen**. Die Höhe des Zinssatzes bestimmt sich nach dem für das Unternehmen geltenden Ge-

setz. Das gilt auch für den Nutzungsentgang nach § 88 Nr. 3 FlurbG, wenn er nicht bis zum Ende des laufenden Wirtschaftsjahres ausgezahlt ist. Nicht so klar ist der Verzinsungsbeginn der Geldentschädigungen für die aufgebrachte Fläche und den nicht behobenen Nachteil. Die Enteignungsgesetze sehen eine Verzinsung vor, sobald die Enteignung spürbar geworden ist (Besitzverlust, Verlust der gesicherten Rechtsstellung), ohne dass die Entschädigung als Ausgleich dafür gezahlt wurde. Nach diesem allgemeinen Grundsatz ist auch hier im Einzelfall zu verfahren.

6. Wegen der Höhe der Geldentschädigungen steht der **Rechtsweg vor die ordentlichen Gerichten** nach dem für das Unternehmen geltenden Gesetz offen. Der Anspruch auf die Geldentschädigung für die aufgebrachte Fläche kann gerichtlich erst geltend gemacht werden, wenn die Landabfindungen aller Teilnehmer unanfechtbar feststehen (§ 88 Nr. 7 FlurbG). Die Einschränkung ist nötig, weil sich Landabfindungen im Laufe der Rechtsmittelverfahren ändern können. In den anderen Fällen genügt die Festsetzung durch die Flurbereinigungsbehörde (vgl. BGHZ 89, 69 = NJW 1984, 1882). Das ordentliche **Gericht** ist befugt, die aufgebrachte Fläche und die Landzuteilung **ohne Bindung an ein vorausgegangenes flurbereinigungsrechtliches Verfahren** selbst zu bewerten (BGHZ 66, 173, 175 = NJW 1976, 1088 = DÖV 1976, 641). 779

7. Auch die **Regelflurbereinigung** kann die Durchführung von öffentlichen Bauvorhaben unterstützen. Im Unterschied zur Unternehmensflurbereinigung handelt es sich bei der Regelflurbereinigung nach §§ 1, 37 FlurbG um eine Inhaltsbestimmung des Eigentums und **keine Enteignung**. Sie ist darauf ausgerichtet, **ländliche Grundstücke** zur Verbesserung der Produktions- und Arbeitsbedingungen in der Land- und Forstwirtschaft sowie zur Förderung der allgemeinen Landeskultur und Landentwicklung **neu zu ordnen**. Sie dient dem Ausgleich privater Interessen, so den Eigentümern, die regelmäßig besser zu bewirtschaftende Grundstücke als gerechten Ausgleich erhalten. Die Regeflurbereinigung ist daher **Inhalts- und Schrankenbestimmung** des Eigentums im Sinne von Art. 14 Abs. 1 S. 2 GG (BVerfG NVwZ 2001, 1023). 780

Nach § 40 S. 1 FlurbG kann **Land** in verhältnismäßig geringem Umfang **für öffentliche Anlagen** wie z. B. Straßen im Regelflurbereinigungsverfahren bereitgestellt werden. Ein Anspruch des Baulastträgers auf Zuteilung der benötigten Flächen besteht in der Regelflurbereinigung allerdings nicht. Die Flächen für öffentliche Anlagen haben die Flurbereinigungsteilnehmer durch Landabzüge nach § 47 FlurbG (nach dem Verhältnis des Wertes ihrer alten Grundstücke zu dem Wert aller Grundstücke des Flurbereinigungsgebietes) aufzubringen. Bei den Abzügen von verhältnismäßig geringem Wert handelt es sich um eine **Sozialbindung des Eigentums** und keine Enteignung. Sie sind Ausgleich für die Werterhöhung, die die Grundstücke der Teilnehmer z. B. durch eine bessere Erschließung erfahren. Um den **Anforderungen an die Verhältnismäßigkeit** des Flächenumfangs zu genügen, dürfen deshalb nur kleinere Straßenbaumaßnahmen wie Kurvenbegradigungen oder der Bau von Radwegen einbezogen werden. Für den Ausbau einer Autobahn dürfte dies wohl nur dann gelten, wenn Ersatzflächen durch den Baulastträger aufgebracht werden, damit jeder Teilnehmer mit Land von gleichem Wert abgefunden werden kann. Als **Maßstab für den verhältnismäßig geringen Umfang** gilt das Verhältnis zwischen dem Wert der bereitzustellenden Fläche für die öffentliche Anlage und dem Wert der der Gesamtfläche des Flurbereinigungsverfahrens. Auch wenn die Regelflurbereinigung gemäß § 37 Abs. 2 FlurbG die Aufgabe hat, den Belangen des öffentlichen Verkehrs Rechnung zu tragen, würde der Flächenbedarf für den Neubau einer Autobahn das zulässige Maß übersteigen und dem Sinn und Zweck der Regelflurbereinigung widersprechen. Es können demzufolge auch in der Regelflurbereinigung Flächen für Straßen bereitgestellt werden, sofern es sich um kleinere Straßenbaumaßnahmen handelt. Überschreiten einzelne Maßnahmen den Zweck eines Regelflurbereinigungsverfahrens, können sie dadurch eine enteignende Wirkung erhalten (BGH NVwZ-RR 1993, 1).

Unternehmenswert (Obergrenze der Entschädigung einer Betriebsverlegung)

781 1. Die Verwendung eines gewerblich genutzten Grundstücks für öffentliche Zwecke stellt grundsätzlich keinen unmittelbaren Eingriff in den Gewerbebetrieb dar. Der Eingriff in das Eigentum oder Benutzungsrecht an dem Grundstück ist aber **nicht ohne Auswirkungen auf den Betrieb**; der Betrieb muss, wenn er weiterbestehen soll, verlegt werden. Der betroffene Betriebsinhaber kann neben der Entschädigung für den Rechtsverlust für den vorübergehenden oder dauernden Erwerbsverlust (Folgeschaden) den Aufwand beanspruchen, der erforderlich ist, um ein anderes Grundstück in der gleichen Weise wie das zu enteignende zu nutzen (vgl. § 96 Abs. 1 S. 2 Nr. 1 BauGB).

782 2. Zu dem entschädigungspflichtigen **Verlegungsaufwand** gehören u.a. Kosten für die Verlegung des Geschäfts, Reisekosten des Inhabers anlässlich der Verlegung, Aufwendungen wegen Unbrauchbarkeit des bisherigen Inventars, Anlaufkosten für einen neuen Betrieb, Kosten für anfängliche Bewirtschaftungsschwierigkeiten, Entschädigung für Minderung des Firmenwertes und möglicherweise Entschädigung für den Verlust bestimmter Kundenkreise (BGH NJW 1967, 1085 = MDR 1967, 390 = WM 1967, 297 = BRS 19 Nr. 136 – *Wasserspedition*; BGH NJW 1966, 493 = MDR 1966, 222 = WM 1966, 402 = BRS 19 Nr. 130 – *Schlachthof;* BGH MDR 1964, 830 = WM 1964, 968 = BBauBl 1965, 26 = BRS 19 Nr. 131 – *Berghotel*). Die **Obergrenze** bildet in jedem Fall der für eine gleiche Nutzung eines anderen Grundstücks erforderliche Aufwand. Dabei sind sachliche Gesichtspunkte maßgebend. Darauf, was der Betroffene für erforderlich hält, kommt es nicht an. Berücksichtigt werden können nur die Nachteile und Kosten, die auch dann entstanden wären, wenn der Betroffene sogleich alle Maß-

Jacobs
https://doi.org/10.1515/9783110682557-086

nahmen ergriffen hätte, die von einem verständigen Eigentümer in der gegebenen Lage erwartet werden konnten. Ein billiges, angemessenes Maß darf nicht überstiegen werden.

3. Diese Grundsätze genügen den Anforderungen des Art. 14 GG an eine angemessene **783** Entschädigung. Danach soll die Entschädigung dem Betroffenen „einen wirklichen Wertausgleich" gewähren und den durch die Enteignung eingetretenen Vermögensverlust ausgleichen. Bei der Enteignung eines gewerblich genutzten Grundstücks ist ein voller Ausgleich allerdings auch durch die Zahlung des Wertes (Verkehrswertes) des auf dem Grundstück geführten Betriebes (Unternehmens) vorstellbar; denn dafür kann der Betroffene auf dem Markt einen gleichwertigen Betrieb erwerben. Wenn der Gesetzgeber sich gleichwohl für die **Entschädigung der Betriebsverlegung** entschieden hat, dann ließ er sich dabei von der Überlegung leiten, dass es aus mehreren Gründen wirtschaftlich gesehen sinnvoll ist, den betroffenen Betrieb zu erhalten. So ist erfahrungsgemäß die Betriebsverlegung mit einem geringeren Geldaufwand erreichbar als der „Kauf" des Betriebes, und gemäß Art. 14 Abs. 3 S. 3 GG ist die Entschädigung unter gerechter Abwägung der Interessen der Allgemeinheit und der Beteiligten zu bestimmen. Andererseits kommen Fälle vor, in denen sich die Verlegung des Betriebes aus den verschiedensten Gründen als sehr aufwändig und teuer erweist, und die Entschädigung für die Verlegung deshalb den Wert des Betriebes übersteigt. Wie ein solcher Fall zu behandeln ist, regeln die Enteignungsgesetze nicht ausdrücklich. Das kann jedoch nicht einfach dahin ausgelegt werden, dass die Verlegung, unabhängig von ihrem Preis, stets entschädigt werden müsse. Vielmehr ist zu fragen, wie der Gesetzgeber den Fall geregelt hätte, wenn er von ihm bedacht worden wäre.

Anhaltspunkte dafür, wie der Gesetzgeber entschieden hätte, sind vornehmlich in **784** Art. 14 Abs. 3 GG und im Enteignungsentschädigungsrecht zu suchen. Nach Art. 14 Abs. 3 S. 3 GG ist die Entschädigung unter gerechter Abwägung der Interessen der Allgemeinheit und der Beteiligten zu bestimmen. Dadurch wird zwar der Grundsatz vom vollen Ausgleich nicht in Frage gestellt, dem Einfachgesetzgeber aber andererseits aufgetragen, bei seiner Entscheidung auch die Belange der Allgemeinheit zu berücksichtigen. Das könnte bedeuten, dass das Grundgesetz eine Regelung zulässt, die eine Entschädigung durch **Zahlung des Betriebswertes (Unternehmenswertes)** vorsieht, wenn diese geringer ist als die Entschädigung für eine Verlegung des Betriebes. Allerdings wird man fiskalische Interessen mit den Interessen der Allgemeinheit nicht schlechthin gleichsetzen können. Denn das bloße Ziel, die Belastung der öffentlichen Hand zu verringern, kann nicht ausreichen, um die Entschädigung im Einzelfall zu kürzen und weniger vorzusehen als den vollen Ausgleich. Die Berücksichtigung fiskalischer Interessen wird dagegen geboten sein, wenn diesem größeres Gewicht als dem Interesse des Betroffenen an einer bestimmten Form der Entschädigung zukommt. Dem durch Art. 14 GG bezweckten Schutz des Eigentümers ist durch einen vollen Ausgleich genügt. Auf die Art und Weise, wie dieser Ausgleich gewährt wird, ob durch Entschädigung einer teuren Betriebsverlegung oder durch Zahlung des geringeren Unternehmenswertes, kann es nicht entscheidend ankommen. Hier ergibt die Abwägung der beiderseitigen Interessen, dass die fiskalischen gewichtiger sind, und allein dieses Ergebnis erweist sich als gerecht im Sinne des Art. 14 Abs. 3 S. 3 GG. Daher bildet der **Unternehmenswert** die **Obergrenze der Entschädigung für die Betriebsverlegung**. Jedenfalls müsste der Einfachgesetzgeber sie so regeln, wollte er sich nicht der Gefahr aussetzen, eine gesetzliche Regelung zu treffen, die wegen Verstoßes gegen Art. 14 Abs. 3 S. 3 GG verfassungswidrig ist.

785 Bemerkenswert ist in diesem Zusammenhang der Standpunkt des **BVerfG** zu Art. 14 Abs. 3 S. 3 GG. In dem ***Hamburger Deichurteil*** (BVerfGE 24, 367) heißt es: *„Das Abwägungsgebot des Art. 14 Abs. 3 S. 3 GG ermöglicht es dem Gesetzgeber, je nach den Umständen vollen Ersatz, aber auch eine darunter liegende Entschädigung zu bestimmen. Das Grundgesetz verlangt nicht, dass die Entschädigung stets nach dem Marktwert bemessen wird"*. Danach erlaubt das Grundgesetz dem Einfachgesetzgeber sogar, eine geringere Entschädigung als den vollen Ausgleich vorzusehen.

Veränderungssperre

Übersicht

1. Eine Veränderungssperre kennen u.a. das Baugesetzbuch (§ 14) und das Bundesfernstraßengesetz (§ 9a). Beide Sperren haben die Aufgabe, eine **ungestörte Planung zu sichern**. Erfahrungsgemäß braucht eine Verwaltung eine längere Zeit, um eine sinnvolle Bau- oder Straßenplanung zu entwickeln und aufzustellen. In dieser Zeit müssen nachteilige Einwirkungen auf die Planung verhindert werden. Dem dient die Veränderungssperre. 786

Die Veränderungssperre des **Baugesetzbuches** (§ 14) wird von der Gemeinde als Satzung beschlossen und tritt mit der ortsüblichen Bekanntmachung in Kraft (§ 16 BauGB). Durch sie können verboten werden: Vorhaben im Sinne des § 29 BauGB, die Beseitigung baulicher Anlagen und erhebliche oder wesentlich wertsteigernde Veränderungen von Grundstücken und baulichen Anlagen, die nicht genehmigungs-, zustimmungs- oder anzeigepflichtig sind (§ 14 Abs. 1 BauGB). Vor dem Inkrafttreten der Veränderungssperre baurechtlich genehmigte Vorhaben, Unterhaltungsarbeiten und die Fortführung einer bisher ausgeübten Nutzung werden durch die Veränderungssperre nicht berührt (§ 14 Abs. 3 BauGB). Die Veränderungssperre des **Bundesfernstraßengesetzes** (§ 9a) kennt zwei Tatbestände, die zu einer Veränderungssperre führen: die Auslegung der Pläne im Planfeststellungsverfahren bzw. die gegebene Gelegenheit, den Plan einzusehen, und die Festlegung eines Planungsgebietes. Die Sperre untersagt auf den vom Plan betroffenen Flächen wesentlich wertsteigernde oder den geplanten Straßenbau erheblich erschwerende Veränderungen. Veränderungen, die in rechtlich zulässiger Weise vorher begonnen worden sind, Unterhaltungsarbeiten und die Fortführung einer bisher ausgeübten Nutzung bleiben unberührt (Abs. 1). Selbstverständlich setzt eine Entschädigung für eine Veränderungssperre voraus, dass der Eigentümer oder der sonst am Grundstück Berechtigte zur Vornahme der Veränderung nach allgemeinem Bau- und Bodenrecht berechtigt ist. Ist das nicht der Fall, können Ansprüche aus der Sperre nicht hergeleitet werden. 787

Als wesentlich **wertsteigernde Veränderungen** sind Maßnahmen anzusehen, die den Verkehrswert des Grundstücks erheblich erhöhen. Neben der Errichtung baulicher Anlagen gehören dazu: die Umwandlung eines landwirtschaftlichen Grundstücks (Acker, Weide, Wiese) in eine Gärtnerei, Baumschule oder Obstpflanzung, die Aufforstung von Ödland, die Trockenlegung von nassen und feuchten Grundstücken, die Einrichtung einer Sand- und Kiesgrube usw. Die Einrichtung einer Sand- und Kiesgrube kann sich darüber hinaus auch als eine erheblich erschwerende Veränderung erweisen, 788

https://doi.org/10.1515/9783110682557-087

wenn die geplante Straße auf Geländehöhe oder auf einem Damm geführt werden soll und anderenfalls die ausgekiesten Flächen wieder verfüllt werden müssten. Weiterhin zählen zu den erheblich erschwerenden Veränderungen: die Verfüllung von vertieften Grundstücken mit Müll, das Verlegen von Leitungen, das Ablagern von Bodenmassen. Dagegen verhindert die Veränderungssperre **nicht rechtliche Veränderungen** (Verkauf oder Verpachtung der von der Sperre betroffenen Grundstücke); die Veränderungssperre beinhaltet kein Verfügungsverbot für den Eigentümer.

Maßnahmen, die gegen eine Veränderungssperre verstoßen, sind rechtswidrig, so dass keine Entschädigung dafür verlangt werden kann. Die Fortführung einer bisher ausgeübten Nutzung setzt voraus, dass beim Beginn der Sperre das Grundstück so genutzt wurde (BGH MDR 1969, 915 = BRS 22 Nr. 96).

789 2. Dauert die **Sperre weniger als 4 Jahre**, ist sie entschädigungslos hinzunehmen. Eine solche Sperre hält sich im Rahmen der verfassungsrechtlich zulässigen Bindung des Eigentums; sie ist **Inhaltsbestimmung** im Sinne des Art. 14 Abs. 1 S. 2 GG. In Rechtslehre und Rechtsprechung besteht Übereinstimmung darin, dass als Ausfluss der Pflichtigkeit des Eigentums (Art. 14 Abs. 2 GG) der Eigentümer eine auf 4 Jahre begrenzte Veränderungssperre entschädigungslos hinnehmen muss (BGHZ 78, 152, 163; BGHZ 73, 161; überholt BGHZ 30, 338 = NJW 1959, 2156 = WM 1959, 1337 – *Freiburger Baustellenurteil*: 3 Jahre und Differenzierung zwischen örtlicher und überörtlicher Teilplanung). In einer Sperre, die länger als 4 Jahre dauert, sieht der Gesetzgeber dagegen eine unverhältnismäßige Belastung des Eigentümers; die Entschädigungspflicht nach § 18 BauGB und § 9a Abs. 2 FStrG ist eine **ausgleichspflichtige Inhaltsbestimmung** nach Art. 14 Abs. 1 S. 2 GG zur Vermeidung der Verfassungswidrigkeit (Pflicht zu Geldausgleich, Übernahme; vgl. *Runkel* in EZBK, § 18 Rn. 9; *Battis* in BKL, § 18 Rn. 2; *Bender* in Müller/Schulz, § 9a Rn. 36 ff.).

790 3. Zu § 18 BauGB wird verschiedentlich der Standpunkt vertreten, dass die darin getroffene Ausgleichsregelung nur für vorübergehende Veränderungssperren gelte und die von der Rechtsprechung entwickelten Entschädigungsgrundsätze für dauernde Sperren davon unberührt blieben (*Pagendarm* 1965, S. 14; *Kröner*, Eigentumsgarantie, S. 95; *Kreft*, Enteignungsentschädigung II, S. 25, 26). Da § 9a Abs. 2 FStrG und § 18 Abs. 1 BauGB nahezu wörtlich übereinstimmen, müsste Gleiches auch für § 9a Abs. 2 zutreffen. Die Entschädigungsgrundsätze für dauernde Sperren sind im ***Sportpalast*-Urteil des BGH** (BGHZ 37, 269 = NJW 1962, 2051 = MDR 1962, 966 = BRS 19 Nr. 93) besonders anschaulich dargestellt. Der BGH sieht in der dauernden Sperre eine Vorwirkung der späteren Vollenteignung. Bereits die Sperre führe zu einem endgültigen teilweisen Entzug der aus dem Eigentum fließenden Befugnisse (z. B. der Befugnis, das Grundstück zu bebauen). Das bedeutet, dass nicht erst nach Ablauf von 4 Jahren, sondern vom ersten Tag der Sperre an eine Entschädigung gefordert werden kann. Auf die Dauer der Sperre kommt es dann nicht an. Allerdings sind diese Grundsätze zu Tatbeständen entwickelt wurden, die vor dem Inkrafttreten des § 18 BauGB und des § 9a

FStrG liegen. Deshalb ist zu fragen, ob der Zweck dieser Vorschriften eine solche Unterscheidung heute noch zulässt.

Aufgabe der Veränderungssperre ist, eine ungestörte Bau- und Straßenplanung zu sichern. Bau- und Straßenplanung dienen immer auch der Fortentwicklung des Grundeigentums und widersprechen somit nicht von vornherein den Belangen privater Grundeigentümer. Von daher erscheint es durchaus vertretbar, den von einer Veränderungssperre betroffenen Grundeigentümer **notwendige Beschränkungen 4 Jahre lang entschädigungslos hinnehmen** zu lassen. Willkürlich wäre es, darüber hinaus zu unterscheiden, ob das Grundstück schließlich auch endgültig für einen öffentlichen Zweck benötigt wird oder ob es nach Aufhebung der Beschränkung seinem Eigentümer wieder zur freien Verfügung steht. Beide Eigentümer befinden sich in der gleichen Lage. Der, dessen Grundstück benötigt wird, erhält als Ausgleich dafür den Verkehrswert. Dadurch ist er in die Lage versetzt, ein gleichartiges Grundstück zu erwerben. Darauf kann er seine Pläne und Absichten ebenso verwirklichen wie der Eigentümer, der sein Grundstück behält (vgl. *Ziegler* DVBl 1973, 93, BBauBl. 1979, 526, 530 und BBauBl. 1979, 526, 530; *Schlosser* in Marschall, § 9a Rn. 10). **791**

Anderer Meinung ist *H. Fischer* (Rn. 181ff.). Er erblickt darin gerade keine Gleichbehandlung. Seiner Meinung nach werde der von einer Dauersperre betroffene Eigentümer benachteiligt, weil die mit der Sperre verbundene Enteignungsvorwirkung den früheren, meist geringerwertigen Grundstückszustand festschreibe, während der andere Eigentümer nach Aufhebung der vorübergehenden Sperre an der wirtschaftlichen Weiterentwicklung beteiligt sei (ebenso *Breuer* in Schrödter, § 18 Rn. 81ff.; *Battis* in BKL, § 18 Rn. 11). Diese Überlegung ist indes nicht schlüssig. Der von der Dauersperre betroffene Eigentümer kann mit dem mit der Entschädigung gekauften Ersatzgrundstück ebenso an der wirtschaftlichen Weiterentwicklung teilhaben. Weiterhin wird übersehen, dass der bloße Ausschluss der wirtschaftlichen Weiterentwicklung enteignungsrechtlich gesehen keinen Wertverlust mit sich bringt und deshalb nicht entschädigungspflichtig ist. Ein verhinderter Wertzuwachs ist jedenfalls kein eigentlicher Wertverlust. **792**

4. Die Entschädigung, die für Vermögensnachteile aus der Fortdauer der Sperre über 4 Jahre hinaus verlangt werden kann, ist **keine Enteignungsentschädigung** für einen gezielten staatlichen Zugriff, sondern **Ausgleich für eine unverhältnismäßige Belastung** eines vermögenswerten Rechts, aber kein Schadensersatz (BGHZ 136, 182, 186 = NJW 1997, 3432). Gleichwohl können nur solche Vermögensnachteile entschädigt werden, die sich als Rechtsverlust darstellen. Einen Rechtsverlust erleidet, wer von seinem Recht etwas abgeben muss bzw. wem von seinem Recht etwas genommen wird. Dabei muss der Rechtsverlust an dem unverhältnismäßig belasteten Recht entstanden sein. Denn der wirtschaftliche Schaden, der sich als Folge der Belastung eingestellt hat, wird dem Betroffenen in der Regel nicht ersetzt. Als Rechtsverlust an einem Grundstück kommt in erster Linie der Entzug von Nutzungen bzw. Nutzungsmöglichkeiten des Grund und Bodens in Betracht. So kann eine Entschädigung der **793**

Eigentümer verlangen, dessen Baugrundstück wegen der Veränderungssperre 4 Jahre nicht bebaut werden konnte. Allerdings muss der Eigentümer in der Zeit, für die er Entschädigung beansprucht, vorgehabt haben, das Grundstück selbst oder durch Verkauf baulich zu nutzen, und er muss dazu auch in der Lage gewesen sein; anderenfalls ist das Verbot für ihn nicht spürbar geworden (BGHZ 58, 124 = NJW 1972, 727 = MDR 1972, 400 = BRS 26 Nr. 87; *Müller* NJW 1973, 2177 mit zahlreichen Nachweisen; vgl. auch § 42 Abs. 8 BauGB). Nach Ablauf von 4 Jahren wird die Sperre in einem solchen Fall zur **unverhältnismäßigen Belastung**; denn dem Eigentümer ist die Ausnutzung der baulichen Nutzungsmöglichkeit verwehrt. Sofern die dafür zu leistende Entschädigung nicht sofort gezahlt wird, weil der Eigentümer sie noch nicht fordert, ist sie vom ersten Tag des 5. Jahres zu **verzinsen** (§ 18 Abs. 1 S. 2 i.V.m. § 99 Abs. 3 BauGB). Solange der Ausgleich für einen erlittenen Rechtsverlust durch den Begünstigten noch nicht erbracht ist, ist seine Verzinsung als Nutzungsentschädigung die angemessene Form der Entschädigung. Die Nachteile, die bis zum Ablauf des vierten Jahres entstanden sind, brauchen auch bei einer Sperre, die länger als 4 Jahre dauert, nicht entschädigt zu werden. Darin drückt sich die Pflichtigkeit des Eigentums aus.

794 Die **Entschädigung** für die verwehrte bauliche Nutzungsmöglichkeit ist der **Unterschiedsbetrag zwischen dem Wert des unbebauten, aber bebaubaren Grundstücks und dem Wert des von der Baubeschränkung betroffenen Grundstücks** (vgl. dazu § 42 Abs. 2 BauGB). Ähnlich verhält es sich mit dem Eigentümer von Kiesland, der der Sperre wegen einen Kiesabbaubetrieb darauf nicht eröffnen kann. Ihm ist der nicht abbaubare Kies zu entschädigen oder aber die Entschädigung dafür bis zu ihrer Zahlung zu verzinsen. Bei **vorübergehenden Sperren** kommt nur eine **Verzinsung** des Wertes der verhinderten Nutzungsmöglichkeit in Betracht. Wenn im Einzelfall als Folge der Nutzungsentziehung eingehende Pachten, Mieten oder sonstige Erträge gemindert werden, können anstatt der Verzinsung des Wertes der verhinderten Nutzungsmöglichkeit die Ausfälle bezahlt werden (**konkrete Schadensberechnung**). Anstelle der Verzinsung des Wertes der verhinderten Nutzungsmöglichkeit kann ferner von einer marktgerechten Pacht oder Miete oder einem Erbbauzins für das nicht gesperrte Grundstück ausgegangen werden (**Bodenrente**); davon abzuziehen ist der mögliche Ertrag des gesperrten Grundstücks. Beispiel: An einem Baugrundstück für ein Einfamilienhaus könnte ohne Sperre ein Erbbaurecht bestellt werden; wegen der Sperre ist nur eine Nutzung als Garten möglich. Erbbauzins: 4,– €/m^2 (4 % von 100,– €); Gartenpacht: 0,30 €/m^2 (3 % von 10,– €). Jährliche Entschädigung: 3,70 €/m^2. Zur **Berechnung der Entschädigung** siehe BGHZ 136, 182 = NJW 1997, 3432.

795 Neben dem Rechtsverlust kann bei Sperren, die sich im Nachhinein als Dauersperren erweisen, weil das gesperrte Grundstück für einen öffentlichen Zweck benötigt wird, **Entschädigung für nutzlos gewordene Vorbereitungen** zur Bebauung des Grundstücks verlangt werden. In Frage kommen: Vermessungskosten, Architektenvergütungen, Verwaltungsgebühren für eine Baugenehmigung; letztere allerdings nur, wenn die Genehmigung beim Inkrafttreten der Sperre noch gültig war.

Dagegen können bei einer Veränderungssperre nicht entschädigt werden: Verteuerung der Baukosten, Umsatz- und Gewinnverluste eines geplanten Betriebes, Aufwendungen für Ersatzräume, Mietausfall aus erst noch zu errichtenden Gebäuden usw. Hierbei handelt es sich nicht um entgangene Nutzungsmöglichkeiten des Grundstücks und somit auch nicht um Nachteile am gesperrten Grundstück (BGHZ 30, 338 = NJW 1959, 2156 = DVBl 1960, 27 = BRS 19 Nr. 95). 796

Noch nicht entschieden ist die Frage, ab wann ein Eigentümer Entschädigung verlangen kann, wenn für ihn beispielsweise innerhalb einer 6jährigen Sperre die Sperre erst nach 5 Jahren spürbar wird, weil er erst dann bauen will und kann. Sicherlich braucht er das 6. Jahr der Sperre nicht entschädigungslos hinzunehmen; denn die entschädigungslose Zeit (die ersten 4 Jahre) hat auch sein Grundstück betroffen. Andererseits wird er aber nicht schon ab Beginn des fünften Jahres eine Entschädigung beanspruchen können; eine Entschädigung steht ihm vielmehr erst ab dem Tag zu, an dem er bauen wollte und konnte, da erst dann die Sperre für ihn spürbar wurde. 797

Die **Entschädigungspflicht endet**, wenn die Veränderungssperre außer Kraft tritt. Das ist der Fall, sobald ihre Geltungsdauer abgelaufen ist, die Voraussetzungen für ihren Erlass weggefallen sind, die Bauleitplanung bzw. Planfeststellung rechtsverbindlich abgeschlossen ist oder der Entschädigungspflichtige den Besitz bzw. das Eigentum an dem betroffenen Grundstück erlangt hat (§ 17 BauGB; § 9a FStrG). 798

5. Besondere Schwierigkeiten bereitet die Entschädigung, wenn das von der Sperre betroffene Grundstück **gewerblich** genutzt wird. Die Schwierigkeiten beginnen bereits bei der Abgrenzung der untersagten Veränderungen von den Veränderungen, die durch die Sperre nicht berührt werden. Das Aufstellen einer neuen Fertigungsanlage kann im Einzelfall eine unzulässige wertsteigernde Veränderung oder die erlaubte Fortführung einer bisher ausgeübten Nutzung sein. Zwischen einer Umgestaltung des Betriebes, um sich den wirtschaftlichen und technischen Neuerungen anzupassen, und einer Ausdehnung und Vergrößerung ist zu unterscheiden (vgl. BGH NJW 1959, 1775 = MDR 1959, 828; BGH MDR 1972, 849 = BB 1972, 1031). Die Ausdehnung und Vergrößerung soll durch die Sperre verhindert werden. Die Anpassung an den neuen Entwicklungsstand hingegen hält sich im Rahmen der ausgeübten Nutzung; sie verändert nicht die Gegebenheiten des Betriebes, sondern entspringt dem berechtigten Bestreben jedes eingerichteten Gewerbebetriebes, wettbewerbsfähig zu bleiben. Wird durch die neue Fertigungsanlage eine veraltete ersetzt, handelt es sich um eine erlaubte Veränderung. Unzulässig ist das Aufstellen der Anlage, wenn dadurch der Betrieb erweitert würde. Für die unterbliebene Einrichtung der Fertigungsanlage zur Erweiterung des Betriebes kann keine Entschädigung für entgangene Nutzung verlangt werden. Eine solche Entschädigung käme nur in Frage, wenn die Anlage bereits gearbeitet hätte und die Herstellung von Waren eingeschränkt oder stillgelegt worden wäre. Insoweit fehlt es noch an einem greifbaren Wert. Die Entschädigung besteht vielmehr ebenfalls in einem Zinsanspruch. Zu verzinsen ist der Unterschiedsbetrag der Werte 799

des Betriebes mit der Möglichkeit, eine zusätzliche Fertigungsanlage aufzustellen, und des Betriebes ohne diese Nutzungsmöglichkeit (vgl. BGH NJW 1965, 2101 = MDR 1965, 981 = BRS 19 Nr. 134 und LM a.a.O.; Einzelheiten bei *Runkel* in EZBK, § 18 Rn. 39; *Battis* in BKL, § 18 Rn. 9).

800 6. Die **Höhe der Verzinsung** richtet sich nach § 99 Abs. 3 BauGB bzw. den einschlägigen Enteignungsgesetzen. Die Verweisung auf die Enteignungsgesetze der Länder in § 19 Abs. 5 FStrG gilt auch für die Entschädigung des § 9a Abs. 2 (§ 9a Abs. 2 Satz 4 FStrG). In der Höhe der gesetzlich vorgesehenen Verzinsung wird ein Nutzungsausfall des Betroffenen vermutet. Einen weitergehenden Ausfall muss der Betroffene darlegen und beweisen; gegebenenfalls ist die Verzinsung entsprechend zu erhöhen.

801 7. Nach § 9a Abs. 2 S. 2 FStrG kann der Eigentümer nach 4 Jahren ferner die **Übernahme** der vom Plan betroffenen Flächen verlangen, wenn es ihm mit Rücksicht auf die Veränderungssperre wirtschaftlich nicht zumutbar ist, das Grundstück in der bisherigen oder einer anderen zulässigen Art zu nutzen. Wirtschaftlich nicht zuzumuten ist das Behalten des Grundstücks, falls infolge der Fortdauer der Sperre eine der Grundstücksart angemessene Nutzung nicht möglich ist, z.B. ein Bauplatz kann weiterhin nur als Kleingarten genutzt werden. Der Anspruch auf Übernahme ist, wie sich aus § 9a Abs. 2 S. 3 FStrG ergibt, ein verhaltener Anspruch, der nicht selbständig durchsetzbar ist (*Bender* in Müller/Schulz, § 9a Rn. 46).

802 8. **Anspruchsberechtigt** sind die durch die Sperre Betroffenen, d.h. Eigentümer, Mieter, Pächter und sonstige Nutzungsberechtigte, soweit ihnen Vermögensnachteile entstanden sind (§ 18 Abs. 1 BauGB). Entsprechend ist auch § 9a Abs. 2 FStrG auszulegen, auch wenn nach dem Wortlaut der Bestimmung lediglich die betroffenen Eigentümer eine Entschädigung verlangen können; insoweit dürfte es sich um ein gesetzgeberisches Versehen handeln. Kann man sich über die Höhe der Entschädigung nicht einigen, entscheidet die nach Landesrecht für Enteignungen zuständige Behörde (höhere Verwaltungsbehörde, § 18 Abs. 2 BauGB, § 9a Abs. 2 Satz 4 FStrG). Ebenfalls um ein gesetzgeberisches Versehen handelt es sich, wenn in Satz 3 des § 9a Abs. 2 FStrG lediglich von der Übernahme die Rede ist; die Enteignungsbehörde kann angerufen werden, wenn die Parteien allgemein keine Einigung erzielen.

Verkehrseinwirkungen

Übersicht

1. Eine **Enteignungsentschädigung** im Sinne des Art. 14 Abs. 3 GG kommt für **Verkehrseinwirkungen (Lärm, Staub, Abgase, Erschütterungen usw.) bei einer Landabtretung** für den Bau der Verkehrsanlage in Betracht. Die Grundlage bildet der Rechtsverlust durch den Minderwert des Restgrundstücks. Handelt es sich bei der Verkehrsanlage um ein planfestgestelltes oder plangenehmigtes Vorhaben, kann der betroffene Eigentümer auch auf **fachplanungsrechtliche Ausgleichsansprüche** im Vorfeld der Enteignung – Art. 14 Abs. 1 Satz 2 GG – zurückgreifen. Beide Ansprüche stehen nebeneinander (BGH BauR 2013, 446); der jeweils weitergehende ist zu erfüllen. Die Erfüllung beider Ansprüche liefe auf eine unzulässige Doppelentschädigung hinaus. Die fachplanungsrechtlichen Ausgleichsansprüche bilden zudem **die Anspruchsgrundlage, wenn der Eigentümer, ohne Land abzutreten**, lediglich als Nachbar der Verkehrsanlage in seiner Rechtsstellung betroffen ist. Der enteignende Eingriff als Anspruchsgrundlage dagegen ist durch die Abkehr vom „weiten" Enteignungsbegriff durch den *Nassauskiesung*-Beschluss des BVerfG (BVerfGE 58, 300) in den Hintergrund getreten. Er ist beschränkt auf Verkehrsanlagen, die seit alters her bestehen, oder ohne Planfeststellung gebaut wurden, z. B. auf der Grundlage eines Bebauungsplanes. 803

2. Ist für den Bau einer Verkehrsanlage ein **Teil des** nunmehr gestörten **Grundstücks abgetreten** worden, kann der Betroffene vom Baulastträger nach den einschlägigen Bestimmungen der Enteignungsgesetze (z. B. §§ 93, 95, 96 Abs. 1 Nr. 2 BauGB oder §§ 1, 8 Abs. 1 und 2 PrEntG) eine volle Entschädigung einschließlich des Minderwertes fordern, der für den übrigen Grundbesitz durch die Enteignung entsteht. Bei der Feststellung des Minderwertes des Restgrundstücks sind nicht nur Nachteile aus der Abtretung, sondern auch aus dem Betrieb des durch die Enteignung begünstigten Unternehmens zu berücksichtigen. Störungen durch den Betrieb sind ebenfalls eine Folge der Enteignung. Schon das RG hat in ständiger Rechtsprechung Entschädigung für alle Nachteile gewährt, die das Restgrundstück durch das „Unternehmen im Ganzen" erleidet, für das ein Teil enteignet wurde (RGZ 44, 331; RGZ 13, 244; RGZ 7, 258). Der **BGH** hat diese Rechtsprechung übernommen und fortentwickelt (BGHZ 140, 285; BGH BauR 2013, 446; BGH NVwZ 2001, 351; BGH NVwZ 1986, 961; BGHZ 76, 1; BGHZ 61, 253, 254). 804

Friedrich

https://doi.org/10.1515/9783110682557-088

805 Eine wichtige Einschränkung dieser Rechtsprechung wird indes häufig übersehen. Störungen, beispielsweise durch den Verkehr auf einer Straße, werden als Folge der Enteignung entschädigt, d. h., dass sie auch nur insoweit entschädigt werden können, als sie tatsächlich eine Folge der Enteignung sind. Damit gesagt werden kann, welche Störungen hiernach entschädigungspflichtig sind, müssen *in einem ersten Schritt* **die Störungen ermittelt** werden, die das Grundstück treffen, **wenn** davon **nichts enteignet** würde. Es ist mithin zu untersuchen, welchen Störungen das Grundstück ausgesetzt wäre, wenn dieselbe Straße nicht über das entzogene Teilgrundstück, sondern an seiner Grenze entlang verliefe (BGH NVwZ 1986, 961). Den Verlauf der Straße entlang der Grenze erhält man durch eine **gleichlaufende parallele Verschiebung der geplanten oder schon gebauten Straße bis zur nächsten Grenzlinie** oder zum nächsten Grenzpunkt des betroffenen Grundstücks (**Parallelverschiebungstheorie**; BGHZ 80, 360, 363 = NJW 1981, 2116). Dabei kommt es nicht darauf an, ob die Straße tatsächlich außerhalb des ungeteilten Grundstücks entlang der Grundstücksgrenze ohne dessen Teilabtretung errichtet werden kann; denn die Führung der Straße entlang der Grundstücksgrenze ist nur eine **Denkfigur** zur Ermittlung des entschädigungspflichtigen Minderwertes (vgl. BGHZ 61, 253; BGH NVwZ 1986, 961).

Sodann sind *in einem zweiten Schritt* die **Störungen festzustellen**, durch die das dem Eigentümer verbleibende **Restgrundstück tatsächlich beeinträchtigt** wird. Nur **für den Unterschied** in den Störungen, bzw. für den diesem Unterschied entsprechenden Minderwert, kann eine Entschädigung aufgrund der Enteignung verlangt werden. Weiter reicht die Enteignung nicht. Denn eine Entschädigung wird dafür gewährt, dass dem Betroffenen durch den Verlust von Eigentum Möglichkeiten genommen werden, sich kraft dieses Eigentums gegen Einwirkungen von außen zu schützen (**Eigentum als Schutzzone**). Die Eigentumsgewährleistung schützt hingegen nicht dagegen, dass die Benutzung des Nachbargrundstücks durch hoheitliche Maßnahmen verändert wird; der **Schutz des Eigentums endet** grundsätzlich **an der Grundstücksgrenze.**

806 Die Rechtsstellung des Eigentümers kann jedoch auch **über die Eigentumsgrenze** hinausreichen. Schutzbestimmungen nachbarrechtlicher Art erweitern die Rechtsstellung des Eigentümers. Zu denken ist an die nachbarlichen Regelungen im BGB, aber auch öffentlich-rechtliche Vorschriften kommen dafür in Betracht, z. B. die Bauordnungen der Länder, die für die Errichtung von Wänden, Mauern oder sonstiger Baukörper die Einhaltung bestimmter Grenzabstände vorschreiben. Wird also die Straße im Bereich des betroffenen Grundstücks auf einem Erddamm oder einem Bauwerk angelegt, so ist auf den Unterschied der Störungen abzustellen, der sich zwischen dem gedachten Bau der Straße unter Einhaltung des vorgeschriebenen Grenzabstandes und der geplanten oder gebauten Straße ergibt (vgl. auch BGHZ 76, 1 = NJW 1980, 835 und *Krohn/Löwisch* Rn. 292).

807 Weiterhin ist zu beachten, dass nicht jede Landabtretung einen entschädigungspflichtigen Minderwert auslöst. Zwar ist nicht erforderlich, dass durch die Landabtretung die Möglichkeiten, sich kraft Eigentums gegen Einwirkungen von außen zu

schützen, einschneidend verschlechtert werden. Gegenüber einem Straßenbau entlang der Grundstücksgrenze (Parallelverschiebung) muss aber eine **„fühlbare" Verschlechterung für das Restgrundstück** eintreten (vgl. BGH NJW 1978, 318). Sind die Gegebenheiten in beiden Fällen annähernd oder fast gleich, weil der Abtretungsfläche die Rolle einer Schutzzone überhaupt nicht oder nur in sehr beschränktem Maße zukommt (Fläche ist z. B. nicht genügend tief, weil nur ein schmaler Streifen abgetreten wird), entsteht kein besonderer Minderwert.

Beim **Lärm** setzt die **„fühlbare" Verschlechterung** voraus, dass der Lärm gegen- **808**
über einem Bau der Straße entlang der Grundstücksgrenze um mindestens 3 dB(A) zunimmt (OVG Lüneburg DVBl. 2008, 733). De facto ist dies bereits bei 2,1 dB(A) der Fall, da die Pegelzunahme ganzzahlig aufzurunden ist. Geringere Lärmverstärkungen nimmt das menschliche Ohr nicht wahr. Ferner gehört zum Merkmal der „fühlbaren" Verschlechterung, dass der **Lärm** der geplanten oder schon gebauten Straße auf das Restgrundstück **belästigend wirkt**. Das ist der Fall, wenn ein Wert von 50 dB(A) bei Tage überschritten wird. Denn bei geringeren Werten bleiben die Satzverständlichkeit und damit ein entspanntes Gespräch uneingeschränkt erhalten. Nach der DIN 18005 sind 50 dB(A) zudem der Richtwert für die städtebauliche Planung von Wohngebieten. **Mess- oder Berechnungspunkt** dafür, ob der Lärm um 3 dB(A) zunimmt bzw. 50 dB(A) überschreitet, ist die Mitte des Grundstücks, und zwar zunächst für den Lärm an der Grenze des ungeteilten Grundstücks und danach für den Lärm an der sich durch den Bau der Straße ergebenden „neuen" Grenze. Beispiel einer „fühlbaren" Verschlechterung: Straßenbau an der alten Grenze 46 dB(A), an der neuen 52 dB(A) – Zunahme um mehr als 3 dB(A) –; keine „fühlbare" Verschlechterung: Straßenbau an der alten Grenze 49 dB(A), an der neuen 51 dB(A) – keine Zunahme um 3 dB(A) –; Straßenbau an der alten Grenze 45 dB(A), an der neuen 49 dB(A) – keine Überschreitung von 50 dB(A).

Der Abtretung eines Grundstücksteils ist gleichzustellen die **Abtretung eines an- 809**
deren Grundstücks (ganz oder teilweise), wenn es **demselben Eigentümer gehört** und mit dem durch Verkehrseinwirkungen geschädigten Grundstück **in einem engen räumlichen Zusammenhang** steht, so dass ihm die Rolle einer Schutzzone zukommt. Dabei brauchen die Grundstücke nicht aneinanderzugrenzen. Ein Weg, ein Graben oder dergleichen oder Eigentum eines Dritten, das zwischen den Grundstücken liegt, stehen dem nicht entgegen. Ausschlaggebend ist allein der tatsächliche enge räumliche Zusammenhang und die damit verbundene Möglichkeit, kraft Eigentums einen Störer fernzuhalten und so schützend für das übrige nahegelegene Eigentum zu wirken. Ob die Abtretungsfläche des anderen Grundstücks eine Schutzzone bildet, ist eine Tatfrage. Ausgehend von den Gegebenheiten vor Ort ist zu fragen, ob mit Hilfe der Abtretungsfläche fühlbare Beeinträchtigungen des übrigen Eigentums durch die lästige Nutzung fremder Grundstücke in einem Maße verhindert oder verringert werden können, dass sie nicht mehr oder weniger belästigend wirken.

Der **BGH** (NJW 1986, 2424, 2425) scheint dagegen das Abgrenzungsmerkmal in der Rechtsstellung des Betroffenen zu sehen. Er stellt allein darauf ab, ob sich die störende Verkehrsanlage auf dem dazwischenliegenden fremden Eigentum – z. B. einem Weg – ohne Verbreiterung und damit ohne Abtretung von Grund und Boden des gestörten Eigentümers unterbringen lässt. Wird die Frage verneint, bilden für ihn die beiden Grundstücke eine Einheit, und die Abtretungsfläche wird als Schutzzone behandelt. Das ist eine Betrachtung, die nicht befriedigen kann. Denn ob die Abtretungsfläche eine Schutzzone ist, hängt nicht von ihrer Zuordnung zum geschädigten Grundstück ab, sondern von der Größe, Breite oder überhaupt dem Umfang der störenden Anlage.

810 Die **Berechnung des entschädigungspflichtigen Minderwertes** bereitet in der Praxis erhebliche Schwierigkeiten. Das kommt daher, weil die Abhängigkeit der Höhe des Minderwertes von der Größe und Art des Eigentumsverlustes (Grundstück, Einfriedigung, Aufwuchs usw.) nicht genügend beachtet wird. Aufgrund dieser Abhängigkeit empfiehlt sich, Rechtsverlust und Minderwert zusammen nach dem **Differenzverfahren** zu ermitteln. Dem Verkehrswert des Grundstückes mit der gedachten Verkehrsanlage an dessen Grenze wird der Verkehrswert des Restgrundstückes gegenübergestellt. Der Unterschied der Verkehrswerte ist die **Entschädigung einschließlich des Minderwertes**. Die Ermittlung der beiden Verkehrswerte erfolgt nach den erprobten Verfahren, die die ImmoWertV (abgedruckt im Anhang) an die Hand gibt.

811 3. Bedeutsamer als der Anspruch aus Enteignung sind heute die **fachplanungsrechtlichen Ausgleichsansprüche**, sowohl für den Eigentümer, der zum Bau der Verkehrsanlage Land abtreten muss, als auch für den lediglich in seiner Rechtsstellung betroffenen Nachbarn. Voraussetzung für diese Ansprüche ist, dass es sich bei der Verkehrsanlage um ein planfestgestelltes oder plangenehmigtes Vorhaben handelt. Die fachplanungsrechtlichen Ausgleichsansprüche ergeben sich insbesondere aus dem **BImSchG** und dem **VwVfG.**

Die Vorschriften der **§§ 3, 41, 42 BImSchG** erfordern einen Neubau oder eine wesentliche Änderung eines öffentlichen Verkehrsweges. Das ist nach den Straßen- und Wegegesetzen (für Bundesfernstraßen, Staats- und Kreisstraßen sowie Gemeindestraßen, für die eine Umweltverträglichkeitsprüfung erforderlich ist) und nach dem Allgemeinen Eisenbahngesetz nur zulässig, wenn der **Plan** vorher **förmlich festgestellt** oder eine **Plangenehmigung erteilt** worden ist (z. B. § 17 FStrG, Art. 36, 37 BayStrWG, § 38 StrWG NRW, § 39 SächsStrG, § 18 AEG).

§ 74 Abs. 2 VwVfG, der ebenfalls einen fachplanungsrechtlichen Ausgleichsanspruch gewährt, ist ohnehin eine Vorschrift aus dem Rechtsbereich der Planfeststellung. Mit der Unanfechtbarkeit des Planfeststellungsbeschlusses geht eine Duldungspflicht einher; Ansprüche auf Unterlassung des Vorhabens, auf Beseitigung oder Änderung der Anlagen oder auf Unterlassung ihrer Benutzung sind ausgeschlossen (§ 75 Abs. 2 VwVfG).

812 Gestützt auf die fachplanungsrechtlichen Ansprüche des BImSchG kann der durch das Vorhaben betroffene Eigentümer **Schutzmaßnahmen bzw. Entschädigung** verlangen (§§ 41, 42 BImSchG, s. auch Richtlinien für den Verkehrslärmschutz an Bundesfernstraßen in der Baulast des Bundes – VLärmSchR 97). § 74 Abs. 2 VwVfG spricht von **Vorkehrungen und Anlagen**, die zum Wohl der Allgemeinheit oder zur Vermeidung von nachteiligen Wirkungen auf Rechte anderer erforderlich sind. Soweit die Kosten für Schutzmaßnahmen **unverhältnismäßig** sind oder die Vorkehrungen und Anlagen untunlich oder mit dem Vorhaben unvereinbar, hat der Betroffene **Anspruch auf angemessene Entschädigung in Geld**.

Die Ansprüche müssen als **Einwendungen im Planfeststellungsverfahren** geltend gemacht. Nach Ablauf der Einwendungsfrist sind sie **ausgeschlossen** (z. B. § 73 Abs. 4 VwVfG i. V. m. § 17 Abs. 4 FStrG).

Festzuhalten ist jedoch, dass die genannten Vorschriften keinen gesetzlichen An- **813**
spruch auf einen Ausgleich aller Vermögensnachteile eröffnen, welche durch eine öffentliche Planungsmaßnahme verursacht werden. Der **Anspruch auf angemessene Entschädigung** in Geld ist **beschränkt** auf Nachteile, die durch Schutzmaßnahmen behoben werden könnten, die Schutzmaßnahmen aber von den Kosten her unverhältnismäßig, untunlich oder mit dem Vorhaben unvereinbar sind. Kein Ausgleich kann darum verlangt werden, wenn z. B. durch den geplanten Bau einer Fernstraße die Umgestaltung einer landwirtschaftlichen Hofstelle in einen Reiterhof mit Ferienbetrieb wirtschaftlich nicht mehr lohnend erscheint (vgl. BVerwG NJW 1997, 142).

Der Anspruch auf Schutzmaßnahmen oder einen Ausgleich in Geld entsteht nicht **814**
erst, wenn die Einwirkungen, die der Betroffene hinnehmen muss, schwer und unerträglich sind. Ihrem Inhalt nach erfordern die Ansprüche zwar die Beeinträchtigung eines eigentumsmäßig geschützten Rechts; es genügt aber, dass das **Eigentum unverhältnismäßig oder im Verhältnis zu anderen ungleich in unzumutbarer Weise belastet** wird (Art. 14 Abs. 2 GG). Dass eine unverhältnismäßige Belastung ausreicht, ergibt sich aus dem Wortlaut der gesetzlichen Vorschriften. Dort ist lediglich von **erheblichen Nachteilen und Belästigungen** die Rede (§ 3 Abs. 1 BImSchG) bzw. vom **Wohl der Allgemeinheit** und **nachteiligen Wirkungen auf Rechte anderer** (§ 74 Abs. 2 VwVfG). Verfassungsrechtlich sind die fachplanungsrechtlichen Ausgleichsansprüche darum nicht Art. 14 Abs. 3 GG, sondern Art. 14 Abs. 1 S. 2 zugeordnet. Das Ausmaß der Einwirkungen, das der Eigentümer auf Grund von Gesetzen oder Verordnungen hinnehmen muss, ist eine **Inhalts- und Schrankenbestimmung** des Eigentums. Vgl. → **Vorfeld der Enteignung** Rn. 928.

Im Ergebnis bedeutet das, dass grundsätzlich **zwei Schwellen** zu unterscheiden sind: die **Enteignungsschwelle des Art. 14 Abs. 3 GG** (schwere und unerträgliche Einwirkungen) und die Schwelle des Art. 14 Abs. 2, die als **Erheblichkeitsschwelle** bezeichnet werden kann (erhebliche, unverhältnismäßige, billigerweise unzumutbare Einwirkungen).

Auch die **wesentlichen Einwirkungen im Sinne von § 906 Abs. 2 BGB** sind **815**
hier einzuordnen, zumal sich nach der Ergänzung des Abs. 1 durch das Sachenrechtsänderungsgesetz vom 21.09.1994 (BGBl. I S. 2457) das Maß der Wesentlichkeit nach den in Gesetzen oder Rechtsverordnungen festgelegten Grenz- oder Richtwerten richtet (§ 906 Abs. 1 S. 2 BGB; vgl, dazu Palandt/*Herrler* § 906 Rn. 40). Solche Grenzwerte

bei Einwirkungen durch Verkehrslärm sind z. B. in der **Verkehrslärmschutzverordnung – 16. BImSchV** – (abgedruckt im **Anhang**) enthalten (vgl. dazu BGHZ 122, 76 = NJW 1993, 1700 und näher unten Rn. **817**).

816 **Wann** die **Erheblichkeitsschwelle überschritten** ist, lässt sich nicht allgemein sagen. Wohngebiet und Außenbereich können beispielsweise nicht gleich behandelt werden. Im Außenbereich müssen – den Merkmalen des Gebietes entsprechend – Verkehrseinwirkungen in stärkerem Maße ohne Anspruch auf Schutzmaßnahmen bzw. Geldausgleich hingenommen werden als in Wohngebieten. Der Schutz des Eigentums gegen Einwirkungen des Verkehrs wächst in dem Umfang, in dem die Wohnbestimmung rechtlich anerkannt ist. Aber auch innerhalb des Außenbereichs kann eine abgestufte Betrachtung geboten sein; die jeweiligen **tatsächlichen Verhältnisse** sind bestimmend.

817 Zum Schutz der Nachbarschaft vor schädlichen (erheblichen) Umwelteinwirkungen durch Verkehrsgeräusche enthält die auf Grund des § 43 Abs. 1 S. 1 Nr. 1 BImSchG ergangene **16. BImSchV** (oben Rn. **815**) in § 2 nach Gebietsarten abgestufte Wertentscheidungen (Grenzwerte). Danach dürfen in reinen und allgemeinen Wohngebieten und Kleinsiedlungsgebieten 59 dB(A) bei Tag und 49 dB(A) bei Nacht nicht überschritten werden. Grundsätzlich sind der Tag- und der Nachtwert einzuhalten. Wird die zu schützende Nutzung nur am Tage oder nur in der Nacht ausgeübt, so kommt es allein auf den Grenzwert für diesen Zeitraum an. Bauliche Anlagen im Außenbereich sind entsprechend ihrer Schutzbedürftigkeit zu beurteilen, § 2 Abs. 2 der 16. BImSchV; in der Regel sind sie, wenn es sich um Wohngebäude handelt, der Gebietsart „Kerngebiet", „Dorfgebiet", „Mischgebiet" zuzuordnen. Eine Gleichstellung von Wohngebäuden im Außenbereich mit der Gebietsart „reines und allgemeines Wohngebiet" erscheint nicht vertretbar. Die vielfältige Nutzung des Grundeigentums im Außenbereich, häufig verbunden mit lästigen Störungen, verbietet das (s. a. VLärmSchR 97).

818 Ob die in § 2 der Verordnung festgelegten Grenzwerte überschritten werden, bestimmt sich nach dem **Beurteilungspegel.** Dieser ist nach § 3 der 16. BImSchV für Straßen und nach §§ 4, 5 der 16. BImSchV für Schienenwege **zu berechnen (getrennt für Tag und Nacht).** Messungen und hiergegen aufgrund ihrer Abhängigkeit von Zeitpunkt, Ort, Messmethode und anderen individuellen Unwägbarkeiten erhobene Einwendungen gegen Aussagekraft der erzielten Ergebnisse werden damit ausgeschlossen. Die Berechnung erfolgte bisher nach den **Richtlinien für den Lärmschutz an Straßen – RLS 90** (VKBl. Nr. 7/1990, S. 258). Ausgangswerte für die Ermittlung der Lärmbelastung waren etwa die durchschnittliche tägliche Verkehrsmenge (DTV), die Verkehrszusammensetzung (Pkw- und Lkwanteil), die zulässige Geschwindigkeit, Beschaffenheit der Fahrbahnoberfläche, Straßengeometrie, Gradiente etc. Gleichwohl hat sich eine Ortsbesichtigung empfohlen, um einen persönlichen Eindruck von tatsächlicher Art, Stärke und Auswirkungen des Lärms zu erhalten. Nur auf diese Weise ist letztlich eine wertende Beurteilung und verantwortbare Entscheidung zur Erheblichkeit der Einwirkungen auf das betroffene Grundstück in seiner Gesamtheit möglich.

Inzwischen wurden die **RLS 90 überarbeitet** und als Richtlinien für den Lärmschutz an Straßen – **RLS 19** am 31. Oktober 2019 amtlich bekannt gemacht (s. VKBl Nr. 20/2019, S. 698). Mit der Änderung der 16. BImSchV vom 4.11.2020 werden die neuen Richtlinien als Bestandteil der Verordnung verbindlich eingeführt und ersetzen die RLS 90 nach einer Übergangsphase. **Änderungen durch die RLS 19** betreffen eine Aktualisierung des Berechnungsverfahrens (durch Anpassung der Emissionsansätze), das sich nach den RLS 90 noch auf Untersuchungen der Fahrzeugflotten aus den 70er Jahren stützt und daher die technische Entwicklung der Fahrzeugtechnik (von Motoren und Reifen) nicht berücksichtigt (neu: Unterscheidung zwischen den Fahrzeugarten Pkw, leichte Lkw und schwere Lkw oder Festlegung von Korrekturwerten für Straßendeckschichttypen).

Die tatsächliche und die sog. plangegebene **Vorbelastung** spielen **keine Rolle** 819
mehr. Beide Formen der Vorbelastung sind Rechtsfiguren, die das BVerwG entwickelt hat (vgl. dazu BVerwGE 71, 150, 153 = NJW 1985, 3034; BVerwGE 51, 15, 31 = NJW 1976, 1760, 1763). Bei der tatsächlichen Vorbelastung geht es um Lärmeinwirkungen, denen das betroffene Grundstück von seiner Umgebung ausgesetzt ist. Plangegebene Vorbelastung besagt, dass mit Lärmeinwirkungen einer geplanten Verkehrsanlage gerechnet werden musste, ehe die Wohnbenutzung des Grundstücks z.B. durch einen Bebauungsplan vorgesehen wurde. Nach Meinung des BVerwG erhöhen solche Vorbelastungen das Maß dessen, was der betroffene Eigentümer ohne Ausgleich hinnehmen muss (Erweiterung der Duldungspflicht, Anhebung der Erheblichkeitsschwelle). **Gerade das aber hat der Verordnungsgeber in der 16. BImSchV ausgeschlossen.** Für ihn sind die **Grenzwerte** (Erheblichkeitsschwellen) **unverrückbare Größen**, und bei der Berechnung des Beurteilungspegels, der aussagt, ob der maßgebliche Grenzwert überschritten wird, werden Lärmeinwirkungen (Lärmvorbelastungen) z.B. aus der Umgebung des Grundstücks folgerichtig nicht berücksichtigt. Eine andere Frage ist, ob bei einer bestehenden Belastung bzw. Vorbelastung ein Anspruch nicht überhaupt ausgeschlossen ist (vgl. § 42 Abs. 1 BImSchG und BGH in NJW 1995, 1823).

Die **Bildung eines Summenpegels** kann im Ausnahmefall dann geboten sein, wenn der neue oder zu ändernde Verkehrsweg zusammen mit vorhandenen Vorbelastungen zu einer Lärmbelastung führt, die mit Gesundheitsgefahren oder einem Eingriff in die Substanz des Eigentums verbunden sind, also die grundrechtliche Zumutbarkeitsschwelle bzw. die Enteignungsschwelle übersteigt. Das gilt jedoch nicht, wenn bereits die Vorbelastung die Enteignungsschwelle übersteigt (BVerwG DVBl 2018, 1426 Rn. 85ff.; BVerwG, Beschl. v. 24.11.2010 – 4 BN 28/10, juris Rn. 3).

Werden im Einzelfall die **Grenzwerte durch Verkehrsgeräusche überschritten**, 820
kann der betroffene Grundstückseigentümer **Schutzmaßnahmen** verlangen. Ihm gleichgestellt sind der Erbbauberechtigte und der Wohnungseigentümer. Entgegen der in der Vorauflage vertretenen Auffassung kann auch Mietern und Pächtern ein derartiger Anspruch grundsätzlich zustehen (OVG Lüneburg, Urt. v. 27.03.2008 – 7 KS 158/04, juris – unter Bezugnahme auf BVerwG NVwZ 2004, 986).

Der Anspruch richtet sich zunächst auf **Schutzmaßnahmen an der Verkehrsanlage (aktiver Schallschutz).** In Betracht kommen Wälle, Wände, Einschnitts- und Troglagen, Teil- und Vollabdeckungen (Tunnel, Einhausungen). Soweit die Kosten dafür unverhältnismäßig sind oder die Schutzmaßnahmen untunlich oder mit dem Vorhaben unvereinbar, geht der **Anspruch** in einen solchen **auf Geldausgleich** über.

821 Unverhältnismäßig sind die Kosten, wenn zwischen Kosten und Nutzen ein offensichtliches Missverhältnis besteht, d. h. der **Aufwand für aktiven Schallschutz nicht zu rechtfertigen** ist. Dabei allein auf die Höhe der Kosten als Grundlage für die Unverhältnismäßigkeit abzustellen, wie es der Wortlaut des § 41 Abs. 2 BImSchG vorsieht, dürfte jedoch nicht sachgerecht sein. Insbesondere ist es nicht zulässig, die Unverhältnismäßigkeit der Kosten für aktiven Lärmschutz an der Verkehrsanlage selbst mit den regelmäßig erheblich niedrigeren Kosten für den Schutz an den betroffenen Grundstücken und Gebäuden zu begründen. Nach der Rechtsprechung des **BVerwG** ist vielmehr in einem gestuften Verfahren zunächst festzustellen, wie hoch sich die Kosten im Falle eines „Vollschutzes", also für eine Schutzmaßnahme, die die Einhaltung der Immissionsgrenzwerte sicherstellt, belaufen werden. Erweisen sie sich als unverhältnismäßig, ist die gerade noch mit verhältnismäßigen Aufwand zu leistende, maximale Verbesserung der Lärmsituation dadurch zu ermitteln, dass ausgehend von dem Vollschutz **schrittweise Abschläge vom Schutzniveau** vorgenommen werden (BVerwG DVBl 2018, 1426; NVwZ 2013, 645; BVerwGE 134, 45 = NVwZ 2009, 1998).

822 Die Frage, wann sich die Kosten für aktiven Lärmschutz und der damit verbundene Nutzen noch verhältnismäßig gegenüberstehen, wird im Einzelfall danach zu beantworten sein, mit welchem Gewicht die widerstreitenden Belange einander gegenüberstehen. Diese **Verhältnismäßigkeitsprüfung** ist Teil der allgemeinen fachplanerischen Abwägung (vgl. BVerwG DVBl 1998, 330; BVerwG DVBl 1997, 831, 836). Das BVerwG räumt der **Planfeststellungsbehörde** dabei einen **Abwägungsspielraum** ein, der es ihr gestattet, neben den in § 41 Abs. 2 BImSchG genannten Kostengesichtspunkten auch andere Belange zu berücksichtigen (BVerwG Buchholz 406.25 § 41 BImSchG Nr. 56).

Bei der insoweit anzustellenden **Kosten-Nutzen-Analyse** kommt es u. a. auf die Schutzbedürftigkeit und Größe des von den schädlichen Verkehrsgeräuschen betroffenen Gebietes an. Beachtlich ist auch das Ausmaß der prognostizierten Grenzwertüberschreitungen, der zu erwartende Wertverlust der betroffenen Grundstücke und die Zahl der von den Geräuschimmissionen betroffenen Personen. Letzteres kann etwa dazu führen, dass für ein Gebiet mit stark verdichteter Bebauung wegen des größeren Schutzeffektes Verhältnismäßigkeit noch zu bejahen ist, anders als bei Gebieten mit einer aufgelockerten Bebauung wegen der dort geringeren Zahl von Bewohnern (BVerwGE 110, 370 = NVwZ 2001, 71). Unverhältnismäßigkeit der Kosten wird häufig beim Schutz des Außenwohnbereichs – Gärten, Terrassen, Balkone – gegeben sein.; sie können meist gar nicht oder nur mit sehr hohem Aufwand geschützt werden.

Weiterhin können **öffentliche Belange** wie der Landschaftsschutz und die Stadtbildpflege, aber auch das **Interesse anderer Grundstückseigentümer** an der Vermeidung einer von Schallschutzwänden ausgehenden Verschattung oder einer Lärmverlagerung zu ihren Flächen hin den Maßnahmen aktiven Lärmschutzes entgegenstehen (BVerwG v. 14.04.2010 – 9 A 43/08, Rn. 37, juris; OVG Rheinland-Pfalz v. 26.03.2014 – 8 C 10763/13, juris).

Ein **Anspruch auf Schutzmaßnahmen** an der Verkehrsanlage **scheidet** auch 823
dann **aus**, wenn diese **unvereinbar mit dem Bauvorhaben** sind, bzw. den mit ihm verfolgten Zweck erschweren oder vereiteln. Bei Straßen dürfen Sicherheit und Leichtigkeit des Verkehrs nicht beeinträchtigt werden. So ist etwa bei der Errichtung von Schallschutzwänden und -wällen an die Freihaltung von Sichtdreiecken und das Lichtraumprofil zu denken.

Aber auch der Geldanspruch ist kein Anspruch auf Geld zur beliebigen Verwen- 824
dung, sondern **Aufwendungsersatz** (§ 42 Abs. 2 BImSchG). Zu ersetzen ist der Aufwand für erbrachte notwendige Aufwendungen in Form von Schutzmaßnahmen am Grundstück und den baulichen Anlagen (**passiver Schallschutz**). Art und Umfang der erforderlichen Schutzmaßnahmen an den baulichen Anlagen ergeben sich aus der **Schallschutzmaßnahmenverordnung – 24. BImSchV** (abgedruckt im **Anhang**). Schutzmaßnahmen an den baulichen Anlagen sind danach bauliche Verbesserungen an den Umfassungsbauteilen schutzbedürftiger Räume, die die Einwirkungen durch Verkehrslärm mindern, insbesondere Fenster, Türen, Rolladenkästen, Wände, Decken, Dächer usw. Zu den baulichen Schutzmaßnahmen zählen auch Lüftungseinrichtungen. Die Verbesserung soll mindestens 5 dB betragen.

Durch die passiven Schutzmaßnahmen soll eine wirksame Abhilfe geschaffen 825
werden. Was **wirksame Abhilfe** ist, beurteilt sich nach der Eigenart und Zweckbestimmung des Grundstücks. Schutzmaßnahmen an den baulichen Anlagen allein sind jedoch noch keine wirksame Abhilfe. Auch die Außenanlagen, insbesondere ein vorhandener Garten, müssen geschützt werden; denn dadurch wird der Wohnwert des Grundstücks mitbestimmt. In Frage kommen Wände und Wälle auf dem Grundstück. Ein verbleibender Minderwert ist durch einen Ausgleich in Geld abzugelten. **Anspruchsgrundlage ist der § 74 Abs. 2 VwVfG.** § 42 Abs. 2 Satz 2 BImSchG lässt Vorschriften, die weitergehende Entschädigungen gewähren, unberührt, und § 74 Abs. 2 VwVfG ist eine solche Vorschrift (BVerwG NVwZ 1995, 907 = DÖV 1995, 775). Anders als § 42 Abs. 2 Satz 1 BImSchG gewährt sie **eine angemessene Geldentschädigung für alle nachteiligen Wirkungen** auf das Eigentum, und zu den nachteiligen Wirkungen gehört auch der Minderwert des Grundstücks.

Der Geldausgleich für den Minderwert bemisst sich am Verkehrswert des Grund- 826
stücks. Ein Abschlag vom Verkehrswert entspricht den Gepflogenheiten des Grundstücksmarktes (vgl. BVerwGE 87, 332, 388 = NVwZ-RR 1991, 601, 622; BGHZ 97, 361, 370 = NJW 1986, 2421, 2423). Die eigentliche Schwierigkeit ist die sachgerechte **Ermittlung der Höhe des Abschlages**. Dabei ist besonders darauf zu achten, dass nur noch ein verbliebener Minderwert ausgeglichen werden soll. Das nötigt dazu, die verschie-

denen Grundstücksteile (Grund und Boden, Gebäude, Außenanlagen) einzeln zu betrachten und vor allem die durch Schutzmaßnahmen schon erreichte Abhilfe richtig einzuschätzen.

Ein nach den Vorgaben der Schallschutzmaßnahmenverordnung geschütztes **Gebäude** ist in der Regel nicht mehr minderwertig, zumal wenn es ausreichend mit neuzeitlichen Entlüftern ausgestattet wurde. Deshalb ist der sog. Zwang zum geschlossenen Fenster kein ausgleichungspflichtiger Minderwert. Denn es geht um einen Ausgleich im Vorfeld der Enteignung, in dem die Billigkeit Beurteilungsmaßstab ist, sowohl zugunsten als auch zu Lasten des Betroffenen. Man wird darum fragen müssen, ob dem Betroffenen nicht billigerweise zugemutet werden kann, die Fenster weitgehend geschlossen zu halten. Das ist zu bejahen und gilt für die Belüftung und die Sprechverbindung von innen nach außen gleichermaßen.

Anders wird es dagegen meistens um den **Außenwohnbereich** bestellt sein. Zum Außenwohnbereich gehören Balkone, Loggien, Terrassen und nicht bebaute Flächen des Grundstücks, soweit sie „bewohnt" werden (z.B. Garten, Freisitz, Spielplatz). Sie tatsächlich zu schützen, erweist sich oft als zu teuer oder nicht möglich, weil es an dem notwendigen Platz dafür fehlt. Der Minderwert für den Außenwohnbereich kann über eine **Minderung des Nutzungswertes** geschätzt werden. Einen Anhalt bietet die Miete; sie ist das übliche Entgelt für die Nutzung eines Hauses (einer Wohnung). Zu fragen ist, in welchem Ausmaß mindert der Markt den auf den Außenwohnbereich entfallenden tatsächlichen oder unterstellten Mietanteil als Folge der verbliebenen Verkehrsgeräusche, also was wäre ein Wohngrundstück ohne oder nur mit einem geringfügigen Gartenanteil wert. Vergleichsfälle wird es in der Regel nicht geben; man muss eigenverantwortlich schätzen. Angebot und Nachfrage spielen eine gewichtige Rolle. Dabei ist stets den **individuellen Umständen** Rechnung zu tragen. So können beispielsweise die Kosten der Verlegung einer Gartenlaube an eine weniger gestörte Stelle und andere Anpassungskosten ein wichtiger Anhalt sein.

Weiter ist zu bedenken, dass nur die durch den billigerweise unzumutbaren Teil der Einwirkungen bewirkte Verschlechterung berücksichtigt werden darf. Eine **Verschlechterung unterhalb der Erheblichkeitsschwelle** ist **nicht ausgleichungspflichtig.** Die so gefundenen Minderungssätze sind Zwischenwerte, und aus ihnen ist unter entsprechender Gewichtung der noch geminderten Grundstücksteile der Abschlag vom Verkehrswert abzuleiten.

827 Ferner kommt es auf die beiden Zeitpunkte an, die bei der Ermittlung des Verkehrswertes zu beachten sind: **Zeitpunkt für die Zustandsbestimmung und Zeitpunkt der Bewertung.** Maßgebend für die Zustandsbestimmung und die Bewertung ist der Tag, an dem sich die Parteien über Art und Umfang der vorgesehenen Schutzmaßnahmen und die Höhe des verbliebenen Minderwertes einigen. Können sich die Parteien nicht einigen, so gilt Folgendes: Zeitpunkt für die Zustandsbestimmung ist die Entscheidung über den Anspruchsgrund, und Zeitpunkt für die Bewertung ist die Entscheidung über die Höhe. Die Regelungen zum „Angemessenen Angebot" und zur

„Anrechnung von Teilzahlungen“ gelten entsprechend. Vgl. → **Angemessenes Angebot** und **Anrechnung von Teilzahlungen**.

Es bleibt die Frage, ob der mittelbar Betroffene abhängig von der Stärke der Einwirkungen sich jedes Mal mit der Zahlung einer Entschädigung für den verbleibenden Minderwert begnügen muss oder ob, gestützt auf § 74 Abs. 2 VwVfG, nicht auch **die Übernahme** verlangt werden kann. Das BVerwG (DÖV 2003, 86) bejaht die Frage. Dem ist zuzustimmen. Es kann der Fall vorkommen, in dem die (mittelbaren) Einwirkungen z. B. aus dem Betrieb einer stark befahrenen Autobahn den Wert des davon betroffenen Grundstücks trotz Schutzmaßnahmen **auf nahezu Null absinken** lassen. In dieser Lage ist das Behalten des Grundstücks nicht zumutbar. So gesehen ist der Übernahmeanspruch eine besondere Art des Entschädigungsanspruchs. Vgl. → **Übernahme des Restgrundstücks** (Rn. **737 ff.**). 828

Ob die Voraussetzungen für Schutzmaßnahmen an der Verkehrsanlage, am Grundstück und an den baulichen Anlagen und damit auch für einen unter Umständen verbleibenden Minderwert erfüllt sind, stellt die **Planfeststellungsbehörde dem Grunde nach abschließend** fest (**Problembewältigung**). Die Entscheidung kann durch die Verwaltungsgerichte überprüft werden (BVerwG Buchholz 406.25 § 41 BImSchG Nr. 56). Über die Höhe der notwendigen Aufwendungen für Schutzmaßnahmen am Grundstück und an den baulichen Anlagen – Ansprüche aus § 42 Abs. 1 und 2 BImSchG – entscheidet die nach Landesrecht zuständige Behörde, § 42 Abs. 3. Für das Verfahren gelten die Enteignungsgesetze der Länder entsprechend. Gleiches sollte wegen des engen Zusammenhanges für den verbleibenden Minderwert gelten, auch wenn es sich dabei um einen Anspruch aus § 74 Abs. 2 Satz 3 VwVfG handelt. 829

4. Stehen einem Eigentümer **beide Ansprüche** zu, **aus Enteignung und Fachplanung**, so ist festzustellen, welcher der **weitergehende** ist; nur dieser ist zu erfüllen. In der Regel wird der **fachplanungsrechtliche Ausgleichsanspruch** der weitergehende sein. Er setzt schon sehr früh ein, beim Überschreiten der Erheblichkeitsschwelle, und ist nach oben unbegrenzt; er erfasst darum auch schwere und unerträgliche Einwirkungen. Der dadurch gewährte umfassende Rechtsschutz macht einen Anspruch aus Enteignung entbehrlich; dem berechtigten Eigentumsschutz ist damit Genüge getan (vgl. BGHZ 140, 285, 301 = NJW 1999, 1247 = WF 1999, 76). 830

Der **Anspruch aus Enteignung** reicht weiter, wenn die abgetretene Fläche aufgrund ihrer Größe und Beschaffenheit eine erhebliche Schutzwirkung für das Restgrundstück mit sich brächte und darum nach Abzug der Schutzwirkung vom Beurteilungspegel der Grenzwert unterschritten wird. Beispiel: Beurteilungspegel 63 dB(A), Schutzwirkung 6 dB(A), Grenzwert 59 dB(A); hier gewährt der Anspruch aus Enteignung eine Entschädigung für 6 dB(A), der fachplanungsrechtliche Anspruch dagegen nur einen Ausgleich für 4 dB(A) – Unterschied zwischen Beurteilungspegel und Grenzwert. 831

5. Übrig ist die Gruppe betroffener Eigentümer, die **Einwirkungen** einer **seit alters her bestehenden Verkehrsanlage ausgesetzt** sind. Sie können weder auf die Enteignung 832

im engeren Sinn noch auf das Fachplanungsrecht zurückgreifen. Als **Anspruchsgrundlage** kommt nur **der enteignende Eingriff** in Betracht, wie er richterrechtlich auf der Grundlage des allgemeinen Aufopferungsgrundsatzes ausgeformt wurde (→ **enteignender Eingriff**). Er greift ein, wenn durch rechtmäßiges hoheitliches Handeln, das geduldet werden muss, unbeteiligten Dritten **schwere und unerträgliche Nachteile** zugefügt werden. Anlieger und Nachbarn einer sog. *Altstraße* können darum eine Entschädigung verlangen, soweit ihr Grundeigentum durch schwere und unerträgliche Einwirkungen des Straßenverkehrs nachhaltig verändert wird (Überschreiten der Enteignungsschwelle). Die Enteignungsschwelle ist im Einzelfall selbstverständlich deutlich höher anzusetzen als die entsprechende Erheblichkeitsschwelle.

Das **BVerwG** erkennt einen solchen Anspruch für **Wohngebiete** in der Regel erst ab einem äquivalenten Dauerschallpegel von 70 dB(A) tags und 60 dB(A) nachts an (BVerwG NVwZ 2012, 1120; BVerwGE 134, 45; BerwGE 128, 177; s. a. *Wiget* in Zeitler, ByStrWG, Art 17 Rn. 15). Eine Vorbelastung tatsächlicher oder plangegebener Art kann sogar eine weitere Erhöhung rechtfertigen. Ein Augenschein ist in jedem Falle geboten. Das BVerwG hält es jedoch für überdenkenswert, die Enteignungsschwelle nach den in den **VLärmSchR 97** enthaltenen **niedrigeren Richtwerten** für die Lärmsanierung zu bemessen (s. BVerwG DVBl 2018, 1426). Diese lagen zum Zeitpunkt des Urteils des BVerwG bei 67 db(A) tags und 57 db(A) nachts in allgemeinen Wohngebieten (Auslösewerte der VLärmSchR 97 zur Lärmsanierung um 3 db(A) abgesenkt durch Rundschreiben des BMVS vom 25.6.2010). Durch **Rundschreiben des BMVI vom 27.7.2020** wurden die Auslösewerte der Lärmsanierung mit Wirkung zum 1.8.2020 **um weitere 3 db(A) gesenkt**. Zu entschädigen ist der Teil der Beeinträchtigungen, der über die Enteignungsschwelle hinausgeht. In diesem Umfang ist eine volle Entschädigung zu gewähren. Es ist unstatthaft, den Betroffenen daran aus irgendwelchen Gründen zu beteiligen (vgl. BVerwG NVwZ 1995, 907 = DÖV 1995, 775).

833 Ebenso wie die durch eine Altanlage betroffenen Eigentümer sind solche Eigentümer zu behandeln, die Einwirkungen einer **ohne Planfeststellung errichteten neuen Verkehrsanlage** hinnehmen müssen. Zu denken ist an eine Verkehrsanlage, deren Baurecht sich aus einem Bebauungsplan ergeben hat.

834 Ist dagegen die **Verkehrsanlage** ohne Baurecht, das heißt **rechtswidrig ausgeführt** worden, weil z. B. ein gebotenes Planfeststellungsverfahren unterblieben ist, ist das **Fachplanungsrecht** zu Lasten des Baulastträgers **entsprechend anzuwenden** (so BVerwG NJW 1981, 239, 241). Eine Schutzauflage bzw. ein Geldausgleich außerhalb eines Planfeststellungsverfahrens ist im Vergleich zu anderen möglichen Maßnahmen der zuständigen Behörde – etwa die Einstellung oder die Beseitigung des Vorhabens – in aller Regel das mildere Mittel. Der betroffene Eigentümer kann darum vor dem Verwaltungsgericht eine Schutzauflage bzw. einen Geldausgleich nach § 74 Abs. 2 VwVfG gegen den Baulastträger einklagen.

835 6. Auf der Ebene der Erheblichkeitsschwelle liegen neben den bereits genannten fachplanungsrechtlichen Regelungen auch die Regelungen des **Gesetzes zum Schutz ge-**

gen Fluglärm (FluLärmG), die dem lärmbetroffenen Eigentümer einen Anspruch auf Erstattung von Aufwendungen für bauliche Schallschutzmaßnahmen und Entschädigung für Beeinträchtigungen des Außenwohnbereichs gewähren (s. § 8 Abs. 1 S. 3 LuftVG, wonach die Werte in § 2 Abs. 2 FluLärmSchG im Rahmen der Abwägung im Planfeststellungverfahren zu beachten sind, und die so die fachplanungsrechtlichen Zumutbarkeitsgrenze bestimmen, BVerwG NVwZ 2009, 910; HessVGH v. 17.06.2008 – 11 C 2089/07.T, juris). Das FluLärmG ist Grundlage möglicher Entschädigungsansprüche (zur Vereinbarkeit des FluLärmG mit Europa- und Verfassungsrecht s. HessVGH v. 21.08.2009 – 11 C 227/08.T, juris). Denn das BImSchG gilt grundsätzlich nicht für Flugplätze (§ 1 Abs. 2 S. 1 BImSchG). Vorgesehen sind in § 9 FluLärmG Erstattungen von Aufwendungen für bauliche Schallschutzmaßnahmen und Entschädigung für Beeinträchtigungen des Außenwohnbereichs.

Allgemeine **Anspruchsvoraussetzung** ist, dass das betroffene Grundeigentum 836
innerhalb des festgesetzten Lärmschutzbereichs des Flugplatzes liegt. Der Lärmschutzbereich ist nach dem Maße der Lärmbelastung in zwei Schutzzonen für den Tag und eine für die Nacht gegliedert. Zur jeweiligen Schutzzone gehören alle Grundstücke, auf denen der durch Fluglärm hervorgerufene äquivalente Dauerschallpegel die in § 2 Abs. 2 FluLärmG genannten Grenzwerte übersteigt. **Gewerbebetriebe** werden von den Regelungen des Fluglärmschutzgesetzes **nicht erfasst** (BVerwGE 142, 234 = NVwZ 2012, 1314, dass insoweit auf die in § 9 Abs. 2 LuftVG bestehende Pflicht der Planfeststellungsbehörde verweist, im Planfeststellungsbeschluss diejenigen Schutzanordnungen zu treffen, die zur Sicherung der Benutzung der benachbarten Grundstücke gegen Gefahren oder Nachteile notwendig sind).

§ 2 FluLärmG unterscheidet zwischen zivilen und militärischen Flugplätzen und unterteilt noch einmal in neue und wesentlich baulich erweiterte und bestehende Flugplätze. Für welche Flugplätze überhaupt ein Lärmschutzbereich festgesetzt wird, ist in **§ 4 FluLärmG** geregelt. Liegt danach, z.B. ein mit einem Wohnhaus bebautes Grundstück, im Lärmschutzbereich eines bestehenden zivilen Flugplatzes und übersteigt der durch Fluglärm hervorgerufene äquivalente Dauerschallpegel den Wert von 70 dB (A), kann der Eigentümer nach § 9 Abs. 1 FluLärmG sofort **Ersatz seiner Aufwendungen für passiven Schallschutz** verlangen. Bei geringeren Werten herunter bis zum Grenzwert der jeweiligen Tag-Schutzzone muss der Eigentümer bis zum Beginn des sechsten Jahres nach Festsetzung des Lärmschutzbereichs warten. Gleiches gilt mit anderen Werten bei den drei anderen Flugplatzarten des § 2 Abs. 2 FluLärmG.

Für **Flugplätze mit erheblichem Nachtflugbetrieb** wird in § 2 FluLärmG erst- 837
mals innerhalb des Lärmschutzbereichs eine **Nacht-Schutzzone** eingerichtet. Die **Erstattung von Aufwendungen für passiven Schallschutz** an erlaubten Gebäuden in dieser Zone ist in § 9 Abs. 2 FluLärmG geregelt. Es geht dabei allein um Schlafräume. Der Aufwendungsersatz schließt Belüftungseinrichtungen ein, wenn die Störungen von einem zivilen Flugplatz ausgehen. Dass es keinen Aufwendungsersatz für Belüftungseinrichtungen gibt, wenn der Lärm durch den Betrieb auf einem militärischen Flugplatz verursacht wird, ist unerfindlich, und die amtliche Begründung zum Gesetz-

entwurf (Drucksache 16/508), anscheinend selbst verwirrt, sagt zu dieser unterschiedlichen Handhabung nichts.

838 **Umfang und Höhe der erstattungsfähigen Aufwendungen** regelt die Bundesregierung in einer nach § 7 erlassenen **Rechtsverordnung** (§ 9 Abs. 4 FluLärmG). Die Verordnung nennt den Höchstbetrag der Erstattung je Quadratmeter Wohnfläche, beschreibt die Berechnung der Wohnfläche und bestimmt pauschalierte Entschädigungsbeträge sowie Art und Umfang der erstattungsfähigen Nebenleistungen.

839 Die gesetzliche Regelung des Entschädigungspostens **„Beeinträchtigung des Außenwohnbereichs"** in § 9 Abs. 5 FluLärmG geht auf die Rechtsprechung des Bundesgerichtshofes zurück. Danach kann z. B. für eine solche Beeinträchtigung (Balkon, Terrasse, Wohngarten, Spielfläche usw.) eine **angemessene Entschädigung in Geld** verlangen, dessen Wohnhaus in der Tag-Schutzzone 1 eines neuen oder wesentlich baulich erweiterten Flugplatzes liegt. Der Anspruch entsteht mit der Inbetriebnahme des Flugplatzes, sofern der äquivalente Dauerschallpegel bei einem zivilen Flugplatz den Wert von 65 dB (A) und bei einem militärischen den Wert von 68 dB (A) übersteigt. Bei geringeren Werten entsteht der Anspruch erst mit Beginn des sechsten Jahres nach Festsetzung des Lärmschutzbereiches.

§ 9 Abs. 6 FluLärmG enthält für die Bundesregierung eine Ermächtigung, Einzelheiten der Entschädigung festzulegen und zwar **für den schutzwerten Umfang des Außenwohnbereichs sowie die Bemessung der Wertminderung**. Davon wurde durch Erlass der **Dritten Verordnung zur Durchführung des Gesetzes zum Schutz gegen Fluglärm (3. FlugLSV)** vom 20.08.2013, gültig ab 29.08.2013, Gebrauch gemacht. Dabei kommt es entscheidend auf die Schutzwürdigkeit des Außenbereichs, die Stärke der Fluglärmbelästigung und der damit verbundenen Wertminderung der betroffenen Flächen, ihrer Vorbelastung und die Art ihrer baulichen Nutzung an (§ 2 3. FlugLSV).

840 Insgesamt gesehen sind die im **FluLärmG** vorgesehenen **Entschädigungsleistungen** aus der Sicht der Betroffenen **unbefriedigend**. Der Eigentümer eines Einfamilienhauses in der Tag-Schutzzone 1 eines bestehenden Flugplatzes ist mit Recht darüber empört, dass die Beeinträchtigung seines Außenwohnbereichs ohne Entschädigung bleibt. Darum drängt sich die Frage auf, ob auf Vorschriften, die weitergehende Entschädigungen gewähren, zurückgegriffen werden darf. Der alte, bis 06.06.2007 in Kraft stehende § 16 FluLärmG bejahte das ausdrücklich; der an seine Stelle getretene § 13 FluLärmG erwähnt zwar – wie der alte § 16 FluLärmG – weitergehende Planungsmaßnahmen, aber nicht mehr weitergehende Entschädigungen. Daraus kann man allerdings nicht folgern, dass der Rückgriff auf weitergehende Entschädigungsvorschriften ausgeschlossen sein soll. Wenn der Gesetzgeber das vorhatte, hätte er das deutlich und unmissverständlich sagen müssen. Stattdessen verweist etwa § 1 Abs. 2 FlugLSV ausdrücklich darauf, dass **Entschädigungsansprüche nach anderen öffentlichen Vorschriften unberührt bleiben.**

841 Als **Vorschriften mit weitergehenden Entschädigungsleistungen** kommen **§ 906 Abs. 2 S. 2 BGB und der enteignende Eingriff** in Betracht. Bei Lärmeinwir-

kungen ziviler Flugplätze bietet sich § 906 Abs. 2 Satz 2 BGB an. Allerdings darf der Flugplatz nicht nach §§ 8, 9, 10 LuftVG planfestgestellt oder plangenehmigt sein und nicht nach § 71 Abs. 1, 2 LuftVG als planfestgestellt gelten. Ansonsten unterliegen von zivilen Flugplätzen ausgehende Störungen den Regelungen des BGB. Aufwendungsersatz für notwendige Schallschutzmaßnahmen und Entschädigung für einen verbleibenden Minderwert (Außenwohnbereich) können unmittelbar **auf § 906 Abs. 2 BGB gestützt** werden. Es genügt eine wesentliche (unzumutbare) Beeinträchtigung.

Der **enteignende Eingriff** als mögliche Anspruchsgrundlage für Beeinträchtigungen durch militärischen Flugbetrieb erfordert dagegen schwere und unerträgliche Einwirkungen (vgl. dazu BGH NJW 1995, 1823; BGHZ 122, 76 = NJW 1993, 1700: siehe Stichwort **„Enteignender Eingriff“**). Bei der Beurteilung der Frage, ob der Fluglärm die Gegebenheiten des betroffenen Grundstücks nachhaltig verändert und dadurch das benachbarte Eigentum schwer und unerträglich trifft und die Enteignungsschwelle überschreitet, ist **der Tatrichter weitgehend frei**. Er braucht nicht allein auf den sog. Mittelungspegel (äquivalenter Dauerschallpegel) abzustellen. Im Rahmen der Gesamtbetrachtung darf er auch die **Spitzenpegel** heranziehen; das liegt besonders nahe, wenn es um durch Düsenflugzeuge verursachten Fluglärm geht. Nicht nur das Ausmaß, sondern auch die Art des Lärms spielen eine wesentliche Rolle. Die Gebietsart des betroffenen Grundstücks und seine Vorbelastung bilden ebenfalls gewichtige Anhaltspunkte (zu den Grenzwerten, die das BVerwG insoweit zugrunde legt s. Rn. **839**).

Verkehrssicherungspflicht für Bäume an öffentlichen Straßen

1. Rückt eine öffentliche Straße durch Ausbau- und Erweiterungsplanung näher an ein **Waldgrundstück** heran, bzw. entsteht erstmals eine Nachbarschaft durch Verlegung oder Wegeneubau, so hat dies für den Eigentümer des Waldes regelmäßig erhöhte Aufwendungen zur Folge. Sie beruhen auf einem Eingriff in die als ***Baumfallgrenze*** bezeichnete **Sicherheitszone** zur Straße hin. Wird dieser Sicherheitsstreifen, der sich in seiner Tiefe nach Baumart und altersbedingter Baumhöhe unterscheidet (z.B. über 35 Meter bei Fichten und über 40 Meter bei Buchen), reduziert oder fällt er ganz weg, besteht die Gefahr, dass umfallende Bäume und herabstürzende Äste auf die Fahrbahn gelangen. Der Waldeigentümer hat für diesen Fall geeignete Vorkehrungen zum Schutz der Verkehrsteilnehmer zu treffen. Dies gilt gleichermaßen für Eigentümer, deren Grundstücke an ihrer Straßengrenze **mit einzelnen Bäumen** bepflanzt sind. 842

Diese Verpflichtung beruht auf dem Rechtsinstitut der **Verkehrssicherungspflicht**, das die Rechtsprechung aus den bürgerlich-rechtlichen Vorschriften des Deliktsrechts (§§ 823 ff. BGB, insbesondere § 836, § 838 BGB) entwickelt hat. Es regelt die 843

https://doi.org/10.1515/9783110682557-089

Verantwortlichkeit dessen, der eine Gefahrenquelle schafft, sie andauern lässt oder rechtlich für sie einzustehen hat (Palandt/*Sprau*, § 823 Rn. 45). Von ihm wird verlangt, dass er die notwendigen Vorkehrungen trifft, damit ein Dritter, der befugtermaßen mit dieser Gefahrenquelle in Kontakt kommt, keinen Schaden erleidet (zur Verkehrssicherungspflicht allgemein BGH MDR 2020, 854 – *Jagdpächter*; BGH MDR 2018, 27 – *Grundstücksbesitzer*; BGH NJW 2010, 1967 – *techn. Anlage*; bezogen auf **Straßenbäume**: BGH MDR 2017, 1182; BGH NJW 2014, 1588). Im Hinblick auf **Grundstücksbesitzer** hat der BGH schon sehr früh entschieden (BGH NJW 2014, 1588; BGH VersR 1969, 542; BGH VersR 1960, 32; siehe auch *Drees* NuR 1989, 164; *Sauthoff*, Öffentliche Straßen, Rn. 998 f.), dass derjenige, der die Verfügungsgewalt über ein Gelände ausübt, im Rahmen des Möglichen dafür zu sorgen hat, dass von diesem keine Gefahren für andere ausgehen.

844 Demnach sind die Waldeigentümer und die den unmittelbaren Besitz ausübenden Nutzungsberechtigten (also die Waldbesitzer i. S. v. § 4 BWaldG) Adressaten einer **Verkehrssicherungspflicht für die Forstfläche** (BGHZ 185, 30; BGH VersR 1974, 88). Sie können rechtlich und tatsächlich auf das Waldgrundstück einwirken und haben es ordnungsgemäß zu bewirtschaften (§ 11 BWaldG). Hingegen treffen den Eigentümer, dem der Besitz des Grundstücks aufgrund einer wirksamen **vorzeitigen Besitzeinweisung** entzogen wurde, keine Verkehrssicherungspflichten mehr. Es verbleibt bei ihm nicht einmal mehr die Pflicht, den nunmehr verkehrssicherungspflichtigen Eingewiesenen insoweit zu überwachen (BGH VersR 2017, 1162).

Aufgrund der rechtlichen Duldungsverpflichtung, Dritten das Betreten des Waldes zu erlauben (§ 14 BWaldG i. V. m. mit den einschlägigen landesrechtlichen Vorschriften) ist ihre Verkehrssicherungspflicht diesen gegenüber jedoch gemindert und auf die Sicherung vor solche Gefahren beschränkt, mit denen im Wald üblicherweise nicht zu rechnen ist, die also **nicht „waldtypisch“** sind (BGHZ 195, 30; OLG Saarbrücken, Urt. v. 09.11.2011 – 1 U 177/10; OLG Frankfurt, Urt. v. 30.10.2017 – 13 U 111/17). Dies gilt auch für – nicht öffentlich gewidmete – Waldwege (BGHZ, a. a. O.).

Dem **Eigentümer** eines **an einer öffentlichen Straße liegenden Waldgrundstücks** obliegt darüber hinaus die Pflicht, Verkehrsteilnehmer auf der benachbarten Straße vor **Gefahren** zu bewahren, die **von seinem Baumbestand** ausgehen können (BGH VersR 2017, 1162; BGH NVwZ 1990, 297, 298; BGH VersR 1974, 88; OLG Köln, Urt. v. 11.05.1987 – 7 U 308/86; OLG Brandenburg, Urt. v. 12.01.1999 – 2 U 40/98; OLG Hamm, Urt. v. 30.03.2007 – 13 U 62/06; *Drees* a.a.O). So trifft ihn etwa bereits bei Anpflanzung eines Baumbestandes im Hinblick auf spätere Verkehrssicherungspflichten die Obliegenheit, diesen so anzulegen, dass er nach forstwirtschaftlichen Erkenntnissen möglichst gegen Windbruch und Windwurf und insbesondere gegen Umstürzen einzelner Bäume aufgrund mangelnder Standfestigkeit gesichert ist (BGHZ 195, 30; BGH VersR 2004, 877; BGH MDR 1988, 952; BGH VersR 1974, 88; OLG Hamm, Urt. v. 30.03.2007 – 13 U 62/06, das ausdrücklich zwischen einer Verkehrssicherungspflicht für Wald- und für Straßenbäumen unterscheidet und die in Bezug auf Waldbesucher für *Waldbäume* geltenden Einschränkungen nicht für Gefahren gelten lässt, die von *Straßenbäumen* gegenüber Verkehrsteilnehmern auf einer entlang des Waldgrundstücks geführten öffentlichen Straße ausgehen).

Dem steht nicht entgegen, dass sich der **Straßenbenutzer** grundsätzlich den gegebenen Verhältnissen anpassen und die Straße so hinnehmen muss, wie sie sich ihm erkennbar darbietet (BGHZ 108, 293). Er hat folglich **mit typischen Gefahrenquellen zu rechnen** und selbst Vorsorge für seinen Schutz zu treffen und muss sich auf einen möglichen Schadensersatzanspruch ein Mitverschulden (§ 254 BGB) anrechnen lassen (BGH MDR 2020, 854; BGH NJW 2007, 3211; OLG Celle, Urt. v. 08.02.2007 – 8 U 199/06;). Anderes gilt jedoch für Gefahren, die auch für eine sorgfältig handelnde Person nicht oder nicht rechtzeitig erkennbar sind, so dass sie sich nicht rechtzeitig auf sie einzurichten vermag (BGH VersR 1979, 1055; OLG Hamm, Urt. v. 17.12.2001 – 13 U 171/01). Dies trifft auf die Gefahrensituationen durch **Holzbruch bei Straßenbäumen** zu. Denn Verkehrshindernisse durch quer liegende Baumstämme und abgebrochene Äste hat ein Verkehrsteilnehmer, außer in Zeiten heftiger, orkanartiger Sturmereignisse, üblicherweise nicht zu erwarten. Hier sind Maßnahmen des Waldeigentümers zur Gefahrenabwehr dringend geboten. **845**

2. Der Waldeigentümer kann sich seinen originären Pflichten auch **nicht** mit dem **Hinweis auf die Verantwortung Anderer** entziehen. Die Behauptung, er habe den Straßenverkehr nicht selbst veranlasst, führt nicht weiter, da es hierauf nicht entscheidend ankommt (*Orf* NZV 1997, 202). Denn in ihrer Entstehung ist die Verkehrssicherungspflicht unabhängig von der Frage, wer den Verkehr auf der Straße zugelassen hat. Durch die Verkehrseröffnung konkretisiert sich lediglich eine Gefahrenlage, die bereits mit der Pflanzung bzw. Unterhaltung des Waldbestandes geschaffen wurde. **846**

Auch der Verweis auf Verkehrssicherungspflichten des Straßenbaulastträgers für den angrenzenden Verkehrsweg, hilft dem Waldeigentümer nicht weiter. Zwar ist grundsätzlich der **Träger der Straßenbaulast** entsprechend der allgemeinen Zuordnung von Gefahrenzuständigkeiten Adressat einer ***Straßenverkehrssicherungspflicht*** (BGH VersR 1989, 477; BGH NJW 1965, 815; BGHZ 14, 83, 87; BGHZ 9, 373; *König* in Hentschel/König/Dauer, § 45 StVO Rn. 55) Etwas anderes gilt lediglich dann, wenn der Straßenbaulastträger – wie üblich – nicht zugleich auch die straßenverwaltende Körperschaft ist, z.B. bei Bundesstraßen nach § 1 Abs. 2 Nr. 2 FStrG, die nach § 5 Abs. 1 FStrG in der Straßenbaulast des Bundes stehen, aber nach Art. 90 Abs. 3 GG kraft Auftrags von den Ländern verwaltet werden. Für **Bundesautobahnen** (§ 1 Abs. 2 Nr. 1 FStrG) galt dies aufgrund der Neuregelung durch Art. 90 Abs. 2 GG i.V.m. Art 143e Abs. 1 GG bis zu ihrer Überführung in die Bundesverwaltung allerdings nur noch bis 31.12.2020). Da es für die Zuordnung der Verkehrssicherungspflicht weder auf Eigentum noch Kostenträgerschaft, sondern allein darauf ankommt, wer in der Lage ist, auf die Gefahrenquelle tatsächlich einzuwirken und auf der Straße für einen ordnungsgemäßen Zustand zu sorgen, hat in diesen Fällen die **Verkehrssicherungspflicht** die **für die Verwaltung der Straße zuständigen Behörde** (*Grupp* in Marschall § 3 Rn. 21; *König* in Hentschel/König/Dauer, a.a.O.). **847**

Mit der Zuweisung von Bau- und Unterhaltungsaufgaben hat der **Straßenbaulastträger** die Bestimmungsgewalt über die Straßenanlage erhalten. Damit ist er nicht nur für ihren Zustand, sondern auch für die Sicherheit der Straßenbenutzer verantwortlich (BGHZ 16, 95). Er muss Maßnahmen zur Gefahrenabwehr treffen, wozu er sowohl rechtlich als auch tatsächlich in der Lage ist (BGH VersR 1994, 618; BGH NJW 1989, 2808; BGHZ 14, 83, 87; BGHZ 9, 373; *Herber* in Kodal, Kap. 42 Rn. 17.1). Ihn trifft mithin als Unterfall der allgemeinen Verkehrssicherungspflicht nur bezogen auf die von ihm zu betreuende öffentliche Straße eine **Straßenverkehrssicherungspflicht** (BGH NVwZ-RR 2014, 252, 253; BGH VersR 1994, 618; BGHZ 123, 102; OLG Dresden, Urt. v. 06.03.2013 – 1 U 987/12).

Sein Verantwortungsbereich erstreckt sich **in räumlicher Hinsicht** auf die **gesamte Straße.** Er endet – unabhängig von deren widmungsmäßigen Festlegung – an der Stelle, die dem Verkehrsteilnehmer äußerlich als Grenze des Verkehrsweges erkennbar ist (BGH NVwZ-RR 1989, 395, 396). Damit bezieht sich die Straßenverkehrssicherungspflicht auch auf Anpflanzungen im öffentlichen Verkehrsraum, etwa auf die **am Fahrbahnrand stehenden Straßen-, Allee- und Solitärbäume** (BGH NJW 2014, 1588; BGH VersR 2004, 877; BGHZ 123, 102, 103; BGH NJW 1965, 815; ThürOLG, Urt. v. 27.06.2013 – 4 U 441/12, juris; OLG Köln, Urt. v. 11.05.2017 – I-7 U 29/15, juris).

848 Aber die Straßenverkehrssicherungspflicht umfasst **nicht** auch solche **Bäume**, die **im Waldsaum** eines angrenzenden Privatgrundstücks stehen und die sich nicht auffällig davon abheben (BGHZ 123, 102, 103; BGH NVwZ-RR 1989, 395; OLG Brandenburg, Urt. v. 12.01.1999 – 2 U 40/98; OLG Koblenz, Urt. v. 19.11.2012 – 12 U 794/11, juris). Denn diese werden allgemein nicht mehr der Straße zugerechnet. Bäume auf benachbarten Grundstücken sind daher regelmäßig nicht mehr Gegenstand der Straßenverkehrssicherungspflicht des Baulastträgers (BGH NVwZ-RR 1989, 395; BGH NVwZ 1990, 297; BGH NJW 1980, 2194; OLG Brandenburg. Urt. v. 19.01.1989 – 2 U 40/98), sondern verbleiben in der allgemeinen Verkehrssicherungspflicht des Grundstückseigentümers. Dies gilt selbst dann, wenn die Straße auf einen bereits bestehenden Wald trifft, also der Baumbestand älter als die Straße ist (krit. hierzu OLG Koblenz, Urt. v. 11.05.1987 – 7 U 308/86).

849 Davon unabhängig ist der Straßenbaulastträger gleichwohl gehalten, dem Eigentümer seine **bei routinemäßigen Straßenkontrollen gemachten Beobachtungen** mitzuteilen und **auf eine Beseitigung der Gefahren hinzuwirken**, die Verkehrsteilnehmern von Bäumen auf Anliegergrundstücken drohen (s. a. *Sauthoff*, Öffentliche Straßen, Rn. 1031). Bei **akuter Gefahrenlage** kann der Straßenbaulastträger sogar selbst zum Handeln verpflichtet sein. Denn seine Straßenverkehrssicherungspflicht beschränkt sich nicht nur auf den Zustand der Straße, sondern umfasst auch deren gefahrlose Benutzung (BGHZ 37, 165; OLG Brandenburg, Urt. v. 22.06.1999 – 2 U 45/97) Überdies ist die Verkehrssicherungspflicht nach ihrem Sinn und Zweck im Interesse der Verkehrsteilnehmer sofort zu erfüllen, und ein eventueller Zuständigkeitsstreit ist anschließend beim Kostenregress auszutragen (BGH VersR 1994, 618). Demnach sind trotz der unterschiedlichen Pflichtenkreise gelegentlich Aufgabenüberschneidungen

zwischen Waldeigentümer und Straßenbaulastträger möglich. Die konkurrierenden Beobachtungs- und Handlungspflichten des Straßenbaulastträgers treten allerdings nur neben, nicht an die Stelle der Aufgaben des Waldeigentümers (*Drees* NuR 1989, 164). Dieser bleibt auch dann vorrangig für seinen Baumbestand sicherungspflichtig, wenn der Straßenbaulastträger die Straße und deren Randbereiche regelmäßig überwacht (OLG Hamm, Urt. v. 17.10.1991 – 6 U 96/91; *König* in Hentschel/König/Dauer, § 45 StVO Rn. 53 „*Straßenbäume*", wonach bei einem Waldgrundstück in erster Linie der Waldbesitzer verpflichtet ist). Dessen Kontrollen können sich allenfalls auf den geforderten Umfang und die nötige Intensität seiner eigenen Sicherungsmaßnahmen auswirken (OLG Hamm, Urt. v. 17.10.1991 – 6 U 96/91).

3. **Inhaltlich** kann für die Verkehrssicherungspflicht des Eigentümers eines Wald- **850**
grundstücks an einer öffentlichen Straße auf die **Anforderungen des Straßenbaulastträgers bei Überwachung und Sicherung von Straßenbäumen** verwiesen werden (OLG Brandenburg, Urt. v. 12.01.1999 – 2 U 40/98; OLG Hamm, Urt. v. 30.03.2007 – 13 U 62/06; siehe auch BGHZ 195, 30 = NJW 2013, 48, wonach diese Grundsätze allerdings wegen der besonderen waldtypischen Gefahren nicht auf Waldwege zu übertragen sind; vgl. auch *Sauthoff*, Öffentliche Straßen, Rn. 1092). Es muss daher eine **„regelmäßige" sorgfältige Kontrolle in angemessenen Zeitabständen** (BGH NJW 2004, 1301) sichergestellt werden, um drohende Schäden und Gefahren für andere erkennen und notwendige und zumutbare Maßnahmen zu deren Abwendung ergreifen, zu können.

Um dem Vorwurf einer Verletzung der Verkehrssicherungspflicht zu entgehen, wird in der **obergerichtlichen Rechtsprechung** teilweise eine **zweimal im Jahr erfolgende Gesundheits- und Zustandsprüfung** der im Randbereich stehenden Straßenbäumen, einmal im belaubten und einmal im unbelaubten Zustand, gefordert (OLG Brandenburg, Urt. v. 15.01.2019 – 2 U 49/17; OLG Hamm, Beschl. v. 04.11.2013 – I-U 38/13, juris; OLG Dresden, Urt. v. 06.03.2013 – 1 U 987/12; OLG München, Urt. v. 07.08.2008 – 1 U 5171/07; OLG Düsseldorf, Urt. v. 25.04.1996 – 18 U 150/95; *König* in Hentschel/König/Dauer, § 45 StVO Rn. 53 „*Straßenbäume*"), wenn nicht besondere Umstände vorliegen, die erfahrungsgemäß auf das Vorliegen eine besondere Gefährdung schließen ließen (s. hierzu auch BGH VersR 2014, 722; BGH MDR 1988, 952; OLG Düsseldorf, Urt. v. 23.05.2018 – I-18 U 27/17, juris; OLG Köln, Urt. v. 11.05.2017 – I-7 U 29/15, juris). Eine äußere, vom Boden aus erfolgte Sichtprüfung (üblicherweise nach der sog. VTA – Methode, „Visual Tree Assessment", s. hierzu OLG Hamm, Urt. v. 24.09.2004 – 9 U 158/02) wird dabei im Regelfall für ausreichend gehalten, ohne dass der Baumprüfende über forsttechnische Spezialkenntnisse verfügen müsste (BGH VersR 1974, 88; BGH NJW 1965, 815; OLG Koblenz, Urt. v. 05.05.1986 – 12 U 1312/85; OLG Düsseldorf, Urt. v. 22.04.1982 – 18 U 257/81).

Dieser starren Regelung einer zweimal im Jahr erforderlichen Baumkontrolle wird entgegengehalten, dass sie baumpflegerisch nicht sinnvoll und angezeigt sei, da sie den Umständen des Einzelfalls nicht gerecht würde und durch fachliche Erkenntnisse überholt wäre (so OLG Köln, Urt. v. 29.07.2010 – I-7 U 31/10, juris mit Verweis auf einschlägige Fachaufsätze).

Der **BGH** hat sich zur Länge eines Kontrollintervalls noch nicht explizit geäußert. So hat er auf die in der obergerichtlichen Rechtsprechung vertretene These einer zweimal im Jahr erforderliche Baumkontrolle hingewiesen, ohne diese Ansicht aber ausdrücklich zu übernehmen (BGH NJW 2004, 1381). Nach seiner Auffassung lässt sich die Frage, in welchem Rhythmus Baumkontrollen durchzuführen sind, **nicht generell** beantworten. Häufigkeit und Umfang seien etwa von Alter, Zustand und Standort des Baumes abhängig und eingehendere Untersuchungen nur bei Hinweisen auf bestehende Gefahrenpotentiale erforderlich (BGH NJW 2004, 1381). Besondere Schutzmaßnahmen bei gesunden Straßenbäumen mit einem erhöhten Bruchrisiko (z. B. Pappel oder andere Weichhölzer), lehnt er hingegen ab (BGH VersR 2014, 722).

Geeignete Orientierungshilfe (vgl. OLG Brandenburg, Urt. v. 15.01.2019 – 2 U 49/17, juris; OLG Köln, Urt. v. 29.07.2010 – 7 U 31/10, juris) für die Frage nach Häufigkeit und Intensität einer Kontrolle von Straßenbäumen bieten die **Baumkontrollrichtlinien 2020 der „Forschungsgesellschaft Landschaftsentwicklung Landschaftsbau e.V. – FLL"**. Darin werden – abweichend von den grundsätzlichen Halbjahreskontrollen – die Kontrollintervalle, orientiert an Kriterien wie Baumart, Zustand/Vorschädigungen, Alter, Standort, Baumumfeld und Verkehrsbedeutung des angrenzenden Bereichs, differenziert bestimmt (so wird etwa in der Jugendphase eines Baumes keine spezielle Kontrolle für erforderlich gehalten, bei stärker geschädigten Bäumen hingegen eine Regelkontrolle einmal im Jahr). Einbezogen werden zudem weitere Aspekte, wie die berechtigte Sicherheitserwartung des vorzufindenden Verkehrs, des Baumzustandes, der Baumart, des Standorts und des Baumalters. Soweit anlässlich der Kontrollen akute Gefährdungslagen festgestellt werden, sollten sie umgehend, regelmäßig durch Fällung oder Astschnitt beseitigt werden.

851 4. Die Beurteilung der Frage, inwieweit dieser Sicherungsaufwand einen **Entschädigungsanspruch des Waldeigentümers** gegen den Straßenbaulastträger begründet, hängt maßgeblich davon ab, ob für die Anlegung des Verkehrsweges Flächen aus dem Waldgrundstück benötigt wurden.

852 Für den Fall, dass die Baumaßnahme ohne Landabgabe vollzogen wurde, kann der Waldeigentümer für erweiterten Verkehrssicherungspflichten weder einen Aufwendungsersatzanspruch aus enteignungsentschädigungsrechtlichen Gesichtspunkten noch Ansprüche aufgrund des zivilrechtlichen Nachbarschaftsverhältnisses geltend machen.

853 Ein **Ausgleichsanspruch** aus enteignendem Eingriff (→ **enteignender Eingriff**) scheitert an der erforderlichen Einwirkung auf eine grundrechtlich geschützte Rechtsposition. Denn mit dem Heranrücken der Straße verliert der Eigentümer lediglich einen Vorteil, der allein aus der Lage seines Grundstücks resultierte. Dieser bestand darin, aufgrund ausreichender Entfernung seines Waldgrundstücks bzw. seines Stra-

ßenbaums zu öffentlichen Verkehrswegen von weitergehenden Sicherungsmaßnahmen für seinen Baumbestand verschont geblieben zu sein. Das Ausnutzen solcher, auf besonderen tatsächlichen Umständen beruhender *Lagevorteile* unterliegt aber nicht dem Eigentumsschutz des Art. 14 GG. Dieser endet grundsätzlich an der Grundstücksgrenze und erstreckt sich nicht auf den Bestand außerhalb liegender, tatsächlicher Gegebenheiten oder Chancen (BGHZ 66, 173; BGH WM 1972, 371; BGHZ 55, 294; s.a. *Papier/Shirvani* in Maunz/Dürig, Art 14 Rn. 209), soweit nicht ausnahmsweise die zu beachtende „Situationsgebundenheit" des Grundstücks zu einer gewissen Erweiterung dieser Rechtsposition führen kann.

Im Übrigen wäre zu bedenken, dass sicherheitsrechtliche Vorschriften, die sich an den Eigentümer eines Grundstücks als Zustandsverantwortlichen richten, eine zulässige **Regelung zur Inhalts- und Schrankenbestimmung** (→ **Inhaltsbestimmungen**) im Sinne von Art. 14 Abs. 1 S. 2 GG darstellen und als Folge der Sozialbindung (Art. 14 Abs. 2 GG → **Sozialbindung**) grundsätzlich entschädigungslos hinzunehmen sind, um eine effektive Beseitigung der von seinem Grundstück ausgehenden Gefahren zu ermöglichen.

Ein **nachbarrechtlicher Ausgleichsanspruch** auf der Grundlage des § 906 854
Abs. 2 S. 2 BGB scheidet ebenfalls aus. Danach gewährt der BGH in entsprechender Anwendung dieser Vorschrift einen angemessenen Ausgleich in Geld, wenn von einem Grundstück im Rahmen seiner privatwirtschaftlichen Nutzung Einwirkungen auf ein anderes Grundstück ausgehen, die das zumutbare Maß einer entschädigungslos hinzunehmenden Beeinträchtigung übersteigen (BGH NJW 2003, 1732, 1733; BGHZ 122, 283; OLG Brandenburg, Urt. v. 18.10.2007 – 5 U 174/06; krit. hierzu *Neuner* JuS 2005, 491). Voraussetzung ist, dass der betroffene Nachbar die Einwirkung entweder nicht rechtzeitig unterbinden konnte bzw. sie aus rechtlichen Gründen, (z.B. aufgrund einer baurechtlichen Gestattung – BGHZ 54, 384 – oder einer öffentlichen Widmung – BGH NJW 1980, 582) dulden muss.

An diesem Tatbestand fehlt es jedoch, da die grenzüberschreitende Grundstücksbeeinträchtigung in Form einer Gefährdung der Verkehrsteilnehmer vom Baumbestand, also von dem Grundstück des Waldeigentümers selbst und nicht etwa von der Straße bzw. dem Straßengrundstück ausgeht. Zudem wäre der Anspruch aus § 906 Abs. 2 S. 2 BGB seinem Wesen nach nicht auf Schadensersatz, sondern auf die finanzielle Kompensation entzogener Besitzbefugnisse gerichtet (BGH NJW 2001, 1865, 1867), so dass die Aufwendungen für erhöhte Verkehrssicherungspflichten ohnehin nicht darunterfallen würden.

In Betracht kommen daher für den Eigentümer eines Waldgrundstücks allen- 855
falls **gesetzlich geregelte Aufwendungs- und Entschädigungsansprüche gegen den Straßenbaulastträger** (z.B. § 11 Abs. 5 FStrG, Art. 29 Abs. 4 BayStrWG), wenn ursprünglich rechtmäßige Anpflanzungen und zulässigerweise errichtete Anlagen im Rahmen von Schutzmaßnahmen für die Straße auf dem Waldgebiet beseitigt werden müssen (s.a. BGH NJW 2004, 138; BGH NJW 1965, 815; OLG Düsseldorf, Urt. v. 23.05.2018 – I-18 U 27/17,juris, wonach zwar jeder Baum an einer Straße eine mögli-

che Gefahrenquelle darstellt, dies aber nicht die Entfernung aller Bäume aus der Nähe von Straßen rechtfertigt) sowie für Aufwendungen oder Schäden, die durch auf dem Grundstück zu duldende Schutzmaßnahmen entstehen.

856 Zu einem anderen Ergebnis kommt man hingegen, wenn die **neue Straße über das Baumgrundstück geplant** wurde und es etwa **bei Waldflächen** zu einer **An- oder Durchschneidung des Baumbestandes** gekommen ist. Denn gestiegene Anforderungen an die Verkehrssicherungspflicht ergeben sich in solchem Fall als direkte Folge eines Zugriffs des Straßenbaulastträgers auf fremdes Sacheigentum. Damit liegt dem Entschädigungsanspruch nunmehr ein unmittelbarer Eingriff (→ **Eingriff**) in eine nach Art. 14 Abs. 1 S. 1 GG geschützte Rechtsposition des Waldeigentümers zugrunde. Dieser Unterschied macht die Aufwendungen für die Schutz- und Sicherungsmaßnahmen grundsätzlich entschädigungsfähig (→ **Folgeschäden**).

857 5. Bei der **Berechnung von Höhe und Umfang des Anspruchs** müssen die Grundsätze beachtet werden, die der BGH im Rahmen seiner sog. **„Parallelverschiebungstheorie“** für den Ausgleich von Verkehrseinwirkungen (z. B. Lärm, Abgase, Staub, Erschütterungen) auf Anliegergrundstücke formuliert hat (BGH MDR 1986, 828; BGHZ 80, 360, 363 = NJW 1981, 2116; BGHZ 76, 1; BGHZ 61, 253; *Groß* in EZBK, § 96 Rn. 55). Danach finden diejenigen Nachteile keine Berücksichtigung, die den Eigentümer auch dann treffen würden, wenn die Straße nicht über sein Grundstück, sondern parallel dazu an dessen Grenze entlanggeführt worden wäre. Der Bewertung des Entschädigungsumfangs ist also ein Vergleich der notwendigen Maßnahmen des Waldeigentümers für die tatsächliche Trasse mit dem Aufwand für eine fiktiv an den Grundstücksrand verschobene Variante zugrunde zu legen (s. näher → **Verkehrseinwirkungen**).

Entsprechende Untersuchungen offenbaren regelmäßig einen **erhöhten Kontrollaufwand** für die über das Waldgrundstück verlaufende Trasse. Die Ursache dafür ist, dass mit der Baumaßnahme der stabile, gewachsene Waldsaum beseitigt oder zumindest beschädigt wird. Der Wegfall dieses natürlichen Schutzes vor Windwurf und Windbruch bedingt einen höheren Sicherungsaufwand auf den Waldflächen. Zusätzlich zu den üblichen jährlichen Kontrollen wird damit eine weitere Sichtprüfung an den Randbäumen erforderlich. Im Fall einer Durchschneidung des Grundstücks, die beiderseits der Straße zu neuen Waldrändern führt, kommen die Kosten für die Baumschau entlang einer weiteren Straßenseite hinzu.

858 Für die **Festsetzung der genauen Entschädigungshöhe** ist somit der **zeitliche und finanzielle Mehraufwand des Grundstückseigentümers** zu ermitteln. Dazu zählt neben den Kosten für zusätzliche Anfahrten zum Wald insbesondere die Abgeltung des Zeitaufwandes für Begehung und Kontrolle des Waldsaums. Werden die Kontrollen von eigenen Mitarbeitern einer Gemeinde oder einer staatlichen Stelle durchgeführt, kann insoweit von der im öffentlichen Dienst einschlägigen tariflichen Entlohnung ausgegangen werden (s. zur Eingruppierung eines Baumkontrolleurs: BAG AP Nr. 118 zu §§ 22, 23 BAT 1975). Muss mit dieser Aufgabe jedoch – wie etwa von

einem privaten Waldbesitzer – ein Forsttechniker betraut werden, sind für ihn nicht selten Stundensätze zwischen 50–60 € zu zahlen.

Geht man davon aus, dass in einer Stunde etwa 1,5 km Waldrand einseitig abgegangen und einer äußerlichen Sichtprüfung unterzogen werden kann, und setzt man einen durchschnittlichen Stundensatz von 55 € an, ergibt sich hierfür ein Betrag für eine einmal im Jahr erfolgende Baumkontrolle von 3,7 Cent für den laufenden Meter.

Dabei dürfte es sich aber um die Obergrenze der Entschädigung handeln, da die Baumschau grundsätzlich nicht von ausgewiesenen Fachleuten durchgeführt werden muss (BGH NJW 1965, 815; OLG Koblenz, Urt. v. 05.05.1986 – U 1312/15; OLG Düsseldorf, Urt. v. 22.04.1982 – 18 U 257/81), sondern hierfür etwa auch Waldfacharbeiter heranzuziehen sind, idealerweise solche, die sich bei Landwirtschaftskammern, forstwirtschaftlichen Instituten oder Sachverständigenbüros zum sog. *„zertifizierten Baumkontrolleur“* weitergebildet haben.

Zusätzlich ist zu bedenken, dass sich im Laufe der Zeit wieder ein neuer Waldsaum zur Straße hin bilden wird, der den **erhöhten Kontrollaufwand entfallen** lässt (→ **Landwirtschaftliche Nebenschäden**), so dass die Entschädigungszahlungen zeitlich zu begrenzen sind bzw. dieser Umstand bei der Wahl des Kapitalisierungsfaktors für eine Gesamtentschädigung entsprechend zu berücksichtigen ist. Etwas anderes gilt allerdings für den Fall, dass die Straße den Wald durchschneidet. Denn dann ist hinsichtlich der weiteren, neu hinzugekommenen Straßenseite nicht lediglich von einem zeitlich befristeten erhöhten Aufwand, sondern **von einer zusätzlichen Daueraufgabe** auszugehen, da sie eine zuvor nicht bestehende Verkehrssicherungspflicht des Waldbesitzers begründet. Diesem Umstand ist bei einer Kapitalisierung der Gesamtentschädigung Rechnung zu tragen.

Vertretungskosten (Rechtsanwalt und Sachverständiger)

Übersicht

1. Allgemeine gesetzliche Grundlage für die Erstattung von Kosten der Rechtsbera- 859
tung und eingeholter Gutachten sind **§ 121 BauGB** und die entsprechenden Regelun-

https://doi.org/10.1515/9783110682557-090

gen in den Enteignungsgesetzen der Länder, z.B. § 44 EntGBbg, § 44 EEGNW und Art. 43 BayEG (*Reisnecker* in Brügelmann, § 121 Rn. 7; *Schmidt-Aßmann/Groß* in EZBK, § 96 Rn. 91, 92; s.a. *Molodovsky/Bernstorff*, BayEG, Art. 43 Erl. 1.4). Die Rechtsprechung folgerte vor der Novelle 1976 zum damaligen BBauG die Erstattungspflicht aus § 96 Abs. 1 BauGB i.V.m. Art. 14 Abs. 3 GG, da man diese Aufwendungen als „andere Vermögensnachteile" und Folgekosten der Enteignung ansah (frühere ständige Rechtsprechung, s. BGHZ 61, 240, 248 = NJW 1973, 2202, 2205 = BayVBl 1974, 25; BGH NJW 1966, 493, 496 = MDR 1966, 222 = WM 1966, 402; BGHZ 43, 300, 305 = NJW 1965, 1480, 1483 m. zust. Anm. *Dittus* = MDR 1965, 558; vgl. auch *Schmidt-Aßmann/Groß* in EZBK, ebenda).

§ 121 BauGB geht auf die Baurechtsnovelle 1976 zurück, die eine lange Phase von Unzulänglichkeiten und rechtlichen Unsicherheiten gerade auch im Kostenrecht abgeschlossen hat (*Breuer* in Schrödter, § 121 Rn. 1). Die Herauslösung der Kostenerstattung aus § 96 BauGB beseitigt die Unbilligkeit, die darin bestand, dass die Enteignungsentschädigung im Falle der Ablehnung des Enteignungsantrags nicht eingriff. Demgegenüber stellt § 121 BauGB sicher, dass die **Kosten anwaltlicher Vertretung** erstattungsfähig sind, wenn sie zur zweckentsprechenden und erfolgreichen Wahrnehmung der Rechte des Betroffenen notwendig waren (BT-Drs. 7/2496 S. 61; BVerwG NVwZ-RR 2014, 622).

860 Neben der Beratung in Rechtsfragen durch einen Anwalt kann eine Beratung durch einen **Sachverständigen** – z.B. Steuerberater, Wirtschaftsprüfer, Architekten, forst- und jagdwirtschaftliche Gutachter etc. – geboten sein (BGH WM 1964, 968 = BRS 19 Nr. 131; grundsätzlich zur Erstattungsfähigkeit der Aufwendungen für Privatgutachten, s. BayVGH BayVBl 1991, 205, 206). Eine Kostenerstattung kommt hierfür aber nur ausnahmsweise in Betracht, wenn Gegenstand der Entschädigungsbemessung ein Vorgang ist, der seinen Schwerpunkt nicht nur im rechtlichen Bereich, sondern auch in wirtschaftlichen oder bautechnischen Fragen hat, und deshalb besondere oder außergewöhnliche Fachkunde erfordert. So kann z.B. eine Beratung durch Steuerberater und Wirtschaftsprüfer bei der Ermittlung der Umstellungskosten für einen landwirtschaftlichen Betrieb, der seine Hofweideflächen verliert, oder für einen Gewerbebetrieb, der die betriebliche Infrastruktur neu regeln muss, weil seine Lagerflächen teilweise benötigt werden, erforderlich sein (BGHZ 61, 240, 250; *Battis* in BKL, § 121 Rn. 7; *Schmidt-Aßmann/Groß* in EZBK, § 96 Rn. 76; *H. Fischer* Rn. 529ff.). Beim Teilabriss oder der Verlagerung von Betriebsgebäuden können sich Umplanungen oder Änderungsvorschläge von Bauingenieuren und Architekten als notwendig erweisen (vgl. *Reisnecker* in Brügelmann, § 121 Rn. 38; *H. Fischer* Rn. 530). In derartigen Fällen wäre allerdings die Enteignungsbehörde wegen des Untersuchungsgrundsatzes (§ 24 VwVfG) bzw. nach § 107 Abs. 1 BauGB im Rahmen der Vorbereitung auf die mündliche Verhandlung im Enteignungsverfahren von Amts wegen verpflichtet, einen Sachverständigen beizuziehen, da sie selbst regelmäßig nicht über die einschlägigen Fachkenntnisse verfügen dürfte (*Reisnecker* in Brügelmann, § 121 Rn. 28). Demnach wird die Bestellung von **Privatsachverständigen** nur dann als notwendig anzusehen sein, wenn es das Verfahren fördert, weil etwa die Enteignungsbehörde ihre Entscheidung auf dessen Stellungnahmen stützt und sich ggf. so die Einholung anderer Gutachten erspart (s. hierzu OLG Bamberg WF 1988, 210; *Molodovsky/Bernstorff*, BayEG, Art. 43 Erl. 3.2.1; a.A. *Reisnecker* in Brügelmann, § 121 Rn. 28) oder, vom Standpunkt eines vernünftigen Beteiligten aus betrachtet, ernsthafte Zweifel an der Bewertung durch die von der Enteignungsbehörde beauftragten Gutachter bestehen (BayVGH BayVBl 1991, 605).

Nach diesen Grundsätzen kommt eine Kostenerstattung für **Rechtsgutachten** nicht in Betracht (s. a. *Herget* in Zöller, § 91 Rn. 13). Dies gilt insbesondere dann, wenn der Enteignungsbetroffene von einem Rechtsanwalt vertreten wird (*Reisnecker* in Brügelmann, § 121 Rn. 28; *Molodovsky/Bernstorff*, BayEG Art. 43 Erl. 3.2.1; s. a. HK-BauGB/*Kröninger*, § 121 Rn. 3 unter Bezugnahme auf BGHZ 61, 240, 250, der die Kosten eines Rechtsgutachtens allerdings für erstattungsfähig hält, wenn dadurch das Verfahren gefördert wurde und wenn es etwa bei speziellen, schwierigen Bewertungsvorgängen zur Wahrnehmung berechtigter Interessen erforderlich war).

Für **Enteignungsfälle nach dem BauGB** ist die Erstattungspflicht in **§** 121 BauGB **861**
geregelt. Bestimmt werden der Kostenpflichtige, die Voraussetzungen der Kostenpflicht und der Umfang der zu erstattenden Kosten. Da diese Vorschrift, anders als § 121 a.F., als einheitliche, erstattungsrechtliche Kostenregelung auch den materiellrechtlichen Entschädigungsanspruch auf Aufwendungsersatz umfasst, ist insoweit ein Rückgriff auf § 96 BauGB ausgeschlossen (*Reisnecker* in Brügelmann, § 121 Rn. 7; *Dyong/Groß* in EZBK, § 121 Rn 4).

Nach § 121 Abs. 1 S. 1, 2 BauGB hat der *Antragsteller* des Enteignungsverfahrens die Kosten zu tragen, wenn der Antrag auf Enteignung abgelehnt oder zurückgenommen wird. Der *Entschädigungsverpflichtete* trägt die Kosten, wenn dem Antrag auf Enteignung stattgegeben wird (regelmäßig handelt es sich sowohl bei der Person des Antragstellers als auch bei der des Entschädigungsverpflichteten jeweils um den Unternehmensträger; anders aber, wenn ausnahmsweise der Eigentümer oder ein sonst dinglich Berechtigter die Enteignung gegen sich selbst beantragt, z.B. nach Art. 13 Abs. 2 S. 2 BayStrWG).

Kosten sind diejenigen des Verfahrens und die zur zweckentsprechenden Rechts- **862**
verfolgung oder Rechtsverteidigung notwendigen Aufwendungen der Beteiligten, also auch die des Betroffenen (Abs. 2 S. 1). Die Gebühren und Auslagen eines Rechtsanwalts oder eines sonstigen Bevollmächtigten sind erstattungsfähig, wenn dessen Zuziehung notwendig war (Abs. 2 S. 2). Voraussetzung ist allerdings, dass die Kosten vom **Standpunkt eines *vernünftigen Eigentümers*** für die zweckentsprechende Wahrnehmung seiner Rechte erforderlich waren. Für die Zuziehung eines Anwalts wird das in aller Regel zu bejahen sein. Zwar ist die Auffassung abzulehnen, dass sich beim Grunderwerb für öffentliche Zwecke die Notwendigkeit einer anwaltlichen Vertretung aus der Sache selbst ergeben würde. Es ist jedoch zu berücksichtigen, dass dem Enteignungsbegünstigten i.d.R. rechtskundige Berater zur Verfügung stehen; für den Betroffenen liegt es deswegen nahe, sich ebenfalls rechtskundigen Beistandes zu

bedienen. Nur in besonders einfachen Fällen wird die Beauftragung eines Rechtsanwaltes nicht als erforderlich anzusehen sein. Daneben kann in Ausnahmefällen die Zuziehung eines Sachverständigen erforderlich sein.

Die Enteignungsbehörde setzt die Kosten im **Enteignungsbeschluss** oder durch besonderen **Beschluss** fest; darin wird auch bestimmt, ob die Zuziehung eines Rechtsanwaltes oder eines sonstigen Bevollmächtigten notwendig war (§ 121 Abs. 4 S. 2, 3 BauGB).

863 Es bestehen keine Bedenken, § 121 BauGB als **allgemeinen Grundsatz des Enteignungsrechts** anzusehen. Die Vorschrift enthält eine Kodifizierung dessen, was die Rechtsprechung bisher aus § 96 Abs. 1 BauGB i.V.m. Art. 14 Abs. 3 GG entnommen hatte und kann deswegen ergänzend zur Bestimmung von Inhalt und Umfang der Erstattungspflicht herangezogen werden, wenn im Einzelfall eine gesetzliche Grundlage für die Kostenerstattung fehlt.

Allerdings ist § 121 Abs. 2 S. 2 BauGB **nicht anwendbar bei einer freiwilligen Grundstücksveräußerung**, auch wenn dies zur Vermeidung einer sonst drohenden Enteignung geschieht (BGH MDR 2017, 205 Rn. 15).

864 2. Ist das Enteignungsverfahren *eingeleitet*, so sind dem Betroffenen nach Abschluss des Verfahrens die **notwendigen Kosten** zur zweckentsprechenden Rechtsverfolgung und Rechtsverteidigung zu erstatten. Wegen der vergleichbaren Rechtslage kann insoweit auf die Rechtsprechung zu § 91 ZPO verwiesen werden. Hinsichtlich der Gebühren und Auslagen eines Rechtsanwalts oder eines sonstigen Bevollmächtigten wird auf das Erfordernis der Notwendigkeit in § 121 Abs. 2 Satz 1 BauGB ausdrücklich hingewiesen. In Anbetracht der Schwierigkeiten und Besonderheiten des Enteignungsrechts ist die Beiziehung eines Rechtsanwaltes schon aus Gründen der ***Waffengleichheit*** als erforderlich anzusehen (*Battis* in BKL, § 121 Rn. 7; *Dyong* in EZBK, § 121 Rn. 13). Gebühren und Auslagen eines Anwaltes sind selbst dann zu erstatten, wenn sich dessen Tätigkeit in bloßer Beratung erschöpft hat oder die letztlich festgesetzte Entschädigung die vom Enteignungsbegünstigten angebotene nicht übersteigt.

865 Der **Umfang der erstattungsfähigen Rechtsanwaltskosten** richtet sich nach dem **Rechtsanwaltsvergütungsgesetz (RVG)**, nach dem ab 1.7.2004, mit Ausnahme von Altfällen (§ 61 RVG), die Anwaltsgebühren zu berechnen sind (s. Art. 3, 8 S. 1 KostRMoG). Frei vereinbarte Honorare (§ 4 RVG) sind, soweit sie über die gesetzlichen Honorarsätze hinausgehen, nicht als *zur entsprechenden Rechtsverfolgung notwendig* (§ 121 S. 2 BauGB) anzusehen, und damit nicht erstattungsfähig (*Reisnecker* in Brügelmann, § 121 Rn. 34; *Molodovsky/Bernstorff*, BayEG, Art. 43 Erl. 3.3.2.1); die Vereinbarung geringerer Gebühren als nach dem RVG ist unzulässig.

866 Die einzelnen Gebührentatbestände, nach denen ein Anwalt seine Gebühren zu berechnen hat, sowie Höhe der Vergütung, regelt das **Vergütungsverzeichnis** (VV) als Anlage 1 zum RVG, § 2 Abs. 2 RVG.

867 Der im Enteignungsverfahren tätige Rechtsanwalt erhält danach zunächst eine ***Geschäftsgebühr*** nach Nr. 2300 VV, soweit seine Tätigkeit über eine einfache Bera-

tung hinausgeht (sonst: *Beratungsgebühr* nach § 34 RVG; zur Abgrenzung *Mayer* in Gerold/Schmidt, VV 2300 Rn. 14).

Bei der Geschäftsgebühr handelt es sich um eine Art „Grundgebühr" oder „Betriebsgebühr", welche die gesamte außergerichtliche Tätigkeit des Rechtsanwaltes abdeckt, die sich auf die beauftragte Angelegenheit bezieht. Sie umfasst neben den anwaltlichen Hauptaufgaben wie Schriftverkehr mit Mandanten, dem Gegner oder Behörden und sonstigen Dritten den Entwurf von Alternativvorschlägen und Vereinbarungen, der Bewertung von Vergleichsvorschlägen etc., auch Nebentätigkeiten, wie z. B. Einsichtnahme in Verfahrensakten oder in amtliche Register und das Grundbuch (*Mayer* in Gerold/Schmidt, VV 2300 Rn. 15). Als Rahmengebühr (zum Begriff, s. *Fraunholz* in Riedel/Sußbauer, § 14 RVG, Rn. 1) ist bei der Geschäftsgebühr nur der Mindest- und der Höchstsatz der Gebühr vorgeschrieben. Innerhalb des gesetzlichen Rahmens (0,5–2,5) bestimmt der Rechtsanwalt gem. § 14 Abs. 1 RVG die im Einzelfall entstandene Gebührenhöhe unter Berücksichtigung aller persönlichen und sachlichen Umstände des Einzelfalls nach billigem Ermessen (= Leistungsbestimmung einer Partei durch rechtsgestaltende Erklärung gegenüber der anderen, § 315 BGB, s. *Mayer* in Gerold/Schmidt, § 14 RVG, Rn. 4). Er hat dabei von der Bedeutung der Angelegenheit für den Auftraggeber, dessen Einkommens- und Vermögensverhältnissen, seinem eigenen Haftungsrisiko sowie vom Umfang und der Schwierigkeit der anwaltlichen Tätigkeit auszugehen (§ 14 Abs. 1 S. 1, 2 RVG). Seine Entscheidung ist verbindlich, wenn sie billigem Ermessen entspricht (§ 14 Abs. 1 S. 1 RVG), was aufgrund einer wertenden Betrachtung festzustellen ist (*Mayer* in Gerold/Schmidt, § 14 RVG, Rn. 5).

Wegen der Schwierigkeit, im Einzelfall die Billigkeit der Gebühr zu beurteilen, **868**
hat sich in der Praxis eine ***Mittelgebühr*** herausgebildet. Sie soll zur billigen Gebühr im Normalfall werden, wenn sämtliche nach § 14 Abs. 1 S. 1 und 2 RVG zu berücksichtigenden Umstände von durchschnittlicher Art sind. Bei einem Gebührenrahmen von 0,5 bis 2,5 wie bei der Geschäftsgebühr beträgt diese Mittelgebühr 1,5 (zur Berechnung der Mittelgebühr *Mayer* in Gerold/Schmidt, § 14 RVG, Rn. 10; *Fraunholz* in Riedel/Sußbauer, § 14 RVG, Rn. 12). Allerdings kann nach der Anmerkung zu VV 2300 eine Gebühr von mehr als 1,3 nur gefordert werden, wenn die Tätigkeit umfangreich oder schwierig war. Damit wird diese Gebühr zur „Regelgebühr". Zum Überschreiten des „Schwellenwerts" von 1,3 ist also erforderlich, dass der Umfang oder die Schwierigkeit über dem Durchschnitt liegt. Ausreichend hierfür ist allerdings bereits eine geringfügige Erhöhung der durchschnittlichen Schwierigkeit bzw. des Umfangs (*Mayer* in Gerold/Schmidt, § 14 RVG, Rn. 31). Ist der Schwellenwert als überschritten zu beurteilen, ist weiter zu prüfen, ob anhand der einzelnen Umstände des § 14 Abs. 1 RVG eine weitere Erhöhung oder Reduzierung angebracht ist (hierzu und zu der Problematik, dass nach der Anmerkung zu Nr. 2300 VV eine höhere als die sog. *Schwellengebühr* von mehr als 1,3 nur gefordert werden kann, wenn die anwaltliche Tätigkeit umfangreich oder schwierig war, *Otto* NJW 2004, 1420; *Schons* NJW 2005, 1025; *Reisnecker* in Brügelmann, § 121 Rn. 36 sowie *Mayer* in Gerold/Schmidt, § 14 RVG, Rn. 26 ff.).

Die maximale Gebührenhöhe von 2,5 kann nicht pauschal mit der grundsätzlich komplizierten Rechtsmaterie oder dem höheren Aufwand für ein seltenes Rechtsgebiet begründet werden. Sie ist nur gerechtfertigt bei überdurchschnittlichen wirtschaftlichen Verhältnissen oder wenn der Umfang oder die Schwierigkeit der Tätigkeit weit über den Normalfall hinausgeht. Hierzu bedarf es einer sorgfältigen und substantiierten Darlegung anhand der objektiven Gegebenheiten des Einzelfalls.

869 Wird der Rechtsanwalt von **mehreren Auftraggebern** in *derselben Angelegenheit* mandatiert, etwa von den Eigentümern eines im Miteigentum nach § 1008 BGB stehenden Grundstücks (z.B. Ehegatten, Erbengemeinschaft), erhält er die Geschäftsgebühr nur einmal, § 7 Abs. 1 RVG. Nach Nr. 1008 VV erhöht sich der Gebührensatz (nicht die Rahmengebühren!) jedoch um drei Zehntel für jeden zusätzlichen Auftraggeber. Bei Erbengemeinschaften ist nur diese Auftraggeber, sind es nicht die Miterben bzw. Miterbinnen.

870 Die früheren Besprechungs- und Beweisaufnahmegebühren (§ 118 Abs. 1 BRAGO) sind im RVG nicht mehr enthalten. Entsprechende Tätigkeiten des Rechtsanwalts, z.B. Teilnahme an Ortsterminen, Besprechungen mit der Enteignungsbehörde oder anderen Betroffenen, Anhörung von Gutachtern etc., werden mit der Geschäftsgebühr abgegolten und sind lediglich bei der Bemessung der Gebührenhöhe im Rahmen des § 14 RVG zu berücksichtigen (*Mayer* in Gerold/Schmidt, VV Nr. 2300, Rn. 17, 18).

871 Zusätzlich zur Geschäftsgebühr kann der Rechtsanwalt eine ***Einigungsgebühr*** nach Nr. 1000 VV in Höhe von 15/10 fordern, wenn es innerhalb des Enteignungsverfahrens zu einer Einigung etwa nach § 110 BauGB kommt. Dieser Gebührentatbestand ersetzt die frühere Vergleichsgebühr nach § 23 BRAGO. Er berücksichtigt die Mitwirkung beim Abschluss eines Vertrages, durch den der Streit oder die Ungewissheit über ein Rechtsverhältnis (z.B. Zulässigkeit der Enteignung, Höhe der geschuldeten Entschädigung) beseitigt wird. Ein solches, hinreichend konkretes Rechtsverhältnis, das Gegenstand einer Einigung sein kann, liegt bereits nach der förmlichen Einleitung des Enteignungsverfahrens vor (*Breuer* in Schrödter, § 121 BauGB, Rn. 31). Deshalb kann die Einigungsgebühr auch bei Einigungen außerhalb des Verfahrens entstehen (*Reisnecker* in Brügelmann, § 121 Rn. 37; anders jedoch hinsichtlich der enger gefassten Vorschrift des Art. 43 BayEG, s. *Molodovsky/Bernstorff*, BayEG, Art. 43 Erl. 3.1.2.1).

Fraglich ist, ob und ab wann dem Rechtsanwalt zusätzlich eine Einigungsgebühr zusteht, wenn sich die Beteiligten vor Einleitung des Enteignungsverfahrens endgültig geeinigt haben. Äußerst strittig war diese Frage schon unter der Geltung der BRAGO, im Hinblick auf den Anspruch des Anwalts auf eine zusätzliche Vergleichsgebühr. Nach der Regelung in § 23 Abs. 1 Satz 1 BRAGO war Voraussetzung für den Anfall dieser Gebühr der Abschluss eines (auch öffentlich-rechtlichen, vgl. § 23 Abs. 2 BRAGO) Vertrages, durch den der Streit oder die Ungewissheit der Parteien über ein Rechtsverhältnis oder die Unsicherheit über die Verwirklichung eines Anspruchs durch gegenseitiges Nachgeben beseitigt wurde (§ 779 BGB). Entscheidend war danach, wann zwischen den Parteien erstmals ein Rechtsverhältnis entsteht, über das Streit oder Ungewissheit herrschen kann.

Der Anwendungsbereich der an die Stelle der Vergleichsgebühr getretenen Einigungsgebühr nach Nr. 1000 VV ist zwar wesentlich weiter geworden, weil die Bezugnahme auf den Abschluss eines Vergleichs i. S. v. § 779 BGB weggefallen ist. Voraussetzung für den Gebührentatbestand ist aber nach wie vor das Vorhandensein eines ausreichend konkreten Rechtsverhältnisses, das Gegenstand einer Einigung sein kann. Dieses muss auch im Zeitpunkt der Einigung bereits bestehen. Es genügt nicht, dass durch die Einigung ein Rechtsverhältnis erst begründet werden soll (*Müller-Rabe* in Gerold/Schmidt, VV Nr. 1000, Rn. 98, 99).

Grundsätzlich sind mit den Gebühren auch die **allgemeinen Geschäftskosten** 872
abgegolten (VV, Vorb. 7 Abs. 1 Satz 1). Welche Auslagen der Rechtsanwalt zusätzlich beanspruchen kann, ist in den Nrn. 7000–7008 VV geregelt. Zu den erstattungsfähigen Aufwendungen gehören insbesondere **Fahrt- und Reisekosten**, die etwa für die Teilnahme an Orts- oder Besprechungsterminen anfallen, Nr. 7003 bzw. Nr. 7004 VV, sowie das Tage- und Abwesenheitsgeld nach Nr. 7005 VV.

Ein vernünftiger und kostenbewusster Enteignungsbetroffener wird sich in der Regel an einen Rechtsanwalt in der Nähe seines Wohn- oder Geschäftsortes wenden (BGH NJW 2003, 898, 900). Die Beauftragung eines **spezialisierten auswärtigen Anwalts** erscheint nur dann als *notwendig*, wenn ein vergleichbarer ortsansässiger Rechtsanwalt nicht vorhanden ist (*Herget* in Zöller, § 91 Rn. 13 *„Reisekosten“*). Dabei ist zu bedenken, dass die Frage der Höhe der Entschädigung z. B. für ein landwirtschaftlich genutztes Grundstück regelmäßig keine so schwierige und außergewöhnliche Prozessmaterie darstellt, dass sich hierfür unter den im Bezirk des zuständigen LG niedergelassenen Anwälten kein geeigneter Rechtsbeistand finden ließe (OLG Nürnberg, Urt. v. 23.12.1980 – 4 W 2558/80, *juris;* s. a. *Dyong/Groß* in EZBK, § 121 Rn. 13, der auf den Sitz der Enteignungsbehörde abstellt).

Die Reisekosten eines **„Rechtsanwalts am dritten Ort“**, d. h. eines Rechts- 873
anwalts. der weder am Gerichtsort noch am Wohn- oder Geschäftssitz der Partei ansässig ist, sind grundsätzlich nur bis zur Höhe der fiktiven Reisekosten eines am Wohn- oder Geschäftsort der Partei ansässigen Rechtsanwalts zu erstatten (BGH NJW-RR 2012, 695 Rn. 13 betr. einen Finanzierungsleasingvertrag über ein EC-Karten-Zahlungsterminal). Bei der Prüfung der Notwendigkeit einer bestimmten Rechtsverfolgungs- oder Rechtsverteidigungsmaßnahme ist eine typisierte Betrachtungsweise geboten. Denn der Gerechtigkeitsgewinn, der bei einer übermäßig differenzierenden Beurteilung im Einzelfall zu erzielen ist, steht in keinem Verhältnis zu den sich ergebenden Nachteilen, wenn in nahezu jedem Einzelfall darum gestritten werden kann, ob die Kosten zu erstatten sind oder nicht (BGH a. a. O.; BGH MDR 2007, 984; BGH NJW-RR 2005, 1662 – *Auswärtiger Rechtsanwalt V;* BGH NJW 2003, 901 – *Auswärtiger Rechtsanwalt I;* ebenso BGH, Beschl. v. 13.9.2011 – VI ZB 9/10 Rn. 8; OLG Nürnberg, Beschl. v. 3.4.2024 – 5 W 262/14 betr. Verfahren gegen Anlagenbetreiber nach dem EEG: *„Ein Rechtsanwalt an einem dritten Ort verfügt dann über Spezialkenntnisse, die ihn von ortansässigen Anwälten abheben, wenn er sich in einem umgrenzten Fachgebiet Kenntnisse und Erfahrungen in einem Vertiefungsgrad angeeignet hat, der den*

eines durchschnittlichen Rechtsanwalts/Fachanwalts erheblich übersteigt.“; ebenso OLG Jena, Beschl. v. 6.9.2012 – 9 W 405/12, MDR 2012, 1437, 1438 betr. einen Spezialanwalt für Impantation eines Port-Systems; OLG Nürnberg, Beschl. v. 30.7.2010 – 2 W 61/10, MDR 2010, 1494 betr. einen Spezialanwalt für Kapitalanlagenrecht).

Das gilt auch und erst recht für **Anwälte**, die **im Enteignungsrecht** tätig sind (LG Schwerin, Beschl. v. 21.1.2016 – 4 O 178/14 Baul). Es handelt sich um eine Spezialmaterie, wie schon daraus zu erkennen ist, dass der Gesetzgeber spezielle Kammern am LG (Baulandkammern) und Senate am OLG (Baulandsenate) mit besonderer fachlicher Besetzung gebildet hat, dass die einzelnen Bundesländer Enteignungssachen auf bestimmte Gerichte konzentriert haben und der Instanzenzug von dem normalen ZPO-Instanzenzug abweicht; so sind in NRW die Baulandkammern des LG Köln und des LG Düsseldorf zuständig, und in beiden Fällen geht die Berufung an das OLG Hamm, nicht an das OLG Köln oder das OLG Düsseldorf. Diese Besonderheiten rechtfertigen es, dass sowohl der Enteignungsbetroffene als auch der Enteignungsbegünstigte sich von Spezialanwälten ihres Vertrauens vertreten lassen können und deren Reisekosten erstattungsfähig sind.

Die Anforderungen an die Notwendigkeit der Beauftragung eines auswärtigen Rechtsanwalts im Interesse des Enteignungsbetroffenen sollten nicht überspannt werden. Die Beiziehung eines nicht ortsansässigen Rechtsanwalts kann demnach noch als notwendig angesehen werden, wenn davon auszugehen ist, dass dessen Beauftragung aufgrund seiner Erfahrung und seinen Spezialkenntnissen auf dem Gebiet des Enteignungsrechts die Rechtsverfolgung wesentlich zweckmäßiger gestaltet.

874 3. Ist ein **Enteignungsverfahren noch *nicht eingeleitet***, so lässt sich eine rechtliche Grundlage für die Erstattung von Anwalts- und Sachverständigenkosten weder unmittelbar aus § 96 Abs. 1 BauGB noch aus § 121 BauGB bzw. den einschlägigen Landesenteignungsgesetzen entnehmen, da es weder zu einer Enteignung gekommen ist, noch darauf abzielende Verfahren eingeleitet wurden. *Reisnecker* in Brügelmann, § 121 Rn. 21 und *Breuer* in Schrödter, § 121 Rn. 6, lehnen daher konsequent eine Erstattungsfähigkeit dieser Kosten ohne vertragliche Grundlage ab; s.a. *Molodovsky/Bernstorff*, BayEG, Art. 43 Erl. 3.1.2.1. Dieser Meinung hat sich der **BGH** (MDR 2017, 205 Rn. 15, 22) angeschlossen und entschieden, dass sich in einem solchen Fall die Kostentragung **ausschließlich nach den Regeln des bürgerlichen Rechts** richtet. In der Praxis ist eine Betroffener allerdings zu einer Einigung außerhalb der Enteignung oder Besitzeinweisung vielfach nur bereit, wenn der Enteignungsbegünstigte in dem Kaufvertrag oder in dem Vertrag über die Einräumung von Nutzungsrechten die Kosten des Betroffenen übernimmt.

875 Eine **Einigungsgebühr** entsteht nur und erst dann, wenn ein Rechtsverhältnis bestanden hat, das durch Einigung erledigt worden. Dazu reicht nicht, dass bei den Verhandlungen zwischen Straßenbaulastträger und Eigentümer *irgendwie* erkennbar wird, dass im Falle der Weigerung möglicherweise das Enteignungsverfahren betrieben werde. Der BGH hat dies mit Recht als zu ungenau abgelehnt (BGHZ 59, 69 = NJW

1972, 1318 = LM Nr. 37 zu § 779 BGB) und darauf verwiesen, dass die Entstehung eines Rechtsverhältnisses rechtlich einwandfrei nur nach den dafür geltenden Rechtsvorschriften beurteilt werden kann. Werden Einwendungen im Planfeststellungsverfahren erhoben, so konkretisiert sich frühestens mit der *Einleitung* des Planfeststellungsverfahrens die Gefahr einer Enteignung in rechtserheblicher Weise, so dass die Annahme eines Rechtsverhältnisses im Sinne von § 779 BGB gerechtfertigt sein kann (OLG Köln, Urteil v. 24.9.1975 – 17 U 49/75 – unveröffentlicht). Ansonsten kommt ein Rechtsverhältnis erst **nach Erlass des Planfeststellungsbeschlusses**, wegen der Möglichkeit planakzessorischer Enteignung, zustande. Die bloße Aussicht einer künftigen Enteignung und deren Ankündigung bei den Verhandlungen vermag vor Einleitung des Planfeststellungsverfahrens (bei Einwendungen) bzw. vor Erlass des Planfeststellungsbeschlusses noch kein Rechtsverhältnis zu begründen (BGH ebenda).

Entsprechendes gilt für *Enteignungsverfahren* nach *anderen* gesetzlichen 876
Vorschriften als den Straßengesetzen. Entscheidend dafür, ob eine *Einigungsgebühr* angefallen ist, weil ein Streit oder die Ungewissheit über ein Rechtsverhältnis beseitigt wurde, ist immer, ob nach den einschlägigen gesetzlichen Bestimmungen ein *Rechtsverhältnis vorlag*.

Das ist bei einem *Sanierungsgebiet* gemäß § 142 BauGB spätestens unmittelbar nach Auslegung des Bebauungsplanentwurfs der Fall (BGH NJW 1980, 889, 890 = MDR 1980, 128; *Reisnecker in* Brügelmann, § 121 Rn. 37), bei einem Bauleitplanverfahren, sobald der Entwurf des Bebauungsplans gemäß § 3 Abs. 2 BauGB ausgelegt wird und die Gemeinde Verhandlungen über den freihändigen Erwerb nach § 87 Abs. 2 BauGB und/oder eine Erörterung über fristgemäß vorgebrachte Bedenken und Anregungen mit dem Betroffenen führt (OLG Köln, Urt. v. 2.12.1981 – 17 U 41/81, unveröffentlicht); die allgemeine Bürgeranhörung nach § 3 Abs. 1 BauGB begründet dagegen noch kein solches Rechtsverhältnis (OLG Köln a. a. O.).

Nachdem der Abschluss eines Vergleichs i. S. v. § 779 BGB keine Voraussetzung 877
für die Einigungsgebühr darstellt (*Fraunholz* in Riedel/Sußbauer, VV Teil I, Rn. 2), ist ein *gegenseitiges Nachgeben* nicht mehr Tatbestandsmerkmal für die Gebührenentstehung. Unabhängig davon stellen alle Vergleiche i. S. v. § 779 BGB auch eine *Einigung* dar und lösen die Einigungsgebühr aus.

Allerdings kommt bei Rechtsverhältnissen des öffentlichen Rechts eine Einigungsgebühr nur in Betracht, wenn die Beteiligten nach dem materiellen Recht des betreffenden Rechtsgebiets befugt sind, über den Gegenstand der Einigung zu verfügen, s. Nr. 1000 Abs. 4 VV. An einer solchen Befugnis fehlt es nicht etwa deshalb, weil die Enteignungsentschädigung nach den gesetzlichen Vorschriften und den hierzu in Rechtsprechung und Literatur entwickelten Grundsätzen „angemessen" festzusetzen ist. Denn bei der Auslegung dieses unbestimmten Rechtsbegriffes ist ein gewisser Spielraum gegeben, innerhalb dessen Platz für eine einvernehmliche Lösung vorhanden ist (s. a. BGH NJW 1972, 157 und 1318).

Die Einigungsgebühr kann der Rechtsanwalt nur beanspruchen, wenn er an der 878
Einigung ***mitgewirkt*** hat. Ausreichend ist die Begutachtung oder der Entwurf eines

Einigungsvorschlages; eines persönlichen Verhandelns mit der Gegenpartei oder der Anwesenheit beim Vertragsschluss bedarf es nicht (*Fraunholz* in Riedel/Sußbauer, VV Teil I, Rn. 9). Ebenfalls ist nicht erforderlich, dass der Anwalt ein für die vertretene Partei günstigeres Ergebnis erzielt hat. Denn der mit der Erledigungsgebühr honorierte Erfolg besteht auch in der Entlastung der Gerichte und dem Bemühen um die Herstellung des Rechtsfriedens. „Erfolgsgebühr" ist die Einigungsgebühr also lediglich in dem Sinne, als sie nicht schon durch den Versuch, eine gütliche Einigung herzustellen, entsteht, sondern erst mit deren tatsächlichem Zustandekommen (*Müller-Rabe* in Gerold/Schmidt, VV Nr. 1000, Rn. 3). Nimmt der Enteignungsbetroffene allerdings ein Entschädigungsangebot sofort und ohne Einschränkungen an, kommt eine Einigungsgebühr nicht in Betracht, da es für den Gebührentatbestand dann an dem Merkmal *„Streit oder die Ungewissheit über ein Rechtsverhältnis"* fehlt.

879 4. Bemessungsgrundlage für die erstattungsfähigen Rechtsanwaltskosten ist der **Gegenstandswert** nach § 2 Abs. 1 i. V. m. §§ 22, 23 RVG, da § 23 Abs. 1 S. 3 RVG bestimmt, dass für Tätigkeiten außerhalb eines gerichtlichen Verfahrens die für die Gerichtsgebühren geltenden Wertvorschriften maßgebend sind, wenn Gegenstand der Tätigkeit auch ein gerichtliches Verfahren sein könnte.

Im Rahmen der Enteignungsverhandlungen ist dabei zu unterscheiden: Geht es nur um die Zulässigkeit der Enteignung, richtet sich der Gegenstandswert nach dem *festgesetzten* oder bei einer Einigung *vereinbarten* Wert der zu entziehenden Fläche (§ 95 BauGB, Entschädigung für die Entziehung des Rechtsverlustes).

Steht allein die Höhe der zu leistenden Entschädigung in Streit, ergibt sich der **Gegenstandswert aus der endgültig als angemessen *festgesetzten* oder bei einer Einigung als angemessen angesehenen Entschädigungssumme für den Bodenwert einschließlich der Folgeschäden i. S. v. § 96 BauGB** (BGH NJW-RR 1999, 1012 f. = WM 1999, 960 f. = BGHR FStrG § 19 Abs. 2 a – *Grundstücksübertragung 1*; BGH MDR 1972, 765; BGHZ 68, 100 = NJW 1977, 955; BGH NJW 1993, 1255, 1258; *Breuer* in Schrödter, BauGB, § 121 Rn. 33). Auf die vom Betroffenen *geforderte* Entschädigung kommt es nicht an (BGHZ 121, 73, 87).

Setzt sich der Grundstückseigentümer sowohl gegen die Zulässigkeit der Enteignung als auch gegen die angebotene Entschädigung zur Wehr, wird der Anwalt gleichwohl *in derselben Angelegenheit* (§ 15 Abs. 2 RVG) tätig (BGH MDR 1972, 765; *Winkler* in *Mayer/Kroiß*, RVG, § 15 Rn. 36). Dies führt aber nicht nach § 22 Abs. 1 RVG (früher § 7 Abs. 2 BRAGO) zu einer Addition verschiedener Gegenstandswerte. Zwar folgt aus „derselben Angelegenheit" nicht zwingend auch das Vorliegen eines identischen Gegenstandes, da letzterer sich durch das jeweilige konkrete Rechtsverhältnis bestimmt, auf das sich auftragsgemäß die anwaltliche Tätigkeit bezieht (BGH MDR 1972, 765; OLG München BayVBl. 2002, 570). Aber die Entscheidung über den Grund der Enteignung und ggf. über Art und Höhe der zu gewährenden Entschädigung sind Teil des einheitlichen Enteignungsverfahrens. Es liegen daher nicht mehrere Gegenstände vor, deren Werte zusammenzurechnen wären, so dass der jeweils höhere Gegenstandswert maßgeblich ist (BGH MDR 1972, 765, der darauf hinweist, dass eine Enteignung nur gegen Entschädigung stattfinden darf und eine Entscheidung über die Entschädigung nur bei zulässiger Enteignung in Betracht kommt, so dass beiden im Verhältnis zueinander kein selbständiger Wert zugesprochen werden kann). Letztlich richtet sich der Gegenstandswert in diesem Fall also nach dem (höheren) Wert des Enteignungsgegenstandes (OLG München NVwZ-RR 2004, 711 f; *Molodovsky/Bernstorff*, BayEG, Art. 43 Erl. 3.3.2.1).

Entsprechendes gilt, wenn die Enteignungsentschädigung statt in Geld ausnahmsweise in **Ersatzland** zu erfolgen hat (vgl. z. B. Art. 14 BayEG). Dann ist nur von dem „einfachen" Wert des Grundbesitzes ohne Addition der Entschädigungssumme auszugehen (BGH NJW-RR 1999, 1012f. = WM 1999, 960f. = BGHR FStrG § 19 Abs. 2a – *Grundstücksübertragung* 1; BayVGH BayVBl 1985, 444). Besteht lediglich hinsichtlich der Art der zu gewährenden Entschädigung (Geldentschädigung/Ersatzland) Uneinigkeit, bemisst sich der Gegenstandswert auf 20 % des Wertes der entzogenen Fläche (BGHZ 48, 200 = NJW 1967, 2308; BGHZ 61, 240, 252 = NJW 1973, 2202, 2206).

Unberücksichtigt für die Bestimmung des Gegenstandswertes bleiben die nach § 99 Abs. 3 BauGB neben der Hauptentschädigung zu gewährenden **Zinsen** auf die Entschädigung.

Abschläge, die der Betroffene sich z. B. unter dem Gesichtspunkt des *Vorteilsausgleichs* (→ **Vorteilsausgleich**) anrechnen lassen muss und die deshalb die an sich angemessene Entschädigung vermindern oder gar auf Null reduzieren, bleiben grundsätzlich unberücksichtigt; die Gebührenberechnung ist von der materiell-rechtlichen Frage des Vorteilsausgleichs freizuhalten (BGHZ 68, 100, 106 = WM 1977, 509, 514). **880**

Wird die Entschädigungssumme in Zeiten schwankender Preise bei einer gerichtlichen Anfechtung nach der **Steigerungsrechtsprechung** *höher* festgesetzt als bei der administrativen Ermittlung (→ **Steigerungsrechtsprechung**), so ist für die Gebührenberechnung im Enteignungsverfahren derjenige Entschädigungsbetrag maßgebend, der nach dem Urteil für den Zeitpunkt des Abschlusses des Enteignungsverfahrens der richtige gewesen wäre (BGH WM 1978, 518).

Die genannten Grundsätze zur Gegenstandswertbemessung gelten auch für die ***Einigungsgebühr*** (oben Rn. **875**). Der Gegenstandswert richtet sich danach, *worüber* sich die Parteien geeinigt haben, nicht danach, was der Betroffene verlangt hat. Dies ist bei Enteignungssachen in der Regel der Wert der genommenen Sache bzw. der Rechtsposition. Wenn daher bspw. der Enteignungsbegünstigte während des Streits über die Höhe der Entschädigung Abschlagszahlungen leistet, verbleibt es gleichwohl bei dem vollen Betrag der Entschädigung für die Berechnung der Einigungsgebühr. **881**

Diese Grundsätze gelten für die Einigungsgebühr auch dann, wenn der Anwalt erst zu einem Zeitpunkt eingeschaltet wird, in dem bereits Abschlagszahlungen geleistet worden sind, über die Höhe der Entschädigung jedoch noch keine endgültige Einigung erzielt ist. Denn Streit besteht in diesem Falle nicht nur über die Spitze, sondern über die Höhe der gesamten Entschädigung. Verlangt der Betroffene einen Abschlag ausdrücklich als „Mindestentschädigung", was mitunter vorkommt, und wird **882** erst danach ein Anwalt eingeschaltet, so berechnen sich die Gebühren allerdings nur nach der verbleibenden Spitze. Gleiches gilt, wenn Entschädigung für Eingriffe in verschiedene Rechtsgüter gewährt wird und sich der Betroffene und der Enteignungsbegünstigte vor Einschaltung des Anwalts über eine oder mehrere selbständige Positionen bereits endgültig geeinigt haben, z. B. über die Höhe der Entschädigung für das genommene Grundstück, während über die Betriebsentschädigung noch Streit herrscht.

883 5. Die **Vertretungskosten** sind auch bei **vorzeitiger Besitzeinweisung**, z. B. nach § 116 BauGB, zu erstatten. Soweit dies nicht landesrechtlich (z. B. Art. 43 Abs. 1 BayEG) bereits vorgesehen ist, kann der Anspruch auf eine entsprechende Anwendung des § 121 Abs. 2 BauGB gestützt werden (*Reisnecker* in Brügelmann, § 121 Rn. 10; *Dyong* in EZBK, § 116 Rn. 19a; *Breuer* in Schrödter, § 121 BauGB, Rn. 8 ff.; Hk-BauGB/*Kröninger*, § 121 Rn. 1). Eine Gleichbehandlung mit der Kostenregelung des Enteignungsverfahrens ist gerechtfertigt, da die Besitzeinweisung einen wesentlichen und einschneidenden Eingriff im Vorfeld der Enteignung darstellt (BGHZ 65, 280, 283 = NJW 1976, 423 = WM 1976, 160, 161; BGHZ 61, 240, 247 = WM 1973, 1299 = BauR 1974, 47). Wehrt sich der Betroffene gegen die Besitzeinweisung, so dient die Inanspruchnahme eines Rechtsanwalts einer vernünftigen und zweckentsprechenden Wahrung seiner Rechte, selbst wenn dies im Ergebnis keinen Erfolg hat; auch diese Kosten sind erstattungsfähig (BGHZ 61, 240, 247). Ein Erstattungsanspruch besteht auch dann, wenn das Verfahren durch Rücknahme oder Zurückweisung des Besitzeinweisungsantrages vorzeitig endet (a. A. BGHZ 65, 280, 283 = NJW 1976, 423 = WM 1976, 160, 162). Es ist jedoch insbesondere nach der Neufassung des § 121 BauGB kein Grund ersichtlich, insoweit zwischen Enteignungs- und Besitzeinweisungsverfahren zu unterscheiden. Entsprechendes muss auch für Besitzeinweisungsfälle außerhalb des BauGB gelten.

Fraglich ist, ob dem zugezogenen Anwalt eine ***Einigungsgebühr*** zusteht, wenn der Betroffene im Besitzeinweisungsverfahren die Bauerlaubnis für sein Grundstück erteilt. Dies ist zu bejahen, da ein Rechtsverhältnis besteht und dessen Inhalt geklärt wurde.

884 Das **Verfahren der Besitzeinweisung** ist ähnlich dem der einstweiligen Verfügung selbständig; es bildet keine Einheit mit dem eigentlichen Enteignungsverfahren (s. § 17 Nr. 4 RVG, früher: § 40 Abs. 1 BRAGO). Dem Anwalt stehen deswegen gesonderte Gebühren zu (*Reisnecker* in Brügelmann, § 121 Rn. 34).

Der **Gegenstandswert** für das Besitzeinweisungsverfahren ist mit 20 % des Grundstückswertes anzusetzen und nicht nach der Höhe einer anfallenden Besitzeinweisungsentschädigung zu bemessen (BGHZ 61, 240, 250 = WM 73, 1299 = BauR 74, 47 = BRS 26 Nr. 79 unter Ablehnung von OLG Hamburg NJW 1965, 2404; ebenso BGH WM 1978, 518; OLG München NVwZ-RR 2004, 711, 712; *Kreft*, Enteignungsentschädigung II, S. 23; *Baumbach/Lauterbach/Hartmann/Anders/Gehle*, § 3 Anhang Rn. 26 *„Baulandsache"*). Ist neben der Zulässigkeit des Verfahrens auch die geschuldete Besitzeinweisungsentschädigung streitig, kommt es entsprechend der Auffassung des

BGH (MDR 1972,765) bezüglich des Enteignungsverfahrens auf den höheren Gegenstandswert an (s. o. Rn. **879**).

6. Die Erstattung der in einem der Enteignung vorausgegangenen **Planfeststellungsverfahren** (z. B. nach §§ 72ff. VwVfG) entstandenen Rechtsvertretungskosten kann hingegen nicht verlangt werden. Die entsprechende Anwendung des § 121 Abs. 2 BauGB oder vergleichbarer landesrechtlicher Regelungen scheidet trotz der Bindungswirkung der Planfeststellung auf das Enteignungsverfahren (z. B. nach § 19 Abs. 2 FStrG, Art. 28 BayEG) aus, da diese sich ausdrücklich auf den Entzug von Eigentum oder Besitz beziehen. Eine Analogie zur Kostenregelung im Widerspruchsverfahren nach § 80 Abs. 1 S. 1 VwVfG kommt ebenfalls nicht in Betracht, da sie speziell für Rechtsbehelfsverfahren gilt (s. a. BVerwG NVwZ 1990, 59). **885**

7. Der Ersatz von Aufwendungen für die Rechtsvertretung im Besitz- oder Enteignungsverfahren ist Bestandteil eines einheitlichen Entschädigungsanspruchs und deshalb grundsätzlich an den Betroffenen zu leisten. Kommt es später aber zu einem Kaufvertrag zwischen Eigentümer und Enteignungsunternehmer, können sie darin gemäß § 328 Abs. 1 BGB dem Anwalt oder Rechtsbeistand für seine Kosten ein *eigenes Forderungsrecht* einräumen. **886**

8. Die **Verzinsung der Kosten** beginnt, anders als die der Hauptentschädigung, nicht im Zeitpunkt des Entzugs der Nutzungsmöglichkeiten (s. § 99 Abs. 3 BauGB, Art. 13 Abs. 2 BayEG etc.), sondern erst ab dem Zeitpunkt ihres tatsächlichen Entstehens. So ist das Anwaltshonorar erst zu zahlen, wenn der Auftrag erledigt oder die Angelegenheit beendet ist (§ 8 Abs. 1 RVG, früher: § 16 BRAGO). Ein anderes Ergebnis lässt sich auch nicht mit den schwerlich zu bestimmenden „Besonderheiten des Enteignungsentschädigungsrechts" (so aber OLG Nürnberg, Urt. v. 30.9.1998 – 4 U 2046/98, juris) oder dem Begriff der „Einheitlichkeit der Entschädigung" rechtfertigen. **887**

Der Verzinsungsregelung des Enteignungsentschädigungsrechts liegt die Überlegung zugrunde, dass dem Betroffenen alle entschädigungspflichtigen Nachteile unmittelbar nach ihrem Entstehen zu ersetzen sind. Ist dies verwaltungstechnisch oder aus anderen Gründen erst später möglich, hat bis zum Zeitpunkt der tatsächlichen Auszahlung eine Verzinsung als Ausgleich für die vorenthaltene Entschädigungsleistung zu erfolgen (s. a. *Molodovsky/Bernsdorff*, BayEG, Art. 13 Erl. 3.3.1). Voraussetzung für den Beginn eines Zinsanspruchs ist somit der Eintritt eines (Vermögens-)Schadens. Deshalb widerspricht die Verzinsung von Rechtsanwaltskosten vor deren Fälligkeit (außer wenn Vorschüsse nach § 9 RVG geleistet wurden) dem Sinn und Zweck von Zinszahlungen. Denn auch hier hat der Grundsatz zu gelten, dass nicht entstandene Kosten niemals zu erstatten sind (*Herget* in Zöller, § 91 Rn. 12). Andernfalls würde der Enteignungsbetroffene in diesem Fall mehr erhalten (nämlich Zinsen für Zeiträume, in denen ein „Schaden" nicht eingetreten ist), als er an Einbußen tatsächlich erlitten hat (abzulehnen daher OLG Nürnberg, s. o. und im Ergebnis *Molodovsky/Bernsdorff*, Bay-

EG, Art. 13 Erl. 3.3.1.). Aus dem Grundsatz der *einheitlichen* Entschädigung kann ebenfalls keine Verzinsung der Anwaltskosten, unabhängig vom Zeitpunkt ihres Entstehens, gefolgert werden. Denn das daraus abzuleitende Gebot, die Entschädigung in einem einmaligen Betrag zu leisten (vgl. Art. 13 Abs. 1 BayEG), verpflichtet den Enteignungsbegünstigten die einzelnen Entschädigungspositionen zusammenzufassen und in *einem* Geldbetrag auszuzahlen, und nicht etwa dazu, sie einheitlich zu verzinsen.

888 9. Die Kosten für einen **von dem Betroffenen zugezogenen Sachverständigen** (zur Wertermittlung) sind unter den oben (Rn. 844) dargelegten Voraussetzungen erstattungsfähig. Da der Sachverständige in diesen Fällen aufgrund eines privaten Auftrags des Betroffenen tätig wird, ist er bei seiner Honorarberechnung *nicht* an das als Art. 2 des KostRMoG erlassene *Justizvergütungs- und -entschädigungsgesetz* (JVEG) gebunden (§ 1 Abs. 1 Nr. 1 JVEG). Er kann deswegen anders und höher liquidieren, doch darf die Honorarberechnung, um erstattungsfähig zu bleiben, nicht „unbillig" sein. Die Sätze des JVEG bieten hierfür einen Anhaltspunkt, zumal deren Angemessenheit auch durch die Bezugnahme in landesrechtlichen Vorschriften belegt wird (z. B. ZuSEVO – BayRS II, 319 Gl-Nr. 2013-3-1-F; s. a. § 7 Abs. 2 GutachterausschussV-By v. 05.04.2005 und Nr. 4 und 5 der Richtlinien des Ministeriums des Inneren über die Entschädigung der Gutachter der Gutachterausschüsse für Grundstückswerte des Landes Brandenburg v. 01.07.2004 etc.).

Das dem Sachverständigen nach § 8 Abs. 1 Nr. 1 JVEG zu gewährende Stundenhonorar ist gemäß § 9 Abs. 1 JVEG von der Zuordnung zu den in Anlage 1 geregelten Honorargruppen abhängig. So beträgt der Stundensatz in der Honorargruppe 6 („Bewertung von Immobilien", s. Anlage 1 zum JVEG) 90,00 € (Stand: 01.08.2013). Hinzu kommen der Ersatz von Fahrtkosten (§ 8 Abs. 1 Nr. 2 i. V. m. § 5 RVG) sowie von Aufwendungen (§ 8 Abs. 1 Nr. 3 und 4 i. V. m. § 6 bzw. § 7 und § 12 JVEG).

889 Nach der *Honorarordnung für Architekten und Ingenieure* – **HOAI** –, gleich gültig für Hochbau-, Innen-, Landschafts- und Städtebauarchitekten sowie Bauingenieure, kann das Honorar für ein Gutachten über Leistungen, die in der HOAI erfasst sind, als Pauschalhonorar innerhalb von vorgegebenen Mindest- und Höchstsätzen frei vereinbart werden (§ 7 Abs. 1 HOAI); wird ein bestimmtes Pauschalhonorar bei Auftragserteilung nicht schriftlich festgelegt, gilt der jeweilige Mindestsatz als vereinbart, § 7 Abs. 6 HOAI. Da das Gesetz über die Entschädigung von Zeugen und Sachverständigen insoweit keine Anwendung findet (s. o. Rn. **888**), wird ein für den Betroffenen als Sachverständiger tätiger Architekt in der Regel nach der HOAI abrechnen. Allerdings ist zweifelhaft, ob die Mindestsätze für Planungs- und Überwachungsleistungen von Architekten und Ingenieuren gemäß § 7 HOAI (noch) wirksam sind oder ob sie gegen die EU-Richtlinie 2006/123/EG und gegen die Niederlassungsfreiheit innerhalb der EU verstoßen (vgl. dazu das beim EuGH unter C-261/20 anhängige Verfahren, Mitteilung ABl EU 2020, Nr. C 313,10, juris).

10. Die Kosten eines im **Umlegungsverfahren oder Flurbereinigungsverfahren** (→ **Unternehmensflurbereinigung (Enteignung)**) zugezogenen Anwalts und/oder Sachverständigen sind nicht erstattungsfähig (OLG München BayVBl. 2002, 570ff = NVwZ-RR 2003, 78ff.). Die Erstattungspflicht folgt nicht aus § 78 BauGB, da zu den Kosten des „Verfahrens" nur die sachlichen und persönlichen Kosten der Verwaltung, nicht auch die durch die Vertretung der beteiligten Eigentümer anfallenden Anwaltsgebühren gehören (BGHZ 63, 81 = WM 1974, 1167); dies gilt auch, wenn die Umlegung unzulässig ist (BGHZ 65, 280 = NJW 1976, 423 = WM 1976, 160). Die Vorschrift entspricht inhaltlich § 121 Abs. 1 BBauG a.F., für den der BGH entschieden hatte, dass zu den dort genannten „Kosten des Verfahrens" nicht die Rechtsvertreterkosten des Eigentümers im Enteignungsverfahren gehören (BGHZ 56, 221). Für eine erweiterte, dem Eigentümer günstigere Auslegung des § 78 BauGB besteht nach Meinung des BGH keine Veranlassung, weil die Umlegung (und ebenso die Regelflurbereinigung nach § 1ff. FlurbG) – im Gegensatz zur Enteignung – grundsätzlich auch im *Interesse des Eigentümers* liegt (BGHZ 63, 81, 84; Rn. **780**). § 121 Abs. 1 BBauG ist mit Wirkung zum 1.1.1977 gerade hinsichtlich der Rechtsvertreterkosten geändert worden. Da der Gesetzgeber gleichwohl § 78 BBauG (alt) nicht geändert hat und überdies in § 121 Abs. 2 S. 1 n.F. ausdrücklich zwischen „Kosten des Verfahrens" und „zur zweckentsprechenden Rechtsverfolgung oder Rechtsverteidigung notwendigen Anwendungen" unterscheidet, sind die Anwaltsgebühren im Umlegungsverfahren auch nach der Neufassung des BBauG und nach dem jetzigen BauGB *nicht erstattungsfähig* (ebenso *Kreft*, Enteignungsentschädigung II, S. 23). 890

Anders ist es dagegen bei der ***Unternehmensflurbereinigung*** nach §§ 87ff. FlurbG, da dies ein wirkliches Enteignungsverfahren zu Gunsten eines Unternehmensträgers ist (BGH WM 1981, 1138, 1140; *Kreft*, ebenda; Rn. **762**).

11. Für Verfahren nach dem **Bundesleistungsgesetz** und dem **Schutzbereichsgesetz** finden sich in § 48 Abs. 2 BLG und § 22 Abs. 2 SchBerG besondere Vorschriften über die Erstattung von Auslagen, die dem Betroffenen zur zweckentsprechenden Wahrung seiner Rechte entstanden sind, mithin also auch für aufgewendete Rechtsvertreterkosten. 891

12. Die Vertretungskosten sind als Teil der Entschädigung vor den **Zivilgerichten** zu verfolgen, auch wenn sie etwa in dem die Enteignungsentschädigung betreffenden Verwaltungsverfahren angefallen sind (BVerwGE 40, 254 = MDR 1972, 1058 = AgrarR 1973, 398; s. a. Art 44 Abs. 1, Art. 45 BayEG). Demgegenüber hält das BVerwG NVwZ-RR 2014, 622 Rn. 4) den Rechtsweg zu den **Verwaltungsgerichten** für eröffnet, wenn bei einer vorzeitigen Besitzeinweisung (§ 18f FStrG) Streit über die Erstattung von Aufwendungen eines Betroffenen zur zweckentsprechenden Rechtsverfolgung besteht. Es handele sich um eine öffentlich-rechtliche Streitigkeit nichtverfassungsrechtlicher Art. Die Streitigkeit sei nicht nach Art. 14 Abs. 3 S. 4 GG den Zivilgerichten zugewiesen (ebenso *Kromer/Müller* in Müller/Schulz, § 18f Rn. 35). 892

Verzinsung der Entschädigung

Übersicht

893 1. Für die Verzinsung der Entschädigung hat die Rechtsprechung **eigene Grundsätze** entwickelt, die sich von der im BGB und HGB geregelten Verzinsung für Kapitalgewährung wesentlich unterscheiden. Sie gehen von Folgendem aus: Die Enteignungsentschädigung ist der Gegenwert für das durch die Enteignung entzogene Vermögensobjekt und tritt an dessen Stelle; der Gegenstand der Enteignung und die Entschädigung werden gewissermaßen ausgetauscht (BGH NJW 1969, 1897 = WM 1969, 1046 = BRS 26, Nr. 124). Die Forderung des Grundgesetzes (Art. 14 Abs. 3 Satz 2 GG) nach einer angemessenen Entschädigung ist nur dann erfüllt, wenn sie sofort, d. h. im Zeitpunkt der Wegnahme, gezahlt wird. Der Betroffene verfügt dann sogleich über den entsprechenden Gegenwert und kann ihn wie die entzogene Sache nutzen. Wird die Entschädigung im Zeitpunkt der Wegnahme gezahlt, so kommt mithin eine Verzinsung nicht in Betracht. Der Gegenwert tritt bildhaft an die Stelle des Vermögensobjektes, und die verlorene Nutzung der entzogenen Sache wird kompensiert durch die Nutzung der Entschädigung durch zinsgünstige Anlage, Sparzinsen etc. (BGH NJW 1981, 219; BGHZ 60, 337, 340 = NJW 1973, 1118).

894 Aus den verschiedensten Gründen ist es dem Enteignungsbegünstigten jedoch vielfach nicht möglich, die Entschädigung sofort zu zahlen. Die große Dringlichkeit der Maßnahme, Schwierigkeiten bei der Ermittlung des Verkehrswertes u.ä. lassen häufig nicht genügend Zeit, die angemessene Entschädigung sofort zu ermitteln und auszuzahlen. Deswegen wird im *Regelfall* die **Entschädigung nicht sogleich mit der Wegnahme gezahlt**. Das hat der Gesetzgeber vorausgesehen und für diesen Fall die Verzinsung der Entschädigung angeordnet. Die **Zinsen** sind ein Ausgleich dafür, dass der Betroffene eine Zeit lang weder die weggenommene Sache noch die dafür zu zahlende Entschädigung nutzen kann. Sie sind eine Form der *Nutzungsausfallentschädigung*, ein abstrakt berechneter Ausgleich dafür, dass dem Betroffenen das Objekt (z. B. Grundstück) nicht mehr und die Entschädigung noch nicht zur Nutzung zur Verfügung stehen (*Reisnecker* in Brügelmann, § 99 Rn. 22). Der Zinsanspruch ist daher ein Teil des einheitlichen Anspruchs auf angemessene Entschädigung nach Art. 14 Abs. 3 GG (ständige Rspr.: BGHZ 88, 337; BGH WM 1979, 83, 85; BGH NJW 1973, 1118 = MDR 1973, 657; BGHZ 43, 120, 123 = NJW 1965, 534; BGH WM 1967, 400 = BRS 19 Nr. 99; BGHZ 37, 269, 275 = NJW 1962, 2051; BGH MDR 1963, 479 = WM 1963, 437; BGH WM 1965, 947 = BB 1965, 1053; vgl. auch *Kreft*, Enteignungsentschädigung II, S. 29;

Jacobs
https://doi.org/10.1515/9783110682557-091

Krohn/Löwisch, Rn. 436ff.; *Krohn*, Enteignung, Rn. 184; *Schmidt-Aßmann/Groß* in EZBK, § 99 Rn. 17; *Reisnecker* in Brügelmann, § 99 Rn. 23).

Gleichgültig für den Zinsanspruch ist es, ob der Eigentümer das Grundstück zur Zeit 895 des Eingriffs tatsächlich genutzt hat. Entschädigt wird die verlorene Nutzungsmöglichkeit (BGH NVwZ 2000, 230f. = WM 1999, 2230; vgl. auch *Krohn*, Enteignung, Rn. 184). Auch dem Eigentümer, der nur mittelbarer Besitzer ist, steht Verzinsung zu; denn er verliert durch die Besitzeinweisung oder -einräumung die Möglichkeit zur Nutzung der Grundstückssubstanz durch Ziehung von Rechtsfrüchten, z.B. durch Verpachtung (BGH NJW 1969, 1897 = MDR 1969, 912; BGHZ 37, 269 = NJW 1962, 2051). Der unmittelbare Besitzer, der nicht Eigentümer, sondern Mieter oder Pächter ist, erhält seinerseits nur dann eine Entschädigung wegen Verlustes eines Nutzungsrechtes, wenn er in einer Rechtsposition betroffen worden ist (vgl. → **Miet- und Pachtverhältnisse**). Auch diese Entschädigung ist nach den dargelegten Grundsätzen zu verzinsen.

Weil die Zinsen bei der Enteignungsentschädigung eine besondere Form der Ent- 896 schädigung für den Nutzungsausfall darstellen, können sie nicht zugesprochen werden, wenn trotz vorzeitiger Besitzeinweisung **der Eigentümer** nach wie vor, etwa aufgrund einer Vereinbarung mit dem Enteignungsbegünstigten, **die Substanz nutzt** (z.B. der Eigentümer darf vereinbarungsgemäß trotz Enteignung so lange in „seinem" Haus wohnen bleiben, bis es abgerissen wird). Billigt man dem Eigentümer Zinsen für einen Zeitraum zu, in dem er das Grundstück noch besitzt und es nutzen kann, hätte dies eine unzulässige Doppelentschädigung zur Folge (so aber *Schmidt-Aßmann/Groß* in EZBK, § 99 Rn. 18, 24f.). Der offensichtliche Widerspruch von Verzinsung bei gleichzeitig fortbestehender Nutzungsmöglichkeit wird – soweit er überhaupt erkannt wird – unter Berufung auf die Entscheidungen des BGH (BGHZ 98, 188 = NJW 1987, 494; BGH NVwZ 2000, 230 = WM 1999, 2230, sowie zu § 17 Abs. 3, 4 LBG: BGHZ 48, 291; 176,99) als vom Gesetzgeber gewollt angesehen und die Verzinsung ab Entscheidung der Enteignungsbehörde als ein abstrakt berechneter Ausgleich dafür erklärt, dass der Entschädigungsberechtigte die Entschädigungssumme nicht nutzen kann, ohne dass ein Nachweis konkreter Vermögensnachteile zu verlangen wäre (*Reisnecker* in Brügelmann, § 99 Rn. 36).

Ohne Besitzentzug ist eine Entschädigungsleistung jedoch – noch – nicht veranlasst. Deshalb ist der Ansicht der Vorzug zu geben, wonach die Geltung von Vorschriften, wie z.B. des § 99 Abs. 3 S. 2 BauGB, die eine Verzinsung vom Tage der Besitzeinweisung bzw. des Wirksamwerdens der Besitzeinweisung an vorsehen, nur Geltung für den Regelfall beanspruchen, bei dem gleichzeitig auch die Nutzung der Substanz auf den Enteignungsbegünstigten übergeht (BGH WM 1957, 692; *Kreft*, Enteignungsentschädigung II, S. 29).

2. Verzinst wird die für die Enteignung zu gewährende Entschädigung, soweit es sich 897 dabei um einmalige Beträge handelt (s. § 99 Abs. 3 BauGB). **Keine Zinsen** können **für wiederkehrende Leistungen** verlangt werden (z.B. § 99 Abs. 2 BauGB, § 17 Abs. 4 LBG). Zu der für die Enteignung zu gewährenden Entschädigung gehören die Entschä-

digung für den Rechtsverlust und die Entschädigung für andere durch die Enteignung eintretende Vermögensnachteile.

Zur Frage der Verzinsung der Vertretungskosten s. → **Vertretungskosten (Rechtsanwalt und Sachverständiger)**, Rn. **887**.

898 Die **Verzinsung beginnt** grundsätzlich in dem *Zeitpunkt*, in dem die Enteignungsbehörde über den Enteignungsantrag entscheidet. Im Falle der vorzeitigen Besitzeinweisung ist der Zeitpunkt maßgebend, in dem diese wirksam wird (§ 99 Abs. 3 i. V. m. § 116 Abs. 4 BauGB, § 17 Abs. 4 und 3 LBG, § 6 Abs. 1 PrVereinfEG; *Battis* in BKL, BauGB, § 99 Rn. 6; a. A. *Schmidt-Aßmann/Groß* in EZBK, § 99 Rn. 25 und *Reisnecker* in Brügelmann, § 99 Rn. 31). Für den Beginn der Zinspflicht ist es ohne Bedeutung, dass die Auszahlung der geschuldeten Entschädigung nur deshalb unterblieben ist, weil sich der Enteignete mit einem – im Ergebnis erfolgslosen – Rechtsmittel gegen die Zulässigkeit der Enteignung gewehrt hat. Zwar kann von dem Entschädigungspflichtigen billigerweise nicht verlangt werden, die festgesetzte Entschädigung zu leisten, solange noch Ungewissheit über die Zulässigkeit der Enteignung besteht. Dies allein rechtfertigt es aber nicht, dem Betroffenen die anfallenden Zinsen zu verwehren. Da der Enteignungsbegünstigte während der Dauer des Rechtsstreits über die Entschädigungssumme verfügen und sie ggf. gewinnbringend nutzen könnte, scheint es zumutbar, ihm das Verzinsungsrisiko aufzuerlegen (*Schmidt-Aßmann/Groß* in EZBK, § 99 Rn. 23; *Reisnecker* in Brügelmann, § 99 Rn. 30, der insoweit zutreffend auch auf Aspekte der Rechtsschutzgarantie des Art. 19 Abs. 4 GG verweist).

899 Zweifelhaft kann sein, ab wann die **Entschädigung für eine *Übernahmefläche*** zu verzinsen ist, sofern die Übernahmepflicht erst nach der Entscheidung über die Enteignung bzw. nach der Besitzeinweisung im anschließenden Rechtsstreit festgestellt wird. Regelmäßig kann der Betroffene die Fläche nur noch beschränkt nutzen. Man muss deswegen die Verzinsung ebenfalls mit der Entscheidung über den Enteignungsantrag bzw. mit der Besitzeinweisung beginnen lassen. Allerdings sind darauf die gezogenen oder erzielbar gewesenen Nutzungen anzurechnen.

900 Die Verzinsung ist unproblematisch, wenn die zu gewährende Entschädigung zum Zeitpunkt der Wegnahme (Zinsbeginn) und zum Zeitpunkt der Zahlung des Gegenwertes gleich hoch ist; der Zinsbetrag wird nach diesem Gegenwert berechnet. Ist jedoch – wie häufig – der Verkehrswert zwischen Zinsbeginn und Zahlung der Entschädigung gestiegen (oder gesunken) und ist für die Hauptsumme die Steigerungsrechtsprechung (vgl. → **Steigerungsrechtsprechung**) anzuwenden, so muss eigentlich die jeweils angemessene Entschädigung während der gesamten Verzinsungszeit (Wegnahme bis Zahlung) festgestellt und verzinst werden (vgl. → **Anrechnung von Teilzahlungen**). Dies wäre schwierig, kompliziert, uneffektiv und auch teuer, müsste doch jede Wertänderung während der Verzinsungszeit durch Gutachten ermittelt werden. Der BGH lässt es daher aus Vereinfachungsgründen zu, **Mittelwerte** für die Verzinsung zugrunde zu legen (BGH, (Nichtannahme-)Beschl. v. 19.12.1985 – III ZR 96/85, juris; BGH WM 1978, 1274, 1275; BGHZ 37, 269, 280; *H. Fischer* Rn. 229 f.; *Engelhardt* NVwZ 1989, 1026, 1028).

Entweder kann man die Verzinsung des Steigerungsbetrages erst von einem späteren Zeitpunkt beginnen lassen, der etwa in der Mitte der Verzinsungszeit liegt (BGH WM 1962, 919, 924), oder man verzinst zwar für die gesamte Zeit, legt aber einen mittleren Entschädigungsbetrag zugrunde, der zwischen der Entschädigung bei Feststellung und bei schließlicher Zahlung liegt (BGH NJW-RR 1998, 444, 445). Im letzteren Fall muss man dann, wenn Abschläge gezahlt worden sind, **gestaffelte Mittelwerte** festlegen und danach verzinsen (BGHZ 118, 25 = NJW 1992, 1830; BGH (Nichtannahme-)Beschl. a.a.O.; BGH WM 1979, 83, 85; BGH WM 1978, 1274, 1275; BGH WM 1981, 997, 999; *H. Fischer* Rn. 229f. mit Beispiel in Rn. 230; *Krohn/Löwisch*, Rn. 439; *Krohn*, Enteignung, Rn. 186; siehe Stichwort **Steigerungsrechtsprechung**). 901

Ist der Grundstückswert im Lauf eines Verzinsungszeitraums nicht fortlaufend gestiegen, sondern zeitweilig **erheblich gefallen**, so kann es zulässig sein, die Zinsen aus dem vollen, am Ende des Zeitraums geschuldeten Entschädigungsbetrag zu berechnen, wenn der Grundstückswert an seinem Anfang niedriger war (Beschluss des BGH a.a.O.; *Reisnecker* in Brügelmann, § 99 Rn. 25; *Schmidt-Aßmann/Groß* in EZBK, § 99 Rn. 22).

Ein **Beispiel** mag die gestaffelte Verzinsung erläutern (Beispiele auch bei dem Stichwort **Steigerungsrechtsprechung** und bei *H. Fischer* Rd. 230): Für den Straßenbau wurde ein Grundstück in Anspruch genommen; die Besitzeinweisung erfolgte am 25.8.2014. Zu diesem Zeitpunkt betrugen der Verkehrswert und die angemessene Entschädigung € 525.691,00. Am 14.5.2015 wurde ein erster Abschlag von € 460.000,00, am 18.5.2017 ein zweiter von € 120.000,00 gezahlt. Der Verkehrswert des Grundstücks betrug am 14.5.2015 (1. Abschlag) € 565.259,00, die angemessene Entschädigung ebenfalls € 565.259,00. Am 18.5.2017 (2. Abschlag) hatte das Grundstück einen Verkehrswert von € 650.048,00, die angemessene Entschädigung betrug € 581.038,00; das Auseinanderfallen von Verkehrswert und angemessener Entschädigung sowie die geringe Steigerung der angemessenen Entschädigung seit Mai 2010 erklären sich dadurch, dass der gezahlte Abschlag von € 460.000,00 verhältnismäßig angerechnet wurde (vgl. → **Anrechnung von Teilzahlungen**). Für die **Zinsberechnung** sind *Mittelwerte* aus den angemessenen Entschädigungen für die jeweiligen Verzinsungszeiträume festzulegen, und zwar wie folgt: 902

(1) Mittel aus 525.691,00 und € 565.259,00 als Grundlage der Verzinsung für die Zeit vom 25.8.2014–14.5.2015	545.475,00 €
(2) Mittel aus 565.259,00 und € 581.038,00 als Grundlage der Verzinsung für die Zeit vom 15.5.2015–18.5.2017	573.149,00 €

Von diesen beiden Mittelwerten müssen die beiden Abschlagszahlungen abgezogen werden, weil der Betroffene insoweit entschädigt worden ist. Für die Verzinsung der jeweils angemessenen Entschädigung ergibt sich folgende Skala:

(1) Mittelwert für die Zeit vom 25.8.2014–14.5.2015	545.475,00 €
(2) Mittelwert für die Zeit vom 15.5.2015–18.5.2017	573.149,00 €
./. 1. Abschlag	460.000,00 €
	113.149,00 €
(3) seit 19.5.2012	581.038,00 €
./. 1. und 2. Abschlag	580.000,00 €
	1.038,00 €

Diese Beträge (545.475,00 €, 113.149,00 € und 1.038,00 €) sind dem Zinsanspruch zugrunde zu legen und für die jeweiligen Zeiträume mit dem anzuwendenden Zinsfuß (Rn. **903 f.**) verzinslich zu stellen.

Hat die Enteignungsbehörde die Zinsen zu hoch, die Entschädigungssumme aber zu niedrig festgesetzt und sind beide Beträge gezahlt, so findet eine Kompensation statt, und ist die *Steigerungsrechtsprechung* des BGH nicht anzuwenden (vgl. → **Steigerungsrechtsprechung** und → **Anrechnung von Teilzahlungen**), sofern das Zuviel der Zinsen das Zuwenig der Hauptsumme ausgleicht. Denn der Betroffene ist im wirtschaftlichen Endergebnis angemessen entschädigt worden (BGH NJW 1973, 2284 = WM 1973, 1362 = BRS 26 Nr. 75).

903 3. Da der Zinsanspruch ein Teil des einheitlichen Anspruches auf angemessene Entschädigung ist (oben Rn. **891**), ist die **Höhe der Zinsen** (Zinsfuß) nach Art. 14 Abs. 3 GG zu bestimmen, sofern eine ausdrückliche Regelung in dem jeweils einschlägigen Enteignungsgesetz fehlt. § 246 BGB, der für eine Schuld aus Gesetz oder Rechtsgeschäft eine Verzinsung von 4 % vorsieht, „*sofern nicht ein anderes bestimmt ist*", kann wegen der unterschiedlichen Funktion der „Zinsen" nicht angewendet werden (OLG München BayVBl 1972, 390 = BRS 26 Nr. 69; BayObLG BayVBl 1973, 187 = BRS 26 Nr. 70).

Das BauGB sieht in § 99 Abs. 3 S. 1 eine Verzinsung mit **2 % über dem jeweiligen Basiszinssatz** der Deutschen Bundesbank. der jeweils zum 1. Januar und 1. Juli eines jeden Jahres festgesetzt wird (§ 247 Abs. 1 S. 2, Abs. 2 BGB; jeweilige Höhe im Internet abrufbar).

904 Für die gesamte Dauer der Verzinsungszeit ist nicht der Zinssatz am Tage des Zinsbeginns, **sondern jede Veränderung des Basiszinssatzes verändert auch die Zinshöhe** und damit die Zinsschuld; es kommt also stets auf den jeweiligen Zinssatz des betroffenen Zeitraumes an (BGH NJW 1972, 447 = MDR 1972, 307 = BRS 26 Nr. 68).

Das **LBG** ordnet in § 17 Abs. 3 eine Verzinsung mit dem für zuletzt ausgegebene Hypothekenbriefe auf dem Kapitalmarkt üblichen Normalzinsfuß an. Das *PrEntG* geht von einer Verzinsung in Höhe von 4 % aus (§ 36 Abs. 2). Dessen ursprünglicher Zinssatz von 5 % ist mit dem Inkrafttreten des BGB auf 4 % gesenkt worden. Dieser Zinssatz ist auch nach heutigen Verhältnissen *nicht unangemessen* und verstößt weder gegen Art. 3 Abs. 1 GG (möglicher Gesichtspunkt: unterschiedlicher Zinsfuß in Landesenteignungsgesetzen) noch gegen Art. 14 Abs. 3 GG (BGH WM 1979, 83, 85; BGH WM 1979, 168, 170; BGHZ 60, 337 = NJW 1973, 1118 = MDR 1973, 657; *Krohn/Löwisch*, Rn. 441).

Soweit ein Enteignungsgesetz ausnahmsweise die Höhe der Verzinsung nicht bestimmt, können **angemessene Zinsen** beansprucht werden. Dabei ist der Zinssatz nicht schlechthin auf 4 % begrenzt (BGHZ 60, 337); er ist vielmehr nach den Umständen des Einzelfalls adäquat festzusetzen. Der Betroffene hat auch hinsichtlich der Zinsen, die ihm die Nutzungen aus dem entzogenen Vermögenswert ersetzen sollen, Anspruch auf entsprechende Entschädigung, also auf Zinsen in *angemessener* Höhe. Dabei kann die Regelung des § 99 Abs. 3 BauGB, wenn keine gesetzliche Zinsregelung eingreift (z. B. § 36 Abs. 2 PrEntG; § 17 Abs. 4 LBG), einen Anhalt bieten (BGHZ 43, 120, 124 = NJW 1965, 534 = MDR 1965, 275; BGHZ 37, 269, 277 = NJW 1962, 2051 = MDR 1962, 966; BGH WM 1965, 947 = BRS 19 Nr. 96; BGH NJW 1966, 2012 = MDR 1966, 915 = BRS 19 Nr. 87; BGH NJW 1972, 447 = MDR 1972, 307 = BRS 26 Nr. 68; BGH WM 1980, 652, 655; OLG München BayVBl 1972, 390 = BRS 26 Nr. 69; BayObLG BayVBl 1973, 87 = BRS 26 Nr. 70; *Krohn/Löwisch*, Rn. 441; *Kreft*, Enteignungsentschädigung II, S. 30). Der dort genannte Zinssatz ist aber kein allgemeiner Grundsatz des Entschädigungsrechts, der immer dann heranzuziehen wäre, wenn gesetzlich nichts Anderes geregelt ist. Welche Zinshöhe im Einzelfall angemessen ist, hat der **Tatrichter** zu entscheiden (BGH WM 1982, 545, 548: Zinssatz von 6 %, den das Berufungsgericht zugesprochen hatte, wurde als „rechtsfehlerfrei“ bestätigt). **905**

4. Bei einem ***vorübergehenden Bauverbot*** steht dem Betroffenen eine Entschädigung in Form der **Bodenrente** zu (näher → **Faktische Veränderungssperre**). Denn der Eingriff in die Nutzungsmöglichkeit des Grundbesitzes, der in der faktischen Bausperre liegt, ist ein vorübergehender, und dem Betroffenen steht ab Wegfall dieser Beschränkung wieder der volle Nutzungswert zur Verfügung. Deswegen ist ihm der während der faktischen Bausperre beschränkte oder ganz entzogene Nutzungswert zu entschädigen. Dies geschieht in Form der Bodenrente, und zwar durch Zahlung der Zinsen, die der Betroffene aus dem Wert der blockierten Nutzungsmöglichkeit während der Zeit der Beschränkung hätte ziehen können. Folgerichtig stehen dem Betroffenen diese Zinsen nur bis zum Wegfall der Beschränkung zu (BGH NJW 1980, 1634; BGH WM 1980, 658 = LM Nr. 3 zu § 57 BBauG; *Krohn/Löwisch*, Rn. 440). Die Bodenrente (in Form von „Zinsen“) ist in diesen Fällen Hauptentschädigung, so dass der Betroffene hierauf Zinsen beanspruchen kann und das Zinseszinsverbot nicht entgegensteht (BGH NJW 1980, 1636; *H. Fischer* Rn. 233). **906**

907 5. Obwohl Teil des einheitlichen Entschädigungsanspruches des Betroffenen und trotz ihrer unterschiedlichen Funktion gegenüber BGB- und HGB-Zinsen gilt für die Entschädigungszinsen das **Verbot von Zinseszinsen** nach § 248 Abs. 1 BGB (BGH WM 1974, 601; BGH WM 1973, 1362 = NJW 1973, 2284, 2285; *Kreft*, Enteignungsentschädigung II, S. 29; *H. Fischer* Rn. 233). Ausnahmsweise hat der BGH Zinseszinsen bejaht für ein dauerndes und vorübergehendes Bauverbot (BGH WM 1980, 658, 660; dort bildete die in Form des Zinses gekleidete Rente die Hauptentschädigung, vgl. oben Rn. **906**; BGH NJW 1964, 294 = WM 1964, 122) und für die Besitzeinweisungsentschädigung (BGH WM 1974, 601; vgl. im Übrigen *Krohn/Löwisch*, Rn. 442ff.; *Kreft*, Enteignungsentschädigung II, S. 29; *Battis* in BKL, § 99 Rn. 6). Unter die Ausnahme fällt aber nicht der Fall, in dem die Besitzeinweisungsentschädigung in Form von Zinsen für die Entschädigung gewährt wird; denn es handelt sich um Entschädigungszinsen (vgl. → **Enteignungsentschädigung und Zinseszinsen**).

908 6. Wegen der unterschiedlichen Funktion der Entschädigungszinsen als Ausgleich für Nutzungsentgang und deren Zugehörigkeit zu dem einheitlichen Entschädigungsanspruch ist die *Anrechnungsregel* **des § 367 BGB** nicht anwendbar (zutreffend LG Bonn, Urt. v. 8.3.1977 – 1 O 448/76, unveröffentlicht; *Kreft*, Enteignungsentschädigung II, S. 29).

909 7. **Verzugszinsen** sowie **Ersatz des Verzögerungsschadens** kann der Betroffene bei einer verspäteten Auszahlung der Entschädigung **nicht** verlangen. Die Verzugsregeln des § 280 Abs. 1 u. 2, §§ 286ff. BGB finden auf öffentlich-rechtliche Rechtsbeziehungen keine, auch keine analoge Anwendung (eingehend BGH NJW 1982, 1277; BGH WM 1981, 1312; *Krohn/Löwisch*, Rn. 446; *Kreft*, Enteignungsentschädigung II, S. 30; Palandt/*Grüneberg*, § 286, Rn. 5; *v. Heinegg* NVwZ 1992, 526).

Hierfür besteht vorliegend auch kein Bedürfnis. Denn angesichts der Regelung in § 99 Abs. 3 BauGB sowie der Steigerungsrechtsprechung (vgl. → **Steigerungsrechtsprechung**) sind die Interessen des Betroffenen im Hinblick auf Verzugszinsen (§ 280 Abs. 1 u. 2, § 286, § 288 Abs. 1 BGB) ausreichend gewahrt. Soweit sich durch verzögerliche Auszahlung in Zeiten schwankender Preise der Wert des entzogenen Gutes verändert, kann der Betroffene eine den Umständen angepasste Entschädigung verlangen. Für den Fall der schuldhaft verzögerten Auszahlung durch den Enteignungsunternehmer besteht gegen diesen ein Anspruch nach den Grundsätzen der Amtshaftung (§ 839 BGB i. V. m. Art. 34 GG), so dass eine entsprechende Anwendung des § 280 Abs. 1 u. 2, § 286, § 288 Abs. 4 BGB nicht erforderlich ist (so auch BGH a. a. O.; anders aber, wenn ein Privater enteignungsbegünstigt ist, s. *Reisnecker* in Brügelmann, § 99 Rn. 39).

910 **Prozesszinsen** können dagegen verlangt werden, weil § 291 BGB einen allgemeinen Rechtssatz darstellt, der auch für Entschädigungsansprüche gilt (BGH NJW 1982, 1277 = WM 1981, 1312, 1313; *Krohn/Löwisch*, Rn. 446.; *Kreft*, Enteignungsentschädigung II, S. 30; einschränkend *Reisnecker* in Brügelmann, § 99 Rn. 40 und Palandt/*Grüneberg*, § 291, Rn. 2: nur für öffentlich-rechtlichen Erstattungsanspruch).

8. Der Zinsanspruch **verjährt** als Teil des einheitlichen Entschädigungsanspruchs in **3 Jahren** (§ 195 BGB). 911

9. Bei der **Festsetzung des *Streitwertes*** sind die Zinsen, wenn sie neben der Hauptsumme der Enteignungsentschädigung geltend gemacht werden, nicht zu berücksichtigen, obwohl sie Teil des Entschädigungsanspruches sind; denn sie gelten Nutzungen im Sinne von § 4 Abs. 1 ZPO ab (BGH MDR 1970, 944 = WM 1970, 646; a. A. OLG Köln MDR 1969, 771 = BRS 26 Nr. 170: Berücksichtigung bei der Streitwertbemessung, da Besitzeinweisungsentschädigung). Werden nur Zinsen verlangt, so bildet allerdings deren Summe den Streitwert. 912

10. Werden in einem Rechtsstreit von dem Betroffenen *nur* **die Zinsen** einer schon administrativ festgesetzten Enteignungsentschädigung verlangt (nach § 36 Abs. 1 PrEntG), so ist dies auch noch nach Ablauf der Klagefrist (nach § 30 Abs. 1 PrEntG; vgl. im Übrigen → **Entschädigungsprozess**) möglich. Denn die spezialgesetzlichen Bestimmungen über den Rechtsweg (z. B. § 59 LBG), auf die sich die Klagefristen beziehen, gelten für Klagen auf Festsetzung oder Änderung einer *Entschädigung*, wohingegen für das Verlangen nach *Verzinsung* die allgemeinen zivilprozessualen Regelungen maßgebend sind (BGH WM 1976, 162 zu § 17 Abs. 4, § 59, § 61 LBG). Es ist unbedenklich, diese Entscheidung auch auf sonstige Klage- bzw. Antragsfristen in einschlägigen Enteignungsgesetzen anzuwenden. Auch die Rechtskraft eines die Enteignungsentschädigung festsetzenden Urteils steht einer Klage auf die Zinsen nicht entgegen, da der Streitgegenstand unterschiedlich ist (BGH ebenda; *Battis* in BKL, § 99 Rn. 6). 913

Da die Zinsen von der jeweils angemessenen Entschädigung und in Zeiten schwankender Preise aus Vereinfachungsgründen nach gestaffelten Mittelwerten der Entschädigung zu berechnen sind (vgl. oben Rn. **901 f.**), muss das ausschließlich mit dem Zinsverlangen befasste Gericht die jeweils angemessene Entschädigung bzw. die Mittelwerte selbst bestimmen und nötigenfalls hierüber Beweis erheben. Sind diese Entschädigungsbeträge bzw. Mittelwerte bereits rechtskräftig durch Urteil festgesetzt, so ist das über die Zinsen entscheidende Gericht hieran gebunden.

11. Über das Verhältnis der Zinsen zur Besitzeinweisungsentschädigung vgl. → **Besitzeinweisung und Besitzeinweisungsentschädigung**. Über das Zusammentreffen der Verzinsung mittlerer Werte mit Teilzahlungen vgl. das Rechenbeispiel Rn. **902**. 914

Vorarbeiten

1. Zur Vorbereitung von bestimmten hoheitlichen Maßnahmen haben Eigentümer und Besitzer eines Grundstückes **Vorarbeiten zu dulden**; dies folgt aus der Sozialbindung des Eigentums. Das Dulden der Vorarbeiten ist eine verfassungsrechtlich unbedenkliche **Inhalts- und Schrankenbestimmung** i. S. von Art. 14 Abs. 1 S. 2, Abs. 2 915

https://doi.org/10.1515/9783110682557-092

GG (BVerwG, Beschl. v. 1.4.1999 – 4 VR 4/99,juris; BayVGH, B. v. 20.10.1993 – 20 CS 93.2848; *Kromer* in Müller/Schulz, § 16a Rn. 2). Einschlägige gesetzliche Regelungen finden sich in § 209 BauGB, § 16a FStrG, den Landesstraßengesetzen, z. B. § 37a StrWG NW, Art. 7 BayEG, § 39 EEG NW, § 34 PBefG, § 7 LuftVG, die dem Betroffenen eine Duldungspflicht für Vorarbeiten auferlegen.

916 Zulässig sind nur Vorarbeiten, d.h. Vorbereitungshandlungen, die die planerischen Voraussetzungen für die Entscheidung der Behörde liefern sollen. Hierzu gehören Vermessungen, Vermarkungen, Bodenuntersuchungen, Bohrungen, Grundwasseruntersuchungen, Beseitigung von Hindernissen, nicht dagegen z. B. das Lagern von Baugerät und Baumaterialien, die Errichtung von Baubuden und ähnliche unmittelbare Bauvorbereitungen (*Kromer* in Müller/Schulz, § 16a, Rn. 10, 11).

Die **Abgrenzung** von Vorarbeiten **zu Maßnahmen der Bauausführung** ist mitunter **schwierig**. Bei Maßnahmen, deren alleiniges Ziel es ist, die Frage zu beantworten, *ob* ein Gelände zur Realisierung eines hoheitlichen Bauprojekts geeignet ist, handelt es sich unzweifelhaft um *Vorarbeiten*. Weit schwieriger zu beurteilen sind hingegen Arbeiten, die erst nach der vom Unternehmensträger grundsätzlich getroffenen Entscheidung, das Grundstück für die hoheitliche Maßnahme zu nutzen, begonnen und durchgeführt werden. Denn selbst wenn die Planunterlagen bereits öffentlich ausgelegt sind, folgt daraus nicht zwingend, dass die Planung in jeder Hinsicht abgeschlossen ist (BVerwG NVwZ 1994, 483).

Auch bei **Erkundungsmaßnahmen** zur Erstellung von Ausschreibungsunterlagen (z. B. Probebohrungen) muss es sich nicht unbedingt um eine beginnende Bauvorbereitungsmaßnahme handeln. Denn mit der Ausschreibung wird noch nicht das Vorhaben selbst ausgeführt. Deshalb kann es sich hierbei – insbesondere mit Blick auf die im Rahmen der Ausschreibung möglicherweise aufgezeigten Alternativlösungen – ebenfalls um *Vorarbeiten* handeln (BVerwG DÖV 2003, 86, 87; siehe auch *Ronellenfitsch* in Marschall, § 16a Rn. 5; *Kromer* in Müller/Schulz, § 16a, Rn. 12, die sich für eine extensive Auslegung der Vorschrift aussprechen).

Mit **Art. 2 des Gesetzes zur Beschleunigung von Planungsverfahren für Infrastrukturmaßnahmen – InfrPBG – v. 09.12.2006** (BGBl I 2006, 2833) wurde für Maßnahmen nach dem FStrG die Duldungspflicht insofern ausgeweitet, als der Begriff der Vorarbeiten in **§ 16a FStrG** künftig nicht mehr nur Vorarbeiten zur Vorbereitung der Planung, sondern auch Arbeiten zur Vorbereitung der Baudurchführung umfasst. Durch diese Ergänzung des FStrG besteht nunmehr eine gesetzliche Grundlage zur Duldung auch solcher Vorarbeiten, die erst nach Erlass eines erforderlichen Planfeststellungsbeschlusses durchgeführt werden und etwa der Erstellung von Ausschreibungsunterlagen oder der Ausführungsplanung dienen (s. BT-Drucks. 16/54, S. 27 u. 32). Diese Vorarbeiten können damit unabhängig von der Frage einer aktuellen Vollziehbarkeit des zugrundeliegenden Planfeststellungsbeschlusses aufgenommen werden.

Zu Recht hat allerdings das **BVerwG** (Beschl. v. 01.03.2012 – 9 VR 7/11) in Bezug auf diese Neuregelung in § 16a FStrG darauf hingewiesen, dass mit der Ausweitung des Anwendungsbereichs dieser Vorschrift auf Vorarbeiten der Baudurchführung die Abgrenzung zu Arbeiten, die in Vollziehung des Planfeststellungsbeschlusses erbracht werden, schwieriger, aber nicht entbehrlich gemacht worden sei. Denn die nunmehr begründete Duldungspflicht für Vorarbeiten für die Baudurchführung erstreckt sich nicht auf die Aufnahme der Bauausführung, also den eigentlichen Baubeginn selbst (BVerwG, Beschl. v. 02.10.2014 – 9 VR 3/14, juris).

Die Intensität des vom Grundstückseigentümer und sonstigen Nutzungsberechtigten ggf. zu duldenden Eingriffs ist jedenfalls ebenso wenig ein Kriterium, ob sich Arbeiten noch als „Vorarbeiten" darstellen, wie der Umstand, ob endgültige Schäden entstehen oder diese nur vorübergehend sind (vgl. *Fislake* in BK, § 209 Rn. 6).

Die Duldungspflicht trifft den **Eigentümer und** den **sonstigen Nutzungsberech-** 917
tigten des Grundstücks, d.h. Mieter, Pächter, Erbbau- und Dienstbarkeitsberechtigten bzw. denjenigen, der sich für den Eigentümer oder Besitzer gegen den Eingriff wehren könnte, z.B. den Hausverwalter. Gleichgültig ist, aufgrund welchen Rechtsverhältnisses jemand besitzt, ob als Mieter, Pächter o.ä.; auch der mittelbare Besitzer ist zur Duldung verpflichtet (vgl. im Einzelnen *Kalb/Külpmann* in EZBK, § 209 Rn. 3). Bei Mehrheiten von Eigentümern und Nutzungsberechtigten ist jeder einzelne zur Duldung verpflichtet. Ob die Duldungspflicht im Einzelfall den Eigentümer oder den Besitzer trifft, hängt davon ab, ob es sich um Vorarbeiten handelt, die der Besitzer aufgrund seines Besitzrechtes vornehmen darf – z.B. das Aufstellen von Vermessungspfählen – oder um solche, die auch der Besitzer nicht ohne Einwilligung des Eigentümers vornehmen kann – etwa das Abholzen von Bäumen (vgl. *Kalb/Külpmann* in EZBK, § 209 Rn. 13).

2. Die Behörde, die **Vorarbeiten** auf einem Grundstück durchführt oder durchführen 918
lassen will, hat diese Absicht dem Eigentümer und/oder dem Nutzungsberechtigten **vorher bekanntzugeben**. Diese Regelung dient dem Schutz des Betroffenen. Ihm muss angemessene Zeit bleiben, sich auf die Arbeiten einzurichten und um bei umfangreichen Maßnahmen den derzeitigen Zustand der Flächen feststellen zu lassen bzw. gegen deren sofortige Inanspruchnahme Rechtsmittel einlegen zu können. Nach § 16a Abs. 2 FStrG muss die Bekanntgabe **mindestens 2 Wochen vorher** erfolgen.

Sieht das einschlägige Fachgesetz keine bestimmte **Form der Bekanntgabe** vor, z.B. § 209 Abs. 1 S. 2 BauGB, kann sie schriftlich, mündlich oder in anderer Weise erfolgen (§ 37 Abs. 2 i.V.m. § 41 VwVfG). Eine nur mündliche Benachrichtigung dürfte ausreichen, wenn der Betroffene zu erkennen gibt, dass er keine Einwendungen gegen die Vorarbeiten erheben wird. In Zweifelsfällen ist die Schriftform angeraten, um im Streitfall einen Nachweis über die erfolgte Benachrichtigung erbringen zu können (*Kalb/Külpmann* in EZBK, § 209 Rn.14; *Ronellenfitsch* in Marschall, § 16a, Rn. 12; *Fislake* in BK, § 209, Rn. 12; *Kromer* in Müller/Schulz, § 16a Rn. 15).

Bei Vorarbeiten nach dem Fernstraßengesetz kann die Behörde nach § 16a Abs. 2 FStrG (als einer Rechtsvorschrift i.S. von § 41 Abs. 3 VwVfG) zwischen unmittelbarer, also individueller und ortsüblicher Bekanntmachung in den betroffenen Gemeinden wählen. Für letztere Form wird sie sich sinnvollerweise bei einer größeren Anzahl von Betroffenen und in den Fällen entscheiden, bei denen Eigentümer bzw. sonstige Nutzungsberechtigte nicht oder nur schwer zu ermitteln sind (s. *Pasternak* BayVBl 1994, 616).

919 Die **Benachrichtigung** des Duldungspflichtigen ist **zwingende Voraussetzung** für die Durchführung der Vorarbeiten. Ohne Benachrichtigung besteht keine Duldungspflicht (*Kalb/Külpmann* in EZBK, § 209 Rn. 12; *Battis* in BKL, § 209 Rn. 3). Zu benachrichtigen ist in erster Linie derjenige, der das Grundstück nutzt bzw. die tatsächliche Verfügungsgewalt darüber besitzt. Ob daneben auch der Eigentümer zu informieren ist, hängt vom Umfang und der Intensität der vorzunehmenden Arbeiten ab (s. a. VG Cottbus, B. v. 12.03.2018 – 3 L 187/18, wonach von einer Benachrichtigung des Eigentümers im Einzelfall abgesehen werden kann, wenn der Besitzer gegenüber dem Eigentümer befugt wäre, einem Dritten die Vorarbeiten zu gestatten). Wegen Art. 13 GG dürfen **Wohnungen** nur mit Zustimmung des Wohnungsinhabers betreten werden (§ 209 Abs. 1 S. 3 BauGB, § 16a Abs. 1 S. 2 FStrG), doch gilt dies nicht für Arbeits-, Betriebs- oder Geschäftsräume während der jeweiligen Arbeits-, Geschäfts- oder Aufenthaltszeiten (z. B. § 16a Abs. 1 S. 3 FStrG; siehe auch BVerfG NJW 1971, 2299).

Umstritten ist die **Rechtsnatur der Benachrichtigung**. So wird vertreten, dass es sich hierbei um einen Verwaltungsakt handelt, der die Duldung der Vornahme von Realakten (Vorarbeiten) festsetzt (s. OVG Nds, Urt. v. 27.04.2010 – 7 KS 85/09, ohne nähere Differenzierung von Benachrichtigung und Duldungsanordnung und ohne weitere Begründung unter Berufung auf *Aust* in Kodal, 6. Aufl. als *unstrittig* bezeichnet; so jetzt auch *Maas* in Kodal (8. Aufl.), Kap. 38 Rn. 81, seinerseits unter Berufung auf OVG Nds, a. a. O.; *Battis* in BKL, § 209 Rn. 3; *Kalb/Külpmann* in EZBK, § 209 Rn. 17; *Hornmann* in Spannowsky/Uechtritz, § 209 Rn 21). Teilweise wird lediglich der Duldungsverfügung eine Verwaltungsaktqualität zugeschrieben (so wohl *Kromer* in Müller/Schulz, § 16a, Rn. 15, 18; s. a. OVG Nds, Urt. v. 18.07.2012 – 7 KS 4/12, in der der Kläger sich allerdings allein gegen die Duldungsverfügung, nicht auch gegen die fehlende vorherige Benachrichtigung gewendet hat). Andere wiederum sehen in der Ankündigung des Betretens und der Aufnahme von Arbeiten ebenso wie in diesen selbst einen Realakt, durch den die rechtlichen Voraussetzungen für eine gesetzlich vorgeschriebene Duldungspflicht erfüllt werden (*Szechenyi* in Jäde/Dirnberger/Weiss, § 209 Rn. 8).

Richtiger Auffassung nach ist die Benachrichtigung noch nicht als Verwaltungsakt anzusehen. Sie kündigt dem Betroffenen die Vornahme eines hoheitlichen Realaktes (Vorarbeiten) lediglich an, verpflichtet ihn jedoch noch nicht zu dessen Duldung und kann daher auch keine Grundlage für die Anwendung von Verwaltungszwang sein (s. *Molodovsky/Bernstorff*, Art. 7 Erl. 4.1, die u. a. darauf hinweisen, dass etwa auch ein privater Energieversorger, der nicht zum Erlass von Hoheitsakten befugt wäre, eine Benachrichtigung vornehmen kann; s. a. *Michler/Kirchmeier* in Hk-BauGB, § 209, Rn. 3). Zur Festsetzung der gesetzlichen Duldungspflicht im Einzelfall ist mithin der **Erlass einer eigenen *Duldungsanordnung*** (s. a. BayVGH, Urt. v. 10.04.1986 – 2 B 85 A 630 zu Art. 83 BayBO). Diese ergeht mit der konkreten Entscheidung über die

Durchführung der Vorarbeiten. Sie stellt letztlich die **Grundverfügung** dar, auf der die Benachrichtigung beruht und mit der sie auch verbunden werden kann (*Ronellenfitsch* in Marschall, § 16a, Rn. 15). Als Verwaltungsakt i.S. von § 35 VwVfG kann die Duldungsanordnung mit Verwaltungszwang vollstreckt und notfalls gegen den Willen des Betroffenen durchgesetzt werden.

Der betroffene Eigentümer oder Besitzer kann die **Duldungsanordnung** unter der 920
Behauptung, die Vorarbeiten seien nach Art und Umfang nicht notwendig, durch **Widerspruch (§ 68 VwGO)** und anschließender **Anfechtungsklage (§ 42 Abs. 1 Alt. 1 VwGO)** mit dem Ziel angreifen, die Duldungsverpflichtung aufzuheben (*Ronellenfitsch* in Marschall, § 16a, Rn. 21). Einwendungen, die sich gegen das Vorhaben an sich richten, bleiben dagegen ungehört (BVerwG, Beschl. v. 01.03.2012 – 9 VR 7/11; BVerwG, Beschl. v. 07.08.2002 – 4 VR 9/02). Ein isoliertes Vorgehen gegen die Benachrichtigung scheidet nach der hier vertretenen Auffassung hingegen mangels Rechtsschutzbedürfnis aus.

Zuständig für die Klage des Betroffenen sind die **Verwaltungsgerichte**, nicht die Baulandkammern (OVG Lüneburg, Urt. v. 23.09.1969 – I OVG A 105/68, NJW 1970, 1142, 1143; OLG Zweibrücken, Urt. v. 19.01.1989 – 5 U 91/87, NVwZ 1989, 596; *Ronellenfitsch* in Marschall, § 16a, Rn. 21f.; *Kalb/Külpmann* in EZBK, § 209 Rn. 18; *Schrödter* in Schrödter, § 209 Rn. 6; *Fislake* in BK, § 209 Rn. 14). Sie prüfen die Bekanntgabe auf ihre Rechtmäßigkeit, auch hinsichtlich der Beachtung der Grundsätze der Geeignetheit, Erforderlichkeit und Verhältnismäßigkeit. Wegen der **Suspensivwirkung** von Widerspruch und Anfechtungsklage (§ 80 Abs. 1 S. 1 VwGO) hat die Behörde von der Durchführung der Vorarbeiten in diesem Fall einstweilen abzusehen.

Bei besonderer Dringlichkeit kann sie jedoch, nach Vorliegen der Voraussetzungen des **§ 80 Abs. 2 S. 1 Nr. 4 VwGO**, die sofortige Vollziehung anordnen. Auf entsprechenden Antrag kann das Verwaltungsgericht gemäß **§ 80 Abs. 5 S. 1 VwGO** die aufschiebende Wirkung aber ganz oder teilweise wiederherstellen (BVerwG NVwZ 1994, 368f.; *Kalb/Külpmann,* a.a.O.; *Fislake,* a.a.O., § 209 Rn. 14).

Ist das zu planende Vorhaben im **Bedarfsplan für Bundesfernstraßen** als vordringlicher Bedarf ausgewiesen, folgt hieraus bereits die das besondere Vollziehungsinteresse rechtfertigende **Eilbedürftigkeit der angeordneten Vorarbeiten.** Denn die Ausweisung als vordringlicher Bedarf hat notwendigerweise Bedeutung für die vorausgehenden Vorarbeiten, weil der Gesetzgeber mit seiner Entscheidung auch zeitliche Vorstellungen betreffend die Realisierung des Vorhabens verbindet, die Rückschlüsse auf die Bewertung des Interesses an der sofortigen Vollziehung solcher Maßnahmen zulassen (BVerwG, Beschl. v. 02.10.2014 – 9 VR 3/14; BVerwG, Beschl. v. 30.03.2007 – 9 VR 7/07).

3. Da die Pflicht zur **Duldung der Vorarbeiten** letztlich aus der Sozialbindung des 921
Eigentums folgt (*s.a. Maas* in Kodal, Kap. 38 Rn. 82), sind diese grundsätzlich **entschädigungslos hinzunehmen**. Mithin enthalten die Vorschriften wie § 209 Abs. 2 BauGB, § 16a Abs. 3 FStrG oder die entsprechenden Bestimmungen in den Landes-

straßengesetzen, die eine Ausgleichspflicht für die durch Vorarbeiten entstandene Schäden regeln, keine Enteignungsentschädigung (s. *Kromer* in Müller/Schulz, § 16a, Rn. 17; *Ronellenfitsch* in Marschall, § 16a, Rn. 16). Es handelt sich auch nicht um Schadensersatzregelungen im Sinne der Bestimmungen des BGB, sondern um einen **Ausgleich für unmittelbare Vermögensnachteile**, die im Zusammenhang mit hoheitlichen Maßnahmen entstehen (*Hornmann* in Spannowsky/Uechtritz, § 209 Rn. 31).

922 Solche **Vermögensnachteile** ergeben sich nicht schon dann, wenn ein Grundstück zu Untersuchungs- oder Vermessungszwecken lediglich betreten wird (*Kalb/Külpmann* in EZBK, § 209 Rn. 23), sondern erst, wenn **der ursprüngliche Zustand** der Fläche **nicht mehr hergestellt** werden kann, weil bspw. Aufwuchs beschädigt oder vernichtet wurde. Der Vermögensnachteil muss unmittelbar durch die Maßnahme entstanden sein. Werden z. B. auf einer Wiese Kontrollgruben ausgehoben, in die eine Kuh des Pächters hineinstürzt und sich ein Bein bricht, so fehlt es diesem Schaden an der Unmittelbarkeit; der Beinbruch ist nur mittelbar durch den Grubenaushub, aber unmittelbar durch den Fehltritt der Kuh verursacht worden (s. *Molodovsky/Bernstorff*, Art. 7 Erl. 5.3.3). Aus gleichem Grund wird auch kein Ersatz für entgangenen Gewinn geleistet (*Fislake* a. a. O., § 209 Rn. 16).

923 Gewährt wird eine ***angemessene Entschädigung in Geld***, die den Zweck hat, eine unzumutbare Belastung zu kompensieren. Sie ist unter **Abwägung der Interessen der Allgemeinheit und des Betroffenen** zu ermitteln. Sind bei Vorarbeiten Aufbauten, z. B. eine Mauer ganz oder teilweise beseitigt worden, so ist die Behörde zum Ausgleich des Verkehrswertes dieser Mauer im Zeitpunkt der Festsetzung der Entschädigung unter Berücksichtigung von Alter und Zustand, also des sog. *Zeitwertes* (§ 93, § 95 BauGB) verpflichtet, nicht dagegen zur Zahlung eines Betrages, der den Wiederaufbau ermöglicht; denn dies würde die Zuerkennung eines Schadensersatzanspruches bedeuten.

924 4. **Berechtigter des Entschädigungsanspruches** ist der Eigentümer oder der sonstige Nutzungsberechtigte. Handelt es sich um verschiedene Personen, so hängt die Frage, ob die Entschädigung ganz oder nur anteilmäßig dem Eigentümer oder Besitzer zusteht, davon ab, in wessen Rechtsstellung durch die Vorarbeiten eingegriffen wurde und wer von beiden einen Vermögensnachteil erlitten hat (*Kalb/Külpmann* in EZBK, § 209 Rn. 25; *Ronellenfitsch* in Marschall, § 16a, Rn. 17). Dabei muss man auf die Verteilung der Befugnisse abstellen, wie sie sich zwischen Eigentümer und Besitzer aus deren Rechtsverhältnis untereinander (z. B. Pacht- oder Mietverhältnis) ergibt. Wurde z. B. eine Grube auf einer verpachteten Weide ausgehoben, so steht dem Pächter die Entschädigung zu. Verbleiben Nutzungsnachteile bis über das Ende der Pachtzeit hinaus, so gebührt ein Teil der Entschädigung dem Eigentümer. Wurde z. B. der Garten des Mieters zertreten, so hat allein er Anspruch auf Entschädigung. Wenn eine Mauer abgerissen wurde, so hat in der Regel nur der Eigentümer Anspruch auf Entschädigung. Wird ein Obstbaum geschlagen, so können sowohl der Pächter, dem das Obst zusteht (§ 581 Abs. 1 S. 1 BGB), als auch der Eigentümer wegen des Baumes ersatzberechtigt sein.

Auch **ein Dritter** kann **durch Vorarbeiten einen unmittelbaren Vermögensnachteil** erleiden. Beispiel: Beim Abbruch einer Mauer fällt Gestein auf das Nachbargrundstück und zerstört einen Obstbaum. Schadensersatz aus nachbarrechtlichem Gemeinschaftsverhältnis kann der Nachbar nicht verlangen, weil die Behörde beim Abriss der Mauer hoheitlich und nicht als Erfüllungsgehilfe des Eigentümers (§ 278 S. 1 Alt. 2 BGB) tätig geworden ist. Auch § 209 Abs. 2 BauGB (ebenso § 16a Abs. 3 FStrG) billigt ihm keinen Anspruch zu. Doch kann er **Entschädigung aus enteignendem Eingriff** verlangen, unter dem Gesichtspunkt einer „untypischen Nebenfolge eines rechtmäßigen hoheitlichen Eingriffs" (→ **enteignender Eingriff**; vgl. auch BGH NJW 1972, 243, 245 – *U-Bahn II*). 925

5. **Entschädigungspflichtig** ist grundsätzlich der Auftraggeber der Vorarbeiten (§ 209 Abs. 2 S. 1 BauGB). Dies wird in der Regel die Gemeinde, ein Planungsverband nach § 205 BauGB oder nach § 16a Abs. 3 FStrG der Träger der Straßenbaulast sein. Ausnahmsweise ist derjenige entschädigungspflichtig, der einen Enteignungsantrag gestellt hat und in dessen Interesse die Enteignungsbehörde tätig geworden ist (§ 209 Abs. 2 S. 2 BauGB), z. B. ein privatrechtliches Versorgungsunternehmen wie eine Elektrizitäts-AG, ein Mobilfunkunternehmen, o. ä. 926

6. Für die **Berechnung und Bemessung der Ausgleichszahlung** gelten die allgemeinen Grundsätze. Die Vereinbarung zwischen Berechtigten und Verpflichteten über die Entschädigungshöhe außerhalb eines Verwaltungsverfahrens ist als privatrechtlicher Vertrag anzusehen. Kommt eine Einigung dabei nicht zustande, so schließt sich das Verwaltungsverfahren an, das in § 209 BauGB, § 16a FStrG und in den Enteignungsgesetzen der Länder (z. B. § 39 Abs. 2, EEG NW, Art. 7 Abs. 3 S. 2 BayEG) geregelt ist. Ist auch hier eine gütliche Lösung nicht möglich, wird die Höhe der Entschädigung durch die zuständige Behörde festgestellt. 927

Vorfeld der Enteignung (fachplanungsrechtliche Ausgleichsansprüche)

1. Zu den fachplanungsrechtlichen Ausgleichsansprüchen im Vorfeld der Enteignung gehören insbesondere die Regelungen in §§ 1, 3, 50, 41, 42, 43 BImSchG, § 74 Abs. 2 VwVfG und die gleichlautende Bestimmung in den Verwaltungsverfahrensgesetzen der Länder. Sie sind Ausdruck des inzwischen in der Gesellschaft verankerten Umweltbewusstseins. Der Gesetzgeber ist nachdrücklich bestrebt, die Nachbarschaft und Umgebung von gemeinwichtigen Vorhaben vor schädlichen **Umwelteinwirkungen** und erheblichen Nachteilen und Belästigungen zu schützen; das einzelne Vorhaben soll **allgemeinverträglich** gestaltet werden. 928

Jacobs

https://doi.org/10.1515/9783110682557-093

929 2. Der angestrebte Schutz wird stufenweise verwirklicht. Der Gesetzgeber hat erkannt, dass eine Geldentschädigung zur beliebigen Verwendung kein Mittel ist, den Einwirkungen, die sich als schädliche Umwelteinwirkungen erweisen, wirksam zu begegnen. Deshalb räumen **§§ 1 und 50 BImSchG** dem **Umweltschutz** bei raumbedeutsamen Planungen und Maßnahmen einen besonderen Vorrang ein. Die für eine bestimmte Nutzung vorgesehenen Flächen sind einander so zuzuordnen, dass schädliche Umwelteinwirkungen auf schutzbedürftige Gebiete (Wohngebiete usw.), wichtige Verkehrswege, Freizeitgebiete und unter dem Gesichtspunkt des Naturschutzes besonders wertvolle und besonders empfindliche Gebiete so weit wie möglich vermieden werden. Für den Planer bedeutet das, dass z.B. eine Fernstraße in angemessener Entfernung von Wohn- und Erholungsgebieten geführt werden soll. Wenn das im Einzelfall nicht möglich ist, muss gemäß § 41 Abs. 1 BImSchG sichergestellt werden, dass beim Bau oder der wesentlichen Änderung öffentlicher Straßen, Eisenbahnen und Straßenbahnen keine schädlichen Umwelteinwirkungen durch Verkehrsgeräusche hervorgerufen werden, die durch Schutzmaßnahmen entlang der Verkehrswege vermieden werden können. Stehen die Kosten für solche Schutzmaßnahmen außer Verhältnis zu dem angestrebten Schutzzweck, dann hat der Eigentümer einer betroffenen baulichen Anlage gegen den Träger der Baulast einen **Anspruch auf angemessene Entschädigung** in Geld für aktive und passive Schutzmaßnahmen auf seinem Grundstück (§§ 41 Abs. 2, 42 BImSchG).

930 Ähnlich sind die Regelungen in **§ 74 Abs. 2 VwVfG**. Die Vorschrift ermächtigt die Planfeststellungsbehörde in Übereinstimmung mit der Zielsetzung des § 1 BImSchG, im Planfeststellungsbeschluss dem Träger des Vorhabens Vorkehrungen oder die Errichtung und Unterhaltung von Anlagen aufzuerlegen, die zum Wohl der Allgemeinheit oder zur Vermeidung nachteiliger Wirkungen auf Rechte anderer erforderlich sind. Sind solche Vorkehrungen oder Anlagen untunlich oder mit dem Vorhaben unvereinbar, so hat der Betroffene Anspruch auf angemessene Entschädigung in Geld.

931 3. Diesen Ansprüchen auf angemessene Entschädigung in Geld ist gemeinsam, dass sie **nicht enteignungsrechtlicher Natur** sind (BGHZ 95, 28, 37 = NJW 1985, 3025, 3027 = DVBl 1985, 1133, 1135). Zwar setzen sie ebenso wie enteignungsrechtliche Ansprüche eine hoheitliche Einwirkung auf die Rechtsstellung des Betroffenen voraus – Einwirkungen in tatsächlichen Bereichen genügen nicht –, doch muss die Einwirkung nicht schwer und unerträglich (unzumutbar) sein. Es reicht vielmehr aus, dass dem Betroffenen die nachteilige Einwirkung des Planvorhabens auf seine geschützte Rechtsstellung **billigerweise nicht mehr zugemutet** werden kann, weil sie ihn unverhältnismäßig belastet. Dass eine unverhältnismäßige Belastung genügt, ergibt sich aus dem Wortlaut der gesetzlichen Vorschriften. Dort ist lediglich von erheblichen Nachteilen und Belästigungen die Rede (§ 3 Abs. 1 BImSchG) bzw. vom Wohl der Allgemeinheit und nachteiligen Wirkungen auf Rechte anderer (§ 74 Abs. 2 VwVfG). Verfassungsrechtlich sind die fachplanungsrechtlichen Ausgleichsansprüche darum nicht Art. 14

Abs. 3, sondern Art. 14 Abs. 1 Satz 2 GG zugeordnet. Das Ausmaß der Einwirkungen, das der Eigentümer hinnehmen muss, ist eine Inhalts- und Schrankenbestimmung des Eigentums, vgl. BVerfGE 87, 332, 383 = NVwZ-RR 1991, 601, 620, 621; BVerfGE 79, 174, 191 = NJW 1989, 1271, 1272; BVerwGE 77, 295, 297 = NJW 1987, 2884.

4. Wann eine solche hoheitliche Einwirkung billigerweise nicht mehr zugemutet werden kann, lässt sich nicht für alle Fälle einheitlich festlegen. Es kommt auf das Verhältnis des Vorhabens zu der jeweils von ihm betroffenen Umgebung an. Die Eigenart der Umgebung bestimmt das Maß ihrer Schutzbedürftigkeit. Wohngebiet und Außenbereich können darum nicht gleich behandelt werden. Im Außenbereich müssen – den Merkmalen des Gebietes entsprechend – nachteilige Einwirkungen in stärkerem Maße ohne Ausgleich hingenommen werden als in Wohngebieten. Wenn es sich um Verkehrslärm handelt, ist dafür die zur Durchführung der §§ 41, 42 Abs. 1 und 2 BImSchG ergangene **Verkehrslärmschutzverordnung** – **16. BImSchV** – maßgebend (ergangen auf Grund des § 43 Abs. 1 Satz 1 Nr. 1 BImSchG und abgedruckt im **Anhang**). Sie enthält Wertentscheidungen darüber, wann eine Einwirkung erheblich ist und darum billigerweise nicht mehr zugemutet werden kann. 932

5. Das Gesetz lässt keinen Zweifel daran, dass eine Entschädigung in Geld nur hilfsweise in Betracht kommt. Soweit wie möglich sind nachteilige Einwirkungen durch **Schutzauflagen** gegenüber dem Träger des Vorhabens zu verhindern bzw. zu mindern; Entschädigungsansprüche sollen nach Möglichkeit gar nicht entstehen. Ob die Voraussetzungen für eine Schutzauflage und damit auch für eine Entschädigung erfüllt sind, stellt die Planfeststellungsbehörde abschließend fest (Problembewältigung). Die Entscheidung kann durch die Verwaltungsgerichte überprüft werden. 933

6. Besteht **Streit über die Höhe der Entschädigung** zwischen dem Träger des Vorhabens und dem betroffenen Eigentümer, so entscheiden ebenfalls die **Verwaltungsgerichte**. Denn die fachplanungsrechtlichen Ausgleichsansprüche im Vorfeld der Enteignung sind nicht enteignungsrechtlicher Natur, sondern gehen zurück auf ausgleichungspflichtige Inhaltsbestimmungen im Sinne von Art. 14 Abs. 1 S. 2 GG (oben Rn. **931**). 934

Das gilt jedoch nicht für einen Anspruch nach § 42 BImSchG. Absatz 3 dieser Vorschrift bestimmt, dass für das Verfahren die Enteignungsgesetze der Länder entsprechend gelten. Damit ist der **ordentliche Rechtsweg** eröffnet. Zur Vermeidung einer unerfreulichen Rechtswegaufspaltung zwischen enteignungsrechtlichen Ansprüchen und Ansprüchen im Vorfeld der Enteignung sollten auch für die sonstigen Ansprüche im Vorfeld die Enteignungsgesetze der Länder für entsprechend anwendbar erklärt werden. Für den Bereich des Bundesfernstraßengesetzes ist das durch das Dritte Rechtsbereinigungsgesetz vom 28.6.1990 (BGBl. I 1221) geschehen, das § 19a (Entschädigungsverfahren) in das Bundesfernstraßengesetz eingefügt hat. Das Straßen- und Wegegesetz des Landes Nordrhein-Westfalen enthält eine entsprechende Regelung

(§ 42 Abs. 2) schon seit 1983, und in den Straßen- und Wegegesetzen der neuen Bundesländer aus den Jahren 1992 und 1993 gibt es ebenfalls solche Regelungen.

935 Das Bundesverwaltungsgericht dagegen neigt dazu, den Verwaltungsrechtsweg auszuweiten und ihm auch enteignungsrechtliche Ansprüche zuzuweisen, wenn eine „enteignende Wirkung" des geplanten Vorhabens geltend gemacht wird. Vom **BVerwG** (BVerwGE 77, 295, 298 = NJW 1987, 2884, 2885) wird dazu gesagt: *„Enteignung i. S. des Art. 14 III 1 GG setzt einen hoheitlichen Rechtsakt voraus. Eigentumseinwirkungen, die sich lediglich durch Realakte der öffentlichen Gewalt ergeben, fallen deshalb grundsätzlich nicht unter Art. 14 III GG. Soweit der Gesetzgeber derartige „enteignende" Eingriffe in § 17 IV FStrG oder in § 74 II BadWürttVwVfG erfasst, ist die vom BerGer. geäußerte Befürchtung eines gespaltenen Rechtsweges nicht gegeben. Für den einfach gesetzlich normierten Ausgleichsanspruch ist ohne Rücksicht auf die Intensität der Belästigung oder der erheblichen Nachteile oder der Beeinträchtigung von Rechten nach Grund und Höhe die Zuständigkeit der Verwaltungsgerichte gemäß § 40 I 1 VwGO begründet."*

Vorgartenland

936 1. Bei der Bewertung von Vorgartenland kommt es wie bei jeder anderen enteigneten Grundstücksfläche darauf an, welcher Preis zum Bewertungsstichtag im gewöhnlichen Geschäftsverkehr zu erzielen wäre (Verkehrswert, § 194 BauGB). Allerdings ist dabei zu bedenken, dass **Vorgartenland** auf dem Grundstücksmarkt **nicht gehandelt** wird. Als Käufer tritt regelmäßig nur die öffentliche Hand auf, wenn Vorgartenflächen zur Verbreiterung von Straßen oder Gehwegen benötigt werden. Die Fragestellung kann darum nicht lauten, was zahlt der Markt für Vorgartengelände, sondern, was würden Käufer auf dem Grundstücksmarkt für dasselbe Grundstück einmal mit und einmal ohne Vorgarten zahlen. Maßgebend ist danach die **Differenzmethode**: Differenz aus Verkehrswert vor der Teilflächenabtretung und dem Verkehrswert nach der Teilflächenabtretung (vgl. *Kleiber* in Kleiber, Verkehrswertermittlung von Grundstücken, S. 1004, 2508 ff.; *H. Fischer* Rn. 301 f.). Das RG hat diese Methode in ständiger Rechtsprechung für einen solchen Fall als besonders sachgerecht angesehen (RGZ 32, 350; 53, 194; 62, 268). Dem hat sich der BGH angeschlossen (BGH WM 1989, 1036 Tz. 29 = MDR 1989, 798 = NVwZ-RR 1989, 393; BGH NJW 1973, 287 = MDR 1973, 390 = BRS 26 Nr. 106 m. w. N.).

937 2. Die Schwierigkeit bei der Anwendung der **Differenzmethode** liegt darin, zutreffend herauszufinden, welchen sachlich begründeten Überlegungen Käufer auf dem Grundstücksmarkt bei der Preisbildung folgen. Verständlicherweise werden sie sich fragen, ob und welche geldwerten Vorteile der Vorgarten mit sich bringt. Zunächst steht fest, dass der vor der Baufluchtlinie liegende Vorgarten unbebaubar ist. Das braucht aber noch nicht zwangsläufig dazu zu führen, dass der Bodenwert des Vorgartens unter

https://doi.org/10.1515/9783110682557-094

dem Wert des übrigen Grundstücks angesetzt wird. Wenn auch der Vorgarten unbebaubar ist, so erweist er sich doch in vielfacher Hinsicht als sehr nützlich für das Grundstück. Bekanntlich richtet sich das Maß der Bebaubarkeit eines Grundstücks nach der Fläche des Gesamtgrundstücks. Der Vorgarten ist mithin für die Größe der überbaubaren Fläche mitbestimmend. Hat er überdies eine angemessene Tiefe, kommen ihm zahlreiche Schutzaufgaben insbesondere für das Gebäude zu. Er mildert den Straßenlärm, seine Bepflanzung ist geeignet, Staub und Abgase abzufangen, er erschwert die Einsichtnahme in die Fenster des Hauses (**Abschirmungsfunktion**; *H. Fischer* Rn. 302). Sind am Gebäude Instandsetzungen erforderlich, können Gerüste aufgestellt und Baustoffe gelagert werden, ohne dass öffentlicher Grund und Boden gegen Zahlung einer Sondergebühr benutzt werden muss. Gegebenenfalls kann der Vorgarten zum Einstellplatz für Kraftfahrzeuge umgestaltet werden. Schließlich könnte er, wenn die tatsächlichen und rechtlichen Umstände es zulassen, für gewerbliche Zwecke, z. B. zum Aufstellen von Schaukästen, Tischen und Stühlen, verwendet werden.

Diese Überlegungen werden in der Regel Käufer auf dem Grundstücksmarkt ver- **938**
anlassen, das Vorgartenland wertmäßig ebenso einzustufen wie das übrige Grundstück. Die Unbebaubarkeit wird kein Grund sein, einen Abschlag vorzunehmen. Im Rahmen der Differenzmethode heißt das, dass für ein Grundstück ohne den Vorgarten ein der wegfallenden Quadratmeterzahl entsprechender geringerer Preis gezahlt wird. Für ein Grundstück mit dem Vorgarten gilt das Umgekehrte (ein der Größe des Vorgartens entsprechender höherer Preis). Vorgartenland ist demzufolge mit dem **Durchschnittswert des Gesamtgrundstücks** zu bewerten, soweit die örtliche Marktbeobachtung nicht zu anderen Ergebnissen führt. Der **BGH** hat eine Übung gebilligt, nach der der Eigentümer eines Baugrundstücks in Berlin regelmäßig je Quadratmeter Vorgartenland nur einen Betrag in Höhe von 25 % des Quadratmeterpreises des Gesamtgrundstücks erhält (WM 1964, 698 = BRS 19 Nr. 121, bestätigt BGH WM 1989, 1036 Tz. 30 = MDR 1989, 798). Wenn auch eine solche Übung vom gesunden Grundstücksmarkt her betrachtet unverständlich erscheint, ist sie gleichwohl, wenn marktüblich, bewertungsmäßig erheblich.

3. Um **scheinbares Vorgartenland** geht es, wenn bei noch unbebauten Grundstü- **939**
cken infolge der Landabtretung die Baufluchtlinie zurückverlegt wird. Zwei Fälle sind dabei zu unterscheiden: Das betroffene Grundstück hat eine übliche Tiefe oder ist übertief und besteht aus Vorder- und Hinterland. Bei einem üblich tiefen Grundstück tritt eine echte Grundstücksverkleinerung ein. Die abgetretene Fläche ist mit dem Durchschnittswert des Gesamtgrundstücks zu bewerten. Bei dem übertiefen Grundstück handelt es sich um eine Flächenverschiebung **(Verschiebetheorie)**: Ein dem abgetretenen Geländestreifen in der Tiefe entsprechender Teil des bisherigen Hinterlandes wird Vorderland und erfährt eine Werterhöhung (sog. **vorgeschobenes Hinterland**), so dass der marktübliche Hinterlandpreis die angemessene Entschädigung für die Wegnahme des Vordergartens ist (eingehend *Kleiber* in Kleiber, a. a. O., S. 2510

mit Abb. 11 „Vorderlandabtretung als vorgeschobenes Hinterland“; vgl. auch *H. Fischer* Rn. 292) Es handelt sich um einen Fall der **Vorteilsausgleichung**; ausgleichungspflichtiger Vorteil ist die Wertsteigerung der ursprünglich als Hinterland einzustufenden Wertzone (BGHZ 21, 388, 396 = NJW 1956, 1798; BGH NVwZ 1982, 458 = BRS 45 Nr. 126). Die Trennlinie zwischen dem Vorderland und dem Hinterland ist am Ende der Fläche zu ziehen, die bebaut werden darf, zuzüglich der für die Bebauung erforderlichen Freifläche (*Kleiber* a. a. O., 2510; *H. Fischer* Rn. 292).

940 Zu unterscheiden ist die **steuerliche Bewertung** von Vorgartenland. Maßgebend sind insoweit die Richtlinien des BMF für die Bewertung des Grundvermögens (BewRGr) vom 19.9.1966. Es handelt sich um eine Allgemeine Verwaltungsvorschrift auf dem Gebiet der steuerlichen Einheitsbewertung. Nach Abschnitt B, Nr. 8 Abs. 1–3 ist eine getrennte Wertermittlung für Vorderland und Hinterland vorgesehen. Besonders große Grundstücke werden für die steuerliche Bestimmung ihrer Bodenwerte in Zonen eingeteilt (bis 40m Tiefe = Vorderland – Zone I, über 40m bis 80m Tiefe = Hinterland -Zone II, über 80m Tiefe = Hinterland – Zone IIIa, soweit baulich nutzbar, ansonsten Zone IIIb). Wegen Einzelheiten wird auf *Zimmermann* in Zimmermann/Heller/Kronthaler, Bewertung und Besteuerung des Grundbesitzes, Kap. B 4 Rn. 139 und auf *Zimmermann*, § 6 Rd. 145 verwiesen.

Vorteilsausgleich

941 1. Dass bei der Bemessung der Enteignungsentschädigung der Grundsatz der Vorteilsausgleichung zu beachten ist, wird heute allgemein nicht mehr bestritten. In den neueren Enteignungsgesetzen ist der Vorteilsausgleich zudem regelmäßig vorgesehen. Ausdrücklich bestimmt etwa § 93 Abs. 3 S. 1 BauGB, der insofern lediglich eine Klarstellung enthält (*Groß in* EZBK, § 93 Rn. 38), dass Vermögensvorteile, die dem Entschädigungsberechtigten (§ 94 BauGB) infolge der Enteignung entstehen, bei der Festsetzung der Entschädigung zu berücksichtigen sind (ebenso: § 17 Abs. 2 S. 2 LBeschG, § 13 Abs. 1 SchutzBerG, Art. 8 Abs. 3 S. 1 BayEG, § 8 Abs. 3 S. 1 EEG NW; vgl. *H. Fischer* Rn. 240, 307ff., 562ff.). Erst durch den **Grundsatz der Vorteilsausgleichung** wird die zu gewährende Entschädigung zum **wirklichen Wertausgleich.** Dadurch ist sichergestellt, dass der Entschädigungsberechtigte nicht mehr, aber auch nicht weniger erhält, als er ohne den Eingriff hätte. Der Grundsatz der Vorteilsausgleichung gilt auch für sonstige Entschädigungs- und Ausgleichsansprüche (BGHZ 91, 243, 260) und auch dann, wenn die Beteiligten im Rahmen einer freihändigen Veräußerung vereinbart haben, dass sich die Entschädigung nach den Bestimmungen des BauGB richtet (BGH MDR 2000, 145).

942 2. Dem Entschädigungsberechtigten muss ein **Vermögensvorteil** entstanden sein. Nur ein Vermögensvorteil ist auszugleichen (*H. Fischer* Rn. 309). Vermögensvorteil heißt, dass es sich um einen Vorteil wirtschaftlicher Art handelt, der einen messbaren

Pasternak
https://doi.org/10.1515/9783110682557-095

Vermögenswert hat und von Dauer ist. Bloße Annehmlichkeiten und vorübergehende Einsparungen und Erleichterungen gehören nicht hier her (vgl. *Battis* in BKL, § 93 Rn. 6). Vorteil ist aber auch ein vermiedener Nachteil (BGH NJW 1989, 2117).

Der Vermögensvorteil muss an dem verbliebenen **Restbesitz** entstanden sein. Bildet das Objekt des Vermögensvorteils eine gesonderte Grundstücksparzelle und befindet sie sich in der Hand desselben Grundstückseigentümers, dem der Entschädigungsanspruch zusteht, ist der Vermögensvorteil auszugleichen, wenn die Parzellen wirtschaftlich einen zusammenhängenden Komplex bilden (BGH NJW 1998, 2215, 2218; a. A. *H. Fischer* Rn. 310, der auf den grundbuchrechtlichen Grundstücksbegriff abstellt und in solchem Fall einen Vorteilsausgleich verneint).

Eine Vorteilsausgleichung kommt allerdings nur in Frage, wenn der Vorteil ohne **943**
die Enteignung nicht entstanden wäre und zwischen der Enteignung – beispielsweise der Landabtretung – und dem Umstand, der den Vorteil herbeigeführt hat, ein **adäquater Zusammenhang** besteht (st. Rspr. BGH NJW 1998, 2215 f.; BGHZ 62, 305, 307; BGH WM 1971, 829, 831; BGHZ 15, 268, 292; *H. Fischer* Rn. 311).

Die Vorteilsausgleichung setzt nicht voraus, dass der Eingriff unmittelbar und gleichzeitig auch den Vorteil zur Entstehung gebracht hat. Nach Auffassung des **BGH** ist es ausreichend, „*dass Schaden und Vorteil aus mehreren selbständigen Ereignissen fließen, wenn nur das schädigende Ereignis allgemein geeignet war, derartige Vorteile mit sich zu bringen, und der Zusammenhang der Ereignisse nicht so lose ist, dass er nach vernünftiger Lebensauffassung keine Berücksichtigung mehr verdient*“ (BGHZ 62, 305, 307; siehe auch BGH NJW 1998, 2215). Die Anrechnung muss dem Entschädigungsberechtigten unter Berücksichtigung der gegenseitigen Belange nach Treu und Glauben zumutbar sein und darf den Enteignungsbegünstigten nicht unangemessen entlasten. Maßgeblich ist eine **wertende Betrachtung**, nicht eine rein kausale Sicht (s. a. *Groß in* EZBK, § 93 Rn. 48). In diesem Rahmen ist jeglicher Vorteil, der dem Entschädigungsberechtigten besonders und allein zuwächst, stets auszugleichen.

Ein solcher Vorteil ist z. B. der **Ertrag** aus der für den Rechtsverlust gewährten **944**
Entschädigung; er ist auf einen etwaigen Erwerbsverlust anzurechnen, der durch den Entzug oder die Verkleinerung der Nutzfläche entsteht. Die Enteignungsentschädigung tritt an die Stelle der entzogenen Fläche. Wirtschaftlich gesehen besteht z. B. der Hof eines betroffenen Landwirts nunmehr aus der verbliebenen Fläche und der Entschädigung. Die Erträge aus der Entschädigung sind darum Erträge aus dem landwirtschaftlichen Betrieb und decken den Erwerbsverlust (ganz oder teilweise) ab. Ein weiterer anrechenbarer Sondervorteil ist die durch eine Enteignung frei gewordene Arbeitskraft, wenn sie in zumutbarer Weise anderweitig verwendet werden kann (BGHZ 55, 294, 299 = NJW 1971, 1176).

Die **Aufhebung eines Wegerechts** kann ebenfalls ein Sondervorteil sein. Beispiel: Ein größeres landwirtschaftlich genutztes, rechteckiges Grundstück wurde durch ein dinglich abgesichertes Wegerecht (Kirchweg) schräg durchschnitten. Der Bau einer neuen Fernstraße auf dem Grundstück unterbrach den Weg. Da auf den Weg nicht verzichtet werden konnte, wurde er an die Grundstücksgrenze gelegt und im Übrigen – wie vorher auch – an das öffentliche Wegenetz angeschlossen. Die beiden vorher durch den Weg geteilten Restgrundstücke können nach Herrichtung der alten Wegeflächen durchgehend bewirtschaftet werden; darin liegt der auszugleichende Vorteil.

Ein anrechenbarer Sondervorteil ist auch das sog. **vorgeschobene Hinterland**. Hier wird zwar für eine Straßenverbreiterung Vorderland abgetreten; gleichzeitig wird aber eine gleich große Hinterlandfläche zum Vorderland (s. → **Vorgartenland**). Auszugleichender Vorteil ist in diesem Fall die Wertsteigerung des ursprünglich lediglich als Hinterland einzustufenden Grundstücksteils (BGH NVwZ 1982, 458; s. a. *Papier/Shirvani* in Maunz/Dürig Art. 14 GG Rn. 736 *„vorgeschobenes Hinterland"*; *Neufang*, § 8 PrEntG Anm. 53; *Kreft*, Enteignungsentschädigung II, S. 11). Der Eigentümer verliert darum letztlich Hinterland und kann nur dafür Entschädigung verlangen.

Auch **Wertsteigerungen des Grundstücks** kommen als anrechenbarer Sondervorteil in Betracht. Der Eigentümer wird z. B. durch eine faktische Sperre daran gehindert, sein Grundstück zu bebauen und zu veräußern. Auf die ihm dafür zustehende Entschädigung (Bodenrente) muss er sich die nach dem Zeitpunkt der behaupteten Veräußerung eintretenden Wertsteigerungen des Grundstücks anrechnen lassen. Denn wenn er ohne die Sperre veräußert hätte, wären ihm die danach eingetretenen Wertsteigerungen nicht zugeflossen (BGH NJW 1989, 2117).

945 3. Zweifelhaft kann dagegen sein, ob auch **allgemeine Vorteile** angerechnet werden müssen. Darunter sind Vorteile zu verstehen, die nicht nur dem Entschädigungsberechtigten, sondern auch von der Enteignung nicht betroffenen Nachbarn, also einem überschaubaren Personenkreis erwachsen (teilweise wird insoweit auch von **„Gruppenvorteilen"** gesprochen, s. *Groß in* EZBK, § 93 Rn. 44, 45). In Betracht kommt insoweit etwa die bessere bauliche Nutzbarkeit von Grundstücken – z. B. Erhöhung der Geschossflächenzahl – infolge eines Straßenausbaues. Die Frage wird zu bejahen sein, weil trotz des Vorteilsausgleiches das dem Enteigneten abverlangte Vermögensopfer angemessen bzw. voll ausgeglichen wird. Zudem besagt Art. 14 Abs. 3 Satz 3 GG nicht, dass der Enteignete nicht schlechter gestellt werden dürfe als nicht enteignete Nachbarn, und aus der Vorschrift ergibt sich auch nicht, dass dem Enteigneten Vorteile dieser Art belassen werden müssen (BayObLG, Urt. v. 05.07.1965 – 1a Z 19/64; a. A. *Papier/Shirvani* in Maunz/Dürig Art. 14 GG Rn. 736, wonach es die Ausgleichsfunktion der Enteignungsentschädigung verbietet, die Planungs- oder Enteignungsgewinne einseitig nur bei den Enteignungsbetroffenen abzuschöpfen, sie den Übrigen aber zu belassen). Der **BGH** (NJW 1998, 2215; vgl. auch *Rinne/Schlick* NVwZ 2000 Beilage Nr. II S. 8, 9) schränkt die Anrechnung des allgemeinen Vorteils auf den darin gerade für den Enteigneten enthaltenen Sondervorteil ein. Allerdings dürfte es nicht einfach sein, die beiden Vorteilsanteile gegeneinander abzugrenzen.

946 4. Etwas anderes gilt selbstverständlich für die **der Allgemeinheit zufließenden Vorteile**. Sie sind nicht ausgleichsfähig. Gemeint sind damit Planungsgewinne, z. B.

aufgrund einer verkehrlichen Aufwertung oder sonstige wirtschaftliche Verbesserungen, die einem nicht überschaubaren Personenkreis zugutekommen (Bau einer Straße, die für ihre Umgebung die Aussicht eröffnet, Baugebiete auszuweisen und evtl. Flächen der Landwirtschaft zu Erwartungsland werden lässt).

Ein anschaulicher Fall ist in **Urteil des BGH v. 13.05.1974** (BGHZ 62, 305 = NJW 1974, 1465) behandelt: Zur Verbreiterung einer Straße, die höher liegt als die angrenzenden Grundstücke, musste der Revisionsführer rd. 1500 m^2 Bauerwartungsland abtreten. Durch die Straßenverbreiterung sollte in erster Linie ein zügiger Verkehrsfluss erreicht werden; die Verbreiterung diente aber auch der besseren Anbindung eines gerade ausgewiesenen neuen Wohngebietes an das örtliche Straßennetz. Von den Flächen des neuen Wohngebietes gehörten dem Revisionsführer etwa zwei Drittel. Unter Aufhebung des Berufungsurteils hat der BGH die Frage der **Anrechenbarkeit der Planungsvorteile** für den Restbesitz des Revisionsführers auf die Nachteile aus der Landabtretung **verneint**. Nach Meinung des BGH besteht kein ausreichend enger Zusammenhang zwischen der Straßenverbreiterung und den durch die Ausweisung entstandenen Vorteilen. Die Straßenverbreiterung bringe für die als Wohngebiet ausgewiesenen Grundstücke keinen unmittelbaren, ihnen besonders zugeordneten Erschließungsvorteil. Es fehle an dem notwendigen funktionellen Zusammenhang zwischen dem Enteignungsunternehmen und den zu erschließenden Flächen.

Ebenfalls ein der Allgemeinheit zufließender – und nicht auszugleichender – Vorteil entsteht, wenn auf der enteigneten Fläche ein öffentlicher Parkplatz errichtet wird, auf dem auch Abstellmöglichkeiten für den Enteignungsbetroffenen gegeben sind.

5. Für einen Vorteilsausgleich kommen grundsätzlich **alle Entschädigungspositionen** in Betracht, nicht nur die für sonstige Nachteile zu leistenden Entschädigungen, wie z.B. eine Wertminderung für das Restgrundstück. 947

Das **Verbot der entschädigungslosen Enteignung** steht der Verrechnung mit der Gesamtentschädigung nicht entgegen. Selbst wenn die durch die Enteignung entstandenen Einbußen durch die erlangten Vorteile völlig kompensiert werden, so dass letztlich selbst für den Substanzverlust keine Entschädigung mehr zu leisten ist, wird der Betroffene nicht entschädigungslos enteignet. Vielmehr besteht seine Entschädigung in den Sondervorteilen, die ihm durch die Verwirklichung des Enteignungsunternehmens gleichwohl zugeflossen sind (BGHZ 68, 100, 105; s.a. *Groß in* EZBK, § 93 Rn. 49, der zusätzlich auf gesetzessystematische Aspekte hinweist).

Von der Verrechnung ausgenommen sind allein die **Vertretungskosten** (s.a. *Wünschmann* in Spannowsky/Uechtritz, § 93 Rn. 14). Sie stehen in keinem inneren Zusammenhang zu dem erlangten Vorteil, so dass es nicht zumutbar ist, sie mit dem Vorteil zu verrechnen. **Gegenstandswert** ist in einem solchen Fall der Entschädigungsbetrag vor Anrechnung des Vorteils (BGHZ a.a.O. 106).

Wasserschutzgebiet

Übersicht

948 1. Setzt eine Landesregierung oder eine von ihr ermächtigte Behörde nach **§ 51 Abs. 1 WHG** zur Sicherung der bestehenden öffentlichen Wasserversorgung oder aus einem anderen der in Abs. 1 Satz 1 Nr. 1–3 genannten Gründe ein **Wasserschutzgebiet durch Rechtsverordnung** fest, führt das bei den einbezogenen Grundstücken stets zu **Nutzungsbeschränkungen** (*Gößl* in SZDK, § 51 WHG Rn. 12). Grund hierfür sind neben den für Wasserschutzgebiete geltenden Bestimmungen des allgemeinen Wasserrechts und speziellen Vorschriften in anderen Rechtsgebieten insbesondere die für das Wasserschutzgebiet geltenden **Schutzanordnungen**. Sie können durch behördliche Entscheidung als Einzelverwaltungsakt, auch in Form einer sachbezogenen Allgemeinverfügung (BVerwGE 163, 308 = NVwZ 2019, 574; BayVGH BayVBl. 2013, 55 = NVwZ-RR 2012, 754), oder in der das Wasserschutzgebiet ausweisenden Rechtsverordnung selbst ergehen (§ 52 Abs. 1 S. 1 WHG). Auf diese Weise können die durch § 903 BGB grundsätzlich gewährleisteten Befugnisse des Eigentümers, mit einer Sache nach freiem Belieben zu verfahren, in der Weise eingeschränkt werden, dass ihm in diesem Gebiet bestimmte Handlungen verboten oder für nur beschränkt zulässig erklärt werden (§ 52 Abs. 1 S. 1 Ziff. 1 WHG) bzw. die Eigentümer und Nutzungsberechtigten bestimmte Maßnahmen vorzunehmen oder zu dulden haben (§ 52 Abs. 1 S. 1 Ziff. 2a–c WHG). Damit stellt sich für die Eigentümer eines von der Schutzgebietsausweisung betroffenen Grundstücks die Frage nach einem **Entschädigungsanspruch**.

949 Da die **Schutzanordnungen nach §§ 51, 52 Abs. 1 WHG** entsprechend ihres gesetzlichen Schutzzweckes allein darauf abzielen, die Nutzbarkeit eines Grundstückes im Interesse des Gewässerschutzes einzuschränken, nicht aber das Grundeigentum selbst vollständig oder teilweise zu entziehen, stellen sie **keine Enteignung** i. S. des Art. 14 Abs. 3 GG dar. Denn die Enteignung ist final auf den teilweisen oder vollständigen Entzug konkreter, eigentumsrechtlich geschützter Rechtspositionen gerichtet mit dem Ziel, bestimmte öffentliche Aufgaben zu erfüllen (BVerfGE 100, 226; BVerfGE 72, 66, 76; BVerfGE 71, 137, 143; BVerfGE 70, 191, 199; BVerfGE 58, 300, 331 = NJW 1982, 745 – *Nassauskiesung*). Rechtsverordnungen, die ein Wasserschutzgebiet ausweisen oder hierfür Schutzanordnungen festsetzen, beschreiben aber lediglich den Umfang und damit zugleich die Reichweite des Eigentumsrechts nach Art. 14 Abs. 1 S. 1 GG an dem betroffenen Gebiet. Bei dieser generellen und abstrakten Festlegung handelt es sich, unabhängig von der Intensität der damit für den Eigentümer verbundenen Belastung, um eine **Inhalts- und Schrankenbestimmung** des Eigentums (BVerwG NVwZ

Friedrich
https://doi.org/10.1515/9783110682557-096

1997, 228; OVG Lüneburg NuR 2018, 560; *Gößl* in SZDK, Rn. 12 zu § 51 WHG; *Berendes*, § 52 Rn. 8). Dies gilt selbst dann, wenn sich der Eingriff für den Betroffenen tatsächlich wie eine Teil- oder Vollenteigung auswirken sollte (BVerfGE 83, 201, 202).

2. Die **Rechtmäßigkeit derartiger Verordnungen** ist mithin an Art 14 Abs. 1 S. 2 GG 950
zu messen. So kommt es etwa darauf an, ob die darin getroffenen Regelungen die **Grundsätze der Verhältnismäßigkeit und der Gleichbehandlung** wahren und zwischen schutzwürdigen Interessen des Eigentümers einerseits und den Belangen des Gemeinwohls andererseits ein **gerechter Ausgleich** stattfindet. Dabei stellt das Wohl der Allgemeinheit nicht nur den Grund, sondern auch die Grenze für eine Eigentumsbelastung dar. Keinesfalls darf die Beschränkung der Eigentümerbefugnisse daher weitergehen als der von der Rechtsverordnung verfolgte Schutzzweck. Ausdrücklich hat das **BVerfG** in diesem Zusammenhang darauf verwiesen, dass eine Bestimmung von Inhalt und Schranken des Eigentums im Rahmen von Art. 14 Abs. 1 S. 2 GG den **Kernbereich der Eigentumsgarantie**, zu dem auch die Privatnützigkeit und die grundsätzliche Verfügungsbefugnis über den Eigentumsgegenstand gehören (BVerfGE 91, 294, 308; BVerfGE 87, 114, 138; BVerfGE 79, 174, 198; BVerfGE 70, 191, 200), **nicht aushöhlen** darf (BVerfGE 100, 226).

Halten sich die Beschränkungen der Eigentümerbefugnisse in diesen Grenzen, sind sie von den Betroffenen im Rahmen der **Sozialpflichtigkeit** (Art 14 Abs. 2 GG) **entschädigungslos hinzunehmen**. Überschreiten sie diese jedoch, ist die **Regelung unwirksam**. Letzteres führt für die Betroffenen aber nicht zu einem Entschädigungsanspruch, sondern zu der Möglichkeit, die Beschränkungen oder Belastungen im Wege des **Primärrechtsschutzes** abzuwenden.

Allerdings hat das **BVerfG** in der *Pflichtexemplar*- Entscheidung (BVerfGE 58, 137) 951
die **Zubilligung eines Ausgleichsanspruchs** an den betroffenen Eigentümer für **verfassungsrechtlich geboten** angesehen, um eine aus öffentlichen Gründen erforderlichen Belastung im Rahmen eines Interessenausgleichs zwischen Eigentümer- und Gemeinwohlbelangen abzumildern. In einer späteren, zum Denkmalschutzrecht ergangenen Entscheidung (BVerfGE 100, 226 = NJW 1999, 2877) hat es in diesem Zusammenhang nochmals festgestellt, dass Inhalts- und Schrankenbestimmungen, die für sich genommen unzumutbar wären, ausnahmsweise dann mit dem Schutz des Eigentums in Art. 14 Abs. 1 GG in Einklang zu bringen wären, wenn sie mit **Ausgleichsmaßnahmen für den betroffenen Eigentümer** verbunden werden. Derartige Bestimmungen müssten aber auf einer **gesetzlichen Grundlage** beruhen und dürften sich nicht darauf beschränken, dem Betroffenen allein einen Entschädigungsanspruch in Geld zuzubilligen. Denn die für das Eigentum aus Art. 14 Abs. 1 S. 1 GG abzuleitende Bestandsgarantie verlangt es, dass **primär Vorkehrungen** zu treffen sind, um eine **unverhältnismäßige Belastung** des Eigentümers **real zu vermeiden** und die Privatnützigkeit des Eigentums soweit wie möglich zu erhalten. Als geeignete Mittel sieht das BVerfG hierfür etwa Übergangsregelungen, Ausnahme- und Befreiungstatbestände sowie den Einsatz sonstiger administrativer und technischer Vorkehrun-

gen an. Erst wenn ein derartiger Ausgleich nicht oder nur mit unverhältnismäßigem Aufwand möglich wäre, käme ein finanzieller Ausgleich oder gar ein Anspruch gegen die öffentliche Hand auf Übernahme des Grundstücks zum Verkehrswert in Betracht (kritisch insoweit *Czychowski/Reinhardt*, § 52 Rn. 86). Schließlich fordert das BVerfG, dass sichergestellt sein müsse, dass mit der Eigentumsbeschränkung **zugleich auch über den** hierfür zu gewährenden **Ausgleich**, im Falle einer Geldentschädigung wenigstens dem Grunde nach entschieden wird.

952 Die **wasserrechtlichen Regelungen in den §§ 51, 52 WHG** entsprechen diesen vom BVerfG aufgestellten Anforderungen für verfassungskonforme Inhalts- und Schrankenbestimmungen. So hat der Gesetzgeber in diesen Vorschriften dem Schutz des Grundwassers und der Sicherung der Trinkwasserversorgung als überragenden Gemeinwohlgütern unter bestimmten Voraussetzungen grundsätzlich den Vorrang vor den Interessen der Eigentümer eingeräumt und hierfür den Erlass von das Eigentum beschränkenden Regelungen vorgesehen. Zugleich hat er aber auch die Möglichkeit geschaffen, die Eigentümer von den im Wasserschutzgebiet angeordneten Verboten, Beschränkungen sowie Duldungs- und Handlungspflichten zu befreien, wenn der Schutzzweck der Regelung dadurch nicht gefährdet wird oder dies aus überwiegenden Gründen des Allgemeinwohls erforderlich erscheint (§ 52 Abs. 1 S. 2 WHG). Dies entspricht dem vom BVerfG geforderten **Primat der realen Vermeidung**. Steht der zuständigen Behörde bei ihrer Entscheidung noch ein Ermessen zu, kann sich der Eigentümer zur Vermeidung einer unzumutbaren Beschränkungen des Eigentums sogar auf einen **Rechtsanspruch** berufen, wenn die Befreiung ohne Gefährdung des Schutzzweckes der Regelung möglich wäre (§ 51 Abs. 1 S. 3 WHG).

953 3. Erst wenn eine unzumutbare Eigentumsbeschränkung weder durch eine Befreiungsregelung noch durch eine andere Maßnahme tatsächlich vermieden oder ausgeglichen werden kann, steht dem Betroffenen eine **Entschädigung** zu. Diese hat entsprechend dem in § 97 S. 1 WHG enthaltenen Grundsatz, dass der durch die den Entschädigungstatbestand auslösende Maßnahme unmittelbar Begünstigte entschädigungspflichtig ist, derjenige zu leisten, der gemäß § 51 Abs. 1 S. 2 WHG in der das Wasserschutzgebiet ausweisenden Rechtsverordnung als Begünstigter benannt ist. **Leistungspflichtig** ist also der **Träger der öffentlichen Wasserversorgung** (§ 51 Abs. 1 S. 1 Nr. 1 WHG) bzw. derjenige, für dessen Zwecke i. S. v. § 51 Abs. 1 S. 1 Nr. 2 u. 3 WHG ein Wasserschutzgebiet eingerichtet wurde. Dabei kommt es nicht darauf an, ob das Wasserschutzgebiet auf Antrag des Begünstigten oder von Amts wegen festgesetzt wurde.

954 4. **Art und Umfang der Entschädigung** sind in § 96 WHG geregelt. Danach ist ein angemessener Ausgleich für den eingetretenen Vermögensschaden zu gewähren (§ 96 Abs. 1 WHG), der sich an den zum Enteigungsrecht entwickelten allgemeinen Entschädigungsgrundsätzen zu orientieren hat (vgl. *Berendes*, § 96 Rn. 6; *Czychowski/Reinhardt*, § 96 Rn. 15). Abweichend von der grundsätzlich **in Geld zu leistenden**

Entschädigung (§ 96 Abs. 2 WHG), kann diese im Falle der Beeinträchtigung einer Wasserkraftnutzung gemäß § 96 Abs. 3 WHG auch **durch Stromlieferung** erfolgen.

Wird ein **Grundstück aufgrund der** im Wasserschutzgebiet angeordneten **Beschränkungen für den Eigentümer wertlos**, weil dadurch dessen Nutzung unmöglich oder wesentlich erschwert wurde, kann er nach § 96 Abs. 4 S. 1 WHG vom Entschädigungsverpflichteten **die Übernahme** zum Verkehrswert verlangen. Dieser Übernahmeanspruch beschränkt sich grundsätzlich auf den tatsächlich betroffenen Grundstücksteil, umfasst aber auch das Restgrundstück, wenn dessen Nutzbarkeit mitbetroffen ist (§ 96 Abs. 4 S. 2 WHG). Anstelle der Geldentschädigung kann der Eigentümer gemäß § 96 Abs. 4 WHG einen **Ersatzlandanspruch** geltend machen, wenn ein geeignetes Grundstück zu angemessenen Bedingungen beschafft werden kann.

In Bezug auf das **Entschädigungsverfahren** verpflichtet § 98 Abs. 1 S. 1 WHG ausdrücklich zur gleichzeitigen Entscheidung über Entschädigungsanspruch und zugrundeliegender Anordnung und entspricht damit der Forderung des BVerfG nach einer **einheitlichen Entscheidung**, im Falle einer finanziellen Entschädigung bei ansonsten unzumutbarer Eigentumsbeschränkung (BVerfG 100, 226).

5. Neben der Entschädigung für unzumutbare Eigentumsbelastungen sieht das WHG 955 auch einen **Ausgleichsanspruch für wirtschaftliche Nachteile** in einem Wasserschutzgebiet vor. Denn die darin angeordneten Verbote (z. B. der Verwendung von Mineraldünger, des Nährstoffauftrages, des Anbaus von Intensivkulturen, des Einsatzes von Schädlingsbekämpfungsmitteln und Herbiziden, von Nutzungsänderungen wie die Umwandlung von Wald- in Ackerflächen, der Errichtung bestimmter baulicher Anlagen wie Viehtränken, Gärfuttersilos, Güllegruben etc., s. a. *Czychowski/Reinhardt*, § 52 Rn. 98) können bei den Bewirtschaftern der betroffenen Flächen zu einem **erheblichen Mehraufwand und** zu **Mindererträgen** führen, die empfindlichen Einkommenseinbußen oder sogar Existenzgefährdungen zur Folge haben. Doch selbst umfangreiche und gravierende Nutzungsbeschränkungen aufgrund von § 52 Abs. 1 WHG stellen regelmäßig zulässige Inhalts- und Schrankenbestimmungen dar (*Breuer* in NJW-Schriften 24, Rn. 886). Sie lösen wegen der weitgehenden Sozialbindung des Eigentums im Falle des Gewässerschutzes und insbesondere der Trinkwasservorkommen und der damit als verhältnismäßig hinzunehmenden Beeinträchtigungen **nur selten einen Entschädigungsanspruch nach § 52 Abs. 4 WHG** aus (s. auch BGHZ 133, 271, wonach selbst der Fortfall von 40 % der selbst erzeugten Futtergrundlage für die Bullenmast infolge des Verbots des Betreibens von Gärfuttersilos und Gärfuttermieten in einem Wasserschutzgebiet allein noch nicht ausreichend für die Feststellung einer unzumutbaren Eigentumsbeschränkung ist).

Deshalb wurde in **§ 52 Abs. 5 WHG** auf einfachgesetzlicher Ebene die Mög- 956 lichkeit geschaffen, für Bewirtschafter land- und forstwirtschaftlicher Grundstücke einen – verfassungsrechtlich nicht gebotenen – **Billigkeitsausgleich** zu gewähren, um Betriebe, die unter verschärften wasser- und umweltschutzrechtlichen Bedingungen wirtschaften müssen, in ihrem ökonomischen Ergebnis nicht schlechter zu stellen als vergleichbare Betriebe, die lediglich die allgemein geltenden Umweltanforderungen, nicht aber die besonderen Regelungen in einem Wasserschutzgebiet zu beachten haben (BGHZ 138, 397; BayVGH BayVBl. 2003, 593; OVG Lüneburg RdL 2019, 101).

Die Vorschrift erfasst allerdings nur die **wirtschaftlichen Nachteile einer land- und forstwirtschaftlichen Bodennutzung.** Darunter ist die unmittelbare agrarische Ausnutzung der Bodenfruchtbarkeit zu verstehen (OLG München NVwZ-RR 1996, 316, 317; s. a. *Czychowski/Reinhardt*, § 52 Rn. 103), nicht dagegen die Errichtung baulicher Anlagen im Rahmen eines landwirtschaftlichen Betriebes wie Fahrsilos, Sickergruben etc. (BGHZ 138, 395 ff. = NJW 1998, 2450, 2451). Durch diese Bestimmung werden **Agrarbetriebe** gegenüber Gewerbebetrieben und Unternehmen, die ihre Flächen anderweitig nutzen und deshalb keinen Ausgleich erhalten, **bevorzugt.** Dem darauf gründenden Vorwurf, die Vorschrift bezwecke in Wahrheit die Subventionierung der Land- und Forstwirtschaft, wird die Feststellung entgegengehalten, dass es sich bei dem Ausgleichsanspruch des § 19 Abs. 4 WHG lediglich um eine *„flankierende Maßnahme bei der Sicherstellung der öffentlichen Wasserversorgung"* handle (so VGH Rheinland-Pfalz NVwZ 1993, 163 = DVBl 1992, 981 = ZfW 1993, 23, 25; so auch BGHZ 138, 395 = NJW 1998, 2450, 2451; zweifelnd *König* NVwZ 1999, 383 f.; ebenfalls krit. unter Hinweis auf den allgemeinen Gleichbehandlungssatz des Art. 3 GG wegen der Beschränkung des Ausgleichsanspruchs auf einen bestimmten Personenkreis *Nies* AgrarR 1995, 402).

Die **Ausgleichsleistung** ist von **mehreren Voraussetzungen** abhängig. So muss eine Anordnung nach § 52 Abs. 1 S. 1 Nr. 1 oder Nr. 2 WHG, auch in Verbindung mit Abs. 2 oder 3 WHG wirtschaftliche Nachteile für eine ordnungsgemäße, also den Stand der agrar- und wasserwirtschaftlichen Erkenntnisse sowie die jeweiligen Standortverhältnisse berücksichtigende land- oder forstwirtschaftliche Nutzung zur Folge haben (zur näheren Bestimmung des Begriffs „ordnungsgemäß" s. *Czychowski/Reinhardt*, § 52 Rn. 111 sowie *Berendes*, § 52 Rn. 12). Diese unter Ertragsgesichtspunkten zu betrachtenden Nachteile (so BT-Drs. 10/5727 S. 34) müssen letztlich darauf zurückzuführen sein, dass die **in der Anordnung festgelegten Anforderungen als „erhöht" zu bewerten** sind. Als Kriterium für diese Wertung dient dabei die Frage, ob entsprechende Anforderungen auch außerhalb förmlich festgesetzter Wasserschutzgebiete zu beachten wären (OLG Frankfurt ZfW 1998, 515).

957 Entsprechend ihrer Funktion als „Auffangtatbestand" steht die Regelung des **§ 52 Abs. 5 WHG** unter dem Vorbehalt, dass nicht bereits wegen einer unzumutbaren Eigentumsbeschränkung eine **Entschädigung aufgrund von § 52 Abs. 4 WHG zu leisten** ist. Zu beachten ist aber, dass mehrere Nutzungsbeschränkungen auf einer Fläche, die für sich genommen lediglich einen Ausgleichsanspruch nach § 52 Abs. 5 WHG rechtfertigen würden, insgesamt zu einer unzumutbaren Belastung und damit zu einem Entschädigungsanspruch nach § 52 Abs. 4 WHG führen können.

958 6. **Umfang und Höhe des Ausgleichsanspruchs** richten sich nach § 99 WHG. Diese Vorschrift schreibt einen Ausgleich allein **in Geld** vor, schließt also Naturalrestitution

aus. Im Übrigen wird auf die Regelungen zur Bemessung der Entschädigung verwiesen (§ 99 Satz 2 WHG und oben Rn. **954**).

7. Rechtsstreitigkeiten über Bestehen und Höhe des Entschädigungs- oder Ausgleichsanspruch sind nach Wegfall der früher in § 19 Abs. 4 S. 3 WHG a. F. enthaltenen Sonderzuweisung zu den ordentlichen Gerichten ausschließlich vor den **Verwaltungsgerichten** auszutragen (§ 40 Abs. 1 S. 1 VwGO). Die bisherige Aufspaltung des Rechtswegs für Primär- und Sekundärrechtsschutz ist damit beendet 959

Wegfall/Störung der Geschäftsgrundlage

Übersicht

1. Unter **Geschäftsgrundlage** versteht man die nicht zum eigentlichen Vertragsinhalt erhobenen, aber bei Vertragsschluss zutage getretenen **gemeinschaftlichen Vorstellungen beider Vertragsparteien** vom Vorhandensein oder dem künftigen Eintritt gewisser Umstände. Ausnahmsweise können auch die Erwartungen nur einer Partei dazu zählen, wenn diese ihren Geschäftswillen maßgeblich beeinflusst haben, der andere Vertragspartner dies auch erkennt und den Vertrag dennoch ohne Beanstandungen, Einschränkungen oder Klarstellungen abgeschlossen hat (BGH NJW 1993, 259, 262f.; BGH NJW 1976, 565; BGHZ 84, 1, 8f.; BGHZ 25, 390, 392). 960

Von Geschäftsgrundlage und deren Wegfall kann nur bei Besitzüberlassung und/oder Auflassung, d. h. **freiwilliger Eigentumsübertragung** und damit bei einem **Vertrag** die Rede sein, nicht bei einer hoheitlichen Enteignung. Zur Wiederbeschaffung eines *enteigneten* Grundstücks, wenn es für den ursprünglichen Enteignungszweck nicht oder nicht mehr gebraucht wird, vgl. → **Rückenteignung**.

Somit kann die Geschäftsgrundlage entfallen sein, wenn bei einem zur Abwendung einer drohenden Enteignung geschlossenen Grundstücksübertragungsvertrag der **Verwendungszweck** später z. B. wegen Planänderung *wegfällt*. 961

Ein solcher außerhalb eines Enteignungsverfahrens zustande gekommener Übertragungsvertrag begründet grundsätzlich **nur privatrechtliche Beziehungen** (BGHZ 84, 1, 3 = NJW 1982, 2184; BGHZ 50, 284, 287 = NJW 1968, 1925, 1926; BGH WM 1981, 309; vgl. *Streck* in BK, § 102 Rn. 15). Deswegen kann ein Rückgewähranspruch des betroffenen Eigentümers – anders als bei der Rückenteignung (→ **Rückenteignung**) – nicht aus Art. 14 GG hergeleitet werden (vgl. *Streck* in BK, a. a. O.).

Der **BGH** versucht in diesem Fall **in erster Linie** eine ***ergänzende Vertragsauslegung*** und stellt folgende Überlegung an (BGHZ 84, 1, 5f.): Ein Grundstückseigentü-

https://doi.org/10.1515/9783110682557-097

mer, der nicht schon vorweg überträgt, sondern sich enteignen lässt, hat einen Rückgewähranspruch nach den Grundsätzen der „Rückenteignung", wenn und soweit der Enteignungsunternehmer das Grundstück nicht innerhalb der festgesetzten Fristen zu dem Enteignungszweck verwendet oder diesen Zweck vorher aufgegeben hat. Es besteht kein sachlich gerechtfertigter Grund, einen Eigentümer, der das Grundstück zur Abwendung einer drohenden Enteignung überträgt, anders zu behandeln. Der BGH zieht daher die Regelung über die Rückenteignung zur *ergänzenden Auslegung* privatrechtlicher Grundstücksübertragungsverträge heran (BGHZ a.a.O.). Maßgebend ist für ihn dabei, was die Parteien bei angemessener Abwägung ihrer Interessen nach Treu und Glauben als redliche Vertragspartner vereinbart haben würden, wenn sie die von ihnen offen gelassene Problematik bedacht hätten. Für den BGH liegt es nahe, dass die Parteien für den Wegfall des Verwendungszweckes eine Rückabwicklung des Kaufvertrages vorgesehen hätten. Zur näheren Ausgestaltung dieses vertraglichen Rückabwicklungsanspruches orientiert sich der BGH an den zum Zeitpunkt des Vertragsschlusses geltenden öffentlich-rechtlichen **Vorschriften über die Rückenteignung** (Art. 14 GG, § 102 BauGB).

962 2. Führt eine ergänzende Vertragsauslegung nicht weiter, versucht der BGH **in zweiter Linie** eine Lösung nach den Grundsätzen über den ***Wegfall der Geschäftsgrundlage*** (Palandt/*Grüneberg*, § 313 Rn. 58). Das von Rechtsprechung und Lehre entwickelte Rechtsinstitut wurde mittlerweile unter der Überschrift *„Störung der Geschäftsgrundlage"* in das BGB aufgenommen (§ 313 Abs. 1 BGB). Bei Vorliegen der dort geregelten Voraussetzungen ist ein Vertrag, dessen Grundlagen sich nach seinem Abschluss gravierend verändert haben, **anzupassen**. Für den Fall, dass dies nicht möglich oder unzumutbar ist, gewährt § 313 Abs. 3 BGB ein **Rücktritts- bzw. Kündigungsrecht.**

963 **Geschäftsgrundlage** i.S. § 313 Abs. 1 BGB eines zur Vermeidung der Enteignung geschlossenen Grundstückskaufvertrages ist in aller Regel die gemeinsame Vorstellung der Parteien, das Grundstück werde für den Enteignungszweck, z.B. Straßenbau, benötigt. Das bloße Nichtverwenden des übertragenen Grundstücks durch den Enteignungsunternehmer begründet allerdings nicht immer und ohne weiteres Ansprüche aus § 313 BGB (s. hierzu BGHZ 84, 1, 10). Wegen der überragenden Bedeutung des Grundsatzes der Vertragstreue ist nach § 313 Abs. 1 letzter Hs. BGB weiter zu fordern, dass zumindest einem Vertragspartner unter Berücksichtigung aller Umstände des Einzelfalls, insbesondere der vertraglichen oder gesetzlichen Risikoverteilung das Festhalten am unveränderten Vertrag nicht zugemutet werden kann (s. hierzu BGHZ a.a.O. und BGH NJW 1976, 565).

Eine Anwendung des § 313 BGB scheidet **bei vollständig abgewickelten Verträgen** grundsätzlich aus (BGHZ 131, 209, 216). Ausnahmsweise ist eine Vertragsanpassung aber selbst bei bereits erfüllten Verträgen denkbar, wenn entweder die Geschäftsgrundlage für die Vereinbarung von Anfang an gefehlt hat (BGH NJW 2001, 1204, 1206) oder das Festhalten am Vertrag zu einem mit Recht und Gerechtigkeit nicht mehr zu vereinbarendem Ergebnis führen würde (BGHZ a.a.O.). Bei **teilweise abgewickelten Verträgen** ist regelmäßig eine Anpassung hinsichtlich der noch nicht erbrachten Leistungen möglich.

3. Für den Wegfall der Geschäftsgrundlage muss man unterscheiden zwischen ***vor* und *nach* Planfeststellung geschlossenen Verträgen**. Ist ein Vertrag auf Auflassung und Übertragung eines bestimmten Grundstückes schon ***vor*** der Planfeststellung geschlossen und kommt es zu einer Änderung der Ausbaupläne, so scheidet ein Wegfall der Geschäftsgrundlage aus. Denn die Voraussetzungen für eine Enteignung sind noch nicht gegeben, und der Wille des Betroffenen ist auf einen endgültigen, von den Zweckvorstellungen des Enteignungsbegünstigten unbelasteten Verkauf gerichtet (OLG Köln, Urt. v. 17.10.1973 – 17 U 22/73 – unveröffentlicht). Ein Festhalten am Vertrag ist für keine Partei unzumutbar. Nur bei einem vertraglichen Rücktrittsvorbehalt ist in diesem Fall eine Loslösung möglich. 964

Anders liegt der Fall, wenn der Vertrag ***nach*** Planfeststellung und damit zur Abwendung eines bevorstehenden oder mit Sicherheit zu erwartenden Enteignungsverfahrens geschlossen wird. Der Vertragswille beider Parteien zielt dann darauf, einen hoheitlichen Eingriff zu vermeiden. Würde diesem z.B. durch eine Planänderung die Grundlage entzogen, so kann es unbillig sein, die Parteien an einem Vertrag festzuhalten, dem von vornherein die Zweckbindung „als Schwäche immanent" war (angedeutet in BVerwGE 28, 184; s.a. BayVGH, U. v. 15.03.2019 – 22 A 16.40010, wonach es nahe liegt, eine Grundlage für eine fortdauernde freiwillige vertragliche Bindung als nicht mehr gegeben anzusehen, wenn ein Bauvorhaben nach einer nicht unerheblichen Planabweichung durchgeführt wird).

Es kommt darauf an, dass die **Geschäftsgrundlage *erheblich* gestört** ist und ein Festhalten an dem Vertrag für die betroffene Partei **zu einem schlechterdings unzumutbaren Ergebnis** führt (BGHZ 84, 1, 10). Dies hängt maßgeblich von der Art des Vertrags, der aufgetretenen Störung und den sonstigen Umständen ab. Bei einer Grundstücksabtretung wird die Zumutbarkeit für beide Vertragsparteien durchaus unterschiedlich zu beurteilen sein: Während für den übertragenden Grundstückseigentümer bei Wegfall des Verwendungszwecks ein Verbleiben „seines" Grundstücks bei der öffentlichen Hand unzumutbar sein kann und er deswegen einen *Rückübertragungsanspruch* hat, ist es umgekehrt für die öffentliche Hand in aller Regel zumutbar, an einem solchen Vertrag festzuhalten mit der Folge, dass *sie* sich *nicht* auf Wegfall der Geschäftsgrundlage berufen und sie keine Rückübertragung durchsetzen kann, wenn der ursprüngliche Grundstückseigentümer dies nicht will. 965

4. **Rechtsfolge** einer *unzumutbaren Störung der Geschäftsgrundlage* ist nach § 313 Abs. 1 BGB nicht sogleich eine Vertragsauflösung, sondern zunächst ein **Anspruch auf Vertragsanpassung** (anders als früher tritt die Vertragsanpassung nicht mehr unmittelbar ein). Bei einem späteren Fortfall des Vertragszwecks scheint die Geltendmachung dieses Anspruchs jedoch wenig sinnvoll, da die Parteien in Kenntnis der späte- 966

ren Umstände den Vertrag nicht – also auch nicht zu geänderten Bedingungen – geschlossen hätten. Der Enteignungsunternehmer hätte weder den Erwerb des Grundstückes beabsichtigt, noch hätte der Eigentümer der Übertragung zugestimmt. Für derartige Fälle enthält § 313 Abs. 3 BGB das Recht, vom Vertrag **zurückzutreten.** Ist das Grundstück bereits übertragen, so sind die gegenseitigen Leistungen gemäß §§ 346 ff. BGB (s. Palandt/*Grüneberg*, § 313 Rn. 42) zurückzugewähren. Der ursprüngliche Eigentümer kann Rückauflassung, die öffentliche Hand Rückzahlung des Kaufpreises verlangen. Ist noch nicht übertragen, so kann die öffentliche Hand einen geleisteten Abschlag zurückverlangen.

967 Der **Rückzahlungsanspruch der öffentlichen Hand** (im Falle der vom ursprünglichen Eigentümer verlangten Rückgewähr) unterliegt allerdings in besonderem Maße dem Gebot von ***Treu und Glauben***. Macht ein öffentlicher Baulastträger Bedarf an einem Grundstück geltend, kann der betroffene Eigentümer darauf vertrauen, die für die Übereignung erlangte Gegenleistung dauerhaft behalten zu dürfen. Dieses Vertrauen ist schützenswert (näher s. → **Rückzahlung**, Rn. **668 ff.**). Deswegen ist die öffentliche Hand gehalten, bei ihrem Rückzahlungsverlangen den von dem Vertragspartner inzwischen getroffenen Dispositionen Rechnung zu tragen. Sie darf unter Umständen den Betrag nicht sofort zurückverlangen, sondern muss dem Vertragspartner eine angemessene, im Einzelfall sogar eine längere Frist zur Wiederbeschaffung des Geldes einräumen (vgl. BGH NJW 1976, 1499, 1500).

968 **Zinsen** kann die öffentliche Hand **nicht verlangen**, sofern der bisherige Eigentümer ihr Besitz und Nutzungen überlassen hatte; denn sie gleichen die verlorene Nutzungsmöglichkeit aus (vgl. → **Verzinsung** der **Entschädigung**). ***Verwendungen***, die die öffentliche Hand **zur Werterhöhung** des Grundstücks gemacht hat, kann sie zurückverlangen, oder der frühere Eigentümer muss sie ausgleichen, doch steht auch diese Forderung unter dem Gebot von Treu und Glauben. Sind die Verwendungen für den früheren Eigentümer ohne jeden Nutzen, so kann er Wegnahme verlangen. Hat die öffentliche Hand das Grundstück erheblich verändert, so wird sie in analoger Anwendung des § 102 Abs. 4 BauGB die Rückübertragung verweigern können (vgl. → **Rückenteignung**).

969 5. Ein **Bereicherungsanspruch** nach § 812 Abs. 1 S. 2 BGB – wegen späteren Wegfalls des Rechtsgrundes oder wegen Zweckverfehlung – ***scheidet*** in solchen Fällen ***aus***. Denn bei der Rückabwicklung des geschlossenen Kaufvertrags entsteht zwischen den Parteien ein ***Rückgewährschuldverhältnis*** (vgl. §§ 346 ff. BGB). Die daraus hervorgehenden – vertraglichen – Ansprüche haben stets Vorrang vor einem Bereicherungsausgleich. Muss sich die Rückübertragung verlangende Partei am Vertrag festhalten lassen, so besteht für einen Anspruch aus § 812 Abs. 1 S. 2 BGB kein Raum (BGHZ 84, 1, 10 f.; BGH WM 1975, 366, 368; anders noch zur alten Rechtslage BGHZ 109, 139, 144).

970 6. Ein ***Rückgaberecht* der öffentlichen Hand** bei Wegfall des Enteignungszwecks ist grundsätzlich **ausgeschlossen** (BGH NJW-RR 1998, 589; BGHZ 71, 293, 295; s. a. *Petz* in

Spannowsky/Uechtritz, § 102 Rn. 2). Die Parteien können jedoch für diesen Fall eine Rückerwerbspflicht des Eigentümers vertraglich vereinbaren (*Groß* in EZBK, § 102 Rn. 19; *Streck* in BK, § 102 Rn. 15).

Wertänderung infolge bevorstehender Enteignung (Enteignungsvorwirkung)

1. Nach **§ 95 Abs. 2 Nr. 2 BauGB** bleiben Wertänderungen, die infolge der bevorstehenden Enteignung eingetreten sind, bei der Festsetzung der Entschädigung unberücksichtigt. Unter Wertänderungen versteht der Gesetzgeber nicht nur Werterhöhungen, sondern auch Wertminderungen (BT-Drucks. 3. Wahlp. Nr. 1794 zu § 105). 971

§ 95 Abs. 2 Nr. 2 BauGB ist die gesetzliche Ausprägung des allgemeinen Grundsatzes des Enteignungsrechts von der **Vorwirkung der Enteignung**. Allerdings erfasst der Gesetzeswortlaut nicht den gesamten Wirkungsbereich der Enteignungsvorwirkung. Denn Enteignungsvorwirkungen treffen nicht nur den Gegenstand der Enteignung selbst, sondern können auch Folgeschäden im Sinne des § 96 BauGB auslösen (vgl. Rn. **346 ff.**). Da es sich um einen **allgemeinen Grundsatz des Enteignungsrechts** handelt, gilt er auch dann, wenn das Gesetz, aufgrund dessen die Enteignungsentschädigung festzusetzen ist, keine ausdrückliche Regelung darüber enthält (vgl. auch *Danckelmann*, LBeschG § 18 Anm. 6). In allen Landesenteignungsgesetzen gibt es aber heute eine entsprechende Bestimmung. 972

2. **Unberücksichtigt** bleibt die **Wertänderung infolge der bevorstehenden Enteignung**. Das setzt voraus, dass zwischen der Wertänderung und der bevorstehenden Enteignung ein unmittelbarer Ursachenzusammenhang besteht. Dabei braucht die bevorstehende Enteignung nicht die alleinige Ursache zu sein; sie muss aber zumindest den **Ausschlag für die Wertänderung** gegeben haben. Bevorstehende Enteignung heißt allerdings nicht, dass – wie beim angemessenen Angebot (§ 95 Abs. 2 Nr. 3 BauGB) – schon enteignet werden kann. Es genügt vielmehr, dass die Möglichkeit zur Enteignung geschaffen werden kann, weil dem Träger des Vorhabens zur Erfüllung seiner Aufgaben das Enteignungsrecht zusteht und die Enteignung zulässig ist, sobald beispielsweise das Vorhaben planfestgestellt wurde. Denn schon dann bezieht der **Markt** (Grundstücksmarkt, Wohnungsmarkt usw.) die **Enteignung in seine Überlegungen** ein, und seine Entscheidungen werden dadurch mitbestimmt (**Vorwirkung**). Für den bekanntermaßen vorsichtigen Markt ist schon unter diesen Umständen die Enteignung mit hoher Wahrscheinlichkeit zu erwarten (vgl. *Groß* in EZBK, § 95 Rn. 67). 973

3. Worauf die Wertänderung beruht, ob auf einer Änderung des Zustandes (Qualität) 974
oder auf einer Preis- oder Ertragsänderung, spielt keine Rolle (BGH NJW 1967, 2306 =

https://doi.org/10.1515/9783110682557-098

MDR 1967, 996 = BRS 19 Nr. 100). Dagegen gehört streng genommen nicht hierher der Ausschluss der wirtschaftlichen Weiterentwicklung eines Grundstücks aufgrund von Bauverboten, Veränderungssperren, verbindlichen oder vorbereitenden Planungen. Zwar handelt es sich auch insoweit um eine Vorwirkung der späteren Enteignung. Doch bedeutet Ausschluss der wirtschaftlichen Weiterentwicklung nicht, dass sich der Zustand (Qualität) ändert und damit eine Wertänderung eintritt. Die Folge des Ausschlusses der wirtschaftlichen Weiterentwicklung besteht in einer **Festschreibung des augenblicklich vorhandenen Zustandes**. Demzufolge kann sich der **Zeitpunkt der Qualitätsbestimmung** auf einen **früheren Zeitpunkt verschieben**, wenn das Grundstück Gegenstand eines sich länger hinziehenden Enteignungsvorgangs ist (s. hierzu → **Zeitpunkt für die Ermittlung des Zustandes des Enteignungsgegenstandes (Qualitätsbestimmung)**.

Auch **vorbereitende Planungen** können als **Vorwirkung** der Enteignung eingestuft werden. Dies setzt voraus, dass die vorbereitende Planung mit der späteren Enteignung in ursächlichem Zusammenhang steht, hinreichend bestimmt ist und die spätere verbindliche Planung, die die Grundlage der Enteignung bildet, mit Sicherheit erwarten lässt (BGHZ 63, 240, 242 = NJW 1975, 384; *Battis* in BKL, § 93 Rn. 8, § 95 Rn. 5; *Groß* in EZBK, § 93 Rn. 79, § 95 Rn. 66f.) In diesem Fall hört das Grundstück auf, eine Handelssache zu sein, und wird auf dem Grundstücksmarkt als künftiges Straßenland angesehen.

Durch eine Vorwirkung kann auch eine sog. **Rückentwicklung** eintreten. Damit ist eine Verschlechterung des Grundstückszustandes gemeint; Grundstücke mit Bebauungserwartung werden z. B. auf dem Grundstücksmarkt nur noch als landwirtschaftliche Nutzflächen angesehen. Die darin liegende Wertminderung darf **nicht entschädigungsmindernd** berücksichtigt werden. Das Grundstück ist als Erwartungsland zu entschädigen.

975 4. **Werterhöhungen infolge der bevorstehenden Enteignung** sind von den Vermögensvorteilen zu unterscheiden, die dem Entschädigungsberechtigten aufgrund der Enteignung entstehen und nach § 93 Abs. 3 BauGB bei der Festsetzung der Entschädigung berücksichtigt werden. Werterhöhungen betreffen den durch die Enteignung eintretenden Rechtsverlust und bleiben bei der Festsetzung der Entschädigung dafür **unberücksichtigt**. Die Vermögensvorteile im Sinne des § 93 Abs. 3 BauGB entstehen hingegen an der dem Betroffenen verbleibenden Rechtsstellung (z. B. Restgrundstück) und müssen von der Entschädigung abgezogen werden.

5. **Beispiele:**

976 a) Eine Stadtgemeinde plant den Bau einer Straße. Soweit die Straße im Stadtgebiet außerhalb der bebauten Bereiche verläuft, erwartet der **Grundstücksmarkt** für die Flächen beiderseits der Straße (landwirtschaftliche Nutzflächen) eine **Bebaubarkeit für gewerbliche Zwecke in naher Zukunft**. Die Folge davon war, dass die Preise sprunghaft anstiegen. Eigentlicher Zweck dieser Straßenplanung ist die Anbindung

der Stadt an eine gleichzeitig geplante in der Nähe vorbeiführende Autobahn. Für den Bau der Autobahn werden schließlich im Verknüpfungsbereich beider Straßen auch Grundstücke benötigt, deren Wert nach Einschätzung des Marktes infolge einer Weiterentwicklung gestiegen ist. Bei der Enteignung der Grundstücke bleibt diese Werterhöhung unberücksichtigt. Die Autobahnplanung hat die Straßenplanung bedingt, so dass letztlich die Werterhöhung durch die geplante Anlage der Autobahn eingetreten ist.

b) Eine durch den Bundesminister für Verkehr nach § 16 FStrG getroffene **Linienbestimmung einer Bundesstraße** wird in den **Flächennutzungsplan** der zuständigen Gemeinde nachrichtlich übernommen. Daraus ergibt sich, dass die Straße über Teile einer Gärtnerei verlaufen wird. Da örtliche Gegebenheiten eine andere Linienführung an dieser Stelle nicht zulassen, werden die Grundstücke der Gärtnerei auf dem Markt als zukünftiges Straßenland angesehen. Als der Eigentümer der Gärtnerei für seinen Betrieb Geld braucht und dieses durch einen Verkauf der betroffenen und für ihn allein entbehrlichen Grundstücke beschaffen will, erweisen sich die Grundstücke als unverkäuflich. Dem Eigentümer bleibt nichts Anderes übrig, als ein Darlehen aufzunehmen. Die **Zinsen** dafür sind abzüglich des Reinertrages aus den nicht verkauften Grundstücken als Folge der Enteignungsvorwirkung **entschädigungspflichtig**; denn die Unverkäuflichkeit der Grundstücke zwingt den Eigentümer unter den gegebenen Umständen unmittelbar zur Aufnahme des Darlehens. 977

c) Die Wasserbauverwaltung betreibt die Planfeststellung für den **Bau eines Kanals**. Dem Bau des Kanals müssen **zwei Miethäuser weichen**. Das eine davon ist ein neuzeitliches Haus, das andere, ein älteres, genügt den heutigen Wohnansprüchen nicht und war zuletzt nur noch schwer zu vermieten. In beiden Häusern zieht ein Mieter aus. Da die Verwaltung die Häuser vor Abschluss der Planfeststellung nicht kaufen will, versuchen die Eigentümer, die frei gewordenen Wohnungen wieder zu vermieten. Wegen des geplanten Kanalbaues gelingt das nicht. Wohnungssuchende winken ab, weil sie nach kurzer Zeit nicht wieder umziehen wollen. Dem Eigentümer des neuzeitlichen Hauses ist der Mietausfall als unmittelbare Folge der Unvermietbarkeit (Enteignungsvorwirkung) zu erstatten. Aber auch der Eigentümer des älteren Hauses kann Ersatz seines Ausfalls verlangen. Zwar hatte er wegen der Beschaffenheit des Hauses Schwierigkeiten, die Wohnung zu vermieten; aber erst durch den geplanten Kanalbau ist die leerstehende Wohnung unvermietbar geworden. Allerdings wird man die Zeit ausklammern müssen, die der Eigentümer gebraucht hätte, die ohnehin schwer vermietbare Wohnung wieder zu vermieten. 978

Zur Entschädigung von **Folgeschäden** einer Enteignunsvorwirkung gibt es reichhaltige ältere Judikatur (Nachweise bei *Meyer-Thiel-Frohberg*, PrEntG § 8 Anm. 1,3, § 10 Anm. 4). 979

Wertermittlung durch die Enteignungsbehörde und den Tatrichter

980 1. Die Ermittlung der angemessenen Höhe einer Enteignungsentschädigung ist oft schwieriger als die vorangehende Feststellung dessen, was dem Betroffenen durch den Eingriff genommen wird. Steht fest, was genommen wird, ist zu fragen, **was das Genommene wert ist**. Für die Wertfindung bieten sich zahlreiche Verfahren an: Die wichtigsten sind das Vergleichswert-, das Sachwert- und das Ertragswertverfahren. Manchmal ist eine genaue Bewertung des Genommenen durch die Enteignungsbehörde oder den Tatrichter auf diese Weise nicht möglich. Beide sind dann auf **Schätzungen** angewiesen (§ 287 ZPO), wobei sie sich der **Hilfe durch Sachverständige** bedienen können.

981 2. Bei der **Auswahl des Bewertungsverfahrens** sind die Enteignungsbehörde und der Tatrichter grundsätzlich frei. Die Auswahl steht in ihrem **pflichtgemäßen Ermessen**. Allerdings muss das gewählte Verfahren bei dem gegebenen Sachverhalt angemessen sein und darf das Wertbild nicht verzerren (BGH WF 1993, 144; BGHZ 98, 341 = NJW 1987, 1256; BGHZ 83, 61, 66, 69 = NJW 1982, 2179). Ob ein angemessenes Verfahren gewählt wird, ist nach der für Enteignungsbehörden und Gerichte verbindlichen (BVerwG NVwZ-RR 2018, 200 Rn. 6; *Zimmermann* Einf. Rn. 47) **ImmoWertV** (abgedruckt im **Anhang**) zu entscheiden.

Nach **§ 8 Abs. 1 S. 1 ImmoWertV** ist das Verfahren nach der Art des Gegenstandes der Wertermittlung unter Berücksichtigung der im gewöhnlichen Geschäftsverkehr bestehenden Gepflogenheiten und der sonstigen Umstände des Einzelfalls, insbesondere der zur Verfügung stehenden Daten auszuwählen. Die Wahl ist zu begründen (§ 8 Abs. 1 S. 1 2.Hs. ImmoWertV); sie muss nachvollziehbar sein (*Zimmermann* § 8 Rn. 27 ff.).

Danach wird der Bodenwert eines **unbebauten Grundstücks** vorrangig durch Preisvergleich ermittelt (**Vergleichswertverfahren**; vgl. § 15 ImmoWertV; *Zimmermann* § 15 Rn. 4). Nach § 15 Abs. 1 S. 1 ImmoWertV wird der Vergleichspreis *„aus einer ausreichenden Zahl von Vergleichspreisen"* ermittelt (anders noch die Vorläufer-Verordnung WertV 1988). Die Mengenvorgabe ist unbestimmt, und die Regelung unklar (ebenso *Zimmermann* § 15 Rn. 10 f.). Der Verordnungsgeber hat erkennbar an eine Mehrheit von Vergleichspreisen als *„ausreichende Zahl"* gedacht. Doch kann unter Umständen *ein einziger* Vergleichspreis ausreichen (so eingehend *Kleiber* in Kleiber, Verkehrswertermittlung von Grundstücken, Syst. Darst. Vergelichswertverfahren, Rn. 52 ff., 55; kritisch *Zimmermann* § 15 Rn. 10), doch muss das Grundstück dann auch wirklich vergleichbar sein (BGH NVwZ 1982, 644).

Bei **bebauten Grundstücken** sind verschiedene Verfahren heranzuziehen: Bodenwert durch Preisvergleich, Gebäudewert nach dem **Sach- oder Ertragswert** (näher Stichwort **„Bebaute Grundstücke"**). Ähnlich kann bei **Grundstücken mit Bodenschätzen** verfahren werden, wenn Vergleichspreise gleichartiger Grundstücke nicht zur Verfügung stehen: Grund und Boden durch Preisvergleich, das Kies- oder

https://doi.org/10.1515/9783110682557-099

Sandvorkommen nach dem Ertragswert (vgl. BGH NVwZ 1982, 644; BGH NJW 1980, 39 = BauR 1979, 413).

Bei Teilenteignungen bietet sich das **Differenzwertverfahren** an. Der Wert des Grundstücks vor der Teilabtretung wird mit dem Wert des verbleibenden Restgrundstücks verglichen. Allerdings ist darauf zu achten, dass beim Differenzwertverfahren nicht Nachteile erfasst werden, die nicht auf einer Einbuße an geschützter Rechtsstellung beruhen und deshalb nicht entschädigt werden dürfen. Der Wert vor der Abtretung und der Wert nach der Abtretung werden mit Hilfe des Vergleichswert-, Sachwert- oder Ertragswertverfahrens ermittelt. Überhaupt kann es in schwierigen Fällen angebracht sein, ein zweites Verfahren unterstützend heranzuziehen (Sachwert- und Ertragswertverfahren für ein bebautes Grundstück). Stets ist zu beachten, dass das gewählte Verfahren nicht Selbstzweck ist, sondern dazu dient, den Verkehrswert richtig zu bestimmen. Vgl. auch → **Bodenwertermittlung** und **Bewertung bebauter Grundstücke**.

Verzerrt wird das **Wertbild** beispielsweise, wenn der Wert einer **unbebauten** 982
Teilfläche nach dem **Ertragswertverfahren** ermittelt wird, obgleich die Teilfläche den Ertragswert des übrigen bebauten Grundstücks nicht nennenswert beeinflusst. Denn der Wert einer solchen Teilfläche hängt von der Restnutzungsdauer des Gebäudes ab. Je länger die Restnutzungsdauer ist, umso geringer ist der Wert der entzogenen Teilfläche; sie ist ein mehr oder weniger wertloses Anhängsel.

Verzerrt wird das Wertbild auch im folgenden Fall: Ein vermietetes **Geschäftsgebäude** mit überdurchschnittlichen Erträgen wird bei einer Verbreiterung der Straße **beseitigt**. Das Restgrundstück ist jedoch noch tief genug, so dass das Gebäude hinter der (verschobenen) neuen Fluchtlinie wiedererrichtet werden kann. Das **Ertragswertverfahren** ist hier unbrauchbar. Der gegenüber dem Sachwert wesentlich höhere Ertragswert bereichert den Eigentümer. Denn schon der geringere Sachwert ist ein voller Ausgleich, weil die Grundlage des hohen Ertragswertes – die günstige Geschäftslage – dem Eigentümer nicht genommen wird.

3. Nach der Rechtsprechung des **BGH** ist **§ 287 ZPO** auf eine Enteignungsentschädi- 983
gung anwendbar. Denn die Vermögenseinbuße, die ein Enteigneter erleidet, ist ein Schaden im weiteren Sinne, und der Wortlaut des § 287 ZPO fragt nicht nach der Rechtsgrundlage des Anspruchs, sondern stellt allein darauf ab, ob ein Schaden entstanden ist und wie hoch sich dieser beläuft (so BGHZ 29, 217 ff.; BGHZ 29, 95, 99 = NJW 1959, 386). Nach § 287 ZPO ist nicht nur die Höhe der Entschädigung zu ermitteln, sondern innerhalb dieser Vorschrift auch der Frage nach dem Zustand (Qualität) des Enteignungsgegenstandes nachzugehen, weil der Zustand eine wesentliche Grundlage für die Höhe der Entschädigung bildet (BGHZ 140, 200 = NJW 1999, 938; BGH NJW-RR 1995, 911, 912; BGHZ 83, 61, 69, 70 = NJW 1982, 2179; BGHZ 80, 360 = NJW 1981, 2116).

Die **Anwendung des § 287 ZPO** wird immer dann in Betracht kommen, wenn ein- 984
geholte Gutachten zu keinem eindeutigen und überzeugenden Ergebnis geführt haben oder wie bei Belastungen mit Dienstbarkeiten **eine genaue Bewertung nicht möglich**

ist. Jedoch ist es unzulässig, über eine Schätzung nach § 287 ZPO schätzungserhebliche Tatsachen festzustellen; dafür ist § 286 ZPO da. Enteignungsbehörde und Tatrichter müssen darum die für eine Entschädigungsermittlung erforderlichen Tatsachen nach Maßgabe des § 286 ZPO feststellen. Dabei muss die Tatsachenfeststellung so umfassend sein, dass die Schätzung der Wirklichkeit möglichst nahekommt. Die **Begründung der Schätzung** muss erkennen lassen, wie die festgestellten Tatsachen im Einzelnen gewertet und welche Schlüsse daraus gezogen wurden. Richtschnur jeder Schätzung ist das Verhalten des Marktes; daran wird letztlich das Schätzergebnis gemessen. Enteignungsbehörde und Tatrichter sollten deshalb streng darauf achten, sich bei ihren Überlegungen nicht von der Wirklichkeit des Marktes zu entfernen.

In seiner Entscheidung in WM 1981, 853, 855 sagt der **BGH** ganz allgemein **zur richtigen Anwendung des § 287 ZPO** für die Bemessung von Enteignungsentschädigungen:

„§ 287 ZPO verschafft dem Richter eine Beweiserleichterung in Fällen, in denen ein strenger Beweis oft kaum zu führen ist. Das Gericht darf sich in diesen Fällen nicht mit der Erklärung begnügen, der Kläger habe den ihm obliegenden Beweis nicht voll erbracht. Der Tatrichter muss sich vielmehr unter freier Würdigung aller Umstände eine Überzeugung bilden. Zwar müssen die Parteien bei § 287 ZPO dem Gericht die Unterlagen schaffen, Anhaltspunkte vortragen und die für die ‚Schätzung' beachtlichen Gesichtspunkte darlegen. Doch ist die Substantiierungspflicht der Parteien bei Anwendung des § 287 ZPO gerade gemindert. Das Gericht muss unter großzügiger Anwendung des § 139 ZPO die Parteien zur Vervollständigung ihrer Angaben veranlassen, soweit es nach bestimmten Richtungen eine Aufklärung oder Ergänzung des Sachvortrages für sachdienlich hält."

Vgl. auch BGH BauR 1991, 452 = BRS 53 Nr. 127 und *Kreft*, Enteignungsentschädigung III, S. 19

985 4. Die Wertermittlung durch den Tatrichter ist in der **Revisionsinstanz** nur **eingeschränkt überprüfbar**. Überprüfbar ist, ob Rechtsvorschriften oder Denk- und Erfahrungssätze verletzt worden sind und ob die Wertermittlung auf fehlerhaften Erwägungen beruht oder entscheidungserhebliche Tatsachen außer Acht lässt. Eine überprüfbare Rechtsfrage ist beispielsweise, ob das gewählte Verfahren bei dem gegebenen Sachverhalt angemessen ist und nicht das Wertbild verzerrt. Weiterhin darf das gewählte Verfahren nicht zu einer Doppelentschädigung führen und nur Nachteile berücksichtigen, die auf einer Einbuße an geschützter Rechtsstellung beruhen. Ferner kann nachgeprüft werden, ob der Tatrichter bei der Anwendung des § 287 ZPO von zutreffenden Erwägungen ausgegangen ist, ob er den Rechtsbegriff der angemessenen Entschädigung richtig gesehen und sachentsprechend geurteilt hat. Schließlich kann in der Revision gerügt werden, dass Tatsachen, die das Ergebnis der Wertermittlung beeinflusst hätten, unberücksichtigt geblieben sind (vgl. *Kreft*, Enteignungsentschädigung II, S. 19 mit zahlreichen Nachweisen aus der Rechtsprechung).

Widerrufliche Erlaubnis

1. Gelegentlich werden für öffentliche Maßnahmen Grundstücke benötigt, die widerruflich (öffentlich-rechtlich) durch Dritte genutzt werden. Dieser Umstand kann sich auf die Höhe der Entschädigung auswirken. Das ist der Fall, wenn die bevorstehende Verwendung des Grundstücks für eine öffentliche Maßnahme ein willkürfreier, also **sachgebotener Grund zum Widerruf** ist und rechtzeitig zum Zeitpunkt des Eingriffs widerrufen worden ist. Das widerrufliche Nutzungsrecht endet mit dem Widerruf. Durch den Widerruf verdeutlicht sich die zeitliche Begrenzung, mit der das Nutzungsrecht von vornherein behaftet war. Aufgrund der bestehenden zeitlichen Begrenzung wird dem Inhaber des Rechtes durch einen sachgerechten Widerruf nichts „weggenommen“, was ihm zustand (vgl. BGH NJW 1965, 1172 = WM 1965, 667 = BRS 19 Nr. 22; BGH NJW 1964, 1567 = MDR 1964, 487 = BRS 19 Nr. 21). **986**

Beispiele:
a) Ein an der freien Strecke einer Bundesstraße gelegenes Grundstück wird als Tankstelle genutzt. Die Zufahrten sind seinerzeit als Sondernutzung jederzeit widerruflich gestattet worden. Bei einem Ausbau der Straße fallen die widerrufenen Zufahrten weg und können auch nicht mehr angelegt werden, da die Straße höher gelegt wird. Der Ausbau der Straße war ein sachgebotener Grund für den Widerruf (vgl. Nr. 13 der Zufahrtenrichtlinien des Bundes – VkBl 1992, 709). Eine Entschädigung für die weggefallenen Zufahrten kann darum nicht verlangt werden (§ 8 Abs. 8 FStrG); der Erlaubnisnehmer ist mit dem Schicksal der Straße verbunden (vgl. *Sauthoff* in Müller/Schulz, § 8 Rn. 74). Durch den Wegfall der Zufahrten werden die Aufbauten und Außenanlagen wertlos, und das Grundstück verliert unter Umständen seine gewerbliche Nutzbarkeit. Auch das braucht, weil es sich um eine ausschließliche Folge des sachlich gebotenen Widerrufs handelt, nicht entschädigt zu werden. **987**

b) Die Baugenehmigung zur Errichtung einer Tankstelle hätte wegen Ausbauabsichten versagt werden können. Dennoch wurde die Genehmigung „in stets widerruflicher Weise“ verbunden mit der Auflage zur Wiederherstellung des früheren Zustandes erteilt, da der Straßenausbau nicht unmittelbar bevorstand. Nach 10 Jahren widerrief die Genehmigungsbehörde die Genehmigung und verlangte die Entfernung der Anlage: denn die Straße wird nunmehr ausgebaut und das Grundstück dafür benötigt. Für die Aufbauten, die Abbruchkosten und die Verlegung des Betriebes kann der Betroffene keine Entschädigung fordern; er musste damit rechnen, dass das Grundstück eines Tages für den Straßenausbau benötigt würde, und es ist erst nach Ablauf einer angemessenen Zeit widerrufen worden (BGH NJW 1970, 1178 = MDR 1970, 747 = BRS 26 Nr. 16). **988**

c) Dem Anlieger eines Wasserlaufes erster Ordnung war durch wasserpolizeiliche Genehmigung widerruflich gestattet worden, im Wasserlauf Stützen für eine Verlade- **989**

https://doi.org/10.1515/9783110682557-100

anlage zu errichten. Der Widerruf war allgemein für den Fall eines öffentlichen Interesses vorbehalten worden. Die für den Widerruf zuständige Behörde darf deshalb alle im öffentlichen Interesse begründeten Erwägungen berücksichtigen. Die Erlaubnis konnte darum wirksam nicht nur aus wasserpolizeilichen Gründen, sondern auch mit Rücksicht auf eine Straßenführung widerrufen werden. Für die Frage, was im öffentlichen Interesse liegt, muss die öffentliche Hand als eine Einheit angesehen werden (BGH WM 1971, 1156 = BRS 26 Nr. 116). Sind dagegen in der Genehmigung die Gründe für einen eventuellen Widerruf ausdrücklich aufgeführt, so wirkt selbstverständlich nur ein Widerruf aus diesen Gründen nicht enteignend. Wenn in der Genehmigung keine Gründe genannt sind, kommt es darauf an, ob der Betroffene damit rechnen musste, dass aus dem eingetretenen Grunde widerrufen würde. Dabei spielen die örtliche Lage und die Beschaffenheit des Grundstücks eine Rolle. Der Grund zum Widerruf muss sich gleichsam „aus der Natur der Sache" ergeben; anderenfalls handelt es sich um eine „Enteignung". Ein Widerruf für eine allgemeine Straßenverbreiterung soll in diesem Fall nach Meinung des BGH sachgeboten sein, nicht dagegen ein Widerruf zur Schaffung eines Eingangs zur U-Bahn (BGH NJW 1965, 1172 = WM 1965, 667 = BRS 19 Nr. 22). Zutreffenderweise sind jedoch beide Widerrufe sachgeboten; denn eine U-Bahn entlastet den Straßenverkehr und kann eine Straßenverbreiterung überflüssig machen.

990 2. Eine Minderung der Entschädigung kommt auch in Betracht, wenn die bevorstehende Verwendung des Grundstücks für eine öffentliche Maßnahme kein sachgebotener Grund zum Widerruf ist. Denn die Benutzung des benötigten Grundstücks ist gleichwohl nicht in dem Maße abgesichert wie bei einer uneingeschränkten (unwiderruflichen) Erlaubnis. Bei der Wertermittlung kommt es entscheidend darauf an, wie sich der verständige Käufer im gesunden Grundstücksverkehr verhalten würde. Er wird die Frage nach der Wahrscheinlichkeit eines sachgebotenen Grundes zum Widerruf stellen. Entsprechend dem Grad der Wahrscheinlichkeit wird auch der Abschlag ausfallen, den er von dem ansonsten vorhandenen Wert vornimmt. Von Bedeutung ist weiterhin, ob im Falle eines sachgebotenen Widerrufes der frühere Zustand auf eigene Kosten wiederhergestellt werden muss.

991 3. Fehlt es lediglich an der Rechtzeitigkeit des sachgebotenen Widerrufs, dürfte in der Regel ebenso wenig eine Entschädigung in Betracht kommen wie in den Beispielen unter Rn. **987 ff.** Zwar sind die Gegebenheiten im Zeitpunkt des Eingriffs für die Wertbildung maßgebend: Sie bestimmen, in welchem Zustand sich das betroffene Recht befunden hat und was dem Betroffenen weggenommen worden ist. Das bedeutet, dass bei einem nicht rechtzeitigen Widerruf die Erlaubnis entschädigungsrechtlich weiterhin besteht. Andererseits ist aber zu bedenken, dass im gesunden Grundstücksverkehr niemand bereit sein wird, für eine widerrufliche Erlaubnis, deren sachgebotener Grund zum Widerruf bereits eingetreten ist, noch etwas zu zahlen.

Windkraftanlagen

1. Für den im Rahmen der Energiewende forcierten Ausbau der Gewinnung von Windenergie werden verstärkt geeignete Flächen für die Errichtung entsprechender Windkraftanlagen (auch Windenergieanlagen) nachgefragt. Die Betreiber der Anlagen müssen sich die Verfügungsgewalt hierüber durch **privatrechtliche Pachtverträge** mit den Grundstückseigentümern verschaffen und mit diesen Vereinbarungen über die **Eintragung von Dienstbarkeiten** gemäß §§ 1090 ff. BGB zur Sicherung von Leitungstrassen zum nächstgelegenen Netzverbindungspunkt oder für notwendige Zuwegungen treffen. 992

Die **Enteignung** eines Grundstücks für derartige Zwecke kommt hingegen **nicht in Betracht**. Zwar wäre eine Enteignung zugunsten der Anlagenbetreiber als privatrechtlich organisierte Unternehmen nicht schon deswegen unzulässig, weil sich der Nutzen für das allgemeine Wohl – die Energiegewinnung – nicht aus dem Unternehmensgegenstand selbst ergibt, sondern nur mittelbare Folge der kommerziellen Unternehmenstätigkeit ist. Das BVerfG (BVerfGE 74, 264 = NJW 1987, 1251 – *Boxberg*) fordert jedoch in derartigen Fällen ein Gesetz, das den nur mittelbar verwirklichten Enteignungszweck deutlich umschreibt, die grundlegenden Enteignungsvoraussetzungen und das Verfahren zu ihrer Ermittlung festlegt sowie Vorkehrungen zur Sicherung des verfolgten Gemeinwohlziels regelt (s. a. BVerfGE 66, 248 = NJW 1984, 1872 – *Energieversorgung* zur Enteignungsmöglichkeit zugunsten privatrechtlich organisierter Energieversorgungsunternehmen). 993

2. Gleichwohl kann der Betrieb einer derartigen, teilweise über 200m hohen Anlage mit Rotordurchmessern von mehr als 100m **erhebliche negative Auswirkungen** haben. So rufen die Flügelbewegungen der Rotorblätter nicht nur Schalldruck („Lärmbelästigungen", „Infraschall") bei ihrer Drehung im Wind hervor, sondern können bei Sonneneinstrahlung zu Schattenwurf („temporäre Abschattung"; siehe → **Schattenwurf**) und periodischen Lichtreflexen („Discoeffekt") sowie im Winter bei beginnender Vereisung zu Gefahren durch sich ablösende Eisstrukturen („Eiswurf", „Eisfall") an den Flügelspitzen führen. Nicht auszuschließen ist zudem eine Verschlechterung des Empfangs von Radio- und TV-Sendern in der Nähe dieser Anlagen, die wegen ihrer Größe gelegentlich auch als „optisch bedrängend" und „umzingelnd" wahrgenommen werden. Aufgrund dieser (möglichen) Beeinträchtigungen beklagen Eigentümer der Nachbargrundstücke einen erheblichen Wertverlust ihrer Flächen. 994

3. Anknüpfungspunkt der Prüfung von enteignungsrechtlichen **Entschädigungsansprüchen** dieser Grundstücksnachbarn wegen der nachteiligen Auswirkungen ist die erteilte **öffentlich-rechtliche Genehmigung** für den Bau der Windkraftanlage. 995

Bauplanungsrechtlich beurteilt sich die Genehmigungsfähigkeit der Anlage nach den §§ 29 ff. BauGB (*Endell/Quentin* in Baumann/Gabler/Günther, § 36 EEG Rn. 59; *Müggenborg* in Frenz/Müggenborg/Cosack/Henning/Schomerus, vor §§ 36 Rn. 21). Da

https://doi.org/10.1515/9783110682557-101

Windkraftanlagen üblicherweise weder im Geltungsbereich eines qualifizierten Bebauungsplans noch im unbeplanten Innenbereich, sondern im **Außenbereich** errichtet werden sollen (*Müggenborg*, a.a.O., Rn 25), sind sie gemäß § 35 Abs. 1 Nr. 5 BauGB als sog. **„privilegierte Vorhaben"** zulässig, wenn ihrer Errichtung öffentliche Belange nicht entgegenstehen und ihre ausreichende Erschließung gesichert ist. Aufgrund einer „Öffnungsklausel" in § 249 Abs. 3 BauGB können die Länder durch Landesgesetz bestimmen, dass § 35 Abs. 1 Nr. 5 BauGB etwa auf Anlagen zur Windnutzung nur dann zu Anwendung kommt, wenn die Vorhaben einen bestimmten Abstand zu der zulässigen baulichen Nutzung für Wohnzwecke einhalten (s. bspw. die sog. „10 H – Regelung" nach Art. 82, 83 BayBO; *Müggenborg*, a.a.O., Rn. 39, 40; zur verfassungsrechtlichen Zulässigkeit dieses Abstandsgebots, s. BayVerfGH, U. v. 09.05.2016 – 14-VII-14 u.a.).

Da die Windkraftanlagen regelmäßig eine Gesamthöhe von über 50m aufweisen, bedarf es zudem einer immissionsschutzrechtlichen Genehmigung gem. § 4 Abs. 1 S. 1, 3 BImSchG i.V.m. § 1 Abs. 1 S. 1 BImSchV, Anhang 1 Nr. 1.6. (*Müggenborg*, a.a.O., Rn. 4; *Endell/Quentin*, a.a.O., Rn. 59ff.). Wegen der Konzentrationswirkung immissionsschutzrechtlicher Genehmigungen, § 13 BImSchG, entfällt damit das Erfordernis einer gesondert zu erlassenden Baugenehmigung. Vielmehr sind die insoweit zu beachtenden Erfordernisse und Voraussetzungen – ebenso wie die der sonstigen erforderlichen Genehmigungen (Denkmalschutzrecht, Waldrecht etc.) – im Rahmen der nach dem Immissionsschutzrecht erteilten Genehmigung zu prüfen und folglich von dieser mitumfasst (s. *Endell/Quentin*, a.a.O., Rn. 81).

996 Diese Anlagengenehmigung – ein Verwaltungsakt, der die Errichtung einer Anlage auf einem Grundstück zulässt –, kann das Eigentumsrecht an einem Nachbargrundstück beeinträchtigen, obwohl sie formal lediglich auf das zu bebauende Grundstück und nicht auch auf das Grundstück des Nachbarn oder eines sonst in der Umgebung Ansässigen gerichtet ist (Verwaltungsakt mit Doppelwirkung, s. BGHZ 86, 356). Der Grund hierfür ist darin zu sehen, dass das Eigentumsrecht an einem Grundstück und die Bestimmung seines Umfangs grundsätzlich „*situationsgeprägt*" sind. Diese Situationsgebundenheit hat aber nicht nur zur Folge, dass der Eigentümer im Rahmen der Sozialbindung nach Art. 14 Abs. 2 GG gewisse Einschränkungen an der Ausübung seines Eigentumsrechts hinzunehmen hat, sondern führt auch zu einer gewissen Erweiterung seiner Rechtsposition, die auf der besonderen Lage seiner Fläche beruht und die über die Grundstücksgrenze hinaus reichen kann. In diesem Sinne ist das Grundstück also **nicht nur „*situationsbelastet*", sondern auch „*situationsberechtigt*"** (BVerwG NJW 1979, 995; BVerwGE 32, 173; BGHZ 32, 34 = NJW 1984, 331; s.a. *Papier/Shirvani* in Maunz/Dürig, Art. 14 Rn. 559).

997 Derart mittelbare, d.h. erst durch eine Situationsveränderung entstandene, Auswirkungen sind jedoch **grundsätzlich entschädigungslos hinzunehmen** (BVerwGE 52, 122). Führt daher allein die Existenz einer Windkraftanlage zu sinkenden Preisen der umliegenden Grundstücke, berührt dieser Vermögensverlust in der Regel noch nicht das Eigentumsrecht aus Art. 14 Abs. 1 GG, zumal dieses ohnehin keine allgemeine Wertgarantie vermittelt (BVerfG NJW 2007, 805 – *Mobilfunksendeanlage*; BVerfGE

105, 252 = NJW 2002, 2621 – *Glykolwarnung*; s. a. BVerfG NJW 2010, 512 – *Flughafen Berlin-Schönefeld*, mit der Einschränkung, dass zwar ein gewisser Wertverlust einer Fläche als **Ausdruck der Sozialbindung** zu akzeptieren sei, allerdings die Grenze des Hinnehmbaren bei einer Verkehrswertminderung von 50 %–60 % überschritten sei). In Bezug auf Windkraftanlagen wird zum Teil sogar die Auffassung vertreten, dass der Preisrückgang ohnehin nur von kurzer Dauer sei und sich dieser – nach einer gewissen Gewöhnungsphase – wieder auf dem vorherigen Niveau stabilisieren werde (s. *Vorholz*, Der Immobilien Brief Nr. 321).

4. Aus entschädigungsrechtlicher Sicht sind demgemäß allenfalls nur solche öffent- **998**
lich-rechtlich ausgesprochenen Genehmigungen bzw. deren Umsetzung von Bedeutung, welche die vorgegebene Grundstückssituation nachhaltig verändern und dadurch die Nachbarn **schwer und unerträglich** treffen würden (s. a. BGHZ 86, 356).

Denn grundsätzlich ist die Möglichkeit zur optimalen Ausnutzung eines Grundstücks ebenso wenig grundrechtlich geschützt wie das Vertrauen auf den Fortbestand einer einmal vorgefunden Grundstückssituation (BVerfGE 38, 348 = NJW 1975, 727 – *Zweckentfremdung von Wohnraum*; BVerwG, Urt. v. 16.03.2006 – 4 A 1001.04, juris). Zudem haben Eigentümer von im Außenbereich gelegenen Flächen stets damit zu rechnen, dass außerhalb ihres Grundstücks eine emissionsintensive Anlage wie etwa ein Verkehrsweg oder eine Windkraftanlage projektiert wird (s. a. BVerwG NJW 1997, 142; OVG NW, Beschl. v. 14.03.2006 – 8 A 3505/05).

Ein Eingriff in das durch Art. 14 Abs. 1 GG geschützte Eigentumsrecht kommt somit nur ganz ausnahmsweise dann in Betracht, wenn tiefgreifende Einwirkungen eine Weiterbenutzung des Grundstückes ausschließen oder doch ganz erheblich erschweren würden (BVerwGE 52, 122; BVerwGE 32, 173).

Aber selbst in einem derartigen Fall käme es nicht zur Gewährung einer Enteignungsentschädigung im Sinne von Art. 14 Abs. 3 GG. Denn diese ist nur bei einer sog. „*klassischen Enteignung*", also der Güterbeschaffung durch zielgerichteten staatlichen Zugriff auf eine eigentumsrechtlich geschützte Rechtsposition zur Ermöglichung eines im Allgemeinwohl liegenden Vorhabens, zu leisten (BVerfGE 143, 246 = NJW 2017, 217 – *Atomausstieg*; BVerfGE 58, 300 – *Nassauskiesung*; s. a. → **Sozialbindung**).

5. In Betracht kommt damit allenfalls eine Entschädigung unter dem Aspekt eines ent- **999**
eignungsgleichen Eingriffs (→ **enteignungsgleicher Eingriff**). Nach dieser, von der Rechtsprechung entwickelten und nunmehr aus dem allgemeinen Aufopferungsgrundsatz der §§ 74, 75 EinlPrALR abzuleitenden, gewohnheitsrechtlich anerkannten Anspruchsgrundlage wird eine Entschädigung gewährt, wenn durch eine rechtswidrige hoheitliche Maßnahme unmittelbar in eine durch Art. 14 Abs. 1 GG geschützte Rechtsposition eingegriffen und dem Eigentümer dadurch ein Sonderopfer auferlegt wird (s. *Papier/Shirvani* in MüKo, § 839 Rn. 37; *Ossenbühl/Cornils* S. 259 ff.).

In diesem Sinne kann in der für die Windkraftanlage erteilten öffentlich-recht- **1000**
lichen Genehmigung, welche bauplanungsrechtliche Aspekte mitumfasst, ein den

enteignungsgleichen Eingriff begründender **Eingriffsakt** gesehen werden. (BGH NJW 1979, 34 = BRS 34 Nr. 16; BGHZ 86, 356; s.a. *Papier/Shirvani* in MüKo § 839 Rn. 49).

Diese Qualifizierung scheitert nicht etwa schon daran, dass sich die Genehmigung allein auf das konkret zu bebauendem Grundstück und nicht auch auf das von der zugelassenen Anlage tatsächlich mitbetroffene Nachbargrundstück, bezieht. Denn das für den Eingriff zu fordernde Kriterium seiner „Unmittelbarkeit" ist nicht in einem formalen, sondern in einem normativen Sinn zu verstehen. Es betrifft somit die Frage der Zurechenbarkeit einer Maßnahme. Ausreichend ist daher, wenn sich mit dem Eingriff eine besondere Gefahr verwirklicht, die bereits in der hoheitlichen Maßnahme selbst angelegt ist, so dass sich der im konkreten Fall entstehende Nachteil aus der Eigenart des genehmigten Vorhabens ergibt (BGHZ 131, 163 = NJW 1996, 315; BGHZ 125, 19 = NJW 1994, 1468; BGHZ 55, 229 = NJW 1971, 607; s.a. → **Eingriff**, Rn. **196 ff.** und → **enteignungsgleicher Eingriff**, Rn. **219 ff.**).

1001 Schließlich würde die Genehmigung einer Windkraftanlage den Grundstücksnachbarn auch ein **Sonderopfer** auferlegen, wenn sie **rechtswidrig** wäre.

Diese Rechtswidrigkeit der Genehmigung könnte auf einem Verstoß gegen das drittschützende Gebot der nachbarrechtlichen Rücksichtnahme (BVerwGE 52, 122; BGHZ 86, 356) beruhen, wie es beispielsweise in § 35 Abs. 3 Satz 1 BauGB verankert ist und mit dem Begriff der *„schädlichen Umweltwirkungen"* in § 35 Abs. 3 Satz 1 Nr. 3 BauGB eine besondere Ausformung erhalten hat (BVerwG NVwZ 2007, 336; BVerwGE 89, 69 = NVwZ 1992, 977; OVG NW, Beschl. v. 29.06.2017 – 8 B 1233/16).

Dies wäre beispielsweise der Fall, wenn von der Anlage Geräuschemissionen ausgingen, welche die einschlägigen Werte der aufgrund von § 48 BImSchG erlassenen „Technischen Anleitung zum Schutz gegen Lärm – TA-Lärm" übersteigen würden (BVerwGE 129, 209 = NVwZ 2008, 76; OVG NW, Urt. v. 09.12.2016 – 8 A 442/16; Beschl. v. 29.06.2017 – 8 B 1233/16; s.a. VG Arnsberg, Urt. v. 17.06.2010 – 7 K 1932/08) oder diese wegen eines zu geringen Abstands zum Nachbargrundstück als optisch bedrängend empfunden wird (BayVGH, Urt. v. 29.05.2009 – 22 B 08.1785).

1002 Allerdings besteht – ausgehend von dem nunmehr wieder vom BVerfG vertretenen „klassischen Enteignungsbegriff" – für einen Eigentümer die Obliegenheit, zunächst gegen den Verwaltungsakt, der ihn nach seiner Auffassung unverhältnismäßig in seinem Grundrecht nach Art. 14 Abs. 1 GG beeinträchtigt, vorzugehen und zu versuchen, diesen auf dem Verwaltungsrechtsweg abzuwehren (BVerfGE 58, 300 – *Nassauskiesung*).

Der damit zum Ausdruck kommende **Vorrang des Primärrechtsschutzes** (gerichtet gegen den Eingriffsakt, → **enteignungsgleicher Eingriff**, Rn. **219 ff.**) gegenüber dem *„sekundären Entschädigungsanspruch"* führt dazu, dass ein Entschädigungsanspruch aus enteignungsgleichem Eingriff regelmäßig für solche Nachteile ausscheidet, die durch *primäre* Rechtsbehelfe hätten vermieden werden können. Dies gilt jedenfalls dann, wenn deren Geltendmachung dem Betroffenen auch zumutbar gewesen wäre, er aber gleichwohl im Sinne eines *„Verschuldens in eigenen Angelegen-*

heiten“ vorwerfbar untätig geblieben ist (BVerfG NJW 2000, 1401 = DVBl 2000, 350; BGHZ 110, 12; BGHZ 90, 17 = WM 1984, 273).

Da die baurechtliche bzw. immissionsschutzrechtliche Genehmigung einer Windkraftanlage wegen ihrer Doppelwirkung gegenüber den Nachbarn einen für sie belastenden Verwaltungsalt darstellt (§ 80a VwGO), können diese die Rechtswidrigkeit der Anlagengenehmigung grundsätzlich im Rahmen der einschlägigen **Rechtsbehelfe des Widerspruchs (§ 68 VwGO) und der Anfechtungsklage (§ 42 VwGO)** gerichtlich geltend machen und sogar um Eilrechtsschutz (§ 80 VwGO) nachsuchen.

Im Ergebnis kommt damit **für die Nachbarn** einer Windkraftanlage **kein Ent- 1003
schädigungsanspruch** auf der Grundlage des enteignungsgleichen Eingriffs in Betracht.

Darüber hinaus bestehen auch keine anderweitigen öffentlich-rechtlichen Entschädigungsansprüche, etwa aus enteignendem Eingriff (→ **enteignender Eingriff**), für die von einer derartigen – nicht hoheitlich betriebenen – Anlage ausgehenden Beeinträchtigungen (s.a. Wissenschaftliche Dienste des Deutschen Bundestags, Ausarbeitung v. 07.03.2016 – WD 3 – 3000 – 111/14).

Somit sind die Eigentümer der Nachbargrundstücke allenfalls auf das **privatrechtliche Nachbarschutzrecht** zu verweisen (zum gleichrangigen Nebeneinander von öffentlichem und privatem Nachbarrecht auch im Bereich des Immissionsschutzrechts, s. *Brückner* in MüKo, § 906 Rn. 18 und § 903 Rn. 59). Danach kommt ein *angemessener Ausgleich in Geld* in Betracht, wenn ein Eigentümer Einwirkungen von einem anderen Grundstück zu dulden hat, die eine ortsübliche Benutzung seines Grundstücks oder dessen Ertrag über das zumutbare Maß hinaus beeinträchtigen (§ 906 Abs. 2 S. 2 BGB). Schuldner dieses „gegen den Benutzer des anderen Grundstücks“ zu richtenden Anspruchs ist der Anlagenbetreiber, da er als Mieter/Pächter die Nutzungsart des beeinträchtigenden Grundstücks bestimmt (BGH MDR 2018, 224; BGH NJW-RR 2011, 739; BGH NJW 2010, 31, 58).

Zeitpunkt der Bewertung (Wertermittlungsstichtag/Bewertungsstichtag)

1004 1. Es handelt sich um den Zeitpunkt, *„auf den sich die Wertermittlung bezieht"* (§ 3 Abs. 1 ImmoWertV, **Wertermittlungsstichtag/Bewertungsstichtag**). Maßgebend ist der Preis, der in diesem Zeitpunkt im gewöhnlichen Geschäftsverkehr nach den rechtlichen Gegebenheiten und tatsächlichen Eigenschaften, der sonstigen Beschaffenheit und der Lage des Grundstücks oder des sonstigen Gegenstandes der Wertermittlung ohne Rücksicht auf ungewöhnliche oder persönliche Verhältnisse zu erzielen wäre (§ 194 BauGB). Die danach geltenden Preisverhältnisse sind für die **Bewertung** des Genommenen maßgebend. Zu unterscheiden ist der Zeitpunkt für die **Ermittlung des Zustandes**. Abgestellt auf diesen Zeitpunkt wird bestimmt, was dem Betroffenen enteignet und damit genommen ist (vgl. → **Zeitpunkt für die Ermittlung des Zustandes, Qualitätsstichtag**).

Wertermittlungsstichtag (Bewertungsstichtag) ist grundsätzlich der Tag, an dem die Enteignungsbehörde über den Enteignungsantrag entscheidet – Erlass des Enteignungsbeschlusses (vgl. § 95 Abs. 1 BauGB; *Battis* in BKL, § 95 Rn. 2f.). Denn nur, wenn bei der Berechnung der Entschädigung auf die Preisverhältnisse zu einem Zeitpunkt abgestellt wird, der der Auszahlung der Entschädigung möglichst nahe liegt, ist sichergestellt, dass der Betroffene durch die Entschädigung in die Lage versetzt wird, sich einen Gegenstand gleicher Art und Güte wieder zu beschaffen. Der Bewertungsstichtag kann sich jedoch in Zeiten schwankender Preise aus mancherlei Gründen verschieben.

Der Wertermittlungsstichtag muss **kalendermäßig mit einem genauen Tagesdatum** bestimmt sein. Fehlt ein solches Datum, erfüllt die Wertermittlung nicht die Anforderungen des § 194 BauGB (*Zimmermann,* § 3 ImmoWertV Rn. 2). Demgegenüber verweist *Kleiber,* Marktwertermittlung nach ImmoWertV, § 3 ImmoWertV Rn. 3 darauf, dass es in Zeiten sich verändernder allgemeiner Wertverhältnisse auf dem Grundstücksmarkt nicht gelingen könne, den „Tages-Verkehrswert" zu ermitteln; es werde mit dem Begriff „Wertermittlungsstichtag" eine nicht leistbare Genauigkeit vorgegaukelt.

1005 2. Hat der Enteignungsbegünstigte dem Eigentümer zur Vermeidung der Enteignung ein **Kauf- oder Tauschangebot mit angemessenen Bedingungen** unterbreitet und wurde dieses Angebot abgelehnt, bleiben danach eintretende Preisänderungen bei der Festsetzung der Entschädigung unberücksichtigt (§ 95 Abs. 2 Nr. 3 BauGB). Das besagt, dass durch ein Angebot mit angemessenen Bedingungen der Bewertungszeitpunkt festgelegt/**fixiert** wird. Nicht die Preisverhältnisse in dem Zeitpunkt, in dem die Enteignungsbehörde entscheidet, sind maßgebend, sondern die Preisverhältnisse am Tag, an dem das angemessene Angebot angenommen werden konnte. Dieser allgemeine Grundsatz des Enteignungsrechts (BGHZ 98, 341) soll verhindern, dass ein Betroffener, der in Zeiten schwankender Preise Spekulationsgründen sein Grundstück zurückhält, besser gestellt wird als derjenige, der sogleich auf ein angemessenes An-

Jacobs
https://doi.org/10.1515/9783110682557-102

gebot eingeht (vgl. *Battis* in BKL, § 95 Rn. 6). Der Bewertungsstichtag wird durch ein angemessenes Angebot im Ergebnis vorverlegt. Vgl. → **Angemessenes Angebot**.

3. Ebenfalls zu einer Vorverlegung des Bewertungsstichtages kommt es, wenn der **1006**
Enteignungsbegünstigte **einen Abschlag** gezahlt hat. Dann ist die Höhe der Entschädigung nach den Preisverhältnissen des Zeitpunkts des Abschlags zu ermitteln, und lediglich der noch nicht gezahlte Teil der Entschädigung nimmt an etwaigen Preisänderungen teil. Entsprechendes gilt für weitere Abschläge. Auf die Höhe des Abschlages kommt es dabei nicht an; er muss nicht etwa mindestens die Hälfte der letztlich angemessenen Entschädigung betragen haben. Jeder Teilbetrag stellt zu seinem Prozentsatz eine volle Entschädigung dar und kann damals „*Gewinn bringend und werterhaltend*“ angelegt werden (BGH NJW 1997, 2119 = WM 1997, 1161; BGHZ 95, 1 = NJW 1986, 993 = BRS 45 Nr. 206; BGH NVwZ 1986, 1053 = BRS 45 Nr. 101). Ebenso wenig ist Voraussetzung, dass eine behördliche Festsetzung vorausgegangen ist. Vgl. → **Anrechnung von Teilzahlungen** und → **Steigerungsrechtsprechung**.

4. Der Bewertungsstichtag kann sich aber auch auf einen Zeitpunkt verschieben, der **1007**
später als die Entscheidung der Enteignungsbehörde liegt. Zwei Fallgruppen sind zu unterscheiden:

a) Der Enteignungsbegünstigte hält die durch die Enteignungsbehörde festgesetzte Entschädigung für zu hoch, zahlt darum nur einen Teil davon aus und ficht die Festsetzung im Übrigen an. Stellt sich im Verlaufe des Rechtsstreites heraus, dass die Entschädigung richtig festgesetzt war, und sind die Preise in der Zwischenzeit gestiegen, ist der nicht gezahlte Teil der Entschädigung nach den Preisverhältnissen am Tage der letzten gerichtlichen Tatsachenverhandlung zu bemessen. Anderenfalls würde der mit der Enteignungsentschädigung angestrebte Zweck, dem Betroffenen einen wirklich angemessenen Wertausgleich zu verschaffen, nicht erreicht (BGHZ 40, 87 = NJW 1963, 2165 = MDR 1963, 993 = BRS 19 Nr. 78). Entsprechendes gilt, wenn die Entschädigung zu gering festgesetzt war. Damit der Betroffene die nunmehr angemessene höhere Entschädigung auch tatsächlich erhält, muss er allerdings im Wege der **Widerklage** einen entsprechenden Leistungsantrag stellen.

b) Ist der Betroffene der Meinung, dass die Entschädigung durch die Enteignungsbehörde zu niedrig festgesetzt sei, und greift er seinerseits die Festsetzung durch Antrag auf gerichtliche Entscheidung an, kommt es entscheidend auf das **Verhalten des Enteignungsbegünstigten** an. Zahlt der Enteignungsbegünstigte unabhängig von dem Antrag des Betroffenen auf gerichtliche Entscheidung die festgesetzte Entschädigung oder einen Betrag, der unbedeutend geringer ist, oder bietet er die Entschädigung bzw. den Betrag zumindest ernsthaft an, bemisst sich lediglich ein möglicher Mehrbetrag zum Zeitpunkt der Festsetzung nach den Preisverhältnissen am Tage der letzten gerichtlichen Tatsachenverhandlung. Das Angebot der behördlich festgesetzten Entschädigung darf der Betroffene auch **nicht** bei Anfechtung der Entschädigungsfestsetzung **als Angebot einer Teilleistung nach § 266 BGB ablehnen**. Denn bei dem von der Enteignungsbehörde festgesetzten Betrag handelt es sich nicht um eine Teilleistung, wenn er als volle Leistung angeboten wird (BGH NJW 1997, 2119 = WM 1997, 1161; BGHZ 61, 240 = NJW 1973, 2202 = MDR 1974, 30; BGHZ 44, 52 = NJW 1965, 1761 = MDR 1965, 732 und 890 = BRS 19 Nr. 82). Die Ablehnung eines solchen Angebotes fällt in den Verantwortungs- und Risikobereich des Betroffenen. Er kann sich später nicht darauf berufen, dass die Entschädigung nicht ausreichte, sich einen gleichwertigen Ersatz zu beschaffen. Er wird so behandelt, wie wenn die Zahlung im Zeitpunkt des ernsthaften Angebotes geleistet worden wäre.

Zahlt der Enteignungsbegünstigte dagegen nicht, bietet er die Zahlung der festgesetzten Entschädigung auch nicht ernsthaft an, muss er sich gefallen lassen, dass die Entschädigung insgesamt nach ggf. gestiegenen Preisen zum Zeitpunkt der letzten gerichtlichen Tatsachenverhandlung neu berechnet wird (BGHZ 29, 217 = NJW 1959, 771 = MDR 1959, 377). Das gilt selbst in dem Fall, in dem der Betroffene die Festsetzung erfolglos angegriffen hat. Denn bei der Frage, ob der Betroffene wertmäßig den richtigen Ausgleich erhält, kommt es nicht auf die Fälligkeit an (§ 271 Abs. 1 BGB). Wesentlich ist der verfassungsmäßige Zweck der Enteignungsentschädigung, und die Sorge dafür, dass dieser Zweck erreicht wird, obliegt dem Enteignungsbegünstigten. Enteignung und Entschädigung sind nicht Leistungen, die Zug um Zug zu erbringen wären (BGHZ 44 a. a. O. und BGH BauR 1972, 50). Ohne nachteilige Folgen für sich kann der Enteignungsbegünstigte die Zahlung der festgesetzten Entschädigung nur verweigern, solange der Betroffene den Grund und damit die Zulässigkeit der Enteignung erfolglos angreift (BGH NVwZ 1990, 797 = BRS 53 Nr. 120; BGH NJW 1972, 1317). Der Betroffene wird so behandelt, als ob alsbald nach der Zustellung des Beschlusses der Enteignungsbehörde gezahlt worden wäre.

1008 5. Die Rechtsprechung über den verschobenen Bewertungszeitpunkt greift allerdings nur ein, wenn die Entschädigung **nicht unwesentlich zu niedrig** festgesetzt worden war. Das folgt aus der im Enteignungsrecht gebotenen **wirtschaftlichen Betrachtungsweise**. Solange die Abweichung der festgesetzten Entschädigung vom richtigen Wert wirtschaftlich betrachtet nicht ins Gewicht fällt, ist die Voraussetzung nicht erfüllt. Der Prozentsatz spielt eine untergeordnete Rolle. Auf den dahinterstehenden Betrag kommt es an; er muss eine Höhe haben, die dem Betroffenen bei wirtschaftlicher Betrachtungsweise Anlass gibt, den Beschluss anzufechten. Dazu einige Beispiele aus der Rechtsprechung: a) Der Grundstückswert belief sich auf 5.070,00 DM; die Enteignungsbehörde hatte auf 4.647,50 DM erkannt. Unterschied: 422,50 DM = 9 %; unwesentlich zu niedrig (BGH NJW 1963, 1916 = MDR 1963, 992 = BRS 19 Nr. 75). b) Der Grundstückswert belief sich auf 496. 240,00 DM; die Enteignungsbehörde hatte auf 483.240,00 DM erkannt. Unterschied: 13.000,00 DM = 2,7 %; unwesentlich zu niedrig. Der Grundstückswert belief sich auf 96.600,00 DM; die Enteignungsbehörde hatte auf 90.000,00 DM erkannt. Unterschied: 6.600,00 DM = 7,3 %; nicht unwesentlich zu niedrig (BGHZ 25, 225 = NJW 1958, 59).

Ebenso wenig verschiebt sich der Bewertungszeitpunkt, wenn der Enteignungsbegünstigte die Zahlung der Entschädigung nur unwesentlich verzögert hat (vgl. BGHZ 61, 240, 246 = NJW 1973, 202 = MDR 1974, 30). Unwesentlich verzögert bedeutet eine Verzögerung um wenige Wochen. In einer solchen Zeitspanne erhöht sich die Entschädigung durch steigende Preise erfahrungsgemäß nicht so sehr, dass der Unterschied wirtschaftlich gesehen schon erheblich wäre. **1009**

6. Unter welchen Voraussetzungen die Rechtsprechung über den verschobenen Bewertungszeitpunkt in Zeiten sinkender Preise zu Lasten des Betroffenen anwendbar ist, siehe → **Steigerungsrechtsprechung**. Voraussetzung ist jedenfalls, dass der Betroffene eine rechtzeitige Zahlung durch sein Verhalten verhindert (er greift die Zulässigkeit der Enteignung an; er verweigert die Annahme der vollen Entschädigung; vgl. auch BGH NJW 1992, 1830. **1010**

7. Den Grundsatz von der **Verschiebung des Bewertungszeitpunktes** hat das Gericht **von Amts wegen** zu beachten, auch wenn die Parteien hierauf nicht hinweisen. Allerdings ist Voraussetzung, dass die Preise in einem nicht unwesentlichen Maße schwanken und Tatsachen dafür vorgetragen sind (BGH, Urt. v. 7.12.1959 – III ZR 130/58 – unveröffentlicht; *Pagendarm* 1965, S. 10). **1011**

8. Der Zahlung der festgesetzten Entschädigung ist die berechtigte **Hinterlegung** gleichzustellen (vgl. § 118 BauGB, § 51 Abs. 1 LBG und § 32 Abs. 1 PrEntG). Auch eine zulässige **Aufrechnung** ist wie eine Zahlung zu behandeln, jedoch erst vom Zeitpunkt der Wirkung der Aufrechnung an (BGH WM 1967, 903). **1012**

Zeitpunkt für die Ermittlung des Zustandes des Enteignungsgegenstandes (Qualitätsstichtag)

Übersicht

1. Bei der Bemessung der Entschädigung sind zwei Zeitpunkte bzw. Stichtage zu unterscheiden: der Zeitpunkt für die Ermittlung des Zustandes des Enteignungsgegenstandes (Qualitätsstichtag) und der Zeitpunkt der Bewertung (Wertermittlungsstich- **1013**

https://doi.org/10.1515/9783110682557-103

tag; vgl. OLG Frankfurt, Urt. v. 16.6.2016 – 100 U 1/14 Baul, juris). Der **Qualitätsstichtag** ist der Zeitpunkt, auf den sich der für die Wertermittlung maßgebliche Grundstückszustand bezieht (§ 4 Abs. 1 S. 1 ImmoWertV). Er entspricht im Grundsatz dem Wertermittlungsstichtag, es sei denn, dass aus rechtliche oder sonstigen Gründen der Zustand des Grundstücks zu einem Zeitpunkt maßgebend ist (§ 4 Abs. 1 S. 2 ImmoWertV). Der Qualitätsstichtag für die Ermittlung des Zustandes ist grundsätzlich der Tag des Eingriffs, d.h. der Tag, an dem Betroffenen die Entscheidung über den Enteignungsantrag zugestellt wird (§ 93 Abs. 4 BauGB; § 17 Abs. 3 LBG; BVerfG NVwZ 2010, 512 Tz. 25 = BauR 2010, 1897; BGHZ 145, 83, 90; BGH NVwZ 2001, 351, 352; BVerwGE 125, 116 Rn. 411; *Battis* in BKL, § 93 Rn. 8). Der Enteignungsbeschluss als Zugriff auf ein vermögenswertes Recht entscheidet darüber, was dem Betroffenen genommen wird und wofür er entschädigt werden muss. Insbesondere schreibt er die wertbildenden Merkmale fest und bestimmt damit Art und Umfang des Verlustes. Daran anschließend ist der festgestellte Verlust nach den Preisverhältnissen zum Bewertungsstichtag zu bewerten. Vgl. → **Zeitpunkt der Bewertung (Wertermittlungsstichtag)**.

Die **Qualität** eines Grundstücks, maßgebend für den Qualitätsstichtag, bestimmt sich gemäß § 4 Abs. 2 ImmoWertV nach der Gesamtheit der verkehrswertbeeinflussenden rechtlichen Gegebenheiten und tatsächlichen Eigenschaften, der sonstigen Beschaffenheit, der Lage des Grundstücks und den Grundstücksmerkmalen. Zu den Grundstücksmerkmalen gehören insbesondere der Entwicklungszustand, die Art und das Maß der baulichen und sonstigen Nutzung, die wertbeeinflussenden Rechtsverhältnisse und Belastungen, der abgaberechtliche Zustand, die Lagemerkmale und die weiteren Merkmale nach § 6 Abs. 5 und 6 ImmoWertV.

1014 Bei **städtebaulichen Entwicklungsmaßnahmen** ist **Qualitätsstichtag** grundsätzlich der Zeitpunkt, an dem sich die Aussicht auf die Entwicklungsmaßnahme, ihre Vorbereitung oder ihre Durchführung auf dem Grundstücksmarkt auszuwirken begann. Der „historische Zustand" des Grundstücks zu diesem Zeitpunkt ist Bemessungsgrundlage für die Ermittlung des sanierungs- bzw. entwicklungsunbeeinflussten Grundstückswertes (Bewertungsstichtag) gemäß §§ 153 Abs. 1, 169 Abs. 1 Nr. 6 BauGB (OLG Frankfurt, Urt. v. 16.6.2016 – 100 U 1/14 Baul, juris, Rn. 41 ff. betr. ein Siedlungsrahmenkonzept). Das OLG Frankfurt hat entschieden, dass von einer Aussicht auf eine städtebauliche Entwicklungsmaßnahme, die sich auf den örtlichen Grundstücksmarkt auswirkt, schon dann ausgegangen werden kann, wenn darüber in der örtlichen Gemeindevertretung diskutiert wird (a.a.O. Rn. 44 ff.; dazu auch unten Rn. **1019**).

1015 2. Der Zeitpunkt für die Ermittlung des Zustandes eines Grundstückes kann sich allerdings verschieben. Ist der Enteignung eine **vorzeitige Besitzeinweisung** vorausgegangen, ist der Zustand in dem Zeitpunkt maßgebend, in dem die Besitzeinweisung wirksam wurde (§ 93 Abs. 4 Satz 2 BauGB). Schon zu diesem Zeitpunkt werden die Wirkungen der hoheitlichen Maßnahme spürbar, das Grundstück seinem Eigentümer und Besitzer wirtschaftlich entzogen und die vorzeitige Besitzeinweisung wirksam. Veränderungen, die danach eintreten, treffen die Rechte des Eigentümers nicht mehr.

Hat die Besitzeinweisung jedoch die Besitz- und Nutzungsverhältnisse noch nicht tatsächlich geändert, ist der Zeitpunkt der wirklichen Einwirkung entscheidend (*Battis* in BKL, § 93 Rn. 8), z.B. die Straßenbauarbeiten beginnen erst längere Zeit nach dem Wirksamwerden der Besitzeinweisung, und das Grundstück wurde weiter genutzt.

Ebenso kann ein früherer Zeitpunkt maßgebend sein, wenn ein Grundstück Gegenstand eines sich über einen längeren Zeitraum hinziehenden Enteignungsvorganges ist. Es handelt sich dabei um die Fälle einer sog. **„Vorwirkung“** der Enteignung (§ 95 Abs. 2 Nr. 2 BauGB; → **Wertänderung infolge bevorstehender Enteignung (Enteignungsvorwirkung)** Rn. **971ff.**). Es handelt sich um einen **allgemeinen Grundsatz des Enteignungsentschädigungsrechts**; vgl. BVerfG NVwZ a.a.O. Rn. 26; BGHZ 103, 242; *Kreft*, Enteignungsentschädigung III, S. 17). An die Stelle des Enteignungsbeschlusses bzw. der Besitzeinweisung treten in diesem Fall als Beginn des einheitlichen Enteignungsvorganges andere Maßnahmen, die ein Hineinwachsen des Grundstückes in einen höherwertigen Zustand gleichermaßen verhindern und das Grundstück somit von jeder wirtschaftlichen Weiterentwicklung ausschließen. Dafür kommen in Betracht: Bauverbote, Veränderungssperren, verbindliche und sogar vorbereitende Planungen (vgl. *Battis* in BKL, § 95 Rn. 5). Entscheidend ist jeweils, dass sich aufgrund der Umstände des konkreten Entschädigungsfalles feststellen lässt, dass mit dem Eingreifen dieser Maßnahme eine Weiterentwicklung des Objektes, insbesondere der Qualität des Grundstücks, verhindert worden, mithin das Grundstück von da an endgültig von jeder konjunkturellen Weiterentwicklung ausgeschlossen worden ist. Voraussetzung ist dabei allerdings, dass die Maßnahme mit der späteren Entziehung des Eigentums in ursächlichem Zusammenhang steht, hinreichend bestimmt ist und die spätere verbindliche Planung, die dann zur Enteignung führt, mit Sicherheit erwarten lässt (vgl. *Battis* in BKL, § 95 Rn. 5). Ob (und ab wann) die Voraussetzungen für eine Vorwirkung im Einzelfall gegeben sind, ist weitgehend eine Frage tatrichterlicher Würdigung (BGHZ 141, 319, 321). **1016**

Ob eine solche Maßnahme eine Enteignungsvorwirkung und damit einen Ausschluss von der wirtschaftlichen Weiterentwicklung mit sich bringt, hängt vom Verhalten des Grundstücksmarktes ab. Hört ein Grundstück auf, eine Handelssache zu sein, wird es nicht mehr gekauft und verkauft, sondern beispielsweise als künftiges Straßenland angesehen, so ist eine Vorwirkung der späteren Enteignung anzunehmen. Das trifft regelmäßig zu, wenn es eine **verbindliche Planung** gibt (z.B. eine Planfeststellung nach § 17 FStrG), die, sofern das benötigte Grundstück nicht freiwillig abgetreten wird, zwangsläufig zur Enteignung führt (BGHZ 64, 382 = NJW 1975, 1778). Auch bei Bauverboten und Veränderungssperren zur Vorbereitung und Absicherung einer verbindlichen Planung wird sich der allgemeine Grundstücksverkehr erfahrungsgemäß ebenso verhalten; zumindest wird er abwarten, wie die durch Bauverbot bzw. Veränderungssperre abgesicherte Planung ausgeht. Es kommt demnach zu einer Unterbrechung der wirtschaftlichen Weiterentwicklung, die rückwirkend in einen Ausschluss übergeht, wenn die verbindliche Planung das Grundstück schließlich als öffentliche Bedarfsfläche ausweist. **1017**

1018 Zweifel am Verhalten des Marktes können dagegen bei vorbereitenden Planungen entstehen. Eine **vorbereitende Planung** wird der Grundstücksverkehr nur unter bestimmten Voraussetzungen berücksichtigen: Die vorbereitende Planung muss von vornherein auf die Entziehung von Grundeigentum abzielen, ursächlich für die spätere Enteignung werden, eine hinreichende Bestimmtheit haben und die spätere verbindliche Planung, die die Grundlage der Enteignung bildet, mit Sicherheit erwarten lassen (die Rechtsprechung zusammenfassend BGHZ 103, 242 = BGHR GG Art. 14 Abs. 3 Satz 3 – Vorwirkung 2 = BauR 1988, 458 = BRS 53 Nr. 125; BGH NJW-RR 1995, 911, 912 = WM 1995, 1195, 1196; BGHZ 63, 240, 242 = NJW 1975, 384;). Gemessen daran wird der Vermerk einer geplanten Bundesfernstraße in einem Gebietsentwicklungsplan oder einem Flächennutzungsplan nicht als Vorwirkung eines einheitlichen Enteignungsvorganges angesehen werden können.

1019 Der **BGH** hat in seinem **Beschluss vom 27.5.2009 – III ZR 285/08** (NVwZ 2009, 1184 = MDR 2009, 1040) die tatrichterliche Würdigung des Berufungsgerichts nicht beanstandet, das in der Bekanntgabe der Linienführung einer Bundesfernstraße nach § 16 Abs. 1 FStrG die maßgebende „Vorwirkungsmaßnahme“ für ein in der Trasse der künftigen Bundesautobahn liegenden Grundstückes gesehen hatte (vgl. auch BVerfG NVwZ 2010, 512 Rn. 26). In seiner **Entscheidung vom 26.1.1978 – III ZR 184/75** (MDR 1978, 557 = WM 1978, 379 = BauR 1978, 213 = DVBl 1978, 378) hat der BGH die Würdigung des Berufungsgerichtes hingenommen, die Ausweisung einer Bundesfernstraße im Flächennutzungsplan vor der Planfeststellung erfülle die Voraussetzungen der Vorwirkung. Im Zusammenhang mit dieser Rechtsprechung sind auch die BGH-Urteile zu sehen, in denen die Auslegung der Pläne in einem Planfeststellungsverfahren als maßgebender Zeitpunkt für die Ermittlung des Grundstückszustandes in Rede gestanden hat (BGHZ 98, 341 = WM 1977, 624; BGHZ 87, 66). In diesen Fällen hat der BGH entweder die Auffassung der Vorinstanzen gebilligt, dass die Planauslegung der maßgebende „Vorwirkungszeitpunkt“ sei, oder er hat diese Maßnahmen als möglichen „Vorwirkungszeitpunkt“ in Betracht gezogen. Allerdings kann diese Rechtsprechung nicht dahin interpretiert werden, dass in förmlichen Enteignungsverfahren, denen ein Planfeststellungsverfahren vorausgeht, typischerweise oder auch nur vorzugsweise die Planauslegung der für die Qualitätsbemessung maßgebende Akt ist (vgl. BVerfG NVwZ a.a.O. Rn. 27 mit der Äußerung des Vorsitzenden des III. Senates des BGH).

Hinzuweisen ist auch auf den **Beschluss des BGH vom 27.2.1992 – III ZR 195/90** – (WF 1992, 96 = UPR 1992, 234 = BGHR GG Art. 14 Abs. 3 Satz 3 – Vorwirkung 6). Dort waren in einem Flächennutzungsplan Flächen für den Bau einer Kreisstraße als Teil des Tangentenringes um Hamburg dargestellt worden (§ 5 Abs. 2 Nr. 3 BauGB). Obgleich die aus dieser Darstellung entwickelte verbindliche Planung einen um bis zu 100 m verschobenen Verlauf der Straße vorsieht, hat der BGH eine hinreichende Bestimmtheit und damit eine Vorwirkung bejaht, weil auch die verschobene Trasse an dieser Stelle in vollem Umfang über den Grundbesitz der Kläger verlief und vom Zustand her gesehen gleiche Flächen traf. Weiter heißt es in dem Beschluss: *„Die Schwenkung hält sich in einer dem Flächennutzungsplan anhaftenden „Bandbreite“, die* *dadurch bedingt ist, dass seine Festsetzungen im Vergleich zur verbindlichen Planung (Bebauungsplan, Planfeststellung) ein gröberes Raster aufweisen.*" Das entspricht dem Beschluss des BGH vom 26.1.1978 (III ZR 184/75, BauR 1978, 213; siehe oben), in dem er die Würdigung des Berufungsgerichtes bestätigt hat, dass die Ausweisung einer Bundesstraße in einem Flächennutzungsplan zur „Vorwirkung" führt.

Das **OLG Frankfurt** hat in seinem **Urteil vom 16.6.2016 – 100 U 1/14 Baul, juris, Rn. 44 ff.** entschieden, dass eine bereits 1999 geführte Diskussion in der örtlichen Gemeindevertretung und der anschließende Bericht darüber in der örtlichen Zeitung die Vorwirkungsvoraussetzungen für ein geplantes Baugebiet erfüllt hätten und dass von da an bereits von einer Aussicht auf eine städtebauliche Entwicklungsmaßnahme ausgegangen werden musste; es sei nicht auszuschließen gewesen, dass die in der Diskussion stehende Entwicklungsmaßnahme Auswirkungen auf den Immobilienmarkt hatte. Die entsprechende Entwicklungssatzung ist dann erst im September 2001 beschlossen und im Februar 2006 rechtskräftig geworden.

3. Die Vorverlegung des Zeitpunktes für die Ermittlung des Grundstückszustandes **1020**
stößt bei den betroffenen Eigentümern oft auf scharfe Ablehnung. Sie fühlen sich benachteiligt, weil ihre Nachbarn für äußerlich gleiche Grundstücke beim Verkauf höhere Preise erzielen. Dabei übersehen sie, dass bereits durch die Vorwirkung in das Eigentum eingegriffen wurde und das Grundstück insoweit „weggenommen" ist. Genommen ist dem Betroffenen aber nur ein Grundstück, wie es im Augenblick der Wegnahme **zustandsmäßig vorhanden** war. Dass das Grundstück ohne die Vorwirkung wie die benachbarten Grundstücke einen höherwertigen Zustand erlangt hätte, ist entschädigungsrechtlich unerheblich. Anders als beim Schadensersatz werden bei der Enteignungsentschädigung in der Zukunft liegende Wertsteigerungen, die ohne die Enteignung und die zugrundeliegende Planung eingetreten wären, nicht berücksichtigt. Andernfalls würde der Betroffene für etwas entschädigt, was nicht zu seinem „Eigentum" (= Vermögen) gehört hat.

Zusammenfassend: Die Berücksichtigung der Vorwirkung einer späteren Enteig- **1021**
nung bedeutet nicht, dass zum Nachteil des betroffenen Eigentümers von einem minderen Zustand ausgegangen wird, als dem Grundstück wirklich zukommt. Denn auch die Berücksichtigung der Vorwirkung dient nur dazu, **das Genommene zustandsmäßig richtig zu bestimmen** (*Kreft* DRiZ 1973, 335). Dementsprechend ist die Vorwirkung für die Zustandsbestimmung auch dann maßgebend, wenn sich in der Zeit danach der Zustand der Nachbargrundstücke nicht verbessert, sondern verschlechtert hat. Insoweit kann sich die Berücksichtigung der Vorwirkung auch zugunsten des betroffenen Eigentümers auswirken.

4. Der **Zustand eines Grundstücks** in dem hier behandelten Sinn ist gleichzusetzen **1022**
mit dem Begriff „Qualität" in der enteignungsrechtlichen Rechtsprechung. Dazu rechnen nicht nur die natürlichen Eigenschaften des Grundstückes, sondern die Gesamtheit aller wertbildenden Merkmale wie Lage, Beschaffenheit, Größe, Form, Erschlie-

ßung, planungsrechtliche Ausweisung, Nutzungsmöglichkeit im Rahmen der baurechtlichen Ordnung usw. (BGH NJW 1966, 2211 = MDR 1966, 916 = BRS 19 Nr. 114; BGHZ 63, 240, 244 = DVBl 1975, 331, 332; so auch § 4 Abs. 2 ImmoWertV). **Aussichten und Erwartungen** können bei der Ermittlung des Zustandes dagegen nur berücksichtigt werden, wenn ihre Verwirklichung im Zeitpunkt der Enteignung oder deren Vorwirkung so sicher unmittelbar bevorstand, dass sie als wertbildende Merkmale anzusehen sind. Es kommt mithin darauf an, ob es sich um Umstände handelt, die im gewöhnlichen Geschäftsverkehr bereits preisbildend wirkten (BGHZ 83, 61, 67, 68 = NJW 1982, 2179, 2180 = BRS 45 Nr. 170; BGH NJW 1966, 497 = MDR 1966, 223 = BRS 19 Nr. 72).

1023 5. Bei **bebauten Grundstücken** scheidet der Zeitpunkt einer Enteignungsvorwirkung als Zeitpunkt für die Ermittlung des Gebäudezustandes grundsätzlich aus. Hierfür kommt es nur auf den Tag der Enteignung bzw. einer vorzeitigen Besitzeinweisung an. Das Gebäude verbleibt trotz der enteignenden Eigenschaft der Vorwirkung in der uneingeschränkten Nutzung seines Eigentümers. Verbesserungen und Verschlechterungen sind darum allein dem Eigentümer zuzurechnen. Gleichwohl kann sich eine Vorwirkung in einem solchen Fall auswirken: An einer Erhöhung der baulichen Ausnutzbarkeit (dreigeschossige statt bisher zweigeschossige Bebaubarkeit) würde das Grundstück beispielsweise nicht mehr teilnehmen (vgl. Stichwort **Bebaute Grundstücke**).

1024 6. Für die richtige Bemessung einer Entschädigung kommt es aber nicht allein auf den enteignungsrechtlich erheblichen Zustand des Grundstücks oder sonstigen Gegenstandes der Enteignung an. Vielmehr ist der **Sachverhalt**, der der Entschädigungsermittlung zugrunde liegt, oft viel **umfangreicher und komplexer**. Es stellt sich z. B. die Frage, ob ein jüngst begründetes Nutzungsrecht, ob eine gerade vereinbarte Vertragsverlängerung oder ob eine kürzlich erreichte Umsatzsteigerung berücksichtigt werden darf. Für die Beantwortung einer solchen Frage gelten, was den für die Bestimmung des Sachverhaltes maßgeblichen Zeitpunkt anlangt, die Ausführungen unter Rn. **1013.** ebenso wie bei der Zustandsbestimmung eines Grundstücks. Stellt sich dabei heraus, dass das Nutzungsrecht zu einem Zeitpunkt bestellt worden ist, als das Grundstück infolge einer Planfeststellung schon allenthalben als künftiges Straßenland angesehen wurde, dann darf bei der Feststellung des Genommenen das Nutzungsrecht in der Regel nicht berücksichtigt werden. Das trifft z. B. zu, wenn das Nutzungsrecht bestellt wurde, um eine höhere Entschädigungsleistung zu erlangen (vgl. § 95 Abs. 2 Nr. 6 BauGB und § 13 PrEntG), oder durch die Bestellung des Nutzungsrechts gegen die Schadensminderungspflicht des § 254 Abs. 2 BGB verstoßen wurde. Anders könnte es sein, wenn für die Bestellung des Nutzungsrechtes ein zwingender Grund bestanden hatte. Der Eigentümer konnte beispielsweise infolge Alters oder Krankheit den auf seinem Grundstück ausgeübten Gewerbebetrieb nicht weiterführen und hat ihn deshalb verpachtet. Bei solchen Umständen ist es vertretbar, bei der Ermittlung der Entschädigung von einem Pachtrecht mit üblichen Bedingungen auszugehen; eine übermäßig lange Pachtdauer wäre demzufolge entsprechend zu kürzen. Ebenso ist die **Vertragsverlängerung** zu behandeln. Auch sie ist entschädigungsrechtlich nur erheblich, wenn zwingende Gründe für sie bestanden haben oder der Enteignungsbegünstigte es abgelehnt hat, das Grundstück vorzeitig zu übernehmen. Auch an einer nach dem Stichtag erreichten **Umsatzsteigerung** wird man nicht einfach vorbeigehen können. Es gehört zum geschützten **Gewerbebetrieb**, durch Werbung, Sonderangebote und Ähnliches die Ertragslage zu verbessern. Dagegen muss eine Umsatzsteigerung außer Betracht bleiben, die auf einer Betriebserweiterung durch das Aufstellen zusätzlicher Maschinen, Geräte, Förderanlagen usw. beruht; nur dem Betroffenen bereits gehörendes Eigentum wird durch Art. 14 GG geschützt.

7. Die Grundsätze zur Ermittlung des Zustandes des Enteignungsgegenstandes gelten **1025**
auch **im gütlichen Grunderwerb**. Die freiwillige vorzeitige Besitzüberlassung (Bauerlaubnis) entspricht der Besitzeinweisung und der Kauf- oder Tauschvertrag dem Enteignungsbeschluss (vgl. BGH NJW 1980, 40 und BGH WM 1973, 153).

8. Bei **Eingriffen in Miet- oder Pachtrechte** ist für die Bestimmung des Umfanges **1026**
des Rechtsverlustes stets auf den Zeitpunkt abzustellen, in dem der Mieter oder Pächter tatsächlich den Besitz verloren hat. Erst der Verlust des Besitzes lässt das Besitzrecht untergehen und schreibt die rechtlich geschützte Stellung fest, die der Mieter oder Pächter im Einzelfall hatte (BGH NJW 1972, 528 = WM 1972, 509 = BRS 26 Nr. 134).

9. Der allgemeine enteignungsrechtliche Grundsatz, dass der Tag des Eingriffs den **1027**
enteignungsrechtlich erheblichen Sachverhalt festschreibt, gilt auch für den **enteignenden und enteignungsgleichen Eingriff**, nicht nur für die eigentliche Enteignung im Sinne des Art. 14 Abs. 3 GG (ebenso die Äußerung des Vorsitzenden des III. Senates des BGH in BVerfG NVwZ 2010, 512 Rn. 30). Beim enteignenden Eingriff durch schwere und unerträgliche Lärmeinwirkungen einer Straße bedeutet das, dass es auf den Tag ankommt, an dem die Lärmeinwirkungen die Enteignungsschwelle überschritten haben (BGHZ 97, 361, 370 = NJW 1986, 2421, 2423). Tag des Eingriffs bei einem enteignungsgleichen Eingriff durch eine rechtswidrige Bausperre ist der Tag, an dem die Ablehnung eines begründeten Bauantrages für den Antragsteller spürbar wurde. Bei der ausgleichungspflichtigen Inhaltsbestimmung ist ebenfalls auf die Spürbarkeit abzustellen, und zwar auf das Spürbarwerden der übermäßigen, unverhältnismäßigen Belastung (vgl. näher Stichworte **Enteignender Eingriff** und **Enteignungsgleicher Eingriff**).

Zugehörigkeit eines Grundstücks zum Gewerbebetrieb

1028 1. Ist das Grundstück in den Betriebsablauf eines Gewerbebetriebes eingegliedert, gehört es auch enteignungsrechtlich zum Gewerbebetrieb. Wenn ein solches Grundstück für öffentliche Zwecke benötigt wird, erleidet der Gewerbeinhaber einen vorübergehenden oder dauernden Verlust im Erwerb, so dass er neben der Entschädigung für den Rechtsverlust **gewerbliche Folgeschäden** geltend machen kann (vgl. → **Gewerblich genutztes Grundstück**).

1029 In der Praxis liegen die Dinge nicht immer einfach. **Beispiele:**

a) Ein Vertragshändler für Kraftfahrzeuge besitzt neben seinem Werkstattgrundstück an anderer Stelle in günstiger Lage ein zweites Grundstück. Darauf will er demnächst ein Büro- und Geschäftshaus bauen und im Erdgeschoss weitere dringend benötigte Verkaufsräume einrichten. Die entsprechenden Pläne sind vorhanden. Augenblicklich wird das Grundstück durch einen Pächter als Parkplatz genutzt.

b) Ein metallverarbeitendes Unternehmen wird auf einem großen, geschlossenen Grundbesitz geführt. Ein Teil des Grundbesitzes ist jedoch gegenwärtig lediglich gärtnerisch genutztes Vorratsgelände und soll künftige betriebliche Erweiterungen aufnehmen.

In beiden Fällen dienen die Grundstücke **noch nicht dem Erwerb**. Andererseits sind sie Bestandteil des Betriebsvermögens. Das Grundstück des Autohändlers ist darüber hinaus bereits verplant, und weitere Verkaufsräume werden aus Wettbewerbsgründen gebraucht. Im anderen Beispiel ist die Besonderheit des räumlichen Zusammenhanges des Vorratsgeländes und der Betriebsstätte gegeben.

1030 Ob diese Umstände genügen, die **Zugehörigkeit des Grundstücks zum Gewerbebetrieb** zu bejahen, hängt davon ab, wie weit der Eigentumsschutz des Art. 14 GG beim **eingerichteten und ausgeübten Gewerbebetrieb** reicht. Art. 14 GG will das Eigentum des Einzelnen bewahren und erhalten. Der Eigentumsschutz umfasst demzufolge den Bestand des Betriebes und das Recht auf Fortsetzung im Rahmen vorhandener betrieblicher Einrichtungen. Eine lediglich geplante Ausdehnung und Erweiterung des Betriebes fällt nicht darunter. Solange die Planung nur auf dem Papier steht und nicht verwirklicht wurde, ist noch kein greifbarer Wert vorhanden, der geschützt werden könnte. Dabei kann es keine Rolle spielen, wie vollständig die Planung bereits ist, dass die Bezahlung gesichert und auch sonst alle Vorkehrungen für die Erweiterung getroffen sind (BGH MDR 1968, 219 = WM 1968, 121 = BRS 19 Nr. 137). Gleiches gilt von der Möglichkeit, durch weitere Verkaufsräume auf dem Grundstück die Wettbewerbslage des Betriebes zu verbessern. Zwar ist es ein berechtigtes Bestreben des eingerichteten Gewerbebetriebes, sich den jeweiligen Marktgegebenheiten anzupassen, und diese jedem gesunden Betrieb innewohnende Eigenschaft ist als

Friedrich
https://doi.org/10.1515/9783110682557-104

wirklicher Vermögenswert durchaus schützenswert. Allerdings geht die Errichtung gänzlich neuer Verkaufsräume darüber hinaus. Nur dem Betroffenen **bereits zustehende Rechtspositionen** werden **durch Art. 14 GG geschützt**. Anders wäre es, wenn ein abgängiges Betriebsgebäude durch ein neues ersetzt oder vorhandene Räume umgestaltet würden, um sie für betriebliche Belange geeigneter zu machen (vgl. BGH BauR 1972, 364 = DVBl 1973, 137; BGH NJW 1959, 1775 = MDR 1959, 828). Für die beabsichtigte Betriebserweiterung gilt enteignungsrechtlich nichts anderes als für die beabsichtigte Eröffnung eines Betriebes (BGH NJW 1980, 387 = MDR 1979, 1003).

Auch das lediglich in einem **räumlichen Zusammenhang mit dem Betrieb ste- 1031 hende Grundstück** ist demnach ebenfalls noch kein Teil des Gewerbebetriebes. Die räumliche Nähe allein bezieht es nicht in das Betriebsgefüge ein (BGH NJW 1972, 758 = MDR 1972, 493 = BRS 26 Nr. 115). Etwas Anderes kommt in Betracht, wenn das Grundstück aufgrund seiner natürlichen Beschaffenheit dem angrenzenden Betrieb besonders zugeordnet ist. Handelt es sich z. B. um ein Kiesunternehmen, und ist das Grundstück kieshaltig und für den Abbau vorgesehen, wird ein bereits im Betrieb wirkender Wert getroffen. Denn der Marktwert eines Kiesbetriebes wird entscheidend durch die Größe seines Kiesvorrats bestimmt (vgl. dazu eingehend BGHZ 98, 341, 350 = NJW 1987, 1256, 1258).

2. Andererseits spielt der **räumliche Zusammenhang** bei der **Bemessung der Ent- 1032 schädigung** eine maßgebliche Rolle. Nach den einschlägigen Enteignungsgesetzen (§ 96 Abs. 1 Nr. 2 BauGB, § 19 Nr. 2 LBeschG, § 8 Abs. 2 PrEntG usw.) umfasst bei der Enteignung eines Teiles eines räumlich oder wirtschaftlich zusammenhängenden Grundbesitzes die Entschädigung zugleich den **Mehrwert des abzutretenden Teiles bzw. den Minderwert,** der **für den übrigen Grundbesitz durch die Abtretung** entsteht. Vorratsgelände, sozusagen vor der Tür des Betriebes, d. h. an den Betrieb angrenzende Flächen, ist für den Eigentümer des Betriebes mehr wert als gleiches, getrennt oder entfernt liegendes Gelände. Der Eigentümer wird bereit sein, für dieses Gelände einen höheren Preis zu zahlen (**individueller Mehrwert**). Allerdings ist es schwierig, diesen Zuschlag (Lagezuschlag) zum Verkehrswert (Wert für jedermann) im Einzelfall marktgerecht zu bemessen (→ **Lagezuschlag bei Teilabtretung**). Gleiches gilt für den Minderwert. Mehrwert des abgetretenen Teils und Minderwert des Restbesitzes sind übrigens das Gleiche. Daher darf dieser Entschädigungsposten nur einmal berechnet werden.

Als **Hilfsmittel zur Berechnung** des Mehrwertes bzw. des Minderwertes kommen 1033 in Betracht:

a) Der Umfang des Schadens richtet sich nach der wirtschaftlichen Bedeutung, die die abgetretene Fläche für den angrenzenden Betrieb hatte. Soweit die auf der abgetretenen Fläche möglichen Einrichtungen noch auf der Restfläche untergebracht werden können, kann der Minderwert nach den dadurch entstehenden Mehraufwendungen bemessen werden. Dabei ist der Berechnung die zweckmäßigste Lösung zugrunde zu legen. Auf das, was der Betroffene später tatsächlich tut, kommt es nicht an. Das Verhalten eines verständigen Dritten ist maßgebend. Sofern mit der Ersatzmaßnahme Vorteile verbunden sind, sind sie auszugleichen (siehe Stichwort **Vorteilsausgleich**). Ebenso ist der Umstand, dass der Bedarf erst zu einem späteren Zeitpunkt eintritt, durch eine entsprechende Abzinsung zu erfassen.

b) Ist dagegen eine Anpassung an die neue Lage, beschränkt auf das Restgrundstück, nicht durchführbar, kann der Frage nachgegangen werden, welche Mehrkosten bei einer Unterbringung der auf der Abtretungsfläche möglichen Einrichtungen auf einem getrennten oder entfernten Ersatzgrundstück entstehen. Je nach den Umständen des Einzelfalles werden die Kosten sehr unterschiedlich anfallen. In erster Linie wird es sich aber um zusätzliche Fahrtkosten handeln; denn der Betrieb würde an zwei Standorten geführt. Da die Nachteile dem Betrieb erst in der Zukunft erwachsen werden, sind die Beträge dafür angemessen abzuzinsen; Zeitraum und Höhe des Zinssatzes sind Tatfragen.

Aus dem sich nach a) oder b) ergebenden Betrag kann der **Mehrwert bzw. Minderwert** unter Berücksichtigung der **wirtschaftlichen Gesamtumstände des Betriebes** abgeleitet werden. Dafür bietet sich folgender Weg an: Es wird unterstellt, dass das für den öffentlichen Zweck benötigte Grundstück dem betroffenen Eigentümer noch nicht gehört, er sich aber um dessen Ankauf bemüht, um darauf seine Erweiterungspläne zu verwirklichen. Die mit dem Kauf für ihn erzielbaren Einsparungen entsprechen wertmäßig den unter a) oder b) ermittelten Beträgen. Der augenblickliche Eigentümer seinerseits kennt die Bedeutung des Grundstücks für den Käufer und ist darum nicht bereit, sein Grundstück zum Verkehrswert (Wert für jedermann) abzugeben; er will an den erzielbaren Einsparungen teilhaben. Der Käufer wiederum, der wirtschaftlich und kaufmännisch denkt, wird nicht abgeneigt sein, einen höheren Preis als den Verkehrswert zu zahlen. Allerdings wird er die erzielbaren Einsparungen nicht in voller Höhe auf den Verkehrswert aufschlagen; denn dann könnte er auch die andere Lösung verwirklichen und wäre auf das Grundstück nicht angewiesen. Dagegen wird er in der Regel nicht zögern, die erzielbaren Einsparungen zu teilen, etwa hälftig; äußerstenfalls wird er auf 60 bis 70 % heraufgehen. Jenseits dieser Grenze hört erfahrungsgemäß der Anreiz für ein solches Geschäft auf. Sind indes mit dem Kauf des Grundstücks nicht nur Einsparungen zu erzielen, sondern auch andere Vorteile verbunden, z.B. größere wirtschaftliche Sicherheit, so wird der Käufer unter Umständen mehr bieten.

1034 Wesentlich enger sieht der **BGH** einen solchen Fall (WM 1978, 850, 851): Es ging um reines Vorratsgelände, das noch nicht zu einem in den Gewerbebetrieb einbezogenen Betriebsbestandteil geworden war. In diesem Fall ist die besondere Situation dieses Geländes, nämlich die unmittelbare Nachbarschaft zu gewerblich genutzten Grundstücken nicht ohne Bedeutung, insbesondere dann nicht, wenn dem Betrieb eine Erweiterungstendenz innewohnt. Bei der Festsetzung der Entschädigung für ein derartiges Grundstück sind die besonderen Eigenschaften des Grundstücks zu berücksichtigen, d.h. der konkrete Wert, der sich in gewissem Umfang auch an der wirtschaftlichen Bedeutung ausrichtet, die ein derartiges Grundstück für eine benachbarte Betriebsstätte desselben Eigentümers hat. In dem Urteil wird alsdann die tatrichterliche Wertschätzung des Berufungsgerichts gebilligt, das aufgrund Sachverständigengutachtens davon ausgegangen war, dass der Wert solchen „Vorratsgeländes“, das unmittelbar an das Hauptbetriebsgrundstück angrenzt, in der Regel bei dem zwei- bis dreifachen Wert normaler Baugrundstücke liegt.

Die **Entschädigung** darf aber **bei reinem Vorratsgelände**, das noch nicht Betriebsbestandteil geworden ist, nicht unter dem Blickwinkel einer Beeinträchtigung des auf dem Gesamtgrundstück betriebenen Gewerbes bemessen werden. Das schließt eine unmittelbare, aber auch eine mittelbare Berücksichtigung des Mehrwertes aus, den ein solches Grundstück als ein bereits im Betrieb wirkender Bestandteil der betrieblichen Organisation für diesen Betrieb gehabt haben würde. Wenn ein Gelände in dem für die Entschädigungsbemessung maßgeblichen Zeitpunkt noch nicht in den Eigentumsschutz des Betriebes einbezogen ist, darf auch der (künftige) Nachteil, den der Betrieb in wirtschaftlicher Hinsicht durch die verhinderte Aufnahme dieses Geländes in das betriebliche Anlagevermögen erlitten hat, dem Verkehrswert des Grundstücks nicht hinzugerechnet werden. Andernfalls würde der Qualität eines solchen Grundstücks ein werterhöhendes Merkmal, nämlich die Zweckbestimmung für den Betrieb hinzugefügt, das spiegelbildlicher Ausdruck seines Mehrwertes als Betriebsbestandteil und daher in Wahrheit ein Entschädigungsposten bei der Festsetzung eines – in solchen Fällen gerade nicht vorliegenden – Eingriffs in den Gewerbebetrieb ist.

Übersicht über die zitierten Entscheidungen von EGMR, EuGH, BVerfG, BGH, BVerwG, BFH und RG

U = Urteil, B = Beschluss, GB = Gerichtsbescheid
Aufgeführt sind die jeweils erstgenannten Fundstellen. Sämtliche Entscheidungen sind, soweit veröffentlicht, auch in Juris verfügbar.

EGMR		
NJW 2004, 923	U 22.01.2004	– 46720/99, 72203/01 u. 72552/01 – *Jahn u. a. ./. Deutschland*
NVwZ 2017, 1273	U 19.01.2017	– 32377/12 – *Werra Naturstein GmbH ./. Deutschland*
EuGH		
Slg. 1996, I-959	U 29.02.1996	– C-215/94 – *Mohr*
UR 2005, 397	U 26.05.2005	– C-43/04 – *FA Arnsberg ./. Stadt Sundern*
BVerfG in BVerfGE		
4, 219	B 21.07.1955	– 1 BvL 33 /51
4, 387	B 23.02.1956	– 1 BvL 28/25, 49/55
21, 73	B 12.01.1967	– 1 BvR 169/63 – *Grundstücksverkehrsgesetz*
21, 150	B 14.02.1967	– 1 BvL 17/63 – *Weinwirtschaftsgesetz*
24, 367	U 18.12.1968	– 2 BvR 638, 673/64, 200, 238, 249/65
25, 112	B 15.01.1969	– 1 BvL 3/66 – *2. Deichentscheidung*
37, 132	B 23.04.1974	– 1 BvL 6/74 – *Vergleichsmiete*
38, 175	B 12.11.1974	– 1 BvR 32/68
38, 348	B 04.02.1975	– 2 BvL 5/74 – *Zweckentfremdung von Wohnraum*
40, 371	B 10.12.1975	– 1 BvR 118/71
51,1	B 20.03.1979	– 1 BvR 111/74 und 283/78
52, 1	B 12.06.1979	– 1 BvL 19/76 – *Kleingarten*
56, 249	U 10.03.1981	– 1 BvR 92, 96/71
58, 137	B 14.07.1981	– 1 BvL 24/78 – *Pflichtexemplar*
58, 300	B 15.07.1981	– 1 BvL 77/78 – *Nassauskiesung*
61, 82	B 08.07.1982	– 2 BvR 1187/80
66, 248	B 20.03.1984	– 1 BvL 28/82 – *Energieversorgung*
70, 191	B 19.06.1985	– 1 BvL 57/79
71, 137	B 06.11.1985	– 1 BvL 22/83

https://doi.org/10.1515/9783110682557-105

BVerfG in BVerfGE		
72, 66	B 12.03.1986	– 1 BvL 81/79
74, 264	U 24.03.1987	– 1 BvR 1046/85 – *Boxberg*
77, 288	B 09.12.1987	– 2 BvL 16/84
79, 174	B 30.11.1988	– 1 BvR 1301/84 – *Erbbaurecht/Straßenverkehrslärm*
83, 201	B 09.01.1991	– 1 BvR 929/89 – *Vorkaufsrecht*
87, 114	B 23.09.1992	– 1 BvL 15/85 und 36/87 – *Kleingartenpachtvertrag*
91, 294	B 22.11.1994	– BvR 3 51/91
100, 226	B 02.03.1999	– 1 BvL 7/91 – *Denkmalschutz*
102, 1	B 16.02.2000	– 1 BvR 242/91
104, 1	B 22.05.2001	– 1 BvR 1512/97 und 1677/97 – *Baulandumlegung*
105, 252	B 26.06.2002	– 1 BvR 1428/91 – *Glykolwarnung*
143, 246	U 04.12.2016	– 1 BvR 2821/11, 1 BvR 321/12, 1 BvR 1456/12 – *Atomausstieg*
BVerfG in NJW		
1971, 2299	B 13.10.1971	– 1 BvR 280/66
1993, 2035	B 26.05.1993	– 1 BvR 208/93
1998, 367	B 10.10.1997	– 1 BvR 310/84
1998, 1697	B 09.12.1997	– 1 BvR 1611/94
1999, 3326	B 31.03.1998	– 1 BvR 2366/97 (Ls)
2000, 1401	B 02.12.1999	– 1 BvR 165/90
BVerfG in NVwZ		
1991, 358	B 11.09.1990	– 1 BvR 988/90
1998, 271	B 20.11.1997	– 1 BvR 2068/93
2001, 1023	B 22.05.2001	– 1 BvR 1512/97 und 1677/97
2007, 805	B 24.01.2007	– 1 BvR 382/05 – *Mobilfunksendeanlage*
2009, 1426	B 10.06.2009	– 1 BvR 198/08
2010, 512	B 23.02.2010	– 1 BvR 2736/08 – *Flughafen Berlin-Schönefeld*
2017, 149	B 14.09.2016	– 1 BvR 1335/13
BGH in BGHZ		
6, 270	U 10.06.1952	– GSZ 2/52
9, 83	U 19.02.1953	– III ZR 208/51
9, 209	U 09.04.1953	– III ZR 77 /52

BGH in BGHZ		
9, 373	U 30.04.1953	– III ZR 377/51
11, 248	U 28.09.1953	– III ZR 352/50
12, 52	U 22.12.1953	– V ZR 6/51
12, 357	U 26.02.1954	– V ZR 68/52
13, 81	U 08.04.1954	– III ZR 41/53
13, 88	B 12.04.1954	– GSZ 1/54
14, 83	U 15.06.1954	– III ZR 125/53
14, 363	U 30.09.1954	– III ZR 134/54
15, 268	U 26.11.1954	– V ZR 58/53
16, 95	U 30.12.1954	– III ZR 102/53
17, 172	U 02.05.1955	– III ZR 271/53
17, 236	U 13.05.1955	– V ZR 36/54
19, 1	U 24.10.1955	– III ZR 121/54
20, 61	U 13.02.1956	– III ZR 175/54 – *Thorostrast*
20, 81	U 16.02.1956	– III ZR 169/54 – *Querschläger*
21, 388	U 10.10.1956	– V ZR 35/55
22, 43	U 03.11.1958	– III ZR 139/57
23, 157	U 28.01.1957	– III ZR 141/55
23, 235	U 04.02.1957	– III ZR 181/55
24, 45	U 18.03.1957	– III ZR 212/55
25, 225	U 23.09.1957	– III ZR 224/56
25, 238	U 26.09.1957	– III ZR 190/56
25, 266	U 30.09.1957	– III ZR 261/54 – *TÜV*
25, 390	U 23.10.1957	– V ZR 219/55
26, 10	U 28.10.1957	– III ZR 74/56
26, 248	U 20.01.1958	– III ZR 40/57
29, 95	U 15.12.1958	– III ZR 232/57
29, 217	U 22.01.1959	– III ZR 186/57
30, 123	U 25.05.1959	– III ZR 39/58
30, 241	U 02.07.1959	– III ZR 76/58
30, 338	U 25.06.1956	– III ZR 220/57
31, 187	U 23.11.1957	– III ZR 146/58

BGH in BGHZ		
32, 208	U 25.04.1960	– III ZR 55/59
35, 209	U 07.06.1961	– V ZR 167/59
35, 356	U 18.09.1961	– III ZR 118/60
36, 379	U 19.02.1962	– III ZR 23/66 – *Zwangssterilisation*
37, 44	U 15.03.1962	– III ZR 211/16
37, 165	U 28.05.1962	– III ZR 38/61
37, 269	U 04.06.1962	– III ZR 163/61
39, 198	U 08.11.1962	– III ZR 86/61
40, 49	U 04.07.1963	– III ZR 152/61
40, 87	U 27.06.1963	– III ZR 166/61
40, 148	U 14.10.1969	– III ZR 152/61
41, 264	U 18.03.1964	– V ZR 44/62
41, 354	U 12.03.1964	– III ZR 209/62
43, 120	U 28.01.1965	– III ZR 38/64
43, 168	U 22.02.1965	– III ZR 104/64
43, 300	U 08.04.1965	– III ZR 60/64
44, 52	U 21.06.1965	– III ZR 8/64
45, 58	U 31.01.1966	– III ZR 118/64
45, 83	U 31.01.1966	– III ZR 127/64 – *Knäckebrot*
45, 150	U 31.01.1966	– III ZR 110/64 – *Krabbenfischer*
45, 290	U 06.06.1966	– III ZR 167/64
46, 327	U 06.01.1967	– III ZR 100/65
48, 46	U 22.05.1967	– III ZR 124/66
48, 58	U 29.05.1967	– III ZR 143/66
48, 65	U 29.05.1967	– III ZR 126/66
48, 98	U 15.06.1967	– III ZR 23/65 – *Staubschäden*
48, 200	U 13.07.1967	– III ZR 199/66
48, 340	20.10.1967	– V ZR 78/65
49, 290	U 06.06.1966	– III ZR 167/64
50, 93	U 29.04.1968	– III ZR 80/67
50, 284	U 01.07.1968	– III ZR 214/65
51, 3	U 03.10.1968	– III ZR 16/66

BGH in BGHZ		
54, 165	U 01.06.1970	– III ZR 210/68 – *Hochwasserschutz*
54, 299	U 30.09.1970	– III ZR 87/69 – *Abwasserbeseitigung*
54, 332	U 15.10.1970	– III ZR 169/67 – *Feindliches Grün*
54, 384	U 30.10.1970	– III ZR 150/67
55, 229	U 25.01.1971	– III ZR 208/68
55, 261	U 08.02.1971	– III ZR 33/68 – *Soldatengaststätte*
55, 294	U 08.02.1971	– III ZR 65/70 – *Gärtnerei*
56, 40	U 29.03.1971	– III ZR 110/68
56, 57	U 29.03.1971	– III ZR 98/69
56, 221	U 27.05.1971	– III ZR 154/70
57, 178	U 28.10.1971	– III ZR 142/69
57, 278	U 20.09.1971	– III ZR 18/70
57, 359	U 20.12.1971	– III ZR 79/69 – *Frankfurter U-Bahn*
57, 370	U 20.12.1971	– III ZR 110/69
58, 124	U 10.02.1972	– III ZR 188/69
59, 69	U 08.06.1972	– VII ZR 123/71
59, 250	U 28.09.1972	– III ZR 44/70
60, 337	U 05.04.1973	– III ZR 67/72
61, 240	U 27.09.1973	– III ZR 131/71
61, 253	U 04.10.1973	– III ZR 138/71
62, 93	U 23.01.1974	– III ZR 92/72
62, 96	U 28.01.1974	– III ZR 11/72
62, 305	U 13.05.1974	– III ZR 7/72
63, 81	U 19.09.1974	– III ZR 12/73
63, 176	U 25.10.1974	– V ZR 47/70
63, 196	U 31.10.1974	– III ZR 45/72
63, 240	U 25.11.1974	– III ZR 42/73
64, 220	U 20.03.1975	– III ZR 215/71
64, 361	U 12.06.1975	– III ZR 127/72
64, 382	U 12.06.1975	– III ZR 25/73
65, 182	U 20.09. 1975	– III ZR 40/73
65, 253	U 13.11.1975	– III ZR 162/72

BGH in BGHZ			
65, 280	U 13.11.1975	–	III ZR 76/74
66, 118	U 11.03.1976	–	III ZR 130/73
66, 173	U 29.03.1976	–	III ZR 98/73
66, 322	U 28.05.1976	–	III ZR 137/74
67, 190	U 30.09.1976	–	III ZR 149/75 – *Resthofschaden*
67, 200	U 07.10.1976	–	III ZR 60/73
68, 100	U 27.01.1977	–	III ZR 153/74
70, 212	U 10.11.1977	–	III ZR 157/75
71, 1	U 08.12.1977	–	III ZR 163/75
71, 293	U 28.04.1978	–	V ZR 107/76
72, 51	U 22.06.1978	–	III ZR 92/75
72, 211	U 08.06.1978	–	III ZR 161/76
72, 289	U 26.10.1978	–	III ZR 26/77
73, 161	U 14.12.1978	–	III ZR 77/76
76, 1	U 08.11.1979	–	III ZR 87/78
76, 365	U 21.02.1980	–	III ZR 65/78
76, 375	U 28.02.1980	–	III ZR 165/70
76. 387	U 28.02.1980	–	III ZR 165/78
77, 194	U 23.05.1980	–	III ZR 20/78
77, 351	U 22.05.1980	–	III ZR 175/78
78, 41	U 10.07.1980	–	III ZR 160/78
78, 152	U 25.09.1980	–	III ZR 18/79
78, 397	U 28.11.1980	–	V ZR 148/79
80, 360	U 07.05.1981	–	III ZR 67/80
81, 146	U 08.07.1981	–	VIII ZR 326/80
83, 1	U 07.01.1982	–	III ZR 114/80
83, 61	U 01.02.1982	–	III ZR 93/80
83, 190	U 11.03.1982	–	III ZR 174/80
84, 1	U 29.04.1982	–	III ZR 154/80
84, 223	U 03.06.1982	–	III ZR 28/76
84, 261	U 14.06.1982	–	III ZR 175/80
86, 356	U 27.01.1983	–	III ZR 131/81

BGH in BGHZ		
87, 66	U 03.03.1983	– III ZR 93/81
88, 85	U 07.07.1983	– III ZR 119/82
88, 337	U 13.10.1983	– III ZR 155/81
89, 69	U 17.11.1983	– III ZR 127/82
89, 338	U 12.01.1984	– III ZR 103/82
90, 4	U 26.01.1984	– III ZR 179/82
90, 17	U 26.01.1984	– III ZR 216/82
90, 243	U 01.03.1984	– III ZR 197/82
91, 20	U 29.03.1984	– III ZR 11/83
91, 243	U 22.05.1984	– III ZR 18/83
92, 34	U 28.06.1984	– III ZR 35/83
93, 165	U 13.12.1984	– III ZR 175/83
94, 77	U 07.03.1985	– III ZR 126/83
94, 373	U 23.05.1985	– III ZR 39/84
95, 1	U 23.05.1985	– III ZR 10/84
95, 28	U 10.06.1985	– III ZR 3/84
95, 238	U 11.07.1985	– III ZR 62/84
96, 1	U 19.09.1985	– III ZR 71/83
97, 97	U 06.02.1986	– III ZR 109/84
97, 361	U 17.04.1986	– III ZR 202/84
98, 188	U 10.07.1986	– III ZR 44/85
98, 341	U 18.09.1986	– III ZR 83/85
99, 24	U 09.10.1986	– III ZR 2/85
99, 249	U 18.12.1986	– III ZR 242/85
100, 136	U 12.03.1987	– III ZR 216/85
101, 18	U 03.04.1987	– V ZR 160/85
102, 350	U 10.12.1987	– III ZR 220/86
103, 113	U 21.01.1988	– III ZR 157/86
103, 242	U 11.02.1988	– III ZR 221/86
105, 15	U 23.06.1988	– III ZR 8/87
108, 273	U 13.07.1989	– III ZR 122/88
109, 8	U 05.10.1989	– III ZR 66/88

BGH in BGHZ		
109, 139	U 15.10.1989	– VIII ZR 105/88
109, 380	U 21.12.1989	– III ZR 118/88
110, 12	U 21.12.1989	– III ZR 132/88
111, 349	U 07.06.1990	– III ZR 74/88 – *KakaoV*
113, 17	U 15.11.1990	– III ZR 302/89
113, 139	U 13.12.1990	– III ZR 240/89
115, 162	B 19.07.1991	– LwZR 3/90
117, 236	U 20.02.1992	– III ZR 193/90
117, 240	U 20.02.1992	– III ZR 188/90
117, 287	U 27.02.1992	– III ZR 199/89
117, 309	U 12.03.1992	– III ZR 216/90
118, 25	U 02.04.1992	– III ZR 108/90
118, 34	U 03.04.1992	– V ZR 83/91
118, 59	U 09.04.1992	– III ZR 228/90
118, 253	U 21.05.1992	– III ZR 158/90
119, 62	U 02.07.1992	– III ZR 162/90
119, 220	U 18.09.1992	– V ZR 116/91
120, 38	U 15.10.1992	– III ZR 147/91
120, 124	U 05.11.1992	– III ZR 91/91
121, 73	U 17.12.1992	– III ZR 112/91
121, 328	U 18.02.1993	– III ZR 20/92
122, 76	U 25.03.1993	– III ZR 60/91
122, 283	U 23.04.1993	– V ZR 250/92
123, 102	U 01.07.1993	– III ZR 167/92
123, 166	U 08.07.1993	– III ZR 146/92
123, 242	U 16.07.1993	– III ZR 60/92 – *Flugsanddünen*
124, 394	U 20.01.1994	– III ZR 166/92
125, 19	U 27.01.1994	– III ZR 158/91
125, 27	U 27.01.1904	– III ZR 42/92
125, 258	U 10.03.1994	– III ZR 9/93
126, 379	U 07.07.1994	– III ZR 5/93
129, 124	U 16.03.1995	– III ZR 166/93

BGH in BGHZ		
131, 163	U 09.11.1995	– III ZR 226/94
131, 209	U 24.11.1995	– V ZR 164/94
132, 63	U 15.02.1996	– III ZR 143/94
132, 181	U 14.03.1996	– III ZR 224/94
133, 271	U 19.09.1996	– III ZR 82/95
134, 316	U 23.01.1997	– III ZR 234/95
135, 92	U 14.03.1997	– V ZR 9/96
136, 182	U 03.07.1997	– III ZR 205/96
138, 395	U 14.05.1998	– III ZR 286/97
140, 200	U 10.12.1998	– III ZR 233/97
140, 285	U 21.01.1999	– III ZR 168/97
141, 319	U 06.05.1999	– III ZR 174/98
143, 321	U 20.01.2000	– III ZR 110/99
143, 362	U 03.02.2000	– III ZR 296/98
145, 16	U 07.07.2000	– V ZR 435/98
145, 83	U 04.08.2000	– III ZR 328/98
147, 169	U 22.03.2001	– III ZR 394/99
151, 71	U 06.06.2002	– III ZR 181/01
155, 27	U 08.05.2003	– III ZR 68/02
156, 257	U 02.10.2003	– III ZR 114/02
158, 263	U 11.03.2004	– III ZR 274/03
161, 323	U 10.12.2004	– V ZR 72/04
166, 364	U 16.03.2006	– III ZR 129/05 – *Spargelanlage*
170, 260	U 11.01.2007	– III ZR 302/05
175, 35	U 13.12.2007	– III ZR 116/07
180, 300	U 06.05.2009	– XII ZR 137/07
187, 177	U 21.10,2010	– III ZR 237/09
189, 218	U 14.04.2011	– III ZR 229/09
189, 231	U 14.04.2011	– III ZR 30/10
195, 30	U 02.10.2012	– VI ZR 311/11
197, 43	U 14.03.2013	– III ZR 253/12
198, 42	U 11.07.2013	– III ZR 154/12

BGH in BGHZ		
204, 274	U 12.03.2015	– III ZR 36/14
213, 200	U 15.12.2016	– III ZR 387/14
215, 335	U 07.09.2017	– III ZR 71/17
221, 74	U 31.01.2019	– III ZR 186/17
BGH in BauR		
1978, 213	U 26.01.1978	– III ZR 184/75
1982, 247	U 17.12.1991	– III ZR 72/80
1986, 85	U 23.05.1985	– III ZR 10/84
1991, 452	U 18.04.1991	– III ZR 79/90
2000, 539	U 09.12.1999	– III ZR 73/99
2013, 446	U 20.09.2012	– III ZR 264/11
2014, 252	U 21.11.2013	– III ZR 113/13
BGH in BB		
1957, 493	U 25.03.1957	– III ZR 253/55 – *Buchendom und Kapelle*
BGH in GuG		
2001, 181	U 12.01.2001	– V ZR 420/99
BGH in DVBl		
2005, 373	U 09.12.2004	– III ZR 263/04
BGH in NJW		
1955, 420	U 07.01.1955	– V ZR 102/53
1959, 1085	U 02.04.1959	– III ZR 25/58
1959, 1775	U 25.06.1959	– III ZR 114/97
1959, 1915	U 08.06.1959	– III ZR 66/58
1962, 1441	U 04.06.1962	– III ZR 207/60
1962, 1673	U 05.07.1962	– III ZR 80/61
1962, 2347	U 20.09.1962	– III ZR 98/60
1963, 1916	U 30.05.1963	– III ZR 230/61
1964, 104	U 14.10.1963	– III ZR 188/62 – *Schützenpanzer*
1964, 294	U 14.11.1963	– III ZR 141/62
1964, 652	U 20.12.1963	– III ZR 60/63
1964, 769	U 05.12.1963	– III ZR 31/62 – *Märchenfilme*
1964, 1227	U 12.03.1964	– III ZR 209/62

BGH in NJW		
1964, 1522	U 16.03.1964	– III ZR 98/63
1964, 1567	U 19.12.1963	– III ZR 162/63
1965, 815	U 21.01.1965	– III ZR 217/63
1965, 1172	U 25.01.1965	– III ZR 221/63
1965, 1907	U 05.07.1965	– III ZR 173/64
1965, 1912	U 08.07.1965	– III ZR 6/64
1965, 2101	U 14.07.1965	– III ZR 2/64
1966, 493	U 06.12.1965	– III ZR 172/64 – *Schlachthof*
1966, 497	U 29.11.1965	– III ZR 34/64
1966, 2012	U 27.06.1966	– III ZR 202/65
1966, 2211	U 30.06.1966	– III ZR 3/64
1967, 1085	U 19.09.1966	– III ZR 216/63 – *Wasserspedition*
1967, 1324	U 19.12.1966	– II ZR 212/65
1967, 2011	U 22.05.1967	– III ZR 145/66
1967, 2306	U 22.06.1967	– III ZR 121/66
1968, 293	U 07.12.1967	– III ZR 83/65
1969, 268 u. 1925	U 01.07.1968	– III ZR 214/65
1969, 1897	U 26.06.1969	– III ZR 102/68
1970, 1178	U 16.03.1970	– III ZR 183/69
1970, 2018	U 13.07.1970	– VII ZR 189/68
1971, 750	U 22.02.1971	– III ZR 221/67
1971, 1694	U 29.03.1971	– III ZR 98/69
1972, 157	U 14.10.1971	– III ZR 9/69
1972, 243	U 20.12.1971	– III ZR 79/69 – *U-Bahn II*
1972, 447	U 02.12.1971	– III ZR 161/69
1972, 527	U 20.12.1971	– III ZR 110/69
1972, 528	U 15.11.1971	– III ZR 162/69
1972, 758	U 31.01.1972	– III ZR 133/69
1972, 1317	U 18.05.1972	– III ZR 182/70
1972, 1946	U 19.06.1972	– III ZR 106/70
1973, 287	U 26.10.1972	– III ZR 78/71
1973, 1118	U 05.04.1973	– III ZR 67/72

BGH in NJW		
1973, 2284	U 27.09.1973	– III ZR 164/73
1974, 275	U 15.11.1973	– III ZR 113/71
1975, 157	U 17.10.1974	– III ZR 53/72
1975, 257	U 25.10.1974	– V ZR 47/70
1975, 1783	U 10.07.1975	– III ZR 161/72
1975, 1880	U 23.06.1975	– III ZR 55/73
1975, 1966	U 14.07.1975	– III ZR 141/72
1975, 2061	U 13.05.1975	– VI ZR 85/74
1976, 565	U 13.11.1975	– III ZR 106/72
1976, 1255	U 26.02.1976	– III ZR 164/73
1976, 1312	U 11.03.1976	– III ZR 154/73
1976, 1499	U 29.03.1976	– III ZR 92/74
1977, 156	B 14.10.1976	– KRB 1/76
1977, 1447	U 29.04.1977	– V ZR 71/75
1977, 1725	U 26.05.1977	– III ZR 93/75, 109/75
1977, 1770	U 22.12.1976	– III ZR 62/74
1978, 318	U 14.07.1977	– III ZR 41/75
1978, 1051	U 10.11.1977	– III ZR 121/75
1978, 1481	U 05.05.1978	– V ZR 193/76
1978, 2199	U 13.04.1978	– III ZR 112/76
1978, 2290	B 19.07.1978	– III ZR 28/76
1979, 34	U 12.10.1978	– III ZR 162/76
1979, 36	U 02.10.1978	– III ZR 9/77
1979, 164	U 26.10.1978	– III ZR 26/77
1979, 923	U 13.07.1978	– III ZR 112/75
1980, 39	U 14.12.1978	– III ZR 6/77
1980, 40	U 12.10.1978	– III ZR 119/76
1980, 387	U 26.04.1979	– III ZR 100/77
1980, 582	U 25.10.1979	– III ZR 105/78
1980, 770	U 13.12.1979	– III ZR 95/78
1980, 889	U 28.05.1979	– III ZR 89/78
1980, 1643	U 21.02.1980	– III ZR 84/78

BGH in NJW		
1980, 1679	U 07.02.1980	– III ZR 153/78
1980, 1844	U 24.01.1980	– III ZR 26/78
1980, 2194	U 10.07.1980	– III ZR 58/79
1980, 2703	U 07.07.1980	– III ZR 32/79
1981, 50	I 04.07.1980	– V ZR 240/77
1981, 219	U 16.09.1980	– III ZR 182/78
1981, 982	U 05.02.1981	– III ZR 119/79
1982, 95	U 25.06.1981	– III ZR 12/80
1982, 1277	U 01.10.1981	– III ZR 13/8
1982, 2179	U 01.02.1983	– III ZR 93/80
1982, 2183	U 07.01.1982	– III ZR 141/80
1983, 1663	U 28.10. 1982	– III ZR 71/81
1984, 1169	U 26.01.1984	– III ZR 216/82
1984, 1882	U 17.11.1983	– III ZR 127/82
1986, 2421	U 17.04.1986	– III ZR 202/84
1986, 2424	U 06.03.1986	– III ZR 146/84
1988, 2117	U 15.12.1988	– III ZR 110/87
1989, 101	U 07.07.1988	– III ZR 198/87
1989, 2808	U 13.07.1989	– III ZR 122/88
1992, 1830	U 02.04.1992	– III ZR 108/90
1992, 2884	U 25.06.1992	– III ZR 101/91
1993, 259	U 13.10.1992	– IX ZR 30/92
1993, 457	U 15.10.1992	– III ZR 147/91
1993, 1256	U 17.12.1992	– III ZR 112/91
1993, 1258	U 21.01.1993	– III ZR 189/91
1993, 2605	U 16.07.1993	– III ZR 60/92
1994, 1468	B 27.05.1993	– III ZR 224/94
1995, 395	U 21.10.1994	– V ZR 12/64
1995, 1280	B 23.02.1995	– III ZR 58/94
1995, 1823	U 16.03.1995	– III ZR 166/93
1996, 1897	U 15.02.1996	– III ZR 143/94
1997, 2119	U 10.04.1997	– III ZR 111/96

BGH in NJW		
1997, 3432	U 03.07.1997	– III ZR 205/96
1998, 222	U 16.10.1997	– III ZR 176/96
1998, 2215	U 09.10.1997	– III ZR 148/96
1999, 1247	U 21.01.1999	– III ZR 168/97
2000, 512	U 15.10.1999	– V ZR 77/99
2000, 1720	U 20.01.2000	– III ZR 110/99
2000, 3638	U 04.08.2000	– III ZR 328/98
2001, 1204	U 18.12.2000	– II ZR 84/99
2001, 1581	B 14.03.2001	– XII ZR 51/99
2001, 1865	U 23.02.2001	– V ZR 389/99
2003, 901	B 12.12.2002	– I ZB 29/02
2003, 1732	U 21.03.2003	– V ZR 319/02
2004, 138	U 04.03.2004	– III ZR 225/03
2004, 1381	U 02.07.2004	– III ZR 33/04
2006, 3784	B 10.10.2006	– XI ZB 40/05
2007, 3211	U 10.05.2007	– III ZR 115/06
2009, 762	U 19.09.2008	– V ZR 28/08
2010, 1967	U 02.03.2010	– VI ZR 223/09
2010, 3158	U 16.07.2010	– V ZR 217/09
2011, 853	U 04.11.2010	– III ZR 45/10
2014, 1588	U 06.03.2014	– III ZR 352/13
2014, 3439	U 23.05.2014	– V ZR 208/12
2016, 3100	U 15.04.2016	– V ZR 42/15
2017, 2905	U 13.06.2017	– VI ZR 395/16
2017, 3384	U 07.09.2017	– III ZR 71/17
2018, 2790	U 05.07.2018	– III ZR 355/17
2019, 227	U 13.09.2018	– III ZR 333/17
BGH in NJW-RR		
1988, 136	U 05.05.1988	– III ZR 219/85
1994, 213	U 06.05.1993	– III ZR 126/92
1995, 911	U 06.04.1995	– III ZR 27/94
1998, 444	U 28.11.1997	– V ZR 240/96

BGH in NJW-RR		
1998, 589	U 26.09.1997	– V ZR 186/96
1999, 1012	U 11.03.1999	– III ZR 156/98
2002, 1203	U 06.06.2002	– III ZR 181/01
2003, 1313	U 11.07.2003	– V ZR 199/02
2003, 374	B 19.12.2002	– III ZR 41/02
2004, 100	U 30.10.2003	– III ZR 380/02
2005, 1662	U 13.09.2005	– X ZB 30/04
2011, 739	U 01.04.2011	– V ZR 193/10
2012, 695	B 25.10.2011	– VIII ZR 93/10
2014, 973	U 17.01.2014	– V ZR 292/12
2019, 463	U 12.10.2018	– V ZR 81/18
BGH in NVwZ		
1982, 210	U 08.10.1981	– III ZR 46/80
1982. 458	U 14.01.1982	– III ZR 134/80
1982, 644	U 01.07.1982	– III ZR 10/81
1982, 646	U 03.06.1982	– III ZR 170/77
1984, 467	U 30.05.1983	– III ZR 22/82
1984, 602	U 13.10.1983	– III ZR 154/82
1986, 961	U 06.03.1986	– III ZR 146/84 (Ls)
1986, 1053	U 19.06.1986	– III ZR 22/85
1988, 867	U 03.03.1988	– III ZR 162/85
1988, 1066	U 05.05.1988	– III ZR 116/87
1990, 297	B 27.10.1988	– III ZR 23/88
1990, 797	U 22.02.1990	– III ZR 196/87
1991, 404	U 27.09.1990	– III ZR 97/89
1998, 878	U 02.04.1998	– III ZR 111/97
1998, 1329	U 18.06.1998	– III ZR 100/97
1999, 1022	B 27.05.1999	– III ZR 224/98
2000, 230	U 02.09.1999	– III ZR 315/98
2001, 351	U 09.11.2000	– III ZR 18/00
2009, 1184	B 27.05.2009	– III ZR 285/08
2014, 967	U 14.02.2014	– V ZR 102/13

BGH in NVwZ		
2020, 380	B 07.11.2019	– V ZB 18/16
BGH in NVwZ-RR		
1989, 395	U 19.01.1989	– III ZR 158/87
1993, 1	U 02.07.1992	– III ZR 180/90
2008, 297	U 13.12.2007	– III ZR 116/07
BGH in NZM		
2001, 817	U 18.05.2001	– V ZR 119/00
BGH in MDR		
1960, 119	U 09.11.1959	– III ZR 149/58
1963, 479	U 07.01.1963	– III ZR 236/61
1963, 917	U 27.06.1963	– III ZR 165/61
1964, 830	U 27.04.1964	– III ZR 136/63 – *Berghotel*
1965, 120	U 06.11.1964	– III ZR 24/63
1965, 558	U 08.04.1965	– III ZR 60/64
1968, 126	U 29.05.1967	– III ZR 72/66
1968, 219	U 20.11.1967	– III ZR 161/65
1972, 399	U 20.12.1971	– III ZR 38/68
1972, 765	U 18.05.1972	– III ZR 182/70 (Ls)
1972, 849	U 26.06.1972	– III ZR 203/68
1973, 567	U 23.11.1972	– III ZR 47/70
1974, 651	U 28.01.1974	– III ZR 196/71
1975, 913	U 13.03.1975	– III ZR 152/72
1977, 561	U 17.02.1977	– III ZR 115/74
1978, 557	U 26.01.1978	– III ZR 184/75
1980, 127	U 15.03.1979	– III ZR 3/78
1983, 648	U 16.12.1982	– III ZR 123/81
1985, 211	U 14.06.1984	– III ZR 41/83
1986, 828	U 06.03.1986	– III ZR 146/84
1987, 125	U 19.06.1986	– III ZR 22/85
1988, 952	U 31.05.1988	– III ZR 275/87
1988, 1034	U 19.05.1988	– III ZR 224/86
1991, 1210	U 18.04.1991	– III ZR 79/90

BGH in MDR		
1996, 912	U 15.02.1996	– III ZR 49/95
2000, 145	U 15.10.1999	– V ZR 418/19
2007, 984	B 22.02.2007	– VII ZB 93/06
2010, 142	U 30.10.2009	– V ZR 17/09
2017, 205	U 08.12.2016	– III ZR 407/15
2017, 1182	U 13.06.2017	– VI ZR 395/16
2018, 27	U 24.08.2017	– III ZR 574/16
2018, 224	U 09.02.2018	– V ZR 311/16
2020, 501	B 07.11.2019	– V ZB 12/16
2020, 854	U 23.04.2020	– III ZR 251/17
BGH in RdL		
1984, 101	U 22.09.1983	– III ZR 113/82
1986, 158	U 06.03.1986	– III ZR 146/84
BGH in WM		
1957, 692	U 15.04.1957	– III ZR 247/55
1962, 919	U 04.06.1962	– III ZR 207/60
1963, 437	U 07.01.1963	– III ZR 235/61
1963, 1128	U 30.05.1963	– III ZR 230/61
1964, 698	U 16.03.1964	– III ZR 11/63
1964, 968	U 27.04.1964	– III ZR 136/63
1964, 1099	U 25.06.1964	– III ZR 111/62
1965, 128	U 17.12.1964	– III ZR 96/63
1965, 503	U 22.05.1965	– III ZR 126/63
1965, 947	U 12.07.1965	– III ZR 214/64
1967, 905	U 08.05.1967	– III ZR 148/65
1967, 400	U 30.01.1967	– III ZR 221/65
1967, 903	U 18.05.1967	– III ZR 219/65
1967, 1062	U 13.07.1967	– III ZR 11/65
1969, 274	U 09.12.1968	– III ZR 114/66
1969, 635	U 27.01.1969	– III ZR 73/68
1969, 964	U 28.04.1969	– III ZR 189/66
1971, 829	U 29.03.1971	– VI ZR 108/67

BGH in WM		
1971, 946	U 29.04.1971	– III ZR 144/70
1971, 1156	U 9./12.07.1971	– III ZR 139/68
1971, 795	U 18.05.1972	– III ZR 182/70
1972, 256	U 03.12.1971	– V ZR 138/69
1972, 371	U 29.03.1976	– III ZR 98/73
1972, 890	U 04.05.1972	– III ZR 111/70
1972, 1226	U 19.06.1972	– III ZR 106/70
1973, 159	U 23.11.1972	– III ZR 77/70
1973, 1362	U 27.09.1973	– III ZR 110/71
1974, 601	U 28.01.1974	– III ZR 196/71
1974, 1006	U 28.02.1974	– III ZR 177/71
1975, 366	U 17.01.1975	– V ZR 105/73
1975, 640	U 20.03.1975	– III ZR 153/72
1975, 959	U 12.06.1975	– III ZR 25/73
1976, 162	U 20.11.1975	– III ZR 129/73
1976, 429	U 23.01.1976	– V ZR 76/74
1976, 568	U 26.02.1976	– III ZR 183/73
1976, 720	U 29.03.1976	– III ZR 92/74
1976, 1034	U 23.04.1976	– V ZR 167/74
1977, 509	U 27.01.1977	– III ZR 153/74
1977, 627	U 24.03.1977	– III ZR 32/75
1977, 983	U 31.03.1977	– III ZR 10/75
1977, 1059	U 26.05.1977	– III ZR 109/75
1977, 1149	U 14.07.1977	– III ZR 41/75
1978, 200	U 01.12.1977	– III ZR 130/75
1978, 518	U 02.02.1978	– III ZR 29/76
1978, 850	U 24.04.1978	– III ZR 105/75
1978, 1103	U 13.07.1978	– III ZR 85/74
1978, 1274	U 13.07.1978	– III ZR 145/76
1979, 83	U 13.07.1978	– III ZR 112/75
1979, 1191	U 03.05.1979	– III ZR 114/77
1979, 1216	U 15.03.1979	– III ZR 3/78

BGH in WM		
1980, 652	U 07.02.1980	– III ZR 44/78
1980, 658	U 08.11.1979	– III ZR 51/78
1980, 1179	U 07.07.1980	– III ZR 32/79
1981, 309	U 05.12.1980	– V ZR 160/78
1981, 724	U 02.04.1981	– III ZR 186/79
1981, 853	U 02.04.1981	– III ZR 15/80
1981, 997	U 07.05.1981	– III ZR 67/80
1981, 1138	U 25.06.1981	– III ZR 12/80
1981, 1312	U 01.10.1981	– III ZR 13/80
1982, 277	U 08.10.1981	– III ZR 46/80
1982, 545	U 01.02.1982	– III ZR 100/80
1982, 599	U 07.01.1982	– III ZR 141/80
1982, 641	U 01.02.1982	– III ZR 93/80
1982, 878	U 22.04.1982	– III ZR 131/80
1983, 421	U 16.12.1982	– III ZR 141/81
1983, 997	U 23.06.1983	– III ZR 39/82
1984, 1456	B 20.09.1984	– III ZR 118/83
1989, 1036	U 17.11.1988	– III ZR 210/87
1996, 1233	U 15.02.1996	– III ZR 49/95
1997, 1755	U 15.05.1997	– III ZR 46/96
2000, 2557	U 16.06.20001	– LwZR 22/99 – *Weinbau*
BGH in VersR		
1960, 32	U 22.09.1959	– VI ZR 168/58
1965, 475	U 21.01.1965	– III ZR 217/63
1967, 859	U 18.05.1967	– III ZR 94/65
1969, 542	U 28.02.1969	– VI ZR 218/67
1973, 417	U 11.01.1973	– III ZR 186/71
1974, 88	U 30.10.1973	– III ZR 115/72
1976, 985	U 29.04.1976	– III ZR 185/73
1979, 1055	U 21.06.1979	– III ZR 58/78
1988, 1041	U 14.07.1988	– III ZR 225/87
1989, 477	U 19.01.1989	– III ZR 258/87

BGH in VersR		
1994, 618	U 18.11.1993	– III ZR 178/92
2004, 877	U 04.03.2004	– III ZR 225/03
2014, 722	U 06.03.2014	– III ZR 352/13
2017, 1162	U 13.06.2017	– VI ZR 395/16
BGH in WF		
1989, 23	B 22.09.1988	– III ZR 161/85
BVerwG in BVerwGE		
18, 247	U 29.04.1964	– I C 30/62
28, 184	U 08.11.1967	– IV C 101.65
32, 173	U13.06.1969	– IV C 234.65
36, 248	U 11.11.1970	– IV C 102.67
36, 296	U 25.11.1970	– IV C 119.68
41, 58	U 20.10.1972	– IV C 107.67
51, 15	U 21.05.1976	– IV C 80.74
52, 122	U 25.02.1977	– IV C 22.75
54, 328	U 07.10.1977	– IV C 47.75
58, 154	U 22.06.1979	– IV C 8.76
59, 342	U 28.01.1980	– 3 C 113.79
61, 295	U 29.01.1981	– 4 C 4.78
64, 270	U 11.12.1981	– 4 C 69.78
66, 307	U 01.12.1982	– 4 C 111/81
67, 74	U 18.03.1982	– 4 C 80.79
70, 247	U 09.11.1984	– 8 C 77.83
71, 85	U 12.03.1985	– 7 C 48.82
71, 150	U 22.03.1985	– 4 C 63.80
72, 362	U 17.01.1986	– 7 C 80.82
74, 217	U 23.05.1986	– 4 C. 59.84
77, 86	U 06.03.1987	– 4 C 11.83
77, 295	U 22.05.1987	– 4 C 17 – 19.84
78, 347	U 18.12.1987	– 4 C 9.86
82, 205	U 06.07.1989	– 5 C 51.87
84, 361	U 15.02.1990	– 4 C 47/89

BVerwG in BVerwGE		
85, 289	U 10.08.1990	– 4 C 3/90
87, 241	U 14.12.1990	– 4 C 5/90
89, 69	U 26.09.1991	– 4 C 5/87
91, 288	U 10.12.1992	– 3 C 29/90
94, 1	U 24.06.1993	– 7 C 26.92
96, 172	U 30.06.1994	– 7 C 19.93
98, 1	U 13.02.1995	– 7 C 53.94
98, 339	U 08.06.1995	– 4 C 4.94
102, 74	U 25.09.1996	– 11 A 20/96
106, 228	U 12.03.1998	– 4 C 10.97
106, 290	U 26.03.1998	– 4 A 2.97
110, 370	U 15.03.2000	– 11 A 42.97
125, 116	U 16.03.2006	– 4 A 1075.04
129, 209	U 29.08.2007	– 4 C 2/07
130, 138	U 19.12.2007	– 9 A 22/06
133, 118	U 29.01.2009	– 9 C 3/08
135, 110	U 21.10.2009	– 9 C 9/08
136, 332	U 14.04.2010	– 9 A 13.08
139, 296	U 13.04.2011	– 9 C 1/10
142, 84	U 29.02.2012	– 9 C 8.11
143, 249	U 10.07.2012	– 7 A 11/11
167, 203	U 12.12.2019	– 8 C 8/19
BVerwG in BauR		
1978, 289	U 14.04.1978	– IV C 96.76, IV C 97.76
2001, 900	U 11.01.2001	– 4 A 13.99
2003, 1021	B 09.09.2002	– 4 B 52.02
BVerwG in Buchholz		
406.25 § 41 BImSchG Nr. 56	U 14.04.2010	– 9 A 43/08
407.3 § 5 VerkPBG Nr. 17	B 30.03.2007	– 9 VR 7/07
407.4 § 16a FStrG Nr. 5	B 02.10.2014	– 9 VR 3/14
BVerwG in DÖV		
2003, 86	B 07.08.2002	– 4 VR 9/02

BVerwG in DVBl		
1997, 68	U 23.08.1996	– 4 A 29/95
1997, 831	U 05.03.1997	– 11 A 25/95
1998, 330	U 01.10.1997	– 11 A 10/96
2018, 1426	U 25.04.2018	– 9 A 16/16
BVerwG in NJW		
1979, 995	U 14.04.1978	– IV C 96.76 und 97.76
1981, 239	U 22.02.1980	– 4 C 24/77
1981, 241	U 27.03.1980	– 4 C 34/79
1990, 2572	U 15.02.1990	– 4 C 47/89
1997, 142	U 24.05.,1996	– 4 A 39/95
BVerwG in NVwZ		
1987, 49	U 18.07.1986	– 4 C 21/84
1988, 534	B 27.01.1988	– 4 B 7/88
1990, 59	B 01.09.1989	– 4 B 17/89
1991, 159	B 26.06.1990	– 4 B 61/90
1993, 477	U 14.03.1992	– 4 C 9/89
1994, 368	B 01.07.1993	– 7 ER 308/93
1994, 483	B 03.03.1994	– 7 VR 4/94, 5/94 und 6/94
1995, 907	U 09.02.1995	– 4 C 26/93
1997, 486	U 23.08.1996	– 4 A 29/95
1997, 887	B 30.09.1996	– 4 NB 31/96 und 32/96
1998, 504	U 01.09.1997	– 4 A 36/96
1999, 532	GB 10.09.1989	– 4 A 35/97
1999, 1341	B 11.05.1999	– 4 VR 7/99
2002, 92	B 21.03.2001	– 4 B 18/01
2004, 231	U 09.07.2003	– 9 A 54/02
2004, 986	U 03.03.2004	– 9 A 15/03
2006, 1055	U 16.03.2006	– 4 A 1001.04
2007, 336	U 11.12.2006	– 4 B 72/06
2009, 910	B 01.04.2009	– 4 B 61/08
2010, 44	U 18.03.2009	– 9 A 39/07
2010, 66	U 18.03.2009	– 9 A 40/07

BVerwG in NVwZ		
2010, 1295	U 14.04.2010	– 9 A 13/08
2012, 47	U 03.05.2011	– 7 A 9/09
2012, 571	B 01.03.2012	– 9 VR 7/11
2012, 1120	U 15.12.2011	– 7 A 11/10
2015, 531	U 27.11.2014	– 4 C 31/13
2020, 809	U 29.01.2020	– 9 C 10/18
BVerwG in NVwZ-RR		
1995, 631	B 13.03.1995	– 11 VR 4/95
1999, 629	U 28.01.1999	– 4 A 18/98
2003, 66	B 07.08.2002	– 4 VR 8/02
2014, 922	B 08.05.2014	– 9 B 3/14
2018, 200	B 23.10.2017	– 9 B 61/16
BVerwG in RdL		
2006, 139	B 06.03.2006	– 10 B 80/05
BVerwG in UPR		
1988, 180	U 18.12.1987	– 4 C 32/84
BVerwG in ZfW		
1994, 390	B 26.10.1993	– 7 B 53/93
BVerwG in ZIP		
1994, 826	U 24.03.1994	– 7 C 17.93
1994, 1484	U 30.06.1994	– 7 C 19.93
BFH in BFHE		
122, 453	U 19.04.1977	– VIII R 23/75
210, 60	U 02.06.2005	– V R 6/04
229, 193	U 13.04.2010	– IX R 36/08
262, 102	U 02.07.2018	– IX R 31/16
263, 191	U 21.01.2018	– VI R 54/16
265, 258	U 23.07.2019	– IX R 28/18

BFH in BStBl. Teil II		
1980, 361	U 30.01.1980	– II R 43/77
1989, 802	U 28.06.1989	– II R 102/86
1991, 146	U 17.10.1990	– II R 58/88
1992, 986	U 24.06.1992	– V R 60/80
1999, 378	U 11.02.1999	– V R 27/97
2000, 206	U 28.07.1999	– II R 25/98
2002, 98	U 08.08.2001	– II R 49/01
2005, 651	U 02.06.2005	– II R 6/04
BAG in AP		
Nr. 118 zu §§ 22, 23 BAT 1975	U 23.04.1986	– 4 AZR 90/85
RG in RGZ		
7, 258	U 21.09.1882	– Va 13/82
13, 244	U 17.06.1884	– III 72/84
32, 350	U 14.02.1894	– V 281/93
41, 257	U 30.03.1898	– V 324/97
44, 331	U 06.10.1899	– VIa 149/99
53, 194	U 16.12.1902	– VII 289/02
62, 268	U 09.01.1906	– VII 77/05
84, 265	U 12.03.1914	– V 368/13
140, 276	U 11.04.1933	– III 187/32
149, 34	U 08.10.1935	– VII 41/35
167, 14	U 21.04.1941	– V 103/40

Anhang

Verordnung über die Grundsätze für die Ermittlung der Verkehrswerte von Grundstücken (Immobilienwertermittlungsverordnung - ImmoWertV)

ImmoWertV

Ausfertigungsdatum: 19.05.2010

Vollzitat:

"Immobilienwertermittlungsverordnung vom 19. Mai 2010 (BGBl. I S. 639), die durch Artikel 16 des Gesetzes vom 26. November 2019 (BGBl. I S. 1794) geändert worden ist"

Stand: Geändert durch Art. 16 G v. 26.11.2019 I 1794

Fußnote

(+++ Textnachweis ab: 1.7.2010 +++)

Eingangsformel

Auf Grund des § 199 Absatz 1 des Baugesetzbuchs, der zuletzt durch Artikel 4 Nummer 4 Buchstabe a des Gesetzes vom 24. Dezember 2008 (BGBl. I S. 3018) geändert worden ist, verordnet die Bundesregierung:

Inhaltsübersicht

https://doi.org/10.1515/9783110682557-106

Abschnitt 1
Anwendungsbereich, Begriffsbestimmungen und allgemeine Verfahrensgrundsätze

§ 1 Anwendungsbereich

(1) Bei der Ermittlung der Verkehrswerte (Marktwerte) von Grundstücken, ihrer Bestandteile sowie ihres Zubehörs und bei der Ableitung der für die Wertermittlung erforderlichen Daten einschließlich der Bodenrichtwerte ist diese Verordnung anzuwenden.

(2) Die nachfolgenden Vorschriften sind auf grundstücksgleiche Rechte, Rechte an diesen und Rechte an Grundstücken sowie auf solche Wertermittlungsobjekte, für die kein Markt besteht, entsprechend anzuwenden. In diesen Fällen kann der Wert auf der Grundlage marktkonformer Modelle unter besonderer Berücksichtigung der wirtschaftlichen Vor- und Nachteile ermittelt werden.

§ 2 Grundlagen der Wertermittlung

Der Wertermittlung sind die allgemeinen Wertverhältnisse auf dem Grundstücksmarkt am Wertermittlungsstichtag (§ 3) und der Grundstückszustand am Qualitätsstichtag (§ 4) zugrunde zu legen. Künftige Entwicklungen wie beispielsweise absehbare anderweitige Nutzungen (§ 4 Absatz 3 Nummer 1) sind zu berücksichtigen, wenn sie mit hinreichender Sicherheit auf Grund konkreter Tatsachen zu erwarten sind. In diesen Fällen ist auch die voraussichtliche Dauer bis zum Eintritt der rechtlichen und tatsächlichen Voraussetzungen für die Realisierbarkeit einer baulichen oder sonstigen Nutzung eines Grundstücks (Wartezeit) zu berücksichtigen.

§ 3 Wertermittlungsstichtag und allgemeine Wertverhältnisse

(1) Der Wertermittlungsstichtag ist der Zeitpunkt, auf den sich die Wertermittlung bezieht.

(2) Die allgemeinen Wertverhältnisse auf dem Grundstücksmarkt bestimmen sich nach der Gesamtheit der am Wertermittlungsstichtag für die Preisbildung von Grundstücken im gewöhnlichen Geschäftsverkehr (marktüblich) maßgebenden Umstände wie nach der allgemeinen Wirtschaftslage, den Verhältnissen am Kapitalmarkt sowie den wirtschaftlichen und demographischen Entwicklungen des Gebiets.

§ 4 Qualitätsstichtag und Grundstückszustand

(1) Der Qualitätsstichtag ist der Zeitpunkt, auf den sich der für die Wertermittlung maßgebliche Grundstückszustand bezieht. Er entspricht dem Wertermittlungsstichtag, es sei denn, dass aus rechtlichen oder sonstigen Gründen der Zustand des Grundstücks zu einem anderen Zeitpunkt maßgebend ist.

(2) Der Zustand eines Grundstücks bestimmt sich nach der Gesamtheit der verkehrswertbeeinflussenden rechtlichen Gegebenheiten und tatsächlichen Eigenschaften, der sonstigen Beschaffenheit und der Lage des Grundstücks (Grundstücksmerkmale). Zu den Grundstücksmerkmalen gehören insbesondere der Entwicklungszustand (§ 5), die Art und das Maß der baulichen oder sonstigen Nutzung (§ 6 Absatz 1), die wertbeeinflussenden Rechte und Belastungen (§ 6 Absatz 2), der abgabenrechtliche Zustand (§ 6 Absatz 3), die Lagemerkmale (§ 6 Absatz 4) und die weiteren Merkmale (§ 6 Absatz 5 und 6).

(3) Neben dem Entwicklungszustand (§ 5) ist bei der Wertermittlung insbesondere zu berücksichtigen, ob am Qualitätsstichtag

1. eine anderweitige Nutzung von Flächen absehbar ist,
2. Flächen auf Grund ihrer Vornutzung nur mit erheblich über dem Üblichen liegenden Aufwand einer baulichen oder sonstigen Nutzung zugeführt werden können,
3. Flächen von städtebaulichen Missständen oder erheblichen städtebaulichen Funktionsverlusten betroffen sind,
4. Flächen einer dauerhaften öffentlichen Zweckbestimmung unterliegen,
5. Flächen für bauliche Anlagen zur Erforschung, Entwicklung oder Nutzung von Erneuerbaren Energien bestimmt sind,
6. Flächen zum Ausgleich für Eingriffe in Natur und Landschaft genutzt werden oder ob sich auf Flächen gesetzlich geschützte Biotope befinden.

§ 5 Entwicklungszustand

(1) Flächen der Land- oder Forstwirtschaft sind Flächen, die, ohne Bauerwartungsland, Rohbauland oder baureifes Land zu sein, land- oder forstwirtschaftlich nutzbar sind.

(2) Bauerwartungsland sind Flächen, die nach ihren weiteren Grundstücksmerkmalen (§ 6), insbesondere dem Stand der Bauleitplanung und der sonstigen städtebaulichen Entwicklung des Gebiets, eine bauliche Nutzung auf Grund konkreter Tatsachen mit hinreichender Sicherheit erwarten lassen.

(3) Rohbauland sind Flächen, die nach den §§ 30, 33 und 34 des Baugesetzbuchs für eine bauliche Nutzung bestimmt sind, deren Erschließung aber noch nicht gesichert ist oder die nach Lage, Form oder Größe für eine bauliche Nutzung unzureichend gestaltet sind.

(4) Baureifes Land sind Flächen, die nach öffentlich-rechtlichen Vorschriften und den tatsächlichen Gegebenheiten baulich nutzbar sind.

§ 6 Weitere Grundstücksmerkmale

(1) Art und Maß der baulichen oder sonstigen Nutzung ergeben sich in der Regel aus den für die planungsrechtliche Zulässigkeit von Vorhaben maßgeblichen §§ 30, 33 und 34 des Baugesetzbuchs und den sonstigen Vorschriften, die die Nutzbarkeit betreffen. Wird vom Maß der zulässigen Nutzung in der Umgebung regelmäßig abgewichen, ist die Nutzung maßgebend, die im gewöhnlichen Geschäftsverkehr zugrunde gelegt wird.

(2) Als wertbeeinflussende Rechte und Belastungen kommen insbesondere Dienstbarkeiten, Nutzungsrechte, Baulasten sowie wohnungs- und mietrechtliche Bindungen in Betracht.

(3) Für den abgabenrechtlichen Zustand des Grundstücks ist die Pflicht zur Entrichtung von nichtsteuerlichen Abgaben maßgebend.

(4) Lagemerkmale von Grundstücken sind insbesondere die Verkehrsanbindung, die Nachbarschaft, die Wohn- und Geschäftslage sowie die Umwelteinflüsse.

(5) Weitere Merkmale sind insbesondere die tatsächliche Nutzung, die Erträge, die Grundstücksgröße, der Grundstückszuschnitt und die Bodenbeschaffenheit wie beispielsweise Bodengüte, Eignung als Baugrund oder

schädliche Bodenveränderungen. Bei bebauten Grundstücken sind dies zusätzlich insbesondere die Gebäudeart, die Bauweise und Baugestaltung, die Größe, Ausstattung und Qualität, der bauliche Zustand, die energetischen Eigenschaften, das Baujahr und die Restnutzungsdauer.

(6) Die Restnutzungsdauer ist die Zahl der Jahre, in denen die baulichen Anlagen bei ordnungsgemäßer Bewirtschaftung voraussichtlich noch wirtschaftlich genutzt werden können; durchgeführte Instandsetzungen oder Modernisierungen oder unterlassene Instandhaltungen oder andere Gegebenheiten können die Restnutzungsdauer verlängern oder verkürzen. Modernisierungen sind beispielsweise Maßnahmen, die eine wesentliche Verbesserung der Wohn- oder sonstigen Nutzungsverhältnisse oder wesentliche Einsparungen von Energie oder Wasser bewirken.

§ 7 Ungewöhnliche oder persönliche Verhältnisse

Zur Wertermittlung und zur Ableitung erforderlicher Daten für die Wertermittlung sind Kaufpreise und andere Daten wie Mieten und Bewirtschaftungskosten heranzuziehen, bei denen angenommen werden kann, dass sie nicht durch ungewöhnliche oder persönliche Verhältnisse beeinflusst worden sind. Eine Beeinflussung durch ungewöhnliche oder persönliche Verhältnisse kann angenommen werden, wenn Kaufpreise und andere Daten erheblich von den Kaufpreisen und anderen Daten in vergleichbaren Fällen abweichen.

§ 8 Ermittlung des Verkehrswerts

(1) Zur Wertermittlung sind das Vergleichswertverfahren (§ 15) einschließlich des Verfahrens zur Bodenwertermittlung (§ 16), das Ertragswertverfahren (§§ 17 bis 20), das Sachwertverfahren (§§ 21 bis 23) oder mehrere dieser Verfahren heranzuziehen. Die Verfahren sind nach der Art des Wertermittlungsobjekts unter Berücksichtigung der im gewöhnlichen Geschäftsverkehr bestehenden Gepflogenheiten und der sonstigen Umstände des Einzelfalls, insbesondere der zur Verfügung stehenden Daten, zu wählen; die Wahl ist zu begründen. Der Verkehrswert ist aus dem Ergebnis des oder der herangezogenen Verfahren unter Würdigung seines oder ihrer Aussagefähigkeit zu ermitteln.

(2) In den Wertermittlungsverfahren nach Absatz 1 sind regelmäßig in folgender Reihenfolge zu berücksichtigen:

1. die allgemeinen Wertverhältnisse auf dem Grundstücksmarkt (Marktanpassung),
2. die besonderen objektspezifischen Grundstücksmerkmale des zu bewertenden Grundstücks.

(3) Besondere objektspezifische Grundstücksmerkmale wie beispielsweise eine wirtschaftliche Überalterung, ein überdurchschnittlicher Erhaltungszustand, Baumängel oder Bauschäden sowie von den marktüblich erzielbaren Erträgen erheblich abweichende Erträge können, soweit dies dem gewöhnlichen Geschäftsverkehr entspricht, durch marktgerechte Zu- oder Abschläge oder in anderer geeigneter Weise berücksichtigt werden.

Abschnitt 2
Bodenrichtwerte und sonstige erforderliche Daten

§ 9 Grundlagen der Ermittlung

(1) Bodenrichtwerte (§ 10) und sonstige für die Wertermittlung erforderliche Daten sind insbesondere aus der Kaufpreissammlung (§ 193 Absatz 5 Satz 1 des Baugesetzbuchs) auf der Grundlage einer ausreichenden Zahl geeigneter Kaufpreise unter Berücksichtigung der allgemeinen Wertverhältnisse zu ermitteln. Zu den sonstigen erforderlichen Daten gehören insbesondere Indexreihen (§ 11), Umrechnungskoeffizienten (§ 12), Vergleichsfaktoren für bebaute Grundstücke (§ 13) sowie Marktanpassungsfaktoren und Liegenschaftszinssätze (§ 14).

(2) Kaufpreise solcher Grundstücke, die in ihren Grundstücksmerkmalen voneinander abweichen, sind im Sinne des Absatzes 1 Satz 1 nur geeignet, wenn die Abweichungen

1. in ihren Auswirkungen auf die Preise sich ausgleichen,
2. durch Zu- oder Abschläge oder
3. durch andere geeignete Verfahren berücksichtigt werden können.

§ 10 Bodenrichtwerte

(1) Bodenrichtwerte (§ 196 des Baugesetzbuchs) sind vorrangig im Vergleichswertverfahren (§ 15) zu ermitteln. Findet sich keine ausreichende Zahl von Vergleichspreisen, kann der Bodenrichtwert auch mit Hilfe deduktiver

Verfahren oder in anderer geeigneter und nachvollziehbarer Weise ermittelt werden. Die Bodenrichtwerte sind als ein Betrag in Euro pro Quadratmeter Grundstücksfläche darzustellen.

(2) Von den wertbeeinflussenden Merkmalen des Bodenrichtwertgrundstücks sollen der Entwicklungszustand und die Art der Nutzung dargestellt werden. Zusätzlich sollen dargestellt werden:

1. bei landwirtschaftlich genutzten Flächen gegebenenfalls die Bodengüte als Acker- oder Grünlandzahl,
2. bei baureifem Land der erschließungsbeitragsrechtliche Zustand sowie je nach Wertrelevanz das Maß der baulichen Nutzung, die Grundstücksgröße, -tiefe oder -breite und
3. bei förmlich festgelegten Sanierungsgebieten (§ 142 des Baugesetzbuchs) und förmlich festgelegten Entwicklungsbereichen (§ 165 des Baugesetzbuchs) der Grundstückszustand, auf den sich der Bodenrichtwert bezieht; dabei ist entweder der Grundstückszustand vor Beginn der Maßnahme oder nach Abschluss der Maßnahme darzustellen.

Deckt der Bodenrichtwert verschiedene Nutzungsarten oder verschiedene Nutzungsmaße ab, sollen diese ebenfalls dargestellt werden.

(3) Die Richtwertzonen nach § 196 Absatz 1 Satz 3 des Baugesetzbuchs sind grundsätzlich so abzugrenzen, dass lagebedingte Wertunterschiede zwischen der Mehrheit der Grundstücke und dem Bodenrichtwertgrundstück nicht mehr als 30 Prozent betragen.

(4) Die Bodenrichtwerte sind in automatisierter Form auf der Grundlage der amtlichen Geobasisdaten zu führen.

§ 11 Indexreihen

(1) Änderungen der allgemeinen Wertverhältnisse auf dem Grundstücksmarkt sollen mit Indexreihen erfasst werden.

(2) Indexreihen bestehen aus Indexzahlen, die sich aus dem durchschnittlichen Verhältnis der Preise eines Erhebungszeitraums zu den Preisen eines Basiszeitraums mit der Indexzahl 100 ergeben. Die Indexzahlen können auch auf bestimmte Zeitpunkte des Erhebungs- und Basiszeitraums bezogen werden.

(3) Die Indexzahlen werden für Grundstücke mit vergleichbaren Lage- und Nutzungsverhältnissen abgeleitet. Das Ergebnis eines Erhebungszeitraums kann in geeigneten Fällen durch Vergleich mit den Indexreihen anderer Bereiche und vorausgegangener Erhebungszeiträume geändert werden.

(4) Indexreihen können insbesondere abgeleitet werden für

1. Bodenpreise,
2. Preise für Eigentumswohnungen und
3. Preise für Einfamilienhäuser.

§ 12 Umrechnungskoeffizienten

Wertunterschiede von Grundstücken, die sich aus Abweichungen bestimmter Grundstücksmerkmale sonst gleichartiger Grundstücke ergeben, insbesondere aus dem unterschiedlichen Maß der baulichen Nutzung oder der Grundstücksgröße und -tiefe, sollen mit Hilfe von Umrechnungskoeffizienten (§ 193 Absatz 5 Satz 2 Nummer 3 des Baugesetzbuchs) erfasst werden.

§ 13 Vergleichsfaktoren für bebaute Grundstücke

Vergleichsfaktoren (§ 193 Absatz 5 Satz 2 Nummer 4 des Baugesetzbuchs) sollen der Ermittlung von Vergleichswerten für bebaute Grundstücke dienen. Sie sind auf den marktüblich erzielbaren jährlichen Ertrag (Ertragsfaktor) oder auf eine sonst geeignete Bezugseinheit, insbesondere auf eine Flächen- oder Raumeinheit der baulichen Anlage (Gebäudefaktor), zu beziehen.

§ 14 Marktanpassungsfaktoren, Liegenschaftszinssätze

(1) Mit Marktanpassungsfaktoren und Liegenschaftszinssätzen sollen die allgemeinen Wertverhältnisse auf dem Grundstücksmarkt erfasst werden, soweit diese nicht auf andere Weise zu berücksichtigen sind.

(2) Marktanpassungsfaktoren sind insbesondere

1. Faktoren zur Anpassung des Sachwerts, die aus dem Verhältnis geeigneter Kaufpreise zu entsprechenden Sachwerten abgeleitet werden (Sachwertfaktoren, § 193 Absatz 5 Satz 2 Nummer 2 des Baugesetzbuchs),
2. Faktoren zur Anpassung finanzmathematisch errechneter Werte von Erbbaurechten oder Erbbaugrundstücken, die aus dem Verhältnis geeigneter Kaufpreise zu den finanzmathematisch errechneten Werten von entsprechenden Erbbaurechten oder Erbbaugrundstücken abgeleitet werden (Erbbaurechts- oder Erbbaugrundstücksfaktoren).

(3) Die Liegenschaftszinssätze (Kapitalisierungszinssätze, § 193 Absatz 5 Satz 2 Nummer 1 des Baugesetzbuchs) sind die Zinssätze, mit denen Verkehrswerte von Grundstücken je nach Grundstücksart im Durchschnitt marktüblich verzinst werden. Sie sind auf der Grundlage geeigneter Kaufpreise und der ihnen entsprechenden Reinerträge für gleichartig bebaute und genutzte Grundstücke unter Berücksichtigung der Restnutzungsdauer der Gebäude nach den Grundsätzen des Ertragswertverfahrens (§§ 17 bis 20) abzuleiten.

Abschnitt 3
Wertermittlungsverfahren

Unterabschnitt 1
Vergleichswertverfahren, Bodenwertermittlung

§ 15 Ermittlung des Vergleichswerts

(1) Im Vergleichswertverfahren wird der Vergleichswert aus einer ausreichenden Zahl von Vergleichspreisen ermittelt. Für die Ableitung der Vergleichspreise sind die Kaufpreise solcher Grundstücke heranzuziehen, die mit dem zu bewertenden Grundstück hinreichend übereinstimmende Grundstücksmerkmale aufweisen. Finden sich in dem Gebiet, in dem das Grundstück gelegen ist, nicht genügend Vergleichspreise, können auch Vergleichspreise aus anderen vergleichbaren Gebieten herangezogen werden. Änderungen der allgemeinen Wertverhältnisse auf dem Grundstücksmarkt oder Abweichungen einzelner Grundstücksmerkmale sind in der Regel auf der Grundlage von Indexreihen oder Umrechnungskoeffizienten zu berücksichtigen.

(2) Bei bebauten Grundstücken können neben oder anstelle von Vergleichspreisen zur Ermittlung des Vergleichswerts geeignete Vergleichsfaktoren herangezogen werden. Der Vergleichswert ergibt sich dann durch Vervielfachung des jährlichen Ertrags oder der sonstigen Bezugseinheit des zu bewertenden Grundstücks mit dem Vergleichsfaktor. Vergleichsfaktoren sind geeignet, wenn die Grundstücksmerkmale der ihnen zugrunde gelegten Grundstücke hinreichend mit denen des zu bewertenden Grundstücks übereinstimmen.

§ 16 Ermittlung des Bodenwerts

(1) Der Wert des Bodens ist vorbehaltlich der Absätze 2 bis 4 ohne Berücksichtigung der vorhandenen baulichen Anlagen auf dem Grundstück vorrangig im Vergleichswertverfahren (§ 15) zu ermitteln. Dabei kann der Bodenwert auch auf der Grundlage geeigneter Bodenrichtwerte ermittelt werden. Bodenrichtwerte sind geeignet, wenn die Merkmale des zugrunde gelegten Richtwertgrundstücks hinreichend mit den Grundstücksmerkmalen des zu bewertenden Grundstücks übereinstimmen. § 15 Absatz 1 Satz 3 und 4 ist entsprechend anzuwenden.

(2) Vorhandene bauliche Anlagen auf einem Grundstück im Außenbereich (§ 35 des Baugesetzbuchs) sind bei der Ermittlung des Bodenwerts zu berücksichtigen, wenn sie rechtlich und wirtschaftlich weiterhin nutzbar sind.

(3) Ist alsbald mit einem Abriss von baulichen Anlagen zu rechnen, ist der Bodenwert um die üblichen Freilegungskosten zu mindern, soweit sie im gewöhnlichen Geschäftsverkehr berücksichtigt werden. Von einer alsbaldigen Freilegung kann ausgegangen werden, wenn

1. die baulichen Anlagen nicht mehr nutzbar sind oder
2. der nicht abgezinste Bodenwert ohne Berücksichtigung der Freilegungskosten den im Ertragswertverfahren (§§ 17 bis 20) ermittelten Ertragswert erreicht oder übersteigt.

(4) Ein erhebliches Abweichen der tatsächlichen von der nach § 6 Absatz 1 maßgeblichen Nutzung, wie insbesondere eine erhebliche Beeinträchtigung der Nutzbarkeit durch vorhandene bauliche Anlagen auf einem Grundstück, ist bei der Ermittlung des Bodenwerts zu berücksichtigen, soweit dies dem gewöhnlichen Geschäftsverkehr entspricht.

(5) Bei der Ermittlung der sanierungs- oder entwicklungsbedingten Bodenwerterhöhung zur Bemessung von Ausgleichsbeträgen nach § 154 Absatz 1 oder § 166 Absatz 3 Satz 4 des Baugesetzbuchs sind die Anfangs- und Endwerte auf denselben Zeitpunkt zu ermitteln.

Unterabschnitt 2
Ertragswertverfahren

§ 17 Ermittlung des Ertragswerts

(1) Im Ertragswertverfahren wird der Ertragswert auf der Grundlage marktüblich erzielbarer Erträge ermittelt. Soweit die Ertragsverhältnisse absehbar wesentlichen Veränderungen unterliegen oder wesentlich von den marktüblich erzielbaren Erträgen abweichen, kann der Ertragswert auch auf der Grundlage periodisch unterschiedlicher Erträge ermittelt werden.

(2) Im Ertragswertverfahren auf der Grundlage marktüblich erzielbarer Erträge wird der Ertragswert ermittelt

1. aus dem nach § 16 ermittelten Bodenwert und dem um den Betrag der angemessenen Verzinsung des Bodenwerts verminderten und sodann kapitalisierten Reinertrag (§ 18 Absatz 1); der Ermittlung des Bodenwertverzinsungsbetrags ist der für die Kapitalisierung nach § 20 maßgebliche Liegenschaftszinssatz zugrunde zu legen; bei der Ermittlung des Bodenwertverzinsungsbetrags sind selbständig nutzbare Teilflächen nicht zu berücksichtigen (allgemeines Ertragswertverfahren), oder
2. aus dem nach § 20 kapitalisierten Reinertrag (§ 18 Absatz 1) und dem nach § 16 ermittelten Bodenwert, der mit Ausnahme des Werts von selbständig nutzbaren Teilflächen auf den Wertermittlungsstichtag nach § 20 abzuzinsen ist (vereinfachtes Ertragswertverfahren).

Eine selbständig nutzbare Teilfläche ist der Teil eines Grundstücks, der für die angemessene Nutzung der baulichen Anlagen nicht benötigt wird und selbständig genutzt oder verwertet werden kann.

(3) Im Ertragswertverfahren auf der Grundlage periodisch unterschiedlicher Erträge wird der Ertragswert aus den durch gesicherte Daten abgeleiteten periodisch erzielbaren Reinerträgen (§ 18 Absatz 1) innerhalb eines Betrachtungszeitraums und dem Restwert des Grundstücks am Ende des Betrachtungszeitraums ermittelt. Die periodischen Reinerträge sowie der Restwert des Grundstücks sind jeweils auf den Wertermittlungsstichtag nach § 20 abzuzinsen.

§ 18 Reinertrag, Rohertrag

(1) Der Reinertrag ergibt sich aus dem jährlichen Rohertrag abzüglich der Bewirtschaftungskosten (§ 19).

(2) Der Rohertrag ergibt sich aus den bei ordnungsgemäßer Bewirtschaftung und zulässiger Nutzung marktüblich erzielbaren Erträgen. Bei Anwendung des Ertragswertverfahrens auf der Grundlage periodisch unterschiedlicher Erträge ergibt sich der Rohertrag insbesondere aus den vertraglichen Vereinbarungen.

§ 19 Bewirtschaftungskosten

(1) Als Bewirtschaftungskosten sind die für eine ordnungsgemäße Bewirtschaftung und zulässige Nutzung marktüblich entstehenden jährlichen Aufwendungen zu berücksichtigen, die nicht durch Umlagen oder sonstige Kostenübernahmen gedeckt sind.

(2) Nach Absatz 1 berücksichtigungsfähige Bewirtschaftungskosten sind

1. die Verwaltungskosten; sie umfassen die Kosten der zur Verwaltung des Grundstücks erforderlichen Arbeitskräfte und Einrichtungen, die Kosten der Aufsicht, den Wert der vom Eigentümer persönlich geleisteten Verwaltungsarbeit sowie die Kosten der Geschäftsführung;
2. die Instandhaltungskosten; sie umfassen die Kosten, die infolge von Abnutzung oder Alterung zur Erhaltung des der Wertermittlung zugrunde gelegten Ertragsniveaus der baulichen Anlage während ihrer Restnutzungsdauer aufgewendet werden müssen;
3. das Mietausfallwagnis; es umfasst das Risiko von Ertragsminderungen, die durch uneinbringliche Rückstände von Mieten, Pachten und sonstigen Einnahmen oder durch vorübergehenden Leerstand von Raum entstehen, der zur Vermietung, Verpachtung oder sonstigen Nutzung bestimmt ist; es umfasst auch das Risiko von uneinbringlichen Kosten einer Rechtsverfolgung auf Zahlung, Aufhebung eines Mietverhältnisses oder Räumung;

4. die Betriebskosten.

Soweit sich die Bewirtschaftungskosten nicht ermitteln lassen, ist von Erfahrungssätzen auszugehen.

§ 20 Kapitalisierung und Abzinsung

Der Kapitalisierung und Abzinsung sind Barwertfaktoren zugrunde zu legen. Der jeweilige Barwertfaktor ist unter Berücksichtigung der Restnutzungsdauer (§ 6 Absatz 6 Satz 1) und des jeweiligen Liegenschaftszinssatzes (§ 14 Absatz 3) der Anlage 1 oder der Anlage 2 zu entnehmen oder nach der dort angegebenen Berechnungsvorschrift zu bestimmen.

Unterabschnitt 3
Sachwertverfahren

§ 21 Ermittlung des Sachwerts

(1) Im Sachwertverfahren wird der Sachwert des Grundstücks aus dem Sachwert der nutzbaren baulichen und sonstigen Anlagen sowie dem Bodenwert (§ 16) ermittelt; die allgemeinen Wertverhältnisse auf dem Grundstücksmarkt sind insbesondere durch die Anwendung von Sachwertfaktoren (§ 14 Absatz 2 Nummer 1) zu berücksichtigen.

(2) Der Sachwert der baulichen Anlagen (ohne Außenanlagen) ist ausgehend von den Herstellungskosten (§ 22) unter Berücksichtigung der Alterswertminderung (§ 23) zu ermitteln.

(3) Der Sachwert der baulichen Außenanlagen und der sonstigen Anlagen wird, soweit sie nicht vom Bodenwert miterfasst werden, nach Erfahrungssätzen oder nach den gewöhnlichen Herstellungskosten ermittelt. Die §§ 22 und 23 sind entsprechend anzuwenden.

§ 22 Herstellungskosten

(1) Zur Ermittlung der Herstellungskosten sind die gewöhnlichen Herstellungskosten je Flächen-, Raum- oder sonstiger Bezugseinheit (Normalherstellungskosten) mit der Anzahl der entsprechenden Bezugseinheiten der baulichen Anlagen zu vervielfachen.

(2) Normalherstellungskosten sind die Kosten, die marktüblich für die Neuerrichtung einer entsprechenden baulichen Anlage aufzuwenden wären. Mit diesen Kosten nicht erfasste einzelne Bauteile, Einrichtungen oder sonstige Vorrichtungen sind durch Zu- oder Abschläge zu berücksichtigen, soweit dies dem gewöhnlichen Geschäftsverkehr entspricht. Zu den Normalherstellungskosten gehören auch die üblicherweise entstehenden Baunebenkosten, insbesondere Kosten für Planung, Baudurchführung, behördliche Prüfungen und Genehmigungen. Ausnahmsweise können die Herstellungskosten der baulichen Anlagen nach den gewöhnlichen Herstellungskosten einzelner Bauleistungen (Einzelkosten) ermittelt werden.

(3) Normalherstellungskosten sind in der Regel mit Hilfe geeigneter Baupreisindexreihen an die Preisverhältnisse am Wertermittlungsstichtag anzupassen.

§ 23 Alterswertminderung

Die Alterswertminderung ist unter Berücksichtigung des Verhältnisses der Restnutzungsdauer (§ 6 Absatz 6 Satz 1) zur Gesamtnutzungsdauer der baulichen Anlagen zu ermitteln. Dabei ist in der Regel eine gleichmäßige Wertminderung zugrunde zu legen. Gesamtnutzungsdauer ist die bei ordnungsgemäßer Bewirtschaftung übliche wirtschaftliche Nutzungsdauer der baulichen Anlagen.

Abschnitt 4
Schlussvorschrift

§ 24 Inkrafttreten und Außerkrafttreten

Diese Verordnung tritt am 1. Juli 2010 in Kraft. Gleichzeitig tritt die Wertermittlungsverordnung vom 6. Dezember 1988 (BGBl. I S. 2209), die durch Artikel 3 des Gesetzes vom 18. August 1997 (BGBl. I S. 2081) geändert worden ist, außer Kraft.

Schlussformel

Der Bundesrat hat zugestimmt.

Anlage 1 (zu § 20)
Barwertfaktoren für die Kapitalisierung

(Fundstelle: BGBl. I 2010, 645 - 648)

Restnutzungs-dauer von ... Jahren	Zinssatz								
	1,0 %	1,5 %	2,0 %	2,5 %	3,0 %	3,5 %	4,0 %	4,5 %	5,0 %
1	0,99	0,99	0,98	0,98	0,97	0,97	0,96	0,96	0,95
2	1,97	1,96	1,94	1,93	1,91	1,90	1,89	1,87	1,86
3	2,94	2,91	2,88	2,86	2,83	2,80	2,78	2,75	2,72
4	3,90	3,85	3,81	3,76	3,72	3,67	3,63	3,59	3,55
5	4,85	4,78	4,71	4,65	4,58	4,52	4,45	4,39	4,33
6	5,80	5,70	5,60	5,51	5,42	5,33	5,24	5,16	5,08
7	6,73	6,60	6,47	6,35	6,23	6,11	6,00	5,89	5,79
8	7,65	7,49	7,33	7,17	7,02	6,87	6,73	6,60	6,46
9	8,57	8,36	8,16	7,97	7,79	7,61	7,44	7,27	7,11
10	9,47	9,22	8,98	8,75	8,53	8,32	8,11	7,91	7,72
11	10,37	10,07	9,79	9,51	9,25	9,00	8,76	8,53	8,31
12	11,26	10,91	10,58	10,26	9,95	9,66	9,39	9,12	8,86
13	12,13	11,73	11,35	10,98	10,63	10,30	9,99	9,68	9,39
14	13,00	12,54	12,11	11,69	11,30	10,92	10,56	10,22	9,90
15	13,87	13,34	12,85	12,38	11,94	11,52	11,12	10,74	10,38
16	14,72	14,13	13,58	13,06	12,56	12,09	11,65	11,23	10,84
17	15,56	14,91	14,29	13,71	13,17	12,65	12,17	11,71	11,27
18	16,40	15,67	14,99	14,35	13,75	13,19	12,66	12,16	11,69
19	17,23	16,43	15,68	14,98	14,32	13,71	13,13	12,59	12,09
20	18,05	17,17	16,35	15,59	14,88	14,21	13,59	13,01	12,46
21	18,86	17,90	17,01	16,18	15,42	14,70	14,03	13,40	12,82
22	19,66	18,62	17,66	16,77	15,94	15,17	14,45	13,78	13,16
23	20,46	19,33	18,29	17,33	16,44	15,62	14,86	14,15	13,49
24	21,24	20,03	18,91	17,88	16,94	16,06	15,25	14,50	13,80
25	22,02	20,72	19,52	18,42	17,41	16,48	15,62	14,83	14,09
26	22,80	21,40	20,12	18,95	17,88	16,89	15,98	15,15	14,38
27	23,56	22,07	20,71	19,46	18,33	17,29	16,33	15,45	14,64
28	24,32	22,73	21,28	19,96	18,76	17,67	16,66	15,74	14,90
29	25,07	23,38	21,84	20,45	19,19	18,04	16,98	16,02	15,14
30	25,81	24,02	22,40	20,93	19,60	18,39	17,29	16,29	15,37
31	26,54	24,65	22,94	21,40	20,00	18,74	17,59	16,54	15,59
32	27,27	25,27	23,47	21,85	20,39	19,07	17,87	16,79	15,80
33	27,99	25,88	23,99	22,29	20,77	19,39	18,15	17,02	16,00
34	28,70	26,48	24,50	22,72	21,13	19,70	18,41	17,25	16,19
35	29,41	27,08	25,00	23,15	21,49	20,00	18,66	17,46	16,37
36	30,11	27,66	25,49	23,56	21,83	20,29	18,91	17,67	16,55

Restnutzungs-dauer von ... Jahren	Zinssatz								
	1,0 %	1,5 %	2,0 %	2,5 %	3,0 %	3,5 %	4,0 %	4,5 %	5,0 %
37	30,80	28,24	25,97	23,96	22,17	20,57	19,14	17,86	16,71
38	31,48	28,81	26,44	24,35	22,49	20,84	19,37	18,05	16,87
39	32,16	29,36	26,90	24,73	22,81	21,10	19,58	18,23	17,02
40	32,83	29,92	27,36	25,10	23,11	21,36	19,79	18,40	17,16
41	33,50	30,46	27,80	25,47	23,41	21,60	19,99	18,57	17,29
42	34,16	30,99	28,23	25,82	23,70	21,83	20,19	18,72	17,42
43	34,81	31,52	28,66	26,17	23,98	22,06	20,37	18,87	17,55
44	35,46	32,04	29,08	26,50	24,25	22,28	20,55	19,02	17,66
45	36,09	32,55	29,49	26,83	24,52	22,50	20,72	19,16	17,77
46	36,73	33,06	29,89	27,15	24,78	22,70	20,88	19,29	17,88
47	37,35	33,55	30,29	27,47	25,02	22,90	21,04	19,41	17,98
48	37,97	34,04	30,67	27,77	25,27	23,09	21,20	19,54	18,08
49	38,59	34,52	31,05	28,07	25,50	23,28	21,34	19,65	18,17
50	39,20	35,00	31,42	28,36	25,73	23,46	21,48	19,76	18,26
51	39,80	35,47	31,79	28,65	25,95	23,63	21,62	19,87	18,34
52	40,39	35,93	32,14	28,92	26,17	23,80	21,75	19,97	18,42
53	40,98	36,38	32,50	29,19	26,37	23,96	21,87	20,07	18,49
54	41,57	36,83	32,84	29,46	26,58	24,11	21,99	20,16	18,57
55	42,15	37,27	33,17	29,71	26,77	24,26	22,11	20,25	18,63
56	42,72	37,71	33,50	29,96	26,97	24,41	22,22	20,33	18,70
57	43,29	38,13	33,83	30,21	27,15	24,55	22,33	20,41	18,76
58	43,85	38,56	34,15	30,45	27,33	24,69	22,43	20,49	18,82
59	44,40	38,97	34,46	30,68	27,51	24,82	22,53	20,57	18,88
60	44,96	39,38	34,76	30,91	27,68	24,94	22,62	20,64	18,93
61	45,50	39,78	35,06	31,13	27,84	25,07	22,71	20,71	18,98
62	46,04	40,18	35,35	31,35	28,00	25,19	22,80	20,77	19,03
63	46,57	40,57	35,64	31,56	28,16	25,30	22,89	20,83	19,08
64	47,10	40,96	35,92	31,76	28,31	25,41	22,97	20,89	19,12
65	47,63	41,34	36,20	31,96	28,45	25,52	23,05	20,95	19,16
66	48,15	41,71	36,47	32,16	28,60	25,62	23,12	21,01	19,20
67	48,66	42,08	36,73	32,35	28,73	25,72	23,19	21,06	19,24
68	49,17	42,44	36,99	32,54	28,87	25,82	23,26	21,11	19,28
69	49,67	42,80	37,25	32,72	29,00	25,91	23,33	21,16	19,31
70	50,17	43,15	37,50	32,90	29,12	26,00	23,39	21,20	19,34
71	50,66	43,50	37,74	33,07	29,25	26,09	23,46	21,25	19,37
72	51,15	43,84	37,98	33,24	29,37	26,17	23,52	21,29	19,40
73	51,63	44,18	38,22	33,40	29,48	26,25	23,57	21,33	19,43
74	52,11	44,51	38,45	33,57	29,59	26,33	23,63	21,37	19,46
75	52,59	44,84	38,68	33,72	29,70	26,41	23,68	21,40	19,48

Restnutzungs-dauer von ... Jahren	Zinssatz								
	1,0 %	1,5 %	2,0 %	2,5 %	3,0 %	3,5 %	4,0 %	4,5 %	5,0 %
76	53,06	45,16	38,90	33,88	29,81	26,48	23,73	21,44	19,51
77	53,52	45,48	39,12	34,03	29,91	26,55	23,78	21,47	19,53
78	53,98	45,79	39,33	34,17	30,01	26,62	23,83	21,50	19,56
79	54,44	46,10	39,54	34,31	30,11	26,68	23,87	21,54	19,58
80	54,89	46,41	39,74	34,45	30,20	26,75	23,92	21,57	19,60
81	55,33	46,71	39,95	34,59	30,29	26,81	23,96	21,59	19,62
82	55,78	47,00	40,14	34,72	30,38	26,87	24,00	21,62	19,63
83	56,21	47,29	40,34	34,85	30,47	26,93	24,04	21,65	19,65
84	56,65	47,58	40,53	34,97	30,55	26,98	24,07	21,67	19,67
85	57,08	47,86	40,71	35,10	30,63	27,04	24,11	21,70	19,68
86	57,50	48,14	40,89	35,22	30,71	27,09	24,14	21,72	19,70
87	57,92	48,41	41,07	35,33	30,79	27,14	24,18	21,74	19,71
88	58,34	48,68	41,25	35,45	30,86	27,19	24,21	21,76	19,73
89	58,75	48,95	41,42	35,56	30,93	27,23	24,24	21,78	19,74
90	59,16	49,21	41,59	35,67	31,00	27,28	24,27	21,80	19,75
91	59,57	49,47	41,75	35,77	31,07	27,32	24,30	21,82	19,76
92	59,97	49,72	41,91	35,87	31,14	27,37	24,32	21,83	19,78
93	60,36	49,97	42,07	35,98	31,20	27,41	24,35	21,85	19,79
94	60,75	50,22	42,23	36,07	31,26	27,45	24,37	21,87	19,80
95	61,14	50,46	42,38	36,17	31,32	27,48	24,40	21,88	19,81
96	61,53	50,70	42,53	36,26	31,38	27,52	24,42	21,90	19,82
97	61,91	50,94	42,68	36,35	31,44	27,56	24,44	21,91	19,82
98	62,29	51,17	42,82	36,44	31,49	27,59	24,46	21,92	19,83
99	62,66	51,40	42,96	36,53	31,55	27,62	24,49	21,94	19,84
100	63,03	51,62	43,10	36,61	31,60	27,66	24,50	21,95	19,85

Restnutzungs-dauer von ... Jahren	Zinssatz									
	5,5 %	6,0 %	6,5 %	7,0 %	7,5 %	8,0 %	8,5 %	9,0 %	9,5 %	10,0 %
1	0,95	0,94	0,94	0,93	0,93	0,93	0,92	0,92	0,91	0,91
2	1,85	1,83	1,82	1,81	1,80	1,78	1,77	1,76	1,75	1,74
3	2,70	2,67	2,65	2,62	2,60	2,58	2,55	2,53	2,51	2,49
4	3,51	3,47	3,43	3,39	3,35	3,31	3,28	3,24	3,20	3,17
5	4,27	4,21	4,16	4,10	4,05	3,99	3,94	3,89	3,84	3,79
6	5,00	4,92	4,84	4,77	4,69	4,62	4,55	4,49	4,42	4,36
7	5,68	5,58	5,48	5,39	5,30	5,21	5,12	5,03	4,95	4,87
8	6,33	6,21	6,09	5,97	5,86	5,75	5,64	5,53	5,43	5,33
9	6,95	6,80	6,66	6,52	6,38	6,25	6,12	6,00	5,88	5,76
10	7,54	7,36	7,19	7,02	6,86	6,71	6,56	6,42	6,28	6,14

Restnutzungs-dauer von ... Jahren	Zinssatz									
	5,5 %	6,0 %	6,5 %	7,0 %	7,5 %	8,0 %	8,5 %	9,0 %	9,5 %	10,0 %
11	8,09	7,89	7,69	7,50	7,32	7,14	6,97	6,81	6,65	6,50
12	8,62	8,38	8,16	7,94	7,74	7,54	7,34	7,16	6,98	6,81
13	9,12	8,85	8,60	8,36	8,13	7,90	7,69	7,49	7,29	7,10
14	9,59	9,29	9,01	8,75	8,49	8,24	8,01	7,79	7,57	7,37
15	10,04	9,71	9,40	9,11	8,83	8,56	8,30	8,06	7,83	7,61
16	10,46	10,11	9,77	9,45	9,14	8,85	8,58	8,31	8,06	7,82
17	10,86	10,48	10,11	9,76	9,43	9,12	8,83	8,54	8,28	8,02
18	11,25	10,83	10,43	10,06	9,71	9,37	9,06	8,76	8,47	8,20
19	11,61	11,16	10,73	10,34	9,96	9,60	9,27	8,95	8,65	8,36
20	11,95	11,47	11,02	10,59	10,19	9,82	9,46	9,13	8,81	8,51
21	12,28	11,76	11,28	10,84	10,41	10,02	9,64	9,29	8,96	8,65
22	12,58	12,04	11,54	11,06	10,62	10,20	9,81	9,44	9,10	8,77
23	12,88	12,30	11,77	11,27	10,81	10,37	9,96	9,58	9,22	8,88
24	13,15	12,55	11,99	11,47	10,98	10,53	10,10	9,71	9,33	8,98
25	13,41	12,78	12,20	11,65	11,15	10,67	10,23	9,82	9,44	9,08
26	13,66	13,00	12,39	11,83	11,30	10,81	10,35	9,93	9,53	9,16
27	13,90	13,21	12,57	11,99	11,44	10,94	10,46	10,03	9,62	9,24
28	14,12	13,41	12,75	12,14	11,57	11,05	10,57	10,12	9,70	9,31
29	14,33	13,59	12,91	12,28	11,70	11,16	10,66	10,20	9,77	9,37
30	14,53	13,76	13,06	12,41	11,81	11,26	10,75	10,27	9,83	9,43
31	14,72	13,93	13,20	12,53	11,92	11,35	10,83	10,34	9,89	9,48
32	14,90	14,08	13,33	12,65	12,02	11,43	10,90	10,41	9,95	9,53
33	15,08	14,23	13,46	12,75	12,11	11,51	10,97	10,46	10,00	9,57
34	15,24	14,37	13,58	12,85	12,19	11,59	11,03	10,52	10,05	9,61
35	15,39	14,50	13,69	12,95	12,27	11,65	11,09	10,57	10,09	9,64
36	15,54	14,62	13,79	13,04	12,35	11,72	11,14	10,61	10,13	9,68
37	15,67	14,74	13,89	13,12	12,42	11,78	11,19	10,65	10,16	9,71
38	15,80	14,85	13,98	13,19	12,48	11,83	11,23	10,69	10,19	9,73
39	15,93	14,95	14,06	13,26	12,54	11,88	11,28	10,73	10,22	9,76
40	16,05	15,05	14,15	13,33	12,59	11,92	11,31	10,76	10,25	9,78
41	16,16	15,14	14,22	13,39	12,65	11,97	11,35	10,79	10,27	9,80
42	16,26	15,22	14,29	13,45	12,69	12,01	11,38	10,81	10,29	9,82
43	16,36	15,31	14,36	13,51	12,74	12,04	11,41	10,84	10,31	9,83
44	16,46	15,38	14,42	13,56	12,78	12,08	11,44	10,86	10,33	9,85
45	16,55	15,46	14,48	13,61	12,82	12,11	11,47	10,88	10,35	9,86
46	16,63	15,52	14,54	13,65	12,85	12,14	11,49	10,90	10,36	9,88
47	16,71	15,59	14,59	13,69	12,89	12,16	11,51	10,92	10,38	9,89
48	16,79	15,65	14,64	13,73	12,92	12,19	11,53	10,93	10,39	9,90
49	16,86	15,71	14,68	13,77	12,95	12,21	11,55	10,95	10,40	9,91

Restnutzungs-dauer von ... Jahren	Zinssatz									
	5,5 %	6,0 %	6,5 %	7,0 %	7,5 %	8,0 %	8,5 %	9,0 %	9,5 %	10,0 %
50	16,93	15,76	14,72	13,80	12,97	12,23	11,57	10,96	10,41	9,91
51	17,00	15,81	14,76	13,83	13,00	12,25	11,58	10,97	10,42	9,92
52	17,06	15,86	14,80	13,86	13,02	12,27	11,60	10,99	10,43	9,93
53	17,12	15,91	14,84	13,89	13,04	12,29	11,61	11,00	10,44	9,94
54	17,17	15,95	14,87	13,92	13,06	12,30	11,62	11,01	10,45	9,94
55	17,23	15,99	14,90	13,94	13,08	12,32	11,63	11,01	10,45	9,95
56	17,28	16,03	14,93	13,96	13,10	12,33	11,64	11,02	10,46	9,95
57	17,32	16,06	14,96	13,98	13,12	12,34	11,65	11,03	10,47	9,96
58	17,37	16,10	14,99	14,00	13,13	12,36	11,66	11,04	10,47	9,96
59	17,41	16,13	15,01	14,02	13,15	12,37	11,67	11,04	10,48	9,96
60	17,45	16,16	15,03	14,04	13,16	12,38	11,68	11,05	10,48	9,97
61	17,49	16,19	15,05	14,06	13,17	12,39	11,68	11,05	10,48	9,97
62	17,52	16,22	15,07	14,07	13,18	12,39	11,69	11,06	10,49	9,97
63	17,56	16,24	15,09	14,08	13,19	12,40	11,70	11,06	10,49	9,98
64	17,59	16,27	15,11	14,10	13,20	12,41	11,70	11,07	10,49	9,98
65	17,62	16,29	15,13	14,11	13,21	12,42	11,71	11,07	10,50	9,98
66	17,65	16,31	15,14	14,12	13,22	12,42	11,71	11,07	10,50	9,98
67	17,68	16,33	15,16	14,13	13,23	12,43	11,71	11,08	10,50	9,98
68	17,70	16,35	15,17	14,14	13,24	12,43	11,72	11,08	10,50	9,98
69	17,73	16,37	15,19	14,15	13,24	12,44	11,72	11,08	10,51	9,99
70	17,75	16,38	15,20	14,16	13,25	12,44	11,73	11,08	10,51	9,99
71	17,78	16,40	15,21	14,17	13,25	12,45	11,73	11,09	10,51	9,99
72	17,80	16,42	15,22	14,18	13,26	12,45	11,73	11,09	10,51	9,99
73	17,82	16,43	15,23	14,18	13,27	12,45	11,73	11,09	10,51	9,99
74	17,84	16,44	15,24	14,19	13,27	12,46	11,74	11,09	10,51	9,99
75	17,85	16,46	15,25	14,20	13,27	12,46	11,74	11,09	10,51	9,99
76	17,87	16,47	15,26	14,20	13,28	12,46	11,74	11,10	10,52	9,99
77	17,89	16,48	15,26	14,21	13,28	12,47	11,74	11,10	10,52	9,99
78	17,90	16,49	15,27	14,21	13,29	12,47	11,74	11,10	10,52	9,99
79	17,92	16,50	15,28	14,22	13,29	12,47	11,75	11,10	10,52	9,99
80	17,93	16,51	15,28	14,22	13,29	12,47	11,75	11,10	10,52	10,00
81	17,94	16,52	15,29	14,23	13,30	12,48	11,75	11,10	10,52	10,00
82	17,96	16,53	15,30	14,23	13,30	12,48	11,75	11,10	10,52	10,00
83	17,97	16,53	15,30	14,23	13,30	12,48	11,75	11,10	10,52	10,00
84	17,98	16,54	15,31	14,24	13,30	12,48	11,75	11,10	10,52	10,00
85	17,99	16,55	15,31	14,24	13,30	12,48	11,75	11,10	10,52	10,00
86	18,00	16,56	15,32	14,24	13,31	12,48	11,75	11,10	10,52	10,00
87	18,01	16,56	15,32	14,25	13,31	12,48	11,75	11,10	10,52	10,00
88	18,02	16,57	15,32	14,25	13,31	12,49	11,76	11,11	10,52	10,00

Restnutzungs-dauer von ... Jahren	Zinssatz									
	5,5 %	6,0 %	6,5 %	7,0 %	7,5 %	8,0 %	8,5 %	9,0 %	9,5 %	10,0 %
89	18,03	16,57	15,33	14,25	13,31	12,49	11,76	11,11	10,52	10,00
90	18,03	16,58	15,33	14,25	13,31	12,49	11,76	11,11	10,52	10,00
91	18,04	16,58	15,33	14,26	13,31	12,49	11,76	11,11	10,52	10,00
92	18,05	16,59	15,34	14,26	13,32	12,49	11,76	11,11	10,52	10,00
93	18,06	16,59	15,34	14,26	13,32	12,49	11,76	11,11	10,52	10,00
94	18,06	16,60	15,34	14,26	13,32	12,49	11,76	11,11	10,52	10,00
95	18,07	16,60	15,35	14,26	13,32	12,49	11,76	11,11	10,52	10,00
96	18,08	16,60	15,35	14,26	13,32	12,49	11,76	11,11	10,52	10,00
97	18,08	16,61	15,35	14,27	13,32	12,49	11,76	11,11	10,52	10,00
98	18,09	16,61	15,35	14,27	13,32	12,49	11,76	11,11	10,52	10,00
99	18,09	16,61	15,35	14,27	13,32	12,49	11,76	11,11	10,52	10,00
100	18,10	16,62	15,36	14,27	13,32	12,49	11,76	11,11	10,53	10,00

Berechnungsvorschrift für die der Tabelle nicht zu entnehmenden Barwertfaktoren für die Kapitalisierung

$$\text{Kapitalisierungsfaktor} = \frac{q^n - 1}{q^n \times (q-1)} \qquad q = 1 + \frac{p}{100}$$

p = Liegenschaftszinssatz
n = Restnutzungsdauer

Anlage 2 (zu § 20)
Barwertfaktoren für die Abzinsung

(Fundstelle: BGBl. I 2010, 649 - 652)

Restnutzungs-dauer von ... Jahren	Zinssatz								
	1,0 %	1,5 %	2,0 %	2,5 %	3,0 %	3,5 %	4,0 %	4,5 %	5,0 %
1	0,9901	0,9852	0,9804	0,9756	0,9709	0,9662	0,9615	0,9569	0,9524
2	0,9803	0,9707	0,9612	0,9518	0,9426	0,9335	0,9246	0,9157	0,9070
3	0,9706	0,9563	0,9423	0,9286	0,9151	0,9019	0,8890	0,8763	0,8638
4	0,9610	0,9422	0,9238	0,9060	0,8885	0,8714	0,8548	0,8386	0,8227
5	0,9515	0,9283	0,9057	0,8839	0,8626	0,8420	0,8219	0,8025	0,7835
6	0,9420	0,9145	0,8880	0,8623	0,8375	0,8135	0,7903	0,7679	0,7462
7	0,9327	0,9010	0,8706	0,8413	0,8131	0,7860	0,7599	0,7348	0,7107
8	0,9235	0,8877	0,8535	0,8207	0,7894	0,7594	0,7307	0,7032	0,6768
9	0,9143	0,8746	0,8368	0,8007	0,7664	0,7337	0,7026	0,6729	0,6446
10	0,9053	0,8617	0,8203	0,7812	0,7441	0,7089	0,6756	0,6439	0,6139
11	0,8963	0,8489	0,8043	0,7621	0,7224	0,6849	0,6496	0,6162	0,5847
12	0,8874	0,8364	0,7885	0,7436	0,7014	0,6618	0,6246	0,5897	0,5568
13	0,8787	0,8240	0,7730	0,7254	0,6810	0,6394	0,6006	0,5643	0,5303
14	0,8700	0,8118	0,7579	0,7077	0,6611	0,6178	0,5775	0,5400	0,5051
15	0,8613	0,7999	0,7430	0,6905	0,6419	0,5969	0,5553	0,5167	0,4810
16	0,8528	0,7880	0,7284	0,6736	0,6232	0,5767	0,5339	0,4945	0,4581

Restnutzungs-dauer von ... Jahren	Zinssatz								
	1,0 %	1,5 %	2,0 %	2,5 %	3,0 %	3,5 %	4,0 %	4,5 %	5,0 %
17	0,8444	0,7764	0,7142	0,6572	0,6050	0,5572	0,5134	0,4732	0,4363
18	0,8360	0,7649	0,7002	0,6412	0,5874	0,5384	0,4936	0,4528	0,4155
19	0,8277	0,7536	0,6864	0,6255	0,5703	0,5202	0,4746	0,4333	0,3957
20	0,8195	0,7425	0,6730	0,6103	0,5537	0,5026	0,4564	0,4146	0,3769
21	0,8114	0,7315	0,6598	0,5954	0,5375	0,4856	0,4388	0,3968	0,3589
22	0,8034	0,7207	0,6468	0,5809	0,5219	0,4692	0,4220	0,3797	0,3418
23	0,7954	0,7100	0,6342	0,5667	0,5067	0,4533	0,4057	0,3634	0,3256
24	0,7876	0,6995	0,6217	0,5529	0,4919	0,4380	0,3901	0,3477	0,3101
25	0,7798	0,6892	0,6095	0,5394	0,4776	0,4231	0,3751	0,3327	0,2953
26	0,7720	0,6790	0,5976	0,5262	0,4637	0,4088	0,3607	0,3184	0,2812
27	0,7644	0,6690	0,5859	0,5134	0,4502	0,3950	0,3468	0,3047	0,2678
28	0,7568	0,6591	0,5744	0,5009	0,4371	0,3817	0,3335	0,2916	0,2551
29	0,7493	0,6494	0,5631	0,4887	0,4243	0,3687	0,3207	0,2790	0,2429
30	0,7419	0,6398	0,5521	0,4767	0,4120	0,3563	0,3083	0,2670	0,2314
31	0,7346	0,6303	0,5412	0,4651	0,4000	0,3442	0,2965	0,2555	0,2204
32	0,7273	0,6210	0,5306	0,4538	0,3883	0,3326	0,2851	0,2445	0,2099
33	0,7201	0,6118	0,5202	0,4427	0,3770	0,3213	0,2741	0,2340	0,1999
34	0,7130	0,6028	0,5100	0,4319	0,3660	0,3105	0,2636	0,2239	0,1904
35	0,7059	0,5939	0,5000	0,4214	0,3554	0,3000	0,2534	0,2143	0,1813
36	0,6989	0,5851	0,4902	0,4111	0,3450	0,2898	0,2437	0,2050	0,1727
37	0,6920	0,5764	0,4806	0,4011	0,3350	0,2800	0,2343	0,1962	0,1644
38	0,6852	0,5679	0,4712	0,3913	0,3252	0,2706	0,2253	0,1878	0,1566
39	0,6784	0,5595	0,4619	0,3817	0,3158	0,2614	0,2166	0,1797	0,1491
40	0,6717	0,5513	0,4529	0,3724	0,3066	0,2526	0,2083	0,1719	0,1420
41	0,6650	0,5431	0,4440	0,3633	0,2976	0,2440	0,2003	0,1645	0,1353
42	0,6584	0,5351	0,4353	0,3545	0,2890	0,2358	0,1926	0,1574	0,1288
43	0,6519	0,5272	0,4268	0,3458	0,2805	0,2278	0,1852	0,1507	0,1227
44	0,6454	0,5194	0,4184	0,3374	0,2724	0,2201	0,1780	0,1442	0,1169
45	0,6391	0,5117	0,4102	0,3292	0,2644	0,2127	0,1712	0,1380	0,1113
46	0,6327	0,5042	0,4022	0,3211	0,2567	0,2055	0,1646	0,1320	0,1060
47	0,6265	0,4967	0,3943	0,3133	0,2493	0,1985	0,1583	0,1263	0,1009
48	0,6203	0,4894	0,3865	0,3057	0,2420	0,1918	0,1522	0,1209	0,0961
49	0,6141	0,4821	0,3790	0,2982	0,2350	0,1853	0,1463	0,1157	0,0916
50	0,6080	0,4750	0,3715	0,2909	0,2281	0,1791	0,1407	0,1107	0,0872
51	0,6020	0,4680	0,3642	0,2838	0,2215	0,1730	0,1353	0,1059	0,0831
52	0,5961	0,4611	0,3571	0,2769	0,2150	0,1671	0,1301	0,1014	0,0791
53	0,5902	0,4543	0,3501	0,2702	0,2088	0,1615	0,1251	0,0970	0,0753
54	0,5843	0,4475	0,3432	0,2636	0,2027	0,1560	0,1203	0,0928	0,0717
55	0,5785	0,4409	0,3365	0,2572	0,1968	0,1508	0,1157	0,0888	0,0683

Restnutzungs-dauer von ... Jahren	Zinssatz								
	1,0 %	1,5 %	2,0 %	2,5 %	3,0 %	3,5 %	4,0 %	4,5 %	5,0 %
56	0,5728	0,4344	0,3299	0,2509	0,1910	0,1457	0,1112	0,0850	0,0651
57	0,5671	0,4280	0,3234	0,2448	0,1855	0,1407	0,1069	0,0814	0,0620
58	0,5615	0,4217	0,3171	0,2388	0,1801	0,1360	0,1028	0,0778	0,0590
59	0,5560	0,4154	0,3109	0,2330	0,1748	0,1314	0,0989	0,0745	0,0562
60	0,5504	0,4093	0,3048	0,2273	0,1697	0,1269	0,0951	0,0713	0,0535
61	0,5450	0,4032	0,2988	0,2217	0,1648	0,1226	0,0914	0,0682	0,0510
62	0,5396	0,3973	0,2929	0,2163	0,1600	0,1185	0,0879	0,0653	0,0486
63	0,5343	0,3914	0,2872	0,2111	0,1553	0,1145	0,0845	0,0625	0,0462
64	0,5290	0,3856	0,2816	0,2059	0,1508	0,1106	0,0813	0,0598	0,0440
65	0,5237	0,3799	0,2761	0,2009	0,1464	0,1069	0,0781	0,0572	0,0419
66	0,5185	0,3743	0,2706	0,1960	0,1421	0,1033	0,0751	0,0547	0,0399
67	0,5134	0,3688	0,2653	0,1912	0,1380	0,0998	0,0722	0,0524	0,0380
68	0,5083	0,3633	0,2601	0,1865	0,1340	0,0964	0,0695	0,0501	0,0362
69	0,5033	0,3580	0,2550	0,1820	0,1301	0,0931	0,0668	0,0480	0,0345
70	0,4983	0,3527	0,2500	0,1776	0,1263	0,0900	0,0642	0,0459	0,0329
71	0,4934	0,3475	0,2451	0,1732	0,1226	0,0869	0,0617	0,0439	0,0313
72	0,4885	0,3423	0,2403	0,1690	0,1190	0,0840	0,0594	0,0420	0,0298
73	0,4837	0,3373	0,2356	0,1649	0,1156	0,0812	0,0571	0,0402	0,0284
74	0,4789	0,3323	0,2310	0,1609	0,1122	0,0784	0,0549	0,0385	0,0270
75	0,4741	0,3274	0,2265	0,1569	0,1089	0,0758	0,0528	0,0368	0,0258
76	0,4694	0,3225	0,2220	0,1531	0,1058	0,0732	0,0508	0,0353	0,0245
77	0,4648	0,3178	0,2177	0,1494	0,1027	0,0707	0,0488	0,0337	0,0234
78	0,4602	0,3131	0,2134	0,1457	0,0997	0,0683	0,0469	0,0323	0,0222
79	0,4556	0,3084	0,2092	0,1422	0,0968	0,0660	0,0451	0,0309	0,0212
80	0,4511	0,3039	0,2051	0,1387	0,0940	0,0638	0,0434	0,0296	0,0202
81	0,4467	0,2994	0,2011	0,1353	0,0912	0,0616	0,0417	0,0283	0,0192
82	0,4422	0,2950	0,1971	0,1320	0,0886	0,0596	0,0401	0,0271	0,0183
83	0,4379	0,2906	0,1933	0,1288	0,0860	0,0575	0,0386	0,0259	0,0174
84	0,4335	0,2863	0,1895	0,1257	0,0835	0,0556	0,0371	0,0248	0,0166
85	0,4292	0,2821	0,1858	0,1226	0,0811	0,0537	0,0357	0,0237	0,0158
86	0,4250	0,2779	0,1821	0,1196	0,0787	0,0519	0,0343	0,0227	0,0151
87	0,4208	0,2738	0,1786	0,1167	0,0764	0,0501	0,0330	0,0217	0,0143
88	0,4166	0,2698	0,1751	0,1138	0,0742	0,0484	0,0317	0,0208	0,0137
89	0,4125	0,2658	0,1716	0,1111	0,0720	0,0468	0,0305	0,0199	0,0130
90	0,4084	0,2619	0,1683	0,1084	0,0699	0,0452	0,0293	0,0190	0,0124
91	0,4043	0,2580	0,1650	0,1057	0,0679	0,0437	0,0282	0,0182	0,0118
92	0,4003	0,2542	0,1617	0,1031	0,0659	0,0422	0,0271	0,0174	0,0112
93	0,3964	0,2504	0,1586	0,1006	0,0640	0,0408	0,0261	0,0167	0,0107
94	0,3925	0,2467	0,1554	0,0982	0,0621	0,0394	0,0251	0,0160	0,0102

Restnutzungs-dauer von ... Jahren	Zinssatz								
	1,0 %	1,5 %	2,0 %	2,5 %	3,0 %	3,5 %	4,0 %	4,5 %	5,0 %
95	0,3886	0,2431	0,1524	0,0958	0,0603	0,0381	0,0241	0,0153	0,0097
96	0,3847	0,2395	0,1494	0,0934	0,0586	0,0368	0,0232	0,0146	0,0092
97	0,3809	0,2359	0,1465	0,0912	0,0569	0,0355	0,0223	0,0140	0,0088
98	0,3771	0,2324	0,1436	0,0889	0,0552	0,0343	0,0214	0,0134	0,0084
99	0,3734	0,2290	0,1408	0,0868	0,0536	0,0332	0,0206	0,0128	0,0080
100	0,3697	0,2256	0,1380	0,0846	0,0520	0,0321	0,0198	0,0123	0,0076

Restnutzungs-dauer von ... Jahren	Zinssatz									
	5,5 %	6 %	6,5 %	7 %	7,5 %	8 %	8,5 %	9 %	9,5 %	10 %
1	0,9479	0,9434	0,9390	0,9346	0,9302	0,9259	0,9217	0,9174	0,9132	0,9091
2	0,8985	0,8900	0,8817	0,8734	0,8653	0,8573	0,8495	0,8417	0,8340	0,8264
3	0,8516	0,8396	0,8278	0,8163	0,8050	0,7938	0,7829	0,7722	0,7617	0,7513
4	0,8072	0,7921	0,7773	0,7629	0,7488	0,7350	0,7216	0,7084	0,6956	0,6830
5	0,7651	0,7473	0,7299	0,7130	0,6966	0,6806	0,6650	0,6499	0,6352	0,6209
6	0,7252	0,7050	0,6853	0,6663	0,6480	0,6302	0,6129	0,5963	0,5801	0,5645
7	0,6874	0,6651	0,6435	0,6227	0,6028	0,5835	0,5649	0,5470	0,5298	0,5132
8	0,6516	0,6274	0,6042	0,5820	0,5607	0,5403	0,5207	0,5019	0,4838	0,4665
9	0,6176	0,5919	0,5674	0,5439	0,5216	0,5002	0,4799	0,4604	0,4418	0,4241
10	0,5854	0,5584	0,5327	0,5083	0,4852	0,4632	0,4423	0,4224	0,4035	0,3855
11	0,5549	0,5268	0,5002	0,4751	0,4513	0,4289	0,4076	0,3875	0,3685	0,3505
12	0,5260	0,4970	0,4697	0,4440	0,4199	0,3971	0,3757	0,3555	0,3365	0,3186
13	0,4986	0,4688	0,4410	0,4150	0,3906	0,3677	0,3463	0,3262	0,3073	0,2897
14	0,4726	0,4423	0,4141	0,3878	0,3633	0,3405	0,3191	0,2992	0,2807	0,2633
15	0,4479	0,4173	0,3888	0,3624	0,3380	0,3152	0,2941	0,2745	0,2563	0,2394
16	0,4246	0,3936	0,3651	0,3387	0,3144	0,2919	0,2711	0,2519	0,2341	0,2176
17	0,4024	0,3714	0,3428	0,3166	0,2925	0,2703	0,2499	0,2311	0,2138	0,1978
18	0,3815	0,3503	0,3219	0,2959	0,2720	0,2502	0,2303	0,2120	0,1952	0,1799
19	0,3616	0,3305	0,3022	0,2765	0,2531	0,2317	0,2122	0,1945	0,1783	0,1635
20	0,3427	0,3118	0,2838	0,2584	0,2354	0,2145	0,1956	0,1784	0,1628	0,1486
21	0,3249	0,2942	0,2665	0,2415	0,2190	0,1987	0,1803	0,1637	0,1487	0,1351
22	0,3079	0,2775	0,2502	0,2257	0,2037	0,1839	0,1662	0,1502	0,1358	0,1228
23	0,2919	0,2618	0,2349	0,2109	0,1895	0,1703	0,1531	0,1378	0,1240	0,1117
24	0,2767	0,2470	0,2206	0,1971	0,1763	0,1577	0,1412	0,1264	0,1133	0,1015
25	0,2622	0,2330	0,2071	0,1842	0,1640	0,1460	0,1301	0,1160	0,1034	0,0923
26	0,2486	0,2198	0,1945	0,1722	0,1525	0,1352	0,1199	0,1064	0,0945	0,0839
27	0,2356	0,2074	0,1826	0,1609	0,1419	0,1252	0,1105	0,0976	0,0863	0,0763
28	0,2233	0,1956	0,1715	0,1504	0,1320	0,1159	0,1019	0,0895	0,0788	0,0693
29	0,2117	0,1846	0,1610	0,1406	0,1228	0,1073	0,0939	0,0822	0,0719	0,0630
30	0,2006	0,1741	0,1512	0,1314	0,1142	0,0994	0,0865	0,0754	0,0657	0,0573

Restnutzungs-dauer von ... Jahren	Zinssatz									
	5,5 %	6 %	6,5 %	7 %	7,5 %	8 %	8,5 %	9 %	9,5 %	10 %
31	0,1902	0,1643	0,1420	0,1228	0,1063	0,0920	0,0797	0,0691	0,0600	0,0521
32	0,1803	0,1550	0,1333	0,1147	0,0988	0,0852	0,0735	0,0634	0,0548	0,0474
33	0,1709	0,1462	0,1252	0,1072	0,0919	0,0789	0,0677	0,0582	0,0500	0,0431
34	0,1620	0,1379	0,1175	0,1002	0,0855	0,0730	0,0624	0,0534	0,0457	0,0391
35	0,1535	0,1301	0,1103	0,0937	0,0796	0,0676	0,0575	0,0490	0,0417	0,0356
36	0,1455	0,1227	0,1036	0,0875	0,0740	0,0626	0,0530	0,0449	0,0381	0,0323
37	0,1379	0,1158	0,0973	0,0818	0,0688	0,0580	0,0489	0,0412	0,0348	0,0294
38	0,1307	0,1092	0,0914	0,0765	0,0640	0,0537	0,0450	0,0378	0,0318	0,0267
39	0,1239	0,1031	0,0858	0,0715	0,0596	0,0497	0,0415	0,0347	0,0290	0,0243
40	0,1175	0,0972	0,0805	0,0668	0,0554	0,0460	0,0383	0,0318	0,0265	0,0221
41	0,1113	0,0917	0,0756	0,0624	0,0516	0,0426	0,0353	0,0292	0,0242	0,0201
42	0,1055	0,0865	0,0710	0,0583	0,0480	0,0395	0,0325	0,0268	0,0221	0,0183
43	0,1000	0,0816	0,0667	0,0545	0,0446	0,0365	0,0300	0,0246	0,0202	0,0166
44	0,0948	0,0770	0,0626	0,0509	0,0415	0,0338	0,0276	0,0226	0,0184	0,0151
45	0,0899	0,0727	0,0588	0,0476	0,0386	0,0313	0,0254	0,0207	0,0168	0,0137
46	0,0852	0,0685	0,0552	0,0445	0,0359	0,0290	0,0235	0,0190	0,0154	0,0125
47	0,0807	0,0647	0,0518	0,0416	0,0334	0,0269	0,0216	0,0174	0,0140	0,0113
48	0,0765	0,0610	0,0487	0,0389	0,0311	0,0249	0,0199	0,0160	0,0128	0,0103
49	0,0725	0,0575	0,0457	0,0363	0,0289	0,0230	0,0184	0,0147	0,0117	0,0094
50	0,0688	0,0543	0,0429	0,0339	0,0269	0,0213	0,0169	0,0134	0,0107	0,0085
51	0,0652	0,0512	0,0403	0,0317	0,0250	0,0197	0,0156	0,0123	0,0098	0,0077
52	0,0618	0,0483	0,0378	0,0297	0,0233	0,0183	0,0144	0,0113	0,0089	0,0070
53	0,0586	0,0456	0,0355	0,0277	0,0216	0,0169	0,0133	0,0104	0,0081	0,0064
54	0,0555	0,0430	0,0334	0,0259	0,0201	0,0157	0,0122	0,0095	0,0074	0,0058
55	0,0526	0,0406	0,0313	0,0242	0,0187	0,0145	0,0113	0,0087	0,0068	0,0053
56	0,0499	0,0383	0,0294	0,0226	0,0174	0,0134	0,0104	0,0080	0,0062	0,0048
57	0,0473	0,0361	0,0276	0,0211	0,0162	0,0124	0,0096	0,0074	0,0057	0,0044
58	0,0448	0,0341	0,0259	0,0198	0,0151	0,0115	0,0088	0,0067	0,0052	0,0040
59	0,0425	0,0321	0,0243	0,0185	0,0140	0,0107	0,0081	0,0062	0,0047	0,0036
60	0,0403	0,0303	0,0229	0,0173	0,0130	0,0099	0,0075	0,0057	0,0043	0,0033
61	0,0382	0,0286	0,0215	0,0161	0,0121	0,0091	0,0069	0,0052	0,0039	0,0030
62	0,0362	0,0270	0,0202	0,0151	0,0113	0,0085	0,0064	0,0048	0,0036	0,0027
63	0,0343	0,0255	0,0189	0,0141	0,0105	0,0078	0,0059	0,0044	0,0033	0,0025
64	0,0325	0,0240	0,0178	0,0132	0,0098	0,0073	0,0054	0,0040	0,0030	0,0022
65	0,0308	0,0227	0,0167	0,0123	0,0091	0,0067	0,0050	0,0037	0,0027	0,0020
66	0,0292	0,0214	0,0157	0,0115	0,0085	0,0062	0,0046	0,0034	0,0025	0,0019
67	0,0277	0,0202	0,0147	0,0107	0,0079	0,0058	0,0042	0,0031	0,0023	0,0017
68	0,0262	0,0190	0,0138	0,0100	0,0073	0,0053	0,0039	0,0029	0,0021	0,0015
69	0,0249	0,0179	0,0130	0,0094	0,0068	0,0049	0,0036	0,0026	0,0019	0,0014
70	0,0236	0,0169	0,0122	0,0088	0,0063	0,0046	0,0033	0,0024	0,0017	0,0013

Restnutzungs-dauer von ... Jahren	Zinssatz									
	5,5 %	6 %	6,5 %	7 %	7,5 %	8 %	8,5 %	9 %	9,5 %	10 %
71	0,0223	0,0160	0,0114	0,0082	0,0059	0,0042	0,0031	0,0022	0,0016	0,0012
72	0,0212	0,0151	0,0107	0,0077	0,0055	0,0039	0,0028	0,0020	0,0015	0,0010
73	0,0201	0,0142	0,0101	0,0072	0,0051	0,0036	0,0026	0,0019	0,0013	0,0010
74	0,0190	0,0134	0,0095	0,0067	0,0047	0,0034	0,0024	0,0017	0,0012	0,0009
75	0,0180	0,0126	0,0089	0,0063	0,0044	0,0031	0,0022	0,0016	0,0011	0,0008
76	0,0171	0,0119	0,0083	0,0058	0,0041	0,0029	0,0020	0,0014	0,0010	0,0007
77	0,0162	0,0113	0,0078	0,0055	0,0038	0,0027	0,0019	0,0013	0,0009	0,0006
78	0,0154	0,0106	0,0074	0,0051	0,0035	0,0025	0,0017	0,0012	0,0008	0,0006
79	0,0146	0,0100	0,0069	0,0048	0,0033	0,0023	0,0016	0,0011	0,0008	0,0005
80	0,0138	0,0095	0,0065	0,0045	0,0031	0,0021	0,0015	0,0010	0,0007	0,0005
81	0,0131	0,0089	0,0061	0,0042	0,0029	0,0020	0,0013	0,0009	0,0006	0,0004
82	0,0124	0,0084	0,0057	0,0039	0,0027	0,0018	0,0012	0,0009	0,0006	0,0004
83	0,0118	0,0079	0,0054	0,0036	0,0025	0,0017	0,0011	0,0008	0,0005	0,0004
84	0,0111	0,0075	0,0050	0,0034	0,0023	0,0016	0,0011	0,0007	0,0005	0,0003
85	0,0106	0,0071	0,0047	0,0032	0,0021	0,0014	0,0010	0,0007	0,0004	0,0003
86	0,0100	0,0067	0,0044	0,0030	0,0020	0,0013	0,0009	0,0006	0,0004	0,0003
87	0,0095	0,0063	0,0042	0,0028	0,0019	0,0012	0,0008	0,0006	0,0004	0,0003
88	0,0090	0,0059	0,0039	0,0026	0,0017	0,0011	0,0008	0,0005	0,0003	0,0002
89	0,0085	0,0056	0,0037	0,0024	0,0016	0,0011	0,0007	0,0005	0,0003	0,0002
90	0,0081	0,0053	0,0035	0,0023	0,0015	0,0010	0,0006	0,0004	0,0003	0,0002
91	0,0077	0,0050	0,0032	0,0021	0,0014	0,0009	0,0006	0,0004	0,0003	0,0002
92	0,0073	0,0047	0,0030	0,0020	0,0013	0,0008	0,0006	0,0004	0,0002	0,0002
93	0,0069	0,0044	0,0029	0,0019	0,0012	0,0008	0,0005	0,0003	0,0002	0,0001
94	0,0065	0,0042	0,0027	0,0017	0,0011	0,0007	0,0005	0,0003	0,0002	0,0001
95	0,0062	0,0039	0,0025	0,0016	0,0010	0,0007	0,0004	0,0003	0,0002	0,0001
96	0,0059	0,0037	0,0024	0,0015	0,0010	0,0006	0,0004	0,0003	0,0002	0,0001
97	0,0056	0,0035	0,0022	0,0014	0,0009	0,0006	0,0004	0,0002	0,0002	0,0001
98	0,0053	0,0033	0,0021	0,0013	0,0008	0,0005	0,0003	0,0002	0,0001	0,0001
99	0,0050	0,0031	0,0020	0,0012	0,0008	0,0005	0,0003	0,0002	0,0001	0,0001
100	0,0047	0,0029	0,0018	0,0012	0,0007	0,0005	0,0003	0,0002	0,0001	0,0001

Berechnungsvorschrift für die der Tabelle nicht zu entnehmenden Barwertfaktoren für die Abzinsung

Abzinsungsfaktor = $q^{-n} = \frac{1}{q^n}$ $\qquad q = 1 + \frac{p}{100}$

p = Liegenschaftszinssatz
n = Restnutzungsdauer

Sechzehnte Verordnung zur Durchführung des Bundes-Immissionsschutzgesetzes (Verkehrslärmschutzverordnung - 16. BImSchV)

16. BImSchV

Ausfertigungsdatum: 12.06.1990

Vollzitat:

"Verkehrslärmschutzverordnung vom 12. Juni 1990 (BGBl. I S. 1036), die zuletzt durch Artikel 1 der Verordnung vom 4. November 2020 (BGBl. I S. 2334) geändert worden ist"

Stand: Zuletzt geändert durch Art. 1 V v. 4.11.2020 I 2334

Fußnote

(+++ Textnachweis ab: 21.6.1990 +++)

Eingangsformel

Auf Grund des § 43 Abs. 1 Satz 1 Nr. 1 des Bundesimmissionsschutzgesetzes vom 15. März 1974 (BGBl. I S. 721, 1193) verordnet die Bundesregierung nach Anhörung der beteiligten Kreise:

§ 1 Anwendungsbereich

(1) Die Verordnung gilt für den Bau oder die wesentliche Änderung von öffentlichen Straßen sowie von Schienenwegen der Eisenbahnen und Straßenbahnen (Straßen und Schienenwege).

(2) Die Änderung ist wesentlich, wenn

1. eine Straße um einen oder mehrere durchgehende Fahrstreifen für den Kraftfahrzeugverkehr oder ein Schienenweg um ein oder mehrere durchgehende Gleise baulich erweitert wird oder
2. durch einen erheblichen baulichen Eingriff der Beurteilungspegel des von dem zu ändernden Verkehrsweg ausgehenden Verkehrslärms um mindestens 3 Dezibel (A) oder auf mindestens 70 Dezibel (A) am Tage oder mindestens 60 Dezibel (A) in der Nacht erhöht wird.

Eine Änderung ist auch wesentlich, wenn der Beurteilungspegel des von dem zu ändernden Verkehrsweg ausgehenden Verkehrslärms von mindestens 70 Dezibel (A) am Tage oder 60 Dezibel (A) in der Nacht durch einen erheblichen baulichen Eingriff erhöht wird; dies gilt nicht in Gewerbegebieten.

§ 2 Immissionsgrenzwerte

(1) Zum Schutz der Nachbarschaft vor schädlichen Umwelteinwirkungen durch Verkehrsgeräusche ist bei dem Bau oder der wesentlichen Änderung sicherzustellen, daß der Beurteilungspegel einen der folgenden Immissionsgrenzwerte nicht überschreitet:

		Tag	Nacht
1.	an Krankenhäusern, Schulen, Kurheimen und Altenheimen		
		57 Dezibel (A)	47 Dezibel (A)
2.	in reinen und allgemeinen Wohngebieten und Kleinsiedlungsgebieten		
		59 Dezibel (A)	49 Dezibel (A)
3.	in Kerngebieten, Dorfgebieten, Mischgebieten und Urbanen Gebieten		
		64 Dezibel (A)	54 Dezibel (A)
4.	in Gewerbegebieten		
		69 Dezibel (A)	59 Dezibel (A)

(2) Die Art der in Absatz 1 bezeichneten Anlagen und Gebiete ergibt sich aus den Festsetzungen in den Bebauungsplänen. Sonstige in Bebauungsplänen festgesetzte Flächen für Anlagen und Gebiete sowie Anlagen und Gebiete, für die keine Festsetzungen bestehen, sind nach Absatz 1, bauliche Anlagen im Außenbereich nach Absatz 1 Nr. 1, 3 und 4 entsprechend der Schutzbedürftigkeit zu beurteilen.

(3) Wird die zu schützende Nutzung nur am Tage oder nur in der Nacht ausgeübt, so ist nur der Immissionsgrenzwert für diesen Zeitraum anzuwenden.

(4) Die Bundesregierung erstattet spätestens im Jahre 2025 und dann fortlaufend alle zehn Jahre dem Deutschen Bundestag Bericht über die Durchführung der Verordnung. In dem Bericht wird insbesondere dargestellt, ob die in § 2 Absatz 1 genannten Immissionsgrenzwerte dem Stand der Lärmwirkungsforschung entsprechen und ob weitere Maßnahmen zum Schutz vor schädlichen Umwelteinwirkungen durch Verkehrsgeräusche erforderlich sind.

§ 3 Berechnung des Beurteilungspegels für Straßen

(1) Der Beurteilungspegel für Straßen ist nach Abschnitt 3 in Verbindung mit Abschnitt 1 der Richtlinien für den Lärmschutz an Straßen - Ausgabe 2019 - RLS-19 (VkBl. 2019, Heft 20, lfd. Nr. 139, S. 698) zu berechnen. Die Berechnung hat getrennt für den Beurteilungszeitraum Tag (6 Uhr bis 22 Uhr) und den Beurteilungszeitraum Nacht (22 Uhr bis 6 Uhr) zu erfolgen.

(2) Bei der Berechnung sind insbesondere folgende Rahmenbedingungen zu beachten:

1. die Geräuschemissionen von den Kraftfahrzeugen,
2. die akustischen Eigenschaften der Straßendeckschicht und
3. die Einflüsse auf dem Ausbreitungsweg.

(3) Die akustischen Eigenschaften der Straßendeckschicht nach Absatz 2 Nummer 2 werden beachtet, indem die Bauweise einem Straßendeckschichttyp zugeordnet wird, der aufgeführt ist in der jeweils jüngsten veröffentlichten Fassung der Tabellen 4a oder 4b der Richtlinien für den Lärmschutz an Straßen - Ausgabe 2019 - RLS-19 (VkBl. 2019, Heft 20, lfd. Nr. 139, S. 698) und mit der festgelegten Straßendeckschichtkorrektur in die Berechnung eingestellt wird.

§ 3a Festlegung der Straßendeckschichtkorrektur

(1) Für eine Bauweise, die keinem Straßendeckschichttyp entspricht, der aufgeführt ist in der jeweils jüngsten veröffentlichten Fassung der Tabellen 4a oder 4b der Richtlinien für den Lärmschutz an Straßen - Ausgabe 2019 - RLS-19 (VkBl. 2019, Heft 20, lfd. Nr. 139, S. 698), legt das Bundesministerium für Verkehr und digitale Infrastruktur im Einvernehmen mit dem Bundesministerium für Umwelt, Naturschutz und nukleare Sicherheit eine Straßendeckschichtkorrektur fest, wenn

1. die Bauweise mindestens den allgemein anerkannten Regeln der Technik entspricht und
2. die Bundesanstalt für Straßenwesen eine Straßendeckschichtkorrektur nach den Technischen Prüfvorschriften zur Korrekturwertbestimmung der Geräuschemission von Straßendeckschichten - Ausgabe 2019 - TP KoSD-19 (VkBl. 2019, Heft 20, lfd. Nr. 140, S. 698) ermittelt hat.

(2) Das Bundesministerium für Verkehr und digitale Infrastruktur gibt die Straßendeckschichtkorrektur im Verkehrsblatt bekannt. Die Bekanntgabe erfolgt durch die Ergänzung oder Änderung der Tabellen 4a oder 4b der Richtlinien für den Lärmschutz an Straßen - Ausgabe 2019 - RLS-19 (VkBl. 2019, Heft 20, lfd. Nr. 139, S. 698). Ab dem Zeitpunkt der Bekanntmachung ist die Straßendeckschichtkorrektur in die Berechnung nach § 3 einzustellen.

(3) Ändert sich die Bauweise für einen Straßendeckschichttyp, der aufgeführt ist in der jeweils jüngsten veröffentlichten Fassung der Tabellen 4a oder 4b der Richtlinien für den Lärmschutz an Straßen - Ausgabe 2019 - RLS-19 (VkBl. 2019, Heft 20, lfd. Nr. 139, S. 698), kann das Bundesministerium für Verkehr und digitale Infrastruktur im Einvernehmen mit dem Bundesministerium für Umwelt, Naturschutz und nukleare Sicherheit festlegen, dass die bisherige Straßendeckschichtkorrektur anzuwenden ist, wenn die geänderte Bauweise

1. mindestens den allgemein anerkannten Regeln der Technik entspricht und
2. die akustischen Eigenschaften der Straßendeckschicht nicht verschlechtert.

Die bisherige Straßendeckschichtkorrektur ist solange anzuwenden, bis für die geänderte Bauweise eine neue Straßendeckschichtkorrektur nach Maßgabe der Absätze 1 und 2 festgelegt und bekanntgemacht wird.

§ 4 Berechnung des Beurteilungspegels für Schienenwege

(1) Der Beurteilungspegel für Schienenwege ist nach Anlage 2 zu berechnen. Die Berechnung hat getrennt für den Beurteilungszeitraum Tag (6 Uhr bis 22 Uhr) und den Beurteilungszeitraum Nacht (22 Uhr bis 6 Uhr) zu erfolgen.

(2) Bei der Berechnung sind insbesondere folgende Rahmenbedingungen zu beachten:

1. die Schallpegelkennwerte von Fahrzeugen und Fahrwegen,
2. die Einflüsse auf dem Ausbreitungsweg,
3. die Besonderheiten des Schienenverkehrs durch Auf- oder Abschläge
   a) für die Lästigkeit von Geräuschen infolge ihres zeitlichen Verlaufs, ihrer Dauer, ihrer Häufigkeit und ihrer Frequenz sowie
   b) für die Lästigkeit ton- oder impulshaltiger Geräusche.

(3) Abweichend von Absatz 1 Satz 1 ist für Abschnitte von Vorhaben, für die bis zum 31. Dezember 2014 das Planfeststellungsverfahren bereits eröffnet und die Auslegung des Plans öffentlich bekannt gemacht worden ist, § 3 in Verbindung mit Anlage 2 in der bis zum 31. Dezember 2014 geltenden Fassung weiter anzuwenden. § 43 Absatz 1 Satz 3 des Bundes-Immissionsschutzgesetzes bleibt unberührt.

§ 5 Festlegung akustischer Kennwerte für abweichende Bahntechnik und schalltechnische Innovationen

(1) Abweichende Bahntechnik oder schalltechnische Innovationen dürfen bei der Berechnung des Beurteilungspegels nach § 4 Absatz 1 Satz 1 nur berücksichtigt werden, wenn die zuständige Behörde in einem Verfahren nach Maßgabe der Absätze 2 bis 4 für die Berechnung akustische Kennwerte festgelegt hat. Abweichende Bahntechnik ist Technik, die nicht in Anlage 2 Nummer 3 bis 6 oder Beiblatt 1 bis 3 aufgeführt ist und die einem der folgenden Bereiche zuzuordnen ist:

1. Fahrbahnarten,
2. Schallminderungsmaßnahmen am Gleis oder am Rad oder
3. bahnspezifische Schallminderungsmaßnahmen im Ausbreitungsweg.

Schalltechnische Innovationen sind technische Neu- und Weiterentwicklungen zu der in Anlage 2 Nummer 3 bis 6 oder Beiblatt 1 bis 3 aufgeführten Bahntechnik, die Auswirkungen auf die Geräuschemission und -immission dieser Bahntechnik haben.

(2) Über die Festlegung akustischer Kennwerte entscheidet auf Antrag für die Eisenbahnen des Bundes das Eisenbahn-Bundesamt und für sonstige Bahnen die jeweils nach Landesrecht zuständige Behörde. Ein akustischer Kennwert ist festzulegen, wenn die Emissionsdaten der abweichenden Bahntechnik oder der schalltechnischen Innovationen für diese Technik bezeichnend sind und wenn bei schalltechnischen Innovationen die akustischen Kennwerte von den in Anlage 2 Nummer 3 bis 6 oder Beiblatt 1 bis 3 jeweils genannten Kennwerten wesentlich abweichen. Eine wesentliche Abweichung muss mindestens die in der Anlage 2 Nummer 9.2.2 genannten Werte erreichen.

(3) Berechtigt, einen Antrag nach Absatz 2 Satz 1 zu stellen, sind

1. Eisenbahninfrastrukturunternehmen,
2. Inhaber der Schutzrechte von abweichenden Bahntechniken oder von schalltechnischen Innovationen und
3. Lizenznehmer von abweichenden Bahntechniken oder von schalltechnischen Innovationen.

(4) Der Antrag nach Absatz 2 Satz 1 muss folgende Angaben und Unterlagen enthalten:

1. eine Beschreibung der abweichenden Bahntechnik oder schalltechnischen Innovation, für die die Festlegung akustischer Kennwerte beantragt wird, wobei insbesondere darzulegen ist, worin sich die abweichende Bahntechnik oder schalltechnische Innovation von der in Anlage 2 aufgeführten entsprechenden Technik unterscheidet,

2. das Gutachten einer anerkannten Messstelle nach Anlage 2 Nummer 9.3,
3. einen Vorschlag, zu welcher Regelung der Anlage 2 Nummer 3 bis 6 oder Beiblatt 1 bis 3 die abweichende Bahntechnik ergänzend oder die schalltechnische Innovation abweichend beschrieben werden kann, unter Beifügung eines Datenblattes, das die in der vorgeschlagenen Zuordnung üblichen akustischen Kennwerte darstellt,
4. eine Beschreibung, wie sich die akustische Wirksamkeit durch betriebsüblichen Verschleiß verändert.

(5) Die zuständige Behörde gibt dem Antragsteller die Entscheidung nach Absatz 2 Satz 1 schriftlich bekannt. Die zuständige Behörde macht zudem eine Festlegung akustischer Kennwerte nach Absatz 2 Satz 1 öffentlich bekannt.

§ 6 Übergangsregelung für die Berechnung des Beurteilungspegels für Straßen

Der Beurteilungspegel für den jeweiligen Abschnitt eines Straßenbauvorhabens berechnet sich nach den Vorschriften dieser Verordnung in der bis zum Ablauf des 28. Februar 2021 geltenden Fassung, wenn vor dem Ablauf des 1. März 2021

1. der Antrag auf Durchführung des Planfeststellungs- oder Plangenehmigungsverfahrens gestellt worden ist oder
2. für den Fall, dass ein Bebauungsplan die Planfeststellung ersetzt, der Beschluss nach § 2 Absatz 1 Satz 2 des Baugesetzbuchs in der Fassung der Bekanntmachung vom 3. November 2017 (BGBl. I S. 3634), gefasst und ortsüblich bekannt gemacht worden ist.

Schlußformel

Der Bundesrat hat zugestimmt.

Anlage 1 (weggefallen)

Anlage 2 (zu § 4)
Berechnung des Beurteilungspegels für Schienenwege (Schall 03)

(Fundstelle: BGBl. I 2014 S. 2271 - 2313)

Vierundzwanzigste Verordnung zur Durchführung des Bundes-Immissionsschutzgesetzes (Verkehrswege-Schallschutzmaßnahmenverordnung - 24. BImSchV)

24. BImSchV

Ausfertigungsdatum: 04.02.1997

Vollzitat:

"Verkehrswege-Schallschutzmaßnahmenverordnung vom 4. Februar 1997 (BGBl. I S. 172, 1253), die durch Artikel 3 der Verordnung vom 23. September 1997 (BGBl. I S. 2329) geändert worden ist"

Stand: Geändert durch Art. 3 V v. 23.9.1997 I 2329

Fußnote

(+++ Textnachweis ab: 13.2.1997 +++)

Eingangsformel

Auf Grund des § 43 Abs. 1 Satz 1 Nr. 3 des Bundes-Immissionsschutzgesetzes in der Fassung der Bekanntmachung vom 14. Mai 1990 (BGBl. I S. 880) verordnet die Bundesregierung nach Anhörung der beteiligten Kreise:

§ 1 Anwendungsbereich

Die Verordnung legt Art und Umfang der zum Schutz vor schädlichen Umwelteinwirkungen durch Verkehrsgeräusche notwendigen Schallschutzmaßnahmen für schutzbedürftige Räume in baulichen Anlagen fest,

1. soweit durch den Bau oder die wesentliche Änderung öffentlicher Straßen sowie von Schienenwegen der Eisenbahnen und Straßenbahnen die in § 2 der Verkehrslärmschutzverordnung vom 12. Juni 1990 (BGBl. I S. 1036) oder
2. soweit durch den Bau oder die wesentliche Änderung von Verkehrswegen der Magnetschwebebahnen die in § 2 der Magnetschwebebahn-Lärmschutzverordnung vom 23. September 1997 (BGBl. I S. 2329, 2338)

festgelegten Immissionsgrenzwerte überschritten werden.

§ 2 Art der Schallschutzmaßnahmen, Begriffsbestimmungen

(1) Schallschutzmaßnahmen im Sinne dieser Verordnung sind bauliche Verbesserungen an Umfassungsbauteilen schutzbedürftiger Räume, die die Einwirkungen durch Verkehrslärm mindern. Zu den Schallschutzmaßnahmen gehört auch der Einbau von Lüftungseinrichtungen in Räumen, die überwiegend zum Schlafen benutzt werden, und in schutzbedürftigen Räumen mit sauerstoffverbrauchender Energiequelle.

(2) Schutzbedürftig sind die in Tabelle 1 Spalte 1 der Anlage zu dieser Verordnung genannten Aufenthaltsräume.

(3) Umfassungsbauteile sind Bauteile, die schutzbedürftige Räume baulicher Anlagen nach außen abschließen, insbesondere Fenster, Türen, Rolladenkästen, Wände, Dächer sowie Decken unter nicht ausgebauten Dachräumen.

(4) Schallschutzmaßnahmen im Sinne dieser Verordnung sind nicht erforderlich, wenn eine bauliche Anlage

1. zum Abbruch bestimmt ist oder dieser bauordnungsrechtlich gefordert wird;
2. bei der Auslegung der Pläne im Planfeststellungsverfahren, bei Bekanntgabe der Plangenehmigung oder der Auslegung des Entwurfs der Bauleitpläne mit ausgewiesener Wegeplanung noch nicht genehmigt war oder sonst nach den baurechtlichen Vorschriften mit dem Bau noch nicht begonnen werden durfte.

§ 3 Umfang der Schallschutzmaßnahmen

(1) Die Schalldämmung von Umfassungsbauteilen ist so zu verbessern, daß die gesamte Außenfläche des Raumes das nach der Gleichung (1) oder (2) der Anlage zu dieser Verordnung bestimmte erforderliche bewertete Schalldämm-Maß nicht unterschreitet. Ist eine Verbesserung notwendig, so soll die Verbesserung beim einzelnen Umfassungbauteil mindestens 5 Dezibel betragen.

(2) Die vorhandenen bewerteten Schalldämm-Maße der einzelnen Umfassungsbauteile werden nach den Ausführungsbeispielen in dem Beiblatt 1 zu DIN 4109, Ausgabe November 1989, bestimmt. Entsprechen sie nicht den Ausführungsbeispielen, werden sie nach der Norm DIN 52210 Teil 5, Ausgabe Juli 1985, ermittelt.

(3) Das erforderliche bewertete Schalldämm-Maß eines einzelnen zu verbessernden Bauteils wird nach Gleichung (3) der Anlage zu dieser Verordnung berechnet.

(4) Das zu verbessernde bewertete Schalldämm-Maß der gesamten Außenfläche eines Raumes wird nach Gleichung (4) der Anlage zu dieser Verordnung berechnet.

§ 4 Zugänglichkeit der Normblätter

DIN-Normblätter, auf die in dieser Verordnung verwiesen wird, sind beim Beuth Verlag GmbH, Berlin und Köln, zu beziehen und beim Deutschen Patentamt in München archivmäßig gesichert niedergelegt.

§ 5 Inkrafttreten

Diese Verordnung tritt am Tage nach der Verkündung in Kraft.

Schlußformel

Der Bundesrat hat zugestimmt.

Anlage (zu § 2 Abs. 2 und § 3 Abs. 1, 3 und 4)
Berechnung der erforderlichen bewerteten Schalldämm-Maße

(Fundstelle: BGBl. I 1997, 173)

Bundesanzeiger
Herausgegeben vom
Bundesministerium der Justiz
und für Verbraucherschutz
www.bundesanzeiger.de

Bekanntmachung
Veröffentlicht am Dienstag, 4. Juni 2019
BAnz AT 04.06.2019 B5
Seite 1 von 32

Bundesanstalt für Immobilienaufgaben

Bekanntmachung der Richtlinien für die Ermittlung des Verkehrswertes landwirtschaftlicher Grundstücke und Betriebe, anderer Substanzverluste und Vermögensnachteile (Entschädigungsrichtlinien Landwirtschaft – LandR 19)

Vom 3. Mai 2019

Die nachstehenden Richtlinien werden hiermit bekannt gemacht (Anhang). Sie treten an die Stelle der Entschädigungsrichtlinien Landwirtschaft vom 28. Juli 1978 (Beilage Nr. 21 zum BAnz. Nr. 181 vom 26. September 1978).

Bonn, den 3. Mai 2019
ZEPM.VV3600 – 1/19

Bundesanstalt
für Immobilienaufgaben

In Vertretung
Sabine Lorscheid

Bundesanzeiger
Herausgegeben vom Bundesministerium der Justiz und für Verbraucherschutz
www.bundesanzeiger.de

Bekanntmachung
Veröffentlicht am Dienstag, 4. Juni 2019
BAnz AT 04.06.2019 B5
Seite 2 von 32

Anhang

Richtlinien für die Ermittlung des Verkehrswertes landwirtschaftlicher Grundstücke und Betriebe, anderer Substanzverluste und Vermögensnachteile (Entschädigungsrichtlinien Landwirtschaft – LandR 19)

Vom 3. Mai 2019

Inhaltsübersicht

Bundesanzeiger
Herausgegeben vom Bundesministerium der Justiz und für Verbraucherschutz
www.bundesanzeiger.de

Bekanntmachung
Veröffentlicht am Dienstag, 4. Juni 2019
BAnz AT 04.06.2019 B5
Seite 3 von 32

1 Vorbemerkungen

1.1 Anwendung der Richtlinien

Die Richtlinien sind anzuwenden bei der Wert- und Entschädigungsermittlung von landwirtschaftlichen Grundstücken und Betrieben, die vom Bund zu erwerben und zu veräußern sind.

Landwirtschaftliche Grundstücke sind Flächen, die ohne Bauerwartungsland, Rohbauland oder baureifes Land zu sein, landwirtschaftlich nutzbar sind (§ 5 Absatz 1 der Immobilienwertermittlungsverordnung). Hierzu zählen auch Grundstücke des Obst-, Wein- und Gartenbaues und sonstiger Dauerkulturen. Zum Anwendungsbereich der LandR 19 zählen auch Grundstücke anderer Qualität, die zum Zeitpunkt des Eingriffs landwirtschaftlich genutzt werden.

Die Immobilienwertermittlungsverordnung (ImmoWertV) vom 19. Mai 2010 (BGBl. I S. 639) und die dazu veröffentlichten Wertermittlungsrichtlinien in den jeweils geltenden Fassungen sind ergänzend heranzuziehen.

1.2 Grundsätze

Die Wert- und Entschädigungsermittlung richtet sich nach den enteignungsrechtlichen Grundsätzen (z. B. gemäß Baugesetzbuch [BauGB], Landesenteignungsgesetzen, Landbeschaffungsgesetz oder anderen gesetzlichen Regelungen). Nach § 93 BauGB (siehe Anlage 2 Nummer 1) ist eine Entschädigung für den Rechtsverlust und andere Vermögensnachteile zu ermitteln, die sich nach den Grundsätzen des Enteignungsrechts als unmittelbare und erzwungene Folgen der Beeinträchtigung einer Rechtsposition ergeben.

Die Folgen der Beeinträchtigung müssen wegen der unterschiedlichen Rechtspositionen der Betroffenen, Eigentümer und Pächter, getrennt ermittelt und entschädigt werden. Eine gegenseitige Anrechnung oder Verrechnung zwischen Eigentümerentschädigung und Pächterentschädigung ist nicht zulässig.

Die Entschädigung bemisst sich unter gerechter Abwägung der Interessen der Allgemeinheit und der Betroffenen allein nach dem Wert des genommenen Rechts (Abwägungsgebot gemäß Artikel 14 Absatz 3 Satz 3 des Grundgesetzes). Im Unterschied zum Schadensersatz soll die Entschädigung die Betroffenen „bildhaft", also abstrakt, in die Lage versetzen, sich einen gleichwertigen Vermögensgegenstand zu beschaffen.

Die Ermittlungen und deren Ergebnisse sind in einem Gutachten darzustellen. Sein Inhalt muss nachprüfbar und nachvollziehbar sein. Eine Verkehrswertermittlung soll die in der Anlage 1 genannten Informationen enthalten.

Zur Auftragserteilung sind gemäß § 95 Absatz 1 Satz 2 und § 93 Absatz 4 BauGB (siehe Anlage 2 Nummer 1) folgende Stichtage vorzugeben:

- Der Wertermittlungsstichtag ist der Zeitpunkt, auf den sich die Wertermittlung bezieht. Dies ist in der Regel der Zeitpunkt der Abfassung des Gutachtens, soweit nicht rechtlich andere Zeitpunkte geboten sind.
- Der Qualitätsstichtag ist der Zeitpunkt, auf den sich der für die Wertermittlung maßgebliche Zustand des Objektes bezieht. Er entspricht dem Wertermittlungsstichtag, es sei denn, dass das Objekt infolge der Enteignung, der Besitzeinweisung oder der Vorwirkung der späteren förmlichen Enteignung (z. B. Planfeststellungsbeschluss, gegebenenfalls bereits Offenlegung von Plänen u. a.) zu einem früheren Zeitpunkt von der konjunkturellen Weiterentwicklung ausgeschlossen wurde.

Doppelentschädigungen sind unzulässig. Bei jeder einzelnen Position des Gutachtens ist daher zu prüfen, ob der auszugleichende Nachteil bereits an anderer Stelle (z. B. beim Rechtsverlust) erfasst worden ist. Vorteile, die den Betroffenen zuzurechnen sind – also keine Vorteile für die Allgemeinheit – sind entschädigungsmindernd zu berücksichtigen (§ 93 Absatz 3 BauGB).

Bundesanzeiger
Herausgegeben vom Bundesministerium der Justiz und für Verbraucherschutz
www.bundesanzeiger.de

Bekanntmachung
Veröffentlicht am Dienstag, 4. Juni 2019
BAnz AT 04.06.2019 B5
Seite 4 von 32

Bei der Ermittlung der Entschädigung ist die Obliegenheit der Betroffenen, bei der Schadensminderung im zumutbaren Umfange mitzuwirken, zu berücksichtigen (§ 254 Absatz 2 des Bürgerlichen Gesetzbuches [BGB], siehe Anlage 2 Nummer 2).

Der Zinssatz zur Ermittlung der Entschädigung beträgt 2 %. Anpassungen des Zinssatzes werden im Bundesanzeiger bekannt gegeben.

Die Entschädigung für den Rechtsverlust und für andere Vermögensnachteile wird grundsätzlich in Geld gewährt. Sofern die Betroffenen einen Antrag auf Ersatzland stellen, richten sich ihre Ansprüche nach den gesetzlichen Vorschriften (z. B. § 100 BauGB, siehe Anlage 2 Nummer 1, § 22 des Landbeschaffungsgesetzes).

Die Entschädigungsermittlung ist in der Regel auf der Grundlage von Nettopreisen durchzuführen. Umsatzsteuerliche Nachteile in Verbindung mit der Entschädigungszahlung sind bei einem Rechtsanspruch des Betroffenen unter Beachtung der geltenden steuerlichen Regelungen bei der Entschädigung zu berücksichtigen.

2 Ermittlung der Entschädigungen für die Eigentümer

2.1 Entschädigung für den Rechtsverlust (Eigentümer)

Die Entschädigung für den Rechtsverlust bemisst sich nach dem Verkehrswert des Wertermittlungsobjektes (§ 95 Absatz 1 BauGB, siehe Anlage 2 Nummer 1).

Der Verkehrswert (Marktwert) wird durch den Preis bestimmt, der in dem Zeitpunkt, auf den sich die Ermittlung bezieht, im gewöhnlichen Geschäftsverkehr nach den rechtlichen Gegebenheiten und tatsächlichen Eigenschaften, der sonstigen Beschaffenheit und der Lage des Grundstücks oder des sonstigen Gegenstands der Wertermittlung ohne Rücksicht auf ungewöhnliche oder persönliche Verhältnisse zu erzielen wäre (§ 194 BauGB).

2.1.1 Verkehrswert landwirtschaftlicher Grundstücke (Bodenwert)

Der Verkehrswert landwirtschaftlicher Grundstücke wird grundsätzlich nach dem Vergleichswertverfahren ermittelt. Dabei wird der Wert nach Preisen bestimmt, die im gewöhnlichen Geschäftsverkehr für andere Grundstücke mit vergleichbaren wertbestimmenden Faktoren erzielt worden sind; objekt- und zeitnahe Vergleichspreise sind bevorzugt heranzuziehen. Vergleichspreise, bei denen Besonderheiten gemäß § 7 ImmoWertV (siehe Anlage 2 Nummer 3) vorliegen, können nur dann berücksichtigt werden, wenn ihre Auswirkungen auf den Preis erfasst und beim Preisvergleich ausgeschlossen werden können.

Wertbestimmende Umstände, auf Grund derer sich Unterschiede zu den Vergleichsflächen ergeben, sind durch marktgerechte Zu- und Abschläge zu berücksichtigen.

Weitere zur Verfügung stehende Marktindikatoren sind gegebenenfalls zur Wertermittlung heranzuziehen.

Bei Grundstücken mit Dauerkulturen sind die Regelungen in Nummer 4 zu beachten.

2.1.2 Verkehrswert landwirtschaftlicher Betriebe

Der Verkehrswert landwirtschaftlicher Betriebe wird grundsätzlich durch die Gesamttaxe ermittelt.

Bei der Gesamttaxe sind der Bodenwert und der Wert der Wohn- und Wirtschaftsgebäude einheitlich nach dem Vergleichswertverfahren zu ermitteln. Nach Möglichkeit sind zeitnahe und gegendübliche Vergleichspreise landwirtschaftlicher Betriebe zu verwenden. Soweit Unterschiede im Zustand (Qualität) beim Grund und Boden sowie bei den Wohn- und Wirtschaftsgebäuden erkennbar sind, sind marktgerechte Zu- oder Abschläge vorzunehmen. Diese sind plausibel im Gutachten darzustellen.

Ist eine Anwendung der Gesamttaxe nicht möglich (z. B. wegen fehlender Marktpreise), ist – sofern rechtlich zulässig – die Zerlegungstaxe anzuwenden. Die Zerlegungstaxe geht davon aus, dass die betriebliche Einheit aufgelöst wird und die einzelnen Teile des Betriebs getrennt am Markt veräußert werden können, weil deren landwirtschaftliche Nutzung weiterhin möglich wäre. Außerlandwirtschaftliche Nutzungsmöglichkeiten der baulichen Anlagen sind nur insoweit zu beachten, als sie rechtlich zulässig sind. Eventuelle Mehrkosten und Mindererträge, die bei der Veräußerung von einzelnen, insbesondere schwer verkäuflichen oder wirtschaftlich nicht weiternutzbaren Objektteilen entstehen können, sind zu berücksichtigen. Entfällt sowohl eine landwirtschaftliche als auch eine andere Nutzungsmöglichkeit, so ist als Mindestansatz der freigelegte Bodenwert abzüglich der Freilegungskosten zu ermitteln (§ 16 Absatz 2, 3 ImmoWertV, siehe Anlage 2 Nummer 3).

Ist die Anwendung beider Verfahren möglich, werden ihre Ergebnisse zur Kontrolle der Plausibilität miteinander verglichen. Für die Entschädigung ist der sich ergebende höhere Wert maßgebend.

Andere Verfahren zur Wertermittlung können dann in Betracht kommen, wenn sie den Verkehrswert eines landwirtschaftlichen Betriebs nachweislich zutreffender ermitteln als die vorgenannte Verfahrensweise.

2.1.3 Wertbeeinflussende Rechte und Belastungen

Zu den wertbeeinflussenden Rechten und Belastungen zählen insbesondere Grunddienstbarkeiten, beschränkte persönliche Dienstbarkeiten (u. a. Leitungsrechte, Wegerechte, Überfahrtsrechte, Nießbrauch, Altenteilrechte, Wohnrechte), Abbaurechte, Miet- und Pachtrechte oder Baulasten und naturschutzrechtliche Auflagen. Die Rechte und Belastungen können sich je nach Art und Umfang auf den Verkehrswert des Grundstücks unterschiedlich auswirken. Die Auswirkungen sind festzustellen und gemäß den Ausführungen zu den sonstigen Entschädigungen für die Eintragung von Dienstbarkeiten (siehe Nummer 5.1) zu berücksichtigen.

2.1.4 Landwirtschaftliche Pachtverhältnisse

Bei landwirtschaftlichen Pachtverhältnissen sind u. a. folgende Fallgruppen zu unterscheiden:

Bei längerfristiger Restpachtzeit ergeben sich Einschränkungen der Dispositionsfreiheit und der Verkehrsgängigkeit, die sich verkehrswertmindernd auswirken können.

Wird durch das Pachtverhältnis die Ausübung einer wirtschaftlich wertvolleren Nutzungsmöglichkeit (z. B. Bebauung, Abbau von Bodenvorkommen) verzögert, so ist der dadurch entstehende wirtschaftliche Nachteil verkehrswertmindernd zu berücksichtigen.

Ist dem Pachtrecht ein eigener Wert zuzumessen, weil die vereinbarte die marktübliche Pacht wesentlich unterschreitet, so ist dieser verkehrswertmindernd zu berücksichtigen (siehe Nummer 3.1 Entschädigung für den Rechtsverlust [Pächter]). Davon ist abzusehen, wenn die marktübliche Pacht nicht mehr als 10 v. H. über der vereinbarten Pacht liegt. Übersteigt die vereinbarte Pacht die marktübliche Pacht um mehr als 10 v. H. so ist dies verkehrswerterhöhend zu berücksichtigen. Bei einer Restpachtdauer von weniger als zwei Jahren sind in der Regel keine Auswirkungen auf den Verkehrswert anzunehmen. Bei der Ermittlung der stichtagsbezogenen marktüblichen Pacht sind insbesondere die zeitnah abgeschlossenen Pachtverträge (Neupachten) zu berücksichtigen.

Hat der Pächter gegen den Verpächter einen Anspruch auf Abgeltung von Investitionen, so ist dieser mindernd gemäß den Ausführungen zu den sonstigen Entschädigungen bei Investitionen (siehe Nummer 5.6) zu berücksichtigen.

2.1.5 Nebenbetriebe

Der Verkehrswert von Nebenbetrieben (z. B. Direktvermarktung, Energieerzeugung, Urlaubsunterkunft, Lohnunternehmen) ist gesondert zu ermitteln, soweit sie vom Flächenentzug betroffen sind.

2.1.6 Abbauland

Wirken sich Bodenschätze eines Grundstücks auf seinen Bodenwert aus, sind sie bei der Ermittlung des Verkehrswertes zu berücksichtigen. Ist das Abbauland landwirtschaftlich genutzt und lässt sich sein Verkehrswert von Vergleichspreisen ableiten, ist die Wertermittlung nach dem Vergleichswertverfahren vorzunehmen. In allen anderen Fällen erfolgt die Wertermittlung für das Abbauland gesondert unter Berücksichtigung der jeweils für den Bodenschatz geltenden rechtlichen Bestimmungen.

2.1.7 Jagd

Die Zugehörigkeit von Grundstücken zu einem Jagdbezirk beeinflusst den Bodenwert des Grundstücks nicht.

Beeinträchtigungen eines gemeinschaftlichen oder Eigenjagdbezirks durch den Flächenverlust sind nach der Bekanntmachung der Hinweise zur Ermittlung von Entschädigungen für die Beeinträchtigungen von gemeinschaftlichen Jagdbezirken vom 7. Juni 2001 (BAnz. Nr. 146a vom 8. August 2001) zu ermitteln und zu entschädigen.

2.1.8 Anlagen

Mit dem Boden verbundene Anlagen, die sich auf den Ertrag der Flächen auswirken (z. B. Drainagen, Zäune, Tränken), sind nicht gesondert zu entschädigen, wenn ihr Wertanteil bei der Ermittlung des Bodenwertes berücksichtigt wurde.

Soweit ihr Wertanteil nicht bereits im Bodenwert erfasst wurde, ist der Wert dieser Anlagen nach dem Sachwertverfahren zu ermitteln. Im Falle einer technisch und wirtschaftlich sinnvollen möglichen Verlegung ist der angemessene Verlegungsaufwand zu erstatten. Bei einer Wertveränderung ist der Mehrwert (neu für alt) oder Minderwert auszugleichen.

2.2 Entschädigung für andere Vermögensnachteile (Eigentümer)

2.2.1 Verkehrswertminderung des Restgrundstücks/Restbetriebs

Der Entzug einer Teilfläche kann zu einer Verkehrswertminderung des Restgrundstücks/Restbetriebs führen (§ 96 BauGB, siehe Anlage 2 Nummer 1). Soweit der Eigentümer in einer aus seinem Eigentum sich ergebenden Rechtsposition betroffen und beeinträchtigt wurde, ist die Verkehrswertminderung zu entschädigen.

Ein entschädigungspflichtiger Minderwert ist anzunehmen, wenn

- eine für das ursprüngliche Grundstück rechtlich zulässige und der Natur der Sache nach vernünftige Nutzungsmöglichkeit nach dem Teilflächenentzug für das Restgrundstück/den Restbetrieb nur noch eingeschränkt oder gar nicht mehr gegeben ist

  und

- dies vom Grundstücksverkehr wertmindernd berücksichtigt wird.

Zur Feststellung der Verkehrswertminderung ist das Vergleichswertverfahren anzuwenden.

Soweit keine hinreichenden Marktdaten zur Verfügung stehen und eine direkte Ermittlung nicht möglich ist, ist die Verkehrswertminderung hilfsweise (im Einzelfall) durch das in der Anlage 3 Nummer 5 dargestellte Verfahren oder durch andere sach- und marktgerechte Verfahren einzuschätzen. Die Ausführungen zur Entschädigung bei An- und Durchschneidungen und für Umwege (siehe die Nummern 2.2.2.3 und 2.2.2.4) sind zu beachten.

Die Entschädigung für die Wertminderung des Restgrundstücks/Restbetriebs darf zusammen mit der Entschädigung für den Verkehrswert der Entzugsfläche und dem geminderten Verkehrswert des Restgrundstücks/Restbetriebs den Verkehrswert des Ausgangsgrundstücks/Ausgangsbetriebs nicht übersteigen.

Bundesanzeiger
Herausgegeben vom
Bundesministerium der Justiz
und für Verbraucherschutz
www.bundesanzeiger.de

Bekanntmachung
Veröffentlicht am Dienstag, 4. Juni 2019
BAnz AT 04.06.2019 B5

Plausibilitätskontrolle der Entschädigung für die Wertminderung

Ausgangsgrundstück:	50 000 m^2	
Entzugsfläche:	25 000 m^2	
Restgrundstück:	25 000 m^2	
Verkehrswert vor Entzug:	1,30 €/m^2	
Verkehrswert nach Entzug:	1,10 €/m^2	
Vermögenswert vor Entzug		
A 50 000 m^2 x 1,30 €/m^2		65 000,00 €
Vermögenswert nach Entzug		
E 25 000 m^2 x 1,30 €/m^2		32 500,00 €
R 25 000 m^2 x 1,10 €/m^2		27 500,00 €
		60 000,00 €
Wertdifferenz/Entschädigung		
Wertminderung Restgrundstück		5 000 €

Wurde bereits bei der Entschädigung für den Verkehrswert der entzogenen Teilfläche ein Mehrwert berücksichtigt, der durch die Aufhebung des räumlichen oder wirtschaftlichen Zusammenhanges des Eigentums verloren geht, entfällt die gesonderte Entschädigung für einen Minderwert des verbleibenden Eigentums (§ 96 Absatz 1 Nummer 2 BauGB).

Restgrundstücke, die infolge des Entzuges einer Teilfläche nicht mehr in einem angemessenen und zulässigen Umfang weiterhin wirtschaftlich genutzt werden können, müssen auf Verlangen der Eigentümer angekauft werden (vgl. u. a. § 92 Absatz 3 und 5 BauGB, siehe Anlage 2 Nummer 1).

2.2.2 Erwerbsverlust (Eigentümer)

Die Entschädigung für den Erwerbsverlust setzt voraus, dass der Eigentümer die betroffene Fläche/den betroffenen Betrieb als eingerichteten und ausgeübten Gewerbebetrieb selbstständig bewirtschaftet.

Ein Anspruch auf Entschädigung des Erwerbsverlustes besteht auch, wenn das Grundstück im Eigentum eines landwirtschaftlichen Betriebsinhabers steht und zum Eingriffszeitpunkt im Rahmen eines Pflugtausches von einem anderen Betrieb bewirtschaftet wird. Bei der Ermittlung der Erwerbsverlustentschädigung des Eigentümers ist eine bei der Berechnung der Entschädigung des Erwerbsverlustes des aktuellen Bewirtschafters berücksichtigte Schadensdauer anzurechnen.

Der Erwerbsverlust kann wegen der Obliegenheit zur Schadensminderung und der Beschränkung auf die Kosten der Verlegung (§ 96 Absatz 1 Nummer 1 BauGB) nur begrenzt entschädigt werden. Auch wenn eine Verlegung tatsächlich nicht erfolgt (z. B. wegen Betriebsaufgabe oder fehlender Ersatzlandbeschaffung), kann die Entschädigung nicht höher sein als der (fiktive) Aufwand, der erforderlich ist, um eine andere Fläche in der gleichen Weise wie die Entzugsfläche zu nutzen.

Eine Entschädigung für Erwerbsverlust ist nur zu leisten, sofern die Nachteile – ganz oder teilweise – nicht bereits bei der Entschädigung für den Rechtsverlust Berücksichtigung gefunden haben, oder durch sonstige Vermögensvorteile, die dem Eigentümer entstanden sind, ausgeglichen werden (§§ 96 Absatz 1, 93 Absatz 3 Satz 1 BauGB).

Bei Grundstücken mit Dauerkulturen sind die Regelungen in Nummer 4 zu beachten.

2.2.2.1 Erwerbsverlust auf der Entzugsfläche

Bei der Prüfung der Frage, ob und inwieweit eine Entschädigung für den Erwerbsverlust zu leisten ist, ist vom Deckungsbeitrag auszugehen.

Der Deckungsbeitrag entspricht der Leistung eines Produktionsverfahrens pro Hektar und Jahr, abzüglich der variablen Kosten. Die variablen Kosten setzen sich aus den Direktkosten und den variablen Arbeitserledigungskosten zusammen. Der Deckungsbeitrag stellt damit den Betrag dar, der zur Deckung der fixen Einzel- und Gemeinkosten beiträgt.

Für die Ermittlung des Deckungsbeitrages sollten betriebsspezifische Unterlagen herangezogen werden. Jährlich veröffentlichte andere Datenquellen (z. B. Richtwerte der Agrarverwaltungen, Standarddeckungsbeiträge) sind als ergänzende Hilfs- und Kontrollmittel anzusehen und erforderlichenfalls den Verhältnissen der Entzugsfläche anzupassen.

Bei der Ermittlung des Deckungsbeitragsverlustes der betroffenen Fläche sind unter Berücksichtigung der Obliegenheit zur Schadensminderung die Nutzungsarten oder Fruchtarten zugrunde zu legen, die nach dem Entzug entfallen oder eingeschränkt werden können.

Eine Entschädigung für den entgangenen Deckungsbeitrag ist nur zu leisten, soweit der Deckungsbeitragsverlust den Betrag einer angemessenen Verzinsung der Verkehrswertentschädigung für die Entzugsfläche übersteigt. Die Verzinsung ist unter Verwendung des bei Nummer 1.2 genannten Zinssatzes zu ermitteln. Dabei ist der verbleibende Deckungsbeitragsverlust der Ausgangswert zur Ermittlung der Erwerbsverlustentschädigung.

Bundesanzeiger
Herausgegeben vom Bundesministerium der Justiz und für Verbraucherschutz
www.bundesanzeiger.de

Bekanntmachung
Veröffentlicht am Dienstag, 4. Juni 2019
BAnz AT 04.06.2019 B5
Seite 7 von 32

Bei der Ermittlung des Erwerbsverlustes ist zu beachten, dass im Zeitablauf zunehmend auch die fixen Kosten variabel werden und einsparbar sind.

Diesem Gesichtspunkt ist bei Anwendung der sich aus der Tabelle in Anlage 4 ergebenden, nach der Schadensdauer gestaffelten v. H.-Sätzen Rechnung getragen. Mit zunehmender Schadensdauer verringert sich die Entschädigung für den jährlichen Erwerbsverlust.

Bei der Festlegung der Schadensdauer sind konkrete Anhaltspunkte, die auf eine Beseitigung oder Minderung des Erwerbsverlustes im Zeitablauf schließen lassen (Zukauf/Zupacht von Ersatzland, Einstellung der landwirtschaftlichen Bewirtschaftung) zu berücksichtigen.

Durch den Flächenentzug können zusätzliche Einkommensverluste entstehen, wenn gewährte öffentliche Zuwendungen entfallen. Soweit sie entschädigungsfähig sind, sind sie bei der Ermittlung des Deckungsbeitrags mit zu erfassen. Die Zuwendungsbestimmungen, insbesondere die Dauer der Gewährung, sind zu beachten.

Führt der Flächenverlust zu Rückforderungen von gewährten Zuwendungen, sind diese gesondert zu entschädigen.

Beispiel:

Ermittlung der Entschädigung für den Erwerbsverlust

Marktleistung einzuschränkende Fruchtart(en)		1 062 €/ha
Einsparbare variable Kosten		– 514 €/ha
Deckungsbeitrag Fruchtart(en)		548 €/ha
Öffentliche Zuwendung*		+ 120 €/ha
Deckungsbeitragsverlust		668 €/ha
Entschädigung Verkehrswert der Entzugsfläche:	13 000 €/ha	
Verzinsung der Verkehrswertentschädigung (2 %)		– 260 €/ha
Ausgangswert zur Ermittlung der Erwerbsverlustentschädigung		408 €/ha
Schadensdauer	10 Jahre	
Kapitalisierungsfaktor nach Tabelle (siehe Anlage 4)	6,96	
Entschädigung für den Erwerbsverlust		2 840 €/ha

* rechtlich anzunehmender jährlich gewährter Betrag für die Dauer des Schadens

2.2.2.2 Erwerbsverlust bei Entzug des Betriebs

Beim Entzug von Betrieben beschränkt sich die Entschädigung für den Erwerbsverlust auf die Kosten und Nachteile, die entstehen würden, wenn der Betrieb verlegt würde.

2.2.2.3 Entschädigung bei An- und Durchschneidungen

An- und Durchschneidungsschäden sind zu ermitteln und zu entschädigen, wenn durch den Entzug die Bewirtschaftungsvorteile einer räumlich zusammenhängenden und einheitlich genutzten Fläche (Schlag) wegfallen und eine objektive Betriebsverschlechterung eintritt.

Wird ein Schlag angeschnitten oder durchschnitten, können durch Verkleinerung und Formverschlechterung bei der Bearbeitung der Restflächen höhere Arbeits- und Maschinenkosten, höhere Betriebsmittelkosten und Mindererträge in Wende- und Randbereichen entstehen.

Beim Schlag handelt es sich um die Bewirtschaftungseinheit. Die Grenzen des Schlages müssen nicht mit den grundbuchlichen Eigentums- oder Flurstücksgrenzen übereinstimmen.

Eine Entschädigung für An- und Durchschneidungsschäden ist nur dann zu leisten, wenn die jährlichen Wirtschaftserschwernisse den Betrag einer angemessenen Verzinsung der Verkehrswertminderungsentschädigung für das Restgrundstück/den Restbetrieb übersteigen (siehe Nummer 2.2.1).

Soweit eine direkte Ermittlung der Wertminderung mangels Marktdaten nicht möglich war, ist mit der ermittelten Entschädigung für die An- und Durchschneidung (und gegebenenfalls der Entschädigung für Umwege) auch die Verkehrswertminderung der Restflächen/des Restbetriebs abgegolten.

Zur Ermittlung der Entschädigung wird auf Anlage 3 verwiesen.

Falls sich der Verkehrswert einer entzogenen Fläche nach einer höheren Qualität (Entwicklungsstufe) als Landwirtschaft bestimmt, kommt eine Entschädigung für Nachteile im landwirtschaftlichen Betrieb nur insoweit in Betracht, als die Summe aus dem Verkehrswert, der sich ergeben würde, wenn die entzogene Fläche der Qualität Landwirtschaft zuzuordnen wäre, und den betriebsbezogenen Nachteilen (z. B. An- und Durchschneidung, Umwege) den ermittelten Verkehrswert der entzogenen Fläche (Nummer 2.1.1) übersteigt. Satz 1 ist insbesondere anzuwenden, wenn die entzogene Fläche als Bauland (baureifes Land, Rohbauland, Bauerwartungsland) oder als Abbauland (z. B. Sand, Kies, Ton) anzusehen ist.

Bundesanzeiger
Herausgegeben vom Bundesministerium der Justiz und für Verbraucherschutz
www.bundesanzeiger.de

Bekanntmachung
Veröffentlicht am Dienstag, 4. Juni 2019
BAnz AT 04.06.2019 B5
Seite 8 von 32

2.2.2.4 Entschädigung für Umwege

Eine Umwegeentschädigung kommt in Betracht, wenn durch Mehrwege wirtschaftliche Nachteile entstehen

- als Folge der An- und Durchschneidung einer bislang räumlich zusammenhängenden Fläche, um die jenseits gelegenen Flächen weiterhin wirtschaftlich angemessen nutzen zu können;
- als Folge der Unterbrechung eines Privatweges, der dem Betroffenen gehört oder an dem ihm ein Nutzungsrecht zusteht.

Mehrwege durch Veränderungen des öffentlichen Wegenetzes sind nicht entschädigungspflichtig. Der Fortbestand einer bestimmten Verbindung mit dem öffentlichen Wegenetz stellt keine Rechtsposition dar. Daher gehört auch die Verbindung zwischen Hofstelle und einem getrennt liegenden Betriebsgrundstück über das öffentliche Wegenetz nicht zum geschützten Bestand des Betriebs. Mehrwege zu beschafftem Ersatzland, auf das der Eigentümer nicht – z. B. gemäß § 100 Absatz 1 BauGB – angewiesen ist, sind mangels Rechtsposition nicht zu entschädigen; auch nicht, weil die Beschaffung von Ersatzland eine Betriebsverlagerung ist.

Wird ein Anspruch auf Ersatzland erfüllt (z. B. nach § 100 BauGB), können sich zusätzliche Aufwendungen durch Mehrwege ergeben. Diese sind nur dann gesondert zu ermitteln und zu entschädigen, wenn

- sie nicht bereits durch die Entschädigung für den Verkehrswert ausgeglichen worden sind, und
- das Ersatzland einen wirtschaftlich geeigneten Ersatz für die Entzugsfläche darstellt, und
- zum Zeitpunkt der Ersatzlandbeschaffung keine anderen geeigneten Flächen beschafft werden konnten, die (noch) näher zur Hofstelle lagen.

Für die Entschädigung bei Unterbrechung oder erheblicher Erschwernis von Zufahrten zum öffentlichen Wegenetz sind die Bestimmungen der Straßengesetze des Bundes (z. B. § 8a Absatz 4 des Bundesfernstraßengesetzes) und der Länder maßgebend. Auf die Nummern 11.9 und 11.10 der „Nutzungsrichtlinien" des Bundesministeriums für Verkehr, Bau und Stadtentwicklung in der Fassung vom 11. Mai 2009 (VkBl. S. 346) wird ergänzend Bezug genommen (siehe Anlage 2 Nummer 4).

Eine Umwegeentschädigung ist nur dann zu leisten, wenn die jährlichen Mehrwegekosten den Betrag einer angemessenen Verzinsung der Verkehrswertminderungsentschädigung für das Restgrundstück/den Restbetrieb übersteigen (siehe Nummer 2.2.1).

Soweit eine direkte Ermittlung der Wertminderung mangels Marktdaten nicht möglich war, ist mit der ermittelten Entschädigung für Umwege (einschließlich gegebenenfalls der Entschädigung für An- und Durchschneidung) auch die Verkehrswertminderung der Restflächen/des Restbetriebs abgegolten.

Zur Ermittlung der Entschädigung wird auf Anlage 3 verwiesen.

Die in Nummer 2.2.2.3 dargestellte Regelung beim Entzug von Flächen mit einer höheren Qualität als Landwirtschaft, ist hier ebenfalls zu beachten.

3 Ermittlung der Entschädigungen für die Pächter

Bei der Ermittlung der Entschädigung des Pächters sind die Vorschriften des BGB zum Landpachtrecht und die vertraglichen Vereinbarungen insbesondere hinsichtlich der Pachtdauer zu beachten. Bei Pachtverhältnissen auf unbestimmte Zeit ist von einer Restpachtdauer von zwei Jahren auszugehen.

3.1 Entschädigung für den Rechtsverlust (Pächter)

Die Entschädigung für den Rechtsverlust bemisst sich nach dem Wert des Pachtrechts. Die Wertermittlungsstichtage sind zu beachten.

Entspricht die vereinbarte Pacht in etwa dem marktüblichen Zins, wird ein eigener Substanzwert des Pachtrechts nicht angenommen werden können. Ist die Pacht dagegen niedriger als der marktübliche Zins, drückt sich darin ein besonderer Wert der Pachtrechtssubstanz aus. In diesem Fall ist die Differenz für die rechtlich gesicherte Restpachtdauer gleichbleibend zu kapitalisieren und zu entschädigen. Der Hinweis zur Ermittlung der marktüblichen Pacht bei Nummer 2.1.4 ist zu berücksichtigen.

Der ermittelte Wert des Pachtrechts ist bei der Ermittlung des Erwerbsverlustes zu berücksichtigen.

3.2 Entschädigung für andere Vermögensnachteile (Pächter)

3.2.1 Erwerbsverlust (Pächter)

Die Entschädigung für den Erwerbsverlust setzt voraus, dass der Pächter die betroffene Fläche/den betroffenen Betrieb als eingerichteten und ausgeübten Gewerbebetrieb selbstständig bewirtschaftet.

Es gelten die entschädigungsrechtlichen Grundsätze wie beim Erwerbsverlust des Eigentümers. Die Regelungen zum Pflugtausch (siehe Nummer 2.2.2) sind entsprechend anzuwenden.

Bei Grundstücken mit Dauerkulturen sind die Regelungen in Nummer 4 zu beachten.

3.2.1.1 Erwerbsverlust auf der Entzugsfläche

Bei der Prüfung der Frage, ob und inwieweit eine Entschädigung für den Erwerbsverlust zu leisten ist, ist vom Deckungsbeitrag abzüglich der einsparbaren Pacht auszugehen. Soweit keine Entschädigung für den Wert des Pachtrechtes ermittelt wurde, gilt die vereinbarte Pacht als marktüblich und einsparbar.

Bundesanzeiger
Herausgegeben vom Bundesministerium der Justiz und für Verbraucherschutz
www.bundesanzeiger.de

Bekanntmachung
Veröffentlicht am Dienstag, 4. Juni 2019
BAnz AT 04.06.2019 B5
Seite 9 von 32

Zur Ermittlung des Deckungsbeitragsverlustes gelten die Ausführungen zum Erwerbsverlust auf der Entzugsfläche des Eigentümers sinngemäß.

Der ermittelte Deckungsbeitragsverlust ist der Ausgangswert zur Ermittlung der Erwerbsverlustentschädigung.

Bei der Ermittlung des Erwerbsverlustes ist zu beachten, dass im Zeitablauf zunehmend auch die fixen Kosten variabel werden und einsparbar sind.

Diesem Gesichtspunkt ist bei Anwendung der sich aus der Tabelle in Anlage 4 ergebenden, nach der Schadensdauer gestaffelten v. H.-Sätzen Rechnung getragen. Mit zunehmender Schadensdauer verringert sich die Entschädigung für den jährlichen Erwerbsverlust.

Die Schadensdauer ist ausgehend von der Restpachtzeit des Pachtvertrages unter Berücksichtigung der Kündigungsmöglichkeiten zu bestimmen. Die Hinweise in § 95 Absatz 2 Nummer 6 BauGB (siehe Anlage 2) sind zu beachten.

Bei der Festlegung der Schadensdauer sind konkrete Anhaltspunkte, die auf eine Beseitigung oder Minderung des Erwerbsverlustes vor Ablauf der Restpachtzeit schließen lassen (Zukauf/Zupacht von Ersatzland, Einstellung der landwirtschaftlichen Bewirtschaftung), zu berücksichtigen.

Eine kürzere Schadensdauer als die Restpachtzeit ist anzunehmen, wenn der Erwerbsverlust durch Zupacht von Ersatzland oder durch andere Umstände vor Ablauf der Restpachtzeit gemindert werden kann.

Durch den Flächenentzug können zusätzliche Einkommensverluste entstehen, wenn gewährte öffentliche Zuwendungen entfallen. Soweit sie entschädigungsfähig sind, sind sie bei der Ermittlung des Deckungsbeitrags mit zu erfassen. Die Zuwendungsbestimmungen, insbesondere die Dauer der Gewährung, sind zu beachten.

Führt der Flächenverlust zu Rückforderungen von gewährten Zuwendungen, sind diese gesondert zu entschädigen.

Beispiel:

Ermittlung der Entschädigung für den Erwerbsverlust

Marktleistung einzuschränkende Fruchtart(en)		1 062 €/ha
Einsparbare variable Kosten		514 €/ha
Deckungsbeitrag Fruchtart(en)		548 €/ha
Eingesparte Pacht* **		– 250 €/ha
Öffentliche Zuwendung***		+ 120 €/ha
Ausgangswert zur Ermittlung der Erwerbsverlustentschädigung		418 €/ha
Schadensdauer	12 Jahre	
Kapitalisierungsfaktor nach Tabelle (siehe Anlage 4)	7,83	
Entschädigung für den Erwerbsverlust		3 273 €/ha

* marktübliche Pacht

** vereinbarte Pacht wenn keine Vorzugspacht (keine Entschädigung für den Wert des Pachtrechtes)

*** rechtlich anzunehmender jährlich gewährter Betrag für die Dauer des Schadens

3.2.1.2 Erwerbsverlust bei Entzug des Betriebs

Sofern die (fiktive) Beschaffung eines Ersatzbetriebs ausgeschlossen wird, ist bei der Prüfung der Frage, ob und inwieweit eine Entschädigung für den Erwerbsverlust beim Entzug eines eingerichteten und ausgeübten landwirtschaftlichen Betriebs zusätzlich zur Entschädigung für den Wert des Pachtrechtes zu leisten ist, vom nachhaltig erzielbaren Roheinkommen (Gesamtdeckungsbeitrag abzüglich Festkosten und marktüblicher Pacht) auszugehen.

Eine Entschädigung ist nur dann zu leisten, wenn der Verlust an Roheinkommen den Betrag einer angemessenen Verzinsung aus der Kapitalanlage der Entschädigung für das Pachtrecht (und eventuell erzielbarer alternativer Einkünfte) übersteigt. In diesen Fällen ist der verbleibende jährliche Erwerbsverlust entsprechend der mutmaßlichen Schadensdauer zu kapitalisieren. Die Schadensdauer kann kürzer als die Dauer der Restpachtzeit sein.

Die Höhe der Entschädigung ist beschränkt auf den Verlust an Zinsen aus den Kosten des Aufwandes, die erforderlich sind, um einen anderen Betrieb in der gleichen Weise zu nutzen, wie das entzogene Objekt (Kosten der Verlegung) bis zum Ende der Schadensdauer.

3.2.1.3 Entschädigung bei An- und Durchschneidungen

An- und Durchschneidungsschäden sind zu ermitteln und zu entschädigen, wenn durch den Entzug die Bewirtschaftungsvorteile einer räumlich zusammenhängenden und einheitlich genutzten Fläche (Schlag) wegfallen und eine objektive Betriebsverschlechterung eintritt.

Wird ein Schlag angeschnitten oder durchschnitten, können durch Verkleinerung und Formverschlechterung bei der Bearbeitung der Restflächen höhere Arbeits- und Maschinenkosten, höhere Betriebsmittelkosten und Mindererträge in Wende- und Randbereichen entstehen.

Beim Schlag handelt es sich um die Bewirtschaftungseinheit. Die Grenzen des Schlages müssen nicht mit den grundbuchlichen Eigentums- oder Flurstücksgrenzen übereinstimmen.

Bundesanzeiger
Herausgegeben vom Bundesministerium der Justiz und für Verbraucherschutz
www.bundesanzeiger.de

Bekanntmachung
Veröffentlicht am Dienstag, 4. Juni 2019
BAnz AT 04.06.2019 B5
Seite 10 von 32

Mögliche Pachtzinsminderungen aufgrund des Entzuges sind anzurechnen (§ 593 BGB).

Zur Ermittlung der Entschädigung wird auf Anlage 3 verwiesen.

3.2.1.4 Entschädigung für Umwege

Eine Umwegeentschädigung kommt in Betracht, wenn durch Mehrwege wirtschaftliche Nachteile entstehen

- als Folge der Durchschneidung einer bislang räumlich zusammenhängenden Fläche, um die jenseits gelegenen Flächen weiterhin wirtschaftlich angemessen nutzen zu können;
- als Folge der Unterbrechung eines Privatweges, der dem Betroffenen gehört oder an dem ihm ein Nutzungsrecht zusteht.

Mehrwege durch Veränderungen des öffentlichen Wegenetzes sind nicht entschädigungspflichtig. Der Fortbestand einer bestimmten Verbindung mit dem öffentlichen Wegenetz stellt keine Rechtsposition dar. Daher gehört auch die Verbindung zwischen Hofstelle und einem getrennt liegenden Betriebsgrundstück über das öffentliche Wegenetz nicht zum geschützten Bestand des Betriebs. Mehrwege zu beschafftem Ersatzland sind mangels Rechtsposition nicht zu entschädigen; auch nicht, weil die Beschaffung von Ersatzland eine Betriebsverlagerung ist.

Für die Entschädigung bei Unterbrechung oder erheblicher Erschwernis von Zufahrten zum öffentlichen Wegenetz sind die Bestimmungen der Straßengesetze des Bundes (z. B. § 8a Absatz 4 des Bundesfernstraßengesetzes) und der Länder maßgebend. Auf die Nummern 11.9 und 11.10 der „Nutzungsrichtlinien" des Bundesministeriums für Verkehr, Bau und Stadtentwicklung in der Fassung vom 11. Mai 2009 (VkBl. S. 346) wird ergänzend Bezug genommen (siehe Anlage 2 Nummer 4).

Zur Ermittlung der Entschädigung wird auf Anlage 3 verwiesen.

4 Entschädigung bei Dauerkulturen

4.1 Grundlagen

Dauerkulturen sind Kulturen, die eine Fläche über mehrere Jahre belegen und über mehrere Jahre Erträge erbringen. Sie sind in der Regel wesentliche Bestandteile des Grundstücks (§ 94 BGB). Keine wesentlichen Bestandteile eines Grundstücks sind z. B. Baumschulbestände, da sie nur zu einem vorübergehenden Zweck in den Boden eingepflanzt wurden (§ 95 BGB, Scheinbestandteile).

4.2 Beitrag zum Grundstückswert

Soweit der Wertanteil der Dauerkultur nicht bei der Ermittlung des Bodenwertes gemäß Nummer 2.1.1 oder bei der Entschädigung gemäß Nummer 4.3 bzw. 4.4 miterfasst wurde, ist der Substanzwert der Dauerkultur nach ihren Herstellungskosten unter Berücksichtigung der Alterswertminderung der Anlage zu ermitteln.

Bei einem verpachteten Grundstück mit vorhandener Dauerkultur ist zu prüfen, ob nach § 591 Absatz 1 BGB ein entschädigungsfähiger Verwendungsersatzanspruch des Pächters besteht. Die Ausführungen zu den sonstigen Entschädigungen bei Investitionen (siehe Nummer 5.6) sind zu beachten.

4.3 Erwerbsverlust beim Entzug von Dauerkulturen (Eigentümer)

Grundsätzlich kann nur eine vorhandene Dauerkulturanlage unter Berücksichtigung ihrer Restnutzungsdauer entschädigt werden. Die grundsätzlichen Hinweise bei Nummer 2.2.2 sind auch bei Dauerkulturen zu beachten. Die Entschädigung ist unter Berücksichtigung von schadensmindernden Anpassungen (Nachpflanzung) im Rahmen des Ersatzwertverfahrens zu ermitteln.

Wenn bei einer nur vorübergehend benötigten kleinen Teilfläche eine Nachpflanzung nicht wirtschaftlich ist, ist der Erwerbsverlust auf Basis des Deckungsbeitrags zu ermitteln.

4.4 Erwerbsverlust beim Entzug von Dauerkulturen (Pächter)

Bei der Bestimmung der Schadensdauer sind die rechtlichen Vorgaben des Landpachtrechts zu beachten (vgl. Nummer 3). Es gelten die entschädigungsrechtlichen Grundsätze wie beim Erwerbsverlust des Eigentümers.

Grundsätzlich kann nur die vorhandene Dauerkulturanlage unter Berücksichtigung ihrer Restnutzungsdauer entschädigt werden. Wenn bei einer nur vorübergehend benötigten kleinen Teilfläche eine Nachpflanzung nicht wirtschaftlich ist, ist der Erwerbsverlust auf Basis des Deckungsbeitrags zu ermitteln. Bei der Ermittlung des Ersatzwertes ist von einem wirtschaftlich vernünftigen Handeln (z. B. bei der notwendigen vorzeitigen Beschaffung von Ersatzpachtflächen, der Festlegung der Nutzungsdauer der Ersatzanlage und der Dauer des Pachtvertrages) auszugehen. Der Ertragsverlauf der Anlage ist zu berücksichtigen.

Die Ausführungen zu den sonstigen Entschädigungen bei Investitionen (siehe Nummer 5.6) sind zu beachten.

4.5 An- und Durchschneidungen sowie Umwege bei Dauerkulturen

Soweit Grundstücke mit Dauerkulturen von An-, Durchschneidungen oder Umwegen betroffen sind, ist die Entschädigung unter entsprechender Anwendung der in diesen Richtlinien enthaltenen Regelungen (siehe die Nummern 2.2.1, 2.2.2.3 und 2.2.2.4 bzw. 3.2.1.3 und 3.2.1.4 sowie Anlage 3) mit einem für Dauerkulturen geeigneten Berechnungsverfahren zu ermitteln. Dabei ist die Restnutzungsdauer der betroffenen Dauerkulturanlage zu beachten.

Bundesanzeiger
Herausgegeben vom Bundesministerium der Justiz und für Verbraucherschutz
www.bundesanzeiger.de

Bekanntmachung
Veröffentlicht am Dienstag, 4. Juni 2019
BAnz AT 04.06.2019 B5
Seite 11 von 32

5 Sonstige Entschädigungen

5.1 Dienstbarkeiten

Die Eintragung einer Dienstbarkeit z. B. zur Sicherung von Ausgleichs- und Ersatzmaßnahmen oder Leitungsrechten kann zu einer Verkehrswertminderung des betroffenen Grundstücks führen. Diese ist zu ermitteln, soweit sie auf der Beeinträchtigung einer Rechtsposition der Betroffenen beruht (vgl. Nummer 2.2.1).

Zur Feststellung der Verkehrswertminderung ist der Wert des betroffenen Grundstücks mit der Dienstbarkeit dem Wert des betroffenen Grundstücks ohne diese Dienstbarkeit gegenüberzustellen (Differenzwertverfahren unter Beachtung der Nummern 2.1.1 und 2.1.2). Sofern sich anhand des Marktgeschehens tatsächlich eine Wertminderung nachweisen und einschätzen lässt, steht den Betroffenen eine Entschädigung zu.

Soweit keine hinreichenden Marktdaten zur Verfügung stehen und eine direkte Ermittlung der Verkehrswertminderung nicht möglich ist, kommt es bei der Bemessung der Wertminderung auf den Umfang der tatsächlichen Beeinträchtigung und deren Auswirkung auf die Nutzbarkeit des Grundstücks an. Die Entschädigung kann hilfsweise durch die Gegenüberstellung des Verkehrswertes des betroffenen Grundstücks ohne die Nutzungsbeschränkung mit dem Verkehrswert von Grundstücken, die eine dem betroffenen Grundstück nach Eintragung der Dienstbarkeit vergleichbare Nutzbarkeit haben, geschätzt werden. Zu berücksichtigen sind aber nur diejenigen Nutzungsbeschränkungen, die ausschließlich auf der Dienstbarkeit beruhen.

Sofern die Betroffenen verpflichtet sind, bestimmte Grundstücksbeschränkungen unentgeltlich hinzunehmen (z. B. wegen der Situationsgebundenheit des Grundstücks), sind diese zu ermitteln und aus der Entschädigung herauszurechnen.

Falls sich für das mit der Dienstbarkeit belastete Grundstück weder spürbare Nutzungsbeeinträchtigungen noch Reaktionen auf dem Grundstücksmarkt hinreichend nachweisen lassen, kann zur Einschätzung der Verkehrswertminderung ein pauschaler Ansatz in Betracht kommen. Hierbei sind alle enteignungsrechtlich relevanten wertmindernden Faktoren zu berücksichtigen, die im gewöhnlichen Marktgeschehen den Wert nachhaltig beeinflussen.

Die Entschädigung für die Verkehrswertminderung gleicht die Beeinträchtigung des Rechtsverlustes durch die Eintragung der Dienstbarkeit aus.

Entstehen durch die Eintragung einer Dienstbarkeit andere Vermögensnachteile (z. B. Bewirtschaftungserschwernisse durch Maststandorte, Flur- und Aufwuchsschäden, Erwerbsverlust durch Bewirtschaftungsauflagen), sind diese unter Beachtung und Anwendung dieser Richtlinien zu ermitteln.

Übernommene Verpflichtungen des Bewirtschafters zur entgeltlichen Unterhaltung und Pflege der rechtlich gesicherten Fläche sind gesondert zu betrachten und gegebenenfalls bei der Ermittlung der Entschädigung für den Erwerbsverlust zu berücksichtigen.

5.2 Vorübergehender Entzug

Für den vorübergehenden Entzug ist eine Nutzungsausfallentschädigung zu leisten. Diese bemisst sich an der Höhe des mittleren Deckungsbeitrags der Fruchtfolge für die betroffene Fläche.

Führt dieser Entzug auch zum Verlust öffentlicher Zuwendungen, ist dieser bei der Ermittlung der Entschädigung zu berücksichtigen. Die Ausführungen zu öffentlichen Zuwendungen in Nummer 2.2.2.1 bzw. 3.2.1.1 sind zu beachten.

Bei Dauerkulturen sind die Ausführungen in Nummer 4 zu berücksichtigen.

5.3 Ernteausfall

Für den Aufwuchs auf einer entzogenen Fläche ist gegebenenfalls entweder eine Entschädigung für Aufwuchs oder für den variablen Bestellungsaufwand zuzüglich Deckungsbeitragsverlust im laufenden Wirtschaftsjahr zu vergüten. Bei den Ermittlungen ist immer vom Rohertrag der entzogenen Fläche auszugehen. Lassen Stand und Entwicklung der aufstehenden Früchte den Ernteertrag dieser Fläche vorausschätzen, so ist die zu erwartende Ernte als Rohertrag anzusehen. Kann dagegen der tatsächliche Ertrag der auf dieser Fläche angebauten Früchte nicht abgeschätzt werden, so ist als Rohertrag der auf der Fläche nachhaltig erzielbare Durchschnittsertrag anzusetzen. Bei landwirtschaftlich nicht genutzten Flächen kommt eine Entschädigung nicht in Betracht.

Von dem Rohertrag sind jeweils die ersparten Aufwendungen (Bestellungs-, Pflege-, Ernte- und Verwertungskosten) sowie der Betrag einer angemessenen Verzinsung aus der Kapitalanlage des Verkehrswertes der Fläche für die Zeit von der Auszahlung bis zu der zu erwartenden Ernte abzusetzen.

Der Hinweis zu öffentlichen Zuwendungen in Nummer 5.2 ist zu beachten.

Die Entschädigung für den Ernteausfall stellt einen Ausgleich für die entgangene Nutzung der in Anspruch genommenen Fläche dar. Um Doppelentschädigungen zu vermeiden, ist sie daher auf die etwa vereinbarten oder von der Enteignungsbehörde festgesetzten Zinsen oder eine für die gleiche Zeit gezahlte Besitzeinweisungs- oder Nutzungsentschädigung anzurechnen.

5.4 Vorratsdüngung

Ist kurz vor dem Entzug einer Fläche eine Vorratsdüngung gegeben worden, so sind die über eine normale Düngung hinausgehenden Mehrkosten zu erstatten.

Bundesanzeiger
Herausgegeben vom
Bundesministerium der Justiz
und für Verbraucherschutz
www.bundesanzeiger.de

Bekanntmachung
Veröffentlicht am Dienstag, 4. Juni 2019
BAnz AT 04.06.2019 B5
Seite 12 von 32

5.5 Inventar

Nachteile wegen Unbrauchbarkeit des bisherigen Inventars, die beim Entzug von Teilflächen entstehen, sind nur zu entschädigen, soweit sie noch nicht bei der Entschädigung für den Erwerbsverlust Berücksichtigung gefunden haben.

5.6 Investitionen

Der Verlust von Investitionen kann nur entschädigt werden, soweit gesetzliche Bestimmungen nicht entgegenstehen (z. B. § 95 Absatz 2 BauGB).

Der Verlust von Investitionen des Pächters, die eine Verbesserung oder Werterhöhung der Grundstücke oder des Betriebs bewirken, kann sich als besonderer Vermögensnachteil des Pächters darstellen, soweit die Investitionen wirtschaftlich dem Pächter zuzurechnen sind (§ 591 Absatz 1 BGB).

Soweit sich Investitionen auf den Ertrag auswirken, ist darauf zu achten, dass keine Doppelentschädigungen gezahlt werden. Dies kann in der Weise geschehen, dass die Entschädigung für den Erwerbsverlust so ermittelt wird, als ob die Investitionen nicht erfolgt seien und Letztere dann gesondert entschädigt werden.

Bundesanzeiger
Herausgegeben vom Bundesministerium der Justiz und für Verbraucherschutz
www.bundesanzeiger.de

Bekanntmachung
Veröffentlicht am Dienstag, 4. Juni 2019
BAnz AT 04.06.2019 B5
Seite 13 von 32

Anlage 1

Inhalt eines Gutachtens zur Verkehrswertermittlung

Bei den mit * gekennzeichneten Punkten ist zu prüfen, ob und gegebenenfalls in welchem Umfang Angaben, insbesondere aufgrund des Auftrags oder sonstiger Umstände, erforderlich bzw. (unter vertretbarem Aufwand) möglich sind.

1 Allgemeine Angaben

1.1 Auftraggeber

1.2 Auftrag, Anlass und Verwendungszweck des Gutachtens

1.3 Wertermittlungsstichtage (1. Qualitäts- und 2. Wertermittlungsstichtag)

1.4 Verwendete objektbezogene Arbeitsunterlagen

1.5 * Datum (und Teilnehmer) der Ortsbesichtigung

2 Beschreibung des Wertermittlungsobjektes

2.1 Lagebeschreibung

2.2 Grundstücksbezogene Rechte und Belastungen

2.3 Grundstücksbeschreibung

2.3.1 Größe, Zuschnitt

2.3.2 Oberflächenbeschaffenheit, Aufwuchs und Bodenverhältnisse

2.3.3 * Beschaffenheit des Untergrundes (Bodenvorkommen/-verunreinigungen)

2.4 Grundstückszustand

2.4.1 Entwicklungszustand zum Qualitätsstichtag

2.4.2 Angaben zur zulässigen rechtlichen Nutzung des Grundstücks (Baurecht, Naturschutzrecht, ...)

2.4.3 Angaben zur aktuellen tatsächlichen Nutzung

2.4.4 Erschließungszustand

2.5 * Zustand vorhandener baulicher Anlagen

2.5.1 Angaben zur zulässigen baulichen Nutzung

2.5.2 Angaben zur aktuellen tatsächlichen Nutzung

3 Wertermittlung

3.1 Grundlage/Wertermittlungsverfahren/Wertermittlungsstichtag

3.2 Vergleichspreise (Angabe und Auswertung)

3.3 Bodenrichtwerte

3.4 * Auswirkungen grundstücksbezogener Rechte und Belastungen

3.5 Ermittlung des Verkehrswertes unter Berücksichtigung von Zu- und/oder Abschlägen wegen Eigenschaften des Bewertungsobjektes, aktueller Lage auf dem Grundstücksmarkt, ...

4 Zusammenfassung der Ergebnisse

4.1 Verkehrswert

4.2 * Begründung/Stellungnahme zu Preisforderung/-gebot

5 * Anlagen

5.1 Lichtbild des Wertermittlungsobjektes

5.2 Lageplan, Flurkarte, ...

5.3 weitere Unterlagen

Bundesanzeiger
Herausgegeben vom
Bundesministerium der Justiz
und für Verbraucherschutz
www.bundesanzeiger.de

Bekanntmachung
Veröffentlicht am Dienstag, 4. Juni 2019
BAnz AT 04.06.2019 B5
Seite 14 von 32

Anlage 2

1. Baugesetzbuch in der Fassung der Bekanntmachung vom 3. November 2017 (BGBl. I S. 3634)

§ 92

Umfang, Beschränkung und Ausdehnung der Enteignung

(1) Ein Grundstück darf nur in dem Umfang enteignet werden, in dem dies zur Verwirklichung des Enteignungszwecks erforderlich ist. Reicht eine Belastung des Grundstücks mit einem Recht zur Verwirklichung des Enteignungszwecks aus, so ist die Enteignung hierauf zu beschränken.

(2) Soll ein Grundstück mit einem Erbbaurecht belastet werden, kann der Eigentümer anstelle der Belastung die Entziehung des Eigentums verlangen. Soll ein Grundstück mit einem anderen Recht belastet werden, kann der Eigentümer die Entziehung des Eigentums verlangen, wenn die Belastung mit einem dinglichen Recht für ihn unbillig ist.

(3) Soll ein Grundstück oder ein räumlich oder wirtschaftlich zusammenhängender Grundbesitz nur zu einem Teil enteignet werden, kann der Eigentümer die Ausdehnung der Enteignung auf das Restgrundstück oder den Restbesitz insoweit verlangen, als das Restgrundstück oder der Restbesitz nicht mehr in angemessenem Umfang baulich oder wirtschaftlich genutzt werden kann.

(4) Der Eigentümer kann verlangen, dass die Enteignung auf die in § 86 Abs. 2 bezeichneten Gegenstände ausgedehnt wird, wenn und soweit er sie infolge der Enteignung nicht mehr wirtschaftlich nutzen oder in anderer Weise angemessen verwerten kann.

(5) Ein Verlangen nach den Absätzen 2 bis 4 ist schriftlich oder zur Niederschrift bei der Enteignungsbehörde bis zum Schluss der mündlichen Verhandlung geltend zu machen.

§ 93

Entschädigungsgrundsätze

(1) Für die Enteignung ist Entschädigung zu leisten.

(2) Die Entschädigung wird gewährt

1. für den durch die Enteignung eintretenden Rechtsverlust,

2. für andere durch die Enteignung eintretende Vermögensnachteile.

(3) Vermögensvorteile, die dem Entschädigungsberechtigten (§ 94) infolge der Enteignung entstehen, sind bei der Festsetzung der Entschädigung zu berücksichtigen. Hat bei der Entstehung eines Vermögensnachteils ein Verschulden des Entschädigungsberechtigten mitgewirkt, so gilt § 254 des Bürgerlichen Gesetzbuchs entsprechend.

(4) Für die Bemessung der Entschädigung ist der Zustand des Grundstücks in dem Zeitpunkt maßgebend, in dem die Enteignungsbehörde über den Enteignungsantrag entscheidet. In den Fällen der vorzeitigen Besitzeinweisung ist der Zustand in dem Zeitpunkt maßgebend, in dem diese wirksam wird.

§ 95

Entschädigung für den Rechtsverlust

(1) Die Entschädigung für den durch die Enteignung eintretenden Rechtsverlust bemisst sich nach dem Verkehrswert (§ 194) des zu enteignenden Grundstücks oder sonstigen Gegenstands der Enteignung. Maßgebend ist der Verkehrswert in dem Zeitpunkt, in dem die Enteignungsbehörde über den Enteignungsantrag entscheidet.

(2) Bei der Festsetzung der Entschädigung bleiben unberücksichtigt

1. Wertsteigerungen eines Grundstücks, die in der Aussicht auf eine Änderung der zulässigen Nutzung eingetreten sind, wenn die Änderung nicht in absehbarer Zeit zu erwarten ist;
2. Wertänderungen, die infolge der bevorstehenden Enteignung eingetreten sind;
3. Werterhöhungen, die nach dem Zeitpunkt eingetreten sind, in dem der Eigentümer zur Vermeidung der Enteignung ein Kauf- oder Tauschangebot des Antragstellers mit angemessenen Bedingungen (§ 87 Abs. 2 Satz 1 und § 88) hätte annehmen können, es sei denn, dass der Eigentümer Kapital oder Arbeit für sie aufgewendet hat;
4. wertsteigernde Veränderungen, die während einer Veränderungssperre ohne Genehmigung der Baugenehmigungsbehörde vorgenommen worden sind;
5. wertsteigernde Veränderungen, die nach Einleitung des Enteignungsverfahrens ohne behördliche Anordnung oder Zustimmung der Enteignungsbehörde vorgenommen worden sind;
6. Vereinbarungen, soweit sie von üblichen Vereinbarungen auffällig abweichen und Tatsachen die Annahme rechtfertigen, dass sie getroffen worden sind, um eine höhere Entschädigungsleistung zu erlangen;
7. Bodenwerte, die nicht zu berücksichtigen wären, wenn der Eigentümer eine Entschädigung in den Fällen der §§ 40 bis 42 geltend machen würde.

Bundesanzeiger
Herausgegeben vom Bundesministerium der Justiz und für Verbraucherschutz
www.bundesanzeiger.de

Bekanntmachung
Veröffentlicht am Dienstag, 4. Juni 2019
BAnz AT 04.06.2019 B5
Seite 15 von 32

(3) Für bauliche Anlagen, deren Rückbau jederzeit auf Grund öffentlich-rechtlicher Vorschriften entschädigungslos gefordert werden kann, ist eine Entschädigung nur zu gewähren, wenn es aus Gründen der Billigkeit geboten ist. Kann der Rückbau entschädigungslos erst nach Ablauf einer Frist gefordert werden, so ist die Entschädigung nach dem Verhältnis der restlichen zu der gesamten Frist zu bemessen.

(4) Wird der Wert des Eigentums an dem Grundstück durch die Rechte Dritter gemindert, die an dem Grundstück aufrechterhalten, an einem anderen Grundstück neu begründet oder gesondert entschädigt werden, so ist dies bei der Festsetzung der Entschädigung für den Rechtsverlust zu berücksichtigen.

§ 96

Entschädigung für andere Vermögensnachteile

(1) Wegen anderer durch die Enteignung eintretender Vermögensnachteile ist eine Entschädigung nur zu gewähren, wenn und soweit diese Vermögensnachteile nicht bei der Bemessung der Entschädigung für den Rechtsverlust berücksichtigt sind. Die Entschädigung ist unter gerechter Abwägung der Interessen der Allgemeinheit und der Beteiligten festzusetzen, insbesondere für

1. den vorübergehenden oder dauernden Verlust, den der bisherige Eigentümer in seiner Berufstätigkeit, seiner Erwerbstätigkeit oder in Erfüllung der ihm wesensgemäß obliegenden Aufgaben erleidet, jedoch nur bis zu dem Betrag des Aufwands, der erforderlich ist, um ein anderes Grundstück in der gleichen Weise wie das enteignete Grundstück zu nutzen;
2. die Wertminderung, die durch die Enteignung eines Grundstücksteils oder eines Teils eines räumlich oder wirtschaftlich zusammenhängenden Grundbesitzes bei dem anderen Teil oder durch die Enteignung des Rechts an einem Grundstück bei einem anderen Grundstück entsteht, soweit die Wertminderung nicht schon bei der Festsetzung der Entschädigung nach Nummer 1 berücksichtigt ist;
3. die notwendigen Aufwendungen für einen durch die Enteignung erforderlich werdenden Umzug.

(2) Im Falle des Absatzes 1 Nr. 2 ist § 95 Abs. 2 Nr. 3 anzuwenden.

§ 100

Entschädigung in Land

(1) Die Entschädigung ist auf Antrag des Eigentümers in geeignetem Ersatzland festzusetzen, wenn er zur Sicherung seiner Berufstätigkeit, seiner Erwerbstätigkeit oder zur Erfüllung der ihm wesensgemäß obliegenden Aufgaben auf Ersatzland angewiesen ist und

1. der Enteignungsbegünstigte über als Ersatzland geeignete Grundstücke verfügt, auf die er nicht mit seiner Berufstätigkeit, seiner Erwerbstätigkeit oder zur Erfüllung der ihm wesensgemäß obliegenden Aufgaben angewiesen ist, oder
2. der Enteignungsbegünstigte geeignetes Ersatzland nach pflichtmäßigem Ermessen der Enteignungsbehörde freihändig zu angemessenen Bedingungen beschaffen kann oder
3. geeignetes Ersatzland durch Enteignung nach § 90 beschafft werden kann.

(2) Wird die Entschädigung in Ersatzland festgesetzt, sind auch der Verwendungszweck des Ersatzlands und die Frist, in der das Grundstück zu dem vorgesehenen Zweck zu verwenden ist, zu bezeichnen. Die §§ 102 und 103 gelten entsprechend.

(3) Unter den Voraussetzungen der Nummern 1 bis 3 des Absatzes 1 ist die Entschädigung auf Antrag des Eigentümers auch dann in geeignetem Ersatzland festzusetzen, wenn ein Grundstück enteignet werden soll, das mit einem Eigenheim oder einer Kleinsiedlung bebaut ist. Dies gilt nicht, wenn nach öffentlich-rechtlichen Vorschriften der Rückbau des Gebäudes jederzeit entschädigungslos gefordert werden kann.

(4) Die Entschädigung kann auf Antrag des Enteigneten oder Enteignungsbegünstigten ganz oder teilweise in Ersatzland festgesetzt werden, wenn diese Art der Entschädigung nach pflichtmäßigem Ermessen der Enteignungsbehörde unter gerechter Abwägung der Interessen der Allgemeinheit und der Beteiligten billig ist und bei dem Enteignungsbegünstigten die in Absatz 1 Nr. 1 oder 2 genannten Voraussetzungen vorliegen.

(5) Auf die Ermittlung des Werts des Ersatzlands ist § 95 entsprechend anzuwenden. Hierbei kann eine Werterhöhung berücksichtigt werden, die das übrige Grundvermögen des von der Enteignung Betroffenen durch den Erwerb des Ersatzlands über dessen Wert nach Satz 1 hinaus erfährt. Hat das Ersatzland einen geringeren Wert als das zu enteignende Grundstück, so ist eine dem Wertunterschied entsprechende zusätzliche Geldentschädigung festzusetzen. Hat das Ersatzland einen höheren Wert als das zu enteignende Grundstück, so ist festzusetzen, dass der Entschädigungsberechtigte an den durch die Enteignung Begünstigten eine dem Wertunterschied entsprechende Ausgleichszahlung zu leisten hat. Die Ausgleichszahlung wird mit dem nach § 117 Abs. 5 Satz 1 in der Ausführungsanordnung festgesetzten Tag fällig.

(6) Wird die Entschädigung in Land festgesetzt, sollen dingliche oder persönliche Rechte, soweit sie nicht an dem zu enteignenden Grundstück aufrechterhalten werden, auf Antrag des Rechtsinhabers ganz oder teilweise nach Maßgabe des § 97 Abs. 2 ersetzt werden. Soweit dies nicht möglich ist oder nicht ausreicht, sind die Inhaber der Rechte gesondert in Geld zu entschädigen; dies gilt für die in § 97 Abs. 4 bezeichneten Berechtigten nur, soweit ihre Rechte nicht durch eine dem Eigentümer nach Absatz 5 zu gewährende zusätzliche Geldentschädigung gedeckt werden.

Bundesanzeiger
Herausgegeben vom Bundesministerium der Justiz und für Verbraucherschutz
www.bundesanzeiger.de

Bekanntmachung
Veröffentlicht am Dienstag, 4. Juni 2019
BAnz AT 04.06.2019 B5
Seite 16 von 32

(7) Anträge nach den Absätzen 1, 3, 4 und 6 sind schriftlich oder zur Niederschrift der Enteignungsbehörde zu stellen, und zwar in den Fällen der Absätze 1, 3 und 4 vor Beginn und im Falle des Absatzes 6 bis zum Schluss der mündlichen Verhandlung (§ 108).

(8) Sind Miteigentum, grundstücksgleiche Rechte oder Rechte nach dem Wohnungseigentumsgesetz ebenso zur Sicherung der Berufs- oder Erwerbstätigkeit des Berechtigten oder zur Erfüllung der ihm wesensgemäß obliegenden Aufgaben geeignet, können dem Eigentümer diese Rechte anstelle des Ersatzlands angeboten werden. Der Eigentümer ist in Geld abzufinden, wenn er die ihm nach Satz 1 angebotene Entschädigung ablehnt. § 101 bleibt unberührt.

(9) Hat der Eigentümer nach Absatz 1 oder 3 einen Anspruch auf Ersatzland und beschafft er sich mit Zustimmung des Enteignungsbegünstigten außerhalb des Enteignungsverfahrens Ersatzland oder die in Absatz 8 bezeichneten Rechte selbst, so hat er gegen den Enteignungsbegünstigten einen Anspruch auf Erstattung der erforderlichen Aufwendungen. Der Enteignungsbegünstigte ist nur insoweit zur Erstattung verpflichtet, als er selbst Aufwendungen erspart. Kommt eine Einigung über die Erstattung nicht zustande, entscheidet die Enteignungsbehörde; für den Bescheid gilt § 122 entsprechend.

2. Bürgerliches Gesetzbuch in der Fassung der Bekanntmachung vom 2. Januar 2002 (BGBl. I S. 42; 2003 I S. 738)

§ 254

Mitverschulden

(1) Hat bei der Entstehung des Schadens ein Verschulden des Beschädigten mitgewirkt, so hängt die Verpflichtung zum Ersatz sowie der Umfang des zu leistenden Ersatzes von den Umständen, insbesondere davon ab, inwieweit der Schaden vorwiegend von dem einen oder dem anderen Teil verursacht worden ist.

(2) Dies gilt auch dann, wenn sich das Verschulden des Beschädigten darauf beschränkt, daß er unterlassen hat, den Schuldner auf die Gefahr eines ungewöhnlich hohen Schadens aufmerksam zu machen, die der Schuldner weder kannte noch kennen mußte, oder daß er unterlassen hat, den Schaden abzuwenden oder zu mindern. Die Vorschrift des § 278 findet entsprechende Anwendung.

3. Immobilienwertermittlungsverordnung vom 19. Mai 2010 (BGBl. I S. 639)

§ 7

Ungewöhnliche oder persönliche Verhältnisse

Zur Wertermittlung und zur Ableitung erforderlicher Daten für die Wertermittlung sind Kaufpreise und andere Daten wie Mieten und Bewirtschaftungskosten heranzuziehen, bei denen angenommen werden kann, dass sie nicht durch ungewöhnliche oder persönliche Verhältnisse beeinflusst worden sind. Kaufpreise und andere Daten können durch ungewöhnliche oder persönliche Verhältnisse beeinflusst sein, wenn sie erheblich von den Kaufpreisen und anderen Daten in vergleichbaren Fällen abweichen.

§ 16

Ermittlung des Bodenwerts

(1) Der Wert des Bodens ist vorbehaltlich der Absätze 2 und 3 ohne Berücksichtigung der vorhandenen baulichen Anlagen auf dem Grundstück vorrangig im Vergleichswertverfahren (§ 15) zu ermitteln. Dabei kann der Bodenwert auch auf der Grundlage geeigneter Bodenrichtwerte ermittelt werden. Bodenrichtwerte sind geeignet, wenn die Merkmale des zugrunde gelegten Richtwertgrundstücks hinreichend mit den Grundstücksmerkmalen des zu bewertenden Grundstücks übereinstimmen. § 15 Absatz 1 Satz 3 und 4 ist entsprechend anzuwenden.

(2) Vorhandene bauliche Anlagen auf einem Grundstück im Außenbereich (§ 35 des Baugesetzbuchs) sind bei der Ermittlung des Bodenwerts zu berücksichtigen, wenn sie rechtlich und wirtschaftlich weiterhin nutzbar sind.

(3) Ist alsbald mit einem Abriss von baulichen Anlagen zu rechnen, ist der Bodenwert um die üblichen Freilegungskosten zu mindern, soweit sie im gewöhnlichen Geschäftsverkehr berücksichtigt werden. Von einer alsbaldigen Freilegung kann ausgegangen werden, wenn

1. die baulichen Anlagen nicht mehr nutzbar sind oder
2. der nicht abgezinste Bodenwert ohne Berücksichtigung der Freilegungskosten den im Ertragswertverfahren (§§ 17 bis 20) ermittelten Ertragswert erreicht oder übersteigt.

4. Richtlinien für die Benutzung der Bundesfernstraßen in der Baulast des Bundes (Nutzungsrichtlinien) in der Fassung der Bekanntmachung vom 4. Februar 2014 (VkBl. 2014, S. 214)

11.9 Änderung oder Beseitigung von Zufahrten oder Zugängen im Zusammenhang mit Straßenbaumaßnahmen oder aus Gründen der Sicherheit oder Leichtigkeit des Verkehrs

11.9.1 Verfahren bei Änderung oder Beseitigung von Zufahrten oder Zugängen im Zusammenhang mit Straßenbaumaßnahmen

a) Wird ein Planfeststellungsverfahren durchgeführt, so ist im Planfeststellungsbeschluss über die notwendigen Änderungen oder Beseitigungen von Zufahrten oder Zugängen zu entscheiden, sofern keine entsprechenden Vereinbarungen mit den Beteiligten getroffen worden sind. Das Gleiche gilt, wenn neue Zufahrten, Zugänge oder Ersatzwege (z. B. Anliegerstraßen, Wirtschaftswege) angelegt werden müssen, um die Benutzung der Anlieger-

Bundesanzeiger
Herausgegeben vom
Bundesministerium der Justiz
und für Verbraucherschutz
www.bundesanzeiger.de

Bekanntmachung
Veröffentlicht am Dienstag, 4. Juni 2019
BAnz AT 04.06.2019 B5
Seite 17 von 32

grundstücke zu sichern oder die Bundesstraße von Zufahrten freizumachen (vgl. Nr. 31 der Planfeststellungsrichtlinien).

b) Einer Planfeststellung bedarf es nicht, wenn

- mit dem Anlieger über die erforderlichen Maßnahmen, die Tragung der Kosten und die Unterhaltung der geänderten Anlage eine Vereinbarung getroffen wird (§ 17 Abs. 2 FStrG) oder
- vom Widerruf einer Erlaubnis Gebrauch gemacht werden kann oder
- nach § 8 Abs. 2a Satz 3 FStrG eine Änderung verlangt werden kann (wegen der Kostentragung und Entschädigung vgl. Nr. 11.9.2 und 11.9.3).

11.9.2 Kosten bei Änderung oder Beseitigung von widerruflichen Zufahrten oder Zugängen

a) Sind Zufahrten oder Zugänge widerruflich erlaubt (§ 8 Abs. 2 Satz 1 FStrG), hat der Anlieger die Änderung oder Beseitigung auf seine Kosten durchzuführen (vgl. § 8a Abs. 4 Satz 3 FStrG). Das Gleiche gilt, wenn Zufahrten oder Zugänge auf einer Gestattung nach früherem Recht beruhen, in der der Widerruf oder die Kündigung vorbehalten oder dem Anlieger die Folgepflicht (Änderung oder Beseitigung der Zufahrt oder des Zugangs) auferlegt ist. Die Straßenbauverwaltung hat darauf zu achten, dass die Arbeiten den Anforderungen der Sicherheit und Ordnung sowie den anerkannten Regeln der Technik genügen (§ 8 Abs. 2a Satz 1 FStrG).

b) Lässt die Straßenbauverwaltung die Maßnahmen nach Absprache mit dem betroffenen Anlieger durchführen, so hat dieser die Kosten zu erstatten

11.9.3 Kosten und Entschädigung bei Änderung oder Beseitigung von nicht widerruflichen Zufahrten oder Zugängen

a) Beruhen Zufahrten oder Zugänge auf einer unwiderruflichen Gestattung nach früherem Recht (unwiderrufliches Zufahrtsrecht nach § 8 Abs. 9 FStrG) oder auf einer Sondernutzungserlaubnis, deren Befristung noch nicht abgelaufen ist, oder werden sie aufgrund des Gemeingebrauchs benutzt, so trifft den Träger der Straßenbaulast eine Ersatzpflicht, wenn Zufahrten oder Zugänge durch Änderung oder Einziehung der Straße auf Dauer unterbrochen werden oder ihre Benutzung erheblich erschwert wird und das Grundstück keine anderweitige ausreichende Verbindung mit dem öffentlichen Wegenetz besitzt (§ 8a Abs. 4 FStrG). Keine Ersatzpflicht besteht somit, wenn sich die Änderung der Straße nur geringfügig auf die Zufahrt oder den Zugang auswirkt und diese mit verhältnismäßig geringen Mitteln angepasst werden können; insoweit hat der Betroffene die Kosten der Änderung zu tragen (vgl. BGH-Urteile v. 02.07.1969 – III ZR 76/58 und III ZR 81/58 – VkBl. 1959, 469 und 470 – sowie vom 31.01.1963 – III ZR 88/62 und III ZR 94/62 – VkBl. 1963, 201 und 203). Ebenso besteht keine Ersatzpflicht, wenn das Grundstück eine anderweitige ausreichende Verbindung mit dem öffentlichen Wegenetz hat.

b) Ob eine Benutzung erheblich erschwert wird, ist im Einzelfall nach objektiven Maßstäben zu prüfen. Das Gleiche gilt für die Frage, ob eine anderweitige Verbindung als ausreichend angesehen werden kann. Dabei ist von der ausgeübten zulässigen Benutzungsart auszugehen. Ausreichend ist eine Verbindung immer dann, wenn sie die Erschließungsfunktion der weggefallenen Verbindung besitzt oder mit übernehmen kann.

c) Im Rahmen der Ersatzpflicht nach § 8a Abs. 4 FStrG hat die Straßenbauverwaltung die Zufahrt oder den Zugang an die veränderte Straßenlage anzupassen. Ist dies nicht möglich oder wirtschaftlich unzumutbar, ist ein angemessener Ersatz zu schaffen. Der Ersatz ist angemessen, wenn die Erschließungsfunktion der Ersatzanlage die Beeinträchtigung im Wesentlichen ausgleicht. Der angemessene Ersatz ist gleichbedeutend mit der ausreichenden Verbindung zum öffentlichen Wegenetz. Nach § 8a Abs. 4 Satz 2 FStrG können mehrere Anliegergrundstücke durch eine gemeinsame Zufahrt angeschlossen werden. Der Anspruch der Betroffenen kann auch Anpassungsmaßnahmen innerhalb eines Grundstücks (z. B. Beseitigung oder Durchbruch einer Mauer, Anlegung innerbetrieblicher Verbindungswege oder innerbetriebliche Umstellungen) umfassen, wenn ohne sie die Erschließungsfunktion nicht ausreichend erfüllt werden kann. Sie sollen von dem Betroffenen gegen Entschädigung durchgeführt werden. Über die notwendigen Maßnahmen und die Höhe der Entschädigung ist eine Vereinbarung zu schließen. In besonders gelagerten Fällen kann die Anpassung der Zufahrt oder des Zuganges oder die Anlegung der Ersatzzufahrt oder des Ersatzzuganges im Einvernehmen mit der Straßenbauverwaltung vom Anlieger unter Beachtung der vorstehenden Grundsätze gegen Kostenerstattung vorgenommen werden.

d) Kann eine ausreichende Ersatzzufahrts- oder Ersatzzugangsmöglichkeit nur durch Notwegerecht geschaffen werden, so ist dem betroffenen Anlieger eine Entschädigung in Höhe der Geldrente zu zahlen, die er nach § 917 Abs. 2 BGB an den Duldungspflichtigen zu entrichten hat. Der Betrag soll für die voraussichtliche Dauer der Inanspruchnahme des Notwegerechtes kapitalisiert werden.

e) Eine angemessene Entschädigung in Geld ist zu leisten, wenn auch die Ersatzzufahrt oder der Ersatzzugang nicht ausreichend, nicht möglich oder wirtschaftlich nicht vertretbar sein sollte. Zu entschädigen ist die Differenz der Verkehrswerte des Grundstücks vor und nach dem Eingriff. Dabei kann bei der Ermittlung des Minderwertes eines Gewerbebetriebes der kapitalisierte Betrag der zusätzlichen Aufwendungen oder Beeinträchtigungen als Anhalt dienen.

f) Die Unterhaltung der geänderten Zufahrten und Zugänge und der Ersatzanlagen verbleibt dem Anlieger; bei gemeinsamer Zufahrt obliegt sie den Anliegern gemeinsam (§ 8a Abs. 4 Satz 2 FStrG). Die Mehrkosten der Unterhaltung gegenüber dem bisherigen Aufwand sind dem Unterhaltungsträger möglichst in Form einer einmaligen Abfindung zu erstatten. Vermögensvorteile sind zu berücksichtigen (z. B. Abzug „neu für alt").

Bundesanzeiger
Herausgegeben vom Bundesministerium der Justiz und für Verbraucherschutz
www.bundesanzeiger.de

Bekanntmachung
Veröffentlicht am Dienstag, 4. Juni 2019
BAnz AT 04.06.2019 B5
Seite 18 von 32

g) Der Betroffene hat zur Schadensminderung beizutragen (z. B. durch zumutbare innerbetriebliche Umstellungen). Kommt er dieser Verpflichtung nicht nach, so hat er den Schaden mit verursacht. Insoweit sind seine Ansprüche gemindert (§ 8a Abs. 8 FStrG).

11.9.4 Auswirkungen eines Planfeststellungsbeschlusses oder einer Anordnung nach § 8a Abs. 6 FStrG auf die Sondernutzungserlaubnis

a) Beruht die Zufahrt oder der Zugang auf einer Sondernutzungserlaubnis, so wird diese durch den Planfeststellungsbeschluss oder die Anordnung nach § 8a Abs. 6 FStrG modifiziert. In besonderen Fällen kann die Erteilung einer neuen Sondernutzungserlaubnis in Betracht kommen. Hierzu bedarf es keines Antrages. Die Erlaubnisbehörde ist an den Planfeststellungsbeschluss oder die Anordnung gebunden.

b) Im Verknüpfungsbereich der Ortsdurchfahrt ist die Gemeinde zur Erteilung der Erlaubnis zu veranlassen.

11.10 Vorübergehende Beeinträchtigungen von Zufahrten oder Zugängen durch Straßenbaumaßnahmen

11.10.1 Duldungspflicht der Straßenanlieger

a) Der Gemeingebrauch an der Straße ist bereits durch deren Zweckbestimmung in der Weise begrenzt, dass die Anlieger alle den Gemeingebrauch tatsächlich einschränkenden Maßnahmen hinnehmen müssen, die sich aus der Notwendigkeit ergeben, die Straße in einem ordnungsgemäßen Zustand zu erhalten oder den etwa weitergehenden Bedürfnissen des Verkehrs anzupassen. Zu den Arbeiten an der Straße gehören auch die Arbeiten an Versorgungsleitungen und ähnlichen Anlagen, die üblicherweise im Interesse der Allgemeinheit mit der Straße verbunden oder im Straßenkörper untergebracht werden (BGH-Urteil vom 20.12.1971 – III ZR 79/69 – NJW 1972, 2432 = VkBl. 1972, 117).

b) Die Zufahrts- oder Zugangsmöglichkeit zu den Anliegergrundstücken darf nicht mehr als erforderlich eingeschränkt werden. Andererseits müssen Belange der Allgemeinheit sowie die technischen und finanziellen Möglichkeiten des Trägers der Straßenbaulast berücksichtigt werden. Bei der Durchführung sind überflüssige Verzögerungen zu vermeiden und deshalb die einzelnen Arbeitsvorgänge sachgemäß zu koordinieren. Zur ordnungsgemäßen Baudurchführung hat die Straßenbauverwaltung rechtzeitig zu prüfen, ob und ggf. welche Behelfsmaßnahmen erforderlich sind, um Beeinträchtigungen der Anlieger, insbesondere der anliegenden Gewerbebetriebe, bei Ausführung der Straßenbauarbeiten möglichst gering zu halten (§ 8a Abs. 5 FStrG). Dabei ist darauf zu achten, dass vom Träger der Straßenbaulast Behelfsmaßnahmen nur insoweit verlangt werden können, als sie für ihn zumutbar sind und eine wesentliche Entlastung bringen.

c) Damit sich die Anlieger auf die Verkehrsbeschränkungen einrichten können, empfiehlt es sich, sie rechtzeitig zu unterrichten. Sind erhebliche Beeinträchtigungen von Anliegerbetrieben zu befürchten, sind die zu erwartenden Verkehrsbeschränkungen mit den Betroffenen zu erörtern.

d) Halten sich die Beeinträchtigungen für einen Gewerbebetrieb im Rahmen des Zumutbaren, stehen dem Anlieger keine Entschädigungsansprüche zu, auch wenn die Beeinträchtigungen einige Wochen oder Monate dauern. Ein Betrieb muss auch solche gewinnschmälernden Ereignisse einkalkulieren. Hinzunehmen ist auch ein Ausbleiben des Reingewinns, weil dadurch keine Existenzgefährdung (vgl. 11.10.2) eintritt. Reingewinn ist der Betrag, der dem Unternehmen nach Abzug aller Kosten (z. B. Warenbezugskosten, Mieten, Personalkosten einschließlich Unternehmerlohn) vom Umsatz verbleibt. Der Betriebsinhaber hat unter Anspannung der eigenen Kräfte und Ausschöpfung betrieblicher Anpassungsmöglichkeiten alles zu unternehmen, um die Beeinträchtigung durch Straßenbauarbeiten auf seinen Betrieb möglichst gering zu halten (§ 8a Absätze 5 und 8 FStrG). Denn der Anlieger, der besondere Vorteile aus dem Gemeingebrauch zieht, kann nicht beanspruchen, dass sie immer in gleicher Weise fortbestehen. Insoweit halten sich die Beschränkungen im Rahmen der Sozialgebundenheit des Eigentums. Die Dauer der entschädigungslos hinzunehmenden Beschränkungen kann nach Art der betroffenen Betriebe im Einzelfall verschieden sein.

11.10.2 Entschädigungsansprüche von Straßenanliegern

a) Wird durch eine längerdauernde Straßenbaumaßnahme die Zufahrt oder der Zugang zu einem anliegenden Gewerbebetrieb unterbrochen oder erheblich erschwert und führen dadurch eintretende Betriebsverluste trotz Anspannung der eigenen Kräfte zu einer Existenzgefährdung, so hat der Betrieb Anspruch auf eine Entschädigung (§ 8a Abs. 5 Satz 1 FStrG). Eine Existenzgefährdung liegt vor, wenn die laufenden Betriebseinnahmen nicht die Warenbezugskosten und die laufenden Betriebsausgaben decken. Eine Existenzgefährdung liegt auch vor, wenn langfristig keine volle Kostendeckung (z. B. Warenbezugskosten, Personalkosten einschließlich Unternehmerlohn, Mieten, Abschreibungen) erreicht wird. Es obliegt dem Betroffenen, die Straßenbauverwaltung rechtzeitig vor einer Existenzgefährdung zu unterrichten und die Kausalität der Straßensperre durch prüffähige Unterlagen nachzuweisen. Ein Versäumnis würde ein Mitverschulden im Sine von § 8a Abs. 8 FStrG bedeuten.

b) Die Entschädigung ist nach § 8a Abs. 5 Satz 1 FStrG darauf zu beschränken, den Fortbestand des anliegenden Betriebs zu gewährleisten.

c) Ein Entschädigungsanspruch besteht nicht, wenn das Betriebsgrundstück eine anderweitige ausreichende Verbindung mit dem öffentlichen Wegenetz besitzt oder wenn Zufahrten oder Zugänge auf einer widerruflichen Erlaubnis beruhen (§ 8a Abs. 5 Satz 3 in Verbindung mit Absatz 4 Satz 3 FStrG).

d) Im Übrigen wird darauf hingewiesen, dass die Straßenbauverwaltung über § 8a Abs. 5 FStrG hinaus aus enteignungsgleichem Eingriff entschädigungspflichtig werden kann, wenn sie bei Straßensperrungen nicht den Grundsatz der Verhältnismäßigkeit beachtet oder wenn sich längere Verzögerungen bei den Straßenbauarbeiten ergeben, die vermeidbar gewesen wären (vgl. BGH, Urteile vom 5. 7. 1965 – III ZR 173/64 – NJW 1965, 1907 = VkBl 1965, 646 und vom 20. 12. 1971 – III ZR 79/69 – NJW 1972, 243 = VkBl 1972, 117).

e) Soweit Entschädigungsansprüche bestehen, richten sie sich gegen den, zu dessen Gunsten die Arbeiten im Straßenbereich erfolgen (§ 8a Abs. 5 Satz 2 FStrG). In Betracht kommen z. B. der Träger der Straßenbaulast oder Versorgungsunternehmen oder beide gemeinsam. Werden jedoch bei Gelegenheit einer Straßenbaumaßnahme weitere Arbeiten im Interesse der Allgemeinheit vorgenommen, die bei getrennter Durchführung keine erheblichen Erschwernisse für längere Zeit zur Folge hätten (z. B. Kabelverlegungen), so werden diese Arbeiten in der Regel nicht mit ursächlich für eine existenzgefährdende Betriebsbeeinträchtigung sein. In diesem Falle ist der Träger dieser Maßnahme kein zur Entschädigung verpflichteter Begünstigter.

Bundesanzeiger
Herausgegeben vom Bundesministerium der Justiz und für Verbraucherschutz
www.bundesanzeiger.de

Bekanntmachung
Veröffentlicht am Dienstag, 4. Juni 2019
BAnz AT 04.06.2019 B5
Seite 20 von 32

Anlage 3

Verfahren zur Ermittlung der Entschädigung bei An- und Durchschneidungen und für Umwege (Nummern 2.2.2.3, 2.2.2.4, 3.2.1.3, 3.2.1.4 LandR 19)

1 Anwendungsbereich

Das Verfahren[1] ist anzuwenden

- zur Ermittlung der Entschädigung bei An- und Durchschneidungen, wenn durch den Entzug einer Teilfläche eine Bewirtschaftungseinheit (Schlag) an- oder durchschnitten wird und wirtschaftliche Nachteile bei der Bewirtschaftung der Restflächen entstehen;
- zur Ermittlung der Entschädigung für Umwege, wenn wirtschaftliche Nachteile durch Mehrwege bei An- und Durchschneidung eines Schlages oder bei Unterbrechung eines Privatweges zu einem Schlag entstehen;
- gegebenenfalls auch zur Ermittlung der Entschädigung, wenn sich nach Erfüllung eines Anspruches auf Ersatzland noch zusätzliche Aufwendungen durch Mehrwege ergeben.

Die Grenzen des Schlages müssen nicht mit den grundbuchlichen Eigentums- oder Flurstücksgrenzen übereinstimmen. Beim Schlag kann es sich um Eigentums- und/oder Pachtflächen handeln.

Das Verfahren ist hilfsweise (im Einzelfall) anzuwenden zur Einschätzung der Entschädigung für die Verkehrswertminderung des Restgrundstücks/Restbetriebs gemäß Nummer 2.2.1 LandR 19, soweit keine hinreichenden Marktdaten zur Verfügung stehen und eine direkte Ermittlung der Verkehrswertminderung über das Vergleichswertverfahren nicht möglich ist. Die Ausführungen in Nummer 5 sind zu beachten.

2 Schadensdauer

Die Schadensdauer wird bestimmt durch die Laufzeiten der Bewirtschaftungsrechte im Schlag zum Bewertungsstichtag. Die Schadensdauer endet, wenn

- das letzte Bewirtschaftungsrecht an der Entzugsfläche im Schlag ausläuft und damit der Schlag im Rechtssinne nicht mehr vom Eingriff betroffen ist, oder
- die nach Auslaufen von Bewirtschaftungsrechten verbliebenen Flächen keinen besonderen wirtschaftlichen Wert aus dem Grundstückszusammenhang mehr darstellen.

Konkrete Anhaltspunkte, die auf eine frühere Beseitigung des Schadens schließen lassen (Flurbereinigung, Betriebsaufgabe), sind bei der Festlegung der Schadensdauer zu berücksichtigen.

3 Ausgangswerte[2]

3.1 Ausgangswert An- und Durchschneidung – AAD (€/ha/a)

Der Ausgangswert AAD gibt den jährlichen wirtschaftlichen Nachteil (Wirtschaftserschwernisse) auf den Restflächen bezogen auf die Fläche des Schlages vor dem Eingriff an.

Zur Ermittlung des AAD müssen die relativen flächenspezifischen Arbeits- und Maschinenkosten bei der Bearbeitung sowie die Betriebsmittelmehrkosten (Saatgut, Dünge- und Pflanzenschutzmittel) und Mindererträge in Wende- und Randbereichen zwischen dem Schlag und der Restfläche im Jahr des Entzuges festgestellt und verglichen werden. Soweit die relativen Bewirtschaftungskosten auf der Restfläche die des Schlages übersteigen, ist die Differenz mit der Größe der Restfläche zu multiplizieren.

Die Summe der jährlichen Wirtschaftserschwernisse auf allen Restflächen dividiert durch die Schlagfläche ist der auf die Flächeneinheit bezogene eingriffsbedingte jährliche wirtschaftliche Nachteil AAD.

---

[1] Das Verfahren ist erarbeitet auf der Grundlage eines Praxisleitfadens von Dipl.-Ing. agr. Dr. Heinrich Karg: Ermittlung von Deformationsschäden nach Flächenentzug, 2009, HLBS-Verlag.

[2] Die Ausgangswerte drücken das Maß der wirtschaftlichen Vorzüglichkeit der Ausgangsfläche gegenüber den unmittelbar durch den Eingriff entstehenden Restflächen aus. Durch Verwendung der Ausgangswerte bleibt der Effekt der zunehmenden Verkleinerung der Restflächen, der mit Auslaufen der Restpachtzeiten von Teilflächen eintritt, unberücksichtigt. Dieser Effekt, der in der Regel zu höheren relativen Wirtschaftserschwernissen führt, ist auch nicht entschädigungsfähig, da er nicht eingriffsbedingt ist.

Bundesanzeiger
Herausgegeben vom
Bundesministerium der Justiz
und für Verbraucherschutz
www.bundesanzeiger.de

Bekanntmachung
Veröffentlicht am Dienstag, 4. Juni 2019
BAnz AT 04.06.2019 B5
Seite 21 von 32

3.2 Ausgangswert Umwege – AU (€/ha/a)

Der Ausgangswert AU gibt die relativen jährlichen Mehrwegekosten zu den Restflächen nach Durchschneidung oder zu dem Schlag nach Unterbrechung eines Privatweges bezogen auf die Wegekosten des Schlages vor dem Eingriff an.

Zur Ermittlung des AU müssen die Arbeits- und Maschinenkosten für die Wegstrecken vor und nach dem Eingriff festgestellt und miteinander verglichen werden. Soweit die relativen Wegekosten nach dem Eingriff die vor dem Eingriff übersteigen, ist die Differenz mit der Größe der Fläche nach dem Eingriff zu multiplizieren.

Die Summe der jährlichen Mehrwegekosten nach dem Eingriff dividiert durch die Schlagfläche vor dem Eingriff sind die auf die Flächeneinheit bezogenen eingriffsbedingten jährlichen Mehrwegekosten AU.

3.3 Berechnung der Ausgangswerte AAD und AU (€/ha/a)

Zur Berechnung des AAD und/oder AU im Jahr des Entzuges ist eine geeignete Kalkulationsgrundlage oder ein geeignetes Kalkulationsprogramm anzuwenden[3].

4 Ermittlung der Entschädigung

4.1 Eigentümerschläge (Beispiele die Nummern 7.1 und 7.2)

Zur Ermittlung der Entschädigung für die An- und Durchschneidung und/oder Umwege des Eigentümerschlages wird die Schlagfläche mit dem AAD/AU multipliziert und anschließend entsprechend der Schadensdauer kapitalisiert.

Wird für den Eigentümer zusätzlich eine Entschädigung für die Verkehrswertminderung des Restgrundstücks/Restbetriebs (siehe Nummer 2.2.1 LandR 19) ermittelt, ist die Verzinsung der Verkehrswertminderungsentschädigung als Vorteilsausgleich anzurechnen.

4.2 Sonstige Schläge (Beispiele die Nummern 7.3 bis 7.6)

Zur Festlegung der Schadensdauer ist festzustellen, nach welchem Zeitraum das letzte Bewirtschaftungsrecht an der Entzugsfläche im Schlag endet. Für diesen Zeitraum werden die rechtlich gesicherten Flächen des Schlages nach ihren Laufzeiten geordnet und für die einzelnen Jahre zu Jahresschlagflächen summiert.

Anschließend wird jede Jahresschlagfläche mit dem AAD/AU multipliziert. Die ermittelten Jahresschäden werden auf den Bewertungsstichtag diskontiert und ergeben zusammen die Entschädigung für die An- und Durchschneidung und/oder Umwege des Schlages.

Sofern Eigentumsflächen des Bewirtschafters in dem Schlag vorhanden und direkt vom Entzug betroffen sind, ist zu beachten:

- Wird eine Entschädigung für die Verkehrswertminderung dieser Eigentumsflächen gemäß Nummer 2.2.1 LandR 19 ermittelt, ist eine Verzinsung der Verkehrswertminderungsentschädigung als Vorteilsausgleich anzurechnen.
- Eine Entschädigung für gegebenenfalls noch verbleibende wirtschaftliche Nachteile dieser Eigentumsflächen ist nur möglich, wenn die einzelnen Eigentumsflächen nach Auflösung des Schlages allein in einem angemessenen und zulässigen Umfang weiterhin wirtschaftlich nutzbar sind[4].

5 Einschätzung der Entschädigung für die Verkehrswertminderung des Restgrundstücks/Restbetriebs gemäß Nummer 2.2.1 LandR 19

5.1 Restgrundstücke selbstwirtschaftender Eigentümer (Eigentümer- oder sonstige Schläge)

Soweit für den selbstwirtschaftenden Eigentümer eine zusätzliche Entschädigung für die Verkehrswertminderung seines Restgrundstücks/Restbetriebs mangels Marktdaten nicht direkt ermittelt werden kann, ist mit der nach Nummer 4.1 (Eigentümerschläge) bzw. Nummer 4.2 (Eigentumsflächen im sonstigen Schlag) für ihn ermittelten Entschädigung auch die Wertminderung abgegolten.

5.2 Restgrundstücke des nicht selbstwirtschaftenden Eigentümers

Soweit die Entschädigung für die Verkehrswertminderung des betroffenen Restgrundstücks/Restbetriebs eines nicht selbstwirtschaftenden Eigentümers mangels Marktdaten nicht direkt ermittelt werden kann, wird zur Einschätzung der Wertminderung die Fläche des betroffenen Restgrundstücks mit dem nach Nummer 3.1 ermittelten Ausgangswert An- und Durchschneidung – AAD – multipliziert und kapitalisiert.

Das Ergebnis der ermittelten Wertminderung muss plausibel sein (siehe Nummer 2.2.1 LandR 19) und der Minderung entsprechen, die auch im allgemeinen Geschäftsverkehr bei anderen Grundstücken mit vergleichbaren werterheblichen Eigenschaften unterstellt wird. Außergewöhnliche Abweichungen sind zu begründen und das Ergebnis ist gegebenenfalls zu korrigieren.

6 Zinssatz

Bei der Ermittlung der Entschädigung ist der Zinssatz gemäß Nummer 1.2 LandR 19 anzuwenden.

---

[3] Der Richtliniengeber beabsichtigt, zu einem späteren Zeitpunkt Hinweise zur sachgerechten Berechnung des AAD und des AU und ein dazu geeignetes Verfahren zu veröffentlichen.

[4] D. h.: Insbesondere wegen der Form, Größe und Zuwegung ist eine rechtlich zulässige und wirtschaftliche Nutzung der einzelnen Eigentumsfläche nach Auflösung des Schlages tatsächlich möglich.

Bundesanzeiger
Herausgegeben vom Bundesministerium der Justiz und für Verbraucherschutz
www.bundesanzeiger.de

Bekanntmachung
Veröffentlicht am Dienstag, 4. Juni 2019
BAnz AT 04.06.2019 B5
Seite 22 von 32

7 Beispiele zu Ermittlung der Entschädigung bei An- und Durchschneidungen/für Umwege

7.1 Anschneidung Eigentümerschlag

7.1.1 Falldaten

Ausgangsfläche 5,00 ha – Entzugsfläche 2,50 ha – Restfläche 2,50 ha

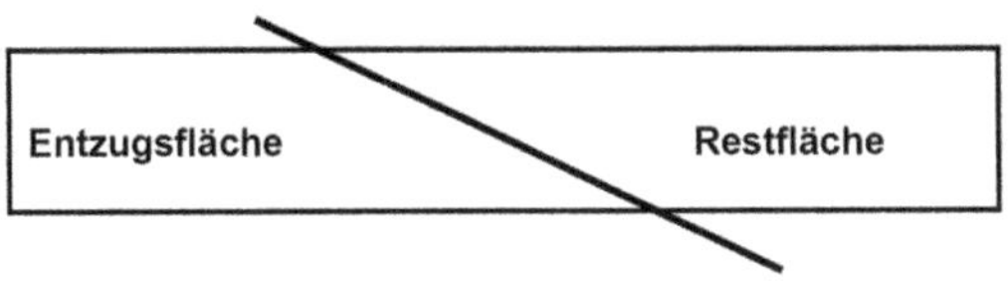

7.1.2 Ausgangswert AAD (€/ha/a)

Ermittlung Ausgangswert AAD (€/ha/a) im Jahr des Eingriffs:

	Einheit	Ausgangsfläche	Restfläche
Flächengröße	ha	5,00	2,50
Flächenspezifische Bewirtschaftungskosten, gesamt[1]	€/a	428,01	444,57
Bewirtschaftungskosten je ha[2]	€/ha/a	85,60	177,83
Relativer jährlicher Bewirtschaftungsnachteil[3]	€/ha/a		92,23
Jährliche Wirtschaftserschwernisse[4]	€/a		230,58
Ausgangswert AAD[5]	€/ha/a	46,12	

Anmerkungen:

1 Resultierend aus den jeweils flächenspezifischen Feldbegrenzungen, Ergebnis gemäß Kalkulationsprogramm: Summe der Arbeits- und Maschinenkosten bei der Bearbeitung (u. a. für Wendezeiten, Doppelbearbeitungen), sowie der Betriebsmittelmehrkosten (Saatgut, Dünge- und Pflanzenschutzmittel) und Mindererträge in Wende- und Randbereichen

2 Flächenspezifische Bewirtschaftungskosten, gesamt dividiert durch Flächengröße

3 Bewirtschaftungskosten je ha Restfläche abzüglich Bewirtschaftungskosten je ha Ausgangsfläche

4 Relativer jährlicher Bewirtschaftungsnachteil multipliziert mit der Flächengröße

5 Jährliche Wirtschaftserschwernisse dividiert durch Größe der Ausgangsfläche

7.1.3 Festlegung der Schadensdauer

Dauerschaden – Kapitalisierungsfaktor 50,00 (Zinssatz 2,0 %)*

7.1.4 Ermittlung der Entschädigung

Prüfen: Gegenrechnung eines Vorteilsausgleichs gemäß Nummer 2.2.1 LandR 19

Ermittlung Vorteilsausgleich			
	€/ha	ha	€
Verkehrswert der Ausgangsfläche	13 000,00	5,00	65 000,00
Entschädigung der Entzugsfläche	13 000,00	2,50	32 500,00
Verkehrswert der Restfläche	11 000,00	2,50	27 500,00
Entschädigung für die Verkehrswertminderung der Restfläche			5 000,00 €
Verzinsung der Entschädigung für die Verkehrswertminderung der Restfläche*			2 %
Vorteilsausgleich			100,00 €/a

Bundesanzeiger
Herausgegeben vom Bundesministerium der Justiz und für Verbraucherschutz
www.bundesanzeiger.de

Bekanntmachung
Veröffentlicht am Dienstag, 4. Juni 2019
BAnz AT 04.06.2019 B5
Seite 23 von 32

Berechnung Gesamtentschädigung

		Einheit	
	Schlagfläche	ha	5,00
x	AAD	€/ha/a	46,12
=	Jahresschaden Schlag	€/a	230,60
–	Vorteilsausgleich	€/a	100,00
=	Jahresschaden	€/a	130,60
x	Kapitalisierungsfaktor*	2,0 %	50,00
Entschädigung gesamt		€	6 530,00

Anmerkung:

* gegebenenfalls Anpassung an aktuellen LandR-Zinssatz

7.2 Durchschneidung und Umwege Eigentümerschlag

7.2.1 Falldaten

Ausgangsfläche 5,00 ha – Wegelänge 2,000 km – Entzugsfläche 0,45 ha

Restfläche RF1 2,50 ha – Wegelänge 2,000 km

Restfläche RF2 2,05 ha – Wegelänge 4,430 km

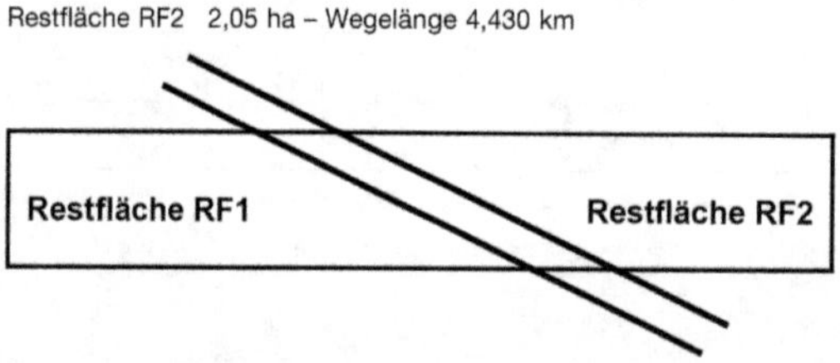

7.2.2 Ausgangswerte AAD (€/ha/a) und AU (€/ha/a)

Ermittlung Ausgangswert AAD (€/ha/a) im Jahr des Eingriffs:

	Einheit	Ausgangsfläche	RF1	RF2
Flächengröße	ha	5,00	2,50	2,05
Flächenspezifische Bewirtschaftungskosten, gesamt[1]	€/a	428,01	444,57	427,74
Bewirtschaftungskosten je ha[2]	€/ha/a	85,60	177,83	208,65
Relativer jährlicher Bewirtschaftungsnachteil[3]	€/ha/a		92,23	123,05
Jährliche Wirtschaftserschwernisse[4]	€/a		230,58	252,25
Summe jährliche Wirtschaftserschwernisse[5]	€/a		482,83	
Ausgangswert AAD[6]	€/ha/a	96,57		

Anmerkungen:

1 Resultierend aus den jeweils flächenspezifischen Feldbegrenzungen, Ergebnis gemäß Kalkulationsprogramm: Summe der Arbeits- und Maschinenkosten bei der Bearbeitung (u. a. für Wendezeiten, Doppelbearbeitungen), sowie der Betriebsmittelmehrkosten (Saatgut, Dünge- und Pflanzenschutzmittel) und Mindererträge in Wende- und Randbereichen

2 Bewirtschaftungskosten, gesamt dividiert durch Flächengröße

3 Bewirtschaftungskosten je ha Restfläche abzüglich Bewirtschaftungskosten je ha Ausgangsfläche

4 Relativer jährlicher Bewirtschaftungsnachteil multipliziert mit Flächengröße

5 Addition der jährlichen Wirtschaftserschwernisse der Restflächen

6 Summe der jährlichen Wirtschaftserschwernisse dividiert durch Größe der Ausgangsfläche

Bundesanzeiger
Herausgegeben vom Bundesministerium der Justiz und für Verbraucherschutz
www.bundesanzeiger.de

Bekanntmachung
Veröffentlicht am Dienstag, 4. Juni 2019
BAnz AT 04.06.2019 B5
Seite 24 von 32

Ermittlung Ausgangswert AU (€/ha/a) im Jahr des Eingriffs:

	Einheit	Ausgangsfläche	RF1	RF2
Flächengröße	ha	5,00	2,50	2,05
Wegekosten, gesamt[1]	€/a	253,38	239,69	530,92
Wegekosten je ha[2]	€/ha/a	50,68	95,88	258,99
Relative jährliche Mehrwegekosten[3]	€/ha/a		45,20	208,31
Jährliche Mehrwegekosten[4]	€/a		113,00	427,04
Summe jährliche Mehrwegekosten[5]	€/a		540,04	
Ausgangswert AU[6]	€/ha/a	108,01		

Anmerkungen:

1 Ergebnis gemäß Kalkulationsprogramm: Summe der Arbeits- und Maschinenkosten aller notwendigen Maschinen-, Transport- und Kontrollfahrten für die Wegstrecke

2 Wegekosten, gesamt dividiert durch Flächengröße

3 Wegekosten je ha Restfläche abzüglich Wegekosten je ha Ausgangsfläche

4 Relative jährliche Wegekosten multipliziert mit Flächengröße

5 Addition der jährlichen Wegekosten der Restflächen

6 Summe der jährlichen Wegekosten dividiert durch Größe der Ausgangsfläche

7.2.3 Festlegung der Schadensdauer

Dauerschaden – Kapitalisierungsfaktor 50,00 (Zinssatz 2,0 %)*

7.2.4 Ermittlung der Entschädigung

Prüfen: Gegenrechnung eines Vorteilsausgleichs gemäß Nummer 2.2.1 LandR 19

Ermittlung Vorteilsausgleich			
	€/ha	ha	€
Verkehrswert der Ausgangsfläche	13 000,00	5,00	65 000,00
Entschädigung der Entzugsfläche	13 000,00	0,45	5 850,00
Verkehrswert der Restflächen	11 000,00	4,55	50 050,00
Entschädigung für die Verkehrswertminderung der Restflächen			9 100,00 €
Verzinsung der Entschädigung für die Verkehrswertminderung der Restflächen*			2,0 %
Vorteilsausgleich			182,00 €/a

Berechnung Gesamtentschädigung

		Einheit	
	Schlagfläche	ha	5,00
x	Summe AAD + AU	€/ha/a	204,58
=	Jahresschaden Schlag	€/a	1 022,90
–	Vorteilsausgleich	€/a	182,00
=	Jahresschaden	€/a	840,90
x	Kapitalisierungsfaktor*	2,0 %	50,00
Entschädigung gesamt		€	42 045,00

Anmerkung:

* gegebenenfalls Anpassung an aktuellen LandR-Zinssatz

Bundesanzeiger
Herausgegeben vom
Bundesministerium der Justiz
und für Verbraucherschutz
www.bundesanzeiger.de

Bekanntmachung
Veröffentlicht am Dienstag, 4. Juni 2019
BAnz AT 04.06.2019 B5
Seite 25 von 32

7.3 Anschneidung sonstiger Schlag (Pachtflächen)

7.3.1 Falldaten

Ausgangsfläche 20,00 ha – Entzugsfläche 7,50 ha – Restfläche 12,50 ha

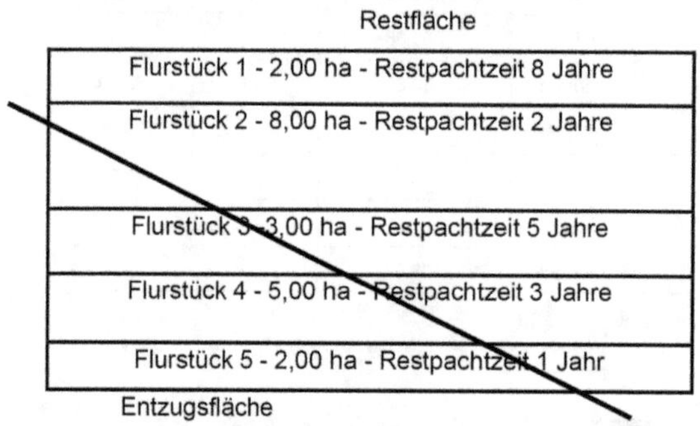

7.3.2 Ausgangswert AAD (€/ha/a)

Ermittlung Ausgangswert AAD (€/ha/a) im Jahr des Eingriffs:

	Einheit	Ausgangsfläche	Restfläche
Flächengröße	ha	20,00	12,50
Flächenspezifische Bewirtschaftungskosten, gesamt[1]	€/a	941,00	1 169,00
Bewirtschaftungskosten je ha[2]	€/ha/a	47,05	93,52
Relativer jährlicher Bewirtschaftungsnachteil[3]	€/ha/a		46,47
Jährliche Wirtschaftserschwernisse[4]	€/a		580,88
Ausgangswert AAD[5]	€/ha/a	29,04	

Anmerkungen:

1 Resultierend aus den jeweils flächenspezifischen Feldbegrenzungen, Ergebnis gemäß Kalkulationsprogramm: Summe der Arbeits- und Maschinenkosten bei der Bearbeitung (u. a. für Wendezeiten, Doppelbearbeitungen), sowie der Betriebsmittelmehrkosten (Saatgut, Dünge- und Pflanzenschutzmittel) und Mindererträge in Wende- und Randbereichen

2 Flächenspezifische Bewirtschaftungskosten, gesamt dividiert durch Flächengröße

3 Bewirtschaftungskosten je ha Restfläche abzüglich Bewirtschaftungskosten je ha Ausgangsfläche

4 Relativer jährlicher Bewirtschaftungsnachteil multipliziert mit Flächengröße

5 Jährliche Wirtschaftserschwernisse dividiert durch Größe der Ausgangsfläche

7.3.3 Festlegung der Schadensdauer

Prüfen: Ablauf des letzten Bewirtschaftungsrechtes an der Entzugsfläche?

Flurstück Nr. 3, Restpachtzeit 5 Jahre

→ Schadensdauer 5 Jahre

Aufstellung der rechtlich gesicherten Schlagflächen

Jahr		Fläche ha 1	2	3	4	5
Restpachtzeit	Flurstück					
1	Nr. 5	2,00				
2	Nr. 2	8,00	8,00			
3	Nr. 4	5,00	5,00	5,00		
5	Nr. 3	3,00	3,00	3,00	3,00	3,00
8	Nr. 1	2,00	2,00	2,00	2,00	2,00
Summe betroffene Jahresschlagfläche		20,00	18,00	10,00	5,00	5,00

Bundesanzeiger
Herausgegeben vom Bundesministerium der Justiz und für Verbraucherschutz
www.bundesanzeiger.de

Bekanntmachung
Veröffentlicht am Dienstag, 4. Juni 2019
BAnz AT 04.06.2019 B5
Seite 26 von 32

7.3.4 Ermittlung der Entschädigung

Berechnung Gesamtentschädigung

		Einheit	Schadensjahr 1	2	3	4	5
	Jahresschlagfläche	ha	20,00	18,00	10,00	5,00	5,00
x	AAD	€/ha/a	29,04	29,04	29,04	29,04	29,04
=	Jahresschaden Schlag	€/a	580,80	522,72	290,40	145,20	145,20
x	Diskontierungsfaktor*	2,0 %	0,9804	0,9612	0,9423	0,9238	0,9057
=	Entschädigung pro Jahr	€/a	569,42	502,44	273,64	134,14	131,51
Entschädigung gesamt		€	1 611,15				

Anmerkung:

* gegebenenfalls Anpassung an aktuellen LandR-Zinssatz

7.4 Durchschneidung und Umwege sonstiger Schlag (Pachtflächen)

7.4.1 Falldaten

Ausgangsfläche 20,00 ha – Wegelänge 1,520 km – Entzugsfläche 1,50 ha

Restfläche RF1 6,00 ha – Wegelänge 1,520 km

Restfläche RF2 12,50 ha – Wegelänge 4,430 km

7.4.2 Ausgangswerte AAD (€/ha/a) und AU (€/ha/a)

Ermittlung Ausgangswert AAD (€/ha/a) im Jahr des Eingriffs:

	Einheit	Ausgangsfläche	RF1	RF2
Flächengröße	ha	20,00	6,00	12,50
Flächenspezifische Bewirtschaftungskosten, gesamt[1]	€/a	941,00	882,00	1 169,00
Bewirtschaftungskosten je ha[2]	€/ha/a	47,05	147,00	93,52
Relativer jährlicher Bewirtschaftungsnachteil[3]	€/ha/a		99,95	46,47
Jährliche Wirtschaftserschwernisse[4]	€/a		599,70	580,88
Summe jährliche Wirtschaftserschwernisse[5]	€/a		1 180,58	
Ausgangswert AAD[6]	€/ha/a	59,03		

Anmerkungen:

1 Resultierend aus den jeweils flächenspezifischen Feldbegrenzungen, Ergebnis gemäß Kalkulationsprogramm: Summe der Arbeits- und Maschinenkosten bei der Bearbeitung (u. a. für Wendezeiten, Doppelbearbeitungen), sowie der Betriebsmittelmehrkosten (Saatgut, Dünge- und Pflanzenschutzmittel) und Mindererträge in Wende- und Randbereichen

2 Flächenspezifische Bewirtschaftungskosten, gesamt dividiert durch Flächengröße

3 Bewirtschaftungskosten je ha Restfläche abzüglich Bewirtschaftungskosten je ha Ausgangsfläche

4 Relativer jährlicher Bewirtschaftungsnachteil multipliziert mit Flächengröße

5 Addition der jährlichen Wirtschaftserschwernisse der Restflächen

6 Summe der jährlichen Wirtschaftserschwernisse dividiert durch Größe der Ausgangsfläche

Bundesanzeiger
Herausgegeben vom Bundesministerium der Justiz und für Verbraucherschutz
www.bundesanzeiger.de

Bekanntmachung
Veröffentlicht am Dienstag, 4. Juni 2019
BAnz AT 04.06.2019 B5
Seite 27 von 32

Ermittlung Ausgangswert AU (€/ha/a) im Jahr des Eingriffs:

	Einheit	Ausgangsfläche	RF1	RF2
Flächengröße	ha	20,00	6,00	12,50
Wegekosten, gesamt[1]	€/a	439,24	197,77	801,80
Wegekosten je ha[2]	€/ha/a	21,96	32,96	64,14
Relative jährliche Mehrwegekosten[3]	€/ha/a		11,00	42,18
Jährliche Mehrwegekosten[4]	€/a		66,00	527,25
Summe jährliche Mehrwegekosten[5]	€/a		593,25	
Ausgangswert AU[6]	€/ha/a	29,66		

Anmerkungen:

1 Ergebnis gemäß Kalkulationsprogramm: Summe der Arbeits- und Maschinenkosten aller notwendigen Maschinen-, Transport- und Kontrollfahrten für die Wegstrecke

2 Wegekosten, gesamt dividiert durch Flächengröße

3 Wegekosten je ha Restfläche abzüglich Wegekosten je ha Ausgangsfläche

4 Relative jährliche Wegekosten multipliziert mit Flächengröße

5 Addition der jährlichen Wegekosten der Restflächen

6 Summe der jährlichen Wegekosten dividiert durch Größe der Ausgangsfläche

7.4.3 Festlegung der Schadensdauer

Prüfen: Ablauf des letzten Bewirtschaftungsrechtes an der Entzugsfläche?

Flurstück Nr. 3, Restpachtzeit 5 Jahre

→ Schadensdauer 5 Jahre

Aufstellung der rechtlich gesicherten Schlagflächen

		Fläche ha				
Jahr		1	2	3	4	5
Restpachtzeit	Flurstück					
1	Nr. 5	2,00				
2	Nr. 2	8,00	8,00			
3	Nr. 4	5,00	5,00	5,00		
5	Nr. 3	3,00	3,00	3,00	3,00	3,00
8	Nr. 1	2,00	2,00	2,00	2,00	2,00
Summe betroffene Jahresschlagfläche		20,00	18,00	10,00	5,00	5,00

7.4.4 Ermittlung der Entschädigung

Berechnung Gesamtentschädigung

			Schadensjahr				
		Einheit	1	2	3	4	5
	Jahresschlagfläche	ha	20,00	18,00	10,00	5,00	5,00
x	Summe AAD + AU	€/ha/a	88,69	88,69	88,69	88,69	88,69
=	Jahresschaden Schlag	€/a	1 773,80	1 596,42	886,90	443,45	443,45
x	Diskontierungsfaktor*	2,0 %	0,9804	0,9612	0,9423	0,9238	0,9057
=	Entschädigung pro Jahr	€/a	1 739,03	1 534,48	835,73	409,66	401,63
Entschädigung gesamt		€	4 920,53				

Anmerkung:

* gegebenenfalls Anpassung an aktuellen LandR-Zinssatz

Bundesanzeiger
Herausgegeben vom Bundesministerium der Justiz und für Verbraucherschutz
www.bundesanzeiger.de

Bekanntmachung
Veröffentlicht am Dienstag, 4. Juni 2019
BAnz AT 04.06.2019 B5
Seite 28 von 32

7.5 Anschneidung sonstiger Schlag (Pacht- und Eigentumsflächen)

7.5.1 Falldaten

Ausgangsfläche 20,00 ha – Entzugsfläche 7,50 ha – Restfläche 12,50 ha

Pachtflächen: Flurstücke Nr. 2, 3 und 5
Eigentumsflächen: Flurstück Nr. 1
Flurstück Nr. 4 – Entzugsfläche 2,50 ha

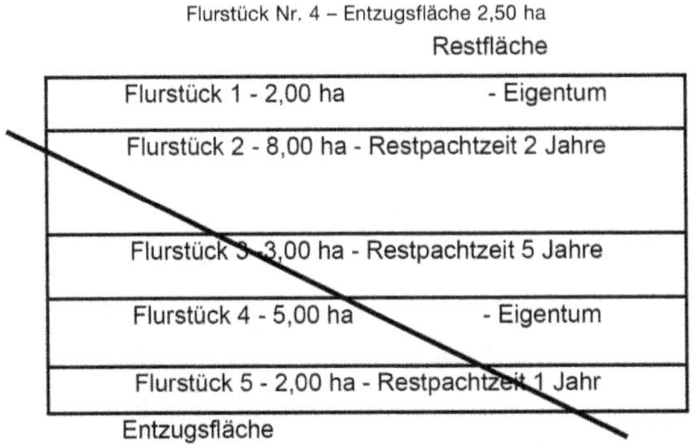

7.5.2 Ausgangswert AAD (€/ha/a)

Ermittlung Ausgangswert AAD (€/ha/a) im Jahr des Eingriffs:

	Einheit	Ausgangsfläche	Restfläche
Flächengröße	ha	20,00	12,50
Flächenspezifische Bewirtschaftungskosten, gesamt[1]	€/a	941,00	1 169,00
Bewirtschaftungskosten je ha[2]	€/ha/a	47,05	93,52
Relativer jährlicher Bewirtschaftungsnachteil[3]	€/ha/a		46,47
Jährliche Wirtschaftserschwernisse[4]	€/a		580,88
Ausgangswert AAD[5]	€/ha/a	29,04	

Anmerkungen:

1 Resultierend aus den jeweils flächenspezifischen Feldbegrenzungen, Ergebnis gemäß Kalkulationsprogramm: Summe der Arbeits- und Maschinenkosten bei der Bearbeitung (u. a. für Wendezeiten, Doppelbearbeitungen), sowie der Betriebsmittelmehrkosten (Saatgut, Dünge- und Pflanzenschutzmittel) und Mindererträge in Wende- und Randbereichen

2 Flächenspezifische Bewirtschaftungskosten, gesamt dividiert durch Flächengröße

3 Bewirtschaftungskosten je ha Restfläche abzüglich Bewirtschaftungskosten je ha Ausgangsfläche

4 Relativer jährlicher Bewirtschaftungsnachteil multipliziert mit Flächengröße

5 Jährliche Wirtschaftserschwernisse dividiert durch Größe der Ausgangsfläche

7.5.3 Festlegung der Schadensdauer

Prüfen: 1. Ablauf des letzten Bewirtschaftungsrechtes an der Entzugsfläche?
Flurstück Nr. 4, Eigentum
2. Betroffene Eigentumsfläche allein rechtlich zulässig und wirtschaftlich nutzbar?
Flurstück Nr. 4: ja

→ Schadensdauer: n -> ∞

Aufstellung der rechtlich gesicherten Schlagflächen

		Fläche ha					
Jahr		1	2	3	4	5	6 →∞
Restpachtzeit	Flurstück						
1	Nr. 5	2,00					
2	Nr. 2	8,00	8,00				
5	Nr. 3	3,00	3,00	3,00	3,00	3,00	

Bundesanzeiger
Herausgegeben vom Bundesministerium der Justiz und für Verbraucherschutz
www.bundesanzeiger.de

Bekanntmachung
Veröffentlicht am Dienstag, 4. Juni 2019
BAnz AT 04.06.2019 B5
Seite 29 von 32

Jahr		Fläche ha 1	2	3	4	5	6 →∞
∞ (Eigentum)	Nr. 1	2,00	2,00	2,00	2,00	2,00	–[1]
	Nr. 4	5,00	5,00	5,00	5,00	5,00	5,00
Summe betroffene Jahresschlagfläche		20,00	18,00	10,00	10,00	10,00	5,00

Anmerkung:

[1] Flurstück Nr. 1 steht nach Auflösung des Schlages in keinem wirtschaftlichen Zusammenhang mehr mit der noch verbleibenden, vom Entzug betroffenen Eigentumsfläche

7.5.4 Ermittlung der Entschädigung

Prüfen: Gegenrechnung eines Vorteilsausgleichs wegen Entschädigung einer Verkehrswertminderung (hier: Flurstück Nr. 4) gemäß Nummer 2.2.1 LandR 19

Ermittlung Vorteilsausgleich	€/ha	ha	€
Verkehrswert der Ausgangsfläche	13 000,00	5,00	65 000,00
Entschädigung der Entzugsfläche	13 000,00	2,50	32 500,00
Verkehrswert der Restfläche	11 000,00	2,50	27 500,00
Entschädigung für die Verkehrswertminderung der Restfläche			5 000,00 €
Verzinsung der Entschädigung für die Verkehrswertminderung der Restfläche*			2,0 %
Vorteilsausgleich			100,00 €/a

Berechnung Gesamtentschädigung

		Einheit	Schadensjahr 1	2	3	4	5	6 →∞
	Jahresschlagfläche	ha	20,00	18,00	10,00	10,00	10,00	5,00
x	AAD	€/ha/a	29,04	29,04	29,04	29,04	29,04	29,04
=	Jahresschaden Schlag	€/a	580,80	522,72	290,40	290,40	290,40	145,20
–	Vorteilsausgleich	€/a	100,00	100,00	100,00	100,00	100,00	100,00
=	Jahresschaden	€/a	480,80	422,72	190,40	190,40	190,40	45,20
x	Diskontierungsfaktor*	2,0 %	0,9804	0,9612	0,9423	0,9238	0,9057	0,8880
x	Kapitalisierungsfaktor*	2,0 %						50,00
=	Entschädigung pro Jahr	€/a	471,38	406,32	179,41	175,89	172,45	2 006,88
Entschädigung gesamt		€	3 412,33					

Anmerkung:

* gegebenenfalls Anpassung an aktuellen LandR-Zinssatz

7.6 Durchschneidung und Umwege sonstiger Schlag (Pacht- und Eigentumsflächen)

7.6.1 Falldaten

Schlag: Ausgangsfläche 20,00 ha – Wegelänge 1,520 km – Entzugsfläche 1,50 ha
Restfläche RF1 6,00 ha – Wegelänge 1,520 km
Restfläche RF2 12,50 ha – Wegelänge 4,430 km

Eigentumsflächen

Flurstück Nr. 1

Flurstück Nr. 4: Ausgangsfläche 5,00 ha – keine eigene Zuwegung
Entzugsfläche 0,45 ha
Restfläche RF1 2,50 ha – keine eigene Zuwegung
Restfläche RF2 2,05 ha – keine eigene Zuwegung

Bundesanzeiger
Herausgegeben vom Bundesministerium der Justiz und für Verbraucherschutz
www.bundesanzeiger.de

Bekanntmachung
Veröffentlicht am Dienstag, 4. Juni 2019
BAnz AT 04.06.2019 B5
Seite 30 von 32

7.6.2 Ausgangswerte AAD (€/ha/a) und AU (€/ha/a)

Ermittlung Ausgangswert AAD (€/ha/a) im Jahr des Eingriffs:

	Einheit	Ausgangsfläche	RF1	RF2
Flächengröße	ha	20,00	6,00	12,50
Flächenspezifische Bewirtschaftungskosten, gesamt[1]	€/a	941,00	882,00	1 169,00
Bewirtschaftungskosten je ha[2]	€/ha/a	47,05	147,00	93,52
Relativer jährlicher Bewirtschaftungsnachteil[3]	€/ha/a		99,95	46,47
Jährliche Wirtschaftserschwernisse[4]	€/a		599,70	580,88
Summe jährliche Wirtschaftserschwernisse[5]	€/a		1 180,58	
Ausgangswert AAD[6]	€/ha/a	59,03		

Anmerkungen:

1 Resultierend aus den jeweils flächenspezifischen Feldbegrenzungen, Ergebnis gemäß Kalkulationsprogramm: Summe der Arbeits- und Maschinenkosten bei der Bearbeitung (u. a. für Wendezeiten, Doppelbearbeitungen), sowie der Betriebsmittelmehrkosten (Saatgut, Dünge- und Pflanzenschutzmittel) und Mindererträge in Wende- und Randbereichen

2 Flächenspezifische Bewirtschaftungskosten, gesamt dividiert durch Flächengröße

3 Bewirtschaftungskosten je ha Restfläche abzüglich Bewirtschaftungskosten je ha Ausgangsfläche

4 Relativer jährlicher Bewirtschaftungsnachteil multipliziert mit Flächengröße

5 Addition der jährlichen Wirtschaftserschwernisse der Restflächen

6 Summe der jährlichen Wirtschaftserschwernisse dividiert durch Größe der Ausgangsfläche

Ermittlung Ausgangswert AU (€/ha/a) im Jahr des Eingriffs:

	Einheit	Ausgangsfläche	RF1	RF2
Flächengröße	ha	20,00	6,00	12,50
Wegekosten, gesamt[1]	€/a	439,24	197,77	801,80
Wegekosten je ha[2]	€/ha/a	21,96	32,96	64,14
Relative jährliche Mehrwegekosten[3]	€/ha/a		11,00	42,18
Jährliche Mehrwegekosten[4]	€/a		66,00	527,25
Summe jährliche Mehrwegekosten[5]	€/a		593,25	
Ausgangswert AU[6]	€/ha/a	29,66		

Anmerkungen:

1 Ergebnis gemäß Kalkulationsprogramm: Summe der Arbeits- und Maschinenkosten aller notwendigen Maschinen-, Transport- und Kontrollfahrten für die Wegstrecke

2 Wegekosten, gesamt dividiert durch Flächengröße

3 Wegekosten je ha Restfläche abzüglich Wegekosten je ha Ausgangsfläche

4 Relative jährliche Wegekosten multipliziert mit Flächengröße

5 Addition der jährlichen Wegekosten der Restflächen

6 Summe der jährlichen Wegekosten dividiert durch Größe der Ausgangsfläche

Bundesanzeiger
Herausgegeben vom
Bundesministerium der Justiz
und für Verbraucherschutz
www.bundesanzeiger.de

Bekanntmachung
Veröffentlicht am Dienstag, 4. Juni 2019
BAnz AT 04.06.2019 B5
Seite 31 von 32

7.6.3 Festlegung der Schadensdauer

Prüfen: 1. Ablauf des letzten Bewirtschaftungsrechtes an der Entzugsfläche?
Flurstück Nr. 4, Eigentum

2. Betroffene Eigentumsfläche allein rechtlich zulässig und wirtschaftlich nutzbar?
Flurstück Nr. 4: nein, keine eigene Zuwegung

→ Schadensdauer: 5 Jahre

Aufstellung der rechtlich gesicherten Schlagflächen

Jahr		Fläche ha				
		1	2	3	4	5
Restpachtzeit	Flurstück					
1	Nr. 5	2,00				
2	Nr. 2	8,00	8,00			
5	Nr. 3	3,00	3,00	3,00	3,00	3,00
∞ (Eigentum)	Nr. 1	2,00	2,00	2,00	2,00	2,00[1]
	Nr. 4	5,00	5,00	5,00	5,00	5,00[2]
Summe betroffene Jahresschlagfläche		20,00	18,00	10,00	10,00	10,00

Anmerkungen:

[1] Flurstück Nr. 1 steht nach Auflösung des Schlages in keinem wirtschaftlichen Zusammenhang mehr mit der noch verbleibenden, vom Entzug betroffenen Eigentumsfläche

[2] Flurstück Nr. 4 hat keine eigene Zuwegung und ist daher nach Auflösung des Schlages allein nicht mehr weiterhin wirtschaftlich nutzbar

7.6.4 Ermittlung der Entschädigung

Prüfen: Gegenrechnung eines Vorteilsausgleichs wegen Entschädigung einer Verkehrswertminderung (hier: Flurstück Nr. 4) gemäß Nummer 2.2.1 LandR 19

Ermittlung Vorteilsausgleich			
	€/ha	ha	€
Verkehrswert der Ausgangsfläche	13 000,00	5,00	65 000,00
Entschädigung der Entzugsfläche	13 000,00	0,45	5 850,00
Verkehrswert der Restflächen	11 000,00	4,55	50 050,00

Entschädigung für die Verkehrswertminderung der Restfläche	9 100,00 €
Verzinsung der Entschädigung für die Verkehrswertminderung der Restflächen*	2,0 %
Vorteilsausgleich	182,00 €/a

Berechnung der Gesamtentschädigung

			Schadensjahr				
		Einheit	1	2	3	4	5
	Jahresschlagfläche	ha	20,00	18,00	10,00	10,00	10,00
x	Summe AAD + AU	€/ha/a	88,69	88,69	88,69	88,69	88,69
=	Jahresschaden Schlag	€/a	1 773,80	1 596,42	886,90	886,90	886,90
–	Vorteilsausgleich	€/a	182,00	182,00	182,00	182,00	182,00
=	Jahresschaden	€/a	1 581,80	1 414,42	704,90	704,90	704,90
x	Diskontierungsfaktor*	2,0 %	0,9804	0,9612	0,9423	0,9238	0,9057
x	Kapitalisierungsfaktor*	2,0 %					
=	Entschädigung pro Jahr	€/a	1 560,60	1 359,54	664,23	651,19	638,43
Entschädigung gesamt		€	4 873,99				

Anmerkung:

* gegebenenfalls Anpassung an aktuellen LandR-Zinssatz

Bundesanzeiger
Herausgegeben vom Bundesministerium der Justiz und für Verbraucherschutz
www.bundesanzeiger.de

Bekanntmachung
Veröffentlicht am Dienstag, 4. Juni 2019
BAnz AT 04.06.2019 B5
Seite 32 von 32

Anlage 4

Tabelle zur Ermittlung der Entschädigung für den Erwerbsverlust

Spalte 1	Spalte 2	Spalte 3	Spalte 4	Spalte 5
Schadensdauer in Jahren	Entschädigung in v. H. des Ausgangswertes im Schadensjahr	Diskontierungsfaktor bei Verwendung eines Zinssatzes von 2,00 %	Faktor zur Ermittlung des Barwertes der Entschädigung für das Schadensjahr	Faktor zur Ermittlung des Barwertes der Entschädigung für die Schadensdauer
			Spalte 2 in % x Spalte 3	Summe Spalte 4, Jahr 1 bis n
1	100	0,9804	0,9804	0,98
2	93	0,9612	0,8939	1,87
3	87	0,9423	0,8198	2,69
4	82	0,9238	0,7576	3,45
5	77	0,9057	0,6974	4,15
6	73	0,8880	0,6482	4,80
7	69	0,8706	0,6007	5,40
8	65	0,8535	0,5548	5,95
9	62	0,8368	0,5188	6,47
10	59	0,8203	0,4840	6,96
11	56	0,8043	0,4504	7,41
12	54	0,7885	0,4258	7,83
13	52	0,7730	0,4020	8,23
14	50	0,7579	0,3789	8,61
15	49	0,7430	0,3641	8,98
16	48	0,7284	0,3497	9,33
17	47	0,7142	0,3357	9,66
18	46	0,7002	0,3221	9,98
19	45	0,6864	0,3089	10,29
20	44	0,6730	0,2961	10,59
21	43	0,6598	0,2837	10,87
22	42	0,6468	0,2717	11,14
23	41	0,6342	0,2600	11,40
24	40	0,6217	0,2487	11,65
25	39	0,6095	0,2377	11,89

Bundesanzeiger
Herausgegeben vom
Bundesministerium der Justiz
und für Verbraucherschutz
www.bundesanzeiger.de

Bekanntmachung
Veröffentlicht am Donnerstag, 28. März 2019
BAnz AT 28.03.2019 B2
Seite 1 von 7

Bundesanstalt für Immobilienaufgaben

Bekanntmachung der Anpassung der Richtlinien für die Ermittlung und Prüfung des Verkehrswerts von Waldflächen und für Nebenentschädigungen (Waldwertermittlungsrichtlinien 2000 – WaldR 2000)

Vom 20. März 2019

Die Bekanntmachung der Richtlinien für die Ermittlung und Prüfung des Verkehrswerts von Waldflächen und für Nebenentschädigungen (Waldwertermittlungsrichtlinien 2000 – WaldR 2000) vom 12. Juli 2000 (BAnz. Nr. 168a vom 6. September 2000) wird wie folgt angepasst:

1 Im Zweiten Teil „Nebenentschädigungen" werden in Nummer 8 „Entschädigungen für sonstige Vermögensnachteile" folgende Änderungen ausgeführt:

1.1 In Nummer 8.2.3 Absatz 1 wird im letzten Satz die Zahl „4" gestrichen und durch die Zahl „2" ersetzt.

1.2 In Nummer 8.2.3 Absatz 2 wird die Zahl „25" gestrichen und durch die Zahl „50" ersetzt.

1.3 In Nummer 8.2.4 Absatz 2 wird die Zahl „4" gestrichen und durch die Zahl „2" ersetzt.

2 Die Alterswertfaktoren in Anlage 1 werden durch Datenänderungen in der nachstehenden Anlage 1 der Waldwertermittlungsrichtlinien in der Fassung vom 20. März 2019 ersetzt.

3 Die Kapitalisierungsfaktoren in Anlage 2 werden durch Datenänderungen in der nachstehenden Anlage 2 der Waldwertermittlungsrichtlinien in der Fassung vom 20. März 2019 ersetzt.

Anlage 1: Aktualisierte Alterswertfaktoren zu den Waldwertermittlungsrichtlinien 2000

Anlage 2: Kapitalisierungsfaktoren für den Wert einer jährlichen endlichen Rente mit einem Zinssatz von 2 %

Bonn, den 20. März 2019
ZEBF.VV3500 - 02/19

Bundesanstalt
für Immobilienaufgaben

Im Auftrag
Jürgen K. Köhler

Bundesanzeiger
Herausgegeben vom
Bundesministerium der Justiz
und für Verbraucherschutz
www.bundesanzeiger.de

Bekanntmachung
Veröffentlicht am Donnerstag, 28. März 2019
BAnz AT 28.03.2019 B2
Seite 2 von 7

Anlage 1

Aktualisierte Alterswertfaktoren zu den Waldwertermittlungsrichtlinien 2000

Alter	Eiche	Buche	Fichte	Kiefer
1	0,006	0,008	0,005	0,008
2	0,012	0,015	0,011	0,015
3	0,017	0,023	0,016	0,023
4	0,023	0,031	0,022	0,031
5	0,029	0,038	0,028	0,040
6	0,034	0,046	0,034	0,048
7	0,040	0,054	0,040	0,056
8	0,046	0,061	0,047	0,065
9	0,051	0,069	0,054	0,074
10	0,057	0,077	0,061	0,083
11	0,063	0,085	0,069	0,092
12	0,069	0,093	0,077	0,102
13	0,075	0,102	0,086	0,111
14	0,081	0,110	0,095	0,121
15	0,087	0,119	0,105	0,131
16	0,093	0,127	0,115	0,141
17	0,099	0,136	0,125	0,151
18	0,105	0,145	0,136	0,162
19	0,112	0,154	0,148	0,172
20	0,118	0,163	0,159	0,183
21	0,125	0,172	0,171	0,194
22	0,131	0,182	0,183	0,205
23	0,138	0,191	0,196	0,216
24	0,145	0,201	0,208	0,227
25	0,152	0,211	0,221	0,238
26	0,159	0,220	0,235	0,250
27	0,166	0,230	0,248	0,261
28	0,173	0,240	0,261	0,273
29	0,180	0,250	0,275	0,285
30	0,188	0,260	0,289	0,297
31	0,195	0,271	0,302	0,308
32	0,202	0,281	0,316	0,320
33	0,210	0,291	0,330	0,332
34	0,217	0,302	0,344	0,344
35	0,225	0,312	0,358	0,356
36	0,233	0,322	0,372	0,368
37	0,240	0,333	0,386	0,380
38	0,248	0,343	0,400	0,392
39	0,256	0,354	0,414	0,404
40	0,264	0,364	0,427	0,415
41	0,272	0,374	0,441	0,427
42	0,280	0,385	0,454	0,439
43	0,288	0,395	0,468	0,451
44	0,296	0,405	0,481	0,462
45	0,304	0,416	0,494	0,474

Bundesanzeiger
Herausgegeben vom Bundesministerium der Justiz und für Verbraucherschutz
www.bundesanzeiger.de

Bekanntmachung
Veröffentlicht am Donnerstag, 28. März 2019
BAnz AT 28.03.2019 B2
Seite 3 von 7

Alter	Eiche	Buche	Fichte	Kiefer
46	0,312	0,426	0,508	0,485
47	0,320	0,436	0,521	0,496
48	0,328	0,446	0,533	0,507
49	0,336	0,456	0,546	0,518
50	0,344	0,466	0,559	0,529
51	0,352	0,476	0,571	0,540
52	0,360	0,486	0,583	0,550
53	0,368	0,496	0,595	0,561
54	0,376	0,505	0,607	0,571
55	0,384	0,515	0,619	0,581
56	0,392	0,524	0,631	0,591
57	0,400	0,533	0,642	0,601
58	0,408	0,543	0,654	0,611
59	0,416	0,552	0,665	0,621
60	0,424	0,561	0,676	0,630
61	0,432	0,570	0,687	0,639
62	0,439	0,578	0,698	0,648
63	0,447	0,587	0,708	0,657
64	0,455	0,596	0,718	0,666
65	0,463	0,604	0,729	0,675
66	0,470	0,612	0,739	0,683
67	0,478	0,621	0,749	0,692
68	0,485	0,629	0,758	0,700
69	0,493	0,637	0,768	0,708
70	0,500	0,644	0,777	0,716
71	0,508	0,652	0,787	0,723
72	0,515	0,660	0,796	0,731
73	0,522	0,667	0,805	0,739
74	0,530	0,675	0,814	0,746
75	0,537	0,682	0,822	0,753
76	0,544	0,689	0,831	0,760
77	0,551	0,696	0,839	0,767
78	0,558	0,703	0,847	0,774
79	0,565	0,710	0,856	0,781
80	0,572	0,717	0,864	0,788
81	0,578	0,723	0,871	0,795
82	0,585	0,730	0,879	0,801
83	0,592	0,736	0,887	0,808
84	0,598	0,743	0,894	0,814
85	0,605	0,749	0,901	0,820
86	0,611	0,755	0,909	0,826
87	0,617	0,761	0,916	0,833
88	0,624	0,767	0,923	0,839
89	0,630	0,773	0,930	0,845
90	0,636	0,779	0,937	0,850
91	0,642	0,785	0,943	0,856
92	0,648	0,790	0,950	0,862

Bundesanzeiger
Herausgegeben vom
Bundesministerium der Justiz
und für Verbraucherschutz
www.bundesanzeiger.de

Bekanntmachung
Veröffentlicht am Donnerstag, 28. März 2019
BAnz AT 28.03.2019 B2
Seite 4 von 7

Alter	Eiche	Buche	Fichte	Kiefer
93	0,654	0,796	0,957	0,868
94	0,660	0,801	0,963	0,873
95	0,666	0,807	0,969	0,879
96	0,672	0,812	0,976	0,884
97	0,677	0,817	0,982	0,890
98	0,683	0,823	0,988	0,895
99	0,689	0,828	0,994	0,901
100	0,694	0,833	1,000	0,906
101	0,700	0,838		0,911
102	0,705	0,843		0,916
103	0,710	0,848		0,921
104	0,716	0,853		0,926
105	0,721	0,857		0,931
106	0,726	0,862		0,936
107	0,731	0,867		0,940
108	0,736	0,872		0,945
109	0,741	0,876		0,950
110	0,746	0,881		0,954
111	0,751	0,885		0,959
112	0,756	0,890		0,963
113	0,761	0,894		0,968
114	0,765	0,898		0,972
115	0,770	0,903		0,977
116	0,775	0,907		0,981
117	0,779	0,911		0,986
118	0,784	0,915		0,990
119	0,788	0,919		0,995
120	0,793	0,923		1,000
121	0,797	0,927		
122	0,801	0,931		
123	0,806	0,935		
124	0,810	0,939		
125	0,814	0,943		
126	0,818	0,947		
127	0,822	0,951		
128	0,827	0,954		
129	0,831	0,958		
130	0,835	0,962		
131	0,839	0,966		
132	0,842	0,969		
133	0,846	0,973		
134	0,850	0,977		
135	0,854	0,981		
136	0,858	0,984		
137	0,862	0,988		
138	0,865	0,992		
139	0,869	0,996		

Bundesanzeiger
Herausgegeben vom
Bundesministerium der Justiz
und für Verbraucherschutz
www.bundesanzeiger.de

Bekanntmachung
Veröffentlicht am Donnerstag, 28. März 2019
BAnz AT 28.03.2019 B2
Seite 5 von 7

Alter	Eiche	Buche	Fichte	Kiefer
140	0,873	1,000		
141	0,876			
142	0,880			
143	0,883			
144	0,887			
145	0,890			
146	0,894			
147	0,897			
148	0,901			
149	0,904			
150	0,907			
151	0,911			
152	0,914			
153	0,917			
154	0,920			
155	0,924			
156	0,927			
157	0,930			
158	0,933			
159	0,936			
160	0,940			
161	0,943			
162	0,946			
163	0,949			
164	0,952			
165	0,955			
166	0,958			
167	0,961			
168	0,964			
169	0,967			
170	0,970			
171	0,973			
172	0,976			
173	0,979			
174	0,982			
175	0,985			
176	0,988			
177	0,991			
178	0,994			
179	0,997			
180	1,000			

Bundesanzeiger
Herausgegeben vom Bundesministerium der Justiz und für Verbraucherschutz
www.bundesanzeiger.de

Bekanntmachung
Veröffentlicht am Donnerstag, 28. März 2019
BAnz AT 28.03.2019 B2
Seite 6 von 7

Anlage 2

Kapitalisierungsfaktoren

für den Wert einer jährlichen endlichen Rente mit einem Zinssatz von 2 %

Jahren	Faktor für 2 %
1	0,98
2	1,94
3	2,88
4	3,81
5	4,71
6	5,60
7	6,47
8	7,33
9	8,16
10	8,98
11	9,79
12	10,6
13	11,3
14	12,1
15	12,8
16	13,6
17	14,3
18	15,0
19	15,7
20	16,4
22	17,7
25	19,5
27	20,7
30	22,4
32	23,5
35	25,0
37	26,0
40	27,4
45	29,5
50	31,4
55	33,2
60	34,8
65	36,2
70	37,5
75	38,7
80	39,7
85	40,7
90	41,6
95	42,4
100	43,1
105	43,7
110	44,3
115	44,9
120	45,4

Jahren	Faktor für 2 %
125	45,8
130	46,2
üb. 130	50,0

Herausgegeben vom Bundesministerium der Justiz

Bundesanzeiger

www.bundesanzeiger.de

ISSN 0720-6100

Jahrgang 53 | Ausgegeben am Mittwoch, dem 8. August 2001 | Nummer 146a

Bekanntmachung der Hinweise zur Ermittlung von Entschädigungen für die Beeinträchtigungen von gemeinschaftlichen Jagdbezirken (JagdH 01)

Vom 7. Juni 2001

Bekanntmachung der Hinweise zur Ermittlung von Entschädigungen für die Beeinträchtigungen von gemeinschaftlichen Jagdbezirken (JagdH 01)

Vom 7. Juni 2001

Die Hinweise zur Ermittlung von Entschädigungen für die Beeinträchtigungen von gemeinschaftlichen Jagdbezirken (JagdH 01) vom 7. Juni 2001 werden nachstehend im Einvernehmen mit dem Bundesministerium für Verkehr, Bau- und Wohnungswesen bekannt gegeben.

Bonn, den 7. Juni 2001

Bundesministerium der Finanzen

Im Auftrag
Roschig

Bundesministerium der Finanzen
VI A 5 - VV 3500 – 6/01

Hinweise zur Ermittlung von Entschädigungen für die Beeinträchtigungen von gemeinschaftlichen Jagdbezirken (JagdH 01) in der Fassung vom 7. Juni 2001

Inhaltsübersicht Seite

1 Vorbemerkungen

Die Hinweise dienen der Ermittlung von Entschädigungen für Beeinträchtigungen in gemeinschaftlichen Jagdbezirken (§ 8 des Bundesjagdgesetzes – BJagdG) durch den Neubau von Verkehrswegen des Bundes, für die ein gesetzliches Betretungsverbot besteht (z. B. § 18 Abs. 9 StVO). Die Entschädigung fällt neben der Entschädigung für den Rechtsverlust an Grund und Boden an. Sie ist eine eigenständige Entschädigungsposition für die Wertminderung des Restbesitzes der betroffenen Jagdgenossenschaft und steht dieser als Inhaberin des Jagdausübungsrechts zu (§ 8 Abs. 5 BJagdG).

2 Grundsätze

Stichtage für die Entschädigungsermittlung sind in der Regel

- für den Zustand: Baubeginn
- für die Preis- und Wertverhältnisse: Zeitpunkt der Gutachtenerstellung bzw. der Entschädigungszahlung.

Ausgangswert für die Ermittlung der Entschädigung ist der Jagdpachtwert in DM/ha und Jahr des betroffenen Reviers. Der Jagdpachtwert wird durch den Pachtpreis bestimmt, der in dem Zeitpunkt, auf den sich die Ermittlung bezieht, am gewöhnlichen Jagdpachtmarkt nach den rechtlichen Gegebenheiten und tatsächlichen Eigenschaften, der sonstigen Beschaffenheit und der Lage des Reviers ohne Rücksicht auf ungewöhnliche oder persönliche Verhältnisse zu erzielen wäre (analog Verkehrswertdefinition in § 194 des Baugesetzbuchs). Dieser Wert kann vom vereinbarten Pachtzins abweichen.

Der Jagdpachtwert ist nach dem Vergleichswertverfahren zu ermitteln. Dazu sind die Jagdpachtpreise solcher Reviere heranzuziehen, die hinsichtlich der ihren Wert beeinflussenden Merkmale, wie die naturräumliche Ausstattung (z. B. Wald-/Feldanteil) und die jagdlichen Verhältnisse (z. B. Wildarten, Wilddichte, Reviergestalt, Größe der bejagbaren Fläche), mit dem zu bewertenden Revier hinreichend übereinstimmen. Weichen die wertbeeinflussenden Merkmale der Vergleichsreviere von denen des zu bewertenden Reviers marktbedeutsam ab, so ist dies durch Zu- und Abschläge oder auf andere geeignete Art und Weise zu berücksichtigen. Erheblich abweichende Jagdpachtpreise sind zu würdigen und, soweit die Abweichung nicht systematisch erfassbar ist, auszuschließen.

Andere als das vorstehend beschriebene Vergleichswertverfahren führen regelmäßig nicht zu sachgerechten Ergebnissen.

Als durch den Verkehrswegebau beeinträchtigt gilt im Regelfall eine Schadfläche mit einer Breite von jeweils 200 m beiderseits der Trasse. Es ist davon auszugehen, dass die Beeinträchtigung mit zunehmender Entfernung von der Trasse abnimmt. Abweichungen von der Breite der Schadfläche sind im Einzelfall möglich, wenn die tatsächliche Fläche nicht mit der Regelschadfläche übereinstimmt.

Wird durch den Betrieb eines neuen Verkehrsweges das Jagdausübungsrecht dauerhaft beeinträchtigt, ist von einem „Ewigkeitsschaden" auszugehen. Das ist dort nicht der Fall, wo die Beeinträchtigungen mit zunehmender Dauer der Einbindung in die Landschaft geringer werden, der Jagdbetrieb entsprechend umgestellt werden kann und ein Gewöhnungseffekt eintritt. In diesen Fällen ist von einer Dauer der Beeinträchtigung von 2 bis 3 Pachtperioden, somit unter Berücksichtigung von Hoch- und Niederwildrevieren, von 18 bis 36 Jahren auszugehen. Der konkrete Schadenszeitraum ist nach Abwägung der einzelnen Beeinträchtigungen, nach der Schwere des Eingriffs, nach möglichen Kompensationsmaßnahmen (z. B. Wildbrücken, Wildunterführungen, Dämme und Wälle, Ausgleichs- und Ersatzmaßnahmen, Biotopverbesserungen, Zäune etc.) und nach den Verhaltensweisen der vorkommenden Wildarten zu bemessen.

Die Entschädigung wird beim „Ewigkeitsschaden" als Vorwert (Barwert) einer jährlich unendlichen Rente ermittelt (Kapitalisierungsfaktor 25). Im Falle abnehmender Beeinträchtigung ist von einer linear sinkenden Rente auszugehen. Für die Kapitalisierung ist der im Entschädigungsrecht übliche Zinssatz von 4 % heranzuziehen. (Kapitalisierungsfaktoren siehe Anlage).

Die ermittelte Beeinträchtigung ist auf den maßgeblichen Eingriffszeitpunkt (beeinträchtigender Baubeginn beim Bauzeitschaden, Verkehrsfreigabe bei der anschließenden Beeinträchtigung) abzustellen. Eine Doppelentschädigung bei unterschiedlichen Eingriffszeitpunkten ist zu vermeiden. Die Werte sind ggf. finanzmathematisch anzupassen (Diskontierung/Prolongierung).

Die Parallelverschiebungstheorie muss bei der Ermittlung der Entschädigung berücksichtigt werden. Das heißt, bei der Entschädigungsberechnung ist der Nachteil zu berücksichtigen, den der Geschädigte entschädigungslos hinnehmen müsste, wenn der Verkehrsweg an der Grenze des Jagdbezirks gebaut würde. Hierzu ist die Trasse bis zur ersten äußeren Berührung mit dem Jagdbezirk zu verschieben. Wenn der für die Parallelverschiebungsvariante ermittelte Betrag die Entschädigung für den tatsächlich gebauten Verkehrsweg übersteigt, besteht kein Entschädigungsanspruch.

Die jeweilige Beeinträchtigung muss fühlbar sein. Die Berechtigung zur Minderung ist im Pachtvertrag zu prüfen.

Die Entschädigung für Reviereinrichtungen richtet sich nach den Kosten für die Umsetzung bzw. den Herstellungskosten abzüglich der Abschreibung für Abnutzung. Ggf. ist diese Entschädigung an den Pächter zu leisten.

3 Rechtsverlust auf entzogenen Flächen

Rechtlich gesehen erleidet die Jagdgenossenschaft durch den Entzug des Jagdausübungsrechts einen Rechtsverlust. Wirtschaftlich betrachtet, und eine wirtschaftliche Betrachtungsweise ist im Enteignungsentschädigungsrecht geboten, trifft der Entzug des Jagdausübungsrechts jedoch die vom Landentzug betroffenen Jagdgenossen; denn die Ausübung des Jagdrechts durch die Genossenschaft trennt das Recht wirtschaftlich nicht vom Eigentum am Grundstück. Das folgt aus § 10 Abs. 3 BJagdG, der die Genossenschaft verpflichtet, den Reinertrag der Jagdnutzung anteilig an die Jagdgenossen zu verteilen. Dementsprechend verhält sich der Markt, der beim Kauf eines zu einem gemeinschaftlichen Jagdbezirk gehörenden Grundstücks zum Zwecke der Bebauung den Verkehrswert an den Eigentümer zahlt und nicht zwischen ihm und der Jagdgenossenschaft aufteilt.

Ein Entschädigungsanspruch der Jagdgenossenschaft für den Verlust des Jagdausübungsrechts auf den entzogenen Trassenflächen und den als Folge des Eingriffs abgetrennten und einem anderen Jagdbezirk angegliederten Teilflächen besteht nur dann, wenn der Jagdgenossenschaft durch die Verkleinerung des Jagdbezirks nachteilige Folgen entstehen. Dies kann nur dann der Fall sein, wenn im Vergleich zum Gesamt-Jagdbezirk höherwertige Flächen durch den Trassenverlauf entzogen oder abgetrennt werden. Die ggf. höhere Wertigkeit der entzogenen oder abgetrennten Flächen ist zu ermitteln.

Der positive Differenzbetrag ist, mit 25 kapitalisiert, die Entschädigung für den Verlust des Jagdausübungsrechts auf den entzogenen Flächen.

Durch die Trasse abgeschnittene, nicht mehr eigenständig bejagbare Flächen können nach den obigen Kriterien der Höherwertigkeit bis zur Angliederung an einen Nachbarjagdbezirk wie die entzogene Trassenfläche behandelt werden. Zur Bemessung der Dauer des Zuschlags zur Schadfläche sollte eine Abklärung mit der Jagdbehörde über den Zeitraum bis zur Angliederung erfolgen. Ist eine verbindliche Auskunft von der Jagdbehörde nicht zu erhalten, kann als Zeitraum bis zur Angliederung die Zeit bis zur Neuverpachtung des Nachbarjagdbezirks angenommen werden, an den die Angliederung erfolgt (vergleiche § 5 Abs. 1 und § 10 Abs. 3 BJagdG).

Insgesamt betrachtet muss das Kriterium der „Fühlbarkeit" erfüllt sein. Dies bedeutet, dass durch den Entzug der Flächen der Jagdpachtwert in DM/ha/a, jeweils bezogen auf die Gesamtfläche, nach dem Eingriff geringer ist.

Die in diesem Abschnitt abgehandelten Flächen bleiben bis zum Beginn des Betretungsverbots bzw. bis zum Ende der Betretungsmöglichkeit (z. B. durch Zaun) bejagbarer Bestandteil des Jagdbezirks. Die Entschädigungsleistung ist auf diesen Zeitpunkt abzustellen. Bis zu diesem Zeitraum besteht für den Eigentümer der Anspruch auf Auskehrung der Jagdpachtanteile. Verzichtet der Maßnahmenträger als Eigentümer auf die Auskehrung für diesen Zeitraum, so ist dieser Betrag auf die Entschädigung anzurechnen. Außer dem Flächenentzug sind hier keine weiteren Nachteile zu berücksichtigen.

4 Bauzeitentschädigung

Eine Entschädigung für Nachteile während der Bauzeit kann nur dann in Frage kommen, wenn ein zusätzlicher – von den dauerhaften Nachteilen der Durchschneidung („Ewigkeitsschaden") zu unterscheidender – vorübergehender, aber besonders intensiver Eingriff entsteht. Für diesen Fall ist zu prüfen, ob der Nachteil durch eine vorübergehende Pachtzinsminderung des laufenden Vertrags fühlbar wird. Dies setzt im Sinne der Schadensminderungspflicht die Berechtigung zur Minderung im Pachtvertrag voraus. Die Plausibilität ist zu prüfen. Ist die Minderung gerechtfertigt und plausibel, so ist sie Grundlage der Entschädigung.

Wird im Falle des Ablaufs des Pachtvertrags während der Bauzeit und einer sich anschließenden Neuverpachtung eine Pachtzinsminderung fühlbar, so ist diese auf Plausibilität zu prüfen. Ist die Minderung plausibel, so ist sie Grundlage der Entschädigung. Die Beeinträchtigung ist bis zum Zeitpunkt der Verkehrsfreigabe begrenzt. Bei der Plausibilitätsprüfung ist von der Beeinträchtigung in einer beidseits 300 m breiten Zone auszugehen. Zeiträume ohne, mit geringer oder starker Beeinträchtigung sind entsprechend zu würdigen. Die Ermittlung der Beeinträchtigung erfolgt gemäß den unten angegebenen Kriterien. Ist eine Herleitung nach Kriterien nicht möglich, so ist eine zu begründende Schätzung vorzunehmen.

(Rest-)Grundstücke, die nicht zum späteren eigentlichen Verkehrsweg gehören, bleiben weiterhin bejagbar; der hierfür an den Eigentümer auszukehrende Jagdpachtertrag ist gegenzurechnen. Wird gegenüber der Beeinträchtigung beim Betrieb des Verkehrswegs während der Bauzeit keine zusätzliche Beeinträchtigung festgestellt, so kann auf die getrennte Ermittlung der Bauzeitentschädigung verzichtet werden.

5 Kriterien zur Ermittlung der Beeinträchtigungen beim Betrieb des Verkehrswegs

Die Beeinträchtigungen sind nach folgenden Kriterien einzuschätzen:

1. Wildarten
   Ausbleiben von Wildarten, Abschneidung und Störung von Wechseln
2. Wilddichte
   Wildverluste durch den Verkehrsweg, Abwanderung und Zuzug von Wild
3. Schussabgabe
   Einschränkung des Schussfeldes und der Schussrichtung in Bezug auf Kugel- und Schrotschuss
4. Einstände, Deckung, Brunftplätze
   Zerstörung und Durchschneidung, Meidung bis zur Gewöhnung, Anrechnung von Verbesserungen durch Ausgleich- und Ersatzmaßnahmen
5. Setz- und Brutflächen
   wie Nummer 4
6. Äsungsflächen
   Qualität der Äsung (Verschlechterung und Verbesserung), sonst wie Nummer 4
7. Erschließung des Jagdbezirks
   Erreichbarkeit des Reviers und der Revierteile (Umwege)
8. Hundearbeit
   Behinderung von Suche, Stöbern, Nachsuche, Hundeausbildung usw.
9. Arrondierung des Jagdbezirks
   Auswirkungen der Reviergestalt auf die Bejagbarkeit, An- und Abgliederung von Flächen

Es ist zu prüfen, ob die in Betracht kommenden Beeinträchtigungen im Einzelfall vom Markt überhaupt als Nachteil gesehen werden und ihn veranlassen (würden), die Pacht zu mindern (§ 7 Abs. 1 Satz 2 der Wertermittlungsverordnung). Weiterhin ist zu prüfen, ob und ggf. wie lange eine Minderung lt. Pachtvertrag überhaupt möglich ist.

6 Bemessung der Beeinträchtigungen

Die Kriterien zur Bemessung der Beeinträchtigungen werden gemäß ihrer objektiven Bedeutung für die Qualität und den Wert des Jagdreviers mit einer Punktzahl gewichtet. Die Summe der Punkte im Revier ohne die Beeinträchtigungen durch die Verkehrswegebaumaßnahme beträgt 100.

Wildarten	35
Wilddichte	15
Schussabgabe	15
Einstände, Deckung, Brunftplätze	10
Setz- und Brutflächen	5
Äsungsflächen	5
Erschließung des Jagdbezirks	5
Hundearbeit	5
Arrondierung des Jagdbezirks	5
Sa.:	100

Von dieser Gewichtung kann in zu begründenden Ausnahmefällen abgewichen werden. Die Beeinträchtigungen nach den einzelnen Kriterien sind für das betroffene Revier in Relation zum Zustand vor der Maßnahme einzuschätzen. Die Einschätzung kann als Minderung in Prozent oder als absolute Minderung erfolgen. Die einzelnen Kriterien sind jeweils für die verschiedenen Jagdarten abzuprüfen. Jagdarten, die vorwiegend ausgeübt werden, sind stärker zu berücksichtigen.

Durch den Bau bedingte Revierverbesserungen (z. B. durch Ausgleichs- und Ersatzmaßnahmen, verminderte Wildverluste nach Ausbau einer vorhandenen Straße ohne Wildschutzzaun zur Autobahn mit Wildschutzzaun, Entlastung anderer Verkehrswege, Wildbrücken, Durchlässe, Dämme, Wälle etc.) sind auch bei der zeitlichen Bemessung der Schadensdauer anzurechnen. Die Schadenseinschätzung ist im Gutachten zu erläutern.

7 Berechnung der Entschädigung

Wird die jeweilige Entschädigung vor Eintritt der Beeinträchtigung gewährt, so ist der Betrag auf den Zahlungszeitpunkt zu diskontieren.

8 Entschädigungsgutachten

Die Ermittlung der Entschädigung ist in einem Gutachten darzustellen. Das Gutachten soll einen lückenlosen Nachvollzug der Entschädigungsermittlung ermöglichen und ist mit einer zusammenfassenden Würdigung der Ergebnisse abzuschließen. Das Ergebnis der Berechnungen ist am Markt zu überprüfen. Die für das Verständnis erforderlichen Anlagen sind beizufügen.

Nachstehend sind Hinweise **zum Aufbau des Gutachtens** gegeben:

1 Einleitung
1.1 Anlass zur Aufstellung des Gutachtens
1.2 Grundlagen der Entschädigungsermittlung und herangezogene Unterlagen
1.3 Stichtage für den Zustand und die Preis- und Wertverhältnisse

2 Beschreibung des Jagdbezirks und des Eingriffs
2.1 Beschreibung des Jagdbezirks
2.2 Beschreibung des Eingriffs

3 Ermittlung des Jagdpachtwerts des Reviers
3.1 Abgrenzung und Beschreibung des Referenzgebiets
3.2 Würdigung der Pachtpreise im Referenzgebiet
3.3 Ermittlung des Jagdpachtwerts

4 Ermittlung der Beeinträchtigungen
4.1 Rechtsverlust auf der entzogenen Trassenfläche
4.2 Nachteile während der Bauzeit
4.3 Nachteile während des Betriebs

5 Berechnung der Entschädigung
5.1 Entschädigung für die entzogene Trassenfläche
5.2 Entschädigung für Nachteile während der Bauzeit
5.3 Entschädigung für Nachteile während des Betriebs
5.4 Entschädigung unter Berücksichtigung der Parallelverschiebungstheorie

6 Entschädigung für Reviereinrichtungen

7 Zusammenfassung

— 7 —

Anlage

Kapitalisierungsfaktoren
für den Barwert einer linear sinkenden, vorschüssigen Rente mit einem Zinssatz von 4 %

Jahre n	Faktor für 4 %	Jahre n	Faktor für 4 %
1	1,0000	26	10,0172
2	1,4808	27	10,2752
3	1,9492	28	10,5272
4	2,4057	29	10,7732
5	2,8505	30	11,0136
6	3,2841	31	11,2484
7	3,7067	32	11,4777
8	4,1186	33	11,7019
9	4,5202	34	11,9208
10	4,9117	35	12,1349
11	5,2934	36	12,3440
12	5,6657	37	12,5484
13	6,0287	38	12,7483
14	6,3828	39	12,9437
15	6,7281	40	13,1347
16	7,0650	41	13,3215
17	7,3937	42	13,5041
18	7,7142	43	13,6828
19	8,0272	44	13,8575
20	8,3326	45	14,0284
21	8,6306	46	14,1956
22	8,9214	47	14,3592
23	9,2053	48	14,5193
24	9,4825	49	14,6760
25	9,7530	50	14,8293

Bundesministerium der Finanzen

- Dienstsitz Bonn -

Bonn, 22. März 2000

Telefon: (0 18 88) 6 82 - 23 38
(02 28) 6 82 - 23 38
oder über Vermittlung 6 82-0
Telefax: (0 18 88) 6 82 10 46
(02 28) 6 82 10 46
Telex: 886645
X.400: c=de/a=bund400/p=bmf/s=poststelle

VI A 5 - VV 3625 - 2/00
(Geschäftszeichen bei Antwort bitte angeben)

Veröffentlichung im Bundesanzeiger Nr. 94 vom 18. Mai 2000

Bekanntmachung

der Hinweise zur Wertermittlung von Ziergehölzen als Bestandteile von Grundstücken
(Schutz- und Gestaltungsgrün) vom 20. März 2000
(Ziergehölzhinweise 2000 - ZierH 2000)

Die Hinweise zur Wertermittlung von Ziergehölzen als Bestandteile von Grundstücken (Schutz- und Gestaltungsgrün) vom 20. März 2000 werden nachstehend im Einvernehmen mit dem Bundesministerium für Verkehr, Bau- und Wohnungswesen und dem Bundesministerium der Verteidigung bekanntgegeben. Sie ersetzen die Bearbeitungshinweise zur Ermittlung des Verkehrswerts von Grundstücken mit Ziergehölzen (Schutz- und Gestaltungsgrün) vom 30. Dezember 1983 (Beilage zum Bundesanzeiger Nr. 41 vom 28. Februar 1985).

Bonn, den 20. März 2000

Bundesministerium der Finanzen
Im Auftrag
Roschig

Postanschrift: Postfach 13 08, 53003 Bonn
Hauptgebäude (Lieferanschrift): Graurheindorfer Str. 108, 53117 Bonn
Weitere Dienstgebäude : Bonn, Husarenstr. 32 und Ellerstr. 56
Bonn-Bad Godesberg, Langer Grabenweg 35 und Steubenring 11
1. Dienstsitz Berlin, Wilhelmstr. 97 und Mauerstr. 69 - 75

Hinweise zur Wertermittlung von Ziergehölzen

als Bestandteile von Grundstücken

(Schutz- und Gestaltungsgrün)

vom

20. März 2000

- Ziergehölzhinweise 2000 - ZierH 2000 -

Inhalt: **Seite:**

-2-

1. Vorbemerkungen

Unter Ziergehölzen im Sinne dieser Hinweise sind Gehölze zu verstehen, die fest mit dem Boden verbunden sind (Aufwuchs) und dem Schutz gegen Beeinträchtigungen oder der Gestaltung eines Grundstücks dienen (Schutz- und Gestaltungsgrün). Wald und andere Biotope sowie Gehölze, bei denen der Ertrag im Vordergrund steht (z.B. Schmuckreisig, Dauerkulturen), gehören nicht dazu.

Ziergehölze sind wesentliche Bestandteile des Grundstücks (§ 94 BGB). Sie können den Verkehrswert des Grundstücks erhöhen, mindern oder wertneutral sein. Diese Hinweise beziehen sich insbesondere auf die Wertermittlung im Zusammenhang mit wertsteigernden Ziergehölzen.

Diese Hinweise sind verbindlich, soweit ihre Anwendung angeordnet wird.

Grundlage für die Verkehrswertermittlung von Grundstücken sind die Regelungen der Wertermittlungsverordnung (WertV) und der Wertermittlungs-Richtlinien (WertR).

Gehören Ziergehölze zu einem zu bewertenden Grundstück, deren Wertanteil nicht im Rahmen der marktüblichen Verfahren zur Grundstückswertermittlung miterfasst wird, so ist der Wertanteil unter Hinzuziehung dieser Hinweise festzustellen.

Die nachfolgenden Hinweise sind insoweit anzuwenden bei der Ermittlung

a) des Anteils von Ziergehölzen am Verkehrswert ganzer Grundstücke, sofern dieser Anteil nicht bereits auf andere Art und Weise miterfasst wird (vgl. 4.),
b) der Entschädigung bei Teilinanspruchnahme von Grundstücken mit Ziergehölzen (vgl. 5.),
c) der Entschädigung bei Inanspruchnahme von Ziergehölzen ohne Flächenentzug (vgl. 6.) und
d) des Schadensersatzes bei Zerstörung von Ziergehölzen, in den Fällen in denen die Zubilligung der vollen Wiederbeschaffungskosten (Naturalrestitution) ausscheidet[1] (vgl. 6.).

---

[1] BGH-Urteil vom 13.05.1975 - VI ZR 85/74 (KG), Kastanienbaumurteil, NJW 1997, S. 2061
„... Die vollen Wiederbeschaffungskosten zuzubilligen wäre deshalb nur dann gerechtfertigt, wenn Art, Standort und Funktion des Baumes für einen wirtschaftlich vernünftig denkenden Menschen den Ersatz durch einen gleichartigen Baum wenigstens nahelegen würden. ..."

Zur Einschätzung des Werteinflusses von Ziergehölzen ist zuerst immer zu prüfen, wie der Grundstücksmarkt auf vorhandene Ziergehölze reagiert.

Dies hängt im wesentlichen
a) von den wertbestimmenden Nutzungsmöglichkeiten des Grundstücks und
b) davon ab, wie sich die Ziergehölze in diese Grundstücksnutzungen einfügen, in welchem Maße und wie lange sie ihnen dienen oder sie beeinträchtigen.

Die objektive wertmäßige Beurteilung der Ziergehölze muss deshalb stets im Zusammenhang mit dem Gesamtgrundstück gesehen werden.

Als **wertmindernde Aspekte** sind beispielsweise zu nennen:

- Unvereinbarkeit der Gehölze mit der zukünftigen Nutzung des Grundstücks (z.B. Rohbauland, baureifes Land),
- Einschränkung der aus der Sicht des Marktes üblichen Ausnutzung des Baurechts eines Grundstücks,
- Gefahr der Beschädigung unter- und oberirdischer Leitungsnetze, der Gebäude und sonstiger Außenanlagen,
- Gehölze, deren Beseitigung aufgrund ihres Alters, Zustands oder sonstiger Gegebenheiten (z.B. Dichtstand) aus der Sicht des verständigen Marktteilnehmers sofort oder in naher Zukunft geboten ist und deren Werteinschätzung daher überwiegend durch die zu erwartenden Kosten geprägt ist,
- störende Gehölze, die den Lichteinfall in Gebäude oder auf das Grundstück in unvertretbarem Maße herabsetzen oder gute Ausblicke verhindern,
- Ziergehölze mit erheblich störenden Einwirkungen (starker Laubfall, Blütenstaub, Nektar) oder hohen Pflege- und Bewirtschaftungskosten, insbesondere bei Renditeobjekten, ohne dass diesen Nachteilen entsprechende Vorteile, z.B. Mietmehreinnahmen, gegenüberstehen.

Bei wertmindernden Ziergehölzen ist zu untersuchen, ob ihre Beseitigung aufgrund rechtlicher Einschränkungen (z.B. Baumschutzsatzung, Naturdenkmal) ausgeschlossen oder erschwert ist.
Die Minderung des Grundstückswerts durch Ziergehölze kann über die Beseitigungskosten, ggf. korrigiert um Erlöse aus der Materialverwertung, ermittelt werden. Dabei sind die nach den ggf. zu beachtenden Rechtsvorschriften zu leistenden öffentlichen Abgaben oder Strafen und Kosten vorgeschriebener Ersatzpflanzungen zu berücksichtigen.

Als **wertneutral** sind beispielsweise anzusehen:

- Bepflanzungen, deren Vor- und Nachteile sich gegenseitig aufheben oder
- Ziergehölze, die bei Renditeobjekten keine Mehreinnahmen bewirken.

Ziergehölze, die keine Funktion für das Grundstück haben, bewirken keine Werterhöhung des Grundstücks, so dass eine Berücksichtigung entfällt.

Als **wertsteigernde Funktionen** sind beispielsweise zu nennen:

- Abgrenzung von Grundstücken und Nutzungsbereichen (Hecken),
- Windschutz,
- Schutz vor Immissionen (Lärm, Staub),
- Schutz vor Einblicken von außen,
- Verblendung von wenig attraktiven Ausblicken auf Nachbargrundstücke oder die Umgebung,
- Hangbefestigung,
- biologische Entwässerung von Nassstellen,
- eine ästhetische Gestaltung, z.B.
  - Auflockerung und Strukturierung ansonsten eintöniger Flächen
  - Bestandteil eines Gartens mit parkähnlichem Charakter
  - Teil eines gartenarchitektonischen Gesamtkonzeptes in Beziehung mit der Bebauung des Grundstücks
- Erholungsfunktion unter Berücksichtigung der städtebaulichen Umgebungssituation
- Bessere Vermarktbarkeit

Insbesondere bei den stark durch individuelle Einstellungen geprägten Aspekten (Ästhetik und Erholung) ist jeweils konkret für das betrachtete Objekt und das entsprechende Marktsegment zu prüfen, ob und inwieweit sie für den zugehörigen potenziellen Nachfragerkreis tatsächlich von werterhöhender Bedeutung sind. Dabei ist auch einzuschätzen, inwieweit diese potenziell werterhöhenden Aspekte mit dem ebenso anzutreffenden Wunsch nach Bequemlichkeit und einer ständig ordentlichen und sauberen Gartenanlage unter Einsatz von möglichst wenig Arbeit und Kosten kollidieren.

Die weiteren Ausführungen beschränken sich auf die Betrachtung wertsteigernder Ziergehölze.

2. **Grundsätze der Wertermittlung**

Wegen der Besonderheiten bei der Ermittlung des Anteils von wertsteigernden Ziergehölzen am Verkehrswert von Grundstücken werden folgende Grundsätze der WertV nochmals aufgeführt und sind zu beachten:

I. Stichtagsprinzip
Unter dem Stichtagsprinzip ist der Bezug aller Merkmale des Einzelfalls sowie aller zu berücksichtigenden monetären Größen (z.B. Erträge, Kosten, Preise) auf einen bestimmten Tag zu verstehen (Wertermittlungsstichtag gemäß § 194 BauGB und § 3 Abs. 1 WertV).

II. Marktnähe
Sie ist insbesondere durch die Berücksichtigung marktüblichen Verhaltens und marktüblicher Preise zu gewährleisten. Bei der Bemessung des Zinssatzes ist ebenfalls ein marktüblicher Wert anzusetzen (bei der Berechnung des Ziergehölzwertes z.Zt. 4 v.H.).

III. Wertermittlungsverfahren
Die maßgeblichen Verfahren (siehe 3.) sind unter Berücksichtigung der Marktnähe, der Lage des Einzelfalls und der im gewöhnlichen Geschäftsverkehr bestehenden Gepflogenheiten (§ 7 WertV) auszuwählen und konsequent anzuwenden.

3. **Wertermittlungsverfahren**

Nach Teil 3 der WertV können zur Verkehrswertermittlung von Grundstücken verschiedene Verfahren angewendet werden:

- Vergleichswertverfahren
- Ertragswertverfahren
- Sachwertverfahren.

Die Auswahl des im Einzelfall anzuwendenden Verfahrens richtet sich nach den unter 2.III. genannten Gesichtspunkten und ist wesentlich von der Art des zu bewertenden Objektes und etwaigen Besonderheiten des Wertermittlungsauftrags abhängig.

Bei jedem Verfahren sind vorab Größe des Grundstücks, Bebauung, Bebauungsmöglichkeiten sowie Gestaltung und Dichte der Anpflanzungen im Grundstückszusammenhang festzustellen und zu beschreiben. Zur Beschreibung der Ziergehölze gehören insbesondere Gehölzart, Anzahl, Größe, Erziehungsform, Pflanzweise, Standortverhältnisse, Alter und Zustand, Lage innerhalb des Grundstücks, Art und Bedeutung der Funktionen.

3.1 Vergleichswertverfahren

Das Vergleichswertverfahren ist anzuwenden, wenn Preise für vergleichbar ausgestattete Grundstücke vorliegen (§ 13 WertV). Die Vergleichbarkeit bezieht sich vor allem auf die wesentlichen, den Wert beeinflussenden Merkmale eines Grundstücks (Boden, Gebäude) unter Berücksichtigung der Ziergehölze.

Hinsichtlich der Berücksichtigung von Ziergehölzen ist zu prüfen, ob lagetypischer und ortsüblicher Aufwuchs in den herangezogenen Vergleichspreisen oder Bodenrichtwerten wertmäßig enthalten ist. Soweit dies nicht der Fall ist, kann sein Wert durch Zuschläge oder in anderer geeigneter Weise berücksichtigt werden (§ 14 WertV).

3.2 Ertragswertverfahren

Das Ertragswertverfahren kommt dann in Betracht, wenn die nachhaltig erzielbaren Einnahmen aus dem Grundstück im gewöhnlichen Geschäftsverkehr im Vordergrund stehen (z.B. bei Miet-, Pacht- und Geschäftsgrundstücken).

Der Wert der Ziergehölze eines Grundstücks spiegelt sich regelmäßig in den nachhaltig erzielbaren Mieteinnahmen wieder und ist daher wertmäßig nicht mehr gesondert zu erfassen. Der Wertanteil, der auf die Ziergehölze entfällt, kann über die entsprechend geringeren Mieteinnahmen eines vergleichbaren Objektes ohne wertsteigernde Ziergehölze oder das erhöhte Mietausfallwagnis ermittelt werden.

3.3 Sachwertverfahren

3.3.1 Grundlagen

Das Sachwertverfahren kommt in Betracht, soweit die gewöhnlichen Herstellungskosten am Markt im Vordergrund stehen. Der Sachwert eines Grundstücks setzt sich zusammen aus dem Bodenwert, dem Wert der baulichen Anlagen und der sonstigen Anlagen einschließlich des Ziergehölzwerts.

- 7 -

Die Ermittlung des Ziergehölzwerts ist demnach nur dann erforderlich, wenn der Wertanteil nicht bereits im Bodenwert enthalten ist.

Der Ziergehölzwert wird auf der Grundlage der Herstellungskosten ermittelt, die üblicherweise aufgewendet werden, um die Funktionserfüllung mit einem Ziergehölz gleicher Art zu erreichen (vgl. schematischer Überblick in Anhang I). Die Herstellungskosten bestehen aus den Kosten der Pflanzung (Nr. 3.3.2) und, soweit gegeben, den Entwicklungskosten (Nr. 3.3.3).
Die Kosten der Pflanzung sind die Kosten für die Pflanzung des Ziergehölzes bis zum gesicherten Anwachsen (Fertigstellung).
Entwicklungskosten sind die Kosten für die weitere Herstellung während der Entwicklungszeit. Entwicklungszeit ist der Zeitraum zunehmender Funktionserfüllung vom gesicherten Anwachsen bis zum Erreichen des Alters der vollen Funktionserfüllung (Funktionserfüllungsalter) eines derartigen Gehölzes. Hat das zu bewertende Gehölz die volle Funktion noch nicht erreicht, so endet die zu berücksichtigende Entwicklungszeit mit dem Alter des Gehölzes, entspricht dieses also dem Funktionserfüllungsalter. Die Festlegung der Entwicklungszeit hat unter Berücksichtigung der speziellen Verhältnisse des Standorts, der Funktion des Ziergehölzes im Grundstückszusammenhang und der Art der gärtnerischen Anlage zu erfolgen.
Entwicklungskosten entstehen somit nur, soweit das Gehölz nach dem gesicherten Anwachsen eine geringere Funktionserfüllung als das zu bewertende Gehölz aufweist.

Einen marktnahen Ansatz für die Ermittlung der Entwicklungskosten bilden, ausgehend von der üblichen Pflanzgröße, die Kosten, die ein Grundstückseigentümer zur Verkürzung der Entwicklungszeit zahlen müsste bzw. bei einer Verlängerung einsparen könnte. Diese Kosten werden aus der Differenz zwischen den Kosten für die Pflanzung der nächst größeren und kleineren Pflanzstärke ermittelt.

Der Herstellungsgrad des Ziergehölzes steigt mit zunehmender Dauer der Entwicklungszeit infolge des Wachstums. Demzufolge nimmt die fehlende Funktionserfüllung stetig ab[2] und die jährlichen Entwicklungskosten sinken entsprechend.

---

[2] BGH-Urteil vom 13.05.1975 - VI ZR 85/74 (KG), Kastanienbaumurteil, NJW 1975, S. 2061

Dabei wird zur Vereinfachung ein linear sinkender Verlauf der jährlichen Entwicklungskosten zugrunde gelegt[3]. Die Entwicklungskosten insgesamt ergeben sich als Barwert der abnehmenden jährlichen Entwicklungskosten. Der Barwert wird durch Kapitalisierung der jährlichen Entwicklungskosten auf den Wertermittlungsstichtag ermittelt.

Im einzelnen ist wie folgt zu verfahren (vgl. auch Berechnungsbeispiele in Anhang II):

3.3.2 Kosten der Pflanzung

Die Kosten der Pflanzung bestehen aus:

1. Kosten der Pflanze nach Marktpreisen unter Zugrundelegung der für Grundstücke dieser Art objektüblichen und funktionsbezogenen Pflanzenstärken; Katalogpreise sind unter Berücksichtigung von Rabatten zu würdigen.

2. Übliche Kosten des Transports und der Pflanzung;

3. Übliche Kosten der Pflege bis zum gesicherten Anwachsen (Fertigstellungspflege), insbesondere für Lockern u. Säubern der Pflanzfläche, Wässern, Düngen und Pflanzenschutz. Das Anwachsen ist in der Regel nach eins bis drei Jahren gesichert. Die zu berücksichtigenden Beträge sind auf den Wertermittlungsstichtag zu beziehen.

4. Kalkulatorische Kosten für das Anwachsrisiko (in der Regel 5 bis 10 v.H.);

3.3.3 Entwicklungskosten

Zunächst ist die Entwicklungszeit zu berechnen. Sie ergibt sich aus dem Funktionserfüllungsalter abzüglich dem Alter der üblichen Pflanzgröße und der Dauer der Fertigstellungspflege.

Zur Ermittlung der Kosten für ein Jahr Entwicklungszeit(verkürzung) ist zuerst die Differenz der Kosten der Pflanzung einer nächst größeren und einer nächst kleineren Pflanze zu ermitteln. Dividiert durch die Differenz der Stammumfänge

---

[3] siehe auch:
BUCHWALD; H. H. (1988): „Wertermittlung von Ziergehölzen...", Schriftenreihe des Hauptverbands der landwirtschaftlichen Buchstellen und Sachverständigen e.V. (HLBS) Heft Nr. 122, Verlag Pflug und Feder.

(bzw. der Höhen oder Breiten bei Gehölzen, die nach der Höhe oder Breite gehandelt werden) ergeben sich die Kosten je cm Stammumfang (bzw. Höhe oder Breite). Durch Multiplikation mit dem standortbezogenen Jahreszuwachs, der in Anlehnung an die mittleren Zuwachsraten der Gehölzart (siehe auch Anhang III) zu ermitteln ist, leiten sich daraus die durchschnittlichen Entwicklungskosten für 1 Jahr Entwicklungszeit ab (vgl. Beispiele in Anhang II a und b).

Ist die Altersdifferenz zwischen der nächst größeren und der nächst kleineren Pflanze bekannt, so können die jährlichen Entwicklungskosten direkt mittels Division der Differenz der Kosten der Pflanzung durch die Altersdifferenz in Jahren berechnet werden (vgl. Beispiel in Anhang II c).

Die Entwicklungskosten des zu bewertenden Ziergehölzes werden als Barwert der jährlich abnehmenden Entwicklungskosten pro Jahr, durch Multiplikation mit dem Kapitalisierungsfaktor für eine linear sinkende Rente ermittelt (vgl. Anhang IV a).

3.3.4 Wertminderungen und sonstige wertbeeinflussende Umstände

Die Summe der Kosten für die Pflanzung und der Entwicklungskosten ist ggf. wegen wertmindernder oder werterhöhender Umstände zu berichtigen, soweit diese nicht bereits in den Ansätzen nach Nr. 3.3.2 und Nr. 3.3.3 berücksichtigt worden sind.

Wenn das zu bewertende Ziergehölz das Funktionserfüllungsalter (vgl. Nr. 3.3.1) überschritten hat, ist eine Alterswertkorrektur auf der Grundlage der restlichen und der gesamten Funktionsdauer durchzuführen (vgl. Anhang I).
Die restliche Funktionsdauer ist die zu schätzende, vom Wertermittlungsstichtag aus verbleibende Zeitdauer, in der das Ziergehölz eine werterhöhende Bedeutung für das Grundstück hat. Die gesamte Funktionsdauer ist die Zeitdauer vom Funktionserfüllungsalter bis zu dem Alter, von dem an dem Ziergehölz keine werterhöhende Funktion für das Grundstück mehr zukommt. Die gesamte Funktionsdauer (FD) ergibt sich somit im Regelfall als Summe aus der restlichen Funktionsdauer (RFD) und der abgelaufenen Funktionsdauer, die sich als Differenz zwischen Alter (A) und Funktionserfüllungsalter (FEA) ergibt:
FD = RFD + (A - FEA).

Die Alterswertkorrektur kann über folgenden Faktor berücksichtigt werden[4], (vgl. Anhang IV b):

$$Korrekturfaktor_{Alterswert} = \frac{Rentenbarwertfaktor_{restliche\_Funktionsdauer}}{Rentenbarwertfaktor_{gesamte\_Funktionsdauer}}.$$

Soweit bei der Ermittlung der Herstellungskosten und der Wertminderung aufgrund des Alters noch nicht berücksichtigt, ist die Wertminderung wegen Mängeln (z.B. Arten- oder Standortwahl, unzweckmäßige Abstandsverhältnisse, Pflegezustand) und Schäden (z.B. Baumschäden) durch einen angemessenen Abschlag zu bestimmen. Dessen Höhe ist nach Erfahrungssätzen oder den Kosten ihrer Beseitigung zu bemessen.

Sonstige, bisher noch nicht erfasste, wertbeeinflussende Umstände, z.B. außerordentlich wichtige oder geringe Bedeutung für das Grundstück, die allein durch die Wahl der angemessenen Pflanzstärke nicht zu erfassen ist, sind durch einen Zu- oder Abschlag zu würdigen. Das Ergebnis ist der Ziergehölzwert.

3.3.5 Ermittlung des Sachwerts

Die Summe aus dem Bodenwert und dem Wert der baulichen Anlagen und sonstigen Anlagen, einschließlich des nach 3.3.2 bis 3.3.4 ermittelten Ziergehölzwertes, ergibt den Sachwert des Grundstücks.

3.4 Anpassung an die Marktlage

Zur Ermittlung des Verkehrswerts ist unter Würdigung der Verhältnisse des Grundstücksmarkts zu beurteilen, ob der nach Nrn. 3.1 bis 3.3 ermittelte Wert in voller Höhe anzusetzen, zu mindern oder zu steigern ist (§ 3 Abs. 3 und § 7 Abs. 2 WertV). Dabei ist zu beachten, dass der Wertanteil eines Ziergehölzes bei Ein-/Zweifamilienhausgrundstücken und Renditeobjekten recht unterschiedlich sein kann, während der Ziergehölzwert in beiden Fällen gleich hoch ist. Bei der Würdigung der Verhältnisse des Grundstücksmarkts ist insbesondere darauf zu achten, dass der Wertanteil, der auf die Ziergehölze entfällt, in einem nach den Maßstäben des Marktes angemessenen und plausiblen Verhältnis zu dem übrigen Wertanteil steht.

[4] Siehe Fußnote 3.

4. Verkehrswert von ganzen Grundstücken

Bei der Ermittlung des Verkehrswerts ganzer Grundstücke mit Ziergehölzen ist das Wertermittlungsverfahren gemäß § 7 WertV nach der Art des Grundstücks und den sonstigen Umständen des Einzelfalls unter Berücksichtigung der im gewöhnlichen Geschäftsverkehr bestehenden Gepflogenheiten zu wählen. Bei bebauten Grundstücken ist insbesondere die Art der Bebauung (Ertragswert-, Sachwertobjekt) maßgeblich. Die Existenz der Ziergehölze hat daher in der Regel keinen Einfluss auf die Wahl des für das Grundstück angemessenen Wertermittlungsverfahrens.

Bei der Verkehrswertermittlung ganzer Grundstücke wird der Wertanteil werterhöhender Ziergehölze im Regelfall, soweit er nicht bereits als Bestandteil des Bodenwerts anzusehen ist, in anderer geeigneter Weise (Vergleichswertverfahren, § 14 WertV), als Bestandteil des nachhaltigen Reinertrags (Ertragswertverfahren, § 16 WertV) oder durch Zuschläge (§§ 14, 19, 25 WertV), berücksichtigt.

Eine spezielle Ermittlung des Wertanteils der Ziergehölze nach dem Sachwertverfahren, anhand der unter Nr. 3.3 dargestellten Vorgehensweise, ist nur im Ausnahmefall zweckmäßig. Dieser Fall ist bei Vorliegen einer außerordentlichen Wertbedeutung der Ziergehölze für das Grundstück, die auf andere Weise nicht erfassbar ist, und bei speziellen unbebauten Grundstücken mit Ziergehölzen, z.B. öffentliche Parkanlagen und Grünflächen, gegeben.

5. Entschädigung bei Inanspruchnahme von Teilflächen

5.1 Wertermittlungsziel

Wird ein mit Ziergehölzen bepflanzter Teil eines einheitlich genutzten Grundstücks in Anspruch genommen, besteht die zu ermittelnde Vermögenseinbuße in der Differenz zwischen dem Verkehrswert des Ausgangsgrundstücks und dem Verkehrswert des durch die Teilinanspruchnahme verkleinerten Restgrundstücks. Durch den Eingriff bedingte wertmindernde Effekte, die nicht auf dem Verlust einer Rechtsposition beruhen, sind außer Ansatz zu lassen, z.B. der Wegfall einer Schutzpflanzung auf einem Nachbargrundstück. Durch den Eingriff bedingte besondere Vermögensvorteile, z.B. Erschließungsvorteile, sind entsprechend bei der Ermittlung der Vermögenseinbuße gegenzurechnen.

5.2 Differenzwertverfahren

Wenn Vergleichsdaten vorliegen, die eine gesonderte Ermittlung des Verkehrswertes des Ausgangsgrundstücks und des verkleinerten Restgrundstücks erlauben, so ist die festzustellende Verkehrswertdifferenz direkt aus diesen Verkehrswerten zu errechnen.

5.3 Additives Verfahren

Liegen keine Vergleichsdaten vor, so ergibt sich die Verkehrswertdifferenz als Summe aus dem Wert der bepflanzten Entzugsfläche (5.3.1) und der ggf. darüber hinaus eintretenden Wertminderung des Restgrundstücks (5.3.2).

5.3.1 <u>Wert der bepflanzten Entzugsfläche</u>

Die Ermittlung des Wertes der bepflanzten Entzugsfläche ist nach Nr. 3.3, ausgehend vom Bodenwert und der Ziergehölzfunktion für das Gesamtgrundstück, durchzuführen.

5.3.2 <u>Wertminderung des Restgrundstücks</u>

Die durch den Verlust der bepflanzten Entzugsfläche eintretende Wertminderung des Restgrundstücks kann insbesondere auf die Verkleinerung, den ungünstigen Zuschnitt der Restfläche oder den Verlust der Gehölzfunktion zurückzuführen sein. Soweit im Einzelfall gegeben, sind alle Aspekte im Rahmen der Ermittlung der Wertminderung zu würdigen.

Im Folgenden wird ausschließlich die durch den Verlust des Ziergehölzes bedingte Wertminderung behandelt. Diese kommt insbesondere dann in Betracht, wenn dem auf der Entzugsfläche befindlichen Aufwuchs Funktionen zukommen, deren Wegfall die Nutzung des Restgrundstücks so wesentlich beeinträchtigt, dass dies bei der Preisbemessung im gewöhnlichen Geschäftsverkehr Berücksichtigung findet.

Wertminderungen des Restgrundstücks, die bereits durch den Wert der Entzugsfläche einschließlich Aufwuchs (5.3.1) erfasst sind, dürfen dabei nicht mehr berücksichtigt werden.

Es ist davon auszugehen, dass der Eigentümer den Wertausgleich für die bepflanzte Entzugsfläche für die durch den Eingriff bei der Bepflanzung des Restgrundstücks notwendig werdenden Anpassungsmaßnahmen verwendet, solange er dabei mindestens Wertäquivalenz hinsichtlich des Verhältnisses von aufgewandten Anpassungskosten und bewirkten Wertsteigerungen erzielt.

Eine danach auszugleichende verbleibende Wertminderung des Restgrundstücks ist über die Anpassungskosten zu ermitteln, soweit die durch den Verlust der Gehölzfunktion bedingten Nachteile durch Anpassungsmaßnahmen (Neuanpflanzungen, Verpflanzungen von der Entzugs- zur Restfläche oder innerhalb der Restfläche) ausgeglichen werden können. Dabei kommt es, auch im Hinblick auf die Wahl der Pflanzgrößen, stets darauf an, welche Maßnahmen ein verständiger Eigentümer treffen würde.

Danach ggf. verbleibende wertmindernde Beeinträchtigungen aufgrund fehlender oder unzureichender Anpassungsmöglichkeiten sind über einen Ausgleich zu berücksichtigen.

5.4 Berücksichtigung des Marktes

Das Ergebnis der Ermittlungen ist nach den Verhältnissen des Grundstücksmarktes zu würdigen.

Als Plausibilitätsprüfung für die Angemessenheit der ermittelten Entschädigung bzw. Vermögenseinbuße ist abzuschätzen, ob die Summe aus dem Verkehrswert des Restgrundstücks und der Entschädigung dem Verkehrswert des Ausgangsgrundstücks entspricht.

6. Entschädigung und Schadensersatz bei Inanspruchnahme von Ziergehölzen

Bei der Berechnung der Verkehrswertdifferenz aus Anlass der Zerstörung eines Ziergehölzes mit werterhöhender Funktion ohne Teilflächenentzug sind die Vorgaben nach den Nrn. 3 und 5 sinngemäß anzuwenden. Dies gilt sowohl für den Fall der Entschädigung als auch für den Schadensersatzfall. Beim Schadensersatz beschränkt sich die Anwendung auf die Fälle, in denen die Zubilligung der vollen Wiederbeschaffungskosten (Naturalrestitution) ausscheidet[5].

---

[5] siehe Fußnote 1

- 14 -

7. **Inkrafttreten**

Die vorstehenden Hinweise treten an die Stelle der bisherigen Bearbeitungshinweise (BAnz Nr. 41 a vom 5. Februar 1985).

Anhang I

Verlauf der Funktionserfüllung, Kostenarten und maßgebliche Zeitpunkte für die Wertermittlung von Ziergehölzen (schematisch)

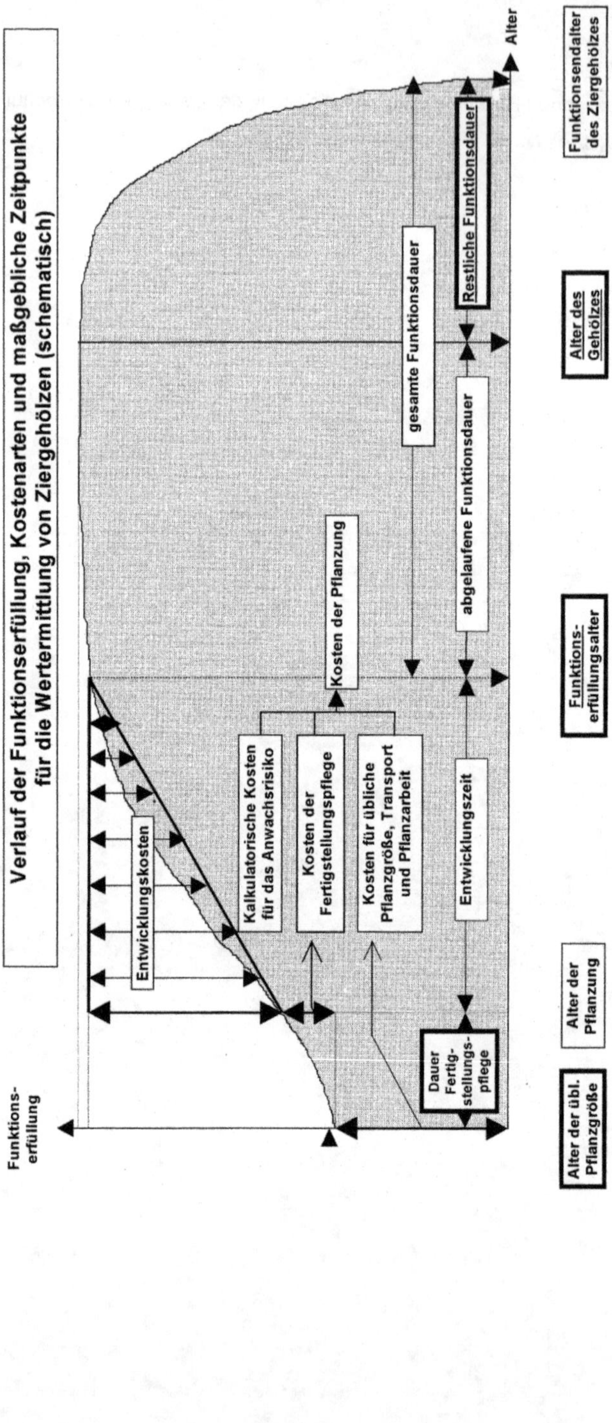

☐ = notwendige Daten, unterstrichen = gutachterlich zu schätzen

Postanschrift: Postfach 13 08, 53003 Bonn
Hauptgebäude (Lieferanschrift): Graurheindorfer Str. 108, 53117 Bonn
Weitere Dienstgebäude: Bonn, Husarenstr. 32 und Ellerstr. 56
Bonn-Bad Godesberg, Langer Grabenweg 35 und Steubenring 11
1. Dienstsitz Berlin, Wilhelmstr. 97 und Mauerstr. 69 - 75

Anhang II a - 1

Beispiel 1

ERMITTLUNG DES ZIERGEHÖLZWERTS (nach Nrn. 3.3.2 bis 3.3.4)

- Modell "Größendifferenz" (Stammumfang) -

1. Falldaten

1.1 Beschreibung des Grundstücks:

Herrenhaus eines ehemaligen Gutshofes
Einzelbaum vor dem Haus
....
....

1.2 Beschreibung des Ziergehölzes:

Gehölzart:	Blutbuche (Fagus sylvatica 'Atropunicea')
Erziehung:	Hochstamm
Pflanzweise:	Einzelstand
Größe:	10 m Höhe, optimale Höhe noch nicht erreicht
Mängel und Schäden:	partielle Stammschäden
Funktion:	wichtige gestalterische Funktion
Sonstiges:	

Alter, geschätzt :	30	Jahre
Funktionserfüllungsalter, geschätzt:	30	Jahre
Restliche Funktionsdauer, geschätzt:	110	Jahre
gesamte Funktionsdauer:	110	Jahre

Wertminderung wegen Mängeln und Schäden (Abschlag):	10	%
Sonstige wertbeeinflussende Umstände (Zu- oder (-) Abschlag):	0	%

1.3 Marktdaten

Zinssatz	4	%
Einheit der Pflanzstärke (cm StU, cm Höhe oder cm Breite)	cm StU	
Einheit der standortbezogenen, mittleren Zuwachsrate	cm StU/J	

Übliche Pflanzgröße:	Hochstamm 4xv., m.Db., Größe	18	20	cm StU
	Alter		10	Jahre
	Katalogpreis		1310	DM
Nächst größere Pflanze:	Größe	20	25	cm StU
	Katalogpreis:		1860	DM
Nächst kleinere Pflanze:	Größe	16	18	cm StU
	Katalogpreis:		925	DM
standortbezogene, mittlere Zuwachsrate:			1,8	cm StU/J
Dauer der Fertigstellungspflege:			2	Jahre
Kosten der Fertigstellungspflege je Jahr:			75	DM
Gehölzrabatt:			15	%
Umsatzsteuer (USt):			16	%
Kosten Transport und Pflanzung:			150	DM
Anwachsrisiko:			5	%

Anhang II a - 2

2. Berechnung des Ziergehölzwerts

2.1 Herstellungskosten des Ziergehölzes

2.1.1 Kosten der Pflanzung

	Katalogpreis übliche Pflanzgröße	1.310,00 DM	
-	Gehölzrabatt (15 %)	-196,50 DM	
+	Umsatzsteuer (USt) (16 %)	178,16 DM	
=	Marktpreis		1.291,66 DM
+	Transport und Pflanzung	150,00 DM	
+	Fertigstellungspflege 75 DM/J x 1,88609 (RBF, 2 Jahre, 4 %) =	141,46 DM	
=	übrige Pflanzkosten		291,46 DM
+	Anwachsrisiko (5 % vom Marktpreis und den übrigen Pflanzkosten)		79,16 DM
=	**Kosten der Pflanzung**		**1.662,27 DM**

Faktor für übrige Kosten der Pflanzung (=Kosten der Pflanzung /Marktpreis übliche Pflanzgröße) 1,29

2.1.2 Entwicklungskosten

Entwicklungszeit (= Funktionserfüllungsalter - Alter der üblichen Pflanzgröße - Dauer der Fertigstellungspflege) 18 Jahre

	Marktpreis nächst größere Pflanze (15% Rabatt, 16% USt)	1.833,96 DM
-	Marktpreis nächst kleinere Pflanze (15% Rabatt, 16% USt)	-912,05 DM
=	Differenz der Marktpreise	921,91 DM
x	Faktor für übrige Kosten der Pflanzung (s.o.)	1,29
=	Differenz der Kosten der Pflanzung	1.186,43 DM
/	Größendifferenz zw. nächst größerer u. nächst kleinerer Pflanze	5,5 cm StU
=	Kosten je cm StU	215,71 DM
x	standortbezogene Zuwachsrate je Jahr	1,8 cm StU/J
=	Kosten je Jahr Entwicklungszeit	388,29 DM
x	Kapitalisator (4% Zins, sinkender Verlauf, 18 Jahre Entwicklungszeit)	7,4176
=	**Entwicklungskosten**	**2.880,17 DM**

2.1.3 Herstellungskosten

	Kosten der Pflanzung	1.662,27 DM
+	Entwicklungskosten	2.880,17 DM
=	**Herstellungskosten**	**4.542,44 DM**

2.2 Korrekturfaktor für die Wertminderung wegen Alters

Rentenbarwertfaktor (linear, restliche Funktionsdauer, 4% Zins)	24,6656	
Rentenbarwertfaktor (linear, gesamte Funktionsdauer, 4% Zins)	24,6656	**1,0000**

2.3 Ziergehölzwert

	Herstellungskosten (= Herstellungswert)	4.542,44 DM
x	Korrekturfaktor wegen Alters	1,0000
x	Korrekturfaktor aufgrund von Mängeln und Schäden	0,90
x	Korrekturfaktor wegen sonstiger wertbeeinflussender Umstände	1,00
=	**Ziergehölzwert**	**4.088 DM**

Anhang II b - 1

Beispiel 2

ERMITTLUNG DES ZIERGEHÖLZWERTS (nach Nrn. 3.3.2 bis 3.3.4)

- Modell "Größendifferenz" (Höhe) -

1. **Falldaten**

1.1 **Beschreibung des Grundstücks:**

Einfamilienhaus, 2stöckig, freistehend
Einzelbaum im Garten hinter dem Haus
....
....

1.2 **Beschreibung des Ziergehölzes:**

Gehölzart:	Österreichische Schwarzkiefer (Pinus nigra austria.)
Erziehung:	Hochstamm
Pflanzweise:	Einzelstand
Größe:	25 m Höhe
Mängel und Schäden:	ohne
Funktion:	gestalterische Funktion
Sonstiges:	

Alter, geschätzt :	120	Jahre
Funktionserfüllungsalter, geschätzt:	50	Jahre
Restliche Funktionsdauer, geschätzt:	30	Jahre
gesamte Funktionsdauer:	100	Jahre

Wertminderung wegen Mängeln und Schäden (Abschlag):	0	%
Sonstige wertbeeinflussende Umstände (Zu- oder (-) Abschlag):	0	%

1.3 **Marktdaten**

Zinssatz	4	%
Einheit der Pflanzstärke (cm StU, cm Höhe oder cm Breite)	cm Höhe	
Einheit der standortbezogenen, mittleren Zuwachsrate	cm Höhe/J	

Übliche Pflanzgröße:	3xv., m.B., Größe	80	100	cm Höhe
	Alter		5	Jahre
	Katalogpreis		90	DM
Nächst größere Pflanze:	Größe	100	125	cm Höhe
	Katalogpreis:		138	DM
Nächst kleinere Pflanze:	Größe	60	80	cm Höhe
	Katalogpreis:		55	DM
standortbezogene, mittlere Zuwachsrate:			26,0	cm Höhe/J
Dauer der Fertigstellungspflege:			2	Jahre
Kosten der Fertigstellungspflege je Jahr:			40	DM
Gehölzrabatt:			10	%
Umsatzsteuer (USt):			16	%
Kosten Transport und Pflanzung:			70	DM
Anwachsrisiko:			5	%

Anhang II b - 2

2.	**Berechnung des Ziergehölzwerts**		
2.1	**Herstellungskosten des Ziergehölzes**		
2.1.1	**Kosten der Pflanzung**		
	Katalogpreis übliche Pflanzgröße	90,00 DM	
	- Gehölzrabatt (10 %)	-9,00 DM	
	+ Umsatzsteuer (USt) (16 %)	12,96 DM	
	= Marktpreis		93,96 DM
	+ Transport und Pflanzung	70,00 DM	
	+ Fertigstellungspflege 40 DM/J x 1,88609 (RBF, 2 Jahre, 4 %) =	75,44 DM	
	= übrige Pflanzkosten		145,44 DM
	+ Anwachsrisiko (5 % vom Marktpreis und den übrigen Pflanzkosten)		11,97 DM
	= Kosten der Pflanzung		**251,37 DM**
	Faktor für übrige Kosten der Pflanzung (=Kosten der Pflanzung /Marktpreis übliche Pflanzgröße)		2,68
2.1.2	**Entwicklungskosten**		
	Entwicklungszeit (= Funktionserfüllungsalter - Alter der üblichen Pflanzgröße - Dauer der Fertigstellungspflege)	43	Jahre
	Marktpreis nächst größere Pflanze (10% Rabatt, 16% USt)		144,07 DM
	- Marktpreis nächst kleinere Pflanze (10% Rabatt, 16% USt)		-57,42 DM
	= Differenz der Marktpreise		86,65 DM
	x Faktor für übrige Kosten der Pflanzung (s.o.)		2,68
	= Differenz der Kosten der Pflanzung		231,82 DM
	/ Größendifferenz zw. nächst größerer u. nächst kleinerer Pflanze		42,5 cm Höhe
	= Kosten je cm Höhe		5,45 DM
	x standortbezogene Zuwachsrate je Jahr		26,0 cm Höhe/J
	= Kosten je Jahr Entwicklungszeit		141,82 DM
	x Kapitalisator (4% Zins, sinkender Verlauf, 43 Jahre Entwicklungszeit)		13,1565
	= Entwicklungskosten		**1.865,87 DM**
2.1.3	**Herstellungskosten**		
	Kosten der Pflanzung		251,37 DM
	+ Entwicklungskosten		1.865,87 DM
	= Herstellungskosten		**2.117,24 DM**
2.2	**Korrekturfaktor für die Wertminderung wegen Alters**		
	Rentenbarwertfaktor (linear, restliche Funktionsdauer, 4% Zins)	17,2920	
	Rentenbarwertfaktor (linear, gesamte Funktionsdauer, 4% Zins)	24,5050	**0,7057**
2.3	**Ziergehölzwert**		
	Herstellungskosten (= Herstellungswert)		2.117,24 DM
	x Korrekturfaktor wegen Alters		0,7057
	x Korrekturfaktor aufgrund von Mängeln und Schäden		1,00
	x Korrekturfaktor wegen sonstiger wertbeeinflussender Umstände		1,00
	= Ziergehölzwert		**1.494 DM**

Anhang II c - 1

Beispiel 3

ERMITTLUNG DES ZIERGEHÖLZWERTS (nach Nrn. 3.3.2 bis 3.3.4)

- Modell "Altersdifferenz" -

1. **Falldaten**

1.1 **Beschreibung des Grundstücks:**

Mehrfamilienhaus, 2stöckig, freistehend
Einzelbaum vor dem Haus
....
....

1.2 **Beschreibung des Ziergehölzes:**

Gehölzart:	Weißbirke (Betula pendula)
Erziehung:	Hochstamm
Pflanzweise:	Einzelstand
Größe:	15 m Höhe
Mängel und Schäden:	ohne Beeinträchtigungen
Funktion:	gestalterische Funktion
Sonstiges:	

Alter, geschätzt :	50	Jahre
Funktionserfüllungsalter, geschätzt:	30	Jahre
Restliche Funktionsdauer, geschätzt:	40	Jahre
gesamte Funktionsdauer:	60	Jahre

Wertminderung wegen Mängeln und Schäden (Abschlag):	0	%
Sonstige wertbeeinflussende Umstände (Zu- oder (-) Abschlag):	0	%

1.3 **Marktdaten**

Zinssatz		4	%
Übliche Pflanzgröße:	Heister 2 x v., m.B., 150 - 200 cm Höhe		
	Alter	4	Jahre
	Katalogpreis	36	DM
Nächst größere Pflanze:	200 - 250 cm Höhe		
	Katalogpreis:	42	DM
Nächst kleinere Pflanze:	125 - 150 cm Höhe		
	Katalogpreis:	28	DM
Altersdifferenz zwischen nächst größerer und nächst kleinerer Pflanze:		2	Jahre
Dauer der Fertigstellungspflege:		2	Jahre
Kosten der Fertigstellungspflege je Jahr:		45	DM
Gehölzrabatt:		5	%
Umsatzsteuer (USt):		16	%
Kosten Transport und Pflanzung:		60	DM
Anwachsrisiko:		5	%

Anhang II c - 2

2. Berechnung des Ziergehölzwerts

2.1 Herstellungskosten des Ziergehölzes

2.1.1 Kosten der Pflanzung

	Katalogpreis übliche Pflanzgröße	36,00 DM	
-	Gehölzrabatt (5 %)	-1,80 DM	
+	Umsatzsteuer (USt) (16 %)	5,47 DM	
=	Marktpreis		39,67 DM
+	Transport und Pflanzung	60,00 DM	
+	Fertigstellungspflege 45 DM/J x 1,88609 (RBF, 2 Jahre, 4 %) =	84,87 DM	
=	übrige Pflanzkosten		144,87 DM
+	Anwachsrisiko (5 % vom Marktpreis und den übrigen Pflanzkosten)		9,23 DM
=	**Kosten der Pflanzung**		**193,77 DM**

Faktor für übrige Kosten der Pflanzung (=Kosten der Pflanzung /Marktpreis übliche Pflanzgröße) 4,88

2.1.2 Entwicklungskosten

Entwicklungszeit (= Funktionserfüllungsalter - Alter der üblichen Pflanzgröße - Dauer der Fertigstellungspflege) 24 Jahre

	Marktpreis nächst ältere Pflanze (5% Rabatt, 16% USt)	46,28 DM
-	Marktpreis nächst jüngere Pflanze (5% Rabatt, 16% USt)	-30,86 DM
=	Differenz der Marktpreise	15,43 DM
x	Faktor für übrige Kosten der Pflanzung (s.o.)	4,88
=	Differenz der Kosten der Pflanzung	75,36 DM
/	Altersdifferenz in Jahren	2
=	Kosten je Jahr Entwicklungszeit	37,68 DM
x	Kapitalisator (4% Zins, sinkender Verlauf, 24 Jahre Entwicklungszeit)	9,1177
=	**Entwicklungskosten**	**343,54 DM**

2.1.3 Herstellungskosten

	Kosten der Pflanzung	193,77 DM
+	Entwicklungskosten	343,54 DM
=	**Herstellungskosten**	**537,31 DM**

2.2 Korrekturfaktor für die Wertminderung wegen Alters

Rentenbarwertfaktor (linear, restliche Funktionsdauer, 4% Zins)	19,7928	
Rentenbarwertfaktor (linear, gesamte Funktionsdauer, 4% Zins)	22,6235	**0,8749**

2.3 Ziergehölzwert

	Herstellungskosten (= Herstellungswert)	537,31 DM
x	Korrekturfaktor wegen Alters	0,8749
x	Korrekturfaktor aufgrund von Mängeln und Schäden	1,00
x	Korrekturfaktor wegen sonstiger wertbeeinflussender Umstände	1,00
=	**Ziergehölzwert**	**470 DM**

Anhang III

Mittlere Zuwachsraten von Laubgehölzen

Baumart		Zuwachsrate (cm StU/Jahr)
Acer platanoides	Spitz-Ahorn	2,9
Acer pseudoplatanus	Berg-Ahorn	2,9
Acer saccharinum	Silber-Ahorn	3,0
Aesculus hippocastanum	Roßkastanie	3,5
Alnus incana	Grau-Erle	3,9
Betula pendula	Sand-Birke, Weiß-Birke	2,6
Carpinus betulus	Hainbuche	2,5
Crataegus 'Carrierei'	Apfel-Dorn	1,6
Fagus sylvatica 'Atropunicea'	Blut-Buche	1,9
Fraxinus excelsior	Gemeine Esche	3,5
Juglans regia	Walnuß	1,5
Platanus acerifolia	Platane	2,7
Quercus robur	Stiel-Eiche	2,2
Robinia pseudoacacia	Robinie	3,0
Salix alba 'Liempde'	Silber-Weide	2,7
Sorbus aucuparia	Gemeine Eberesche	2,2
Tilia cordata	Winter-Linde	2,1

Mittlere Zuwachsraten von Nadelgehölzen

Baumart		Zuwachsrate (cm Höhe/Jahr)
Abies concolor	Grau-Tanne	21
Abies homolepis	Schrauben-Tanne	26
Abies nordmanniana	Nordmanns Tanne	16
Cedrus atlantica 'Glauca'	Blau-Zeder	30
Chamaecyparis lawsoniana	Blaue Heckenzypresse	18
Larix decidua	Europäische Lärche	32
Metasequoia glyptostroboides	Chinesisches Rotholz	34
Picea abies	Rot-Fichte	32
Picea omorika	Serbische Fichte	29
Picea pungens 'Hoopsii'	Silber-Fichte	21
Pinus nigra austriaca	Schwarz-Kiefer	26
Pinus sylvestris	Gemeine Kiefer	25
Pinus wallichiana	Tränen-Kiefer	29
Pseudotsuga menziesii	Douglasie	38
Taxus baccata	Gemeine Eibe	12
Tsuga canadensis	Hemlocktanne	18
Thuja occidentalis	Abendländischer Lebensbaum	26

Quelle: Buchwald; H. H. (1988): „Wertermittlung von Ziergehölzen ..." Schriftenreihe des Haupverbands der landwirtschaftlichen Buchstellen und Sachverständigen e.V. (HLBS) Heft Nr. 122, Verlag Pflug und Feder (verändert)

Anhang IV a - 1

Finanzmathematische Tabellen

1. Kapitalisator (K) zur Berechnung der Entwicklungskosten (linear sinkende Rente, nachschüssig)

$$K = \frac{1}{q-1}\left(1 - \frac{RBF}{n}\right)$$

	Zinssatz		
Jahre	4 %	5 %	6 %
1	0,9615	0,9524	0,9434
2	1,4238	1,4059	1,3884
3	1,8742	1,8450	1,8166
4	2,3132	2,2702	2,2287
5	2,7409	2,6821	2,6255
6	3,1578	3,0810	3,0074
7	3,5641	3,4675	3,3753
8	3,9602	3,8420	3,7296
9	4,3463	4,2048	4,0709
10	4,7228	4,5565	4,3999
11	5,0898	4,8974	4,7169
12	5,4478	5,2279	5,0224
13	5,7968	5,5483	5,3171
14	6,1373	5,8591	5,6012
15	6,4694	6,1605	5,8753
16	6,7933	6,4528	6,1397
17	7,1093	6,7364	6,3948
18	7,4176	7,0116	6,6411
19	7,7185	7,2786	6,8788
20	8,0121	7,5378	7,1084
21	8,2986	7,7894	7,3301
22	8,5783	8,0336	7,5443
23	8,8513	8,2708	7,7512
24	9,1177	8,5011	7,9511
25	9,3779	8,7248	8,1444
26	9,6320	8,9422	8,3313
27	9,8800	9,1533	8,5120
28	10,1223	9,3585	8,6868
29	10,3589	9,5579	8,8559
30	10,5900	9,7517	9,0195

Anhang IV a - 2

Jahre	4 %	5 %	6 %
31	10,8157	9,9401	9,1779
32	11,0363	10,1233	9,3312
33	11,2518	10,3015	9,4797
34	11,4624	10,4748	9,6235
35	11,6681	10,6433	9,7627
36	11,8692	10,8073	9,8977
37	12,0658	10,9669	10,0285
38	12,2580	11,1222	10,1553
39	12,4458	11,2733	10,2782
40	12,6295	11,4205	10,3974
41	12,8091	11,5637	10,5130
42	12,9847	11,7032	10,6252
43	13,1565	11,8391	10,7340
44	13,3245	11,9715	10,8397
45	13,4889	12,1004	10,9423
46	13,6496	12,2261	11,0419
47	13,8069	12,3485	11,1386
48	13,9609	12,4679	11,2326
49	14,1115	12,5842	11,3240
50	14,2589	12,6976	11,4127
60	15,5735	13,6902	12,1774
70	16,6448	14,4735	12,7656
80	17,5264	15,1009	13,2273
90	18,2591	15,6106	13,5965
100	18,8738	16,0304	13,8971
110	19,3942	16,3806	14,1456
120	19,8387	16,6762	14,3540
130	20,2217	16,9285	14,5310
140	20,5541	17,1459	14,6831
150	20,8449	17,3351	14,8151

Anhang IV b - 1

**2. Rentenbarwertfaktor (RBF)
zur Berechnung der Kosten der Fertigstellungspflege
und des Alterskorrekturfaktors
(nachschüssig)**

$$\mathrm{RBF} = \frac{q^n - 1}{q^n (q - 1)}$$

	Zinssatz		
Jahre	4 %	5 %	6 %
1	0,9615	0,9524	0,9434
2	1,8861	1,8594	1,8334
3	2,7751	2,7232	2,6730
4	3,6299	3,5460	3,4651
5	4,4518	4,3295	4,2124
6	5,2421	5,0757	4,9173
7	6,0021	5,7864	5,5824
8	6,7327	6,4632	6,2098
9	7,4353	7,1078	6,8017
10	8,1109	7,7217	7,3601
11	8,7605	8,3064	7,8869
12	9,3851	8,8633	8,3838
13	9,9856	9,3936	8,8527
14	10,5631	9,8986	9,2950
15	11,1184	10,3797	9,7122
16	11,6523	10,8378	10,1059
17	12,1657	11,2741	10,4773
18	12,6593	11,6896	10,8276
19	13,1339	12,0853	11,1581
20	13,5903	12,4622	11,4699
21	14,0292	12,8212	11,7641
22	14,4511	13,1630	12,0416
23	14,8568	13,4886	12,3034
24	15,2470	13,7986	12,5504
25	15,6221	14,0939	12,7834
26	15,9828	14,3752	13,0032
27	16,3296	14,6430	13,2105
28	16,6631	14,8981	13,4062
29	16,9837	15,1411	13,5907
30	17,2920	15,3725	13,7648

Anhang IV b - 2

Jahre	4 %	5 %	6 %
31	17,5885	15,5928	13,9291
32	17,3736	15,8027	14,0840
33	18,1476	16,0025	14,2302
34	18,4112	16,1929	14,3681
35	18,6646	16,3742	14,4982
36	18,9083	16,5469	14,6210
37	19,1426	16,7113	14,7368
38	19,3679	16,8679	14,8460
39	19,5845	17,0170	14,9491
40	19,7928	17,1591	15,0463
50	21,4822	18,1559	15,7619
60	22,6235	18,9293	16,1614
70	23,3945	19,3427	16,3845
80	23,9154	19,5965	16,5091
90	24,2673	19,7523	16,5787
100	24,5050	19,8479	16,6175
110	24,6656	19,9066	16,6392
120	24,7741	19,9427	16,6514
130	24,8474	19,9648	16,6581
140	24,8969	19,9784	16,6619
150	24,9303	19,9867	16,6640

Register

Die Überschriften der einzelnen Kapitel (Stichworte) sind im Register nicht immer enthalten, vergleiche dazu das Inhaltsverzeichnis; die angegebenen Zahlen sind **Randnummern.**

https://doi.org/10.1515/9783110682557-107

www.ingramcontent.com/pod-product-compliance
Lightning Source LLC
LaVergne TN
LVHW081355011026
849161LV00013BA/2820